백광훈 형사소송법 절차도

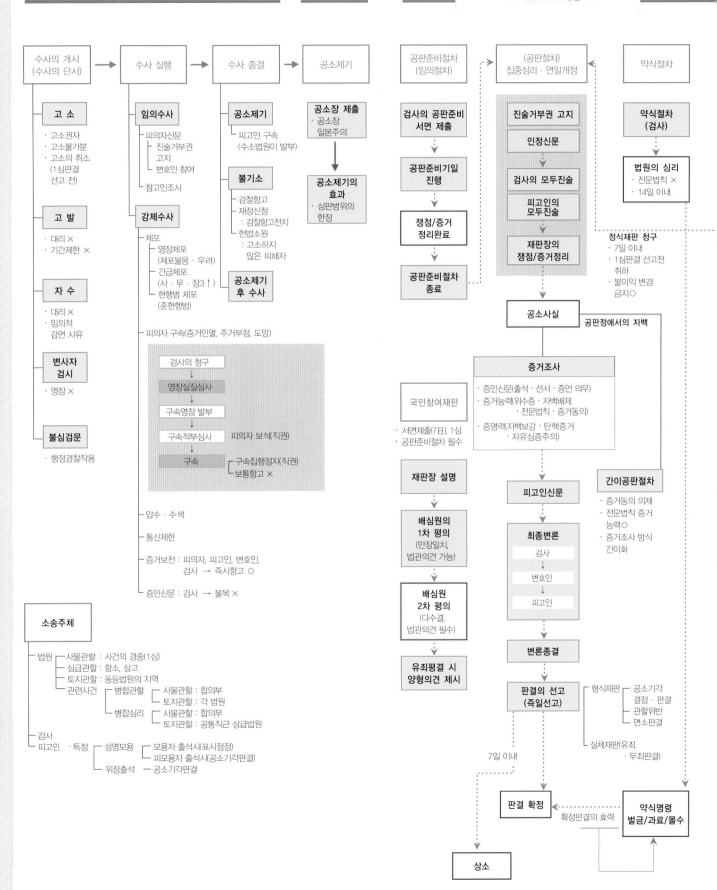

수사	공소

수사

수사의 개시 (수사의 단서) → **수사 실행** → **수사 종결** → **공소제기**

고 소
· 고소권자
· 고소불가분
· 고소의 취소
 (1심판결 선고 전)

고 발
· 대리 ×
· 기간제한 ×

자 수
· 대리 ×
· 임의적 감면 사유

변사자 검시
· 영장 ×

불심검문
· 행정경찰작용

임의수사
피의자신문
 진술거부권 고지
 변호인 참여
참고인조사

강제수사
체포
 영장체포 (체포불응·우려)
 긴급체포 (사·무·장3↑)
 현행범 체포 (준현행범)
피의자 구속(증거인멸, 주거부정, 도망)

검사의 청구
↓
영장실질심사
↓
구속영장 발부
↓
구속적부심사 피의자 보석(직권)
↓
구속 ─ 구속집행정지(직권)
 └ 보통항고 ×

압수·수색
통신제한
증거보전 : 피의자, 피고인, 변호인, 검사 → 즉시항고 ○
증인신문 : 검사 → 불복 ×

공소제기
 피고인 구속 (수소법원이 발부)

불기소
 검찰항고
 재정신청 : 검찰항고전치
 헌법소원 : 고소하지 않은 피해자

공소제기 후 수사

공소장 제출
· 공소장 일본주의

공소제기의 효과
· 심판범위의 한정

소송주체

법원 ─ 사물관할 : 사건의 경중(1심)
 ├ 심급관할 : 항소, 상고
 ├ 토지관할 : 동등법원의 지역
 └ 관련사건 ─ 병합관할 ─ 사물관할 : 합의부
 │ └ 토지관할 : 각 법원
 └ 병합심리 ─ 사물관할 : 합의부
 └ 토지관할 : 공통직근 상급법원

검사
피고인 ─ 특정 ─ 성명모용 ─ 모용자 출석시(표시정정)
 │ └ 피모용자 출석시(공소기각판결)
 └ 위장출석 ─ 공소기각판결

공판

공판준비절차 (임의절차)
검사의 공판준비 서면 제출
↓
공판준비기일 진행
↓
쟁점/증거 정리완료
↓
공판준비절차 종료

(공판절차) 집중심리 · 연일개정
진술거부권 고지
↓
인정신문
↓
검사의 모두진술
↓
피고인의 모두진술
↓
재판장의 쟁점/증거정리

약식절차
약식절차 (검사)
↓
법원의 심리
· 전문법칙 ×
· 14일 이내

정식재판 청구
· 7일 이내
· 1심판결 선고전 취하
· 불이익 변경 금지○

공소사실 — 공판정에서의 자백

증거조사
· 증인신문(출석·선서·증언 의무)
· 증거능력(위수증·자백배제·전문법칙·증거동의)
· 증명력(자백보강·탄핵증거·자유심증주의)

국민참여재판
· 서면제출(7日), 1심
· 공판준비절차 필수

재판장 설명
↓
배심원의 1차 평의 (만장일치, 법관의견 가능)
↓
배심원 2차 평의 (다수결, 법관의견 필수)
↓
유죄평결 시 양형의견 제시

피고인신문

간이공판절차
· 증거동의 의제
· 전문법칙 증거 능력○
· 증거조사 방식 간이화

최종변론
 검사
 ↓
 변호인
 ↓
 피고인

변론종결

판결의 선고 (즉일선고)
형식재판 ─ 공소기각 결정·판결
 ├ 관할위반
 └ 면소판결
실체재판(유죄·무죄판결)

7일 이내

판결 확정 ← 확정판결의 효력 — **약식명령 벌금/과료/몰수**

상소

수	기간·절차	공소시효	연령·기타	기타
9	재정신청 관계서류 고등법원 송부(7일 이내)260조 즉시항고 기간(7일)405조			사형, 무기 사건의 배심원 수(9인)국참법13조
10	보석제외사유(사/무/장 10↑ 징역·금고)95조 사법경찰관: 검사의 구속기간(10일 이내)202조, 203조 검사의 구속기간 연장(1차 10일 이내)205조 재정신청서 접수 후 피의자 통지(10일)262조	징역1↑징역·금고 공소시효(10년)249조		소재불명으로 불출석(사/무/장10↑ 징역·금고)소촉법23조
12	긴급제포시 사경의 검사에 대한 승인요청(12시간 내)수사협력 27조			
13			피해자 신뢰관계인 필요적 동석(13세 미만)163조의2	
14	검사의 법원에 대한 통신제한조치자료 보관승인청구(14일 이내)통비법12조의2 사경의 검사에 대한 통신제한조치자료 보관승인신청(14일 이내)통비법12조의2		다음 공판기일 지정(14일 이내)267조의2 즉시선고의 예외(14일 이내)318조의4	소송기록·증거물 송부(14일 이내)361조, 377조 약식명령 심리기간(14일 이내)소촉법22조
15		무기징역·금고 공소시효(15년)249조		
16			선서무능력자(16세 미만)159조	
18				소년의 사형 및 무기형 완화(18세 미만)소년법59조 소년의 환형 처분금지(18세 미만)소년법62조
20	피고인 보석조건 위반시 감치기간(20일 이내)102조		배심원 지격(만 20세 이상)국참법16조 변론소란 후 지재(20일 감치)법조61조	항고이유서 제출(20일 이내)361조의3 상고이유서 제출(20일 이내)379조 즉심대상(20만원↓벌금·구류·과료)즉심법2조
24	피의자 제포 후 통지의무(지체없이: 24시간 이내)구속 51조 긴급제포된 자에 대한 압수·수색(제포시부터 24시간)217조			증인소환장 송달시(출석일시 24시간 이전)구적 이전(전가구적70조 구인 후의 석방 유치(24시간)71조의2
25		사형 공소시효(25년)249조 이재 공소시효(25년)249조		
30	검사의 시정조치요구(30일 이내~10일 연장 可)수사협력 45조 통신제한조치 후 검사의 통지·통지유예(30일 이내)통비법9조의2 검사의 석방 후 변원에 대한 통지(30일 이내)200조의4 재정신청 필수적 항고 예외(검사가 공소시효 만료일 30일 전까지)260조			
48	제포·현행범체포·긴급제포시의 구속영장청구(48시간 이내)200조의2, 200조의4, 213조의2 제포·구속적부심 심문(48시간 이내)214조의2			증거개시 검사의 거부통지(지체없이 : 48시간 이내)266조의3
50	영장제포·현행범체포·구속(70조, 200조의2, 201조, 214조) 주거불명인 경미사건(다액 50만원↓벌금·구류·과료)214조			선서·증언거부(50만원 이하 과태료)161조
70				국선변호인 필요적 선정(70세 이상)33조 참여재판 배심원 면제사유(70세 이상)국참법20조
90	사경 송부 사건불송치 관계서류 검사의 반환(재수사 요청, 90일 이내)245조의5			
100			변정소란 후 지재(100↓과태료)	
500	증인불출석 과태료(500만원↓)100조의2			경미사건의 피고인 불출석(다액 500만원↓벌금·과료)277조 경미사건의 변형허가시 피고인 불출석(다액 500만원↓벌금·구료·금고)277조 불출석중인 제재 과태료(500만원↓)151조
1,000	피고인 보석조건 위반 후 과태료(1,000만원↓)102조			

백광훈 형사소송법 숫자 정리

	수사	공소제기	공판	상소/특별절차
지체x/즉시	사법경찰관의 시정조치(수사협력 45조) 구속통지(88조) 보석 전 검사의견(97조) 긴급체포시 검사의 승인(200조의3) 긴급체포서 작성(200조의3) 긴급체포 후 구속영장청구(200조의4) 현행범 체포 후 석방(200조) 구속전피의자심문 기일·장소 통지(201조의2) 체포현장에서 압수·수색·검증청구(216조) 증인신문 서류 판사송부(221조의2) 피의자 진술 영상녹화 통지(244조의2) 피의자 통지(즉/타)(258조) 재정결정 후 담당검사 지정(262조)		기피당한 법관의 의견서 제출(20조) 증거개시 제한 후 통지(266조의3)	상소 접수통지(361조의2) 즉결심판 정식재판청구서를 경찰서장은 판사에게 송부(즉심법14조)
1	국선변호인 효력(1인 이상)규칙15조 구속전피의자심문(다음 날)201조의2 고소취소기간(1심 판결 선고 전)232조 참여변호인 지정(1인 이상)245조의3 전문수사자문위원 수(1인 이상)245조의3	고소취소기간(1심 판결 선고 전)232조 정식재판청구·구류·과료·벌금 공소시효(1년)249조 공소취소기간(1심 판결 선고 전)255조	국선변호인 수(1인)규칙15조 전문심리위원 수(1인 이상)279조의4 항소부 관할(사·무·단1)법조32조	항소심 제출(1심법원에)359조 약식명령 후 정식재판청구 취하(1심 판결 선고 전)454조
2	수사목적 통신제한조치(2월)통비법6조 범인의 구속기간(2개월, 심급마다 2차 연장-필요하면 3차)O92조		최초의 공사송달기간(2주)64조 검사의 출석없이 개정함(2회)278조 배심원 결격사유(집행유예 선고기간 완료 후~2년 미경과)국참법17조	소년범 장기[2]유기형(성대적 정기형)소년법60조
3	증거보전 기각결정 항고(3일 이내)184조 긴급체포 요건(사·무·장1)200조의3 고소·고발 사건처리(3월 이내)257조 재정신청 접수적힝고 예외(항고의 대한 불처분 3개월 경과)260조 재정결정 처리기간(3월 이내)262조	장기5 지격정지 공소시효(3년)249조	기피신청 후 사유소명(3일 이내)19조 대표변호인 수(3인)32조의2 국선변호인 선정사유(사·무·단1)33조 무죄판결시 소송비용보상청구(무죄확정 안 날~3년)제194조의3 피고인 불출석(장기3)징역·금고~불출석 허가)277조	이의서 철부 항고법원 송부(3일 이내)408조 형사보상(재판이 확정된 사실 안 날~3년)형보법8조
4	국가안보 목적 통신제한조치(4월)통비법7조			
5		장5 징역·금고 공소시효(5년)249조 장10 자격정지·벌금 공소시효(5년)249조 배심원 면제사유(5년 이내 배심원후보자 선정)국참법20조 배심원 결격사유(실형선고 후 집행 종료/면제~5년 미경과)국참법17조	사물관할 소송서류 송부(5일)규칙4조 2회 공사송달(5일)64조 무죄판결시 소송비용보상청구(무죄확정~5년)제194조의3 공소장 부본 송달(5일)266조 재정(공판기일 유예기간(5일 이상)269조 예비 배심원 수(5인 이내)국참법14조	항고심 당사자 통지(5일)411조 법무부장관 사형집행 명한 때(5일 이내)466조 즉심 유치명령(5일)즉심법17조 형사보상(재판이 확정된 때~5년)형보법8조
6	임의동행(6시간 초과 경찰서 유치X)경직법3조 친고죄 고소기간(안 날로부터 6월)230조			사형집행의 명령(6월 이내)465조
7	시정조치 검토 위한 검사의 사건기록등본 송부요구에 대한 사경의 기록등본 송부(7일 이내)수사협력45조 사경 검사에 대한 사건송치(7일 이내)수사협력45조 통신제한조치통지(7일 이내)통비법12조의2 한 보안관찰처분청구(7일)규칙178조 영장유효기간(7일)규칙178조 보석청구 후 법원의 결정(7일 이내)규칙55조 보증금 환부(7일 이내)104조 사경 사건불송치 고소인등 통지(7일 이내)245조의6 고소·고발(즉/불)통지(7일 이내)258조 고소·고발인 불기소이유 고지(7일 이내)259조	장10 징역·금고 공소시효(7일 이내)249조 공소취소통지(7일 이내)258조	토지관할 소송서류 송부(7일 이내)규칙3조 증인이 다시 불출석 → 감치(7일 이내)151조 피고인의견서 제출(7일 이내)266조의2 참여재판 서면 제출기간(7일 이내)국참법8조 기타 사건의 배심원 수(7인)국참법13조	약식명령 정식재판청구(7일 이내)451조 즉결심판 정식재판청구(7일 이내)즉심법14조 (7일 이내)국참법14조 항소 제기기간(7일)358조 상고 제기기간(7일)374조

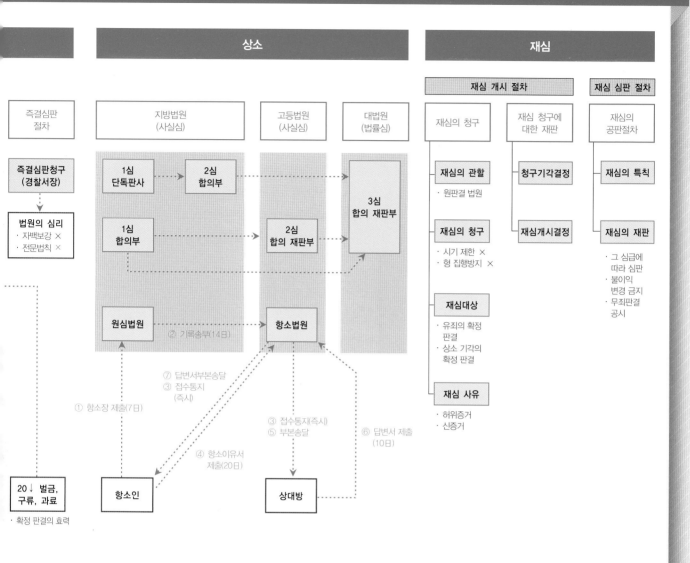

상소

재심

즉결심판 절차	지방법원 (사실심)	고등법원 (사실심)	대법원 (법률심)	재심 개시 절차		재심 심판 절차

재심 개시 절차 / 재심 심판 절차

재심의 청구 / 재심 청구에 대한 재판 / 재심의 공판절차

즉결심판절차

즉결심판청구
(경찰서장)

법원의 심리
· 자백보강 ✕
· 전문법칙 ✕

20↓ 벌금,
구류, 과료

· 확정 판결의 효력

지방법원 (사실심)

1심
단독판사 → 2심
합의부

1심
합의부

원심법원

② 기록송부(14日)

항소인

고등법원 (사실심)

2심
합의 재판부

항소법원

상대방

대법원 (법률심)

3심
합의 재판부

① 항소장 제출(7日)

⑦ 답변서부본송달
③ 접수통지
(즉시)

③ 접수통지(즉시)
⑤ 부본송달

④ 항소이유서
제출(20日)

⑥ 답변서 제출
(10日)

재심의 청구

재심의 관할
· 원판결 법원

재심의 청구
· 시기 제한 ✕
· 형 집행방지 ✕

재심대상
· 유죄의 확정
판결
· 상소 기각의
확정 판결

재심 사유
· 허위증거
· 신증거

재심 청구에 대한 재판

청구기각결정

재심개시결정

재심의 공판절차

재심의 특칙

재심의 재판

· 그 심급에
따라 심판
· 불이익
변경 금지
· 무죄판결
공시

※ 상소 ┬ 불이익변경금지: 선고형 기준. 모든 불이익 처분
        │ (피고인만 상소)
        └ 일부상소: 상소불가분 원칙
          (수죄병합)

2025

백광훈 통합 형사소송법

백광훈 편저

_____ 기본서

1권

메가 공무원 × 경단기

박영사

백광훈 통합 형사소송법 제9판

독자 여러분들의 호응 덕분에 올해도 2025년 시험대비 개정 제9판을 펴내게 되었다.

제9판의 개정사항은 아래와 같이 요약해 볼 수 있다.

① 이전 판 출간 이후 법령의 개정을 반영하였다.

대표적으로 ㉠ 2023.10.12. 개정 성폭력범죄의 처벌 등에 관한 특례법에서는 19세 미만 피해자와 신체적·정신적 장애로 사물을 변별하거나 의사를 결정하는 능력이 미약한 피해자의 진술이 영상녹화된 영상녹화물은 피고인 등에게 반대신문기회가 보장된 경우 등에 한해 증거로 할 수 있도록 하고, 변호사가 없는 19세 미만 피해자 등에 대한 국선변호사 선정 등 수사 및 재판절차에서의 여러 보호조치들을 마련하였고, ㉡ 2023.10.17. 개정 검사와 사법경찰관의 상호협력과 일반적 수사준칙에 관한 규정에서는 수사기관이 고소·고발을 받은 경우에 수리하도록 명시하고 각종 수사기한을 정비하는 등의 여러 변화가 있었으며, ㉢ 2024.2.13. 개정 형사소송법에서는 피고인이 형사처분을 면할 목적으로 국외에 있는 기간 동안 의제 공소시효기간의 진행이 정지되도록 하였다. 위와 같은 법령의 개정을 반영하기 위해서 전반적인 수정·보완이 불가피하였음을 밝혀둔다.

② 2024년 1월 11일까지 판시된 대법원 판례들을 비롯한 최신 판례의 내용을 수록하였다. 대표적으로 검사 작성의 공범자에 대한 피의자신문조서의 증거능력 인정요건에 관한 대법원의 명시적인 판례가 내려져 이를 반영하였다.

③ 그동안 발견된 오탈자를 바로잡았다. 이외에는 초판의 집필원칙을 유지하였다.

지면을 빌려, 제9판의 편집·교정·제작과정에 전문적인 손길과 헌신적인 노력으로 임해 주신 도서출판 박영사의 임직원님들에게 심심한 사의를 표하고 싶다.

2024년 5월
백광훈

학습문의 http://cafe.daum.net/jplpexam (백광훈형사법수험연구소)

PREFACE

| 머리말 |

백광훈 통합 형사소송법 제8판

제7판에 대한 독자 여러분의 과분한 호응에 힘입어 올해에도 2024년 시험대비 개정 제8판을 출간하게 되었다.

제8판의 개정사항을 정리하면 아래와 같다.

① 2022.9.10. 시행된 2022.5.9. 개정 형사소송법(법률 제18862호)은, 검사는 송치요구 등에 따라 사법경찰관으로부터 송치받은 사건 등에 관하여는 동일성을 해치지 아니하는 범위 내에서만 수사할 수 있도록 하고, 사법경찰관으로부터 수사결과 불송치결정을 받아 이의신청을 할 수 있는 주체에서 고발인을 제외하는 등의 내용을 담고 있고, 역시 같은 날 시행된 개정 검찰청법(법률 제18861호)은 검사가 수사를 개시할 수 있는 범죄의 범위에서 공직자범죄, 선거범죄, 방위사업범죄, 대형참사 등 4개 범죄를 제외하고, 검사는 자신이 수사개시한 범죄에 대하여는 공소를 제기할 수 없도록 하는 등의 내용을 담고 있다. 금번 개정판에서는 위와 같은 주요 법률의 개정내용을 비롯하여 최근 법령의 개정내용을 반영하였다.
② 2023년 1월 31일까지 판시된 대법원 판례들을 비롯한 최신 판례의 내용을 반영하였다.
③ 기존의 판례정리 부분은 전체적으로 재검토하여 학습에 도움이 되도록 수정·보완하였다.
④ 그동안 발견된 오탈자를 바로잡았다.
⑤ 이외에는 초판의 집필원칙을 준수하였다.

끝으로, 전판에 이어 개정 제8판의 출간을 기꺼이 허락해 주시고, 편집과 교정작업에 헌신적인 노력을 해 주신 도서출판 박영사의 임직원님들에게 깊은 감사를 드린다.

2023년 4월
백 광 훈
학습문의 http://cafe.daum.net/jplpexam (백광훈형사법수험연구소)

백광훈 형사소송법 제7판

제6판에 대한 독자 제현의 호응에 힘입어 올해에도 2023년 시험 대비 개정 제7판을 출간하게 되었다.

제7판의 특징을 요약하면 아래와 같다.

① 영상재판 등의 확대를 담은 2021년 8월 17일 개정 형사소송법(시행 2021.11.18.)과 각종 영장의 사본교부의무를 담은 2022년 2월 3일 개정 형사소송법(시행 2022.2.3.)을 비롯하여 최근 법령의 개정내용을 반영하였다.

② 2022년 2월 11일까지 판시된 대법원 판례들을 비롯하여 최신 판례의 내용을 반영하였다.

③ 2022년 3월 형사소송법 핵지총 OX 교재가 출간됨에 따라 이 책에 들어 있던 OX 문제들을 모두 뺌으로써 분량을 조절하였다.

④ 그동안 발견된 오탈자를 바로잡았다.

⑤ 이외에는 초판의 집필원칙을 준수하였다.

끝으로, 전판에 이어 제7판의 출간을 맡아 주신 도서출판 박영사의 임직원님들의 노고에 깊은 감사를 드린다.

2022년 4월

백 광 훈

학습문의 http://cafe.daum.net/jplpexam (백광훈형사법수험연구소)

백광훈 형사소송법 제6판

제5판에 대한 독자 여러분의 과분한 호응 덕분에 2022년 시험 대비 개정 제6판을 출간하게 되었다.

이번 제6판은 큰 폭의 개정작업을 진행한 것인데, 그 주요 특징은 아래와 같다.

① '검·경 수사권 조정'의 내용을 담은 법령 개정을 자세하게 반영하면서도 본서의 체제에 어울리도록 각 해당 절차에서 알기 쉽게 정리하고자 하였다.
  ㉠ 2020년 2월 4일 「형사소송법」과 「검찰청법」 개정에 의하여 사법경찰관에게는 1차적 수사권과 수사종결 권이, 검사에게는 제한적 수사개시권과 사법경찰관의 수사에 대한 감독권이, 고소인·피해자 등에게는 일정한 이의신청권이 부여되었다. 이는 다수의 제도가 신설되었음을 의미한다.
  ㉡ 검·경 수사권 조정과 공판중심주의의 강화 및 피고인의 방어권 보장을 도모하기 위해 검사가 작성한 피의자신문조서의 증거능력을 규정한 제312조 제1항이 개정되었는데, 이는 2022년 1월 1일부터 시행될 예정이지만 독자들이 2022년에 치러지는 각종 시험을 준비한다는 점을 고려하여 이 또한 상세히 설명하고 반영하였다.
  ㉢ 2020년 1월에 제정되고 12월에 일부 개정된 「고위공직자범죄수사처 설치 및 운영에 관한 법률」의 주요 내용을 요약·소개하였다.
  ㉣ 형사소송법이 개정됨에 따라 2020년 12월 일부 개정된 대법원규칙인 「형사소송규칙」의 내용을 반영하였다.
  ㉤ 형사소송법이 개정됨에 따라 2020년 10월 새롭게 제정된 대통령령인 「검사와 사법경찰관의 상호협력과 일반적 수사준칙에 관한 규정」의 내용을 체계적으로 수록하였다.

② 2020년 12월 개정 「형사소송법」을 반영하였다. 이는 두 가지 내용을 담고 있다.
  ㉠ 로펌 등의 변호사 경력자가 법관으로 임용되기 전에 소속된 로펌·기업에 대한 재판에 있어서 공정한 재판의 침해를 방지하기 위한 제척사유가 신설되었다(형사소송법 제17조 제8호, 제9호). 소위 '후관 예우 방지' 규정이다.
  ㉡ 우리말에 맞게 순화한 형사소송법의 개정이 이루어졌다. 이는 1954년 제정되어 시행된 현행 형사소송법에 계속 남아있는 제정 당시의 어려운 한자어, 일본식 표현, 어법에 맞지 않는 문장, 일상적인 언어 사용 규범에도 맞지 않는 내용을 일반 국민들이 그 내용을 쉽게 이해할 수 있도록 함에 그 이유가 있다고 한다. 필자의 강의에서는 이 개정 형사소송법을 '우리말 순화 개정 형사소송법'이라 부르고 있다. 2020년 12월 우리말 순화 개정 형사소송법의 시행은 2021년 12월 9일부터이지만 역시 독자들의 응시 일정을 고려하여 완벽하게 반영하였다. 다만, '우리말 순화 개정 형사소송법'의 내용을 들여다보면 동일한 표현을 사용한 조문에 대해서 일부는 개정되고 일부는 개정되지 않았거나 다소 무리한 개정으로 보이는 부분도 없지 않다. 법률을 지도하는 입장에서 아쉬운 부분이 아닐 수 없다.

③ 이외에 형사절차 관련 법령들의 개정내용을 반영하였다.

④ 2020년 11월 19일까지 판시된 대법원 판례들을 반영하였다. 이후 판시된 대법원 판례들은 예년과 다름없이 추후 최신판례특강 등의 강의를 통해서 보충할 계획이다.

⑤ 그동안 발견된 오탈자 등을 바로잡았다.

⑥ 이외에는 초판의 집필원칙을 준수하였다.

끝으로, 전판에 이어 제6판의 출간도 도맡아주신 도서출판 박영사의 임직원님들의 노고에 깊은 감사를 드린다.

2021년 4월

백 광 훈

학습문의 http://cafe.daum.net/jplpexam (백광훈형사법수험연구소)

PREFACE

백광훈 형사소송법 제5판

제4판에 대한 독자 여러분의 지속적인 호응에 힘입어 2021년 시험 대비판이라 할 수 있는 제5판 개정판을 내어놓는다.

제5판의 특징은 다음과 같이 요약된다.

① 최근까지 개정된 법령의 내용을 충실히 반영하였다. 특히 2019년 12월 31일에는 형사소송법이 개정되어 제137조와 제216조 제1항 제1호에 긴급성 요건이 추가되었고, 제405조와 제416조의 즉시항고와 준항고 제기기간이 종래의 3일에서 7일로 변경되었으므로, 이를 반영하였다.
또한 2020년 2월 4일에는 수사권 조정 및 검사 작성 피의자신문조서의 증거능력 인정 요건에 관한 형사소송법 개정이 있었으므로(아직 시행되기 전의 상태임) 이를 적절한 선에서 반영하였다.
② 최근까지 판시된 최신판례의 내용을 반영하여, 2019년 11월까지 판시된 대법원 판례들을 반영하였다. 이외에는 전판의 집필원칙을 준수하였다.

전판에 이어 제5판의 출간에도 많은 도움을 주신 도서출판 박영사의 임직원님들에게 심심한 감사를 드린다.

2020년 3월

백 광 훈

학습문의 http://cafe.daum.net/jplpexam (백광훈형사법수험연구소)

백광훈 형사소송법 제4판

제3판에 대한 독자 여러분의 과분한 호응에 힘입어 2020년 시험 대비판이라 할 수 있는 제4판 개정판을 1년 만에 내어놓는다.

제4판의 특징은 다음과 같이 요약된다.

① 최근까지의 헌법재판소의 중요 결정들을 충실히 반영하였다. 예컨대, 변호인의 피의자신문 참여권이 헌법상 기본권이라는 헌재결정(헌법재판소 2017.11.30, 2016헌마503), 변호인 되려는 자의 피의자 등과의 접견교통권도 헌법상 기본권이라는 헌재결정(헌법재판소 2019.2.28, 2015헌마1204), 통신비 밀보호법상 소위 패킷감청 규정은 헌법에 합치되지 아니한다는 헌재결정(헌법재판소 2018.8.30, 2016헌마263), 즉시항고 제기기간을 3일로 제한한 형사소송법 제405조는 헌법에 합치되지 아니한다는 헌재결정(헌법재판소 2018.12.27, 2015헌바77, 2015헌마832) 등이 본 개정판에 반영되었다.
② 작년에도 변함없이 대법원에서는 많은 형사판결을 내려졌는바, 본 개정판에서는 2018년 11월 1일까지 판시된 대법원 판례들을 충실히 반영하였다. ③ 2018년에 시행된 각종 국가시험의 최신기출문제들을 반영하였다. 이외에는 이전 판까지 준수하고자 한 본서의 집필원칙에 충실하고자 하였다.

끝으로 『백광훈형사소송법』은 금번 제4판부터 『LOGOS 형법』과 마찬가지로 도서출판 박영사에서 새로 출간하게 되었다. 본서의 출간에 많은 도움을 주신 도서출판 박영사의 임직원님들에게 심심한 감사를 드린다.

2019년 4월
백 광 훈
www.logoslaw.net

백광훈 형사소송법 제3판

작년에 출간된 형사소송법 제2판에 대한 독자 여러분의 호응에 힘입어 제3판 개정판을 내어놓는다.

제3판에서는 ① 공무원이 아닌 자가 작성하는 서류와 법원이 피고인을 소환하기 위하여 발부하는 소환장에 기명날인(記名捺印) 외에 서명도 허용하는 형사소송법 개정법률(법률 제15164호, 2017.12.12, 일부 개정, 시행 2017.12.12.)과 약식명령에 대하여 청구된 정식재판에 있어서 '불이익변경의 금지'를 '형종 상향의 금지'로 대체하고 양형 상향 시 양형 이유를 기재하도록 한 형사소송법 개정법률(법률 제15257호, 2017.12.19, 일부개정, 시행 2017.12.19.)을 반영하였고, ② 2017년 9월까지 판시된 대법원 최신판례를 수록하였으며, ③ 2017년에 시행된 국가직 7급 공무원시험 등 최신기출문제를 반영하였다. 이외에는 이전 판까지 준수하고자 한 본서의 집필원칙에 충실하였다. 끝으로 본서의 교정작업에 헌신해준 연구원님과 친애하는 제자 문식 · 영재 · 지혜 · 한빛 · 준혁에게 고마운 마음을 전하고, 전판에 이어 제3판의 출간에 힘써준 ST Unitas의 임직원님들에게 심심한 사의를 표한다.

2018년 2월

백 광 훈

www.logoslaw.net

백광훈 형사소송법 제2판

작년에 출간된 형사소송법 제1판에 대한 독자 여러분의 호응은 상상 이상이었다. 필자의 법검단기·공단기 온라인·오프라인 형사소송법 강의의 수강생 인원이 날이 갈수록 대폭 늘어나고, 형사소송법 학습에 관한질문도 거의 매일 다수 제기되었다. 독자들의 형사소송법에 대한 학구열과 관심은 그만큼 뜨겁고 진지하였던 것이다. 이제 2017년 새 이론강의가 시작됨에 발맞추어 수많은 독자들의 호응에 힘입어 형사소송법 기본서 제2판을 내어놓는다.

수험공부를 하는 사람들 사이에서는 "이해 없는 정리는 사상누각이고, 정리 없는 이해는 실전에서 허약하다."는 말이 종종 회자된다. 이해와 정리는 고득점 또는 합격을 위한 두 개의 바퀴라는 의미인데, 20여 년간 수험생들을 지도하고 제자들의 성공과 실패를 수없이 경험하면서 느낀 필자의 지론에 의하자면, 이 해와 정리 중 그래도 조금이라도 더 중요한 것은 역시 기본에 대한 '이해'일 것이다. 시험장에 실제 다녀온 제자들도 "시험을 치르고 나니 기본이 중요하다는 점을 절실히 느낍니다."라고 이구동성으로 말한다.

사실 '정리'라는 것도 '이해'를 충실히 하면 자연스레 이루어지는 것이고, 일정한 이해도가 있어야만 합격의 요건인 '안 정성 있는 자기 점수대'를 만들 수 있다. 원론적인 이야기를 하여 새삼스럽지만, 형사소송법 제2판을 준비하면서 '이해 가 되는 책'을 써야 한다는 신인이었을 때의 초심을 가지고 임했다는 점을 기록 해두고 싶었다. 수험서라고 하여 '독자 들의 내용에 대한 이해'라는 본질적 목표에서 자유로운 것은 아니기 때문이다. 본서의 제1판 출간 직후 시작되어 오늘 날에 이르는 개정작업의 나날은 '이해가 되면 정리도 쉽다.'는 자명한 명제를 형사소송법 제2판에서 더욱 더 완벽하게 구현해내고자 한 투쟁의 시간과도 같았다.

초판에서 밝혔던 집필의 원칙은 ① LOGOS 형법의 체제와 일관된 형사소송법 기본서, ② 기출지문의 꼼꼼한 수록 과 혼동되기 쉬운 부분의 비교정리, ③ 명쾌한 설명에 의한 개념의 이해와 핵심사항의 선명한 요약, ④ 이론과 판 례의 단단한 연결을 통한 완벽한 판례정리, ⑤ 최신 개정법령 및 최신 판례의 완벽한 반영과 수록의 다섯 가지였는데, 제2판에서는 특히 ②번의 기출지문과 본문의 유기적 연결과 ④번의 이론을 통한 판례의 이해와 판례를 통한 이론의 정리에 보다 역점을 두었음을 확인해두고자 한다. 이론정리와 관련해서는 주관식 시험도 준비하는 독자들의 요청을 수용하여 답안지에 서술하기에 적정한 분량의 이론·학설정리를 빠짐없이 각주에 보강하였으나, 객관식 시험만 준비하는 독자들은 참고만 하여도 무방할 것이다. 더불어 제1판 발행 후 다소 개정된 형사소송규칙 등 개정법령과 2016년 12월까지 판시된 대법원 판례도 관련된 이론과 연결하여 반영하고 일목요연하게 정리하였다.

끝으로 본서의 교정작업에 헌신해준 연구원님과 친애하는 제자 이준혁, 조문식에게 고마운 마음을 전하고, 초판에 이어 제2판의 출간을 도맡아준 ST Unitas의 윤성혁·이정진 대표이사님, 조세원 부대표님, 김조헌 실장님 이하 임직원님들에게 심심한 사의를 표한다.

2017년 5월

백 광 훈

www.logoslaw.net

백광훈 형사소송법

필자는 원래 모교인 연세대학교 대학원에서 형사소송법상 검사제도를 주제로 석사논문을 제출하고, 박사 과정에서도 영미의 증거개시제도 등 형사소송법 분야의 주제를 가지고 연구하여 왔으며, 2000년도부터 국무총리실 산하 한국형사정책연구원에서 근무하면서 형사소송법 분야의 국내외 연구논문들과 검찰청에 보관되어 있는 형사재판확정기록 등의 실무자료들을 조사한 결과를 토대로 형사사법제도의 개혁을 위한 연구보고서를 매년 국가에 제출하였고, 기관에 위탁교육을 신청한 사법연수원생들의 형사법과목을 지도하였으며, 미란다원칙(Miranda Rule)이나 녹음·녹화자료의 증거능력 부여방안 등 형사소송법 분야의 논문들을 잡지에 기고해왔고, 대학에서는 형법과 형사소송법을 강의하고 학생들에게 학점을 부여해왔다. 그럼에도 불구하고 1996년부터 사법시험·공무원시험을 가르치는 학원강사로 일하는 근 20년 동안 여러 이유로 형법만을 지도하여 왔다. 그러던 중 2016년도에 들어 필자가 총괄대표로 책임을 맡고 있는 법검단기·공단기의 법원직 및 검찰·교정·보호·마약수사·철도경찰직의 형사소송법 강의를 맡을 수밖에 없는 상황이 발생하게 되어, 차제에 평소 틈틈이 써놓은 원고를 다듬어 수험용 형사소송법 기본서, 요약집, 기출문제집 등의 일련의 시리즈를 펴내게 되었다.

원래 필자의 LOGOS 형법 시리즈들이 독자들의 과분한 사랑을 받고 있던 상황에서, 비록 평소 써둔 형사소송법의 원고가 있었다고 하여도, LOGOS 형법 시리즈만큼의 완성도를 가진 형사소송법 수험서 시리즈를 출간하는 것에는 많은 노력이 필요했다.

또한 형사소송법은 그 절차법적 특징으로 인하여 법률 개정이 잦을 수밖에 없는데, 본서에서는 이를 철저히 반영하고자 하였다. 최근에만 하더라도, ① 2015년도에는 가. 보조인이 될 수 있는 자가 없거나 장애 등의 사유로 보조인으로서 역할을 할 수 없는 경우에는 피고인 또는 피의자와 신뢰관계 있는 자가 보조인이 될 수 있도록 하고(제29조 제2항 신설), 나. 법원의 구속집행정지 결정에 대한 검사의 즉시항고권을 삭제하며(제101조 제3항 삭제), 다. 사람을 살해한 범죄(종범은 제외한다)로 사형에 해당하는 범죄에 대하여 공소시효를 폐지하고, 이 법 시행 전 행하여진 범죄로써 이 법 시행 당시 공소시효가 완성되지 아니한 범죄에 대하여도 이를 적용하도록 하고(제253조의2 신설, 부칙 제2조), 라. 제471조 제1항 제1호의 형집행정지 및 그 연장에 관한 사항을 심의하기 위하여 각 지방검찰청에 형집행정지 심의위원회를 두도록 하며(제471조의2 신설), 마. 판결 선고 후 판결 확정 전 미결구금일수(판결선고 당일의 구금일수를 포함한다) 전부를 본형에 산입하는(제482조 제1항) 개정이 있었다(법률 제13454호, 2015.7.31, 일부개정). ② 2016년 올해에 들어서도, 1월에는 가. 벌금, 과료, 추징, 과태료, 소송비용 또는 비용배상의 분할납부, 납부연기 및 납부대행기관을 통한 납부 등 납부방법에 필요한 사항은 법무부령으로 정하도록 하고(제477조 제6항 신설, 2018.1.7. 시행), 나. 재정신청 기각결정에 대하여 즉시항고를 할 수 있도록 하며(제262조 제4항 전단), 다. 재정신청이 있으면 재정결정이 확정될 때까지 공소시효의 진행이 정지되도록 하는(제262조의4 제1항) 개정이 있었고(법률 제13720호, 2016.1.6, 일부개정), 5월에는 가. 재판장은 피해자, 증인 등 사건관계인의 생명 또는 신체의 안전을 현저히 해칠 우려가 있는 경우에는 소송계속 중의 관계 서류 또는 증거물의 열람·복사에 앞서 사건관계인의 성명 등 개인정보가 공개되지 아니하도록 보호조치를 할 수 있고(제35조 제1항·제3항·제4항), 나. 제313조 제1항 본문에도 불구하고 진술서(피고인 또는 피고인 아닌 자가 작성하였거나 진술한 내용이 포함된 문자·사진·영상 등의 정보로서 컴퓨터용디스크, 그 밖에 이와 비슷한 정보저장매체에 저장된 것을 포함한다)의 작성자가 공판준비나 공판기일에서 그 성립의 진정을 부인하는 경우에는 과학적 분석결과에 기초한 디지털포렌식 자료, 감정 등 객관적 방법으로 성립의 진정함이 증명되는 때에는 증거로 할 수 있도록 하되, 피고인 아닌 자가 작성한 진술서는 피고인 또는 변호인이 공판준비 또는 공판기일에 그 기재 내용에 관하여 작성자를 신문할 수 있었을 것을 요하며(제313조 및 제314조), 다. 재심에서 무죄의 선고를 한 때 피고인 등 재심을 청구한 사람이 원하지 아니하는 경우에는 재심무죄판결을 공시하지 아니할 수 있도록 하는(제 440조) 개정이 있었다(법률 제14179호, 2016.5.29, 일부개정). 이외 6월 27일에는 형사소송규칙도 일부 개정되었다. 본서는 위와 같은 최근의 법개정과 더불어 최신 대법원판례를 충실히 반영하고자 하였다. 이러한 백광훈 형사소송법 기본서의 특징이자 목표를 요약하자면, ① LOGOS 형법의 체제와 일관된 형사소송법 기본서, ② 기출지문의 꼼꼼한 수록과 혼동되기 쉬운 부분의 비교정리, ③ 명쾌한 설명에 의한 개념의 이해와 핵심사항의 선명한 요약, ④ 이론과 판례의 단단한 연결을 통한 완벽한 판례정리, ⑤ 최신 개정법령 및 최신 판례의 완벽한 반영과 수록으로 대변할 수 있을 것이다. 이러한 목표가 잘 이루어졌는지는 현명하신 독자들의 판단에 맡기고자 한다.

끝으로, 본서의 출간을 기다려온 제자님들에 대해서는 출간이 늦어진 점에 대해 진심으로 사과드린다. 정성을 다해 쓴 교재이니 잘 읽어주시길 바라며, 이제는 제자들과 독자들의 애정어린 비판과 관심을 바랄 뿐이다. 또한 필자의 법검단기 법원·검찰·교정·보호·마약수사·철도경찰직 학생들과 신영식·이선재 선생을 비롯한 각 과목 담당교수님들 그리고 언제나 애쓰시는 우리 임직원님들과 본서의 출간의 기쁨을 나누고 싶다. 더불어 본서의 교정작업에 헌신해준 제자 김기백·차은선·조여정·임한울·전미령과 2편과 5편의 원고정리에 수고해준 안병준·양현준 님과 마지막 교정을 도와준 김영재·신지혜·조문식·현한빛에게 깊은 감사를 드리며, 본서의 출간을 기꺼이 허락해주신 ST&BOOKS의 임직원님들께 심심한 사의를 표하는 바이다. 또한 지면을 빌려, 부족한 제자에게 학은을 베풀어주신 모교의 이형국·박상기 교수님께 고개 숙여 존경과 감사의 말씀을 올리고, 본서를 쓰면서 필자가 참조한 주옥같은 형사소송법 교과서들과 논문들을 남겨주신 존경하는 학자님들과 명판결들을 남겨주신 대한민국 대법관님들에게 깊은 경 의를 표하며, 이 시간에도 법원·검찰·마약수사·교정·경찰·보호·출입국관리·철도경찰 등의 분야에서 묵묵히 형사사법업무에 임하고 있는 대한민국의 공직자님들에게 깊은 감사를 표함을 기록해두고자 한다.

2016년 8월

백 광 훈

www.logoslaw.net

STRUCTURE

| 구성과 특징 |

1 도표로 제시한 핵심포인트

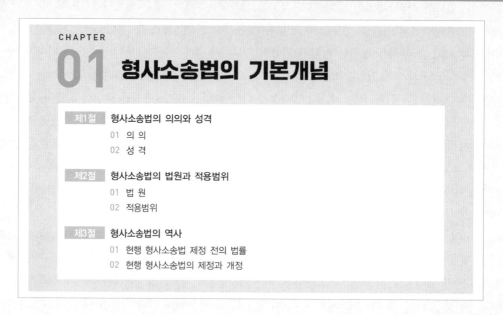

각 장을 시작하면서 후술할 내용의 구조를 도표화하여 학습에 앞서 전체적인 논리를 파악하고 준비할 수 있도록 하였다. 이는 세부사항에만 몰두하여 중요한 맥락에 대한 이해를 놓치지 않도록 함으로써 효과적인 학습을 돕기 위함이다.

2 최근 출제경향 분석

📂 5개년 출제경향 분석

구분	경찰간부				경찰승진					경찰채용				국가7급					국가9급				법원9급					변호사			
	19	20	21	22	23	20	21	22	23	24	20	21	22	23	24	19	20	21	22	23	20	21	22	23	24	19	20	21	22	23	20	21	22	23	24
제1절 형사소송법의 의의와 성격																			1																
제2절 형사소송법의 법원과 적용범위							1	2	1																										
제3절 형사소송법의 역사																																			
출제율	0/200 (0.0%)					3/200 (1.5%)					1/160 (0.6%)					1/100 (1.0%)					0/115 (0.0%)					0/125 (0.0%)					0/200 (0.0%)				

각종 시험의 출제횟수와 비율을 분석하여 각 장의 도입부에 제시하였다. 이를 통해 출제경향에 따른 학습방향을 설계할 수 있도록 하였다.

3 개념과 이론

제**1**절 │ 형사소송법의 의의와 성격

01 의 의

Ⅰ 개 념

형사소송법(刑事訴訟法, criminal procedural law, Strafprozessrecht, Droit de procédure pénale)은 **형법을 적용 · 실현하기 위한 형사절차를 규정하는 법률**이다. 즉, 형사소송법은 추상적 형벌법규(에 형법 제250조 제1항 : 사람을 살해한 자는 사형, 무기 또는 5년 이상의 징역에 처한다.)를 구체적인 범죄사실(에 甲이 乙을 살해하였다.)에 적용하는 절차[수사 – 공판(공소제기 – 공판 – 재판확정) – 형집행]를 규정한 법으로서, 형법 및 형집행법과 함께 우리나라 형사법의 한 축을 구성한다. 이러한 형사소송법은 형사절차법의 의미로 새겨야 한다.[1]

---

1) [보충1 – 협의의 형사소송법과 광의의 형사소송법] 형사절차란 범죄에 대하여 국가의 형벌권을 실현하는 절차로서 수사절차, 공판절차, 형집행절차로 구성되어 있다. 수사절차란 범인을 발견하고 증거를 수집하기 위한 절차이고, 공판절차란 법원이 사실을 밝히고 적정한 형을 선고하는 절차이며, 형집행절차란 확정된 형을 집행하는 절차를 말한다. 이러한 의미에서 형사소송법의 대상은 단지 소(訴)를 송(訟)하여 재판을 하는 공소제기 후 판결확정까지의 법원의 공판절차에 한정(협의의 형사소송법)되는 것이 아니고, 기소 선의 수사절차 및 재판확정 후의 형의 집행절차까지 포함(광의의 형사소송법)된다고 보아야 한다. 이러한 의미에서 형사소송법이라는 용어는 형사절차법의 의미로 사용되고 있다.
[보충2 – 민사소송법과의 비교] 형사소송법도 형법과 마찬가지로 유죄자 처벌, 무죄자 불벌이라는 형사사법의 정의(正義)를 지향하는 것은 마찬가지이다. 민사분쟁이 발생하면 사적 자치의 원칙이 적용되므로 반드시 민사소송법이 정한 절차에 따를 것을 요하지 않는 데 비해(민법은 민사소송법에 의하지 않아도 실현), 형법은 반드시 형사소송법이 정한 형사절차에 의하여 실현되어야 한다. [경찰간부 13]
2) 본서에서는 법률의 명칭을 대부분 약칭으로 부른다. 권두의 일러두기 참조.

정확한 개념을 견지하면서도 수험생이 이해하기 쉽도록 간결하게 서술하였다. 중요내용은 음영과 굵은 서체로 표기하였고, 추가적인 설명이 필요한 부분은 각주로 처리하여 본문독해에 효율성을 기하면서도 쉽게 이해할 수 있도록 하였다.

4 풍부한 판례연구

판례연구 공판조서의 필요적 기재사항

대법원 2023.6.15, 2023도3038
법원이 공소장변경허가신청에 대한 결정을 공판정에서 고지한 사실과 공판조서의 필요적 기재사항 여부
법원은 검사의 공소장변경허가신청에 대해 결정의 형식으로 이를 허가 또는 불허가하고, 법원의 허가 여부 결정은 공판정 외에서 별도의 결정서를 작성하여 고지하거나 공판정에서 구술로 하고 공판조서에 기재할 수도 있다. 만일 공소장변경허가 여부 결정을 공판정에서 고지하였다면 그 사실은 공판조서의 필요적 기재사항이다(형사소송법 제51조 제2항 제14호). 공소장변경허가신청이 있음에도 공소장변경허가 여부 결정을 명시적으로 하지 않은 채 공판절차를 진행하면 현실적 심판대상이 된 공소사실이 무엇인지 불명확하여 피고인의 방어권 행사에 영향을 줄 수 있으므로 공소장변경허가 여부 결정은 위와 같은 형식으로 명시적인 결정을 하는 것이 바람직하다.

형사소송법 최신 중요판례를 본문 곳곳에 수록하였다. 해당 이론과 관련된 판례를 바로 하단에 배치함으로써 학습의 흐름을 이어가며 판례학습과 이론암기를 동시에 진행할 수 있도록 하였다.

Terminology Summary

| 용어정리 |

주요 법령 및 약칭

- 가정폭력범죄의 처벌 등에 관한 특례법 → 가폭법
- 검사의 사법경찰관리에 대한 수사지휘 및 사법경찰관리의 수사준칙에 관한 규정(대통령령) → 수사준칙
- 검찰사건사무규칙 → 검사규
- 검찰청법 → 검찰
- 경찰관직무집행법 → 경직
- 공직선거법 → 공선
- 교통사고처리특례법 → 교특
- 국민의 형사재판 참여에 관한 법률 → 국참
- 국민의 형사재판 참여에 관한 규칙 → 국참규
- 대한민국헌법 → 헌법
- 민사소송법 → 민소
- 법원조직법 → 법조
- 성매매알선 등 행위의 처벌에 관한 법률 → 성매매법
- 성폭력범죄 사건의 심리·재판 및 피해자 보호에 관한 규칙 → 성폭심리규
- 성폭력범죄의 처벌 등에 관한 특례법 → 성폭법
- 소년법 → 소년
- 소송촉진 등에 관한 특례법 → 소촉
- 소송촉진 등에 관한 특례규칙 → 소촉규
- 아동·청소년의 성보호에 관한 법률 → 아청법
- 즉결심판에 관한 절차법 → 즉심
- 집회와 시위에 관한 법률 → 집시법
- 특정강력범죄 처벌에 관한 특례법 → 특강(법)
- 특정경제범죄 가중처벌 등에 관한 법률 → 특경법
- 특정범죄 가중처벌 등에 관한 법률 → 특가법
- 폭력행위 등 처벌에 관한 법률 → 폭처법
- 헌법재판소법 → 헌재
- 형법 → 형법
- 형사보상 및 명예회복에 관한 법률 → 형보법
- 형사소송법 → 법 또는 생략
- 형사소송규칙(대법원규칙) → 규칙
- 형사소송비용 등에 관한 법률 → 형비
- 형의 집행 및 수용자의 처우에 관한 법률 → 형집행법

※ 이외 재판예규 등은 해당 부분에서 적절히 축약하여 씀

주요 참고문헌 및 약칭

- 강구진, 형사소송법원론, 1982 → 강구진
- 김재환, 형사소송법, 2013 → 김재환
- 노명선/이완규, 형사소송법, 2009 → 노/이
- 배종대/이상돈/정승환/이주원, 신형사소송법, 2013 → 배/이/정/이
- 법무부, 개정 형사소송법, 2007 → 법무부개정법해설
- 법원행정처, 법원실무제요, 형사 Ⅰ·Ⅱ → 법원실무 Ⅰ·Ⅱ
- 법원행정처, 형사소송법 개정법률 해설, 2007 → 법원개정법해설
- 손동권/신이철, 새로운 형사소송법, 2013 → 손/신
- 신동운, 신형사소송법, 2015 → 신동운
- 심희기/양동철, 신형사소송법판례, 2009 → 심/양
- 이은모, 형사소송법, 2014 → 이은모
- 이재상/조균석, 형사소송법, 2015 → 이/조
- 이창현, 형사소송법, 2015 → 이창현
- 임동규, 형사소송법, 2015 → 임동규
- 정영석/이형국, 형사소송법, 1996 → 정/이
- 정웅석/백승민, 형사소송법, 2012 → 정/백
- 정주형, 형사소송법 강의안, 2014 → 정주형
- 차용석/최용성, 형사소송법, 2009 → 차/최
- 형사판례연구회, 형사판례연구 → 형판연구

판례부호 해설

- 고단 : 형사1단독사건
- 고합 : 형사1심합의사건
- 노 : 형사항소사건
- 도 : 형사상고사건
- 로 : 형사항고사건
- 모 : 형사재항고사건
- 보 : 형사준항고사건
- 오 : 비상상고사건
- 재 : 재심사건(단, 재심사건이 상소되면 '재'를 붙이지 않음)
- 감도 : 치료감호상고사건
- 전도 : 부착명령상고사건[이상과 관련하여, 이외의 사건부호는 「사건별 부호문자의 부여에 관한 예규」(재판예규 제 1615호) 참조]
- 헌가 : 위헌법률심판사건
- 헌마 : 제1종 헌법소원심판사건
- 헌바 : 제2종 헌법소원심판사건

최근 5개년 출제경향 분석

제1편 서론

제1장 형사소송법의 기본개념

구분	경찰간부					경찰승진					경찰채용					국가7급					국가9급					법원9급					변호사				
	19	20	21	22	23	20	21	22	23	24	20	21	22	23	24	19	20	21	22	23	20	21	22	23	24	19	20	21	22	23	20	21	22	23	24
제1절 형사소송법의 의의와 성격																				1															
제2절 형사소송법의 법원과 적용범위							1	2	1																										
제3절 형사소송법의 역사																																			
출제율	0/200 (0.0%)					3/200 (1.5%)					1/160 (0.6%)					1/100 (1.0%)					0/115 (0.0%)					0/125 (0.0%)					0/200 (0.0%)				

제2장 형사소송법의 이념과 구조

구분	경찰간부					경찰승진					경찰채용					국가7급					국가9급					법원9급					변호사				
	19	20	21	22	23	20	21	22	23	24	20	21	22	23	24	19	20	21	22	23	20	21	22	23	24	19	20	21	22	23	20	21	22	23	24
제1절 형사소송법의 지도이념	1	1	1			1	3	1	1		2						1		1			1	1												
제2절 형사소송의 기본구조							1																												
출제율	3/200 (1.5%)					7/200 (3.5%)					2/160 (1.3%)					2/100 (2.0%)					2/115 (1.7%)					0/125 (0.0%)					0/200 (0.0%)				

제2편 소송주체와 소송행위

제1장 소송의 주체

구분	경찰간부					경찰승진					경찰채용					국가7급					국가9급					법원9급					변호사				
	19	20	21	22	23	20	21	22	23	24	20	21	22	23	24	19	20	21	22	23	20	21	22	23	24	19	20	21	22	23	20	21	22	23	24
제1절 소송주체의 의의																1			1																
제2절 법원	2	1											1				1	1		1	2		1	1		2		1	2	2	1	1			1
제3절 검사																								1	1										
제4절 피고인	2	2					4		1				1				1	1						1			1	2		2					1
제5절 변호인	1	1	1			2	1	1	2		2	2				2							1	1			1		1						1
출제율	10/200 (5.0%)					11/200 (5.5%)					6/160 (3.8%)					11/100 (11.0%)					11/115 (9.6%)					14/125 (11.2%)					6/200 (3.0%)				

제2장 소송행위

구분	경찰간부					경찰승진					경찰채용					국가7급					국가9급					법원9급					변호사				
	19	20	21	22	23	20	21	22	23	24	20	21	22	23	24	19	20	21	22	23	20	21	22	23	24	19	20	21	22	23	20	21	22	23	24
제1절 소송행위의 의의와 종류	1															2	1		1	1	1					1	1	1		1					
제2절 소송행위의 일반적 요소																			1	1															
제3절 소송행위의 가치판단																				1										1					
제4절 소송조건		1																																	
출제율	2/200 (1.0%)					0/200 (0.0%)					0/160 (0.0%)					8/100 (8.0%)					1/115 (0.9%)					5/125 (4.0%)					0/200 (0.0%)				

제3편 수사와 공소

제1장 수사

구분	경찰간부					경찰승진					경찰채용					국가7급					국가9급					법원9급					변호사				
	19	20	21	22	23	20	21	22	23	24	20	21	22	23	24	19	20	21	22	23	20	21	22	23	24	19	20	21	22	23	20	21	22	23	24
제1절 수사의 의의와 구조				1	1	1	1	2	2		1	4						1																	
제2절 수사의 개시		2	1	2	1	2	5	3	3	2	3	2	4	2	1		1		2		1	1			1	1	1	1	1	1			1	1	1
제3절 임의수사	3	1	1	2	2	2	5	1	1	1	4		1	1	1			1						1			1							2	
출제율	16/200 (8.0%)					31/200 (15.5%)					24/160 (15.0%)					5/100 (5.0%)					5/115 (4.3%)					6/125 (4.8%)					5/200 (2.5%)				

제2장 강제처분과 강제수사

구분	경찰간부					경찰승진					경찰채용					국가7급					국가9급					법원9급					변호사				
	19	20	21	22	23	20	21	22	23	24	20	21	22	23	24	19	20	21	22	23	20	21	22	23	24	19	20	21	22	23	20	21	22	23	24
제1절 체포와 구속	4	4	4		2	7	4	6	3	7	5	3	4	4	2	2	1	2	2	1	2	2		1	1	4	1	1	2	3	4	1	1	2	
제2절 압수·수색·검증·감정	3	3	4	2	2	4	5	3	3	3	3	3	3	3	2	1	1	2	1	2	1	2	4	1	2	1	2	1	1	2	1	1	2	2	1
제3절 수사상의 증거보전		1				1		1	1						2																				
출제율	29/200 (14.5%)					48/200 (24.0%)					34/160 (21.3%)					15/100 (15.0%)					16/115 (13.9%)					18/125 (14.4%)					15/200 (7.5%)				

제3장 수사의 종결

구분	경찰간부					경찰승진					경찰채용					국가7급					국가9급					법원9급					변호사				
	19	20	21	22	23	20	21	22	23	24	20	21	22	23	24	19	20	21	22	23	20	21	22	23	24	19	20	21	22	23	20	21	22	23	24
제1절 사법경찰관과 검사의 수사종결		1	1		1	2		2	1			1	2																					1	
제2절 공소제기 후의 수사	1	1	1				1	1	1			1								1	1		1	1		1		1	1					1	1
출제율	6/200 (3.0%)					8/200 (4.0%)					4/160 (2.5%)					1/100 (1.0%)					3/115 (2.6%)					3/125 (2.4%)					3/200 (1.5%)				

제4장 공소의 제기

구분	경찰간부					경찰승진					경찰채용					국가7급					국가9급					법원9급					변호사				
	19	20	21	22	23	20	21	22	23	24	20	21	22	23	24	19	20	21	22	23	20	21	22	23	24	19	20	21	22	23	20	21	22	23	24
제1절 공소와 공소권이론																																			
제2절 공소제기의 기본원칙	1									1							1																		
제3절 공소제기의 방식	1	3	1							1		2	2			2	1	1		1		1	1		1	2	1	2	2		2		1		
제4절 공소제기의 효과			2						1	1						1	1						1	1				1							1
제5절 공소시효	1	1	1			1	1	1			1	1				1			1	1	1	1			1	2	1		1		1	2		1	1
출제율	11/200 (5.5%)					8/200 (4.0%)					6/160 (3.8%)					11/100 (11.0%)					10/115 (8.7%)					12/125 (9.6%)					9/200 (4.5%)				

제4편 공판

제1장 공판절차

구분	경찰간부					경찰승진					경찰채용					국가7급					국가9급					법원9급					변호사				
	19	20	21	22	23	20	21	22	23	24	20	21	22	23	24	19	20	21	22	23	20	21	22	23	24	19	20	21	22	23	20	21	22	23	24
제1절 공판절차의 기본원칙										2									1										1						1
제2절 공판심리의 범위										1																									
제3절 공판의 준비		1																1		1					1										
제4절 증거개시																	1		1				1					1							
제5절 공판정의 심리									1	1		1					1							1		1		1	1						
제6절 공판기일의 절차		1	1			1			2			2				1		1	1	1	1	1	1	1	1							1	1	1	1
제7절 증인신문·감정과 검증	3	1					2		3	1	1	2					2	1	1	1		1	1	2	1	1	2	2	1	1			1		2
제8절 공판절차의 특칙	2	1	3				1	1	1			1				1		1		1		1	2					1	1		1	1		1	
출제율	13/200 (6.5%)					17/200 (8.5%)					7/160 (4.4%)					17/100 (17.0%)					16/115 (13.9%)					17/125 (13.6%)					8/200 (4.0%)				

제2장 증거

구분	경찰간부					경찰승진					경찰채용					국가7급					국가9급					법원9급					변호사				
	19	20	21	22	23	20	21	22	23	24	20	21	22	23	24	19	20	21	22	23	20	21	22	23	24	19	20	21	22	23	20	21	22	23	24
제1절 증거법 일반	1		1				1	1	1	1					2					1				1										1	1
제2절 증명의 기본원칙	1	1					1		1	2	2	1	2	1	2	1		1	1		1	1		1			1						1		
제3절 자백배제법칙	1		1				1	1	1	1	2		1	1	2														1						
제4절 위법수집증거배제법칙	1		1			1	2	3	3	1	3	2	1		2		1					1		1			1	1	1		2	1	1	2	1
제5절 전문법칙	1	2	2	4	1	3	1	3	3	4	1	3	5	2	3	2	2	1	2		1	2	3	2	1	1		1			3	4	3		1
제6절 당사자의 동의와 증거능력	1	2	2	1		1	1			1	1	1	1	1	1				1		1	1					1				1	1	1	1	
제7절 탄핵증거		1	1				1						1	1	1				1	1														1	
제8절 자백의 보강법칙	1	1	1	1		1		1		1						1	1										1		1		1	1	1	1	1
제9절 공판조서의 배타적 증명력																													1						
출제율	30/200 (15.0%)					46/200 (23.0%)					46/160 (28.8%)					18/100 (18.0%)					18/115 (15.7%)					13/125 (10.4%)					31/200 (15.5%)				

제3장 재판

구분	경찰간부					경찰승진					경찰채용					국가7급					국가9급					법원9급					변호사				
	19	20	21	22	23	20	21	22	23	24	20	21	22	23	24	19	20	21	22	23	20	21	22	23	24	19	20	21	22	23	20	21	22	23	24
제1절 재판의 기본개념																																			
제2절 종국재판	1	1	2				1		1	1		1						3	1	1	1	1		1	1	1	1	1	2	1	1	2	2		1
제3절 재판의 확정과 효력						1		1	1															1			1								1
제4절 소송비용 및 기타절차																												1							
출제율	4/200 (2.0%)					6/200 (3.0%)					1/160 (0.6%)					5/100 (5.0%)					5/115 (4.3%)					8/125 (6.4%)					7/200 (3.5%)				

제5편 상소 · 비상구제절차 · 특별절차

제1장 상소

구분	경찰간부					경찰승진					경찰채용					국가7급					국가9급					법원9급					변호사				
	19	20	21	22	23	20	21	22	23	24	20	21	22	23	24	19	20	21	22	23	20	21	22	23	24	19	20	21	22	23	20	21	22	23	24
제1절 상소	2	2	1			2		1					1	1			2	2	1	2	1	2	1	1	2	1	3	2	2	2				1	1
제2절 항소	1		1					1	1										1			1				1	1		2	1					
제3절 상고			1													1										1		1							1
제4절 항고		1	1										1			1		1		1		1						1		1	1				1
출제율	10/200 (5.0%)					5/200 (2.5%)					3/160 (1.9%)					12/100 (12.0%)					9/115 (7.8%)					19/125 (15.2%)					5/200 (2.5%)				

제2장 비상구제절차

구분	경찰간부					경찰승진					경찰채용					국가7급					국가9급					법원9급					변호사				
	19	20	21	22	23	20	21	22	23	24	20	21	22	23	24	19	20	21	22	23	20	21	22	23	24	19	20	21	22	23	20	21	22	23	24
제1절 재심	1	1					1						1				1	1	1		1		1	1		1	1		1		1	2	1		
제2절 비상상고																														1					
출제율	2/200 (1.0%)					1/200 (0.5%)					1/160 (0.6%)					3/100 (3.0%)					3/115 (2.6%)					4/125 (3.2%)					4/200 (2.0%)				

제3장 재판의 집행과 형사보상

구분	경찰간부					경찰승진					경찰채용					국가7급					국가9급					법원9급					변호사				
	19	20	21	22	23	20	21	22	23	24	20	21	22	23	24	19	20	21	22	23	20	21	22	23	24	19	20	21	22	23	20	21	22	23	24
제1절 재판의 집행																				1															
제2절 형사보상																																			
출제율	0/200 (0.0%)					0/200 (0.0%)					0/160 (0.0%)					1/100 (1.0%)					0/115 (0.0%)					0/125 (0.0%)					0/200 (0.0%)				

제4장 특별절차

구분	경찰간부					경찰승진					경찰채용					국가7급					국가9급					법원9급					변호사				
	19	20	21	22	23	20	21	22	23	24	20	21	22	23	24	19	20	21	22	23	20	21	22	23	24	19	20	21	22	23	20	21	22	23	24
제1절 약식절차		1	1			1	1		1	1	1	1						1	1								2	1							2
제2절 즉결심판절차	1		1				1	1					1									1							1						
제3절 소년형사절차														1	1																				
제4절 배상명령절차와 범죄피해자 구조제도	1	1												1	1									1				1							
출제율	6/200 (3.0%)					8/200 (4.0%)					5/160 (3.1%)					4/100 (4.0%)					1/115 (0.9%)					4/125 (3.2%)					2/200 (1.0%)				

종합문제

구분	경찰간부					경찰승진					경찰채용					국가7급					국가9급					법원9급					변호사				
	19	20	21	22	23	20	21	22	23	24	20	21	22	23	24	19	20	21	22	23	20	21	22	23	24	19	20	21	22	23	20	21	22	23	24
종합문제					2									1	1				1											2	1	2			2
출제율	2/200 (1.0%)					0/200 (0.0%)					2/160 (1.3%)					1/100 (1.0%)					0/115 (0.0%)					2/125 (1.6%)					5/200 (2.5%)				

CONTENTS
| 차 례 |

PART 03 수사와 공소

CHAPTER 01 수 사

CHAPTER 02 강제처분과 강제수사

CHAPTER 03 수사의 종결

CHAPTER 04 공소의 제기

CONTENTS
| 차 례 |

PART 04 공 판

CHAPTER 01 공판절차

CHAPTER 02 증 거

CONTENTS
| 차 례 |

출제경향 분석

구분	제1장 형사소송법의 기본개념	제2장 형사소송법의 이념과 구조
경찰간부	0/200 (0.0%)	3/200 (1.5%)
경찰승진	3/200 (1.5%)	7/200 (3.5%)
경찰채용	1/160 (0.6%)	2/160 (1.3%)
국가7급	1/100 (1.0%)	2/100 (2.0%)
국가9급	0/115 (0.0%)	2/115 (1.7%)
법원9급	0/125 (0.0%)	0/125 (0.0%)
변호사	0/200 (0.0%)	0/200 (0.0%)

PART

01

서 론

CHAPTER
01 형사소송법의 기본개념

5개년 출제경향 분석

구분	경찰간부					경찰승진					경찰채용					국가7급					국가9급					법원9급					변호사				
	19	20	21	22	23	20	21	22	23	24	20	21	22	23	24	19	20	21	22	23	20	21	22	23	24	19	20	21	22	23	20	21	22	23	24
제1절 형사소송법의 의의와 성격																				1															
제2절 형사소송법의 법원과 적용범위							1	2	1																										
제3절 형사소송법의 역사																																			
출제율	0/200 (0.0%)					3/200 (1.5%)					1/160 (0.6%)					1/100 (1.0%)					0/115 (0.0%)					0/125 (0.0%)					0/200 (0.0%)				

제1절 | 형사소송법의 의의와 성격

01 의 의

Ⅰ 개 념

형사소송법(刑事訴訟法, criminal procedural law, Strafprozessrecht, Droit de procédure pénale)은 **형법을 적용·실현하기 위한 형사절차를 규정하는 법률**이다. 즉, 형사소송법은 추상적 형벌법규(**예** 형법 제250조 제1항 : 사람을 살해한 자는 사형, 무기 또는 5년 이상의 징역에 처한다.)를 구체적인 범죄사실(**예** 甲이 乙을 살해하였다.)에 적용하는 절차[수사 – 공판(공소제기 – 공판 – 재판확정) – 형집행]를 규정한 법으로서, 형법 및 형집행법과 함께 우리나라 형사법의 한 축을 구성한다. 이러한 형사소송법은 형사절차법의 의미로 새겨야 한다.[1]

Ⅱ 형사절차법정주의

1. 의 의

(1) **개념** : 형사절차법정주의라 함은 형사절차는 국회에서 제정한 법률로서 규정하여야 한다는 원칙을 말한다. 형법에서도 죄형법정주의의 원칙이 엄수되어야 하듯이 형벌권을 실현하는 절차에서 개인의 자유 침해를 억제함으로써 피의자·피고인의 인권보장을 도모하는 것이 형사절차법정주의의 취지이다. 이 점에서 형사소송법은 피의자·피고인의 마그나 카르타(Magna Charta)라 할 수 있다.

(2) **현대적 의의** : 죄형법정주의에 있어서 적정성원칙(적정한 법률 없으면 범죄도 없고 형벌도 없다는 원칙으로서, 입법 자체의 정당성과 죄형균형원칙을 내용으로 함)이 요구되듯이, 형사절차법정주의에 있어서도 단순히 형사절차를 법률에 의하여 규정할 것을 의미하는 데 그치는 것이 아니라, **적정한 절차**를 규정한 법률에 의한 형사절차가 이루어져야 한다. 이것이 형사절차법정주의의 현대적 의의이다.

2. 근 거

대한민국의 최고규범인 대한민국헌법(본서에서는 헌법이라 약칭[2]) 제12조 제1항에서는 "누구든지 법률에 의하지 아니하고는 체포·구속·압수·수색 또는 심문을 받지 아니하며, 법률과 적법한 절차에 의하지 아니하고는 처벌·보안처분 또는 강제노역을 받지 아니한다."라고 규정하고 있다. 이는 형법의 최고이념인 죄형법정주의 이외에 형사소송법의 기본이념인 형사절차법정주의를 선언한 것이다.

3. 내 용

(1) **법률유보주의** : 형사절차에서 피의자·피고인의 인권을 제한하기 위해서는 국회에서 제정한 법률에 그 근거가 있어야 한다.

(2) **적정절차의 원칙** : 단순히 절차의 형식적 법정을 의미하는 것이 아니라, 법정된 형사절차는 적정한 절차(due process)이어야 한다.

---

1) [보충1 – 협의의 형사소송법과 광의의 형사소송법] 형사절차란 범죄에 대하여 국가의 형벌권을 실현하는 절차로서 수사절차, 공판절차, 형집행절차로 구성되어 있다. 수사절차란 범인을 발견하고 증거를 수집하기 위한 절차이고, 공판절차란 법원이 사실을 밝히고 적정한 형을 선고하는 절차이며, 형집행절차란 확정된 형을 집행하는 절차를 말한다. 이러한 의미에서 형사소송법의 대상은 단지 소(訴)를 송(訟)하여 재판을 하는 공소제기 후 판결확정까지의 법원의 공판절차에 한정(협의의 형사소송법)되는 것이 아니고, 기소 전의 수사절차 및 재판확정 후의 형의 집행절차까지 포함(광의의 형사소송법)된다고 보아야 한다. 이러한 의미에서 형사소송법이라는 용어는 형사절차법의 의미로 사용되고 있다.
   [보충2 – 민사소송법과의 비교] 형사소송법도 형법과 마찬가지로 유죄자 처벌, 무죄자 불벌이라는 형사사법의 정의(正義)를 지향하는 것은 마찬가지이다. 민사분쟁이 발생하면 사적 자치의 원칙이 적용되므로 반드시 민사소송법이 정한 절차에 따를 것을 요하지 않는 데 비해(민법은 민사소송법에 의하지 않아도 실현), 형법은 반드시 형사소송법이 정한 형사절차에 의하여 실현되어야 한다. [경찰간부 13]

2) 본서에서는 법률의 명칭을 대부분 약칭으로 부른다. 권두의 일러두기 참조.

02 성 격

I 규범적 성격

1. 공 법

형사소송법은 형벌권의 주체인 국가와 피의자·피고인 등 개인과의 관계를 규율하는 공법이다. 따라서 국가와 개인 간의 **배분적 정의**와 개인의 국가에 대한 **법적 안정성**[1]이 강하게 작용하고, 사적 자치의 원칙이나 당사자처분주의는 최소로 작용할 뿐이다.

2. 사법법

사법(司法)이라 함은 정의를 실현하는 것, 즉 유죄자 처벌, 무죄자 불벌이라는 형벌권을 실현함을 말한다. 따라서 형사소송법은 국가의 사법작용의 행사방법을 규정하여 형사사건에 대하여 형벌권을 실현하는 사법법(司法法)이다. 행정법에서 합목적성의 원리가 강조되는 것에 비해, 형사소송법에서 **법적 안정성의 원리**가 강조되는 이유도 바로 여기에 있다.

> 보충 형법은 윤리적인 성격이 강하므로 사법법의 성격이 엄격하게 유지된다. 이에 비해 형사소송법은 기술적인 성격이 강하므로 수사절차·형집행절차에 있어서는 합목적성이 강조되기도 한다.

3. 절차법

형사소송법은 **무엇이 범죄이고 그 범죄에 대한 법률효과로서 어떠한 형벌 및 보안처분을 과할 것인가**, 즉 **국가형벌권의 발생요건과 법적 효과를 규정한 법률인 형법과는 구별**된다. 즉, ① 형법은 헌법상 **죄형법정주의**에 근거하여, 무엇이 범죄와 형벌인가는 실체를 정한 **정적·고정적** 기준을 제공하는 **실체법**이라는 점에서, 범죄행위를 해서는 안 된다는 **윤리적 의미**를 가지는 데 비해, ② 형사소송법은 헌법상 **형사절차법정주의**에 근거하여, 어떻게 국가의 형벌권을 실현할 것인가라는 절차를 정한 **동적·발전적** 기준을 제공하는 **절차법**이라는 점에서, 절차를 어떤 방식으로 진행해야 한다는 **기술적 의미**를 가진다.

II 사회적 성격

정치권력이 그 체제를 유지·강화하기 위한 수단으로 형벌권을 이용하여 온 것은 역사가 웅변으로 입증한다. 민법을 실현하는 민사소송법이 원고와 피고 간의 평균적 정의의 실현에 초점을 맞추고 있다면, 형법을 실현하는 형사소송법은 국가에 비해 상대적 약자인 피의자·피고인의 인권을 보호하는 데 그 초점을 둔다는 점에서, 역사적·규범적으로 형사소송법은 국가적·사회적 차원의 규범을 형성하는 정치적 의미와 성격을 가질 수밖에 없다. 형사소송법이 어느 시점의 사건과 정치적 상황에 따라 비교적 빈번하게 개정되는 것도 바로 여기에 기인한다.

---

[1] [보충] 법적 안정성(legal stability, Rechtssicherheit)이란 쉽게 말하면 법적으로 개인들이 안정적으로 생활할 수 있는 상태를 말한다. 이를 위해 형사소송법은 명확하여야 한다. 법적 안정성의 원리에 의해 한 번 형사처벌받은 사람은 동일한 사건에 대하여 다시 처벌되지 못하고, 공소시효가 완성된 사람은 처벌될 수 없는 등의 효과가 나타나게 된다.

제2절 | 형사소송법의 법원과 적용범위

01 법 원

I 의 의

법원(法源)이란 법의 연원(淵源) 내지 존재형식을 말한다. 따라서 형사소송법의 법원이란 형사소송법이 나오는 곳은 어느 법인가, 즉 형사소송법이 규정된 것이 어느 법령인가의 문제이다. 이러한 형사소송법의 법원은 **헌법, 실질적 의의의 형사소송법, 대법원규칙**이다.

II 헌 법

우리 헌법은 제12조 제1항에서 적법절차의 원칙을 천명하는 등 형사피의자·피의자의 기본권 인권과 형사재판에 관한 다수의 규정을 둠으로써 국가공권력의 남용으로 인한 기본적 인권의 침해를 방지하고 있다. 이러한 형사소송에 관한 헌법의 규정들은 단순한 지침을 넘어서 그 자체로서 형사절차를 지배하는 최고의 재판규범이라는 성격을 가진다. 이를 **헌법적 형사소송법**(형사소송의 헌법화)이라 한다. 따라서 이러한 헌법의 하위규범인 형사소송법은 인권침해의 위험성이 높은 형사절차에 있어서 **헌법의 구체화법**으로서의 성질을 가진다(헌법에 규정된 형사절차와 규정되지 않은 형사절차는 아래의 표 참조).

표정리 헌법에 규정된 형사절차와 규정되지 않은 형사절차

헌법에 규정된 형사절차	헌법에 규정되지 않은 형사절차
제12조 - 형사절차법정주의와 적정절차의 원칙(제1항) - 고문금지와 불이익진술거부권(제2항) [경찰채용 10 2차/13 1차] - 영장주의, 사후영장에 의한 체포(제3항, 제16조) [경찰간부 15] - 변호인의 조력을 받을 권리, 형사피고인의 국선변호인의 선정 (제4항) [경찰채용 10 2차] - 체포·구속의 이유 및 변호인선임권을 고지받을 권리와 피구속자의 가족 등의 구속사유 등을 고지받을 권리(제5항) - 체포·구속적부심사청구권(제6항) [경찰간부 15, 경찰승진 14, 경찰채용 10 2차] - 자백배제법칙과 자백보강법칙(제7항) [경찰승진 14, 경찰채용 10 2차/12 2차/13 1차] 제13조 : 일사부재리의 원칙(제1항) [경찰승진 14] 제27조 - 헌법과 법률이 정한 법관에 의한 재판을 받을 권리(제1항) - 군사법원의 재판을 받지 않을 권리(제2항) - 신속한 공개재판을 받을 권리(제3항) - 피고인의 무죄추정(제4항) [경찰간부 15, 경찰채용 12 2차] - 형사피해자의 법정진술권(제5항) [경찰채용 13 1차] 제28조 : 피의자·피고인의 형사보상청구권 [경찰간부 15, 경승14, 경찰채용 10 2차/13 1차] 제37조 : 과잉금지의 원칙(제2항) 제44조·제45조 : 국회의원의 불체포특권·면책특권 제84조 : 대통령의 소추상의 특권 제101조~제108조 : 법원의 조직과 권한	기피신청권(법 제18조) [경찰채용 12 2차] 구속취소청구권(법 제93조) 보석청구권(법 제94조) [경찰채용 10 2차] 증인신문권(법 제161조의2) 증거보전청구권(법 제184조) 특별사법경찰관리에 대한 검사의 수사지휘권(법 제245조의10 제2항) [경찰간부 15] 구속영장청구권(영장실질심사청구권, 법 제201조 제1항) [경찰채용 12 2차] 피고인의 공판기일출석권(법 제276조) [경찰채용 10 2차] 간이공판절차(법 제286조의2) [법원행시 03, 경찰채용 10 2차/12 2차] 증거신청권(법 제294조) 이의신청권(법 제296조, 제304조) 최후진술권(법 제303조) 변론재개신청권(법 제305조) 위법수집증거배제법칙(법 제308조의2) [경찰승진 14, 경찰채용 12 2차/13 1차] 전문법칙(법 제310조의2) [국가7급 09, 경찰채용 10 2차] 상소권(법 제338조) 불이익변경금지(법 제368조) [경찰승진 14] 공소장일본주의(규칙) [국가9급개론 11, 경찰간부 15] 집중심리주의 [경찰간부 15] 구두변론주의 [경찰간부 15] 배상명령(소촉법)

제109조 : 공개재판의 원칙

제110조 : 군사법원

제111조 : 헌법소원권(제1항 제5호)

정리1 구속 관련 절차는 헌법에 규정되어 있다. 다만, 구속영장발부청구권 · 보석청구권 · 구속취소청구권은 형사소송법에 있다.

정리2 증거 관련 절차 중 헌법에 규정되어 있는 것은 자백배제법칙 · 자백보강법칙뿐이다.

정리3 헌법을 못해서 (간이) 아픈 (증인) (영실)이는 (불이익)(기피)(전문)가인데, (공판기일)에 (위수증)(이의)를 (상소)전 (최후)(변론)에서 (보석)(구속취소)(배상)을 위해 (증거재판/보전/신청권)을 행사했다.
: 간/증/영/불/ 기/전/공/ 위/이/상/최/ 변/보/구/ 배/증보신재

Ⅲ 법 률

1. 형식적 의의의 형사소송법

협의의 형사소송법 개념으로서, 그 명칭이 '형사소송법'인 법률을 말한다. 1954.9.23.에 공포되고 최근 2020.12.8. 개정된 형사소송법전이 여기에 해당된다. 형식적 의의의 형사소송법은 가장 중요한 형사소송법의 법원이다.

2. 실질적 의의의 형사소송법

(1) **의의** : 광의의 형사소송법 개념으로서, 그 명칭 여하를 불문하고 그 내용(실질)이 형사절차를 규정하고 있는 법률을 총칭한다. 실질적 의의의 형사소송법은 크게 조직에 관한 법률, 특별절차에 관한 법률 및 기타의 법률로 나누어 볼 수 있다.

(2) **조직에 관한 법률** : 법원조직법(정부조직법 ×), 각급 법원의 설치와 관할구역에 관한 법률, 검찰청법, 변호사법, 사법경찰관리의 직무를 행할 자와 그 직무범위에 관한 법률, 경찰관직무집행법 등이 있다.

(3) **특별절차에 관한 법률** : 소년법, 즉결심판절차법, 치료감호법, 군사법원법, 조세범처벌절차법 등이 있다.

(4) **기타의 법률** : 형사소송비용 등에 관한 법률, 형사보상법, 형의 집행 및 수용자의 처우 등에 관한 법률, 사면법, 소송촉진 등에 관한 특례법, 국가보안법, 관세법, 범죄피해자구조법 등이 있다.

보충 폭력행위 등 처벌에 관한 법률, 특정범죄 가중처벌 등에 관한 법률, 군형법, 경범죄처벌법 등은 실질적 의의의 형사소송법이 아니라, 실질적 의의의 형법에 속한다.

Ⅳ 대법원규칙 · 대통령령과 부령 및 관습법과 판례

1. 대법원규칙

형사절차법정주의에 따르면 형식적 의의의 법률이 아닌 명령이나 규칙으로는 형사절차로는 정할 수 없음이 원칙이다. 대통령령으로 형사절차를 정할 수 없는 이유도 여기에 있다. 다만, **헌법 제108조**에 의하여 대법원은 법률에 저촉되지 아니하는 범위 안에서 소송에 관한 절차, 법원의 내부규율과 사무처리에 관한 규칙을 제정할 수 있으므로, 형사소송규칙 등 **대법원규칙은 형사소송법의 법원**이 된다. 이러한 대법원규칙에는 형사소송규칙, 공판정에서의 좌석에 관한 규칙, 법정에서의 방청 · 촬영 등에 관한 규칙, 법정 등의 질서유지를 위한 재판에 관한 규칙, 소년심판규칙, 소송촉진 등에 관한 특례 규칙, 형사소송비용법에 의한 일당 · 여비 · 숙박료에 관한 규칙 등이 있다.[1] 다만, **대법원예규는 형사소송법의 법원이 아니다.**

헌법재판소 1991.7.8, 91헌마42

사법부 내부의 복무지침이나 업무처리의 통일을 기하기 위하여 마련된 대법원예규는 소송관계인의 권리 · 의무에 영향을 미치지 않으므로 형사소송법의 법원이 아니다.

---

1) [참고] 법률우위설 : 헌법에 의하여 형사절차가 형식적 의의의 법률에 의할 것이 정해져 있다. 이는 형사절차에 관한 사항은 일반국민의 인권에 중대한 의미를 가지기 때문이다. 따라서 형사절차의 기본적 구조나 피고인 등 형사절차 관계인들의 이해에 관한 중요사항은 법률로써 정해야 한다. 이외에 주로 기술적인 사항에 관해서만 규칙으로 정할 수 있다고 보아야 한다. 또한 법률은 규칙보다 우위에 있으므로 동일한 사항에 관하여 형사소송법과 형사소송규칙의 내용이 모순되는 경우에는 당연히 형사소송법에 따라야 한다. 강구진, 14면.

2. 대통령령과 부령

법무부에서는 수사기관의 업무처리지침을 규율하는 각종 부령을 마련해놓고 있다. 예컨대, 사법경찰관리 집무규칙, 검찰사건사무규칙, 검찰압수물사무규칙, 검찰집행사무규칙, 검찰징수사무규칙 등이 그것이다. 다만, **부령(검찰사건사무규칙)에 대해서는 형사소송법의 법원성을 인정하지 않는 것**이 헌법재판소의 입장이다 (헌법재판소 1991.7.8, 91헌마42).

[정리] 행안부령 – 경 · 수 · 규

3. 관습법 · 판례

형법과 마찬가지로 관습법은 형사소송법의 법원이 될 수 없다. 또한 상급법원의 판단은 당해 사건에 관하여 하급심을 기속하나(법조 제8조), 법원의 판례가 보편적인 법규를 제정한 것이라 할 수는 없으므로, 판례도 형사소송법의 법원이 될 수 없다.

---

02 적용범위

Ⅰ 시간적 적용범위

1. 의 의

형사소송법은 시행시부터 폐지시까지 효력을 가지며, 형사소송법이 제정된 후 소송절차가 개시되었다면 당해 법률을 적용하면 된다. 다만, 소송절차의 진행 중 법률의 변경이 있는 경우에는 어느 법을 적용할 것인가가 문제된다.

2. 입법정책의 문제

형법에서는 행위시법상 죄가 아니던 것이 재판시법에 의하여 죄가 되면 재판시법의 소급효를 금지하는 것이 죄형법정주의의 파생원칙이다(형법 제1조 제1항 : 소급효금지원칙). 반면, **형사소송법에서는 개정된 절차를 적용하는 것은 당연한 의미가 있다는 점에서 소급효금지원칙이 적용되지 아니하므로**, 결국 구법과 신법 중 어느 법을 적용할 것인가는 **입법정책의 문제**에 불과하다. [경찰간부 13, 경찰채용 14 1차] 이에 형사소송법(2007.6. 개정)은 그 부칙에서, 법 시행 당시(08.1.1.) 수사 중이거나 법원에 계속 중인 사건에 대하여도 신법을 적용하되(신법주의), 구법에 따라 이미 행한 소송행위의 효력에는 영향이 없음(구법주의)을 규정하고 있다(구법 ○ + 신법 ○ = 혼합주의, 부칙 제2조).

> **대법원 2008.10.23, 2008도2826** [법원9급 12, 경찰간부 13/15, 경찰승진 12/13]
> 항소심이 신법 시행을 이유로 구법에 따른 제1심 소송절차의 효력을 부정하고 이를 다시 진행하는 것은 허용되지 않음
> 형사소송법 부칙(2007.6.1.) 제2조는 형사절차가 개시된 후 종결되기 전에 형사소송법이 개정된 경우 신법과 구법 중 어느 법을 적용할 것인지에 관한 입법례 중 이른바 혼합주의를 채택하여 구법 당시 진행된 소송행위의 효력은 그대로 인정하되 신법 시행 후의 소송절차에 대하여는 신법을 적용한다는 취지에서 규정된 것이다. 따라서 항소심이 신법 시행을 이유로 구법이 정한 바에 따라 적법하게 진행된 제1심의 증거조사절차 등을 위법하다고 보아 그 효력을 부정하고 다시 절차를 진행하는 것은 허용되지 아니하며, 다만 이미 적법하게 이루어진 소송행위의 효력을 부정하지 않는 범위 내에서 신법의 취지에 따라 절차를 진행하는 것은 허용된다.

Ⅱ 장소적 적용범위

1. 속지주의

형사소송법은 형법을 실현하는 법이므로 그 장소적 적용범위는 형법의 장소적 적용범위와 일치한다. 따라서 형법상 **속지주의 원칙**(형법 제2조)은 형사소송법에도 그대로 적용되어, **내국인과 외국인의 국내범**에 대한 형사절차에 대해서는 우리 형사소송법이 적용된다.

2. 치외법역

대한민국 영역 내라 하더라도 주한 외국대사관 등의 국제법상 치외법권 지역에서는 형사소송법이 적용되지 않는다. 마찬가지로, 대한민국 영역 외라 하더라도 대한민국의 영사재판권이 미치는 한국대사관 등의 지역에서는 우리의 형사소송법이 적용된다. [경찰간부 14] 다만, 대한민국 영역 외에 소재한 대한민국 **영사관**은 해당 국가의 영토에 속할 뿐이다. 판례도 외국인이 중국 북경시에 소재한 대한민국 영사관 내에서 여권발급신청서를 위조하였다는 취지의 공소사실에 대하여, 외국인의 **국외범**에 해당한다는 이유로 피고인에 대한 재판권이 없다고 판시한 바 있다(대법원 2006.9.22, 2006도5010). [국가급 17, 경찰간부 15]

III 인적 적용범위

1. 원 칙

형사소송법은 대한민국의 영역 내에 있는 모든 사람에게 적용된다. 이 경우 피의자·피고인의 국적·주거·범죄지는 따지지 않는다.

2. 예 외

(1) 국내법상 예외

① 대통령의 불소추특권 : 대통령은 내란 또는 외환죄를 제외하고는 재직 중 형사상 소추를 받지 아니한다(헌법 제84조). 따라서 내란 또는 외환의 죄를 제외한 다른 범죄에 대해서는 대통령에게는 **공소시효가 정지**된다.

② 국회의원의 면책특권·불체포특권 : 국회의원은 국회에서 직무상 행한 발언과 표결에 관하여 국회 외에서 책임을 지지 아니한다(헌법 제45조). 또한 현행범인을 제외하고는 회기 중 국회의 동의 없이 체포 또는 구금되지 아니한다(헌법 제44조 제1항). [경찰승진 13] 국회의원의 직무상 행한 발언과 표결은 그 **의사표현행위 자체에 국한되지 아니하고 이에 통상적으로 부수하여 행하여지는 행위(직무부수행위)까지 포함**하므로 [법원9급 12, 경찰채용 13 2차], 국회의원이 국회 본회의에서 질문할 원고를 사전에 국회의사당 내 기자실에서 배포한 경우(대법원 1992.9.22, 91도3317)나 국회 법사위에서 발언할 내용이 담긴 보도자료를 법사위 개의 당일 국회의원회관에서 기자들에게 배포한 행위(대법원 2011.5.13, 2009도14442) [법원9급 10, 국가7급 17, 경찰승진 12/13]는 면책특권 대상에 포함된다.

🔍 판례연구 국회의원의 면책특권과 직무부수행위

1. 대법원 1992.9.22, 91도3317 [국가7급 17, 경찰간부 14]
국회의원의 면책특권에 해당하는 사항에 공소제기되었을 때 이는 공소권이 없음에도 공소제기된 것이 되어 제327조 제2호의 공소제기절차가 법률의 규정에 위반하여 무효인 때에 해당하므로 공소기각판결을 내림이 마땅하다.

2. 대법원 2011.5.13, 2009도14442; 2007.1.12, 2005다57752
국회의원 면책특권의 취지 및 면책특권의 대상이 되는 행위의 범위와 판단기준
헌법 제45조는 "국회의원은 국회에서 직무상 행한 발언과 표결에 관하여 국회 외에서 책임을 지지 아니한다."라고 규정하여 국회의원의 면책특권을 인정하고 있다. 그 취지는 국회의원이 국민의 대표자로서 국회 내에서 자유롭게 발언하고 표결할 수 있도록 보장함으로써 국회가 입법 및 국정통제 등 헌법에 의하여 부여된 권한을 적정하게 행사하고 그 기능을 원활하게 수행할 수 있도록 보장하는 데에 있다. 따라서 면책특권의 대상이 되는 행위는 국회의 직무수행에 필수적인 국회의원의 국회 내에서의 직무상 발언과 표결이라는 의사표현행위 자체에만 국한되지 아니하고 이에 통상적으로 부수하여 행하여지는 행위까지 포함하며, 그와 같은 부수행위인지 여부는 구체적인 행위의 목적·장소·태양 등을 종합하여 개별적으로 판단하여야 한다.

---

(2) 국제법상 예외 : ① 외국의 원수, 그 가족 및 **대한민국 국민이 아닌** 수행자, ② 신임받은 외국의 사절, 그 직원 및 가족, ③ 승인받고 대한민국 영역 내에 주둔한 외국의 군인에 대해서는 우리 형사소송법이 적용되지 않는다(1961년 외교관계에 관한 비엔나 협약). 예컨대, **주한 외국대사를 공소제기한 경우에는 재판권이 없으므로 공소기각의 판결**을 하여야 하며(제327조 제1호) [경찰간부 13], 한미행정협정(이하 **SOFA**)[1]에 따라 주한

---

1) [참고] 대한민국과 아메리카 합중국 간의 상호방위조약 제4조에 의한 시설과 구역 및 대한민국에서의 합중국 군대의 지위에 관한 협정(Agreement

미군의 직무상 범죄에 대해서도 미국법이 우선적으로 적용된다. 다만, **미합중국 군대의 군속 중 통상적으로 대한민국에 거주하는 자에게는 SOFA상 미군 군속 관련 조항이 적용되지 아니하므로**[법원9급 12, 경찰간부 15, 경찰채용 13 2차], **한반도의 평시상태에서 대한민국이 미합중국 군대의 군속에 대하여 우리의 형사재판권을 바로 행사할 수 있다**(대법원 2006.5.11, 2005도798).

판례연구 미합중국 군대의 군속

대법원 2006.5.11, 2005도798 [법원9급 12, 경찰간부 15, 경찰채용 13 2차]

[1] 미합중국 군대의 군속 중 '통상적으로 대한민국에 거주하는 자'가 SOFA의 적용대상인지 여부(소극)

　　SOFA(1967.2.9. 조약 제232호로 발효되고, 2001.3.29. 조약 제553호로 최종 개정) 제1조 (가)항 전문(전문), (나)항 전문(전문), 같은 협정 제22조 제4항에 의하면, 미합중국 군대의 군속 중 통상적으로 대한민국에 거주하고 있는 자는 위 협정이 적용되는 군속의 개념에서 배제되므로, 그에 대하여는 대한민국의 형사재판권 등에 관하여 위 협정에서 정한 조항이 적용될 여지가 없다.

[2] 미합중국 국적을 가진 미합중국 군대의 군속인 피고인이 범행 당시 10년 넘게 대한민국에 머물면서 한국인 아내와 결혼하여 가정을 마련하고 직장 생활을 하는 등 생활근거지를 대한민국에 두고 있었던 사례

　　피고인은 SOFA에서 말하는 '통상적으로 대한민국에 거주하는 자'에 해당하므로, 피고인에게는 위 협정에서 정한 미합중국 군대의 군속에 관한 형사재판권 관련 조항이 적용될 수 없다.

[3] 한반도의 평시상태에서 대한민국이 미군의 군속에 대하여 형사재판권을 바로 행사할 수 있는지 여부(적극)

　　한반도의 평시상태에서 미합중국 군 당국은 미합중국 군대의 군속에 대하여 형사재판권을 가지지 않으므로, 미합중국 군대의 군속이 범한 범죄에 대하여 대한민국의 형사재판권과 미합중국 군 당국의 형사재판권이 경합하는 문제는 발생할 여지가 없고, 대한민국은 SOFA 제22조 제1항 (나)에 따라 미합중국 군대의 군속이 대한민국 영역 안에서 저지른 범죄로서 대한민국 법령에 의하여 처벌할 수 있는 범죄에 대한 형사재판권을 바로 행사할 수 있다.

제3절 형사소송법의 역사

01 현행 형사소송법 제정 전의 법률

1954년 형사소송법 제정 이전, 일제치하에서는 한일합방 후인 1912년 조선형사령에 의해 나폴레옹의 치죄법을 모방하여 직권주의 성격이 강한 1890년(명치 23년) 제정 일본 형사소송법이 적용되고 있었다. 해방 후에는 1948년 3월 20일 미군정법령 제176호로 형사소송법을 일부 개정하여 구속적부심사제도와 영장제도의 신설, 접견교통권의 보장, 보석제도의 강화 등이 이루어지면서 영미의 형사소송제도가 처음 도입되었다.

02 현행 형사소송법의 제정과 개정

현행 형사소송법은 1954년 9월 23일 법률 제314호로 공포되어, 동년 10월 14일부터 시행되었는데, 전체적으로 영미의 당사자주의적 소송구조와 대륙의 직권주의적 소송구조의 절충적 형태를 취하였다. 그 이후 현재까지 형사소송법은 거의 40차에 가깝게 개정을 거듭하여 최근 2020.12.8. 개정법에 이르고 있다. 특히 2007년도

---

under Article 4 of the Mutual Defence Treaty between the Republic of Korea and the United States of America, Regarding Facilities and Areas and the States of United Armed Forces in the Republic of Korea)으로, 약칭 SOFA(Status of Forces Agreement)라고 부른다.

에는 형사소송법의 대폭 개정이 이루어졌다(제17차 개정법률). 2007년 6월 1일 공포되어 2008년 1월 1일부터 시행된 2007년 개정 형사소송법에서는, 전반적으로는 당사자주의 소송구조를 강화하면서, 피의자와 피고인의 방어권을 보장하기 위하여 인신구속제도를 합리적으로 개선하고 보석조건을 다양화하였으며 수사절차에서 변호인의 참여권을 보장함과 아울러 재정신청제도를 개선하고 공판중심주의를 강화하였다. 또한 국민의 형사사법 참여에 관한 법률이 제정되어 배심원제도가 도입된 국민참여재판제도가 시행되었다. 또한 2020년 2월 개정 형사소송법에서는 2018년 6월 21일 법무부장관과 행정안전부장관이 발표한「검·경 수사권 조정 합의문」의 취지에 따라 검찰과 경찰이 수사, 공소제기 및 공소유지에 관하여 서로 협력할 수 있도록 하였고(이하 '수사권 조정 개정법'), 2020년 12월 개정 형사소송법에서는 1954년 제정 당시의 어려운 한자어, 일본식 표현, 어법에 맞지 않는 문장 등을 알기 쉬운 법률 문장으로 바꿈으로써 일반 국민들이 그 내용을 쉽게 이해할 수 있도록 하였다(이하 '우리말 순화 개정법').

이하에서는 본서의 특성상 이에 대한 상세한 소개는 생략하고, 큰 폭의 개정내용을 담았던 2007년 개정(17차 개정)과 2020년 개정 그리고 최근에 있었던 2022년 5월 개정에 대해서만 간단히 정리해보기로 한다.[1]

2007.6.1. 개정 형사소송법 주요내용

1. 재판확정기록의 열람·등사(법 제59조의2 신설) : 국민의 알권리를 보장하고 사법에 대한 국민의 신뢰를 제고하기 위하여 누구든 지 권리구제·학술연구 또는 공익적 목적으로 재판이 확정된 사건의 소송기록을 보관하고 있는 검찰청에 그 소송기록의 열람 또는 등사를 신청할 수 있도록 하고, 심리가 비공개로 진행된 경우 등 예외적인 경우에 한하여 이를 제한할 수 있도록 함.

2. 인신구속제도 및 압수수색제도의 합리적 개편(법 제70조 제2항 신설, 법 제92조·제98조·제99조·제200조의4·제217조)
   ① 구속사유를 심사함에 있어서 범죄의 중대성, 재범의 위험성, 피해자 및 중요 참고인 등에 대한 위해우려 등을 고려 [국가급 17]
   ② 충실한 심리와 피고인의 방어권 행사를 충분히 보장하기 위하여 법정 구속기간의 제한을 완화
   ③ 보석조건을 다양화
   ④ 긴급체포제도를 개선하여, 긴급체포를 한 경우 지체 없이 구속영장을 청구하도록 하되 영장청구시간은 48시간을 초과할 수 없 도록 하는 한편, 수사기관이 구속영장을 청구하지 아니하고 긴급체포한 피의자를 석방한 경우에는 법원에 사후 통지하는 제도 를 신설
   ⑤ 긴급압수수색의 남용을 방지하고 긴급체포에 대한 긴급압수수색의 독자성을 인정하기 위하여, 긴급성 요건을 추가하고, 긴급압 수수색이 허용되는 시간을 24시간으로 한정하며, 구속영장과는 별도로 지체 없이 압수수색영장을 청구하도록 하되 체포시로부 터 48시간을 넘을 수 없음.

3. 무죄판결과 비용보상(법 제194조의2 내지 제194조의5 신설) : 국가는 무죄판결이 확정된 경우에는 피고인이었던 자에 대하여 그 재판에 소요된 비용을 보상하도록 하는 제도를 신설함.

4. 피고인 및 피의자의 방어권 보장(법 제201조의2, 법 제243조의2 및 제244조의3 신설)
   ① 구속영장청구를 받은 판사는 원칙적으로 모든 피의자를 심문하도록 하되, 구속영장이 청구된 날의 다음 날까지 피의자를 심문 하도록 하는 한편, 검사 또는 사법경찰관의 신문에 대한 변호인의 참여를 허용하고, 검사 또는 사법경찰관의 신문에 대한 피의 자의 진술거부권을 구체적으로 규정
   ② 구속영장청구에 대한 피의자심문절차와 피의자에 대한 수사기관의 조사·신문절차를 합리적으로 개선함.

5. 공판중심주의적 법정심리절차의 도입(법 제221조 제1항, 법 제244조의2, 제266조의3 내지 제266조의16, 제267조의2 및 제275 조의3 신설, 법 제285조 내지 제287조, 제290조, 법 제291조의2 신설, 법 제292조, 법 제292조의2 및 제292조의3 신설, 법 제 294조, 법 제308조의2 신설, 법 제312조 및 제314조)
   ① 피고인 또는 변호인이 공소제기된 사건에 관한 서류 또는 물건의 열람·등사 등을 신청할 수 있도록 하는 증거개시 제도를 도 입하고, 이에 상응하여 검사도 피고인 또는 변호인에게 증거개시를 요구할 수 있도록 함.
   ② 공판기일 전에 쟁점정리 및 입증계획의 수립을 할 수 있도록 하는 공판준비절차 제도를 도입함으로써 심리를 효율적으로 운영 할 수 있도록 하고, 심리에 2일 이상이 필요한 경우에는 부득이한 사정이 없는 한 매일 계속하여 공판정을 개정하도록 함으로 써 집중심리가 가능하도록 함.
   ③ 증거조사절차를 개선하여 증거서류·증거물 등에 대한 조사방식을 보완하고, 검사 또는 변호인의 피고인신문은 원칙적으로 "증거조사 종료 후"에 할 수 있되, 재판장이 필요하다고 인정하는 때에는 증거조사가 완료되기 전이라도 피고인신문을 허가할 수 있음.
   ④ 조서의 증거능력과 관련하여, 검사가 피고인이 된 피의자의 진술을 기재한 조서의 성립의 진정을 피고인이 부인하는 경우에는

---

[1] 뒤의 정리는 법제처 제공 자료를 정리한 것이다.

영상녹화물이나 그 밖의 객관적인 방법에 의하여 증명되고 그 조서에 기재된 진술이 특히 신빙할 수 있는 상태에서 행하여졌음이 증명된 때에 한하여 증거로 할 수 있도록 하며, 참고인의 진술을 기재한 조서도 이에 준하여 증거능력을 인정하되, 반대신문권의 보장요건을 추가함.

⑤ 영상녹화절차 및 영상녹화의 증거능력과 관련하여 피의자의 경우에는 미리 이를 알려주고 영상녹화를 할 수 있도록 하되, 자의적인 영상녹화를 방지하기 위하여 조사의 개시부터 종료까지의 전 과정 및 객관적 정황을 영상 녹화하도록 하고, 참고인의 경우에는 동의를 얻어 영상 녹화할 수 있도록 함.

6. 재정신청제도의 합리적 개선(법 제260조 내지 제262조, 법 제262조의2·제262조의3 신설, 법 제262조의4, 법 제264조의2 신설)

① 재정신청의 대상범죄를 모든 범죄로 확대함으로써 국가 형벌권 행사의 적정성을 제고함.

② 재정신청의 남용을 방지하기 위하여 신청권자는 고소권자로 제한하되, 형법상 공무원의 직무에 관한 죄 중에서 직권남용, 불법체포·감금 및 폭행·가혹행위의 죄의 경우에는 현행대로 고발사건을 포함하도록 함.

③ 재정신청의 관할법원을 고등법원으로 조정하고, 재정신청인의 재정결정에 대한 불복을 금지하도록 하는 한편, 재정신청의 기각 결정을 받은 자에 대한 비용부담 제도를 도입함.

④ 법원은 재정신청이 이유 있다고 인정한 경우에는 공소제기를 결정하도록 하고, 공소의 제기는 검사가 수행하도록 하되, 이에 대하여는 공소취소를 할 수 없도록 함.

⑤ 재정신청사건의 심리는 특별한 사정이 없는 한 공개하지 아니하도록 하고, 재정신청사건의 심리 중에는 관련 서류 및 증거물의 열람 또는 등사를 허가할 수 없도록 함.

2020.2.4. 개정 형사소송법 주요내용

① 검사와 사법경찰관은 수사, 공소제기 및 공소유지에 관하여 서로 협력하도록 함(제195조 신설).

② 경무관, 총경, 경정, 경감, 경위가 하는 모든 수사에 관하여 검사의 지휘를 받도록 하는 규정 등을 삭제하고, 경무관, 총경 등은 범죄의 혐의가 있다고 사료하는 때에 범인, 범인사실과 증거를 수사하도록 함(제196조).

③ 검사는 송치사건의 공소제기 여부 결정 또는 공소의 유지에 관하여 필요한 경우 등에 해당하면 사법경찰관에게 보완수사를 요구할 수 있고, 사법경찰관은 정당한 이유가 없는 한 지체 없이 이를 이행하도록 함(제197조의2 신설).

④ 검사는 사법경찰관리의 수사과정에서 법령위반, 인권침해 또는 현저한 수사권 남용이 의심되는 사실의 신고가 있거나 그러한 사실을 인식하게 된 경우에는 사법경찰관에게 사건기록 등본의 송부를 요구할 수 있고, 송부를 받은 검사는 필요한 경우 사법경찰관에게 시정조치를 요구할 수 있으며, 검사는 시정조치 요구가 정당한 이유 없이 이행되지 않은 경우에 사법경찰관에게 사건을 송치할 것을 요구할 수 있도록 함(제197조의3 신설).

⑤ 검사는 사법경찰관과 동일한 범죄사실을 수사하게 된 때에는 사법경찰관에게 사건을 송치할 것을 요구할 수 있고, 요구를 받은 사법경찰관은 지체 없이 검사에게 사건을 송치하도록 하되, 검사가 영장을 청구하기 전에 동일한 범죄사실에 관하여 사법경찰관이 영장을 신청한 경우에는 해당 영장에 기재된 범죄사실을 계속 수사할 수 있도록 함(제197조의4 신설).

⑥ 검사가 사법경찰관이 신청한 영장을 정당한 이유 없이 판사에게 청구하지 아니한 경우 사법경찰관은 관할 고등검찰청에 영장 청구 여부에 대한 심의를 신청할 수 있고, 이를 심의하기 위하여 각 고등검찰청에 외부 위원으로 구성된 영장심의위원회를 둠(제221조의5 신설).

⑦ 사법경찰관은 범죄를 수사한 때에는 범죄의 혐의가 인정되면 검사에게 사건을 송치하고, 그 밖의 경우에는 그 이유를 명시한 서면과 함께 관계 서류와 증거물을 검사에게 송부하도록 함(제245조의5 신설).

⑧ 사법경찰관은 사건을 검사에게 송치하지 아니한 경우에는 서면으로 고소인·고발인·피해자 또는 그 법정대리인에게 사건을 검사에게 송치하지 아니하는 취지와 그 이유를 통지하도록 함(제245조의6 신설).

⑨ 사법경찰관으로부터 사건을 검사에게 송치하지 아니하는 취지와 그 이유를 통지받은 사람은 해당 사법경찰관의 소속 관서의 장에게 이의를 신청할 수 있고, 사법경찰관은 이의신청이 있는 때에는 지체 없이 검사에게 사건을 송치하도록 함(제245조의7 신설).

⑩ 검사는 사법경찰관이 사건을 송치하지 아니한 것이 위법 또는 부당한 때에는 그 이유를 문서로 명시하여 사법경찰관에게 재수사를 요청할 수 있도록 하고, 사법경찰관은 요청이 있으면 사건을 재수사하도록 함(제245조의8 신설).

⑪ 특별사법경찰관은 모든 수사에 관하여 검사의 지휘를 받음(제245조의10 신설).

⑫ 검사가 작성한 피의자신문조서는 공판준비 또는 공판기일에 그 피의자였던 피고인 또는 변호인이 그 내용을 인정할 때에 한하여 증거로 할 수 있음(제312조).

2020.12.28. 개정 형사소송법 주요내용

① 법관이 사건에 관하여 피고인의 변호인이거나 피고인·피해자의 대리인인 법무법인 등에서 퇴직한 날로부터 2년이 경과하지 아니한 때, 법관이 피고인인 법인·기관·단체에서 임원 또는 직원으로 퇴직한 날부터 2년이 지나지 아니한 때를 제척사유에 추가함

(제17조 제8호, 제9호 신설).

② 1954년 제정 형사소송법은 제정 당시의 어려운 한자어, 일본식 표현, 어법에 맞지 않는 문장 등이 그대로 사용되고 있는바, 일반 국민들이 내용을 쉽게 이해할 수 있도록 알기 쉬운 우리말로 변경하고 문장의 내용을 정확히 전달할 수 있도록 어순구조를 재배열하는 등 알기 쉬운 법률 문장으로 개정함(소위 '우리말 순화 개정법'). 특히 우리말 순화 개정법의 내용은 방대하므로 그 소개는 생략함.

2022.5.9. 개정 형사소송법 주요내용

① 검사는 송치요구 등에 따라 사법경찰관으로부터 송치받은 사건 등에 관하여는 동일성을 해치지 아니하는 범위 내에서만 수사할 수 있도록 함(제196조 제2항).

② 수사기관이 수사 중인 사건의 범죄 혐의를 밝히기 위한 목적으로 합리적인 근거 없이 별개의 사건을 부당하게 수사하는 것을 금지하며, 다른 사건의 수사를 통해 확보된 증거 또는 자료를 내세워 관련 없는 사건에 대한 자백이나 진술을 강요할 수 없도록 함(제198조 제4항).

③ 사법경찰관으로부터 수사결과 불송치결정을 받아 이의신청을 할 수 있는 주체에서 고발인을 제외함(제245조의7 제1항).

CHAPTER 02 형사소송법의 이념과 구조

5개년 출제경향 분석

구분	경찰간부					경찰승진					경찰채용					국가7급					국가9급					법원9급					변호사				
	19	20	21	22	23	20	21	22	23	24	20	21	22	23	24	19	20	21	22	23	20	21	22	23	24	19	20	21	22	23	20	21	22	23	24
제1절 형사소송법의 지도이념	1	1	1			1	3	1	1		2						1		1				1	1											
제2절 형사소송의 기본구조						1																													
출제율	3/200 (1.5%)					7/200 (3.5%)					2/160 (1.3%)					2/100 (2.0%)					2/115 (1.7%)					0/125 (0.0%)					0/200 (0.0%)				

제1절 | 형사소송법의 지도이념

01 형사소송의 이념과 상호관계

I 총 설

형사소송은 적정한 절차를 보장하면서 신속하게 실체적 진실을 밝혀 형벌권을 행사하는 것을 그 이념(목적)으로 한다. 즉, 형사소송의 3대 이념은 실체적 진실의 발견, 적정절차의 보장, 신속한 재판의 실현에 있다. 다만 이러한 3대 이념은 구체적인 사건에 따라 상호 긴장·갈등관계에 놓이게 된다.

II 형사소송의 이념

1. 실체적 진실주의

실체적 진실주의라 함은 사건의 진상을 정확히 밝혀 피고인의 유·무죄를 가려내어야 한다는 원칙이다. 형사절차는 범죄사실과 범인을 밝혀내어 국가형벌권을 행사하는 절차이므로 형사소송의 최고의 이념은 바로 실체적 진실의 발견에 있다.

2. 적정절차의 원칙과 신속한 재판의 원칙

실체적 진실의 발견만을 추구하다 보면 수사기관의 활동으로 인한 인권의 침해와 재판기관의 무리한 심리에 의한 시민의 부담과 불이익이 초래될 수 있으므로, 실체적 진실의 발견도 어디까지나 적정한 절차에 의하여 신속하게 이루어져야 한다.

III 형사소송의 이념의 상호관계

1. 갈등관계

실체진실의 발견을 강조하는 실체적 진실주의와 인권보장적 절차의 준수를 강조하는 적정절차의 원칙은 언제나 양립할 수 있는 것은 아니다. 실체적 진실주의를 강조할 때에는 적정절차와 신속한 재판의 이념이 위축될 수 있고, 적정절차와 신속한 재판을 강조하다 보면 실체적 진실의 발견이 제한될 수도 있다. [국가9급 08]

2. 이념 간의 관계

적정절차와 신속한 재판은 실체적 진실발견의 단순한 수단이 아니라 실체적 진실주의와 함께 형사소송의 또 다른 목적이라고 보아야 한다(이원적 목적설, 통설). 다만, **실체진실주의는 적정절차와 신속한 재판의 원칙에 의하여 제한될 수밖에 없다.** [국가9급 08]

02 실체적 진실주의

I 의 의

실체적 진실주의(truthfinding function of the process, Prinzip der materiellen Warheit)란 법원이 **당사자의 사실상의 주장이나 사실의 인부(認否), 제출한 증거 등에 구속되지 아니하고** 객관적 진실을 발견하여 사안의 진상을 명백히 밝혀야 한다는 원칙이다. [국가9급 08] 한편 **형식적 진실주의**라 함은 법원이 당사자의 사실상의 주장이나 사실의 인부, 제출된 증거에 구속되어 이를 기초로 사실을 판단하는 원칙을 말한다. 민사소송법은 형식적 진실주의에 의하나, 형사소송법은 실체적 진실주의에 의한다. 국가형벌권행사의 요건을 규정한 형법을 실현하는 형사소송법에서 실체적 진실주의는 최고의 목표이며 형사절차 전체를 지배하는 지도이념일 수밖에 없다.

보충 사적 자치를 바탕으로 당사자 사이의 원만한 해결을 추구하는 민사소송에서는 처분권주의가 허용되고 자백의 구속력이 인정되나, 실체진실의 발견을 통하여 국가의 형벌권의 공정한 행사를 추구하는 형사소송에서는 당사자의 처분권주의가 허용되지 않고 자백의 구속력이 인정되지 아니한다. [국가9급 08]

II 내 용

1. 적극적 실체진실주의와 소극적 실체진실주의

(1) 적극적 실체적 진실주의 : 범죄사실을 명백히 밝혀 죄 있는 자를 빠짐없이 벌해야 한다는 원칙이다(유죄자 필벌). 대륙법계의 직권주의적 소송구조에서 강조되었다.

예 구속기간의 연장(제92조, 제205조), 자유심증주의(제308조), 법원의 피고인·증인신문 등

(2) 소극적 실체적 진실주의 : 죄 없는 자를 벌하여서는 안 된다는 원칙이다(무죄자 불벌). 영미법계의 당사자주의적 소송구조에서 강조된다.[1] "의심스러울 때는 피고인의 이익으로(in dubio pro reo)"라는 법언은 소극적 실체적 진실주의의 표현이다.

예 무죄추정원칙(제275조의2), 위법수집증거배제법칙(제308조의2), 자백배제법칙(제309조), 자백보강법칙(제310조), 전문법칙(제310조의2) 등

(3) 현행법의 태도 : 헌법상 무죄추정의 원칙을 고려할 때(헌법 제27조 제4항) 현행 형사소송법은 **소극적 실체진실주의를 보다 강조**하고 있다고 할 수 있다. [국가9급 08]

헌법재판소 1996.12.26, 94헌바1

소극적 실체진실주의의 강조
형사소송에 관한 절차법에서 소극적 진실주의의 요구를 외면한 채 범인필벌의 요구만을 앞세워 합리성과 정당성을 갖추지 못한 방법이나 절차에 의한 증거수집과 증거조사를 허용하는 것은 적법절차의 원리 및 공정한 재판을 받을 권리에 위배되는 것으로서 헌법상 용인될 수 없다.

---

2. 제도적 표현

① 직권에 의한 증거조사 : 당사자 신청에 의한 증거조사 외에 직권 증거조사 인정	• 피고인신문권(제287조) • 증인신문권(제161조의2) • 직권증거조사권(제295조) [국가7급 08]
② 증거법칙 : 사실인정의 합리성을 담보하기 위한 제도	• 증거재판주의(제307조) • 자유심증주의(제308조) • 자백배제법칙(제309조) • 자백보강법칙(제310조) [국가7급 08, 경찰승진 12] • 전문법칙(제310조의2~제316조) [국가7급 08]
③ 상소와 재심제도 : 오판을 시정하기 위한 제도	• 상소(제361조의5, 제383조) • 재심(제420조)
④ 증거의 수집·보전 : 사실인정을 위한 증거 확보 제도	• 피의자신문(제202조) • 참고인조사(제221조) • 압수·수색·검증·감정(제215조~제218조, 제221조, 제222조) • 증거보전제도(제184조)

III 한 계

1. 적정절차원칙·신속재판원칙에 의한 제약

(1) 적정절차의 원칙 : 실체적 진실의 발견은 적정한 절차에 의하여 발견되어야 한다. 따라서 진술거부권을

---

1) [참고] "한 사람의 죄 없는 자를 벌하는 것보다는 열 사람의 죄 있는 자를 방면하는 것이 낫다(Better ten guilty escape than one innocent suffers)."라는 유명한 말은 영국 최초로 법과대학에서 영국법을 강의한 Sir. William Blackstone(1723-1780)의 말이다.

고지하지 않고 획득한 자백이나 위법한 절차에 의하여 수집된 증거는 그 증거가 진실하여도 증거능력이 부정되어 유죄의 증거로 쓸 수 없다.

> 예 자백배제법칙, 위법수집증거배제법칙 [경찰승진 10] 등

(2) 신속한 재판의 원칙 : 피의자·피고인의 이익 보호와 소송경제의 실현을 위하여 실체적 진실주의는 시간적인 제약을 받는다.

> 예 구속기간의 제한, 상고심의 사후심적 구조 등

2. 사실상의 제약

인간의 능력에 한계가 있으므로 절대적이고 객관적인 진실을 규명하는 것은 불가능하다. 실체진실의 발견도 합리적 의심 없는 정도의 고도의 개연성으로 만족할 수밖에 없는 이유도 여기에 있다.

3. 초소송법적 이익에 의한 제약

실체적 진실의 발견이라는 소송법적 이익은 다른 국가적·사회적·개인적 이익 등 초소송법적 이익에 의하여 제한을 받는 경우가 있다.

> 예 군사상·공무상·업무상의 비밀을 보호하기 위한 압수·수색·검증의 제한(제110조~제112조), 공무상·업무상 비밀에 속하는 사항과 근친자의 형사책임에 불이익한 사항에 대한 증인거부권(제147조) 및 증언거부권(제148조·제149조) 등

---

03 | 적정절차의 원칙

Ⅰ 서 설

1. 의 의

적정절차의 원칙(적법절차의 원칙, priniciple of due process of law)이란 국가의 형벌권의 실현도 적정한 절차, 즉 인간의 존엄과 가치를 인정하고 피의자·피고인의 기본적 인권을 보장하는 공정한 절차에 의하여 이루어져야 한다는 원칙이다. 나아가 적정절차의 원칙은 헌법에 그 근거를 규정하고 있으며, 공정한 재판의 원칙, 비례의 원칙 그리고 피고인 보호의 원칙을 그 내용으로 한다.

2. 헌법상의 근거

(1) 일반조항 : 헌법 제12조 제1항 후문에 의하면 "누구든지 … 법률과 **적법한 절차**에 의하지 아니하고는 처벌·보안처분 또는 강제노역을 받지 아니한다." 이러한 **헌법상 적법절차원칙**[1]은 **절차가 법률로 정하여져야** 할 뿐만 아니라(형식적 적법성) 적용되는 **법률의 내용에 있어서도 합리성과 정당성을 갖춘 적정한 것**(내용적 적정성)이어야 한다는 것을 의미한다. [국가7급 14] 특히 형사소송절차와 관련하여 형벌권의 실행절차인 형사소송의 전반을 규율하는 기본원리로서, 형사피고인의 기본권이 공권력에 의하여 침해당할 수 있는 가능성을 최소화하도록 절차를 형성·유지할 것을 요구한다. 따라서 형사소송법의 존재의 의의는 **단순한 국가형벌권의 실현절차가 아니라 시민의 인권을 옹호하는 절차의 실현**에 있다.[2] [국가7급 14]

> **대법원 1988.11.16, 88초60** [경찰간부 15, 경찰승진 11, 경찰채용 20 1차]
> 헌법 제12조 제1항 후문이 규정하고 있는 적법절차란 법률이 정한 절차 및 그 실체적 내용이 모두 적정하여야 함을 말하는 것으로서, 적정하다고 함은 공정하고 합리적이며 상당성이 있어 정의 관념에 합치되는 것을 뜻한다.

---

1) [참고] 이러한 적법절차의 원칙은 제6공화국헌법에 의하여 처음으로 명시된 것으로서, 원래 미국 연방헌법 수정 제5조 및 제14조에서 유래한다. 적법절차조항은 그 포괄성·추상성으로 인하여 헌법상의 여타 형사절차에 관한 규정들과 구별된다.

2) [보충] 헌법 제12조 제1항 제2문과 동조 제3항에 명시된 적정절차원리에 따라, 형사소송법을 단순히 형법을 실현하기 위한 법률체계로 이해하는 실체법 우위의 사고방식으로부터 탈피하여, 형사소송법은 피의자와 피고인 그리고 사회적 약자와 소수자 등의 기본적 인권을 보호하기 위하여 국가형벌권이 행사되는 과정을 적정히 통제하기 위한 법률체계라는 인식의 전환이 가능해진다. 적정절차원리가 실체적 진실주의를 순화 내지 통제하는 측면이 있음을 부정할 수 없는 이유가 바로 여기에 있다.

(2) 개별조항 : 진술거부권(묵비권, 헌법 제12조 제2항), 영장주의(동조 제3항), 변호인의 조력을 받을 권리(동조 제4항), 공정한 재판을 받을 권리(제27조 제1항), 무죄추정권(동조 제4항) 등이 있다.

II 내 용

1. 공정한 재판의 원칙

(1) 의의 : 독립된 법관에 의하여 헌법과 법률에 의하여 양심에 따라 정의와 공평을 이념으로 하는 재판이 행해져야 한다는 원칙을 말한다. 이를 위해서는 공평한 법원의 구성, 피고인의 방어권 보장, 무기평등의 원칙(실질적 당사자주의의 확보) 등이 갖추어져야 한다.

(2) 내 용

① 공평한 법원의 구성	• 사법권의 독립과 법관의 신분보장 • 법관·법원사무관 제척·기피·회피제도(제17조~제25조) [국가9급 12] • 관할의 이전(제15조)
② 피고인의 방어권 보장	• 제1회 공판기일의 유예기간(제269조) • 피고인의 공판정출석권(제276조) [국가9급 12] • 피고인의 진술권(제286조)과 진술거부권(제289조) • 증거신청권(제294조) • 증거보전청구권(제184조)
③ 무기평등의 원칙(실질적 당사자주의)	• 변호인의 조력을 받을 권리 • 변호인제도(제30조 이하) • 검사의 객관의무 • 증거개시(제266조의3)

2. 비례성의 원칙

(1) 의의 : 국가형벌권 실현의 수단인 강제처분이라 하더라도 소송의 목적을 달성하는 데 적합하고(적합성), 다른 수단에 의해서는 그 목적을 달성할 수 없을 뿐만 아니라(필요성), 그 목적과 수단 사이에 비례가 유지되어야 한다는 원칙을 말한다(상당성)(과잉금지의 원칙).

> 예 강제수사비례원칙(제199조 제1항 단서), 경미사건의 현행범체포의 요건(주거부정, 제214조) 등

(2) 기능 : 강제처분에 의한 침해와 강제처분에 의하여 달성되는 공익 사이의 비례성원칙이 지켜져야 하므로, 비례성원칙은 강제처분이 법적으로 허용되는 경우에도 그 명령·집행·계속의 한계로써 기능하게 된다.

3. 피고인 보호의 원칙

(1) 의의 : 법원과 수사기관은 피고인·피의자에게 정당한 방어방법과 가능성을 고지하고, 일정한 소송행위의 법적 결과를 설명해줌으로써 피고인을 보호해야 한다는 원칙이다.

(2) 내용 : 피고인의 구속시 변호인 또는 가족에 대한 범죄사실의 요지의 통지(제87조), 구속과 이유 등의 고지(제72조), 진술거부권의 고지(제283조의2) [국가9급 12], 증거조사결과에 대한 의견과 증거조사신청에 대한 고지(제293조), 퇴정한 피고인에 대한 증인·감정인 또는 공동피고인의 진술요지의 고지(제297조 제2항), 상소기간과 상소법원의 고지(제324조) 등이 피고인 보호 원칙의 내용을 이루는 제도이다.

★ **판례연구** 적정절차의 원칙을 침해한다는 사례[1]

1. 헌법재판소 1997.11.27, 94헌마60

검사보관의 수사기록에 대하여 변호인의 열람·등사를 지나치게 제한한 사례

검사가 보관하는 수사기록에 대한 변호인의 열람·등사는 실질적 당사자대등을 확보하고, 신속·공정한 재판을 실현하기 위하

---

1) [조언] 아래 판례 정리는 주로 경찰직에서 출제되는 편이므로, 경찰 시험을 준비하면 자세히 보고, 법원직·국가직을 준비하면 위헌 판례 위주로 참조하길 바랍니다.

여 필요불가결한 것이며, 그에 대한 지나친 제한은 피고인의 신속 · 공정한 재판을 받을 권리를 침해하는 것이다.

2. 헌법재판소 1998.7.16, 97헌바22

피고인의 소재를 확인할 수 없는 때 피고인의 진술 없이 재판할 수 있도록 제1심 공판의 특례를 규정한 소송촉진 등에 관한 특례법 제23조가 공정한 재판을 받을 권리를 침해하는지 여부(적극)

피고인의 공판기일출석권을 제한하고 있는 이 사건 법률조항은 피고인 불출석 상태에서 중형이 선고될 수도 있는 가능성을 배제하고 있지 아니할 뿐만 아니라 그 적용대상이 너무 광범위하므로, 비록 정당한 입법목적 아래 마련된 조항이라 할지라도 헌법 제37조 제2항의 과잉금지의 원칙에 위배되어 피고인의 공정한 재판을 받을 권리를 침해하는 것이다.

3. 헌법재판소 2002.7.18, 2000헌마327

현행범으로 체포된 청구인들을 경찰서 유치장에 수용하는 과정에서 흉기 등 위험물 및 반입금지물품의 소지 · 은닉 여부를 확인하기 위하여 실시한 피청구인의 청구인들에 대한 정밀신체수색 사례

피청구인이 청구인들로 하여금 경찰관에게 등을 보인 채 상의를 속옷과 함께 겨드랑이까지 올리고 하의를 속옷과 함께 무릎까지 내린 상태에서 3회에 걸쳐 앉았다 일어서게 하는 방법으로 실시한 정밀신체수색은 그 수단과 방법에 있어서 필요한 최소한도의 범위를 벗어났을 뿐만 아니라, 이로 인하여 청구인들로 하여금 인간으로서의 기본적 품위를 유지할 수 없도록 하는 것으로서 수인하기 어려운 정도라고 보이므로 헌법 제10조의 인간의 존엄과 가치로부터 유래하는 인격권 및 제12조의 신체의 자유를 침해하는 정도에 이르렀다고 판단된다.

4. 대법원 2002.10.8, 2001도3931 [경찰간부 13/15, 경찰승진 11/15]

검사가 법원의 증인으로 채택된 수감자를 그 증언에 이르기까지 거의 매일 검사실로 하루 종일 소환하여 피고인측 변호인이 접근하는 것을 차단하고, 검찰에서의 진술을 번복하는 증언을 하지 않도록 회유 · 압박하는 한편, 때로는 검사실에서 그에게 편의를 제공하기도 한 행위가 피고인의 공정한 재판을 받을 권리를 침해하는지 여부(적극)

법원에 의하여 채택된 증인은 검사와 피고인 쌍방이 공평한 기회를 가지고 법관의 면전에서 조사 · 진술되어야 하는 중요한 증거자료의 하나로서, 비록 검사의 신청에 의하여 채택된 증인이라 하더라도, 그는 검사만을 위하여 증언하는 것이 아니며, 오로지 그가 경험한 사실대로 증언하여야 할 의무가 있는 것이고, 따라서 검사이든 피고인이든 공평하게 증인에 접근할 수 있도록 기회가 보장되지 않으면 안되며, 검사와 피고인 쌍방 중 어느 한편이 증인과의 접촉을 독점하거나 상대방의 접근을 차단하도록 허용한다면 이는 상대방의 공정한 재판을 받을 권리를 침해하는 것이 되고, 구속된 증인에 대한 편의제공 역시 그것이 일방당사자인 검사에게만 허용된다면 그 증인과 검사와의 부당한 인간관계의 형성이나 회유의 수단 등으로 오용될 우려가 있고, 또 거꾸로 그러한 편의의 박탈 가능성이 증인에게 심리적 압박수단으로 작용할 수도 있으므로 접근차단의 경우와 마찬가지로 공정한 재판을 해하는 역할을 할 수 있다.

> **보충** 알선수재 사건의 공여자의 증언이 검찰 측의 헌법위반적인 증인 접근차단과 증인에 대한 편의제공 중에 이루어진 것으로서 신빙성이 없다고 한 사례이다.

5. 대법원 2012.5.24, 2012도1284

법원이 공무소 등에 송부요구한 서류에 대하여 변호인 등이 열람 · 지정할 수 있도록 한 취지

법 제272조 제1항, 규칙 제132조의4 제2항, 제3항에서 규정한 바와 같이, 법원이 송부요구한 서류에 대하여 변호인 등이 열람 · 지정할 수 있도록 한 것은 피고인의 방어권과 변호인의 변론권 행사를 위한 것으로서 실질적인 당사자 대등을 확보하고 피고인의 신속 · 공정한 재판을 받을 권리를 실현하기 위한 것이므로, 서류의 열람 · 지정을 거절할 수 있는 '정당한 이유'는 엄격하게 제한하여 해석하여야 한다. **따라서 법원이 법 제272조 제1항에 의하여 송부요구한 서류가 피고인의 무죄를 뒷받침할 수 있거나 적어도 법관의 유 · 무죄에 대한 심증을 달리할 만한 상당한 가능성이 있는 중요증거에 해당하는데도 정당한 이유 없이 피고인 또는 변호인의 열람 · 지정 내지 법원의 송부요구를 거절하는 것은 피고인의 신속 · 공정한 재판을 받을 권리와 변호인의 조력을 받을 권리를 중대하게 침해하는 것이다.**

6. 헌법재판소 2016.5.26, 2014헌마45

금치기간 중 실외운동을 원칙적으로 제한하는 형집행법 제112조 제3항 본문 중 제108조 제13호에 관한 부분이 청구인의 신체의 자유를 침해하는지 여부(적극)

형집행법 제112조 제3항 본문 중 제108조 제13호에 관한 부분은 금치의 징벌을 받은 사람에 대해 금치기간 동안 실외운동을 원칙적으로 금지하고, 다만 소장의 재량에 의하여 이를 예외적으로 허용하고 있다. … **위 조항은 보다 덜 침해적인 수단이 있음에도 실외운동을 원칙적으로 금지하고 있으며, 예외적으로 실외운동을 허용하는 경우에도, 실외운동의 기회가 부여되어야 하는 최저기준을 법령에서 명시하고 있지 않으므로, 침해의 최소성 원칙에 위배된다. 위 조항은 수용자의 정신적 · 신체적 건강에 필요 이상의 불이익을 가하고 있고, 이는 공익에 비하여 큰 것이므로 위 조항은 법익의 균형성 요건도 갖추지 못하였다. 따라서 위 조항은 청구인의 신체의 자유를 침해한다.**

⚖️ 판례연구 적정절차의 원칙을 침해하지 않는다는 사례

1. 헌법재판소 1998.5.28, 96헌바4

통고처분을 행정심판이나 행정소송의 대상에서 제외하고 있는 관세법 제38조 제3항 제2호가 재판청구권을 침해하였거나 적법절차에 위배되어 위헌인지 여부(소극)

통고처분은 상대방의 임의의 승복을 그 발효요건으로 하기 때문에 그 자체만으로는 통고이행을 강제하거나 상대방에게 아무런 권리·의무를 형성하지 않으므로 행정심판이나 행정소송의 대상으로서의 처분성을 부여할 수 없고, 통고처분에 대하여 이의가 있으면 통고내용을 이행하지 않음으로써 고발되어 형사재판절차에서 통고처분의 위법·부당함을 얼마든지 다툴 수 있기 때문에 관세법 제38조 제3항 제2호가 법관에 의한 재판받을 권리를 침해한다든가 적법절차의 원칙에 저촉된다고 볼 수 없다.

2. 헌법재판소 1998.9.30, 97헌바51 [국가7급 14]

직접주의와 전문법칙의 예외를 규정한 법 제314조가 헌법에 위반되는지 여부(소극)

직접주의와 전문법칙의 예외를 규정한 법 제314조는 그 내용에 있어 사망, 질병 또는 이에 준하는 부득이한 사유로 원진술자 또는 작성자가 진술을 할 수 없는 때에 한하여 그 필요성을 인정함으로써 직접주의 및 전문법칙의 예외를 인정할 사유로서 정당성을 가지고 있고, 필요성이 있는 경우에도 "특히 신빙할 수 있는 상태하에서 행하여진 때에 한"하여 적용하도록 규정하여 그 적용범위를 목적달성에 필요하고도 합리적인 최소한도로 한정하였으므로, 그 내용에 있어서 합리성과 정당성을 갖춘 적정한 것이어서 적법절차에 합치하는 법률규정이고, 따라서 공정한 공개재판을 받을 권리와 무죄추정을 받을 권리를 본질적으로 침해하거나 형해화하였다고 할 수 없고 적법절차에도 합치되므로 헌법에 위반되지 아니한다.

3. 헌법재판소 1998.12.24, 94헌바46

증인신문사항의 서면제출을 명하고 이를 이행하지 않을 경우에 증거결정을 취소할 수 있는 권한의 근거가 되는 법 제279조(재판장의 소송지휘권) 및 제299조(불필요한 변론 등의 제한)가 헌법상 보장된 무죄추정의 원칙 내지 공정한 재판을 받을 권리를 침해하는지 여부(소극)

법 제279조 및 제299조에 따라 재판장이 필요하다고 인정할 때에는 증인의 신문을 청구한 자에 대하여 신문사항을 기재한 서면의 제출을 명할 수 있고, 법원은 위 명을 받은 자가 신속히 그 서면을 제출하지 아니한 경우에는 증거결정을 취소할 수 있는 소송지휘권은 소송절차에 질서를 부여하고 심리의 신속·원활을 도모함으로써 당사자의 소송활동을 합리화하는 목적을 가지고 있는바, 그 입법목적은 헌법 제27조 제3항(신속한 공재재판을 받을 권리)에 비추어 정당하고, 위와 같은 소송지휘권은 단순히 증인을 신청한 변호인 또는 피고인의 기본권만을 제한하는 효과를 갖는 것이 아니라, 다른 검사·변호인 또는 피고인의 교호신문권을 보장함으로써 공정한 재판을 받을 권리를 구현하는 효과도 가지는 것이고, 비록 미리 제출되지 아니한 신문사항이라 할지라도 당사자가 증인의 답변을 반박하여 그 상호 모순성이나 불합리성을 지적하기 위한 새로운 사항을 신문할 수 있으므로, 위 소송지휘권 행사는 법익의 균형성 및 피해의 최소성을 갖춘 것으로 인정된다. 법 제279조 및 제299조가 공정한 공개재판을 받을 권리와 무죄추정을 받을 권리를 본질적으로 침해하거나 형해화하였다고 할 수 없다.

4. 헌법재판소 2001.6.28, 99헌가14 [경찰승진 10/11/14]

구속기간을 제한하고 있는 법 제92조 제1항이 피고인의 공정한 재판을 받을 권리를 침해하는지 여부(소극)

이 사건 법률조항에서 말하는 '구속기간'은 '법원이 피고인을 구속한 상태에서 재판할 수 있는 기간'을 의미하는 것이지, '법원이 형사재판을 할 수 있는 기간' 내지 '법원이 구속사건을 심리할 수 있는 기간'을 의미한다고 볼 수 없다. 즉, 이 사건 법률조항은 미결구금의 부당한 장기화로 인하여 피고인의 신체의 자유가 침해되는 것을 방지하기 위한 목적에서 미결구금기간의 한계를 설정하고 있는 것이지, 신속한 재판의 실현 등을 목적으로 법원의 재판기간 내지 심리기간 자체를 제한하려는 규정이라 할 수는 없다. 그러므로 구속사건을 심리하는 법원으로서는 만약 심리를 더 계속할 필요가 있다고 판단하는 경우에는 피고인의 구속을 해제한 다음 구속기간의 제한에 구애됨이 없이 재판을 계속할 수 있음이 당연하고, 따라서 비록 이 사건 법률조항이 법원의 피고인에 대한 구속기간을 엄격히 제한하고 있다 하더라도 이로써 법원의 심리기간이 제한된다거나 나아가 피고인의 공격·방어권 행사를 제한하여 피고인의 공정한 재판을 받을 권리가 침해된다고 볼 수는 없다.

> **보충** 이 사건 법률조항에 의한 구속기간의 제한과 구속기간 내에 심리를 마쳐 판결을 선고하는 법원의 실무관행이 맞물려 피고인의 공정한 재판을 받을 권리가 사실상 침해되는 결과가 발생한다 하더라도, 그러한 침해의 근본적인 원인은 이 사건 법률조항을 그 입법목적에 반하여 그릇되게 해석·적용하는 법원의 실무관행에 있다 할 것이다. 따라서 비록 위와 같은 법원의 실무관행으로 말미암아 결과적으로 피고인의 공정한 재판을 받을 권리가 침해될 수 있다 하더라도, 이로써 그 자체로는 피고인의 공정한 재판을 받을 권리를 침해하지 아니하는, 오히려 피고인의 또 다른 기본권인 신체의 자유를 두텁게 보장하고 있는 이 사건 법률조항이 헌법에 위반된다고 할 수는 없다(위 판례의 또 다른 논점).

5. 헌법재판소 2001.11.29, 2001헌바41 [경찰간부 13]

경찰공무원의 증인적격의 인정과 적법절차의 원칙

수사기관으로서의 검사와 소추기관으로서의 검사는 그 법률상의 지위가 다르므로 공판에 관여하는 소송당사자로서의 검사와 사법경찰관리를 지휘, 감독하는 수사 주재자로서의 검사를 동일하게 볼 수 없고, 실체 판단의 자료가 되는 경찰 공무원의 증언내용은 공소사실과 관련된 주관적 '의견'이 아닌 경험에 의한 객관적 '사실'에 그치는 것이며, 또한 형사소송구조상 경찰 공무원은 당사자가 아닌 제3자의 지위에 있을 뿐만 아니라, 나아가 경찰 공무원의 증언에 대하여 피고인 또는 변호인은 반대 신문권을 보장받고 있다는 점에서, 이 사건 법률조항에 의하여 경찰 공무원의 증인적격을 인정한다 하더라도 적법절차의 원칙에 반한다거나 그 근거조항인 위 법 조항이 합리적이고 정당한 법률이 아니라고 말할 수는 없다.

6. 헌법재판소 2004.9.23, 2002헌가17 · 18(병합) [경찰간부 15, 경찰승진 11/15, 경찰채용 12 3차]

입건피의자의 지문채취 불응을 벌금 등으로 처벌하는 경범죄처벌법

범죄의 피의자로 입건된 사람들에게 경찰공무원이나 검사의 신문을 받으면서 자신의 신원을 밝히지 않고 지문채취에 불응하는 경우 벌금, 과료, 구류의 형사처벌을 받도록 하여 지문채취를 강제하는 구 경범죄처벌법 제1조 제42호는 영장주의의 원칙 및 적법절차의 원칙에 위반되지 아니한다.

7. 헌법재판소 2004.12.16, 2002헌마478

피청구인이 접견횟수 초과를 이유로 청구인에 대하여 변호사와의 접견을 불허한 처분이 수형자의 재판청구권 등을 침해하는지 여부(소극)

형이 확정되어 자유형의 집행을 위하여 수용되어 있는 수형자는 미결수용자의 지위와 구별되므로 접견의 빈도 등이 상당 정도 제한될 수밖에 없고, 수형자와 변호사와의 접견을 일반 접견에 포함시켜 제한하더라도 접견 횟수에 대한 탄력적 운용, 서신 및 집필문서 발송, 전화통화에 의하여 소송준비 또는 소송수행을 할 수 있으므로 피청구인의 접견 불허 처분이 헌법 제27조의 재판청구권 등 청구인의 헌법상 보장된 권리를 침해하는 것이라고 보기는 어렵다.

8. 헌법재판소 2005.2.3, 2003헌바1 [경찰간부 13, 경찰승진 11/14, 경찰채용 12 3차]

법관 아닌 기관의 치료감호 종료 여부 결정

법관 아닌 사회보호위원회가 치료감호의 종료 여부를 결정하도록 한 이 사건 법률조항이 재판청구권을 침해하거나 적법절차의 원칙에 위반되지 아니한다.

9. 헌법재판소 2006.6.29, 2004헌마826

교도관이 마약류사범에게 검사의 취지와 방법을 설명하고 반입금지품을 제출하도록 안내한 후 외부와 차단된 검사실에서 같은 성별의 교도관 앞에 돌아서서 하의속옷을 내린 채 상체를 숙이고 양손으로 둔부를 벌려 항문을 보이는 방법으로 실시한 정밀신체검사가 마약류사범인 청구인의 기본권을 침해하였는지 여부(소극)

수용자에 대한 생명 · 신체에 대한 위해를 방지하고 구치소 내의 안전과 질서를 유지하기 위한 것이고(목적의 정당성), 청구인은 메스암페타민(일명 필로폰)을 음용한 전과가 있고 이번에 수감된 사유도 마약류 음용이며, 마약류 등이 항문에 은닉될 경우 촉수검사, 속옷을 벗고 가운을 입은 채 쪼그려 앉았다 서기를 반복하는 방법 등에 의하여는 은닉물을 찾아내기 어려우며(수단의 적절성), 다른 사람이 볼 수 없는 차단막이 쳐진 공간에서 같은 성별의 교도관과 1 대 1의 상황에서 짧은 시간 내에 손가락이나 도구를 사용하지 않고 시각적으로 항문의 내부를 보이게 한 후 검사를 마쳤고, 그 검사 전에는 검사를 하는 취지와 방법 등을 설명하면서 미리 소지한 반입금지품을 자진 제출하도록 하였으며(최소침해성), 청구인이 수인하여야 할 모욕감이나 수치심에 비하여 반입금지품을 차단함으로써 얻을 수 있는 수용자들의 생명과 신체의 안전, 구치소 내의 질서유지 등의 공익이 보다 크므로(법익 균형성), 과잉금지의 원칙에 위배되었다고 할 수 없다.

10. 헌법재판소 2009.12.29, 2008헌바124 [경찰간부 15, 경찰승진 11]

기피신청 간이기각결정과 공정한 재판을 받을 권리

형사소송에서 기피신청이 소송지연을 목적으로 함이 명백한 경우에는 그 신청을 받은 법원 또는 법관이 이를 기각하도록 하고, 이 경우 소송이 정지되지 않으며, 이에 대한 즉시항고는 재판의 집행을 정지하는 효력이 없도록 규정한, 법 제20조 제1항, 제22조 본문, 제23조 제2항 중 각 "기피신청이 소송의 지연을 목적으로 함이 명백한 때"에 관한 부분은 헌법 제27조 제1항 및 제37조 제2항에 반하여 공정한 재판을 받을 권리를 과도하게 침해하지 아니한다.

11. 헌법재판소 2011.5.26, 2010헌마775 [경찰간부 13, 경찰승진 12]

수용자를 교정시설에 수용할 때마다 전자영상 검사기를 이용하여 수용자의 항문 부위에 대한 신체검사를 하는 것이 수용자의 인격권 등을 침해하는지 여부(소극)

이 사건 신체검사는 교정시설의 안전과 질서를 유지하기 위한 것으로 그 목적이 정당하고, 항문 부위에 대한 금지물품의 은닉 여부를 효과적으로 확인할 수 있는 적합한 검사방법으로 그 수단이 적절하다. … 이 사건 신체검사로 인하여 수용자가 느끼는 모욕감이나 수치심이 결코 작다고 할 수는 없지만, 흉기 기타 위험물이나 금지물품을 교정시설 내로 반입하는 것을 차단함으로써 수용자 및 교정시설 종사자들의 생명 · 신체의 안전과 교정시설 내의 질서를 유지한다는 공적인 이익이 훨씬 크다 할 것이므로, 법익의 균형성 요건 또한 충족된다. 이 사건 신체검사는 필요한 최소한도를 벗어나 과잉금지원칙에 위배되어 청구인의 인격권 내지 신체의 자유를 침해한다고 볼 수 없다.

04 신속한 재판의 원칙

I 서설

1. 의 의

신속한 재판(speedy trial, Beschleunigungsgebot)의 원칙이란 공판절차는 신속하게 진행되어야 하며 재판을 지연시켜서는 안 된다는 원칙을 말한다. "재판의 지연은 재판의 거부와 같다(Justice delayed, justice denied)." "재판은 신선할수록 그 향기가 높다(Fresh justice is the sweetest)."[1]라는 법언은 신속한 재판이 형사소송의 중요한 이념임을 표현하는 것이다.[2]

2. 헌법적 근거

헌법 제27조 제3항은 "모든 국민은 신속한 재판을 받을 권리를 가진다."라고 규정하여 신속한 재판을 받을 권리를 형사피고인의 기본적 인권으로 보장하고 있다.

3. 기 능

신속한 재판을 받을 권리는 주로 ① 피고인의 이익을 보호하기 위하여 인정된 기본권이지만, 동시에 ② 실체적 진실발견, 소송경제, 재판에 대한 국민의 신뢰와 형벌 목적의 달성과 같은 공공의 이익에도 근거가 있다는 점에서, **이중적인 성격과 기능**을 가진다(헌법재판소 1995.11.30, 92헌마44). [경찰승진 11, 경찰채용 11 2차, 국가 9급 22]

II 제도적 표현

수사와 공소	① 검사와 사법경찰관의 수사권(제196조 · 제197조) ② 수사기관의 구속기간 제한(제202조 · 제203조) ③ 기소편의주의와 기소변경주의(공소취소)(제247조 제1항, 제255조) : 피의자를 신속히 형사절차에서 해방시킬 수 있음 ④ 공소시효제도(제249조) [경찰채용 11 2차]
공판절차	① 공판준비절차(제266조~제274조) : 공판준비절차에 의하여 공판기일에서의 신속한 재판이 이루어질 수 있음 • 공소장부본의 송달(제266조) • 공판기일의 지정과 변경(제267조, 제270조) • 공판기일 전의 증거조사와 증거제출(제273조, 제274조) ② 심판범위의 한정 : 공소사실로 제한하여 신속에도 기여 ③ 대표변호인제도(제32조의2) ④ 결석재판제도(제277조의2, 제458조의 제2항) ⑤ 집중심리주의(제267조의2 – 연일개정, 14일, 특강법 제10조 – 7일) [경찰채용 11 2차] ⑥ 재판장의 소송지휘권 • 공판기일의 지정(제267조)과 변경(제270조) • 불필요한 변론의 제한(제299조) ⑦ 기간의 제한 • 구속기간의 제한(제92조) • 판결선고기간의 제한(제318조의4, 소촉법 제21조[3]) [경찰채용 11 2차] ⑧ 증거동의(제318조)

---

1) [참고] 이 법언은 영국의 학자 베이컨(Francis Bacon 1561 – 1626)의 말로서 피고인의 인권보장과 실체진실발견을 위하여 신속한 재판이 요청된다는 점을 표현하고 있다.

2) [참고] 신속한 재판의 원칙은 형사절차의 지연으로 야기되는 피고인에 대한 여러 불이익을 감쇄시키기 위하여 공판과정만이 아닌 전체 형사절차가 신속히 진행되어야 함을 의미한다. 소송경제의 측면만을 강조하여 피고인의 방어권이 무시되는 것이 신속한 재판의 원칙의 취지에 어긋나는 이유는 바로 여기에 있다. 신속한 재판의 원칙이 적정절차의 원칙과 무관하지 않다는 것은 이러한 의미에서 이해되어야 한다.

3) 소촉법 제21조는 판결선고기간을 규정하면서, 판결의 선고는 제1심에서는 공소가 제기된 날부터 6개월 이내에, 항소심 및 상고심에서는 기록을 송부받은 날부터 4개월 이내에 하여야 한다고 규정하고 있다. 다만, 이는 훈시규정에 불과하므로 이 기간을 어긴 경우에도 위법이 아니다(형소법에 규정되지 않음).

상소심	① 기간의 제한 　• 상소기간의 제한(제358조, 제374조) 　• 상소기록의 송부기간(제361조, 제377조) 　• 상소이유서 · 답변서의 제출기간(제361조의3, 제397조) ② 미결구금일수 산입의 제한(소촉법 제24조) : 상소남용의 방지 ③ 상소심의 구조 : 사후심적 성격
특수한 공판절차	① 간이공판절차(제297조의2) ② 약식절차(제448조) 　• 약식절차에서 정식재판청구기간의 제한(제453조) 　• 1심판결선고 전까지 정식재판청구 취하(제454조) ③ 즉결심판절차(즉심)

Ⅲ 침해와 효과

1. 침해 여부의 판단

피고인에게 귀책사유가 없는데도 공판심리가 현저히 지연되었다면 신속한 재판의 원칙을 침해하였다고 할 수 있으나, 이를 판단하는 명백한 기준은 존재하지 않는다. 따라서 사건의 성질과 심리의 방법, 지연의 정도, 피고인에 대한 객관적 불이익 등을 고려하여 구체적으로 판단할 수밖에 없다.

2. 효 과

현행법은 재판지연을 구제하기 위하여 면소판결의 사유나 공소기각재판의 사유 등에서 **별도의 명문규정을 두고 있지 않다.** [법원행시 01, 경찰간부 15] 따라서 공소시효완성이 의제된 경우(25년, 면소판결, 제249조 제2항, 제326조 제3호)를 제외하고는 소송지연을 이유로 형식재판으로 소송을 종결시킬 수는 없다. 따라서 유죄판결을 선고하되, 이를 **양형에서 고려**해 줄 수 있는 것에 불과할 뿐이다(양형사유설, 통설).

🔨 판례연구 신속한 재판을 받을 권리를 침해하였다고 본 판례

1. 헌법재판소 1992.4.14, 90헌마82

국가보안법 제7조(찬양 · 고무) 및 제10조(불고지)의 죄는 구성요건이 특별히 복잡한 것도 아니고 사건의 성질상 증거수집이 더욱 어려운 것도 아님에도 불구하고 국가보안법 제19조가 제7조 및 제10조의 범죄에 대하여서까지 형사소송법상의 수사기관에 의한 피의자구속기간 30일보다 20일이나 많은 50일을 인정한 것은 국가형벌권과 국민의 기본권과의 상충관계 형량을 잘 못하여 불필요한 장기구속을 허용하는 것이어서 결국 헌법 제37조 제2항의 기본권 제한입법의 원리인 과잉금지의 원칙을 현저하게 위배하여 피의자의 신체의 자유, 무죄추정의 원칙 및 신속한 재판을 받을 권리를 침해한 것이다.

2. 헌법재판소 2003.11.27, 2002헌마193 [경찰간부 15]

군사법경찰관의 구속기간의 연장을 허용하는 군사법원법 제242조 제1항 중 제239조 부분은 과잉금지의 원칙에 위반하여 신체의 자유 및 신속한 재판을 받을 권리를 침해하는 것이다.

　　[보충] 경찰단계에서는 구속기간의 연장을 허용하지 아니하는 형사소송법의 규정과는 달리 군사법경찰관의 구속기간의 연장을 허용한 것에 대하여 위헌결정이 내려진 사안이다.

🔨 판례연구 신속한 재판을 받을 권리를 침해하지 않았다고 본 판례

1. 대법원 1967.1.24, 66도1632

구속기간을 여러 차례 갱신하였다고 하여 신속한 재판을 받을 권리를 침해하였다고 할 수 없다.

2. 대법원 1972.5.23, 72도840 [경찰간부 15, 경찰승진 10/13, 국가9급 22]

제1심의 선고형기를 지난 후 제2심 공판이 개정된 경우 신속재판을 받을 권리를 침해한 것은 아니다(제1심 판결선고형이 그대로 유지된다고 단정할 수 없기 때문임).

3. 대법원 1990.6.12, 90도672 [국가7급 13, 경찰간부 15, 경찰승진 10/13]

구속기간 만기 25일을 앞두고 제1회 공판기일이 있었다고 하여 신속한 재판을 받을 권리를 침해하였다고 볼 수 없다.

4. 헌법재판소 1993.11.25, 92헌마169 [경찰승진 10/14]

　　형사재심사건과 관련하여 형사소송법 제56조에 대한 위헌제청신청을 하였는데 법원이 5개월 가까이 되도록 그 가부에 대한 재판을 하지 않음으로써 청구인의 헌법상 기본권인 신속한 재판을 받을 권리 등이 침해되었다는 이유로 헌법소원을 제기하였으나 곧이어 법원이 그 위헌제청신청을 기각한 경우에 있어서 그와 같이 재판이 지연된 것이 재판부 구성원의 변경, 재판의 전제성과 관련한 본안심리의 필요성, 청구인에 대한 송달불능 등으로 인한 것이라면 법원이 재판을 특별히 지연시켰다고 볼 수 없다.

제2절 | 형사소송의 기본구조

01 　형사소송구조론

I 　의의

　　소송구조론이란 소송의 주체가 누구이고, 소송주체 사이의 관계를 어떻게 구성할 것인가에 대한 이론을 말한다. 즉, 형사소송의 이념인 실체적 진실주의와 적정절차 및 신속한 재판의 원칙을 달성하기 위한 방법론에 해당한다.

II 　규문주의와 탄핵주의

1. 규문주의

　(1) **의의** : 규문주의(糾問主義, inquisitorial system, Inquisitionsprinzip)는 재판기관이 소추권과 재판권을 독점함으로써 그 스스로 소추기관임과 동시에 재판기관인 형태를 말한다(소추권 = 재판권). 즉, 법원 스스로 절차를 개시하여 심리·재판함으로써, 심리개시와 재판의 권한이 법관에게 집중되어 있는 구조를 말한다.

　(2) **내용** : 규문주의에 의하면, ① 소추기관이 따로 존재하지 아니하므로 불고불리의 원칙 자체가 인정되지 않고(소추기관 = 재판기관), ② 형사절차가 소송의 구조를 가지지 못한다는 점에서 피고인은 단순한 조사와 심리의 객체일 뿐 소송주체나 당사자로서의 지위도 인정되지 않으며, ③ 법정증거주의, 비밀주의, 서면주의로 점철되게 된다. [국가9급 09]

　(3) **문제점** : 법원이 스스로 소추하고 스스로 재판을 하게 되므로 공정한 재판을 기대할 수 없고, 피고인의 방어권도 보장받기 어렵다. 원래 규문주의적 소송구조는 중세부터 근세 초기 유럽의 전제군주국가와 근대화 이전의 동양의 전통적 형사절차구조로서, 역사적으로 프랑스대혁명 등 근대 시민혁명을 계기로 탄핵주의 형사절차로 개혁되면서 그 자취를 감추게 된다.

2. 탄핵주의

　(1) **의의** : 탄핵주의(彈劾主義, accusatorial system, Akkusationsprinzip)는 재판기관과 소추기관을 분리하여 소추기관의 소추(訴追 : 재판청구)에 의하여 재판기관이 비로소 재판절차를 개시하는 주의를 말한다. [국가9급 10] 오늘날 영미는 물론 대륙의 형사소송구조에 해당한다.

　(2) **내용** : 탄핵주의에 의하면, ① 재판기관과 다른 소추기관이 따로 존재하므로 **불고불리**(소추하지 않으면 심리할 수 없음)의 원칙이 인정되고(소추기관 ≠ 재판기관), ② 형사절차가 소송의 구조를 가지게 된다는 점에서 **피고인이 소송의 주체 내지 당사자**가 되어 절차에 관여하여 자신의 이익을 방어할 수 있게 된다. [국가9급 10]

(3) 유 형

① 소송의 주도권에 의한 분류 : 직권주의와 당사자주의로 나뉜다.

② 소추기관에 의한 분류 : 국가소추주의와 사인소추주의(피해자소추주의, 공중소추주의)로 나뉜다.

3. 현행법의 태도

국가소추주의에 의한 탄핵주의 소송구조를 채택하고 있다(제246조). [국가9급 10]

02 　 직권주의와 당사자주의

I　직권주의

1. 의 의

직권주의라 함은 **소송에서의 주도적 지위를 법원에게 인정**함으로써 법원의 직권에 의하여 심리를 진행하는 소송구조를 말한다. 대륙법계의 전통적 소송구조이다.[1]

2. 내 용

(1) **직권탐지주의** : 법원이 실체진실을 발견하기 위하여 당사자의 주장에 구속받지 않고 직권으로 증거를 수집 · 조사한다.

(2) **직권심리주의** : 법원이 소송물을 지배하므로 직권으로 사건을 심리한다.

3. 평 가

(1) **장점** : ① 법원이 소송에서 주도적으로 활동하므로 **실체적 진실발견에 효과적**이며, ② 당사자의 소모적 소송활동을 적절히 통제하여 **소송의 신속과 능률**을 도모할 수 있고, ③ 법원이 상대적으로 열세에 놓여 있는 피고인에 대한 후견적 입장에서 **피고인의 이익 보호**를 충실히 할 수 있으며, ④ **형사절차의 스포츠화를 방지**할 수 있다.

(2) **단점** : ① 사건의 심리가 **법원의 자의와 독단**으로 흐를 수 있으며, ② 이로 인해 피고인이 **심리의 객체로 전락**하면 피고인의 방어권이 실질적으로 보장될 수 없고, ③ 법원이 적극적으로 진실규명활동을 전개해야 하므로 **업무부담의 과중**이 초래될 수 있다.

II　당사자주의

1. 의 의

당사자주의(adversarial system)라 함은 당사자인 검사와 피고인에게 소송의 주도권을 인정함으로써 당사자의 공격과 방어에 의하여 심리가 진행되고, 법원은 제3자적 입장에서 당사자의 주장과 입증을 판단하는 소송구조를 말한다. 영미법계의 전통적 소송구조이다.

2. 내 용

(1) **당사자추행주의** : 당사자가 증거를 수집 · 제출하고 당사자의 공격 · 방어의 형태로 심리가 진행된다.

(2) **당사자처분주의** : 당사자주의를 철저히 하면 소송절차뿐만 아니라 소송물에 대해서도 당사자의 처분을 허용하게 된다. [경찰간부 13]

---

1) [참고] 역사적으로는 1808년 프랑스의 나폴레옹 형사법전 및 이를 계수한 1879년 독일제국 형사소송법전에서 나타난 것이 초기의 직권주의 형태이다.

3. 평 가

(1) **장점** : ① 이해관계를 직접 가진 소송의 당사자가 **적극적 입증활동**을 함으로써 보다 많은 증거가 법원에 제출될 수 있다는 점에서 **실체적 진실발견에 효과적**이며, ② 법원이 진상규명에 직접 관여하지 않는다는 점에서 **법원은 제3자적 입장을 유지**할 수 있어 보다 **공정한 재판**이 가능하게 되고[경찰간부 13], ③ 피고인은 실질적인 소송의 주체로서 **검사와 대등**한 입장에서 활동하므로 **방어권 행사가 충분히 보장**된다. [경찰간부 13]

(2) **단점** : ① 당사자 간에 공격·방어가 거듭되면서 **심리의 능률과 신속을 저해**할 염려가 있으며, ② 재판결과가 당사자의 능력에 좌우되는 결과 **사법(司法)의 스포츠화**를 초래하여 변호인이 없는 피고인에게는 불리한 측면이 있고, ③ 당사자처분주의를 인정하게 되면 국가형벌권의 행사가 **당사자 간의 타협이나 거래의 대상으로 전락**할 위험이 있다.

---

03 | 현행 형사소송법의 기본구조

I 학설·판례

형사소송의 구조를 당사자주의로 할 것인가, 직권주의로 할 것인가는 입법정책의 문제인데, 현행 형사소송법은 당사자주의적 요소와 직권주의적 요소를 모두 가지고 있다. 형사소송법의 기본구조가 무엇인가에 관하여는 견해가 대립하나,[1] 판례는 우리 형사소송법의 구조를 **기본적으로 당사자주의 소송구조**로 이해하고 있다 (헌법재판소 1995.11.30, 92헌마44 등). [경찰채용 14 1차] 다만, 당사자주의라 하여 민사소송법의 **당사자처분권주의까지 의미하는 것은 아니다.**

> **헌법재판소 1995.11.30, 92헌마44** [국가7급 18/20]
> 형사소송의 구조를 당사자주의와 직권주의 중 어느 것으로 할 것인가의 문제는 입법정책의 문제로서 우리나라 형사소송법은 그 해석상 소송절차의 전반에 걸쳐 기본적으로 당사자주의 소송구조를 취하고 있는 것으로 이해된다.

II 현행법상 직권주의와 당사자주의의 요소

1. 직권주의적 요소[2]

> ① 피고인신문제도(제296조의2) : 순수한 당사자주의에서는 피고인이 공판정에서 심리의 객체가 되지 않는 데 비해, 현행법은 법원의 피고인신문제도를 채택함으로써 당사자의 신문이 끝난 후 재판장은 피고인을 신문할 수 있다. [법원행시 04]
> ② 재판장의 직권에 의한 증인신문(제161조의2) : 재판장은 당사자의 신문이 끝난 후에 신문할 수 있고, 필요하다고 인정할 때에는 어느 때나 신문할 수 있다. [법원행시 04, 교정9급특채 10]
> ③ 직권증거조사(제295조 후단) : 증거조사는 당사자의 신청에 의하는 것이 원칙이지만, 필요하다고 인정하는 경우에는 법원이 직권으로 할 수 있다.
> ④ 공소장변경요구(제298조 제2항) : 법원은 심리의 경과에 비추어 상당하다고 인정한 때에는 공소장 변경을 요구하여야 한다. 이는 소송의 대상에 대한 법원의 직권행사를 인정한 것이다. 다만, 검사가 이에 응하지 않으면 공소장변경의 효과가 발생하지 않는데, 이는 직권주의적 요소라 할 수는 없다. [법원행시 04]
> ⑤ 증거동의의 진정성 판단(제318조 제1항) : 당사자의 증거동의가 있다 하더라도 법원이 그 서류 또는 물건이 진정한 것으로 인정할 때에만 효력이 있다.

---

1) [보충] 학설상 ① 순수한 당사자주의라는 견해(강구진), ② 당사자주의를 기본구조로 하고 직권주의는 보충적 성격을 가진다고 보는 견해(백형구, 손/신, 신동운, 신현주, 이은모, 차/최), ③ 직권주의를 기본구조로 하면서 당사자주의를 보충함으로써 양자를 조화한 구조라고 보는 견해(이/조, 임동규) 등의 대립이 있다. 학설상으로는 당사자주의적 요소를 근간으로 직권주의적 요소가 가미된 소송구조로 이해하는 제2설이 다수설이다.

2) [보충] 증거결정, 불필요한 변론의 제한, 공소장변경의 허가 등 법원의 소송지휘권의 행사를 직권주의의 표현으로 이해하기도 하지만, 이는 절차의 적정한 진행을 위해 당연히 법원에 인정되는 권한이며 소송구조와는 직접적 연관성은 없다. 소송지휘권의 행사는 영미의 법원에서도 인정되기 때문이다.

2. 당사자주의적 요소

① 심판범위의 한정(공소사실의 특정)(제254조 제4항) : 검사의 공소제기에 의해 법원의 심판범위가 확정되는 것과 이를 위해 공소장에 공소사실을 특정할 것을 요구하는 것은 당사자주의의 표현이다. [교정9급특채 10]

② 공소장변경제도(제298조) : 공소사실과 동일성이 인정된 사실이라 하더라도 공소장변경절차를 거치지 아니하면 현실적인 심판대상이 될 수 없는데, 이는 법원의 현실적 심판의 범위를 제한하여 피고인의 방어권을 보장하고자 하는 당사자주의적 요소이다.

　[주의] 다만 과거의 판례 중에는 이를 직권주의적 요소라고 표현한 예가 있다.

③ 공소장일본주의(규칙 제118조 제2항) : 공소장에는 법관에게 예단을 줄 우려가 있는 서류, 기타 물건을 첨부할 수 없는데, 이는 법원이 제3자의 입장에서 공정한 재판을 하도록 하려는 취지이므로 당사자주의적 요소이다. [경찰간부 12]

④ 공판준비절차
　㉠ 공소장부본의 송달(제266조) [교정9급특채 10]
　㉡ 제1회 공판기일의 유예기간(제269조) [교정9급특채 10]
　㉢ 피고인의 공판기일변경신청권(제270조) [교정9급특채 10]
　㉣ 증거개시제도(제266조의11)

⑤ 공판절차상의 당사자의 주도적 지위
　㉠ 당사자의 출석(제275·276조) : 당사자의 공판정 출석은 공판개정의 요건이며, 피고인에 대한 궐석재판은 원칙적으로 허용되지 않는다.
　㉡ 검사의 모두진술(제285조) : 검사가 사건의 개요와 입증의 방침을 밝힘으로써 피고인으로 하여금 방어활동을 하게 하기 위한 당사자주의적 요소이다.
　㉢ 증거조사
　　ⓐ 당사자의 신청에 의한 증거조사(제294조)
　　ⓑ 당사자의 증거보전청구권(제184조)
　　ⓒ 검사·피고인 등의 증거조사참여권(제145조, 제163조, 제176조) [교정9급특채 10]
　　ⓓ 증거조사에 대한 이의신청권(제296조),
　　ⓔ 증인에 대한 교호신문제도(제161조의2) [교정9급특채 10]
　　ⓕ 증거동의제도(제318조 제1항)
　　ⓖ 전문법칙(제310조의2) : 당사자의 반대신문권의 보장
　㉣ 피고인신문의 방식(제296조의2) : 검사와 변호인이 먼저 신문하고 법원은 그 후에 신문하는 당사자주의적 신문방식에 의한다. [교정9급특채 10]
　㉤ 최종변론(제302조·제303조) : 증거조사 후 검사·피고인·변호인의 의견진술의 기회

⚲ [판례연구] 공소장변경제도의 성질

대법원 2009.10.22, 2009도7436 전원합의체

공소장변경제도는 직권주의적 요소라는 판례

형사소송법은 공소장변경제도를 인정하여, 검사는 법원의 허가를 얻어 공소사실의 동일성을 해하지 아니하는 한도에서 공소장에 기재한 공소사실 또는 적용법조의 추가·철회 또는 변경을 할 수 있고, 법원 역시 심리의 경과에 비추어 상당하다고 인정할 때에는 공소사실 또는 적용법조의 추가 또는 변경을 요구하여야 한다고 규정하고 있다(법 제298조 제1항, 제2항). 이러한 공소장변경제도는 실체적 진실발견이라는 형사소송이념을 실현하기 위한 직권주의적 요소로서 형사소송법이 절차법으로서 가지는 소송절차의 발전적·동적 성격과 소송경제의 이념 등을 반영하고 있는 것이므로, 이러한 점에서도 공소장일본주의의 적용은 공소제기 이후 공판절차가 진행된 단계에서는 필연적으로 일정한 한계를 가질 수밖에 없다.

memo

출제경향 분석

구분	제1장 소송의 주체	제2장 소송행위
경찰간부	10/200 (5.0%)	2/200 (1.0%)
경찰승진	11/200 (5.5%)	0/200 (0.0%)
경찰채용	6/160 (3.8%)	0/160 (0.0%)
국가7급	11/100 (11.0%)	8/100 (8.0%)
국가9급	11/115 (9.6%)	1/115 (0.9%)
법원9급	14/125 (11.2%)	5/125 (4.0%)
변호사	6/200 (3.0%)	0/200 (0.0%)

PART

02

소송주체와 소송행위

CHAPTER
01 소송의 주체

📂 5개년 출제경향 분석

구분	경찰간부					경찰승진					경찰채용					국가7급					국가9급					법원9급					변호사				
	19	20	21	22	23	20	21	22	23	24	20	21	22	23	24	19	20	21	22	23	20	21	22	23	24	19	20	21	22	23	20	21	22	23	24
제1절 소송주체의 의의																1		1																	
제2절 법원	2	1					1										1	1		1	2	1		1	1	2		1	2	2	1	1	1		1
제3절 검사																								1	1										
제4절 피고인	2	2					4		1			1					1	1						1		1	1	2		2				1	
제5절 변호인	1	1	1			2	1	1	2		2	2				2			1	1	1		1			1			1				1		
출제율	10/200 (5.0%)					11/200 (5.5%)					6/160 (3.8%)					11/100 (11.0%)					11/115 (9.6%)					14/125 (11.2%)					6/200 (3.0%)				

제1절 | 소송주체의 의의

01 소송주체의 개념

I 개념

소송주체란 소송적 법률관계의 주체로서 소송법적인 권리·의무의 귀속주체가 되는 자를 말한다. 소송의 주체에는 재판권의 주체인 법원, 공소권의 주체인 검사 그리고 방어권의 주체인 피고인이 있다.

II 당사자

당사자란 소송주체 가운데 재판을 받는 주체인 검사와 피고인을 말한다.

02 소송관계인과 소송관여자

I 소송관계인

피고인과 그 보조자인 변호인·보조인·대리인, 그리고 검사와 그 보조자인 사법경찰관리를 말한다.

II 소송관여자

소송에 대한 적극적인 형성력이 없는 증인·감정인·고소인·고발인을 말한다.

제2절 | 법 원

01 법원의 의의와 종류

I 국법상 의미의 법원

1. 의 의

(1) 개념 : 국법상 의미의 법원이라 함은 대법원을 정점으로 하여 피라미드 조직으로 배치·구성되어 있는 사법행정상의 단위로서의 법원을 말하며, 보통 법원조직법상의 법원을 의미한다. 각급법원의 장(長)은 사법행정상의 지휘감독권이 인정된다.

(2) 내 용
① 관청으로서의 법원 : 사법행정(예 법관의 배치, 법원사무관의 임용)에 관하여 의사를 결정하고 그것을 표시하는 주체로서의 법원을 의미한다.
② 관서로서의 법원 : 구체적 재판을 행하기 위하여 필요한 인적·물적 설비의 총체를 의미한다. 그 자체로서는 아무런 권한을 가지고 있지 않다.

2. 법원의 조직

(1) **국법상 의미로서의 법원** : 최고법원인 대법원을 위시하여 고등법원, 특허법원, 지방법원, 가정법원, 행정법원, 회생법원으로 조직된다(법조 제3조 제1항).

(2) **지원** : 지방법원 및 가정법원의 사무의 일부를 처리하게 하기 위하여 그 관할구역 안에 지원과 가정지원, 시법원 또는 군법원 및 등기소를 둘 수 있다(법조 제3조 제2항). 시 · 군법원은 형사사건에 관하여 20만원 이하의 벌금 또는 구류나 과료에 처할 범죄사건에 대하여 즉결심판한다(동 제34조 제1항).

(3) **특별법원으로서 군사법원** : 이상의 법원 이외에도 특별법원으로서 군사법원이 있다. 군사법원은 군사재판을 위하여 헌법에 의해 인정된 특별법원이다. 군사법원의 상고심도 대법원이 된다. 따라서 군사법원도 하급법원에 해당된다.

Ⅱ 소송법상 의미의 법원

1. 의 의

(1) **개념** : 소송법상 의미의 법원이라 함은 개개의 소송사건에 관하여 재판권을 행사하는 재판기관으로서의 법원을 말한다. 보통 형사소송법상 의미의 법원으로서, 합의부와 단독판사가 있다. 제1심 법원은 단독제(원칙)와 합의제를 병용하고 있으나, 상소법원은 합의제에 의한다. 또한 소송법적 의미의 법원은 사건의 심리와 재판을 행하는 과정에서 재판장 · 수명법관 · 수탁판사 · 수임판사와 같은 여러 형태로 나타난다.

(2) **사법권의 독립** : 소송법상 의미의 법원은 각각 독립하여 재판권을 행사하며 그 재판권 행사에 관하여 상급법원 또는 소속법원의 장으로부터 지휘감독을 받지 아니한다.

2. 단독제와 합의제

(1) **단독제** : 1인의 법관으로 구성되는 법원을 말한다. 제1심법원, 즉 지방법원 · 가정법원 · 회생법원과 지방법원 및 가정법원의 지원, 가정지원 및 시 · 군법원의 심판권은 단독판사가 행한다(법조 제7조 제4항).

(2) **합의제** : 수인의 법관으로 구성되는 법원을 말한다. 상소법원, 즉 대법원과 고등법원의 심판사건, 그리고 지방법원 및 그 지원에서 심판할 것으로서 합의심판을 요하는 중요한 사건은 합의제에 의한다(법조 제7조 제3항, 제5항).[1]

3. 재판장 · 수명법관 · 수탁판사 · 수임판사

(1) **재판장**

① **의의** : 합의체법원에서는 그 구성법관 중 1인이 재판장이 된다. 재판장 이외의 법관을 합의부원(배석판사)이라고 한다.

② **권 한**

(가) **권한의 범위** : 재판장은 공판절차의 진행에 관한 권한만을 가질 뿐이고, 피고사건의 심리와 재판에 있어서는 합의부원인 법관과 동등한 권한을 가진다.

(나) **합의체의 기관으로서의 권한** : 예 공판기일지정권(제267조), 소송지휘권(제279조), 법정경찰권(제281조 제2항, 법조 제58조)

(다) **재판장으로서의 독립된 권한** : 예 급속을 요하는 경우에 피고인을 소환 · 구속할 수 있는 권한(제80조)

(2) **수명법관** : 합의체법원으로부터 특정한 소송행위(예 법정 외 증인신문)를 하도록 명을 받은 합의체법원의 구성법관을 말한다. 예 합의체의 법원이 결정 또는 명령을 할 때 필요한 조사(제37조 제4항), 압수 · 수색(제136조)

---

1) [보충] 고등법원 · 특허법원 및 행정법원의 심판사건은 판사 3인으로 구성된 합의부에서 이를 행한다(법조 제7조 제3항). 대법원은 원칙적으로 대법관 전원의 3분의 2 이상의 합의체에서 행하며, 대법원장이 재판장이 된다. 그러나 대법관 3인 이상으로 구성되는 부에서 먼저 사건을 심리하여 의견이 일치하는 경우에는 부에서 심판할 수 있다(동 제1항).

(3) 수탁판사 : 수소법원이 다른 법원의 법관에게 일정한 소송행위를 하도록 촉탁한 경우에 그 촉탁을 받은 법관을 말한다. 예를 들어 증인 소재지 관할법원 판사에게 증인신문을 촉탁하는 경우 촉탁받은 법관을 말한다. 전촉을 받은 법관도 수탁판사이다(제77조 제2항, 제136조 제2항). **예** 결정 · 명령을 할 때 필요한 조사(제37조 제4항), 피고인의 구속(제77조 제1항), 압수 · 수색(제136조 제1항)

(4) 수임판사 : 수명법관이나 수탁판사도 아니면서 수소법원과 독립하여 소송법상의 권한을 행사할 수 있는 개개의 법관을 말한다. **예** 수사기관의 청구에 의하여 각종 영장을 발부하는 판사(제201조), 증거보전절차를 행하는 판사(제184조), 수사상의 증인신문을 행하는 판사(제221조의2)

🔍 **판례연구** 수임판사의 재판에 대한 불복 관련판례

1. 대법원 1986.7.12, 86모25

증거보전청구기각 결정에 대한 불복 관련판례

법원의 결정에 대하여 불복이 있으면 항고할 수 있다고 규정한 형소법 제402조가 말하는 법원은 형사소송법상의 수소법원만을 가리키는 것이어서 증거보전청구를 기각한 판사의 결정에 대하여는 위 제402조가 정하는 항고의 방법으로는 불복할 수 없고 나아가 그 판사는 수소법원으로서의 재판장 또는 수명법관도 아니므로 그가 한 재판은 동법 제416조가 정하는 준항고의 대상이 되지도 않으며 또 동법 제403조에 관한 재판에는 그 적용이 없다 할 것이어서 결국 증거보전청구의 기각결정에 대하여는 형사소송법상 어떠한 방법으로도 불복을 할 수가 없다.

보충 다만, 2007년 개정법에 의해, 증거보전청구 기각결정에 대해 3일 이내 항고할 수 있다(제184조 제4항).

2. 대법원 2006.12.18, 2006모646

재판에 대한 심급제도를 통한 불복은 입법자의 형성의 자유 - 수임판사의 재판에 대한 불복은 원칙적 불허

헌법과 법률이 정한 법관에 의하여 법률에 의한 신속한 재판을 받을 권리를 국민의 기본권의 하나로 보장하고 있는 헌법 제27조의 규정과 대법원을 최고법원으로 규정한 헌법 제101조 제2항, 명령 · 규칙 또는 처분에 대한 대법원의 최종심사권을 규정한 헌법 제107조 제2항의 규정 등에 비추어, 대법원 이외의 각급법원에서 잘못된 재판을 하였을 경우에는 상급심으로 하여금 이를 바로 잡게 하는 것이 국민의 재판청구권을 실질적으로 보장하는 방법이 된다는 의미에서 심급제도는 재판청구권을 보장하기 위한 하나의 수단이 되는 것이지만, 심급제도는 사법에 의한 권리보호에 관하여 한정된 법 발견자원의 합리적인 분배의 문제인 동시에 재판의 적정과 신속이라는 서로 상반되는 두 가지 요청을 어떻게 조화시키느냐의 문제에 귀착되므로 어느 재판에 대하여 심급제도를 통한 불복을 허용할 것인지의 여부 또는 어떤 불복방법을 허용할 것인지 등은 원칙적으로 입법자의 형성의 자유에 속하는 사항이고, 특히 형사사법절차에서 수사 또는 공소제기 및 유지를 담당하는 주체로서 피의자 또는 피고인과 대립적 지위에 있는 검사에게 어떤 재판에 대하여 어떤 절차를 통하여 어느 범위 내에서 불복방법을 허용할 것인가 하는 점은 더욱 더 입법정책에 달린 문제이다. 검사의 체포영장 또는 구속영장 청구에 대한 지방법원판사의 재판은 형사소송법 제402조의 규정에 의하여 항고의 대상이 되는 '법원의 결정'에 해당하지 아니하고, 제416조 제1항의 규정에 의하여 준항고의 대상이 되는 '재판장 또는 수명법관의 구금 등에 관한 재판'에도 해당하지 아니한다.

---

02 | 법원의 관할

I 관할의 의의와 종류

1. 관할의 의의와 성질

(1) 관할의 의의

① 개념 : 관할(管轄, jurisdiction, Zuständigkeit)이라 함은 특정법원이 특정사건에 대하여 재판을 할 수 있는 권한을 말한다(관할권). 즉, 관할이란 재판권의 존재를 전제로 한 소송법상 개념으로서 **각 법원에 대한 재판권의 분배**를 일컬으며, 이에 특정사건에 대하여 관할권을 갖는 법원을 관할법원이라고 한다. 형사사건의 관할은 ㉠ 심리의 편의와 사건의 능률적 처리라는 절차적 요구뿐만 아니라 ㉡ 피고인의 출석과 방어권 행사의 편의라는 방어상의 이익도 충분히 고려하여 결정하여야 하고, 특히 자의적 사건처리를

방지하기 위하여 법률에 규정된 추상적 기준에 따라 획일적으로 결정하여야 한다(대법원 2015.10.15, 2015도1803).

② 구별개념

(가) 재판권

㉠ 의의 : 재판권은 전체법원이 구체적인 특정사건에 대하여 심판을 할 수 있는 추상적·일반적 권리로서 국법상의 개념이다. 재판권이 없을 때에는 공소기각의 판결을 해야 한다(제327조 제1호).

㉡ 구별개념 – 관할권 : 관할권은 재판권을 전제로 특정법원이 특정사건에 대하여 재판권을 행사할 수 있는 구체적·현실적 권리로서 소송법상의 개념이다. 관할권이 없는 때에는 관할위반의 판결을 해야 한다(제319조).

(나) 사무분배

㉠ 의의 : 사무분배(또는 사건배당)는 일개 법원 내부의 재판부와 재판부 간의 사무분담의 문제로서 이는 사법행정사무에 불과하다.

㉡ 구별개념 – 관할 : 관할은 법원과 법원 간의 재판권 분배의 문제로서 소송법적인 문제이다.

(2) 관할의 성질 : 관할권의 존재는 **소송조건**이다. 흠결시 **관할위반판결**을 해야 한다(제319조). 법원은 **직권으로 관할을 조사**하여야 한다(제1조). [경찰채용 07 2차]

2. 관할의 종류

관할은 사건관할과 직무관할로 구별된다. 재심·비상상고·재정신청 사건에 대한 관할이 후자의 직무관할에 속한다. 일반적으로 관할이란 사건관할을 의미한다. 사건관할에는 법정관할과 재정관할이 있다. 법정관할에는 다시 고유한 법정관할과 관련사건 관할이 있으며, 재정관할에는 관할의 지정·이전·창설이 있다. 이를 분설하면 다음과 같다.

(1) 사건관할과 직무관할

① 사건관할 : 피고사건 자체의 심판에 관한 관할을 말한다. 관할의 일반적 의미로서, 법정관할과 재정관할이 이에 속한다.

② 직무관할 : 피고사건과 관련된 특수절차의 심판에 관한 관할을 말한다. **재심·비상상고·재정신청·구속적부심** 등에 관한 관할이 이에 속한다.

(2) 법정관할과 재정관할

① 법정관할 : 법률의 규정에 의하여 정해지는 관할을 말한다. **고유관할 및 관련사건의 관할**이 이에 속한다.

② 재정관할 : 법원의 재판에 의하여 정해지는 관할을 말한다. **관할의 지정·이전**이 이에 속한다.

Ⅱ 법정관할

1. 고유관할

(1) 사물관할

① 의의 및 결정기준

(가) 의의 : 사건의 경중이나 성질에 따른 제1심 법원의 관할분배를 말한다. [경찰승진 03] 따라서 제2심과

제3심의 관할은 사물관할의 문제가 아니다. 합의부에서만 심판하기 때문이다.

    (나) **결정기준** : 법원조직법은 범죄주의와 형벌주의를 병용하여, 피고사건의 성질과 법정형의 경중을 기준으로 관할을 분배하고 있다.

② **단독판사의 관할** : 제1심의 사물관할은 **원칙적으로 단독판사**에 속한다(법조 제7조 제4항). 단독판사의 관할사건이 공소장변경에 의하여 합의부 관할사건으로 변경된 경우에 법원은 결정으로 관할권이 있는 법원에 이송한다(제8조 제2항).

③ **합의부의 관할**(법조 제32조 제1항)

    (가) **합의부에서 심판할 것으로 합의부가 결정**한 사건(동 제1호)

    (나) **사형·무기 또는 단기 1년 이상**의 징역 또는 금고에 해당하는 사건(동 제3호).

    ※ 다만, 단기 1년 이상의 법정형이 규정되어 있는 범죄라도 특수상해죄(형법 제258조의2 제1항), 특수절도죄(동법 제331조), 상습절도죄(동법 제332조)와 각 미수죄, 특수공갈죄(동법 제350조의2)와 그 미수죄, 상습장물죄(동법 제363조), 폭처법위반죄(동법 제2조 제3항 제2호·제3호, 제6조−제2조 제3항 제2호·제3호의 미수죄로 한정, 제9조), 병역법위반사건, [경찰승진 03, 경찰채용 05 3차] 특가법위반죄(제5조의3 제1항, 제5조의4 제5항 제1호·제3호, 제5조의11), 보건범죄 단속에 관한 특별조치법(제5조), 부정수표단속법위반죄(제5조), 도로교통법 제148조의2 제1항·제2항, 같은 조 제3항 제1호 및 제2호, 중대재해 처벌 등에 관한 법 제6조 제1항·제3항 및 제10조 제1항에 해당하는 사건은 지방법원 또는 지원의 단독판사의 관할에 속한다.

    (다) 제3호의 사건과 동시에 심판할 공범사건(동 제4호)

    (라) 지방법원판사에 대한 **제척·기피**사건(동 제5호)

    (마) 다른 법률에 의하여 지방법원 합의부의 권한에 속하는 사건(동 제6호) : 참여재판(국참법), 치료감호사건(치료감호법 제3조), 형사보상사건(형보 제13조), 선거범과 그 공범사건(공선법 제269조) 등.

    정리 단1/제·기/다(참치보선)/합결 해서 합의부로 간다.

⚓ 판례연구 **사물관할 관련판례**

1. 대법원 1980.8.19, 79도1345

상습특수절도죄를 목적으로 하는 범죄단체조직의 사물관할

상습특수절도를 목적으로 범죄단체를 조직하거나 이에 가입하는 행위는 그 목적한 죄인 상습특수절도죄에 관한 사건에 준하여 **지방법원단독판사가 심판하여야** 한다.

2. 대법원 1994.2.8, 93도3335

지방법원단독판사의 사물관할에 속하는 사건을 합의부에서 심판할 수 있는지 여부

법원조직법 제32조 제1항 제1호에 의하면 지방법원 합의부는 합의부에서 심판할 것으로 합의부가 결정한 사건을 제1심으로 심판할 수 있도록 규정되어 있는바, 지방법원 합의부가 피고인이 범한 각 죄를 합의부에서 심판할 것으로 결정하였음을 인정할 수 있으므로 지방법원 합의부가 제1심으로 심판한 것은 적법하다.

3. 대법원 2017.6.29, 2016도18194

상습특수상해의 사물관할

형법 제264조, 제258조의2 제1항에 의하면 상습특수상해죄는 법정형의 단기가 1년 이상의 유기징역에 해당하는 범죄이고, 법원조직법 제32조 제1항 제3호 본문에 의하면 단기 1년 이상의 징역에 해당하는 사건에 대한 제1심 관할법원은 지방법원과 그 지원의 합의부이다.

보충 형법은 제264조에서 상습으로 제258조의2의 죄를 범한 때에는 그 죄에 정한 형의 2분의 1까지 가중한다고 규정하고, 제258조의2 제1항에서 위험한 물건을 휴대하여 상해죄를 범한 때에는 1년 이상 10년 이하의 징역에 처한다고 규정하고 있다. 위와 같은 형법 각 규정의 문언, 형의 장기만을 가중하는 형법 규정에서 그 죄에 정한 형의 장기를 가중한다고 명시하고 있는 점, 형법 제264조에서 상습범을 가중처벌하는 입법 취지 등을 종합하면, 형법 제264조는 상습특수상해죄를 범한 때에 형법 제258조의2 제1항에서 정한 법정형의 단기와 장기를 모두 가중하여 1년 6개월 이상 15년 이하의 징역에 처한다는 의미로 새겨야 한다.

---

(2) 토지관할

① **의의** : 동등법원 상호 간에 사건의 지역적 관계에 의한 관할의 배분을 말한다(재판적). 토지관할은 제1심 법원의 관할에 한정되지 않는다.

② 결정기준 : 토지관할은 **범죄지**, 피고인의 **주소 · 거소** 또는 **현재지**이다(제4조 제1항)(범주거현). 피고인의 현재지인 이상 범죄지 또는 주소지가 아니더라도 토지관할은 인정된다(대법원 1984.2.28, 83도3333). 사건이 대한민국 국적의 선박이나 항공기에서 발생한 경우에는 선박이나 항공기의 선적지 · 기적지 혹은 범죄 후의 선착지 · 기착지(출발지 ×)를 표준으로 한다(동조 제2항). [경찰간부 13, 해경간부 12]

(가) 범죄지
  ㉠ 의의 : 범죄의 **구성요건에 해당하는 사실이 발생**한 장소를 말한다. 증거는 범죄지에 존재하는 것이 보통이므로 심리의 능률과 신속을 도모하기 위해서 토지관할의 표준으로 한 것이다.
  ㉡ 범 위
    ⓐ 실행행위지 · 결과발생지 · 중간현상발생지 : 모두 범죄지이다. [경찰간부 15] 판례에 의하면 공모공동정범의 공모지도 범죄지에 해당한다.
    ⓑ 예비 · 음모 : 처벌규정이 있는 경우 예비지 · 음모지도 범죄지이다. [교정9급특채 10, 해경간부 12]
    ⓒ 부작위범 : 부작위지 · 작위의무지 · 결과발생지가 모두 범죄지이다.
    ⓓ 공동정범 : 공모지뿐만 아니라 범죄사실의 일부가 발생한 장소도 공동정범 전원에 대한 범죄지가 된다. [교정9급특채 10]
    ⓔ 간접정범 : 이용자의 이용행위지뿐만 아니라 피이용자의 실행행위지와 결과 발생지가 모두 범죄지이다.
    ⓕ 공범 : 교사 · 방조행위지뿐만 아니라 정범의 실행행위지 · 결과발생지가 모두 범죄지가 된다.
      [교정9급특채 10]

(나) 주소와 거소
  ㉠ 의의 : 주소란 피고인의 생활의 근거되는 곳을 말하며, 거소는 다소 계속적으로 거주하는 장소를 말한다(민법 제18조, 제19조). 피고인의 출석편의를 고려하여 토지관할의 표준으로 한 것이다.
  ㉡ 판단시기 : 주소 · 거소는 공소제기시에 관할구역 안에 있으면 족하므로, 공소제기 후에 발생한 주소 · 거소의 변동은 토지관할에 영향이 없다. 참고로 **등록기준지**(본적지)는 토지관할을 정하는 표준과는 관계없다.

(다) 현재지
  ㉠ 의의 : **임의 또는 적법한 강제에 의하여** 피고인이 실제로 위치하고 있는 장소를 말한다. 따라서 불법하게 연행된 장소는 제외된다(통설 · 판례).
  ㉡ 판단시기 : 현재지인가의 여부는 **공소제기시를 기준**으로 판단한다. 따라서 공소제기 당시 현재지임이 인정된다면 그 후 석방되거나 도주하여도 일단 발생된 토지관할은 그대로 인정된다.

★ 판례연구 토지관할 관련판례

1. 대법원 1984.2.28, 83도3333 [법원9급 11, 경찰간부 12]

　형사소송법 제4조 제1항은 토지관할을 범죄지, 피고인의 주소, 거소 또는 현재지로 하고 있으므로, 제1심 법원이 피고인의 현재지인 이상, 그 범죄지나 주소지가 아니더라도 그 판결에 토지관할 위반의 위법은 없다.

2. 대법원 2011.12.22, 2011도12927 − 소말리아 해적 판례 [국가9급 14, 국가9급개론 14]

　[1] 형사소송법 제4조 제1항은 "토지관할은 범죄지, 피고인의 주소, 거소 또는 현재지로 한다."라고 정하고, 여기서 "현재지"라고 함은 공소제기 당시 피고인이 현재한 장소로서 임의에 의한 현재지뿐만 아니라 적법한 강제연행에 의한 현재지도 이에 해당한다.

　[2] 소말리아 해적인 피고인들이 국군 청해부대에 의해 체포, 이송되어 국내 수사기관에 인도된 후 구속 기소된 사안에서, 피고인들은 적법한 체포, 즉시 인도 및 적법한 구속에 의하여 공소제기 당시 국내에 구금되어 현재지인 국내법원에 토지관할이 있다.

제주에 주소를 둔 甲은 추석 선물을 보내는 것처럼 위장하여 서울에서 한과류에 독극물을 주사기를 이용하여 혼입하고 부산에 있는 피해자 乙에게 택배로 우송하였다. 부산에서 이를 받은 乙은 한과 몇 개를 꺼내어 소지한 채 동대구역으로 가는 KTX를 타고 동대구역에 도착하면서 이를 꺼내어 먹고 대구에서 사망하게 되었다. 지명수배를 받은 甲은 춘천에서 체포되었다. 그렇다면 재판적은 어느 법원에 있는가?

→ 제주지방법원(주소지), 서울지방법원(범죄행위지), 부산지방법원(중간행위지), 대구지방법원(결과발생지) 그리고 춘천지방법원(현재지) 모두 토지관할권을 가진다.

③ 선박 · 항공기 내 범죄의 특칙

(가) 국외에 있는 대한민국 선박 내에서 범한 죄에 관하여는 위의 기준 이외에 **선적지**(등록지) 또는 **범죄 후의 선착지**(출발지 · 출항지 ×)도 토지관할의 기준이 된다(제4조 제2항).

(나) 국외에 있는 대한민국 항공기 내에서 범한 죄에 관하여도 같다(제4조 제3항).

④ 지방법원 본원과 지방법원 지원의 토지관할 : 지방법원 본원과 지방법원 지원 사이의 관할의 분배도 지방법원 내부의 사법행정사무로서 행해진 지방법원 본원과 지원 사이의 단순한 사무분배에 그치는 것이 아니라 **소송법상 토지관할의 분배에 해당**한다(대법원 2015.10.15, 2015도1803).

대법원 2015.10.15, 2015도1803 [변호사 24]
지방법원 본원과 지방법원 지원의 관할의 분배 : 토지관할의 문제
1심 형사사건에 관하여 지방법원 본원과 지방법원 지원은 소송법상 별개의 법원이자 각각 일정한 토지관할 구역을 나누어 가지는 대등한 관계에 있으므로, 지방법원 본원과 지방법원 지원 사이의 관할의 분배도 지방법원 내부의 사법행정사무로서 행해진 지방법원 본원과 그 지원 사이의 단순한 사무분배에 그치는 것이 아니라 소송법상 토지관할의 분배에 해당한다고 할 것이다. 그러므로 형사소송법 제4조에 의하여 지방법원 본원에 제1심 토지관할이 인정된다고 볼 특별한 사정이 없는 한, 지방법원 지원에 제1심 토지관할이 인정된다는 사정만으로 당연히 지방법원 본원에도 제1심 토지관할이 인정된다고 볼 수는 없다.

(3) 심급관할

① 의의 : 상소관계에 있어서의 관할을 말한다.

② 대법원의 관할(법조 제14조)

(가) 고등법원 또는 항소법원 · 특허법원의 판결에 대한 상고사건(제1호) 및 제1심 판결에 대한 비약적 상고사건(법 제372조)

(나) 항고법원 · 고등법원 또는 항소법원 · 특허법원의 결정 · 명령에 대한 재항고사건(제2호)

③ 고등법원의 관할(법조 제28조)

(가) 지방법원합의부 · 가정법원합의부 · 회생법원합의부 또는 행정법원의 제1심판결에 대한 항소사건(제1호)

(나) 지방법원합의부 · 가정법원합의부 · 회생법원합의부 또는 행정법원의 제1심 심판 · 결정 · 명령에 대한 항고사건(제2호)

④ 지방법원 본원 합의부의 관할(법조 제32조 제2항)

(가) **지방법원단독판사의 판결에 대한 항소사건**(제1호) : 지방법원단독판사의 판결에 대한 항소사건을 고등법원이 실체판단할 수 없다(대법원 1997.4.8, 96도2789).

(나) 지방법원단독판사의 결정 · 명령에 대한 항고사건(제2호)

2. 관련사건의 관할

(1) 관련사건의 의의

① 개념 : 관할이 인정된 하나의 피고사건을 전제로 하여 **그 사건과 주관적**(1인이 범한 범죄) 또는 객관적으로 **(수인이 공동하여 범한 죄) 관련성이 인정되는** 사건을 말한다.

② 범위(제11조)(실공동본범허위물증)

(가) 1인이 범한 수죄(실체적 경합범)(제1호) : 여기서 수죄란 어디까지나 소송법상 의미로 파악하여야 한다. 따라서 과형상 수죄인 경합범을 말한다. 과형상 일죄인 상상적 경합은 관련사건이 아니다. 단순일죄가 포함되지 않음은 두말할 필요가 없다.

(나) 수인이 공동으로 범한 죄(제2호) : 공동으로 범한 죄란 형법총칙상 공범뿐만 아니라 각칙상 공범형태도 모두 포함된다. 따라서 **임의적 공범**인 공동정범·교사범·종범·간접정범 이외에 **필요적 공범** 및 **합동범**을 포함한다. [국가7급 13] 다만, 단순히 피고인들이 일가친척이라는 이유만으로 관련사건이라고 볼 수는 없다(대법원 1978.10.10, 78도2225).

(다) 수인이 동시에 동일한 장소에서 범한 죄(동시범)(제3호) : 독립행위가 동시에 경합한 경우를 말한다. 즉 동시범을 의미한다. [법원9급 11, 국가9급 13] 다만, 이시의 독립행위가 경합한 경우에는 관련사건이 되지 않는다.

(라) 범인은닉죄, 증거인멸죄, 위증죄, 허위감정통역죄 또는 **장물에 관한 죄와 그 본범의 죄**(제4호) : 이들 범죄들은 본범과의 사이에서 증거가 공통되는 경우가 많기 때문이다.

(2) 관련사건의 병합관할

① 의 의

(가) 개념 : 1개의 사건에 대해 관할권이 있는 법원은 관련사건에 대해서도 관할권을 가진다(기소 전 병합관할 : who). 즉, 1개의 사건에 대해서 관할권이 있는 법원이 관련사건에 대해서 고유의 관할권이 없는 경우에도 관할권을 갖게 되는 경우를 말한다. 관련사건의 관할은 법정관할이다. 이 점에서 법원의 재판에 의한 관할인 재정관할과 구별된다. 또한 병합관할은 수개의 관련사건 사이에서 발생하는 문제임에 비하여, 관할의 경합은 동일사건에 대해 2개 이상의 법원이 동시에 관할권을 가지는 경우이다.

(나) 취지 : 동일 피고인에 대한 중복심리를 피하고, 동일사건에 대한 모순된 판결을 방지하기 위해서 인정된 것이다. 구체적으로 주관적(인적) 관련사건의 경우에는 불필요한 절차의 중복을 회피하기 위한 것이라면, 객관적(물적) 관련의 경우에는 모순판결을 방지하기 위한 것이다. 이러한 관련사건의 관할은 토지관할 및 사물관할에서만 인정되고 심급관할에서는 인정되지 않는다(1심과 2심의 관할병합 ×).

② **사물관할의 병합** : 사물관할을 달리하는 수개의 사건이 관련된 때에는 법원 합의부는 병합관할한다. [국가9급 13, 경찰채용 09 1차/12 2차] 단, 관련사건 중 단독판사관할사건에 대해서는 결정으로 관할권 있는 법원 단독판사에게 이송할 수 있다(제9조). 예를 들어, 甲이 범한 수뢰후부정처사죄와 그러한 甲의 수뢰죄의 증거를 인멸한 乙의 증거인멸죄에 있어서, 수뢰후부정처사죄는 합의부관할사건이고 증거인멸죄는 단독판사관할사건이지만, 이는 관련사건이므로 합의부에서 단독사건까지 병합하여 관할하게 된다.

③ **토지관할의 병합** : 토지관할을 달리하는 수개의 사건이 관련된 때에는 1개의 사건에 관하여 관할권 있는 법원은 다른 사건까지 관할할 수 있다(제5조). [국가9급 09, 경찰승진 09/10, 경찰채용 10 2차] 다만, 이는 **동일한 사물관할**을 가지는 법원들 사이에서만 인정된다. 항소심에서도 인정될 수 있다는 것은 사물관할병합의 경우와 같다.

④ **관할권의 불소멸** : **관련사건의 관할은 일단 발생하면 소멸하지 않는다.** 따라서 고유관할사건에 대하여 무죄·면소·공소기각재판이 선고된 경우에도 관련사건관할은 인정된다.

대법원 2008.6.12, 2006도8568 [국가9급 09, 경찰승진 10/14, 경찰채용 11 1차/20 2차, 국가7급 20]

형사소송법 제5조에 정한 관련사건의 관할은, 이른바 고유관할사건 및 그 관련사건이 반드시 병합기소되거나 병합되어 심리될 것을 전제요건으로 하는 것은 아니고 고유관할사건 계속 중 고유관할 법원에 관련사건이 계속된 이상 그 후 양 사건이 병합되어 심리되지 아니한 채 고유사건에 대한 심리가 먼저 종결되었다 하더라도 관련사건에 대한 관할권은 여전히 유지된다.

---

(3) 관련사건의 병합심리

병합심리라 함은 수개의 사건에 대하여 수개의 법원에 공소제기가 되어 각각의 법원에 소송계속이 병존하는 경우 하나의 법원에 병존하는 여러 사건들을 병합하여 심리하는 것을 말한다(기소 후 병합심리 : how). 관련사건의 병합심리는 **수개의 관련사건이 각 관할법원에 소송계속된 이후의 문제**라는 점에서 관련사건의 병합관할과는 구별된다.

① 심리의 병합

　(가) 사물관할의 병합심리

　　㉠ **사물관할을 달리하는 수개의 관련사건이 각각 법원 합의부와 단독판사에 계속된 때**에는 합의부는 결정으로 단독판사에게 속한 사건을 병합하여 심리할 수 있다(제10조). [법원9급 11, 국가7급 13, 국가9급 09/13, 교정9급 12, 경찰승진 10/11/12, 경찰채용 10 2차]

　　㉡ 사물관할을 달리하는 사건(법원 합의부와 단독판사에 계속된 각 사건)이 토지관할을 달리하는 경우에도 같다(규칙 제4조 제1항).

　　㉢ 항소심과 병합심리 : 관련사건의 병합심리는 항소심에서도 인정된다. **사물관할을 달리하는 수개의 관련 항소사건이 각각 고등법원과 지방법원본원 합의부에 계속된 때**에는 고등법원은 결정으로 지방법원본원 합의부에 계속한 사건을 병합하여 심리할 수 있다. 수개의 관련 항소사건이 토지관할을 달리하는 경우에도 같다(규칙 제4조의2 제1항). [국가9급 13, 교정9급 12]

　　㉣ 합의부가 병합심리결정을 한 때에는 즉시 그 결정등본을 단독판사에게 송부해야 하고, 단독판사는 그 결정등본을 송부받은 날로부터 5일 이내에 소송기록과 증거물을 합의부에 송부하여야 한다(규칙 제4조 제3항). 이 경우 단독판사는 별도로 이송결정을 하거나 공소기각의 결정을 할 필요가 없다.

　(나) 토지관할의 병합심리

　　㉠ 토지관할이 다른 여러 개의 관련사건이 각각 다른 법원에 계속된 때에는 공통되는 바로 위의 상급법원은 검사나 피고인의 신청에 의하여 결정(決定)으로 한 개 법원으로 하여금 병합심리하게 할 수 있다(2020.12.8. 개정 및 2021.12.9. 시행 우리말 순화 개정법[1] – 이하 '2020.12.8. 우리말 순화 개정법' 제6조). [경찰간부 13, 경찰승진 11] 여기에서 '각각 다른 법원'이라 함은 **사물관할은 같지만 토지관할을 달리하는** 동종·동등의 법원을 말한다(대법원 1990.5.23, 90초56). 예컨대, 피고인 甲의 A사건은 마산지방법원(현 창원지법) 항소부에 계속되어 있고 동일인의 B사건은 부산고등법원에 계속되어 있는 경우에는, 심급은 같지만 사물관할이 다른 경우이므로 제6조에 의한 토지관할병합심리는 불가능하다. 이 경우 만약 피고인 甲이 대법원에 토지관할 병합신청을 했다면, 대법원은 기각결정을 내릴 수밖에 없다. [법원9급 11, 국가9급 12]

대법원 2006.1.25, 2006초기335 전원합의체 [법원9급 08/09, 국가7급 11, 국가9급 09/11, 경찰승진 09/10, 경찰채용 08/10/11]

형사소송법 제6조에 따른 토지관할 병합심리 신청사건의 관할법원 : 공통되는 직근상급법원

형사소송법 제6조는 "토지관할을 달리하는 수개의 관련사건이 각각 다른 법원에 계속된 때에는 공통되는 직근상급법원(2020.12.8. 우리말 순화 개정법으로는 '공통되는 바로 위의 상급법원' – 이하 같음)은 검사 또는 피고인의 신청에 의하여 결정으로 1개 법원으로 하여금 병합심리하게 할 수 있다."라고 규정하고 있다. 사물관할은 같지만 토지관할을 달리하는 수개의 제1심법원들에 관련사건이 계속된 경우에 있어서, 위 조항에서 말하는 상급법원은 그 성질상 형사사건의 토지관할구역을 정해 놓은 각급법원의 설치와 관할구역에 관한 법률 제4조에 기한 별표3의 관할구역 구분을 기준으로 정하여야 할 것인바, 형사사건의 제1심법원은 각각 일정한 토지관할구역을 나누어 가지는 대등한 관계에 있으므로 그 상급법원은 위 표에서 정한 제1심법원들의 토지관할구역을 포괄하여 관할하는 고등법원이 된다고 할 것이다. 따라서 토지관할을 달리하는 수개의 제1심법원들에 관련사건이 계속된 경우에 그 소속 고등법원이 같은 경우에는 그 고등법원이, 그 소속 고등법원이 다른 경우에는 대법원이 위 제1심 법원들의 공

---

1) [개정이유] 1954년 제정되어 시행된 현행법은 제정 이후 60년 이상이 경과하였음에도 제정 당시의 어려운 한자어, 일본식 표현, 어법에 맞지 않는 문장 등이 그대로 사용되고 있고, 일상적인 언어 사용 규범에도 맞지 않아 일반 국민들이 내용을 쉽게 이해하기 어렵다는 지적이 있는바, 일본식 표현이나 어려운 한자어 등을 국민의 눈높이에 맞추어 알기 쉬운 우리말로 변경하고 문장의 내용을 정확히 전달할 수 있도록 어순구조를 재배열하는 등 알기 쉬운 법률 문장으로 개정한 것이다.

통되는 직근상급법원으로서 위 조항에 의한 토지관할 병합심리 신청사건의 관할법원이 된다.

[참고] 고등법원 : 서울(인천, 경기북부, 강원 포함), 대전, 대구, 부산, 광주(전주, 제주 포함), 수원(경기남부)

ⓒ 토지관할은 상대적 소송조건이므로 **검사 또는 피고인의 신청을 요한다**는 점에서, 법원의 직권에 의하여 결정되는 사물관할의 병합심리와 구별된다.

ⓒ 법원은 병합심리신청이 제기된 경우 그 신청에 대한 결정이 있을 때까지 **소송절차를 정지하여야 한다**(심헌기공관재). 다만, 급속을 요하는 경우에는 예외로 한다(규칙 제7조).

ⓒ 신청을 받은 상급법원의 결정에 의하여 병합심리하게 된 법원 이외의 법원은 그 결정등본을 송부받은 날로부터 **7일 이내**에 소송기록과 증거물을 병합심리하게 된 법원에 송부하여야 한다(규칙 제3조 제2항)(토7사5거라).

② 심리의 분리(≠변론의 분리)

(가) 사물관할의 심리분리 : 관련사건을 병합심리하는 합의부는 병합심리의 필요가 없는 때에는 결정으로 관할권 있는 법원의 **단독판사에게 이송**할 수 있다(제9조)(합의부의 단독사건 분리이송). 합의부관할사건은 이송대상이 아니다.

(나) 토지관할의 심리분리 : **토지관할을 달리하는 수개의 관련사건이 동일법원에 계속된 경우**에 병합심리의 필요가 없는 때에는 법원은 결정으로 이를 분리하여 관할권 있는 다른 법원에 이송할 수 있다(제7조). [법원9급 11, 교정9급 12, 경찰승진 11, 경찰채용 10 2차]

Ⅲ 재정관할

1. 의 의

재정관할이라 함은 법원의 재판에 의해 정해지는 관할을 말한다. 관할의 지정·이전이 이에 해당한다.

2. 관할의 지정

(1) 의의 : 관할법원이 없거나 명확하지 아니한 경우에 상급법원이 사건을 심판할 법원을 지정하는 제도를 말한다.

(2) 사유(제14조) [경찰승진 09]

① 법원의 관할이 **명확하지 아니한 때**(제1호)

② 관할위반을 선고한 재판이 확정된 사건에 관하여 **다른 관할법원이 없는 때**(제2호).

(3) 절 차

① 신청 및 방식

(가) 검사는 관계있는 제1심법원에 **공통되는 바로 위의 상급법원**에 관할지정을 신청하여야 한다(2020.12.8. 우리말 순화 개정법 제14조)(검사의 신청의무 ○, 피고인 신청 ×). [법원9급 08/10, 국가7급 07, 경찰승진 09] 신청은 공소제기의 전후를 불문한다.

(나) 관할의 지정을 신청하려면 그 사유를 기재한 신청서를 **바로 위의 상급법원**에 제출하여야 한다(2020.12.8. 우리말 순화 개정법 제16조 제1항). 이때 원칙적으로 소송절차가 정지된다(규칙 제7조). [경찰채용 07 2차]

(다) 공소를 제기한 후 관할의 지정을 신청할 때에는 즉시 공소를 접수한 법원에 통지하여야 한다(제16조 제2항). [법원9급 09]

② 법원의 재판

(가) 바로 위의 상급법원은 신청이 이유 있다고 인정할 때에는 관할법원을 정하는 결정을 하고, 그렇지 아니할 때에는 신청기각의 결정을 한다.

(나) 공소가 제기된 사건에 대하여 관할의 지정이 있는 때에는 당연히 이송의 효과가 발생한다.

3. 관할의 이전

(1) **의의** : 관할의 이전이라 함은 관할법원이 재판권을 행사할 수 없거나 재판의 공평을 유지하기 어려운 경우 관할권을 관할권 없는 다른 법원으로 옮기는 제도를 말한다.

(2) **사유**(제15조)

① 관할법원이 법률상의 이유 또는 특별한 사정으로 **재판권을 행할 수 없는 때**(제1호) : 제척 · 기피, 천재지변, 법관의 사망 · 질병 등의 경우이다.

② 범죄의 성질, 지방의 민심, 소송의 상황 기타 사정으로 **재판의 공평을 유지하기 어려울 염려가 있는 때** (제2호) : 불공정한 재판을 할 염려가 있는 객관적 사정이 있는 경우를 말한다. **예** 주민들의 피고인에 대한 증오 · 동정

(3) **절 차**

① 관할이전은 **검사는** 직근상급법원에 **신청하여야 하고, 피고인은** 직근상급법원에 **신청할 수 있다**(제15조) (검사는 신청의무, 피고인은 신청권).

② 관할의 이전은 그 성질상 토지관할에 대해서만 인정되고, 항소심에서도 인정된다. 타 관할이전 신청의 방식 및 법원의 처리절차는 관할지정의 경우와 같다(제16조).

⚓ **판례연구** 관할 이전 관련판례

1. 대법원 1982.12.17, 82초50 [국가9급 12, 경찰채용 04 3차]

담당법관에 대하여 기피신청한 점과 위증을 한 증인이 타법원 관할내의 검찰청에서 조사를 받고 있다는 사유의 관할이전 신청 당부(소극)

피고인이 관할이전신청을 할 수 있는 것은 형사소송법 제15조 소정의 사유가 있을 때 한하는 것인바 신청인이 신청인에 대한 국가보안법위반 피고사건의 담당법관에 대하여 기피신청을 하였고, 또 위 피고사건에서 위증을 한 공소외(甲) 등에 대하여 대검찰청에 고소를 제기하여 대검찰청에서 이들을 조사하고 있는 중이라는 사실만으로는 위 피고사건의 관할법원인 수원지방법원이 그 재판권을 행사할 수 없다거나, 위 법원에서 위 피고사건에 대한 재판을 하면 재판의 공평을 유지하기 어려운 염려가 있다고 할 수 없다.

2. 대법원 1983.7.5, 83초20 [경찰승진 12]

피고인이 교도소장의 타교도소로의 이송처분에 대하여 한 관할이전 신청 또는 이의신청의 당부(소극)

항소심에서 유죄판결을 선고받고 이에 불복하여 상고를 제기한 피고인을 교도소 소장이 검사의 이송지휘도 없이 다른 교도소로 이송처분한 경우 피고인은 이에 대하여 형사소송법 제15조 제1호 소정의 관할이전신청이나 동법 제489조 소정의 이의신청을 할 수 없다.

IV 관할의 경합

1. 의 의

(1) **개념** : 법원의 관할이 여러 가지 기준에 의하여 결정되는 결과, **동일사건에 대하여 2개 이상의 법원이 관할권을 갖게 되는** 경우를 말한다.

(2) **취지** : 동일사건에 대한 중복심리와 모순된 판결을 방지함으로써 소송경제와 재판에 대한 신뢰를 도모하기 위하여 심판의 우선순위가 정해져 있다.

2. 심판의 우선순위

(1) **합의부우선의 원칙**

① **내 용**

(가) 동일사건이 **사물관할을 달리하는** 수개의 법원에 계속된 때(**사물관할의 경합**)에는 법원합의부가 심판한다(제12조). [국가9급 13, 경찰간부 13, 경찰승진 11, 경찰채용 12 2차]

(나) 동일사건이 항소법원과 제1심법원에 계속된 경우에도 제12조를 준용하여 항소법원에서 심판하여야 한다.

② 효 과

    (가) 심판을 하지 않는 단독판사는 **공소기각결정**을 해야 한다(제328조 제1항 제3호). [국가9급 13]

    (나) **단독판사의 판결이 먼저 확정**되면 합의부는 **면소판결**을 해야 한다(제326조 제1호).

    (다) 수개의 법원에서 모두 판결이 확정되면 후의 확정판결은 당연무효이다.

(2) 선착수우선의 원칙

① 내 용

    (가) **같은 사건**이 **사물관할이 같은 여러 개의 법원**에 계속된 때에는 **먼저 공소를 받은 법원**이 심판한다 (2020.12.8. 우리말 순화 개정법 제13조 본문) [법원9급 08, 교정9급 12, 경찰간부 07, 경찰승진 10]

    (나) 다만, 각 법원에 **공통되는 바로 위의 상급법원**은 **검사나 피고인의 신청**에 의하여 결정으로 뒤에 공소를 받은 법원으로 하여금 심판하게 할 수 있다(2020.12.8. 우리말 순화 개정법 제13조 단서). [법원9급 08/10, 경찰승진 12/14, 경찰채용 12 2차]

② 효 과

    (가) 후에 공소제기받은 법원은 공소기각결정을 해야 한다(제328조 제1항 제3호). [국가7급 13]

    (나) 후에 공소제기를 받은 법원의 판결이 먼저 확정되면 먼저 공소제기를 받은 법원은 면소판결을 해야 한다(제326조 제1호).

    (다) 수개의 법원에서 모두 판결이 확정되면 후의 확정판결은 당연무효이다.

V 관할권 부존재의 효과

1. 원 칙

(1) 관할위반의 판결

① 직권조사사항 : **관할권의 존재는 소송조건**의 하나이므로 법원은 **직권으로 관할을 조사하여야 한다**(제1조). 이때 관할권 없음이 명백한 때에는 법원은 관할위반의 판결을 선고해야 한다(제319조 본문). [경찰승진 13]

⚖ **[판례연구]** 토지관할 위반과 법원의 조치

대법원 2015.10.15, 2015도1803

지방법원 지원에 제1심 형사사건 토지관할이 인정된다는 사정만으로 당연히 지방법원 본원에 제1심 토지관할이 인정되는지 여부

형사소송법 제4조에 의하여 지방법원 본원에 제1심 토지관할이 인정된다고 볼 특별한 사정이 없는 한, 지방법원 지원에 제1심 토지관할이 인정된다는 사정만으로 당연히 지방법원 본원에도 제1심 토지관할이 인정된다고 볼 수는 없다.

(판결이유 중에서) … 원심이 이 사건 범죄지로 인한 제1심 토지관할은 광주지방법원 해남지원에만 있을 뿐이고, 지방법원 지원의 관할구역이 당연히 지방법원 본원의 관할구역에 포함된다고 해석할 수는 없다는 이유를 들어 이 사건에 관하여 관할위반의 선고를 한 제1심판결을 그대로 유지한 것은 정당하다.

---

② 소송행위의 효력 : 소송경제상 절차를 조성하는 개개의 소송행위는 **관할위반의 경우에도 그 효력에 영향이 없다**(제2조). [법원9급 05, 국가9급 08, 경찰채용 07 2차] 그러나 관할권 없는 법원이 실체판결을 할 수 있다는 것은 아니다.

(2) 관할권존부의 판단시기

① 토지관할 : **공소제기시**를 기준으로 한다. 그러나 **그 뒤에 관할권이 생기면 관할권 부존재의 하자는 치유**된다.

② 사물관할 : **공소제기시부터 재판종결에 이르기까지 전체 심리과정**에 존재해야 한다.

2. 예 외

(1) 토지관할의 위반

① 피고인의 신청 : 법원은 **피고인의 신청이 없으면**(→토지관할은 상대적 소송조건) 토지관할에 관하여 **관할위반의 선고를 하지 못한다**(제320조 제1항). 토지관할은 다르더라도 사물관할이 동일하다면 피고인에게

실질적 불이익이 없기 때문이다.

② 하자의 치유 : 관할위반의 신청은 **피고사건에 대한 진술 전**(피고인의 모두진술단계)에 하여야 한다(동조 제2항). 이 단계에서 신청하지 않고 피고사건에 대한 **진술이 있으면 관할권 부존재의 하자는 치유**된다.

(2) 사물관할의 위반

① 공소장변경과 사건이송 : 단독판사의 관할사건이 공소장변경에 의하여 합의부 관할사건으로 변경된 경우에 단독판사는 **관할위반의 판결을 선고하지 않고 결정으로 관할권이 있는 법원에 이송한다**(제8조 제2항 : 단독→합의부)(단, 합의부→단독 ×).

② 취지 : 소송경제를 위하여 1995년 개정 형사소송법이 신설한 규정이다.

(3) 관할구역 외에서의 직무 : 법원·법관은 원칙적으로 관할구역 안에서만 소송행위를 할 수 있으나, 사실발견을 위하여 필요하거나 긴급을 요하는 때에는 관할구역 외에서 직무를 행하거나 사실조사에 필요한 처분을 할 수 있다(제3조).

3. 관할위반과 상소

(1) 상소이유 : 관할인정 또는 관할위반의 인정이 법률에 위반된 때에는 절대적 항소이유(제361조의5 제3호)(공판이관폐양재), 상대적 상고이유(제383조 제1호)가 된다. [경찰승진 13]

(2) 관할위반과 항소법원의 조치

① 파기환송 : **관할위반의 재판**이 **법률에 위반됨**을 이유로 원심판결을 파기하는 때에는 **판결로써** 사건을 원심법원에 **환송**하여야 한다(제366조). [법원9급 14, 교정9급 12, 경찰승진 13]

② 파기이송 : **관할인정이 법률에 위반됨**을 이유로 원심판결을 파기하는 때에는 판결로써 사건을 관할법원에 **이송**하여야 한다. 단, 항소법원이 그 사건의 제1심 관할권이 있는 때에는 제1심으로 심판하여야 한다(제367조). [법원9급 14, 경찰승진 13]

(3) 관할위반과 상고법원의 조치

① 관할위반의 인정이 법률에 위반됨을 이유로 원심판결 또는 제1심판결을 파기하는 경우에는 판결로써 사건을 원심법원 또는 제1심법원에 환송하여야 한다(제395조).

② 관할의 인정이 법률에 위반됨을 이유로 원심판결 또는 제1심판결을 **파기**하는 경우에는 **판결로써** 사건을 관할 있는 법원에 이송하여야 한다(제394조).

대법원 1997.4.8, 96도2789

지방법원본원 합의부에서 재판하여야 할 항소사건에 대하여 고등법원이 관할권이 없음을 간과하고 그 실체에 들어가 재판한 경우, 이는 소송절차의 법령을 위반한 잘못을 저지른 것으로서, 관할제도의 입법 취지(관할획일의 원칙)와 그 위법의 중대성 등에 비추어 판결에 영향을 미쳤음이 명백하므로, 직권으로 원심판결을 파기하고 형사소송법 제394조에 의하여 사건을 관할권이 있는 지방법원본원 합의부에 이송하여야 한다.

VI 사건의 이송

1. 의 의

사건의 이송이란 수소법원이 소송계속 중인 사건을 다른 법원 또는 군사법원이 심판하게 하기 위하여 소송계속을 이전시키는 것을 말한다. 사건의 이송은 관할의 이전과는 그 개념이 다르다. 관할의 **이전**이라 함은 관할법원이 재판권을 행사할 수 없거나 공평한 재판을 하기 어려울 때 **관할권이 없는 법원**으로 사건을 이전하는 것을 말하는 데 비하여, 사건의 **이송**이란 **관할권이 있는 법원**에 이송하는 것을 말한다.

2. 관할과 관련된 사건이송

(1) 관련사건의 이송(관할의 병합에 의한 이송) : 관련사건 관할에 의하여 병합심리된 경우에 병합심리할 법원

에 사건을 이송하는 것을 말한다. 전술한 토지관할의 병합심리(규칙 제3조 제2항), 사물관할의 병합심리(규칙 제4조 제3항), 항소심의 병합심리(규칙 제4조의2 제3항)가 여기에 속한다. 이러한 이송은 **필요적 이송**의 성격을 가진다. 다만, 사물관할·토지관할의 병합심리에서 관련사건을 **분리이송**하는 경우(제9조 단서, 제7조)는 **임의적 이송**이다(분리이송과 후술하는 현재지이송은 임의적 이송).

(2) 관할의 지정·이전에 의한 이송(규칙 제6조 제3항 본문) : 필요적 이송의 성격을 가진다.

(3) 사건의 직권이송

① 현재지 관할법원에 대한 이송 : 법원은 피고인이 그 관할구역 내에 현재하지 아니하는 경우에 특별한 사정이 있으면 결정으로 사건을 피고인의 현재지를 관할하는 동급 법원에 이송할 수 있다(제8조 제1항). [법원9급 10, 경찰채용 08 1차, 10 1차] 공판중심주의와 직접심리주의를 강화한 형사소송법이 심리의 편의와 피고인의 이익을 보호하기 위하여 인정한 **임의적 이송**규정이다. 이는 관할의 이전과는 구별되어야 하므로 관할권이 없는 경우에는 사건의 이송으로 처리할 수 없다(대법원 1978.10.10, 78도2225). 토지관할의 문제이므로 **이송 여부는 법원의 재량사항**이다. [경찰채용 09 1차/12 2차] 현재지 관할법원 이송제도의 취지를 고려한다면 이송의 시기에는 제한이 없다고 보아야 한다. 따라서 사실심리가 개시된 후에도 가능하며 항소심에서도 가능하다.[1]

② 공소장변경과 합의부 이송 : 소송경제를 고려한 **필요적 이송**규정이다(제8조 제2항). [법원9급 09/14, 국가7급 13, 경찰간부 13, 경찰승진 11/14, 경찰채용 09 1차] 위 규정이 신설되기 이전에는 공소장이 변경되어 합의부 사건이 된 경우에 관할위반의 판결을 하고(대법원 1987.12.22, 87도2196 참조) 검사가 합의부에 다시 공소를 제기하여야 되었는데, 이는 소송경제에 반한다는 점에서 개정 형사소송법에 신설된 규정이다.

[정리] 항소심에서 공소장이 변경되어 합의부 사건이 된 경우의 처리 : 법 제8조 제2항은 제1심에서 공소장이 변경된 경우에 적용되는 것인데, 나아가 항소심에서 공소장이 변경된 경우에도 적용될 수 있는가가 문제된다. 학설에서는 ㉠ 제367조 단서를 적용하여 지방법원 항소부가 제1심을 관할한다는 견해, ㉡ 법원조직법 제32조 제2항에 의하여 지방법원 항소부가 항소심을 관할한다는 견해, ㉢ 관할위반의 판결을 한다는 견해 그리고 ㉣ 제8조 제2항을 적용하여 고등법원 항소심으로 사건을 이송하는 견해가 대립하나, 판례는 "상습사기죄로 지방법원의 항소부에 소송계속 중 특정경제범죄 가중처벌 등에 관한 법률 위반죄(사기)로 공소장이 변경된 사안에서 고등법원으로 이송해야 한다."(대법원 1997.12.12, 97도2463)라는 입장이다. 신속한 재판을 받을 권리를 고려할 때 이송설이 타당하다고 생각된다.

⚖ **판례연구** 이송 관련판례

1. 대법원 2009.11.12, 2009도6946, 2009감도24 [국가9급 12/13, 변호사 24]

단독판사 관할 피고사건의 항소사건이 지방법원 합의부에 계속 중일 때 치료감호가 청구된 경우, '치료감호사건'과 '피고사건'의 관할법원(= 고등법원)

치료감호법 제3조 제2항, 제4조 제5항, 제12조 제2항의 내용을 종합해 보면, 단독판사 관할 피고사건의 항소사건이 지방법원 합의부나 지방법원지원 합의부에 계속 중일 때 그 변론종결시까지 청구된 치료감호사건의 관할법원은 고등법원이고, 피고사건의 관할법원도 치료감호사건의 관할을 따라 고등법원이 된다. 따라서 위와 같은 치료감호사건이 지방법원이나 지방법원지원에 청구되어 피고사건 항소심을 담당하는 합의부에 배당된 경우 그 합의부는 치료감호사건과 피고사건을 모두 고등법원에 이송하여야 한다.

2. 대법원 2013.4.25, 2013도1658 [변호사 24]

제1심에서 합의부 관할사건에 관하여 단독판사 관할사건으로 죄명, 적용법조를 변경하는 공소장변경허가신청서가 제출되자, 합의부가 공소장변경을 허가하는 결정을 하지 않은 채 착오배당을 이유로 사건을 단독판사에게 재배당한 사안에서, 형사소송법은 제8조 제2항에서 단독판사의 관할사건이 공소장변경에 의하여 합의부 관할사건으로 변경된 경우 합의부로 이송하도록 규정하고 있을 뿐 그 반대의 경우에 관하여는 규정하고 있지 아니하며, '법관 등의 사무분담 및 사건배당에 관한 예규'에서도 이러한 경우를 재배당사유로 규정하고 있지 아니하므로, 사건을 배당받은 합의부는 공소장변경허가결정을 하였는지에 관계없이 사건의 실체에 들어가 심판하였어야 하고 사건을 단독판사에게 재배당할 수 없는데도, 사건을 재배당받은 제1심 및 원심이 사

---

1) [참고] 재이송의 가부 : 이송한 법원에 역송하는 것은 허용되지 않지만 다른 법원으로의 이송은 가능하다는 견해(백형구)와 이송의 제도적 취지에 비추어 사정의 변경이 없으면 재이송은 허용되지 않는다는 견해(이재상)의 대립이 있다.

건에 관한 실체심리를 거쳐 심판한 조치는 관할권이 없는데도 이를 간과하고 실체판결을 한 것으로서 소송절차에 관한 법령을 위반한 잘못이 있고, 이러한 잘못은 판결에 영향을 미쳤다는 이유로, 원심판결 및 제1심판결을 모두 파기하고 사건을 관할권이 있는 법원 제1심 합의부에 이송하여야 한다.

3. 관할과 관련 없는 사건이송

(1) 일반법원과 군사법원 사이의 이송

① 의의 : 원래 일반법원과 군사법원과의 사이에서는 관할의 문제가 아니라 재판권의 문제가 발생한다. 재판권이 없으면 공소기각의 판결(법 제327조 제1호)을 함이 원칙이지만 소송의 신속을 보장하기 위하여 사건을 이송한다는 규정을 둔 것이다. 법원은 공소가 제기된 사건에 대하여 군사법원이 재판권을 가지게 되었거나 재판권을 가졌음이 판명될 때에는 결정으로 사건을 재판권이 있는 **같은 심급의 군사법원**으로 이송한다(제16조의2 본문). [경찰채용 09 1차] 이는 필요적 이송의 규정이다. 여기에서 '군사법원이 재판권을 가졌음이 판명된 때'라 함은 공소제기 당시에 이미 군법회의가 재판을 가지고 있었던 경우를 포함한다(대법원 1976.10.26, 76도2820). 한편, 2021.9.24. 개정되어 2022.7.1. 시행된 군사법원법에 따르면, 군인 등이 범한 성폭력범죄, 군인 등의 사망사건의 원인이 되는 범죄, 군인 등이 그 신분을 취득하기 전에 저지른 범죄는 −전시 등 국가비상사태 시를 제외하고는− 군사법원이 아닌 일반법원이 재판권을 행사할 수 있도록 하였다. [국가9급 23, 국가9급개론 23]

② 효과 : 이 경우에 이송 전에 행한 소송행위는 이송 후에도 그 효력에 영향이 없다(제16조의2 단서). [법원9급 14] 군사법원으로부터 일반법원에 사건이송이 행하여지는 경우에도 마찬가지이다(군사법원법 제2조 제3항).

대법원 2016.6.16, 2016초기318 전원합의체 [국가7급 17, 경찰채용 20 2차]

재판권쟁의에 대한 재정신청 : 군사법원과 일반 법원의 재판권에 관한 쟁의가 발생하여 피고인이 재판권의 유무에 대한 재정신청을 한 사건
[다수의견] 일반 국민이 군형법 제1조 제4항 각 호에 정한 특정 군사범죄를 범하였다 하여 그 전에 범한 다른 일반 범죄에 대해서까지 군사법원이 재판권을 가진다고 볼 것은 아니다. … 군사법원이 군사법원법 제2조 제1항 제1호에 의하여 특정 군사범죄를 범한 일반 국민에 대하여 신분적 재판권을 가지더라도 이는 어디까지나 해당 특정 군사범죄에 한하는 것이지 이전 또는 이후에 범한 다른 일반 범죄에 대해서까지 재판권을 가지는 것은 아니다. 따라서 일반 국민이 범한 수 개의 죄 가운데 특정 군사범죄와 그 밖의 일반 범죄가 형법 제37조 전단의 경합범 관계에 있다고 보아 하나의 사건으로 기소된 경우, 특정 군사범죄에 대하여는 군사법원이 전속적인 재판권을 가지므로 일반 법원은 이에 대하여 재판권을 행사할 수 없다. 반대로 그 밖의 일반 범죄에 대하여 군사법원이 재판권을 행사하는 것도 허용될 수 없다. 이 경우 어느 한 법원에서 기소된 모든 범죄에 대해 재판권을 행사한다면 재판권이 없는 법원이 아무런 법적 근거 없이 임의로 재판권을 창설하여 재판권이 없는 범죄에 대한 재판을 하는 것이 되므로, 결국 기소된 사건 전부에 대하여 재판권을 가지지 아니한 일반 법원이나 군사법원은 사건 전부를 심판할 수 없다.

참고하기 2021.9.24. 개정(2022.7.1. 시행) 군사법원법의 신분적 재판권의 개정 내용

군사법원법 제2조(신분적 재판권) ② 제1항에도 불구하고 법원은 다음 각 호에 해당하는 범죄 및 그 경합범 관계에 있는 죄에 대하여 재판권을 가진다. 다만, 전시·사변 또는 이에 준하는 국가비상사태 시에는 그러하지 아니하다. 〈개정 2021.9.24.〉
1. 「군형법」 제1조 제1항부터 제3항까지에 규정된 사람이 범한 「성폭력범죄의 처벌 등에 관한 특례법」 제2조의 성폭력범죄 및 같은 법 제15조의2의 죄, 「아동·청소년의 성보호에 관한 법률」 제2조 제2호의 죄
2. 「군형법」 제1조 제1항부터 제3항까지에 규정된 사람이 사망하거나 사망에 이른 경우 그 원인이 되는 범죄
3. 「군형법」 제1조 제1항부터 제3항까지에 규정된 사람이 그 신분취득 전에 범한 죄

연습 우리나라 군인이 전시(戰時)에 범한 성폭력범죄의 처벌 등에 관한 특례법 제2조의 성폭력범죄에 대해서는 우리나라 군사법원이 재판권을 가진다. [국가9급 23, 국가9급개론 23]
→ (○) 군사법원법 개정에도 불구하고, 군인 등의 성폭력범죄라 하더라도 전시 등 국가비상사태 시에는 군사법원법 제2조 제2항 단서에 의하여 군사법원이 재판권을 가진다.

(2) 사건의 소년부송치

① 법원은 소년에 대한 피고사건을 심리한 결과 벌금 이하의 형에 해당하는 범죄이거나 보호처분에 해당할 사유가 있다고 인정한 때에는 결정으로써 사건을 관할 소년부에 송치하여야 한다(형사법원→소년법원, 소년법 제50조, 대법원 1991.1.25, 90도2693). 이는 **필요적 이송**이다. 공소사실에 관하여 유죄의 심증을 얻을 수 없고, 범죄가 성립하지 않는 경우에는 소년부송치결정을 할 수 없다.

② 소년부는 제50조의 규정에 의하여 송치받은 사건을 조사 또는 심리한 결과 본인이 19세 이상인 것이 판명된 때에는 결정으로써 송치한 법원에 사건을 다시 이송하여야 한다(소년법 제51조).[1]

03 　제척 · 기피 · 회피

Ⅰ 제도의 필요성 : 공평한 법원의 구성

제척 · 기피 · 회피제도는 불공정한 재판을 할 우려가 있는 법관을 법원의 구성에서 배제함으로써 **공정한 재판**을 보장하기 위한 제도이다. 적정한 절차진행의 핵심은 최종적 판단자인 법원 · 법관의 공정성 확보 여부와 직결되므로, 법원 · 법관의 공정성을 보장할 수 있는 제도의 필요성이 제기되는바, 이것이 제척 · 기피 · 회피제도의 존재의 이유이다.

구체적으로 제척이란 일정사유에 해당하면 당연히 배척되는 제도이고, 기피란 당사자의 신청과 이에 대한 법원의 결정으로 배척되는 제도이며, 회피라 함은 법관 자신의 신청과 이에 대한 법원의 결정으로 배척되는 제도라는 점에서 상호 구별된다.

Ⅱ 제 척

1. 의 의

제척(除斥)이라 함은 법관에게 불공평한 재판을 할 우려가 현저한 경우를 법률에 유형적 · 제한적으로 규정해놓고 그 사유에 해당하는 법관을 직무집행에서 당연히 배제시키는 제도를 말한다. 제척은 그 사유를 법 제17조에 제한적으로 열거하고 이에 해당하면 직무로부터 당연 배제되므로 신청을 요하지 않는다는 점에서 당사자 또는 법관 스스로의 신청을 요하는 기피 · 회피와 구별된다. 제척사유에 해당하는 법관이 계속 재판에 관여한 경우는 위법한 재판이 되어, 상소이유(절대적 항소이유, 상대적 상고이유)가 된다.

2. 적용범위(참고)

(1) 공소제기 후의 절차 : 피고사건에 대한 정식의 공판절차뿐만 아니라 간이한 절차인 약식명령 · 즉결심판을 행하는 법관에게도 적용된다. 또한 공소제기 후의 증거보전 · 참고인에 대한 증인신문을 행하는 법관에게도 적용된다.

(2) 공소제기 전의 절차 : 공소제기 전의 증거보전절차(제184조), 증인신문절차(제221조의2)에 대한 제척규정의 적용 여부에 대해서는 긍정설(배/이/정/이, 신동운, 진계호)과 부정설(손동권, 신양균, 이/조)이 대립되어 있으나, 해당 절차에서 작성된 법관의 조서에 대해서는 절대적 증거능력이 인정된다는 점(제311조)을 고려할 때 긍정설이 타당하다고 보아야 한다.

3. 제척의 원인(제17조 : 유형적 · 제한적 열거 : 피친법증대검전퇴)

(1) 내 용

① 법관이 **피해자**인 때(제1호) : 피해자는 개인적 법익에 대한 죄의 법익주체뿐만 아니라 사회적 · 국가적

---

[1] [참고] 사건의 이송에 대한 항고의 가부
이송결정은 법원의 관할에 관한 결정이므로 즉시항고는 물론 보통항고도 허용되지 않는다(법 제403조 제1항). 군사법원 이송결정에 대해서도 동일하다. 다만, 소년부로의 송치결정에 대해서는 보통항고가 허용된다는 것이 판례이다(대법원 1986.7.25, 86모9).

법익에 대한 범죄행위의 객체도 포함된다. 다만, **직접적 피해자**에 한하고 간접적 피해자는 포함되지 않는다. [경찰승진 05] 간접적 피해자인 경우까지 포함시키면 그 범위가 불명확하게 되기 때문이다. 다만, 법관이 간접피해자인 때에는 기피사유가 될 수 있을 것이다.

② 법관이 피고인 또는 피해자의 **친족 또는 친족관계가 있었던 자**인 때(제2호) [경찰승진 08] : 친족의 개념은 민법에 의한다(배우자, 8촌 이내의 혈족, 4촌 이내의 인척). 사실혼관계는 포함되지 않는다(기피사유는 가능). 친족관계가 있었던 자는 이혼한 전남편·전처가 그 예가 될 수 있다.

③ 법관이 피고인 또는 피해자의 **법정대리인, 후견감독인**인 때(제3호) : 법정대리인(친권자, 후견인 등) 또는 후견감독인(친족회, 법원)의 개념도 민법에 의한다.

④ 법관이 사건에 관하여 **증인, 감정인, 피해자의 대리인**으로 된 때(제4호) : ㉠ 사건이라 함은 **당해 형사사건만** 의미한다. 당해 사건인 이상 피고사건뿐만 아니라 피의사건도 포함되므로, 증거보전절차·증인신문절차에서 증인·감정인이 된 때에도 제척사유에 해당한다. 증인 또는 감정인으로 된 때라 함은 단순히 그러한 자격으로 채택·소환된 때를 의미하는 것이 아니고 **실제로 증언이나 감정을 행한 때**를 말한다. [국가9급 07] 따라서 수사기관에서 참고인으로 조사를 받거나 증인으로 신청되거나 감정인으로 채택되어 소환된 경우는 해당하지 않는다. 또한 ㉡ 법관이 피해자의 대리인이 된 때라 함은 법관이 고소대리인(제236조)·재정신청대리인(제264조 제1항)이 된 때를 말한다.

⑤ 법관이 당해 사건에 관하여 피고인의 **대리인·변호인·보조인**으로 된 때(제5호) : 피고인의 대리인에는 피고인인 법인의 대표자(제27조)가 포함되고, 변호인에는 사선변호인뿐만 아니라 국선변호인도 포함되고 특별변호인(제31조 단서)이 된 경우도 포함된다.

⑥ 법관이 사건에 관하여 **검사 또는 사법경찰관**의 직무를 행한 때(제6호) : 법관이 임관되기 전 검사 또는 사법경찰관으로 범죄를 수사하거나 공소를 제기·유지한 때를 말한다. 다만, **선거관리위원장**으로서 수사기관에 수사의뢰를 한 경우는 선관위장을 사법경찰관에 해당한다고 볼 근거가 없으므로 여기에 포함되지 아니한다(대법원 1999.4.13, 99도155). [법원행시 02, 국가9급 07, 경찰채용 10 1차]

⑦ 법관이 당해 사건에 관하여 **전심재판 또는 그 기초되는 조사·심리에 관여**한 때(제7호) : 당해 사건에 대한 법관의 예단·편견의 위험성에 근거한 제척사유이다. 가장 중요한 제척원인이므로 아래에서 따로 검토하기로 하겠다.

⑧ 법관이 사건에 관하여 **피고인의 변호인**이거나 **피고인·피해자의 대리인인 법무법인**, 법무법인(유한), 법무조합, 법률사무소, 「외국법자문사법」 제2조 제9호에 따른 합작법무법인에서 **퇴직한 날부터 2년**이 지나지 아니한 때(2020.12.8. 개정, 2021.6.9. 시행 제8호) : 법조일원화에 따라 로펌 등의 변호사 경력자가 법관으로 임용되면서 법관으로 임용되기 전에 소속되어 있던 로펌·기업과의 관계에서 공정한 재판을 할 수 있는지에 관한 '후관예우' 논란이 제기되고 있다. 이에 2020.12.8. 개정법으로 추가된 소위 **후관예우 방지규정**이다.

⑨ 법관이 **피고인인 법인·기관·단체에서 임원 또는 직원**으로 **퇴직한 날부터 2년**이 지나지 아니한 때(2020.12.8. 개정, 2021.6.9. 시행 제9호) : 전호와 마찬가지의 후관예우 방지규정이다.

(2) 제7호 사유의 구체적 검토 : "법관이 당해 사건에 관하여 전심재판 또는 그 기초되는 조사·심리에 관여한 때"에는 직무집행에서 제척된다.

① **"전심재판"에 관여한 때**

   (가) 전심재판

      ㉠ 의 의

         ⓐ 전심 : 전심이란 상소에 의하여 불복이 신청된 재판을 말한다. 구체적으로 제2심에 대한 제1심, 제3심에 대한 제2심 또는 제1심을 의미한다.

         ⓑ 재판 : 종국재판만을 의미하나, 판결·결정을 불문한다.

      ㉡ 개념요소

         ⓐ 상소제기에 의한 소송계속의 이전 : 상소제기에 의한 소송계속의 이전을 통하여 당해 사건과

절차의 연결성이 인정되지 아니하는 다른 절차는 전심재판에 해당하지 않는다.

> **예** 파기환송 전의 원심에 관여했던 법관이 파기환송 후의 재판에 관여한 경우, 재심청구의 대상인 확정판결에 관여했던 법관이 재심을 담당하게 된 경우, 판결정정 신청사건(법 제400조)의 대상인 상고심의 판결을 내린 법관이 판결정정신청사건을 처리하게 된 경우, 피고사건에 대한 체포영장·구속영장을 발부한 법관이 피고사건을 담당하게 된 경우 → 전심이 아니므로 제척사유에 해당하지 않는다.

📖 판례연구 전심재판 관련판례 : 동일심급이므로 전심재판에 해당하지 않는 사례

1. 대법원 1967.1.18, 66초67 [경찰채용 01/05/06/08/10]
상고심판결을 내린 법관이 제400조에 의한 판결정정신청사건을 처리하는 경우 전심에 관여한 것이 아니므로 제척사유에 해당되지 않는다.

2. 대법원 1979.2.27, 78도3204 [법원9급 12/13, 국가7급 21, 국가9급 11/12, 경찰승진 04/05, 경찰채용 08/10 1차]
파기환송 전 원심에 관여한 법관이 환송 후의 재판에 관여한 경우는 전심이 아니므로 제척사유가 되지 않는다.

3. 대법원 1982.11.15, 82모11 [법원행시 02, 국가9급 11, 경찰승진 12]
형사소송법 제18조 제1항 제1호 및 같은 법 제17조 제7호의 규정에 의하여 법관이 기피 또는 제척의 원인이 되는 '법관이 사건에 관하여 전심재판 또는 그 기초되는 조사 심리에 관여한 때'의 사건에 관한 전심이라 함은 불복 신청을 한 당해 사건의 전심을 말하는 것으로서 재심청구 사건에 있어서 재심대상이 되는 사건은 이에 해당이 되지 않는다(재심은 다시 그 심급으로).

ⓑ **당해 사건** : 전심재판은 **당해 사건의 전심에 제한**된다. 따라서 다수의 공범자 중 일부의 재판에 관여한 법관이 분리심리된 다른 공범자에 대한 재판에 관여한 것은 전심재판에 관여하였다고 할 수 없다. 마찬가지로 같은 피고인의 다른 사건에 관여한 경우에도 전심재판이 아니라고 보아야 한다(통설·판례).

ⓒ **약식명령과 즉결심판** : ⓐ 약식명령·즉결심판을 한 법관이 정식재판을 담당한 경우도 전심재판에 관여한 것인가에 대해서는 적극설과 소극설(통설)이 대립하나, 판례는 소극설을 취하여 "**약식절차와 정식재판청구에 의하여 개시된 제1심공판절차는 동일한 심급 내에서 서로 절차만 달리할 뿐이므로**" 약식명령을 한 판사는 그 정식재판절차에 있어서 전심재판 관여법관에 해당되지 않는다는 입장이다(대법원 2002.4.12, 2002도944). [법원9급 12, 국가7급 21, 국가9급 12, 경찰승진 05/08/14, 경찰채용 11] 다만, ⓑ **약식명령을 한 판사가 그 정식재판의 '항소심'에 관여한 경우**에는─그 심급을 달리한다는 점에서─ **제척사유**에 해당한다고 판시한 바 있다(다수설·판례, 대법원 1985.4.23, 85도281; 2011.4.28, 2011도17)(소수설 : 배/이/정/이, 신동운). [국가9급 11, 경찰승진 04/05/08, 경찰채용 10]

(나) **"관여한 때"** : 전심재판의 **내부적 성립에 실질적으로 관여**한 때를 의미한다. 내부적 성립이란 합의부 법관의 판결의 합의 또는 단독판사의 판결의 작성을 말한다. 다만, 일부 관여하였을지라도 재판의 내부적 성립에 관여하지 않은 경우는 여기에 해당되지 않는다.

> **예** 재판의 선고에만 관여한 경우, 사실심리나 증거조사를 한 바는 없고 공판기일을 연기하는 재판에만 관여한 경우, 공판에 관여하였으나 판결선고 전에 경질된 경우(이상 대법원 1985.4.23, 85도281 참조).

② **"전심재판의 기초되는 조사·심리에 관여한 때"**

(가) 의의 : 공소제기의 전후를 불문하고 전심재판의 **실체형성에 영향을 미치는 조사·심리**에 실질적으로 관여한 경우를 말하며, 공소제기 전·후는 불문한다. 따라서 증거조사를 하였으나 그 결과가 채택되지 않은 경우는 제외된다.

(나) 구체적 고찰

㉠ 해당되는 경우(제척사유 해당) : **예** **수탁판사로서 증거조사**를 한 경우, 기소강제절차(재정신청절차)에서 **재정결정**을 한 경우(재정신청에 대한 고등법원의 심리절차에서 증거조사 가능, 제262조 제3항), **공판 전 증인신문절차**를 담당한 경우 [법원9급 12, 국가9급 07, 12, 경찰승진 12, 경찰채용 11], 제1심 판결에서 **유죄로 인정된 증거를 조사**한 경우(대법원 1999.10.22, 99도3534) [법원9급 18, 국가7급 21, 국가9급 07, 경찰승진 08]

ⓛ 해당되지 않는 경우(제척사유 해당 안 됨) : **예 구속영장을 발부**한 경우(대법원 1989.9.12, 89도612) [법원9급 12, 국가7급 21, 국가9급 07/12, 경찰승진 12/14, 경찰채용 11], **구속적부심사에 관여**한 경우(이상 대법원 1969.7.13, 4293형상166 참조), **보석허가결정에 관여**한 경우 [국가9급 07], **원심 재판장에 대한 기피신청 사건의 심리와 기각결정에 관여**한 원심 합의부원인 법관의 경우(대법원 2010.12.9, 2007도10121; 2001.12.24, 2001도5126), **공판 전 증거보전 절차**에서 **증인신문**을 담당한 경우(통설 : 제척 ○, 판례 : 제척 ×)

대법원 1971.7.6, 71도974 [법원9급 12, 국가7급 13, 국가9급 11/24, 교정9급 13, 법원9급 22]
공판 전 증거보전절차에서 증인신문을 한 법관의 제척사유 해당 여부(소극)
공소제기 전에 검사의 증거보전청구에 의하여 증인신문을 한 법관은 형사소송법 제17조 제7호의 이른바 전심재판 또는 그 기초되는 조사·심리에 관여한 법관이라고 할 수 없다.

---

4. 제척의 효과

(1) 절차 불요 : 제척사유에 해당하는 법관은 특별한 절차 없이 당연히 당해 사건의 직무집행으로부터 배제된다. 당사자의 신청이나 재판을 요하지 않는다.

(2) 배제의 범위 : 배제되는 직무집행의 범위는 법관으로서의 모든 소송행위에 미친다. 판결은 물론 기일지정도 할 수 없다. 다만, 판례는 약식명령 발부법관이 그 정식재판절차의 항소심 공판에 관여하였으나 그 후 경질되어 판결에 관여하지 아니한 경우는 판결에 영향을 미친 위법은 아니라고 보고 있다(상고이유 ×, 대법원 1985.4.23, 85도281).

대법원 1985.4.23, 85도281 [국가9급 24]
제척 또는 기피되는 재판은 불복이 신청된 당해 사건의 판결절차를 말하는 것이므로 이 사건 피고인에 대하여 약식명령을 발부한 서울형사지방법원 판사는 그 정식재판절차의 항소심인 원심 제4차 공판에는 관여한 바 있으나 같은 판사는 원심 제5차 공판에서 경질되어 원심판결에는 관여하지 아니하였음이 기록상 명백한 이 사건에 있어서 법관이 불복이 신청된 당해 사건의 재판에 관여하였다고 할 수 없으므로 상고논지 또한 그 이유가 없다.

---

(3) 회피·기피 : 제척사유가 있을 때 그 법관은 스스로 회피해야 하고(제24조 제1항), 당사자도 기피신청을 할 수 있다(제18조 제1항).

(4) 간과의 효과 : 제척사유 있는 법관이 재판에 관여할 때에는 -해당 판결은 당연무효가 되는 것은 아니고- 상소이유(절대적 항소이유-제361조의5 제7호, 또는 상대적 상고이유-제383조 제1호)가 된다.

III 기 피

1. 의 의

기피라 함은 법관이 제척사유가 있음에도 불구하고 재판에 관여하거나 또는 불공평한 재판을 할 염려가 있는 경우에 당사자의 신청에 의한 재판에 의하여 그 법관을 직무집행으로부터 탈퇴시키는 제도를 말한다(제18조 이하). 기피사유는 비유형적·비제한적이고 당사자의 신청이 있는 경우 법원의 결정에 의하여 그 효력을 발생한다는 점에서 전술한 제척과 구별되고, 당사자의 신청을 전제로 한다는 점에서 법관 스스로의 의사에 기하는 회피와 구별된다.

2. 기피의 원인

(1) 법관이 제척사유에 해당되는 때(제18조 제1항 제1호) : 제척사유의 존부가 불분명하거나 법관이 이를 간과한 경우, 제척사유가 있다는 당사자의 신청에 대하여 법원이 제척사유의 존부를 심사·결정할 것을 강제한다는 점에 그 의의가 있다.

(2) **"법관이 불공평한 재판을 할 염려가 있는 때"**(제18조 제1항 제2호 : 비유형적 · 비제한적)

① 의의 : '불공평한 재판을 할 염려가 있는 때'라 함은 당사자가 불공평한 재판이 될지도 모른다고 추측할 만한 주관적인 사정이 있는 때를 말하는 것이 아니라, **통상인의 판단**으로서 법관과 사건과의 관계상 불공평한 재판을 할 것이라는 의혹을 갖는 것이 합리적이라고 인정할 만한 **객관적인 사정**이 있는 때를 말하는 것이다(대법원 1987.10.21, 87두10; 1990.11.2, 90모44; 1995.4.3, 95모10; 1996.2.9, 95모93). [국가9급 21/23]

② 구체적 고찰

(가) 해당되는 경우

ㄱ 법관이 피고인 또는 피해자의 친구 또는 적대관계에 있는 경우

ㄴ 법관이 심리 중에 피고인에 대하여 심히 모욕적인 말을 한 경우

ㄷ 법관이 피고인의 진술을 강요한 경우

ㄹ 법관이 증명되지 않은 사실을 언론을 통하여 발표한 경우

ㅁ 법관이 심리 도중에 **유죄의 예단**을 나타내는 말을 한 경우(대법원 1974.10.16, 74모68). [경찰채용 06]

(나) 해당되지 않는 경우

ㄱ 법관의 종교관 · 세계관 · 정치적 신념 · 성별

ㄴ 법관이 피고인에게 **공판기일에 어김없이 출석하라고 촉구**한 경우(대법원 1969.1.6, 68모57). [경찰채용 06]

ㄷ 법관이 -증인신문사항 미제출을 이유로- 당사자의 **증거신청을 채택하지 않은** 경우(증인채택취소 등 증거결정은 소송지휘권, 대법원 1994.11.3, 94모73)

ㄹ 법관의 소송지휘권 행사

ㅁ 법관의 변호인과의 친소관계

ㅂ 법관이 소송기록열람신청에 대하여 **국선변호인을 통해 소송기록 열람 · 등사신청을 하도록 한** 경우(대법원 1996.2.9, 95모93)

ㅅ 공소장변경불허결정(대법원 2001.3.21, 2001모2)

ㅇ 소송이송신청에 대한 가부판단 없이 소송을 진행(대법원 1982.11.5, 82마637)

★ **판례연구** 기피사유 관련판례－기타 법관이 불공평한 재판을 할 염려가 있는 때에 해당하지 않는 사례

1. **대법원 1990.11.2, 90모44** [국가9급 23]

재판부가 당사자의 증거신청을 채택하지 아니하였다거나 같은 법 제262조에 정한 기간 내에 재정신청사건의 결정을 하지 아니하였다는 사유만으로는 재판의 공평을 기대하기 어려운 객관적인 사정이 있다 할 수 없다.

2. **대법원 1995.4.3, 95모10** [경찰승진 14, 경찰채용 11 2차]

증거신청기각결정 · 증거채택취소결정 또는 피고인의 증인신문 제지만으로 기피사유에 해당하지 않음

재판부가 당사자의 증거신청을 채택하지 아니하거나 이미 한 증거결정을 취소하였다 하더라도 그러한 사유만으로는 재판의 공평을 기대하기 어려운 객관적인 사정이 있다고 할 수 없고, 또 형사소송법 제299조 규정상 재판장이 피고인의 증인신문권의 본질적인 부분을 침해하였다고 볼 만한 아무런 소명자료가 없다면, 재판장이 피고인의 증인에 대한 신문을 제지한 사실이 있다는 것만으로는 법관과 사건과의 관계상 불공평한 재판을 할 것이라는 의혹을 갖는 것이 합리적이라고 인정할 만한 객관적인 사정이 있는 경우에 해당한다고 볼 수 없다.

---

3. 기피의 신청

(1) 신청권자

① 검사 · 피고인 · 변호인 : 신청권자는 검사와 피고인이다(제18조 제1항). **변호인**도 피고인의 명시한 의사에 반하지 않는 한(피고인의 묵시적 의사에 반할 수 있는 변호인의 독립대리권 : 묵-기/동/상) 신청을 할 수 있다(동조 제2항). [경찰채용 11 1차] 변호인의 기피신청권은 고유권이 아니라 대리권에 불과하므로 피고인이 기피신청권을 포기한 때에는 변호인의 신청권도 소멸한다.

② 피의자(참고)

   (가) **공소제기 전의 증거보전절차**(제184조)나 **증인신문절차**(제221조의2) : 피의자도 법관에 대한 기피신청을 할 수 있다. 이때 작성된 조서는 절대적 증거능력이 인정되어(제311조) 실체형성에 영향을 미치기 때문이다.

   (나) **재정신청사건** : 피의자의 기피신청 허용 여부에 대해서 적극설(다수설)과 소극설(신동운)이 대립하나, 재정결정도 재판의 일종이므로 적극설이 타당하다.

(2) 신청의 대상

  ① 법관 : 기피신청의 대상은 불공평한 재판을 할 염려가 있다고 주장되는 **법관**이다(법관 개인). 따라서 **이미 그 사건의 직무집행에서 배제되어 있는** 법관에 대한 기피신청은 허용되지 않는다(대법원 1986.9.24, 86모48). 또한 합의부 자체에 대한 기피신청은 허용되지 않지만 그 구성법관 전원에 대한 기피신청은 가능하다.

  ② 대법원 : 대법원의 전원합의체를 구성하는 대법관 전원에 대한 기피신청은 이를 판단할 법원을 구성할 수 없기 때문에 허용되지 않는다(대법원 1966.4.1, 65주1 전원합의체).

(3) 신청시기 : 판결선고시설(多)과 변론종결시설이 대립하나, 판례는 **판결선고시설**이다. 다만, 피고사건의 판결선고절차가 시작되어 재판장이 이유의 고지를 설명하는 도중에 기피신청을 하는 것은 **소송지연 목적**에 해당할 수 있다(대법원 1985.7.23, 85모19).

> **대법원 1995.1.9, 94모77** [경찰승진 01/05]
>
> 기피신청은 판결시까지 가능하며, 종국판결 선고 후의 기피신청은 부적법하다(판결선고 후에는 상소로 불복 可).

(4) 신청의 방법

  ① 서면 · 구술 : 기피신청은 **서면** 또는 공판정에서 **구두**로도 할 수 있다(규칙 제176조 제1항)(서면 · 구술 : 고기국기 변론 공증조취 병행).

  ② 기피신청의 관할 – 소속법원 · 당해 법관 : ㉠ **합의부 법원의 법관**에 대한 기피는 **그 법관의 소속 법원**에 신청하고, ㉡ **수명법관 · 수탁판사 또는 단독판사**에 대한 기피는 **당해 법관**에게 신청하여야 한다(제19조 제1항). [국가7급 08, 경찰승진 13]

  ③ 기피사유의 소명 : 기피신청을 함에 있어서는 기피의 원인이 되는 사실을 구체적으로 명시하여야 한다(규칙 제9조 제1항). **기피사유**는 신청한 날로부터 **3일 이내에 서면으로 소명**하여야 한다(제19조 제2항). [국가7급 08, 경찰승진 13, 경찰채용 11 1차]

4. 기피신청의 재판

(1) 기피신청이 부적법한 경우 법원 · 법관의 처리

  ① 간이기각결정(지관사 – 간이기각)(cf.적부심 : 권재순 – 간이기각)

   (가) 의의 : 기피신청이 **소송의 지연**을 목적으로 함이 명백하거나 제19조의 규정에 위배된 때에는 신청을 받은 법원 또는 법관은 결정으로 이를 기각한다(제20조 제1항). [경찰채용 11 1차] 이를 간이기각결정이라 한다. 여기서 기각(棄却)의 의미는 형식적 요건 불비를 이유로 한 부적법 각하(却下)와 같은 것이다.

   (나) 사 유

     ㉠ **소송지연을 목적으로 함이 명백한 때** : 기피신청의 방식을 위반한 것(제19조)은 아니지만, 법원의 심리방법이나 태도에 대한 불복신청을 이유로 하는 기피신청, 시기에 늦은 기피신청, 이유 없음이 명백한 기피신청 등과 같이 객관적 사정을 종합할 때 소송절차의 진행을 방해하는 목적이 뚜렷한 경우를 말한다. 소송지연을 목적으로 함이 명백한 기피신청인지의 여부는 기피신청인이 제출한 소명방법만에 의하여 판단할 것은 아니고, 당해 법원에 현저한 사실이거나 당해 사건기록에 나타나 있는 제반 사정들을 종합하여 판단할 수 있다. 기피신청이 소송의 지연을 목적

으로 함이 명백한 경우에는 그 신청 자체가 부적법한 것이므로 신청을 받은 법원 또는 법관은 이를 결정으로 기각할 수 있다.

🪓 판례연구 소송지연 목적의 기피신청 사례

1. 대법원 1985.7.8, 85초29

소송지연만을 목적으로 한 기피신청은 그 신청 자체가 부적법한 것으로 되고, 따라서 그러한 부적법한 기피신청에 대하여는 기피당한 법관에 의하여 구성된 재판부가 스스로 그것을 각하할 수 있다.

2. 대법원 1985.7.23, 85모19

피고사건의 판결선고절차가 시작되어 재판장이 이유의 요지 중 상당부분을 설명하는 도중 피고인이 동 공판에 참여한 법원사무관에 대한 기피신청과 동시에 선고절차의 정지를 요구하는 것은 선고절차의 중단 등 소송지연만을 목적으로 한 것으로 부적법한 것이다.

3. 대법원 2001.3.21, 2001모2 [국가9급 14/24, 교정9급 14]

변호인의 신청으로 6회에 걸쳐 공판기일이 변경되었거나 연기되었고 여러 명의 증인신문과 수회의 공판기일이 진행된 상황에서 법원이 공소장변경을 불허하고 변호인의 증거신청을 기각하자 변호인이 기피신청을 하였다면 소송지연의 목적으로 한 것으로 볼 수 있다.

ⓒ **제19조의 규정에 위배된 때** : 기피신청의 관할을 위반하였거나 기피신청 후 3일 내 기피사유를 서면으로 소명하지 않은 경우를 말한다.

② **즉시항고** : 간이기각결정에 대하여는 **즉시항고**를 할 수 있으나(집공기참정상선비재재구감), **통상의 즉시항고와 달리 재판의 집행을 정지하는 효력은 없다**(제23조 제2항)(= 증인불출석제재결정에 대한 즉시항고). [국가7급 08, 경찰채용 11 1차]

(2) 기피신청이 적법한 경우 법원·법관의 처리

① **의견서 제출** : 기피당한 법관은 간이기각결정을 하는 경우(제20조 제1항)를 제외하고는 지체 없이 기피신청에 대한 의견서를 제출하여야 한다(동조 제2항). 만일 기피당한 법관이 기피의 신청을 이유 있다고 인정하는 때에는 그 결정이 있은 것으로 간주한다(동조 제3항). 이때 기피신청사건은 종결된다.

② **소송진행의 정지**

(가) **원칙적 정지** : 간이기각결정(제20조 제1항)의 경우를 제외하고는 **소송진행을 정지하여야 한다.** 단, **급속을 요하는 경우**에는 정지되지 않는다(제22조). [법원9급 19]

ⓔ 급속을 요하는 경우 : 구속기간만료의 임박(대법원 1994.3.8, 94도142), 멸실우려가 있는 증거의 조사, 증인의 위독, 공소시효의 임박 등.

(나) **정지해야 할 소송진행** : 견해의 대립이 있으나, 판례에 의하면 실체재판에의 도달을 목적으로 하는 **본안의 소송절차만 정지**된다고 보고 있다. 따라서 **구속기간의 갱신**(대법원 1987.2.3, 86모57)이나 **판결의 선고**(대법원 1987.5.28, 87모10; 2003.11.13, 2002도4893 [국가7급 13])와 같은 절차는 정지되지 아니한다. 따라서 **변론 종결 뒤** 재판부에 대한 기피신청을 한 경우 소송진행을 정지하지 아니하고 판결을 선고한 것은 정당하다(대법원 2002.11.13, 2002도4893). 요컨대, 실체형성행위는 정지가 되고 절차형성행위는 정지되지 않는다.

대법원 1995.1.9, 94모77

피고사건에 대한 항소심은 종국판결의 선고로 이미 종결되었다는 것인 바, 법관에 대한 기피신청이 있는 경우에 법 제22조에 의하여 정지될 소송진행에는 판결선고는 포함되지 아니하는 것이고(대법원 1987.5.28, 87모10) 그와 같이 이미 종국판결이 선고되어 버리면 그 담당 재판부를 사건 심리에서 배제하고자 하는 기피신청은 그 목적의 소멸로 재판을 할 이익이 상실되어 부적법하게 된다(대법원 1993.9.27, 93마184) 할 것이므로 결국 원심이 재항고인의 기피신청을 배척한 것은 결론에 있어 정당하여 이를 유지하는 것이 상당하다고 인정된다.

---

③ 기피신청사건의 관할 – 합의부/직근상급법원

(가) 합의부 : 기피신청에 대한 재판은 **기피당한 법관의 소속법원 합의부에서 결정으로** 하여야 한다. 이때 기피당한 법관은 그 결정에 관여하지 못한다(제21조 제1항·제2항)(cf.적부심 : 합의부 or 단독). [법원 9급 05, 경찰승진 13/14, 경찰채용 06 2차/11 1차]

(나) 직근상급법원 : 기피당한 판사의 소속법원이 **합의부를 구성하지 못하는 때에는 직근상급법원이 결정** 하여야 한다(제21조 제3항). [국가7급 08, 경찰승진 13]

④ 기피신청에 대한 재판

(가) 기각결정

㉠ 기피신청은 적법하나 이유 없다고 인정하는 때에는 기각결정을 한다.

㉡ 이 **기각결정에 대해서는 즉시항고**를 할 수 있다(제23조 제1항)(집공기참정상선비재재구감). [법원9급 05/07] 간이기각결정에 대한 즉시항고(제23조 제2항)와 달리 보통의 즉시항고와 같은 **집행정지의 효력**이 있다. [국가7급 13, 경찰승진 13]

(나) 인용결정

㉠ 기피신청이 이유 있다고 인정하는 때에는 그 법관을 당해 사건의 절차에서 배제하는 결정을 하여야 한다(제21조 제1항).

㉡ **인용결정에 대해서는 즉시항고·보통항고 등 불복을 할 수 없다**(제403조 제1항).

5. 기피의 효과

기피신청에 대한 인용결정이 있거나 기피당한 법관이 기피신청을 이유 있다고 인정한 때에는 그 법관은 당해 사건의 직무집행으로부터 배제된다. 이에 위반하면 상소이유(절대적 항소이유 – 제361조의5 제7호, 상대적 상고이유 – 제383조 제1호)가 된다.

IV 회 피

1. 의 의

(1) 회피라 함은 법관이 스스로 기피의 원인이 있다고 판단할 때에 **자발적으로 직무집행에서 탈퇴**하는 제도이다(제24조 제1항).

(2) 회피는 법관의 권한이 아니라 직무상의 의무이다.

2. 원인 및 절차

(1) 회피의 원인 : 기피의 원인(제18조)이 회피의 원인이 된다(제24조 제1항).

(2) 회피의 신청 : 회피는 **소속법원에 서면으로 신청**하여야 한다(동조 제2항). [경찰채용 11 2차] 신청시기는 제한이 없다.

(3) 신청에 대한 재판 : 기피에 관한 규정이 준용된다(동조 제3항).

3. 효 과

(1) 회피신청에 대한 법원의 결정에 대해서는 항고할 수 없다.

(2) 법관이 회피신청을 하지 않은 것은 상소이유가 되지 않는다.

V 법원사무관 등에 대한 제척·기피·회피

(1) 법관의 제척·기피·회피에 대한 규정은 제17조 제7호의 규정(전심재판관여)을 제한 외에는 **법원사무관** 등과 **통역인**에게 준용한다(제25조 제1항). [경찰채용 06 2차] 법관의 제척사유 중 제17조 제7호(전심재판 또는 그 기초가 되는 조사·심리에 관여한 때)가 법원사무관 등에 준용되지 않는 것은 그 직무성격상 당연하다. [법원9급 08]

(2) 법원사무관 등과 통역인에 대한 기피재판은 그 소속법원이 결정으로 하여야 한다(제25조 제1항). [경찰승진 10] 단, 제20조 제1항의 결정(제19조의 규정위반 또는 소송지연을 목적으로 함이 명백한 때 행하는 간이기각결 정)에 대한 기각결정은 "기피당한 자의 소속법관"이 한다(제25조 제2항).

(3) 법관의 제척·기피·회피에 대한 규정은 전문심리위원(제279조의5)에게도 준용된다.

대법원 2011.4.14, 2010도13583 [국가7급 13]

[1] 형사소송법 제17조 제4호는 법관이 사건에 관하여 증인, 감정인, 피해자의 대리인으로 된 때에는 직무집행에서 제척된다고 규정하고 있고, 위 규정은 형사소송법 제25조 제1항에 의하여 통역인에게 준용되므로, 통역인이 사건에 관하여 증인으로 증 언한 때에는 직무집행에서 제척되고, 제척사유가 있는 통역인이 통역한 증인의 증인신문조서는 유죄인정의 증거로 사용할 수 없다.

[2] 형사소송법 제17조 제2호는 법관이 피고인 또는 피해자의 친족 또는 친족관계가 있었던 자인 때에는 직무집행에서 제척된 다고 규정하고 있고, 위 규정은 형사소송법 제25조 제1항에 의하여 통역인에 준용되나, 사실혼관계에 있는 사람은 민법 소 정의 친족이라고 할 수 없어 형사소송법 제17조 제2호에서 말하는 친족에 해당하지 않으므로, 통역인이 피해자의 사실혼 배 우자라고 하여도 통역인에게 형사소송법 제25조 제1항, 제17조 제2호 소정의 제척사유가 있다고 할 수 없다.

제3절 | 검 사

01 검사의 의의와 성격

I 검사의 의의

검사(檢事, pubic prosecutor, Staatsanwalt)는 검찰권을 행사하는 국가기관으로서 형사절차의 모든 단계에 관여 하여 형사사법의 정의를 실현하는 데 기여하는 능동적·적극적 국가기관이다. 검사는 탄핵주의하에서 소 추기능을 담당함으로써 법원이 공정한 심판기관으로 재판할 수 있도록 하고, 법률집행의 감시자로서 보호 기능을 수행하며, 경찰의 법집행에 대한 법치국가적 통제장치로서 기능한다.

II 검사의 성격

1. 준사법기관

(1) 의의 : 검사는 법무부에 소속된 행정기관으로서 사법기관은 아니다. 그러나 검찰권의 행사는 형사사법의 운용에 중대한 영향을 미치므로 검사는 오로지 진실과 정의에 따라야 할 의무를 가지고 있는 준사법기관 이다.

(2) 내 용
① 검사는 그 직무를 수행함에 있어서 국민 전체에 대한 봉사자로서 정치적 중립을 지켜야 한다(검찰 제4조 제2항).
② 검사의 임명자격은 법관과 동일하며(검찰 제29조), 검사는 행정부의 일반공무원과 달리 법관에 준하는 신분보장을 받는다(동 제37조).
③ **법무부장관**은 **구체적 사건에 대하여 검찰총장만을 지휘·감독할 수 있을 뿐** 개별검사에 대한 지휘·감독권 이 없다(검찰 제8조).
④ 검찰총장은 법무부장관이나 국회에 대하여 정치적 책임을 지지 아니하고 임기를 보장받는다(검찰 제 12조 제3항).

⑤ 검사는 준사법기관이므로 검사의 처분·결정에 대한 불복은 행정소송·행정심판의 방법에 의할 수 없다. 대신 검찰항고·재정신청·준항고·재판집행이의신청 등 독자적인 절차에 의한다.

(3) 한 계

① 검사는 법관과는 달리 검찰사무에 관하여 상사의 명령에 복종하여야 한다(검찰 제7조 제1항).

② 검사는 사법기관이 아니라 준사법기관에 불과하다. 따라서 **검사의 수사종결처분이나 기타의 결정**에 대해서는 법관의 재판에 부여되는 **일사부재리의 효력이 없다.**

③ 검사의 처분·결정은 법관에 의한 재판이 아니므로 헌법소원의 대상이 된다.

2. 단독제의 관청

(1) 의의 : 개개의 검사는 단독으로 검찰권을 행사하는 독임제의 관청으로서, 검찰총장이나 검사장의 보조기관이나 대리인이 아니다. 법관과 달리 합의제는 인정되지 않는다.

(2) 내용 : **검사 1인의 대외적 의사표시는** 검찰내부의 결재 등이 없더라도 그 의사표시는 단독관청의 처분으로 **대외적으로 효력을 갖는다.** 즉, 개별 검사는 자신의 이름으로 외부적인 의사표시를 할 수 있는 기관이 된다.

02 검사의 조직과 구성

I 검사의 독립성과 검찰조직의 특수성

검사는 준사법기관으로서 독립성이 보장될 것이 요청되지만, 한편 자의와 독선이 허용되어서는 안 된다. 이러한 모순된 요청을 검사의 조직면에서 조화하기 위한 법적 장치가 검사동일체의 원칙과 검사에 대한 법무부장관의 지휘감독권이다.

II 검사동일체의 원칙

1. 의 의

(1) 개념 : **검사동일체원칙**이라 함은 모든 검사가 검찰총장을 정점으로 하는 피라미드형의 계층적 조직체를 형성하고 일체불가분의 유기적 통일체로서 활동한다는 원칙을 말한다(검찰 제7조). 이는 국가의 검찰권행사에 관한 것으로서 수사절차에서부터 형집행절차에 이르기까지 형사절차의 전(全)과정에서 적용된다.

(2) 취지 : ① 검찰권 행사가 전국적으로 균형을 이루게 하여 검찰권 행사의 공정성을 확보하도록 함에 있으며(검찰권행사의 공정성 확보), ② 범죄수사를 위한 전국적으로 통일된 수사망을 확보하도록 한다(전국적 수사망 확보).[1]

> 보충 검찰청법 제7조는 2003.12.30.개정을 통하여 검사동일체의 원칙의 표제를 삭제하고 검사는 검찰사무에 관하여 소속 상급자의 지휘·감독을 받아야 한다고 규정하고 검찰사무에 대한 지휘·감독관계를 규정하고 있다. 그러나 검사동일체의 원칙의 내용인 직무승계와 이전의 권한은 개정법에서도 유지되고 있고(동법 제7조의2), 검사의 지휘·감독관계는 적법한 명령에 근거한 상명하복관계를 전제로 하는 점을 고려할 때 검사동일체의 원칙은 여전히 유지되고 있다고 해야 한다(예 이/조, 98면)

2. 내 용

(1) 지휘·감독관계

① 의의 : 검사는 검찰사무에 관하여 소속 상급장의 지휘·감독에 따른다(검찰 제7조 제1항). 이러한 지휘·감독관계는 검찰행정사무에 대해서도 적용된다. 검찰청법에는 규정이 없으나 행정조직의 일반원리에 의하여 복종의무가 있다고 보아야 하기 때문이다.

---

1) [참고] 검사동일체원칙과 검사의 독립관청적 성격과의 긴장
검사동일체원칙은 검사의 단독제 관청으로서의 성격과 모순되므로 그 폐해와 대책이 문제된다. 즉, 검사의 직무집행의 **독립성** 요청과 검사의 자의와 독선을 방지하기 위한 제도적 장치로서의 검사동일체원칙과의 사이에는 긴장관계가 존재한다.

② 지휘·감독의 한계 : 검사는 단독제의 관청으로서 준사법기관이므로 진실과 정의에 대한 의무는 지휘·감독관계에 대한 한계가 된다. 따라서 검사의 지휘·감독관계는 **적법한 상사의 지휘·감독에만 복종해야 한다**는 것을 의미한다. 그리고 상관의 명령의 적법성에 대하여 의심스러운 때에는 상사의 명령에 따라야 하지만, 확신이 있는 경우에는 검사의 신념에 따라야 한다.

③ 내부적 명령에 위반할 경우 검사의 처분의 대외적 효과 : 검사의 지휘·감독관계는 내부적 효력만을 가지므로, **상사의 명령에 위반하거나 상사의 결재를 받지 않은 검사의 처분도 대외적으로는 유효하다.**

(2) 직무승계 및 직무이전의 권한

① 의 의

(가) 직무승계의 권한 : 검찰총장(법무부장관 × [국가9급 15])과 각급 검찰청의 검사장 및 지청장은 소속 검사의 직무를 자신이 처리할 수 있다(검찰 제7조의2 제2항 전단). [국가7급 07]

(나) 직무이전의 권한 : 검찰총장과 각급 검찰청의 검사장 및 지청장은 소속 검사로 하여금 그 권한에 속하는 직무의 일부를 처리하게 할 수 있고(동조 제1항), 소속 검사의 직무를 다른 검사로 하여금 처리하게 할 수 있다(동조 제2항 후단).

② 기능 : 직무승계 및 이전의 권한도 상명하복관계를 바탕으로 하는 권한으로서 검사 개개인의 독립성을 제한하는 기능을 갖는다.

(3) 직무대리권

① 의의 : 각급 검찰청의 **차장검사**는 소속장의 사고가 있을 때에는 **특별한 수권 없이** 그 직무를 대리하는 권한을 가진다(검찰 제18조 제2항, 제23조 제2항).

② 범위 : 이때의 직무는 검찰행정사무와 검찰사무를 모두 포함한다는 점에서 의미가 있다.

3. 효 과

(1) 검사교체의 효과 : 검사동일체원칙에 따라 검찰조직 자체가 마치 1인의 검사처럼 활동하게 되므로 **검사가 검찰사무를 취급하는 도중에 교체되더라도 소송법상 하등의 영향이 없다.** [경찰승진 02] **따라서 수사절차나 공판절차 갱신의 문제도 발생하지 않는다.** [국가9급 13]

(2) 검사에 대한 제척·기피 : ① 검사동일체원칙에 의거한 소극설(다수설)과 ② 적극설(배/이/정/이, 백형구, 신동운)의 대립이 있으나, 검사동일체 원칙이 유지되는 현행법제 하에서는 소극설이 불가피해 보인다.

주의 검사동일체의 원칙이 인정된다 하더라도 각 검사가 수행하는 개개 사건의 수사와 처리는 검찰 전체의 책임하에 검찰권 전체의 작용으로 행하여지는 것이 아니다. 검사는 어디까지나 단독제의 관청이므로 개개 사건의 수사와 처리는 각 담당검사의 책임하에 이루어진다.

> **대법원 2013.9.12, 2011도12918** [경찰채용 14]
>
> 범죄의 피해자인 검사가 그 사건의 수사에 관여하거나, 압수·수색영장의 집행에 참여한 검사가 다시 수사에 관여하였다는 이유만으로 그 수사가 위법하다거나 그에 따른 참고인이나 피의자 진술에 임의성이 없다고 볼 수는 없다.

Ⅲ 법무부장관의 지휘감독권

1. 제한의 필요성

검찰권의 공정한 행사를 위해서는 정치적 영향을 받는 법무부장관의 법무부소속 공무원인 검사에 대한 지휘·감독을 제한해야 할 필요성이 있다.

2. 외적 지휘감독권

(1) **법무부장관**은 검찰사무의 최고 감독자로서 **일반적으로 검사를 지휘·감독**한다(검찰 제8조). [국가7급 07] 구체적 사건에 대해서는 검찰총장만을 지휘·감독할 수 있을 뿐이다.

(2) 본조는 검찰총장을 완충대로 하여 특정사건의 처리에 대한 행정부의 부당한 간섭을 방지하려는 데 그 취지가 있다.

03 검사의 소송법상 지위

I 수사의 주체

검사는 범죄의 혐의가 있다고 사료하는 때에는 범인·범죄사실과 증거를 수사하여야 한다(제196조 제1항). 따라서 현행법상 검사가 수사의 주체임은 부인할 수 없다. 다만 2020년 2월 4일과 2022년 5월 9일 검·경 수사권 조정을 위한 형사소송법과 검찰청법 등의 개정이 행해져, 검사의 사법경찰관에 대한 수사지휘권이 폐지되었으며, 그 수사개시권이 제한되고, 사법경찰관으로부터 송치받은 일정 사건에 대한 검사의 보완수사권의 범위도 한정되었으며, 더불어 사법경찰관리의 수사에 대한 일정한 감독기능이 검사에게 부여되었다(검사의 수사권의 내용에 대하여 자세한 것은 수사기관 부분에서 후술함).

II 공소권의 주체

1. 공소제기의 독점자

(1) **기소독점주의** : 즉결심판의 경우를 제외하고는 공소제기의 권한은 검사에게 독점되어 있다(제246조).

(2) **기소편의주의** : 공소제기 여부에 대해서는 검사에게 재량이 인정되어 있다(제247조).

(3) **기소변경주의** : 검사는 제1심판결 선고 전까지 공소를 취소할 수 있다(제255조).

2. 공소수행의 담당자

(1) **의의** : 공익의 대표자인 검사는 공판절차에서 공소사실을 입증하고 공소를 유지하는 공소수행의 담당자로서 각종 소송법상의 권리를 갖는다.

　예 공판정출석권, 증거조사신청권, 증거조사참여권, 증인신문권, 논고권·구형권 등

(2) **당사자지위의 인정 여부** : 검사는 공익의 대표자로서 소송주체일 뿐이고 검사를 당사자로 보게 되면 피고인신문(법 제287조 제1항)을 설명할 수 없고 공판절차의 검찰사법화가 우려된다는 점을 논거로 하는 부정설(배/이/정/이, 신동운, 신양균)과 당사자주의를 강화한 현행 형사소송법의 해석에 의하면 당사자의 지위를 가진다는 것을 부정할 수 없다는 긍정설(다수설)이 대립하고 있다. 당사자주의를 강화한 현행 형사소송법의 해석상 긍정설이 타당하다.

(3) **검사의 객관의무**

① **의의** : 검사가 공익의 대표자로서 진실과 정의의 원칙에 따라 검찰권을 행사하고 객관적 입장에서 피의자·피고인에게 유리·불리를 불문하고 수사활동과 소송활동을 해야 할 의무를 말한다. 간단히 말해서 검사가 피고인의 정당한 이익을 옹호해야 할 의무를 말한다.

② **인정 여부 및 근거** : 검사의 당사자지위를 인정한다고 해서 공익적 지위가 약화된다고 할 수 없다는 점에서 설사 검사에게 당사자지위를 인정한다고 하더라도 법치국가원리, 적정절차의 원칙, 검사의 준사법기관성을 고려할 때 검사의 객관의무는 긍정된다. 특히 국선변호인제도가 널리 활용되지 못하고 나아가 사선변호인에 대한 이용도 제한적인 우리 사회의 실정에 비추어 보면 검사의 객관의무의 의미는 특별하다. 헌법재판소(헌법재판소 2002.12.18, 2002헌마527; 2007.3.29, 2006헌바69; 2012.7.26, 2010헌마642)와 대법원(대법원 2010.10.28, 2008도11999)도 검사의 객관의무를 인정하고 있다. 검사의 객관의무는 이론적으로는 법치주의와 적정절차원칙에 근거하고, 현행법상으로는 이익사실의 진술기회부여(제242조), 재심청구(제424조), 검찰청법 제4조 등에 근거하고 있다.

③ **내 용**

(가) **수사 및 공판절차** : 검사는 특별사법경찰관리를 지휘·감독하고(제198조의2의 구속장소감찰제도 등 참조), 보석 및 구속취소·구속집행정지결정을 하기에 앞서 의견을 진술(제97조, 제101조, 제214조의2)하는 등을 적정절차를 옹호해야 한다. 또한 피의자·피고인에게 유리한 증거도 수집해야 하고, 피고인의 무죄를 구하는 변론도 할 수 있다.

(나) **재판에 대한 불복절차** : 검사는 피고인의 이익을 위한 상소·재심청구(제424조)·비상상고(제441조)를 할 수 있다.

(다) **기타** : 검사는 고소권자지정권(제228조)이 있다. 또한 민법상 성년·한정·특정후견의 개시·종료 심판의 청구(민법 제9조~제14조의2), 부재자의 재산관리 및 실종선고 청구권(민법 제22조 제1항, 제27조 제1항)을 가지고 있다.

🏺 판례연구 검사의 객관의무 관련판례

1. 헌법재판소 1997.11.27, 94헌마60 [국가9급 13]

검사는 진실을 발견하고 적법한 법의 운용을 위하여 피고인에게 불리한 증거에 대하여는 상대방에게 방어의 기회를 부여하고, 피고인에게 유리한 증거에 대하여는 이를 상대방이 이용할 수 있도록 하여 주어야 한다.

2. 대법원 2002.2.22, 2001다23447 [국가9급 13/15]

[1] 검사는 공익의 대표자로서 실체적 진실에 입각한 국가 형벌권의 실현을 위하여 공소제기와 유지를 할 의무뿐만 아니라 그 과정에서 피고인의 정당한 이익을 옹호하여야 할 의무를 진다고 할 것이고, 따라서 검사가 수사 및 공판과정에서 피고인에게 유리한 증거를 발견하게 되었다면 피고인의 이익을 위하여 이를 법원에 제출하여야 한다.

[2] 강도강간의 피해자가 제출한 팬티에 대한 국립과학수사연구소의 유전자검사결과 그 팬티에서 범인으로 지목되어 기소된 원고나 피해자의 남편과 다른 남자의 유전자형이 검출되었다는 감정결과를 검사가 공판과정에서 입수한 경우 그 감정서는 원고의 무죄를 입증할 수 있는 결정적인 증거에 해당하는데도 검사가 그 감정서를 법원에 제출하지 아니하고 은폐하였다면 검사의 그와 같은 행위는 위법하다고 보아 국가배상책임을 인정한 사례

Ⅲ 재판의 집행기관

1. 재판의 집행지휘

재판의 집행은 그 재판을 한 법원에 대응한 검찰청 검사가 지휘한다(검사주의). 여기서 재판의 집행이라 함은 형선고판결과 같은 유죄판결의 집행뿐 아니라 체포·구속·압수·수색 등 강제처분의 집행도 포함한다. 단, 재판의 성질상 법원 또는 법관이 지휘할 경우에는 예외로 한다(제460조 제1항).

2. 형집행을 위한 소환과 구인

사형·자유형의 집행을 위한 소환에 응하지 아니한 때에는 검사는 형집행장을 발부하여 구인하여야 한다(제473조). 형집행장은 구속영장과 같은 효력이 있다.

참고하기 고위공직자범죄수사처 검사제도 요약

① **의의** : 2020.1.14. '고위공직자범죄수사처 설치 및 운영에 관한 법률'(이하 '공수처법'이라 함)이 제정·공포되어 2020.7.15. 시행되어 고위공직자(대통령, 국회의원 등, 공수처법 제2조 제1호) 및 그 가족(동 제2호)이 범한 고위공직자범죄(형법상 뇌물범죄, 직무관련 문서죄, 특가법·변호사법상 알선수재죄 등, 동 제3호) 및 관련범죄(동 제4호)와 관련된 직무를 수행하기 위한 '고위공직자범죄 수사처'(이하 '수사처'라 함)가 설치되었다. 수사처는 그 권한에 속하는 직무를 독립하여 수행한다(동법 제3조 제2항). 아래에서는 간단히 관련내용을 요약해보기로 한다.

② **조직** : 공수처는 처장, 차장, 수사처검사, 수사처수사관 등으로 구성된다. 이 중 수사처검사는 7년 이상의 변호사자격이 있는 자 중에서 인사위원회의 추천을 거쳐 대통령이 임명한다. 이 경우 검사의 직에 있었던 사람은 수사처검사 정원의 2분의 1을 넘을 수 없다(동법 제8조 제1항). 수사처검사는 처장과 차장을 포함하여 25명 이내로 한다(동 제2항). 수사처수사관은 처장이 임명하고 40명 이내로 한다(동법 제10조).

③ **수사처검사의 고위공직자범죄에 대한 우선적 수사권** : 수사처검사는 '원칙적으로 수사권만 가지나, 예외적으로 공소권까지 가지는 경우'도 있다. 수사에 있어서는, 임의수사, 강제수사 모두 가능하며 영장청구권도 가진다(헌법재판소 2019.2.28, 2017헌바196 등). 수사처수사관은 수사처검사의 '지휘·감독'을 받으며 형사소송법상 '사법경찰관'의 직무를 수행한다(공수처법 제21조). 수사처검사는 '고위공직자범죄에 대한 우선적 수사권'을 행사하므로 공수처장은 타 수사기관에 대한 이첩요청권을 가진다(동법 제24조 제1항). 다만 '수사처검사'의 범죄 혐의를 발견한 경우에는 이를 대검찰청에 '통보'하여(동법 제25조 제1항) 검사의 수사를 받도록 하고, 타 수사기관이 '검사'의 고위공직자범죄 혐의를 발견한 경우에는 해당 수사기

관의 장은 사건을 수사처에 '이첩'하여야 한다(동 제2항). 즉 통보와 이첩이라는 다른 용어를 사용하고는 있으나, '수사처 검사와 검찰청검사는 상호 수사하는 관계에 있다.

④ 수사처검사의 예외적 공소권 : 공소에 있어서는, ⊙ 수사처검사는 원칙적으로 공소권을 가지지 못한다. 따라서 수사처검사 는 '공소권 있는 사건(동법 제3조 제1항 제2호에서 정하는 사건)'을 제외한 고위공직자범죄에 관한 수사를 한 때에는 관계 서류와 증거물을 지체 없이 서울중앙지방검찰청 소속 검사에게 송부해야 한다(동법 제26조 제1항). 다만, ⓒ 수사처검사가 예외적으로 공소권을 가지는 경우가 있다. 이는 대법원장 및 대법관, 검찰총장, 판사 및 검사, 경무관 이상 경찰공무원에 해당하는 고위공직자로 재직 중에 본인 또는 본인의 가족이 범한 고위공직자범죄 및 관련범죄의 경우로서, 이에 대해서는 수사처검사가 공소제기와 그 유지를 한다(동법 제20조 제1항, 제3조 제1항 제2호, 제2조 제1호 다목, 카목, 파목, 하목). 이러한 공소가 제기되면 제1심 재판은 서울중앙지방법원의 관할이 된다(동법 제31조). 요약하자면, '일반 고위공직자범죄 에 대해서는 수사권만, 법조계와 경찰의 고위공직자범죄에 대해서는 공소권까지' 가지는 것이다.

⑤ 형집행지휘에 있어서의 배제 : 형의 집행에 있어서는 수사처검사가 공소를 제기한 경우라 하더라도 (수사처검사가 아니라) 제1심 관할지방법원에 대응하는 검찰청 소속 검사가 그 형을 집행한다(동법 제28조 제1항).

제4절 | 피고인

01 피고인의 의의와 특정

Ⅰ 피고인의 의의

1. 피고인의 개념

(1) **형사소추를 당한 자** : 피고인(被告人, the accused, defendant, Angeklagte)이란 형사사건으로 국가기관에 의하 여 형사소추를 당한 자 또는 형사소추를 당한 자로 취급되고 있는 자를 말한다.

> **예** 검사에 의하여 공소제기된 자, 성명모용으로 약식명령이 송달되어 공판정에 출석한 피모용자, 경찰서장에 의하여 즉결심 판이 청구된 자(이외 재심개시결정이 확정된 자를 재심피고인이라 함)

(2) **공소가 제기된 자** : 공소가 제기되는 자이면 족하므로 진범 여부, 당사자능력과 소송능력의 유무, 공소제 기의 유효성 여부는 불문한다.

2. 구별개념

(1) **피의자** : 피고인은 공소제기 후의 개념이므로 공소제기 이전에 수사기관에 의하여 수사의 대상으로 되어 있는 피의자와 구별된다. 피의자의 지위는 형식적으로 입건되거나 입건 전이라도 신문·체포 등 수사기 관의 수사가 개시된 때 발생한다.[1]

(2) **수형자** : 형집행법상 수용자는 수형자, 미결수용자, 사형확정자 등으로 구분되는데, 이 중 수형자란 징역 형, 금고형 등의 선고를 받아 그 형이 확정된 사람과 벌금 또는 과료를 완납하지 아니하여 노역장 유치 명령을 받은 사람을 말하고, 미결수용자란 형사피의자 또는 형사피고인으로서 체포되거나 구속영장의 집 행을 받은 사람을 말한다(형집행법 제2조). 따라서 수형자는 확정판결에 의하여 그 형집행을 받는 자를 말 하므로, 판결확정 전 개념인 피고인과는 구별된다.

---

1) [참고 – 피의자의 지위가 발생하는 시점] 피의자의 지위는 수사기관이 범죄혐의를 인정하여 수사를 개시한 때로부터 발생한다. 피의자 지위의 발 생시점은 ① 형식적으로는 입건(立件)의 시점이다. 수사기관이 적극적으로 범죄를 인정하는 경우 검사는 범죄인지서(검찰사건사무규칙 제4조 제 2항 참조)를, 사법경찰관은 범죄인지보고서(사법경찰관리집무규칙 제21조 제1항)를 작성하는 등 사건수리절차를 밟게 되는바, 이때 사건접수부에 사건을 등재하는 것을 입건이라고 한다. 다만, ② 수사기관이 아직 입건의 절차를 밟지 않았다 하더라도 수사기관의 주관적 범죄혐의가 체포나 신문 등에 의하여 객관적으로 외부에 표시된 때에는 피의자의 지위가 개시된다고 보면 된다. 따라서 반드시 피의자를 체포·구속하여야만 피의자 의 지위가 발생하는 것은 아니다.

3. 공동피고인

(1) 의의 : 공동피고인(codefendant)은 동일한 소송절차에서 공동으로 심판하는 수인의 피고인을 말한다. 공동피고인은 반드시 공범자일 것을 요하지 않는다. [국가9급 12, 경찰간부 13]

(2) 소송관계

① **원칙** : 수개의 사건이 동일 법원에 계속되어 있는 것에 불과하므로 피고인마다 소송관계는 개별적으로 존재하며, 그 중 1인에 대하여 발생한 사유는 다른 피고인에게 영향을 미치지 않는다(공동피고인 : 1개의 공소장 불요, 공범자 불요, 관련사건 불요 ∴ 공동피고인이 2인이면 재판도 2개임). [경찰간부 13]

② **예외** : 피고인을 위하여 원심판결을 파기하는 경우에 **파기의 이유가 상소한 공동피고인에게 공통되는 때에는 그 공동피고인에게 대하여 원심판결을 파기하여야 한다**(제364조의2, 제392조). [국가7급 09, 국가9급 08/12, 경찰간부 13, 경찰승진 12]

Ⅱ 피고인의 특정

1. 의의 및 문제점

(1) 의의 : 피고인의 특정이란 **당해 소송절차에서 누가 피고인인가** 하는 문제를 말한다. 피고인이란 전술하였듯이 공소제기를 당한 자 또는 공소제기를 당한 자로 취급되는 자를 말한다. 공소는 검사가 피고인으로 지정한 사람에게만 효력이 미치므로(제248조), 피고인은 공소장에 특정되어야 한다.

(2) 문제의 소재(참고) : 피고인의 특정의 문제는 **성명모용소송과 위장출석의 경우**에 특히 문제가 된다. 구체적으로 성명모용과 위장출석처럼 공소장에 기재된 피고인과 현실적으로 심판을 받는 사람이 일치하지 않을 때, 누가 본래의 피고인으로 취급되어야 하는가라는 문제(실질적 의미)와 더불어 피고인으로 행위한 자의 절차를 어떻게 종결시키는가(형식적 의미)의 문제로 구체화된다.[1]

2. 피고인 특정 및 불특정의 효과(참고)

공소제기의 효력은 검사가 피고인으로 지정한 사람에게만 그 효력이 미친다(제248조). 따라서 법원은 검사가 공소장에 성명과 기타 사항을 기재하여 특정한 피고인만 심판할 수 있고(제254조 제3항 제1호 참조), 그 판결의 효력도 그 자에게만 미치며 그 이외의 사람은 심판할 수 없다. 피고인이 특정되지 않으면 법원은 실체심리에 들어갈 수 없고 법원은 공소기각의 판결(제327조 제2호)을 선고해야 한다.

3. 피고인특정의 기준

이에 대하여 (1) 의사설, (2) 표시설, (3) 행위설, (4) 절충설(종래의 다수설), (5) 실질적 표시설(현재의 다수설)의 대립이 있으나 표시설을 원칙으로 하되 행위설과 의사설을 고려한 **실질적 표시설**에 의해야 한다(문제해결에 있어서는 검사의 의사를 중시할 것).

4. 성명모용

(1) 의의 : 甲(모용자)이 수사를 받으면서 乙의 성명을 사칭하였기 때문에 검사가 공소장에 乙(피모용자)을 피고인으로 기재한 경우이다. 즉, 甲이 乙을 모용한 경우이다.

(2) 피고인의 특정

① **제1설** : 공소장 송달의 시점에서는 피모용자 乙만 피고인이지만, 공판기일에서 甲이 성명을 모용한 것이 밝혀지면 甲만 피고인이 된다는 견해이다(강구진).

② **제2설** : 피모용자 乙은 공소장에 피고인으로 표시되었을지라도 원래 검사가 공소제기를 의도한 자가 아니므로 모용자인 甲만 피고인이 된다는 견해이다(통설).

③ **판례** : 피의자가 다른 사람의 성명을 모용한 탓으로 공소장에 피모용자가 피고인으로 표시되었다 하

---

1) [참고] 피고인의 특정의 문제는 법 제248조의 공소제기의 인적 효력범위에 관계된 문제이다. 즉, 법원의 심판범위의 확정과 피고인의 실질적 방어권 보장의 조화로운 해석이 필요하다.

더라도 이는 당사자의 표시상의 착오일 뿐이고 검사는 모용자에 대하여 공소를 제기한 것이므로 **모용자가 피고인**이 되고 피모용자에게 공소의 효력이 미친다고 할 수 없다(대법원 1993.1.19, 92도2554). [법원 9급 07/13, 국가7급 08/09/13, 교정9급 12, 경찰채용 11 2차]

대법원 1997.11.28, 97도2215

타인의 성명을 모용한 경우, 공소제기의 효력이 미치는 인적 범위

형사소송법 제248조에 의하여 공소는 검사가 피고인으로 지정한 이외의 다른 사람에게 그 효력이 미치지 아니하는 것이므로 공소제기의 효력은 검사가 피고인으로 지정한 자에 대하여만 미치는 것이고, 따라서 피의자가 다른 사람의 성명을 모용한 탓으로 공소장에 피모용자가 피고인으로 표시되었다 하더라도 이는 당사자의 표시상의 착오일 뿐이고, 검사는 모용자에 대하여 공소를 제기한 것이므로 모용자가 피고인이 되고 피모용자에게 공소의 효력이 미친다고는 할 수 없다. 따라서 검사가 공소장의 피고인표시를 정정하여 바로 잡은 경우에는 처음부터 모용자에 대한 공소의 제기가 있었고, 피모용자에 대한 공소의 제기가 있었던 것은 아니므로 법원은 모용자에 대하여 심리하고 재판을 하면 될 것이지, 원칙적으로는 피모용자에 대하여 심판할 것은 아니다.

---

(3) 처리방법

① 공판심리 중 판명된 경우

(가) 모용자가 공판정에 피고인으로 출석한 경우

ㄱ 모용자에 대한 조치

ⓐ 공소장정정 : 모용자가 피고인이므로 검사는 공소장정정절차에 의하여 피고인의 표시를 피모용자에서 모용자로 정정하여야 한다는 것이 통설이다(공소장정정설). 판례도 **공소장정정절차로 족하고 공소장변경을 요하지 않으므로 법원의 허가가 필요 없다**고 보고 있다(대법원 1993.1.19, 92도2554).[1] [경찰승진 12]

ⓑ 공소기각판결 : 모용자가 피고인이므로(실질적 표시설) **모용자에 대한 별도의 공소제기는 요하지 않고** 공소장정정으로 족하다. 다만, 검사가 공소장을 정정하지 않으면 법원은 공소제기의 절차가 법률의 규정에 위반하여 무효인 때로 보아 **공소기각의 판결**을 하여야 한다(다수설·판례).

ㄴ 피모용자에 대한 조치 : 피모용자는 피고인이 아니므로 단순히 **절차에서 배제하면 충분**하며 피모용자에 대하여 무죄판결이나 공소기각의 판결을 할 수는 없다. 판례도 같은 입장이다(대법원 1993.1.19, 92도2554).

(나) 피모용자가 공판정에 피고인으로 출석한 경우 : 정식재판(참고)

ㄱ 피모용자에 대한 조치 : 사실상으로 소송계속이 발생하여 피모용자도 형식적 피고인이 된다. 따라서 제327조 제2호를 유추적용하여 **공소기각의 판결**을 하여 피모용자의 불안정한 지위를 해소해 주어야 한다. 이 경우 판결선고가 되었다 하더라도 피모용자에 대해서는 효력이 없다.

ㄴ 모용자에 대한 조치 : 검사가 공소장의 피고인 표시를 정정하면 법원은 모용자에 대하여 심리를 진행한다. 즉, 피고인은 모용자이므로 검사가 공소장을 정정하고 **공소장부본을 송달하여 모용자를 소환한 뒤 공판절차를 진행**하면 된다.[2]

(다) 피모용자가 출석한 경우 : 약식명령을 송달받은 피모용자가 정식재판을 청구하고 재판에 출석한 경우

ㄱ 피모용자에 대한 조치 : 사실상의 소송계속이 발생하였고 피모용자가 형식적으로는 피고인의 지위를 가지게 되었으므로 **제327조 제2호를 유추적용하여 공소기각의 판결**을 하여야 한다(다수설·판례). 이는 피모용자에게 적법한 공소제기가 없었음을 밝혀주는 의미에서 필요하다. [경찰채용 09 2차]

---

1) [참고] 공소장변경의 가부 : 피고인의 실질적 변경을 수반하지 않는 단순한 오기나 착오는 정정의 문제이고, 법 제298조는 공소사실과 적용법조만을 대상으로 하므로 피고인은 공소장변경의 대상이 아니다.

2) [참고] 이 경우 판결선고 이후라면 모용자에 대한 심리판단이 없었던 상황에서 내려진 것이다. 이 판결은 위법하여 파기의 대상이 된다(대법원 1961.3.31, 4293형상637).

ⓒ 모용자에 대한 조치 : 검사가 공소장의 피고인 표시를 정정하면 법원은 **약식명령의 피고인 표시를 경정한 후 약식명령정본과 함께 이 경정결정을 모용자에게 송달**하여야 한다. [경찰채용 09 1차] 이에 대하여 소정의 기간(7일) 내에 정식재판의 청구가 없으면 약식명령은 확정된다.

★ 판례연구 성명모용 관련판례

1. 대법원 1981.7.7, 81도182

타인의 성명 등을 사칭하여 타인 명의로 공소제기된 경우에 그 공소의 효력이 피모용자에게 미치는지의 여부(소극) 및 피모용자가 공판정에 출석하여 소송행위를 한 경우의 조치(공소기각판결)

甲이 乙의 성명과 생년월일 등을 사칭하여 기소(약식명령의 청구)된 경우에 그 소송의 효력은 명의를 사칭한 甲에 대해서만 미치고 그 명의를 모용당한 乙에게는 미치지 아니하나 (약식명령을 송달받은 피모용자인 乙이 정식재판청구하고 공판정에 출석하여 소송행위를 한 경우에는) 乙에 대하여 공소제기의 절차가 법률의 규정에 위반하여 무효라는 이유로 공소기각의 판결을 하여야 하고, 또 乙(피모용자)에 대하여 공소기각판결이 확정되었다고 하여 甲(모용자)에 대하여 별도로 기소하여야 하는 것이 아니다.

2. 대법원 1997.11.28, 97도2215

피모용자가 약식명령에 대하여 정식재판청구를 한 경우, 모용자와 피모용자에 대한 법원의 조치

피모용자가 약식명령을 송달받고 이에 대하여 정식재판의 청구를 하여 피모용자를 상대로 심리를 하는 과정에서 성명모용 사실이 발각되고 검사가 공소장을 정정하는 등 사실상의 소송계속이 발생하고 형식상ㆍ외관상 피고인의 지위를 갖게 된 경우에는 법원으로서는 피모용자에게 적법한 공소의 제기가 없었음을 밝혀주는 의미에서 형사소송법 제327조 제2호를 유추적용하여 공소기각의 판결을 함으로써 피모용자의 불안정한 지위를 명확히 해소해 주어야 할 것이지만, 진정한 피고인인 모용자에게는 아직 약식명령의 송달이 없었다고 할 것이므로 검사는 공소장에 기재된 피고인 표시를 정정하고 법원은 이에 따라 약식명령의 피고인 표시를 정정하여 본래의 약식명령과 함께 이 경정결정을 모용자인 피고인에게 송달하면 이때야 비로소 위 약식명령은 적법한 송달이 있다고 볼 것이고, 이에 대하여 소정의 기간 내에 정식재판의 청구가 없으면 이 약식명령은 확정된다.

---

② 판결확정 후 판명된 경우(참고)

(가) 모용자에 대한 효력 : 확정판결의 효력은 피모용자에게 미치지 아니하고 모용자에게만 미친다. 실무적으로는 규칙 제25조 제1항에 의한 판결경정의 결정으로 처리하고 있다. 이때 판결경정결정이 송달되면 이에 대해 모용자는 즉시항고 또는 상소가 가능하다.

(나) 피모용자의 구제방법 : 판결선고 후 10일 경과 전에는 제400조의 판결정정방법에 의한다. 판결선고 후 10일 경과 후의 구제방법에는 견해가 대립한다.

ⓐ 학설 : 재심설, 비상상고설(신동운), 전과말소설(다수설)이 대립되어 있다.

ⓑ 비판 및 결론 : 재심설은 피모용자가 피고인이 아니므로 피모용자에게는 판결의 효력이 미치지 아니한다는 점에서 부당하고, 전과말소설은 시간 및 비용은 절약되지만 권리구제면에서 미약하므로 비상상고설이 타당하다고 생각된다. 다만, 다수설은 전과말소설의 입장이다.

※ 수험에서는 전과말소설에 의할 것.

5. 위장출석

(1) 의의 : 검사가 공소장에 甲을 피고인으로 기재하였으나 乙이 마치 甲인 것처럼 행세하며 재판을 받는 경우이다.

(2) 피고인의 특정 : 甲은 실질적 피고인, 위장출석자인 乙은 형식적 피고인이 된다. 검사가 공소제기를 의도하고 **공소장에 피고인으로 표시된 자는 甲**이므로 공소제기의 효력은 甲에 대해서 미친다. [국가7급 08]

(3) 처리방법 : 형식적 피고인을 절차에서 배제하는 방법

① 인정신문의 단계에서 판명된 경우 : **형식적 피고인 乙을 퇴정시키고 실질적 피고인 甲을 소환하여 절차를 진행**하면 된다. 乙에 대하여 공소기각판결을 할 필요는 없다. [국가9급 12]

② 사실심리의 단계에서 판명된 경우 : 형식적 피고인 乙에게도 사실상 소송계속이 발생했으므로 제327조 제2호를 적용하여[1] **乙에 대해서 공소기각판결**을 선고하고, **실질적 피고인 甲에 대하여 공소제기 이후의**

---

1) [참고] 유추적용설 – 백형구, 직접적용설 – 신동운.

절차를 다시 진행하여야 한다. [국가9급 12]

③ 판결선고 후 확정 전에 판명된 경우(참고) : 판결의 효력은 형식적 피고인 乙에 대하여만 발생한다. 이 경우에는 항소 또는 상고이유가 된다.

④ 판결확정 후에 판명된 경우(참고) : 이에 대하여 ㉠ 재심설(다수설)[1]과 ㉡ 비상상고설(유력설)[2]의 대립이 있다. 현행법상 재심사유에 해당될 수 없다는 점에서 비상상고설이 타당하다.[3]

6. 여론 : 위장자수(참고)

(1) 의의 : **범인이 아닌 자가 범인인 것처럼** 수사기관에 자수하고 수사기관이 위장자수한 자를 범인이라고 믿은 경우를 말한다.

(2) 피고인의 특정 : 수사와 공소제기가 모두 위장자수자에 대하여 이루어졌으므로 **위장자수자**가 피고인이 된다.

(3) 위장자수의 발각시점에 따른 향후조치

① 수사 중 판명된 경우 : 검사는 위장자수자에 대하여 **혐의없음을 이유로 불기소처분을 하고 진범인에 대한 수사를 진행**한다. 한편 위장자수자를 범인은닉죄와 위계에 의한 공무집행방해죄로 별도로 공소제기할 수도 있다.

② 심리 중 판명된 경우 : 검사는 **위장자수자에 대하여 공소를 취소**하여 공소기각결정을 하게 하거나 **무죄변론**을 하여 법원이 무죄판결을 하게 할 것이 요구된다.

③ 확정판결 후 판명된 경우 : 위장자수자에 대한 판결확정의 **효력은 위장자수한 피고인에게 미치고 진범에게는 미치지 않는다.** 이 경우, 위장자수자에 대하여 재심청구를 인정할 것인가에 대하여는 견해가 대립한다.

PART 02 소송주체와 소송행위

02 │ 피고인의 소송법상 지위(전체적으로 참고)

Ⅰ 의의

피고인이라 함은 공소의 제기를 받은 자 또는 공소제기된 자로 취급되어 있는 자를 말한다. 경찰서장에 의해 즉결심판이 청구된 자(즉심법 제3조)도 피고인에 포함된다. 이러한 피고인의 지위는 공소의 제기로 발생하며 소송계속의 종료로 소멸된다. 따라서 공소제기 전 수사기관의 수사대상으로 되어 있는 피의자나 판결이 확정된 수형자와도 구별된다.

형사절차의 최고의 목표는 실체진실의 발견에 있다. 따라서 피고인의 각종 방어권의 행사도 실체진실발견이라는 한계 내에서만 가능하다. 그러므로 피고인의 각종 절차상 권리는 적극적으로 보호하되 만약 위 권리가 피고인 자신의 범죄은폐와 증거인멸 등의 목적으로 행사될 경우에는 방어권의 내재적 한계를 일탈한 것이므로 위법이라고 보아야 한다.

Ⅱ 당사자로서의 지위

1. 당사자지위의 인정 여부

규문주의하에서 피고인의 방어권은 인정되지 못하였으나, 탄핵주의가 들어오면서 피고인도 재판의 당사자로서의 지위를 인정받게 되어 자신의 방어를 위한 여러 권한을 보장받게 되었다. 다만, 탄핵주의 내에

---

1) [참고] 비상상고는 검찰총장의 권한이므로 실효적인 구제수단이 되지 못한다는 점, 위장출석임이 밝혀지면 무죄임을 인정할 증거가 발견된 경우 (제420조 제5호)에 해당된다는 점을 논거로 한다(김일수, 배/이/정/이, 백형구, 정/이).

2) [참고] 형식적 소송요건의 흠결을 간과한 위법을 시정하는 문제이며, 유죄판결에 대해서 공소기각의 판결을 구하는 것은 제420조 제5호에 해당되지 않는다는 점을 논거로 하는 입장이다(신동운, 이/조).

3) [참고] 실질적 피고인(甲)의 처벌 : 실질적 피고인에게는 판결의 효력이 미치지 않으므로 애초의 공소제기에 의하여 제1심부터 다시 진행해야 한다. 다만, 실질적 피고인에게는 이미 공소가 제기된 것이므로 새로운 공소제기는 필요하지 않다.

서도 직권주의하에서는 당사자지위가 다소 제한받는 반면, 영미의 당사자주의에서는 피고인지위는 완벽한 당사자로서 상당히 강화되어 있다.

피고인의 소송당사자로서의 지위에 관하여 (1) 긍정설(다수설)과 (2) 부정설(배/이/정/이, 신동운)이 대립하나, 현행 형사소송법은 공판절차에서 당사자주의를 대폭 강화한 소송구조를 채택하므로 피고인은 검사의 공격에 대해서 자기를 방어하는 수동적 당사자라는 긍정설이 타당하고, 이에 피고인은 검사와 대등한 지위에서 방어권과 참여권을 가지게 된다.

2. 피고인의 방어권

(1) 의의 : 피고인의 방어권이라 함은 검사의 공소권에 대응하는 개념으로서 피고인이 형사소송절차에서 자기의 정당한 이익을 방어할 수 있는 권리를 말한다. 특히 2007년 개정 형사소송법에서는 당사자주의적 요소가 대폭 도입되었는데, 이는 곧 피고인의 방어권 강화를 의미하는 것이다.

(2) 내 용

    ① 방어준비를 위한 권리 : 예 공소장 기재사항의 법정(제254조), 공소장변경절차(제298조, 특히 불이익 증가 시 공판절차의 임의적 정지-동 제4항), 제1회 공판기일의 유예기간에 대한 이의신청권(제269조), 공소장 부본을 송달받을 권리(제266조), 공판기일변경신청권(제270조), 공판조서열람등사권(제55조), 접견교통권(제34조, 제89조)

    ② 진술거부권과 진술권 : 예 진술거부권(제289조), 이익되는 사실을 진술할 권리(제286조), 최후진술권(제303조), 진술권·진술거부권의 고지(규칙 제127조)

    ③ 증거조사절차에서의 방어권 : 예 증거신청권(제294조), 의견진술권(제293조), 이의신청권(제296조), 증인신문권(제161조의2), 증거보전청구권(제184조)

    ④ 방어능력의 보충제도 : 예 변호인선임권(제30조), 변호인선임의뢰권(제90조), 국선변호인선정청구권(제33조 제5호), 필요적 변호제도(제282조, 제283조)

(3) 한계 : 방어권행사에 대한 제약

    ① 남용의 금지 : 방어권도 권리이며 모든 권리에는 권리남용금지의 원칙이 적용되므로, 방어권은 남용되어서는 아니 된다. 따라서 증인에 대한 위증의 교사 등은 허용될 수 없고 형법상 위증교사죄로 처벌된다.

    ② 소송지휘권에 의한 제약 : 재판장의 변론제한권(제299조)은 피고인의 변론권에 대한 제약이고, 법원의 증거결정권(제295조)은 피고인의 증거조사신청권(제294조)에 대한 제약이다. 다만, 이 경우에도 방어권의 본질적 내용을 침해해서는 안 된다.

(4) 방어권 침해의 구제수단

    적법한 이유 없이 피고인의 방어권을 배제하거나 방어권 행사의 기회를 박탈하는 것을 방어권 침해라 할 수 있으며, 이에 대해서는 다음과 같은 구제수단이 있다.

    ① 이의신청 : 예 공소장부본의 송달에 대한 이의신청권, 증거조사 이의신청권

    ② 증거능력 부정 : 예 진술거부권·접견교통권·증거조사참여권의 침해

    ③ 상소이유 : 예 방어권 침해로 인한 소송절차의 법령위반이 판결에 영향을 미친 때(제361조의5 제1호, 제383조 제1호)

3. 피고인의 참여권

(1) 의 의

    피고인의 참여권이라 함은 피고인이 소송의 주체 또는 당사자로서 소송절차 전반에 참여하여 소송절차를 형성할 권리를 말한다. 소송절차참여권은 방어권 행사를 위한 전제로서의 권리이며, 소송절차의 공정을 보장하는 기능을 한다.

(2) 내 용

    ① 공판정출석권 : 다른 방어권에 대한 전제적 방어권으로서 피고인의 출석을 개정 요건으로 규정하고 있

다. 즉, 피고인이 공판기일에 출석하지 아니한 때에는 원칙적으로 개정하지 못한다(제276조). 공판정에의 출석은 권리인 동시에 의무이다(제281조).

② **법원의 구성 및 관할에 관여할 수 있는 권리** : 예 기피신청권(제18조), 관할이전신청권(제15조)(cf.관할지정신청권 ×), 관련사건의 병합심리신청권(제6조), 관할위반의 신청권(제320조), 변론의 분리 · 병합 · 재개신청권(제300조, 제305조)

③ **증거조사참여권** : 예 증인신문 · 검증 · 감정에의 참여권(제145조, 제163조, 제176조, 제183조) [해경간부 12], 공판준비절차상의 증거조사(제273조)와 수사상 증거보전 · 증인신문절차상의 증거조사 참여권(제184조, 제221조의2 제5항)

④ **강제처분참여권** : 예 압수 · 수색영장의 집행에의 참여권(제121조) [해경간부 12]

(3) 참여권의 포기

① **공판정출석권의 포기** : 공판정 출석은 피고인의 권리인 동시에 의무이기도 하다. 따라서 포기는 원칙적으로 허용되지 않는다. 다만, 공판정출석권은 공판정출석의무가 면제되는 경우(제277조, 제276조 단서)에 한하여 포기할 수 있다.

② **증거조사참여권의 포기** : 증거조사참여는 의무가 아니라 피고인의 권리이다. 따라서 포기할 수 있다. 피고인이 증인신문참여권을 포기한 경우에는 법원에 대하여 필요한 사항의 신문을 청구할 수 있다(제164조).

③ **강제처분참여권의 포기** : 포기할 수 있으므로 불참의 의사를 명시한 때에는 영장집행의 일시 · 장소 등을 통지할 필요가 없다(제122조 단서).

(4) 참여권의 배제

① **공판정출석권의 배제** : ㉠ 정당한 이유 없이 출석하지 않거나 공판심리진행상 부득이한 경우(제277조의2, 제365조), ㉡ 재판장의 법정질서유지를 위한 퇴정명령을 받은 경우(제281조 제2항), ㉢ 증인 · 감정인 · 공동피고인의 진술에 있어 자유로운 분위기를 보장하기 위한 일시 퇴정명령(제297조 제1항) 등, ㉣ 궐석재판(소촉 제23조)

② **증거조사참여권의 배제** : 검증 · 감정 등 참여권, 강제처분참여권도 급속을 요하는 경우에는 배제된다(제122조 단서, 제176조 제2항). 다만, 증인신문의 경우에는 배제가 허용되지 아니한다(제163조 제2항 단서).

(5) 침해에 대한 구제

① **이의신청**(제304조) : 예 증거조사참여권을 침해한 경우(제296조). 다만, 포기한 경우에는 절차의 하자는 치유가 된다.

② **증거능력 부정** : 증인신문참여권을 침해한 경우에는 하자가 치유되지 않는 한 증인신문조서의 증거능력은 부정된다(대법원 1969.7.25, 68도1481). 검증 · 감정의 경우에도 동일하게 위법수집증거로서 증거능력이 부정된다.

③ **상소이유** : 피고인의 출정 없이 진행한 공판절차는 무효이므로 상소이유가 된다.

예 참여권의 침해가 판결에 영향을 미친 때(제361조의5 제1호, 제383조 제1호)

Ⅲ 증거방법으로서의 지위

1. 의 의

피고인의 진술과 신체가 피고사건의 실체심리를 위한 기초자료로 제공되는 경우에 피고인은 증거방법으로서의 지위를 갖는다. 증거방법으로서의 지위는 당사자로서의 기본적 지위에 지장을 주지 않는 범위 안에서 인정되는 보조적 지위에 불과하므로, 피고인을 조사의 객체로 치부하는 것은 아니다.

2. 증거방법의 형태

(1) 인적 증거방법

피고인의 임의의 진술이 피고인에게 이익이 되거나 불리한 증거로 될 수 있는 것을 말한다.

① **피고인의 진술** : 피고인의 임의의 진술은 유죄·무죄의 증거로 될 수 있다. [국가급 10] 이에 따라 현행법은 피고인신문제도(제296조의2)를 두고 있다.

② **피고인의 증인적격** : 피고인은 당사자이므로, 그에게 증인적격을 인정하여 진술의무를 강제하는 것은 피고인에게 보장된 진술거부권을 무의미하게 할 위험성이 있다. 따라서 피고인의 증인적격은 부정된다.

(2) 물적 증거방법

피고인의 정신상태나 신체가 법원이 행하는 검증 등의 대상이 되는 경우를 말한다.

① **피고인의 신체** : 검증(제139조, 제172조 제3항)의 대상이 된다.

② **한계** : 검증시의 신체에 대한 직접적 처분은 피고인의 인권침해를 수반하는데, 이때 인간의 존엄과 가치(헌법 제10조)가 그 한계로 가능하게 된다. 예를 들어, 피고인의 인격권을 심하게 침해하는 외과수술(**예** 개복수술)은 허용될 수 없다.

Ⅳ 절차의 대상으로서의 지위

피고인이 소환·구속·압수·수색 등 강제처분의 대상으로서의 피고인의 지위를 말한다. 피고인에게 적법한 강제처분에 대한 수인의무가 있다.[1]

---

03   무죄추정의 원리

Ⅰ 의 의

무죄추정(presumption of innocence, Unschuldvermutung)의 원리(내지 원칙)는 형사절차에서 **피의자·피고인은 유죄판결이 확정될 때까지는 무죄로 추정된다**는 원칙을 말한다(헌법 제27조 제4항, 법 제275조의2)(조문상 피고인만 규정되어 있으나 피의자도 인정). [국가9급 12, 경찰채용 12 3차] 무죄추정원칙은 형사절차와 관련하여 아직 공소가 제기되지 아니한 피의자는 물론 비록 공소가 제기된 피고인이라 할지라도 유죄의 판결이 확정될 때까지는 원칙적으로 죄가 없는 자로 다루어져야 하고, 그 **불이익은 필요최소한도에 그치도록 비례의 원칙이 존중**되어야 한다는 원칙을 말한다(헌법재판소 1997.5.29, 96헌가17). 피고인의 방어권을 최대한 보장함으로써 인권을 보장하고자 함에 그 취지가 있는 무죄추정의 원리는 이론적으로는 소극적 실체진실주의와 인간의 존엄성을 존중하는 헌법적 이념에 근거한 것이고, 법적으로는 헌법 제27조 제4항과 법 제275조의2에 근거한다.

Ⅱ 내 용

1. 인신구속의 제한

(1) 의의 : 무죄로 추정되는 피의자·피고인에게 유죄판결이 확정되기 전 자유형과 동일한 효과를 갖는 강제처분을 과하는 것은 허용되지 않는다는 점에서, 무죄추정의 원칙은 인신구속에 대한 제한원리로 작용한다.

(2) 내 용

① **불구속수사·재판의 원칙** : 유죄판결이 확정되기 전에는 자유형과 같은 효과를 가지는 **강제처분은 허용되지 않는다.** [경찰승진 14] **예** 임의수사의 원칙, 구속의 엄격한 요건

헌법재판소 1992.4.14, 90헌마82

형사소송법상의 구속기간은 헌법상의 무죄추정의 원칙에서 파생되는 불구속수사원칙에 대한 예외로서 설정된 기간이다.

---

1) [참고] 절차의 대상으로서의 지위의 인정 여부 : 절차의 대상으로 피고인을 파악하는 경우에는 피고인의 인권에 대한 침해가 되기 때문에 이를 피고인의 의무 내지 소극적 주체로서의 지위 정도로 보아야 한다는 학설(김일수)도 있으나, 신체검사시 건강 및 명예를 훼손당하지 않을 권리(제141조 제1항)나 여자의 신체검사시 성년의 여자를 참여하게 할 권리(동조 제3항) 등은 절차의 대상으로서의 지위 중 적극적 성격을 가지고 있다. 따라서 피고인의 절차대상으로서의 지위는 긍정해야 한다(긍정설 : 다수설).

② 구속피의자·피고인의 처우 : 구속된 피의자·피고인에게 **접견교통권**을 보장하는 것도 무죄추정의 원칙이 구현된 것이다. 또한 공판정에서의 피고인의 원칙적 불구속(필요적 보석 원칙, 제95조)도 이 원칙의 구현이다. 다만, 구속된 피의자의 도주·항거 등을 억제하는 데 필요하다고 인정될 상당한 이유가 있는 때에는 **필요한 한도 내에서 포승이나 수갑을 사용**하는 조치는 무죄추정의 원칙에 반하는 것은 아니다(대법원 1996.5.14, 96도561).

③ 구속피의자·피고인의 석방 : 구속된 경우에도 무죄추정원칙은 후퇴하지 않는다. 따라서 **체포·구속적부심**을 인정해야 한다. 헌법재판소도 ㉠ 구 형소법 제331조 단서가 **중대범죄의 경우에 검사의 의견진술만으로 구속영장의 실효를 부정**한 것은 인권을 과도하게 침해하는 위헌규정이라고 판시하였고(헌법재판소 1992.12.24, 92헌가8), ㉡ **법원의 보석허가결정에 대한 집행정지의 효력이 있는 즉시항고권**을 규정한 것은 인권에 대한 과도한 침해이어서 위헌규정이라고 판시한 바 있다(헌법재판소 1992.12.23, 93헌가2).

2. 의심스러운 때에는 피고인의 이익으로(in dubio pro reo)

(1) 의의 : 피고인에게 유죄판결을 하려면 법관은 합리적 의심이 없을 정도로 피고인의 유죄를 확신해야 하며, 이러한 확신을 가질 수 없는 때에는 피고인의 이익으로 판단하여 무죄판결을 선고해야 한다는 원칙을 말한다.

(2) 거증책임 : 범죄의 성립과 형벌권의 발생에 영향을 미치는 모든 사실에 대한 거증책임은 **검사가 부담**한다. 형의 가중사유의 존재 이외에 형의 감면사유의 부존재에 대해서도 검사에게 거증책임이 있다. [법원9급 05, 국가9급 07]

3. 불이익처우의 금지

(1) 의의 : 무죄추정의 원칙상 불이익은 최소한에 그쳐야 하는데, 여기서 금지 또는 제한되는 '불이익'이란 '범죄사실의 인정 또는 유죄를 근거로 그에 대하여 사회적 비난 내지 응보적 의미로 법률적·사실적 측면에서 유형·무형의 차별취급을 가하는 유죄인정의 효과로서의 불이익'을 뜻하며, 이러한 무죄추정원칙은 비단 **형사절차 내에서의 불이익뿐만 아니라 기타 일반 법생활 영역에서의 기본권 제한과 같은 경우에도 적용된다**(헌법재판소 1990.11.19, 90헌가48; 2006.5.25, 2004헌바12).

(2) 예단배제의 원칙 : 피고인은 무죄로 추정되므로 법원은 피고인의 유죄를 예단해서는 안 된다. 그 제도적 표현이 공소장일본주의(규칙 제118조 제2항)이다.

(3) 진술거부권 : 피의자·피고인은 무죄로 추정되므로 유죄를 입증하기 위한 진술강요에 대해서 진술을 거부할 수 있다.

(4) 부당한 대우의 금지 : 무죄추정의 원칙은 형사절차에 있어서 피의자·피고인에 대하여 부당한 대우를 하지 않을 것을 요구한다.
　예 고문·폭행·협박으로 인한 임의성 없는 자백의 증거능력 부정(제309조, 제317조), 위압적·모욕적 신문의 금지(규칙 제128조)

🔍 판례연구 무죄추정의 원칙에 위반되는 경우

1. 헌법재판소 1990.11.19, 90헌가48 [국가9급 24, 해경간부 12]
법무부장관의 일방적 명령에 의하여 변호사 업무를 정지시키는 것(변호사법 제15조)은 당해 변호사가 자기에게 유리한 사실을 진술하거나 필요한 증거를 제출할 수 있는 청문의 기회가 보장되지 아니하여 적법절차를 존중하지 아니한 것이 된다.
변호사법 제15조는 동 규정에 의하여 입히는 불이익이 죄가 없는 자에 준하는 취급이 아님을 말할 것도 없고, … 헌법 제27조 제4항에 위반된다.

2. 헌법재판소 1997.5.29, 96헌가17 [경찰채용 12]
범인이 관서에 출두하지 않거나 도주한 상태에서 관세법상 몰수물품을 압수한 날로부터 4월이 경과한 경우, 압수물을 별도 재판이나 처분 없이 국고에 귀속한다고 규정한 관세법 조항
관세법상 몰수할 것으로 인정되는 물품을 압수한 경우에 있어서 범인이 당해 관서에 출두하지 아니하거나 또는 범인이 도주

하여 그 물품을 압수한 날로부터 4월을 경과한 때에는 당해 물품은 별도의 재판이나 처분 없이 국고에 귀속한다고 규정하고 있는 이 사건 법률조항은 재판이나 청문의 절차도 밟지 아니하고 압수한 물건에 대한 피의자의 재산권을 박탈하여 국고귀속시킴으로써 그 실질은 몰수형을 집행한 것과 같은 효과를 발생하게 하는 것이므로 헌법상의 적법절차의 원칙과 무죄추정의 원칙에 위배된다.

3. 헌법재판소 1998.5.28, 96헌가12

형사사건으로 기소된 국가공무원에 대한 '필요적' 직위해제처분

형사사건으로 기소되기만 하면 그가 국가공무원법 제33조 제1항 제3호 내지 제6호에 해당하는 유죄판결을 받을 고도의 개연성이 있는가의 여부에 무관하게 경우에 따라서는 벌금형이나 무죄가 선고될 가능성이 큰 사건인 경우에 대해서까지도 당해 공무원에게 일률적으로 직위해제처분을 하지 않을 수 없도록 한 이 사건 규정은 헌법 제37조 제2항의 비례의 원칙에 위반되어 직업의 자유를 과도하게 침해하고 헌법 제27조 제4항의 무죄추정의 원칙에도 위반된다.

4. 헌법재판소 1999.5.27, 97헌마137 · 98헌마5

미결수용자가 수감되어 있는 동안 수사 또는 재판을 받을 때에도 사복을 입지 못하게 하고 재소자용 의류를 입게 한 행위

수사 및 재판단계에서 유죄가 확정되지 아니한 미결수용자에게 재소자용 의류를 입게 하는 것은 미결수용자로 하여금 모욕감이나 수치심을 느끼게 하고, 심리적인 위축으로 방어권을 제대로 행사할 수 없게 하여 실체적 진실의 발견을 저해할 우려가 있으므로, … 무죄추정의 원칙에 반하고 인간으로서의 존엄과 가치에서 유래하는 인격권과 행복추구권, 공정한 재판을 받을 권리를 침해하는 것이다.

5. 헌법재판소 2002.1.31, 2001헌바43

사업자단체의 독점규제법 위반행위가 있을 때 공정거래위원회가 당해 사업자단체에 대하여 한 '법위반사실공표명령'

공정거래위원회의 고발조치 등으로 장차 형사절차내에서 진술을 해야 할 행위자에게 사전에 이와 같은 법위반사실의 공표를 하게 하는 것은 공소제기조차 되지 아니하고 단지 고발만 이루어진 수사의 초기단계에서 아직 법원의 유무죄에 대한 판단이 가려지지 아니하였는데도 관련 행위자를 유죄로 추정하는 불이익한 처분이 된다.

6. 헌법재판소 2005.5.26, 2001헌마728

검사조사실에 소환되어 피의자신문을 받을 때 계호교도관이 포승으로 청구인의 팔과 상반신을 묶고 양손에 수갑을 채운 상태에서 피의자조사를 받도록 한 계구사용행위

당시 청구인은 국가보안법위반 등으로 구속되어 조사를 받게 되었는바, 도주 · 폭행 · 소요 또는 자해 등의 우려가 없었다고 판단되고, 수사검사도 이러한 사정 및 당시 검사조사실의 정황을 종합적으로 고려하여 청구인에 대한 계구의 해제를 요청하였던 것으로 보인다. 그럼에도 불구하고 피청구인 소속 계호교도관이 이를 거절하고 청구인으로 하여금 수갑 및 포승을 계속 사용한 채 피의자조사를 받도록 하였는바, 이로 말미암아 청구인은 신체의 자유를 과도하게 제한당하였고 이와 같은 계구의 사용은 무죄추정원칙 및 방어권행사 보장원칙의 근본취지에도 반한다.

7. 헌법재판소 2009.6.25, 2007헌바25 [경찰채용 12 1차]

판결선고 전 구금일수의 산입을 규정한 형법 제57조 제1항 중 "또는 일부" 부분

미결구금을 허용하는 것 자체가 헌법상 무죄추정의 원칙에서 파생되는 불구속수사의 원칙에 대한 예외인데, 형법 제57조 제1항 중 "또는 일부 부분"은 그 미결구금일수 중 일부만을 본형에 산입할 수 있도록 규정하여 그 예외에 대하여 사실상 다시 특례를 설정함으로써, 기본권 중에서도 가장 본질적인 신체의 자유에 대한 침해를 가중하고 있다.

또한, 형법 제57조 제1항 중 "또는 일부" 부분이 상소제기 후 미결구금일수의 일부가 산입되지 않을 수 있도록 하여 피고인의 상소의사를 위축시킴으로써 남상소를 방지하려 하는 것은 입법목적 달성을 위한 적절한 수단이라고 할 수 없고, 남상소를 방지한다는 명목으로 오히려 구속 피고인의 재판청구권이나 상소권의 적정한 행사를 저해한다. 더욱이 구속 피고인이 고의로 재판을 지연하거나 부당한 소송행위를 하였다고 하더라도 이를 이유로 미결구금기간 중 일부를 형기에 산입하지 않는 것은 처벌되지 않는 소송상의 태도에 대하여 형벌적 요소를 도입하여 제재를 가하는 것으로서 적법절차의 원칙 및 무죄추정의 원칙에 반한다.

8. 헌법재판소 2009.12.29, 2008헌가13 등

상소제기 후 상소취하시까지의 미결구금일수도 전부 산입하여야 한다는 사례

미결구금은 신체의 자유를 침해받는 피의자 또는 피고인의 입장에서 보면 실질적으로 자유형의 집행과 다를 바 없으므로 인권보호 및 공평의 원칙상 형기에 전부 산입되어야 한다. 또한 구속 피고인이 상소하였다가 상소기각판결을 선고받는 경우에는 형법 제57조 제1항에 대한 헌법재판소 2009. 6. 25, 2007헌바25 결정에 의하여 그 미결구금일수 전부를 산입받을 수 있게 된 반면, 구속 피고인이 상소하였다가 상소를 취하한 때에는 이 사건 법률조항들이 상소제기 후 상소취하시까지의 구금기간을 통산하도록 규정하고 있지 아니함으로써 그 구금기간을 본형에 산입받지 못하는바, 이로 인하여 상소를 취하한 구속 피고인은 상소기각판결을 선고받은 구속 피고인에 비하여 현저히 불리한 차별을 받는 결과가 된다. 결국 상소제기 후 상소취하시까지의 미결구금을 형기에 산입하지 아니하는 것은 헌법상 무죄추정의 원칙 및 적법절차의 원칙, 평등원칙 등을 위배하여 합리성과 정당성 없이 신체의 자유를 지나치게 제한하는 것이다.

9. **[유사판례] 대법원 2010.4.16, 2010모179**

피고인이 상소를 제기하였다가 그 상소를 취하한 경우에는, 상소심의 판결선고가 없었다는 점에서 법 제482조 제1항 또는 형법 제57조가 적용될 수 없고, 상소제기 전의 상소제기기간 중의 구금일수가 아니라는 점에서 법 제482조 제2항(상소기각 결정시에 송달기간이나 즉시항고기간 중의 미결구금일수는 전부를 본형에 산입한다)이 적용될 수 없으며, 달리 이를 직접 규율하는 규정은 없다. 그러나 상소제기 후 상소취하한 때까지의 구금 또한 피고인의 신체의 자유를 박탈하고 있다는 점에서 실질적으로 자유형의 집행과 다를 바 없으므로 상소제기기간 중의 판결확정 전 구금과 구별하여 취급할 아무런 이유가 없고, 따라서 상소제기 후 상소취하한 때까지의 구금일수에 관하여는 법 제482조 제2항을 유추적용하여 그 전부를 본형에 산입하여야 한다고 봄이 상당하다. 재항고이유에서 들고 있는 대법원 2007.8.10, 2007모522 결정은 이와 다른 취지로 판단한 바 있으나, 이는 형법 제57조 제1항 중 "또는 일부" 부분에 대한 헌법재판소의 위 위헌결정이 선고되기 전에 판결선고 전의 구금일수 중 일부를 본형에 산입하지 않을 수도 있음을 전제로 한 것으로서, 헌법재판소의 위 위헌결정으로 말미암아 이 사건에 그대로 적용할 수 없게 되었다.

10. **헌법재판소 2010.9.2, 2010헌마418** [경찰승진 12, 경찰채용 12 1차]

지방자치단체의 장이 금고 이상의 형 선고받은 후 확정되기 전 부단체장 권한대행

지방자치단체의 장이 금고 이상의 형을 선고받고 그 형이 확정되지 아니한 경우 부단체장이 그 권한을 대행하도록 규정한 지방자치법 제111조 제1항 제3호는 자치단체장인 청구인의 공무담임권이나 무죄추정의 원칙 등 기본권을 침해하는 것으로 볼 수 있다.

✎ **판례연구** 무죄추정의 원칙에 위반되지 않는 경우

1. **헌법재판소 1999.5.27, 97헌마137 · 98헌마5 등**

미결수용자가 수감되어 있는 동안 구치소 등 수용시설 안에서 사복을 입지 못하게 하고 재소자용 의류를 입게 하는 것은 구금 목적의 달성, 시설의 규율과 안전유지를 위한 필요최소한의 제한으로서 정당성·합리성을 갖춘 재량의 범위 내의 조치이다.

2. **헌법재판소 2001.11.29, 2001헌바41** [경찰채용 12 3차]

법원이 신문하고자 하는 증인에 별도의 제한을 두고 있지 않은 형사소송법 제146조 규정

형사소송에 있어서 경찰 공무원은 당해 피고인에 대한 수사를 담당하였는지의 여부에 관계없이 그 피고인에 대한 공판과정에서는 제3자라고 할 수 있어 수사 담당 경찰 공무원이라 하더라도 증인의 지위에 있을 수 있음을 부정할 수 없고, 이러한 증인신문 역시 공소사실과 관련된 실체적 진실을 발견하기 위한 것이지 피고인을 유죄로 추정하기 때문이라고 인정할 만한 아무런 근거도 없다는 점에서, 이 사건 법률조항은 무죄추정의 원칙에 반하지 아니한다.

3. **헌법재판소 2003.7.24, 2001헌가25**

공정거래위원회로 하여금 부당내부거래를 한 사업자에 대하여 그 매출액의 2% 범위 내에서 과징금을 부과할 수 있도록 한 구 독점규제법 제24조의2

과징금 부과처분에 대하여 공정력과 집행력을 인정한다고 하여 이를 확정판결 전의 형벌집행과 같은 것으로 보아 무죄추정의 원칙에 위반된다고도 할 수 없다.

4. **헌법재판소 2005.2.24, 2003헌마31** [경찰승진 12]

교도소에 수용된 때에는 국민건강보험급여를 정지하도록 한 국민건강보험법 제49조 제4호는 수용자에게 불이익을 주기 위한 것이 아니라, 국가의 보호, 감독을 받는 수용자의 질병치료를 국가가 부담하는 것을 전제로 수용자에 대한 의료보장제도를 합리적으로 운영하기 위한 것이므로 입법목적의 정당성을 갖고 있다. 위 조항은 수용자의 의료보장체계를 일원화하기 위한 입법 정책적 판단에 기인한 것이며 유죄의 확정판결이 있기 전인 미결수용자에게 어떤 불이익을 주기 위한 것은 아니므로 무죄추정의 원칙에 위반된다고 할 수 없다.

5. **헌법재판소 2005.3.8, 2005헌마169**

수사절차 및 구치소의 수용절차에서 '죄명'이라는 용어 사용

수사절차 및 구치소의 수용절차에서 청구인이 혐의를 받고 있는 죄명을 기록상 표시하거나, 청구인의 동일성을 확인하기 위한 질문에서 '객관적 혐의를 받고 있는 죄명'을 의미하는 "죄명"이라는 용어를 사용하는 것은 불가피하다고 할 것이고, 또한 청구인에 대하여 "죄명"이라는 용어를 사용하는 것만으로 청구인에게 범죄혐의를 확정하는 효과를 발생시킨다거나 무죄추정의 원칙을 깨뜨리는 등의 효과를 발생시킬 수 없음은 물론이다.

6. **헌법재판소 2005.5.26, 99헌마513 등** [경찰간부 13, 경찰승진 11/14, 경찰채용 12 3차]

전산화된 지문날인정보를 범죄수사목적에 이용하는 행위

주민등록법 시행령 제33조 제2항에 의한 별지 제30호서식 중 열 손가락의 회전지문과 평면지문을 날인하도록 한 부분과 경찰청장이 주민등록증발급신청서에 날인되어 있는 지문정보를 보관·전산화하고 이를 범죄수사목적에 이용하는 행위가 범죄현장

에서 지문이 채취된 자 또는 지문정보가 보관되어 있는 모든 국민의 유죄추정을 전제로 하는 것이라고 할 수 없다.

7. 헌법재판소 2005.12.22, 2004헌바45 [경찰채용 12 1차]

진술을 요할 자가 외국거주로 인하여 진술할 수 없는 경우에 예외적으로 전문증거의 증거능력을 인정하는 형사소송법 제314조 중 외국 거주에 관한 부분

이 사건 법률조항은 피고인을 유죄라는 전제에서 **예외적으로 전문증거의 증거능력을 인정하는 것이 아니라** 외국거주의 사유로 원진술자가 법정에서 진술할 수 없어 부득이 피고인이 반대신문을 할 수 없는 경우에 관한 규정이므로 무죄추정의 원칙에 반하는 것이라고 할 수 없다.

8. 헌법재판소 2006.5.25, 2004헌바12

형사사건으로 기소된 국가공무원에 대한 '임의적' 직위해제처분

형사사건으로 기소된 국가공무원을 직위해제할 수 있도록 규정한 구 국가공무원법 제73조의2 제1항 제4호 부분은 직위해제처분을 받은 공무원에 대한 범죄사실 인정이나 유죄판결을 전제로 하여 불이익을 과하는 것이 아니므로 무죄추정의 원칙에 위배된다고 볼 수 없다.

9. 헌법재판소 2011.4.28, 2010헌마474

지방자치단체의 장이 '공소제기된 후 구금상태에 있는 경우' 부단체장이 그 권한을 대행하도록 규정한 지방자치법 제111조 제1항 제2호

이 사건 법률조항은 공소 제기된 자로서 구금되었다는 사실 자체에 사회적 비난의 의미를 부여한다거나 그 유죄의 개연성에 근거하여 직무를 정지시키는 것이 아니라, 구금의 효과, 즉 구속되어 있는 자치단체장의 물리적 부재상태로 말미암아 자치단체행정의 원활하고 계속적인 운영에 위험이 발생할 것이 명백하여 이를 미연에 방직하기 위하여 직무를 정지시키는 것이므로, '범죄사실의 인정 또는 유죄의 인정에서 비롯되는 불이익'이라거나 '유죄를 근거로 하는 사회윤리적 비난'이라고 볼 수 없다.

10. 헌법재판소 2011.5.26, 2010헌마775 [경찰승진 12]

수용자를 교정시설에 수용할 때마다 전자영상 검사기를 이용하여 수용자의 항문 부위에 대한 신체검사를 하는 것은 필요한 최소한도를 벗어나 과잉금지원칙에 위배되어 청구인의 인격권 내지 신체의 자유를 침해한다고 볼 수 없다.

11. 대법원 1986.6.10, 85누407 [국가7급 21, 국가9급 14, 교정9급 14, 경찰채용 12 1차]

징계혐의 사실의 인정은 형사재판의 유죄확정 여부와는 무관한 것이므로 형사재판 절차에서 유죄의 확정판결을 받기 전이라도 징계혐의 사실은 인정될 수 있는 것이며 그와 같은 징계혐의 사실인정은 무죄추정에 관한 헌법 제26조 제4항 또는 형사소송법 제275조의2 규정에 저촉된다고 볼 수 없다.

12. 대법원 1987.5.12, 87감도50 [법원행시 04, 경찰채용 07 2차]

사회보호법에 의한 **치료감호처분**은 치료가 필요한 자에 대하여 사회복귀를 촉진하고 사회를 보호함에 목적으로 과하는 감호 또는 감찰처분으로서 형벌과 같이 볼 수 없으므로 치료감호의 요건을 사법적 판단에 맡기면서 사회보호위원회로 하여금 감호기간을 정하도록 하였다 하여 죄형법정주의나 무죄추정의 원칙에 반한다고 할 수 없다.

13. 대법원 1990.10.16, 90도1813 [법원행시 04, 해경간부 12, 경찰채용 05 3차/07 2차]

공소사실의 첫머리에 피고인이 전에 받은 소년부송치처분과 직업 없음을 기재한 경우의 공소제기의 적부(적극) 및 그와 같은 기재가 헌법상 형사피고인의 무죄추정조항 및 평등조항에 위반되는지 여부(소극)

공소장의 공소사실 첫머리에 피고인이 전에 받은 소년부송치처분과 직업 없음을 기재하였다 하더라도 이는 형사소송법 제254조 제3항 제1호에서 말하는 피고인을 특정할 수 있는 사항에 속하는 것이어서 그와 같은 내용의 기재가 있다 하여 공소제기의 절차가 법률의 규정에 위반된 것이라고 할 수 없고 또 헌법상의 형사피고인에 대한 무죄추정조항이나 평등조항에 위배되는 것도 아니다.

14. 대법원 1996.5.14, 96도561 [법원행시 04, 해경간부 12]

무죄추정을 받는 피의자라고 하더라도 그에게 구속의 사유가 있어 구속영장이 발부, 집행된 이상 신체의 자유가 제한되는 것은 당연한 것이고, 특히 수사기관에서 구속된 피의자의 도주, 항거 등을 억제하는 데 필요하다고 인정할 상당한 이유가 있는 경우에는 필요한 한도 내에서 포승이나 수갑을 사용할 수 있는 것이며, 이러한 조치가 무죄추정의 원칙에 위배되는 것이라고 할 수는 없다.

15. 대법원 2001.11.30, 2001도5225 [법원행시 04, 국가9급 14, 교정9급 14, 경찰채용 12 3차/07 2차/05 3차]

파기환송 사건에 있어 구속기간 갱신 및 구속으로 인하여 신체의 자유가 제한되는 것이 무죄추정의 원칙에 위배되는 것은 아니라는 사례

대법원의 파기환송 판결에 의하여 사건을 환송받은 법원은 형사소송법 제92조 제1항에 따라 2월의 구속기간이 만료되면 특히 계속할 필요가 있는 경우에는 2차(대법원이 형사소송규칙 제57조 제2항에 의하여 구속기간을 갱신한 경우에는 1차)에 한하여 결정으로 구속기간을 갱신할 수 있는 것이고, 한편 무죄추정을 받는 피고인이라고 하더라도 그에게 구속의 사유가 있어 구속영장이 발부, 집행된 이상 신체의 자유가 제한되는 것은 당연한 것이므로, 이러한 조치가 무죄추정의 원칙에 위배되는 것이라고 할 수는 없다.

16. 헌법재판소 2015.7.30, 2014헌바447

국민참여재판의 대상사건을 형사사건 중 합의부 관할사건으로 한정한 것은 무죄추정원칙 위반 ×

기소된 범죄가 합의부 관할사건인 경우에만 피고인에게 국민참여재판 신청권을 부여한 법률조항은 피고인에 대한 범죄사실 인정이나 유죄판결을 전제로 하여 불이익을 과하는 것이 아니므로 무죄추정의 원칙과 무관하다.

17. 헌법재판소 2015.12.23, 2014헌마768

소년보호사건에 있어 제1심 결정에 의한 소년원 수용기간을 항고심 결정에 의한 보호기간에 산입하지 아니하는 소년법 제33조는 무죄추정원칙에 위배되지 아니한다는 사례

소년보호사건은 소년의 개선과 교화를 목적으로 하는 것으로서 통상의 형사사건과는 구별되어야 하고, 법원이 소년의 비행사실이 인정되고 보호의 필요성이 있다고 판단하여 소년원 송치처분결정을 선고함과 동시에 이를 집행하는 것은 무죄추정원칙과는 무관하다. 즉, 소년보호사건에서 소년은 피고인이 아닌 피보호자이며, 원 결정에 따라 소년원 송치처분을 집행하는 것은 비행을 저지른 소년에 대한 보호의 필요성이 시급하다고 판단하였기 때문에 즉시 보호를 하기 위한 것이지, 소년이 비행을 저질렀다는 전제하에 그에게 불이익을 주거나 처벌을 하기 위한 것이 아니기 때문이다. 또한 항고심에서는 1심 결정과 그에 따른 집행을 감안하여 항고심 판단시를 기준으로 소년에 대한 보호의 필요성과 그 정도를 판단하여 새로이 처우를 결정하는 것이다. 따라서 1심 결정의 집행에 의한 소년원 수용기간을 항고심 결정에 의한 보호기간에 산입하지 아니하더라도, 이는 무죄추정원칙과는 관련이 없으므로 이 사건 법률조항은 무죄추정원칙에 위반되지 않는다.

Ⅲ 적용범위

1. 인적 적용범위

(1) **피고인** : 무죄로 추정된다(제275조의2).

(2) **피의자** : 명문규정은 없으나, 공소제기된 피고인이 무죄로 추정되는 이상 범죄의 혐의를 받고 있음에 불과한 피의자가 무죄로 추정됨은 당연하다. 헌법재판소도 행형법 제62조에 대한 위헌결정에서 피의자에게도 **당연히 적용**된다고 판시한 바 있다(헌법재판소 1991.1.28, 91헌마111).

2. 시간적 적용범위

(1) **유죄판결의 확정시**

① 의의 : 피고인은 제1심과 제2심에서 유죄판결이 선고되었다 하더라도 그 **유죄판결의 확정시까지 무죄로 추정**된다. [국가7급 13] 유죄판결에는 형 선고의 판결 이외에 형면제·선고유예의 판결이 포함된다. [경찰승진 11]

② 형식재판 : 면소·공소기각·관할위반 등의 형식재판은 유죄판결이 아니므로 확정이 된 경우에도 무죄의 추정이 그대로 유지된다. [국가7급 13]

③ 무죄의 확정 : 무죄판결이 확정되면 무죄의 추정은 무죄의 확정으로 전환된다.

(2) **재심청구사건** [법원9급 05]

재심청구사건에 대한 심판에 있어서도 무죄추정의 원칙이 적용되는가에 대해서 적극설과 소극설(다수설)이 대립되나,[1] 재심청구사건에 대한 심판은 유죄판결이 확정된 이후에 행해지는 것이므로 소극설이 타당하다.[2]

---

1) [참고] 피고인의 인권보장 취지상 적용된다는 견해(강구진, 신동운, 신양균), 확정판결의 사실인정에 대하여 진지한 의문이 있는 경우에 인정하자는 견해(배/이/정/이), 유죄판결이 확정되었으므로 적용될 수 없다는 견해(다수설)가 대립한다.

2) [기타-참고] 당해 소송절차 이외의 적용 : 무죄추정은 확정 전까지 사회적·윤리적 비난을 피고인에게 가할 수 없다는 의미를 내포하고 있다. 헌법재판소도 법무부장관이 기소된 변호사에 대하여 판결확정시까지 업무정지를 명할 수 있었던 구 변호사법 제15조를 무죄추정에 반하는 규정으로 판시한 바 있다(헌법재판소 1990.11.19, 90헌가48). 그러나 사회적·윤리적 비난이 수반되지 않는 불이익한 처분은 가능하다. 헌법재판소도 형사사건으로 기소된 자 등에 대하여 "지위를 부여하지 아니할 수 있다."고 규정한 사립학교법 제58조의2 제1항 본문에 대하여 - 헌법합치적 운용이 가능하다는 이유로 - 합헌으로 판시한 바 있다(헌법재판소 1994.7.29, 93헌가3·7).

I 서 설

1. 의 의

진술거부권이라 함은 피의자 또는 피고인이 수사절차나 공판절차에서 수사기관 또는 법원의 신문에 대하여 진술을 거부할 수 있는 권리를 말한다. 이는 영미의 자기부죄거부의 특권(privilege against self-incrimination)에서 유래한다. 진술거부권은 자백의 강요 등을 금지함으로써 인권보장의 기능을 하고, 무기평등의 원칙을 실현하여 공정한 재판을 구현하도록 한다.

2. 근 거

진술거부권은 기술한 바와 같이 이론적으로 무죄추정의 원칙에 근거하고 있다. 법적으로는 헌법상 국민의 기본권으로 보장되고 있으며(제12조 제2항), 형사소송법도 진술거부권을 규정하고 있다(피의자의 경우 제244조의3, 피고인의 경우 제283조의2). [법원9급 13] 법 제244조의3은 '진술거부권의 고지'만을 규정하고 있으나 이는 진술거부권이 당연히 인정된 결과이다.

3. 진술거부권과 자백배제법칙과의 관계

임의성 없는 자백의 증거능력을 부정하는 자백배제법칙(제309조)과의 관계에 대해서는 (1) 구별설과 (2) 불구별설(동일시설, 다수설)이 대립하나,[1] 판례는 "수사기관이 피의자를 신문함에 있어서 피의자에게 **미리 진술거부권을 고지하지 않은 때**에는 그 피의자의 진술은 위법하게 수집된 증거로서 만일 **진술의 임의성이 인정되는 경우**라 하더라도 그 증거능력은 부정된다."(대법원 1992.6.23, 92도682)라고 판시함으로써, 진술거부권 불고지시에는 자백배제법칙이 아니라 위법수집증거배제법칙(제308조의2)에 의하여 그 증거능력을 부정하는 **구별설**의 입장이다.

II 진술거부권의 내용

1. 진술거부권의 주체

(1) **헌법의 규정** : 헌법 제12조 제2항은 모든 국민에게 진술거부권을 보장하고 있으므로 진술거부권의 주체에는 제한이 없다. 다만, 후술하듯이, 진술거부권을 고지받을 형사소송법상 권리는 피의자·피고인이 가진다.

(2) **주체의 범위** : 피고인·피의자 이외에 의사무능력자인 피의자·피고인의 대리인(제26조), 피고인인 법인의 대표자도 진술거부권을 가진다. [경찰승진 11] 외국인에게도 인정된다.

2. 진술거부권의 범위

(1) **진술강요의 금지**

① **의의** : 진술거부권이 인정된 결과 피의자·피고인은 수사기관·법원의 신문에 대해서 진술의무가 없으며, 수사기관·법원은 진술을 강요할 수 없고, 나아가 법률로써도 진술의 강요는 금지된다.

② **진술** : 진술이란 생각이나 지식, 경험사실을 정신작용의 일환인 언어를 통하여 표출하는 것을 의미한다. [경찰승진 11] 진술거부권의 대상(즉, 강요당하지 않는 것)은 "진술"에 제한된다. 따라서 지문·족형의 채취, 신체의 측정, 사진촬영, 음주측정 등 신체검사에 대해서는 진술거부권이 미치지 않는다. [법원행시 02, 경찰간부 13]

---

[1] [참고 – 진술거부권과 자백배제법칙의 관계] ① 구별설(백형구, 신동운, 신양균, 판례) : 진술거부권은 진술의 내용을 문제 삼지 않는 증거법칙인데 비해 자백배제법칙은 허위배제를 존재이유로 하는 진실발견을 위한 증거법칙이고, 진술거부권의 대상은 공판정에 출석한 피고인인 데 비해 자백배제법칙은 이에 제한되지 않는다는 점을 그 논거로 삼고 있다. ② 불구별설(다수설 : 배/이/정/이, 이은모, 이/조, 임동규, 차/최) : 자백배제법칙이 자백획득과정의 적정절차를 실현하는 원칙으로 발전되어 이제는 허위자백뿐만 아니라 위법하게 수집된 자백을 배제하는 원칙이 되었다는 점에서(자백배제법칙의 근거를 위법배제설에서 구함으로써 그 원리상의 일치가 있게 됨) 양자 간에 큰 차이가 없고 현대 형사절차상 진술거부권은 피의자에게도 인정되는 식으로 그 대상이 확대되었으므로 양자를 구별할 수 없다는 점을 그 논거로 삼고 있다. ③ 결론 : 양자는 피의자·피고인의 인권보장에 그 목적이 있고 진술거부권에 대한 침해는 법 제309조의 자백배제법칙의 "기타 방법"에 해당된다는 점에서 본질적인 차이가 없으므로 불구별설(동일시설)이 타당하다.

③ 서면진술 : 구두진술 이외에 서면진술에 대해서도 진술거부권이 인정된다. 따라서 서류제출요구도 거부할 수 있다.

(2) 진술의 범위

① 형사책임에 관한 진술

(가) 의의 : 헌법은 '형사상 불리한 진술'이라고 규정하고 있다(헌법 제12조 제2항). 따라서 강요가 금지되는 것은 형사책임에 관한 진술이다. 따라서 민사책임·행정책임에 관한 진술은 진술거부권의 대상에 포함되지 않는다.

(나) 범위 : 형사책임에 관한 진술인 한 범죄사실 자체뿐만 아니라 간접사실이나 범죄사실의 발견에 단서가 되는 사실도 포함된다. [법원9급 13]

(다) 적용절차 : 형사절차뿐만 아니라 그 진술이 자기에게 형사상 불리한 경우에는 행정절차나 국회에서의 질문 등에서도 보장되어야 한다. 헌법재판소도 교통사고 발생시 운전자의 신고의무를 규정한 도로교통법 제50조 제2항에 관한 위헌결정에서 같은 취지로 판시하였다(신고의무는 형사책임이 아닌 객관적 사고내용으로 제한 : 헌법재판소 1990.8.27, 89헌가118).

② 불리한 진술에의 제한 여부 : 헌법은 불리한 진술의 강요를 금지하고 있으나, **형사소송법은 일체의 진술이라고 규정하므로 그 제한이 없다**(법 제283조의2 및 제244조의3 참조). 즉, 형사소송법은 헌법상 진술거부권의 범위를 확장하여, 그 내용의 이익·불이익을 불문하고 진술을 거부할 수 있도록 하고 있다.

　비교　 이는 증인의 증언거부권이 불리한 진술에 제한되어 있는 것과 구별된다.

(3) 인정신문과 진술거부권

성명·연령·직업·주거·등록기준지 등에 대한 인정신문에 대하여 진술거부권을 행사할 수 있는가에 대해서는 ① 소극설, ② 절충설, ③ 적극설(다수설)의 대립이 있으나,[1] 인정신문을 위한 진술의 강요를 인정하는 것은 진술거부권을 인정한 취지에 반할 뿐만 아니라, 2007년 개정 형사소송법이 인정신문에 앞서 피고인에게 진술거부권을 고지하게 규정한 점을 고려할 때 적극설이 타당하다. [경찰승진 12, 경찰채용 12 1차]

---

1) [참고] ① 소극설(서일교)은 인정신문이 불이익한 진술이 아니고 진술거부권 고지는 인정신문이 끝난 이후에 행하는 절차라는 점을 논거로 하고, ② 절충설(김기두, 정/이)은 성명·직업 등의 진술에 의하여 범인임이 확인되거나 증거수집의 계기를 만들어주는 경우에는 진술거부권이 인정된다는 입장이고, ③ 적극설(다수설)은 거부할 수 있는 진술의 범위는 이익·불이익을 불문하고 인정신문을 위한 진술의 강요가 결국 진술거부권을 인정하는 취지에 반한다는 점을 논거로 삼고 있다.

3. 진술거부권의 고지

(1) 의의 : 진술거부권을 행사하려면 진술자가 그러한 권리가 있음을 알아야 한다. 따라서 진술거부권의 고지는 진술거부권의 행사를 위한 논리적 전제이다. 그러나 진술거부권이 보장되는 절차에서 진술거부권을 고지받을 권리가 헌법 제12조 제2항에 의하여 바로 도출되는 것은 아니고, 이를 인정하기 위해서는 **입법적 뒷받침**이 필요하다(대법원 2014.1.16, 2013도5441). 형사소송법은 **피의자**에 대하여는 물론 **피고인**에 대하여도 진술거부권을 고지할 것을 명문으로 규정하고 있다(제244조의3, 제283조의2).

(2) 사전고지의무

① **피의자신문의 경우** : 2007년 개정법은 개정 전과 달리 형사소송법에서 진술거부권을 명문으로 규정하고 그 방법과 절차에 관하여도 상세한 규정을 두고 있다. 즉, 검사 또는 사법경찰관이 피의자를 신문하기 전에 ㉠ 일체의 진술(헌법보다 확대, 일반인은 유·불리를 모를 수 있음을 고려)을 하지 아니하거나 개개의 질문에 대하여 진술을 하지 아니할 수 있다는 것 이외에, ㉡ 진술을 하지 아니하더라도 불이익을 받지 아니한다는 것, ㉢ 진술을 거부할 권리를 포기하고 행한 진술은 법정에서 유죄의 증거로 사용될 수 있다는 것, ㉣ 신문을 받을 때에는 변호인을 참여하게 하는 등 변호인의 조력을 받을 수 있다는 것을 알려주어야 한다(제244조의3 제1항). [경찰간부 13, 경찰승진 14] 또한, 2020.2.4. 수사권 조정 개정 형사소송법에 의하여, 사법경찰관은 피의자를 신문하기 전에 **수사과정에서 법령위반, 인권침해 또는 현저한 수사권 남용이 있는 경우 검사에게 구제를 신청할 수 있음**을 피의자에게 알려주어야 한다(제197조의3 제8항). 이로써 사법경찰관(검사 ×)의 피의자신문 전 고지의무의 내용으로서 위 진술거부권·변호인조력권 외에도 **검사에 대한 구제신청권**이 추가된 것이다(피의자신문 전 – 거/불/포/변/검 고지).[1]

② **피고인신문의 경우** : 2007년 개정 규칙 제127조는 구법 규칙과 달리 '인정신문을 하기 전'에 피고인에게 진술을 하지 아니하거나 개개의 질문에 대하여 진술을 거부할 수 있고, 이익되는 사실을 진술할 수 있음을 알려 주도록 하고 있다. [경찰승진 11]

(3) 고지의 방법

① **명시적 고지** : 피의자·피고인이 진술거부권이 있음을 이해할 수 있도록 명시적·적극적으로 고지하여야 한다.

② **고지의 시기**

(가) **피의자신문의 경우** : 신문시마다 고지할 필요는 없으나, 신문 중단의 시간적 간격이 길거나 조사자가 경질되거나 사법경찰관으로부터 송치받은 검사가 신문을 할 경우에는 다시 고지하여야 한다. 구속영장에 의하여 구금되었으나 출석을 거부하는 피의자를 수사기관 조사실에 **구인하여** 신문하는 경우에도 신문 전에 진술거부권을 고지하여야 한다(대법원 2013.7.1, 2013모160).

(나) **피고인신문의 경우** : 통상 인정신문 이전에 1회 고지하면 족하나(규칙 제127조), 공판기일마다 할 필요는 없고, **공판절차를 갱신하는** 경우에는 다시 고지하여야 한다(규칙 제144조 제1항 제1호).[2] [법원9급 18]

(4) 불고지의 효과 : 진술거부권 침해의 효과

① **피의자신문의 경우**

(가) **증거능력의 부정** : 수사기관이 피의자신문시에 진술거부권을 고지하지 않은 경우 그 피의자신문에 의한 피의자의 자백은 증거능력이 부정된다.

(나) **이론적 근거** : 진술거부권 불고지는 피의자신문절차의 중대한 위법에 해당된다는 위법수집증거배

---

1) [보충] 피의자 체포·구속 시의 미란다고지의무의 내용 변화 : 2020.10.7. 제정된 수사준칙(대통령령)에 의하면 검사 또는 사법경찰관은 피의자를 체포하거나 구속할 때에는 피의자에게 피의사실의 요지, 체포·구속의 이유와 변호인을 선임할 수 있음을 말하고, 변명할 기회를 주어야 하며, 진술거부권을 알려주어야 한다(수사준칙 제32조 제1항). 즉, 피의자체포·구속 시 수사기관의 진술거부권 고지의무가 신설된 것이다(피의자체포·구속 시 – 사/이/변/기/진). 이때 피의자에게 알려주어야 하는 진술거부권의 내용은 법 제244조의3 제1항 제1호부터 제3호까지의 사항(거/불/포)으로 한다(법 제244조의3 제1항 제4호는 변호인조력권으로서 이는 원래 미란다고지의무의 내용으로 이미 있음, 수사준칙 동 제2항). 검사와 사법경찰관이 피의자에게 그 권리를 알려준 경우에는 피의자로부터 권리 고지 확인서를 받아 사건기록에 편철한다(동 제3항).

2) [참고 – 진술거부권 고지의 입증] 진술거부권 고지의 이행 여부에 대한 다툼이 있는 경우 그 입증은 수사기관·법원이 해야 한다. 다만, 공판기일에서의 진술거부권의 고지 여부는 공판조서에 의해서만 판단한다(제56조).

제법칙적용설(소수설)과 진술거부권을 고지하지 않고 획득한 자백은 그 임의성에 의심이 있으며 자백배제법칙의 이론적 근거는 위법배제에 있으므로 법 제309조 규정상 기타의 방법에 해당된다는 자백배제법칙적용설(다수설)이 대립한다. 판례는 **위법수집증거배제법칙적용설**이다(대법원 2009.8.20, 2008도8213; 2011.11.10, 2010도8294).

🔨 판례연구 진술거부권 불고지의 효과 — 증거능력 부정

1. 대법원 1992.6.23, 92도682; 2009.8.20, 2008도8213; 2011.11.10, 2010도8294 [법원행시 02, 법원9급 11/13/14, 국가7급 07/09, 국가9급 07/09, 교정9급 10, 경찰간부 12/13, 경찰승진 02/10/12, 경찰채용 06 2차, 변호사 24]

피의자의 진술거부권은 헌법이 보장하는 형사상 자기에 불리한 진술을 강요당하지 않는 자기부죄거부의 권리에 터잡은 것이므로 수사기관이 피의자를 신문함에 있어서 피의자에게 미리 진술거부권을 고지하지 않은 때에는 그 피의자의 진술은 위법하게 수집된 증거로서 진술의 임의성이 인정되는 경우라도 증거능력이 부인된다.

2. 대법원 2009.8.20, 2008도8213 [법원9급 10/11, 국가7급 07/09, 국가9급 07/09, 교정9급 10, 경찰간부 12, 경찰승진 10/12, 경찰채용 06 2차]

검사가 피의자신문조서가 아닌 일반적인 진술조서의 형식으로 조서 작성

검사가 구속영장을 발부받아 피의자신문을 한 다음, 구속 기소한 후 다시 피의자를 소환하여 공범들과의 조직구성 및 활동 등에 관한 신문을 하면서 피의자신문조서가 아닌 일반적인 진술조서의 형식으로 조서를 작성한 경우, 진술조서의 내용이 피의자신문조서와 실질적으로 같고, 진술의 임의성이 인정되는 경우라도 미리 피의자에게 진술거부권을 고지하지 않았다면 위법수집 증거에 해당하므로, 유죄인정의 증거로 사용할 수 없다.

🔨 판례연구 진술거부권 고지 관련판례

1. 대법원 2011.11.10, 2011도8125; 2014.4.30, 2012도725 [법원9급 14, 경찰채용 12 1차]

진술거부권 고지대상이 되는 피의자 지위가 인정되는 시기 및 피의자 지위에 있지 아니한 자에게 진술거부권이 고지되지 아니한 경우, 진술의 증거능력 유무(적극)

[1] 피의자에 대한 진술거부권 고지는 피의자의 진술거부권을 실효적으로 보장하여 진술이 강요되는 것을 막기 위해 인정되는 것인데, 이러한 진술거부권 고지에 관한 형사소송법 규정내용 및 진술거부권 고지가 갖는 실질적인 의미를 고려하면 수사기관에 의한 진술거부권 고지대상이 되는 피의자 지위는 수사기관이 범죄인지서를 작성하는 등 형식적 사건 수리절차를 거치기 전이라도 조사대상자에 대한 범죄혐의를 인정하여 실질적으로 수사를 개시하는 행위를 한 때 인정되는 것으로 보아야 한다. 따라서 피의자 지위에 있지 아니한 자에 대하여는 진술거부권이 고지되지 아니하였더라도 진술의 증거 능력을 부정할 것은 아니다.

[2] 피고인들이 중국에 있는 甲과 공모한 후 중국에서 입국하는 乙을 통하여 필로폰이 들어 있는 곡물포대를 배달받는 방법으로 필로폰을 수입하였다고 하여 주위적으로 기소되었는데 검사가 乙에게서 곡물포대를 건네받아 피고인들에게 전달하는 역할을 한 참고인 丙에 대한 검사 작성 진술조서를 증거로 신청한 경우, 피고인들과 공범관계에 있을 가능성만으로 丙이 참고인으로서 검찰 조사를 받을 당시 또는 그 후라도 검사가 丙에 대한 범죄혐의를 인정하고 수사를 개시하여 피의자 지위에 있게 되었다고 단정할 수 없고, … 피고인들의 수입에 관한 범의를 명백하게 하기 위하여 丙을 참고인으로 조사한 것이라면, 丙은 수사기관에 의해 범죄혐의를 인정받아 수사가 개시된 피의자의 지위에 있었다고 할 수 없고 참고인으로서 조사를 받으면서 수사기관에서 진술거부권을 고지받지 않았다는 이유만으로 그 진술조서가 위법수집증거로서 증거능력이 없다고 할 수 없다.

2. 대법원 2014.1.16, 2013도5441

구 공직선거법 시행 당시 선거관리위원회 위원·직원이 선거범죄 조사와 관련하여 관계자에게 질문을 하면서 미리 진술거부권을 고지하지 않았다고 하여 단지 그러한 이유만으로 그 조사절차가 위법하다거나 그 과정에서 작성·수집된 선거관리위원회 문답서의 증거능력이 당연히 부정된다고 할 수는 없다.

3. [비교판례] 대법원 2014.10.15, 2011도3509 [국가9급 16, 경찰간부 16, 경찰승진 16, 경찰채용 15 2차·3차]

선거관리위원회 위원·직원이 관계인에게 진술이 녹음된다는 사실을 미리 알려 주지 아니한 채 진술을 녹음한 경우, 그와 같은 조사절차에 의하여 수집한 녹음파일 내지 그에 터 잡아 작성된 녹취록은 형사소송법 제308조의2에서 정하는 '적법한 절차에 따르지 아니하고 수집한 증거'에 해당하여 원칙적으로 증거능력이 부정된다.

4. 대법원 2015.10.29, 2014도5939

조사대상자의 진술 내용이 단순히 제3자의 범죄에 관한 경우가 아니라 자신과 제3자에게 공동으로 관련된 범죄에 관한 것이거

나 제3자의 피의사실뿐만 아니라 자신의 피의사실에 관한 것이기도 하여 실질이 피의자신문조서의 성격을 가지는 경우에 수사기관은 진술을 듣기 전에 미리 진술거부권을 고지하여야 한다.

② **피고인신문의 경우** : 재판장이 진술거부권을 고지하지 않고 피고인의 진술을 얻은 경우, 증거능력 긍정설[1]과 부정설(통설)이 대립하나, 자백배제법칙·위법수집증거배제법칙은 수사기관의 신문에만 제한되지 않으므로 부정설이 타당하다.

4. 진술거부권의 포기

(1) **인정 여부** : ① 긍정설[2]과 ② 부정설(다수설)의 대립이 있으나, 기본적으로 일단 진술을 시작했다 하더라도 피고인·피의자는 각 개별적 신문에 대하여 얼마든지 진술을 거부할 수 있다는 점에서 진술거부권의 '포기'라는 관념은 생각하기 어렵다. 피의자·피고인이 진술거부권을 행사하지 않고 진술하는 것은 진술거부권의 포기가 아니라 **불행사**에 해당한다고 보아야 할 것이다. 부정설이 타당하다(고환약진상-사무).

(2) **문제되는 경우**

① **피고인의 증인적격** : 긍정설[3]도 있으나, 피고인은 당해 소송에서 제3자가 아니고 증언의무로 인하여 진술거부권이 무의미하게 되므로 부정된다(통설).

② **법률상의 기록·보고의무**

(가) **원칙** : 행정상의 단속목적을 달성하기 위하여 필요한 경우에 적법행위의 신고를 요구하는 것은 형사상 진술이 아니므로 진술거부권과 관계가 없다.

(나) **교통사고 신고의무** : 도로교통법 제54조 제2항이 운전자에게 교통사고의 신고의무를 규정하여 벌칙으로 강제하고 있는 것에 대해서는, 형사처벌의 위험을 초래하는 것이어서 진술거부권에 대한 침해가 되므로 위헌으로 보아야 한다는 견해(이/조)도 있으나, 헌법재판소는 "**형사책임과 관련되는 사항에 적용되지 않는 것으로 해석하는 한 헌법에 위반되지 아니한다.**"(한정합헌, 헌법재판소 1990.8.27, 89헌가118)라는 입장이다.

📌 판례연구 교통사고 운전자의 신고의무 관련판례

1. 헌법재판소 1990.8.27, 89헌가118 [경찰채용 08 2차/21 1차]

교통사고를 일으킨 운전자에게 신고의무를 부담시키고 있는 도로교통법 제50조 제2항, 제111조 제3호는 피해자의 구호 및 교통질서의 회복을 위한 조치가 필요한 범위 내에서 교통사고의 객관적 내용만을 신고하도록 한 것으로 해석하고, 형사책임과 관련되는 사항에 적용되지 아니하는 것으로 해석하는 한 헌법에 위반되지 아니한다.

2. 대법원 1991.6.25, 91도1013

도로교통법 제50조 제2항의 입법취지와 헌법상의 보장된 진술거부권 및 평등원칙에 비추어 볼 때, 위 조항 소정의 교통사고를 야기한 자의 신고의무는 교통사고를 일으킨 모든 경우에 항상 요구되는 것이 아니라, 사고의 규모나 당시의 구체적인 상황에 따라 피해자의 구호 및 교통질서의 회복을 위하여 당사자의 개인적인 조치를 넘어 경찰관의 조직적 조치가 필요한 상황에서만 있는 것이라고 해석하여야 할 것이다. 따라서 승용차를 운전하다가 상가지대로서 도로 폭이 30미터인 편도 2차선 도로에서 야간인 23:30경이어서 교통량이 많지 않을 때 횡단보도를 건너던 피해자 2명을 치어 중상을 입히는 교통사고를 일으켰으나, 사고 직후 피해자들을 병원으로 데려간 피고인에게는 도로교통법 제50조 제2항에서 규정한 신고의무가 있다고 할 수 없다.

---

1) [참고] 규칙 제127조를 일종의 훈시규정에 불과하다고 보는 입장이다(백형구).

1) [참고] 피고인·피의자가 진술거부권을 포기하고 사건에 관하여 진술할 수 있다는 입장이다(백형구).

3) [참고] 증거능력의 문제로 취급하면 충분하므로 피고인도 증인적격을 인정하자는 입장이다. 영미의 형사소송법에 영향을 받은 입장으로 신현주 변호사의 견해이다.

Ⅲ 진술거부권 행사의 효과 : 불이익추정의 금지

1. 법적 제재의 금지

진술의 거부는 피의자·피고인의 권리이므로 진술거부권의 행사를 이유로 형벌 기타 법적 제재를 가할 수 없다.

2. 증거능력의 배제

수사절차·공판절차를 불문하고 진술거부권을 침해하여 강요에 의하여 받은 자백은 임의성이 없거나(자백배제법칙적용설, 다수설) **위법수집증거**이므로(위법수집증거배제법칙적용설, 소수설·판례) 증거능력이 부정된다. 자백 이외의 증거를 획득한 경우에도 위법하게 수집된 증거로서 증거능력이 배제된다(독수과실).

3. 불이익추정의 금지 [법원행시 02, 해경간부 12]

진술거부권을 행사하였다고 하여 피고인에게 불이익한 심증을 형성하게 하는 것은 금지된다. 진술거부권의 행사를 피고인에게 불이익한 간접증거로 삼거나, 이를 근거로 유죄추정을 하는 것은 허용되지 않는다. 이는 진술거부권을 무의미하게 할 우려가 있기 때문이다. 이러한 의미에서 진술거부권의 행사는 '**자유심증주의의 예외**'가 된다(자유심증주의의 예외 : 자백보강법칙, 공판조서의 배타적 증명력, 진술거부권, 증언거부권).

4. 양형판단의 문제 : 양형상의 불이익 평가의 가부

진술거부권을 행사한 경우 이를 양형에 있어서 불이익한 사유로 고려할 수 있는가에 관해서는 ① 범인의 개전이나 회오는 범행 후의 정황(형법 제51조 제4호)으로서 양형에서 고려해야 할 사정이고 자백에 의해 개전의 정을 표시한 자와 진술거부권을 행사한 자를 동일하게 처벌하는 것은 불합리하다는 적극설(다수설)과, ② 피고인의 진술의 자유를 보장하기 위해서는 양형에 참작하는 것도 부정해야 한다는 소극설(배/이/정/이, 신양균, 차/최), ③ 원칙적으로 부정하나 양형판단에 있어서 제한적으로 고려될 수 있다는 절충설(신동운-5판부터 입장 변경)이 대립하나, 판례는 절충설의 입장에서 원칙적으로는 부정해야 함을 명확히 하면서도 예외적으로 **"피고인에게 보장된 방어권 행사의 범위를 넘어 객관적이고 명백한 증거가 있음에도 진실발견을 적극적으로 숨기거나 법원을 오도하려는 시도에 기인한 경우에는 가중적 양형의 조건으로 참작될 수 있다."**라고 보고 있다(대법원 2001.3.9, 2001도192).

🏋 **판례연구** 진술거부권의 효과 : 양형판단에 있어서 불이익판단의 원칙적 금지와 예외적 고려

대법원 2001.3.9, 2001도192 [법원9급 11, 경찰승진 10/12, 경찰채용 12 1차]
형사소송절차에서 피고인이 범죄사실에 대하여 진술을 거부하거나 거짓 진술을 하는 경우, 피고인의 그러한 태도나 행위를 가중적 양형의 조건으로 참작할 수 있는지 여부(한정 적극)
형사소송절차에서 피고인은 방어권에 기하여 범죄사실에 대하여 진술을 거부하거나 거짓 진술을 할 수 있고, 이 경우 범죄사실을 단순히 부인하고 있는 것이 죄를 반성하거나 후회하고 있지 않다는 인격적 비난요소로 보아 가중적 양형의 조건으로 삼는 것은 결과적으로 피고인에게 자백을 강요하는 것이 되어 허용될 수 없다고 할 것이나, 그러한 태도나 행위가 피고인에게 보장된 방어권 행사의 범위를 넘어 객관적이고 명백한 증거가 있음에도 진실의 발견을 적극적으로 숨기거나 법원을 오도하려는 시도에 기인한 경우에는 가중적 양형의 조건으로 참작될 수 있다.

---

5. 구속사유의 인정문제 : 구속사유·보석제외사유(증거인멸의 염려)의 인정 여부

진술거부의 사실을 근거로 구속사유인 증거인멸의 염려(제70조 제1항 제2호, 제95조 제3호, 제200조의3 제1항 제1호, 제201조)가 있는가를 판단하는 것이 허용되는가에 대해서는 적극설(이/조, 진계호)과 소극설(다수설)이 대립하나, 적극설에 의하면 구속의 가능성을 시사하면서 진술을 강요하는 상황도 배제할 수 없다는 점에서 소극설이 타당하다고 본다.

1. 헌법재판소 1995.5.25, 91헌바20 [경찰채용 08 2차]

군무이탈자 복귀명령 위반행위를 명령위반죄로 처벌하는 것은 헌법에 위반되지 않는다는 사례

복귀명령을 준수하지 아니한 행위를 형사처벌함으로써 군무이탈죄를 범한 자에게 자수의무를 부과하는 결과가 될 수 있다고 하더라도 이는 군병력 유지를 주된 목적으로 하는 복귀명령의 부수적인 효과에 불과하므로 위 복귀명령이 군무이탈자에 대하여 형사상 자기에게 불리한 진술을 강요당하지 아니할 권리의 본질적 내용을 침해하는 것이라고 할 수도 없다.

2. 헌법재판소 1997.7.16, 95헌바2 등

피해자를 치상하고 도주한 차량운전자의 가중처벌을 규정한 특가법위반죄는 합헌이라는 사례

특가법 제5조의3 제1항 제2호는 교통사고로 인한 피해자의 생명, 신체의 안전 등을 보호하기 위하여 사고피해자에 대한 구호의무위반을 구성요건으로 하므로 구호조치를 취하기만 하면 되고 도로교통법 제50조(현 제54조) 제1항의 사고신고의무위반은 범죄의 구성요건이 아니다. 따라서 동 조항은 사고운전자에게 사고신고나 불리한 진술 등을 강요하는 규정이 아니므로 헌법 제12조 제2항의 진술거부권을 침해한다고 할 수 없다.

3. 헌법재판소 1998.7.16, 96헌바35

국가보안법 제10조가 규정한 불고지죄가 진술거부권을 침해하는지 여부(소극)

불고지죄가 성립하기 이전의 단계, 즉 불고지의 대상이 되는 죄를 범한 자라는 사실을 알게 되어 고지의무가 발생하였으나 아직 상당한 기간이 경과하지 아니한 단계에 있어서는 고지의무의 대상이 되는 것은 자신의 범죄사실이 아니고 타인의 범죄사실에 대한 것이므로 자기에게 불리한 진술을 강요받지 아니할 진술거부권의 문제가 발생할 여지가 없다.

4. 헌법재판소 2001.11.29, 2001헌바41 [경찰승진 10]

법원이 신문하고자 하는 증인에 별도의 제한을 두고 있지 않은 법 제146조는 진술거부권 침해 ×

형사소송절차상 피고인의 증인적격이 부정되고 있어 피고인의 진술거부권이 침해될 소지는 없다고 보여질 뿐 아니라, 피고인은 증인이 아닌 당사자로서 그 법정진술이 직접 자신을 위한 유리한 증거로 사용될 수 있다는 점에서 경찰공무원에 대한 증인적격 인정이 바로 피고인에 대한 증인적격 인정으로 귀결된다고 볼 아무런 근거가 없고, 그 밖에 이 사건 법률조항에 의한 경찰 공무원의 증인적격 인정과 피고인의 진술거부권 침해와의 연관성을 인정할 만한 사정도 없다.

---

05 당사자능력과 소송능력

I 당사자능력

1. 의 의

당사자능력(當事者能力, Parteifähigkeit)이란 소송절차에서 당사자가 될 수 있는 일반적 능력을 말한다. 검사의 당사자능력은 당연히 인정되므로, 결국 당사자능력은 피고인이 될 수 있는 능력의 문제이다.[1] 당사자가 있어야 소송을 할 수 있으므로 당사자능력은 소송조건을 이룬다. 따라서 당사자능력이 없으면 소송조건이 결여되어 형식재판을 하게 된다.

2. 당사자능력이 있는 자

(1) 일반론 : 형사절차는 국가형벌권의 실현 절차이다. 따라서 **형사처벌의 가능성이 있는 자**는 모두 당사자능력을 가진다.

(2) 당사자능력의 유무가 문제되는 경우

① **자연인의 경우** : 형사미성년자(14세 미만, 형법 제9조)라 하더라도 담배사업법(제31조) 등에 의하여 처벌받을 가능성이 있기 때문에 당사자능력이 있다. 그러나 태아나 사자(死者)는 처벌할 수 없으므로 당사

---

1) [참고 – 당사자적격 · 책임능력] ① 당사자능력이란 일반적인 능력을 말하므로, 구체적인 특정 사건에서 당사자가 될 수 있는 자격을 의미하는 당사자적격과는 구별된다. 당사자적격 개념의 실익 여부에 대해서는 무죄판결을 하면 족하므로 실익이 없다는 입장(백형구), 형사소송에서 논할 실익이 없다는 견해(신동운) 그리고 공소장기재에 의해 명백히 당사자적격이 없는 경우에는 형식재판으로 종결시킬 수 있기 때문에 논할 실익이 있다는 견해(이재상)가 대립한다. 한편 ② 당사자능력은 소송법상 능력이므로 형법상 책임능력과는 구별되어야 한다. 책임능력이 결여된 경우에는 책임이 조각되어 범죄가 성립하지 않게 되므로 무죄판결을 해야 한다.

자능력이 없다.

② 법인의 경우

(가) 양벌규정에 의해 법인이 처벌되는 경우 : 당연히 당사자능력이 있다.

(나) 양벌규정(처벌규정)이 없는 경우 [경찰채용 09 2차] : 예컨대, 법인을 살인죄로 기소한 경우 법원은 어떠한 조치를 취해야 하는가의 문제이다(법인격 없는 사단·재단도 동일). 이에 대해서는 ⊙ 명문의 규정이 없는 경우에는 형사처벌의 대상이 되지 아니하므로 당사자능력이 없다는 부정설(공소기각결정설, 신양균, 임동규, 정/이), ⓒ 법인의 당사자능력은 인정되지만 법인의 처벌이 가능한가의 문제는 구체적 사건을 전제로 하여 논해야 한다는 당사자적격설(공소기각판결, 소수설), ⓒ 당사자능력은 일반적·추상적 능력을 의미하므로 명문의 규정이 없는 경우에도 법인에 대한 처벌이 문제가 될 수는 있기 때문에 그 당사자능력은 수긍해야 한다는 긍정설(실체판결설, 무죄판결설, 다수설)이 대립한다.

3. 당사자능력의 소멸

(1) 자연인 : 피고인의 **사망시**에 당사자능력이 소멸한다(제328조 제1항 제2호).

(2) 법인 : 합병·해산되어 **존속하지 아니하게 되었을 때** 당사자능력이 소멸한다(동 제2호). [국가9급 10] 법인이 합병된 경우는 합병 시 당사자능력이 소멸하는 데 이견이 없으나, 법인의 해산의 경우에는 청산법인이 존재하기 때문에 당사자능력의 소멸시점이 문제된다. 이에 대해서는 ① 실질적인 청산의 완료에 의하여 당사자능력이 소멸된다는 청산시설(백형구, 이/조)과 ② 소송이 계속되는 한 청산사무는 종결되지 않았으므로 당사자능력은 유지된다는 판결확정시설(다수설)이 대립하며, 판례는 법인에 대한 청산종결 등기가 마쳐진 이후 공소제기가 있는 경우 그 사건이 종결될 때까지 법원의 청산사무는 종료되지 않고 형사소송법상 당사자능력도 그대로 존속한다고 보아 **판결확정시설**을 취한다.

☆ **판례연구** 법인의 당사자능력 소멸시기

1. 대법원 1986.10.28, 84도693; 1982.3.23, 81도1450

법인은 그 청산종료의 등기가 경료되었다면 특단의 사정이 없는 한 그 법인격이 상실되어 법인의 당사자능력 및 권리능력이 상실되었다고 추정할 것이나, 법인세납부 등으로 공소제기되어 그 피고사건의 공판계속 중에 비록 피고인 법인의 청산종료의 등기가 경료되었다고 하더라도 동 사건이 종결되지 아니하는 동안 법인의 청산사무는 종료된 것이라 할 수 없고 형사소송법상 법인의 당사자능력도 그대로 존속한다.

[보충] 청산을 빙자한 사기적 행위가 존재할 수 있다는 점에서 판결확정시설이 현실적이다.

2. 대법원 2021.6.30, 2018도14261

법인에 대한 청산종결 등기 후 공소제기된 경우 형사소송법상 당사자능력이 소멸하지 않는다는 사례

법인에 대한 청산종결 등기가 되었더라도 청산사무가 종결되지 않는 한 그 범위 내에서는 청산법인으로 존속한다(대법원 2003.2.11, 99다66427,73371 등). 법인의 해산 또는 청산종결 등기 이전에 업무나 재산에 관한 위반행위가 있는 경우에는 청산종결 등기가 된 이후 위반행위에 대한 수사가 개시되거나 공소가 제기되더라도 그에 따른 수사나 재판을 받는 일은 법인의 청산사무에 포함되므로, 그 사건이 종결될 때까지 법인의 청산사무는 종료되지 않고 형사소송법상 당사자능력도 그대로 존속한다.

---

4. 당사자능력 흠결의 효과

(1) 공소기각의 사유 : 당사자능력은 소송조건이므로 법원은 직권으로 당사자능력의 유무를 조사하여 피고인에게 당사자능력이 없는 때에는 공소기각의 재판을 해야 한다.

① 공소제기 후에 상실한 경우 : **공소기각결정**을 해야 한다(동 제2호). [경찰채용 09 1차]

② 공소제기 전에 상실한 경우 : ⊙ 제328조 제1항 제2호는 당사자능력이 소멸한 경우에만 적용되어야 하므로 당사자능력이 이미 없는 경우에는 공소기각판결을 해야 한다는 입장(강구진, 백형구)과 ⓒ 공소기각결정설(통설)이 대립하나, 공소제기시부터 이미 당사자능력이 없었던 경우까지 판결절차를 밟아 공소를 기각한다는 것은 소송경제의 관점에도 어긋나며, 제328조 제1항 제2호의 공소기각결정사유와의

균형에도 맞지 않는다는 점에서 공소기각판결설은 타당하지 않다. 본서는 공소기각결정설을 따른다.

(2) 재심절차상 특칙

① 유죄의 선고를 받은 자가 사망한 경우에도 그 배우자 등에 의하여 재심청구가 허용된다(제424조 제4호).

② 피고인이 재심판결 전에 사망한 경우에도 **공소기각결정을 할 수 없고** 유·무죄의 실체판결을 하여야 한다(제438조 제2항 제2호).

II 소송능력

1. 의 의

(1) 개념 : 소송능력(訴訟能力, Prozessfähigkeit)은 피고인의 소송당사자로서 **유효하게 소송행위를 할 수 있는 능력**을 말한다. 즉, 소송능력은 피고인 자신의 소송상의 지위와 이해관계를 변별하여 이에 따라 방어행위를 할 수 있는 **의사능력**을 그 본질로 한다.

(2) 구별개념

① **책임능력** : 책임능력(형법 제9조, 제10조 제1항)은 범죄행위시에 존재할 것을 요하고, 흠결시 무죄판결을 선고하여야 한다. 그러나 소송능력은 소송행위시에 존재할 것을 요하고, 흠결시 원칙적으로 공판절차를 정지하여야 한다.

② **당사자능력** : 당사자능력은 피고인으로 될 수 있는 일반적 능력이자 소송조건이므로, 흠결시 공소기각의 결정을 하여야 한다. 그러나 소송능력은 소송행위를 유효하게 할 수 있는 능력으로서 흠결시 원칙적으로 공판절차를 정지하여야 한다.

③ **변론능력** : 소송능력은 공판절차에서 적절한 공격·방어를 행할 수 있는 능력인 변론능력과 구별되므로, 소송능력 있는 피고인도 상고심에서는 변론능력이 없다.

2. 소송능력 흠결의 효과

(1) 소송행위의 무효 : 소송능력은 소송행위의 유효요건이므로 소송능력이 없는 피고인의 소송행위는 무효이다. 다만, 소송능력은 소송조건은 아니므로 **소송능력 없는 자에 대한 공소제기나 공소장부본의 송달도 일단은 유효**하다(당사자능력은 있기 때문). [경찰간부 12]

(2) 공판절차의 정지 여부

① **원칙** : 피고인이 사물변별 또는 의사결정능력이 없는 상태에 있는 때에는 법원은 검사와 변호인의 의견을 들어서 **결정으로 그 상태가 계속하는 기간 공판절차를 정지**하여야 한다(필요적 정지, 제306조 제1항)(cf. 공소장변경 : 임의적 정지)(심헌기공관재).

② **예 외**

(가) 피고인에게 유리한 재판을 할 경우 : 피고사건에 대하여 **무죄, 면소, 형의 면제 또는 공소기각의 재판**을 할 것이 명백한 때에는 피고인에게 소송능력이 없는 경우에도 **피고인의 출정 없이 재판**할 수 있다(의질-무면공면, 제306조 제4항)(불출석재판 : 의법경유퇴불약상).

(나) 의사무능력자와 소송행위의 대리 : 형법상 책임능력규정(책임무능력자·한정책임능력자, 형법 제9조~제11조)의 적용을 받지 않는 범죄사건(㉘ 담배사업법 제31조)에 관하여 피고인·피의자가 **의사능력이 없는 때**에는 그 **법정대리인 또는 특별대리인**이 소송행위를 대리한다(포괄적 대리, 제26조, 제28조). [법원9급 07/09/10]

🔨 **판례연구** 의사무능력자와 소송행위의 대리

1. 대법원 2009.11.19, 2009도6058 전원합의체 [국가7급 22, 국가9급 15, 국가9급개론 15, 법원9급 19]

피해 청소년이 처벌불원 여부 등의 의사표시를 하는 데에 법정대리인의 동의는 필요 없다는 사례

의사능력이 있으면 소송능력이 있다는 원칙은 피해자 등 제3자가 소송행위를 하는 경우에도 적용된다. 따라서 반의사불벌죄에 있어서 피해자의 피고인 또는 피의자에 대한 처벌을 희망하지 않는다는 의사표시 또는 처벌을 희망하는 의사표시의 철회는, 위와 같은 형사소송절차에 있어서의 소송능력에 관한 일반원칙에 따라, 의사능력이 있는 피해자가 단독으로 이를 할 수 있고, 거기

에 법정대리인의 동의가 있어야 한다거나 법정대리인에 의해 대리되어야만 한다고 볼 것은 아니다. 구 청소년성보호법 제16조에 규정된 반의사불벌죄라고 하더라도, 피해자인 청소년에게 의사능력이 있는 이상, 단독으로 피고인 또는 피의자의 처벌을 희망하지 않는다는 의사표시 또는 처벌희망 의사표시의 철회를 할 수 있고, 법정대리인의 동의가 있어야 하는 것은 아니다.

2. 대법원 2014.11.13, 2013도1228 [국가7급 22, 법원9급 19/20]
미성년자인 피의자의 혈액채취와 법정대리인의 동의
미성년자인 피의자에게 의사능력이 있다면 피의자 본인만이 혈액채취에 관한 유효한 동의를 할 수 있고, 의사능력이 없는 경우에도 명문의 규정이 없는 이상 법정대리인이 피의자를 대리하여 동의할 수는 없다.

(다) **피고인인 법인의 대표** : 피고인·피의자가 법인인 때에는 법인은 의사능력·소송능력이 없으므로 그 **대표자**가 소송행위를 대표한다(제27조 제1항). 수인이 공동하여 법인을 대표하는 경우 소송행위에 관해서는 **각자가 대표**한다(각자대표원칙, 동조 제2항). **피고인**을 대표할 자가 없는 때에는 법원은 직권 또는 검사의 청구에 의하여 **특별대리인**을 선임하여야 한다(제28조 제1항 전단). 다만, **피의자**를 대표할 자가 없는 때에는 법원은 검사·이해관계인의 청구에 의하여 특별대리인을 선임하여야 한다(법원의 직권 ×, 동항 후단). 특별대리인은 피고인 또는 피의자를 대표하여 소송행위를 할 자가 있을 때까지 그 임무를 행한다(특별대리인은 임시대리, 동조 제2항).

제5절 | 변호인

01 변호인제도의 의의

I 변호인의 의의

1. 개 념

변호인(辯護人, counsel, Verteidiger)이란 피의자·피고인의 방어력을 보충함을 임무로 하는 피의자·피고인의 보조자를 말한다.

2. 변호인제도의 필요성

검사와 대등한 법률지식을 가지고 있는 법률전문가로 하여금 피의자·피고인을 보조하게 함으로써 무기평등의 원칙을 보장하여 공정한 재판의 이념을 실현하게 한다.

II 변호인의 종류

1. 사선변호인

피의자·피고인 등 사인에 의하여 선임된 변호인을 말한다.

2. 국선변호인

국가기관인 법원에 의하여 선정된 변호인을 말한다.

02 변호인의 선임·선정

I 사선변호인의 선임

1. 선임권자

(1) 고유의 선임권자

① 피고인·피의자 : 피고인·피의자는 변호인을 선임할 수 있다(제30조 제1항)(피고인이 법인이면 대표자 ○, 위임받은 제3자 ×). 선임의 시기에는 제한이 없다.

② 선임권의 보장 : 구속시에는 변호인선임권 고지의무가 있으며(제88조, 제209조), 변호인선임의뢰권도 보장되어 있다(제90조, 제209조).

(2) 선임대리권자

① 제한적 열거 : **피고인·피의자의 법정대리인, (법률상) 배우자, 직계친족, 형제자매**는 독립하여 변호인을 선임할 수 있다(제30조 제2항)(법배직형). [법원9급 07/09/11]

② 선임권의 성질 : **독립대리권**이다. 따라서 본인의 명시·묵시의 의사에 반하여 변호인을 선임할 수 있으나, 일단 선임한 이상 본인의 의사에 반하여 해임할 수는 없고, 본인은 해임할 수 있다(고유선임권자 > 선임대리권자). [국가9급 08, 경찰채용 06 2차]

대법원 1994.10.28, 94모25 [국가9급 18/23, 경찰채용 12 1차/21 2차]

피고인이 법인인 경우, 변호인을 선임할 수 있는 자

형사소송에 있어서 변호인을 선임할 수 있는 자는 피고인 및 피의자와 형사소송법 제30조 제2항에 규정된 자에 한정되는 것이고, 피고인 및 피의자로부터 그 선임권을 위임받은 자가 피고인이나 피의자를 대리하여 변호인을 선임할 수는 없는 것이므로, 피고인이 법인인 경우에는 형사소송법 제27조 제1항 소정의 대표자가 피고인인 당해 법인을 대표하여 피고인을 위한 변호인을 선임하여야 하며, 대표자가 제3자에게 변호인 선임을 위임하여 제3자로 하여금 변호인을 선임하도록 할 수는 없다.

---

2. 피선임자

(1) 변호인의 자격

① 원칙 : 변호인은 변호사 중에서 선임하여야 한다(제31조 본문). 당사자 대등주의를 실현하기 위해서는 검사와 대등한 법률지식이 필요하기 때문이다.

② 예외 : 대법원 이외의 법원은 특별한 사정이 있으면 변호사가 아닌 자를 변호인으로 선임함을 허가할 수 있다(제31조 단서 : 특별변호인). [법원9급 07] 다만, 법률심인 상고심에서는 변호사 아닌 자를 변호인으로 선임하지 못한다(제386조).

(2) 변호인의 수

① 제한 없음 : 1인의 피의자·피고인이 선임할 수 있는 변호인의 수에는 제한이 없다. 그러나 소송지연을 방지하기 위해서 대표변호인제도를 두고 있다.

② 대표변호인제도

(가) 수인의 변호인이 있는 때에는 재판장은 피고인·피의자 또는 변호인의 신청에 의하거나, 신청이 없는 때에는 직권으로 대표변호인을 지정할 수 있고 그 지정을 철회·변경할 수 있다(제32조의2 제1항·제2항). 이 경우 **대표변호인은 3인을 초과할 수 없다**(동조 제3항). [경찰승진 13, 경찰채용 12 2차]

(나) 대표변호인에 대한 통지 또는 서류의 송달은 변호인 전원에 대하여 효력이 있다(동조 제4항).

(다) 이상의 규정은 피의자에게 수인의 변호인이 있는 때에 검사가 대표변호인을 지정하는 경우에 준용한다(동조 제5항 : 신청·직권). 검사에 의한 대표변호인의 지정은 기소 후에도 그 효력이 있다(규칙 제13조의4).

3. 선임방식

(1) 변호인선임신고서의 제출 : 변호인의 선임은 심급마다 변호인과 연명날인한 **변호인선임신고서**(원본, 변호인선임계)를 공소제기 전에는 수사기관에, 공소제기 후에는 수소법원에 제출하여야 한다(제32조 제1항). [법원9급 11]

(2) 법적 성질 : 변호인의 선임은 수사기관·법원에 대한 소송행위로서 그 기초가 되는 선임권자와 변호인 사이의 민법상의 위임계약과는 구별된다. 따라서 위임계약이 무효·취소되었을지라도 변호인 선임의 효력에는 영향이 없다.

대법원 2005.1.20, 2003모429 [법원9급 12]

변호인선임신고서를 사본으로 제출할 수 있는지 여부(소극)

[1] 형사소송법 제32조 제1항은 "변호인의 선임은 심급마다 변호인과 연명날인한 서면으로 제출하여야 한다."라고 규정하고 있는바, 위 규정에서 말하는 **변호인선임신고서는 특별한 사정이 없는 한 원본을 의미**한다고 할 것이고, 사본은 이에 해당하지 않는다고 할 것이다.

[2] 정식재판청구서에 첨부된 변호인선임신고서가 원본이 아닌 사본이어서 적법한 변호인선임신고서가 아니고, 변호인선임신고서 원본을 첨부하여 다시 접수한 정식재판청구서는 정식재판청구기간 이후에 제출된 것이므로 적법한 정식재판청구가 이루어지지 않았다고 해야 한다(∵ 변호인 아닌 자의 제출에 불과함).

---

4. 선임효과

(1) 본질적 효과 : 변호인의 선임에 의해서 변호인으로서는 권리·의무가 발생한다. 따라서 선임신고서 없이 제출된 상소이유서는 부적법·무효이다.

(2) 심급과의 관계

① **심급대리의 원칙** : 변호인 선임의 효력은 **그 심급에 한하여** 미치므로 변호인은 심급마다 선임하여야 한다(제32조 제1항). 다만, 공소제기 전의 변호인 선임은 제1심에도 그 효력이 있다(제32조 제2항). [법원9급 11, 국가7급 10]

② **심급의 의미** : 소송계속이 발생한 시점부터 상소에 의하여 **이심**(移審)의 효력이 발생한 시점(상소장·소송기록송부시)까지를 말한다. 그 이유는 종국재판의 선고시점부터 이심의 효력이 발생할 때까지 변호인 없는 공백기간을 방지하기 위해서이다.

③ **환송·이송의 경우** : 원심법원에서의 변호인 선임은 항소심법원이 사건을 원심법원에 파기환송하거나 관할 법원에 이송한 **후의 형사절차에서도 효력이 있다**(규칙 제158조 : 2심 → 1심)(∵ 변호권 공백의 방지). [법원9급 12/13, 국가9급 08/10/13]

(3) 사건과의 관계

① **선임의 효력범위** : 변호인은 사건을 단위로 선임하는 것이므로 선임의 효력은 공소사실의 동일성이 인정되는 사건의 전부에 미친다. 따라서 공소장이 변경된 경우에 변경된 공소사실에도 선임의 효력이 미친다.

② **사건의 일부에 대한 변호인선임** : 사건이 가분(可分)이며, 일부분에 대한 변호인 선임이 합리적이라고 인정되는 경우에 한하여 가능하다.

③ **병합심리의 경우** : ㉠ 하나의 사건에 관하여 한 변호인 선임은 그 사건의 공소제기 후 동일법원의 동일피고인에 대하여 **추가로 공소가 제기되어 병합된 다른 사건에 관하여도 그 효력이 있다.** [국가9급 13, 경찰채용 09 1차] 다만, ㉡ 피고인 또는 변호인이 이와 다른 의사표시를 한 때에는 그러하지 아니하다(규칙 제13조). [국가9급 08] 실무의 편의와 당사자의 통상의 의사를 고려한 것이다.

Ⅱ 국선변호인의 선정

1. 제도적 의의

(1) 필요성 : 국선변호인제도는 사선변호인제도를 보충하여 피의자·피고인의 변호권을 실질적으로 보장하고

평등의 원칙을 실현하기 위해서 인정된 제도이다.

(2) **헌법** : 형사절차에서 평등의 원칙과 사회국가의 이념을 실현하기 위하여 국선변호인의 조력을 받을 권리를 국민의 기본권으로 보장하고 있다(제12조 제4항).

2. 선정사유

(1) **방어능력의 열악, 빈곤, 권리보호의 필요**(법 제33조)

① **필요국선**(동조 제1항) : 법원은 피고인이 ㉠ 구속된 때, ㉡ 미성년자인 때, ㉢ 70세 이상인 때, ㉣ 듣거나 말하는 데 모두 장애가 있는 사람인 때(2020.12.8. 우리말 순화 개정), ㉤ 심신장애가 있는 것으로 의심되는 때(2020.12.8. 우리말 순화 개정), ㉥ 사형, 무기 또는 단기 3년 이상의 징역이나 금고에 해당하는 사건으로 기소된 때, 피고인에게 변호인이 없는 경우에는 직권으로 변호인을 선정하여야 한다(동조 제1항, 구미7농심단).

② **청구국선**(동조 제2항) : 법원은 피고인이 빈곤이나 그 밖의 사유로 변호인을 선임할 수 없는 경우에 피고인이 청구하면 변호인을 선정하여야 한다(2020.12.8. 우리말 순화 개정).

③ **재량국선**(동조 제3항) : 법원은 피고인의 나이·지능 및 교육 정도 등을 참작하여 권리보호를 위하여 필요하다고 인정하면 피고인의 명시적 의사에 반하지 아니하는 범위에서 변호인을 선정하여야 한다(2020.12.8. 우리말 순화 개정법 동조 제3항). 판례는 **시각장애인·청각장애인·지체장애인**의 경우 국선변호인을 선정해주어야 한다고 판시하고 있다. 다만, 법 제33조 제3항의 국선변호인의 선정은 법원의 재량에 의하므로, 권리보호를 위하여 필요하다고 인정하지 않으면 국선변호인을 선정하지 않아도 된다.

★ 판례연구 국선변호인 선정사유 관련판례

1. 대법원 2009.5.28, 2009도579 [법원9급 11, 경찰승진 10/12, 경찰채용 13 2차/21 1차]

피고인이 구속된 때 : 당해 형사사건에서 구속되어 재판을 받고 있는 경우 : 별건 ×, 다른 사건 ×

형사소송법 제33조 제1항 제1호의 '피고인이 구속된 때'라고 함은, 원래 구속제도가 형사소송의 진행과 형벌의 집행을 확보하기 위하여 법이 정한 요건과 절차 아래 피고인의 신병을 확보하는 제도라는 점 등에 비추어 볼 때 피고인이 당해 형사사건에서 구속되어 재판을 받고 있는 경우를 의미하고, 피고인이 별건으로 구속되어 있거나 다른 형사사건에서 유죄로 확정되어 수형 중인 경우는 이에 해당하지 아니한다.

2. [유사판례] 대법원 2017.5.17, 2017도3780 [국가7급 19]

(위 2009도579 판례의 법리는)이는 재판을 받고 있는 형사사건과 별건으로 구속된 형사사건을 병합하여 심리하기로 하였다가 두 사건에 대한 변론을 분리하기로 한 경우에도 마찬가지로 적용된다. 따라서 피고인이 당해 사건에서 국선변호인 선정청구를 하지 않고 사선변호인을 선임하여 방어권을 행사하였는데, 원심이 별건으로 구속된 사건과 당해 사건에 대한 병합심리 결정을 하였다가 두 사건에 대한 변론분리 결정을 한 다음 피고인의 사선변호인이 사임계를 제출하자 변호인 없이 피고인만 출석한 상태에서 변론을 종결하고 판결을 선고한 경우, 원심의 위와 같은 조치에 법 제33조 제1항, 제282조를 위반하거나 피고인의 방어권 또는 변호인의 조력을 받을 권리를 침해한 잘못은 없다.

3. 대법원 2010.4.29, 2010도881 [교정9급 11, 경찰승진 11, 경찰채용 13 2차]

피고인이 2급 시각장애인으로서 점자자료가 아닌 경우에는 인쇄물 정보접근에 상당한 곤란을 겪는 수준임에도, 국선변호인 선정 절차를 취하지 아니한 채 공판심리를 진행한 원심에 법리오해의 위법이 있다.

4. 대법원 2010.6.10, 2010도4629

피고인이 3급 청각(청력)장애인으로서 공판기일에서의 방어권 행사에 상당한 곤란을 겪는 정도이고, 이러한 취지의 항소이유서와 국선변호인 선정청구서를 함께 제출하면서 장애인증명서를 첨부하였음에도, 위 청구를 기각하고 이후 공판심리과정도 변호인 없이 진행한 원심판결에 법리오해 및 심리미진의 위법이 있다.

5. 대법원 2011.3.10, 2010도17353 [법원9급 13]

'피고인이 구속된 때'라고 함은 피고인이 당해 형사사건에서 이미 구속되어 재판을 받고 있는 경우를 의미하는 것이므로, 불구속 피고인에 대하여 판결을 선고한 다음 법정구속을 하더라도 구속되기 이전까지는 위 규정이 적용된다고 볼 수 없다(법원의 피고인구속에는 영장실질심사 ─필요적 변호─ 를 요하지 않음).

6. 대법원 2011.3.24, 2010도18103 [경찰승진 13]

피고인이 지체(척추)4급 장애인으로서 국민기초생활수급자에 해당한다는 소명자료를 첨부하여 서면으로 형사소송법 제33조 제2항에서 정한 빈곤을 사유로 한 국선변호인 선정청구를 하였고, 위 소명자료에 의하면 피고인이 빈곤으로 인하여 변호인을 선임할 수 없는 경우에 해당하는 것으로 인정할 여지가 충분하며 기록상 이와 달리 판단할 사정을 찾아볼 수 없으므로, 특별한 사정이 없는 한 국선변호인 선정결정을 하여 선정된 변호인으로 하여금 공판심리에 참여하도록 하였어야 하는데도, 위 청구를 기각하는 결정을 한 후 피고인만 출석한 상태에서 심리를 진행하여 판결을 선고한 원심의 조치에 법령위반의 위법이 있다.

7. 대법원 2013.5.9, 2013도1886
불구속피고인이 국선변호인 선정청구를 하지 않고 법정기간 내 항소이유서를 제출하지 않은 사례

법 제33조는 제1항 및 제3항에서 법원이 직권으로 변호인을 선정하여야 하는 경우를 규정하면서, 제1항 각 호에 해당하기만 하면 변호인이 없는 때에는 변호인을 선정하도록 규정한 반면, 제3항에서는 피고인의 연령·지능 및 교육 정도 등을 참작하여 권리보호를 위하여 필요하다고 인정하는 때에 한하여 피고인의 명시적 의사에 반하지 아니하는 범위 안에서 변호인을 선정하도록 정하고 있으므로, 법 제33조 제1항 각 호에 해당하는 경우가 아닌 한 법원으로서는 권리보호를 위하여 필요하다고 인정하지 않으면 국선변호인을 선정하지 않을 수 있을 뿐만 아니라, 국선변호인의 선정 없이 공판심리를 하더라도 피고인의 방어권이 침해되어 판결에 영향을 미쳤다고 인정되지 않는 경우에는 형사소송법 제33조 제3항을 위반한 잘못이 없다. 제1심이 국선변호인을 선정하여 준 후 피고인에게 징역형을 선고하면서 법정구속을 하지 않았는데, 피고인이 항소장만을 제출한 다음 국선변호인 선정청구를 하지 않은 채 법정 기간 내에 항소이유서를 제출하지 아니하자 원심이 피고인의 항소를 기각한 경우, 국선변호인 선정 없이 공판심리를 진행한 원심의 판단 등은 정당하고, 피고인의 방어권을 침해하여 판결에 영향을 미쳤다고 보기도 어렵다.

8. 대법원 2014.8.28, 2014도4496
헌법상 변호인의 조력을 받을 권리를 비롯한 법 제33조, 규칙 제156조의2 제1항, 국선변호에 관한 예규 제6조 제2항, 제8조 제1항의 규정 및 국선변호인 제도의 취지와, 피고인이 시각장애인인 경우에는 공소장 부본을 송달받을 권리(법 제266조), 소송계속 중의 관계 서류나 증거물 또는 공판조서의 열람·등사청구권(법 제35조 제1항, 제55조 제1항) 등 법이 피고인에게 보장하고 있는 권리를 자력으로 행사하기 곤란할 것임에도 소송계속 중의 관계 서류 등이 전자자료로 작성되어 제공되고 있지 아니한 현행 형사소송실무상 이를 제대로 확인하지 못한 채 공판심리에 임하게 됨으로써 효과적인 방어권을 행사하지 못할 가능성이 높은 점 등에 비추어, 법원으로서는 피고인이 시각장애인인 경우 장애의 정도를 비롯하여 연령·지능·교육 정도 등을 확인한 다음 권리보호를 위하여 필요하다고 인정하는 때에는 법 제33조 제3항의 규정에 의하여 피고인의 명시적 의사에 반하지 아니하는 범위 안에서 국선변호인을 선정하여 방어권을 보장해 줄 필요가 있다.

9. 대법원 2016.11.10, 2016도7622 [국가9급 19]
제1심법원이 집행유예를 선고하였으나 검사만이 양형부당을 이유로 항소한 사안에서 항소심이 변호인이 선임되지 않은 피고인에 대하여 검사의 항소를 받아들여 형을 선고하는 경우, 바람직한 국선변호인 선정방법

헌법상 변호인의 조력을 받을 권리와 형사소송법의 여러 규정, 특히 형사소송법 제70조 제1항, 제201조 제1항에 의하면 구속사유는 피고인의 구속과 피의자의 구속에 공통되고, 피고인의 경우에도 구속사유에 관하여 변호인의 조력을 받을 필요가 있는 점 및 국선변호인 제도의 취지 등에 비추어 보면, 이 사건과 같이 피고인에 대하여 제1심법원이 집행유예를 선고하였으나 검사만이 양형부당을 이유로 항소한 사안에서 항소심이 변호인이 선임되지 않은 피고인에 대하여 검사의 양형부당 항소를 받아들여 형을 선고하는 경우에는 판결선고 후 피고인을 법정구속한 뒤에 비로소 국선변호인을 선정하는 것보다는, 피고인의 권리보호를 위해 판결선고 전 공판심리 단계에서부터 형사소송법 제33조 제3항에 따라 피고인의 명시적 의사에 반하지 아니하는 범위 안에서 국선변호인을 선정해 주는 것이 바람직하다는 점을 지적하여 둔다.

10. 대법원 2016.12.29, 2016도16661
국선변호인 선정청구가 있었고 빈곤으로 변호인을 선임할 수 없는 경우에 해당한다면 국선변호인을 선정해야 한다는 사례

피고인이 국민기초생활수급자 증명서 등 소명자료를 첨부하여 서면으로 국선변호인 선정청구를 하였는데, 원심이 위 청구를 기각한 후 피고인만 출석한 상태에서 심리를 진행한 다음 판결을 선고한 경우, 피고인이 빈곤으로 인하여 변호인을 선임할 수 없는 경우에 해당한다고 인정할 여지가 충분한데도 국선변호인 선정결정 없이 공판심리를 진행한 원심의 조치에는 법령위반의 잘못이 있다.

11. 대법원 2016.8.30, 2016도7672
법 제33조 제3항의 국선변호인의 선정은 재량이라는 사례

형사소송법 제33조는 제1항과 제3항에서 법원이 직권으로 변호인을 선정하여야 하는 경우를 규정하면서, 제1항 각 호에 해당하는 경우에 변호인이 없는 때에는 의무적으로 변호인을 선정하여야 한다고 규정한 반면, 제3항에서는 피고인의 연령·지능 및 교육 정도 등을 참작하여 권리보호를 위하여 필요하다고 인정하는 때에 한하여 재량으로 피고인의 명시적 의사에 반하지 아니하는 범위 안에서 변호인을 선정하여야 한다고 규정하고 있다. 따라서 법원은 형사소송법 제33조 제1항 각 호에 해당하는 경우가 아닌 한 권리보호를 위하여 필요하다고 인정하지 않으면 국선변호인을 선정하지 않아도 되고, 국선변호인을 선정하지 않고 공판심리를 하더라도 피고인의 방어권이 침해되어 판결에 영향을 미쳤다고 인정되지 않는 경우에는 형사소송법 제33조 제3항을 위반한 위법이 있다고 볼 수 없다.

12. 대법원 2019.1.4, 2018모3621; 2013.2.13, 2013모281

집행유예 취소청구 사건의 심리절차에서의 국선변호인의 선정 여부

국선변호인 제도는 구속영장실질심사, 체포 · 구속 적부심사의 경우를 제외하고는 공판절차에서 피고인의 지위에 있는 자에게만 인정되고 이 사건과 같이 집행유예의 취소청구 사건의 심리절차에서는 인정되지 않는다.

13. 대법원 2019.9.26, 2019도8531 [법원9급 20]

필요국선 사유 중 심신장애의 의심이 있는 때

법원이 국선변호인을 반드시 선정해야 하는 사유로 형사소송법 제33조 제1항 제5호에서 정한 '피고인이 심신장애의 의심이 있는 때'란 진단서나 정신감정 등 객관적인 자료에 의하여 피고인의 심신장애 상태를 확신할 수 있거나 그러한 상태로 추단할 수 있는 근거가 있는 경우는 물론, 범행의 경위, 범행의 내용과 방법, 범행 전후 과정에서 보인 행동 등과 아울러 피고인의 연령 · 지능 · 교육 정도 등 소송기록과 소명자료에 드러난 제반 사정에 비추어 피고인의 의식상태나 사물에 대한 변별능력, 행위통제능력이 결여되거나 저하된 상태로 의심되어 피고인이 공판심리단계에서 효과적으로 방어권을 행사하지 못할 우려가 있다고 인정되는 경우를 포함한다. … 따라서 원심이 변호인이 선임되지 않은 피고인에 대하여 국선변호인을 선정하지 아니한 채 공판절차를 진행한 조치는 소송절차가 형사소송법에 어긋나 위법하고, 위와 같이 위법한 공판절차에서 이루어진 소송행위는 무효라고 하여야 한다.

(2) 필요적 변호사건

① 법 제33조 제1항 각 호의 어느 하나에 해당하는 사건 및 동 제2항 · 제3항의 규정에 따라 변호인이 선정된 사건은 변호인 없이 개정하지 못한다. 따라서 변호인이 출석하지 아니한 때에는 법원은 직권으로 변호인을 선정하여야 한다(제282조 · 제283조). [국가9급 13]

② 단, 판결만을 선고할 경우에는 예외로 한다(제282조 단서). [경찰간부 12, 해경간부 12, 경찰승진 10, 경찰채용 05 3차]

☆ 판례연구 필요적 변호사건 관련판례

1. 대법원 1971.11.30, 71도1709

필요적 변호에 해당하지 아니하는 사선변호인 경우 피고인의 의사에 의하여 변호인이 없이 변론하여도 이의없다고 진술한 것이 무효라고 말할 수 없으므로 피고인의 변호인에게 기일통지를 하지 아니한 채 변론을 종결하였다 하여 변호인의 변호권을 제한한 것이라고는 보기 어렵다.

2. 대법원 1990.9.25, 90도1571 [경찰승진 10]

필요적 변호사건에서 사선변호인이 불출석하였으나 국선변호인이 출석한 공판기일은 적법하다는 사례

제282조의 필요적 변호사건에 있어서 선임된 사선변호인에 대한 기일통지를 하지 아니함으로써 사선변호인의 출석 없이 제1회 공판기일을 진행하였더라도 그 공판기일에 국선변호인이 출석하였다면 변호인 없이 재판한 잘못이 있다 할 수 없고, 또한 사선변호인이 제2회 공판기일부터는 계속 출석하여 변호권을 행사하였다면 사선변호인으로부터의 변호를 받을 기회를 박탈하였다거나 사선변호인의 변호권을 제한하였다 할 수 없다.

3. 대법원 1991.6.28, 91도865 [경찰승진 11, 경찰채용 12 1차]

필요적 변호사건에서 피고인 · 변호인이 무단퇴정한 경우 불출석재판이 가능하다는 사례

필요적 변호사건이라 하여도 피고인이 재판거부의 의사를 표시하고 재판장의 허가 없이 퇴정하고 변호인마저 이에 동조하여 퇴정해 버린 것은 모두 피고인 측의 방어권의 남용 내지 변호권의 포기로 볼 수밖에 없는 것이므로 수소법원으로서는 법 제330조에 의하여 피고인이나 변호인의 재정 없이도 심리판결 할 수 있다.

4. 대법원 1995.4.25, 94도2347 [경찰간부 12, 경찰승진 11, 국가9급 19]

필요적 변호사건에서 제1심의 공판절차가 변호인 없이 이루어진 경우, 항소심이 취해야 할 조치

형사소송법 제282조에 규정된 필요적 변호사건에 해당하는 사건에서 제1심의 공판절차가 변호인 없이 이루어진 경우, 그와 같은 위법한 공판절차에서 이루어진 소송행위는 무효이므로, 이러한 경우에는 항소심으로서는 변호인이 있는 상태에서 소송행위를 새로이 한 후 위법한 제1심판결을 파기하고, 항소심에서의 진술 및 증거조사 등 심리결과에 기하여 다시 판결하여야 한다.

5. 대법원 1999.4.23, 99도915 [법원9급 11, 경찰승진 09/10]

필요적 변호사건에서 변호인 없이 이루어진 공판절차에서의 소송행위의 효력(무효) 및 그 절차에서의 소송행위 외에 다른 절차에서 적법하게 이루어진 소송행위의 효력(유효)

필요적 변호사건의 공판절차가 사선변호인과 국선변호인이 모두 불출석한 채 개정되어 국선변호인 선정취소결정이 고지된 후 변호인 없이 피해자에 대한 증인신문 등 심리가 이루어진 경우, 그와 같은 위법한 공판절차에서 이루어진 피해자에 대한

증인신문 등 일체의 소송행위는 모두 무효라고 할 것이고, 다만 그 절차에서의 소송행위 외에 다른 절차에서 적법하게 이루어진 소송행위까지 모두 무효로 된다고 볼 수는 없다.

6. 대법원 2003.3.25, 2002도5748 [경찰승진 11, 경찰채용 21 2차]

필요적 변호사건에서 변호인 없이 심리·판결한 소송절차의 법령위반이 무죄판결에 영향은 없다는 사례

필요적 변호사건에서 변호인 없이 개정하여 심리를 진행하고 판결한 것은 소송절차의 법령위반에 해당하지만 피고인의 이익을 위하여 만들어진 필요적 변호의 규정 때문에 피고인에게 불리한 결과를 가져오게 할 수는 없으므로 그와 같은 법령위반은 무죄판결에 영향을 미친 것으로는 되지 아니한다(상대적 항소이유 ×).

7. 대법원 2011.4.28, 2011도2279 [국가9급 20, 경찰채용 21 2차]

피고인이 필요적 변호사건인 '흉기휴대 상해'의 폭처법 위반죄(구 폭처법상 3년 이상의 징역)로 기소된 후 '사기죄'의 약식명령에 대해 정식재판을 청구하여 제1심에서 모두 유죄판결을 받고 항소하였는데, 원심(항소심)이 국선변호인을 선정하지 아니한 채 두 사건을 병합·심리하여 항소기각판결을 선고한 경우, 변호인의 관여 없이 공판절차를 진행한 위법은 필요적 변호사건이 아닌 사기죄 부분에도 미치며, 이는 사기죄 부분에 대해 별개의 벌금형을 선고하였더라도 마찬가지이므로 원심판결을 전부 파기한다.

(3) 구속전피의자심문(영장실질심사) : 구속영장을 청구받은 지방법원판사가 피의자를 심문하는 경우에(제201조의2), 심문할 피의자에게 변호인이 없는 때에는 직권으로 변호인을 선정하여야 한다. 이 경우 변호인의 선정은 피의자에 대한 구속영장청구가 기각되어 효력이 소멸한 경우를 제외하고는 **제1심까지 효력**이 있다(동조 제8항). 법원은 변호인의 사정이나 그 밖의 사유로 변호인 선정결정이 취소되어 변호인이 없게 된 때에는 직권으로 변호인을 다시 선정할 수 있다(동조 제9항).[1]

(4) 체포·구속적부심사절차 : ① 체포되거나 구속된 피의자에게 변호인이 없는 때에는 제33조를 준용한다(제214조의2 제10항). ② 종래는 피의자에 대하여 국선변호를 인정한 유일한 규정이었다. 그러나 구속피의자에게는 구속전피의자심문절차에서 이미 국선변호인이 선정되어 있기 때문에 적부심사절차에서 국선변호인 선정이 의미를 가지는 것은 체포된 피의자가 체포적부심사를 청구한 경우에 한한다(이/조, 138면).

(5) 재심사건 : ① 사망자 또는 회복할 수 없는 심신장애자를 위하여 재심의 청구가 있는 때, 유죄의 선고를 받은 자가 재심의 판결 전에 사망하거나 회복할 수 없는 심신장애자로 된 때에 재심청구자가 변호인을 선임하지 아니한 경우에는 재판장은 직권으로 변호인을 선임하여야 한다(제438조 제4항). ② 그러나 재심개시결정을 구하는 재심청구절차(재심개시결정 전 절차)에서는 재심청구인이 국선변호인 선정을 청구할 수 없다.

대법원 1993.12.3, 92모49 [경찰채용 21 1차]

국선변호인제도는 구속적부심의 경우를 제외하고는(지금은 영장실질심사도 포함) 공판절차에서 피고인의 지위에 있는 자에게만 인정되는 것으로서, 공판절차가 아닌 재심개시결정 전의 절차에서 재심청구인이 국선변호인선임청구를 할 수는 없으므로, 원심이 같은 취지에서 재심청구인의 이 사건 국선변호인선임청구를 기각한 것은 옳다.

보충 예컨대, 유죄판결이 확정된 피고인이 수형자인 경우에는 재심청구인이라 하여도 국선변호인선임청구권이 없고 이에 따라 변호인과의 접견교통권이 없다. 이 경우 수형자는 재심개시결정이 확정된 후에는 재심절차상 피고인이 되므로 이때 필요적 변호사건이 되고 접견교통권이 주어진다.

(6) 공판준비절차 : 법원은 공판준비기일이 지정된 사건에 관하여 변호인이 없는 때에는 직권으로 변호인을 선정하여야 한다(제266조의8 제4항). [경찰채용 10 1차, 국가9급 20]

(7) 국민참여재판절차 : 참여재판이 이루어지는 사건에 대하여 피고인에게 변호인이 없는 때에는 법원은 직권으로 변호인을 선정하여야 한다(국참 제7조). [경찰채용 09 1차/11 1차/13 2차]

(8) 기타 : ① 즉결심판에 대한 정식재판청구(96도3069), ② 치료감호청구사건(치료감호법 제15조 제2항) [국가9급 13], ③ 범죄신고자 등이 보복을 당할 우려가 있어 피고인을 퇴정시킬 때(특정범죄신고자보호법 제11조

---

1) [참고] 2006년 형사소송법 일부 개정법률에 의하여 국선변호가 대폭 확대된 결과이며, 이에 의하여 구속된 피고인뿐만 아니라 피의자에 대하여도 공판과 수사절차에서 전면적인 국선변호가 인정되었다.

제5항·제6항), ④ 전자장치부착명령청구사건(전자장치법 제11조), ⑤ 군사법원관할사건(군사법원법 제62조 제1항), ⑥ 성폭력피해자와 법정대리인에게 변호사가 없는 경우 검사가 국선변호사를 지정하여 피해자 등을 보호하는 경우(피해자를 위한 국선변호사, 성폭법 제27조, 아청법 제30조) [국가9급 17] (구미7농심단3, 영적준재즉 참재치보복장군).

대법원 1997.2.14, 96도3059 [경찰승진 01/11, 경찰채용 08 2차]

즉결심판에 불복하여 정식재판을 청구한 경우, 필요적 변호사건에서 변호인 불출석시 법원이 직권으로 변호인을 선정하여야 하는 형사소송법 제283조의 적용 여부(적극)

즉결심판에 관한 절차법 제14조 제4항은 형사소송법 제455조의 규정은 정식재판의 청구에 이를 준용한다고 규정하고 있고, 형사소송법 제455조 제3항은 "정식재판의 청구가 적법한 때에는 공판절차에 의하여 심판하여야 한다."라고 규정하고 있는바, 위 각 규정 내용에 비추어 보면 즉결심판을 받은 피고인이 정식재판청구를 함으로써 공판절차가 개시된 경우에는 통상의 공판절차와 마찬가지로 국선변호인의 선정에 관한 형사소송법 제283조의 규정이 적용된다.

---

3. 선정절차

(1) **공소제기 전** : ① 구속전피의자심문(영장실질심사, 제201조의2)에 따라 심문할 피의자에게 변호인이 없거나 ② 체포·구속적부심사를 청구(제214조의2)한 피의자에게 변호인이 없는 때에는 법원 또는 지방법원 판사는 지체 없이 국선변호인을 선정하고 피의자와 변호인에게 그 뜻을 고지하여야 한다(규칙 제16조 제1항). 이 경우 국선변호인에게 피의사실의 요지 및 피의자의 연락처 등을 함께 고지할 수 있다(동조 제2항). 구속영장이 청구된 후 또는 체포·구속의 적부심사를 청구한 후에 변호인이 없게 된 때에도 같다(동조 제4항). 위의 고지는 서면 이외에 구술·전화·모사전송·전자우편·휴대전화 문자전송 그 밖에 적당한 방법으로 할 수 있다(동조 제3항).

(2) **공소제기의 경우**

① 선정의 고지 : 재판장은 공소제기가 있는 때에는 변호인 없는 피고인에게 다음의 취지를 서면으로 고지한다(규칙 제17조 제1항·제2항).

(가) 제33조 제1호 내지 제6호에 해당하는 때에는 변호인 없이 개정할 수 없는 취지와 피고인 스스로 변호인을 선임하지 아니할 경우에는 법원이 국선변호인을 선정하게 된다는 취지 [경찰승진 09]

(나) 제33조 제2항에 해당하는 때에는 법원에 대하여 국선변호인의 선정을 청구할 수 있다는 취지(단, 판례는 고지의무 부정, 94도1467)

(다) 제33조 제3항에 해당하는 때에는 법원에 대하여 국선변호인의 선정을 희망하지 아니한다는 의사를 표시할 수 있다는 취지

② 직권 및 청구에 의한 선정

(가) 선정·고지 : 법원은 위의 고지를 받은 피고인이 변호인을 선임하지 아니한 때 및 제33조 제2항의 규정에 의하여 국선변호인 선정청구가 있거나 같은 조 제3항에 의하여 국선변호인을 선정하여야 할 때에는 지체 없이 국선변호인을 선정하고, 피고인 및 변호인에게 그 뜻을 고지하여야 한다(규칙 제17조 제3항). 공소제기 후 변호인이 없게 된 때에도 같다(동조 제4항).

(나) 직권·청구·청구기각불복 : 국선변호인의 선정은 법원의 직권에 의하나, 법 제33조 제2항(청구국선)의 경우에는 피고인의 청구가 있어야 한다. 이 경우에 피고인은 소명자료를 제출하여야 하나, 기록에 의하여 그 사유가 소명되었다고 인정될 때에는 그러하지 아니하다(규칙 제17조의2). 국선변호인 선정청구가 있는 경우에 법원이 아무런 결정을 하지 않는 것은 위법하다(대법원 1995.2.28, 94도2880). 다만, **국선변호인 선정청구를 기각한 결정에 대해서는** 즉시항고·재항고 등의 방법으로 **불복할 수 없다**(대법원 1993.12.3, 92모49).

(다) 불출석·선정·선정취소 : 이미 선임된 변호인 또는 선정된 국선변호인이 출석하지 아니하거나 퇴정한 경우에 부득이한 때에는 피고인 또는 피의자의 의견을 들어 재정 중인 변호사 등을 국선변호인으로 선정할 수 있다(규칙 제19조 제1항). 이 경우 이미 선정되었던 국선변호인에 대하여 그 선정을 취소할 수 있다(동조 제2항).

(3) 국선변호인의 자격과 수

① **국선변호인의 자격** : 변호사·공익법무관(단, 법무부 등 근무 ×)·사법연수생 중에서 선정한다. 그러나 부득이한 때에는 변호사 아닌 자(📖 법원사무관, 단 상고심 ×) 중에서 선정할 수 있다(규칙 제14조)(비변호사의 선정은 입법론적 문제 있음). [경찰채용 10 1차]

② **국선변호인의 수** : 피고인·피의자마다 1인의 국선변호인을 선정한다. 다만, 사건의 특수성에 비추어 필요하다고 인정할 때에는 수인을 선정할 수 있다. 피고인·피의자 수인 간에 **이해가 상반되지 아니할 때**에는 그 수인의 피고인·피의자를 위하여 **동일한 국선변호인**을 선정할 수 있다(규칙 제15조). [경찰채용 12 1차/2차] 법원은 기간을 정하여 법원의 관할구역 안에 사무소를 둔 변호사 중에서 국선변호를 전담하는 변호사(국선전담변호사)를 지정할 수 있다(규칙 제15조의2). [법원9급 07] 또 지방법원 또는 지원은 국선변호를 담당할 것으로 예정한 변호사, 공익법무관, 사법연수생 등을 일괄등재한 국선변호인 예정자명부를 미리 작성할 수 있다. 이 경우 국선변호인 업무의 내용 및 국선변호인 예정일자를 미리 지정할 수 있다(규칙 제16조의2 제1항).

🔨 판례연구 이해 상반 피고인들에 대한 동일 국선변호인 선정금지 사례

1. 대법원 2014.12.24, 2014도13797; 2000.11.24, 2000도4398 [경찰승진 12]

공범관계에 있지 않은 공동피고인들 사이에서도 공소사실의 기재 자체로 보아 어느 피고인에 대한 유리한 변론이 다른 피고인에 대하여는 불리한 결과를 초래하는 사건에서는 공동피고인들 사이에 이해가 상반된다고 할 것이어서, 그 공동피고인들에 대하여 선정된 동일한 국선변호인이 공동피고인들을 함께 변론한 경우에는 규칙 제15조 제2항에 위반된다.

2. 대법원 2015.12.23, 2015도9951 [국가7급 16]

공소사실 기재 자체로 보아 어느 피고인에 대한 유리한 변론이 다른 피고인에게는 불리한 결과를 초래하는 경우 공동피고인들 사이에 이해가 상반된다. 이해가 상반된 피고인들 중 어느 피고인이 법무법인을 변호인으로 선임하고, 법무법인이 담당변호사를 지정하였을 때, 법원이 담당변호사 중 1인 또는 수인을 다른 피고인을 위한 국선변호인으로 선정한다면, 국선변호인으로 선정된 변호사는 이해가 상반된 피고인들 모두에게 유리한 변론을 하기 어렵다. 결국 이로 인하여 다른 피고인은 국선변호인의 실질적 조력을 받을 수 없게 되고, 따라서 국선변호인 선정은 국선변호인의 조력을 받을 피고인의 권리를 침해하는 것이다.

---

4. 선정의 법적 성질

국선변호인 선정의 법적 성질에 관하여는 재판설, 공법상의 일방행위설 및 공법상의 계약설이 제시되나, 재판장 또는 법원이 소송법에 의하여 행하는 단독의 의사표시인 명령이라고 보는 **재판설**이 통설이다(법원행정처의 입장이기도 함). 이에 의하면 선정에는 국선변호인의 동의를 요하지 않고, 선정된 변호인은 재판장의 해임명령(선정의 취소)이 없으면 사임할 수 없다. 형사소송규칙 제20조가 국선변호인의 사임에는 법원의 허가를 얻도록 규정하고 있는 것도 재판설과 태도를 같이한다. [국가9급 13]

🔨 판례연구 국선변호인 선정절차 관련판례

1. 대법원 1974.8.30, 74도1965 [경찰승진 09]

제1심에서 변호사 아닌 법원사무관을 국선변호인으로 선임할 수 있는가 여부(적극)

형사소송법 제31조의 규정에 대법원 이외의 법원은 특별한 사정이 있으면 변호사 아닌 자를 변호인으로 선임함을 허가할 수 있다고 하였으므로 국선변호인으로 변호사 아닌 법원사무관을 변호인으로 선임하였다 하여 위법됨이 없을 뿐 아니라 헌법위반이 될 리도 없다.

2. 대법원 1983.10.11, 83도2117 [국가9급 13, 경찰승진 12]

빈곤 기타 사유로 변호인을 선임할 수 없으나 피고인의 청구가 없어서 국선변호인을 선정하지 않은 사례

형사소송법 제33조 제5호에 의하여 빈곤 기타 사유로 변호인을 선임할 수 없을때 국선변호인을 선정하는 것은 피고인의 청구가 있는 경우에 한하는 것인바, 피고인이 원심변론종결시까지 위 법조에 의한 국선변호인 선정을 청구한 일이 없다면 국선변호인을 선정함이 없이 진행한 공판절차는 위법이라고 할 수 없다.

3. 대법원 1993.12.3, 92모49 [경찰승진 02/09/10/11/13, 경찰채용 13 2차]

국선변호인 선임청구 기각결정에 대해서는 불복할 수 없다는 사례

국선변호인 선임청구를 기각한 결정은 판결 전의 소송절차이므로, 그 결정에 대하여 즉시항고를 할 수 있는 근거가 없는 이상 그 결정에 대하여는 재항고도 할 수 없다.

4. 대법원 1995.2.28, 94도2880

경제적 어려움을 이유로 한 국선변호인 선임신청에 대하여 아무런 결정을 하지 아니한 것은 위법

피고인이 탄원서에서 경제적 어려움으로 인하여 변호인을 선임할 수 없다는 이유로 증인의 위증을 밝히기 위한 은행구좌 및 자금경로의 조사와 증인신문 및 감정신청을 위하여 국선변호인 선임신청을 법원에 하였음에도 법원이 피고인의 위 신청에 대하여 아무런 결정을 하지 아니한 것은 위법하다.

보충 다만, 피고인은 변호인을 선임할 수 없는 사유에 대하여서는 아무런 소명을 하지 않고 있고(규칙 제17조의2) 달리 피고인이 빈곤하여 변호인을 선임할 수 없었다고 인정할 만한 자료도 없어 결국 피고인의 위 국선변호인 선임신청은 이유 없다 할 것이므로, 이러한 위법은 판결 결과에는 영향이 없다 하겠다.

5. [유사판례] 대법원 2013.7.11, 2012도16334

제1심에서 국선변호인 선정청구가 인용되고 불구속 상태로 실형을 선고받은 피고인이 그 후 별건 구속된 상태에서 항소를 제기하여 다시 국선변호인 선정청구를 하였는데, 원심이 이에 대해 아무런 결정도 하지 않고 공판기일을 진행하여 실질적 변론과 심리를 모두 마치고 난 뒤에 국선변호인 선정청구를 기각하고 판결을 선고한 경우, … 원심의 조치에는 국선변호인 선정에 관한 형사소송법 규정을 위반한 잘못이 있다.

5. 선정의 취소와 사임

(1) 선정의 취소

① 취소사유

(가) 필요적 취소사유 : ㉠ 피고인·피의자에게 변호인이 선임된 때, ㉡ 국선변호인이 제14조 제1항 및 제2항에 규정한 자격을 상실한 때, ㉢ 법원 또는 지방법원판사가 제20조의 규정에 의하여 국선변호인의 사임을 허가한 때(규칙 제18조 제1항). [경찰채용 09 1차]

(나) 임의적 취소사유 : 국선변호인이 그 직무를 성실히 수행하지 아니하거나 기타 상당한 이유가 있는 때(동조 제2항). [경찰승진 09]

② 취소의 통지 : 선정을 취소한 때에는 법원은 지체 없이 그 뜻을 해당되는 국선변호인과 피고인·피의자에게 통지하여야 한다(동조 제3항).

(2) 국선변호인의 사임

① 사임이유 : ㉠ 질병·장기여행으로 인하여 국선변호인의 직무를 수행하기 곤란할 때, ㉡ 피고인·피의자로부터 폭행·협박·모욕을 당하여 신뢰관계를 지속할 수 없을 때, ㉢ 고인·피의자로부터 부정한 행위를 할 것을 종용받았을 때, ㉣ 기타 국선변호인으로서의 직무를 수행할 수 없다고 인정할 만한 상당한 사유가 있을 때(규칙 제20조).

② 사임절차 : 법원의 허가가 있어야 한다(규칙 제20조). [법원9급 11, 경찰승진 12]

대법원 1997.7.22, 97도1356 · 97감도44

국선변호인의 선정취소권의 불행사가 판결에 영향을 미친 위법에 해당하는지 여부(소극)

형사소송규칙 제21조에 따르면 법원이 국선변호인에 대하여 불성실한 사적이 현저하면 그 사유를 대한변호사협회장이나 소속 지방변호사회에 통고할 수 있고, 같은 규칙 제18조 제2항의 규정에 따르면 법원은 국선변호인이 그 직무를 성실히 수행하지 아니하거나 기타 상당한 이유가 있는 때에는 국선변호인의 선정을 취소할 수 있으나, 이들은 모두 임의적인 규정으로서 설령 법원이 그와 같은 권한을 적절하게 행사하지 아니하였다 하더라도 그 사실만으로 바로 판결 결과에 영향을 미치는 위법이 있다고 할 수는 없다.

---

6. 보 수

국선변호인은 일당·여비·숙박료 및 보수를 청구할 수 있다(형사소송비용법 제1조 제3호, 제2조 제3항). 다만, 일당·여비와 숙박료는 국선변호인이 기일에 출석하거나 조사 또는 처분에 참여한 경우에 한하여 지급한다(동법 제10조). 보수는 대법관회의에서 정하며 심급별로 지급하나, 당해 재판장은 사안의 난이 등을 참작하여 이를 증액할 수 있다(동규칙 제6조).

Ⅰ 지위의 이중성

변호인의 지위에 대하여 대리인설, 사법기관설, 절충설의 대립이 있으나 실체적 진실발견과 피고인 · 피의자의 이익보호가 상충할 수 있는 형사절차의 복합적 성격을 고려할 때 보호자적 지위와 공익적 지위를 함께 갖는다는 절충설이 타당하다. 변호사법도 "변호사는 공공성을 지닌 법률 전문직으로서 독립하여 자유롭게 그 직무를 행한다(동법 제2조)."라고 규정하고 있는바, 이는 피고인 · 피의자의 지시로부터 독립하여, 형사사법기관에의 협조의무로부터 자유롭게 직무를 행함을 말하므로, 절충설과 조화되고 있다.

Ⅱ 보호자적 지위

1. 의 의

변호인은 형사절차에서 피고인 · 피의자의 이익을 보호할 임무가 있는 피고인 · 피의자의 보호자이다. 이는 변호인의 가장 기본적 지위에 해당한다. 즉, 변호인은 피고인 · 피의자의 보호자로서 무죄추정의 원칙과 무기평등의 원칙을 현실적으로 구체화시킨다.

2. 변호활동의 내용

(1) **법적 조언의 제공** : 변호인은 피의자 · 피고인의 소송법적 권리와 실체법적 문제점들에 대하여 충실한 법적 조언을 해주고, 접견교통권을 행사하여 체포 · 구속된 피의자 · 피고인의 불안감과 열등감을 해소시키고 방어전략의 수립에 도움을 주어야 한다.

(2) **유리한 소송활동** : 변호인은 피의자 · 피고인에게 유리한 증거를 수집 · 제출하고 유리한 사실을 주장하여야 하고, 불이익한 활동을 해서는 안 된다. 예컨대, 고소인 · 피의자를 만나 고소취소 · 합의를 종용하는 것도 변호활동에 속한다.

3. 독립적 지위

(1) **의의** : 변호인은 피의자 · 피고인의 의사에 종속되는 단순한 대리인이 아니라 보호자로서 피의자 · 피고인에 대한 관계에서도 독립된 지위를 가지고 있다. 이 점에서 민사소송의 소송대리인과 구별된다.

(2) **내용** : 피고인의 소송행위에 대한 포괄대리권 이외에 독립대리권과 고유권을 가지고 있다. 따라서 피고인의 의사에 반하여 피고인에게 유리한 증거를 제출할 수 있다.

4. 비밀유지의무

(1) **신뢰보호** : 변호인은 그 직무상 알게 된 비밀을 누설하여서는 안 된다. 보호자인 변호인에 대한 피의자 · 피고인의 신뢰를 보호하기 위해서이다.

(2) **침묵의무** : 변호인은 피의자 · 피고인이 유죄임을 아는 경우에도 이를 검사나 법원에 고지할 의무가 없다.

5. 변호사 - 의뢰인특권 인정 여부

영미법계 국가에서는 변호인과 의뢰인 사이에서 의뢰인이 법률자문을 받을 목적으로 비밀리에 이루어진 의사교환에 대하여 의뢰인이 공개를 거부할 수 있는 이른바 변호사 - 의뢰인특권(Attorney-Client Privilege, Legal Professional Privilege)이 인정되고 있다(미국 연방증거법 제501호, 제502조). 명문의 규정이 없는 우리나라에서 인정되는지 문제되는데, **대법원판례는 이를 부정**하였다(대법원 2012.5.17, 2009도6788).

> **대법원 2012.5.17, 2009도6788**
> 변호인의 조력을 받을 권리, 변호사와 의뢰인 사이의 비밀보호 범위 등에 관한 헌법과 형사소송법 규정의 내용과 취지 등에 비추어 볼 때, 아직 수사나 공판 등 형사절차가 개시되지 아니하여 피의자 또는 피고인에 해당한다고 볼 수 없는 사람이 일상적 생활관계에서 변호사와 상담한 법률자문에 대하여도 변호사의 조력을 받을 권리의 내용으로서 그 비밀의 공개를 거부할 수 있는 의뢰인

의 특권을 도출할 수 있다거나, 위 특권에 의하여 의뢰인의 동의가 없는 관련 압수물은 압수절차의 위법 여부와 관계없이 형사재판의 증거로 사용할 수 없다는 견해는 받아들일 수 없다고 하겠다. 원심이 이 사건 법률의견서의 증거능력을 부정하는 이유를 설시함에 있어 위와 같은 이른바 변호인-의뢰인 특권을 근거로 내세운 것은 적절하다고 볼 수 없다.

Ⅲ 공익적 지위

1. 의 의

변호인은 법관·검사와 함께 형사절차에 관하여 형사소송의 이념을 실현하는 독립된 법조기관으로서의 지위를 가지므로, 피의자·피고인의 정당한 이익을 보호함으로써 국가형벌권이 실체적 진실에 입각하여 정당하게 행사되도록 협력해야 할 의무가 있다.

2. 진실의무

(1) 의의 : 변호인에게 그 직무를 수행함에 있어서 진실은폐·허위진술 등에 의해서 실체적 진실발견을 부당하게 방해하지 아니할 의무가 있다(진실의무, Wahrheitspflicht). 이는 공정한 재판의 이념을 근거로 인정되는 의무이다.

(2) 내용 : 변호인의 진실의무는 피의자·피고인에게 유리한 사실을 밝힘으로써 추구하는 소극적 의무에 불과하다. 변호인에게 법원·검사와 같은 적극적 진실의무가 있다면 무기평등의 원칙의 실현이라는 변호인제도의 취지에 반하기 때문이다.

3. 보호자적 지위와의 조화

(1) 양 지위의 관계 : 변호인의 보호자적 지위와 공익적 지위가 충돌하는 경우의 조화가 문제된다. 이 경우 보호자적 지위가 기본이고, 공익적 지위는 피고인에 대한 보호기능을 행사함에 있어서 진실에 구속되어야 한다는 소극적 의미를 갖는다.

(2) 양 지위의 조화

① 법적 조언 : 법적 조언을 하는 것은 변호인의 보호자적 지위의 핵심적 요소이므로 피고인이 악용할지라도 무제한하게 허용된다. 따라서 피고인에게 증언내용·증거와 같은 사실이나 이에 대한 판단을 가르쳐 주는 것도 허용된다.

② 피고인의 행위 지시 : 소송법상의 권리를 행사할 것을 권고하는 것은 당연히 허용된다. 따라서 진술거부권의 행사를 권고하는 것은 진실의무에 반하지 않는다(대법원 2007.1.31, 2006모656, 2006모657). [경찰채용 12 1차] 그러나 **허위진술**(대법원 2012.8.30, 2012도6027), **임의자백의 철회를 권고하는 것은 진실의무에 반한다**.

③ 증거수집 : 유리한 증거를 수집·제출하는 것은 변호인의 당연한 의무이나, 불리한 증거를 수집·제출해야 할 의무는 없다. 증인을 법정 이외의 장소에서 사전에 신문하거나 증인에게 증언거부권의 행사를 권고하는 것도 진실의무에 반하지 않는다. 다만, **위증·증거인멸 교사 및 범인도피** 등 행위는 공익적 지위에 반한다.

④ 자백과 무죄변론 : 피고인의 자백에 의하여 유죄임을 안 경우에도 이를 법원·검사에게 고지할 의무는 없고(비밀유지의무), 입증미비(증거불충분)를 이유로 무죄변론을 할 수 있다. [경찰채용 15 1차] 또한 피고인의 자백이 사실과 다르다고 믿은 때에는 변호인은 당연히 무죄변론을 하여야 한다.

⑤ 상소 : 상소기록이 사실과 달리 잘못 기재되어 있는 경우에 변호인이 이를 이유로 상소하는 것은 진실의무에 반하지 않는다.

🔨 판례연구 변호인의 진실의무

1. 대법원 2007.1.31, 2006모656; 2007.1.31, 2006모657 [법원9급 17, 국가7급 12, 경찰채용 12]

변호사의 진실의무와 피의자 또는 피고인의 진술거부권행사 권유와의 관계

변호사인 변호인에게는 변호사법이 정하는 바에 따라 이른바 진실의무가 인정되는 것이지만, 변호인이 신체구속을 당한 사람에게 법률적 조언을 하는 것은 그 권리이자 의무이므로 변호인이 적극적으로 피고인 또는 피의자로 하여금 허위진술을 하도록 하

는 것이 아니라 단순히 헌법상 권리인 진술거부권이 있음을 알려 주고 그 행사를 권고하는 것을 가리켜 변호사로서의 진실의무에 위배되는 것이라고는 할 수 없다.

2. 대법원 2012.8.30, 2012도6027

적극적으로 허위진술을 하거나 피고인 또는 피의자로 하여금 허위진술을 하도록 하는 것 ×

변호사는 공공성을 지닌 법률 전문직으로서 독립하여 자유롭게 직무를 수행하여야 하고(변호사법 제2조), 직무를 수행하면서 진실을 은폐하거나 거짓 진술을 하여서는 아니 된다(동법 제24조 제2항). 따라서 사변호인의 기본적인 임무가 피고인 또는 피의자를 보호하고 그의 이익을 대변하는 것이라고 하더라도, 그러한 이익은 법적으로 보호받을 가치가 있는 정당한 이익으로 제한되고, 변호인이 의뢰인의 요청에 따른 변론행위라는 명목으로 수사기관이나 법원에 대하여 적극적으로 허위의 진술을 하거나 피고인 또는 피의자로 하여금 허위진술을 하도록 하는 것은 허용되지 않는다(변호인에게 범인도피방조죄를 인정한 사례).

04 변호인의 권한

I 대리권

1. 의의와 종류

변호인의 성질상 대리가 허용되는 소송행위에 관하여 피의자·피고인을 포괄적으로 대리할 수 있는 권리를 말하며, 독립대리권과 종속대리권으로 나뉜다.

2. 독립대리권

(1) 의의 : 본인의 의사에 반하여 행사할 수 있는 대리권을 말한다(제36조).

(2) 종 류
   ① 본인의 명시적 의사에 반해서도 행사할 수 있는 것 : **예** **구속취소의 청구**(제93조), **보석의 청구**(제94조) [국가9급 13], **증거보전의 청구**(제184조 제1항), **공판기일변경신청**(제270조 제1항) [경찰채용 14 1차], **증거조사에 대한 이의신청**(제296조 제1항)
   ② 본인의 (명시적 의사에 반할 수 없으나) 묵시적 의사에 반해서 행사할 수 있는 것 : **예** **기피신청**(제18조 제2항) [국가7급 08], **증거동의**(判, 제318조 제1항)(通 : 종속대리권), **상소제기**(제341조 제1항)(= 정식재판청구) [경찰간부 13]

3. 종속대리권

(1) 의의 : 본인의 의사에 반해서는 행사할 수 없는 대리권을 말한다.

(2) 내용 : **예** **관할이전의 신청**(제15조), **관할위반의 신청**(제320조 제1항), **상소취하**(제349조), [법원9급 17] **정식재판청구의 취하**(제458조)

II 고유권

1. 의 의

(1) 개념 : 본인의 소송법상의 권리와는 별도로 변호인에게 독자적으로 인정된 권리를 말한다. 변호인의 변호활동을 철저히 보장하기 위해서 인정된 권리이다.

(2) 대리권과의 차이 : 본인의 권리가 소멸한 경우에 변호인의 대리권은 소멸하지만 고유권은 소멸하지 않는다.

2. 종 류

(1) 변호인만이 가지는 권리(협의의 고유권) : **예** 접견교통권(제34조), 피고인신문권(제296조의2 제1항), 상고심에서의 변론권(제387조)

(2) 피고인 또는 피의자와 중복하여 가지고 있는 권리 : **예** 서류·증거 열람·등사권(제35조, 제266조의3~4) [교

정9급 12], 압수 · 수색 · 검증영장의 집행에의 참여(제121조, 제145조), 감정에의 참여(제176조 제1항), 증인신문에의 참여(제163조 제1항), 증거제출권 · 증인신문신청권(제294조), 증인신문권(제161조의2 제1항), 최종의견진술권(제303조)

> [정리] 변호인의 권한 : 종 – 관정상, 묵 – 기동상, 명 – 구보증보증이공, 변호인 혼자 변신교통, 피고인과 함께 열참출신/최후진술.

III 피의자신문참여권

검사 또는 사법경찰관의 피의자신문에 변호인이 참여할 수 있는 권리를 말한다. 2007년 개정 형사소송법은 수사기관의 피의자신문과정에서 변호인의 도움을 받을 권리를 실질적으로 보장하기 위하여 변호인의 피의자신문참여권을 명문으로 인정하였다(제243조의2). 이는 수사기관인 검사 또는 사법경찰관의 피의자신문시에 변호인의 도움을 실질적으로 보장하기 위한 것이다. 자세한 내용은 임의수사 중 피의자신문에서 후술할 것이다.

IV 접견교통권

변호인이나 변호인이 되려는 자는 신체가 구속된 피고인 · 피의자와 접견하고 서류 · 물건을 수수(授受)하고 의사로 하여금 피고인이나 피의자를 진료하게 할 수 있는 권리를 말한다(2020.12.8 우리말 순화 개정법 제34조). 변호인의 권리 중 가장 본질적이고 핵심적인 권리로서 고유권에 속한다. 이는 구속피의자 · 피고인과의 협의를 통하여 방어준비를 할 수 있고, 부당한 처우의 유무를 확인함으로써 인권침해를 방지하기 위한 것이다. 자세한 내용은 강제수사 중 구속에서 후술할 것이다.

V 형사기록열람 · 등사권

피고인과 변호인은 소송계속 중(공소제기 후 공판단계)의 관계서류 또는 증거물을 열람하거나 복사할 수 있다(제35조 제1항). [국가9급 09] 또한 2007년 개정법에서는 피고인의 방어권을 충실히 보장하기 위해 공소제기 후 검사가 보관하는 서류 등에 대한 피고인 · 변호인의 열람 · 등사를 허용하고(제266조의3 이하), 검사도 피고인 · 변호인의 일정 서류 등에 대한 열람 · 등사를 요구할 수 있는(제266조의11) 증거개시제도를 마련하게 되었다. 자세한 것은 공판절차 중 증거개시에서 설명할 것이다.

※ 현행 변호인제도의 개선방안(입법론, 참고)

(1) 변호인의 소송법적 지위의 강화 : ① 수사단계에서 수사기관이 보관하는 관계서류 · 증거물에 대해서도 변호인에게 열람 · 등사권을 확대하여야 한다. 수사방해의 우려가 있는 경우에는 수사기관에게 열람 · 등사거부권을 인정하되, 이 역시 피의자 · 변호인이 법원에 열람 · 등사처분 허용결정을 청구할 수 있도록 하여야 한다. ② 피의자신문참여권 행사에 있어서 신문 중 의견진술도 적절한 범위에서 가능하도록 할 필요가 있다.

(2) 국선변호의 실효성 제고 : ① 국선변호인 보수의 대폭적 인상이 필요하다. ② 비변호사의 국선변호인 선정제도를 폐지해야 한다. ③ 실질적 조력을 받을 수 있도록 즉석국선변호인제도를 폐지해야 한다. ④ 국선변호의 전문화 및 선정의 투명성을 위해 미국의 public defender 제도의 장점도 수용해야 한다.

※ 보조인(2015.7.31. 개정)

(1) 의의 : 피의자 · 피고인의 일정한 신분관계에 기한 정의(情誼)에 의하여 피의자 또는 피고인의 이익을 보호하는 보조자를 말한다. 변호인제도를 보충하는 의미를 가진다.

(2) 자격 : 직계친족, 배우자, 형제자매, 법정대리인(제29조 제1항) [법원9급 07/09/10] 이러한 자가 없는 경우 신뢰관계인이 될 수 있다(동조 제2항).

(3) 절차 : 보조인이 되고자 하는 자는 심급별로 그 취지를 신고하여야 한다(제29조 제3항). [법원9급 09] 보조인의 신고를 할 때는 보조인이 되고자 하는 자와 피고인 · 피의자와의 신분관계를 소명하는 서면을 첨부하여야 한다. 한편 공소제기 전의 보조인 신고는 제1심에도 그 효력이 있다.

(4) 권한 : 보조인은 독립하여 피고인 또는 피의자의 명시한 의사에 반하지 아니하는 소송행위를 할 수 있다. 단, 법률에 다른 규정이 있는 때에는 예외로 한다(제29조 제4항). [법원9급 07/09] 또한 독립대리권만 인정되고, 변호인과 같은 명시한 의사에 반하는 독립대리권 및 고유권은 인정되지 않는다.

---

02 소송행위

📂 5개년 출제경향 분석

구분	경찰간부					경찰승진					경찰채용					국가7급					국가9급					법원9급					변호사				
	19	20	21	22	23	20	21	22	23	24	20	21	22	23	24	19	20	21	22	23	20	21	22	23	24	19	20	21	22	23	20	21	22	23	24
제1절 소송행위의 의의와 종류	1															2	1		1	1	1						1	1	1			1			
제2절 소송행위의 일반적 요소																			1	1															
제3절 소송행위의 가치판단																				1										1					
제4절 소송조건		1																																	
출제율	2/200 (1.0%)					0/200 (0.0%)					0/160 (0.0%)					8/100 (8.0%)					1/115 (0.9%)					5/125 (4.0%)					0/200 (0.0%)				

제1절 | 소송행위의 의의와 종류

01 소송행위의 의의 및 특징

1. 의 의

소송행위(訴訟行爲, procedural act, Prozesshandlung)란 소송절차(형사절차)를 형성하는 행위로서 소송법상 효과가 인정되는 것을 말한다. 협의로는 공소제기로부터 판결의 확정에 이르기까지의 소송절차를 조성하는 개개의 행위로서 소송법적 효과가 인정되는 행위를 말하고, 광의로는 협의의 소송행위 이외에 수사절차와 재판의 집행절차를 조성하는 개개의 행위를 포함하는 개념이다. 다만, 법관의 임면이나 사건의 배당 등과 같은 사법행정상의 행위는 소송절차를 형성하는 행위가 아니므로 소송행위가 될 수 없다.

2. 특징 - 형식적 확실성과 절차유지의 원칙

(1) **형식적 확실성** : 소송행위는 소송절차를 구성하는 개별행위로서 각각의 행위는 항시 다음 절차로의 이행을 염두에 두어야 하기 때문에, 그 적법·유효성이 명확하게 판단되어야 함이 원칙인바, 이를 형식적 확실성이라 한다. 따라서 소송행위에 하자가 있는 경우, 그 행위는 무효사유에 해당하는지가 문제된다.

(2) **절차유지의 원칙**(소송행위의 하자와 그 치유에 관한 논의의 필요성) : 소송행위의 하자(瑕疵, 흠)를 그 경중을 불문하고 모두 위법·무효의 원인으로 간주한다면, 소송절차의 발전적·동적 성격을 저해하게 되어 결국 신속한 재판을 저해하는 요소가 될 수 있다. 따라서 다소간의 하자가 발생한 경우라 하더라도, 소송행위가 무효가 되는 것을 억제하고 그 하자를 치유하여 계속적인 절차진행을 확보할 필요성이 제기되는바, 이를 절차유지의 원칙이라 한다. 소송행위의 하자의 치유(추완, 책문권의 포기 및 공격·방어방법의 상실로 인한 하자의 치유 등)에 관한 논의가 필요한 이유가 바로 여기에 있다.

02 소송행위의 종류

1. 주체에 의한 분류

(1) 법원의 소송행위

① 의의 : 수소법원의 소송행위, 재판장·수명법관·수탁판사의 소송행위, 지방법원판사의 소송행위, 법원서기관·법원사무관의 소송행위를 말한다. 법원서기관 등의 소송행위로는 예컨대 공판조서작성이나 송달 및 각종의 인증행위 등을 들 수 있다. [경찰간부 12]

② 내용 : 가장 중요한 법원의 소송행위는 피고사건에 대한 심리와 재판이나, 그 전제로서 행해지는 강제처분과 증거조사도 포함된다. 심리의 중심을 이루는 것은 각종의 증거조사이고, 재판의 중심을 이루는 것은 판결이다.

(2) 당사자의 소송행위

① 의의 : 당사자인 검사와 피고인의 소송행위와 피고인의 대리인·대표자·변호인·보조인의 소송행위로서, 신청·주장·입증이 있다. 이는 후술하는 취효적 소송행위(효과요구 소송행위)의 범주와 대체로 일치한다.

② 종 류

(가) 신 청

㉠ 의의 : 신청(申請, Antrag)이라 함은 법원에 대하여 일정한 행위를 요구하는 소송행위를 말한다.

청구(請求)라고도 한다.

　　　　例 공소제기, 기피신청, 관할이전신청, 증거조사신청, 보석청구, 상소제기

　　　ⓛ **효과** : 신청이 명문의 규정에 의하여 당사자의 권리로 인정된 때에는 법원은 그 신청에 대하여 반드시 재판을 하여야 한다.

　　(나) **진술** : 진술에는 협의의 진술과 주장이 있다.

　　　㉠ **협의의 진술**(陳述. Aussage) : 법원의 심증형성에 영향을 미치는 사실을 보고하는 소송행위를 말하며, 공술(供述)이라고도 한다(例 피고인의 진술). 사실을 사실대로 말한다는 점에서 행위자의 주관이 개입될 여지가 없다.

　　　㉡ **주장**(主張. Behauptung) : 법원에 대하여 사실상 또는 법률상의 의견을 말하는 것을 말하며, 변론이라고도 한다(例 검사의 논고와 구형, 변호인의 변론, 법률상 범죄성립조각사유·형벌감면사유의 진술 – 제323조 제2항). 주장은 법원 또는 법관의 심증형성에 영향을 주지만, 의견을 말하는 것일 뿐이므로 재판의 근거가 될 뿐 소송법상의 효과가 바로 부여되는 것은 아니다.

　　(다) **입증** : 입증(立證, Beweisführung)이란 증명에 관한 소송행위를 말한다. 신청을 근거지우기 위한 증명행위이다.

　　　　例 증거제출, 증거조사신청, 증인신문, 감정인신문

(3) **제3자의 소송행위** : 법원과 당사자 이외의 자의 소송행위를 말한다.

　　　例 고소, 고발, 증인의 증언, 감정인의 감정, 압수물에 대한 환부·가환부의 청구

2. 기능에 의한 분류

(1) **취효적 소송행위**(取效的 訴訟行爲. Erwirkungshandlung, 효과요구 소송행위) : 소송법적 효과가 바로 발생하지 않고 다른 주체의 소송행위(例 법원의 재판)를 요구하는 소송행위를 말한다.

　　　例 공소제기, 증거조사신청, 기피신청, 관할위반신청, 변론의 분리·병합·재개신청.

(2) **여효적 소송행위**(與效的 訴訟行爲. Bewirkungshandlung, 효과부여 소송행위) : 그 자체로 일정한 법률관계·법률상태를 직접 형성하는 소송법적 효과를 갖는 소송행위를 말한다.

　　　例 고소취소, 공소취소, 상소취하, 정식재판청구의 취하

3. 성질에 의한 분류

(1) **법률행위적 소송행위** : 일정한 소송법적 효과의 발생을 지향하는 의사표시를 그 본질적 요소로 하고 이에 따라 그 효과가 발생하는 소송행위를 말한다.

　　　例 공소제기, 재판(의 선고), 상소제기, 고소, 고발, 기피신청, 보석청구

(2) **사실행위적 소송행위** : 의사표시를 그 본질적 요소로 하지 않고, 행위자의 의사와 관계없이 행위 자체에 대하여 일정한 소송법적 효과가 부여되는 소송행위를 말한다. 사실행위적 소송행위는 다시 표시행위와 순수한 사실행위로 나눌 수 있다.

① **표시행위** : 일정한 의사의 외부적 표현을 수반하지만 그 의사내용에 상응하는 소송법적 효과가 인정되지 않는 소송행위를 말한다(표현행위). 예컨대, 검사의 논고 및 구형과 변호인의 최종변론은 일정한 의사표시를 내용으로 하지만 그에 상응하는 소송법적 효과는 발생하지 않기 때문에 –법률행위적 소송행위가 아니라– 사실행위적 소송행위이다.

　　　例 검사의 논고·구형, 변호인의 최종변론, 증언, 감정, 통역과 번역

② **순수한 사실행위** : 例 각종 영장의 집행과정에서 행해지는 물리력의 행사

　　정리 **복합적 소송행위** : 법률행위적 소송행위와 사실행위적 소송행위가 복합된 소송행위를 말한다.

　　　例 영장에 의한 구속 = 영장발부(법률행위적 소송행위) + 영장집행(사실행위적 소송행위)[1]

---

1) 강구진, 39면.

4. 목적에 의한 분류(2면설 : 통설)[1]

(1) 실체형성행위 : 실체면의 형성에 직접적인 역할을 하는 소송행위, 즉 법관의 심증형성을 도모하는 행위를 말한다(에 피고인의 진술, 증인의 증언, 당사자의 변론). 소송의 실체면은 항상 **부동적(浮動的)으로 변화·발전**하므로, 실체형성행위는 사정변경에 따른 추완이나 취소가 인정된다는 특징을 가진다. 다만, 재판은 실체에 대한 법원의 판단이므로 실체형성행위 그 자체는 아니다(이/조 163면).

(2) 절차형성행위 : 직접적으로 법관의 심증형성에는 영향을 미치지 아니하고 절차의 형식적 진행을 도모하여 행해지는 소송행위를 말한다(에 공소제기, 공판기일의 지정, 소송관계인의 소환, 증거조사의 신청, 상소제기). 소송의 절차면은 **절차유지의 원칙**이 적용되므로, 절차형성행위는 **원칙적으로 추완·취소가 인정되지 않는다**는 특징을 가진다.

※ 공판절차이분론(소송절차이분론, 참고)

(1) 영미의 공판절차2분론과 국내 현황 : 영미의 배심재판에서는 유·무죄를 판단하는 사실인정절차에서는 배심원의 평결(verdict, conviction), 구체적 형량을 정하는 양형절차에서는 직업법관의 형선고(sentence)에 의하는 이분적 공판절차가 행해지고 있다. 우리의 형사소송절차는 일반적으로는 이분적 절차로 운용되지는 않지만, 국민참여재판제도에서는 배심원제도가 도입되어, 배심원에게 사실인정에 관한 평결 및 양형에 관한 의견을 개진할 수 있도록 하고 있다. 이는 영미의 배심제도와는 다르지만, 유·무죄 판단절차와 양형절차는 구별하고 있으며 개정 법원조직법상 조사관제도(법조 제54조의3)가 도입되었다는 점에서 공판절차이분론으로 발전될 토대는 마련되었다고 볼 수 있다.

(2) 장점 및 입법론 : ① 사실인정절차에서 피고인의 인격조사가 함께 이루어짐으로써 법관에게 예단이 생기는 것을 방지하고, ② 사실인정절차와 분리된 양형절차에서는 판결 전 조사제도를 도입하여 충분한 양형자료를 확보하며, ③ 양형절차를 비공개로 진행하여 피고인의 인격권을 보호하고, ④ 사실인정절차에서는 무죄의 변론을, 양형단계에서는 보다 경한 형의 변론이 가능하게 되며, ⑤ 사실인정절차에서 무죄판결이 선고될 때에는 피고인의 인격조사도 불필요하게 되어 소송경제도 실현할 수 있다는 장점이 있다. 이에 도입의 필요성을 긍정하는 견해가 유력하다(강구진, 신동운, 이/조, 차/최)(반대견해는 백형구).

(3) 결론 : 사실인정과 인격조사의 구별의 어려움이나 소송절차의 지연 등을 이유로 공판절차이분론의 도입에 소극적인 입장도 있으나, 장점이 더 크다는 점에서 도입 필요성 긍정론이 타당하다고 생각된다. 참고로 판례에서도 "형의 양정에 관한 절차는 범죄사실을 인정하는 단계와 달리 취급되어야 하므로, 당사자가 직접 수집하여 제출하기 곤란하거나 필요하다고 인정되는 경우 등에는 직권으로 양형의 조건에 관한 형법 제51조의 사항을 수집·조사할 수 있고, 양형의 조건에 대해서는 법률이 규정한 증거로서의 자격이나 증거조사방식에 구애됨이 없이 상당한 방법으로 조사하여 인정할 수 있다(대법원 2010.4.29, 2010도570)."라고 하여 공판절차이분론의 논거에 대한 공감대는 형성되어 있다고 보인다. 이에 현실적인 도입방안에 대한 논의가 필요하나, 본서의 특성상 이에 관한 설명은 생략한다.

제2절 | 소송행위의 일반적 요소

01 소송행위의 주체

1. 소송행위적격

(1) 의의 : 소송행위적격(Handlungslegitimation)이란 소송행위의 주체가 자신의 이름으로 소송행위를 할 수 있

---

[1] [참고 – 소송행위 3면설에 의한 분류] 독일의 Sauer의 3면설과는 달리 일본의 平野는 소송을 3개의 과정으로 분류하는 새로운 3면설을 주장하였는데, 이에 의하면 소인과 증거가 대응하면서 발전하는 소송추행과정, 소인인 사실의 존부의 판단이 변화·발전하는 실체과정, 그리고 소송추행을 위해 이루어지는 여러 행위가 진행하는 절차과정으로 보고 있다. 국내에는 강구진 교수님이 이를 수용하여 소송추행행위, 실체형성행위, 절차형성행위로 이를 분류하신 바 있다(강구진, 39 – 40면). 이는 소송의 전(全)과정을 실체면과 절차면으로 나누어 고찰하는 2면설의 분류와는 다른 것이다. 본서의 특성상 통설에 의한다.

는 자격을 말한다(누가 소송행위를 할 수 있느냐의 문제).

(2) 종 류

① **일반적 소송행위적격**(일반적 행위적격) : 소송행위 일반에 대해서 요구되는 행위적격을 말하며, 소송능력과 소송행위능력[1]을 내용으로 한다.

② **특별한 소송행위적격**(특별행위적격) : 개개의 소송행위에 대해서 요구되는 행위적격을 말한다. 특별행위적격에는 우선 ㉠ 행위적격 없는 자의 행위는 소송행위로서 아예 성립하지 않는 경우(소송행위의 불성립)가 있는데 이는 행위적격이 소송행위의 성립요소에 해당하기 때문이다(**예** 법관이 아닌 자의 재판, 검사가 아닌 자의 공소제기). 다음 ㉡ 행위적격이 소송행위의 성립요소는 아니므로 행위적격 없는 자의 소송행위도 일단 성립은 하나 무효인 경우(소송행위가 일정한 자의 권한으로 되어 있는 경우)가 있다(**예** 고소권자 아닌 자의 고소, 상소권자 아닌 자의 상소).

2. 소송행위의 대리

(1) 의의 :
원래 대리(代理)라 함은 대리인의 행위에 의하여 본인에게 직접 법률상의 효과가 발생하는 것을 말하는 것이다. 그런데 소송행위에는 행위적격이 요구된다. 따라서 소송행위의 대리란 제3자가 행위적격자를 대리하여 소송행위를 할 수 있는가의 문제를 의미한다. 형사소송상 대리는 민법상 대리와는 차이점이 있다. 민법상 대리란 법률행위에만 문제되는 데 비하여, 형사절차상 대리라 함은 그 구별이 상대적이므로 법률행위적 소송행위인가 또는 사실행위적 소송행위인가를 불문한다. 또한 법원과 검사의 소송행위에 대해서는 대리를 인정할 수 없기 때문에, 소송행위의 대리는 피고인(피의자) 또는 제3자의 소송행위에 대해서만 문제된다. 특히 명문의 규정이 없는 경우에도 소송행위의 대리를 인정할 것인가가 문제된다.

(2) 허용범위

① **명문규정이 있는 경우**

(가) **포괄적 대리가 허용되는 경우** : **예** 의사무능력자의 법정대리인(제26조), 법인인 피의자·피고인의 대표자(제27조), 의사무능력자·법인의 특별대리인(제28조), 피의자·피고인의 보조인(제29조), 경미사건에서의 피고인의 대리인(제277조).

(나) **특정행위에 대해서만 허용되는 경우** : **예** 고소 또는 고소취소의 대리(제236조), 재정신청의 대리(제264조), 변호인선임의 대리(제30조), 상소의 대리(제341조)[2]

> **정리** 특정대리 : 고/재/변/상/적 (고대리, 재, 적에게 변상했어?)

② **명문규정이 없는 경우** : 명문규정이 없는 경우 소송행위의 대리의 허용 여부

(가) **학설** : ㉠ 긍정설은 형식적 확실성을 해할 우려가 없는 경우는 오히려 절차유지 및 신속성 확보 그리고 피고인보호를 위해서 도움이 됨을 그 논거로 제시하고 있다(강구진, 신양균, 이/조, 정/백, 정/이, 진계호, 차/최). 반면 ㉡ 부정설에서는 현행법이 대리가 허용되는 경우를 명시하고 있음은 원칙적 대리금지를 전제로 하여 그 예외를 규정한 것이고 소송행위의 대리는 형식적 확실성을 해하고 대리권자가 분명히 드러나지 않아 소송행위의 가치판단이 곤란해진다는 점을 그 논거로 삼고 있다(배/이/정/이, 백형구, 손/신, 신동운, 신현주, 임동규).

(나) **판례** : 명문의 규정이 없는 경우 소송행위의 대리를 **부정**한다.

---

1) [참고 – 소송행위능력] 현행법상 소송행위능력에 관하여는 일반규정을 두고 있지 않다. 다만, 피고인의 소송행위능력에 관한 제26조의 규정(형법상 책임능력 규정의 적용을 받지 아니하는 범죄사건에 있어 피고인·피의자가 의사능력이 없는 때에는 그 법정대리인이 소송행위를 대리)을 고려할 때 소송행위능력은 의사능력에 대응되는 개념이다. 다만, ① 범인의 선서능력(제159조)과 같이 법률에 특별한 규정을 두고 있는 경우에는 그 규정을 따라야 한다(선서능력도 결국 선서행위에 관한 한 의사능력의 일종에 불과하다는 설명은 강구진, 41면). 한편 ② 감정(鑑定)과 같이 그 행위의 특성상 고도의 전문가적 능력을 필요로 할 때에는 해당 능력이 감정행위능력이 된다. 또한 ③ 범인이나 참고인의 진술에 있어서 문제되는 것은 의사능력이 아니라 기억능력일 뿐이다.

2) [참고] 이외에도 임의대리와 법정대리의 분류가 가능하다. 예를 들어 임의대리라 함은 고소 및 고소취소의 대리(법 제236조) 등을 말하고, 법정대리란 변호인 선임대리(법 제30조) 등을 말한다.

판례연구 소송행위의 대리 관련판례

1. 대법원 1953.6.9, 4286형항3 [국가7급 00]

변호사 甲이 피고인 등의 대리인으로 본건 재항고를 한 것인바, 그 대리권을 증명할 하등 자료가 없을 뿐만 아니라 본법상 특별한 규정이 있는 경우에 한하여 대리인에 의하여 소송행위를 할 수 있고 결정에 대한 재항고는 대리인에 의하여 할 수 있는 소송행위가 아니다.

2. 대법원 2014.11.13, 2013도1228

음주운전과 관련한 도로교통법 위반죄의 범죄수사를 위하여 미성년자인 피의자의 혈액채취가 필요한 경우에도 피의자에게 의사능력이 있다면 피의자 본인만이 혈액채취에 관한 유효한 동의를 할 수 있고, 피의자에게 의사능력이 없는 경우에도 명문의 규정이 없는 이상 법정대리인이 피의자를 대리하여 동의할 수는 없다.

3. 대리권의 행사와 흠결

(1) 대리권의 행사

① **종속대리** : 의사의 종속 여부에 의하여 종속대리와 독립대리의 분류가 가능하다. 관할이전의 신청(제15조)이나 관할위반의 신청(제320조) 등은 종속대리에 속한다. 이 경우에는 대리권의 행사가 본인의 의사에 종속되므로, 본인의 의사에 반하여 행한 대리인의 소송행위는 무효이다. 소송행위 대리의 원칙은 종속대리이다.

② **독립대리** : 형사소송법상 변호인은 원칙적으로 독립하여 소송행위를 대리할 수 있고(제30조), 본인의 명시 또는 묵시의 의사로부터 독립하여 대리권을 행사할 수 있도록 인정하는 경우도 있다[■ 명시한 의사에 반할 수 있는 변호인선임대리(법배직형, 제30조 제2항), 피고인의 명시한 의사에 반할 수도 있는 법정대리인의 상소제기(제340조), 배직형대변의 명시한 의사에 반하지 못하는 상소대리(제341조 제2항)]. 따라서 **독립대리권의 개념은** 긍정하는 것이 타당하다(다수설).[1] 독립대리권의 경우 대리인은 **본인의 명시적·묵시적 의사에 반하여서도** 대리권을 행사할 수 있다. 다만, 이 경우에도 대리인으로서 소송행위를 한다는 취지는 명시되어야 한다.

(2) 대리권의 흠결

① **원칙** : 대리권이 없는 자가 한 소송행위는 **무효**이다. 본인의 의사에 따를 것을 요하는 경우 본인의 의사에 반하는 경우에는 그 소송행위는 무효가 된다.

② **예외** : **본인의 추인이 있는 경우**에는 -절차의 확실성을 해치지 않는 한- 무효가 **치유**될 수 있다. 다만, 대법원은 변호인 선임서 없이 변호인이 제출한 상소이유서는 그 후에 선임서가 추완되더라도 상소이유서로서 효력이 없다고 판시하여 그 하자의 치유를 부정하고 있다(대법원 1969.10.4, 69모68).

---

02 소송행위의 내용

Ⅰ 소송행위의 형식적 확실성

형사절차의 명확성과 안정성을 도모하기 위해서 형사절차를 조성하는 각 소송행위는 그 표시내용이 소송행위 자체에 명확하게 나타나야 한다. 여기서 소송행위의 효력발생에 조건이나 기한 등의 부관(附款)을 붙일 수 있는가 하는 문제가 발생한다.

Ⅱ 소송행위의 부관의 가부(可否)

제한적 긍정설(다수설)과 원칙적 부정설의 대립이 있으나,[2] 본서는 제한적 긍정설을 따른다. 즉, 소송행위

---

1) 독립대리권에 관해서는 변호인의 지위를 약화시킨다는 이유로 부정하는 견해(강구진)도 있었다. 그러나 모든 권리를 (특히 변호인의) 고유권으로 이해하게 되면 피고인의 권리가 소멸되어도 변호인의 권리가 남아 있게 되어 소송주체 간의 법률관계가 불명확하게 되고 절차에 혼란을 초래하게 된다. 이에 독립대리권 긍정설이 타당하다.

2) 제한적 긍정설에는 여효적 소송행위가 아닌 취효적 소송행위에는 법원의 심리와 재판을 불안정하게 하지 않는 한 부관을 붙일 수 있다는 입장(강

에 조건이나 기한을 붙이는 것은 소송행위의 형식적 확실성을 해하고 법원의 심리를 불안정하게 하게 하므로 원칙적으로 허용되지 않으나(예 공소제기, 상소제기·취하, 재판 : 조건부·기한부 ×), 형사절차의 확실성을 해하지 않고 피고인의 이익에도 중대한 영향이 없다면 소송행위에 부관을 붙일 수 있다(예 조건부·택일적 증거신청, 공소사실·적용법조의 예비적·택일적 기재 – 제254조 제5항 – : ○).

03 소송행위의 방식

I 구두주의와 서면주의

1. 구두주의

(1) **의의** : 소송행위를 직접 구두로 행하게 하는 원칙으로, 실체형성행위의 원칙적 방법이다.

(2) **장점** : 표시내용이 신속·선명하게 전달되고, 표시자와 표시가 일치하므로 중간에 의사표시가 왜곡될 위험이 없다.

2. 서면주의 [경찰승진 03]

(1) **의의** : 소송행위를 서면으로 행하게 하는 원칙으로, 절차형성행위의 원칙적 방법이다.

(2) **장점** : 소송행위를 내용적·절차적으로 분명하게 하여 장래의 분쟁을 방지하고 소송행위에 신중을 기할 수 있다.

3. 현행법상 소송행위의 방식

(1) **구두주의**

① **실체형성행위** : 예 검사 모두진술(제285조), 피고인 모두진술(제286조), 피고인신문(제287조), 증인신문(제161조의2), 검사 의견진술(제302조), 변호인 최후변론(제303조)

② **소송지휘** : 예 인정신문(제284조), 진술거부권의 고지(규칙 제127조 제1항), 불필요한 변론의 제한(제299조), 퇴정명령(제281조)

③ **판결선고** : 판결을 선고함에는 주문을 낭독하고 이유의 요지를 설명하여야 한다(제43조). [경찰승진 03]

(2) **서면주의**

① **절차형성행위** : 예 공소제기(제254조), 약식명령청구(제449조), 정식재판의 청구(제453조 제2항), 상소제기(제343조 제1항), 재심청구(규칙 제166조)

② **소송행위의 성질상 서면방식이 요구되는 경우** : 예 영장청구(규칙 제93조 제1항), 영장발부(제75조), 변호인선임신고(제32조 제1항), 재정신청(제260조), 재정신청취소(취소 중 유일한 서면주의, 제264조 제2항, 규칙 제121조 제1항)

(3) **구두 또는 서면주의**(병행주의)

① **소송행위** : 예 고소·고발 및 그 취소(제237조), 공소취소(제255조) [법원9급 09], 상소의 포기·취하(제352조) [국가7급 14], 정식재판청구의 포기·취하(제458조)

② **법원·판사에 대한 신청 기타 진술** : 명문의 규정이 없으면 서면 또는 구두로 할 수 있다(규칙 제176조 제1항).

   예 기피신청(제18조), 국선변호인선정청구(제33조 제2항), 공판기일변경신청(규칙 제176조 제1항), 증거조사신청(제294조), 이의신청(제296조, 304조), 공소장변경(원칙 – 서면, 예외 – 피고인재정·동의 or 이익시 구술 可, 규칙 제142조 제

구진, 신양균)도 있다. 원칙적 부정설(원칙적 불허설)은 제한적 긍정설에 대하여 그 구체적 기준을 명확하게 제시하지 못함으로써 형사절차의 명확성을 해칠 위험성이 있고, 소송행위에 조건이나 기한을 붙이는 것은 소송행위의 형식적 확실성을 해하며 이해관계인을 불확실한 상태에 빠뜨릴 위험이 있으므로 명문의 규정(제254조 제5항의 예비적·택일적 기소)이 있는 경우에만 예외적으로 가능하다고 보고 있다(배/이/정/이, 신동운 등). 원칙적 부정설은 실질적으로는 부정설의 입장으로 보인다.

1항, 제5항), 공소장변경시 공판절차정지신청(제298조 제4항), 변론 분리 · 병합 · 재개신청(제300조)

[정리] 구두 · 서면 병행 : 고/기/국/기, 변론, 공/증조/취 – 병행

4. 방식위반의 효과

소송행위가 법정의 방식에 위배되고, 그 방식에 관한 규정이 효력규정인 때에는 당해 소송행위는 무효가 된다(예 구두에 의한 공소제기 · 재정신청 · 상소제기).

Ⅱ 소송서류의 작성과 송달

1. 소송서류와 소송서류의 작성

(1) 소송서류의 의의와 비공개원칙

① 소송서류와 소송기록 : 특정한 소송과 관련하여 작성된 일체의 서류를 말한다. 이에는 법원이 작성한 서류뿐만 아니라 소송관계인이 법원에 제출한 서류를 포함한다. 따라서 압수된 서류는 증거물로 분류되므로 소송서류는 아니다. 이러한 소송서류를 법원이 소송절차의 진행순서에 따라 편철한 것을 소송기록이라 한다.

② 소송서류 비공개원칙 : 소송에 관한 서류는 **공판의 개정 전에는 공익상 필요 기타 상당한 이유가 없으면 공개하지 못한다**(제47조). 여기서 공판의 개정 전은 1회 공판기일 전에 한하지 않으므로, 2회 공판기일 전에도 그 이전 공개되지 않았던 서류는 공개하지 못한다. 다만, 피고인 또는 변호인은 소송계속 중의 관계서류 또는 증거물을 열람하거나 복사할 수 있다(제35조 제1항, 증거개시에서 후술).

(2) 소송서류의 종류

① 내용에 따른 분류

(가) **의사표시적 문서** : 의사표시를 내용으로 하는 문서를 말한다(예 공소장, 고소 · 고발장, 상소장, 변호인선임계). 이는 당해 사건에 대해서 증거능력이 없다.

(나) **보고적 문서** : 일정한 사실의 보고를 내용으로 하는 문서를 말한다(예 공판조서, 신문조서, 진술조서, 압수 · 수색 · 검증조서). 특히 소송절차의 진행경과와 내용을 인증하기 위해 작성된 공문서를 조서(調書)라 한다.

② 작성주체에 따른 분류

(가) **공무원의 서류 – 공문서**

㉠ 의의 : 공무원이 작성하는 서류를 말한다.

㉡ 작성방법 – 기명날인 또는 서명, 간인 등, 변개금지

(a) 공무원이 작성하는 서류에는 법률에 다른 규정이 없는 때에는 작성연월일과 소속공무소를 기재하고 **기명날인**(記名捺印 : 기명은 자필로 하지 않는 이름의 표기를 말하고 날인은 인장을 찍음을 말하고, 기명날인은 기명과 날인을 모두 하는 것임) **또는 서명**(署名 : 자기를 표시하는 문자로서 자필로 한 자서를 말함)(기명날인 ×, 서명날인 ×)하여야 한다(제57조 제1항). 서류에는 **간인**(間印 : 하나의 서류가 여러 장인 때에 그 용지가 서로 이어졌다는 것을 확인하기 위하여 그 사이에 각 장마다 도장의 반분이 찍히도록 도장을 누르는 것)하거나 이에 준하는 조치를 하여야 한다(동조 제2항).

(b) 공무원이 서류를 작성함에는 문자를 변개(變改 : 고치는 행위)하지 못한다(제58조 제1항). 삽입 · 삭제 또는 난외기재를 할 때에는 이 기재한 곳에 날인하고 그 자수를 기재하여야 한다. 단, 삭제한 부분은 해득할 수 있도록 **자체를 존치**하여야 한다(동조 제2항).

⚖ **[판례연구]** 정식재판청구서에 서명은 되어 있는데 날인이 되어 있지 않은 경우의 처리

대법원 2019.11.29, 2017모3458
(피고인이 즉결심판에 대하여 제출한 정식재판청구서에 피고인의 자필로 보이는 이름이 기재되어 있고 그 옆에 서명이 되어 있

는데, 피고인의 인장이나 지장이 찍혀 있지 않았다. 이러한 정식재판청구는 적법한가의 문제임) 즉결심판에 관한 절차법(이하 '즉결심판법') 제14조 제1항에 따르면, 즉결심판에 대하여 정식재판을 청구하고자 하는 피고인은 정식재판청구서를 경찰서장에게 제출하여야 한다. 즉결심판절차에서 즉결심판법에 특별한 규정이 없는 한 그 성질에 반하지 않는 것은 형사소송법의 규정을 준용한다(즉결심판법 제19조). 형사소송법 제57조는 "공무원이 작성하는 서류에는 법률에 다른 규정이 없는 때에는 작성 연월일과 소속공무소를 기재하고 기명날인 또는 서명하여야 한다."라고 정하여 공무원이 작성하는 서류에 대한 본인확인 방법으로 기명날인 외에 서명을 허용하고 있다(서명만 해도 가능한 것은 비공무원의 서류에서도 마찬가지이다. 제59조 참조 – 필자 주). … 피고인이 즉결심판에 대하여 제출한 정식재판청구서에 피고인의 자필로 보이는 이름이 기재되어 있고 그 옆에 서명이 되어 있어 위 서류가 작성자 본인인 피고인의 진정한 의사에 따라 작성되었다는 것을 명백하게 확인할 수 있으며 형사소송절차의 명확성과 안정성을 저해할 우려가 없으므로, 정식재판청구는 적법하다고 보아야 한다. 피고인의 인장이나 지장이 찍혀 있지 않다고 해서 이와 달리 볼 것이 아니다.

(나) 비공무원의 서류 – 사문서
  ㉠ 의의 : 공무원이 아닌 자가 작성하는 서류를 말한다.
  ㉡ 작성방법 : 사문서에는 연월일을 기재하고 **기명날인 또는 서명**하여야 한다(구법 : 기명날인, 2017. 12.12. 개정법 : 기명날인 또는 서명). 인장이 없으면 지장(指章)으로 한다(제59조). 공무원 아닌 자가 서명날인을 하여야 할 경우에 서명을 할 수 없으면 타인이 대서하는데, 그 사유를 기재하고 **기명날인 또는 서명**하여야 한다(규칙 제41조). [법원9급 09]

③ 조 서
(가) 의의 및 기능
  ㉠ 의의 : 소송절차의 진행경과와 내용을 공증하기 위하여 소송법상의 기관이 작성하는 공문서를 말한다. 법원이 작성하는 조서에는 ⓐ 공판기일 소송절차의 경과와 내용을 기재한 공판조서와 ⓑ (공판조서와는 별도로 작성하는) 공판기일 이외 절차진행과 내용을 기재한 조서(공판 외 조서)가 있다.
  ㉡ 기능 : 절차형성행위의 진행경과를 명확히 기재하여 후일의 분쟁에 대비하고, 실체형성행위의 내용을 기재하여 후일의 심리자료로 사용한다.
(나) 공판조서
  ㉠ 의의 : 공판기일의 소송절차가 법정의 방식에 따라 적법하게 행하여졌는지 여부를 인증하기 위하여 법원사무관 등이 공판기일의 소송절차의 경과를 기재한 조서를 말한다.
  ㉡ 증명기능(절대적 증거능력 및 배타적 증명력)
    (a) 공판기일에 피고인이나 피고인이 아닌 자의 진술을 기재한 공판조서와 법원·법관의 검증의 결과를 기재한 공판조서는 유죄인정의 증거로 할 수 있다(제311조).
    (b) 공판기일의 소송절차로서 공판조서에 기재된 것은 그 조서만으로써 증명하며(제56조) 다른 자료에 의한 반증을 허용하지 않는다.
  ㉢ 작성주체(작성권자) : 공판기일의 소송절차에 관하여는 **참여한 법원사무관 등**이 공판조서를 작성하여야 한다(제51조 제1항). [법원9급 12]
  ㉣ 기재사항 : 공판조서에는 다음 사항 기타 모든 소송절차를 기재하여야 한다(제51조 제2항 : 예시규정).
    (a) **형식적 기재사항** : ① 공판을 행한 일시와 법원 [경찰채용 09 1차], ② **법관, 검사, 법원사무관·서기관·주사·주사보의 관직, 성명**, ③ 피고인, 대리인, 대표자, 변호인, 보조인과 통역인의 성명 [경찰채용 09 1차], ④ **피고인의 출석 여부**(피고인의 태도 ×, 변호인의 출석 여부 ×, 검사의 출석 여부 × [경찰채용 09 1차]), ⑤ 공개의 여부와 공개를 금한 때에는 그 이유(동항 제1~5호)
    (b) **실질적 기재사항** : ⑥ 공소사실의 진술 또는 그를 변경하는 서면(공소장변경서면)의 낭독, ⑦ 피고인에게 그 권리를 보호함에 필요한 진술의 기회를 준 사실과 그 진술한 사실, ⑧ 피고인, 피의자, 증인, 감정인, 통역인 또는 번역인의 진술 및 증인, 감정인, 통역인 또는 번역인이 선서를 하지 아니한 때에는 그 사유(제48조 제2항에 기재한 사항), ⑨ 증거조사를 한 때

에는 증거될 서류, 증거물과 증거조사의 방법, ⑩ **공판정에서 행한 검증 또는 압수** [경찰채용 09 1차] (공판정 외 검증·압수·수색은 제49조에 의해 별도 조서 작성), ⑪ **변론의 요지**, ⑫ 재판장 이 기재를 명한 사항 또는 소송관계인의 청구에 의하여 기재를 허가한 사항, ⑬ 피고인·변 호인에게 최종진술할 기회를 준 사실과 그 진술한 사실, ⑭ **판결 기타의 재판을 선고 또는 고 지한 사실**(제51조 제2항 제6~14호)

🏛 **판례연구** 공판조서의 필요적 기재사항

대법원 2023.6.15, 2023도3038

법원이 공소장변경허가신청에 대한 결정을 공판정에서 고지한 사실과 공판조서의 필요적 기재사항 여부

법원은 검사의 공소장변경허가신청에 대해 결정의 형식으로 이를 허가 또는 불허가하고, 법원의 허가 여부 결정은 공판정 외에 서 별도의 결정서를 작성하여 고지하거나 공판정에서 구술로 하고 공판조서에 기재할 수도 있다. 만일 공소장변경허가 여부 결 정을 공판정에서 고지하였다면 그 사실은 공판조서의 필요적 기재사항이다(형사소송법 제51조 제2항 제14호). 공소장변경허가신청 이 있음에도 공소장변경허가 여부 결정을 명시적으로 하지 않은 채 공판절차를 진행하면 현실적 심판대상이 된 공소사실이 무 엇인지 불명확하여 피고인의 방어권 행사에 영향을 줄 수 있으므로 공소장변경허가 여부 결정은 위와 같은 형식으로 명시적인 결 정을 하는 것이 바람직하다.

(c) **공판조서 작성상의 특례**(제52조) : 공판조서(및 공판기일 외 증인신문조서)는 공판 외 절차에 관 한 조서(공판 외 조서)의 정확성 확보 규정(제48조 제3항 내지 제7항)을 적용하지 아니한다(제 52조 본문). 따라서 **공판조서 작성에 있어서는 다음의 사항을 요하지 아니한다** : "① 진술자에게 읽어 주거나(낭독) 열람하게 하여 기재 내용이 정확한지 묻는 것(제48조 제3항 : 조서의 낭 독·열람 등 확인절차), ② 신문에 참여한 검사, 피고인, 피의자 또는 변호인이 조서 기재 내 용의 정확성에 대하여 이의(異義)를 진술한 때 그 진술의 요지 및 이에 대한 재판장 또는 신문한 법관의 의견을 기재하는 것(동조 제5항·제6항 : 당사자의 이의진술의 요지 및 법관의 의견의 기재), ③ 조서에는 진술자가 간인 후 서명날인하며 거부 시 그 사유를 기재할 것(동 조 제7항 : 진술자 간인(間印) 후 서명날인)." 다만, **진술자의 청구가 있는 때에는 그 진술에 관 한 부분을 읽어주고**(공판 외 조서는 필수적 낭독·열람 확인절차인 데 비해, 공판조서 및 공판기 일 외 증인신문조서는 청구시 낭독절차) 조서에 대하여 추가, 삭제 또는 변경의 청구가 있는 때에는 그 진술을 기재(추가, 삭제 또는 변경의 청구시 기재는 공판 외 조서와 동일, 2020.12.8. 우리말 순화 개정법 제48조 제4항, 참고로 구법에서는 증감변경의 청구라 한 부분임)하여야 한 다(제52조 단서).

📋 **정리** 공판조서와 피의자신문조서의 비교

증거능력 유무	공판조서	피의자신문조서
진술자 간인이 없는 경우	유효(판례)	증거능력 X(판례)
작성자 서명 有, 날인 無	(4292형상747)	법 개정(기명날인 or 서명)으로 유효
(청구시) 열람·낭독 無	증거능력 X	유효(판례) (단, 법 개정으로 변경가능성 있음)

ⓓ **재판장·참여사무관 등의 기명날인 또는 서명**

(a) 공판조서에는 **재판장**과 (작성주체인) **참여한 법원사무관 등이 기명날인 또는 서명**하여야 한다 (제53조 제1항).

(b) 재판장이 기명날인 또는 서명할 수 없는 때에는 다른 법관이 그 사유를 부기하고 기명날인 또는 서명하여야 하며, 법관 전원이 기명날인 또는 서명할 수 없는 때에는 참여한 법원사무 관 등이 그 사유를 부기하고 기명날인 또는 서명하여야 한다(동조 제2항). [경찰채용 05 3차]

(c) 법원사무관 등이 기명날인 또는 서명할 수 없는 때에는 재판장 또는 다른 법관이 그 사유를 부기하고 기명날인 또는 서명하여야 한다(동조 제3항). [경찰채용 05 3차]

(d) 관여법관의 성명이 전혀 기재되지 아니한 공판조서는 위법이고, 공판기일에 출석하지 아니한 판사가 재판장으로 기명날인 또는 서명한 공판조서도 무효이며, 참여 법원사무관 등의 기명날인 또는 서명이 없는 공판조서도 무효이다.

🔍 판례연구 공판조서 기재사항 관련판례

1. 대법원 1960.1.29, 4292형상747
앞뒤의 문맥 흐름이 맞고 신빙성에 문제가 없다면, 공판조서에 판사의 서명만 있고 날인이 없다거나, 간인이 없다는 이유만으로 무효가 되는 것은 아니다.

2. 대법원 1970.9.22, 70도1312
공판조서에 그 공판에 관여한 법관의 성명이 기재되어 있지 아니하다면 공판절차가 법명에 위반되어 판결에 영향을 미친 위법이 있다 할 것이다.

3. 대법원 1983.2.8, 82도2940 [국가7급 09]
당해 공판기일에 열석하지 아니한 판사가 재판장으로서 서명날인한 공판조서의 증명력(없음)
공판조서에 서명날인할 재판장은 당해 공판기일에 열석한 재판장이어야 하므로 당해 공판기일에 열석하지 아니한 판사가 재판장으로서 서명날인한 공판조서는 적식의 공판조서라고 할 수 없어 이와 같은 공판조서는 소송법상 무효라 할 것이므로 공판기일에 있어서의 소송절차를 증명할 공판조서로서의 증명력이 없다.

ⓑ **공판조서의 정리와 고지**(공판조서의 정확성 보장)

(a) **신속정리의무** : 공판조서는 각 공판기일 후 신속히(5일 내 ×) 정리하여야 한다(제54조 제1항). [법원9급 11, 경찰채용 05 3차]

(b) **고지의무** : 다음 회의 공판기일에 있어서는 전회의 공판심리에 관한 주요사항의 요지를 조서에 의하여 고지하여야 한다. 다만, 다음 회의 공판기일까지 전회의 공판조서가 정리되지 아니한 때에는 **조서에 의하지 아니하고 고지할 수 있다**(동조 제2항). [법원9급 10/11]

(c) **변경청구 · 이의제기** : 검사 · 피고인 또는 변호인은 **공판조서의 기재에 대하여 변경을 청구하거나 이의를 제기**할 수 있고, 변경청구나 이의가 있는 때에는 그 취지와 이에 대한 재판장의 의견을 기재한 조서를 당해 공판조서에 첨부하여야 한다(동조 제3항 · 제4항)(전술한 제52조 단서는 당해 공판기일에서 진술자 청구시 증감변경 진술을 당해 공판조서에 기재해야 하는 것을 말하고, 여기 제54조 제3항 · 제4항은 차회 공판기일에서의 전회 공판조서 요지 고지에 관한 변경청구 · 이의제기시 그 취지 및 재판장 의견 기재 조서를 별도 첨부해야 하는 것을 말함). [법원9급 11/12, 교정9급 11]

ⓐ **피고인의 공판조서열람 · 등사권**(공판조서의 절대적 증거능력의 예외)

(a) **의의** : 피고인은 -변호인의 유무를 묻지 않고- **공판조서의 열람 · 등사를 청구**할 수 있다(제55조 제1항)(cf. 제35조 제1항 · 제2항의 소송서류열람 · 복사권 : 피고인 · 변호인 및 위임장 & 신분증 제출한 법정대리인 · 특별대리인 · 보조인, 배직형, ∴ 변호인은 제35조에 의해 공판조서 열람 · 등사권 有). [교정9급 11] 법 제35조가 있으므로 실질적 의미는 크지 않은 규정이다. 피고인이 조서를 읽지 못하는 때에는 조서의 **낭독을 청구**할 수 있다(동조 제2항). [법원9급 09/10]

(b) **열람 · 등사 불응시 증거의 배제** : 위 청구에 응하지 아니한 때에는 그 **공판조서를 유죄의 증거로 할 수 없다**(위법수집증거배제법칙, 동조 제3항)(이 경우 제56조에 의해 공판기일의 소송절차에 대해서만 증명력을 가질 뿐임). 이는 **공판조서에 기재된 당해 피고인이나 증인의 진술도 같다.** 공판조서는 절대적 증거능력(제311조)을 가진다는 점에서 공판조서의 정확성을 담보함과 동시에 피고인의 방어권을 충실하게 보장하기 위함에 그 취지가 있다. 다만, 피고인의 공판조서 열람 · 등사의 청구에 법원이 응하지 아니한 것이 피고인의 방어권이나 변호인의 변호권을 본질적으로 침해한 정도에 이르지 않은 경우에는 당해 공판조서는 증거로 사용할 수 있으므로 [국가9급 15], **변론종결 전 열람 · 등사가 이루어졌고 피고인의 방어권 행사에 지장이 없었다면** 유죄의 증거가 될 수 있다.

1. 대법원 2003.10.10, 2003도3282 [법원9급 09/10/12/20, 국가7급 09/13, 교정9급 11, 경찰채용 10 2차]

피고인의 공판조서에 대한 열람 또는 등사청구에 법원이 불응하여 피고인의 열람 또는 등사청구권이 침해된 경우에는 그 공판조서를 유죄의 증거로 할 수 없을 뿐만 아니라, 공판조서에 기재된 당해 피고인이나 증인의 진술도 증거로 할 수 없다.

2. 대법원 2007.7.26, 2007도3906 [국가7급 09]

원하는 시기에 열람·등사하지 못하였더라도 변론종결 전에는 하였던 공판조서의 증거능력(원칙적 적극)

비록 피고인이 차회 공판기일 전 등 원하는 시기에 공판조서를 열람·등사하지 못하였다 하더라도 그 변론종결 이전에 이를 열람·등사한 경우에는 그 열람·등사가 늦어짐으로 인하여 피고인의 방어권 행사에 지장이 있었다는 등의 **특별한 사정이 없는 한** 형사소송법 제55조 제1항 소정의 피고인의 공판조서의 열람·등사청구권이 침해되었다고 볼 수 없어, 그 공판조서를 유죄의 증거로 할 수 있다고 보아야 한다.

◎ 속기·녹취·영상녹화

(a) **의의** : 법원은 검사, 피고인 또는 변호인의 신청이 있는 때에는 특별한 사유가 없는 한 공판정에서의 심리의 전부 또는 일부를 속기사로 하여금 **속기**하게 하거나 녹음장치 또는 영상녹화장치를 사용하여 **녹음** 또는 **영상녹화**(녹음 포함)하여야 하며, 필요하다고 인정하는 때에는 직권으로 이를 명할 수 있다(제56조의2 제1항). [법원9급 12, 국가7급 09]

(b) **신청시기** : 속기, 녹음 또는 영상녹화의 **신청은 공판기일·공판준비기일을 열기 전까지** 하여야 한다(2014.12.30. 개정 규칙 제30조의2 제1항 ∴ 1주일 전 ×). [법원9급 12] 검사·피고인·변호인의 신청이 있음에도 불구하고 특별한 사정이 있는 때에는 속기·녹음·영상녹화를 하지 아니하거나 신청하는 것과 다른 방법으로 속기·녹음·영상녹화를 할 수 있다. 다만, 이 경우 재판장은 공판기일에 그 취지를 고지하여야 한다(동조 제2항).

(c) **보관 및 폐기** : 법원은 속기록·녹음물·영상녹화물을 **공판조서와 별도로 보관**하여야 한다(제56조의2 제2항). [법원9급 09/12] 속기록, 녹음물, 영상녹화물(또는 녹취서)은 전자적 형태로 이를 보관할 수 있으며, **재판이 확정되면 폐기**한다. 다만, 조서에는 속기록·녹음물·영상녹화물 등 법원이 적당하다고 인정한 것을 인용하고 소송기록에 첨부하거나 전자적 형태로 보관하여 조서의 일부로 할 수 있으므로(규칙 제29조 제1항), 속기록 등이 **조서의 일부가 된 경우에는 폐기하지 않는다**(규칙 제39조).

(d) **사본의 청구 및 제한** : 검사, 피고인 또는 변호인은 비용을 부담하고 위 **속기록·녹음물·영상녹화물의 사본을 청구**할 수 있다(제56조의2 제3항). 다만, 재판장은 피해자 또는 그 밖의 소송관계인의 사생활에 관한 비밀 보호 또는 신변에 대한 위해 방지 등을 위하여 특히 필요하다고 인정하는 경우에는 속기록, 녹음물 또는 영상녹화물의 사본의 교부를 불허하거나 그 범위를 제한할 수 있다(규칙 제38조의2 제1항).

(다) **공판 외 절차에 관한 조서**(공판 외 조서)

㉠ **의의** : ⓐ 공판 외에서 행한 피고인·증인·감정인·통역인·번역인에 대한 신문결과를 기재한 각종 신문조서(제48조)와 ⓑ 공판 외에서 행한 검증·압수·수색 결과를 기재한 조서(제49조) 등을 말한다.

㉡ (공판 외) **각종 신문조서**

(a) **작성** : 피고인·피의자·증인·감정인·통역인·번역인을 공판정 외에서 신문하는 때에는 참여한 법원사무관 등이 조서를 작성하여야 한다(제48조 제1항). 조서에는 ① 피고인·피의자·증인·감정인·통역인·번역인의 진술, ② 증인·감정인·통역인·번역인이 선서를 하지 아니한 때에는 그 사유를 기재하여야 한다(동조 제2항).

(b) **정확성의 확보** : 공판 외 조서는 그 정확성을 확보하기 위하여 **공판조서보다 엄격한 절차**를 요한다. 즉, ① 신문을 마친 후에는 조서를 진술자에게 읽어 주거나 열람하게 하여 기재내용의 정확 여부를 물어야 하고(동조 제3항), ② 진술자가 증감변경의 청구를 한 때에는 그 진

술을 조서에 기재하여야 하며(동조 제4항), ③ 신문에 참여한 검사·피고인·피의자·변호인이 조서의 기재의 정확성에 대하여 이의를 진술한 때에는 그 진술의 요지를 조서에 기재하여야 하고(동조 제5항), 이 경우 재판장 또는 신문한 법관은 그 진술에 대한 의견을 기재하게 할 수 있다(동조 제6항). 또한 ④ 조서에는 **진술자로 하여금 간인한 후 서명날인**하게 하여야 한다. 단, 진술자가 서명날인을 거부한 때에는 그 사유를 기재하여야 한다(동조 제7항) (이상의 규정은 제52조 특례에 의해 **공판조서 작성에는 적용** ×, but 제48조 제4항의 추가·삭제·변경 청구 시 진술기재 부분은 제52조 단서와 같음).

(c) **기재요건**(작성주체의 기명날인 or 서명) : ① 공판 외 조서에는 조서 또는 처분의 연월일시와 장소를 기재하고 그 조사 또는 처분을 행한 자와 참여한 법원사무관 등이 기명날인 또는 서명하여야 한다(제50조 본문). ② 단, 공판기일 외에 법원이 조사·처분을 행한 때에는 재판장 또는 법관과 참여한 법원사무관 등이 기명날인·서명하여야 한다(동조 단서).

ⓒ (공판 외) **검증·압수·수색조서** : ⓐ (공판기일에서의 검증·압수는 제51조 제2항 제10호에 의해 공판조서에 기재하나) **공판기일 외에서 행한 검증·압수·수색에 관하여는 별도 조서를 작성하여야 한다**(제49조 제1항). 검증조서에서는 검증목적물의 현상을 명확하게 하기 위하여 도화나 사진을 첨부할 수 있다(동조 제2항). 압수조서에는 품종, 외형상의 특징과 수량을 기재하여야 한다(동조 제3항). ⓑ 공판정 외 검증·압수·수색조서의 기재요건도 공판정 외 신문조서와 같다(제50조). ⓒ 공판정 외 압수·수색은 법원이 압수·수색영장을 발부하여(제113조) 검사의 지휘에 의하여 사법경찰관리가 집행하거나 재판장의 명에 의해 법원사무관 등이 집행할 수 있다(제115조 제1항).

(라) **재판확정기록의 열람·등사**

㉠ **의의** : **누구든지** 권리구제·학술연구 또는 공익적 목적으로 **재판이 확정된 사건**(재판확정 전 ×, 정보공개법 제9조 제1항 제4호)의 **소송기록**을 보관하고 있는 **검찰청**(법원 ×)에 그 소송기록의 열람 또는 등사를 신청할 수 있다(제59조의2 제1항). [국가급 17, 국가9급 08, 경찰채용 11 1차, 경찰승진 11] 국민의 알권리 신장을 위해 2007년 개정에 의해 신설된 규정이다.

㉡ **제한** : 검사는 심리가 비공개로 진행된 경우, 소송기록의 공개에 대하여 당해 소송관계인이 동의하지 아니하는 경우 등[1]에는 **소송기록의 전부 또는 일부의 열람 또는 등사를 제한**할 수 있다. 다만, 소송관계인이나 이해관계 있는 제3자가 열람 또는 등사에 관하여 정당한 사유가 있다고 인정되는 경우에는 그러하지 아니하다(제59조의2 제2항). [경찰승진 11]

㉢ **제한시 통지의무** : 검사는 소송기록의 열람 또는 등사를 **제한하는 경우에는 신청인에게 그 사유를 명시하여 통지**하여야 한다(동조 제3항). [경찰채용 11 1차]

㉣ **등본·원본** : 검사는 소송기록의 보존을 위하여 필요하다고 인정하는 경우에는 그 소송기록의 **등본을 열람 또는 등사**하게 할 수 있다. 다만, 원본의 열람 또는 등사가 필요한 경우에는 그러하지 아니하다(동조 제4항). [경찰채용 11 1차]

㉤ **열람·등사자의 의무** : 소송기록을 열람 또는 등사한 자는 열람 또는 등사에 의하여 알게 된 사항을 이용하여 공공의 질서 또는 선량한 풍속을 해하거나 피고인의 개선 및 갱생을 방해하거나 사건관계인의 명예 또는 생활의 평온을 해하는 행위를 하여서는 아니 된다(동조 제5항).

㉥ **비공개처분에 대한 불복**(준항고) : 소송기록의 열람·등사를 신청한 자는 열람·등사에 관한 검사의 처분에 **불복하는 경우에는 당해 기록을 보관하고 있는 검찰청에 대응한 법원에 그 처분의 취**

---

1) 재판확정기록 열람·등사 제한사유(제59조의2 제2항)
   1. 심리가 비공개로 진행된 경우 [경찰승진 11]
   2. 소송기록의 공개로 인하여 국가의 안전보장, 선량한 풍속, 공공의 질서유지 또는 공공복리를 현저히 해할 우려가 있는 경우
   3. 소송기록의 공개로 인하여 사건관계인의 명예나 사생활의 비밀 또는 생명·신체의 안전이나 생활의 평온을 현저히 해할 우려가 있는 경우
   4. 소송기록의 공개로 인하여 공범관계에 있는 자 등의 증거인멸 또는 도주를 용이하게 하거나 관련 사건의 재판에 중대한 영향을 초래할 우려가 있는 경우
   5. 소송기록의 공개로 인하여 피고인의 개선이나 갱생에 현저한 지장을 초래할 우려가 있는 경우
   6. 소송기록의 공개로 인하여 사건관계인의 영업비밀(부정경쟁방지 및 영업비밀보호에 관한 법률 제2조 제2호의 영업비밀을 말한다)이 현저하게 침해될 우려가 있는 경우
   7. 소송기록의 공개에 대하여 당해 소송관계인이 동의하지 아니하는 경우

소 · 변경을 신청할 수 있다(동조 제6항). [경찰승진 11, 경찰채용 11 1차] 불복신청에는 **준항고** 규정(제418조 · 제419조)을 준용한다.

> **대법원 2012.3.30, 2008모481; 2016.7.12, 2015모2747; 2022.2.11, 2021모3175**
>
> 약식명령이 확정된 소송기록에 대한 열람등사 거부처분에 대한 취소를 구하는 사건에 있어서 법 제59조의2의 '재판이 확정된 사건의 소송기록'의 의미
>
> 법 제59조의2의 '재판이 확정된 사건의 소송기록'이란 특정 형사사건에 관하여 법원이 작성하거나 검사, 피고인 등 소송관계인이 작성하여 법원에 제출한 서류들로서 재판확정 후 담당 기관이 소정의 방식에 따라 보관하고 있는 서면의 총체라 할 수 있고, 위와 같은 방식과 절차에 따라 보관되고 있는 이상 해당 형사사건에서 증거로 채택되지 아니하였거나 그 범죄사실과 직접 관련되지 아니한 서류라고 하여 재판확정기록에 포함되지 않는다고 볼 것은 아니다. … 이 사건 수사기록은 운송인의 일련의 행위에 대해 전체적으로 수사가 이루어진 후 적합한 죄명에 따른 약식기소가 이루어져 약식명령이 발령 · 확정된 것이어서 형사재판확정기록으로 보아야 하므로, 원심이 이 사건 수사기록이 불기소기록에 해당한다고 보아 그 열람 · 등사에 관한 검사의 거부처분에 대하여 준항고로 다툴 수 없다고 단정한 것은 잘못이다.[1]

(마) 확정 판결서 등의 열람 · 복사

ㄱ **의의** : 누구든지 판결이 **확정된 사건의 판결서 또는 그 등본**, 증거목록 또는 그 등본, 그 밖에 검사나 피고인 또는 변호인이 법원에 제출한 서류 · 물건의 명칭 · 목록 또는 이에 해당하는 정보(이하 '판결서 등')를 보관하는 **법원**(검찰청 ×)에서 해당 판결서 등을 열람 및 복사(인터넷, 그 밖의 전산정보처리시스템을 통한 전자적 방법을 포함한다. 이하 같다)할 수 있다(제59조의3 제1항). 이는 누구든지 확정된 형사사건의 판결서와 증거목록 등을 인터넷 등 전자적 방법으로도 열람 및 등사할 수 있도록 함으로써 판결서 등에 대한 접근성을 높여 재판의 공개원칙이 실질적으로 보장되도록 하고자 2011.7.18. 개정에 의하여 신설된 규정이다.

ㄴ **제한 · 불복**(준항고) : 심리가 비공개로 진행되거나 소년에 관한 사건인 경우 등[2]에는 판결서 등의 열람 · 복사를 제한할 수 있다(동항 단서). 다만, 열람 및 복사에 관하여 정당한 사유가 있는 소송관계인이나 이해관계 있는 제3자는 판결서 등을 보관하는 법원의 법원사무관 등이나 그 밖의 법원공무원에게 판결서 등의 열람 · 복사를 신청할 수 있다. 이 경우 법원사무관 등이나 그 밖의 법원공무원의 열람 및 복사에 관한 처분에 불복하는 경우에는 해당 **법원에 처분의 취소 또는 변경을 신청**할 수 있다(제59조의3 제4항). 불복신청에 대하여는 **준항고**(제417조 · 제418조)를 준용한다.

ㄷ **개인정보 보호조치** : 법원사무관 등이나 그 밖의 법원공무원은 열람 · 복사에 앞서 판결서 등에 기재된 성명 등 개인정보가 공개되지 아니하도록 대법원규칙으로 정하는 보호조치를 하여야 한다(동조 제2항). 개인정보 보호조치를 한 법원사무관 등은 고의 또는 중대한 과실로 인한 것이 아니면 열람 · 복사와 관련하여 민 · 형사상 책임을 지지 아니한다(동조 제3항).

2. 소송서류의 송달

(1) 의 의

① 개념 : 법원 · 법관이 검사 · 피고인 · 변호인 기타 소송관계인에 대하여 법정의 방식에 의하여 소송절

---

1) [보충] 형사소송법 제59조의2는 재판이 확정된 사건의 소송기록, 즉 형사재판확정기록의 공개 여부나 공개 범위, 불복절차 등에 관하여 「공공기관의 정보공개에 관한 법률」(이하 '정보공개법'이라 한다)과 달리 규정하고 있는 것으로 정보공개법 제4조 제1항에서 정한 '정보의 공개에 관하여 다른 법률에 특별한 규정이 있는 경우'에 해당한다. 따라서 형사재판확정기록의 공개에 관하여는 정보공개법에 의한 공개청구가 허용되지 않는다(대법원 2016.12.15, 2013두20882; 2017.3.15, 2014두7305 등). 따라서 형사재판확정기록에 관해서는 형사소송법 제59조의2에 따른 열람 · 등사신청이 허용되고 그 거부나 제한 등에 대한 불복은 준항고에 의하며, 형사재판확정기록이 아닌 불기소처분으로 종결된 기록(이하 '불기소기록'이라 한다)에 관해서는 정보공개법에 따른 정보공개청구가 허용되고 그 거부나 제한 등에 대한 불복은 항고소송절차에 의한다(위 판례).

2) 다음 각 호의 어느 하나에 해당하는 경우에는 판결서 등의 열람 및 복사를 제한할 수 있다(제59조의3 제1항 단서).
   1. 심리가 비공개로 진행된 경우
   2. 소년법 제2조에 따른 소년에 관한 사건인 경우
   3. 공범관계에 있는 자 등의 증거인멸 또는 도주를 용이하게 하거나 관련 사건의 재판에 중대한 영향을 초래할 우려가 있는 경우
   4. 국가의 안전보장을 현저히 해할 우려가 명백하게 있는 경우
   5. 제59조의2 제2항 제3호(공개로 인하여 사건관계인의 명예 등을 현저히 해할 우려) 또는 제6호(공개로 인하여 사건관계인의 영업비밀이 현저하게 침해될 우려)의 사유가 있는 경우. 다만, 소송관계인의 신청이 있는 경우에 한정한다.

차의 내용을 알리는 직권적 소송행위를 말한다. 서류의 송달에 관하여 법률에 다른 규정이 없는 때에는 민사소송법을 준용한다(제65조).

② 구별개념

(가) 통지 : 송달은 요식행위인 점에서 무방식인 통지와 구별된다.

(나) 공시·공고 : 송달은 특정인에 대한 것이라는 점에서 불특정인을 대상으로 하는 공시·공고와 구별된다.

(2) 송달받을 자

① 불구속피고인(피고인·송달영수인)

(가) 피고인 본인 : 불구속된 피고인은 원칙적으로 피고인 본인이 송달받을 자가 된다. 이를 위하여 재판장은 피고인에 대한 인정신문을 마친 뒤 피고인에 대하여 그 주소의 변동이 있을 때에는 이를 법원에 보고할 것을 명하고, 피고인의 소재가 확인되지 않는 때에는 그 진술 없이 재판할 경우가 있음을 경고하여야 한다(소촉규 제18조 제1항).[1] 피고인이 소송무능력자이면 송달은 그의 법정대리인에게 한다(민소 제179조).

(나) 송달영수인 : 피고인·대리인·대표자·변호인 또는 보조인이 법원소재지에 서류의 송달을 받을 수 있는 주거·사무소를 두지 아니한 때에는 법원소재지에 주거·사무소 있는 자를 송달영수인으로 선임하여 연명한 서면으로 신고하여야 한다(제60조 제1항). 송달영수인은 송달에 관하여 본인으로 간주하고 그 주거·사무소는 본인의 주거·사무소로 간주한다(동조 제2항). 송달영수인의 선임은 같은 지역에 있는 각 심급법원에 대하여 효력이 있다(동조 제3항). 다만, 송달영수인 규정은 **신체구속을 당한 자에게 적용하지 아니한다**(동조 제4항).

⚖ 판례연구 송달영수인 관련판례

1. 대법원 1976.11.10, 76모69 [법원9급 12]

송달영수인 신고의무 면제규정(제60조 제4항)의 취지
형사소송법 제60조 제4항이 규정한 신체구속을 당한 자라 함은 그 사건에서 신체를 구속당한 자를 가리키는 것이요 다른 사건으로 신체구속을 당한 자는 여기에 해당되지 아니한다고 보는 것이 상당하므로 다른 사건으로 신체구속을 당한 자로서는 이 강도상해사건에 관하여는 송달받기 위한 신고의무를 면제받을 수 없는 것이다.

2. 대법원 2018.11.29, 2018도13377

변호사 사무소로 송달한 사건
피고인이 원심 공판기일에 불출석하자, 검사가 피고인과 통화하여 피고인이 변호인으로 선임한 甲 변호사의 사무소로 송달을 원하고 있음을 확인하고 피고인의 주소를 甲 변호사 사무소로 기재한 주소보정서를 원심에 제출하였는데, 그 후 甲 변호사가 사임하고 새로이 乙 변호사가 변호인으로 선임된 경우, 원심이 피고인에 대한 공판기일소환장 등을 甲 변호사 사무소로 발송하여 그 사무소 직원이 수령한 경우, 검사가 피고인의 주소로서 보정한 甲 변호사 사무소는 피고인의 주소, 거소, 영업소 또는 사무소 등의 송달장소가 아니고, 피고인이 형사소송법 제60조에 따라 송달영수인과 연명하여 서면으로 신고한 송달영수인의 주소에도 해당하지 아니하며, 달리 그곳이 피고인에 대한 적법한 송달장소에 해당한다고 볼 자료가 없으므로, 형사소송법이 정한 적법한 방법으로 피고인의 소환이 이루어졌다고 볼 수 없다.

---

② 구속피고인 : 교도소 또는 구치소에 구속된 자에 대한 송달은 그 **소장**에게 한다(민소 제182조). 소장에게 송달하면 구속된 자에게 전달되었는가는 묻지 않는다.

---

1) 피고인에 대한 송달이 불능인 경우에 재판장은 그 소재를 확인하기 위하여 소재조사촉탁, 구인장의 발부 기타 필요한 조치를 취하여야 한다(소촉규 제18조 제2항). 공소장에 기재된 피고인의 주소가 특정되어 있지 아니하거나 그 기재된 주소에 공소제기 당시 피고인이 거주하지 아니한 사실이 인정된 때에는 재판장은 검사에게 상당한 기간을 정하여 그 주소를 보정할 것을 요구하여야 한다(동조 제3항).

판례연구 구속피고인 특칙 등 관련판례

1. 대법원 1992.3.10, 91도3272 [법원9급 12, 경찰승진 11]

재소자에 대한 송달방법

교도소 또는 구치소에 구속된 자에 대한 송달은 그 소장에게 송달하면 구속된 자에게 전달된 여부와 관계없이 그 효력이 생긴다.

2. 대법원 1995.6.14, 95모14 [법원9급 11, 경찰승진 10]

재감자에 대한 약식명령의 송달을 수감 전의 주·거소에다 한 경우, 그 송달의 효력

재감자에 대한 약식명령의 송달을 교도소 등의 소장에게 하지 아니하고 수감되기 전의 종전 주·거소에다 하였다면 부적법하여 무효라고 하지 않을 수 없고, 수소법원이 송달을 실시함에 있어 당사자 또는 소송관계인의 수감사실을 모르고 종전의 주·거소에 하였다고 하여도 마찬가지로서 송달의 효력은 발생하지 않는다고 할 것이며(대법원 1982.12.28, 82다카349 전원합의체), 송달 자체가 부적법한 이상 당사자가 약식명령이 고지된 사실을 다른 방법으로 알았다고 하더라도 송달의 효력은 여전히 발생하지 아니한다고 할 것이므로, 항고인이 그 주장과 같이 다른 형사사건으로 구속되어 있는 동안에 이 사건 약식명령등본이 항고인의 주소지에서 항고인의 모에게 송달되었다면 그 송달은 부적법하여 무효라고 할 것이고, 그 후에 항고인이 약식명령이 고지된 사실을 다른 방법으로 알았다고 하더라도 송달의 효력은 발생하지 아니하여 정식재판청구기간이 진행하지 아니하므로 항고인으로서는 언제라도 정식재판청구를 할 수 있으며, 이 경우에는 정식재판청구권회복청구기간의 도과 여부를 따질 필요조차 없다.

3. 대법원 2009.8.20, 2008모630 [법원9급 10]

제1심 법원이 재심청구기각결정을 재항고인에게 송달한 후 다시 구치소장에게 송달한 사안

… 위 결정을 구치소장이 아닌 재항고인에게 송달한 것은 부적법하여 무효이고 송달받을 사람을 구치소장으로 하여 다시 송달한 때 비로소 그 송달의 효력이 발생하는 것이어서, 그로부터 3일의 즉시항고기간(2019.12.31. 개정법에 의하여 현재는 7일) 내에 제기된 재항고인의 즉시항고는 적법함에도 불구하고, 재항고인의 결정등본 수령일을 기준으로 즉시항고 제기기간을 기산하여 재항고인의 즉시항고를 기각한 원심의 결정은 위법하다.

4. 대법원 2017.9.22, 2017모1680 [법원9급 20]

재감자에 대한 송달과 통지

교도소·구치소 또는 국가경찰관서의 유치장에 체포·구속 또는 유치된 사람에게 할 송달은 교도소·구치소 또는 국가경찰관서의 장에게 하여야 하고(형사소송법 제65조, 민사소송법 제182조), 재감자에 대한 송달을 교도소 등의 장에게 하지 아니하였다면 그 송달은 부적법하여 무효이다. 한편 통지는 법령에 다른 정함이 있다는 등의 특별한 사정이 없는 한 서면 이외에 구술·전화·모사전송·전자우편·휴대전화 문자전송 그 밖에 적당한 방법으로도 할 수 있고, 통지의 대상자에게 도달됨으로써 효력이 발생한다. 구치소에 재감 중인 재항고인이 제1심판결에 대하여 항소하였는데, 항소심법원이 구치소로 소송기록접수통지서를 송달하면서 송달받을 사람을 구치소의 장이 아닌 재항고인으로 하였고 구치소 서무계원이 이를 수령한 경우, 송달받을 사람을 재항고인으로 한 송달은 효력이 없고, 달리 재항고인에게 소송기록접수의 통지가 도달하였다는 등의 사정을 발견할 수 없으므로, 소송기록접수의 통지는 효력이 없다.

③ **검사** : 서류를 **소속 검찰청에 송부**하여야 한다(제62조).[1] [법원9급 05/09/10/17]

(3) **송달의 방법** : 교부송달 – 보충송달 – 우편송달 – 공시송달

　① **교부송달** : 송달은 송달을 받을 자의 주소·거소·영업소·사무소에서 서류를 받을 자에게 교부하는 교부송달을 기본으로 한다(민소 제178조 제1항, 제183조 제1항).

　② **보충송달·유치송달** : ㉠ 근무장소 외의 송달할 장소에서 송달받을 사람을 만나지 못한 때에는 그 사무원, 피용자(被用者) 또는 동거인으로서 **사리를 분별할 지능이 있는 사람**에게 서류를 교부할 수 있다(민소 제186조 제1항). 송달의 취지를 이해하고 영수한 서류를 송달을 받을 자에게 교부하는 것을 기대할 수 있는 정도의 능력이 있다면 사리를 분별할 지능이 있는 사람에 해당한다. ㉡ 교부송달·보충송달을 받을 자가 정당한 사유 없이 거부하는 경우에는 송달할 장소에 서류를 놓아두는 유치송달도 가능하다(민소 제186조 제3항).[2]

---

1) 검사에 대한 송달은 우편에 의하지 않고 인편으로 검찰청에 송부한다. 이는 법원청사와 검찰청청사가 동일한 구내에 있기 때문이다.

2) [참고 – 유치송달] 서류를 송달받을 사람 또는 보충송달 규정에 의하여 서류를 넘겨받을 사람이 정당한 사유 없이 송달받기를 거부하는 때에는 송달할 장소에 서류를 놓아둘 수 있다(민소 제186조 제3항).

⚖ 판례연구 보충송달 관련판례

1. 대법원 1995.8.16, 95모20 [경찰승진 11]

형사소송절차에서의 보충송달에 관한 민사소송법 규정의 준용 여부 및 보충송달 수령자의 수송달능력

[1] 형사소송절차에 있어서도 형사소송법 제65조에 따라 보충송달에 관한 민사소송법 제172조 제1항이 준용되어야 하므로, 피고인의 동거 가족에게 서류가 교부되고 그 동거 가족이 사리를 변식할 지능이 있는 이상 피고인이 그 서류의 내용을 알지 못한 경우에도 송달의 효력은 있는바, 사리를 변식할 지능이 있다고 하려면, 사법제도 일반이나 소송행위의 효력까지 이해할 필요는 없다 하더라도 적어도 송달의 취지를 이해하고 영수한 서류를 수송달자에게 교부하는 것을 기대할 수 있는 정도의 능력은 있어야 한다.

[2] 8세 4월 정도의 여자 어린이가 송달로 인하여 생기는 형사소송절차에 있어서의 효력까지 이해하였다고 볼 수는 없으나 그 송달 자체의 취지를 이해하고 영수한 서류를 수송달자인 아버지에게 교부하는 것을 기대할 수 있는 능력 정도는 있다.

2. 대법원 1996.6.3, 96모32

피고인의 아들이 이 사건 송달 당시 10세 정도라면 송달로 인하여 생기는 형사소송절차에 있어서의 효력까지 이해하였다고 볼 수는 없으나 그 송달 자체의 취지를 이해하고 영수한 서류를 송달을 받을 아버지(피고인)에게 교부하는 것을 기대할 수 있는 능력 정도는 있다고 볼 것이므로, 피고인에 대한 소송기록접수통지서의 송달은 적법하다.

3. 대법원 1997.6.10, 96도2814

피고인이 제1심판결에 항소를 제기한 후 타처로 전입하여 주민등록상 신고를 하였는데, 법원이 종전의 주거지로 소송기록접수통지서를 송달하여 피고인의 모가 이를 수령한 경우, 피고인이 주민등록상의 신고와 같이 주거지를 변경한 것이라면 피고인의 종전 주거지는 형사소송법 제65조에 의하여 준용되는 민사소송법 제170조 소정의 적법한 송달장소라고 할 수 없고, 피고인의 모를 같은 민사소송법 제172조 제1항 소정의 동거자라고도 할 수 없으므로, 위 송달은 그 효력이 없다.

4. 대법원 2000.2.14, 99모225 [경찰승진 10/11]

피고인의 어머니가 주거지에서 항소사건 소송기록접수통지서를 동거자로서 송달받은 경우, 그 어머니가 문맹이고 관절염, 골다공증으로 인하여 거동이 불편하다고 하더라도 그것만으로 사리를 변식할 능력이 없다고 할 수 없으므로 위 송달은 적법한 보충송달로서의 효력이 있다.

③ 우편송달 : ㉠ **주거 · 사무소 또는 송달영수인의 선임을 신고하여야 할 자가 그 신고를 하지 아니하는 때**에는 교부송달 · 보충송달 · 유치송달이 불가능하므로 법원사무관 등은 서류를 우체에 부치거나 기타 적당한 방법에 의하여 송달할 수 있다(제61조 제1항). [법원9급 05/08/10] ㉡ 서류를 우체에 부친 경우에는 도달된 때에 송달된 것으로 간주한다(**도달주의**, 동조 제2항)(cf. 민소법 제189조 : 발신주의). [법원9급 08/10] 우편송달에 의했음에도 서류가 반송되는 경우 송달불능의 문제가 발생한다.

④ 공시송달

(가) 의의 : 법원사무관 등이 송달할 서류를 보관하고 그 사유를 법원게시장에 공시하여 행하는 송달을 말한다(제64조 제2항, 민소 제195조).

(나) 요 건

㉠ 형소법상 송달불능 : ⓐ 피고인의 **주거 · 사무소와 현재지를 알 수 없는 때**, ⓑ 피고인이 **재판권이 미치지 아니하는 장소에 있는 경우에 다른 방법으로 송달할 수 없는 때** [법원9급 09] 공시송달을 할 수 있다(제63조 제1항 · 제2항). 피고인의 주거 등을 파악하기 위해 필요한 조치를 취하지 아니한 채 곧바로 공시송달의 방법에 의한 송달을 하고 피고인의 진술 없이 판결을 하는 것은 위법이다(대법원 2010.7.22, 2010도4926; 2015.2.12, 2014도16822).

㉡ 소촉법상 소재불명 : 제1심 공판절차에서 피고인에 대한 **송달불능보고서가 접수된 때부터 6개월**이 지나도록 재판장의 피고인 소재 확인을 위한 조치(소촉규 제18조 제2항 · 제3항)에도 불구하고 피고인의 **소재**(所在)를 **확인할 수 없는 경우**에는, 그 후 피고인에 대한 송달은 **공시송달**의 방법에 의한다(소촉규 제19조 제1항). 피고인이 위 공시송달에 의한 공판기일의 소환을 **2회 이상** 받고도 출석하지 아니한 때에는 **피고인의 진술 없이 재판**할 수 있다(불출석재판)(소촉규 제19조 제1항)(단, 사형 · 무기 또는 장기 10년이 넘는 징역이나 금고에 해당하는 사건의 경우에는 예외)(소촉법 제23조 제1항).

(다) 방 식

ㄱ 공시송달을 명하는 재판 : 공시송달은 피고인의 방어권 및 상소권 행사에 중대한 영향을 끼친다는 점에서, 대법원규칙이 정하는 바에 의하여 **법원이 명한 때에 한하여** 할 수 있다(**직권**, 제64조 제1항)(형소법-직권, 민소법-직권 or 신청, 민소 제194조 제1항). [법원9급 05/09/12] 법원은 공시송달의 사유가 있다고 인정하는 때에는 **직권으로 결정**에 의하여 공시송달을 명한다(규칙 제43조).

ㄴ 방법 : 공시송달은 법원사무관 등이 **송달할 서류를 보관하고 그 사유를 법원게시장에 공시**하여야 한다(제64조 제2항). 법원은 위의 사유를 관보나 신문지상에 공고할 것을 명할 수 있다(동조 제3항). [국가7급 17]

(라) 효력발생시기 : ㄱ **최초의 공시송달은 공시를 한 날부터 2주일을 경과**하면 그 효력이 생긴다(제64조 제4항 본문). [법원9급 05/08/10/17] 단, ㄴ **제2회 이후의 공시송달은 5일을 경과**하면 그 효력이 생긴다(동 단서). [법원9급 08/09/10/17]

🔍 판례연구 공시송달 관련판례

1. 대법원 1966.7.26, 66도599

법 제64조에 의한 법원의 공시송달은 반드시 이를 명하여야 하는 것은 아니고 법원의 재량에 속하는 것이므로 이를 명하지 않고, 따라서 공고가 없었다 하더라도 그 공시송달이 부적법이라 할 수 없다.

2. 대법원 1984.11.8, 84모31

우편집배원이 2회에 걸쳐 재항고인의 주소지에 갔으나 그때마다 수취인이 부재하였다는 사유만으로는 공시송달의 원인이 되는 그 주거를 알 수 없는 때에 해당한다고 단정하기 어렵다.

3. 대법원 1986.2.27, 85모6 [경찰승진 10]

공시송달은 피고인의 주거, 사무소와 현재지를 알 수 없는 때에 한하여 할 수 있을 뿐이고 피고인의 주거, 사무소, 현재지 등이 기록상 나타나 있는 경우에는 이를 할 수 없다. … 공소장에 기재된 피고인의 주거지로 약식명령서를 송달하였다가 수취인불명 등으로 송달이 불능되었다 하더라도 수사기록에 편철된 피고인에 대한 피의자신문조서 등에 피고인의 사무소가 나타나 있다면 법원으로서는 그 사무소에 다시 소송서류를 송달해 보아야 할 것임에도 바로 공시송달의 방법을 취한 것은 공시송달의 요건을 흠결한 것이며 그로 인하여 피고인이 정식재판청구기간을 도과하게 되었다면 이는 피고인이 책임질 수 없는 사유에 해당한다.

4. 대법원 1990.9.14, 90도1297

피고인이 제1심법원에 자신의 주거를 신고하여 제1심판결서에도 기재되어 있음에도 불구하고 원심이 '피고인의 주거가 아닌 곳'으로 소송기록접수 통지서를 송달하여 송달불능되자 곧바로 소환장 등의 서류를 공시송달하기로 결정하고, 각 공판기일에 소환장을 모두 공시송달하여 피고인이 공판기일에 한 번도 출석하지 아니한 채 공판절차를 진행한 끝에, 피고인의 진술 없이 피고인에 대하여 무죄를 선고한 제1심판결을 파기하고 피고인을 징역형에 처하는 판결을 선고하였다면, 원심은 소환장을 공시송달할 사유가 없는데도 공시송달을 한 것이므로 피고인이 정당한 사유 없이 공판기일에 출석하지 아니하였다고는 볼 수 없을 것임에도 불구하고, 피고인의 진술 없이 피고인을 징역형에 처하는 판결을 선고하였으니, 원심판결에는 판결에 영향을 미친 위법이 있다.

5. 대법원 1991.1.25, 90모70 [경찰승진 11]

원심이 우편집배원 작성의 주소불명을 이유로 한 소송기록접수통지서의 송달불능보고서를 근거로 공시송달의 결정을 하였으나, 주소불명을 이유로 송달불능이라고 한 장소가 제1심 판결문상의 피고인의 주거지이고 주민등록표상의 주소라면 위 송달불능보고서는 신빙성이 없다고 할 것이므로 원심이 송달불능보고서만으로 피고인의 주거를 알 수 없다고 단정하여 공시송달의 결정을 하였음은 법 제63조 제1항에 위배된 것이다.

6. 대법원 2006.2.8, 2005모507 [경찰승진 11]

공시송달을 명하기에 앞서 피고인이 송달받을 수 있는 장소를 찾아보는 조치들을 다하지 아니한 채 공소장 기재의 주거나 주민등록부의 주소로 우송한 공판기일소환장 등이 이사불명·폐문부재 등의 이유로 송달불능되었다는 것만으로는 소촉규칙 제19조 제1항에 정한 공시송달 요건인 '피고인의 소재가 확인되지 아니한 때'에 해당한다고 보기 어려움에도, 피고인의 소재를 확인할 수 없다고 단정하여 공시송달을 명한 것은 위법하다.

7. 대법원 2007.7.12, 2006도3892; 2023.2.23, 2022도15288 [법원9급 09/11/12, 국가7급 13]

항소한 피고인이 거주지 변경신고를 하지 아니한 상태에서, 기록에 나타난 피고인의 휴대전화번호와 집전화번호로 연락하여 송달받을 장소를 확인해 보는 등의 조치를 취하지 아니한 채 곧바로 공시송달을 명하고 피고인의 진술 없이 판결을 한 원심의 조치는 형사소송법 제63조 제1항, 제365조에 위배된다.

8. 대법원 2011.5.13, 2011도1094

제1심의 법원사무관 등이 이미 송달불능된 피고인과 전화통화하면서 송달장소를 확인하는 등의 시도를 하지 아니한 채 단순히 제1회 공판기일에 출석할 것을 통지하는 데 그친 경우, 그 후 소재탐지촉탁, 구속영장 발부, 지명수배 의뢰 등의 절차를 거쳤다 하더라도 공시송달 방법으로 공소장 부본 등을 송달한 조치는 위법하다.

9. 대법원 2012.4.26, 2012도986; 2014.5.16, 2014도3037; 2014.10.27, 2014도11273 [법원9급 13/15]

공시송달 방법에 의한 피고인 소환이 부적법하여 피고인이 공판기일에 출석하지 않은 가운데 진행된 제1심의 절차가 위법하고 그에 따른 제1심판결이 파기되어야 한다면, 항소심으로서는 다시 적법한 절차에 의하여 소송행위를 새로이 한 후 항소심에서의 진술과 증거조사 등 심리 결과에 기초하여 다시 판결하여야 한다. 따라서 위법한 공시송달을 이유로 1심판결을 파기하면서도, 다시 적법한 절차에 의하여 소송행위를 하지 않고 피고인의 참여 없이 실시된 제1심 증거조사 결과에 기초하여 공소사실을 유죄로 인정한 것은 위법하다.

10. 대법원 2013.6.27, 2013도2714 [국가7급 17, 국가9급 · 국가9급개론 15]

구치소나 교도소 등에 수감 중인 피고인에게 공시송달의 방법으로 소송서류를 송달한 것은 위법

피고인이 구치소나 교도소 등에 수감 중에 있는 경우는 법 제63조 제1항에 규정된 '피고인의 주거, 사무소, 현재지를 알 수 없는 때'나 소촉법 제23조에 규정된 '피고인의 소재를 확인할 수 없는 경우'에 해당한다고 할 수 없으므로, 법원이 수감 중인 피고인에 대하여 공소장 부본과 피고인소환장 등을 종전 주소지 등으로 송달한 경우는 물론 공시송달의 방법으로 송달하였더라도 이는 위법하다고 보아야 한다. 따라서 법원은 주거, 사무소, 현재지 등 소재가 확인되지 않는 피고인에 대하여 공시송달을 할 때에는 검사에게 주소보정을 요구하거나 기타 필요한 조치를 취하여 피고인의 수감 여부를 확인할 필요가 있다.

11. 대법원 2015.2.12, 2014도16822

폐문부재는 법 제63조 제1항의 피고인의 주거, 사무소와 현재지를 알 수 없는 때에 해당하지 않음

피고인에 대한 소송기록접수통지서, 항소이유서 등의 송달이 폐문부재로 송달불능된 경우, 집행관 송달이나 소재조사촉탁 등의 절차를 거치지 아니한 채 송달불능과 통화불능의 사유만으로 피고인의 주거를 알 수 없다고 단정하여 곧바로 공판기일소환장 등 소송서류를 공시송달하고 피고인의 진술 없이 판결을 한 원심(항소심)의 조치는 법 제63조 제1항, 제365조에 위배된다.

12. 대법원 2023.10.26, 2023도3720

민사소송법상 외국 공시송달의 효력발생시기 규정의 형사소송절차에의 준용 여부

민사소송법 제196조에서는 공시송달의 효력발생시기에 관하여, 첫 공시송달은 실시한 날부터 2주가 지나야 효력이 생기나(동조 제1항 본문) 외국에서 할 송달에 대한 공시송달의 경우에는 2월로 한다(동조 제2항)고 규정하고 있다.[1] … 형사소송법 제63조 제2항에 의하면 피고인이 재판권이 미치지 아니하는 장소에 있는 경우에 다른 방법으로 송달할 수 없는 때에 공시송달을 할 수 있고, 피고인이 재판권이 미치지 아니하는 외국에 거주하고 있는 경우에는 형사소송법 제65조에 의하여 준용되는 민사소송법 제196조 제2항에 따라 첫 공시송달은 실시한 날부터 2월이 지나야 효력이 생긴다고 볼 것이다.

---

04 | 소송행위의 일시와 장소

I 소송행위의 일시

1. 기 일

(1) 의의 : 기일(期日)이란 법률이나 법관에 의하여 소송관계인이 일정한 장소에 회합하여 소송행위를 하도록 지정된 때를 말한다. 예 공판기일, 증인신문기일

(2) 지정 : 일(日) 및 시(時)로서 지정된다. 기일은 지정된 시각에 개시되나, 종기에는 제한이 없다.

1] [조문] 민사소송법 제196조(공시송달의 효력발생) ① 첫 공시송달은 제195조의 규정에 따라 실시한 날부터 2주가 지나야 효력이 생긴다. 다만, 같은 당사자에게 하는 그 뒤의 공시송달은 실시한 다음 날부터 효력이 생긴다.
② 외국에서 할 송달에 대한 공시송달의 경우에는 제1항 본문의 기간은 2월로 한다.
③ 제1항 및 제2항의 기간은 줄일 수 없다.

2. 기 간

(1) 의의 : 일정한 소송행위에 관하여 법원·당사자 기타 소송관계인이 준수하여야 할 일정한 시간의 길이를 말한다. 기간에는 시기와 종기가 정해져 있다.

(2) 종 류

① 행위기간과 불행위기간

(가) **행위기간** : 그 기간 내에만 적법하게 소송행위를 할 수 있는 기간을 말한다.

> 📖 고소기간(제230조), 상소기간(제358조, 제374조)

(나) **불행위기간** : 그 기간 내에는 소송행위를 할 수 없는 기간을 말한다.

> 📖 제1회 공판기일의 유예기간(제269조) [국가7급 08], 소환장송달의 유예기간(규칙 제123조)

② 법정기간과 재정기간

(가) **법정기간** : 법률의 규정에 의하여 정하여진 기간을 말한다.

> 📖 구속기간(제92조), 상소제기기간(제358조, 제374조)

(나) **재정기간** : 법원의 재판에 의하여 정하여진 기간을 말한다.

> 📖 구속기간의 연장(제205조), 감정유치기간(제172조) [국가7급 08], 영장의 유효기간(제75조, 제209조) [국가7급 08]

③ 불변기간과 훈시기간

(가) **불변기간** : 그 기간이 경과된 후의 소송행위가 무효로 되는 기간을 말한다(효력기간).

> 📖 고소기간(제230조), 재정신청기간(제260조)

(나) **훈시기간** : 그 기간이 경과된 후에 소송행위를 하더라도 그 소송행위의 효력에 영향이 없는 기간을 말한다. 📖 공판조서의 정리기간(제54조), 검사의 고소·고발사건의 처리기간(제257조), 재판기간(소촉 제21조·제22조, 규칙 제146조)

(3) 계 산 [법원9급 08]

① 기간의 계산에 관하여는 시(時)로 계산하는 것은 즉시(卽時)부터 기산하고 **일·월 또는 연으로 계산하는 것은 초일을 산입하지 아니한다**(초일불산입원칙). [경찰채용 13 1차] 단, **시효와 구속기간의 초일**은 시간을 계산하지 아니하고 1일로 산정한다(2020.12.8. 우리말 순화 개정법 제66조 제1항). [경찰승진 04]

② 연 또는 월로 정한 기간은 연 또는 월 단위로 계산한다(동조 제2항).

③ **기간의 말일이 공휴일이거나 토요일이면 그날은 기간에 산입하지 아니한다.** [국가7급 10, 경찰승진 04] 단, 시효와 구속기간에 관하여는 예외로 한다(동조 제3항).

절 차	법정기간	시 기	종 기
어떤 것이든	2일	2016.3.2. 10 : 00	2016.3.4. 24 : 00
고소기간	6월		2016.9.2. 24 : 00
임의동행	6시간		2016.3.2. 16 : 00
구속영장청구	48시간		2016.3.4. 10 : 00
구속기간	10일		2016.3.12. 24 : 00 (×) 2016.3.11. 24 : 00 (○)
공소시효	10년		2026.3.2. 24 : 00 (×) 2026.3.1. 24 : 00 (○)
즉시항고	7일		2016.3.9. 24 : 00

(4) 법정기간의 연장 : ① 법정기간은 소송행위를 할 자의 주거 또는 사무소의 소재지와 법원 또는 검찰청 소재지와의 거리 및 교통통신의 불편정도에 따라 대법원규칙으로 이를 **연장할 수 있다**(제67조). ② **법정기간**(불변기간) 중 (피고인의) **법원 또는 검사에 대한 행위기간**에 관해서만 적용된다(법원의 피고인에 대한 행위기간에는 적용 ×, 훈시기간 ×).

> 📖 즉시항고의 제출기간(82모52), 상고기간(76모58), 상소이유서 제출기간(85모47)

Ⅱ 소송행위의 장소

공판기일의 소송행위는 원칙적으로 법원 또는 지원의 건물 내에 있는 법정에서 행한다. 그러나 법원장은 필요에 따라 법원 외의 장소에서 개정하게 할 수 있다(법조 제56조).

제3절 | 소송행위의 가치판단

01 소송행위의 해석과 가치판단

Ⅰ 소송행위의 해석

소송행위의 해석이란 소송행위의 의미와 내용을 합리적으로 판단하여 그 객관적 의의를 명백히 하는 것을 말한다.

Ⅱ 소송행위의 가치판단

소송행위의 해석을 통하여 그 객관적 의미가 밝혀지면 다음으로 그에 대한 가치판단을 하게 된다. 이에는 ① 성립·불성립, ② (소송행위 성립을 전제로 한) 유효·무효, ③ 적법·부적법, ④ (소송행위 적법을 전제로 한) 이유 있음·이유 없음의 네 가지가 있고, 이에 따라 그 소송법적 효과가 확정된다.

02 소송행위의 성립·불성립

Ⅰ 의 의

어느 행위가 ① **소송행위로서의 본질적 개념요소를 구비하여 소송행위로서의 외관을 갖추고 있는 경우**를 성립이라 하고, ② 소송행위의 본질적 개념요소를 결여하여 소송행위로서의 외관조차 갖추지 못한 경우를 불성립(소송법적으로 전혀 無의 상태)이라고 한다.

Ⅱ 판단의 실익

1. 법원의 판단 여부

(1) **불성립** : 객관적으로 소송행위가 존재하지 않으므로 법원·당사자 기타 소송관계인은 이를 무시·방치할 수 있다. **예** 검사 아닌 자의 공소제기

(2) **성립** : 무효일지라도 이를 무시·방치하면 절차의 형식적 확실성을 해치므로 특히 신청과 같은 절차형성행위에 대해서는 무효선언(각하·기각)을 하여야 한다. **예** 공소사실이 불특정된 공소제기 → 공소기각판결

2. 무효의 치유의 인정 여부

(1) **불성립** : 무효는 성립을 전제로 하므로 무효의 치유가 문제되지 않는다.

(2) **성립** : 소송행위로서 성립하였으므로 (소송행위가 무효인 때) 무효의 치유가 문제된다.

3. 법적 효과의 발생 여부

(1) **불성립** : 어떠한 소송법적 효과도 발생하지 않는다.

> 📖 공소장 제출 없는 공소제기 → 불성립 → (but 추후 소송행위가 이루어지면 성립 可)(2003도2735)

(2) **성립** : 무효인 경우에도 일정한 소송법적 효과가 발생한다.

> 📖 무효인 공소제기 → 공소시효정지의 효력 발생 [경찰채용 04 2차], 무효인 판결 → 형식적 확정력 발생

대법원 2003.11.14, 2003도2735 [법원행시 04, 법원9급 12, 국가9급 14/23]

[1] 법원이 경찰서장의 즉결심판청구를 기각하여 경찰서장이 사건을 관할 지방검찰청으로 송치하였으나 검사가 이를 즉결심판에 대한 피고인의 정식재판청구가 있은 사건으로 오인하여 그 사건기록을 법원에 송부한 경우, (즉결심판청구기각시 경찰서장은 사건을 지방검찰청장·지청장 등에게 송치하므로 검사는 공소제기·불기소를 결정하여야 함에도−필자 주) 공소제기의 본질적 요소라고 할 수 있는 검사에 의한 공소장의 제출이 없는 이상 기록을 법원에 송부한 사실만으로 공소제기가 성립되었다고 볼 수 없다.

[2] 공소장의 제출이 없어 공소제기가 성립하지 않았다고 볼 경우에 추후 공소장이 법원에 제출되었다면 그 제출시에 공소제기가 있다고 볼 수 있는지 여부(적극) [국가9급 14]

소송행위로서 요구되는 본질적인 개념요소가 결여되어 소송행위로 성립되지 아니한 경우에는 소송행위가 성립되었으나 무효인 경우와는 달리 하자의 치유문제는 발생하지 않으나, 추후 당해 소송행위가 적법하게 이루어진 경우에는 그때부터 위 소송행위가 성립된 것으로 볼 수 있다.

---

03 소송행위의 유효 · 무효

Ⅰ 의 의

1. 개 념

소송행위가 성립한 것을 전제로 **소송행위의 본래적 효력**(법적 효과)을 인정할 것인가에 대한 가치판단으로서, 유효란 소송행위가 유효요건을 구비하여 그 본래적 효력이 인정되는 경우를 말한다. 한편 **무효란** 소송법상 어떠한 효과도 발생하지 않는다는 의미가 아니라 그 **소송행위가 지향한 본래의 효과가 인정되지 않는 경우**를 말한다.

2. 무효의 유형

(1) **당연무효의 경우** : 법원의 무효선언이 필요 없는 경우이다.

> 📖 기재사항을 전혀 기재하지 않은(기재사항 완전흠결) 공소장에 의한 검사의 공소제기, 동일사건에 대한 이중판결, 상소포기·취하 후의 상소심판결

(2) **무효선언을 요하는 경우** : 법원이 공권적으로 무효의 취지를 선언해야 최종적으로 무효로 확정되는 경우이다. 📖 무효인 공소제기 → 공소기각판결 [법원행시 04]

Ⅱ 무효의 원인

1. 주체에 관한 무효원인(행위주체의 하자)

소송행위의 주체가 소송행위적격, 대리권, 소송(행위)능력 등을 결한 경우 그가 행한 소송행위는 무효가 된다.

(1) **소송행위적격의 흠결** : 소송행위가 일정한 자의 권한인 때에는 행위적격 없는 자의 행위는 소송행위로서는 성립하지만 무효이다. 📖 고소권 없는 자의 고소

(2) **대리권의 흠결** : 대리권 없는 자의 소송행위는 원칙적으로 무효이다.

(3) 소송능력의 흠결 : ① 절차형성행위 · 실체형성행위를 불문하고 무효가 된다는 입장(강구진, 백형구, 신동운, 차/최)과 ② 절차형성행위는 무효이지만 실체형성행위는 유효하다는 입장(신양균, 이/조, 임동규, 정영석/이형국)이 대립하나, 의사능력이 결여되어 소송능력이 없는 자의 진술이라 하더라도 그 진술 자체가 무효가 되는 것은 아니라는 점에서 제2설이 타당하다.

> 예 소송능력 없는 피고인 · 증인의 자백 · 증언 → 유효일 수 있음

(4) 의사표시의 하자(착오 · 사기 · 강박의 경우)

① **실체형성행위** : 실체형성행위는 의사와 표시 간의 일치가 아니라 사실(실체)과의 일치 내지 실체형성에의 기여가 문제된다는 점에서 당해 소송행위가 사기 · 강박 또는 착오에 의하여 이루어졌다 하더라도 무효로 볼 수 없다. 따라서 실체형성행위에 있어서 착오 · 사기 · 강박은 소송행위의 무효원인이 될 수 없다. [법원행시 04]

② **절차형성행위** : 착오로 인한 절차형성행위의 경우 피고인의 이익보호와 절차의 형식적 확실성 중 초점을 어디에 둘 것인가에 따라 그 효력 여부에 대한 학설이 대립하나,[1] 판례는 원칙적 유효설의 입장에서, 간통죄의 1심 판결선고 후 피고인이 안경 없이 담당교도관이 제시한 항소포기서 용지를 항소장으로 알고 서명한 후 **안경이 없어서 착오**가 일어났다고 주장한 사건에 대하여, 중대한 착오이고 책임질 수 없는 사유가 있고 그 행위를 유효로 하는 것이 현저히 정의에 반하는 경우에는 (예외적으로) 무효가 된다고 판시한 바 있다(대법원 1995.8.17, 95모49). [국가7급 14]

🔎 **판례연구** 의사표시의 하자와 소송행위의 효력 관련판례

1. 대법원 1992.3.13, 92모1 [법원행시 02]

절차형성적 소송행위가 착오로 인하여 행하여진 경우, 절차의 형성적 확실성을 강조하면서도 피고인의 이익과 정의의 희생이 커서는 안 된다는 측면에서 그 소송행위의 효력을 고려할 필요가 있으므로 착오에 의한 소송행위가 무효로 되기 위하여서는, 첫째 통상인의 판단을 기준으로 하여 만일 착오가 없었다면 그러한 소송행위를 하지 않았으리라고 인정되는 중요한 점(동기를 포함)에 관하여 착오가 있고, 둘째 착오가 행위자 또는 대리인이 책임질 수 없는 사유로 인하여 발생하였으며, 셋째 그 행위를 유효로 하는 것이 현저히 정의에 반한다고 인정될 것 등 세 가지 요건을 필요로 한다.

2. 대법원 1995.8.17, 95모49 [법원행시 02, 교정9급 12]

교도관이 내어 주는 상소권포기서를 항소장으로 잘못 믿은 나머지 이를 확인하여 보지도 않고 서명 무인한 경우, 항소포기는 유효하다(확인하지 않고 서명날인하였다는 점에서 책임질 수 없는 사유가 없음-착오 부정).

---

2. 내용 · 방식에 관한 무효원인

(1) 내용에 관한 무효원인

① 소송행위의 내용이 법률상 · 사실상 불능인 경우에 그 소송행위는 무효가 된다.

> 예 법정형을 넘는 형을 선고한 유죄판결, 허무인에 대한 공소제기, 존재하지 않는 재판에 대한 상소

② 이익이 없거나 내용이 불명확한 소송행위도 무효가 된다.

> 예 동일사건 이중기소

(2) 방식 · 절차에 관한 무효원인

① 소송행위의 방식이 효력요건인 경우에 그 방식을 위반한 소송행위는 무효이다.

> 예 구두에 의한 공소제기

② 소송행위의 효력요건인 사전절차가 결여된 경우에 그 소송행위는 무효이다.

> 예 증인선서를 결한 증인신문

---

1) [참고-착오로 인한 절차형성행위의 효력] ① 피고인의 이익을 보호해야 한다는 점에서 원칙적으로 무효로 보고, 다만 피고인의 귀책사유로 인한 착오의 경우에는 유효로 한다는 원칙적 무효설(강구진, 백형구, 서일교)과 ② 형식적 확실성에 의해 표시된 바에 따라 판단해야 하므로 무효가 되지 않는다는 유효설(정/이)과 ③ 소송행위는 형식적 확실성을 요하므로 사법상 의사표시이론이 그대로 적용될 수 없어 원칙적으로 표시된 대로 유효하나 다만 적정절차원칙에 위배된 경우에는 무효가 된다는 원칙적 유효설(적법절차설, 다수설)이 대립한다. 본서는 원칙적 유효설을 따른다.

3. 무효의 효과

(1) 효과 : 소송행위가 무효가 되면 소송행위가 본래 지향하는 소송법적 효과는 발생하지 않게 된다. 그러나 소송행위가 성립한 이상 별도의 소송법적 효과가 인정될 여지는 있다. 예를 들어 무효인 공소제기라 하더라도 시효정지의 효력은 발생하게 되며(제253조), 무효인 판결이라 하더라도 그 형식적 확정력은 발생하게 되는 것이다.

(2) 법원의 조치

① 절차형성행위가 무효인 경우 : 예컨대 공소제기가 무효가 되는 경우에는 공소기각의 재판을 해야 한다. 또한 기피신청(제20조), 재정신청(제262조), 상소제기(제362조)가 무효인 경우에는 결정으로 기각해야 한다.

② 실체형성행위가 무효인 경우 : 원칙적으로 별도의 조치가 필요 없다. 다만, 예외적으로 증거능력 배제 결정은 법원의 조치가 필요한 경우이다(규칙 제139조 제4항).

III 무효의 치유

1. 의 의

소송행위의 유효와 무효는 원칙적으로 소송행위 당시를 기준으로 판단된다. 그런데 **소송행위 당시에는 무효인 소송행위가 그 후의 사정변경에 의하여 유효로 되는 경우** "무효의 치유"의 문제가 발생하게 된다. 이에는 ① 소송행위의 추완과 ② 공격·방어방법의 소멸에 의한 무효의 치유가 있다. 형식적 확실성에 의하여 무효의 치유는 원칙적으로 허용되지 않으나, 소송의 동적·발전적 성격과 절차유지의 원칙에 의해 **예외적으로 허용**된다.[1]

2. 소송행위의 추완

소송행위의 추완(追完)(Nachholung der Prozesshandlung)이란 일정한 법정기간·행위기간에 의한 제한을 받는 소송행위가 동 기간 내에 이루어지지 못하였으나 그 기간 경과 후 소송행위가 이루어짐에도 기간 내 소송행위로 보아 유효가 인정되는 경우를 말한다. 추완에는 '단순추완'과 '보정적 추완'이 있다.[2]

(1) 단순추완

① 의의 : 법정기간 경과 후 소송행위를 했을 경우에도 기간 내에 소송행위가 있었던 것과 같은 효과가 인정되는 경우, 즉 '**추완되는 소송행위 자체가 유효**하게 되는 경우'를 말한다. 피보정소송행위가 존재하지 않는다는 점에서 보정적 추완과 구별된다.

② 인정범위

(가) 명문규정이 있는 경우 : 당연히 인정된다. **예 상소권회복**(제345조) [국가9급 10], **약식명령에 대한 정식재판청구권의 회복**(제458조) [경찰승진 03/05, 경찰채용 03 1차]

(나) 명문규정이 없는 경우 : 학설이 대립하나,[3] 절차의 형식적 확실성과 법적 안정성을 해하지 않는 범위에서 인정하는 긍정설이 다수설이다.

1] [참고 – 무효의 치유와 절차유지원칙의 관계] ① 절차유지원칙이 소송절차의 하자를 전제로 하는 원칙이라고 이해하는 견해(백형구, 배/이/정/이)에 의하면 무효행위의 치유의 경우도 절차유지원칙이 적용되는 경우로 이해하게 된다. 다만, 이 입장에 의하더라도 단순추완의 경우에는 절차유지원칙이 적용되지 않는다고 보고 있다. 반면 ② 절차유지원칙을 후발적 무효를 부정하는 원칙이라고 보는 견해(신동운, 이/조)에 의하면 무효의 치유의 경우는 절차유지원칙이 적용되지 않는 경우에 해당한다고 보게 된다. 이론적으로 제2설이 간명해 보인다.

2] [참고] 보정적 추완이란 추완행위로 인하여 추완대상만 유효성을 취득하는 것이 아니라 추완대상 외의 행위의 유효성에도 영향을 주는 경우를 말한다. 그렇지 않은 경우가 단순추완이다. 추완의 명문의 규정이 있는 경우(예 상소권회복신청절차) 및 단순추완의 허용가능성은 특별한 문제점이 없다. 소송행위와 절차의 형식적 확실성에 큰 부담을 주지 않기 때문이다. 문제가 되는 것은 보정적 추완이다.

3] [참고] 명문규정이 없는 경우 단순추완이 인정되는가에 대해서는 ① 소송행위가 법정기간을 경과하면 무효이기 때문에 형사절차의 동적·발전적 성격과 다른 소송관계인의 이익보호라는 점을 고려하여 명문의 규정이 없는 경우에는 단순추완이 인정되지 않는다는 부정설(신동운, 임동규)과 ② 소송절차의 형식적 확실성과 법적 안정성을 침해하지 않는 범위에서 명문의 규정이 없어도 인정된다는 견해(다수설 : 강구진, 배/이/정/이, 이/조, 정/이)가 대립한다. 다수설은 법정기간의 제도적 보장으로 인한 법적 안정성과 개개의 사건에 있어서의 구체적 타당성에 대한 가치형량을 고려하는 입장이다.

(2) 보정적 추완

① 의의 : 추완하는 새로운 소송행위에 의하여 선행하는 소송행위의 무효원인을 제거·보정함으로써 유효로 되는 경우를 말한다. 즉, **'소송행위의 추완에 의해 다른 선행 소송행위가 유효로 될 수 있는가'**의 문제이다. 피보정소송행위가 존재한다는 점(무언가 해놓은 소송행위가 있음)에서 단순추완과 구별된다.

② 인정범위

(가) 변호인선임의 추완 [경찰승진 03]

㉠ 의의 : 법 제32조 제1항에서는 변호인의 선임은 심급마다 변호인과 연명날인한 서면으로 제출하여야 한다고 규정하고 있다. 이에 변호인선임신고 이전에 변호인으로서 한 소송행위가 변호인선임신고(변호인선임신고서 원본 제출)에 의하여 유효하게 되는가가 문제된다.

㉡ 인정 여부 : ⓐ 변호인 선임의 중요성과 절차의 동적·발전적 성격을 근거로 하는 부정설(신동운)과 ⓑ 원칙적으로 불허하나 상소이유서제출기간 내에 한해 인정하는 예외적 긍정설(임동규), ⓒ 피고인의 이익보호를 위해 긍정하는 전면적 긍정설(다수설)이 대립하고, 피고인의 이익을 보호하고 소송경제적 관점을 고려한다면 긍정하는 것이 바람직하다고 생각되나, 판례는 **부정설**이다. [국가7급 14, 국가9급 10, 경찰간부 15, 경찰승진 05, 경찰채용 03 1차/06 2차]

🔨 판례연구 보정적 추완 관련판례

1. 대법원 1969.10.4, 69모68 [국가9급 10, 경찰승진 05, 경찰채용 03 1차/06 2차]

변호인선임계를 제출치 아니한 채 항소이유서만을 제출하고 동 이유서 제출기간 경과 후에 동 선임계를 제출하였다면 이는 적법·유효한 변호인의 항소이유서로 볼 수 없다.

2. 대법원 2005.1.20, 2003모429; 2001.11.1, 2001도4839 [법원9급 12, 국가7급 14, 국가9급 10, 경찰간부 15]

변호인선임신고서를 제출하지 아니한 변호인이 변호인 명의로 정식재판청구서만 제출하고, 형사소송법 제453조 제1항이 정하는 정식재판청구기간 경과 후에 비로소 변호인선임신고서를 제출한 경우, 변호인 명의로 제출한 위 정식재판청구서는 적법·유효한 정식재판청구로서의 효력이 없다.

3. 대법원 2017.7.27, 2017모1377

변호인선임신고서를 제출하지 않은 변호인이 변호인 명의로 재항고장을 제출한 경우, 그 재항고장은 적법·유효한 재항고로서의 효력이 없다.

(나) 공소사실의 추완

㉠ 의의 : 원래 공소사실의 특정은 공소제기의 유효요건이므로(제254조 제4항) 공소사실이 특정되지 아니한 경우 공소제기가 무효이므로 공소기각판결(제327조 제2호)을 해야 한다. 다만, 이 경우 특정되지 아니한 공소사실이 공소장변경에 의하여 유효하게 되는가의 문제가 발생하게 된다.

㉡ 인정 여부

ⓐ 공소제기의 현저한 방식위반 또는 공소사실이 전혀 특정되지 않는 경우 : 공소장을 제출해야 함에도 공소장변경신청서로 공소장에 갈음하는 경우에는 피고인과 변호인이 이의를 제기하지 아니하더라도 그 하자가 치유될 수 없다. 또한 공소사실이 전혀 특정되지 않은 경우에는, 공소사실의 추완이 가능하다는 긍정설(김희옥, 백형구)과 전혀 특정되지 아니한 경우에는 피고인의 방어권 행사에 불이익하므로 공소사실의 추완에 의한 하자의 치유를 인정할 수 없다는 부정설(다수설·판례, 대법원 2009.8.20, 2009도9 : 집시법 해산명령 불특정시 공소기각판결)이 대립하나, 공소제기의 방식위반을 공소기각판결의 사유로 규정하고 있는 제327조 제2호를 고려할 때 부정설이 타당하다.

★ 판례연구 공소사실의 추완을 인정하지 않는 판례

1. 대법원 2009.2.26, 2008도11813 [국가9급 12, 경찰간부 14]

엄격한 형식과 절차에 따른 공소장의 제출은 공소제기라는 소송행위가 성립하기 위한 본질적 요소라고 할 것이므로, 공소의 제기에 현저한 방식위반이 있는 경우에는 공소제기의 절차가 법률의 규정에 위반하여 무효인 경우에 해당하고, 위와 같은 절차위배의 공소제기에 대하여 피고인과 변호인이 이의를 제기하지 아니하고 변론에 응하였다고 하여 그 하자가 치유되지는 않는다. 이 사건 공소의 제기는 공소장변경신청서에 기하여 이루어졌을 뿐만 아니라, 공소장부본 송달 등의 절차 없이 공판기일에서 이 사건 변경신청서로 공소장을 갈음한다는 검사의 구두진술에 의한 것이라서, 그 공소제기의 절차에는 법률의 규정에 위반하여 무효라고 볼 정도의 현저한 방식위반이 있다고 봄이 상당하고, 피고인과 변호인이 그에 대하여 이의를 제기하지 않았다고 하여 그 하자가 치유된다고 볼 수는 없다(공소기각판결).

2. 대법원 2009.8.20, 2009도9

집회 및 시위에 관한 법률상 해산명령위반의 공소사실에 대한 적용법조로 처벌규정인 같은 법 제24조 제5호, 제20조 제2항만을 기재한 경우, 해산명령의 근거가 되는 규정과 이에 관한 사실을 기재하지 않은 것은 피고인의 방어권 행사에 실질적인 불이익을 주는 것이어서 공소제기의 절차가 무효인 경우에 해당하고, 검사가 제1심 변론종결 후 해산명령의 근거조항을 제시하였다고 하더라도 공소장변경의 절차를 밟지 아니한 이상 위 공소제기절차상의 위법이 치유된다고 할 수 없다.

(b) **공소사실이 불명확한 경우** : 공소사실이 어느 정도 특정되었거나, 성명모용으로 인하여 피고인의 특정이 잘못되었거나, 범행의 일시·장소 등 기재에 있어서 사소한 오기가 있는 경우에는, 공소장변경이나 검사 **스스로 또는 법원의 석명에 의하여 불명확한 점을 보정**함(공소장보정)으로써 하자의 치유가 가능하다(긍정설 : 통설·판례).

★ 판례연구 공소사실의 추완을 인정한 판례

1. 대법원 1989.2.14, 85도1435

기소 당시에는 이중기소된 위법이 있었다 하여도 그 후 공소사실과 적용법조가 적법하게 변경되어 새로운 사실의 소송계속상태가 있게 된 때에는 이중기소된 위법상태가 계속 존재한다고 할 수는 없다.

2. 대법원 1989.5.9, 87도1801

오기된 범죄의 시일을 사실대로 바로 잡는 것은 공소사실의 동일성을 해하지 아니하고 또 피고인의 방어권 행사에 실질적인 불이익을 줄 염려가 없는 이상 공소장변경절차를 거치지 않았더라도 불고불리의 원칙을 위반한 것이라고 할 수 없다.

3. 대법원 1993.1.19, 92도2554 [국가9급 18]

타인의 성명을 모용한 경우 공소제기의 효력이 미치는 인적 범위와 검사가 공소장의 피고인 표시를 정정함에 있어 공소장변경절차나 법원의 허가를 요하는지 여부(소극)

피의자가 다른 사람의 성명을 모용한 탓으로 공소장에 피모용자가 피고인으로 표시되었다 하더라도 이는 당사자의 표시상의 착오일 뿐이고 검사는 모용자에 대하여 공소를 제기한 것이므로 모용자가 피고인이 되고 피모용자에게 공소의 효력이 미친다고 할 수 없고, 이와 같은 경우 검사는 공소장의 인적 사항의 기재를 정정하여 피고인의 표시를 바로잡아야 하는 것인바, 이는 피고인의 표시상의 착오를 정정하는 것이지 공소장을 변경하는 것이 아니므로 법 제298조에 따른 공소장변경의 절차를 밟을 필요가 없고 법원의 허가도 필요로 하지 아니한다.

4. 대법원 1996.9.24, 96도2151 [경찰간부 14, 경찰승진 09, 국가9급 23]

고소취소된 사건을 협박죄로 기소하였다가 공갈미수로 공소장변경된 경우 하자가 치유되는지 여부(적극)

공갈죄의 수단으로서 한 협박은 공갈죄에 흡수될 뿐 별도로 협박죄를 구성하지 않으므로, 그 범죄사실에 대한 피해자의 고소는 결국 공갈죄에 대한 것이라 할 것이어서 그 후 고소가 취소되었다 하여 공갈죄로 처벌하는 데에 아무런 장애가 되지 아니하며, 검사가 공소를 제기할 당시에는 그 범죄사실을 협박죄(반의사불벌죄)로 구성하여 기소하였다 하더라도, 그 후 공판 중에 기본적 사실관계가 동일하여 공소사실을 공갈미수로 공소장변경이 허용된 이상 그 공소제기의 하자는 치유된다.

5. 대법원 2011.5.13, 2011도2233; 1996.9.24, 96도2151 [국가9급 24, 법원9급 14]

친고죄에서 피해자의 고소가 없거나 고소가 취소되었음에도 친고죄로 기소되었다가 그 후 당초에 기소된 공소사실과 동일성이 인정되는 비친고죄로 공소장변경이 허용된 경우 그 공소제기의 흠은 치유된다.

(다) 친고죄의 고소의 추완
- ⊙ 의의 : 친고죄에 있어서 고소 없이 공소가 제기된 후에 비로소 고소가 있는 경우에 그 공소제기가 적법하게 될 수 있는가의 문제이다.
- ⓒ 인정 여부 : 견해의 대립이 있으나,[1] **다수설·판례는 부정설**을 취한다. 즉, 판례는 ⓐ 세무공무원의 고발 없이 조세범칙사건의 공소가 제기된 후 세무공무원이 고발한 경우, ⓑ 비친고죄(강간치사)로 공소가 제기되었다가 친고죄(강간죄)로 공소장이 변경된 경우에도 **고소의 추완은 허용될 수 없다**(개정법에 따르면 강간죄는 더 이상 친고죄가 아니다)고 판시한 바 있다.
  [국가7급 10, 경찰채용 03 1차)]

★ 판례연구 고소의 추완 관련판례

1. **대법원 1970.7.28, 70도942** [국가9급 10, 경찰간부 12, 경찰채용 03 1차/06 2차]
   세무공무원의 고발 없이 조세범칙사건의 공소가 제기된 후에 세무공무원이 고발을 하여도 그 공소절차의 무효가 치유된다고 할 수 없다(즉시고발사건에서 고발 없이 공소제기된 것은 고발의 추완 불가).

2. **대법원 1982.9.14, 82도1504** [국가7급 08/14, 국가9급 12/13, 경찰간부 12, 경찰승진 09/10, 경찰채용 06 2차/12 1차]
   친고죄는 피해자의 고소가 있어야 죄를 논할 수 있고 기소 이후의 고소의 추완은 허용되지 아니한다 할 것이며 이는 비친고죄로 기소되었다가 친고죄로 공소장이 변경되는 경우에도 동일하다 할 것이니, 비친고죄의 공소사실을 친고죄로 변경한 후에 이르러 비로소 피해자의 부가 고소장을 제출한 경우에는 공소제기절차가 법률의 규정에 위반하여 무효인 때에 해당한다.

3. **대법원 2006.4.28, 2005도8976**
   고소인이 제출한 고소장 등에 처벌의사를 표시한 바 없는 친고죄에 대하여, 고소인이 원심 재판 진행 중 검찰 조사에서 원래의 고소 취지는 고소장 접수 이전의 모든 행위를 처벌해 달라는 것이었다는 취지의 진술을 한 경우, 이는 친고죄에 있어서 공소제기 후의 고소 추완에 해당하여 허용되지 않는다.

---

3. 공격·방어방법의 소멸에 의한 무효의 치유

(1) 의의 : 소송절차가 일정한 단계에 이르면 절차유지의 원칙상 더 이상 소송행위의 무효를 주장할 수 없게 되는 경우를 말한다.

(2) 소송의 발전·진행에 의한 치유 : **예** 토지관할에 대한 관할위반의 신청을 피고사건 진술 후에는 행할 수 없는 경우(제320조 제2항), 판결이 확정되면 재심·비상상고에 의하지 않고는 변경이 불가하다.

(3) 책문권의 포기에 의한 치유 : 책문권(責問權)이라 함은 절차위반의 소송행위에 대하여 당사자가 이의를 하고 그 효력을 다툴 수 있는 권리를 말하는바, 소송관계인이 상당한 기간 내에 이의를 제기하지 않으면 이의신청권의 포기로 되어 소송행위의 무효가 치유되는 경우가 여기에 속한다. 다만, 책문권 포기에 의한 무효의 치유는 피고인의 방어권을 해하지 아니하는 범위 내에서만 가능하다. **예** 공소장부본송달의 하자, 공소장제출에 있어 공소장일본주의 위반의 하자, 공판기일통지의 하자, 제1회 공판기일의 유예기간의 하자, 증인신문 기일통지 등 참여권 위반의 하자, 증인신문순서 위반의 하자, 유도신문에 의한 주신문의 하자(2012도2937), 실질적 반대신문의 기회를 부여하지 않고 이루어진 증인신문의 하자(2009도9344)

★ 판례연구 하자가 치유되는 경우

1. **대법원 1962.11.22, 62도155** [국가9급 15, 경찰간부 14]
   법원이 피고인에게 공소장부본을 송달하지 아니하였으나, 피고인이 법정에서 기소사실에 관하여 충분히 진술·변론한 경우, 판결 결과에는 영향이 없다.

---

1) [보충 – 친고죄의 고소의 추완에 대한 학설·판례] ① 공소기각판결을 한 후 다시 재고소하도록 하는 것은 소송경제와 절차유지원칙에 반한다는 점을 논거로 하는 전면적 긍정설(백형구, 서일교), ② 비친고죄로 공소제기된 사건이 심리결과 친고죄로 판명된 경우와 친고죄가 추가된 경우에는 고소의 추완을 인정하자는 절충설(제한적 긍정설 : 김기두, 신현주), ③ 형사절차의 비례성원칙 관점에서 강간죄·강제추행죄 같은 성폭력범죄의 경우에는 피고인의 동의를 조건으로 인정하자는 또 다른 절충설(제한적 긍정설 : 배/이/정/이), ④ 친고죄의 고소는 공소제기의 적법·유효요건이고, 소송조건으로서 절차의 전과정에 고소의 존재가 요구되며, 공소제기는 절차의 형식적 확실성이 강조되고, 부적법한 공소제기로 인한 소송계속으로부터 피고인을 조기에 해방시키는 것이 소송조건의 기능임을 고려할 때 고소의 추완은 인정될 수 없다는 부정설(다수설 : 손/신, 신동운, 신양균, 이은모, 이/조, 임동규, 차/최 등)이 대립하고 있다. 판례는 부정설이다.

2. 대법원 1967.3.21, 66도1751

법원이 검사에게 공판기일통지를 하지 않았으나 검사가 그 기일에 출석한 경우, 검사에게 공판참여의 권리를 박탈한 것이라고는 보기 어렵다.

3. 대법원 1980.5.20, 80도306

법정 외 증인신문을 실시함에 있어서 피고인에 대하여 통지하지 아니하여 참여 기회를 주지 않은 잘못이 있다고 하더라도 그 후 속개된 공판기일에서 피고인과 변호인이 그 증인신문조서에 대하여 별 의견이 없다고 진술하였다면 그 잘못은 책문권의 포기로 치유된다 할 것이다.

4. 대법원 1988.11.8, 86도1646

증거보전절차(제184조)로 증인신문을 하는 경우 검사, 피의자 또는 변호인에게 증인신문의 시일과 장소를 미리 통지하여 증인신문에 참여할 수 있는 기회를 주어야 하나(제163조) 참여의 기회를 주지 아니한 경우라도 피고인과 변호인이 증인신문조서를 증거로 할 수 있음에 동의하여 별다른 이의 없이 적법하게 증거조사를 거친 경우에는 위 증인신문조서는 증인신문절차가 위법하였는지의 여부에 관계없이 증거능력이 부여된다.

5. 대법원 2009.10.22, 2009도7436 전원합의체

공소장일본주의에 위배된 공소제기라고 인정되는 때에는 그 절차가 법률의 규정을 위반하여 무효인 때에 해당하는 것으로 보아 공소기각의 판결을 선고하는 것이 원칙이다. 그러나 공소장 기재의 방식에 관하여 피고인 측으로부터 아무런 이의가 제기되지 아니하였고 법원 역시 범죄사실의 실체를 파악하는 데 지장이 없다고 판단하여 그대로 공판절차를 진행한 결과 증거조사절차가 마무리되어 법관의 심증형성이 이루어진 단계에서는 소송절차의 동적 안정성 및 소송경제의 이념 등에 비추어 볼 때 이제는 더 이상 공소장일본주의 위배를 주장하여 이미 진행된 소송절차의 효력을 다툴 수는 없다고 보아야 한다.

🔨 판례연구 하자가 치유되지 않는 경우 : 필요적 변호, 적법한 기피신청에 대한 소송절차 부정지

1. 대법원 1973.9.25, 73도1895

필요적 변호사건에 관하여 변호인 없이 변론을 진행하였다면 그 소송절차는 위법이라 할 것이고 이러한 위법한 소송절차에서 취한 증거절차 또한 위법인 것이므로 이 위법은 그 후에 변호인이 선임되어 변론이 진행되었다 하더라도 그 사실만으로써 곧 그 위법이 치유될 수는 없다고 할 것이다.

2. 대법원 2012.10.11, 2012도8544 [국가7급 19]

기피신청을 받은 법관이 제22조에 위반하여 본안의 소송절차를 정지하지 않은 채 그대로 소송을 진행하여서 한 소송행위는 그 효력이 없고, 이는 그 후 그 기피신청에 대한 기각결정이 확정되었다고 하더라도 마찬가지이다.

Ⅳ 소송행위의 취소와 철회

1. 소송행위의 취소(참고)

(1) 의의 : 소송행위의 효력을 소급하여 소멸시키는 것을 말한다.

(2) 인정 여부 : 학설이 대립하나,[1] 절차유지의 원칙상 부정설이 타당하다. 부정설에 의할 때, 소송행위의 취소는 철회의 의미를 가지게 된다.

2. 소송행위의 철회(참고)

(1) 의의 : 유효한 소송행위의 효력을 장래에 향하여 소멸하게 하는 것을 말한다. 소송행위의 철회 내지 취소는 서면 또는 구술에 의하여 가능하다(예외 : 재정신청의 취소).

(2) 인정 여부

① 명문규정이 있는 경우 : 당연히 허용된다. **예** 고소의 취소(제232조), 공소의 취소(제255조), 재정신청의 취소(제264조, 서면으로만 가능 – 규칙 제121조 제1항), 상소의 취하(제349조), 재심청구의 취하(제429조), 정식재판청구의 취하(제454조)

② 명문규정이 없는 경우 : 절차의 안정을 해하지 않는 범위 내에서 그 신청·청구에 대한 재판이 있을

---

1) [참고 – 소송행위의 취소] ① 실체진실발견을 위해 실체형성행위에 대해서는 취소가 인정될 수 있다는 긍정설(배/이/정/이, 신동운)과 ② 절차유지의 원칙상 소송행위의 효력의 소급적 소멸인 취소를 인정할 수는 없다는 부정설(신양균, 이/조, 임동규)이 대립한다.

때까지 철회가 허용된다. **예** 체포·구속적부심사청구, 기피신청, 증거보전신청, 보석청구, 증거조사신청, 증거동의 (대법원 1983.4.26, 83도267)의 철회

04 소송행위의 적법·부적법(참고)

Ⅰ 의의

1. 개념

소송행위가 법률이 객관적으로 설정해 놓은 형식적 요건을 갖추었는가(법률규정에의 합치 여부)에 대한 가치 판단이다. 소송행위의 적법·부적법도 소송행위의 성립을 전제로 한다.

2. 유효·무효와의 구별

(1) **적법·부적법** : 소송행위의 법령상 형식적 요건 구비에 관한 사전판단이다.

(2) **유효·무효** : 소송행위의 본래적 효력을 인정할 것인가에 관한 사후판단이다.

Ⅱ 내용

1. 적법

(1) 소송행위가 효력규정과 훈시규정이 요구하는 요건을 모두 갖춘 경우이다.

(2) 적법한 소송행위는 유효하다.

2. 부적법

(1) **효력규정 위반 소송행위** : 부적법하면서 또한 무효이다.

(2) **훈시규정 위반 소송행위** : 부적법하지만 유효이다. **예** 관할권 없는 법원이 행한 소송행위(제2조, 명문규정 有), 재판권 없는 법원의 소송행위(제16조의2), 5일 후의 공판조서 정리(제54조 제1항)

05 소송행위의 이유의 유무(참고)

Ⅰ 의의

1. 개념

소송행위의 적법을 전제로 그 실질적 내용이 사실적·법률적·논리적 관점에서 정당한가에 대한 가치판 단이다(법률행위적 -취효적- 소송행위의 의사표시의 내용의 정당 여부).

2. 적용범위

(1) **취효적**(효과요구) **소송행위** : 법원의 재판에 의하여 비로소 법적 효과가 발생하므로 이유의 유무 판단이 문제된다. **예** 당사자의 신청·청구

(2) **여효적**(효과부여) **소송행위** : 법원의 판단을 기다리지 않고 곧바로 소송법적 효과가 발생하므로 이유의 유 무 판단이 문제되지 않는다. **예** 법원의 재판

Ⅱ 내용

1. 소송행위의 내용이 타당성을 갖춘 경우

법원은 그 신청·청구에 대해서 "이유 있음"을 인정하여 행위자가 원하는 소송법적 효과를 발생시키는 재판을 한다(신청·청구의 인용).

2. 소송행위의 내용이 타당성을 결여한 경우

법원은 그 신청 · 청구에 대해서 "이유 없으므로 기각한다."라는 재판을 한다.

제4절 | 소송조건

01 소송조건의 의의와 종류

I 의의 및 법적 성격

소송조건(訴訟條件, Prozessvoraussetzung)이란 사건의 실체에 대하여 심판할 수 있는 실체심판의 전제조건, 즉 전체로서의 소송이 생성 · 유지 · 발전하기 위한 기본조건을 말한다. 즉, 소송계속이 유지될 수 있는 기본조건을 말함에 다름 아니다.[1]

II 종 류

1. 일반적 소송조건과 특수적 소송조건

(1) **일반적 소송조건** : 일반사건에 공통으로 요구되는 소송조건이다. 예 재판권 · 관할권

(2) **특수적 소송조건** : 특수한 사건에 대해서만 요구되는 소송조건이다. 예 친고죄에 있어서의 고소, 반의사불벌죄의 처벌불원 의사표시의 부존재

2. 절대적 소송조건과 상대적 소송조건

(1) **절대적 소송조건** : 소송계속을 위한 조건이므로 공익을 위해 법원이 직권으로 조사하여야 하는 소송조건을 말한다(제1조). 소송조건은 원칙적으로 절대적 소송조건이다.

(2) **상대적 소송조건** : 당사자의 이익을 위한 조건이므로 당사자의 신청을 기다려 법원이 조사하는 예외적 소송조건을 말한다. 예 토지관할(제320조 제1항) [경찰채용 12 1차]

3. 적극적 소송조건과 소극적 소송조건

(1) **적극적 소송조건** : 일정한 사실의 존재가 소송조건인 경우이다. 예 재판권 · 관할권 존재

(2) **소극적 소송조건** : 일정한 사실의 부존재가 소송조건으로 되는 경우이다(소송장애사유). 예 동일사건에 관하여 확정판결이 없을 것, 공소시효가 완성되지 않을 것, 반의사불벌죄의 처벌불원 의사표시의 부존재, 동일법원에 이중의 공소제기가 없을 것 [경찰채용 07 2차]

4. 형식적 소송조건과 실체적 소송조건

(1) **형식적 소송조건** : 절차면에 관한 사유가 소송조건으로 되는 경우이다. 흠결시 관할위반 · 공소기각의 재판으로 소송을 종결한다. 예 재판권 · 관할권의 존재

(2) **실체적 소송조건** : 실체면에 관한 사유가 소송조건으로 되는 경우이다(사건의 실체를 전제로 사건과 관련시

---

1) [참고 – 소송조건과의 구별개념들] ① 처벌조건 : 실체법상의 형벌권 발동의 조건인 처벌조건을 결여한 경우에는 형면제의 실체판결을 해야 함에 반하여(현재 실무상으로는 공소기각판결을 하는 경우도 있음), 소송조건이 없는 때에는 형식재판에 의하여 소송을 종결시켜야 한다. ② 공판절차 진행조건 : 소송조건이란 소송의 존속을 배제시키는 조건이라는 점에서 절차정지에 불과한 공판절차정지조건(제298조 제4항, 제306조)과는 다르다. ③ 소송행위의 유효요건 : 소송조건이란 전체로서의 소송에 관한 조건이라는 점에서 개개의 소송행위의 유효요건과는 구별된다. ④ 공소제기의 유효요건 : 소송조건과 상당부분 일치하지만 공소제기의 유효요건은 검사의 공소제기라는 특별한 소송행위가 유효하기 위한 조건이라는 점에서 소송조건과는 구별된다.

켜 판단하여야 하는 사항). 흠결시 면소판결로 소송을 종결한다. [경찰승진 13] **예** 이미 동일사건에 대하여 유죄·무죄·면소의 확정판결이 있은 때, 공소시효가 완성된 때

02 │ 소송조건의 조사와 흠결

Ⅰ 소송조건의 조사

1. 직권조사의 원칙

(1) **원칙** : 소송조건은 전체로서의 소송의 허용조건이므로 **상대적 소송조건을 제외**하고는 그 존부에 대해서 **법원 또는 수사기관은 직권으로 조사하여야 한다**(제1조). 이러한 관할의 직권심사규정은 예시규정이므로, 이는 관할 이외 다른 소송조건에도 적용된다.

> **판례연구** 소송조건은 직권조사사항이라는 판례
>
> **1. 대법원 2002.3.15, 2002도158** [국가7급 13, 경찰승진 11, 경찰채용 07 2차]
> 이른바 반의사불벌죄에 있어서 처벌불원의 의사표시의 부존재가 직권조사사항인지 여부(적극)
> 이른바 반의사불벌죄에 있어서 처벌불원의 의사표시의 부존재는 소극적 소송조건으로서 직권조사사항이라 할 것이므로 당사자가 항소이유로 주장하지 아니하였다고 하더라도 원심은 이를 직권으로 조사·판단하여야 한다.
>
> **2. 대법원 2015.11.17, 2013도7987** [경찰채용 16 1차]
> 친고죄의 유효한 고소의 존재는 직권조사사항이고 친고죄의 고소의 취소는 주관적 불가분의 원칙이 적용된다는 사례
> 법원은 검사가 공소를 제기한 범죄사실을 심판하는 것이지 고소권자가 고소한 내용을 심판하는 것이 아니므로, 고소권자가 비친고죄로 고소한 사건이더라도 검사가 사건을 친고죄로 구성하여 공소를 제기하였다면 공소장변경절차를 거쳐 공소사실이 비친고죄로 변경되지 아니하는 한, 법원으로서는 친고죄에서 소송조건이 되는 고소가 유효하게 존재하는지를 직권으로 조사·심리하여야 한다. 그리고 이 경우 친고죄에서 고소와 고소취소의 불가분 원칙을 규정한 형사소송법 제233조는 당연히 적용되므로, 만일 공소사실에 대하여 피고인과 공범관계에 있는 사람에 대한 적법한 고소취소가 있다면 고소취소의 효력은 피고인에 대하여 미친다.

(2) **예외** : 상대적 소송조건의 경우에는 당사자의 **신청**이 있는 때에 한하여 그 존부를 판단한다. **예** 토지관할(제320조 제1항 : 피고인 신청 無 → 관할위반판결 ×)

2. 소송조건의 존부판단

(1) **증명방법** : 소송조건의 존부는 **자유로운 증명**으로 족하나, **거증책임은 검사**에게 있으므로 소송조건의 충족이 입증되지 않으면 절차를 종료해야 한다(in dubio pro reo).

(2) **판단시점** : 소송조건은 절차의 존속과 발전을 위한 조건이므로 공소제기시뿐만 아니라 판결시에도 존재해야 한다. 따라서 ① 법원은 **소송의 모든 단계**에서 소송조건의 유무를 조사하여 그 존부를 판단해야 한다(다수설, 원칙 : 매 심사시). 다만, ② 공소시효는 공소의 제기로 인하여 그 진행이 정지되므로(제253조 제1항) 공소시효의 완성 여부는 공소제기시의 공소사실을 기준으로 판단해야 하며, ③ 토지관할도 공소제기시에 존재하면 족하고 토지관할위반의 신청은 피고사건 진술 전에 한한다(제320조 제2항).

(3) **공소사실** : ① 소송조건은 공소제기의 요건이므로 **공소장에 기재된 공소사실**을 기준으로 판단하나 [경찰채용 12 1차], ② **공소장이 변경된 때에는 변경된 공소사실**을 기준으로 판단한다. [국가9급 13] 다만, **공소시효의 완성 여부**는 (공소시효는 공소제기에 의하여 그 진행이 정지되므로) **공소제기시를 기준**으로 판단한다. [법원9급 09, 국가7급 09, 국가9급 09, 경찰승진 10, 경찰채용 12 1차]

Ⅱ 소송조건 흠결의 효과

1. 형식재판에 의한 종결 [국가9급 08]

(1) 의의 : 소송조건이 흠결된 때에는 형식재판에 의하여 소송을 종결해야 한다. 따라서 유죄·무죄의 실체재판을 할 수 없다. 상소심법원도 마찬가지이다.

(2) 종류 : 형식적 소송조건을 결한 때에는 공소기각 또는 관할위반재판을, 실체적 소송조건을 결한 때에는 면소판결을 한다. 검사는 공소제기 전에는 소송조건의 흠결을 발견하면 공소권 없음의 불기소처분을 하고, 공소제기 후에는 공소를 취소하여야 한다.

(3) 상소 : 형식재판에 대하여 피고인이 **무죄를 이유로 상소할 수 없다**(상소이익결여).

2. 소송조건 흠결의 경합

(1) 원칙 : 수개의 소송조건이 흠결된 때에는 하자의 정도가 중한 소송조건을 우선기준으로 형식재판의 종류를 결정해야 한다. 즉, 흠결의 경합시에는 ① **공소기각결정,** ② **공소기각판결,** ③ **관할위반의 판결,** ④ **면소판결**의 순으로 한다(공/관/면/실).[1]

(2) 구체적 고찰

① 형식적 소송조건과 실체적 소송조건의 흠결의 경합 : 전자를 이유로 소송을 종결해야 한다. 전자는 후자의 전제가 되기 때문이다.

② 공소기각사유와 관할위반사유의 경합 : 공소기각의 재판을 해야 한다.

③ 공소기각결정과 판결사유의 경합 : 공소기각결정을 해야 한다.

3. 소송조건 흠결과 수사

(1) 소송조건은 공소제기 이후의 개념이나, 수사절차는 공소제기의 준비적 절차이므로 소송조건이 수사의 조건(필요성)이 되는 경우가 있다.

(2) 소송조건이 수사의 조건이 될 경우에 소송조건이 흠결되면 검사는 불기소처분을 하여야 한다.

✦ 판례연구 소송조건 흠결의 효과 관련판례

1. 대법원 1964.4.28, 64도134

구 일반사면령에 의하여 사면된 공소사실(1961.1.2. 17 : 10에 발생한 업무상 과실치상사실)에 관하여는 면소판결을 하여야 함에도 불구하고 실체에 관하여 심리한 후 무죄판결을 하였음은 법령적용을 그르친 위법이 있다.

2. 대법원 1969.12.30, 69도2018

범죄 후 법령의 개폐로 그 형이 폐지되었을 경우에는 실체적 재판을 하기 전에 면소판결을 하여야 한다.

3. 대법원 1994.10.14, 94도1818; 2004.11.26, 2004도4693 [법원9급 12, 국가9급 13]

① 교통사고처리특례법 제3조 제1항, 제2항 단서 제2호의 사유로 공소제기되었으나 공판절차에서 심리한 결과 피고인이 중앙선을 침범하여 차를 운행한 사실이 없다는 점이 분명하게 되고, 한편 사고 당시 피고인이 운행하던 차가 교통사고처리특례법 제4조 제1항 본문 소정의 자동차종합보험에 가입되어 있음이 밝혀졌다면 그 공소제기는 형사소송법 제327조 제2호 소정의 공소제기의 절차가 법률의 규정에 위반하여 무효인 때에 해당하므로, 법원으로서는 그 교통사고에 있어서 피고인에게 아무런 업무상 주의의무위반이 없다는 점이 증명되었다 하여 바로 무죄를 선고할 것이 아니라 소송조건의 흠결을 이유로 공소기각의 판결을 선고하여야 한다. [법원9급 12]

② 무죄의 제1심판결에 대하여 검사가 채증법칙 위배 등을 들어 항소하였으나 공소기각사유가 있다고 인정될 경우, 항소심법원은 직권으로 판단하여 제1심판결을 파기하고 피고인에 대한 공소사실에 관하여 무죄라는 판단을 하기에 앞서 공소기각의 판결을 선고하여야 하고, 공소기각사유가 있으나 피고인의 이익을 위한다는 이유로 검사의 항소를 기각하여 무죄의 제1심판결을 유지할 수 없다. [국가9급 13]

---

[1] [참고] 보통 결정은 판결보다 더욱 명백한 흠결인 경우 변론을 거치지 않고 행하는 재판의 형식이며, 일반적 소송조건 중 관할은 특수한 경우가 되고, 면소판결은 형식적 소송조건이 아니라 실체적 소송조건의 흠결을 이유로 하며 형식재판임에도 실체재판에 가까운 측면이 있다는 점 등을 고려한 순서이다.

4. [비교판례] 대법원 2015.5.14, 2012도11431; 2015.5.28, 2013도10958

소송조건의 흠결시 피고인의 이익을 위하여 무죄판결을 선고한 것은 위법이 아니라는 사례

교통사고처리 특례법 제3조 제1항, 제2항 단서, 형법 제268조를 적용하여 공소가 제기된 사건에서, 심리 결과 교통사고처리 특례법 제3조 제2항 단서에서 정한 사유가 없고 같은 법 제3조 제2항 본문이나 제4조 제1항 본문의 사유로 공소를 제기할 수 없는 경우에 해당하면 공소기각의 판결을 하는 것이 원칙이다. 그런데 사건의 실체에 관한 심리가 이미 완료되어 교통사고처리 특례법 제3조 제2항 단서에서 정한 사유가 없는 것으로 판명되고 달리 피고인이 같은 법 제3조 제1항의 죄를 범하였다고 인정되지 않는 경우, 같은 법 제3조 제2항 본문이나 제4조 제1항 본문의 사유가 있더라도, 사실심법원이 피고인의 이익을 위하여 교통사고처리 특례법 위반의 공소사실에 대하여 무죄의 실체판결을 선고하였다면, 이를 위법이라고 볼 수는 없다.

5. 대법원 2017.5.31, 2016도21034

교통사고처리 특례법 제4조 제1항 본문이 차의 운전자에 대한 공소제기의 조건을 정한 것인지 여부(적극) 및 같은 법 제2조 제2호에서 정한 '교통사고'의 정의 중 '차의 교통'의 의미

교통사고처리 특례법 제4조 제1항 본문은 차의 교통으로 업무상과실치상죄 등을 범하였을 때 교통사고를 일으킨 차가 특례법 제4조 제1항에서 정한 보험 또는 공제에 가입된 경우에는 그 차의 운전자에 대하여 공소를 제기할 수 없다고 규정하고 있다. 따라서 특례법 제4조 제1항 본문은 차의 운전자에 대한 공소제기의 조건을 정한 것이다. 그리고 특례법 제2조 제2호는 '교통사고'란 차의 교통으로 인하여 사람을 사상하거나 물건을 손괴하는 것을 말한다고 규정하고 있는데, 여기서 '차의 교통'은 차량을 운전하는 행위 및 그와 동일하게 평가할 수 있을 정도로 밀접하게 관련된 행위를 모두 포함한다.

03 소송조건의 추완

1. 소송조건의 추완이란 공소제기시에는 소송조건이 구비되지 않았으나, 소송계속 중에 그 소송조건을 보완한 경우에 공소제기의 하자가 치유되는가의 문제이다.

2. 주로 친고죄에 있어서 고소의 추완을 인정할 것인가를 중심으로 논의된다(기술하였음).

출제경향 분석

구분	제1장 수사	제2장 강제처분과 강제수사	제3장 수사의 종결	제4장 공소의 제기
경찰간부	16/200 (8.0%)	29/200 (14.5%)	6/200 (3.0%)	11/200 (5.5%)
경찰승진	31/200 (15.5%)	48/200 (24.0%)	8/200 (4.0%)	8/200 (4.0%)
경찰채용	24/160 (15.0%)	34/160 (21.3%)	4/160 (2.5%)	6/160 (3.8%)
국가7급	5/100 (5.0%)	15/100 (15.0%)	1/100 (1.0%)	11/100 (11.0%)
국가9급	5/115 (4.3%)	16/115 (13.9%)	3/115 (2.6%)	10/115 (8.7%)
법원9급	6/125 (4.8%)	18/125 (14.4%)	3/125 (2.4%)	12/125 (9.6%)
변호사	5/200 (2.5%)	15/200 (7.5%)	3/200 (1.5%)	9/200 (4.5%)

P A R T

03

수사와 공소

CHAPTER

01 수 사

📁 5개년 출제경향 분석

구분	경찰간부					경찰승진					경찰채용					국가7급					국가9급					법원9급					변호사				
	19	20	21	22	23	20	21	22	23	24	20	21	22	23	24	19	20	21	22	23	20	21	22	23	24	19	20	21	22	23	20	21	22	23	24
제1절 수사의 의의와 구조				1	1	1	1	2	2		1	4							1																
제2절 수사의 개시		2	1	2	1	2	5	3	3	2	3	2	4	2	1		1		2		1	1	1		1	1	1	1	1	1		1	1	1	
제3절 임의수사	3	1	1	2	2	2	5	1	1	1	4		1	1	1		1					1					1							2	
출제율	16/200 (8.0%)					31/200 (15.5%)					24/160 (15.0%)					5/100 (5.0%)					5/115 (4.3%)					6/125 (4.8%)					5/200 (2.5%)				

제1절 수사의 의의와 구조

01 수사와 수사기관

Ⅰ 수사의 의의

1. 개 념

수사(搜査, investigation)란 범죄의 혐의(嫌疑)의 유무를 명백히 하여 공소의 제기와 유지 여부를 결정하기 위하여 범인을 발견·확보하며 증거를 수집·보전하는 수사기관의 활동을 말한다.

2. 수사와 내사

(1) 양자의 구별 : 수사는 범죄혐의가 인정될 때 개시되는 조사활동이나, 내사는 아직 범죄혐의가 확인되지 아니한 단계에서 혐의의 유무를 조사하는 활동이다.

(2) 구별실익

① 피내사자는 형사소송법이 인정하는 피의자의 권리를 원칙적으로 주장할 수 없다. 형사소송법에서도 피의자의 권리를 피내사자에 준용하는 명문의 규정을 두고 있지 않다[경찰채용 14 1차]. 그러나 변호인과의 접견교통권은 제한되지 않는다.

② 피내사자는 피의자와 달리 증거보전(제184조)을 청구할 수 없다.

③ 내사종결처분에 대해서 고소인은 재정신청(제260조)이나 헌법소원을 제기할 수 없다.

Ⅱ 수사기관

1. 의 의

법률상 수사의 권한이 인정된 국가기관을 말한다. 여기에는 검사와 사법경찰관리가 있다.

2. 검 사

(1) 수사권

① 수사개시권의 제한 : 검사는 범죄의 혐의가 있다고 사료하는 때에는 범인·범죄사실과 증거를 수사하여야 한다(제196조 제1항). 다만 검사의 직접적 수사개시권은 제한적으로만 인정된다. 즉, 2020년 검·경 수사권 조정을 위한 개정 검찰청법(이하 '검찰')에 의하여 검사가 직접 수사를 개시할 수 있는 범죄는 부패범죄, 경제범죄, 공직자범죄, 선거범죄, 방위사업범죄, 대형참사범죄 등 대통령령(검사의 수사개시범위에 관한 규정)이 정하는 6대 범죄로 제한되었다가, 2022년 5월 개정 검찰청법에 의하여 그 범위가 더욱 축소되어 **부패범죄, 경제범죄 등 대통령령으로 정하는 중요 범죄**[1]로 제한되었다. 이외는 경찰공무원 및 고위공직자범죄수사처 소속 공무원이 범한 범죄와 사법경찰관이 송치한 범죄와 관련하여 인지

---

1) 검사의 수사개시 범죄 범위에 관한 규정(2022.9.10. 시행) 제2조(중요 범죄)「검찰청법」제4조 제1항 제1호 가목에서 "부패범죄, 경제범죄 등 대통령령으로 정하는 중요 범죄"란 다음 각 호의 범죄를 말한다.
　1. 부패범죄 : 다음 각 목의 어느 하나에 해당하는 범죄로서 별표 1에 규정된 죄
　　가. 사무의 공정을 해치는 불법 또는 부당한 방법으로 자기 또는 제3자의 이익이나 손해를 도모하는 범죄
　　나. 직무와 관련하여 그 지위 또는 권한을 남용하는 범죄
　　다. 범죄의 은폐나 그 수익의 은닉에 관련된 범죄
　2. 경제범죄 : 생산·분배·소비·고용·금융·부동산·유통·수출입 등 경제의 각 분야에서 경제질서를 해치는 불법 또는 부당한 방법으로 자기 또는 제3자의 경제적 이익이나 손해를 도모하는 범죄로서 별표 2에 규정된 죄
　3. 다음 각 목의 어느 하나에 해당하는 죄
　　가. 무고·도주·범인은닉·증거인멸·위증·허위감정통역·보복범죄 및 배심원의 직무에 관한 죄 등 국가의 사법질서를 저해하는 범죄로서 별표 3에 규정된 죄
　　나. 개별 법률에서 국가기관으로 하여금 검사에게 고발하도록 하거나 수사를 의뢰하도록 규정된 범죄

한 각 해당범죄와 '직접 관련성이 있는 범죄'에 한정된다(2022.5.9. 개정 검찰청법 제4조 제1항 제1호 단서) (이외의 범죄에 대한 수사개시권은 사법경찰관에게 있다).[1]

② 송치사건에 대한 보완수사권 행사의 범위 : 검사는 제197조의3 제6항(사경의 위법·부당수사에 대한 시정조치 미이행으로 검사가 송치받은 경우), 제198조의2 제2항(사경의 위법체포·구속에 의하여 검사가 송치받은 경우) 및 제245조의7 제2항(사경의 불송치결정에 대한 고소인 등의 이의신청에 의하여 검사가 송치받은 경우)에 따라 사법경찰관으로부터 송치받은 사건에 관하여는 **해당 사건과 동일성을 해치지 아니하는 범위 내**에서 수사할 수 있다(2022.5.9. 개정 제196조 제2항).

③ 검찰송치사건에 대한 보완수사의 방식 : 사법경찰관은 고소·고발 사건을 포함하여 범죄를 수사한 때 범죄의 혐의가 있다고 인정되는 경우에는 지체 없이 검사에게 사건을 송치하고, 관계 서류와 증거물을 검사에게 송부하여야 한다(2020.2.4. 수사권 조정 개정법 제245조의5 제1호). 검사는 사법경찰관으로부터 송치받은 사건에 대해 보완수사가 필요하다고 인정하는 경우에는 특별히 직접 보완수사를 할 필요가 있다고 인정되는 경우를 제외하고는 사법경찰관에게 보완수사를 요구하는 것을 원칙으로 한다(검사와 사법경찰관의 상호협력과 일반적 수사준칙에 관한 규정 제59조 제1항).

④ 수사권의 내용 : 검사는 임의수사(예 피의자신문, 참고인조사)는 물론 강제수사(예 체포와 구속, 압수·수색·검증)를 할 수 있다. 특히 영장청구권(제200조의2, 제201조, 제215조), 증거보전청구권(제184조), 증인신문청구권(제221조의2)은 사법경찰관에게는 인정되지 않고 검사에게만 인정된다.

(2) 검사의 일반사법경찰관에 대한 수사지휘권의 폐지와 경찰수사에 대한 감독기능

① 검사의 수사지휘권의 폐지 : 2020.2.4. 검·경 수사권 조정 개정법에 의하여, "사법경찰관(경찰청 근무 경무관을 제외한 경무관 이하)은 검사의 지휘를 받아 수사를 한다(구 형사소송법 제196조, 검찰 제4조 제1항 제2호)."는 폐지되었고, 대신에 "검사와 사법경찰관은 수사, 공소제기 및 공소유지에 관하여 서로 협력하여야 한다(2020.2.4. 수사권 조정 개정법 제195조 제1항)."라는 **검사와 사법경찰관의 상호협력의 지위와 의무** 규정이 신설되었다(단, '특별사법경찰관리'에 대한 검사의 수사지휘권은 그대로 유지된다. 법 제245조의10 제2항 및 제4항). 이러한 수사를 위하여 준수하여야 하는 일반적 수사준칙에 관한 사항은 대통령령으로 정하도록 하고(제195조 제2항), 이를 위해 2020.10.7. 대통령령으로 '검사와 사법경찰관의 상호협력과 일반적 수사준칙에 관한 규정'(본서에서는 '수사준칙')이 제정되었다. 이러한 수사준칙은 2023.10.17. 일부 개정되었는데, 개정 수사준칙에서는 수사기관이 고소 또는 고발을 받은 경우 수리하도록 명시하고, 신속한 수사를 위하여 각종 수사기한을 정비하는 한편, 검사와 사법경찰관 사이의 상호 협력을 강화하는 등의 내용을 담고 있다.

② 경찰수사에 대한 검사의 감독기능 : 사법경찰관의 위법·부당 수사에 대한 검사의 감독기능을 보장하기 위한 시정조치요구 등의 제도들이 신설되었다. 또한 검찰청법상 체임요구, 형사소송법상 긴급체포 사후승인 등의 제도는 계속 유지되고 있다(후술함).

3. 사법경찰관리

(1) 종 류

① 일반사법경찰관리

(가) 사법경찰관 : 검찰수사관(검찰주사, 검찰주사보), 경무관, 총경, 경정, 경감, 경위가 여기에 해당한다

---

[2] 2020.10.7. 제정된 '검사와 사법경찰관의 상호협력과 일반적 수사준칙에 관한 규정'(대통령령 제31089호)(본서에서는 '수사준칙'이라 함)에서는 관련 규정을 두고 있다.
제18조(검사의 사건 이송 등) ① 검사는 다음 각 호의 어느 하나에 해당하는 때에는 사건을 검찰청 외의 수사기관에 이송해야 한다.
  1. 「검찰청법」 제4조 제1항 제1호 각 목에 해당되지 않는 범죄에 대한 고소·고발·진정 등이 접수된 때
  2. 「검사의 수사개시 범죄 범위에 관한 규정」 제2조 각 호의 범죄에 해당하는 사건 수사 중 범죄 혐의 사실이 「검찰청법」 제4조 제1항 제1호 각 목의 범죄에 해당되지 않는다고 판단되는 때. 다만 구속영장이나 사람의 신체, 주거, 관리하는 건조물, 자동차, 선박, 항공기 또는 점유하는 방실에 대하여 압수·수색 또는 검증영장이 발부된 경우는 제외한다.
② 검사는 다음 각 호의 어느 하나에 해당하는 때에는 사건을 검찰청 외의 수사기관에 이송할 수 있다.
  1. 법 제197조의4 제2항 단서에 따라 사법경찰관이 범죄사실을 계속 수사할 수 있게 된 때
  2. 그 밖에 다른 수사기관에서 수사하는 것이 적절하다고 판단되는 때
③ 검사는 제1항 또는 제2항에 따라 사건을 이송하는 경우에는 관계 서류와 증거물을 해당 수사기관에 함께 송부해야 한다. (이하 생략)

(법 제197조 제1항).[1] 여기에서 사법경찰관의 직무를 행하는 검찰청 직원은 검사의 지휘를 받아 수사하여야 하며(법 제245조의9 제2항) 이는 종래와 같다. 그러나 2020.2.4. 수사권 조정 개정 형사소송법에 의하여 경찰공무원인 사법경찰관에 대한 검사의 수사지휘권은 폐지되었다(구법 제196조 제1항의 "수사관, 경무관, 총경, 경정, 경감, 경위는 사법경찰관으로서 모든 수사에 관하여 검사의 지휘를 받는다."는 규정은 삭제됨). 대신에 경무관, 총경, 경정, 경감, 경위는 사법경찰관으로서 범죄의 혐의가 있다고 사료하는 때에는 범인, 범죄사실과 증거를 수사한다(2020.2.4. 수사권 조정 개정법 제197조 제1항)는 규정이 신설되었다. 즉, **경찰공무원**[2]**인 일반사법경찰관에게 독자적인 수사권이 부여된 것이다.**

- (나) **사법경찰리** : 경사, 경장, 순경은 사법경찰리로서 수사의 보조를 하여야 한다(법 제197조 제2항). 사법경찰리는 수사의 보조기관으로서 수사의 주체가 아니다.[3]

    예 서기와 서기보에 해당하는 검찰수사관·마약수사관도 사법경찰리에 해당한다(서기 및 서기보, 검찰 제47조 제1항 제2호).

② 특별사법경찰관리

- (가) 삼림, 해사, 전매, 세무, 군 수사기관 기타 특별한 사항에 관하여 사법경찰관리의 직무를 행할 자와 그 직무의 범위는 법률로써 정한다(제245조의10 제1항).[4] 여기서 법률이라 함은 '사법경찰관의 직무를 수행할 자와 그 직무범위에 관한 법률'을 말한다.

- (나) 그 권한의 범위가 사항적·지역적으로 제한되어 있으나, 권한사항에 대해서는 일반사법경찰관리와 동일한 지위와 권한을 갖는다. 다만, 특별사법경찰관은 모든 수사에 관하여 검사의 지휘를 받는다(제245조의10 제2항).

⚖ 판례연구 특별사법경찰관리의 범위

대법원 2022.12.15, 2022도8824

조세범칙조사를 담당하는 세무공무원은 특별사법경찰관리에 해당하지 않는다는 사례

사법경찰관리 또는 특별사법경찰관리에 대하여는 헌법과 형사소송법 등 법령에 따라 국민의 생명·신체·재산 등을 보호하기 위하여 광범위한 기본권 제한조치를 할 수 있는 권한이 부여되어 있으므로, 소관 업무의 성질이 수사업무와 유사하거나 이에 준하는 경우에도 명문의 규정이 없는 한 함부로 그 업무를 담당하는 공무원을 사법경찰관리 또는 특별사법경찰관리에 해당한다고 해석할 수 없다. 구 형사소송법(2020.2.4. 법률 제16924호로 개정되기 전의 것) 제197조는 세무 분야에 관하여 특별사법경찰관리의 직무를 행할 자와 그 직무의 범위를 법률로써 정한다고 규정하였고(현행법으로는 제245조의10 제1항), 이에 따라 구 사법경찰관리의 직무를 수행할 자와 그 직무범위에 관한 법률(2021.3.16. 법률 제17929호로 개정되기 전의 것, 이하 '구 사법경찰직무법')은 특별사법경찰관리를 구체적으로 열거하면서 '관세법에 따라 관세범의 조사 업무에 종사하는 세관공무원'만 명시하였을 뿐 '조세범칙조사를 담당하는 세무공무원'을 포함시키지 않았다(구 사법경찰직무법 제5조 제17호). 뿐만 아니라 현행 법령상 조세범칙조사의 법적 성질은 기본적으로 행정절차에 해당하므로, 조세범 처벌절차법 등 관련 법령에 조세범칙조사를 담당하는 세무공무원에게 압수·수색 및 혐의자 또는 참고인에 대한 심문권한이 부여되어 있어 그 업무의 내용과 실질이 수사절차와 유사한 점이 있고, 이를 기초로 수사기관에 고발하는 경우에는 형사절차로 이행되는 측면이 있다 하여도, 달리 특별한 사정이 없는 한 이를 형사절차의 일환으로 볼 수는 없다.

---

(2) 관할구역

사법경찰관리는 각 소속관서의 관할구역 내에서 직무를 행하지만, 필요한 경우에는 관할구역 외에서도 직무를 행할 수 있다. 사법경찰관리가 관할구역 외에서 수사하거나 관할구역 외의 사법경찰관리의 촉탁을 받아 수사할 때에는 **관할지방검찰청 검사장 또는 지청장에게 보고하여야 한다**(제210조, 다만 긴급을 요하는 경우에는 사후보고, 동조 단서). 특별사법경찰관리도 검사장 등의 수사지휘를 받는 것이지, 소속 행정관

---

1) [참고] 경찰공무원은 경위 이상, 검찰수사관은 검찰주사와 검찰주사보가 사법경찰관에 해당한다.

2) [참고] 경찰공무원의 계급 : 치안총감, 치안정감, 치안감, 경무관, 총경, 경정, 경감, 경위, 경사, 경장, 순경(경찰공무원법 제3조).

3) [참고] 사법경찰리도 검사 또는 사법경찰관으로부터 구체적 사건에 관하여 특정한 수사명령을 받으면 사법경찰관의 사무를 취급할 권한이 인정되는바, 이를 사법경찰관사무취급이라고 한다(대법원 1981.6.9, 81도1357).

4) [참고] 교도소장, 출입국관리소직원은 법률상 당연한 특별사법경찰관리요, 교도관, 세관공무원은 검사장이 지명함으로써 여기에 해당하게 된다. 이외에도 소년원장, 산림공무원, 근로감독관, '제주특별자치도 설치 및 국제자유도시 조성을 위한 특별법'에 따라 도지사 소속으로 두는 자치경찰공무원이나 공수처법에 의한 수사처수사관 등이 특별사법경찰관리에 포함된다.

청의 수사지휘를 받는 것이 아니다. 다만 판례에 의하면, 위 보고의무를 이행하지 않은 경우 중대한 위법에 해당하지 않는다.

★ **판례연구** 특별사법경찰관리의 범위

대법원 2023.6.1, 2020도12157

검사장에 대한 사법경찰관리의 관외수사 보고의무 미이행 시의 효과

구 「특별사법경찰관리 집무규칙(2021.1.1. 법무부령 제995호로 폐지되기 전의 것)」제4조에 의하면 특별사법경찰관이 관할구역 밖에서 수사할 경우 관할 검사장에 대한 보고의무를 규정하고 있는데, 이는 내부적 보고의무 규정에 불과하므로 특별사법경찰관리가 위 보고의무를 이행하지 않았다고 하여 적법절차의 실질적인 내용을 침해하는 경우에 해당하지 않는다.

---

4. 검사와 사법경찰관리의 관계 : 검 · 경 수사권 조정

(1) 상호협력관계

① 의의 : 2020년 2월 4일 검 · 경 수사권 조정을 담은 개정 형사소송법(법률 제16924호)과 개정 검찰청법(법률 제16908호)이 공포되었다. 형사소송법과 검찰청법이 개정된 이유는, 2018년 6월 21일 법무부장관과 행정안전부장관이 발표한 「검 · 경 수사권 조정 합의문」의 취지에 따라 검찰과 경찰로 하여금 국민의 안전과 인권 수호를 위하여 서로 협력하게 하고, 수사권이 국민을 위해 민주적이고 효율적으로 행사되도록 하기 위함에 있다고 한다. 아래에서는 이러한 검 · 경 수사권 조정의 자세한 내용을 살펴보기로 한다.

② 검사와 사법경찰관의 관계 : 검사와 사법경찰관은 수사, 공소제기 및 공소유지에 관하여 서로 협력하도록 한다(법 제195조 제1항, 수사준칙 제6조 제1항).

참고하기 수사준칙의 검 · 경 상호협력 관련규정

제6조(상호협력의 원칙) ① 검사와 사법경찰관은 상호 존중해야 하며, 수사, 공소제기 및 공소유지와 관련하여 협력해야 한다. (중략)

제7조(중요사건 협력절차) ① 검사와 사법경찰관은 다음 각 호의 어느 하나에 해당하는 사건(이하 "중요사건"이라 한다)의 경우에는 송치 전에 수사할 사항, 증거수집의 대상, 법령의 적용, 범죄수익 환수를 위한 조치 등에 관하여 상호 의견을 제시 · 교환할 것을 요청할 수 있다. 이 경우 검사와 사법경찰관은 특별한 사정이 없으면 상대방의 요청에 응해야 한다.

1. 공소시효가 임박한 사건
2. 내란, 외환, 대공(對共), 선거(정당 및 정치자금 관련 범죄를 포함한다), 노동, 집단행동, 테러, 대형참사 또는 연쇄살인 관련 사건
3. 범죄를 목적으로 하는 단체 또는 집단의 조직 · 구성 · 가입 · 활동 등과 관련된 사건
4. 주한 미합중국 군대의 구성원 · 외국인군무원 및 그 가족이나 초청계약자의 범죄 관련 사건
5. 그 밖에 많은 피해자가 발생하거나 국가적 · 사회적 피해가 큰 중요한 사건

② 제1항에도 불구하고 검사와 사법경찰관은 다음 각 호의 어느 하나에 따른 공소시효가 적용되는 사건에 대해서는 공소시효 만료일 3개월 전까지 제1항 각 호 외의 부분 전단에 규정된 사항 등에 관하여 상호 의견을 제시 · 교환해야 한다. 다만, 공소시효 만료일 전 3개월 이내에 수사를 개시한 때에는 지체 없이 상호 의견을 제시 · 교환해야 한다.

1. 「공직선거법」 제268조 (이하 생략)

제8조(검사와 사법경찰관의 협의) ① 검사와 사법경찰관은 수사와 사건의 송치, 송부 등에 관한 이견의 조정이나 협력 등이 필요한 경우 서로 협의를 요청할 수 있다. 이 경우 특별한 사정이 없으면 상대방의 협의 요청에 응해야 한다.

② 제1항에 따른 협의에도 불구하고 이견이 해소되지 않는 경우로서 다음 각 호의 어느 하나에 해당하는 경우에는 해당 검사가 소속된 검찰청의 장과 해당 사법경찰관이 소속된 경찰관서(지방해양경찰관서를 포함한다. 이하 같다)의 장의 협의에 따른다.

1. 중요사건에 관하여 상호 의견을 제시 · 교환하는 것에 대해 이견이 있거나 제시 · 교환한 의견의 내용에 대해 이견이 있는 경우
2. 「형사소송법」(이하 "법"이라 한다) 제197조의2 제2항 및 제3항에 따른 정당한 이유의 유무에 대해 이견이 있는 경우
3. 법 제197조의4 제2항 단서에 따라 사법경찰관이 계속 수사할 수 있는지 여부나 사법경찰관이 계속 수사할 수 있는 경우 수사를 계속할 주체 또는 사건의 이송 여부 등에 대해 이견이 있는 경우
4. 법 제245조의8 제2항에 따른 재수사의 결과에 대해 이견이 있는 경우

---

③ 사법경찰관과 검사의 수사권

(가) 사법경찰관의 수사권 : 사법경찰관은 **1차적 수사권과 1차적 수사종결권**을 가진다.

(나) 검사의 수사권 : 검사의 1차적 수사권(수사개시권)은 제한적으로만 인정된다. 다만 사법경찰관의 1차적 수사의 위법·부당을 통제하기 위하여 검사는 사법경찰관의 1차적 수사에 대한 감독기능을 수행한다. 또한 영장청구권과 증거보전청구권과 증인신문청구권 및 최종적 수사종결권인 공소권은 사법경찰관에게는 없고 여전히 검사에게만 부여되어 있다.

(2) 검·경 수사권 조정의 내용

① 수사개시권 : ㉠ 사법경찰관은 범죄의 혐의가 있다고 사료하는 때에는 검사의 지휘를 받지 않고(구법 제196조 제1항의 삭제) **스스로 수사하고 스스로 수사를 종결**한다(법 제197조 제1항, 제245조의5). 한편, ㉡ 검사도 범죄의 혐의가 있다고 사료하는 때에는 범인, 범죄사실과 증거를 수사한다(법 제196조 제1항). 그러나 **검사가 스스로 수사를 개시할 수 있는 범죄는 부패범죄와 경제범죄 등으로 제한**되어 있다(2022.5.9. 개정 검찰청법 제4조 제1항 단서, 선거범죄는 2022.12.31.까지 검사의 수사개시권 유지). 또한 검사는 제197조의3 제6항(사경의 위법·부당수사에 대한 시정조치 미이행으로 검사가 송치받은 경우), 제198조의2 제2항(사경의 위법체포·구속에 의하여 검사가 송치받은 경우) 및 제245조의7 제2항(사경의 불송치결정에 대한 고소인 등의 이의신청에 의하여 검사가 송치받은 경우)에 따라 사법경찰관으로부터 송치받은 사건에 관하여는 **해당 사건과 동일성을 해치지 아니하는 범위 내**에서 수사할 수 있다(2022.5.9. 개정 제196조 제2항).

② 사법경찰관의 위법·부당 수사에 대한 검사의 감독권

(가) 사법경찰관의 피의자신문 전 검사구제신청권 고지의무 : 사법경찰관은 피의자를 신문하기 전에 수사과정에서 **법령위반, 인권침해 또는 현저한 수사권 남용이 있는 경우 검사에게 구제를 신청할 수 있음**을 피의자에게 알려주어야 한다(제197조의3 제8항). 이로써 사법경찰관의 피의자신문 전 고지의무의 내용으로서 진술거부권·변호인조력권(제244조의3) 외에도 검사에 대한 구제신청권이 추가된 것이다[1](사경 피의자신문 전 고지사항 – 거/불/포/변/검).

(나) 검사의 시정조치 등 요구권 : ㉠ 검사는 사법경찰관리의 수사과정에서 **법령위반, 인권침해 또는 현저한 수사권 남용**이 의심되는 사실의 신고가 있거나 그러한 사실을 인식하게 된 경우에는 사법경찰관에게 **사건기록 등본의 송부를 요구**할 수 있다(사건기록등본송부요구권, 법 제197조의3 제1항)(송부요구는 서면에 의함, 수사준칙 제45조 제1항). ㉡ 위 송부 요구를 받은 사법경찰관은 지체 없이(수사준칙에 의하면 7일 이내, 동규정 동조 제2항) 검사에게 **사건기록 등본을 송부**하여야 한다(지체 없는 사건기록등본송부의무, 법 동조 제2항). ㉢ 위 송부를 받은 검사는 필요한 경우 사법경찰관에게 **시정조치를 요구**할 수 있다(시정조치요구권, 동 제3항)(검사의 시정조치요구권 행사기간은 등본송부일로부터 30일 이내인데, 10일의 범위에서 1회 연장 가능, 시정조치요구는 서면에 의함, 동규정 동조 제3항). ㉣ 사법경찰관은 정당한 이유가 없으면 지체 없이 이를 이행하고 그 결과를 검사에게 통보하여야 한다(원칙적 시정조치의무, 동 제4항). ㉤ 검사는 시정조치 요구가 정당한 이유 없이 이행되지 않은 경우에 사법경찰관에게 **사건을 송치할 것을 요구**할 수 있다(사건송치요구권, 동 제5항)(사건송치요구는 서면에 의함, 동규정 동조 제5항). ㉥ 송치 요구를 받은 사법경찰관은 검사에게 **사건을 송치하여야** 한다(사건송치의무, 동 제6항)(수사준칙에 의하면 7일 이내 송치해야 함, 동규정 동조 제6항). ㉦ 검찰총장 또는 각급 검찰청 검사장은 사법경찰관리의 수사과정에서 법령위반, 인권침해 또는 현저한 수사권 남용이 있었던 때에는 권한 있는 사람(경찰관서의 장, 동규정 제46조 제1항)에게 해당 사법경찰관리의 징계를 요구할 수 있다(검사장의 징계요구권, 동 제7항).

③ 사법경찰관이 신청한 영장의 청구 여부에 대한 심의 : 검사가 사법경찰관이 신청한 영장을 정당한 이유 없이 판사에게 청구하지 아니한 경우 사법경찰관은 관할 고등검찰청에 영장 청구 여부에 대한 심의를 신청할 수 있고, 이를 심의하기 위하여 각 고등검찰청에 외부 위원으로 구성된 영장심의위원회를 둔다

---

1) [보충] 관련 수사준칙 : 검사구제신청권을 피의자에게 고지한 사법경찰관은 피의자로부터 고지확인서를 받아 사건기록에 편철한다. 다만, 피의자가 고지 확인서에 기명날인 또는 서명하는 것을 거부하는 경우에는 사법경찰관이 고지 확인서 끝부분에 그 사유를 적고 기명날인 또는 서명해야 한다(수사준칙 제47조).

(제221조의5 제1항). 영장심의위원회는 위원장 1명을 포함한 10명 이내의 외부 위원으로 구성하고, 위원은 각 고등검찰청 검사장이 위촉한다(동 제2항). 사법경찰관은 심의위원회에 출석하여 의견을 개진할 수 있다(동 제4항).

④ **수사의 경합 시의 처리** : ㉠ 검사는 사법경찰관과 동일한 범죄사실을 수사하게 된 때에는 사법경찰관에게 사건을 송치할 것을 요구할 수 있고(수사경합 시 검사 우선의 원칙, 제197조의4 제1항), ㉡ 요구를 받은 사법경찰관은 지체 없이 검사에게 사건을 송치하도록 하되(7일 이내에 사건을 검사에게 송치, 수사준칙 제49조 제2항), 검사가 영장을 청구하기 전에 동일한 범죄사실에 관하여 **사법경찰관이 영장을 신청한 경우**에는 해당 영장에 기재된 범죄사실을 계속 수사할 수 있다(사경 영장신청 선행 시 예외, 동 제2항). 영장청구·신청의 시간적 선후관계는 검사의 영장청구서와 사법경찰관의 영장신청서가 각각 법원과 검찰청에 접수된 시점을 기준으로 판단한다(수사준칙 제48조 제2항).

⑤ **수사종결권의 분점** : 개정법에 의하여 **사법경찰관에게 검찰송치결정과 사건불송치결정을 내릴 수 있는 1차적 수사종결권**이 부여되었다(법 제245조의5, 단, 특별사법경찰관은 수사종결권이 없으므로 범죄를 수사한 때에는 지체 없이 검사에게 사건을 송치해야 한다. 법 제245조의10 제5항). 동시에 이에 대한 감독기능으로서 **검사에게 보완수사요구권과 재수사요청권**이 부여되었고(법 제197조의2, 제245조의8), 이에 대한 통제기능으로서 **고소인 등에게 이의신청권**이 부여되었다(법 제245조의6, 제245조의7)(자세한 내용은 수사의 종결 부분에서 설명함). 다만 사법경찰관으로부터 송치받은 사건이나 검사가 직접 수사를 개시한 사건에 대하여 법원에 재판을 청구하는 최종적 수사종결권인 **공소권은 검사만 행사한다**(제246조, 제247조)(단, 경미사건에 대한 즉결심판청구권은 경찰서장에게 있음).

⑥ **검사가 작성한 피의자신문조서의 증거능력** : 2020.2.4. 개정에 의하여, 검사가 작성한 피의자신문조서는 적법한 절차와 방식에 따라 작성된 것으로서 공판준비, 공판기일에 그 피의자였던 **피고인 또는 변호인이 그 내용을 인정할 때에 한정하여** 증거로 할 수 있다(제312조 제1항). 이에 같은 조 제2항은 삭제되었다. 이는 검사 작성 피의자신문조서의 증거능력을 검사 이외의 수사기관 작성 피의자신문조서(동조 제3항)의 증거능력과 같은 수준으로 하향시킨 것으로서 공판중심주의를 강화한 시도로 보인다. 동제2항의 삭제는 이미 2021.1.1. 시행되었고, 동 제1항의 개정은 2022.1.1.부터 시행되었다.

5. 개정법에서도 유지되고 있는 검사의 감독기능

(1) **수사중지명령 및 교체임용요구**(체임요구) : 서장이 아닌 경정 이하의 사법경찰관리가 직무집행에 관하여 부당한 행위를 하는 경우에 지방검찰청 검사장은 당해 사건의 수사중지를 명하고, 임용권자에게 그 교체임용을 요구할 수 있다. 교체임용의 요구를 받은 임용권자는 정당한 사유가 없으면 교체임용을 하여야 한다(검찰청법 제54조 제1·2항). 이외에 폭처법에서도 체임요구권을 부여하고 있다.[1]

(2) **체포·구속장소 감찰** : 지방검찰청 검사장 또는 지청장은 불법체포·구속의 유무를 조사하기 위하여 검사로 하여금 매월 1회 이상 관하수사관서의 피의자의 **체포·구속장소를 감찰**하게 하여야 한다. 감찰하는 검사는 체포 또는 구속된 자를 심문하고 관련서류를 조사하여야 한다(제198조의2 제1항). 검사는 적법한 절차에 의하지 아니하고 체포 또는 구속된 것이라고 의심할 만한 상당한 이유가 있는 경우에는 즉시 체포 또는 구속된 자를 석방하거나 사건을 검찰에 송치할 것을 명하여야 한다(동조 제2항, 이렇게 송치받은 사건에 대해서 검사는 동일성을 해치지 아니하는 범위 내에서 수사함, 법 제196조 제2항).

(3) **영장청구권 등 검사의 독점적 권한** : 헌법은 체포·구속·압수·수색을 할 때에는 적법한 절차에 따라 검사의 신청에 의하여 법관이 발부한 영장을 제시하여야 한다고 규정하여(헌법 제12조 제3항), 강제수사에 필요한 **영장청구권이 검사에게만 독점되어 있음**을 명시하고 있다(제200조의2, 제201조 제1항, 제215조). 위 영장청구권 외에도 **긴급체포 사후승인권**(제200조의3 제2항), **증거보전청구권, 증인신문청구권, 감정유치청구권,** 변사자 검시, **공소권, 형집행장 발부, 정식재판청구권** 등이 검사의 독점적 권한이다.

---

1) [참고] 폭력행위 등 처벌에 관한 법률 위반 사건의 경우에도 교체임용요구권자는 수사지휘를 한 검사가 아니라 관할검찰청 검사장이며(폭처법 제10조), 폭처법에 기한 체임요구가 있을 때에는 임명권자는 2주일 이내에 당해 사법경찰관리에 대하여 행정처분을 하여야 한다.

(4) 기타 사법경찰관리의 검사에 대한 의무 : 관할구역 외 수사의 보고의무(제210조 : 사법경찰관리가 관할구역 밖에서 수사할 때에는 관할 지방검찰청 검사장 또는 지청장에게 원칙적으로 사전에 보고하여야 한다)는 개정법에서도 유지되었다. 이외에 수사관계서류 · 증거물 송부의무(구법 제196조 제4항[1])는 2020.2.4. 개정법에 의하여 삭제되었으나, 사법경찰관이 고소 · 고발을 받은 때 신속히 조사 후 관계서류와 증거물을 검사에게 송부하여야 한다(법 제238조)는 규정은 존치되었다(사법경찰관에게 1차적 수사권 및 수사종결권을 부여한 개정법의 취지에 맞지 않는 조항으로 보임).

6. 전문수사자문위원

(1) 의의 · 지정 · 취소 : 2007.12.21. 개정법은 첨단산업분야, 지식재산권, 국제금융 등 전문지식을 요하는 사건에서 전문가의 조력을 받을 필요가 있다는 점에서 전문심리위원제도(제279조의2 이하)와 전문수사자문위원제도(제245조의2 이하)를 도입하였다. 이에 검사는 공소제기 여부와 관련된 사실관계를 분명하게 하기 위하여 필요한 경우에는 직권이나 피의자 또는 변호인의 신청에 의하여 전문수사자문위원을 지정하여 수사절차에 참여하게 하고 자문을 들을 수 있다(제245조의2 제1항). 이 경우 검사는 각 사건마다 1인 이상의 전문수사자문위원을 지정한다(제245조의3 제1항). 검사는 상당하다고 인정하는 때에는 전문수사자문위원의 지정을 취소할 수 있다(동조 제2항). 피의자 또는 변호인은 검사의 자문위원 지정에 대하여 관할 고등검찰청 검사장에게 이의를 제기할 수 있다(동조 제3항). [국가7급 10/20, 경찰채용 12 2차, 경찰채용 14 1차]

(2) 자문 : 지정된 전문수사자문위원은 전문적인 지식에 의한 설명 또는 의견을 기재한 서면을 제출하거나 전문적인 지식에 의하여 설명이나 의견을 진술할 수 있다(제245조의2 제2항). 이때 검사는 자문위원이 제출한 서면이나 설명 또는 의견의 진술에 관하여 피의자 또는 변호인에게 구술 또는 서면에 의한 의견진술의 기회를 주어야 한다(동조 제3항). [경찰채용 14 1차] 다만, **의견진술의 기회를 부여하는 시기에 대해서는 제한이 없는데**, 이에 대해서는 입법이 필요해 보인다. [국가7급 10]

III 수사기관의 준수사항

피의자에 대한 수사는 불구속 상태에서 함을 원칙으로 한다(제198조 제1항). 검사 · 사법경찰관리와 그 밖에 직무상 수사에 관계있는 자는 피의자 또는 다른 사람의 인권을 존중하고 수사과정에서 취득한 비밀을 엄수하며 수사에 방해되는 일이 없도록 하여야 하고(동조 제2항),[2] 수사과정에서 수사와 관련하여 작성하거나 취득한 서류 또는 물건에 대한 목록을 빠짐없이 작성하여야 하며(동조 제3항), 수사기관은 수사 중인 사건의 범죄 혐의를 밝히기 위한 목적으로 합리적인 근거 없이 별개의 사건을 부당하게 수사하여서는 아니 되고, 다른 사건의 수사를 통하여 확보된 증거 또는 자료를 내세워 관련 없는 사건에 대한 자백이나 진술을 강요하여서도 아니 된다(2022.5.9. 개정 제198조 제4항).

---

02 수사의 구조

I 수사구조론의 의의

수사구조론이란 수사과정을 전체로서의 형사절차에 어떻게 위치시키고, 수사절차에서 등장하는 검사 · 사법경찰관리 · 피의자 · 법관 등 각 주체의 관계를 어떻게 이해할 것인가에 관한 이론이다.

---

1) [조문] 구법 제196조 제4항 : 사법경찰관은 범죄를 수사한 때에는 관계 서류와 증거물을 지체 없이 검사에게 송부하여야 한다. [경찰채용 11 2차]
2) [참고] 수사기관은 인권존중의무가 있으므로 피의자 신상정보는 공개하지 않아야 한다. 다만, 특강법에서는 범행수단이 잔인하고 중대한 피해가 발생한 특정강력범죄사건인 경우 등 제반요건을 갖춘 경우에 한하여 신상정보 공개가 가능함을 규정하고 있고(특강법 제8조의2 제1항), 성폭법에도 성폭력범죄 피의자의 신상정보 공개를 규정하고 있다(성폭법 제25조 제1항).

Ⅱ 수사관의 종류

1. 규문적 수사관(수사기관 중심적 수사관)

수사는 검사를 주재자로 하는 수사기관과 그 상대방인 피의자의 불평등·수직관계로 구성된 규문적 구조라고 이해하는 견해이다. 이에 의하면 수사는 수사기관의 독자적인 판단하에 범인·범죄사실과 증거를 조사하는 합목적적 절차가 되므로, 강제처분은 수사의 주재자인 검사의 고유권능에 속하게 되고, 강제처분에 대한 법관의 영장은 남용방지를 위한 허가장의 성질을 가지며, 피의자는 절차상의 대상에 불과하여 피의자신문을 위한 구인도 허용된다.

2. 탄핵적 수사관(법원 중심적 수사관)

수사는 수사기관과 피의자가 공판을 위해 준비하고 법관이 이러한 수사절차에 개입하고 공평하게 그 절차를 후견하는 탄핵적 구조라고 이해하는 견해이다(수사권 남용 억제). 이에 의하면 수사절차는 수사기관의 독자적 활동이 아니라 재판의 준비에 불과하므로, 강제처분은 법원의 고유권한에 속하게 되고, 강제처분에 대한 법관의 영장은 법원의 명령장의 성질을 가지며, 피의자도 독자적인 준비활동을 하게 되므로 피의자신문을 위한 구인은 허용되지 않게 된다.

3. 소송적 수사관(독립절차적 수사관)

수사는 기소·불기소의 결정을 목적으로 하는 독자적 절차로서 검사를 공판과는 별개의 절차로 이해하는 견해이다. 이에 의하면 수사는 범죄혐의의 유무와 정상을 밝혀 제1차적 선별기능을 하는 독자적 소송구조 절차이므로, 강제처분은 수사의 내용에 포함되지 않게 되고, 피의자도 수사의 주체로서 준당사자의 지위를 가지게 되므로 피의자신문에 응할 의무가 없게 된다.

---

03 수사의 조건

Ⅰ 의 의

1. 개념 및 등장배경

수사의 조건이란 수사의 개시와 그 진행·유지에 필요한 조건을 말하는바, 수사는 필요한 경우 상당한 방법으로 해야 하므로, 필요성과 상당성이 여기에 해당된다. 필요성이란 범죄혐의가 있고 소송조건이 구비되어야 한다는 것이고, 상당성이란 신의칙에 반하지 않는 수사이어야 한다는 것이다. 이는 수사의 합목적성을 강조하기 위한 것이 아니라, 수사가 인권을 제한한다는 점에서 수사권 발동과 행사의 제한을 위해 등장한 것이다.

2. 소송조건과의 구별

수사의 조건이 수사를 하기 위한 조건이라면, 소송조건은 공소제기의 유효요건이다. 물론 공소제기의 가능성이 없다면 수사도 할 수 없다.

Ⅱ 수사의 필요성

1. 의 의

수사는 범죄혐의가 존재하고 수사의 목적을 달성함에 필요한 경우에 한해서 허용된다는 것이다.

예 피의자의 출석요구 → 수사에 필요한 때(제200조 제1항), 구속의 필요성(제201조 제1항, 제70조). 수사의 필요성은 강제수사뿐만 아니라 임의수사의 경우에도 수사의 조건이다.

2. 범죄혐의와 수사

(1) 수사개시의 조건 : 수사는 수사기관이 "범죄의 혐의가 있다고 사료하는 때"에 개시된다(제196조 제1항, 제197조 제1항).

(2) 범죄혐의 : 수사기관의 주관적 혐의를 의미하고, 객관적 혐의를 말하지 않는다. 주관적 혐의란 구체적 사실에 근거를 두면서 주위 사정을 합리적으로 판단하여 범죄의 혐의가 있다고 생각됨을 말한다(구체적 혐의).[1]

3. 소송조건과 수사

(1) 일반적 소송조건과 수사 : 소송조건은 공소제기의 유효요건이고 수사는 공소제기의 전제적 절차이므로 소송조건의 결여로 공소제기의 가능성이 없을 때에는 수사의 필요성도 부인된다.

(2) 친고죄의 고소와 수사 : 친고죄에 있어서 고소는 소송조건이고 공소제기의 유효요건이다. 이에 **고소가 없는 경우 수사를 개시할 수 있는가**에 대하여 전면허용설, 전면금지설, 예외적 허용설(원칙적 불허설), 제한적 허용설(원칙적 허용설, 판례)이 대립하나, 친고죄의 고소는 소송조건에 불과하므로 고소가 있기 전이더라도 고소의 가능성이 없지 않는 한 수사기관의 임의수사·강제수사가 모두 허용된다는 제한적 허용설이 타당하다고 생각된다. [경찰간부 13, 경찰승진 10, 경찰채용 12 2차]

> ⚖ **판례연구** 수사의 필요성 : 소송조건과 수사
>
> **대법원 1995.2.24, 94도252** [국가7급 10, 경찰채용 12/20 1차]
> 친고죄의 고소나 즉시고발사건의 고발은 소송조건에 불과하므로 고소·고발이 없어도 원칙적으로 수사는 가능하다는 사례
> 친고죄나 세무공무원 등의 고발이 있어야 논할 수 있는 죄에 있어서 고소 또는 고발은 이른바 소추조건에 불과하고 당해 범죄의 성립요건이나 수사의 조건은 아니므로, 위와 같은 범죄에 관하여 고소나 고발이 있기 전에 수사를 하였다고 하더라도 그 수사가 장차 고소나 고발이 있을 가능성이 없는 상태에서 행해졌다는 등의 특단의 사정이 없는 한 고소나 고발이 있기 전에 수사를 하였다는 이유만으로 그 수사가 위법하다고 볼 수는 없다.

Ⅲ 수사의 상당성

1. 의 의

수사기관은 수사의 목적을 달성하기 위하여 필요한 조사를 할 수 있지만(제199조 제1항 본문), 수사의 필요성이 인정되는 경우에도 수사의 방법은 사회통념상 용인되는 수단이어야 하고 수사의 목적을 달성하기 위한 필요한 최소한도에 그쳐야 한다(제199조 제1항 단서). 이를 수사의 상당성이라 하는데, 그 내용으로는 수사의 신의칙과 수사비례의 원칙이 있다. 이 중 수사의 신의칙과 관련해서는 함정수사가 문제되며, 수사비례원칙과 관련해서는 임의수사의 한계와 강제수사의 규제가 문제된다.

2. 수사의 신의칙과 함정수사

(1) 의 의

① 수사의 신의칙 : 수사의 방법은 사회통념상 용인되는 수단이어야 하며, 국민의 신뢰를 침해하는 형태인 사술로 이루어져서는 안 된다는 원칙이다.

② 함정수사

　(가) 의의 : 수사기관이 자신의 신분을 숨기고 일반인에게 범죄를 교사한 후 그 실행을 기다렸다가 범인을 체포하는 수사방법을 말한다.

　(나) 종 류

　　㉠ 기회제공형 함정수사 : 이미 범죄의사를 가지고 있는 자에게 범죄를 범할 기회를 제공하는 경우로서, 수사의 상당성을 충족하여 적법하다.

　　㉡ 범의유발형 함정수사 : 범죄의사가 없는 자에게 범죄의사를 갖게 하는 경우로서, 수사의 신의칙에 반하지 않는가가 문제된다. 판례는 "범의를 가진 자에 대하여 범행의 기회를 주거나 범행을

1] [참고] 피의자를 체포·구속하기 위해서는 피의자가 죄를 범하였다고 의심할 만한 상당한 이유가 있어야 하는데, 이 경우의 범죄혐의는 증거에 의하여 뒷받침되는 객관적 혐의에 해당한다.

용이하게 한 것에 불과한 경우에는 함정수사라 할 수 없다(2004도1066)."고 함으로써, 범의유발형 함정수사만 함정수사로 보고 있다. [경찰간부 13, 경찰채용 09 2차/11 1차]

(2) **함정수사의 적법성 여부 및 처리** : 학설은 대립하나,[1] 통설과 판례의 입장은 범의유발형 함정수사의 경우 위법하다는 데 일치하고 있다.[2] 그렇다면 이를 어떻게 처리해야 하는가가 문제되는바, 여기에는 ① 무죄판결설(신동운), ② 유죄판결설(이/조), ③ 공소기각판결설(다수설 · 판례)이 대립하나,[3] 헌법상 적법절차원리를 위반한 수사이므로 법 제327조 제2호에 따라 공소기각판결을 내려야 할 것이다. [법원9급 13/17, 국가9급 10, 경찰승진 11/12/14, 경찰채용 09 2차/10 2차/11 1 · 2차/14 1차]

✦ 판례연구 수사의 상당성 : 수사의 신의칙과 함정수사 관련판례

1. 대법원 1982.6.8, 82도884

함정수사에 의하여 피고인의 범의가 비로소 야기되거나 범행이 이루어진 것이 아닌 경우에는 피고인의 행위가 함정수사에 의한 것이어서 처벌할 수 없다는 주장은 이유 없다.

2. 대법원 2005.10.28, 2005도1247 [법원9급 13/17, 국가9급 10, 경찰승진 11/12/14, 경찰채용 09 2차/10 2차/11 1 · 2차/22 2차]

범의유발형 함정수사에 의한 공소제기의 처리에 관하여 판례는 공소기각판결설

범의를 가진 자에 대하여 단순히 범행의 기회를 제공하거나 범행을 용이하게 하는 것에 불과한 수사방법이 경우에 따라 허용될 수 있음은 별론으로 하고, 본래 범의를 가지지 아니한 자에 대하여 수사기관이 사술이나 계략 등을 써서 범의를 유발케 하여 범죄인을 검거하는 함정수사는 위법함을 면할 수 없고, 이러한 함정수사에 기한 공소제기는 그 절차가 법률의 규정에 위반하여 무효인 때에 해당한다고 볼 것이다.

3. 대법원 2013.3.28, 2013도1473; 2007.7.12, 2006도2339; 2007.11.29, 2007도7680 [경찰채용 22 2차]

위법한 함정수사인 경우와 위법한 함정수사가 아닌 경우의 구분

본래 범의를 가지지 아니한 자에 대하여 수사기관이 사술이나 계략 등을 써서 범의를 유발하게 하여 범죄인을 검거하는 함정수사는 위법한바, 구체적인 사건에 있어서 위법한 함정수사에 해당하는지 여부는 해당 범죄의 종류와 성질, 유인자의 지위와 역할, 유인의 경위와 방법, 유인에 따른 피유인자의 반응, 피유인자의 처벌 전력 및 유인행위 자체의 위법성 등을 종합하여 판단하여야 한다. ① 수사기관과 직접 관련이 있는 유인자가 피유인자와의 개인적인 친밀관계를 이용하여 피유인자의 동정심이나 감정에 호소하거나, 금전적 · 심리적 압박이나 위협 등을 가하거나, 거절하기 힘든 유혹을 하거나, 또는 범행방법을 구체적으로 제시하고 범행에 사용될 금전까지 제공하는 등으로 과도하게 개입함으로써 피유인자로 하여금 범의를 일으키게 하는 것은 위법한 함정수사에 해당하여 허용되지 않지만, ② 유인자가 수사기관과 직접적인 관련을 맺지 아니한 상태에서 피유인자를 상대로 단순히 수차례 반복적으로 범행을 부탁하였을 뿐 수사기관이 사술이나 계략 등을 사용하였다고 볼 수 없는 경우는, 설령 그로 인하여 피유인자의 범의가 유발되었다 하더라도 위법한 함정수사에 해당하지 아니한다.

4. 대법원 2021.7.29, 2017도16810

이미 이루어지고 있던 다른 범행을 적발한 것은 위법한 함정수사가 아니라는 사례

① 경찰관이 게임 결과물의 환전을 거절하는 피고인에게 적극적으로 환전을 요구하는 방식의 함정수사는 위법하다. (그러나) ② 경찰관이 (설사 함정수사과정이라 하더라도) 수사기관이 사술이나 계략 등을 써서 피고인의 범의를 유발한 것이 아니라 이미 이루어지고 있던 피고인의 다른 범행을 적발한 경우 이에 관한 공소제기는 법률의 규정에 위반하여 무효인 때에 해당하지 아니한다.

---

[1] [참고] ① 주관설에 의하면 기회제공형 함정수사와 범의유발형 함정수사 중에 후자는 위법하다고 보고(배/이/정/이), ② 절충설에 의하면 범의유발형 함정수사는 위법하고, 나아가 행위자에게 이미 범의가 있더라도 수사방법이 적정절차를 위반하였거나 강한 범죄의 유혹을 제공한 경우는 위법하다고 본다(신동운, 이/조, 손/신 등).

[2] [심화] 대법원은 기본적으로 함정수사를 범의유발형에 한정하고 있지만, 최근 기회제공형 수사방법에 대하여 경우에 따라 허용될 수 있음은 별론으로 하고(2008도7362). 위법한 함정수사라고 단정할 수 없다(2007도1903)라고 판시하여, 기회제공형도 경우에 따라서는 위법할 수 있다는 가능성을 열어두고 있다(이/조, 199면). 구체적인 사건에 있어서 위법한 함정수사에 해당하는지 여부는, 해당 범죄의 종류와 성질, 유인자의 지위와 역할, 유인의 경위와 방법, 유인에 따른 피유인자의 반응, 피유인자의 처벌전력 및 유인행위 자체의 위법성 등을 종합하여 판단해야 한다고 판시하고 있다.

[3] [정리] 범의유발형 함정수사에 의한 공소제기의 처리에 관한 학설을 정리하면 아래와 같다.
① 유죄판결설 : 신의칙에 반하는 수사의 소송법적 고려는 증거배제로 고려하면 충분하고, 함정수사에 의하여 범죄를 실행했다는 사실만으로 범죄의 성립을 조각한다고 할 수 없다(가벌설, 이영란, 이재상/조균석/이창온).
② 무죄판결설 : 범죄행위가 함정의 부당한 권유에 의한 경우에는 고의가 없거나 책임이 조각되고 범인에 대한 사회적 반감이 적으며 오히려 동정할 수 있으므로, 가벌적 위법성이 결여된다(불가벌설 중 무죄판결설, 손동권/신이철, 신동운, 이창현).
③ 공소기각판결설 : 함정수사에 의한 공소는 적법절차에 위반되는 수사에 의한 공소제기이므로, 공소제기의 절차가 법률의 규정에 위반되어 무효인 때에 해당한다(불가벌설 중 공소기각판결설, 다수설 · 판례).

함정수사에 해당하는 경우	① 경찰관이 노래방의 도우미 알선영업 단속실적을 올리기 위하여 제보나 첩보가 없는데도 손님을 가장하고 들어가 도우미를 불러낸 경우(대법원 2008.10.23, 2008도7362) [법원9급 13, 국가9급 12, 경찰승진 10, 경찰채용 11 2차/15 2차] ② 검찰직원 등의 작업에 의하여 중국에서 필로폰을 수입한 경우(대법원 2005.10.28, 2005도1247) [경찰채용 14 1차/11·15 2차] ③ 게임결과물 환전을 거절함에도 적극적으로 환전을 요구한 경우(대법원 2021.7.29, 2017도16810)
함정수사에 해당하지 않는 경우	① 이미 범행을 저지른 범인을 검거하기 위하여 정보원을 이용하여 범인을 검거장소로 유인한 경우(대법원 2007.7.26, 2007도4532) [경찰채용 22 2차] ② 부축빼기 절도범 검거(대법원 2007.5.31, 2007도1903) [법원9급 08, 국가7급 10, 국가9급 10, 경찰승진 10/11/14, 경찰채용 10 2차/14 1차/15 2차] ③ 범죄사실을 인지하고도 바로 체포하지 않고 추가범행을 지켜보고 있다가 범죄사실이 많이 늘어난 뒤에야 체포한 경우(대법원 2007.6.29, 2007도3164) [경찰승진 10/11/14, 경찰채용 15 2차] ④ 유인자가 수사기관과 직접적인 관련을 맺지 않은 상태에서 피유인자를 상대로 단순히 수차례 반복적으로 범행을 교사한 경우(대법원 2008.3.13, 2007도10804) [경찰승진 10/11/14, 경찰채용 09 2차/10 2차/11 1·2차/14 1차/15 2차] ⑤ 유인자가 사적인 동기에 기하여 수사기관과 직접적인 관련 없이 독자적으로 피고인을 유인한 경우(대법원 2008.7.24, 2008도2794; 2013.3.28, 2013도1473) [국가7급 14, 경찰승진 12, 경찰채용 11 2차] ⑥ 함정수사과정에서 이미 이루어지고 있던 다른 범행을 적발한 경우(대법원 2021.7.29, 2017도16810)

3. 수사비례의 원칙

(1) 의의 : 수사의 수단과 목적 사이에 비례관계가 유지되어야 한다는 원칙을 말하는데, 이 원칙은 임의수사의 경우에도 적용되지만 특히 '강제수사'의 경우 그 허용 여부와 범위를 판단하는 기준으로서 중요한 의미를 가지며, 경미사건에 대한 범죄인지권 남용이나 구속의 제한과 같은 경우 적용된다.

(2) 내 용

① 적합성 : 수사의 수단은 목적달성에 적합해야 한다.

② 필요성 : 수사처분은 수사의 목적을 달성하기 위한 필요 최소한의 범위 내에서 이루어져야 한다(최소침해원칙).

③ 균형성 : 수사목적의 달성으로 인한 이익과 그로 인한 법익 침해 사이에 균형을 유지해야 한다.

4. 수사조건 위반의 효과

수사조건을 위반한 위법한 수사에 의한 수사기관의 체포·구속에 대해서는 준항고(제417조)에 의한 불복 및 체포·구속적부심사가 가능하며, 그 획득한 증거의 증거능력은 위법수집증거배제법칙에 의해 부정되고, 위법수사를 행한 수사기관은 직권남용죄(형법 제123조) 등 형사책임과 국가배상책임(국가배상법 제2조)을 지게 된다.

📚 사례문제

마약수사관 甲은 자신의 정보원으로 일했던 乙에게 "우리 정보원 A가 또 다른 정보원의 배신으로 구속되게 되었다. A의 공적(다른 마약범죄에 대한 정보를 제공하여 수사기관의 수사를 도운 공적)을 만들어 A를 빼내려 한다. 그렇게 하기 위해서는 수사에 사용할 필로폰이 필요하니 좀 구해 달라. 구입하여 오면 수사기관에서 관련자의 안전을 보장한다."라고 하면서, 구입자금까지 교부하며 집요하게 부탁하였다. 이에 乙은 甲을 돕기로 마음먹고 丙에게 이러한 사정을 이야기하면서 필로폰의 매입을 의뢰하였고, 丙도 비로소 필로폰을 매입하여 乙에게 교부하기로 마음먹고 乙에게서 받은 대금으로 B로부터 필로폰을 매수하여 乙을 통하여 甲에게 교부하였다. (다툼이 있는 경우에는 판례에 의함) [변호사 12]

문제 乙과 丙이 마약류관리에 관한 법률에 위반한 죄로 기소되었다면 乙과 丙에 대하여 법원은 결정으로 공소를 기각하여야 한다.

→ (×) 본래 범의를 가지지 아니한 자에 대하여 수사기관이 사술이나 계략 등을 써서 범의를 유발케 하여 범죄인을 검거하는 함정수사는 위법함을 면할 수 없고, 이러한 공소제기의 절차가 법률의 규정에 위반하여 무효인 때에 해당한다는 이유로 판결로써 공소기각을 선고하여야 한다(2010도9330).

01 수사의 단서

I 의의 및 종류

1. 의 의

검사는 범죄의 혐의(嫌疑)가 있다고 사료하는 때에는 범인·범죄사실과 증거를 수사한다(제196조 제1항). 사법경찰관도 범죄의 혐의가 있다고 인식하는 때에는 범인, 범죄사실과 증거를 수사한다(제197조 제1항). 경찰공무원인 사법경찰관의 수사는 검사의 지휘를 받지 않는다는 것은 기술한 바와 같다(특별사법경찰관은 검사의 지휘를 받아 수사한다. 제245조의10 제2·3·4항). 이렇게 수사기관이 범죄의 혐의가 있다고 판단하게 되는 원인을 수사의 단서(端緒, clue, lead)라고 한다.

2. 유 형

(1) 수사기관의 체험에 의한 단서

> 예 현행범인의 체포(제211조), 변사자검시(제222조), 불심검문(경직 제3조), 타사건 수사 중의 범죄발견, 기사·풍설·세평에 의한 범죄혐의 인지

(2) 타인의 체험의 청취에 의한 단서

> 예 고소(제223조), 고발(제234조), 자수(제240조), 진정·탄원·투서 등에 의한 범죄혐의 확인(검사규 제141조 제1호, 제143조 제1항 제1호), 피해신고·범죄신고 등

II 수사의 개시

1. 의 의

수사의 개시는 수사기관에 의하여 입건(立件)[1]이 된 때(형식설 : 입건) 혹은 입건 전이라 하더라도 수사기관이 범죄의 혐의가 있다고 판단하고 이에 따른 행위를 외부적으로 행한 때(실질설 : 입건 전 범죄혐의 인정에 의한 조사활동 포함) 인정된다(결론 : 실질설). 판례도 같은 입장이다(내사와 수사의 구별, 수사의 개시에 관한 실질설을 취한 판례는 대법원 1989.6.20, 89도648; 2001.10.26, 2000도2968; 2010.6.24, 2008도12127; 2011.11.10., 2011도8125). 한편, 2023.7.11. 수사준칙 개정에 의하여 수사기관이 **고소 또는 고발을 받은 경우 이를 수리(受理)할 의무가 있음**이 명시되었다(수사준칙 제16조의2 제1항).[2] 이렇게 수사기관이 범죄인지 등에 의해 수사를 개시하면 이

---

1) [참고] 입건(立件)은 범죄의 혐의가 있다고 수사기관이 판단한 경우의 실무상 처리형식이다. 실무에서의 인지절차는 다음과 같다. ① 사법경찰관은 내사과정에서 범죄혐의가 있다고 판단될 때에는 내사를 종결하고 범죄인지서를 작성(입건)하여 수사를 개시하여야 하는데 이 경우 지체 없이 소속 경찰관서장에게 보고하여야 한다(경찰 내사 처리규칙 −경찰청훈령− 제11조 제1항). 한편 ② 검사는 범죄혐의가 있다고 판단되는 경우 입건으로 처리하여 내사사건부 또는 진정사건부 또는 수사사건부의 비고란에 '형제번호'(2017년 형제 ○ 호)로 표시한다(검찰사건사무규칙 제143조 제1항, 제142조 제1항 제2호, 제4조 제3항 등 참조).

2) [보충] 검찰사건사무규칙(법무부령) 및 경찰수사규칙(행안부령)에 의하면, 고소 또는 고발사건으로 제출된 서류가 불분명하거나 구체적 사실이 적시되어 있지 않을 때에는 진정사건으로 수리할 수 있었다(검사규 제224조 제3항 제1호, 경수규 제21조 제2항 제1호). [국가7급 23]
[조문] 검찰사건사무규칙 제224조(진정 등 수리) ③ 검사는 고소 또는 고발사건으로 제출된 서류가 다음 각 호의 어느 하나에 해당하는 경우에는 이를 진정사건으로 수리할 수 있다.
　1. 고소인 또는 고발인의 진술이나 고소장 또는 고발장의 내용이 불분명하거나 구체적 사실이 적시되어 있지 않은 경우 (중략)
경찰수사규칙 제21조(고소·고발의 수리) ① 사법경찰관리는 진정인·탄원인 등 민원인이 제출하는 서류가 고소·고발의 요건을 갖추었다고 판단하는 경우 이를 고소·고발로 수리한다.
② 사법경찰관리는 고소장 또는 고발장의 명칭으로 제출된 서류가 다음 각 호의 어느 하나에 해당하는 경우에는 이를 진정(陳情)으로 처리할 수 있다.
　1. 고소인 또는 고발인의 진술이나 고소장 또는 고발장에 따른 내용이 불분명하거나 구체적 사실이 적시되어 있지 않은 경우
　2. 피고소인 또는 피고발인에 대한 처벌을 희망하는 의사표시가 없거나 처벌을 희망하는 의사표시가 취소된 경우
그러나, 위와 같이 2023.10.7. 개정(2023.11.1. 시행) 수사준칙 제16조의2 제1항에 의하여 이제는 고소 또는 고발이 있는 때에는 수사기관은 이를 수리하여야 한다.

때부터 그 조사대상자는 피내사자(被內査者)가 아니라 피의자(被疑者, suspect, Beschuldigter, prévenu)의 지위를 가지게 된다.

★ **판례연구** 수사의 개시에 관한 실질설의 판례

대법원 1989.6.20, 89도648; 2001.10.26, 2000도2968; 2010.6.24, 2008도12127

수사개시 이전에는 피의자가 아니고, 형식적 입건 전이라 하여도 실질적 수사개시행위가 있으면 수사는 개시된다는 사례

'피의자'라고 하기 위해서는 수사기관에 의하여 범죄의 인지 등으로 수사가 개시되어 있을 것을 필요로 하고, 그 이전의 단계에서는 장차 형사입건될 가능성이 크다고 하더라도 그러한 사정만으로 '피의자'에 해당한다고 볼 수는 없다. 사법경찰관이 범죄를 인지하는 경우에는 범죄인지보고서를 작성하는 절차를 거치도록 되어 있으므로 특별한 사정이 없는 한 수사기관이 그와 같은 절차를 거친 때에 범죄 인지가 된 것으로 볼 수 있겠으나, 사법경찰관이 그와 같은 절차를 거치기 전에 범죄의 혐의가 있다고 보아 수사에 착수하는 행위를 한 때에는 이때에 범죄를 인지한 것으로 보아야 하고 그 뒤 범죄인지보고서를 작성한 때에 비로소 범죄를 인지하였다고 볼 것은 아니다.

참고하기 수사준칙상 수사개시의 구체적 예시 및 고소·고발 시 수리의무의 신설

제16조(수사의 개시) ① 검사 또는 사법경찰관이 다음 각 호의 어느 하나에 해당하는 행위에 착수한 때에는 수사를 개시한 것으로 본다. 이 경우 검사 또는 사법경찰관은 해당 사건을 즉시 입건해야 한다.

1. 피혐의자의 수사기관 출석조사
2. 피의자신문조서의 작성
3. 긴급체포
4. 체포·구속영장의 청구 또는 신청
5. 사람의 신체, 주거, 관리하는 건조물, 자동차, 선박, 항공기 또는 점유하는 방실에 대한 압수·수색 또는 검증영장(부검을 위한 검증영장은 제외한다)의 청구 또는 신청 (중략)

④ 검사 또는 사법경찰관은 입건 전에 범죄를 의심할 만한 정황이 있어 수사개시 여부를 결정하기 위한 사실관계의 확인 등 필요한 조사를 할 때에는 적법절차를 준수하고 사건관계인의 인권을 존중하며, 조사가 부당하게 장기화되지 않도록 신속하게 진행해야 한다.

④ 검사 또는 사법경찰관은 제3항에 따른 조사 결과 입건하지 않는 결정을 한 때에는 피해자에 대한 보복범죄나 2차 피해가 우려되는 경우 등을 제외하고는 피혐의자 및 사건관계인에게 통지해야 한다.

제16조의2(고소·고발 사건의 수리 등) ① 검사 또는 사법경찰관은 고소 또는 고발을 받은 경우에는 이를 수리해야 한다.

② 검사 또는 사법경찰관은 고소 또는 고발에 따라 범죄를 수사하는 경우에는 고소 또는 고발을 수리한 날부터 3개월 이내에 수사를 마쳐야 한다.

[본조신설 2023.10.17.]

2. 수사의 단서에 따른 수사의 개시

(1) 고소·고발·자수 : 즉시 수사가 개시된다. 이미 구체적 사실을 근거로 하는 범죄혐의가 드러났기 때문이다. 이에 따라 피고소인 등은 피의자의 지위를 가지게 된다.

(2) 기타의 수사단서 : 즉시 수사가 개시되는 것이 아니라, 수사기관이 범죄의 혐의가 있다고 판단하여 범죄인지를 한 때 비로소 수사가 개시된다. 여기서 범죄인지란 수사기관이 고소·고발·자수 이외의 수사단서가 있는 경우 범죄의 혐의가 있다고 판단하여 수사를 개시하는 것을 말한다. 따라서 범죄인지 전에는 내사단계에 불과하다. 아래에서는 이러한 수사의 단서들 중에서 불심검문, 변사자검시, 고소, 고발, 자수에 대하여 설명해보기로 하겠다.

02 　불심검문

I 의의 및 성격

1. 의 의

불심검문(不審檢問, 직무질문)이란 경찰관이 거동이 수상한 자를 발견한 때에 이를 정지시켜 질문하는 것을 말한다(경직 제3조 제1항, 제2항). 불심검문은 정지와 질문 및 질문을 위한 동행요구를 그 내용으로 한다. [경찰승진 22]

2. 법적 성격

① 보안경찰작용설(노/이, 손/신, 이조, 차/최 등)과 ② 보안경찰·사법경찰 병존설(병유설)(신동운, 배/이/정/이, 임동규, 정/백 등)의 대립이 있다. 생각건대, 경직법상 불심검문은 구체적인 범죄혐의를 요건으로 하지 않는 보안경찰작용으로 보는 제1설이 타당하다. 따라서 불심검문은 구체적인 범죄혐의가 없어도 행할 수 있다. [법원행시 03]

II 대 상

불심검문 대상인 거동불심자(擧動不審者)라 함은, 수상한 거동 기타 주위의 사정을 합리적으로 판단하여 어떠한 죄를 범하였거나 범하려고 하고 있다고 의심할 만한 이유가 있는 자나 이미 행하여진 범죄나 행하여지려고 하는 범죄행위에 관하여 그 사실을 안다고 인정되는 자를 말한다(**거동불심자 : 하/려/안**, 경직 제3조 제1항).

III 방 법

1. 정지와 질문

(1) 정 지

① 의의 : 질문을 위한 선행수단으로서 거동불심자를 불러 세우는 것을 말한다.

② 정지를 위한 실력행사 : 정지는 질문을 위한 전제에 불과하므로 강제수단은 허용될 수 없지만, 범행의 경중, 범행과의 관련성, 상황의 긴박성, 혐의의 정도, 질문의 필요성 등에 비추어 목적 달성에 필요한 최소한의 범위 내에서 사회통념상 용인될 수 있는 상당한 방법으로 대상자를 정지시키는 것은 허용된다 (제한적 허용설, 다수설·판례, 대법원 2012.9.13, 2010도6203; 2014.2.27, 2011도13999). 따라서 정지요구 후 불응시 앞을 막는 정도의 행위는 가능하다.[1]

> **⚖ 판례연구** 거동불심자에 대한 직무질문을 위한 정지를 위한 실력 행사
>
> **대법원 2014.2.27, 2011도13999; 2012.9.13, 2010도6203** [경찰간부 22, 경찰채용 1차 23]
> 불심검문 대상자 해당 여부의 판단과 정지를 위한 실력 행사
> 경찰관직무집행법(이하 '법')의 목적, 법 제1조 제1항, 제2항, 제3조 제1항, 제2항, 제3항, 제7항의 내용 및 체계 등을 종합하면, 경찰관이 법 제3조 제1항에 규정된 대상자(이하 '불심검문 대상자') 해당 여부를 판단함에 있어서는 불심검문 당시의 구체적 상황은 물론 사전에 얻은 정보나 전문적 지식 등에 기초하여 불심검문 대상자인지 여부를 객관적·합리적인 기준에 따라 판단하여야 할 것이나, 반드시 불심검문 대상자에게 형사소송법상 체포나 구속에 이를 정도의 혐의가 있을 것을 요한다고 할 수는 없다. 그리고 경찰관은 불심검문 대상자에게 질문을 하기 위하여 범행의 경중, 범행과의 관련성, 상황의 긴박성, 혐의의 정도, 질문의 필요성 등에 비추어 그 목적 달성에 필요한 최소한의 범위 내에서 사회통념상 용인될 수 있는 상당한 방법으로 그 대상자를 정지시킬 수 있고 질문에 수반하여 흉기의 소지 여부도 조사할 수 있다.

③ 정지시간 : 구체적 사정에 따라 결정해야 한다. 그러나 구속이라고 볼 수 있을 정도의 장시간이어서는 안 된다(경직 제3조 제7항 전단). 대법원은 ㉠ 검문에 불응하고 자전거를 타고 그냥 가는 피고인을 따라

---

[1] [참고] 학설로는 강제정지 허용설, 예외적 허용설(이/조), 제한적 허용설(다수설)이 있다. 판례는 제한적 허용설과 가깝다.

가 앞을 막아 일단 정지시킨 뒤 피고인의 오른편 인도에 올라서서 가지 못하게 경찰봉으로 계속 앞을 가로막고 검문에 응할 것을 요구하는 행위(대법원 2012.9.13, 2010도6203), ⓒ 검문에 불응하고 달아나는 자동차에 대한 추적행위(대법원 2000.11.10, 2000도26807, 26814)는 적법하다고 판시하였다.

🔍 판례연구 직무질문을 위한 정지의 적법성

대법원 2012.9.13, 2010도6203

불심검문에 있어서 정지의 시간과 방법

검문 중이던 경찰관들이, 자전거를 이용한 날치기 사건 범인과 흡사한 인상착의의 피고인이 자전거를 타고 다가오는 것을 발견하고 정지를 요구하였으나 멈추지 않아, 앞을 가로막고 소속과 성명을 고지한 후 검문에 협조해 달라는 취지로 말하였음에도 불응하고 그대로 전진하자, 따라가서 재차 앞을 막고 검문에 응하라고 요구하였는데, 이에 피고인이 경찰관들의 멱살을 잡아 밀치거나 욕설을 하는 등 항의하여 공무집행방해 등으로 기소된 경우, 범행의 경중, 범행과의 관련성, 상황의 긴박성, 혐의의 정도, 질문의 필요성 등에 비추어 경찰관들은 목적 달성에 필요한 최소한의 범위 내에서 사회통념상 용인될 수 있는 상당한 방법을 통하여 경찰관직무집행법 제3조 제1항에 규정된 자에 대해 의심되는 사항을 질문하기 위하여 정지시킨 것으로 보아야 하는데도, 이와 달리 경찰관들의 불심검문이 위법하다고 보아 피고인에게 무죄를 선고한 원심판결에는 불심검문의 내용과 한계에 관한 법리오해의 위법이 있다.

---

(2) 질 문

① 의의 : 거동불심자에게 행선지나 용건·성명·주소·연령 등을 묻고, 필요한 때에는 소지품의 내용을 묻는 것을 말하는바, 이를 직무질문이라 한다.

② 절차 : 경찰관은 상대방에게 자신의 신분을 표시하는 증표를 제시하면서 소속·성명을 밝히고 질문의 목적·이유를 설명하여야 한다(경직 제3조 제4항). 다만, 경찰관의 직무질문은 피의자신문이 아니므로 진술거부권의 고지는 요하지 않는다.

🔍 판례연구 불심검문 시 신분증의 제시

대법원 2014.12.11, 2014도7976 [경찰간부 22, 경찰채용 23 1차, 국가9급 20]

객관적으로 경찰관의 직무질문임을 충분히 알 수 있는 경우에는 신분증 제시가 없어도 위법하지 않다는 사례

경찰관직무집행법 제3조 제4항은 경찰관이 불심검문을 하고자 할 때에는 자신의 신분을 표시하는 증표를 제시하여야 한다고 규정하고, 경찰관직무집행법 시행령 제5조는 위 법에서 규정한 신분을 표시하는 증표는 경찰관의 공무원증이라고 규정하고 있는데, 불심검문을 하게 된 경위, 불심검문 당시의 현장상황과 검문을 하는 경찰관들의 복장, 피고인이 공무원증 제시나 신분 확인을 요구하였는지 여부 등을 종합적으로 고려하여, 검문하는 사람이 경찰관이고 검문하는 이유가 범죄행위에 관한 것임을 피고인이 충분히 알고 있었다고 보이는 경우에는 신분증을 제시하지 않았다고 하여 그 불심검문이 위법한 공무집행이라고 할 수 없다.

[유사] 경찰관이 정복을 착용한 경우에는 상대방이 요구하지 않는 한 신분증을 제시하지 않아도 위법이라 할 수 없다(대법원 2004.10. 18, 2004도4029).

[비교] 다만, 물론 경찰관이 경직법상 직무질문을 할 당시 경찰복을 입고 있었다 하더라도, 상대방이 요구할 때에는 신분을 표시하는 증표를 제시하면서 소속·성명을 밝힐 의무가 있다.[1] [해경간부 12/경찰승진 11]

---

③ 답변강요금지 : 당해인은 형사소송법에 의하지 아니하고는 신체를 구속당하지 아니하며, 답변을 강요당하지 아니한다(경직 제3조 제7항). 따라서 상대방은 답변을 거부할 수 있고, 답변을 강요하기 위한 최소한의 유형력 행사도 허용되지 않으므로, 예컨대 수갑을 채운 뒤 질문을 하는 것은 적법한 직무질문이 아니며, 이 경우 불법체포죄(형법 제124조)의 죄책을 진다. 다만, 답변을 거부하고 떠나려는 경우에 번의를 구하기 위해 설득하는 것은 허용되는 질문방법에 속한다.

---

1) [조문] 주민등록법 제26조(주민등록증의 제시요구) 사법경찰관리는 범인의 체포 등 그 직무를 수행함에 있어서 주민의 신원 또는 거주관계를 확인할 필요가 있는 경우에는 17세 이상의 자에 대하여 주민등록증의 제시를 요구할 수 있다. 이 경우 사법경찰관리는 정복근무 중인 경우 외에는 미리 신원을 표시하는 증표를 지니고 이를 관계인에게 제시해야 한다.

2. 동행요구

(1) 의 의

① 경찰관은 그 장소에서 질문을 하는 것이 당해인에게 불리하거나 교통의 방해가 된다고 인정되는 때에는 질문하기 위하여 부근의 경찰관서 등에 동행할 것을 요구할 수 있다(불교동행). [국가9급 13, 경찰승진 11] 따라서 질문에 응답을 거부하거나 신분증 제시를 거부한다고 하여 동행을 요구할 수 있는 것은 아니다. [국가9급 13, 해경간부 12, 경찰채용 07]

② 이 경우 당해인은 경찰관의 동행요구를 거절할 수 있다(경직 제3조 제2항 단서). 이러한 경직법상 동행의 요구를 임의동행이라고 부르는 이유도 바로 여기에 있다. 따라서 동행요구시 경찰장구(경직 제10조의2)를 사용하는 것은 허용될 수 없다. [국가9급 13] 한편 경직법상 임의동행도 수사의 목적을 가질 때에는 동행시부터 수사로 보아야 할 것이다. 따라서 임의동행 후라 하더라도 언제든지 퇴거할 수 있다.

(2) 절 차

① 동행을 요구할 경우 경찰관은 당해인에게 자신의 신분을 표시하는 증표를 제시하면서 소속·성명을 밝히고 그 목적·이유를 설명하여야 하며, 동행장소를 밝혀야 한다(경직 제3조 제4항). 다만, 경찰관이 정복을 착용한 경우에는 상대방이 요구하지 않는 한 신분증을 제시하지 않아도 위법이라 할 수 없다(대법원 2004.10.18, 2004도4029). 물론 경찰관이 경직법상 직무질문을 할 당시 경찰복을 입고 있었다 하더라도, 상대방이 요구할 때에는 신분을 표시하는 증표를 제시하면서 소속·성명을 밝힐 의무가 있다.[1] [경찰승진 11, 해경간부 12]

② 동행을 한 경우 경찰관은 당해인의 가족·친지 등에게 동행한 경찰관의 신분, 동행장소, 동행목적과 이유를 고지하거나 본인으로 하여금 즉시 연락할 수 있는 기회를 부여하여야 하며, 변호인의 조력을 받을 권리가 있음을 고지하여야 한다(경직 제3조 제5항)(cf. 피내사자 : 접견교통권 ○). [국가9급 13, 해경간부 12, 경찰승진 11]

(3) 한 계

동행을 한 경우 경찰관은 당해인을 6시간을 초과하여 경찰관서에 머물게 할 수 없다(경직 제3조 제6항). [국가9급 13, 경찰간부 13] 다만, 이 경우에도 언제든지 퇴거할 수 있으므로, 구금이 허용되지 않는다. [경찰간부 13, 경찰승진 06/11, 경찰채용 06 2차]

IV 소지품검사(흉기소지검사)

stop and frisk

1. 의 의

(1) 개념 : 경직법상 경찰관은 거동불심자에 대하여 질문을 할 때에 흉기의 소지 여부를 조사할 수 있다(경직 제3조 제3항). 이렇게 불심검문을 하는 과정에서 흉기 기타 물건의 소지 여부를 밝히기 위하여 거동불심자의 착의나 휴대품을 조사하는 것을 소지품검사라 한다.

(2) 성격 : 불심검문에 수반하는 부수적 처분으로서 수사의 단서에 불과하므로, 수사상 강제처분인 수색(搜索)과는 구별된다. [국가9급 10]

2. 허용범위 : 흉기 이외의 소지품검사

경직법의 조문에는 "흉기"만 규정하고 있고 기타 소지품에 대해서는 규정하고 있지 않다. [경찰승진 08] 이에 흉기 외 다른 소지품에 대해서도 검사가 가능한가에 대해서는 긍정설과 부정설이 대립하고 있다. 생각건대, 거동불심자의 소지품은 경찰관의 의심을 강화 또는 해소하는 데 유력한 단서가 될 뿐만 아니라, 무엇

---

1) [참고] [주민등록법] 사법경찰관리는 범인의 체포 등 그 직무를 수행함에 있어서 주민의 신원 또는 거주관계를 확인할 필요가 있는 경우에는 17세 이상의 자에 대하여 주민등록증의 제시를 요구할 수 있다. 이 경우 사법경찰관리는 정복근무 중인 경우 외에는 미리 신원을 표시하는 증표를 지니고 이를 관계인에게 제시해야 한다(동법 제26조).

보다 불심검문의 실효성을 위해서는 (제한적) 긍정설을 택하는 것은 불가피해 보인다.

3. 절차 및 한계

(1) 절차 : 소지품검사는 ① 외부에서의 소지품 관찰, ② 소지품의 내용에 대한 질문, ③ 외부에서 손을 가볍게 대어보는 외표검사, ④ 소지품의 임의적 내용개시 요구, ⑤ 개시된 소지품의 검사라는 5단계의 절차이다.

(2) 정지 및 외표검사(Stop and Frisk[1]) : 상대방을 정지시키고(stop), 의복·휴대품의 외부를 손으로 만져서 확인하는 외표검사(frisk)는 필요하고 긴급한 경우 허용된다.

(3) 소지품의 개시요구와 내용검사

① **문제점** : 소지품의 개시요구는 강요적 언동에 의하지 않는 한 허용된다. [경찰간부 13] 문제는 상대방이 이에 응하지 않을 때 실력행사가 허용되는가이다.

② **흉기조사** : 흉기소지의 고도의 개연성이 있는 경우 경찰관 또는 제3자의 생명·신체의 안전을 위하여, 폭력을 사용하지 않는 범위에서 실력을 행사하여 소지품의 내용을 조사하는 것은 가능하다. [국가9급 13]

③ **일반 소지품검사** : 직접 내부를 뒤져보거나 강제적으로 소지품을 제시하게 하는 것은 허용되지 않는다. 소지품검사는 수사의 단서에 불과하고, 만일 중범죄의 구체적 혐의가 존재한다면 긴급체포의 요건에 따라 긴급수색 절차를 밟아야 할 것이기 때문이다. 우리 형소법이 영장주의 예외규정(제216조~제218조)을 명문으로 두고 있는 취지도 여기에 있다.

Ⅴ 자동차검문

1. 의의 및 종류

(1) 의의 : 경찰관이 통행 중인 자동차를 정지시켜서 운전자 또는 동승자에게 질문을 행하는 것을 말한다.

(2) 종 류

① **교통검문** : 도로교통의 안전을 확보하기 위하여 도로교통법 위반행위를 단속하는 검문으로서(도로교통법 제47조), 교통행정상의 한 작용이다.

② **경계검문** : 불특정 일반범죄의 예방과 검거를 목적으로 하는 검문을 말한다. 보안경찰의 한 작용이다. [국가9급 10]

③ **긴급수배검문** : 특정범죄가 발생한 경우에 범인의 검거와 수사정보의 수집을 목적으로 하는 검문을 말한다. 사법경찰작용에 속한다.

2. 법적 근거

(1) 교통검문 : 도로교통법 제47조(위험방지를 위한 조치)의 일시정지권을 근거로 한다.

(2) 경계검문 : 경찰관직무집행법 제3조 제1항의 직무질문을 근거로 한다. 따라서 기술한 불심검문의 법리가 적용된다. [여경 01 2차]

(3) 긴급수배검문 : 경찰관직무집행법 제3조 제1항의 직무질문과 형사소송법의 임의수사 규정을 근거로 한다.

3. 허용한계

(1) 임의의 수단에 의할 것을 요한다.

(2) 자동차를 이용하는 중대범죄에 제한되어야 한다.

(3) 범죄의 예방과 검거를 위하여 필요하고 적절한 경우에 한한다.

(4) 불심검문의 법리에 준하므로 자동차 이용자에 대한 자유의 제한은 필요한 최소한도에 그쳐야 한다. 따라서 자동차 압수·수색시에는 영장주의 규정을 준수해야 한다.

1] [참고] 미연방대법원 판례에서 확립된 원칙이다. Terry v. Ohio, 392 U.S. 1(1968)

03   변사자의 검시

Ⅰ 의의 및 성질

1. 의 의

변사자의 검시란 통상의 병사나 자연사가 아닌 사체로서 범죄로 인한 사망이라는 의심이 있는 사체에 대하여, 사람의 사망이 범죄로 인한 것인가를 판단하기 위한 수사기관의 조사를 말한다. 판례에 의할 때, 범죄로 인하여 사망한 것임이 명백한 자의 사체는 변사체에 포함되지 않는다(형법 제163조의 변사체검시방해의 객체에서 제외, 대법원 2003.6.27, 2003도1331). [해경간부 12, 경찰채용 05 2차/20 2차]

★ 판례연구 변사자의 개념

대법원 2003.6.27, 2003도1331

범죄로 인하여 사망한 것이 명백한 자의 사체는 형법 제163조 소정의 변사체검시방해죄의 객체가 될 수 없다는 사례

형법 제163조의 변사자라 함은 부자연한 사망으로서 그 사인이 분명하지 않은 자를 의미하고 그 사인이 명백한 경우는 변사자라 할 수 없으므로(대법원 1970.2.24, 69도2272 참조), 범죄로 인하여 사망한 것이 명백한 자의 사체는 같은 법조 소정의 변사체검시방해죄의 객체가 될 수 없는 것이다.

---

2. 성 질

(1) **수사의 단서** : 변사자의 검시는 수사의 일부분이 아니라 수사의 단서에 불과하다. [국가9급 10]

(2) **검증과의 구별** : 변사자의 검시는 수사 전의 처분이라는 점에서 수사가 개시된 이후의 처분인 검증과 구별된다.

Ⅱ 절 차

1. 주 체

(1) **원칙−검사** : 변사자 또는 변사의 의심이 있는 사체가 있는 때에는 그 소재지를 관할하는 지방검찰청 검사가 검시하여야 한다(제222조 제1항). [경찰채용 10 2차]

(2) **예외−대행검시** : 검사는 사법경찰관에게 검시를 명할 수 있다(제222조 제3항).

2. 영장주의와의 관계

(1) **검시** : 검시 자체는 수사의 단서에 불과하므로 법관의 영장을 요하지 않는다.

(2) **검증** : 검시 후의 사체검증(사체해부, 부검)에는 원칙적으로 압수·수색·검증영장을 요하나, 예외적으로 검시로 범죄혐의를 인정하고 긴급을 요할 때(웹 부패의 우려)에는 영장 없이 검증을 할 수 있다(제222조 제2항).

(3) **검시를 위하여 타인의 주거에 들어가야 하는 경우** : 거주자의 동의가 없는 한 영장을 요한다.

04   고 소

Ⅰ 의의 및 성격

1. 개 념

고소(告訴)란 범죄의 피해자 또는 그와 일정한 관계가 있는 고소권자가 수사기관에 대하여 범죄사실을 신고하여 범인의 처벌을 구하는 의사표시를 말한다.

2. 개념요소

(1) 수사기관에 대한 신고 : 고소는 수사기관에 대한 의사표시이다. 따라서 법원에 대한 진정서의 제출이나 범인에 대한 처벌희망의 의사표시는 고소가 아니다.

(2) 범죄사실의 신고 : 고소는 범죄사실을 신고하는 것이므로 고소의 대상인 범죄사실은 특정되어야 한다. 다만, 상대적 친고죄의 경우를 제외하고는 범인(피고소인)의 지정은 요하지 않으며, 범행의 일시·장소·방법까지 구체적으로 특정할 필요는 없다. 이는 후술하는 공소제기에 있어서 일시·장소·방법·피고인이 특정되어야 하는 점과 다른 점이다. [해경간부 12, 경찰승진 11, 경찰채용 05 2차] 한편 범행기간을 특정한 고소는 어느 특정범죄에 대하여 범인의 처벌을 희망하지 않는 의사가 있다고 볼 만한 특별한 사정이 없는 한 그 특정된 기간 중 저지른 모든 범죄에 대하여 고소한 것이라 보아야 한다.

(3) 처벌희망의 의사표시 : 고소는 범인의 처벌을 구하는 의사표시이어야 한다. 따라서 처벌희망의 의사표시가 명시되어 있지 않은 단순한 도난신고 등 피해사실의 신고는 고소가 아니다.

✎ 판례연구 고소의 개념요소

대법원 1984.3.27, 84도50; 1984.10.23, 84도1704; 1985.3.26. 84도1374; 1985.7.23, 85도1213; 1988.10.25, 87도1114; 1990.9.28, 90도603 [국가7급 11/15, 경찰채용 12 1차]

고소는 고소인이 일정한 범죄사실을 수사기관에 신고하여 그 범인의 처벌을 구하는 의사표시이므로 고소한 범죄사실이 특정되어야 함은 말할 나위가 없다 하겠으나 그 특정의 정도는 고소인의 의사가 구체적으로 어떤 범죄사실을 지정하여 범인의 처벌을 구하고 있는 것인가를 확정할 수 있으면 되는 것이고 고소인 자신이 직접 범행일시, 장소와 방법 등까지 구체적으로 상세히 지적하고 그 범죄사실을 특정할 필요까지는 없다 할 것이며(대법원 1984.3.27, 84도50), 한편 범행기간을 특정하고 있는 고소에 있어서는 그 기간 중의 어느 특정범죄에 대하여 범인의 처벌을 원치 않는 고소인의 의사가 있다고 볼만한 특단의 사정이 없는 이상 그 고소는 특정된 기간 중에 저지른 모든 범죄에 대하여 범인의 처벌을 구하는 의사표시라고 봄이 상당할 것이다.

---

3. 성 격

(1) 고소는 일반적(비친고죄)으로는 수사의 단서이나, 고소가 있어야만 공소를 제기할 수 있는 친고죄(親告罪)의 경우에는 수사의 단서일 뿐 아니라 소송조건이 된다.

(2) 고소는 법률행위적 소송행위이다. 따라서 행위자에게 **고소능력**이 있어야 한다. 이는 피해를 받은 사실을 이해하고 고소에 따른 사회생활상의 이해관계를 알아차릴 수 있는 **사실상의 의사능력**을 말하므로, 민법상의 행위능력(19세 이상)과 일치하지 않는다(대법원 2011.6.24, 2011도4451). [경찰승진 22, 법원9급 13, 국가7급 15, 국가9급 08, 경찰채용 15 2차, 경찰채용 20 1차]

✎ 판례연구 고소능력, 반의사불벌죄의 처벌불원의사의 표시능력

1. 대법원 2011.6.24, 2011도4451, 2011전도76

고소에 필요한 고소능력의 정도(= 사실상의 의사능력)

고소를 할 때는 소송행위능력, 즉 고소능력이 있어야 하나, 고소능력은 피해를 입은 사실을 이해하고 고소에 따른 사회생활상의 이해관계를 알아차릴 수 있는 **사실상의 의사능력**으로 충분하므로, 민법상 행위능력이 없는 사람이라도 위와 같은 능력을 갖추었다면 고소능력이 인정된다.

2. 대법원 2009.11.19, 2009도6058 전원합의체 [경찰채용 15 1차, 경찰승진 11/12/22, 국가7급 10/11/20, 법원9급 12, 변호사 13]

14세 10개월의 피해자의 처벌불원 의사표시에 법정대리인의 동의가 필요하지 않다는 사례

형사소송법상 소송능력이라 함은 소송당사자가 유효하게 소송행위를 할 수 있는 능력, 즉 피고인 또는 피의자가 자기의 소송상의 지위와 이해관계를 이해하고 이에 따라 방어행위를 할 수 있는 의사능력을 의미한다. 의사능력이 있으면 소송능력이 있다는 원칙은 피해자 등 제3자가 소송행위를 하는 경우에도 마찬가지라고 보아야 한다. 따라서 반의사불벌죄에 있어서 피해자의 피고인 또는 피의자에 대한 처벌을 희망하지 않는다는 의사표시 또는 처벌을 희망하는 의사표시의 철회는, 위와 같은 형사소송절차에 있어서의 소송능력에 관한 일반원칙에 따라, 의사능력이 있는 피해자가 단독으로 이를 할 수 있고, 거기에 법정대리인의 동의가 있어야 한다거나 법정대리인에 의해 대리되어야만 한다고 볼 것은 아니다.

Ⅱ 고소의 절차

1. 고소권자

(1) 피해자

① **범위** : 범죄로 인한 피해자는 고소할 수 있다(제223조).

(가) 피해자란 범죄로 인해 침해된 법익의 주체를 말하며, 자연인뿐만 아니라 법인 · 법인격 없는 단체도 포함된다.

(나) 범죄로 인한 **직접적 피해자**를 의미하므로 간접적 피해자는 제외된다(cf. 제척의 원인도 同). 예컨대, 처가 강간을 당한 경우의 남편에게는 고소권이 없고, 乙과 丙이 채권 · 채무 관계인데 甲이 丙을 기망하여 재산상 이익을 취득함으로써 사기죄에 해당되는 경우, 丙이 직접적 피해자로서 고소권자가 되고, 乙은 간접적 피해자에 불과하므로 고소권이 없다. [경찰승진 09/10] 다만, 국가적 · 사회적 법익에 대한 죄의 경우에는 행위객체도 피해자가 된다.

② **상속 · 양도** : 고소권은 일신전속적 권리이므로 **상속 · 양도가 허용되지 않으나,** 저작권과 같이 침해가 계속적인 때에는 권리 이전에 따라 고소권도 이전된다.

대법원 1995.9.26, 94도2196

피해자의 지위를 승계받은 고소권자 사례

침해가 계속적인 때에는 권리이전에 따라 **고소권도 이전**되므로 상표권을 이전등록받은 승계인은 이전에 발생한 침해에 대해서도 피해자의 지위를 승계한다.

비교판례 특허법 제225조 제1항 소정의 특허권침해죄는 피해자의 고소가 있어야 논할 수 있는 죄인바, 특허를 무효로 하는 심결이 확정된 때에는 원칙적으로 그 특허권은 처음부터 없었던 것으로 보게 되므로(특허법 제133조 제3항), 무효심결 확정 전의 고소라 하더라도 그러한 특허권에 기한 고소는 무효심결이 확정되면 고소권자에 의한 적법한 고소로 볼 수 없다 할 것이고, 이러한 고소를 기초로 한 공소는 형사소송법 제327조 제2호 소정의 공소제기의 절차가 법률의 규정에 위반되어 무효인 때에 해당한다고 할 수 있다(대법원 2008.4.10, 2007도6325).

---

(2) 피해자의 법정대리인

① **범위** : **피해자의 법정대리인은 독립하여 고소할 수 있다**(제225조 제1항). [국가9급 08, 경찰채용 13 1차] 법정대리인은 피성년후견인 · 피한정후견인 · 미성년자와 같은 무능력자인 피해자의 행위를 일반적으로 대리할 수 있는 친권자 · 후견인을 말한다. 예컨대, **고소 당시 이혼한 생모**라도 피해자인 그의 자(子)의 친권자로서 독립하여 고소할 수 있다(대법원 1987.9.22, 87도1707). [경찰승진 09] 나아가, 부재자의 재산에 대한 범죄행위에 관하여 법원으로부터 고소권 행사에 관한 허가를 얻은 법원이 선임한 부재자 재산관리인도 여기에 포함된다. 다만 일반적 대리권이 없는 재산관리인 · 파산관재인, 무능력자의 법정대리인 개념에 해당되지 못하는 법인의 대표자는 제외된다.

🔍 **판례연구** 고소권자인 법정대리인의 범위

1. 대법원 1987.9.22, 87도1707

입적되어 있지 아니한 생모도 법정대리인인 친권자로서 고소할 수 있다는 사례

모자관계는 호적에 입적되어 있는 여부와는 관계없이 자의 출생으로 법률상 당연히 생기는 것이므로 고소당시 이혼한 생모라도 피해자인 그의 자의 친권자로서 독립하여 고소할 수 있다.

2. 대법원 2022.5.26, 2021도2488

부재자 재산관리인이 법정대리인으로서 적법한 고소권자에 해당하는가의 문제

법원이 선임한 부재자 재산관리인이 그 관리대상인 부재자의 재산에 대한 범죄행위에 관하여 법원으로부터 고소권 행사에 관한 허가를 얻은 경우 부재자 재산관리인은 형사소송법 제225조 제1항에서 정한 법정대리인으로서 적법한 고소권자에 해당한다고 보아야 한다. … 부재자 재산관리인의 권한은 원칙적으로 부재자의 재산에 대한 관리행위에 한정되나, 부재자 재산관리인은 재산관리를 위하여 필요한 경우 법원의 허가를 받아 관리행위의 범위를 넘는 행위를 하는 것도 가능하고, 여기에는 관리대

상 재산에 관한 범죄행위에 대한 형사고소도 포함된다. 따라서 부재자 재산관리인은 관리대상이 아닌 사항에 관해서는 고소권이 없겠지만, 관리대상 재산에 관한 범죄행위에 대하여 법원으로부터 고소권 행사 허가를 받은 경우에는 독립하여 고소권을 가지는 법정대리인에 해당한다. ··· 부재자는 자신의 재산을 침해하는 범죄에 대하여 처벌을 구하는 의사표시를 하기 어려운 상태에 있다. 따라서 부재자 재산관리인에게 법정대리인으로서 관리대상 재산에 관한 범죄행위에 대하여 고소권을 행사할 수 있도록 하는 것이 형사소송법 제225조 제1항과 부재자 재산관리제도의 취지에 부합한다.

> **보충** 피고인은 피해자(부재자)의 언니로서(비동거친족) 법원에서 부재자 재산관리인으로 선임되어 피해자 앞으로 공탁된 수용보상금을 출급하였고, 이후 법원은 피고인을 재산관리인에서 해임하고 변호사 A를 재산관리인으로 개임하였는데, 피고인이 변호사 A에게 수용보상금의 존재를 알리지 않았고 그 인계도 거부하자, 변호사 A가 법원의 권한초과행위 허가를 받아 수사기관에 피고인을 배임(친고죄) 등으로 고소한 것은 형사소송법 제225조 제1항에서 정한 법정대리인으로서 적법한 고소에 해당한다는 사례이다.

② **시기** : 고소할 당시 피해자가 성년이 되면 법정대리인이라는 개념은 인정되지 않으므로, 법정대리인의 지위는 고소 당시에 있어야 한다. 따라서 범죄 당시에는 그 지위에 없었거나 고소 후에 지위를 상실하더라도 고소는 유효한 것이 된다. 법정대리인이 고소할 때에는 고소인과의 신분관계를 소명하는 서면을 제출하여야 한다(규칙 제116조 제1항).[1]

③ **고소권의 성질** : ㉠ 독립대리권설(백형구, 신현주, 이/조)과 ㉡ 고유권설(다수설·판례, 대법원 1984.9.11, 84도1579; 1987.6.9, 87도857; 1999.12.24, 99도3784)이 대립하나, 독립대리권설에 의하면 피해자는 법정대리인이 한 고소를 취소할 수 있는데, 이는 피해자가 무능력자이기 때문에 법정대리인을 고소권자로 인정한 제225조의 입법취지에 반하므로, **고유권설**이 타당하다. 따라서 ㉠ 피해자의 고소권이 소멸하여도 법정대리인이 고소권을 행사할 수 있고(∴ 피해자가 고소를 취소한 다음 법정대리인이 고소를 한 경우 재고소금지규정 −제232조 제2항− 위반이 아님), ㉡ 고소기간도 법정대리인을 기준으로 산정하며(법정대리인 자신이 범인을 알게 된 날로부터 진행), ㉢ 피해자의 (명시한) 의사에 반하여도 법정대리인은 고소할 수 있으며, ㉣ 피해자는 법정대리인이 한 고소를 취소할 수 없다. [법원승진 09, 국가9급 08/14, 경찰승진 09/10/22]

대법원 1999.12.24, 99도3784
법정대리인의 고소권의 성질에 관한 고유권설
형사소송법 제225조 제1항이 규정한 법정대리인의 고소권은 무능력자의 보호를 위하여 법정대리인에게 주어진 고유권이므로, 법정대리인은 피해자의 고소권 소멸 여부에 관계없이 고소할 수 있고, 이러한 고소권은 피해자의 명시한 의사에 반하여도 행사할 수 있다.

---

(3) 피해자의 배우자·직계친족·형제자매 등 친족

① **피해자 사망시** : 피해자가 사망한 때에는 그 배우자·직계친족·형제자매는 고소할 수 있다(제225조 제2항 본문). 신분관계의 존재시점은 피해자 사망시를 기준으로 한다(고소시 고소인과 피해자와의 신분관계를 소명하는 서면 제출, 규칙 제116조 제1항). 단, 피해자의 명시한 의사에 반하지 못한다(동 단서).[2] 예컨대, 비밀침해죄나 모욕죄의 고소권자인 피해자가 사망한 경우 그의 배우자·직계친족·형제자매가 고소할 수 있으나, 피해자가 생전에 명시한 의사에 반하여 고소할 수는 없다. [경찰간부 01, 경찰채용 05 3차/10 1차] 이 경우의 피해자의 의사는 유서(遺書) 등을 통해서 확인될 수 있다.

> **정리** 피해자 생존 시에는 피해자와 법정대리인만이 고소권자이다.

---

1) [조문] 형사소송규칙 제116조(고소인의 신분관계 자료제출) ① 법 제225조 내지 제227조의 규정에 의하여 고소할 때에는 고소인과 피해자와의 신분관계를 소명하는 서면을, 법 제229조에 의하여 고소할 때에는 혼인의 해소 또는 이혼소송의 제기사실을 소명하는 서면을 각 제출하여야 한다. ② 법 제228조의 규정에 의하여 검사의 지정을 받은 고소인이 고소할 때에는 그 지정받은 사실을 소명하는 서면을 제출하여야 한다.

2) [보충] 피해자 사망 시의 배우자·직계친족·형제자매의 고소권의 성질에 대해서는, ① 피해자가 사망하였다는 점을 중시하는 고유권설(송광섭, 이재상/조균석, 임동규, 정웅석/백승민, 진계호)과 ② 피해자의 명시한 의사에 반하지 못한다는 위 단서규정을 중시하는 독립대리권설(권오걸, 백형구, 신동운, 이영란, 차용석/최용성)이 대립한다. 생각건대, 고유권설에 의하면 사망한 피해자의 생전의 명시한 의사에 반하지 못한다는 규정을 설명할 수 없다는 점에서, 본서는 독립대리권설을 따른다. 다만, 독립대리권설에 의하더라도 피해자가 생전에 명시한 의사를 표시하지 아니하고 사망한 경우의 그 배우자·직계친족·형제자매의 고소권은 고유권의 성질을 띠게 된다.

🔨 **판례연구** 친고죄의 피해자 사망 시 배우자·직계친족·형제자매의 고소 관련판례

1. 대법원 1955.6.28, 4288형상109

피해자 사망 시 배우자·직계친족·형제자매는 고소할 수 있으나, 피해자의 명시한 의사에 반하지 못한다는 사례

본건 범죄(혼인빙자간음죄, 구형법상 친고죄)에 대한 고소는 피해자 V의 부 F로부터 제기된 것임을 인정할 수 있는바 F의 고소는 형사소송법 제225조에 의하여 적법한 것임은 물론이나 동조에 의하면 피해자 이외 고소권자의 고소는 피해자의 명시한 의사에 위반할 수 없음이 명정되어 있는바, 검사의 증인 공소외 3에 대한 청취서기재에 의하면 피해자 V는 전기 공소외 3에 대하여 본건 범죄를 고소할 의사가 없음을 표시한 바 있음을 인정할 수 있으므로, 결국 전기 F의 고소는 피해자 V의 명시한 의사에 반한 부적법한 고소이므로 이러한 고소에 기인한 본건 공소는 기각을 면할 수 없다.

[본건] 이 판례에 대해서는 피해자 사망시 배우자·직계친족·형제자매의 고소권의 성질을 독립대리권으로 본 것이라는 평석(신동운, 197면)이 유력하다.

2. [유사판례] 대법원 1969.4.29, 69도376

피해자가 생전에 고소하고 사망한 후 피해자의 배우자·직계친족·형제자매가 고소를 취소할 수 없다는 사례

피해자의 부친이 피해자 사망 후에 피해자를 대신하여 그 피해자가 이미 하였던 고소를 취소하더라도 이는 적법한 고소취소라 할 수 없다.

3. 헌법재판소 1993.7.29, 92헌마234

피해자 고소 후 사망 시 상속인은 피해자 지위를 수계하여 검찰항고 등을 할 수 있다는 사례

형사소송법 제225조 제2항에서 피해자가 사망한 경우 그 배우자, 직계친족 또는 형제자매에게 고소권을 인정하고 있는 취지에 비추어 볼 때, 피해자인 고소인이 고소 후에 사망한 경우 피보호법익인 재산권의 상속인은 자신들이 따로 고소를 할 것 없이 피해자 지위를 수계(受繼)하여 피해자가 제기한 당해 고소사건에 관한 검사의 불기소처분에 대하여 항고·재항고도 할 수 있고 또한 헌법소원심판(현재는 ×)도 청구할 수 있다.

② **법정대리인 등이 피의자인 경우** : 피해자의 법정대리인이 피의자이거나 법정대리인의 친족이 피의자인 때에는 피해자의 친족은 독립하여 고소할 수 있다(제226조). [법원승진 09, 경찰채용 12 3차] 이 경우 친족의 고소권도 **고유권**에 속하므로[경찰승진 09, 경찰채용 12 3차], 친족은 피해자의 명시한 의사에 반해서도 고소할 수 있다. 이 경우 친족의 개념은 가족관계등록부(호적부)의 기재를 기준으로 하는 것이 아니다.

🔨 **판례연구** 법정대리인 등이 피의자인 경우 친족의 고소권 관련판례

1. 대법원 1986.11.11, 86도1982 [경찰승진 09]

법정대리인이 피의자인 경우 피해자의 친족은 독립하여 고소할 수 있다(제226조)는 사례

모자관계는 호적에 입적되어 있는 여부와는 관계없이 자의 출생으로 법률상 당연히 생기는 것이므로, 생모와 그 자의 자 사이에도 법률상 친족관계가 있다 할 것인바, 피고인의 생모가 피고인의 그 딸에 대한 강제추행(현재는 친고죄 ×) 등 범죄사실에 대하여 고소를 제기한 것은 법 제226조 소정의 피해자의 친족에 의한 피해자의 법정대리인에 대한 적법한 고소라 할 것이다.

2. 대법원 2010.4.29, 2009도12446 [국가7급 15]

법정대리인이 피의자인 경우 피해자의 친족은 독립하여 고소할 수 있다는 사례

남편 甲이 식물인간 상태가 되어 금치산선고를 받아 그 후견인이 된 배우자 乙의 간통행위(현재는 폐지)에 대해 甲의 모(母) 丙이 제기한 고소는 간통죄의 공소제기 요건으로서 적법하다.

③ **사자명예훼손시** : 사자의 명예를 훼손한 범죄(형법 제308조)에 대하여는 그 친족·자손은 고소할 수 있다(제227조). 당연히 고유권에 속한다.

(4) 지정고소권자

① **고소권자의 지정** : 친고죄에 대하여 고소할 자가 없는 경우에 이해관계인의 신청이 있으면 검사는 10일 이내에 고소할 수 있는 자를 지정하여야 한다(제228조).[1] [국가7급 08, 경찰채용 14 2차] 검사는 고소권자를 지정하는 것이지 자신이 고소권자가 되는 것은 아니다. [경찰승진 09]

---

1) [참고] 검사는 지정하여야 한다. 검사의 객관의무가 나타나는 조항이다.

② 고소할 자가 없게 된 사유는 따지지 않는다. 다만, 고소권을 상실하거나 고소하지 아니할 의사를 명시하고 사망한 경우는 포함되지 않는다.

③ 이해관계인은 법률상 또는 사실상의 이해관계인을 불문하므로 내연의 부부관계에 있는 자도 포함된다. [국가7급 01] 다만, 단순한 감정상의 이해관계인은 제외된다.

2. 고소의 방법

(1) 고소의 방식

① 고소장과 고소조서

(가) 검사 · 사법경찰관에 대한 서면 · 구술에 의한 의사표시 : 고소는 서면 또는 구술로써 검사 또는 사법경찰관에게 하여야 한다(제237조 제1항). [경찰채용 15 1차]

(나) 조서의 작성 : 구술에 의한 고소를 받은 때에는 조서를 작성하여야 한다(동조 제2항). 고소조서는 처벌희망의 의사표시가 있으면 족하므로, 반드시 독립된 조서일 필요는 없다(대법원 65도1089). [법원9급 14, 국가7급 15, 국가9급 10, 경찰채용 12 · 16 1차/12 2차/14 · 15 2차] 다만, 조서의 작성은 필요하므로, 전화 · 전보 · 팩시밀리에 의한 고소는 조서가 작성되지 않는 한 유효한 고소가 아니다.

🔨 판례연구 고소의 방법

대법원 2011.6.24, 2011도4451; 1966.1.31, 65도1089; 1985.3.12, 85도190 [국가7급 17, 법원9급 22]
고소는 서면 또는 구술에 의할 수 있다는 사례
친고죄에 있어서의 고소는 서면뿐만 아니라 구술로도 할 수 있는 것이고, 다만 구술에 의한 고소를 받은 검사 또는 사법경찰관은 조서를 작성하여야 하지만 그 조서가 독립된 조서일 필요는 없으며 수사기관이 고소권자를 증인 또는 피해자로서 신문한 경우에 그 진술에 범인의 처벌을 요구하는 의사표시가 포함되어 있고 그 의사표시가 조서에 기재되면 고소는 적법하게 이루어진 것이다.

---

② 사법경찰관의 조치 : 사법경찰관이 고소를 받은 때에는 신속히 조사하여 관계서류와 증거물을 검사에게 송부하여야 한다(사건송치, 제238조).

정리 법원에 송부하는 것이 아니라, 검사에게 송부하는 것이다.

(2) 고소의 대리 : 고소는 **대리인**으로 하여금 하게 할 수 있다(특정대리 — 고재변상적, 제236조). 대리권은 정당한 고소권자에 의하여 수여되었음이 실질적으로 증명되면 충분하므로 반드시 위임장을 제출한다거나 '대리'라는 표시를 하여야 하는 것은 아니며, **대리인**은 수사기관에 구술에 의한 방식으로 고소를 제기할 수도 있다(대법원 2002.6.14, 2000도4595).[1] [법원9급 08, 국가7급 15, 해경간부 12, 경찰승진 11, 경찰채용 05 2차]

🔨 판례연구 고소의 대리

대법원 2002.6.14, 2000도4595 [경찰채용 05 2차, 해경간부 12, 경찰승진 11, 국가7급 15, 법원9급 08]
대리권 수여는 실질적으로 증명되면 충분하고, 대리인도 구술에 의한 고소를 할 수 있다는 사례
형사소송법 제236조의 대리인에 의한 고소의 경우 대리권이 정당한 고소권자에 의하여 수여되었음이 실질적으로 증명되면 충분하고 그 방식에 특별한 제한은 없다고 할 것이며(피의자 · 피고인의 변호인 선임의 방식과 다름), 한편 친고죄에 있어서의 고소는 고소권 있는 자가 수사기관에 대하여 범죄사실을 신고하고 범인의 처벌을 구하는 의사표시로서 서면뿐만 아니라 구술로도 할 수 있는 것이므로, 피해자로부터 고소를 위임받은 대리인은 수사기관에 구술에 의한 방식으로 고소를 제기할 수도 있다.

---

(3) 조건부 고소 : 고소에 조건을 붙일 수 있다는 긍정설(이/조, 임동규, 정/백 — 단 친고죄는 불허 —)과 사인의 의사표시가 국가 형사소추권의 행사를 지나치게 좌우해서는 안 된다는 부정설(多)이 대립한다. 본서는 부정설을 따른다. 친고죄의 공범 중 일부만 처벌을 원하고 나머지는 원하지 않는 고소는 허용되지 않는다는 것도 같은 의미이다.

1] [참고] 고소 대리의 범위에 대해서는 의사대리허용설, 친고죄표시대리한정설, 표시대리한정설 정도로 학설이 대립한다. 본서에서는 생략한다.

3. 고소의 기간

(1) 의의

① 친고죄 : 고소기간은 범인을 알게 된 날부터 6개월이다(제230조 제1항 본문). [경찰채용 13 1차] 이는 국가형벌권의 행사를 사인의 처벌희망 의사표시에 의해 장기간 좌우되는 사태를 막기 위한 것이다.[1]

② 비친고죄 : 비친고죄의 고소는 소송조건이 아니므로 제한이 없다. [교정9급특채 12]

(2) 고소기간의 시기

① 원칙 : 범인을 알게 된 날이다(제230조 제1항 본문).

(가) 범인 : 범인은 정범·공범을 불문한다. 범인이 수인인 때에는 그 중 1인만 알면 족하다. 다만, 상대적 친고죄의 경우에는 신분관계 있는 범인을 알게 된 날이 기준이 된다. [국가9급 14]

(나) 범인을 알게 되었다는 의미 : 고소능력이 있는 피해자가 통상인의 입장에서 고소를 할 수 있을 정도로 범죄사실과 범인을 아는 것을 의미한다. 범죄사실을 안다는 것은 범죄피해사실에 관한 **확정적 인식**이 있음을 말하고, 범인을 안다는 것은 범인이 누구인가 특정할 수 있을 정도로 알아야 하는 것을 말하므로 범인의 동일성을 식별할 수 있을 정도로 인식함으로써 족하다. 단, 범인의 주소·성명까지 알 필요는 없다(대법원 2001.10.9, 2001도3106; 2010.7.15, 2010도4680). 물론 범죄사실을 안 것만으로는 범인을 알게 되었다고 할 수 없다. [경찰채용 12 1·2차/16 1차]

🔑 판례연구 친고죄의 고소기간의 시기의 의미

1. 대법원 1995.5.9, 95도696 [국가7급 07, 국가9급 08/10, 경찰채용 08 1차/10 2차/15 1차/22 2차]

고소기간은 고소능력이 생긴 때로부터 기산된다는 사례

강제추행의 피해자가 범인을 안 날로부터 6월이 경과된 후에 고소제기하였더라도 범행 당시 피해자가 11세의 소년에 불과하여 고소능력이 없었다가 고소 당시에 비로소 고소능력이 생겼다면, 그 고소기간은 고소능력이 생긴 때로부터 기산되어야 하므로 고소기간이 경과된 것으로 볼 것이 아니다.

2. 대법원 2001.10.9, 2001도3106 [경찰승진 22]

범인을 알게 된다 함에서 범죄사실을 안다는 것은 범죄피해사실에 관한 확정적 인식을 요한다는 사례

범인을 알게 된다 함은 통상인의 입장에서 보아 고소권자가 고소를 할 수 있을 정도로 범죄사실과 범인을 아는 것을 의미하고, 범죄사실을 안다는 것은 고소권자가 친고죄에 해당하는 범죄의 피해가 있었다는 사실관계에 관하여 확정적인 인식이 있음을 말한다(대법원 2010.7.15, 2010도4680). 고소인이 처와 상간자 간에 성관계가 있었다는 사실을 알게 되었으나 처가 상간자와의 성관계는 강간에 의한 것이라고 주장하며 상간자를 강간죄로 고소하였고 이에 대하여 검찰에서 무혐의결정이 나자 이들을 간통죄(현재는 폐지)로 고소한 경우, 고소인으로서는 그 강간 고소사건에 대한 검찰의 무혐의결정이 있은 때 비로소 처와 상간자 간의 간통사실을 알았다고 봄이 상당하므로, 그때로부터 고소기간을 기산하여야 한다.

(다) 법정대리인 : 법정대리인(고유권)의 고소기간은 법정대리인 자신이 범인을 알게 된 날로부터 진행된다. [경찰채용 08 1차]

(라) 대리고소 : 고소의 대리의 경우 고소기간은 대리고소인이 아니라 정당한 **고소권자**를 기준으로 고소권자가 범인을 알게 된 날로부터 기산한다(대법원 2001.9.4, 2001도3081). [법원9급 11, 경찰채용 12 3차]

대법원 2001.9.4, 2001도3081 [경찰채용 12 3차/법원9급 11]

대리인에 의한 고소의 고소기간의 기준

형사소송법 제236조의 대리인에 의한 고소의 경우, 고소기간은 대리고소인이 아니라 정당한 고소권자를 기준으로 고소권자가 범인을 알게 된 날부터 기산한다.

(마) 고소권자가 수인인 경우 : 고소할 수 있는 자가 수인인 때에는 1인의 기간의 해태(고소기간의 경과)

---

[1] [참고] 종래 성폭력특별법상 친고죄의 경우 고소기간이 1년으로 되어 있었으나, 2012.12.18. 법 개정으로 인하여 성폭력범죄에 대한 친고죄 규정들이 폐지되었으므로 이는 의미가 없게 되었다.

는 타인의 고소에 영향이 없다(제231조). [경찰채용 14 2차] 여기서 고소할 수 있는 자란 피해자를 말한다.

> [비교] 재정신청인 중 1인의 신청은 전원에 대하여 효력이 있다(제264조 제1항).

② 예 외

(가) **불가항력 사유** : 친고죄의 경우에 고소할 수 없는 **불가항력의 사유가 있는 때에는 그 사유가 없어진 날로부터 기산한다**(제230조 제1항 단서).[1] 예컨대 피해자가 의식불명의 상태가 된 경우에는 회복된 날로부터 6개월을 기산한다. 다만, 해고될 것이 두려워 고소를 하지 않은 것을 불가항력적 사유에 해당한다고 할 수는 없다(대법원 1985.9.10, 85도1273).

대법원 1985.9.10, 85도1273

법 제230조 제1항 단서 소정의 "고소할 수 없는 불가항력의 사유"에 해당하는지 여부
자기의 피용자인 부녀를 간음하면서 불응하는 경우 해고할 것을 위협하였다 하더라도 이는 업무상 위력에 의한 간음죄(현재는 친고죄가 아님)의 구성요건일 뿐 그 경우 해고될 것이 두려워 고소를 하지 않은 것이 고소할 수 없는 불가항력적 사유에 해당한다고 할 수 없다(친고죄의 고소기간은 경과된 것임).

(나) **범죄 진행 중** : 범죄가 아직 진행 중인 경우에는 범인을 알게 되었을지라도 **범죄종료시로부터** 고소기간이 진행된다. 예컨대, 영업범과 같은 포괄일죄에 있어서 최후의 범죄행위가 종료된 때 전체 범죄행위가 종료된 것이므로, 고소권자가 범죄행위가 계속되는 도중에 범인을 알았다고 하더라도 그 날부터 곧바로 고소기간이 진행된다고 볼 수는 없다. [국가7급 12]

4. 고소의 제한[2]

(1) **원칙** : 자기 또는 배우자의 직계존속은 고소하지 못한다(제224조). [법원9급 10/13, 경찰채용 08 3차/11 1차] 다만, 직계비속에 대한 고소의 제한은 없다.

(2) **예외** : 성폭력범죄·가정폭력범죄에 대해서는 자기 또는 배우자의 직계존속이라도 고소할 수 있다(성폭법 제18조[3], 가폭법 제6조 제2항).

III 고소불가분의 원칙

1. 의 의

(1) **개념** : 친고죄에 있어서 고소의 효력이 미치는 범위에 관한 원칙으로서, 고소의 효력이 인적·물적으로 불가분이라는 원칙을 말한다.

(2) **취지** : 피해자의 고소가 반드시 정확하지 않을 뿐만 아니라, 고소권자의 의사에 의해 국가의 형벌권의 범위가 좌우지 되는 것을 방지함으로써 형사사법의 객관성과 공평성을 도모하는 데 있다.

2. 객관적 불가분의 원칙

(1) **의 의**

① 한 개의 범죄사실의 일부분에 대한 고소 또는 그 취소는 그 범죄사실의 전부에 대하여 효력이 발생한다는

---

1) [참고] 종래의 판례 중에는 업무상 위력에 의한 간음죄의 고소할 수 없는 불가항력의 사유에 관하여 다음과 같은 판시가 있다. "자기의 피용자인 부녀를 간음하면서 불응하는 경우 해고할 것을 위협하였다 하더라도 이는 업무상 위력에 의한 간음죄의 구성요건일 뿐 그 경우 해고될 것이 두려워 고소를 하지 않은 것이 고소할 수 없는 불가항력적 사유에 해당한다고 할 수 없다(대법원 1985.9.10, 85도1273)." 그러나 2012년 12월 형법 개정에 의해 업무상 위력에 의한 간음죄를 포함한 성폭력범죄에 대한 친고죄 규정이 삭제되었으므로, 이제는 큰 의미를 가지지 못한다.
   [참고] 구 형소법 제230조 제2항에서는 "결혼목적약취·유인죄(구 형법 제291조, 2013.4.5. 개정 형법 제288조 제1항)로 약취·유인된 자가 혼인을 한 경우에는 혼인의 무효 또는 취소의 재판이 확정된 날로부터 고소기간이 진행된다."고 규정하고 있었으나, 결혼목적약취·유인죄도 친고죄 규정이 삭제되어 2013.4.5. 형소법에서도 삭제되었다.

2) [참고] 형소법 제229조에서는 간통죄(형법 제241조)의 경우에는 혼인이 해소되거나 이혼소송을 제기한 후가 아니면 고소할 수 없고(제1항), 이 경우 다시 혼인을 하거나 이혼소송을 취하한 때에는 취소된 것으로 간주한다(제2항)고 규정하고 있으며, 이에 대한 대법원판례도 있다(대법원 1994.6.10, 94도774). 그러나 주지하다시피 간통죄에 대한 헌재의 위헌결정으로 이에 관한 논의는 불필요하게 되었다.

3) [조문] 성폭법 제18조(고소 제한에 대한 예외) 성폭력범죄에 대하여는 「형사소송법」 제224조(고소의 제한) 및 「군사법원법」 제266조에도 불구하고 자기 또는 배우자의 직계존속을 고소할 수 있다. 〈개정 2013.4.5.〉

원칙을 말한다. [법원9급 13, 법승 14, 국가7급 12/15, 경찰채용 15 2차]

② 한 개의 범죄(사건)는 소송법상 나누어 취급하지 않는다. 따라서 객관적 불가분의 원칙은 명문의 규정은 없으나 당연히 인정된다.

> **비교** 객관적 고소불가분의 원칙은 조세범처벌범의 즉시고발에 대하여도 적용된다(대법원 2014.10.15, 2013도5650). 다만, 후술하듯이 주관적 불가분 원칙은 적용되지 아니한다.

(2) 적용범위

① 단순일죄 : 예외 없이 적용된다.

② 과형상 일죄(상상적 경합)[1]

(가) 각 부분이 모두 친고죄인 경우

㉠ 피해자가 동일한 경우 : 이 원칙이 적용된다(**과형상 일죄에서는 피해자가 동일하고 모두 친고죄인 경우에만 고소불가분 ○**).

> **예** 비동거친족인 甲이 乙이 맡긴 재산상 사무를 처리하다가 乙을 기망하여 재산상 이익을 취득 - 사기죄와 배임죄의 상상적 경합 → 사기죄에 대한 乙의 고소의 효력은 배임죄에 대해서도 미친다.

★ **판례연구** 친고죄인 일죄에 대한 고소의 객관적 불가분 원칙

대법원 2011.6.24, 2011도4451,2011전도76
친고죄에서 적법한 고소가 있었는지는 자유로운 증명의 대상, 일죄의 일부에 대한 고소의 효력이 미치는 범위
친고죄에서 적법한 고소가 있었는지는 자유로운 증명의 대상이 되고, 일죄의 관계에 있는 범죄사실 일부에 대한 고소의 효력은 일죄 전부에 대하여 미친다(친고죄인 일죄에 대한 고소나 그 취소의 객관적 불가분의 원칙).

㉡ 피해자가 다른 경우 : 피해자의 의사를 존중하는 친고죄의 취지상 이 원칙이 적용되지 않는다. [법원행시 02/03, 교정9급특채 12]

> **예** 하나의 문서로 A·B·C를 모욕하였으나 A만 고소한 경우 → A의 고소는 B·C에 대한 모욕에는 효력이 없다. [경찰승진 10]

(나) 일부분만이 친고죄인 경우 **예** 비동거친족 간의 사기죄와 변호사법상 알선수재죄

㉠ 비친고죄에 대한 고소는 친고죄에 대하여 효력이 없다. [국가7급 09, 국가9급 09, 경찰승진 10, 여경 04 1차] 따라서 친고죄는 소추할 수 없다.

㉡ 친고죄에 대한 고소의 취소도 비친고죄에 대하여 효력이 없다. 이 경우 친고죄는 소추할 수 없으나, 비친고죄에 있어서는 고소 또는 그 취소가 수사의 단서에 불과하기 때문에 소추가 가능하다. [법원9급 13]

③ 과형상 수죄(실체적 경합)[2] : 이 원칙은 한 개의 범죄사실을 전제로 한다. 따라서 경합범에 대해서는 적용되지 않는다.

> **예** 비동거친족 간의 재산범죄가 수죄로서 실체적 경합인 경우, 어느 하나의 죄에 대한 고소는 다른 죄에 대해서는 효력이 없다.

---

1) [형법을 배우지 않은 독자들을 위한 배경학습] 상상적 경합이란 1개의 행위가 수개의 죄에 해당하는 경우를 말한다(형법 제40조). 예를 들어, 甲이 乙의 개를 죽이려고 총을 쏘았는데 그 총알이 빗나가 乙이 맞아 죽은 경우, 甲에게는 손괴미수와 과실치사의 상상적 경합의 죄책이 성립한다. 또 다른 예로, A가 여성 B를 강간할 의도로 B를 자신의 차에 강제로 태우고 내리지 못하게 차를 질주하여 강간을 시도하였으나 실패한 경우에는, A에게 강간미수와 감금의 상상적 경합이 인정된다. 이렇게 1개의 행위로 수개의 죄에 해당하는 경우를 상상적 경합이라 하는 것이다. 상상적 경합의 경우는 형법 제40조에 의하여 가장 중한 죄에 정한 형으로 처벌한다. 실질상은 수죄이지만 과형상으로는 1죄의 형으로 처벌하는 것이다. 물론 이것이 가장 중한 죄가 아닌 죄에서 정한 벌금이나 몰수의 형을 병과할 수 없다는 의미는 아니다. 여하튼 상상적 경합은 형법에서는 수죄, 형사소송법에서는 과형상 일죄인 점이 강조되며, 소송법상 1죄로 파악되어, 상상적 경합의 관계에 있는 죄들 중 1개의 죄에 대하여 공소가 제기되거나 실체판결이 확정되면 그 효력은 전부에 대하여 미치게 되는 것이다.

2) [형법을 배우지 않은 독자들을 위한 배경학습] 실체적 경합 또는 경합범이라 함은 수개의 행위로 수개의 죄를 범한 경우를 말한다. 형법 제37조에서는 판결이 확정되지 않은 수개의 죄(동시적 경합범) 또는 금고 이상의 형에 처한 판결이 확정된 죄와 그 판결확정 전에 범한 죄(사후적 경합범)로 규정되어 있다. 다만, 형사소송법 공부를 하면서 형법 제37조를 기준으로 기억할 필요는 없다. 여하튼 실체적 경합이란 예컨대, 甲이 여성 乙을 감금하다가 강간의 고의가 생겨 강간한 경우, 甲에게 감금죄와 강간죄의 실체적 경합의 죄책이 인정되는 것이다. 실체적 경합은 수개의 행위로 수개의 죄에 해당하는 경우이므로 소송법상 수죄로 파악된다. 따라서 실체적 경합범 중 일부 죄에 대하여 공소의 제기가 있거나 실체판결이 확정되어도 공소제기나 확정판결의 효력은 나머지 죄에 대하여 미치지 아니한다.

3. 주관적 불가분의 원칙

(1) 의 의

① 개 념

(가) 친고죄의 공범 중 그 1인 또는 수인에 대한 고소 또는 그 취소는 다른 공범자에 대하여도 효력이 있다는 원칙을 말하며, [국가9급 10, 경찰채용 12 3차, 여경 04 1차] 명문으로 규정하고 있다(제233조). [국가7급 09, 경찰승진 13] 따라서 고소뿐만 아니라 고소의 취소도 다른 공범자에 대해 효력이 있다. [법원9급 11/15]

(나) 공범에는 형법총칙상의 임의적 공범(교사범·종범·공동정범)뿐만 아니라 필요적 공범(집합범·대향범 등)도 포함된다. [경찰승진 10]

(다) 친고죄와 양벌규정 : 행위자의 친고죄인 범죄에 대한 고소가 있으면, 저작권법상 양벌규정에 의해 처벌받는 **업무주에 대해 별도의 고소를 요하지 않는다**(대법원 1996.3.12, 94도2423). [법원승진 09, 국가7급 11] 다만, 이는 친고죄의 고소에 대해서 적용될 뿐 고발의 경우에는 적용되지 아니한다.

② 이 유

(가) 고소는 원래 특정 범인에 대한 것이 아니라 범죄사실에 대한 것이다.

(나) 고소인의 자의에 의한 불공평한 결과를 방지할 필요가 있다.

(2) 적용범위

① 절대적 친고죄 : 신분관계와 관계없이 친고죄인 경우를 말하는데, 형법상 비밀침해죄, 업무상 비밀누설죄, 모욕죄, 사자명예훼손죄가 여기에 해당한다[**비누모사(절대적)/재(상대적)**].[1] [국가7급 09, 경찰채용 12 3차/14 2차] 이 경우 언제나 주관적 불가분 원칙이 적용된다.

> **예** 모욕죄의 공동정범 중 1인에 대한 고소는 다른 공범자에 대하여도 효력이 있다. 따라서 공범 중 일부에 대해서만 처벌을 구하고 나머지에 대해서는 처벌을 원하지 않는 내용의 고소는 적법한 고소라 할 수 없다(대법원 1994.4.26, 93도1689 ; 2009.1.30, 2008도7462). [법원9급 10/15/ 20, 법승 14, 국가7급 09, 경찰채용 11·13·15 1차/11 2차]

🔍 판례연구 절대적 친고죄의 고소의 주관적 불가분 원칙 관련판례

1. 대법원 2009.1.30, 2008도7462 [국가9급 12]

절대적 친고죄의 고소의 주관적 불가분의 원칙

고소불가분의 원칙상 공범 중 일부에 대하여만 처벌을 구하고 나머지에 대하여는 처벌을 원하지 않는 내용의 고소는 적법한 고소라고 할 수 없고(처음부터 고소가 무효인 경우에 해당함), 공범 중 1인에 대한 고소취소는 고소인의 의사와 상관없이 다른 공범에 대하여도 효력이 있다(대법원 1994.4.26, 93도1689). [경찰간부 22, 경찰채용 24 1차] 따라서 이 경우 법원은 직권으로 이를 심리하여 공소기각의 판결을 선고하여야 한다(제327조 제2호).

2. 대법원 1996.3.12, 94도2423 [경찰채용 22 2차, 국가7급 11, 법원승진 09]

절대적 친고죄의 경우 양벌규정에 의하여 처벌받는 자에 대하여 별도의 고소를 요하지 아니한다는 사례

고소는 범죄의 피해자 또는 그와 일정한 관계가 있는 고소권자가 수사기관에 대하여 범죄사실을 신고하여 범인의 처벌을 구하는 의사표시이므로, 고소인은 범죄사실을 특정하여 신고하면 족하고 범인이 누구인지 나아가 범인 중 처벌을 구하는 자가 누구인지를 적시할 필요도 없는바, 저작권법 제103조의 양벌규정은 직접 위법행위를 한 자 이외에 아무런 조건이나 면책조항 없이 그 업무의 주체 등을 당연하게 처벌하도록 되어 있는 규정으로서 당해 위법행위와 별개의 범죄를 규정한 것이라고는 할 수 없으므로, 친고죄의 경우에 있어서도 행위자의 범죄에 대한 고소가 있으면 족하고, 나아가 양벌규정에 의하여 처벌받는 자에 대하여 별도의 고소를 요한다고 할 수는 없다.

3. 대법원 2015.11.17, 2013도7987

친고죄의 고소는 직권조사사항이고, 절대적 친고죄의 고소의 취소에는 주관적 불가분의 원칙이 적용된다는 사례

법원은 검사가 공소를 제기한 범죄사실을 심판하는 것이지 고소권자가 고소한 내용을 심판하는 것이 아니므로, 고소권자가 비친고죄로 고소한 사건이더라도 검사가 사건을 친고죄로 구성하여 공소를 제기하였다면 공소장 변경절차를 거쳐 공소사실이 비친고죄로 변경되지 아니하는 한, 법원으로서는 친고죄에서 소송조건이 되는 고소가 유효하게 존재하는지를 직권으로 조사·심리하여야 한다. 그리고 이 경우 친고죄에서 고소와 고소취소의 불가분 원칙을 규정한 형사소송법 제233조는 당연히 적용되므로, 만일 공소사실에 대하여 피고인과 공범관계에 있는 사람에 대한 적법한 고소취소가 있다면 고소취소의 효력은 피고인에 대하여 미친다.

---

1) [참고] 2012.12.18. 형법·성폭법·아청법 개정으로 성폭력범죄에 대한 친고죄·반의사불벌죄 규정은 모두 삭제되었다. 이는 2013.6.19. 시행되고 있다.

CHAPTER 01 수 사 **187**

② **상대적 친고죄** : 비동거친족 간의 친족상도례(형법 제328조 제2항)처럼 일정한 신분관계가 있을 때 친고 죄가 되는 범죄를 말하는데, 이 경우에는 공범자 전원에게 당해 신분관계가 있는 경우를 제외하고는 주관 적 불가분 원칙이 적용되지 않는다.

(가) **공범자 전원이 피해자와 일정한 신분관계가 있는 경우** : 모두 친고죄인 경우이므로 주관적 불가분 의 원칙이 적용된다. 예를 들어, 丙의 비동거친족 甲·乙이 丙의 재물을 보관 중 횡령한 경우에는 丙이 甲에 대해서 한 고소의 효력은 乙에게 미친다.

(나) **공범자 중 일부만이 피해자와 일정한 신분관계가 있는 경우**[1] : 일부만 친고죄이고 나머지는 비친 고죄이므로 주관적 불가분의 원칙이 적용되지 않는다.

㉠ 비신분자에 대한 고소는 신분자에 대하여 **효력이 없다**. 예를 들어 甲과 乙이 甲과 비동거친족 인 숙부 丙의 재물을 절도한 경우, 丙이 乙을 고소해도 甲의 절도는 친고죄에 해당하므로 甲을 소추할 수 없다. [국가9급 08, 국가7급 12, 교정9급특채 12, 경찰채용 06 1차]

㉡ 신분자에 대한 고소취소는 비신분자에 대하여 **효력이 없다**. 예컨대 甲과 乙이 甲과 비동거친족 인 고모 丙에 대해 사기를 범한 경우, 丙이 甲·乙을 모두 고소했다가 甲에 대해 고소를 취소 하여도 乙에 대해서는 효력이 없다. 乙은 비친고죄이므로 고소나 고소의 취소는 수사의 단서 내지 양형에 있어서의 참작사유에 불과하기 때문이다. [법원행시 02/03, 국가9급 08, 해경간부 12, 경찰승진 11/13, 경찰채용 04 2차]

③ **반의사불벌죄**

(가) **의의** : 반의사불벌죄라 함은 피해자의 명시한 의사에 반하여 공소를 제기할 수 없는 죄를 말하는 데, 형법상 폭행·존속폭행, 과실치상, 협박·존속협박, 명예훼손, 출판물 등에 의한 명예훼손, 외 국원수·외국사절 폭행·협박·모욕·명예훼손죄가 여기에 해당한다(**폭과협명출**). 반의사불벌죄의 처벌희망 의사표시의 철회에 관해서는 친고죄의 고소취소의 시기의 제한과 재고소 금지에 관한 규정이 준용되나(제232조 제3항, 동 제1항·제2항) [국가7급 11, 국가9급 13], 친고죄의 고소나 고소취소의 주관적 불가분 원칙을 규정한 형사소송법 제233조에서는 반의사불벌죄를 규정하고 있지 않으므 로, 과연 반의사불벌죄에 대해서 주관적 불가분의 원칙이 적용될 것인가가 문제된다.

★ **판례연구** 반의사불벌죄 기본판례

대법원 2009.11.19, 2009도6058 전원합의체 [변호사 13, 법원9급 12, 국가7급 10/11, 경찰승진 11/12, 경찰채용 15 1차, 국가7급 20]
14세 10개월의 피해자의 처벌불원 의사표시에 법정대리인의 동의가 필요하지 않다는 사례
형사소송법상 소송능력이라 함은 소송당사자가 유효하게 소송행위를 할 수 있는 능력, 즉 피고인 또는 피의자가 자기의 소송상의 지위와 이해관계를 이해하고 이에 따라 방어행위를 할 수 있는 의사능력을 의미한다. 의사능력이 있으면 소송능력이 있다는 원칙은 피해자 등 제3자가 소송행위를 하는 경우에도 마찬가지라고 보아야 한다. 따라서 반의사불벌죄에 있어서 피해자의 피고인 또는 피 의자에 대한 처벌을 희망하지 않는다는 의사표시 또는 처벌을 희망하는 의사표시의 철회는, 위와 같은 형사소송절차에 있어서의 소송능력에 관한 일반원칙에 따라, 의사능력이 있는 피해자가 단독으로 이를 할 수 있고, 거기에 법정대리인의 동의가 있어야 한다거 나 법정대리인에 의해 대리되어야만 한다고 볼 것은 아니다.

(나) **적용 여부** : 긍정설(권오걸, 신동운, 신양균, 이은모)과 부정설(다수설 : 이/조, 임동규, 정/백, 진계호, 차/ 최 등, 판례)이 대립하나, 형사소송법이 친고죄에 대해서만 주관적 불가분 원칙을 명시한 점과 피 해자의 의사를 중시하는 반의사불벌죄의 입법취지를 고려할 때 부정설이 타당하다. [법원9급 10, 경찰 승진 11/14] 예컨대 명예훼손죄(반의사불벌죄)의 공범 A와 B 중 A에 대하여 피해자가 처벌불원 의사 표시를 하였다면, B에 대해서는 그 효력이 미치지 아니한다. [법원9급 15, 국가9급 07/14, 경찰승진 10, 경찰채용 06 1차]

---

1) [보충] 비신분자에 대한 고소는 친고죄의 고소가 아니므로 원래부터 고소불가분원칙과는 무관한 것이다(신동운, 149면 ; 이/조, 217면 ; 임동규, 141면 등).

대법원 1994.4.26, 93도1689 [경찰승진 22, 국가9급 24, 법원9급 19]

반의사불벌죄에 대해서는 주관적 불가분 원칙이 적용되지 않는다는 사례

형사소송법이 고소와 고소취소에 관한 규정을 하면서 제232조 제1항, 제2항에서 고소취소의 시한과 재고소의 금지를 규정하고 제3항에서는 반의사불벌죄에 제1항, 제2항의 규정을 준용하는 규정을 두면서도, 제233조에서 고소와 고소취소의 불가분에 관한 규정을 함에 있어서는 반의사불벌죄에 이를 준용하는 규정을 두지 아니한 것은 처벌을 희망하지 아니하는 의사표시나 처벌을 희망하는 의사표시의 철회에 관하여 친고죄와는 달리 공범자 간에 불가분의 원칙을 적용하지 아니하고자 함에 있다고 볼 것이지 입법의 불비로 볼 것은 아니다.

(3) 공범과 고소의 취소

① 문제점 : 친고죄의 고소의 취소는 제1심 판결 선고 전에만 허용되는바(제232조 제1항), 공범자 중 1인에 대하여 먼저 제1심 판결이 선고된 경우 제1심 판결선고 전의 다른 공범자에 대하여 고소를 취소할 수 있는가가 문제된다.

② 학설 및 판례 : 긍정설과 부정설(통설·판례)이 대립하나, 고소의 주관적 불가분 원칙의 취지와 고소권자의 선택에 의해 국가의 형사사법이 자의적으로 행사되는 것은 형평에 어긋나므로 **부정설**이 타당하다.

판례연구 친고죄의 공범 중 1심 판결 선고 전에 있는 자에 대한 고소의 취소

대법원 1985.11.12, 85도1940 [법원9급 11, 법원승진 14, 국가9급 08/24, 경찰승진 10/12/13, 경찰채용 09 1차/24 1차]

친고죄의 공범자 중 1인에 대한 1심 판결 선고 후 1심 판결 선고 전의 다른 공범자에 대한 고소취소 불가

친고죄의 공범 중 그 일부에 대하여 제1심 판결이 선고된 후에는 제1심 판결선고 전의 다른 공범자에 대하여는 그 고소를 취소할 수 없고 그 고소의 취소가 있다 하더라도 그 효력을 발생할 수 없으며, 이러한 법리는 필요적 공범이나 임의적 공범이나 구별함이 없이 모두 적용된다.

보충 다만 이는 친고죄의 고소나 그 취소의 주관적 불가분 원칙에 기인하는 것이라, 반의사불벌죄의 경우에는 제1심 판결선고 전의 다른 공범자에 대한 처벌희망의사표시의 철회(고소의 취소)가 가능하게 된다.

사례문제

甲의 주도하에 甲, 乙, 丙은 절도를 공모하고 2010.7.8. 23 : 00경 乙은 A의 집에 들어가 A 소유의 다이아몬드 반지 1개를 가지고 나오고, 丙은 A의 집 문앞에서 망을 보았다는 공소사실로 기소되었다. 법원의 심리결과 공소사실은 모두 사실로 밝혀졌고, 다만 甲은 자신의 집에서 전화로 지시를 하였을 뿐 30km 떨어져 있는 A의 집에는 가지 않았음이 확인되었다. 甲의 누나로서, 결혼하여 따로 살고 있는 A는 경찰에 도난신고를 할 당시에는 범인이 누구인지를 알지 못하고 무조건 범인 모두를 처벌해 달라고 고소하였는데, 나중에 친동생 甲이 처벌되는 것을 원하지 않아 제1심 공판 중 甲에 대한 고소만을 취소하였다. [변호사 12]

문제 고소의 주관적 불가분원칙에 의하여 법원은 甲, 乙, 丙 모두에 대하여 공소기각의 판결을 하여야 한다.

→ (×) 상대적 친고죄의 경우에는 신분자에게만 고소 및 고소취소의 효력이 미치고 비신분자인 乙, 丙에게는 고소 취소의 효력이 미치지 아니한다. 따라서 甲에 대해서만 공소기각의 판결을 해야 한다.

사례문제

A회사 감사팀으로부터 횡령 의혹을 받고 있는 직원인 甲과 乙은 공모하여 '회사의 내부비리를 금융감독원 등 관계기관에 고발하겠다.'라는 취지의 서면을 A회사 대표이사의 처남이자 상무이사인 B에게 팩스로 송부하였다. 그 후 甲은 B에게 전화를 하여 "당신도 그 비리에 연루되어 있으니 우리의 횡령행위를 문제 삼지 말라."라고 요구하면서 위 서면의 내용과 같은 말을 하였다. 이에 B는 甲과 乙을 협박죄로 고소하여 검사는 甲과 乙을 협박죄의 공동정범으로 기소하였는데, 재판 도중 B는 乙과 합의하고 乙에 대한 고소를 취소하였다. (특별법 위반의 점은 논외로 하고, 다툼이 있는 경우에는 판례에 의함) [변호사 12]

문제 B가 乙과 합의하고 乙에 대한 고소를 취소하였으므로 고소불가분의 원칙상 甲을 협박죄로 처벌할 수 없다.

→ (×) 협박죄와 같은 반의사불벌죄에서는 고소의 주관적 불가분 원칙이 적용되지 않기 때문에(대법원 1994.4.26, 93도1689) 乙에 대한 고소를 취소하였더라도 甲을 협박죄로 처벌하는 데에는 하등의 지장이 없다.

IV 고소의 취소

1. 의 의

고소의 취소라 함은 일단 제기한 범인에 대한 처벌희망의 의사표시를 철회하는 법률행위적 소송행위를 말한다. 여기에는 ① 친고죄에 있어서 이미 행한 고소를 철회하는 경우뿐만 아니라 ② 반의사불벌죄에 있어서 처벌을 희망하는 의사표시를 철회하는 경우도 고소의 취소에 준한다(제232조 제3항). [국가7급 11, 국가9급 13]

2. 취소권자

(1) **고소인** : 고소를 한 고소인이라면, 고유의 고소권자인지 고소의 대리권자인지를 가리지 않고 그 고소를 취소할 수 있다.

(2) **피해자와 대리권자** : **고소뿐만 아니라 고소의 취소도 대리가 가능**하므로, 대리인으로 하여금 고소의 취소를 하게 할 수 있다(제236조). 여기서 고소인 내지 피해자는 **피의자·피고인 및 그 변호인에게 친고죄의 고소취소 내지 반의사불벌죄의 처벌불원의사표시의 대리권을 수여**하는 것도 가능하다. 여하튼, ① 피해자는 고유의 고소권자이므로 고소의 대리권자가 한 고소를 취소할 수 있다. [교정9급특채 12] 반면 ② **고소의 대리권자는 피해자가 한 고소를 취소할 수 없다.** 예컨대, 피해자가 고소를 제기한 후 사망하였다면, 피해자의 부(父)가 그 고소를 취소하더라도 고소취소의 효력이 인정되지 않는다(대법원 1969.4.29, 69도376).

★ 판례연구 반의사불벌죄의 처벌불원 의사표시의 대리 관련판례

1. 대법원 2010.5.27, 2010도2680

반의사불벌죄에서 피해자 사망 후 상속인이 그 의사표시를 대신할 수 있는지 여부(소극)

폭행죄는 피해자의 명시한 의사에 반하여 공소를 제기할 수 없는 반의사불벌죄로서 처벌불원의 의사표시는 의사능력이 있는 피해자가 단독으로 할 수 있는 것이고(대법원 2009.11.19, 2009도6058 전원합의체), 피해자가 사망한 후 그 상속인이 피해자를 대신하여 처벌불원의 의사표시를 할 수는 없다고 보아야 한다.

[정리] 친고죄에서도 피해자가 고소를 취소하고 사망한 후에는 그 배우자 · 직계친족 · 형제자매라 하더라도 피해자의 생전에 명시한 의사에 반하여 고소할 수 없다(제225조 제2항 단서). 또한 피해자가 생전에 고소를 하고 사망한 경우에는 고소의 대리권자는 그 고소를 취소할 수 없다. 즉, 법정대리인을 제외한 고소의 대리권자는 피해자의 명시한 의사에 반하는 고소나 고소취소를 할 수 없다.

2. 대법원 2001.12.14, 2001도4283; 2008.2.29, 2007도11339; 2017.9.7, 2017도8989

반의사불벌죄의 처벌불원 의사표시의 대리권을 피의자 · 피고인 · 변호인에게 수여하는 것도 가능하다는 사례

반의사불벌죄의 피해자는 피의자나 피고인 및 그들의 변호인에게 자신을 대리하여 수사기관이나 법원에 자신의 처벌불원의사를 표시할 수 있는 권한을 수여할 수 있다.

---

3. 시기의 제한

(1) **원칙** : 친고죄의 고소는 **제1심 판결선고 전**까지 취소할 수 있다(제232조 제1항)(cf. 비친고죄의 고소는 소송조건이 아니므로 그 취소 시한은 없음). [변호사 13, 법원9급 11/15, 국가9급 13] 반의사불벌죄의 처벌희망의사표시의 철회의 경우도 같다(동조 제3항, 제1항).

★ 판례연구 친고죄 · 반의사불벌죄의 고소취소의 시간적 한계

대법원 2002.3.15, 2002도158 [국가7급 11, 국가7급 13, 경찰승진 11, 경찰채용 07 2차]

처벌불원의 의사표시의 부존재는 직권조사사항이며, 시간적 한계는 제1심 판결선고 전이라는 사례

이른바 반의사불벌죄에 있어서 처벌불원의 의사표시의 부존재는 소극적 소송조건으로서 직권조사사항이라 할 것이므로 당사자가 항소이유로 주장하지 아니하였다고 하더라도 원심은 이를 직권으로 조사 · 판단하여야 한다. 한편 법 제232조 제3항, 제1항의 규정에 의하면, 반의사불벌죄에서 처벌을 희망하는 의사표시의 철회 또는 처벌을 희망하지 아니하는 의사표시는 제1심 판결선고 시까지 할 수 있다(친고죄의 고소의 취소는 제1심 판결선고 전까지만 가능, 법 제232조 제1항, [국가9급 13, 법원9급 11/15, 변호사 13] 반의사불벌죄의 처벌희망 의사표시의 철회에 관해서는 고소의 취소에 관한 규정이 준용됨 [국가9급 13, 국가7급 11]).

---

(2) **항소심** : 비친고죄로 1심 판결이 선고된 후, **항소심에서 친고죄 또는 반의사불벌죄로 공소장이 변경된 때**에는 고소취소 또는 처벌희망의사표시 철회가 **인정될 수 없다**(친고죄에 대해서는 대법원 1999.4.15, 96도1922 전원합의체, [국가7급 08] 반의사불벌죄에 대해서는 대법원 1988.3.8, 85도2518).[1] [변호사 13, 법원9급 11/15/18, 법원승진 10, 경찰채용 15 1차] 따라서 항소심에서 반의사불벌죄로 변경되었는데 피해자가 처벌의사를 철회하더라도 법원은 공소기각판결을 하는 것이 아니라 실체판결을 해야 한다. [국가9급 13, 경찰승진 10/12] 또한 이는 제1심 확정판결에 대하여 재심을 청구하는 대신 항소권회복청구를 하여 항소심 재판을 받게 된 경우에도 마찬가지이다(대법원 2016.11.25, 2016도9470).

★ 판례연구 항소심에서의 친고죄의 고소의 취소 및 반의사불벌죄의 처벌희망의사의 철회

1. 대법원 1999.4.15, 96도1922 전원합의체 [법원9급 12, 경찰채용 21 1차, 법원승진 09, 국가7급 08, 해경간부 12]

항소심에서 친고죄로 변경되어도 고소의 취소는 불가하다는 사례

원래 고소의 대상이 된 피고소인의 행위가 친고죄에 해당할 경우 소송요건인 그 친고죄의 고소를 취소할 수 있는 시기를 언제까지로 한정하는가는 형사소송절차운영에 관한 입법정책상의 문제이기에 형사소송법의 그 규정은 국가형벌권의 행사가 피해자의 의사에 의하여 좌우되는 현상을 장기간 방치하지 않으려는 목적에서 고소취소의 시한을 획일적으로 제1심 판결선고시까지로 한정한 것이고, 따라서 그 규정을 현실적 심판의 대상이 된 공소사실이 친고죄로 된 당해 심급의 판결선고시까지 고소인이 고소를 취소할 수 있다는 의미로 볼 수는 없다 할 것이어서, 항소심에서 공소장의 변경에 의하여 또는 공소장변경절차를 거치지 아니하고 법원 직권에 의하여 친고죄가 아닌 범죄를 친고죄로 인정하였더라도 항소심을 제1심이라 할 수는 없는 것이므로, 항소심에 이르러 비로소 고소인이 고소를 취소하였다면 이는 친고죄에 대한 고소취소로서의 효력은 없다(항소심에서 피해자가 고소를 취소하여도 법원은 공소기각판결이 아니라 실체재판을 해야 함 [경찰승진 10/12, 국가9급 13]).

2. 대법원 2016.11.25, 2016도9470 [법원9급 18]

피고인이 제1심 법원에 소촉법 제23조의2에 따른 재심을 청구하는 대신 항소권회복청구를 하여 항소심 재판을 받게 된 경우, 항소심 절차에서 처벌을 희망하는 의사표시를 철회할 수 있는지 여부(소극)

형사소송법 제232조 제1항 및 제3항은 반의사불벌죄에 있어 처벌을 희망하는 의사표시는 제1심 판결선고 전까지 철회할 수 있다고 규정하고 있다. 반의사불벌죄에 있어 처벌을 희망하는 의사표시의 철회를 어느 시점까지로 제한할 것인지는 형사소송절차 운영에 관한 입법정책의 문제로, 위 규정은 국가형벌권의 행사가 피해자의 의사에 의하여 좌우되는 현상을 장기간 방치하지 않으려는 목적에서 그 철회 시한을 획일적으로 제1심 판결 선고 시까지로 제한한 것으로 볼 수 있다(대법원 1999.4.15, 96도1922 전원합의체). ① 제1심 법원이 반의사불벌죄로 기소된 피고인에 대하여 소촉법 제23조에 따라 피고인의 진술 없이 유죄를 선고하여 판결이 확정된 경우, 만일 피고인이 책임을 질 수 없는 사유로 공판절차에 출석할 수 없었음을 이유로 소촉법 제23조의2에 따라 제1심 법원에 재심을 청구하여 재심개시결정이 내려졌다면 피해자는 재심의 제1심 판결선고 전까지 처벌을 희망하는 의사표시를 철회할 수 있다(대법원 2002.10.11, 2002도1228). 그러나 ② 피고인이 제1심 법원에 소촉법 제23조의2에 따른 재심을 청구하는 대신 항소권회복청구를 함으로써 항소심 재판을 받게 되었다면 항소심을 제1심이라고 할 수 없는 이상 항소심 절차에서는 처벌을 희망하는 의사표시를 철회할 수 없다.

---

(3) **파기환송에 따른 제1심** : 상소심에서 제1심 공소기각판결을 **파기**하고 사건을 제1심 법원에 **환송함에 따라 다시 제1심 절차가 진행된 경우,** 종전의 제1심 판결은 이미 파기되어 효력을 상실하였으므로, 환송 후 제1심 판결선고 전에 **고소취소가 가능**하게 된다(대법원 2011.8.25, 2009도9112)(**≠공소취소**). [법원9급 12, 국가9급 13/22, 경찰채용 12 2차]

★ 판례연구 항소심의 파기환송 이후 제1심 절차에서의 친고죄의 고소의 취소

대법원 2011.8.25, 2009도9112 [경찰채용 12 2차/법원9급 12·13]

항소심에서 법률 위반을 이유로 제1심 공소기각판결을 파기하고 사건을 제1심법원에 환송하였는데 환송 후의 제1심판결 선고 전 친고죄의 고소가 취소된 경우, 법원이 취하여야 할 조치(= 공소기각판결)

형사소송법 제232조 제1항은 고소를 제1심판결 선고 전까지 취소할 수 있도록 규정하여 친고죄에서 고소취소의 시한을 한정하고 있다. 그런데 상소심에서 형사소송법 제366조 또는 제393조 등에 의하여 법률 위반을 이유로 제1심 공소기각판결을 파기하고

---

1) [참고] 간통죄와 이혼소송의 취하에 관하여 종래의 판례는 "간통피고사건에 대한 제1심 판결선고 후에 고소인의 이혼심판청구사건이 취하간주된 경우에는 간통고소는 소급하여 효력을 상실하고 간통의 상간자가 이미 유죄판결을 받아 확정되었어도 이론을 달리하지 않는다(대법원 1975.6.24, 75도1449 전원합의체)."라는 입장이었으나, 간통죄에 대해 위헌결정이 내려진 현재에는 문제되지 않는다.

사건을 제1심법원에 환송함에 따라 다시 제1심절차가 진행된 경우, 종전의 제1심판결은 이미 파기되어 효력을 상실하였으므로 환송 후의 제1심판결 선고 전에는 고소취소의 제한사유가 되는 제1심판결 선고가 없는 경우에 해당한다. (따라서) 항소심이 공소기각 부분이 위법하다는 이유로 사건을 파기·환송하였고, 고소취소가 항소심에서 종전 제1심 공소기각판결이 파기되고 사건이 제1심법원에 환송된 후 진행된 환송 후 제1심판결이 선고되기 전에 이루어진 것으로서 적법하므로, 형사소송법 제327조 제5호에 의하여 판결로써 공소를 기각하였어야 한다(cf. 공소취소는 이와 다름).

4. 방 식[1]

(1) 고소취소의 방식 : 고소의 방식과 동일하므로(제239조) **서면 또는 구술**에 의한다(제237조). 따라서 공소제기 전 구술로 수사기관에 대하여 한 고소취소는 효력이 있다. [교정9급특채 10] 다만, 고소취소는 **수사기관 또는 법원에 대한 법률행위적 소송행위**이므로 -고소와는 달리(고소는 수사기관에 함)- ① 공소제기 전에는 고소사건을 담당하는 수사기관에, ② 공소제기 후에는 고소사건의 수소법원에 해야 한다(대법원 2012.2.23, 2011도17264). [법원9급 14, 국가9급 13]

(2) 합의서 제출 : ① 고소취소는 수사기관·법원에 대한 법률행위적 소송행위이므로, 범인과 피해자 간의 **합의서 작성만으로는 고소의 취소라고 할 수 없다**(대법원 1981.10.6, 81도1968 등). [변호사 13] ② 다만, 합의서가 제출되었다면 그 문서의 명칭 여하에 불구하고 **피해자의 진정한 의사**가 무엇인가가 중요하므로, ㉠ 합의서와 함께 관대한 처분을 바란다는 탄원서가 법원에 제출되었거나(대법원 1981.11.10, 81도1171) [경찰채용 07 2차], ㉡ 피해자가 가해자와 합의하였고 어떠한 민형사상 책임도 묻지 않는다는 합의서가 경찰에 제출된 경우는 고소를 취소한 것에 해당한다. 반의사불벌죄에서 처벌을 원하는 의사표시를 철회한 경우에도 같다(2020.12.8. 우리말 순화 개정법 제232조 제2항).

★ 판례연구 친고죄의 고소의 취소 긍정례

1. 대법원 2012.2.23, 2011도17264 [국가9급 13, 법원9급 14]

친고죄에서 고소를 취소하거나 반의사불벌죄에서 처벌을 희망하는 의사표시를 철회하는 시기와 상대방

형사소송법 제232조 제1항, 제3항에 의하면 친고죄에서 고소의 취소 및 반의사불벌죄에서 처벌을 희망하는 의사표시의 철회는 제1심판결 선고 전까지만 할 수 있고, 따라서 제1심판결 선고 후에 고소가 취소되거나 처벌을 희망하는 의사표시가 철회된 경우에는 효력이 없으므로 형사소송법 제327조 제5호 내지 제6호의 공소기각 재판을 할 수 없다. 그리고 고소의 취소나 처벌을 희망하는 의사표시의 철회는 수사기관 또는 법원에 대한 법률행위적 소송행위이므로 공소제기 전에는 고소사건을 담당하는 수사기관에, [교정9급특채 10] 공소제기 후에는 고소사건의 수소법원에 대하여 이루어져야 한다. 피고인이 甲의 명예를 훼손하고 甲을 모욕하였다는 내용으로 기소된 경우, 공소제기 후에 피고인에 대한 다른 사건의 검찰 수사과정에서 피고인에 대한 이전의 모든 고소 등을 취소한다는 취지가 기재된 합의서가 작성되었으나 그것이 제1심판결 선고 전에 법원에 제출되었다고 볼 자료가 없고, [변호사 13] 오히려 甲이 제1심법정에서 증언하면서 위 합의건은 기소된 사건과 별개이고 피고인의 처벌을 원한다고 진술하여, 고소취소 및 처벌의사의 철회가 있었다고 할 수 없는데도, 이와 달리 적법한 고소취소 및 처벌의사의 철회가 있었다고 보아 공소를 기각한 원심판결에는 법리오해의 위법이 있다.

2. 대법원 1981.11.10, 81도1171 [경찰채용 07 2차]

강간피해자 명의의 합의서 및 탄원서가 제1심 법원에 제출되었다면 고소취소에 해당한다는 사례

강간피해자 명의의 "당사자 간에 원만히 합의되어 민·형사상 문제를 일체 거론하지 않기로 화해되었으므로 합의서를 1심 재판장앞으로 제출한다"는 취지의 합의서 및 피고인들에게 중형을 내리기보다는 법의 온정을 베풀어 사회에 봉사할 수 있도록 관대한 처분을 바란다는 취지의 탄원서가 제1심 법원에 제출되었다면 이는 결국 고소취소가 있은 것으로 보아야 한다.

★ 판례연구 친고죄의 고소의 취소 부정례

1. 대법원 1981.10.6, 81도1968

강간피해자와 가해자 사이의 합의서가 고소취하서에 해당하지 않는다고 본 사례

고소인(강간피해자)과 피고인(가해자)사이에 작성된, "상호간에 원만히 해결되었으므로 이후에 민·형사간 어떠한 이의도

---

1) [참고] 형소법에서의 고소취소의 의제 규정은 다음과 같다. "간통죄로 고소를 한 자가 다시 그 배우자와 혼인을 하거나 이혼소송을 취하한 때에는 고소는 취소된 것으로 간주한다(제229조 제2항)." 현재는 의미가 없는 조항이다.

제기하지 아니할 것을 합의한다"는 취지의 합의서가 제1심 법원에 제출되었으나 고소인이 제1심에서 고소취소의 의사가 없다고 증언하였다면(피고인에 대한 처벌희망의사를 유지하고 있다고 본 것임) 위 합의서의 제출로 고소취소의 효력이 발생하지 아니한다.

2. 대법원 1983.9.27, 83도516

합의서 작성·교부로는 고소취소로 볼 수 없다는 사례

형사소송법 제239조, 제237조의 규정상 고소인이 합의서를 피고인에게 작성하여준 것만으로는 고소가 적법히 취소된 것으로 볼 수 없다.

3. 대법원 2004.3.25, 2003도8136

관련 민사사건에서 고소를 취하한다는 내용이 포함된 조정이 성립된 것만으로는 고소취소로 볼 수 없다는 사례

피고인과 고소인 사이의 대전지방법원 2001가단36532 채무부존재확인 청구사건에서 제1심판결 선고 전인 2002.3.5. '이 사건과 관련하여 서로 상대방에 대하여 제기한 형사 고소 사건 일체를 모두 취하한다.'는 내용이 포함된 조정이 성립된 사실은 인정되나, 고소인이 위 조정이 성립된 이후에도 수사기관 및 제1심 법정에서 여전히 피고인의 처벌을 원한다는 취지로 진술하고 있으며 달리 고소인이 고소취소 또는 처벌불원의 의사를 표시하기 위하여 위 조정조서 사본 등을 수사기관이나 제1심 법정에 제출하지 아니하였다면, 위와 같은 조정이 성립된 것만으로는 고소인이 수사기관이나 제1심 법정에 피고인에 대한 고소를 취소하였다거나 처벌을 원하지 아니한다는 의사를 표시한 것으로 보기 어렵다.

(3) 고소취소의 대리 : 고소취소는 **대리인**으로 하여금 하게 할 수 있다(제236조). 대리인은 단지 표시대리만이 가능하다. 다만, 반의사불벌죄에서는 처벌불원의 의사는 피해자 본인이 표시하여야 하고 그 대리는 허용되지 않는다는 것이 판례의 입장이다.

⚖ 판례연구 반의사불벌죄의 처벌불원의사 표시의 대리 부정례

대법원 2023.7.17, 2021도11126 전원합의체

반의사불벌죄의 처벌불원의사 내지 처벌희망 의사표시 철회의 대리의 가능 여부

① 형사소송절차에서 명문의 규정이 없으면 소송행위의 법정대리가 허용되지 않는다. 교통사고처리 특례법 제3조 제2항은 '피해자의 명시적인 의사'에 반하여 공소를 제기할 수 없다고 규정하므로 문언상 그 처벌 여부는 피해자의 명시적 의사에 달려 있음이 명백하고, 제3자가 피해자를 대신하여 처벌불원의사를 형성하거나 결정할 수 있다고 해석하는 것은 법의 문언에 반한다. 교통사고처리 특례법이나 형법, 형사소송법에 처벌불원의사의 대리를 허용하는 규정을 두고 있지 않으므로 원칙적으로 그 대리는 허용되지 않는다고 보아야 한다. ② 형사소송법은 친고죄의 고소·고소취소와 반의사불벌죄의 처벌불원의사를 달리 규정하고 있으므로 반의사불벌죄의 처벌불원의사를 친고죄의 고소·고소취소와 동일하게 취급할 수 없다. 형사소송법은 친고죄의 고소·고소취소에 관하여 다수의 조문을 두고 있고 특히 제236조에서 대리를 명시적으로 허용하고 있으나 이와 달리 반의사불벌죄의 처벌불원의사에 관하여는 대리에 관한 명시적 규정을 두지 않고 고소·고소취소의 대리규정을 준용하지도 않았다. 친고죄와 반의사불벌죄는 피해자의 의사가 소송조건이 된다는 점에서는 비슷하지만 이를 소송조건으로 하는 이유·방법·효과는 같다고 할 수 없다. 반의사불벌죄에서 처벌불원의사는 피해자 본인이 하여야 하고 그 대리는 허용되지 않는다는 것이 입법자의 결단으로 이해할 수 있다. ③ (결론) 반의사불벌죄에서 성년후견인은 명문의 규정이 없는 이상 의사무능력자인 피해자를 대리하여 피고인 또는 피의자에 대한 처벌불원의사를 결정하거나 처벌희망 의사표시를 철회할 수 없다. 성년후견인의 법정대리권 범위에 통상적인 소송행위가 포함되어 있거나 성년후견개시심판에서 정하는 바에 따라 성년후견인이 가정법원의 허가를 얻었더라도 마찬가지이다.[1]

---

5. 효 과

(1) 고소권의 소멸

① **고소취소와 재고소 금지** : 고소의 취소에 의해서 고소권이 **소멸**하므로, 고소를 취소한 자는 **다시 고소할 수 없다.** [경찰채용 21 1차] 반의사불벌죄에서 처벌을 원하는 의사표시를 철회한 경우에도 같다(2020.12.8. 우리말 순화 개정법 제232조 제2항).

---

1) [조문] 제236조(대리고소) 고소 또는 그 취소는 대리인으로 하여금 하게 할 수 있다.
　　제232조(고소의 취소) ① 고소는 제1심 판결선고 전까지 취소할 수 있다.
　　② 고소를 취소한 자는 다시 고소할 수 없다.
　　③ 피해자의 명시한 의사에 반하여 공소를 제기할 수 없는 사건에서 처벌을 원하는 의사표시를 철회한 경우에도 제1항과 제2항을 준용한다.

1. 대법원 1983.7.26, 83도1431; 2007.4.13, 2007도425

친고죄의 고소취소가 있은 후 다시 고소할 수는 없다는 사례

형사소송법 제232조에 의하면 고소는 제1심판결 선고 전까지 취소할 수 있되 고소를 취소한 자는 다시 고소할 수 없으며, 한편 고소취소는 범인의 처벌을 구하는 의사를 철회하는 수사기관 또는 법원에 대한 고소권자의 의사표시로서 형사소송법 제239조, 제237조에 의하여 서면 또는 구술로써 하면 족한 것이므로, 고소권자가 서면 또는 구술로써 수사기관 또는 법원에 고소를 취소하는 의사표시를 하였다고 보이는 이상 그 고소는 적법하게 취소되었다고 할 것이고(친고죄에서 처벌을 구하는 의사표시의 철회는 수사기관이나 법원에 대한 공법상의 의사표시로서 내심의 조건부 의사표시는 허용되지 않는 것), 그 후 고소취소를 철회하는 의사표시를 다시 하였다고 하여도 그것은 효력이 없다 할 것이다.

2. 대법원 2007.9.6, 2007도3405 [법원9급 12, 경찰간부 13, 경찰승진 11, 경찰채용 12 2차]

친고죄의 고소취소 시 재고소 금지는 반의사불벌죄의 처벌불원의사의 표시에 준용된다는 사례

반의사불벌죄에 있어서 피해자가 처벌을 희망하지 아니하는 의사표시나 처벌을 희망하는 의사표시의 철회를 하였다고 인정하기 위해서는 피해자의 진실한 의사가 명백하고 믿을 수 있는 방법으로 표현되어야 하고(대법원 2001.6.15, 2001도1809), 이러한 의사표시는 공소제기 이후에도 제1심 판결이 선고되기 전이라면 수사기관에도 할 수 있는 것이지만, 한번 명시적으로 표시된 이후에는 다시 처벌을 희망하지 아니하는 의사표시를 철회하거나 처벌을 희망하는 의사를 표시할 수 없다고 할 것이다.

보충 친고죄에서 고소를 취소한 후에는 고소권이 소멸하므로 재고소가 금지되는 것과 같다.

② 고유의 고소권자와 대리권자 : 고유의 고소권자인 피해자가 고소를 취소하면 대리권자의 고소권도 소멸한다. 다만, 대리권자의 고소취소의 경우에는 그렇지 않다.

(2) 수사기관 · 법원의 조치

① 수사기관 : 공소제기 전에 고소가 취소된 때에는, 사법경찰관은 공소권 없음 **불송치결정**을(수사준칙 제51조 제1항 제3호 다목), 검사는 공소권 없음 **불기소처분**을 하여야 한다(검찰사건사무규칙 제115조 제3항 제4호 차목).

② 법원 : 공소제기 후에 고소가 취소된 때에는 법원은 **공소기각판결**을 하여야 한다(제327조 제5호).

V 고소권의 포기

1. 의 의

친고죄의 고소기간 내에 장차 고소권을 행사하지 아니한다는 의사표시를 하는 것을 말한다. 반의사불벌죄에서 처음부터 처벌을 희망하지 아니한다는 의사표시를 하는 것도 같다.

2. 허용 여부

학설의 대립이 있으나(긍정설-권오걸, 절충설-이/조, 정/백, 부정설-多·判), 고소권은 공권이므로 개인의 처분에 맡길 수 없고 명문의 규정도 없다는 점에서 **부정설**이 타당하며, 판례도 부정설이다. 따라서 고소를 포기한 자라 하더라도 고소를 할 수 있다. 예컨대, 피해자가 고소장을 제출하여 처벌을 희망하는 의사를 분명히 표시한 후 고소를 취소한 바 없다면 **비록 고소 전에 피해자가 처벌을 원치 않았다 하더라도** 그 후에 한 피해자의 고소는 유효하다(대법원 1993.10.22, 93도1620; 2008.11.27, 2007도4977). [법원9급 07/22, 국가7급 17, 국가9급 24, 해경간부 12, 경찰채용 13 2차/21 1차]

1. 대법원 1967.5.23, 67도471 [변호사 13, 국가9급 10, 경찰승진 11]

친고죄의 고소권 포기는 있을 수 없다는 사례

피해자의 고소권은 형사소송법상 부여된 권리로서 친고죄에 있어서는 고소의 존재는 공소의 제기를 유효하게 하는 것이며 공법상의 권리라고 할 것이므로 그 권리의 성질상 법이 특히 명문으로 인정하는 경우를 제외하고는 자유처분을 할 수 없다고 함이 상당하다 할 것이다. 그런데 형사소송법 제232조에 의하면 일단 한 고소는 취소할 수 있도록 규정하였으나 친고죄의 포기에 관하여는 아무런 규정이 없으므로 고소 전에 고소권을 포기할 수는 없다고 함이 상당하다 할 것이다.

2. 대법원 2008.11.27, 2007도4977 [법원9급 22]

단순한 피해사실의 신고는 고소가 아니고, 고소 포기 후 고소하더라도 고소는 유효하다는 사례
고소는 범죄의 피해자 기타 고소권자가 수사기관에 대하여 범죄사실을 신고하여 범인의 소추를 구하는 의사표시를 말하는 것으로서, 단순한 피해사실의 신고는 소추·처벌을 구하는 의사표시가 아니므로 고소가 아니다. 또한, 피해자가 고소장을 제출하여 처벌을 희망하는 의사를 분명히 표시한 후 고소를 취소한 바 없다면 비록 고소 전에 피해자가 처벌을 원치 않았다 하더라도 그 후에 한 피해자의 고소는 유효하다.

표정리 친고죄의 고소와 비친고죄의 고소의 비교

항 목	친고죄의 고소	비친고죄의 고소
성 질	수사의 단서이자 소송조건	수사의 단서
주 체	피해자 등 고소권자	피해자 등 고소권자
기 간	범인을 안 날로부터 6월	기간 제한 없음
대 리	허용	허용
주관적 불가분	적용	×
취 소	제1심 판결선고 전	제한 없음

---

05 고 발

I 의 의

1. 개 념

고소권자와 범인 이외의 자가 수사기관에 대하여 범죄사실을 신고하여 범인의 소추를 구하는 의사표시를 말한다. 고발은 범인을 지적할 필요가 없으므로 고발에서 지정한 **범인이 진범인이 아니더라도 고발의 효력에는 영향이 없다**(대법원 1994.5.13, 94도458 : 고발인이 농지전용행위를 한 사람을 甲으로 잘못 알고 甲을 피고발인으로 하여 고발하여도 乙이 농지전용행위를 한 이상 乙에 대하여도 고발의 효력이 미침). [해경간부 12, 경찰채용 05 2차/10 1차] 또한 관계공무원의 고발이 있어야 검사가 공소를 제기할 수 있는 즉시고발사건에 있어서 관계공무원의 즉시고발이 있으면 소송조건은 충족되는 것이므로, 수소법원은 즉시고발사유에 대하여 심사할 수는 없고 본안에 대하여 심판하여야 한다.

☆ 판례연구 고발 관련판례

1. 대법원 1994.5.13, 94도458 [경찰채용 10 1차/경찰채용 05 2차/해경간부 12]

고발인이 범법자를 잘못 알고 고발하여도 진범에 대하여 고발의 효력이 미친다는 사례
고발이란 범죄사실을 수사기관에 고하여 그 소추를 촉구하는 것으로서 범인을 지적할 필요가 없는 것이고 또한 고발에서 지정한 범인이 진범인이 아니더라도 고발의 효력에는 영향이 없는 것이므로, 고발인(관계공무원)이 농지전용행위를 한 사람을 甲으로 잘못 알고 甲을 피고발인으로 하여 고발하였다고 하더라도 乙이 농지전용행위를 한 이상 乙에 대하여도 고발의 효력이 미친다.

2. 대법원 1996.5.31, 94도952; 2014.10.15, 2013도5650

즉시고발에 의하여 공소제기가 되면 법원은 즉시고발사유에 대하여 심사할 수는 없다는 사례
조세범 처벌절차법에 즉시고발을 할 때 고발사유를 고발서에 명기하도록 하는 규정이 없을 뿐만 아니라, 원래 즉시고발권을 세무공무원에게 부여한 것은 세무공무원으로 하여금 때에 따라 적절한 처분을 하도록 할 목적으로 특별사유의 유무에 대한 인정권까지 세무공무원에게 일임한 취지라고 볼 것이므로, 조세범칙사건에 대하여 관계 세무공무원의 즉시고발이 있으면 그로써 소추의 요건은 충족되는 것이고, 법원은 본안에 대하여 심판하면 되는 것이지 즉시고발 사유에 대하여 심사할 수 없다.

2. 구별개념

(1) **고소** : 고발은 다음과 같은 점에서 고소와 같다. 즉, ① 원칙적으로 수사의 단서이나, 예외적으로 공무원의 고발을 기다려 공소를 제기하는 즉시고발사건에 있어서는 소송조건이 될 수 있다.[1] ② 처벌희망 의사표시를 본질로 하므로 단순한 범죄사실의 신고는 고발이 아니다. ③ 절차·방식이 동일하고(제239조), 자기나 배우자의 직계존속에 대해서는 할 수 없다(제235조, 제224조). 다만, **아래와 같은 차이**가 있다.

구 분	고 소	고 발
주 체	피해자 등 고소권자	고소권자·범인 이외의 제3자
기 간	6월	제한 없음
대 리	○	×
주관적 불가분	○	×
취소 후의 재고소·재고발	×	○

(2) **자수** : 자수는 범인 본인의 의사표시이나, 고발은 피해자·범인 이외의 제3자의 의사표시라는 점에서 구별된다.

II 주체 및 방식

1. 주 체

(1) **피해자·범인 이외의 모든 자** : **누구든지** 범죄가 있다고 사료하는 때에는 고발할 수 있다. **공무원**은 그 직무를 행함에 있어 범죄가 있다고 사료하는 때에는 고발하여야 한다(제234조). [경찰승진 11, 경찰채용 10 2차]

(2) **대리 불가** : 고소와 달리 **대리인에 의한 고발은 인정되지 않는다.** [경찰승진 14, 경찰채용 06 2차]

(3) **고발의 제한** : 자기 또는 배우자의 직계존속은 고발하지 못한다(제235조, 제224조). [경찰승진 11/14, 경찰채용 06 1차]

2. 방 식

(1) **서면·구술 및 조서의 작성** : 고발은 **서면 또는 구술**로써 검사 또는 사법경찰관에게 하여야 한다. 검사·사법경찰관이 구술에 의한 고발을 받은 때에는 조서를 작성하여야 한다(제237조).

(2) **사건송치** : 사법경찰관이 고발을 받은 때에는 신속히 조사하여 관계서류와 증거물을 **검사**에게 송부하여야 한다(제238조).

III 불가분 원칙의 적용 여부

객관적 불가분 원칙은 적용되나(고발 사실과 동일성이 인정되는 사실에 고발의 효력이 미침), 주관적 불가분 원칙은 적용되지 아니한다(즉시고발사건의 공범 중 1인 또는 수인에 대한 고발은 다른 공범에 대해서는 효력이 없음). [경찰승진 10/11/14, 경찰채용 08 1차]

🔑 판례연구 조세범처벌법상 즉시고발과 객관적 불가분 원칙

1. 대법원 2014.10.15, 2013도5650 [국가9급 24]

즉시고발에는 객관적 불가분의 원칙이 적용되지만, 수개의 범칙사실 중 일부만을 범칙사건으로 하는 고발의 효력범위는 불가분의 원칙이 적용되지 아니한다는 사례

조세범처벌절차법에 따라 범칙사건에 대한 고발이 있는 경우 고발의 효력은 범칙사건에 관련된 범칙사실의 전부에 미치고 한 개의 범칙사실의 일부에 대한 고발은 전부에 대하여 효력이 생긴다. 그러나 수개의 범칙사실 중 일부만을 범칙사건으로 하는 고발이 있는 경우 고발장에 기재된 범칙사실과 동일성이 인정되지 않는 다른 범칙사실에 대해서까지 고발의 효력이 미칠 수는 없다.

---

1) [참고] 예컨대, 독점규제법, 물가안정법, 관세법, 전투경찰법, 출입국관리법, 조세범처벌법이 있다.

2. 대법원 2022.6.30, 2018도10973

즉시고발사건의 고발에는 객관적 불가분의 원칙이 적용된다는 사례

조세범 처벌법에 의한 고발은 고발장에 범칙사실의 기재가 없거나 특정이 되지 아니할 때에는 부적법하나, 반드시 공소장 기재요건과 동일한 범죄의 일시·장소를 표시하여 사건의 동일성을 특정할 수 있을 정도로 표시하여야 하는 것은 아니고, 「조세범 처벌법」이 정하는 어떠한 태양의 범죄인지를 판명할 수 있을 정도의 사실을 일응 확정할 수 있을 정도로 표시하면 족하고, 고발사실의 특정은 고발장에 기재된 범칙사실과 세무공무원의 보충진술 기타 고발장과 함께 제출된 서류 등을 종합하여 판단하여야 한다. 그리고 고발은 범죄사실에 대한 소추를 요구하는 의사표시로서 그 효력은 고발장에 기재된 범죄사실과 동일성이 인정되는 사실 모두에 미친다(고발의 객관적 불가분의 원칙, 대법원 2011.11.24, 2009도7166). 이 사건 고발장에 기재된 범칙사실과 이 사건 공소장에 기재된 공소사실 사이에는 법률적 평가에 차이가 있을 뿐 양자 간에 기본적 사실관계의 동일성이 인정되어 이 사건 공소는 유효한 고발에 따라 적법하게 제기된 것이다.

[보충] 국세청장이 허위세금계산서 교부의 중개행위로 고발하였는데('피고인은 A가 재화나 용역을 공급하지 아니하고 허위세금계산서를 발급하는 행위를 중개하였다'는 내용의 범칙사실, 특가법 제8조의2 제1항 제1호, 조세범 처벌법 제10조 제4항), 검사가 허위세금계산서 교부의 공동정범으로 공소를 제기('피고인은 A와 공모하여 재화나 용역을 공급하지 아니하고 허위세금계산서를 교부하였다'는 내용의 공소사실, 특가법 제8조의2 제1항 제1호, 조세범 처벌법 제10조 제3항 제1호, 형법 제30조)한 것은 적법하다는 사례이다.

⚒ [판례연구] 조세범처벌법상 즉시고발과 주관적 불가분 원칙

1. 대법원 2004.9.24, 2004도4066 [국가7급 12]

조세범처벌법에 의한 즉시고발에는 친고죄의 고소의 주관적 불가분의 원칙이 적용되지 아니한다는 사례

조세범처벌법 제6조는 조세에 관한 범칙행위에 대하여는 원칙적으로 국세청장 등의 고발을 기다려 논하도록 규정하고 있는 바, 같은 법에 의하여 하는 고발에 있어서는 이른바 고소·고발 불가분의 원칙이 적용되지 아니하므로, 고발의 구비 여부는 양벌규정에 의하여 처벌받는 자연인인 행위자와 법인에 대하여 개별적으로 논하여야 한다(피고발인을 법인으로 명시한 다음, 이어서 법인의 등록번호와 대표자의 인적 사항을 기재한 고발장의 표시를 자연인인 개인까지를 피고발자로 표시한 것이라고 볼 수는 없다고 한 사례).

2. [유사판례] 대법원 2010.9.30, 2008도4762 [경찰채용 13 1차/21 1차]

공정거래법 제71조 제1항이 명시한 공정거래위원회의 고발에는 법 제233조의 주관적 불가분원칙이 유추적용될 수 없다.

대법원 2018.5.17, 2017도14749 전원합의체

국회 국정농단 특위 활동기간 종료 후 위증 고발은 위법하다는 사례

[다수의견] 국회에서의 증언·감정 등에 관한 법률(이하 '국회증언감정법'이라 한다)의 목적과 위증죄 관련 규정들의 내용에 비추어 보면, 국회증언감정법은 국정감사나 국정조사에 관한 국회 내부의 절차를 규정한 것으로서 국회에서의 위증죄에 관한 고발 여부를 국회의 자율권에 맡기고 있고, 위증을 자백한 경우에는 고발하지 않을 수 있게 하여 자백을 권장하고 있으므로 국회증언감정법 제14조 제1항 본문에서 정한 위증죄는 같은 법 제15조의 고발을 '소추요건'으로 한다고 봄이 타당하다. … 국회증언감정법 제15조 제1항 본문에 따른 고발은 증인을 조사한 본회의 또는 위원회의 의장 또는 위원장의 명의로 한다(동 제15조 제3항). 따라서 그 위원회가 고발에 관한 의결을 하여야 하므로 제15조 제1항 본문의 고발은 위원회가 존속하고 있을 것을 전제로 한다. 한편 국회증언감정법 제15조 제1항 단서는 위와 같은 본문에 이어서 "다만 청문회의 경우에는 재적위원 3분의 1 이상의 연서에 따라 그 위원의 이름으로 고발할 수 있다."라고 규정하고 있다. … 국회증언감정법 제15조 제1항 단서에 의한 고발도 위원회가 존속하는 동안에 이루어져야 한다고 해석하는 것이 타당하다. 특별위원회가 존속하지 않게 된 이후에도 과거 특별위원회가 존속할 당시 재적위원이었던 사람이 연서로 고발할 수 있다고 해석하는 것은 유추해석금지의 원칙에 위배된다. 국회증언감정법 제15조 제1항 단서의 문언 및 입법 취지, 다른 법률 규정과의 관계 등에 비추어 보면, 국회증언감정법 제15조 제1항 단서의 재적위원은 존속하고 있는 위원회에 적을 두고 있는 위원을 의미하고, 특별위원회가 존속하지 않게 된 경우 그 재적위원이었던 사람을 의미하는 것은 아니라고 해석하는 것이 타당하다. 이와 달리 특별위원회가 소멸하였음에도 과거 특별위원회가 존속할 당시 재적위원이었던 사람이 연서로 고발할 수 있다고 해석하는 것은 소추요건인 고발의 주체와 시기에 관하여 그 범위를 행위자에게 불리하게 확대하는 것이다. 이는 가능한 문언의 의미를 벗어나므로 유추해석금지의 원칙에 반한다.

06 　 자 수

I 　 의의 및 성격

1. 의 의

(1) **개념** : 범인이 자발적으로 수사기관에 대하여 자신의 범죄사실을 신고하여 처벌을 구하는 의사표시를 말한다. 형법 제52조 제1항에서는 이 경우 형을 감경 또는 면제할 수 있다고 규정하고 있다.

(2) **자복과의 구별** : 자수는 수사기관에 대한 의사표시이고, 자복은 반의사불벌죄에 있어서 피해자에게 자신의 범죄사실을 고백하고 용서를 구하는 것이다.

2. 성 격

수사의 단서인 동시에 양형상의 참작사유이다.

II 　 시기 · 절차 및 방식

자수의 시기에는 제한이 없으므로 범행이 발각된 후이든 지명수배를 받은 후이든 체포 전에 자발적으로 신고한 이상 자수에 해당된다. 또한 자수의 방식과 자수에 대한 사법경찰관의 조치는 고소 · 고발의 방식을 준용한다(제240조). 다만, 자수는 범인 스스로의 의사이어야 하므로 대리에 의한 자수는 허용되지 않는다.

제3절 | 임의수사

01 　 임의수사와 강제수사

I 　 의의 및 구별기준

1. 의 의

(1) **임의수사** : 강제력을 행사하지 않고 상대방의 동의 · 승낙을 받아서 행하는 수사를 말한다.

(2) **강제수사** : 상대방의 의사 여하를 불문하고 강제적으로 행하는 수사를 말한다. 강제수사는 강제처분법정주의(제199조 제1항 단서)를 따른다.

(3) **구별실익**

① **영장주의** : 임의수사에는 적용되지 않으나, 강제수사의 경우에는 적용된다.

② **위법수집증거배제법칙** : 임의수사에 비하여 강제수사의 경우에는 특히 강조된다. 즉, 강제수사의 경우 엄격한 법적 규제가 가해지고 있으므로 법정의 요건과 적법절차를 준수하지 않으면 그로 인해 획득한 증거는 증거능력이 부정된다.

2. 구별기준

형식설(명문규정이 있는 처분만 강제처분), 적법절차기준설(적법절차원칙에 의할 때 최소한의 기본적 인권을 침해할 우려가 있는 것이면 강제수사), 실질설의 대립이 있다. 본서는 실질설을 취한다. **실질설**에 의하면, ① 강제처분이란 상대방의 의사에 반하여 실질적으로 그의 법익을 침해하는 처분이고 이에 의한 수사가 강제수사인 반면, ② 임의수사는 상대방의 법익침해를 수반하지 않는 수사로 분류될 수 있다.

임의수사	강제수사
① 피의자신문 ② 참고인 조사 ③ 감정·통역·번역의 위촉 ④ 공무소 등에 대한 사실조회	① 체포·구속 ② 압수·수색 ③ 임의제출물의 압수 ④ 검증 ⑤ 사진촬영(∵초상권 침해) ⑥ 통신제한조치

Ⅱ 임의수사의 원칙과 강제수사의 규제

1. 임의수사의 원칙

수사는 **원칙적으로 임의수사**에 의하고 **강제수사는 법률에 규정된 경우에 한하여 예외적으로 허용**된다는 원칙을 말한다(제199조 제1항). [경간부 13, 경찰승진 10] 따라서 임의수사라 하더라도, 헌법상 적정절차원칙의 적용을 받으며, 피의자에 대한 수사는 불구속 수사가 원칙이 되고(제198조 제1항), 필요한 한도 내에서만 허용된다는 수사비례원칙의 적용을 받아야 한다.

2. 강제수사의 규제

(1) 강제처분법정주의 : 수사상의 **강제처분은 법률에 특별한 규정이 없으면 하지 못한다**는 원칙을 말하며, 이에 의할 때 강제처분의 종류·요건·절차는 법률이 정하여야 한다. 강제수사법정주의는 임의수사의 원칙과 표리관계에 있으며, 영장주의의 전제가 된다. [경찰채용 06 2차]

(2) 영장주의

① 의의 : **형사절차상 체포·구속·압수·수색 등 강제처분을 함에 있어서는 헌법상 신분 및 독립성이 보장되는 법관이 발부한 영장에 의하지 않으면 안 된다**는 원칙을 말한다(헌법 제12조 제3항 본문, 제16조, 제106조). [경찰승진 11/14] 법관이 발부하는 영장은 소환장, 체포영장, 구속영장, 압수·수색·검증영장, 감정유치장, 감정처분허가장 등이 있다. 영장주의는 법관발부원칙, 사전영장원칙, 일반영장금지원칙, 영장제시원칙을 그 내용으로 한다. 다만, 영장주의는 강제처분에 적용되는 것이므로, **당사자의 자발적 협조가 필수적인 음주측정, 지문채취, 소변제출**의 경우에는 적용되지 아니한다.

⚖ 판례연구 당사자의 자발적 협조가 필수적인 절차이므로 영장주의에 위반되지 않는다는 사례

1. 헌법재판소 1997.3.27, 96헌가11 [경찰채용 15 2차]

도교법상 음주측정불응죄가 헌법 제12조 제3항의 영장주의에 위배되는지 여부(소극)

도로교통법 제41조 제2항에 규정된 음주측정은 성질상 강제될 수 있는 것이 아니며 궁극적으로 당사자의 자발적 협조가 필수적인 것이므로 이를 두고 법관의 영장을 필요로 하는 강제처분이라 할 수 없다. 따라서 이 사건 법률조항이 주취운전의 혐의자에게 영장 없는 음주측정에 응할 의무를 지우고 이에 불응한 사람을 처벌한다고 하더라도 헌법 제12조 제3항에 규정된 영장주의에 위배되지 아니한다.

2. 헌법재판소 2004.9.23, 2002헌가17·18(병합) [법원9급 13, 경찰승진 11/14]

범죄의 피의자로 입건된 사람들에게 경찰공무원이나 검사의 신문을 받으면서 자신의 신원을 밝히지 않고 지문채취에 불응하는 경우 형사처벌을 통하여 지문채취를 강제하는 구 경범죄처벌법 제1조 제42호와 영장주의

이 사건 법률조항은 수사기관이 직접 물리적 강제력을 행사하여 피의자에게 강제로 지문을 찍도록 하는 것을 허용하는 규정이 아니며 형벌에 의한 불이익을 부과함으로써 심리적·간접적으로 지문채취를 강요하고 있으므로 피의자가 본인의 판단에 따라 수용여부를 결정한다는 점에서 궁극적으로 당사자의 자발적 협조가 필수적임을 전제로 하므로 물리력을 동원하여 강제로 이루어지는 경우와는 질적으로 차이가 있다. 따라서 이 사건 법률조항에 의한 지문채취의 강요는 영장주의에 의하여야 할 강제처분이라 할 수 없다. 또한 수사상 필요에 의하여 수사기관이 직접강제에 의하여 지문을 채취하려 하는 경우에는 반드시 법관이 발부한 영장에 의하여야 하므로 영장주의원칙은 여전히 유지되고 있다고 할 수 있다.

3. 헌법재판소 2006.7.27, 2005헌마277 [법원9급 13, 경찰승진 11/14]

마약류사범에게 마약류반응검사를 위하여 소변을 받아 제출하게 한 것이 영장주의에 반하는지 여부(소극)

헌법 제12조 제3항의 영장주의는 법관이 발부한 영장에 의하지 아니하고는 수사에 필요한 강제처분을 하지 못한다는 원칙으로 소변을 받아 제출하도록 한 것은 교도소의 안전과 질서유지를 위한 것으로 수사에 필요한 처분이 아닐 뿐만 아니라 검사 대상자들의 협력이 필수적이어서 강제처분이라고 할 수도 없어 영장주의의 원칙이 적용되지 않는다.

4. 헌법재판소 2016.11.24, 2014헌바401

형집행법 제41조 제2항 제1호, 제3호 중 '미결수용자의 접견내용의 녹음·녹화'에 관한 부분(이 사건 녹음조항)이 영장주의 및 평등원칙에 위배되는지 여부(소극)

이 사건 녹음조항에 따라 접견내용을 녹음·녹화하는 것은 직접적으로 물리적 강제력을 수반하는 강제처분이 아니므로 영장주의가 적용되지 않아 영장주의에 위배된다고 할 수 없다. 또한 불구속 피의자·피고인과는 달리 미결수용자에 대하여 법원의 허가 없이 접견내용을 녹음·녹화하도록 하는 것도 충분히 합리적 이유가 있으므로 이 사건 녹음조항은 평등원칙에 위배되지 않는다.

② 내 용

(가) **법관발부의 원칙** : 수사기관이 강제처분을 하려면 **법관이 발부**한 영장에 의하여야 한다. 따라서 검사·법원서기 등은 영장을 발부할 수 없다. 또한 강제수사의 적법성을 지키기 위해 영장은 사법 경찰관이 아니라 반드시 **검사가 신청**해야 한다(헌법 제12조 제3항 본문, 제16조).

(나) **사전영장의 원칙**

㉠ 원칙 : 영장은 **사전영장을 원칙**으로 한다(헌법 제12조 제3항 본문, 제16조). 형사소송법은 피고인과 피의자의 구속에 관하여는 영장주의의 예외를 인정하지 않고 필히 영장의 발부를 요건으로 한다(제73조, 제201조). 피의자 체포도 체포영장에 의하는 것이 원칙이다(제200조의2).

㉡ 예외 : 강제처분의 **긴급성에 대처할 필요가 있거나 남용의 우려가 없는 경우**에 예외를 인정하고 있다. ⓐ 대인적 강제처분으로서는 **현행범인의 체포**(제212조)와 **긴급체포**(제200조의3)의 경우 체포영장을 요하지 않고, ⓑ 대물적 강제처분의 경우 **공판정에서의 압수·수색**과 **임의제출물의 압수**의 경우 영장을 요하지 않으며(제108조, 제218조),[1] **체포·구속 목적의 피의자수색, 체포·구속현장에서의 압수·수색·검증, 피고인 구속현장에서의 압수·수색·검증, 범죄장소에서의 압수·수색·검증**(제216조), **긴급체포시의 압수·수색·검증**(제217조 제1항)의 경우도 영장을 요하지 않는다.

영장주의의 예외

① 공판정에서의 압수·수색(제113조)

② 임의제출물 등의 압수(제108조, 제218조)

③ 긴급체포(제200조의3)

④ 현행범인의 체포(제212조)

⑤ 체포·구속목적의 피의자수색(제216조 제1항 제1호)

⑥ 체포현장에서의 압수·수색·검증(제216조 제1항 제2호)

⑦ 피고인 구속현장에서 압수·수색·검증(제216조 제2항)

⑧ 범죄장소에서의 압수·수색·검증(제216조 제3항)

⑨ 긴급체포된 자에 대한 압수·수색·검증(제217조)

(다) **일반영장금지의 원칙**

㉠ 원칙 : 법관이 발부하는 영장은 그 내용이 **특정**되어야 한다.

예 범죄사실, 피의자, 기간, 인치·구금장소, 압수·수색의 대상(제209조, 제75조) [법원9급 14, 경찰간부 13]

㉡ 예외 : 통신비밀보호법은 통신의 특수성에 비추어 **일정기간 포괄적으로 통신제한조치**를 허가하는 영장발부를 인정하고 있다(동법 제5조 제2항[2]).

(라) **영장제시·사본교부의 원칙**

㉠ 원칙 : 수사기관은 강제처분을 함에 있어서 **영장을 반드시 제시하고 그 사본을 교부**하여야 한다

---

1) [비교] 다만, 공판정 외 법원의 압수·수색(제113조)이나 수사기관의 압수·수색·검증(제215조)에는 법관이 발부한 영장을 요한다.

2) [조문] 통신비밀보호법 제5조 ② 통신제한조치는 제1항의 요건에 해당하는 자가 발송·수취하거나 송·수신하는 특정한 우편물이나 전기통신 또는 그 해당자가 일정한 기간에 걸쳐 발송·수취하거나 송·수신하는 우편물이나 전기통신을 대상으로 허가될 수 있다.

(2022.2.3. 개정 제85조 제1항, 제209조, 제118조, 제219조). 정본을 제시해야 하며 사본의 제시는 허용되지 않는다.

    ⓛ 예외 : 체포영장·구속영장을 집행함에 있어서 수사기관이 영장을 소지하지 아니한 경우에 **급속을 요하는 때**에는 범죄사실의 요지와 영장이 발부되었음을 고지하고 집행할 수 있다. 다만, **집행 완료 후 신속히 영장을 제시하고 그 사본을 교부**하여야 한다(제200조의5, 제209조, 제213조의2, 제85조 제3항).

(3) 비례성의 원칙 : 법에 근거한 강제처분이라 할지라도 그로 인하여 헌법이 보장하는 기본권이 침해되므로, 강제수사는 법령이 정한 절차와 요건에 따라 **필요한 범위 내에서 최소한으로** 행해져야 한다는 원칙을 말한다(제199조). [경찰승진 14]

02   임의수사의 구체적 한계

Ⅰ   임의동행

1. 의의 및 성격

(1) 의의 : 피의자신문을 위한 보조수단으로서 수사기관이 피의자의 동의를 얻어 수사관서까지 피의자와 동행하는 수사방법을 말한다.

(2) 성 격

    ① 임의수사로서의 임의동행 : 피의자신문을 위한 보조수단으로서 임의수사에 속하므로, 경직법상 직무질문을 위한 임의동행과는 구별된다. 일단 임의수사이지만, 의사에 반하는 기본권 제한이 있는 순간부터 강제수사가 개시된다.

    ② 직무질문을 위한 임의동행 : 불심검문은 보안경찰작용으로서 수사의 단서에 불과하다. 다만, 이에 의하여 범죄혐의가 드러나면 수사가 개시된다.

🔨 판례연구 경직법상 임의동행과 형사소송법상 임의수사를 위한 임의동행

대법원 2020.5.14, 2020도398 [경찰채용 22 2차]
임의동행은 ① 경찰관 직무집행법 제3조 제2항에 따른 행정경찰 목적의 경찰활동으로 행하여지는 것 외에도 ② 형사소송법 제199조 제1항에 따라 범죄 수사를 위하여 수사관이 동행에 앞서 피의자에게 동행을 거부할 수 있음을 알려 주었거나 동행한 피의자가 언제든지 자유로이 동행과정에서 이탈 또는 동행장소로부터 퇴거할 수 있었음이 인정되는 등 오로지 피의자의 자발적인 의사에 의하여 이루어진 경우에도 가능하다(대법원 2006.7.6, 2005도6810 등). 기록에 의하면, 경찰관은 당시 피고인의 정신 상태, 신체에 있는 주사바늘 자국, 알콜솜 휴대, 전과 등을 근거로 피고인의 마약류 투약 혐의가 상당하다고 판단하여 경찰서로 임의동행을 요구하였고, 동행장소인 경찰서에서 피고인에게 마약류 투약 혐의를 밝힐 수 있는 소변과 모발의 임의제출을 요구하였음을 알 수 있다. 그렇다면 이 사건 임의동행은 마약류 투약 혐의에 대한 수사를 위한 것이어서 형사소송법 제199조 제1항에 따른 임의동행에 해당한다.
보충 소변과 모발을 형사소송법 제218조에 따른 임의제출물로 압수함에 있어 그 제출의 임의성이 부정되므로 증거능력이 인정되지 않는다.

---

2. 적법성

(1) 성질 : 임의동행에 대해서는 강제수사설(∵ 법적 근거 없는 임의동행은 위법함)과 임의수사설(多)이 대립하나, ① 형사소송법은 피의자에 대한 출석요구방법을 제한하지 않고, ② 상대방의 동의를 전제로 이루어진 임의동행은 법 제199조 제1항 본문(수사의 목적을 달성하기 위한 필요한 조사)이 예정한 임의수사의 일종이므로 적법하다는 점에서 **임의수사설**이 타당하다.

(2) 적법성 : 수사관의 출석요구에 오로지 **피의자의 자발적인 의사**에 의하여 수사관서 등에의 동행이 이루어졌음이 객관적 사정에 의해 명백히 입증된 경우에 한하여 **적법성이 인정**된다.[1] 따라서 사법경찰관이 피의자를 동행할 당시 물리력을 행사한 바 없고 피의자가 명시적 거부의사를 표명하지 않았다 하더라도 사법경찰관의 동행요구를 거절할 수 없는 **심리적 압박**이 있었다면 이는 사실상의 강제연행인 불법체포에 해당한다.

★ 판례연구 임의동행의 적법성 관련판례

1. **대법원 2006.7.6, 2005도6810[2]; 2011.6.30, 2009도6717; 2012.9.13, 2012도8890** [경찰채용 09 2차/11 2차/13 2차/15 2차/22 1·2차]
   임의동행은 오로지 피의자의 자발적 의사에 의해야 한다는 사례
   형사소송법 제199조 제1항은 임의수사 원칙을 명시하고 있다. 수사관이 수사과정에서 동의를 받는 형식으로 피의자를 수사관서 등에 동행하는 것은, 피의자의 신체의 자유가 제한되어 실질적으로 체포와 유사한데도 이를 억제할 방법이 없어서 이를 통해서는 제도적으로는 물론 현실적으로도 임의성을 보장할 수 없을 뿐만 아니라, 아직 정식 체포·구속단계 이전이라는 이유로 헌법 및 형사소송법이 체포·구속된 피의자에게 부여하는 각종 권리보장 장치가 제공되지 않는 등 형사소송법 원리에 반하는 결과를 초래할 가능성이 크다. 따라서 수사관이 동행에 앞서 피의자에게 동행을 거부할 수 있음을 알려 주었거나 동행한 피의자가 언제든지 자유로이 동행과정에서 이탈 또는 동행장소에서 퇴거할 수 있었음이 인정되는 등 오로지 피의자의 자발적인 의사에 의하여 수사관서 등에 동행이 이루어졌다는 것이 객관적인 사정에 의하여 명백하게 입증된 경우에 한하여, 동행의 적법성이 인정된다고 보는 것이 타당하다. 형사소송법 제200조 제1항에 의하여 검사 또는 사법경찰관이 피의자에 대하여 임의적 출석을 요구할 수 있는 있겠으나, 그 경우에도 수사관이 단순히 출석을 요구함에 그치지 않고 일정 장소로의 동행을 요구하여 실행한다면 위 법리가 적용되어야 할 것이고, 한편 행정경찰 목적의 경찰활동으로 행하여지는 경직법 제3조 제2항 소정의 질문을 위한 동행요구도 형사소송법의 규율을 받는 수사로 이어지는 경우에도 역시 위 법리가 적용되어야 할 것이다.

2. **대법원 2016.9.28, 2015도2798**
   임의동행의 적법성을 인정한 사례
   피고인이 술에 취한 상태에서 굴삭기를 운전하여 화물차에 적재하였다고 하여 도로교통법 위반(음주운전)으로 기소된 경우, 피고인이 음주측정을 위해 경찰서에 동행할 것을 요구받고 자발적인 의사로 경찰차에 탑승하였고, 경찰서로 이동 중 하차를 요구하였으나 그 직후 수사 과정에 관한 설명을 듣고 빨리 가자고 요구하였으므로, 피고인에 대한 임의동행은 적법하고, 그 후 이루어진 음주측정 결과는 증거능력이 있다.

Ⅱ 거짓말탐지기의 사용

1. 의 의

거짓말탐지기(polygraph)란 피의자 등 피검자에 대하여 피의사실과 관련 있는 질문을 한 다음 응답시의 생리적 변화를 기록하는 기계를 말한다.

2. 허용 여부

거짓말탐지기의 사용은 기계적 방법을 통하여 답변의 진실성을 판단함으로써 결국 진술을 강요하는 결과가 되어 인격권을 침해하므로 원칙적으로 허용되지 않는다. [법원9급 13] 다만, **제한적 허용설**(多·判)과 불허설(신동운)이 대립하고 있는데, **동의**에 의한 기계의 사용은 진술거부권의 침해가 아니므로 제한적 허용설이 타당하다 생각된다.[3]

---

[1] [참고] 수사준칙에서도 이를 규정하고 있다.
제20조(수사상 임의동행 시의 고지) 검사 또는 사법경찰관은 임의동행을 요구하는 경우 상대방에게 동행을 거부할 수 있다는 것과 동행하는 경우에도 언제든지 자유롭게 동행 과정에서 이탈하거나 동행 장소에서 퇴거할 수 있다는 것을 알려야 한다.

[2] [판례] 사법경찰관이 피고인을 수사관서까지 동행한 것이 사실상의 강제연행, 즉 불법체포에 해당하고, 불법체포로부터 6시간 상당이 경과한 후에 이루어진 긴급체포 또한 위법하므로 피고인이 불법체포된 자로서 형법 제145조 제1항에 정한 '법률에 의하여 체포 또는 구금된 자'가 아니어서 도주죄의 주체가 될 수 없다고 한 사례이다(대법원 2006.7.6, 2005도6810). [경찰채용 09 2차]

[3] [판례]
1. 거짓말탐지기 검사결과의 증거능력의 인정요건(대법원 1984.3.13, 84도36; 2005.5.26, 2005도130)
   ① 거짓말을 하면 반드시 일정한 심리상태의 변동이 일어나야 한다.
   ② 그 심리상태의 변동은 반드시 일정한 생리적 반응을 일으켜야 한다.
   ③ 그 생리적 반응에 의하여 피검사자의 말이 거짓인지 아닌지가 정확히 판정될 수 있어야 한다. 판정의 정확성 확보를 위해서는 거짓말탐지기

대법원 1984.2.14, 83도3146

거짓말탐지기의 검사결과의 증거능력과 증명력

거짓말탐지기의 검사는 그 기구의 성능, 조작기술에 있어 신뢰도가 극히 높다고 인정되고 그 검사자가 적격자이며, 검사를 받는 사람이 검사를 받음에 동의하였으며 검사자 자신이 실시한 검사의 방법, 경과 및 그 결과를 충실하게 기재하였다는 여러 가지 점이 증거에 의하여 확인되었을 경우에 형사소송법 제313조 제2항(현재는 동 제3항의 감정서 조항)에 의하여 이를 증거로 할 수 있다. (다만) 거짓말탐지기의 검사결과가 증거능력이 있는 경우에도 그 검사 즉 감정의 결과는 검사를 받는 사람의 진술의 신빙성을 가늠하는 정황증거로서의 기능을 다하는데 그치는 것이다.

III 전기통신의 감청

1. 의의 및 성질

(1) 의 의

① 개념 : 통신비밀보호법에서 통신이라 함은 우편물과 전기통신을 말하고(통신비밀보호법 —이하 '통비'— 제2조 제1호), 통신제한조치라 함은 우편물의 검열과 전기통신감청을 말하는데(통비 제3조 제2항 참조), '전기통신'이라 함은 전화·전자우편·모사전송 등과 같이 유선·무선·광선 및 기타의 전자적 방식에 의하여 모든 종류의 음향·문언·부호 또는 영상을 송신하거나 수신하는 것을 말하고(통비 제2조 제3호), '감청(監聽)'이라 함은 전기통신에 대하여 당사자의 동의 없이 전자장치·기계장치 등을 사용하여 통신의 음향·문언·부호·영상을 청취·공독(共讀)하여 그 내용을 지득(知得) 또는 채록(採錄)하거나 전기통신의 송·수신을 방해하는 것을 말한다(통비 제2조 제7호).[1] 따라서 수사기관이 타인의 전기통신상 대화를 그 타인의 부지(不知) 중에 청취하는 행위도 전기통신감청에 해당한다. 통비법에서는 전기통신상 대화와 일반적인 대화의 개념을 구별하여, 불법적인 전기통신의 감청은 통신비밀침해죄로, 불법적인 타인 간의 일반적인 대화에 대한 녹음이나 전자장치 또는 기계적 수단을 이용한 청취를 대화비밀침해죄로 규율하고 있다.

대법원 2003.11.13, 2001도6213 [경찰승진 12/14, 경찰채용 14 1차]

전기통신과 대화의 구별

통신비밀보호법에서는 그 규율의 대상을 통신과 대화로 분류하고 그 중 통신을 다시 우편물과 전기통신으로 나눈 다음, 그 제2조 제3호로 "전기통신"이라 함은 유선·무선·광선 및 기타의 전자적 방식에 의하여 모든 종류의 음향·문언·부호 또는 영상을 송신하거나 수신하는 것을 말한다고 규정하고 있는바, 무전기와 같은 무선전화기를 이용한 통화가 위 법에서 규정하고 있는 전기통신에 해당함은 전화통화의 성질 및 위 규정 내용에 비추어 명백하므로, 이를 같은 법 제3조 제1항 소정의 '타인 간의 대화'에 포함된다고 할 수 없다.

② 객 체

(가) 의의 : 감청은 **현재 이루어지고 있는(~ing) 전기통신**의 내용을 대상으로 한다. 따라서 **이미 완료된 (~ed) 전기통신**에 관하여 남아있는 기록이나 내용을 입수하는 것은 전기통신감청에 해당하지 아니한다(대법원 2012.7.26, 2011도12407; 2013.11.28, 2010도12244; 2016.10.13, 2016도8137)(cf. 수사기관이 입수하려면 압수·수색영장에 의하여야 함).

(나) 인터넷회선 감청에 대한 법 개정 : 인터넷통신망을 통한 송·수신도 전기통신에 해당하므로 인

의 물적 정확성과 질문사항의 작성과 검사의 기술 및 방법, 검사자의 탐지기의 측정내용에 대한 정확한 판독능력 등 인적 정확성도 확보되어야 한다.

2. 증명력의 제한(대법원 1984.2.14, 83도3146)

거짓말탐지기에 의한 검사결과가 위 조건이 모두 충족되어 증거능력이 있는 경우(법 제313조 제3항에 의해 감정서에 준하여 인정)에도 그 검사결과는 피검사자의 진술의 신빙성을 가늠하는 정황증거로서의 기능을 하는 데 그친다.

1) [참고] 감청의 유형에는 전화 등 유선통신을 도청하는 전화도청(wiretapping)과, 도청기를 사용하여 실내의 대화를 도청하는 전자도청(electronic eavesdropping, bugging)이 있다.

터넷 통신망을 통하여 흐르는 전기신호 형태의 패킷(packet)을 중간에 확보하여 그 내용을 지득하는 **소위 패킷감청이 허용되는가**에 대하여, 종래 대법원 판례는 이를 인정하였으나(대법원 2012.10.11, 2012도7455), 2018년 헌법재판소는 통비법 제5조 제2항 중 '인터넷 회선을 통하여 송신·수신하는 전기통신'에 관한 부분은 인터넷 감청의 특성상 다른 통신제한조치에 비하여 수사기관이 취득하는 자료가 매우 방대함에도 불구하고 수사기관이 감청 집행으로 취득한 자료에 대한 처리 등을 객관적으로 통제할 수 있는 절차가 마련되어 있지 않다는 취지로 헌법에 합치되지 아니한다는 결정을 내렸다(헌법불합치결정, 헌법재판소 2018.8.30, 2016헌마263). 이에 **2020.3.24. 통신비밀보호법이 개정**되어, 수사기관이 인터넷 회선을 통하여 송·수신하는 전기통신에 대한 통신제한조치로 취득한 자료에 대해서 집행 종료 후 범죄수사나 소추 등에 사용하거나 사용을 위하여 보관하고자하는 때에는 보관 등이 필요한 전기통신을 선별하여 **법원으로부터 보관 등의 승인**을 받도록하고, 승인 청구를 하지 아니한 전기통신 등의 폐기 절차를 마련하게 되었다(∴ **패킷감청은 적법하나, 패킷감청으로 취득한 자료 보관 시 법원의 보관승인 要**). 인터넷회선에 대한 통신제한조치 관련 통비법 개정내용은 아래에서 정리한다.

🔍 **판례연구** 전기통신 감청의 객체 관련판례

1. 대법원 2013.11.28, 2010도12244 [국가9급 24, 법원9급 20]

이미 수신이 완료된 전자우편을 수집하는 것은 전기통신감청에 해당하지 아니한다는 사례

X시 Y동장 직무대리의 지위에 있던 피고인 甲은 X시장 乙에게 X시청 전자문서시스템을 통하여 이 사건 전자우편을 보냈는데, 전자우편에는 Y동 1통장인 A등에게 X시장 乙을 도와 달라고 부탁하였다는 내용이 포함되어 있었다. 그런데 X시청 소속 공무원인 제3자가 권한 없이 전자우편에 대한 비밀 보호조치를 해제하는 방법을 통하여 이 사건 전자우편을 수집하여 경찰에 제출하였고, 이렇게 수집된 전자우편의 내용에 기초하여 경찰은 A 등을 참고인으로 소환하여 A 등에 대한 참고인 진술조서를 작성하였다. 그런데 '전기통신의 감청'은 '감청'의 개념 규정에 비추어 현재 이루어지고 있는 전기통신의 내용을 지득·채록하는 경우와 통신의 송·수신을 직접적으로 방해하는 경우를 의미하는 것이지 전자우편이 송신되어 수신인이 이를 확인하는 등으로 이미 수신이 완료된 전기통신에 관하여 남아 있는 기록이나 내용을 열어보는 등의 행위는 포함하지 않는다 할 것이다(대법원 2012.7.26, 2011도12407). 위 제출된 전자우편은 이미 수신자인 X시장이 그 수신을 완료한 후에 수집된 것임을 알 수 있으므로, 이 사건 전자우편의 수집행위가 통비법이 금지하는 '전기통신의 감청'에 해당한다고 볼 수 없고, 따라서 이 사건 전자우편이 통비법 제4조에 의하여 증거능력이 배제되는 증거라고 할 수 없다.

2. 헌법재판소 2018.8.30, 2016헌마263

인터넷회선 감청(소위 패킷감청) 규정에 대한 헌법불합치 결정례

통신비밀보호법(1993.12.27. 법률 제4650호로 제정된 것) 제5조 제2항은 "통신제한조치는 제1항의 요건에 해당하는 자가 발송·수취하거나 송·수신하는 특정한 우편물이나 전기통신 또는 그 해당자가 일정한 기간에 걸쳐 발송·수취하거나 송·수신하는 우편물이나 전기통신을 대상으로 허가될 수 있다."고 규정하고 있는데, 이 중 '인터넷회선을 통하여 송·수신하는 전기통신'에 관한 부분은 헌법에 합치되지 아니한다. 위 법률조항은 2020.3.31.을 시한으로 개정될 때까지 계속 적용한다(인터넷 감청의 특성상 다른 통신제한조치에 비하여 수사기관이 취득하는 자료가 매우 방대함에도 불구하고 수사기관이 감청집행으로 취득한 자료에 대한 처리 등을 객관적으로 통제할 수 있는 절차가 마련되어 있지 않다는 점에서 헌법에 합치되지 아니함)(이에 2020.3.24. 개정 통비법에서 제12조의2를 신설함).

보충 ① 침해의 최소성 : 이 사건 법률조항은 인터넷회선 감청의 특성을 고려하여 그 집행 단계나 집행 이후에 수사기관의 권한 남용을 통제하고 관련 기본권의 침해를 최소화하기 위한 제도적 조치가 제대로 마련되어 있지 않은 상태에서, 범죄수사 목적을 이유로 인터넷회선 감청을 통신제한조치 허가 대상 중 하나로 정하고 있으므로 침해의 최소성 요건을 충족한다고 할 수 없다. ② 법익의 균형성 : '패킷감청' 방식으로 이루어지는 인터넷회선 감청은 그 특성상, 실제 집행 단계에서 원래 허가받은 통신제한조치의 인적·물적 범위를 넘어 피의자 또는 피내사자의 범죄 수사와 무관한 정보뿐만 아니라 피의자 또는 피내사자와 무관하게 해당 인터넷회선을 이용하는 불특정 다수인의 정보까지 광범위하게 수사기관에 수집·보관되므로, 다른 종류의 통신제한조치에 비하여, 개인의 통신 및 사생활의 비밀과 자유가 침해될 가능성이 높다. … ③ 결론 : 그렇다면 이 사건 법률조항은 과잉금지원칙에 반하여 청구인의 통신 및 사생활의 비밀과 자유를 침해한다. 이 사건 법률조항은 청구인의 기본권을 침해하여 헌법에 위반되지만, … 중대 범죄의 수사에 있어 법적 공백이 발생할 우려가 있어 … 이 사건 법률조항에 대해 단순위헌결정을 하는 대신 헌법불합치결정을 선고하되, 2020. 3. 31.을 시한으로 입법자가 이 사건 법률조항의 위헌성을 제거하고 합리적인 내용으로 개정할 때까지 일정 기간 이를 잠정적으로 적용할 필요가 있다.

[개정 통신비밀보호법의 인터넷회선 감청자료에 대한 법원의 보관승인제도]
2020.3.24. 개정 통비법에 의하여 신설된 동법 제12조의2는 아래와 같다.

제12조의2(범죄수사를 위하여 인터넷 회선에 대한 통신제한조치로 취득한 자료의 관리) ① 검사는 인터넷 회선을 통하여 송신·수신하는 전기통신을 대상으로 제6조 또는 제8조(제5조 제1항의 요건에 해당하는 사람에 대한 긴급통신제한조치에 한정한다)에 따른 통신제한조치를 집행한 경우 그 전기통신을 제12조 제1호에 따라 사용하거나 사용을 위하여 보관(이하 이 조에서 "보관 등"이라 한다)하고자 하는 때에는 집행종료일부터 '14일 이내'에 보관 등이 필요한 전기통신을 선별하여 통신제한조치를 허가한 법원에 보관 등의 승인을 청구하여야 한다.

② 사법경찰관은 인터넷 회선을 통하여 송신·수신하는 전기통신을 대상으로 제6조 또는 제8조(제5조 제1항의 요건에 해당하는 사람에 대한 긴급통신제한조치에 한정한다)에 따른 통신제한조치를 집행한 경우 그 전기통신의 보관 등을 하고자 하는 때에는 집행종료일부터 '14일 이내'에 보관 등이 필요한 전기통신을 선별하여 검사에게 보관 등의 승인을 신청하고, 검사는 신청일부터 '7일 이내'에 통신제한조치를 허가한 법원에 그 승인을 청구할 수 있다.

(③항과 ④항은 중략)

⑤ 검사 또는 사법경찰관은 제1항에 따른 청구나 제2항에 따른 신청을 하지 아니하는 경우에는 집행종료일부터 '14일(검사가 사법경찰관의 신청을 기각한 경우에는 그 날부터 7일) 이내'에 통신제한조치로 취득한 전기통신을 폐기하여야 하고, 법원에 승인청구를 한 경우(취득한 전기통신의 일부에 대해서만 청구한 경우를 포함한다)에는 제4항에 따라 법원으로부터 승인서를 발부받거나 청구기각의 통지를 받은 날부터 '7일 이내'에 승인을 받지 못한 전기통신을 폐기하여야 한다.

⑥ 검사 또는 사법경찰관은 제5항에 따라 통신제한조치로 취득한 전기통신을 폐기한 때에는 폐기의 이유와 범위 및 일시 등을 기재한 폐기결과보고서를 작성하여 피의자의 수사기록 또는 피내사자의 내사사건기록에 첨부하고, 폐기일부터 '7일 이내'에 통신제한조치를 허가한 법원에 송부하여야 한다.

PART 03 수사와 공소

(2) 법적 성질 : 임의수사설과 강제수사설의 대립이 있으나, 감청은 헌법상 보장된 사생활의 비밀과 통신의 자유와 같은 기본권을 침해하는 것이므로 **강제수사설**이 타당하다. 통비법이 일정한 요건 아래 법원의 허가를 얻은 때에만 전기통신의 감청을 할 수 있도록 규정한 취지도 바로 여기에 있다.

2. 법적 규제

(1) 통신제한조치허가에 의한 감청

① 관할법원 : 통신제한조치 청구사건의 관할법원은 그 통신제한조치를 받을 **통신당사자**의 쌍방 또는 일방의 **주소지·소재지, 범죄지** 또는 통신당사자와 **공범**관계에 있는 자의 주소지·소재지를 관할하는 **지방법원 또는 지원**(보통군사법원을 포함한다)으로 한다(동법 제6조 제3항)[1](국가안보를 위한 통신제한조치의 경우 통신의 일방 또는 쌍방당사자가 내국인인 때에는 고등법원 수석판사의 허가를 받아야 하고, 이외의 경우에는 대통령의 승인을 얻어야 함, 동법 제7조).[2]

② 통신제한조치 대상범죄에 대한 검사의 피의자별 청구 : 검사는 **통신비밀보호법 제5조가 규정한 주요범죄**의 경우에 법원에 대하여 감청을 허가하여 줄 것을 청구할 수 있는데, **각 피의자별 또는 각 피내사자별**로 청구한다(동법 제6조 제1항). 사법경찰관은 허가요건이 구비된 경우 검사에 대하여 각 피의자별·피내사자별로 통신제한조치 허가를 신청한다(동법 동조 제2항).

[비교] 사건단위별로 신청하는 것이 아니므로, 구속영장과 구별할 것

---

1) [참고] 수사관서의 관할법원이 아니라, 통신당사자의 주소지·소재지 등 관할 지방법원이다.

2) [조문] 통신비밀보호법 제7조(국가안보를 위한 통신제한조치) ① 대통령령이 정하는 정보수사기관의 장은 국가안전 보장에 상당한 위험이 예상되는 경우 또는 「국민보호와 공공안전을 위한 테러방지법」 제2조 제6호의 대테러활동에 필요한 경우에 한하여 그 위해를 방지하기 위하여 이에 관한 정보수집이 특히 필요한 때에는 다음 각 호의 구분에 따라 통신제한조치를 할 수 있다.

  1. 통신의 일방 또는 쌍방당사자가 내국인인 때에는 고등법원 수석판사의 허가를 받아야 한다. 다만, 군용전기통신법 제2조의 규정에 의한 군용전기통신(작전수행을 위한 전기통신에 한한다)에 대하여는 그러하지 아니하다. [해경승진 23]

  2. 대한민국에 적대하는 국가, 반국가활동의 혐의가 있는 외국의 기관·단체와 외국인, 대한민국의 통치권이 사실상 미치지 아니하는 한반도 내의 집단이나 외국에 소재하는 그 산하단체의 구성원의 통신인 때 및 제1항 제1호 단서의 경우에는 서면으로 대통령의 승인을 얻어야 한다.

  ② 제1항의 규정에 의한 통신제한조치의 기간은 4월을 초과하지 못하고, 그 기간 중 통신제한조치의 목적이 달성되었을 경우에는 즉시 종료하여야 하되, 제1항의 요건이 존속하는 경우에는 소명자료를 첨부하여 고등법원 수석판사의 허가 또는 대통령의 승인을 얻어 4월의 범위 이내에서 통신제한조치의 기간을 연장할 수 있다. 다만, 제1항 제1호 단서의 규정에 의한 통신제한조치는 전시·사변 또는 이에 준하는 국가비상사태에 있어서 적과 교전상태에 있는 때에는 작전이 종료될 때까지 대통령의 승인을 얻지 아니하고 기간을 연장할 수 있다. (이하 생략)

CHAPTER 01 수 사 **205**

통신제한조치 대상범죄(통비법 제5조 제1항)

1. 형법 제2편

　제1장 내란의 죄, 제2장 외환의 죄(제103조의 전시군수계약불이행 ×)

　제4장 국교에 관한 죄 중 제107조, 제108조, 제111조 내지 제113조의 죄(제109조의 외국국기 · 국장모독 ×)

　제5장 공안을 해하는 죄 중 제114조, 제115조의 죄(범죄단체조직, 소요 ○)(다중불해산, 전시공수계약불이행 ×)

　제6장 폭발물에 관한 죄

　제7장 공무원의 직무에 관한 죄 중 제127조, 제129조 내지 제133조의 죄(공무상 비밀누설, 뇌물 ○)(직무유기, 직권남용, 불법체포 · 감금, 폭행 · 가혹행위, 피의사실공표, 선거방해 ×)

　(제8장 공무방해의 죄 ×)

　제9장 도주와 범인은닉의 죄(제145조 제2항의 집합명령위반도 포함됨) [경찰승진 06]

　제13장 방화와 실화의 죄 중 제164조 내지 제167조 · 제172조 내지 제173조 · 제174조 및 제175조의 죄(방화, 폭발성물건파열, 가스 · 전기방류, 가스 · 전기공급방해 ○)(연소, 진화방해, 실화 ×)

　제17장 아편에 관한 죄

　제18장 통화에 관한 죄

　제19장 유가증권, 우표와 인지에 관한 죄 중 제214조 내지 제217조, 제223조(제214조 내지 제217조의 미수범에 한한다) 및 제224조(제214조 및 제215조의 예비 · 음모에 한한다)(인지 · 우표 ×)

　제24장 살인의 죄(제252조 제2항의 자살방조도 포함됨) [경찰승진 10, 경찰채용 04 2차]

　제29장 체포와 감금의 죄

　제30장 협박의 죄 중 제283조 제1항, 제284조, 제285조(제283조 제1항, 제284조의 상습범에 한한다), 제286조[제283조 제1항, 제284조, 제285조(제283조 제1항, 제284조의 상습범에 한한다)의 미수범에 한한다]의 죄(제283조 제2항의 존속협박 ×) [경찰승진 11/12]

　제31장 약취(略取), 유인(誘引) 및 인신매매의 죄

　제32장 강간과 추행의 죄 중 제297조 내지 제301조의2, 제305조의 죄(미성년자 등에 대한 간음, 업무상 위력 등에 의한 간음 ×) [경찰승진 14, 경찰채용 04 2차]

　제34장 신용, 업무와 경매에 관한 죄 중 제315조의 죄(경매 · 입찰방해 ○) [경찰승진 10/12/14, 경찰채용 04 2차]

　제37장 권리행사를 방해하는 죄 중 제324조의2 내지 제324조의4 · 제324조의5(제324조의2 내지 제324조의4의 미수범에 한한다)의 죄(인질범죄)

　제38장 절도와 강도의 죄 중 제329조 내지 제331조, 제332조(제329조 내지 제331조의 상습범에 한한다), 제333조 내지 제341조, 제342조[제329조 내지 제331조, 제332조(제329조 내지 제331조의 상습범에 한한다), 제333조 내지 제341조의 미수범에 한한다]의 죄(자동차불법사용 ×)

　제39장 사기와 공갈의 죄 중 제350조, 제350조의2, 제351조(제350조, 제350조의2의 상습범에 한정), 제352조(제350조, 제350조의2의 미수범에 한정)의 죄(공갈 ○) [경찰승진 11/14] (사기 ×) [경찰승진 10, 경찰채용 04 2차]

　제41장 장물에 관한 죄 중 제363조의 죄

2. 군형법 제2편 중 제1장 반란의 죄, 제2장 이적의 죄, 제3장 지휘권 남용의 죄, 제4장 지휘관의 항복과 도피의 죄, 제5장 수소이탈의 죄, 제7장 군무태만의 죄 중 제42조의 죄, 제8장 항명의 죄, 제9장 폭행 · 협박 · 상해와 살인의 죄, 제11장 군용물에 관한 죄, 제12장 위령의 죄 중 제78조 · 제80조 · 제81조의 죄

3. 국가보안법에 규정된 범죄

4. 군사기밀보호법에 규정된 범죄

5. 군사기지 및 군사시설 보호법에 규정된 범죄

6. 마약류관리에 관한 법률에 규정된 범죄 중 제58조 내지 제62조의 죄

7. 폭력행위 등 처벌에 관한 법률에 규정된 범죄 중 제4조 및 제5조의 죄

8. 총포 · 도검 · 화약류 등의 안전관리에 관한 법률에 규정된 범죄 중 제70조 및 제71조 제1호 내지 제3호의 죄

9. 특정범죄 가중처벌 등에 관한 법률에 규정된 범죄 중 제2조 내지 제8조, 제11조, 제12조의 죄

10. 특정경제범죄 가중처벌 등에 관한 법률에 규정된 범죄 중 제3조 내지 제9조의 죄

11. 제1호(형법)와 제2호(군형법)의 죄에 대한 가중처벌을 규정하는 법률에 위반하는 범죄

12. 국제상거래에 있어서 외국공무원에 대한 뇌물방지법에 규정된 범죄 중 제3조 및 제4조의 죄

③ **허가요건** : 상당한 범죄혐의와 보충성이 요구된다. 즉, 감청은 통신비밀보호법 제5조에 규정된 범죄를 계획 또는 실행하고 있거나 실행하였다고 의심할 만한 충분한 이유가 있고(**범죄혐의의 상당성**), 다른 방법으로는 그 범죄의 실행을 저지하거나 범인의 체포 또는 증거의 수집이 어려운 경우에 한하여(**보충성**) 허가할 수 있다(동법 제5조 제1항).[1] [국가9급 17, 경찰승진 11]

④ **허가서의 발부 및 기간의 연장**

    (가) **허가서의 발부** : 전기통신 감청은 위 허가요건에 해당하는 자가 송·수신하는 특정한 전기통신 또는 그 해당자가 일정한 기간에 걸쳐 송·수신하는 전기통신을 대상으로 허가될 수 있다(통비 제5조 제2항). 법원은 검사의 청구가 이유 있다고 인정하는 경우에는 감청을 허가하고 이를 증명하는 서류(허가서)를 청구인에게 발부한다(동 제6조 제5항). 통신제한조치허가서에는 통신제한조치의 종류·목적·대상·범위·기간 및 집행장소와 방법을 특정하여 기재하여야 하고(동조 제6항), 통신제한조치의 기간은 **2월**을 초과하지 못한다(동조 제7항 본문)(국가안보 관련 통신제한조치는 **4월**, 통비 제7조 제2항 본문). [경찰승진 11/14]

    (나) **기간의 연장** : 구법 제6조 제7항 단서에 의할 때, 허가요건이 존속하는 경우에는 **2월의 범위 안에서 기간의 연장을 청구할 수 있었는데**, 이러한 기간연장규정에 대해서는 **총연장기간 또는 총연장횟수의 제한**이 없다는 점에서 침해의 최소성원칙과 기본권제한의 법익균형성을 갖추지 못하여 헌법에 합치되지 않는다는 헌법재판소의 **헌법불합치결정**이 내려졌다(헌법재판소 2010.12.28, 2009헌가30).[2] 이에 2019.12.31. 통신비밀보호법이 개정되어, 통신제한조치 기간을 연장하는 경우 **총 연장기간을 1년 이내**로 하도록 하고, 예외적으로 내란죄·외환죄 등 국가안보와 관련된 범죄 등에 대해서는 통신제한조치의 총 연장기간을 3년 이내로 하여 통신제한조치와 관련한 국민의 권리제한 범위를 명확히 하였다(2019.12.31. 동조 제8항 신설).

★ **판례연구** 전기통신 감청기간의 연장 관련판례

헌법재판소 2010.12.28, 2009헌가30
통신제한조치기간의 총연장기간 또는 총연장횟수의 제한을 두지 아니한 것에 대한 헌법불합치 결정례
통신제한조치기간을 연장함에 있어 법운용자의 남용을 막을 수 있는 최소한의 한계를 설정하지 않은 이 사건 법률조항은 침해의 최소성원칙에 위반된다. 나아가 통신제한조치기간의 연장을 허가함에 있어 총연장기간 또는 총연장횟수의 제한이 없을 경우 수사와 전혀 관계없는 개인의 내밀한 사생활의 비밀이 침해당할 우려도 심히 크기 때문에 기본권 제한의 법익균형성 요건도 갖추지 못하였다. 따라서 이 사건 법률조항은 헌법에 위반된다. 이 사건 법률조항에 대하여 헌법불합치결정을 선고하되 입법자의 개선입법이 있을 때까지 잠정적으로 적용한다(이에 2019.12.31. 개정 통비법에서 제6조에 제8항을 신설하여 총 연장기간을 1년 이내로, 국가안보 관련범죄의 경우 3년 이내로 하였음).

---

⑤ **통신제한조치의 집행**(허가서 기재사항의 준수) : 수사기관은 통신제한조치허가서에 기재된 허가의 내용과 범위 및 집행방법 등을 준수하여 통신제한조치를 집행하여야 한다. 이때 수사기관은 통신기관 등에 통신제한조치허가서의 사본을 교부하고 집행을 위탁할 수 있으나(통비 제9조 제1항·제2항), 그 경우에도 집행의 위탁을 받은 통신기관 등은 수사기관이 직접 집행할 경우와 마찬가지로 허가서에 기재된 집행방법 등을 준수하여야 한다. 허가된 통신제한조치의 종류가 전기통신의 '감청'인 경우, 수사기관 또는 수사기관으로부터 통신제한조치의 집행을 위탁받은 통신기관 등은 통비법이 정한 감청의 방식

---

1) [참고 : 국가안보를 위한 감청] 정보수사기관의 장은 국가안전보장에 대한 위해를 방지하기 위하여 정보수집이 필요한 때 ① 통신의 일방 또는 쌍방 당사자가 내국인인 때에는 고등검찰청 검사의 신청으로 고등법원 수석 부장판사의 허가를 받고 ② 대한민국에 적대하는 국가, 반국가활동의 혐의가 있는 외국의 기관 단체와 외국인, 대한민국의 통치권이 사실상 미치지 아니하는 한반도 내의 집단이나 외국에 소재하는 그 산하단체의 구성원의 통신인 때에는 대통령의 승인을 얻어 통신제한조치를 할 수 있다(동법 제7조 제1항). 이에 의한 감청의 기간은 4월을 초과하지 못하나 4월의 범위 안에서 그 기간을 연장할 수 있다(제7조 제2항).

2) [참고판례] 2010.12.28. 통신비밀보호법 제6조 제7항 단서 중 전기통신에 관한 '통신제한조치기간의 연장'에 관한 부분의 법률조항에 대한 헌법재판소의 헌법불합치결정이 있었지만, 그 위헌성이 제거된 개선입법이 이루어지지 아니한 채 위 개정시한이 도과함으로써 이 사건 법률조항의 효력이 상실되었다고 하더라도 그 효과는 장래에 향하여만 미칠 뿐이며 그 이전에 이 사건 법률조항에 따라 이루어진 통신제한조치기간 연장의 적법성이나 효력에는 영향을 미치지 아니한다고 볼 것이고, 이른바 당해 사건이라고 하여 달리 취급하여야 할 이유는 없다(대법원 2012.10.11, 2012도7455).

으로 집행하여야 하고 그와 다른 방식으로 집행하여서는 아니 되는 것이다. 이를 위반하여 수집한 전기통신의 내용 등은 위법수집증거에 해당하므로 유죄인정의 증거가 될 수 없다.

⑥ **통신제한조치로 취득한 자료의 사용제한** : 통신제한조치의 집행으로 인하여 취득된 전기통신의 내용은 통신제한조치의 목적이 된 범죄나 이와 관련되는 범죄를 수사·소추하거나 그 범죄를 예방하기 위한 경우 등에 한정하여 사용할 수 있다(통비 제12조 제1호). 이는 통신사실확인자료[1]의 사용에 있어서도 마찬가지이다(동법 제13조의5). 따라서 통신사실확인자료 제공요청에 의하여 취득한 통화내역 등 통신사실확인자료를 범죄의 수사·소추를 위하여 사용하는 경우, 그 대상범죄는 통신사실확인자료 제공요청의 목적이 된 범죄 및 이와 관련된 범죄에 한정되어야 한다.

★ 판례연구 통신제한조치허가서 기재요건의 준수 관련판례

1. 대법원 1999.9.3, 99도2317 [경찰승진 10/12/14]

통신제한조치에 대한 기간연장결정이 원 허가의 대상과 범위를 초과할 수 없다는 사례 : 대화녹음 ×

통신제한조치에 대한 기간연장결정은 원 허가의 내용에 대하여 단지 기간을 연장하는 것일 뿐 원 허가의 대상과 범위를 초과할 수 없다 할 것이므로 통신제한조치허가서에 의하여 허가된 통신제한조치가 '전기통신 감청 및 우편물 검열'뿐인 경우 그 후 연장결정서에 당초 허가 내용에 없던 '대화녹음'이 기재되어 있다 하더라도 이는 대화녹음의 적법한 근거가 되지 못한다.

보충 전술하였듯이 전기통신과 대화는 통비법에서 서로 다른 개념으로 구별하고 있다.

2. 대법원 2016.10.13, 2016도8137

카카오톡 감청 사건

수사기관으로부터 통신제한조치의 집행을 위탁받은 통신기관 등이 집행에 필요한 설비가 없을 때에는 수사기관에 설비의 제공을 요청하여야 하고, 그러한 요청 없이 통신제한조치허가서에 기재된 사항을 준수하지 아니한 채 통신제한조치를 집행하였다면, 그러한 집행으로 취득한 전기통신의 내용 등은 헌법과 통신비밀보호법이 국민의 기본권인 통신의 비밀을 보장하기 위해 마련한 적법한 절차를 따르지 아니하고 수집한 증거에 해당하므로(법 제308조의2) 이는 유죄 인정의 증거로 할 수 없다. … 이 사건 통신제한조치허가서에 기재된 통신제한조치의 종류는 전기통신의 '감청'이므로, 수사기관으로부터 집행위탁을 받은 카카오는 통신비밀보호법이 정한 감청의 방식, 즉 전자장치 등을 사용하여 실시간으로 이 사건 대상자들이 카카오톡에서 송·수신하는 음향·문언·부호·영상을 청취·공독하여 그 내용을 지득 또는 채록하는 방식으로 통신제한조치를 집행하여야 하고 임의로 선택한 다른 방식으로 집행하여서는 안 된다고 할 것이다. 그런데도 카카오는 이 사건 통신제한조치허가서에 기재된 기간 동안, 이미 수신이 완료되어 전자정보의 형태로 서버에 저장되어 있던 것을 3~7일마다 정기적으로 추출하여 수사기관에 제공하는 방식으로 통신제한조치를 집행하였다. 이러한 카카오의 집행은 동시성 또는 현재성 요건을 충족하지 못해 통신비밀보호법이 정한 감청이라고 볼 수 없으므로 이 사건 통신제한조치허가서에 기재된 방식을 따르지 않은 것으로서 위법하다고 할 것이다. 따라서 이 사건 카카오톡 대화내용은 적법절차의 실질적 내용을 침해하는 것으로 위법하게 수집된 증거라 할 것이므로 유죄 인정의 증거로 삼을 수 없다.

3. 대법원 2017.1.25, 2016도13489 [경찰채용 22 1차]

통신사실확인자료 제공요청에 의하여 취득한 통화내역 등 통신사실확인자료의 사용의 제한

통비법은 통신제한조치의 집행으로 인하여 취득된 전기통신의 내용은 통신제한조치의 목적이 된 범죄나 이와 관련되는 범죄를 수사·소추하거나 그 범죄를 예방하기 위한 경우 등에 한정하여 사용할 수 있도록 규정하고(제12조 제1호), 통신사실확인자료의 사용제한에 관하여 이 규정을 준용하도록 하고 있다(제13조의5). 따라서 통신사실확인자료 제공요청에 의하여 취득한 통화내역 등 통신사실확인자료를 범죄의 수사·소추를 위하여 사용하는 경우 그 대상범죄는 통신사실확인자료 제공요청의 목적이 된 범죄 및 이와 관련된 범죄에 한정되어야 한다(대법원 2014.10.27, 2014도2121). 여기서 통신사실확인자료제공 요청의 목적이 된 범죄와 관련된 범죄라 함은 통신사실확인자료제공 요청허가서에 기재한 혐의사실과 객관적 관련성이 있고 자료제공 요청대상자와 피의자 사이에 인적 관련성이 있는 범죄를 의미한다고 할 것이다. 그 중 ① 혐의사실과의 객관적 관련성은, 통신사실확인자료제공 요청허가서에 기재된 혐의사실 자체 또는 그와 기본적 사실관계가 동일한 범행과 직접 관련되어 있는 경

1] [조문] 통신비밀보호법 제2조(정의) 이 법에서 사용하는 용어의 정의는 다음과 같다.
  11. "통신사실확인자료"라 함은 다음 각 목의 어느 하나에 해당하는 전기통신사실에 관한 자료를 말한다.
    가. 가입자의 전기통신일시
    나. 전기통신개시·종료시간
    다. 발·착신 통신번호 등 상대방의 가입자번호
    라. 사용도수
    마. 컴퓨터통신 또는 인터넷의 사용자가 전기통신역무를 이용한 사실에 관한 컴퓨터통신 또는 인터넷의 로그기록자료
    바. 정보통신망에 접속된 정보통신기기의 위치를 확인할 수 있는 발신기지국의 위치추적자료
    사. 컴퓨터통신 또는 인터넷의 사용자가 정보통신망에 접속하기 위하여 사용하는 정보통신기기의 위치를 확인할 수 있는 접속지의 추적자료

우는 물론 범행 동기와 경위, 범행 수단 및 방법, 범행 시간과 장소 등을 증명하기 위한 간접증거나 정황증거 등으로 사용될 수 있는 경우에도 인정될 수 있다. 다만, 통신비밀보호법이 위와 같이 통신사실확인자료의 사용 범위를 제한하고 있는 것은 특정한 혐의사실을 전제로 제공된 통신사실확인자료가 별건의 범죄사실을 수사하거나 소추하는 데 이용되는 것을 방지함으로써 통신의 비밀과 자유에 대한 제한을 최소화하는 데 입법 취지가 있다고 할 것이다. 따라서 그 관련성은 통신사실확인자료제공 요청허가서에 기재된 혐의사실의 내용과 당해 수사의 대상 및 수사 경위 등을 종합하여 구체적 · 개별적 연관관계가 있는 경우에만 인정된다고 보아야 하고, 혐의사실과 단순히 동종 또는 유사 범행이라는 사유만으로 관련성이 있다고 할 것은 아니다. 그리고 ② 피의자와 사이의 인적 관련성은 통신사실 확인자료제공요청허가서에 기재된 대상자의 공동정범이나 교사범 등 공범이나 간접정범은 물론 필요적 공범 등에 대한 피고사건에 대해서도 인정될 수 있다.

보충 **통신비밀보호법상 통신사실확인자료 제공의 절차 관련내용**

제13조(범죄수사를 위한 통신사실 확인자료제공의 절차) ① 검사 또는 사법경찰관은 수사 또는 형의 집행을 위하여 필요한 경우 전기통신사업법에 의한 전기통신사업자(이하 "전기통신사업자"라 한다)에게 통신사실 확인자료의 열람이나 제출(이하 "통신사실 확인자료제공"이라 한다)을 요청할 수 있다.

② 검사 또는 사법경찰관은 제1항에도 불구하고 수사를 위하여 통신사실확인자료 중 다음 각 호의 어느 하나에 해당하는 자료가 필요한 경우에는 다른 방법으로는 범죄의 실행을 저지하기 어렵거나 범인의 발견 · 확보 또는 증거의 수집 · 보전이 어려운 경우에만 전기통신사업자에게 해당 자료의 열람이나 제출을 요청할 수 있다. 다만, 제5조 제1항 각 호의 어느 하나에 해당하는 범죄 또는 전기통신을 수단으로 하는 범죄에 대한 통신사실확인자료가 필요한 경우에는 제1항에 따라 열람이나 제출을 요청할 수 있다.

  1. 제2조 제11호 바목 · 사목 중 실시간 추적자료
  2. 특정한 기지국에 대한 통신사실확인자료

③ 제1항 및 제2항에 따라 통신사실 확인자료제공을 요청하는 경우에는 요청사유, 해당 가입자와의 연관성 및 필요한 자료의 범위를 기록한 서면으로 관할 지방법원(군사법원을 포함한다. 이하 같다) 또는 지원의 허가를 받아야 한다. 다만, 관할 지방법원 또는 지원의 허가를 받을 수 없는 긴급한 사유가 있는 때에는 통신사실 확인자료제공을 요청한 후 지체 없이 그 허가를 받아 전기통신사업자에게 송부하여야 한다. [경찰승진 22]

④ 제3항 단서에 따라 긴급한 사유로 통신사실확인자료를 제공받았으나 지방법원 또는 지원의 허가를 받지 못한 경우에는 지체 없이 제공받은 통신사실확인자료를 폐기하여야 한다. (이하 생략)

(2) 긴급감청

① **요건** : 검사와 사법경찰관이 제5조 제1항의 요건을 구비한 자에 대하여 허가서 발부절차를 거칠 수 없는 **긴급한 사유**가 있는 때에는 법원의 허가 없이 통신제한조치를 할 수 있다(동법 제8조 제1항, 제7항). 사법경찰관이 긴급통신제한조치를 할 경우에는 미리 검사의 지휘를 받아야 한다. 다만, 특히 급속을 요하여 미리 지휘를 받을 수 없는 사유가 있는 경우에는 긴급통신제한조치의 **집행착수 후 지체 없이 검사의 승인**을 얻어야 한다(동법 제8조 제3항). 검사 또는 사법경찰관이 긴급통신제한조치를 하고자 하는 경우에는 반드시 긴급검열서 또는 긴급감청서에 의하여야 하며 소속기관에 긴급통신제한조치대장을 비치하여야 한다(동법 제8조 제4항).

② **사후허가**

  (가) 긴급감청에 대한 법원의 사후허가 취득의 강제 : 검사 또는 사법경찰관은 긴급통신제한조치의 집행에 착수한 후 지체 없이 법원에 허가청구를 하여야 하고, 긴급통신제한조치의 **집행에 착수한 때부터 36시간** 이내에 **법원의 허가를 받지 못한 경우**에는 해당 조치를 **즉시 중지하고 해당 조치로 취득한 자료를 폐기**하여야 한다(2022.12.27. 개정 통비법 제8조 제3항, 제5항). 집행착수시부터 36시간 내에 **법원의 허가를 받아야** 하고 **허가의 청구**만 있다고 사후허가의 요건이 충족되는 것은 아니다. 2022년 12월 개정 통비법의 요점은, 긴급통신제한조치의 집행에 착수하면 지체 없이 법원에 허가청구를 하고 법원의 허가를 받지 못한 경우 긴급감청 즉시 중지 조항을 신설함으로써 **긴급통신제한조치가 단시간 내에 종료된 경우라도 예외 없이 법원의 허가를 받아야 함**을 분명히 하였다는 점이다. 이로써 구 통비법상 '긴급통신제한조치 단시간 종료 시 법원의 허가를 받을 필요가 없는 경우 종료 후 7일 내 법원에 대한 사후통보제도(구법 제8조 제5항)'는 폐지되었다.[1]

---

1) [주의] 2022.12.27. 개정으로 다음의 구법 제8조 제5항이 삭제되었다. "긴급통신제한조치가 단시간내에 종료되어 법원의 허가를 받을 필요가 없는

(나) **긴급감청자료의 폐기** : 검사 또는 사법경찰관은 긴급통신제한조치로 취득한 자료를 폐기한 경우 폐기이유·범위·일시 등을 기재한 자료폐기결과보고서를 작성하여 폐기일부터 7일 이내에 제2항에 따라 허가청구를 한 법원에 송부하고, 그 부본(副本)을 피의자의 수사기록 또는 피내사자의 내사사건기록에 첨부하여야 한다(2022.12.27. 개정 통비법 제8조 제6항).[1]

보충 통신비밀보호법상 통신제한조치 집행의 통지 및 통신사실 확인자료제공의 통지 관련내용

제9조의2(통신제한조치의 집행에 관한 통지) ① 검사는 제6조 제1항 및 제8조 제1항에 따라 통신제한조치를 집행한 사건에 관하여 공소를 제기하거나, 공소의 제기 또는 입건을 하지 아니하는 처분(기소중지결정, 참고인중지결정을 제외한다)을 한 때에는 그 처분을 한 날부터 30일 이내에 우편물 검열의 경우에는 그 대상자에게, 감청의 경우에는 그 대상이 된 전기통신의 가입자에게 통신제한조치를 집행한 사실과 집행기관 및 그 기간 등을 서면으로 통지하여야 한다. (중략)

② 사법경찰관은 제6조 제1항 및 제8조 제1항에 따라 통신제한조치를 집행한 사건에 관하여 검사로부터 공소를 제기하거나 제기하지 아니하는 처분(기소중지 또는 참고인중지 결정은 제외한다)의 통보를 받거나 검찰송치를 하지 아니하는 처분(수사중지 결정은 제외한다) 또는 내사사건에 관하여 입건하지 아니하는 처분을 한 때에는 그날부터 30일 이내에 우편물 검열의 경우에는 그 대상자에게, 감청의 경우에는 그 대상이 된 전기통신의 가입자에게 통신제한조치를 집행한 사실과 집행기관 및 그 기간 등을 서면으로 통지하여야 한다. [경찰채용 21 2차] (중략)

④ 제1항 내지 제3항의 규정에 불구하고 다음 각 호의 1에 해당하는 사유가 있는 때에는 그 사유가 해소될 때까지 통지를 유예할 수 있다.

1. 통신제한조치를 통지할 경우 국가의 안전보장·공공의 안녕질서를 위태롭게 할 현저한 우려가 있는 때
2. 통신제한조치를 통지할 경우 사람의 생명·신체에 중대한 위험을 초래할 염려가 현저한 때 [해경승진 23]

⑤ 검사 또는 사법경찰관은 제4항에 따라 통지를 유예하려는 경우에는 소명자료를 첨부하여 미리 관할지방검찰청검사장의 승인을 받아야 한다. (중략)

⑥ 검사, 사법경찰관 또는 정보수사기관의 장은 제4항 각 호의 사유가 해소된 때에는 그 사유가 해소된 날부터 30일 이내에 제1항 내지 제3항의 규정에 의한 통지를 하여야 한다.

제13조의3(범죄수사를 위한 통신사실 확인자료제공의 통지) ① 검사 또는 사법경찰관은 제13조에 따라 통신사실 확인자료제공을 받은 사건에 관하여 다음 각 호의 구분에 따라 정한 기간 내에 통신사실 확인자료제공을 받은 사실과 제공요청기관 및 그 기간 등을 통신사실 확인자료제공의 대상이 된 당사자에게 서면으로 통지하여야 한다.

1. 공소를 제기하거나, 공소제기·검찰송치를 하지 아니하는 처분(기소중지·참고인중지 또는 수사중지 결정은 제외한다) 또는 입건을 하지 아니하는 처분을 한 경우 : 그 처분을 한 날부터 30일 이내. 다만, 다음 각 목의 어느 하나에 해당하는 경우 그 통보를 받은 날부터 30일 이내 (중략) [국가7급 23]
   나. 사법경찰관이 「형사소송법」 제245조의5 제1호에 따라 검사에게 송치한 사건으로서 검사로부터 공소를 제기하거나 제기하지 아니하는 처분(기소중지 또는 참고인중지 결정은 제외한다)의 통보를 받은 경우
2. 기소중지·참고인중지 또는 수사중지 결정을 한 경우 : 그 결정을 한 날부터 1년(제6조 제8항 각 호의 어느 하나에 해당하는 범죄인 경우에는 3년)이 경과한 때부터 30일 이내. 다만, 다음 각 목의 어느 하나에 해당하는 경우 그 통보를 받은 날로부터 1년이 경과한 때부터 30일 이내 (중략)
   나. 사법경찰관이 「형사소송법」 제245조의5 제1호에 따라 검사에게 송치한 사건으로서 검사로부터 기소중지 또는 참고인중지 결정의 통보를 받은 경우
3. 수사가 진행 중인 경우 : 통신사실 확인자료제공을 받은 날부터 1년이 경과한 때부터 30일 이내 (이하 생략)

3. 불법감청 등의 처벌 및 불법감청 등 자료의 증거능력

(1) **통신 및 대화비밀의 보호** : 누구든지 통비법과 형사소송법 또는 군사법원법의 규정에 의하지 아니하고는 … 전기통신의 감청 또는 통신사실확인자료의 제공을 하거나 공개되지 아니한 타인 간의 대화를 녹음 또는 청취하지 못한다(통비법 제3조 제1항). 또한 누구든지 공개되지 아니한 타인 간의 대화를 녹음하거나 전자장치 또는 기계적 수단을 이용하여 청취할 수 없다(통비법 제14조 제1항, 전자장치 등을 이용한 청취로 제한). 따

경우에는 그 종료 후 7일 이내에 관할 지방검찰청검사장은 이에 대응하는 법원장에게 긴급통신제한조치를 한 검사, 사법경찰관 또는 정보수사기관의 장이 작성한 긴급통신제한조치통보서를 송부하여야 한다(구법 제8조 제5항)." 따라서 이제는 이 내용으로 출제되면 틀린 것이다.

[1] [참고] 정보수사기관의 장은 국가안보를 위협하는 음모행위, 직접적인 사망이나 심각한 상해의 위험을 야기할 수 있는 범죄 또는 조직범죄등 중대한 범죄의 계획이나 실행 등 긴박한 상황에 있고 제7조 제1항 제2호에 해당하는 자에 대하여 대통령의 승인을 얻을 시간적 여유가 없거나 통신제한조치를 긴급히 실시하지 아니하면 국가안전보장에 대한 위해를 초래할 수 있다고 판단되는 때에는 소속 장관(국가정보원장을 포함한다)의 승인을 얻어 통신제한조치를 할 수 있다(통비법 제8조 제8항). 정보수사기관의 장은 위 통신제한조치의 집행에 착수한 후 지체 없이 동법 제7조에 따라 대통령의 승인을 얻어야 하고(2022.12.27. 개정 통비법 제8조 제9항). 위 통신제한조치의 집행에 착수한 때부터 36시간 이내에 대통령의 승인을 얻지 못한 경우에는 해당 조치를 즉시 중지하고 해당 조치로 취득한 자료를 폐기하여야 한다(2022.12.27. 개정 통비법 제8조 제10항).

라서 통비법 제3조의 규정에 위반하여 전기통신의 감청을 하거나(통신비밀침해죄) 통비법 제3조 및 제14조 제1항의 규정에 위반하여 공개되지 아니한 타인 간의 대화를 녹음 또는 (전자장치 또는 기계적 수단을 이용하여) 청취한(대화비밀침해죄) 자에 대하여는 그 녹음주체가 수사기관인지 사인인지를 불문하고 1년 이상 10년 이하의 징역과 5년 이하의 자격정지에 처한다(통비법 제16조 제1항 제1호). 이 죄는 미수범도 처벌한다(통비법 제18조). 예컨대, 대화에 원래부터 참여하지 않는 제3자가 일반 공중이 알 수 있도록 공개되지 아니한 타인 간의 발언을 녹음하거나 전자장치 또는 기계적 수단을 이용하여 청취하는 것은 통비법 제3조 제1항에 위반되어 대화비밀침해죄를 구성하게 된다. 반면, 자신도 당사자로 참여하는 대화나 통신의 내용을 녹음하는 등의 행위는 위 대화비밀침해죄·통신비밀침해죄를 구성하지 않는다.

대법원 2016.5.12, 2013도15616

통신비밀보호법 제14조 제1항의 금지를 위반하는 행위도 같은 법 제16조 제1항 제1호의 처벌대상이 된다는 사례

통비법의 내용 및 형식, 통비법이 공개되지 아니한 타인간의 대화에 관한 녹음 또는 청취에 대하여 제3조 제1항에서 일반적으로 이를 금지하고 있음에도 제14조 제1항에서 구체화하여 금지되는 행위를 제한하고 있는 입법 취지와 체계 등에 비추어 보면, 통비법 제14조 제1항의 금지를 위반하는 행위는, 통비법과 형사소송법 또는 군사법원법의 규정에 의한 것이라는 등의 특별한 사정이 없는 한, 같은 법 제3조 제1항 위반행위에 해당하여 같은 법 제16조 제1항 제1호의 처벌대상이 된다고 해석하여야 한다(공개되지 아니한 타인간의 대화를 녹음하거나 전자장치 또는 기계적 수단을 이용하여 청취하는 소위 대화비밀침해행위도 전기통신의 불법감청 등과 마찬가지로 당연히 통비법의 처벌대상임).

---

(2) 불법감청에 의한 전기통신내용의 증거사용 금지 : 통비법 제3조의 규정에 위반하여 불법검열에 의하여 취득한 우편물이나 그 내용 및 불법감청에 의하여 지득 또는 채록된 전기통신의 내용은 재판 또는 징계절차에서 증거로 사용할 수 없다(통비 제4조). 이는 형사소송법의 위법수집증거배제법칙(제308조의2)보다도 먼저 명문화된 규정이다. 따라서 통비법을 위반하여 수집한 전기통신의 내용은 위법수집증거로서 그 증거능력이 인정되지 아니한다. 나아가 피고인이나 변호인이 이를 증거로 함에 동의한다 하더라도 증거능력이 부정됨은 마찬가지이다.

4. 관련문제

(1) 대화 당사자인 사인의 비밀녹음 : 자기와의 통화를 녹음하거나 3인 간의 대화에 있어서 그 중 한 사람이 그 대화를 녹음하는 등 대화 당사자(대화 참여자) 중 1인이 몰래 녹음하는 행위는 타인 간의 대화에 해당되지 않으므로 통비법상 통신비밀·대화비밀침해죄(통비 제16조 제1항 제1호)가 성립하지 않는다. 따라서 대화당사자의 비밀 녹음자료의 **증거능력은 인정**된다(대법원 2001.10.9, 2001도3106; 2006.10.12, 2006도4981; 2014.5.16, 2013도16404 - 택시기사 몰래 인터넷중계 사건-).[1] [국가7급 11, 국가9급 15/24]

판례연구 대화당사자의 비밀녹음

1. 대법원 2006.10.12, 2006도4981 [국가9급 15, 국가7급 11]

대화당사자인 사인의 비밀녹음은 통비법위반이 아니라는 사례

통신비밀보호법 제3조 제1항이 "공개되지 아니한 타인 간의 대화를 녹음 또는 청취하지 못한다."라고 정한 것은, 대화에 원래부터 참여하지 않는 제3자가 그 대화를 하는 타인들 간의 발언을 녹음해서는 아니 된다는 취지이고, 3인 간의 대화에 있어서 그 중 한 사람이 그 대화를 녹음하는 경우에 다른 두 사람의 발언은 그 녹음자에 대한 관계에서 '타인 간의 대화'라고 할 수 없으므로, 이와 같은 녹음행위가 통신비밀보호법 제3조 제1항에 위배된다고 볼 수는 없다.

2. 대법원 2022.10.27, 2022도9877

인터넷개인방송을 비정상적인 방법으로 시청·녹화한 사건

방송자가 인터넷을 도관 삼아 인터넷서비스제공업체 또는 온라인서비스제공자인 인터넷개인방송 플랫폼업체의 서버를 이용하여 실시간 또는 녹화된 형태로 음성, 영상물을 방송함으로써 불특정 혹은 다수인이 이를 수신·시청할 수 있게 하는 인터넷개인방송은 그 성격이나 통신비밀보호법의 위와 같은 규정에 비추어 전기통신에 해당함은 명백하다. ① 인터넷개인방송의 방송자가 비밀번호를 설정하는 등 그 수신 범위를 한정하는 비공개 조치를 취하지 않고 방송을 송출하는 경우, 누구든지 시청하

---

1) [참고] 학설로는 증거능력 긍정설(이/조, 임동규)과 부정설(多)이 대립한다. 판례는 긍정설이다.

는 것을 포괄적으로 허용하는 의사라고 볼 수 있으므로, 그 시청자는 인터넷개인방송의 당사자인 수신인에 해당하고, 이러한 시청자가 방송 내용을 지득·채록하는 것은 통신비밀보호법에서 정한 감청에 해당하지 않는다. 그러나 ② 인터넷개인방송의 방송자가 비밀번호를 설정하는 등으로 비공개 조치를 취한 후 방송을 송출하는 경우에는, 방송자로부터 허가를 받지 못한 사람은 당해 인터넷개인방송의 당사자가 아닌 '제3자'에 해당하고, 이러한 제3자가 비공개 조치가 된 인터넷개인방송을 비정상적인 방법으로 시청·녹화하는 것은 통신비밀보호법상의 감청에 해당할 수 있다. 다만, ③ 방송자가 이와 같은 제3자의 시청·녹화 사실을 알거나 알 수 있었음에도 방송을 중단하거나 그 제3자를 배제하지 않은 채 방송을 계속 진행하는 등 허가받지 아니한 제3자의 시청·녹화를 사실상 승낙·용인한 것으로 볼 수 있는 경우에는 불특정인 혹은 다수인을 직·간접적인 대상으로 하는 인터넷개인방송의 일반적 특성상 그 제3자 역시 인터넷개인방송의 당사자에 포함될 수 있으므로, 이러한 제3자가 방송 내용을 지득·채록하는 것은 통신비밀보호법에서 정한 감청에 해당하지 않는다.

> [보충] 비밀번호를 설정하여 인터넷개인방송을 진행하던 乙은 甲이 불상의 방법으로 방송에 접속하거나 시청하고 있다는 사정을 알면서도 방송을 중단하거나 甲을 배제하는 조치를 취하지 아니하고 오히려 甲의 시청사실을 전제로 甲을 상대로 한 발언을 하기도 하는 등 계속 방송을 진행하였다. 그런데 甲은 위 방송을 시청하면서 음향·영상 등을 청취하거나 녹음하였다. 이 경우 甲의 행위는 통신비밀보호법에 위반되는 감청행위에 해당하지 않는다는 판례이다.

(2) 일방당사자의 동의에 의한 감청 : 제3자가 전화통화자 중 일방만의 동의를 얻어 통화내용을 녹음한 행위는 통신비밀침해죄를 구성한다. 따라서 위 감청자료의 **증거능력은 부정**된다(대법원 2002.10.8, 2002도123; 2009. 12.24, 2009도11401; 2010.10.14, 2010도9016; 2016.5.12, 2013도15616 - 통화종료 전 타인 간 대화 몰래 녹음 사건).

🔎 **판례연구** 일방당사자의 동의에 의한 제3자의 감청 여부 및 불법감청자료의 증거능력

1. 대법원 2002.10.8, 2002도123

일방당사자의 동의에 의한 감청은 통비법위반이라는 사례

① 전기통신에 해당하는 전화통화 당사자의 일방이 상대방 모르게 통화내용을 녹음(위 법에는 '채록'이라고 규정한다)하는 것은 여기의 감청에 해당하지 아니하지만(따라서 전화통화 당사자의 일방이 상대방 몰래 통화내용을 녹음하더라도, 대화 당사자 일방이 상대방 모르게 그 대화내용을 녹음한 경우와 마찬가지로 동법 제3조 제1항 위반이 되지 아니한다), ② 제3자의 경우는 설령 전화통화 당사자 일방의 동의를 받고 그 통화내용을 녹음하였다 하더라도 그 상대방의 동의가 없었던 이상, 사생활 및 통신의 불가침을 국민의 기본권의 하나로 선언하고 있는 헌법규정과 통신비밀의 보호와 통신의 자유신장을 목적으로 제정된 통신비밀보호법의 취지에 비추어 이는 동법 제3조 제1항 위반이 된다고 해석하여야 할 것이다(이 점은 제3자가 공개되지 아니한 타인 간의 대화를 녹음한 경우에도 마찬가지이다).

2. 대법원 2009.12.24, 2009도11401; 2010.10.14, 2010도9016

불법감청자료는 증거능력이 없다는 사례

제3자의 경우는 설령 전화통화 당사자 일방의 동의를 받고 그 통화 내용을 녹음하였다 하더라도 그 상대방의 동의가 없었던 이상, 이는 여기의 감청에 해당하여 통신비밀보호법 제3조 제1항 위반이 되고(대법원 2002.10.8, 2002도123 참조), 법 제3조 제1항에 위반한 불법감청에 의하여 녹음된 전화통화의 내용은 법 제4조에 의하여 증거능력이 없다(대법원 2001.10.9, 2001도3106 등 참조). 사생활 및 통신의 불가침을 국민의 기본권의 하나로 선언하고 있는 헌법규정과 통신비밀의 보호와 통신의 자유신장을 목적으로 제정된 통신비밀보호법의 취지에 비추어 볼 때 피고인이나 변호인이 이를 증거로 함에 동의하였다고 하더라도 달리 볼 것은 아니다.

> [보충] 수사기관이 甲으로부터 피고인의 마약류관리에 관한 법률 위반(향정) 범행에 대한 진술을 듣고 추가적인 증거를 확보할 목적으로, 구속수감되어 있던 甲에게 그의 압수된 휴대전화를 제공하여 피고인과 통화하고 위 범행에 관한 통화 내용을 녹음하게 하여 획득한 녹음을 근거로 작성된 녹취록 첨부 수사보고는 피고인의 증거동의가 있더라도 그 증거능력이 인정되지 아니한다는 사례이다.

3. 대법원 2024.1.11, 2020도1538

피해아동의 부모가 초등학교 담임교사의 수업시간 중 발언을 몰래 녹음한 파일의 증거능력이 문제된 사건

피해아동의 담임교사인 피고인 甲은 피해아동 乙에게 수업시간 중 교실에서 "학교 안 다니다 온 애 같아."라고 말하는 등 정서적 학대행위를 하였다는 이유로 기소되었는데, 피해아동의 부모 A 등은 피해아동 乙의 가방에 녹음기를 넣어 수업시간 중 교실에서 피고인 甲이 한 발언을 몰래 녹음하였다. … 통신비밀보호법 제14조 제1항은 "누구든지 공개되지 아니한 타인 간의 대화를 녹음하거나 전자장치 또는 기계적 수단을 이용하여 청취할 수 없다."라고 규정하고, 제14조 제2항 및 제4조는 "제14조 제1항을 위반한 녹음에 의하여 취득한 대화의 내용은 재판 또는 징계절차에서 증거로 사용할 수 없다."라는 취지로 규정하고 있다. 통신비밀보호법 제14조 제1항이 공개되지 않은 타인 간의 대화를 녹음 또는 청취하지 못하도록 한 것은, 대화에 원래부터 참여하지 않는 제3자가 일반 공중이 알 수 있도록 공개되지 않은 타인 간의 발언을 녹음하거나 전자장치 또

는 기계적 수단을 이용하여 청취해서는 안 된다는 취지이다. 여기서 '공개되지 않았다'는 것은 반드시 비밀과 동일한 의미는 아니고 일반 공중에게 공개되지 않았다는 의미이며, 구체적으로 공개된 것인지는 발언자의 의사와 기대, 대화의 내용과 목적, 상대방의 수, 장소의 성격과 규모, 출입의 통제 정도, 청중의 자격 제한 등 객관적인 상황을 종합적으로 고려하여 판단해야 한다(대법원 2022.8.31, 2020도1007 등). ① 초등학교 교실은 출입이 통제되는 공간이고, 수업시간 중 불특정 다수가 드나들 수 있는 장소가 아니며, 수업시간 중인 초등학교 교실에 학생이 아닌 제3자가 별다른 절차 없이 참석하여 담임교사의 발언 내용을 청취하는 것은 상정하기 어려우므로, 초등학교 담임교사가 교실에서 수업시간 중 한 발언은 통상적으로 교실 내 학생들만을 대상으로 하는 것으로서 교실 내 학생들에게만 공개된 것일 뿐, 일반 공중이나 불특정 다수에게 공개된 것이 아닌 점, ② 피고인의 발언은 특정된 30명의 학생들에게만 공개되었을 뿐, 일반 공중이나 불특정 다수에게 공개되지 않았으므로, 대화자 내지 청취자가 다수였다는 사정만으로 '공개된 대화'로 평가할 수는 없고, 대화 내용이 공적인 성격을 갖는지 여부나 발언자가 공적 인물인지 여부 등은 '공개되지 않은 대화'에 해당하는지 여부를 판단하는 데에 영향을 미치지 않는 점, ③ 피해아동의 부모는 피고인의 수업시간 중 발언의 상대방, 즉 대화에 원래부터 참여한 당사자에 해당하지 않는 점 등에 비추어 보면, 이 사건 녹음파일 등은 통신비밀보호법 제14조 제1항을 위반하여 '공개되지 아니한 타인 간의 대화'를 녹음한 것이므로 통신비밀보호법 제14조 제2항 및 제4조에 따라 증거능력이 부정된다고 보아야 한다.

(3) 발신자추적장치의 사용 : 대화내용 자체에 대한 청취가 아니어서 사생활의 침해가 없으므로 영장 없이도 허용된다.

IV 보호실유치

1. 원 칙

(1) 강제유치 : 실질적인 구금으로서 구속에 해당하므로 영장에 의하지 않는 한 허용되지 않는다.

(2) 승낙유치 : 승낙이 있다고 하여 이를 허용하게 되면 영장에 의하지 않은 실질적인 구속이 자행되어 영장 주의원칙이 침해되므로 **허용되지 않는다**(통설·판례, 대법원 1994.3.11, 93도958).[1] [경찰승진 11, 경찰채용 06 2차]

대법원 1994.3.11, 93도958

피의자를 보호실에 유치하는 것은 위법하다는 사례

경찰서에 설치되어 있는 보호실은 영장대기자나 즉결대기자 등의 도주방지와 경찰업무의 편의 등을 위한 수용시설로서 사실상 설치, 운영되고 있으나 현행법상 그 설치근거나 운영 및 규제에 관한 법령의 규정이 없고, 이러한 보호실은 그 시설 및 구조에 있어 통상 철창으로 된 방으로 되어 있어 그 안에 대기하고 있는 사람들이나 그 가족들의 출입이 제한되는 등 일단 그 장소에 유치되는 사람은 그 의사에 기하지 아니하고 일정장소에 구금되는 결과가 되므로(대법원 1971.3.9, 70도2406; 1985.7.29, 85모 16 등), 경직법상 정신착란자, 주취자, 자살기도자 등 응급의 구호를 요하는 자를 24시간을 초과하지 아니하는 범위 내에서 경찰관서에 보호조치할 수 있는 시설로 제한적으로 운영되는 경우(경직법 제4조 제1항, 제7항)를 제외하고는 구속영장을 발부받음이 없이 피의자를 보호실에 유치함은 영장주의에 위배되는 위법한 구금으로서 적법한 공무수행이라고 볼 수 없다 할 것이다.

---

2. 예 외

경직법상 주취자·정신착란자·자살기도자 등에 대한 보호조치(경직법 제4조) 등의 경우 보호실유치가 허용된다.[2]

---

1) [참고] 승낙이 있어도 허용될 수 없는 것 : (경직법에 근거가 없는) 보호실유치, 마취분석

2) [조문] 경찰관직무집행법 제4조(보호조치 등) ① 경찰관은 수상한 행동이나 그 밖의 주위 사정을 합리적으로 판단해 볼 때 다음 각 호의 어느 하나에 해당하는 것이 명백하고 응급구호가 필요하다고 믿을 만한 상당한 이유가 있는 사람(이하 "구호대상자"라 한다)을 발견하였을 때에는 보건의료기관이나 공공구호기관에 긴급구호를 요청하거나 경찰관서에 보호하는 등 적절한 조치를 할 수 있다.
  1. 정신착란을 일으키거나 술에 취하여 자신 또는 다른 사람의 생명·신체·재산에 위해를 끼칠 우려가 있는 사람
  2. 자살을 시도하는 사람
  3. 미아, 병자, 부상자 등으로서 적당한 보호자가 없으며 응급구호가 필요하다고 인정되는 사람. 다만, 본인이 구호를 거절하는 경우는 제외한다.
  (중략)
  ⑦ 제1항에 따라 구호대상자를 경찰관서에서 보호하는 기간은 24시간을 초과할 수 없고, 제3항에 따라 물건을 경찰관서에 임시로 영치하는 기간은 10일을 초과할 수 없다.

Ⅴ 승낙수색과 승낙검증

승낙수색에 대해서는, 강제수사설과 임의수사설(多)이 대립하나, 형사소송법상 임의제출물의 압수에 대하여 영장을 요하지 않는 취지(제108조)를 고려할 때 임의수사설이 타당하다. 판례는 범죄피해자의 동의만으로 승낙검증이 허용된다는 판시도 내리고 있다.

🔨 판례연구 승낙수색 · 승낙검증에 의한 유류물 압수 사례

대법원 2008.10.23, 2008도7471

수사기관이 적법절차를 위반하여 지문채취 대상물을 압수한 경우, 그전에 이미 범행 현장에서 위 대상물에서 채취한 지문이 위법수집증거에 해당하지 아니한다는 사례

피해자 공소외 1의 신고를 받고 현장에 출동한 인천남동경찰서 과학수사팀 소속 경장 공소외 2는 피해자 공소외 1이 범인과 함께 술을 마신 테이블 위에 놓여 있던 맥주컵에서 지문 6점을, 물컵에서 지문 8점을, 맥주병에서 지문 2점을 각각 현장에서 직접 채취하였음을 알 수 있는바, 이와 같이 범행 현장에서 지문채취 대상물에 대한 지문채취가 먼저 이루어진 이상, 수사기관이 그 이후에 지문채취 대상물을 적법한 절차에 의하지 아니한 채 압수하였다고 하더라도, 위와 같이 채취된 지문은 위법하게 압수한 지문채취 대상물로부터 획득한 2차적 증거에 해당하지 아니함이 분명하여, 이를 가리켜 위법수집증거라고 할 수 없다.

Ⅵ 마취분석

일정한 약품의 작용에 의하여 사실을 진술하게 하는 것을 말하는바, 이는 인간을 한낱 조사의 객체로 전락하게 함으로써 인간의 존엄성을 훼손시키는 방법이므로, 피의자의 **동의 유무를 불문하고 절대적으로 금지**된다. [법원행시 02]

Ⅶ 사진촬영

1. 법적 성격

사진촬영에 대해서는 임의수사로 보는 일본 법원의 견해, 공개장소에서는 임의수사이나 사적 공간에서는 강제수사라는 이분설, 피촬영자의 의사의 반하여 그 법익인 초상권을 침해한다는 점에서 강제수사로 보는 통설이 대립한다. 판례는 명시적인 입장이 없었으나 최근 임의수사로 본 듯한 판시를 내린 바 있다.

🔨 판례연구 사진촬영의 법적 성격

대법원 2023.7.13, 2019도7891

사진촬영을 임의수사로 본 듯한 판례

수사기관이 범죄를 수사하면서 불특정, 다수의 출입이 가능한 장소에 통상적인 방법으로 출입하여 아무런 물리력이나 강제력을 행사하지 않고 통상적인 방법으로 위법행위를 확인하는 것은 특별한 사정이 없는 한 임의수사의 한 방법으로서 허용되므로 영장 없이 이루어졌다고 하여 위법하다고 할 수 없다. 또한 수사기관이 범죄를 수사하면서 현재 범행이 행하여지고 있거나 행하여진 직후이고, 증거보전의 필요성 및 긴급성이 있으며, 일반적으로 허용되는 상당한 방법으로 촬영한 경우라면 위 촬영이 영장 없이 이루어졌다 하여 이를 위법하다고 할 수 없다. 다만, 촬영으로 인하여 초상권, 사생활의 비밀과 자유, 주거의 자유 등이 침해될 수 있으므로 수사기관이 일반적으로 허용되는 상당한 방법으로 촬영하였는지 여부는 수사기관이 촬영장소에 통상적인 방법으로 출입하였는지 또 촬영장소와 대상이 사생활의 비밀과 자유 등에 대한 보호가 합리적으로 기대되는 영역에 속하는지 등을 종합적으로 고려하여 신중하게 판단하여야 한다.

---

2. 허용요건

(1) **영장주의** : 강제수사이므로 영장주의가 적용되는 것은 당연하다. 따라서 수사기관은 검증 등에 관한 사전 영장을 받아야 한다. 다만, 판례는 사진촬영에 대해서는 폭넓은 영장주의의 예외를 인정하는 판시들을 내리고 있다.

(2) 영장주의의 예외 : 현재 범행이 행하여지고 있거나 행하여진 직후(**범죄의 현재성**), 증거보전의 필요성 내지 **긴급성**이 있으며, 일반적으로 허용되는 상당한 방법(**수단의 상당성**)에 의하여 촬영하였다는 요건을 갖춘 경우 사진촬영이 허용된다.

🔍 판례연구 사진촬영은 적법하다는 판례

1. 대법원 1999.9.3, 99도2317 [경찰채용 23 1차]

영남위원회 사건 : 비디오테이프의 증거능력

누구든지 자기의 얼굴 기타 모습을 함부로 촬영당하지 않을 자유를 가지나 이러한 자유도 국가권력의 행사로부터 무제한으로 보호되는 것은 아니고 국가의 안전보장·질서유지·공공복리를 위하여 필요한 경우에는 상당한 제한이 따르는 것이고, 수사기관이 범죄를 수사함에 있어 현재 범행이 행하여지고 있거나 행하여진 직후이고, 증거보전의 필요성 및 긴급성이 있으며, 일반적으로 허용되는 상당한 방법에 의하여 촬영을 한 경우라면 위 촬영이 영장 없이 이루어졌다 하여 이를 위법하다고 단정할 수 없다.

2. 대법원 1999.12.7, 98도3329

무인장비에 의하여 제한속도 위반차량의 차량번호 등을 촬영한 사진의 증거능력을 인정한 사례

무인장비에 의한 제한속도 위반차량 단속은 이러한 수사활동의 일환으로서 도로에서의 위험을 방지하고 교통의 안전과 원활한 소통을 확보하기 위하여 도로교통법령에 따라 정해진 제한속도를 위반하여 차량을 주행하는 범죄가 현재 행하여지고 있고, 그 범죄의 성질·태양으로 보아 긴급하게 증거보전을 할 필요가 있는 상태에서 일반적으로 허용되는 한도를 넘지 않는 상당한 방법에 의한 것이라고 판단되므로, 이를 통하여 운전 차량의 차량번호 등을 촬영한 사진을 두고 위법하게 수집된 증거로서 증거능력이 없다고 말할 수 없다.

3. 대법원 2013.7.26, 2013도2511

왕재산 간첩단 사건 : 해외촬영 사진의 증거능력

(위 대법원 1999.9.3, 99도2317 판결의 법리에 의하여) 피고인들이 일본 또는 중국에서 북한 공작원들과 회합하는 모습을 동영상으로 촬영한 것은 위 피고인들이 회합한 증거를 보전할 필요가 있어서 이루어진 것이고, 피고인들이 반국가단체의 구성원과 회합 중이거나 회합하기 직전 또는 직후의 모습을 촬영한 것으로 그 촬영 장소도 차량이 통행하는 도로 또는 식당 앞길, 호텔 프런트 등 공개적인 장소인 점 등을 알 수 있으므로, 이러한 촬영이 일반적으로 허용되는 상당성을 벗어난 방법으로 이루어졌다거나, 영장 없는 강제처분에 해당하여 위법하다고 볼 수 없다.

4. 대법원 2023.4.27, 2018도8161; 2023.7.13, 2019도7891

영장 없이 촬영된 촬영물 등의 증거능력 : 수사기관의 영장 없는 범행장면 촬영이 위법한지 여부를 판단하는 기준

P 등 경찰관들은 나이트클럽에 손님으로 가장하고 출입하여 나이트클럽 무대 위의 음란 공연을 촬영하였는데, 사전 또는 사후에 영장을 발부받지 않았다(풍속영업규제법위반 혐의). … 수사기관이 범죄를 수사하면서 현재 범행이 행하여지고 있거나 행하여진 직후이고, 증거보전의 필요성 및 긴급성이 있으며, 일반적으로 허용되는 상당한 방법으로 촬영한 경우라면 위 촬영이 영장 없이 이루어졌다 하여 이를 위법하다고 할 수 없다(대법원 1999.9.3, 99도2317). … 이 사건 촬영물은 경찰관들이 피고인들에 대한 범죄의 혐의가 포착된 상태에서 이 사건 나이트클럽 내에서의 음란행위 영업에 관한 증거를 보전하기 위한 필요에 의하여, 불특정 다수에게 공개된 장소인 이 사건 나이트클럽에 통상적인 방법으로 출입하여 손님들에게 공개된 모습을 촬영한 것이다. 따라서 영장 없이 촬영이 이루어졌다 하여 이를 위법하다고 할 수 없어 이 사건 촬영물과 그 촬영물을 캡처한 영상 사진은 그 증거능력이 인정된다.

5. 대법원 2023.7.13, 2021도10763

공개된 영업소에서의 촬영 사건

수사기관이 범죄를 수사하면서 현재 범행이 행하여지고 있거나 행하여진 직후이고, 증거보전의 필요성 및 긴급성이 있으며, 일반적으로 허용되는 상당한 방법으로 촬영한 경우라면 위 촬영이 영장 없이 이루어졌다 하여 이를 위법하다고 할 수 없다(대법원 1999.9.3, 99도2317). 특별사법경찰관이 범죄혐의가 포착된 상태에서 증거를 보전하기 위한 필요에 의하여 공개된 장소인 이 사건 영업소에 통상적인 방법으로 출입하여 이 사건 영업소 내에 있는 사람이라면 누구나 볼 수 있었던 손님들이 춤추는 모습을 촬영한 것은 영장 없이 이루어졌다고 하여 위법하다고 볼 수 없다.[1]

---

1) [참고 - 또 다른 논점] 식품위생법 제22조 제3항에 의하면, 같은 법 제22조 제1항 제2호에 따라 영업소에 출입하여 식품 등 또는 영업시설 등에 대하여 검사하거나, 식품 등의 무상수거, 장부 또는 서류를 열람하는 등의 행정조사를 하려는 경우 공무원은 '권한을 표시하는 증표 및 조사기간 등이 기재된 서류를 제시'하여야 한다. (다만) 식품위생법 제22조 제3항에 따라 '권한을 표시하는 증표 및 조사기간 등이 기재된 서류를 제시하여야 하는 경우'는 식품위생법 제22조 제1항 제2호에 따라 영업소에 출입하여 식품 등 또는 영업시설 등에 대하여 검사하거나, 식품 등의 무상수거, 장부 또는 서류를 열람하는 등의 행정조사를 하려는 경우에 한정된다. 따라서 구 형사소송법(2020.2.4. 법률 제16924호로 개정되기 전의 것) 제197조, 구 사법경찰관리의 직무를 수행할 자와 그 직무범위에 관한 법률(2019.12.10. 법률 제16768호로 개정되기 전의 것) 제5조 제8호에 근거하여 특별사법경찰관리로 지명된 공무원이 범죄수사를 위하여 음식점 등 영업소에 출입하여 증거수집 등 수사를 하는 경우에는 식품위생법 제22조 제3항이 정한 절차를 준수하지 않았다고 하여 위법하다고 할 수 없다(대법원 2023.7.13, 2021도10763).

VIII 계좌추적

금융실명거래 및 비밀보장에 관한 법률에 의하면, 금융기관 종사자는 금융거래 정보 또는 자료를 타인에게 제공하거나 누설하지 못한다. 다만, **법원의 제출명령이나 영장**이 발부된 경우 등에 예외적으로 금융정보를 제공할 수 있다(동법 제4조 제1항). 따라서 영장주의를 위반하여 금융실명법상 거래정보를 취득한 것은 위법수집증거에 해당한다.

★ 판례연구 금융실명법상 거래정보의 획득에는 영장이 필요하다는 사례

대법원 2013.3.28, 2012도13607

수사기관이 법관의 영장에 의하지 아니하고 금융회사 등으로부터 신용카드 매출전표의 거래명의자에 관한 정보를 획득한 경우, 그와 같이 수집된 증거의 증거능력은 원칙적으로 인정되지 아니한다는 사례

수사기관이 범죄 수사를 목적으로 금융실명법 제4조 제1항에 정한 '거래정보 등'을 획득하기 위해서는 법관의 영장이 필요하고, 신용카드에 의하여 물품을 거래할 때 '금융회사 등'이 발행하는 매출전표의 거래명의자에 관한 정보 또한 금융실명법에서 정하는 '거래정보 등'에 해당하므로, 수사기관이 금융회사 등에 그와 같은 정보를 요구하는 경우에도 법관이 발부한 영장에 의하여야 한다. 그럼에도 수사기관이 영장에 의하지 아니하고 매출전표의 거래명의자에 관한 정보를 획득하였다면, 그와 같이 수집된 증거는 원칙적으로 형사소송법 제308조의2에서 정하는 '적법한 절차에 따르지 아니하고 수집한 증거'에 해당하여 유죄의 증거로 삼을 수 없다.

---

03 임의수사의 방법

I 피의자신문

1. 의 의

검사 또는 사법경찰관이 수사에 필요한 경우에 피의자의 출석을 요구하여 피의자를 신문하고 그 진술을 듣는 절차를 말하며, 형사소송법에서는 이를 명문으로 규정하고 있다(제200조). [경찰채용 08 2차] 피의자신문(被疑者訊問)은 대표적인 임의수사의 방법이다.

2. 방법 (cf. 제312조 제1항·제3항의 적법성 요건)

(1) 출석요구

① 방법 : 수사기관은 피의자·참고인에 대하여 진술을 듣기 위해 출석을 요구할 수 있으므로(제200조) **제한이 없다.** 서면(출석요구서)의 송달에 의함이 원칙이나, 전화·구두·인편에 의한 출석요구도 허용된다. [경찰간부 13] 출두장소는 반드시 수사관서로 제한되지 않는다.

참고하기 피의자에 대한 출석요구 시 유의사항

수사준칙에서는 피의자에 대한 출석요구 시 유의해야 할 사항을 규정하고 있다.

제19조[출석요구] ① 검사 또는 사법경찰관은 피의자에게 출석요구를 할 때에는 다음 각 호의 사항을 유의해야 한다.

1. 출석요구를 하기 전에 우편·전자우편·전화를 통한 진술 등 출석을 대체할 수 있는 방법의 선택 가능성을 고려할 것
2. 출석요구의 방법, 출석의 일시·장소 등을 정할 때에는 피의자의 명예 또는 사생활의 비밀이 침해되지 않도록 주의할 것
3. 출석요구를 할 때에는 피의자의 생업에 지장을 주지 않도록 충분한 시간적 여유를 두도록 하고, 피의자가 출석 일시의 연기를 요청하는 경우 특별한 사정이 없으면 출석 일시를 조정할 것
4. 불필요하게 여러 차례 출석요구를 하지 않을 것

② 검사 또는 사법경찰관은 피의자에게 출석요구를 하려는 경우 피의자와 조사의 일시·장소에 관하여 협의해야 한다. 이 경우 변호인이 있는 경우에는 변호인과도 협의해야 한다.

③ 검사 또는 사법경찰관은 피의자에게 출석요구를 하려는 경우 피의사실의 요지 등 출석요구의 취지를 구체적으로 적은 출석요구서를 발송해야 한다. 다만, 신속한 출석요구가 필요한 경우 등 부득이한 사정이 있는 경우에는 전화, 문자메시지, 그

밖의 상당한 방법으로 출석요구를 할 수 있다.

(중략)

⑥ 제1항부터 제5항까지의 규정은 피의자 외의 사람에 대한 출석요구의 경우에도 적용한다.

② **임의출석** : 임의수사이므로 피의자는 **출석요구에 응할 의무가 없어** 출석을 거부할 수 있으며, 출석한 때에도 언제든지 퇴거할 수 있다. [국가9급 08, 경찰간부 14] 따라서 피의자신문을 위한 구인(拘引)은 허용되지 않는다.

(2) 진술거부권의 고지

① **시기 · 고지의무** : 수사기관이 피의자를 **신문하기 전**에 진술을 거부할 수 있음을 알려야 한다(제244조의3 제1항). [경찰간부 13, 경찰승진 14] 여러 번 신문할 경우 신문시마다 고지할 필요는 없다.

② **고지내용**(제244조의3 제1항) : 거/불/포/변/(검)

(가) 일체의 진술을 하지 아니하거나 개개의 질문에 대하여 진술을 하지 아니할 수 있다는 것(진술 거부) [법원9급 09]

(나) 진술을 하지 아니하더라도 불이익을 받지 아니한다는 것

(다) 진술을 거부할 권리를 포기하고 행한 진술은 법정에서 유죄의 증거로 사용될 수 있다는 것 [경찰승진 11, 경찰채용 09 2차]

(라) 신문을 받을 때에는 변호인을 참여하게 하는 등 변호인의 조력을 받을 수 있다는 것

> **보충** 2020.2.4. 개정 형사소송법에 의하여 사법경찰관의 피의자신문 전 고지사항으로 위법 · 부당수사에 대한 검사에 대한 구제신청권도 포함되게 되었다(법 제197조의3 제8항).[1]

③ **조서에의 기재** : 검사 또는 사법경찰관은 진술거부권을 고지한 때에는 피의자가 진술을 거부할 권리와 변호인의 조력을 받을 권리를 행사할 것인지의 여부를 질문하고, 이에 대한 **피의자의 답변을 기재하여야 한다.** 이 경우 피의자의 답변은 피의자로 하여금 **자필로 기재**하게 하거나 검사 또는 사법경찰관이 피의자의 답변을 기재한 부분에 **기명날인 또는 서명**하게 하여야 한다(동조 제2항).

④ **불고지 효과** : 진술거부권을 고지하지 않고 신문한 경우에는 **진술의 임의성이 인정되는 경우라 하더라도** 그 진술을 기재한 피의자신문조서는 **위법수집증거로서 증거능력이 부정**된다는 것이 판례의 입장이다.

[법원9급 11/13/14, 국가7급 07/08, 국가9급 09/13, 교정9급특채 10, 경찰간부 11/12, 경찰승진 10/11]

⚖ 판례연구 피의자신문 전 진술거부권 불고지

대법원 1992.6.23, 92도682

피의자에게 진술거부권을 고지하지 아니하고 작성한 피의자신문조서는 위법수집증거라는 사례

형사소송법은 검사 또는 사법경찰관이 출석한 피의자의 진술을 들을 때에는 미리 피의자에 대하여 진술을 거부할 수 있음을 알려야 한다고 규정하고 있는바, 이러한 피의자의 진술거부권은 헌법이 보장하는 형사상 자기에 불리한 진술을 강요당하지 않는 자기부죄거부의 권리에 터잡은 것이므로 수사기관이 피의자를 신문함에 있어서 피의자에게 미리 진술거부권을 고지하지 않은 때에는 그 피의자의 진술은 위법하게 수집된 증거로서 진술의 임의성이 인정되는 경우라도 증거능력이 부인되어야 한다.

> **보충** 진술거부권을 고지하지 않고 피의자신문에 의하여 자백을 받은 경우 자백의 증거능력이 부정됨은 당연하다. 다만, 그 근거에 대해서는 아래와 같은 학설 · 판례의 대립이 있다.
> ① 자백배제법칙적용설 : 자백배제법칙(법 제309조)의 이론적 근거에 관하여 위법배제설을 취하면 자백배제법칙은 위법수집증거배제법칙의 특칙에 지나지 않으므로, 진술거부권 불고지, 변호인 조력권 침해에 의한 자백은 법 제309조의 자백배제법칙의 '기타의 방법'에 해당되어 그 임의성이 의심되므로 자백배제법칙이 적용된다(다수설).
> ② 위법수집증거배제법칙적용설 : 진술거부권은 진술의 내용을 문제삼지 않는다는 점에서 허위배제를 근거로 하는 증거법칙인 자백배제법칙과는 구별되어야 하고(진술거부권과 자백배제법칙의 관계에 관한 구별설), 진술거부권을 고지하지 않은 것은 중대한 위법에 해당하므로 (진술의 임의성이 인정된다 하더라도) 위법수집증거배제법칙이 적용된다(소수설 · 판례).

---

1) [조문] 제197조의3(시정조치요구 등) ① 검사는 사법경찰관리의 수사과정에서 법령위반, 인권침해 또는 현저한 수사권 남용이 의심되는 사실의 신고가 있거나 그러한 사실을 인식하게 된 경우에는 사법경찰관에게 사건기록 등본의 송부를 요구할 수 있다. (중략)
⑧ 사법경찰관은 피의자를 신문하기 전에 수사과정에서 법령위반, 인권침해 또는 현저한 수사권 남용이 있는 경우 검사에게 구제를 신청할 수 있음을 피의자에게 알려주어야 한다.

(3) 피의자에 대한 신문

① **신문사항**

(가) **인정신문** : 수사기관은 먼저 피의자의 성명·연령·본적·주거·직업을 물어야 한다(제241조). 피의자는 인정신문에 대해서도 진술을 거부할 수 있다.

(나) **범죄사실과 정상** : 수사기관은 피의자에 대하여 범죄사실과 정상(情狀)에 관한 필요사항을 신문하여야 하며, 그 이익되는 사실을 진술할 기회를 주어야 한다(제242조).

(다) **대질신문** : 수사기관이 사실발견에 필요한 때에는 피의자와 다른 피의자 또는 피의자 아닌 자와 대질(對質)하게 할 수 있다(제245조). [경찰간부 13]

② **신문의 주체와 참여자**

(가) **신문의 주체** : 검사 또는 사법경찰관이다. 사법경찰리도 사법경찰관사무취급일 때에는 신문할 수 있다(대법원 1982.12.28, 82도1080).

(나) **참여자**

㉠ **변호인** : 검사 또는 사법경찰관은 **피의자 또는 변호인·법정대리인·배우자·직계친족·형제자매의 신청**이 있는 때에는 변호인을 피의자와 접견하게 하거나 정당한 사유가 없는 한 **변호인**을 피의자신문에 참여하게 하여야 한다(제243조의2 제1항). [법원9급 13, 국가9급 09]

[조문] 구금되어 있지 않은 피의자의 접견교통권 및 피의자신문과정에의 변호인 참여권을 2007년 개정에 의하여 신설하여 명문의 규정을 둔 것이다.

㉡ **신뢰관계 있는 자** : 검사 또는 사법경찰관은 피의자를 신문하는 경우에 ⓐ 피의자가 신체적 또는 정신적 장애로 사물을 변별하거나 의사를 결정·전달할 능력이 미약하거나, ⓑ 피의자의 연령·성별·국적 등의 사정을 고려하여 그 심리적 안정의 도모와 원활한 의사소통을 위하여 필요한 경우에는 **직권 또는 피의자, 법정대리인의 신청**에 따라 피의자와 **신뢰관계에 있는 자**를 동석하게 할 수 있다(제244조의5).

㉢ **검찰수사관 등** : 검사의 피의자신문시에는 **검찰청수사관 또는 서기관이나 서기**를, 사법경찰관의 피의자신문시에는 **사법경찰관리**를 참여하게 하여야 한다(제243조). [국가급 08] 이는 참여자의 신문 보조 기능을 고려함과 동시에 조서 기재의 정확성과 신문절차의 적법성을 보장하기 위한 것이다.

㉣ **전문수사자문위원** : 검사는 공소제기 여부와 관련된 사실관계를 분명하게 하기 위하여 필요한 경우에는 직권이나 **피의자 또는 변호인의 신청**에 의하여 **전문수사자문위원**을 지정하여 수사절차에 참여하게 하고 자문을 들을 수 있다(제245조의2 제1항).

③ **조사의 시간** : 2020.10.7. 제정된 수사준칙에서는 조사(피의자신문·참고인조사 등)의 시간과 관련된 규정들을 신설하고 있다.

(가) **심야조사의 제한** : 검사 또는 사법경찰관은 조사, 신문, 면담 등 그 명칭을 불문하고 피의자나 사건관계인에 대해 (예외적인 경우[1]를 제외하고는) 오후 9시부터 오전 6시까지 사이에 조사(이하 '심야조사')를 해서는 안 된다. 다만, 이미 작성된 조서의 열람을 위한 절차는 자정 이전까지 진행할 수 있다(수사준칙 제21조 제1항).

(나) **장시간 조사의 제한** : ㉠ 검사 또는 사법경찰관은 조사, 신문, 면담 등 그 명칭을 불문하고 피의자나 사건관계인을 조사하는 경우에는 대기시간, 휴식시간, 식사시간 등 모든 시간을 합산한 **총조사시간이 12시간을 초과하지 않도록 해야 한다.** 다만, 피의자나 사건관계인의 서면 요청에 따라 조서를 열람하는 경우, 체포 후 48시간 이내에 구속영장의 청구 또는 신청 여부를 판단하기 위해 불

---

1) [보충] 심야조사가 가능한 예외적인 경우 : 영장/시효/요청/기타허가
수사준칙 제21조(심야조사 제한) ② 제1항에도 불구하고 다음 각 호의 어느 하나에 해당하는 경우에는 심야조사를 할 수 있다. 이 경우 심야조사의 사유를 조서에 명확하게 적어야 한다.
1. 피의자를 체포한 후 48시간 이내에 구속영장의 청구 또는 신청 여부를 판단하기 위해 불가피한 경우
2. 공소시효가 임박한 경우
3. 피의자나 사건관계인이 출국, 입원, 원거리 거주, 직업상 사유 등 재출석이 곤란한 구체적인 사유를 들어 심야조사를 요청한 경우(변호인이 심야조사에 동의하지 않는다는 의사를 명시한 경우는 제외한다)로서 해당 요청에 상당한 이유가 있다고 인정되는 경우
4. 그 밖에 사건의 성질 등을 고려할 때 심야조사가 불가피하다고 판단되는 경우 등 법무부장관, 경찰청장 또는 해양경찰청장이 정하는 경우로서 검사 또는 사법경찰관의 소속 기관의 장이 지정하는 인권보호 책임자의 허가 등을 받은 경우

가피한 경우 등(동 규정 제21조 제2항 각호의 경우)는 예외로 한다(동 규정 제22조 제1항). 또한 ㉡ 검사 또는 사법경찰관은 특별한 사정이 없으면 총조사시간 중 식사시간, 휴식시간 및 조서의 열람시간 등을 제외한 **실제 조사시간이 8시간을 초과하지 않도록 해야 한다**(동 제2항). 나아가 ㉢ 검사 또는 사법경찰관은 피의자나 사건관계인에 대한 **조사를 마친 때부터 8시간이 지나기 전에는 다시 조사할 수 없다**(역시 동 규정 제21조 제2항 각호의 경우는 예외).

(다) 휴식시간의 부여 : 검사 또는 사법경찰관은 조사에 상당한 시간이 소요되는 경우에는 특별한 사정이 없으면 피의자 또는 사건관계인에게 조사 도중에 **최소한 2시간마다 10분 이상의 휴식시간**을 주어야 한다(동 규정 제23조 제1항). 또한 휴식시간 부여를 요청받았을 때에도 적정하다고 판단될 경우 휴식시간을 주도록 한다(동 제2항).

3. 피의자신문조서

(1) 조서의 작성

① 조서에의 기재 : 피의자의 진술은 조서에 기재하여야 한다(제244조 제1항).

② 확인절차 : 조서는 피의자에게 열람하게 하거나 읽어 들려주어야 하며, 진술한 대로 기재되지 아니하였거나 사실과 다른 부분의 유무를 물어 피의자가 증감 · 변경의 청구 등 **이의를 제기하거나 의견을 진술한 때에는 이를 조서에 추가로 기재**하여야 한다. [경찰간부 13] 이 경우 피의자가 **이의를 제기하였던 부분은 읽을 수 있도록 남겨두어야** 한다(동조 제2항).

> 비교 : 열람 · 낭독 등 확인절차를 거치지 않은 피의자신문조서도 위법수집증거라 할 수는 없다(판례－87도2716, 단 법개정으로 변경 가능). 공판조서(제55조 제3항)와 다름.

③ 간인, 기명날인 또는 서명 : 피의자가 조서에 대하여 이의나 의견이 없음을 진술한 때에는 피의자로 하여금 그 취지를 자필로 기재하게 하고 조서에 **간인한 후 기명날인 또는 서명**하게 한다(동조 제3항).[1]

> 비교 : 공판 외에서 행한 피고인 · 증인 · 감정인 · 통역인 · 번역인에 대한 신문결과를 기재한 각종 신문조서는 진술자가 간인 후 서명날인한다(제48조 제7항).

(2) 피의자신문조서의 증거능력
검사와 사법경찰관 작성 피의자신문조서의 증거능력에 대해서는 피고인 측의 증거동의가 없는 한, 모두 적법한 절차와 방식에 따라 작성될 것과 **공판준비 또는 공판기일에 피의자였던 피고인 또는 변호인이 그 내용을 인정할 것**이라는 요건을 갖추어야 인정된다(제312조 제1항 및 제3항). 2020.2.4. 개정 형사소송법에 의하여 특히 **제312조 제1항의 검사 작성의 피의자신문조서의 증거능력 인정요건에 대해서 큰 변화**가 생긴 것인데, 종래의 '작성절차 · 방식의 적법성, 실질적 진정성립의 인정, 특신상태'(구법 제312조 제1항)에서 **실질적 진정성립에 관한 영상녹화물 그밖의 객관적 방법에 의한 대체증명**'을 정한 제312조 제2항이 위 개정법에 의하여 2021.1.1.자로 삭제되었고, 2022.1.1.부터는 제312조 제1항 자체가 변경되어 이제는 '작성절차 · 방식의 적법성과 피고인 또는 변호인의 내용의 인정'이 있어야 그 증거능력을 인정받을 수 있게 된 것이다. 결국 **검사 작성 피의자신문조서의 증거능력 인정요건은 사법경찰관과 같은 검사 이외의 수사기관 작성 피의자신문조서의 증거능력 인정요건과 동일하게** 된 것이다(제312조 제1항 ＝ 제312조 제3항).

---

1. 사건개요

○ 피의자는 도박전과가 있는 사람으로서 2016. 7. 26. 서울특별시 성북구 보국문로 80에 있는 김연자가 운영하는 구멍가게 옥상에서, 피해자 강오현 외 3명과 화투를 치던 중 피해자가 돈을 다 잃자 피의자에게 속임수를 쓴다고 트집을 잡으면서 욕설을 하는 데 격분하여 손으로 피해자의 가슴을 밀고 발로 복부를 힘껏 차서 약 2미터 높이의 옥상에서 길바닥으로 떨어지면서 머리를 부딪치게 하여 피해자를 두개골골절 및 뇌실질손상으로 인하여 즉사하게 하였고, 유족과는 미합의 상태임.

○ 사법경찰관이 인지하여 송치한 사건임.

---

1) [참고] 전문법칙에서 후술할 것이지만, 서명 또는 기명날인 및 간인의 진정을 형식적 진정성립, 진술내용대로 기재되었는가의 진정이 실질적 진정성립이다. 이 중 형식적 진정성립은 조서작성절차의 다른 요건과 더불어 제312조의 수사기관의 조서의 전문법칙의 예외요건인 작성절차와 방식의 적법성 요건을 구성한다.

2. 작성례

피 의 자 신 문 조 서

성   명: 홍 갑 동

주민등록번호 :   730819－1989089

　　위의 사람에 대한 폭행치사 피의사전에 관하여 2016. 8. 10. 서울중앙지방검찰청 제○○○호 검사실에서 검사 사연생은 검찰주사보 명수사를 참여하게 한 후, 아래와 같이 피의자임에 틀림없음을 확인하다.

문　　　피의자의 성명, 주민등록번호, 직업, 주거, 등록기준지 등을 말하시오.

답　　　성명은　　　　　　　홍 갑 동(洪甲東)

　　　　주민등록번호는　　　730819－1989089 (42세)

　　　　직업은　　　　　　　노 동

　　　　주거는　　　　　　　서울특별시 중구 난계로6길 60

　　　　등록기준지는　　　　서울특별시 종로구 북촌로9길 91

　　　　직장 주소는　　　　　없 음

　　　　연락처는

　　　　　　자택 전화 :　　234－9876　　　　　　휴대 전화 :　010－234－9876

　　　　　　직장 전화 :　　없 음　　　　　　　　전자우편(e－mail) :　없 음

입니다.

　　검사는 피의사실의 요지를 설명하고 검사의 신문에 대하여 「형사소송법」 제244조의3에 따라 진술을 거부할 수 있는 권리 및 변호인의 참여 등 조력을 받을 권리가 있음을 피의자에게 알려주고 이를 행사할 것인지 그 의사를 확인하다.

진 술 거 부 권 및 변 호 인 조 력 권 고 지 등 확 인

1. 귀하는 일체의 진술을 하지 아니하거나 개개의 질문에 대하여 진술을 하지 아니할 수 있습니다.
2. 귀하가 진술을 하지 아니하더라도 불이익을 받지 아니합니다.
3. 귀하가 진술을 거부할 권리를 포기하고 행한 진술은 법정에서 유죄의 증거로 사용될 수 있습니다.
4. 귀하가 신문을 받을 때에는 변호인을 참여하게 하는 등 변호인의 조력을 받을 수 있습니다.

문 피의자는 위와 같은 권리들이 있음을 고지받았는가요.　　　답 예. 고지받았습니다.

문 피의자는 진술거부권을 행사할 것인가요.　　　답 아닙니다.

문 피의자는 변호인의 조력을 받을 권리를 행사할 것인가요.　　　답 아닙니다. 혼자서 조사를 받겠습니다.

　　이에 검사는 피의사실에 관하여 다음과 같이 피의자를 신문하다.

문 피의자는 형벌을 받은 사실이 있는가요.　　　답 2004. 5.경 서울중앙지방법원에서 도박죄로 벌금 50만원의 약식명령을 받고 곧바로 서울중앙지방검찰청에 그 벌금을 납부한 적이 있습니다.

문 피의자의 학력, 경력, 가족, 재산, 병역, 상훈관계는 경찰에서　　　답 예. 모두 사실대로 진술하였습니다.
　이 사건으로 이와 같이 진술한 내용과 같은가요.
　(이때 검사는 사법경찰관 작성 피의자신문조서 중 기록 56쪽
　부터 58쪽까지 기재된 해당부분을 제시하고 열람하게 하다.)

문 피의자는 다른 사람을 때리고 밀어 그 사람이 높은 곳에서 길바닥으로 떨어지면서 머리를 다쳐 사망에 이르게 한 사실이 있지요.

답 그런 사실이 없습니다.

문 그러면 피의자는 강오현을 아는가요.

답 종종 화투를 같이 치는 동네 친구라 잘 알고 있습니다.

문 강오현과 다툰 일이 있는가요.

답 화투를 치다가 다툰 일이 있습니다.

문 언제, 어디서 다투었나요.

답 2016. 7. 26. 오후 6시경 서울특별시 성북구 보국문로 80에 있는 김연자씨가 운영하는 구멍가게의 2층 옥상입니다.

문 어떻게 하여 다투게 되었나요.

답 그날 낮에 위 구멍가게에서 강오현과 다른 친구 3명을 우연히 만나 2층 옥상에 올라가 앉아 소주를 나눠 먹으면서 소주값 내기 고스톱을 하였습니다. 오후 6시쯤 강오현이 돈을 다 잃게 되자 갑자기 저를 보고 화투를 속인다고 "이 사기꾼애"라고 욕설을 하면서 저의 멱살을 잡고 저의 집에 불을 지르겠다고 고함을 치기에 저도 강오현의 팔을 잡고 옥신각신하면서 밀고 당겼습니다.

문 그때 강오현을 발로 차서 옥상에서 떨어지게 한 일이 있나요.

답 아닙니다. 그런 일이 없습니다.

문 피의자가 강오현의 가슴을 밀고 왼발로 그의 배를 차서 옥상에서 떨어지게 한 것이 아닌가요.

답 아닙니다. 저는 강오현의 가슴을 밀거나 그의 배를 발로 찬 일이 없습니다. 오히려 제가 여러 차례 얻어맞았습니다.

문 그렇다면 강오현이 옥상에서 왜 떨어지게 되었나요.

답 서로 붙들고 옥신각신하다가 제가 강오현의 팔을 뿌리치고 달아나자 강오현이 잡으려고 쫓아오다가 술에 취한 탓인지 몸의 중심을 잃고 발을 헛디뎌 옥상 난간을 넘어 떨어졌던 것입니다.

문 그때 현장에서 본 사람이 있는가요

답 같이 화투 놀이를 하던 3명은 먼저 아래층으로 내려가고 가게주인 김연자씨가 싸움을 말리다가 보았습니다.

문 피의자가 강오현과 시비하던 옥상의 난간은 어땠나요.

답 블록 벽돌로 약 30센티미터 높이의 난간이 설치되어 있습니다.

문 강오현이 떨어진 위치는 이와 같은가요.
(이때 검사는 기록 ○쪽부터 ○쪽까지 편철된 사법경찰관이 작성한 현장검증조서 기재 내용과 현장사진 및 도면을 제시하다.)

답 강오현이 떨어진 위치는 대충 맞지만 당시 저와 강오현이 시비한 곳은 옥상의 가장자리가 아니고 옥상의 중앙 쪽이라고 생각합니다.

문 그렇다면 옥상의 한가운데에서 싸웠는데 어떻게 피해자가 발을 헛디뎌 떨어질 수가 있겠는가요.

답 저는 그 이유를 모르겠습니다. 저는 강오현을 밀거나 찬 일이 없는데 강오현 스스로 몸의 중심을 잃고 헛디딘 게 분명합니다.

문 피해자가 사망한 원인은 이와 같다고 하는데 어떤가요.
(이때 사체부검 결과 주된 사인이 두개골골절 및 뇌실질손상이라는 감정서(기록 ○쪽부터 ○쪽)를 제시하고 그 요지를 읽어주다.)

답 그것은 모르겠습니다.

문 피의자나 강오현은 당시 어느 정도 술에 취하여 있었는가요.

답 소주 4병을 5명이 나누어 마셨으므로 모두 다 상당히 취하였습니다.

문 싸움을 말리던 가게 주인 김연자의 진술에 의하면 위와 같이 술을 마셨다 하더라도 그날 낮부터 18 : 00경까지 사이에 마신 것이므로 술기운이 조금 있었을 뿐 많이 취한 것은 아니었다고 하는데 어떤가요.

답 아닙니다. 김연자의 말은 거짓말입니다.

문 또한 김연자의 진술에 의하면 피의자가 피해자의 가슴을 밀고 왼발로 배를 차서 옥상에서 떨어지게 하였다고 하는데 어떤가요.

답 김연자는 본 그대로 말하는 것이 아니라 거짓말을 하고 있습니다.

문 김연자와 대질하여도 좋은가요. **답** 대질하여도 좋습니다.

이때 검사는 대기실에서 대기 중이던 김연자를 입실케 하고 김연자에게

문 진술인이 김연자인가요 **답** 그렇습니다.

문 피의자는 그날 모두 술에 많이 취하여 있었다고 하는데 어떤가요. **답** 그날 낮부터 저녁까지 5명이서 소주 4병인가를 드셨는데 두 분이 옥신각신할 때 보니까 술기운은 있었지만 그다지 취한 것 같지 않았습니다.

문 피의자는 피해자의 가슴을 밀거나 발로 찬 일이 없다고 하는데 어떤가요. **답** 아닙니다. 제가 두 분이 싸운다는 소리를 듣고 2층 옥상으로 뛰어 올라가 보니 서로 멱살을 잡고 있었습니다. 강씨(죽은 피해자가 저기 앉아 있는 홍씨(피의자를 가리킴)의 얼굴을 먼저 때렸고 홍씨는 피해자의 가슴을 밀고 왼발로 배를 걷어찼습니다. 그러자 강씨가 몸의 균형을 잃고 옥상 난간 밖으로 떨어진 것입니다.

이때 다시 피의자를 향하여

문 진술인의 말에 대하여 어떻게 생각하는가요. **답** 글쎄요. 아무튼 저는 피해자를 밀거나 찬 일이 없습니다.

문 유가족과 합의하였는가요. **답** 합의를 하지 않았습니다.

이때 피의자와 진술인 김연자를 향하여

문 조서에 진술한 대로 기재되지 아니하였거나 사실과 다른 부분이 있는가요. **답** (피의자) 저는 억울할 따름입니다. (인)
(진술인) 없습니다. (인)

위의 조서를 진술자들에게 각 열람하게 하였던바, 진술자 홍갑동은 자기의 진술내용은 진술한 대로 오기나 증감·변경할 것이 없으나 참고인 김연자의 진술내용이 거짓말이라는 이유로 간인 및 서명·날인을 거부하였고, 진술자 김연자는 진술한 대로 오기나 증감·변경할 것이 전혀 없다고 말하므로 간인한 후 서명·날인하게 하다.

진 술 자   서명날인거부
진 술 자   김 연 자 (인)
2016. 8. 10.
서 울 중 앙 지 방 검 찰 청
검   사   **사 연 생** (인)
검찰주사보   명 수 사 (인)

사법연수원, 검찰서류작성례, 2017년, p. 233~240

4. 수사과정 기록

① 검사 또는 사법경찰관은 피의자가 조사장소에 **도착한 시각, 조사를 시작하고 마친 시각, 그 밖에 조사과정의 진행경과**를 확인하기 위하여 필요한 사항을 피의자신문조서에 기록하거나 별도의 서면에 기록한 후 수사기록에 편철하여야 한다(제244조의4 제1항). [국가9급 08/12, 경찰승진 10]

② 피의자가 이에 대하여 이의를 제기하거나 이의나 이견이 없음을 진술한 때의 조치는 피의자신문조서의 작성의 경우(제244조 제2항·제3항)와 같다(동조 제2항).

5. 피의자진술의 영상녹화

(1) 의의 : 2007년 개정 형사소송법은 피의자의 진술과 참고인의 진술을 영상녹화할 수 있다고 하여 영상녹화제도를 도입하였다. 이 중 피의자진술의 영상녹화에 대해서는 "피의자의 진술은 영상녹화할 수 있다." 라고 규정하고 있다(제244조의2 제1항 제1문). 따라서 영상녹화는 수사기관의 필요에 따라 **임의적**으로 하는 것이어서, 피의자 요구시 영상녹화를 해야 하는 것은 아니다. [해경간부 12, 경찰채용 20 1차]

(2) 영상녹화의 방법

① 사전고지 : 피의자진술을 영상녹화할 경우 **미리** 영상녹화사실을 알려주어야 한다(동조 동항 제2문). 고지하면 되고, 피의자 또는 변호인의 **동의는 요하지 아니한다.** [법원9급 09/11/12, 국가7급 08/09/12, 국가9급 08/11/12, 경찰승진 11/13/14, 경찰채용 12 1차·3차/13 2차/15 1차/16 1차]

   비교 이는 참고인조사의 영상녹화시에는 동의를 요하는 것(제221조 제2문)과는 다른 점이다.

② 조사 전 과정 및 객관적 정황의 녹화 : 조사의 개시부터 종료까지의 **전 과정 및 객관적 정황**을 영상녹화하여야 한다(제244조의2 제1항 제2문). [법원9급 12] 다만, 여러 차례의 조사가 이루어진 경우 최초 조사부터 모든 조사를 영상녹화해야 하는 것은 아니다.

③ 봉인, 기명날인 또는 서명 : 영상녹화가 완료된 때에는 **피의자 또는 변호인 앞**에서 **지체 없이** 그 원본을 **봉인**하고 피의자로 하여금 **기명날인 또는 서명**하게 하여야 한다(동조 제2항). [국가9급 08, 교정9급특채 10, 경찰승진 09, 경찰채용 14 2차]

④ 봉인시 재생·시청 및 이의 기재 : 봉인시 피의자 또는 변호인의 요구가 있는 때에는 영상녹화물을 **재생하여 시청**하게 하여야 한다. 이 경우 그 내용에 대하여 **이의**를 진술하는 때에는 그 취지를 기재한 **서면을 첨부**하여야 한다(동조 제3항). 다만, 위 이의 진술시 이를 따로 영상녹화하여 첨부해야 하는 것은 아니다. [국가7급 09, 경찰승진 13, 경찰채용 12 1차·3차]

(3) 영상녹화물의 증거능력의 제한 : 영상녹화물은 **본증으로는 사용될 수 없으며,** 검사 및 사법경찰관 작성의 **참고인진술조서의 실질적 진정성립을 증명**하는 방법으로 인정되고(제312조 제4항), 진술자의 기억이 불명확한 경우에 기억환기용으로만 사용할 수 있다(제318조의2 제2항)(대법원 2014.7.10, 2012도5041). [법원9급 20]

   주의 2020.2.4. 개정 형사소송법에 의하여, 실질적 진정성립의 대체증명 수단으로서의 기능은 제312조 제4항의 진술조서의 증거능력에 대해서만 인정되고 제312조 제1항의 검사 작성의 피의자신문조서에 대해서는 인정되지 않는다. 제312조 제2항의 대체증명 규정은 2021.1.1.자로 삭제되었기 때문이다. 또한 2022.1.1.부터는 제312조 제1항의 증거능력 인정요건 자체가 실질적 진정성립의 증명이 아니라 '내용의 인정'으로 변경되었다.

6. 변호인의 피의자신문참여권

(1) 의의 및 도입배경 : 검사 또는 사법경찰관의 피의자신문에 변호인이 참여하는 것(권리)을 말한다. 종래 구 형사소송법에서는 변호인의 피의자신문참여권이 규정되지 않았었는데, 2003년 대법원은 신체구속을 당한 사람에 대한 수사기관의 피의자신문 도중이라 하더라도 언제든지 변호인과의 접견교통이 보장되어야 한다는 중요한 판시를 내렸고(대법원 2003.11.11, 2003모402 : 송두율교수 사건), 2004년 헌법재판소는 헌법 제12조 제4항의 변호인의 조력을 받을 권리는 신체구속된 사람에게만 한정되는 것이 아님을 명확히 하고 형사소송법 제243조가 변호인을 피의자신문참여권자로 명시하지 않았다 하더라도 이를 변호인의 피의자신문참여권을 배제하는 근거로 삼을 수 없다고 판단함으로써 변호인 피의자신문참여권을 불구속 피의자에게까지 확장시켰다(헌법재판소 2004.9.23, 2000헌마138 : 총선시민연대사건). 이러한 대법원과 헌법재판소의 판례의 전개에 따라 **2007년 개정형사소송법**은 변호인의 피의자신문 참여권을 명문으로 규정하게 된 것이다. 따라서 "검사 또는 사법경찰관은 피의자 또는 그 변호인·법정대리인·배우자·직계친족·형제자매의 신청에 따라 **변호인을 피의자와 접견하게** 하거나 **정당한 사유가 없는 한 피의자에 대한 신문에 참여하게 하여야 한다**(제243조의2 제1항)." [법원9급 10/13, 국가7급 08/10/12, 경찰채용 13 1차/14 2차/16 1차] 이에 변호인(변호인 되려는 자 × [국가9급 15] ≠ 접견교통권)은 불구속 피의자에 대한 피의자신문에 참여할 수 있으며, 불구속 피의자도 피의자신문을 받을 때에 변호인의 참여를 요구할 권리를 갖는다. [국가9급 15, 경찰승진 11, 경찰채용 12 3차]

(2) 법적 성질 : 변호인의 피의자신문참여권의 법적 성질에 대해서는 헌법상 기본권인 변호인접견권이라는 입장과 법률상 권리의 일종인 참여권이라는 입장이 대립하나, 최근 헌법재판소는 **헌법상 기본권인 변호인의 변호권으로서 보호되어야 한다**는 입장을 분명히 하였다.

헌법재판소 2017.11.30, 2016헌마503

변호인이 조력할 권리(변호권)도 헌법상 기본권이라는 헌법재판소 결정례

헌법 제12조 제4항 및 제12조 제5항 제1문은 형사절차에서 체포·구속된 사람이 가지는 변호인의 조력을 받을 권리를 헌법상

기본권으로 명시하고 있다. 나아가 헌법재판소는 체포·구속된 사람뿐만 아니라 불구속 피의자 및 피고인의 경우에도 헌법상 법치국가원리, 적법절차원칙에 의하여 변호인의 조력을 받을 권리가 당연히 인정된다고 판시하였다(헌법재판소 2004.9.23, 2000헌마138 참조). 피의자 및 피고인이 가지는 변호인의 조력을 받을 권리가 실질적으로 확보되기 위해서는, 피의자 및 피고인에 대한 변호인의 조력할 권리의 핵심적인 부분(이하 '변호인의 변호권'이라 한다)은 헌법상 기본권으로서 보호되어야 한다(헌법재판소 2003.3.27. 2000헌마474 참조). 헌법상 기본권으로 인정되는 피의자 및 피고인이 가지는 변호인의 조력을 받을 권리에서 '변호인의 조력'이란 변호인의 충분한 조력을 의미한다(헌법재판소 1992.1.28. 91헌마111; 헌법재판소 1997.11.27. 94헌마60 참조). 피의자신문의 결과는 수사의 방향을 결정하고, 피의자의 기소 및 유죄 입증에 중요한 증거자료로 사용될 수 있으므로, 형사절차에서 매우 중요한 의미를 가진다. 변호인이 피의자신문에 자유롭게 참여할 수 없다면, 변호인은 피의자가 조언과 상담을 요청할 때 이를 시의적절하게 제공할 수 없고, 나아가 스스로의 판단에 따라 의견을 진술하거나 수사기관의 부당한 신문방법 등에 대하여 이의를 제기할 수 없게 된다. 그 결과 피의자는 형사절차에서 매우 중요한 의미를 가지는 피의자신문의 시기에 변호인으로부터 충분한 조력을 받을 수 없게 되어 피의자가 가지는 변호인의 조력을 받을 권리가 형해화될 수 있다. 따라서 변호인이 피의자신문에 자유롭게 참여할 수 있는 권리는 피의자가 가지는 변호인의 조력을 받을 권리를 실현하는 수단이라고 할 수 있으므로 헌법상 기본권인 변호인의 변호권으로서 보호되어야 한다.

(3) **고지** : 검사 또는 사법경찰관은 피의자를 신문하기 전에 진술거부권 등과 아울러 "신문을 받을 때에는 변호인을 참여하게 하는 등 변호인의 조력을 받을 수 있다는 것"을 **알려주어야 한다**(제244조의3 제1항 제4호).

(4) **신청권자**(cf. ≠ 신뢰관계자 동석 : 직권 or 신청) : 피의자 또는 그 변호인·직계친족·배우자, 형제자매, 법정대리인이다(cf. = 제30조 제2항의 변호인 선임권자 ≠ 적부심·보석 : 법배직형가동고). [경찰승진 11/14]

(5) **참여변호인 지정** : 신문에 참여하고자 하는 변호인이 2인 이상인 때에는 ① **피의자가 신문에 참여할 변호인 1인을 지정**한다. ② 지정이 없는 경우에는 **검사 또는 사법경찰관이 이를 지정할 수 있다**(지정하여야 한다 ×)(제243조의2 제2항 : 피-검/사). [법원9급 08/10/13, 국가7급 12, 국가9급 11/15, 경찰승진 11/14, 경찰채용 09 1차/10 2차/12 1·2차/13 2차]

(6) **변호인 참여방법**

① **원칙-신문 후 의견진술** : 신문에 참여한 변호인은 **신문 후 의견을 진술**할 수 있다(제243조의2 제3항 본문). [국가7급 10]

② **예외-신문 중 이의제기·의견진술** : **신문 중이라도 부당한 신문방법에 대하여 이의를 제기**할 수 있다(동항 단서). [법원9급 08/14, 경찰승진 14, 경찰채용 09 1·2차] 따라서 부당한 신문에 대해서는 신문 중이든 신문 후이든 얼마든지 이의제기를 할 수 있다. [경찰채용 13 1차] 또한 변호인은 피의자**신문 중이라도 검사 또는 사법경찰관의 승인을 얻어 의견을 진술**할 수 있다(동항 단서). [법원9급 10/13/14, 국가7급 10/12, 경찰승진 14, 경찰채용 10 2차/12 1·2차/13 1차] 따라서 승인이 없으면 신문 중에는 의견을 진술할 수 없다. [법원9급 13, 경찰승진 11, 경찰채용 14 1차]

참고하기 수사준칙에서는 관련 규정을 두고 있다.

제13조(변호인의 피의자신문 참여·조력) ① 검사 또는 사법경찰관은 피의자신문에 참여한 변호인이 피의자의 옆자리 등 실질적인 조력을 할 수 있는 위치에 앉도록 해야 하고, 정당한 사유가 없으면 피의자에 대한 법적인 조언·상담을 보장해야 하며, 법적인 조언·상담을 위한 변호인의 메모를 허용해야 한다.

② 검사 또는 사법경찰관은 피의자에 대한 신문이 아닌 단순 면담 등이라는 이유로 변호인의 참여·조력을 제한해서는 안 된다.

③ 제1항 및 제2항은 검사 또는 사법경찰관의 사건관계인에 대한 조사·면담 등의 경우에도 적용한다.

제14조(변호인의 의견진술) ① 피의자신문에 참여한 변호인은 검사 또는 사법경찰관의 신문 후 조서를 열람하고 의견을 진술할 수 있다. 이 경우 변호인은 별도의 서면으로 의견을 제출할 수 있으며, 검사 또는 사법경찰관은 해당 서면을 사건기록에 편철한다.

② 피의자신문에 참여한 변호인은 신문 중이라도 검사 또는 사법경찰관의 승인을 받아 의견을 진술할 수 있다. 이 경우 검사 또는 사법경찰관은 정당한 사유가 있는 경우를 제외하고는 변호인의 의견진술 요청을 승인해야 한다(원칙적 승인의무).

③ 피의자신문에 참여한 변호인은 제2항에도 불구하고 부당한 신문방법에 대해서는 검사 또는 사법경찰관의 승인 없이 이의를 제기할 수 있다.

④ 검사 또는 사법경찰관은 제1항부터 제3항까지의 규정에 따른 의견진술 또는 이의제기가 있는 경우 해당 내용을 조서에 적어야 한다.

③ 조서기재

　　(가) 의견 기재 조서 열람 : 변호인의 의견이 기재된 피의자신문조서는 **변호인에게 열람하게 한 후** 변호인으로 하여금 그 조서에 기명날인 또는 서명하게 하여야 한다(제243조의2 제4항). [법원9급 10/14]

　　(나) 참여 · 제한 기재 : 검사 또는 사법경찰관은 변호인의 **신문참여 및 그 제한**에 관한 사항을 피의자신문조서에 **기재하여야 한다**(동조 제5항). [법원9급 13, 경찰승진 13/14, 경찰채용 13 2차]

(7) 피의자신문참여권의 제한 : 법 제243조의2 제1항에 의하여 변호인의 피의자신문참여권은 수사기관의 입장에서는 원칙적 **의무**로 수인되어야 한다. 따라서 보통의 경우에는 피의자신문에 참여하게 해야 한다. [국가9급 12] 다만, 동조 동항 규정에 의해 '**정당한 사유**'가 있다면 **참여권이 제한될 수 있다.** [국가7급 10, 국가9급 08] 여기에서 '정당한 사유'란 변호인이 **피의자신문을 방해하거나 수사기밀을 누설할 염려가 있음이 객관적으로 명백한 경우** 등을 말한다(대법원 2003.11.11, 2003모402 -송두율 교수 사건-; 2008.9.12, 2008모793).

① 판례가 정당한 사유가 없다고 본 사례 : ㉠ 수사기관이 피의자신문을 하면서 위와 같은 정당한 사유가 없는데도 변호인에 대하여 **피의자로부터 떨어진 곳으로 옮겨 앉으라고 지시를 한 다음 이러한 지시에 따르지 않았음**을 이유로 변호인의 피의자신문 참여권을 제한하거나(대법원 2008.9.12, 2008모793), ㉡ 피의자의 후방에 앉으라고 요구하는 것은 변호인의 변호권을 침해하는 것으로서 허용될 수 없다(헌법재판소 2017.11.30, 2016헌마503).

🔎 판례연구 변호인의 피의자신문참여권 침해 사례

1. 대법원 2008.9.12, 2008모793 [경찰승진 22]
형사소송법 제243조의2 제1항에 정한 '정당한 사유'의 의미와 변호인의 피의자신문참여권 제한
변호인의 피의자신문 참여권을 규정한 형사소송법 제243조의2 제1항에서 '정당한 사유'란 변호인이 피의자신문을 방해하거나 수사기밀을 누설할 염려가 있음이 객관적으로 명백한 경우 등을 말하는 것이므로, 수사기관이 피의자신문을 하면서 위와 같은 정당한 사유가 없는데도 변호인에 대하여 피의자로부터 떨어진 곳으로 옮겨 앉으라고 지시를 한 다음 이러한 지시에 따르지 않았음을 이유로 변호인의 피의자신문 참여권을 제한하는 것은 허용될 수 없다.

2. 헌법재판소 2017.11.30, 2016헌마503 [경찰채용 24 1차]
후방착석요구행위와 변호인의 피의자신문참여권 침해
변호인이 피의자신문에 자유롭게 참여할 수 있는 권리는 피의자가 가지는 변호인의 조력을 받을 권리를 실현하는 수단이므로 헌법상 기본권인 변호인의 변호권으로서 보호되어야 한다. 피의자신문에 참여한 변호인이 피의자 옆에 앉는다고 하여 피의자 뒤에 앉는 경우보다 수사를 방해할 가능성이 높아진다거나 수사기밀을 유출할 가능성이 높아진다고 볼 수 없으므로, 이 사건 후방착석요구행위의 목적의 정당성과 수단의 적절성을 인정할 수 없다. 이 사건 후방착석요구행위로 인하여 위축된 피의자가 변호인에게 적극적으로 조언과 상담을 요청할 것을 기대하기 어렵고, 변호인이 피의자의 뒤에 앉게 되면 피의자의 상태를 즉각적으로 파악하거나 수사기관이 피의자에게 제시한 서류 등의 내용을 정확하게 파악하기 어려우므로, 이 사건 후방착석요구행위는 변호인인 청구인의 피의자신문참여권을 과도하게 제한한다. 그런데 이 사건에서 변호인의 수사방해나 수사기밀의 유출에 대한 우려가 없고, 조사실의 장소적 제약 등과 같이 이 사건 후방착석요구행위를 정당화할 그 외의 특별한 사정도 없으므로, 이 사건 후방착석요구행위는 침해의 최소성 요건을 충족하지 못한다. 이 사건 후방착석요구행위로 얻어질 공익보다는 변호인의 피의자신문참여권 제한에 따른 불이익의 정도가 크므로, 법익의 균형성 요건도 충족하지 못한다. 따라서 이 사건 후방착석요구행위는 변호인인 청구인의 변호권을 침해한다.

　　보충 [위 헌재결정의 의의] 피의자 옆에 앉으려는 변호인에게 후방에 앉으라고 요구한 행위는 (위 2008모793 대법원판례와 달리, 퇴실명령에 이르지 않았더라도) 그 자체로 위헌이다.

3. 대법원 2020.3.17, 2015모2357 [경찰채용 20 2차]
부당한 신문방법에 대한 이의제기를 이유로 변호인을 퇴거시킨 사례
형사소송법 제243조의2 제3항 단서는 피의자신문에 참여한 변호인은 신문 중이라도 부당한 신문방법에 대하여 이의를 제기할 수 있다고 규정하고 있으므로, 검사 또는 사법경찰관의 부당한 신문방법에 대한 이의제기는 고성, 폭언 등 그 방식이 부적절하거나 또는 합리적 근거 없이 반복적으로 이루어지는 등의 특별한 사정이 없는 한, 원칙적으로 변호인에게 인정된 권리의 행사에 해당하며, 신문을 방해하는 행위로는 볼 수 없다. 따라서 검사 또는 사법경찰관이 그러한 특별한 사정 없이, 단지 변호인이 피의자신문 중에 부당한 신문방법에 대한 이의제기를 하였다는 이유만으로 변호인을 조사실에서 퇴거시키는 조치는 정당한 사유 없이 변호인의 피의자신문 참여권을 제한하는 것으로서 허용될 수 없다.

② **진술거부권 행사 권고** : 변호인의 진술거부권 행사 권고는 단순히 헌법상 권리인 진술거부권을 알려주는 데 불과하므로 수사를 방해하는 행위에 해당한다고 볼 수 없어, 이 경우 피의자신문참여권을 제한할 수는 없다(대법원 2007.1.31, 2006모657). [경찰승진 11]

③ **조서 기재** : 기술하였듯이 참여 제한에 관한 사항은 **피의자신문조서에 기재해야 한다**(제243조의2 제5항).

[법원9급 10/13, 경찰승진 13/14, 경찰채용 10 2차/13 2차]

(8) **준항고** : 2007년 개정법 제417조는 준항고의 대상에 제243조의2에 따른 **변호인의 참여 등에 관한 처분을 포함**시켰다(수사기관 준항고 = 압/구/변). 따라서 이에 대하여 불복이 있으면 그 직무집행지의 **관할법원** 또는 검사의 소속검찰청에 대응한 법원에 그 **처분의 취소 또는 변경을 청구**할 수 있다. [법원9급 14, 국가7급 10, 국가9급 11, 경찰간부 13, 경찰승진 10/14, 경찰채용 13 1차]

(9) **변호인참여권 제한 조서의 증거능력** : 피의자가 변호인의 참여를 원한다는 의사를 명백하게 표시하였음에도 수사기관이 정당한 사유 없이 변호인을 참여하게 하지 아니한 채 피의자를 신문하여 작성한 피의자신문조서는 제312조에 정한 '적법한 절차와 방식'에 위반된 증거일 뿐만 아니라 제308조의2에서 정한 '적법한 절차에 따르지 아니하고 수집한 증거'에 해당하므로 **증거로 할 수 없다**(대법원 2013.3.28, 2010도3359).

7. 신뢰관계자 동석

(1) **의의** : 법 제244조의5(장애인 등 특별히 보호를 요하는 자에 대한 특칙)에서는 "검사 또는 사법경찰관은 피의자를 신문하는 경우 다음 각 호의 어느 하나에 해당하는 때에는 직권 또는 피의자·법정대리인의 신청에 따라 피의자와 신뢰관계에 있는 자를 동석하게 할 수 있다."라고 규정하고 있다. [경찰승진 14, 경찰채용 13 2차] 이는 수사과정에서 장애인, 아동, 노인, 여성, 외국인 등 사회적 약자인 피의자의 방어권을 보장하고 실질적인 진상 발견을 도모하기 위해 2007년 개정법에서 신설된 조항이다.

(2) **신청** : **직권 또는 피의자·법정대리인의 신청**에 의한다(동조 제1항).

(3) **대상** : ① 피의자가 **신체적 또는 정신적 장애**로 사물을 변별하거나 의사를 결정·전달할 능력이 미약한 때 및 ② 피의자의 **연령·성별·국적 등의 사정**을 고려하여 그 심리적 안정의 도모와 원활한 의사소통을 위하여 필요한 경우이다. [경찰채용 08 3차]

(4) **신뢰관계자** : 피의자와 동석할 수 있는 신뢰관계에 있는 사람(법 제221조 제3항에서 준용하는 법 제163조의2에 따라 피해자와 동석할 수 있는 신뢰관계에 있는 사람도 동일함)은 피의자(또는 피해자)의 직계친족, 형제자매, 배우자, 가족, 동거인, 보호·교육시설의 보호·교육담당자 등 피의자(또는 피해자)의 심리적 안정과 원활한 의사소통에 도움을 줄 수 있는 사람으로 한다(수사준칙 제24조 제1항). 피의자, 피해자 또는 그 법정대리인이 신뢰관계에 있는 사람의 동석을 신청한 경우 검사 또는 사법경찰관은 그 관계를 적은 동석신청서를 제출받거나 조서 또는 수사보고서에 그 관계를 적어야 한다(동 제2항).

(5) **동석의 내용** : 법 제244조의5 제1항에서는 **"동석하게 할 수 있다."**고 하여 이를 수사기관의 **재량**에 맡기고 있다. 따라서 피의자 등의 신청이 있다고 하여 수사기관의 신뢰관계자 동석의무가 생기는 것은 아니다. [국가9급 12, 경찰승진 13]

(6) **동석자 대리진술의 불허** : 구체적인 사안에서 위와 같은 동석을 허락할 것인지는 원칙적으로 검사 또는 사법경찰관이 피의자의 건강 상태 등 여러 사정을 고려하여 재량에 따라 판단하여야 할 것이나, 이를 허락하는 경우에도 **동석한 사람으로 하여금 피의자를 대신하여 진술하도록 하여서는 안 된다.** 만약 동석한 사람이 피의자를 대신하여 진술한 부분이 조서에 기재되어 있다면 그 부분은 **피의자의 진술을 기재한 것이 아니라 동석한 사람의 진술을 기재한 조서**에 해당하므로(제312조 제1항·제3항 ×, 제312조 제4항 ○), 그 사람에 대한 **진술조서**로서의 증거능력을 취득하기 위한 요건을 충족하지 못하는 한 이를 유죄 인정의 증거로 사용할 수 없다(대법원 2009.6.23, 2009도1322).

Ⅱ 피의자 이외의 자에 대한 조사

1. 참고인 조사

(1) 의 의

① **개념** : 검사 또는 사법경찰관은 수사에 필요한 때에는 피의자 아닌 자(참고인)의 출석을 요구하여 진술을 들을 수 있다(제221조).

② **참고인과 증인의 구별** : 참고인은 제3자로 자신이 경험한 사실을 진술한다는 점에서 증인(제146조)과 유사하나, 다음과 같은 차이가 있다.

  (가) **진술의 대상기관** : 참고인은 **수사기관에 대하여** 체험사실을 진술하는 자라는 점에서, 법원·법관에 대해서 체험사실을 진술하는 증인과 구별된다. [경찰승진 01/05]

  (나) **의무 및 불출석에 대한 제재** : 참고인조사는 임의수사이기 때문에 참고인에 대해서는 증인과 달리 **출석의무·선서의무·증언의무가 없다.** 또한 **불출석에 따른 제재가 없어,** 과태료부과(제151조 제1항)·감치(동조 제2항)·구인(제152조)을 할 수 없다. [경찰승진 10]

(2) 방 법

① **출석요구** : 피의자신문과 같다. 참고인은 출석의무가 없으므로, 강제로 소환되거나 신문받지 않는다.

② **진술거부권 고지 및 행사** : 참고인에게는 **진술거부권을 고지할 필요는 없다.** [경찰승진 05] 그러나 헌법 제12조 제2항에 의하여, 참고인조사에 있어서도 **고문금지와 진술거부권과 같은 기본권은 그대로 보장된다.** [경찰승진 01]

③ **출석·진술 거부 및 증인신문 청구** : 참고인이 출석 또는 진술을 거부하는 경우에 검사는 제1회 공판기일 전에 한하여 판사에게 그에 대한 증인신문을 청구할 수 있다(제221조의2 제1항). 이때에는 불출석 제재가 가능하다.

④ **조서 작성 및 동의에 의한 영상녹화** : 참고인조사의 조서작성은 피의자신문에 준하여 참고인의 진술을 조서에 기재하고, 참고인으로 하여금 이의·의견이 없으면 그 취지를 자필로 기재하게 하고 조서에 간인 후 기명날인 또는 서명하게 한다(제244조의4 제3항, 제2항). 이때 참고인의 **동의를 받아** 참고인의 진술을 영상녹화할 수 있다(제221조 제1항 제2문). [법원9급 08/12, 국가9급 '08, 교정9급특채 10, 해경간부 12, 경찰채용 09 1차]

  [비교] 참고인에 대한 조사 및 조서작성방법은 피의자신문에 준하지만, [경찰승진 01/05] 영상녹화의 요건은 다르다. 피의자신문 영상녹화 : 고지, 참고인조사 영상녹화 : 동의

⑤ **참여자** : (피의자신문과 달리) 참고인조사에 검찰수사관 등의 참여는 필요 없다.

⑥ **피해자 참고인조사시 신뢰관계자의 임의적·필요적 동석** : ㉠ 검사 또는 사법경찰관은 범죄로 인한 피해자를 참고인으로 신문하는 경우, 피해자의 연령, 심신의 상태, 그 밖의 사정을 고려하여 피해자가 현저하게 불안 또는 긴장을 느낄 우려가 있다고 인정하는 때에는 직권 또는 피해자·법정대리인·검사의 신청에 따라 피해자와 신뢰관계에 있는 자를 동석하게 할 수 있다(임의적 동석, 제221조 제3항, 제163조의2 제1항). ㉡ 다만, 피해자가 **13세 미만**이거나 **신체적 또는 정신적 장애**로 사물을 변별하거나 의사를 결정할 능력이 미약한 경우에 참고인조사 등 수사에 지장을 초래할 우려가 있는 등 **부득이한 경우가 아닌 한** 피해자와 신뢰관계에 있는 자를 **동석하게 하여야 한다**(필요적 동석, 제163조의2 제2항). 여기에서 '부득이한 경우'에 해당한다면 필요적 동석의 경우라 하여도 **동석을 거부할 수는 있다.** [국가9급 09]

  [정리] 불안은 혼자 할 수 있는데, 13장은 함께 해야 한다.

  [조문] 규칙 제84조의3(신뢰관계에 있는 사람의 동석) ① 법 제163조의2에 따라 피해자와 동석할 수 있는 신뢰관계에 있는 사람은 피해자의 배우자, 직계친족, 형제자매, 가족, 동거인, 고용주, 변호사, 그 밖에 피해자의 심리적 안정과 원활한 의사소통에 도움을 줄 수 있는 사람을 말한다.

  [조문] 아청법 제28조 및 성폭법 제34조(신뢰관계에 있는 사람의 동석) 법원 및 수사기관은 아동·청소년대상 성범죄 또는 19세미만성폭력피해자등을 증인 또는 참고인으로 신문 또는 조사하는 경우에 검사, 피해자 또는 법정대리인이 신청하는 경우에는 재판에 지장을 줄 우려가 있는 등 부득이한 경우가 아니면 피해자와 신뢰관계에 있는 사람을 동석하게 하여야 한다(동조 제1항·제2항).

⑦ **수사과정의 기록** : 피의자신문과 마찬가지로, 검사 또는 사법경찰관은 참고인이 **조사장소에 도착한 시각, 조사를 시작하고 마친 시각, 그 밖에 조사과정의 진행경과**를 확인하기 위하여 필요한 사항을 참고인진술조서

에 기재하거나 별도의 서면에 기록한 후 수사기록에 편철해야 한다(제244조의4 제3항·제1항). [국가9급 08]

(3) 참고인진술조서의 증거능력

① **조서의 작성** : 진술조서의 작성방법은 피의자신문의 경우와 같다.

② **증거능력** : 수사기관 작성 참고인진술조서의 증거능력은 **제312조 제4항**(적/실/반/특)에 따라 판단해야 한다. 즉, 수사기관 작성 참고인진술조서의 증거능력이 인정되기 위해서는 당해 참고인이 법정에 출석함이 원칙적으로 요구된다.

---

1. 사건개요

○ 피의자 홍갑동이 2016. 7. 26. 서울특별시 성북구 보국문로 80에 있는 김연자가 운영하는 구멍가게 옥상에서, 피해자 강오현 외 3명과 화투를 치던 중 피해자가 돈을 다 잃고 피의자 홍갑동에게 속임수를 쓴다고 트집을 잡으면서 욕설을 하는 데 격분하여 손으로 피해자의 가슴을 밀고 발로 복부를 힘껏 차서 약 2미터 높이의 옥상에서 길바닥으로 떨어지면서 머리를 부딪치게 하여서 피해자를 두개골골절 및 뇌실질손상으로 인하여 즉사하게 하고도 범행을 부인하고 있는 상태임.

2. 작성례

진 술 조 서

성 명 :	김 연 자
주민등록번호 :	560908-2989098
직 업 :	상 업
주 거 :	서울특별시 성북구 보국문로 80
등록기준지 :	서울특별시 서대문구 이화여대길 50-12
직장주소 :	서울특별시 성북구 보국문로 80
연 락 처 :	(자택 전화) 321-6543 (휴대 전화) 010-321-6543
	(직장 전화) 333-7878 (전자우편) 없 음

위의 사람은 피의자 홍갑동에 대한 폭행치사 피의사건에 관하여 2016. 8. 10. 서울중앙지방검찰청 제501호 검사실에 임의 출석하여 다음과 같이 진술하다.

1. 피의자와의 관계

저는 피의자 홍갑동과 아무런 친인척 관계가 없습니다.

2. 피의사실과의 관계

저는 피의사실에 관하여 참고인 자격으로 출석하였습니다.

이때 검사는 **진술인 김연자**를 상대로 다음과 같이 문답을 하다.

문 진술인은 무엇을 하고 있나요.

답 주거지에서 구멍가게를 운영하고 있습니다.

문 진술인은 홍갑동이나 강오현을 아는가요.

답 두 사람 다 저희 가게에 가끔 놀러 오는 사람들이라 알고 있습니다.

문 진술인은 그 두 사람이 싸우는 것을 본 일이 있는가요.

답 예, 있습니다.

문 언제 어디서 목격하였나요.

답 2016. 7. 26. 12 : 00경부터 저녁 6시경까지 사이에 홍갑동과 강오현이 다른 손님 3명과 저의 가게 옥상에서 술을 마시며 화투를 치다가 싸움이 벌어져 홍갑동이 강오현을 발로 차서 강오현이 옥상에서 떨어지는 것을 보았습니다.

문 어떻게 하여 보게 된 것인가요.

답 그날 낮부터 홍씨와 죽은 강씨 그리고 다른 세 명이 저의 가게 이층 옥상에서 술을 드시면서 화투를 치고 놀았습니다. 오후 6시경에 다른 세 분이 먼저 내려오시면서 두 분이 다투고 있다고 하기에 이층 옥상으로 올라가 보았더니 서로 멱살을 잡고 옥신각신하고 있었습니다.

문 그래서 어떻게 되었나요.

답 제가 두 분을 뜯어 말리려 하였으나 서로 감정이 격한 탓인지 말릴 수가 없었습니다. 서로 밀고 당기고 하다가 죽은 강씨가 홍씨의 멱살을 잡고 오른손으로 얼굴을 때리자 홍씨는 강씨의 가슴을 밀고 왼발로 배를 걷어차니까 몸의 균형을 잃고 난간 밖으로 떨어졌습니다.

문 당시에 두 사람은 만취한 상태였는가요.

답 낮부터 저녁 때까지 화투를 치면서 소주 4병을 5명이 드셨는데 서로 시비할 때 보니 술기운은 있었지만 그렇게 취한 것 같아 보이지 않았습니다.

문 진술인의 옥상은 어떻게 되어 있나요.

답 저의 옥상은 약 20여평 정도로 평평합니다. 어린애들이 떨어질까봐 가장자리 벽돌을 쌓아 높이 약 30센티미터 가량의 난간을 설치하였습니다.

문 발을 헛디뎌 떨어질 수가 있다고 생각하는가요.

답 그렇지 않습니다. 난간이 튼튼하지는 못하나 벽돌담이 약 30센티 높이로 설치되어 있기 때문에 발을 헛딛어 떨어질 수는 없습니다.

문 조서에 진술한 대로 기재되지 아니하였거나, 사실과 다른 부분이 있는가요.

답 없습니다. 다만 저의 가게에서 이런 일이 생겨 기가 막힙니다. (인)

위의 조서를 진술자에게 열람하게 하였던바, 진술한 대로 오기나 증감·변경할 것이 전혀 없다고 말하므로 간인한 후 서명 날인하게 하다.

진 술 자   김 연 자 (인)

2016. 8. 10.

서 울 중 앙 지 방 검 찰 청

검   사   사 연 생 (인)

검찰주사보   명 수 사 (인)

사법연수원, 검찰서류작성례, 2017년, p. 253~257

2. 감정 · 통역 · 번역의 위촉

(1) 의의 · 성질 및 법원의 감정과의 구별

① 의의 · 성질 : 검사 또는 사법경찰관은 수사에 필요한 때에는 감정·통역·번역을 위촉할 수 있다(제221조 제2항). 이는 **임의수사**이므로 위촉에 대한 수락 여부, 출석 여부, 출석 후 퇴거는 위촉받은 자의 자유이다. 반드시 특정인이 감정 등을 해야 할 필요가 없기 때문에 거부하더라도 다른 사람으로 대체하면 되기 때문이다.

② 법원의 감정과의 구별 : 수사상 감정위촉을 받은 자를 감정수탁자라 하고, 법원의 증거조사방법으로 행해지는 감정에 있어서 그 명을 받은 자를 감정인이라 한다. 감정수탁자는 선서를 하지 않으며 감정 시 당사자 참여 등 규정이 적용되지 않는다는 점에서 감정인과는 구별된다.

(2) 방 법

① 감정유치처분 : 감정을 위하여 유치가 필요하면 검사는 판사에게 감정유치처분(제172조 제3항)을 청구(감정유치청구서)하여야 한다(제221조의3 제1항). 검사의 청구가 상당하면 판사는 감정유치처분을 한다. 이는 영장주의 원칙의 적용을 받는 강제수사에 속하므로, 판사가 발부한 감정유치장에 의해야 한다(제221조의3 제2항, 제172조 제4항).

감정유치장은 명령장의 성격을 가지므로, 결정에는 불복할 수 없으며, 감정유치기간은 검사의 연장 청구시 판사가 결정하고 기간 제한이 없다.

② **감정에 필요한 처분** : 감정위촉을 받은 자는 검사의 청구를 거쳐 판사의 허가(감정처분허가서)를 얻어 감정에 필요한 처분(제173조 제1항)을 할 수 있다(제221조의4). 감정에 필요한 처분으로서는 타인의 주거, 간수자 있는 가옥, 건조물, 항공기, 선차 내에 들어갈 수 있고 신체의 검사, 사체의 해부, 분묘발굴, 물건의 파괴가 있다(제173조 제1항).

③ **참고인 조사 및 조서의 작성** : 감정·통역·번역의 내용을 분명히 하기 위하여 감정인·통역인·번역인을 참고인으로 조사할 수 있는바, 이 경우 조서를 작성하여야 한다(제48조, 제50조).

(3) 감정서 · 감정보고서의 증거능력 : 감정의 경과와 결과를 기재한 서류는 제313조 제3항(자/성/반)에 의하여 동조 제1항·제2항에 따라 그 증거능력이 인정된다. 감정서는 피고인 아닌 자가 작성한 진술서에 준하므로, 감정서로서 그 작성자 등의 자필이거나 그 서명 또는 날인이 있는 것은 공판준비나 공판기일에서의 그 원진술인 작성자 또는 진술자의 진술에 의하여 그 성립의 진정함이 증명된 때에는 증거로 할 수 있다(제313조 제1항 본문). 감정인이 성립의 진정을 부인하는 경우에는 과학적 분석결과에 기초한 디지털포렌식 자료, 감정 등 객관적 방법으로 성립의 진정함이 증명되는 때에는 증거로 할 수 있다(동조 제2항 본문). 다만, 피고인 또는 변호인이 공판준비 또는 공판기일에 그 기재내용에 관하여 감정인을 신문할 수 있었을 것을 요한다(동항 단서).

3. 사실조회

(1) 의의 : 사실조회 또는 공무소 등에의 조회라 함은, 수사기관이 수사에 관하여 공무소 기타 공사단체에 조회하여 필요한 사항의 보고를 요구하는 것을 말한다(제199조 제2항).

예 전과조회, 신원조회 등 [경찰간부 13, 경찰승진 10]

(2) 성질 : 임의수사이다. 조회를 받은 상대방에게 보고의무는 있으나, 이행강제의 방법이 없고 영장을 요하지 않기 때문이다.

02 강제처분과 강제수사

📂 5개년 출제경향 분석

구분	경찰간부					경찰승진					경찰채용					국가7급					국가9급					법원9급					변호사				
	19	20	21	22	23	20	21	22	23	24	20	21	22	23	24	19	20	21	22	23	20	21	22	23	24	19	20	21	22	23	20	21	22	23	24
제1절 체포와 구속	4	4	4		2	7	4	6	3	7	5	3	4	4	2	2	1	2	2	1	2	2		1	1	4	1	1	2	3	4	1	1	2	
제2절 압수·수색·검증·감정	3	3	4	2	2	4	5	3	3	3	3	3	3	2	1	1	1	2	1	2	1	2	4	1	2	1	2	1	1	2	1	1	2	2	1
제3절 수사상의 증거보전		1					1		1	1				2																					
출제율	29/200 (14.5%)					48/200 (24.0%)					34/160 (21.3%)					15/100 (15.0%)					16/115 (13.9%)					18/125 (14.4%)					15/200 (7.5%)				

제1절 | 체포와 구속

표정리 강제처분의 종류(참고만 할 것)

객체	대인적 강제처분	체포, 구속, 소환, 신체수색·신체검증	사람에 대해 강제력이 직접 행사됨
	대물적 강제처분	압수, 수색, 수사상의 검증, 제출명령	물건에 대해 강제력이 직접 행사됨
주체	수소법원	구속, 압수, 수색, 검증, 감정	공소제기 후 법원
	판사	• 증거보전절차로서 판사가 행하는 강제처분 (제184조) • 검사의 청구에 의한 감정유치처분(제221조의3)	• 수사기관의 청구 • 공소제기 전 판사
	수사기관	체포, 구속, 압수, 수색, 검증	강제수사라고도 함
절차	기소 전	수사기관에 의한 강제처분	검사의 청구에 의하여 수사단계에서 판사가 행하는 강제처분
	기소 후	수소법원에 의한 강제처분	–
사전영장의 요부	통상강제처분	체포영장에 의한 체포, 구속, 통상의 압수·수색·검증	사전영장에 의한 강제처분
	긴급강제처분	긴급체포, 현행범체포, 영장에 의하지 아니하는 압수·수색·검증	사후영장에 의한 강제처분
강제의 정도	직접적 강제처분	체포, 구속, 압수, 수색	직접 물리적인 힘을 행사하는 강제처분
	간접적 강제처분	소환, 제출명령	심리적 강제에 의하여 일정한 행동을 하게 하는 강제처분

01 체 포

I 영장에 의한 체포

> **제200조의2(영장에 의한 체포)** ① 피의자가 죄를 범하였다고 의심할 만한 상당한 이유가 있고, 정당한 이유 없이 제200조의 규정에 의한 출석요구에 응하지 아니하거나 응하지 아니할 우려가 있는 때에는 검사는 관할 지방법원판사에게 청구하여 체포영장을 발부받아 피의자를 체포할 수 있고, 사법경찰관은 검사에게 신청하여 검사의 청구로 관할 지방법원판사의 체포영장을 발부받아 피의자를 체포할 수 있다. 다만, 다액 50만원 이하의 벌금, 구류 또는 과료에 해당하는 사건에 관하여는 피의자가 일정한 주거가 없는 경우 또는 정당한 이유 없이 제200조의 규정에 의한 출석요구에 응하지 아니한 경우에 한한다.

1. 의 의

(1) **개념** : 영장에 의한 체포(통상 체포)라 함은 수사기관이 사전에 법관의 체포영장을 발부받아 피의자를 체포하는 것을 말한다. 체포(逮捕, arrest, Festnahme)란 수사단계에서 피의자의 신병확보를 위하여 48시간을 초과하지 않는 기간 동안 수사관서 등 일정한 장소로 인치하는 구속의 전 단계 처분으로서, 그 요건이 구속보다는 넓은 편이다.

(2) **제도의 취지**

① **탈법적 수사관행 근절** : 1995년 형사소송법 개정시 도입된 이 제도는, 수사단계에서 조사에 불응하는 피의자에 대한 간편한 인치제도를 마련함으로써 임의동행·보호실유치와 같은 탈법적인 수사관행을 근절하고자 마련된 것이다.

② **불필요한 구속 억제** : 체포를 했다 하더라도 다시 구속요건을 신중하게 심사함으로써 불필요한 구속을 억제하고자 마련된 것이다.

2. 요 건

(1) 범죄혐의의 상당성

① **의의** : 피의자가 **죄를 범하였다고 의심할 만한 상당한 이유**가 있어야 한다(제200조의2 제1항). 즉, **범죄혐의**가 존재해야 한다.

② **객관적 혐의** : 수사기관의 주관적 혐의로는 부족하고 **객관적 혐의**, 즉 무죄추정을 깨뜨릴 수 있을 정도의 유죄판결에 대한 **고도의 개연성**이 있어야 한다.

(2) 체포사유

① **출석요구 불응 또는 불응 우려** : 피의자가 수사기관의 **출석요구에 응하지 아니하거나 응하지 아니할 우려**가 있어야 한다(**영 – 출불**, 제200조의2 제1항). [경찰승진 10]

② **경미사건** : 다액 50만원 이하의 벌금, 구류 또는 과료에 해당하는 경미사건에 관하여는 피의자가 **일정한 주거가 없는 경우** 또는 정당한 이유 없이 제200조의 규정에 의한 **출석요구에 응하지 아니한 경우**에 한한다(동항 단서). [경찰승진 10]

(3) 체포의 필요성 – 소극적 요건 : 명백히 체포의 필요가 인정되지 아니하는 경우, 즉 도망 또는 증거인멸의 염려가 없는 경우에는 판사는 체포영장을 발부할 수 없다(동조 제2항 단서). 이렇게 체포의 필요성은 이것이 있어야 체포할 수 있는 **(적극적) 요건이 아니라,** 이것이 명백히 없을 때 체포할 수 없게 되는 **소극적 요건**에 해당한다.

3. 절 차

체포영장 신청(경찰) → 체포영장 청구(검사) → 체포영장 발부(판사) → 체포영장 제시 및 집행(검사 지휘, 사경 집행) : 미란다고지(사/이/변/기) → 체포통지(24h) → 구속영장 신청 또는 석방(48h)

(1) 체포영장의 청구

① **청구권자** : 검사는 관할 지방법원판사(수임판사)에게 청구하여 체포영장을 받아 피의자를 체포할 수 있다(동조 제1항). 즉, 체포영장의 청구권은 **검사**에게 있다. 따라서 사법경찰관은 검사에게 신청하여 검사의 청구로 체포영장을 발부받아야 한다. [경찰승진 13]

② **청구방식** : 체포영장의 청구는 **서면(체포영장청구서)**에 의하여야 하며, 체포의 사유 및 필요를 인정할 수 있는 자료를 제출하여야 한다(규칙 제93조 제1항, 제96조 제1항). 긴급체포나 구속영장 청구와는 달리, 체포영장 청구에는 체포적부심으로 석방된 피의자를 제외하고는 **재체포·재구속 제한은 적용되지 않는다.** 다만, 동일한 범죄사실에 관하여 그 피의자에 대하여 전에 체포영장을 청구하였거나 발부받은 사실이 있는 때에는 **다시 체포영장을 청구하는 취지 및 이유를 기재하여야 한다**(제200조의2 제4항, 규칙 제95조 제8호).[1] [국가7급 10, 교정9급특채 12, 경찰승진 10/13]

[정리] [경찰용] 다/7/수 있으니 기재해라(다시/7일/수통)

---

1) [참고] 체포영장청구서에는 7일을 넘는 유효기간을 필요로 하는 때(예 지명수배자)에는 그 취지 및 사유를 기재해야 하고, 또한 여러 통의 영장을 청구하는 때에는 그 취지 및 사유를 기재해야 한다(규칙 동조 제4호, 제5호). [경찰승진 14, 경찰채용 12 3차]

검사가 직접 청구하는 경우

서울중앙지방검찰청
(530 - 3114)

체 호	
형 호	2016. 5. 29.

수 신　서울중앙지방법원장　　　　　　　　발 신　서울중앙지방검찰청

제 목　**체포영장청구**　　　　　　　　　　검 사　사 연 생 (인)

피의자	성　　　　　명	생 략
	주 민 등 록 번 호	생 략
	직　　　　　업	생 략
	주　　　　　거	생 략
변　호　인		변 호 사 홍 길 동

　위의 피의자에 대한 변호사법위반 피의사건에 관하여 동인을 서울중앙지방검찰청에 인치하고 서울구치소에 구금하고자 2016년 6월 5일까지 유효한 체포영장의 발부를 청구합니다.

범죄사실 및 체포를 필요로 하는 사유	별지와 같음
7일을 넘는 유효기간을 필요로 하는 취지 및 사유	
둘 이상의 영장을 청구하는 취지 및 사유	
재청구의 취지 및 이유	
현재 수사 중인 다른 범죄사실에 관하여 발부된 유효한 체포영장 존재 시 그 취지 및 범죄사실	
발부하지 아니하는 취지 및 이유	판사　　　　　(인)

범죄사실 및 체포를 필요로 하는 사유

　피의자는 2016. 5. 10. 10 : 00경 서울특별시 종로구 수표로 95에 있는 모란봉다방에서, 강명순으로부터 충남지방경찰청이 그 무렵 강명순의 친척인 강금석이 경영하는 충남 보령시 주산면 동막오상길 64-51에 있는 진주주유소 등 3개 주유소의 유류를 채취하여 한국석유관리원에 가짜휘발유 여부를 감정 의뢰한 사건에 관하여 합격판정이 날 수 있도록 담당공무원에게 청탁해 달라는 부탁을 받았다.

　피의자는 위 부탁을 승낙한 후 강명순으로부터 교제비 명목으로 즉석에서 3,000,000원을 받은 것을 비롯하여 서울, 천안 등지에서 2016. 5. 10. 12 : 00경 1,000,000원, 2016. 5. 12. 500,000원, 2016. 5. 13. 500,000원, 2016. 5. 17. 2,000,000원을 송금받았다.

　이로써 피의자는 공무원이 취급하는 사건에 관하여 청탁한다는 명목으로 5회에 걸쳐 합계 7,000,000원의 금품을 받았다.

　피의자는 정당한 이유 없이 출석요구에 불응하는 점에 비추어 도망 또는 증거인멸의 염려가 있다. (인)

사법연수원, 검찰서류작성례, 2017년, p. 273~274

(2) 체포영장의 발부

① **발부** : 영장의 청구를 받은 지방법원판사(영장전담판사, 수임판사)[1]는 상당하다고 인정할 때에는 체포 영장을 발부한다(제200조의2 제2항).

② **피의자심문 불요** : 구속영장과 달리, 체포영장 발부시 피의자심문은 인정되지 않는다.

③ **기각** : 체포영장을 발부하지 아니할 때에는 청구서에 그 취지 및 이유를 기재하고 서명날인하여 청구한 검사에게 교부한다(동조 제3항).

④ **불복** : 영장발부 및 기각결정에 대해서는 **불복방법이 없다**. 부적법한 체포영장 발부에 대해서는 체포적부심에 의하여 다툴 수 있고, 기각결정에 대해서는 체포영장 재청구가 가능하기 때문이다.

> 정리 수임판사의 결정에 대해서는 불복방법이 없다.

🪝 판례연구 체포영장 발부결정에 대해서는 불복할 수 없다는 사례

대법원 2006.12.18, 2006모646 [법원9급 19]

체포영장 또는 구속영장의 청구에 관한 재판 자체에 대하여 직접 항고나 준항고를 통한 불복을 허용하지 아니한 것이 헌법에 위반되지 아니한다는 사례

검사의 체포영장 또는 구속영장 청구에 대한 지방법원판사의 재판은 형사소송법 제402조의 규정에 의하여 항고의 대상이 되는 '법원의 결정'에 해당하지 아니하고, 제416조 제1항의 규정에 의하여 준항고의 대상이 되는 '재판장 또는 수명법관의 구금 등에 관한 재판'에도 해당하지 아니한다. … 체포영장 또는 구속영장에 관한 재판 그 자체에 대하여 직접 항고 또는 준항고를 하는 방법으로 불복하는 것은 이를 허용하지 아니하는 대신에, 체포영장 또는 구속영장이 발부된 경우에는 피의자에게 체포 또는 구속의 적부심사를 청구할 수 있도록 하고 그 영장청구가 기각된 경우에는 검사로 하여금 그 영장의 발부를 재청구할 수 있도록 허용함으로써, 간접적인 방법으로 불복할 수 있는 길을 열어 놓고 있는 데 그 취지가 있고, 이는 헌법이 법률에 유보한 바에 따라 입법자의 형성의 자유의 범위 내에서 이루어진 합리적인 정책적 선택의 결과일 뿐 헌법에 위반되는 것이라고는 할 수 없다.

---

(3) 체포영장의 집행

① **집행자** : 체포영장은 검사의 지휘에 의하여 사법경찰관리 또는 교도관리가 집행한다(제200조의6, 제81조 제1항·제3항). [국가9급 13]

② **영장제시 및 사본교부** : ㉠ 체포영장을 집행함에는 체포영장을 피의자에게 **제시하고 그 사본을 교부**하여야 한다(2022.2.3. 개정 제85조 제1항). **정본**을 제시해야 하며 사본을 제시하는 것은 위법하다. [경찰승진 10] 다만, ㉡ **체포영장을 소지하지 아니한 경우에 급속을 요하는 때**에는 범죄사실의 요지와 영장이 발부되었음을 고하고 집행할 수 있으나 집행이 완료된 후에는 **신속히 체포영장(정본)을 제시하고 그 사본을 교부**하여야 한다(**긴급집행**, 동조 제3항·제4항).

> 정리 우연히 범인을 마주쳤는데, 체포영장이 발부되었으나 미소지 상태에서는 긴급집행을 하고, 체포영장이 발부되지 않은 경우에는 후술하는 긴급체포를 하는 것임.

🪝 판례연구 체포영장 긴급집행 시 현행범인을 체포한 사례

대법원 2021.6.24, 2021도4648

체포영장에 의한 긴급집행 중 현행범체포 한 경우 체포영장의 사후제시는 요하지 아니한다는 사례

경찰관이 긴급을 요하여 체포영장을 제시하지 않은 채 **체포영장에 기한 체포 절차에 착수하였으나**, 이에 피고인이 저항하면서 경찰관을 폭행하는 등 행위를 하여 특수공무집행방해의 현행범으로 체포한 후 사후에 체포영장을 별도로 제시하지 않은 것은 적법하다.[2]

---

1) [참고] 당직법관도 이를 처리한다.

2) [보충] 경찰관들이 체포영장을 근거로 체포절차에 착수하였으나 피고인이 흥분하며 타고 있던 승용차를 출발시켜 경찰관들에게 상해를 입히는 범죄를 추가로 저지르자, 경찰관들이 위 승용차를 멈춘 후 저항하는 피고인을 별도 범죄인 특수공무집행방해치상의 현행범으로 체포한 경우, 이 사건 당시 체포영장에 의한 체포절차가 착수된 단계에 불과하였고, 피고인에 대한 체포가 체포영장과 관련 없는 새로운 피의사실인 특수공무집행방해치상을 이유로 별도의 현행범 체포 절차에 따라 진행된 이상, 집행 완료에 이르지 못한 체포영장을 사후에 피고인에게 제시할 필요는 없는 점까지 더하여 보면, 피고인에 대한 체포절차는 적법하다(위 판례).

③ 고지의무 : 체포영장을 집행하는 사법경찰관리는 피의자에 대하여 ㉠ 피의사실의 요지, ㉡ 체포의 이유와 ㉢ 변호인을 선임할 수 있음을 말하고 ㉣ 변명할 기회를 준 후가 아니면 피의자를 체포할 수 없다(**미란다원칙**, 제200조의5 : 사/이/변/기). [경찰승진 13] 종래 **진술거부권**은 피의자 체포·구속 시의 미란다고지 내용에 포함되지 않았지만, 2020.10.7. 제정된 수사준칙(대통령령)에 의하여 포함되게 되었다. 즉, "검사 또는 사법경찰관은 피의자를 **체포하거나 구속할 때**에는 피의자에게 피의사실의 요지, 체포·구속의 이유와 변호인을 선임할 수 있음을 말하고, 변명할 기회를 주어야 하며, **진술거부권을 알려주어야 한다**(동규정 제32조 제1항)." 이때 피의자에게 알려주어야 하는 진술거부권의 내용은 법 제244조의3 제1항 제1호부터 제3호까지의 사항(진술거부/불이익없음/포기시유죄증거사용가능)으로 한다(동 제4호의 변호인조력권은 이미 미란다고지 내용에 포함되어 있으므로 여기에는 빠진 것임, 수사준칙 제32조 제2항). 검사와 사법경찰관이 피의자에게 그 권리를 알려준 경우에는 피의자로부터 **권리 고지 확인서**를 받아 사건기록에 편철한다(동 제3항). 이는 체포·구속 시의 미란다고지에 진술거부권이 포함된 **최초의** 규정에 해당한다.

④ 고지시기 : 위 고지는 체포를 위한 실력행사에 들어가기 **이전에 미리** 하여야 하는 것이 **원칙**이나, 달아나는 피의자를 쫓아가 붙들거나 폭력으로 대항하는 피의자를 실력으로 제압하는 경우에는 **붙들거나 제압한 후에 지체 없이** 하여야 한다(대법원 2000.7.4, 99도4341; 2004.8.30, 2004도3212, 긴급·현행범 同).
[국가7급 13/17, 국가9급 11, 경찰승진 10]

🔍 판례연구 체포영장 집행 시 미란다고지의 시기

대법원 2017.9.21, 2017도10866
사법경찰관 등이 체포영장을 소지하고 피의자를 체포하는 경우, 체포영장의 제시나 고지 등을 하여야 하는 시기
사법경찰관 등이 체포영장을 소지하고 피의자를 체포하기 위해서는 체포영장을 피의자에게 제시하고(형사소송법 제200조의6, 제85조 제1항), 피의사실의 요지, 체포의 이유와 변호인을 선임할 수 있음을 말하고 변명할 기회를 주어야 한다(형사소송법 제200조의5). 이와 같은 체포영장의 제시나 고지 등은 체포를 위한 실력행사에 들어가기 이전에 미리 하여야 하는 것이 원칙이다. 그러나 달아나는 피의자를 쫓아가 붙들거나 폭력으로 대항하는 피의자를 실력으로 제압하는 경우에는 붙들거나 제압하는 과정에서 하거나, 그것이 여의치 않은 경우에는 일단 붙들거나 제압한 후에 지체 없이 하여야 한다. … 피고인이 경찰관들과 마주하자마자 도망가려는 태도를 보이거나 먼저 폭력을 행사하며 대항한 바 없는 등 경찰관들이 체포를 위한 실력행사에 나아가기 전에 체포영장을 제시하고 미란다 원칙을 고지할 여유가 있었음에도 애초부터 미란다 원칙을 체포 후에 고지할 생각으로 먼저 체포행위에 나선 행위는 적법한 공무집행이라고 보기 어렵다(공소사실은 무죄).

---

⑤ 압수·수색·검증 : **체포영장의 집행 시**에는 미리 수색영장을 발부받기 어려운 긴급한 사정이 있는 때에는 수색영장 없이 타인의 주거에 들어가서 피의자의 발견을 위한 수색을 할 수 있으며, **체포현장**에서는 영장 없이 압수·수색·검증을 할 수 있다(제216조 제1항 제1호·제2호 : **영장주의 예외**).

⑥ 집행 촉탁 : ㉠ 검사는 필요에 의하여 관할구역 외에서 구속영장의 집행을 지휘할 수 있고 또는 당해 관할구역의 검사에게 집행지휘를 촉탁할 수 있다. 또한 ㉡ 사법경찰관리는 필요에 의하여 관할구역 외에서 구속영장을 집행할 수 있고 또는 당해 관할구역의 사법경찰관리에게 집행을 촉탁할 수 있다(제200조의6, 제83조). [국가9급 13]

⑦ 인치·구금 : ㉠ 체포된 피의자는 체포영장에 기재된 인치·구금할 장소(경찰서 유치장, 구치소 또는 교도소 내의 미결수용실)에 수용된다. ㉡ 체포영장의 집행을 받은 피의자를 호송할 경우에 필요하면 가장 가까운 교도소·구치소에 임시로 유치할 수 있다(제200조의6, 2020.12.8. 우리말 순화 개정법 제86조 : 호송 중 가유치).

⑧ 체포영장 발부 후 체포 미집행시 법원에의 통지 : 체포영장의 발부를 받은 후 피의자를 체포하지 아니하거나 체포한 피의자를 석방(구속취소)한 때에는 **지체 없이** 검사는 영장을 발부한 법원에 그 사유를 서면으로 **통지**하여야 한다(제204조). [법원9급 14] 이때, 체포영장의 원본을 첨부해야 한다(규칙 제96조의 19 제3항).

(4) 집행 후 절차

① 피의자 등에 대한 체포적부심사청구권 고지의무[1] : 피의자를 체포한 검사 또는 사법경찰관은 체포된 피의자와 체포적부심사청구권자(제214조의2 제1항) 중 피의자가 지정하는 자에게 **체포적부심사를 청구할 수 있음**을 알려야 한다(동조 제2항).

② 변호인 등에 대한 체포통지의무

(가) 통지시한·방법 : 통지는 **지체 없이** 하여야 한다(제200조의6, 제87조 제2항). 여기서 '지체 없이'의 시간적 한계는 체포한 때로부터 늦어도 **24시간** 이내이다(규칙 제100조 제1항 본문, 제51조 제2항 제1문). 통지방법은 **서면**이다(제200조의6, 제87조 제2항). **급속을 요하는 경우**에는 구속되었다는 취지 및 구속의 일시·장소를 전화 또는 모사전송기 기타 상당한 방법에 의하여 통지할 수 있다. 다만, 이 경우에도 구속통지는 **다시 서면**으로 하여야 한다(규칙 제100조 제1항 본문, 제51조 제3항).
[경찰채용 15 3차]

(나) 통지대상 : ㉠ 변호인이 있는 경우에는 변호인에게, ㉡ 변호인이 없는 경우에는 제30조 제2항에 규정한 자(법정대리인·배우자·직계친족·형제자매) 중 피의자가 지정한 자에게[2] 알려야 한다(제200조의6, 제87조 제1항·제2항).

(다) 통지내용 : ㉠ 피의사건명, ㉡ 체포일시와 장소, ㉢ 범죄사실의 요지, ㉣ 체포의 이유와 변호인을 선임할 수 있다는 사실이다(제200조의6, 제87조 제1항).[3]

(5) 구속영장 청구·발부·석방과 구속기간의 계산

① 구속영장의 청구·발부·석방 : 체포한 피의자를 구속하고자 할 때에는 **체포한 때부터 48시간 이내**에 제201조의 규정[4]에 의하여 검사가 구속영장을 **청구**하여야 하고, [경찰승진 10/12/14] 그 기간 내에 구속영장을 청구하지 아니하는 때에는 피의자를 **즉시 석방**하여야 한다(제200조의2 제5항). 다만, 48시간 이내에 구속영장을 청구하면 족하고, 구속영장이 **발부될 것은 요하지 않는다.** 또한 구속영장을 청구하였으나 영장청구가 기각되어 **구속영장을 발부받지 못한 경우에도 즉시 석방**해야 한다(규칙 제100조 제1항, 법 제200조의4 제2항).[5] [6] [7] [법원행시 03, 경찰승진 01/22, 경찰채용 04 2차/05 2차/06 1차]

② 구속기간의 계산 : 체포된 피의자를 구속영장에 의하여 구속한 때에는 그 구속기간은 피의자를 **체포한 날부터 기산**한다(제203조의2).

---

1) [참고] 형사소송법 제88조는 '구속과 공소사실 등의 고지'라는 제명하에 "피고인을 구속한 때에는 즉시 공소사실의 요지와 변호인을 선임할 수 있음을 알려야 한다."라고 규정하고 있다. 이는 구속된 피고인에 대한 일정한 권리고지를 내용으로 하는 사후청문절차이다. 종래 2007년 개정 전 구형사소송법에서는 위 제88조가 체포(제200조의5), 피의자구속(제209조), 현행범인 체포·인수(제213조의2), 구속전피의자심문을 위한 법원 구인(제201조의2)에 준용되고 있었다. 그런데 2007년 개정 형사소송법에서 위 구속피고인 사후권리고지규정의 준용규정들이 모두 삭제되었다. 예를 들어, 제200조의6(종전의 제200조의5)에서는 전단 중 "제86조 내지 제91조, 제93조, 제101조 제4항 및 제102조 제1항 단서"를 "제86조, 제87조, 제89조부터 제91조까지, 제93조, 제101조 제4항 및 제102조 제2항 단서"로 한다는 내용으로 조항이 개정되면서, 구법에 있던 제88조(구속된 피고인에 대한 권리고지규정)의 체포절차 준용규정이 사라지게 된 것이다. 이러한 법률의 개정이유에 대해서 법무부는, 제88조를 적용할 경우 피의자에 대한 체포·구속의 집행 전과 후에 걸쳐 시간적 간격이 거의 없는 짧은 시간 안에 거의 동일한 고지절차를 반복해야 하는데 이는 불합리하기 때문이라고 설명하고 있다(법무부개정법해설, 90면). 따라서 제88조의 사후청문절차는 법원의 피고인 구속에만 적용될 뿐이다.

2) [참고] 통지대상이 없으면 그 취지를 기재한 서면을 수사기록에 편철한다(규칙 제51조 제2항 제2문).

3) [조문] 체포된 피의자는 법원, 교도소장 또는 구치소장 또는 그 대리자에게 변호사를 지정하여 변호인의 선임을 의뢰할 수 있다. 이러한 의뢰를 받은 법원, 교도소장 또는 구치소장 또는 그 대리자는 급속히 피고인이 지명한 변호사에게 그 취지를 통지하여야 한다(제200조의6, 제90조). 또한 구속영장이 청구되거나 체포 또는 구속된 피의자, 그 변호인, 법정대리인, 배우자, 직계친족, 형제자매나 동거인 또는 고용주는 긴급체포서, 현행범인체포서, 체포영장, 구속영장 또는 그 청구서를 보관하고 있는 검사, 사법경찰관 또는 법원사무관 등에게 그 등본의 교부를 청구할 수 있다(규칙 제101조 : 체포·구속적부심청구권자의 체포·구속영장등본 교부청구 등).

4) [조문] 제201조 제1항 본문 : 피의자가 죄를 범하였다고 의심할 만한 상당한 이유가 있고 제70조 제1항 각 호의 1에 해당하는 사유(주거부정, 증거인멸염려, 도망·도망염려)가 있을 때에는 검사는 관할 지방법원판사에게 청구하여 구속영장을 받아 피의자를 구속할 수 있고, 사법경찰관은 검사에게 신청하여 검사의 청구로 관할 지방법원판사의 구속영장을 받아 피의자를 구속할 수 있다.

5) [참고] 48시간 이내에 구속영장을 검사가 청구하였는데, 판사의 영장발부가 늦어졌다면 피의자는 인치·장소의 구금상태가 계속 유지될 수밖에 없다. 이는 판사의 구속영장청구에 대한 심사판단을 하기 위한 잠정적 구금에 불과하다. 따라서 이후 판사가 구속영장청구를 기각하거나 구속영장을 발부하였다면, 그 집행절차가 신속하게 이루어져야 함은 분명하다. 만일 판사의 결정을 집행하는 절차가 신속하게 이루어지지 않았다면, 해당 절차는 위법하다는 평가를 면할 수 없다.

6) [조문] 체포 후 피의자 등이 체포적부심사를 청구하였다면(제214조의2 제1항), 법원이 수사관계서류와 증거물을 접수한 때부터 결정 후 검찰청에 반환된 때까지의 기간(영장실질심사와 동일한 기간, 제201조의2 제7항)은 제200조의2 제5항(영장에 의한 체포시 구속영장청구기간) 및 제200조의4 제1항(긴급체포시 구속영장청구기간)을 적용할 때에는 그 제한기간에 산입하지 아니한다(제214조의2 제13항).

7) [참고] 구속영장청구 기각시 즉시 석방해야 하고, 구속영장 재청구를 이유로 하여 계속 구금할 수 없다.

Ⅱ 긴급체포

> **제200조의3(긴급체포)** ① 검사 또는 사법경찰관은 피의자가 사형·무기 또는 장기 3년 이상의 징역이나 금고에 해당하는 죄를 범하였다고 의심할 만한 상당한 이유가 있고, 다음 각 호의 어느 하나에 해당하는 사유가 있는 경우에 긴급을 요하여 지방법원판사의 체포영장을 받을 수 없는 때에는 그 사유를 알리고 영장 없이 피의자를 체포할 수 있다. 이 경우 긴급을 요한다 함은 피의자를 우연히 발견한 경우 등과 같이 체포영장을 받을 시간적 여유가 없는 때를 말한다. 〈개정 2007.6.1.〉
> 1. 피의자가 증거를 인멸할 염려가 있는 때
> 2. 피의자가 도망하거나 도망할 우려가 있는 때

1. 의 의

(1) 개념 : 긴급체포(緊急逮捕, emergency arrest)란 수사기관이 중대한 죄를 범하였다고 의심할 만한 상당한 이유가 있는 피의자를 법관의 체포영장을 발부받지 않고 체포하는 제도를 말한다.[1]

(2) 목적 : 영장주의 원칙에 얽매이게 되면 중대범죄를 범한 범인을 놓치는 결과를 낳을 수 있는바, 이를 방지하는 것이 긴급체포제도의 취지이다.

2. 요건(긴-긴/중/필)

(1) 범죄의 중대성 : 피의자가 사형·무기 또는 **장기 3년 이상**의 징역이나 금고에 해당하는 죄를 범하였다고 의심할 만한 상당한 이유가 있어야 한다(제200조의3 제1항). [국가9급 13, 경찰승진 14]

비교 긴급체포의 중범죄 요건을 고려할 때 영장체포의 경미범죄 특칙은 당연히 적용되지 않는다.

비교 필요적 변호사건은 단기 3년 이상이다.

정리 긴급체포할 수 없는 범죄 : 폭행 [경찰승진 11], 과실치사상, 자기낙태·동의낙태, 사실적시 명예훼손, 점유이탈물횡령, 업무상 과실장물취득, 실화, 위조통화취득후지정행사, 소인말소, 문서부정행사, 도박, 단순도주, 무면허운전 [교정9급특채 10]

(2) 범죄혐의의 상당성 : 범죄혐의는 객관적 혐의로서 통상체포와 동일하다.

(3) 체포의 필요성 : 피의자가 **증거를 인멸할 염려가 있거나 도망 또는 도망할 염려**, 즉 구속사유가 있어야 한다(제200조의3 제1항, 제70조 제1항 제2호·제3호). 다만, 주거부정은 긴급체포의 요건이 아니다. 기술한 영장에 의한 체포가 체포의 필요성을 (적극적) 요건으로 요구하고 있지 않은 데 비하여, **긴급체포는 이를 명시**하고 있다.

(4) 체포의 긴급성 : 긴급을 요하여 지방법원판사의 체포영장을 발부받을 수 없을 것을 요하는바(제200조의3 제1항), 긴급을 요한다 함은 "피의자를 우연히 발견한 경우 등과 같이 체포영장을 받을 시간적 여유가 없는 때"를 말한다(동조 제1항 후단).

3. 요건의 판단시점 및 기준

(1) 판단기준시점 : 긴급체포의 요건을 갖추었는지 여부는 **사후에 밝혀진 사정을 기초로 판단하는 것이 아니라 체포 당시의 상황을 기초로 판단**하여야 한다(대법원 2006.9.8, 2006도148). [법원9급 14, 경찰승진 10/12/14, 경찰채용 05 3차/06 2차/10 2차/12 3차/13 1·2차/21 1차]

(2) 판단의 기준 : 판사의 체포영장을 받아서는 체포할 수 없거나 체포가 현저히 곤란할 것을 요한다. 따라서 반드시 영장에 의한 체포가 객관적으로 불가능해야 하는 것이 아니라 **검사 또는 사법경찰관의 합리적 판단**에 의하여 체포의 목적이 위험하게 된다고 인정되면 족하다(대법원 2006.9.8, 2006도148). [법원9급 14] 이러한 검사·사법경찰관의 판단에는 상당한 재량의 여지가 있지만 긴급체포 당시의 상황을 보아 **현저히 합리성을 잃은 경우에는 위법한 체포**라 해야 한다(대법원 2003.3.27, 2002모81). [국가9급 11] 따라서 ① 체포 당시 범죄혐의가 인정되지 않는 사람을 긴급체포한 경우는 물론(대법원 2002.6.11, 2000도5701), ② 조사를 받기 위하여 **수사관서에 자진 출석한 피의자**를 긴급체포한 경우에도 원칙적으로 긴급체포는 위법하다고 해야 한다(대법원 2006.9.8, 2006도148). 반면, 피의자가 임의출석의 형식에 의하여 수사기관에 **자진출석**한 후 조사를

---

1) [참고] 헌법 제12조 ③ 체포·구속·압수 또는 수색을 할 때에는 적법한 절차에 따라 검사의 신청에 의하여 법관이 발부한 영장을 제시하여야 한다. 다만, 현행범인인 경우와 장기 3년 이상의 형에 해당하는 죄를 범하고 도피 또는 증거인멸의 염려가 있을 때에는 사후에 영장을 청구할 수 있다.

받았고 그 과정에서 피의자가 장기 3년 이상의 범죄를 범하였다고 볼 상당한 이유가 드러나고, **도주하거나 증거를 인멸할 우려가 생긴다고 객관적으로 판단되는 경우**에는 자진출석한 피의자에 대해서도 긴급체포가 가능하다. [경찰채용 11 2차]

4. 위법한 체포와 증거능력

긴급체포 당시의 상황으로 보아서도 그 요건의 충족 여부에 관한 검사나 사법경찰관의 판단이 경험칙에 비추어 현저히 합리성을 잃은 경우에는 그 체포는 위법한 체포라 할 것이고, 이러한 위법은 영장주의에 위배되는 중대한 것이니 **그 체포에 의한 유치 중에 작성된 피의자신문조서는 위법하게 수집된 증거**로서 특별한 사정이 없는 한 이를 유죄의 증거로 할 수 없다(대법원 2002.6.11, 2000도5701). [국가7급 09, 국가9급 10/11, 경찰간부 12, 경찰승진 11/12, 경찰채용 05 3차/06 1차]

⚖ 판례연구 긴급체포가 적법하다는 사례

대법원 2005.12.9, 2005도7569
피고인에 대한 고소사건을 담당하던 경찰관은 피고인의 소재 파악을 위해 피고인의 거주지와 피고인이 경영하던 공장 등을 찾아가 보았으나, 피고인이 공장 경영을 그만 둔 채 거주지에도 귀가하지 않는 등 소재를 감추자 법원의 압수·수색영장에 의한 휴대전화 위치추적 등의 방법으로 피고인의 소재를 파악하려고 하던 중, 2004. 10. 14. 23 : 00경 주거지로 귀가하던 피고인을 발견하고, 피고인이 계속 소재를 감추려는 의도가 다분하고 증거인멸 및 도망의 염려가 있다는 이유로 피고인을 사기 혐의로 긴급체포한 것은 위법한 체포에 해당한다고 보기는 어렵다.

⚖ 판례연구 긴급체포가 위법하다는 사례

1. 대법원 2002.6.11, 2000도5701 [국가9급 05/10]
긴급체포가 요건을 갖추지 못하여 위법한 체포에 해당하는 경우 및 위법한 체포에 의한 유치 중에 작성된 피의자신문조서의 증거능력 유무(소극)
수사검사는 피고인 1에게 뇌물을 주었다는 피고인 3 및 관련 참고인들의 진술을 먼저 확보한 다음, 현직 군수인 피고인 1을 소환·조사하기 위하여 검사의 명을 받은 검찰주사보가 경기도 광주군청 군수실에 도착하였으나 위 피고인이 군수실에 없어 도시행정계장에게 군수의 행방을 확인하였더니, 위 피고인이 검사가 자신을 소환하려 한다는 사실을 미리 알고 자택 옆에 있는 초야농장 농막에서 기다리고 있을 것이니 수사관이 오거든 그 곳으로 오라고 하였다고 하므로, 같은 날 17 : 30경 검찰주사보가 위 초야농장으로 가서 그곳에서 수사관을 기다리고 있던 위 피고인을 긴급체포한 것은 위법하다. … 피고인은 현직 군수직에 종사하고 있어 검사로서도 위 피고인의 소재를 쉽게 알 수 있었고, 1999. 11. 29. 피고인 3의 위 진술 이후 시간적 여유도 있었으며, 위 피고인도 도망이나 증거인멸의 의도가 없었음은 물론, 언제든지 검사의 소환조사에 응할 태세를 갖추고 있었고, 그 사정을 위 검찰주사보도 충분히 알 수 있었다 할 것이어서, 위 긴급체포는 그 당시로 보아서도 형사소송법 제200조의3 제1항의 요건을 갖추지 못한 것으로 쉽게 보여져 이를 실행한 검사 등의 판단이 현저히 합리성을 잃었다고 할 것이므로, 이러한 위법한 긴급체포에 의한 유치 중에 작성된 이 사건 각 피의자신문조서는 이를 유죄의 증거로 하지 못한다고 할 것이다.

2. [유사판례] 대법원 2003.3.27, 2002모81
도로교통법위반 피의사건에서 기소유예처분을 받은 재항고인이 그 후 혐의 없음을 주장함과 동시에 수사경찰관의 처벌을 요구하는 진정서를 검찰청에 제출함으로써 이루어진 진정사건을 담당한 검사가, 재항고인에 대한 위 피의사건을 재기한 후 담당검사인 자신의 교체를 요구하고자 부장검사 부속실에서 대기하고 있던 재항고인을 위 도로교통법위반죄로 긴급체포하여 감금한 경우, 그 긴급체포는 형사소송법이 규정하는 긴급체포의 요건을 갖추지 못한 것으로서 당시의 상황과 경험칙에 비추어 현저히 합리성을 잃은 위법한 체포에 해당한다.

3. 대법원 2006.9.8, 2006도148 [경찰채용 11 2차/13 2차/20 2차]
검사가 참고인 조사를 받는 줄 알고 검찰청에 자진출석한 변호사사무실 사무장을 합리적 근거 없이 긴급체포하자 그 변호사가 이를 제지하는 과정에서 위 검사에게 상해를 가한 것은 정당방위에 해당한다는 사례
위증교사, 위조증거사용죄로 기소된 피고인 1에 대하여 무죄가 선고되었고, 당시 공판검사이던 공소외 1은 이에 불복하여 항소한 후 위 무죄가 선고된 공소사실에 대한 보완수사를 한다며 피고인 1의 변호사사무실 사무장이던 피고인 2에게 검사실로 출석하라고 요구하여 … 자진출석한 피고인 2에 대하여 참고인 조사를 하지 아니한 채 곧바로 위증 및 위증교사 혐의로 피의자신문조서를 받기 시작하였고, 이에 피고인 2는 인적사항만을 진술한 후 검사의 승낙하에 피고인 1에게 전화를 하여 "검사가 자

신에 대하여 위증 및 위증교사 혐의로 피의자신문조서를 받고 있으니 여기서 데리고 나가 달라"고 하였으며, 더 이상의 조사가 이루어지지 아니하는 사이 피고인 1이 위 검사실로 찾아와서 검사에게 "참고인 조사만을 한다고 하여 임의수사에 응한 것인데 피고인 2를 피의자로 조사하는 데 대해서는 협조를 하지 않겠다"는 취지로 말하며 피고인 2에게 여기서 나가라고 지시한 사실, 피고인 2가 일어서서 검사실을 나가려 하자 검사는 피고인 2에게 "지금부터 긴급체포하겠다"고 말하면서 피고인 2의 퇴거를 제지하려 한 것은 … 적법한 공무집행이라고 할 수 없다.

4. 대법원 2016.10.13, 2016도5814 [경찰채용 22 2차, 국가9급개론 17]

피고인이 필로폰을 투약한다는 제보를 받은 경찰관이 제보의 정확성을 사전에 확인한 후에 제보자를 불러 조사하기 위하여 피고인의 주거지를 방문하였다가, 그곳에서 피고인을 발견하고 피고인의 전화번호로 전화를 하여 나오라고 하였으나 응하지 않자 피고인의 집 문을 강제로 열고 들어가 피고인을 긴급체포한 것은 위법하다는 사례

피고인이 필로폰을 투약한다는 제보를 받은 경찰관이 제보된 주거지에 피고인이 살고 있는지 등 제보의 정확성을 사전에 확인한 후에 제보자를 불러 조사하기 위하여 피고인의 주거지를 방문하였다가, 현관에서 담배를 피우고 있는 피고인을 발견하고 사진을 찍어 제보자에게 전송하여 사진에 있는 사람이 제보한 대상자가 맞다는 확인을 한 후, 가지고 있던 피고인의 전화번호로 전화를 하여 차량 접촉사고가 났으니 나오라고 하였으나 나오지 않고, 또한 경찰관임을 밝히고 만나자고 하는데도 현재 집에 있지 않다는 취지로 거짓말을 하자 피고인의 집 문을 강제로 열고 들어가 피고인을 긴급체포한 경우, 피고인이 마약에 관한 죄를 범하였다고 의심할 만한 상당한 이유가 있었더라도, 경찰관이 이미 피고인의 신원과 주거지 및 전화번호 등을 모두 파악하고 있었고, 당시 마약 투약의 범죄 증거가 급속하게 소멸될 상황도 아니었던 점 등의 사정을 감안하면, 긴급체포가 미리 체포영장을 받을 시간적 여유가 없었던 경우에 해당하지 않아 위법하다고 본 원심판단은 정당하다.

5. 절 차

긴급체포 : 미란다고지, 즉시 긴급체포서 작성, 지체 없이(24h) 변호인 등에의 통지 → 즉시 검사의 승인 → ① 구속영장청구 또는 ② 석방

① 구속영장청구(48h) → 영장발부(구속) 또는 기각(석방)
② 석방 → 석방통지(경찰 : 즉시 검사에게 보고, 검사 : 30일 내 법원에 통지)

(1) 긴급체포의 방법

① 긴급체포권자 : **검사 또는 사법경찰관**이다. 판례에 의하면, **사법경찰리**도 사법경찰관사무취급의 지위에서는 긴급체포권이 있다(대법원 1965.1.19, 64도740, 통설은 반대).

🔨 **판례연구** 긴급체포권자

대법원 1965.1.19, 64도740
사법경찰리도 긴급체포권이 있다는 사례
사법경찰리의 직무를 행하는 산림보호서기가 사법경찰관 직무취급인 산림계장의 지시에 의하여 임산물 단속에 관한 법률위반으로 조사를 받는 피의자를 체포하여 긴급구속(현재는 폐지, 긴급체포로 이해할 것)하려다가 폭행을 당한 경우에는 공무집행방해죄가 성립한다 할 것이며 여러 사정에 의하여 여하한 이유로 긴급구속을 하려는가를 명백히 알 수 있다면 긴급구속하는 이유를 고지하지 아니하였다 하더라도 적법한 공무집행이 아니라고 볼 수 없다 할 것이다.

---

② 미란다원칙 고지의무 : 긴급체포시에도 피의사실의 요지, 체포의 이유와 변호인을 선임할 수 있음을 말하고 변명할 기회를 주어야 한다(제200조의5). [경찰채용 05 2차/06 1차] 이 경우 대통령령에 의하여 **진술거부권을 고지하여야** 함은 기술한 바와 같다(수사준칙 제32조 제1항).

③ 압수 · 수색 · 검증
　(가) 체포목적의 수색, 체포현장에서의 압수 · 수색 · 검증 : 긴급체포시에는 필요한 때에는 **영장 없이** 타인의 주거 등 내에서 피의자 발견을 위해 수색을 할 수 있고(제216조 제1항 제1호), **체포현장**에 한하여 영장 없이 압수 · 수색 · 검증을 할 수 있다(동 제2호). [국가9급 13, 경찰간부 13, 경찰채용 15 3차]
　(나) 긴급체포 후 압수 · 수색 · 검증 : 검사 또는 사법경찰관은 긴급체포된 자가 소유 · 소지 · 보관하는 물건에 대하여 **긴급히 압수할 필요**가 있는 경우에는 체포된 때로부터 **24시간 이내**에 한하여 영장 없이 압수 · 수색 · 검증을 할 수 있다(제217조 제1항). [법원9급 15, 국가9급 09/11/13, 경찰승진 11, 경찰채용 08 3차]

(다) 압수한 물건을 계속 압수할 필요가 있는 경우 : **지체 없이** 압수·수색영장을 청구하여야 한다. 이 경우 영장 청구는 긴급체포된 때로부터 **48시간** 이내에 하여야 한다(제217조 제2항). [국가9급 18, 국가9급 13, 경찰채용 15 3차]

(2) 체포 후 절차

① 긴급체포서의 작성 : 검사 또는 사법경찰관이 피의자를 긴급체포한 경우에는 **즉시 긴급체포서를 작성**하여야 한다. [국가9급 13] 여기에는 범죄사실의 요지, 긴급체포의 사유 등을 기재하여야 한다(제200조의3 제3항·제4항).

긴 급 체 포 서

제 00000-0000 호

피의자	성 명	김 갑 돌 ( )
	주 민 등 록 번 호	000000-0000000 (00 세)
	직 업	무 직
	주 거	서울특별시 ○○○
변 호 인		

위의 피의자에 대한 공문서변조 등 피의사건에 관하여 「형사소송법」 제200조의3 제1항에 따라 동인을 아래와 같이 긴급체포함.

2016년 5월 29일

서울중앙지방검찰청
검사 사 연 생 (인)

체포한 일시	2016년 5월 29일 14시 15분
체포한 장소	서울중앙지방검찰청 제123호 검사실
범죄사실 및 체포의 사유	별지와 같음
체포자의 관직 및 성명	서울중앙지방검찰청 검찰주사보 명수사
인치한 일시	2016년 5월 29일 14시 15분
인치한 장소	서울중앙지방검찰청 제123호 검사실
구금한 일시	2016년 5월 29일 20시 05분
구금한 장소	서울서초경찰서 유치장
구금을 집행한 자의 관직 및 성명	서울중앙지방검찰청 검찰주사보 명수사

범 죄 사 실 및 체 포 의 사 유

1. 공문서변조

피의자는 2016. 4. 23. 20 : 00경 서울특별시 종로구 성균관로 25-2에 있는 피의자의 집에서, 행사할 목적으로 2016. 2. 3. 서울특별시 종로구 혜화동장이 발행한 같은 구 창경궁로 305-1에 거주하는 윤태호의 인감증명서 1통의 발행일자 란에 기재되어 있는 "2"자를 칼로 긁어 지우고 그 자리에 먹물과 펜을 사용하여 "4"자를 기입하였다.

이로써 피의자는 공문서인 혜화동장 명의의 인감증명서 1통을 변조하였다.

2. 변조공문서행사

피의자는 2016. 4. 24. 15 : 00경 서울특별시 중구 종로 54에 있는 한일상사 주식회사 사무실에서, 그 변조 사실을 모르는 위 회사 총무과장 신정균에게 위와 같이 변조한 인감증명서를 마치 진정하게 작성된 것처럼 교부하여 이를 행사하였다.

피의자는 조사과정에서 범행을 부인하다가 참고인 윤태호, 신정균 등과 대질하자 마지 못해 자백하고 참고인들에게 악담을 하는 등 개전의 정이 전혀 없을 뿐만 아니라 조사 후 즉시 귀가를 요청하고 있는 점 등에 비추어 귀가시키면 도망 및 증거인멸의 염려가 현저하고, 체포영장을 발부받을 시간적 여유가 없어 긴급체포할 필요성이 있다. (인)

사법연수원, 검찰서류작성례, 2017년, p. 279~280

② **긴급체포 승인과 이를 위한 요청** : 사법경찰관이 긴급체포를 한 경우에는 **즉시 검사의 승인**을 얻어야 한다(제200조의3 제2항). [국가9급 13, 경찰간부 13, 경찰채용 15 3차] 이를 위해 사법경찰관은 긴급체포 후 **12시간 내**에 범죄사실의 요지, 긴급체포의 일시·장소, 긴급체포의 사유, 체포를 계속해야 하는 사유 등을 적은 **긴급체포 승인요청서**로 검사에게 **긴급체포의 승인**을 요청해야 한다. 다만, 수사중지·기소중지된 피의자를 소속 경찰관서가 위치하는 특별시·광역시·특별자치시·도 또는 특별자치도 **외의 지역**(「해양경비법」 제2조 제2호에 따른 경비수역 포함)에서 긴급체포한 경우에는 긴급체포 후 **24시간 내**에 긴급체포의 승인을 요청해야 한다. 긴급한 경우에는 형사사법정보시스템 또는 팩스를 이용할 수도 있다(수사준칙 제27조 제1항·제2항). 검사는 사법경찰관의 긴급체포 승인 요청이 이유 있다고 인정하는 경우에는 지체 없이 긴급체포 승인서를 사법경찰관에게 송부해야 하고(동 제3항), 이유 없다고 인정하는 경우에는 지체 없이 사법경찰관에게 불승인 통보를 해야 한다. 이 경우 **사법경찰관은 긴급체포된 피의자를 즉시 석방**하고 그 석방 일시와 사유 등을 검사에게 통보해야 한다(동 제4항).

③ **검사의 긴급체포 적법성 심사권 및 피의자의 동의** : 사법경찰관이 검사에게 긴급체포된 피의자에 대한 긴급체포 승인 건의(현 수사준칙에서는 '요청')와 함께 구속영장을 신청한 경우, 검사는 긴급체포의 승인 및 구속영장의 청구가 피의자의 인권에 대한 부당한 침해를 초래하지 않도록 **긴급체포의 적법성 여부를 심사하면서 수사서류뿐만 아니라 피의자를 검찰청으로 출석시켜 직접 대면조사할 수 있는 권한**을 가진다. 다만, 검사의 구속영장 청구 전 피의자 대면조사는 **강제수사는 아니므로 피의자는 검사의 출석 요구에 응할 의무가 없고, 피의자가 검사의 출석 요구에 동의한 때에 한하여 사법경찰관리는 피의자를 검찰청으로 호송하여야 한다**(대법원 2010.10.28, 2008도11999). [법원9급 14, 국가9급개론 17, 경찰채용 12 2차/11 2차/20 1차]

⚒ **판례연구** 사법경찰관의 긴급체포에 대한 검사의 적법성 심사

대법원 2010.10.28, 2008도11999 [법원9급 14, 국가7급 18, 경찰채용 11 2차/12 2차]
검사가 구속영장 청구 전 대면조사를 위하여 사법경찰관리에게 긴급체포된 피의자의 인치를 명하는 것이 적법할 수 있다는 사례
사법경찰관이 검사에게 긴급체포된 피의자에 대한 긴급체포 승인 건의(현 수사준칙에서는 '요청')와 함께 구속영장을 신청한 경우, 검사는 긴급체포의 승인 및 구속영장의 청구가 피의자의 인권에 대한 부당한 침해를 초래하지 않도록 긴급체포의 적법성 여부를 심사하면서 수사서류뿐만 아니라 피의자를 검찰청으로 출석시켜 직접 대면조사할 수 있는 권한을 가진다. 다만, 검사의 구속영장 청구 전 피의자 대면조사는 강제수사는 아니므로 피의자는 검사의 출석 요구에 응할 의무가 없고, 피의자가 검사의 출석요구에 동의한 때에 한하여 사법경찰관리는 피의자를 검찰청으로 호송하여야 한다. [경찰채용 20 1차, 경찰채용 12/11 2차, 국가9급개론 17, 법원9급 14] … 긴급체포의 승인 및 구속영장의 청구가 피의자의 인권에 대한 부당한 침해를 초래하지 않도록 긴급체포의 적법성 여부를 심사하기 위하여 검사가 구속영장 청구 전에 피의자를 대면조사하기 위하여 사법경찰관리에게 피의자를 검찰청으로 인치할 것을 명하는 것은 적법하므로 사법경찰관리는 이를 준수할 의무를 부담한다. … 따라서 이러한 검사의 명령(형법 제139조의 인권옹호직무명령을 의미함)을 따르지 않은 사법경찰관리에게는 형법 제139조에 규정된 인권옹호직무명령불준수죄와 형법 제122조에 규정된 직무유기죄의 상상적 경합의 죄책이 인정된다.[1]

---

④ **변호인 등에 대한 체포통지의무**

(가) **통지시한·방법** : 통지는 **지체 없이** 하여야 한다(제200조의6, 제87조 제2항). 여기서 '지체 없이'의 시간적 한계는 체포한 때로부터 늦어도 **24시간** 이내이다(규칙 제100조 제1항 본문, 제51조 제2항 제1문). 통지방법은 **서면**이다(제200조의6, 제87조 제2항). **급속을 요하는 경우**에는 구속되었다는 취지 및 구속의 일시·장소를 전화 또는 모사전송기 기타 상당한 방법에 의하여 통지할 수 있다. 다만, 이 경우에도 구속통지는 **다시 서면**으로 하여야 한다(규칙 제100조 제1항 본문, 제51조 제3항).

---

1) [참고] 다만, 체포된 피의자의 구금 장소가 임의적으로 변경되는 점, 법원에 의한 영장실질심사 제도를 도입하고 있는 현행 형사소송법하에서 체포된 피의자의 신속한 법관 대면권 보장이 지연될 우려가 있는 점 등을 고려하면, 위와 같은 검사의 구속영장 청구 전 피의자 대면조사는 긴급체포의 적법성을 의심할 만한 사유가 기록 기타 객관적 자료에 나타나고 피의자의 대면조사를 통해 그 여부의 판단이 가능할 것으로 보이는 예외적인 경우에 한하여 허용될 뿐, 긴급체포의 합당성이나 구속영장 청구에 필요한 사유를 보강하기 위한 목적으로 실시되어서는 아니 된다. [경찰채용 11 2차] 나아가 검사의 구속영장 청구 전 피의자 대면조사는 강제수사가 아니므로 피의자는 검사의 출석 요구에 응할 의무가 없고, 피의자가 검사의 출석 요구에 동의한 때에 한하여 사법경찰관리는 피의자를 검찰청으로 호송하여야 한다.

(나) 통지대상 : ㉠ 변호인이 있는 경우에는 변호인에게, ㉡ 변호인이 없는 경우에는 제30조 제2항에 규정한 자(법정대리인·배우자·직계친족·형제자매) 중 피의자가 지정한 자에게[1] 알려야 한다(제200조의6, 제87조 제1항·제2항).

(다) 통지내용 : ㉠ 피의사건명, ㉡ 체포일시와 장소, ㉢ 범죄사실의 요지, ㉣ 체포의 이유와 변호인을 선임할 수 있다는 사실이다(제200조의6, 제87조 제1항).

(3) 구속과 석방

① 구속영장의 청구 : 검사 또는 사법경찰관이 긴급체포한 피의자를 구속하고자 할 때에는 **지체 없이** 검사는 관할 지방법원판사에게 **구속영장을 청구**하여야 하고, 사법경찰관은 검사에게 신청하여 검사의 청구로 관할 지방법원판사에게 구속영장을 청구하여야 한다. [국가9급 09, 경찰채용 05 3차] 이 경우 구속영장은 피의자를 체포한 때부터 **48시간 이내**에 청구하여야 하며, 제200조의3 제3항에 따른 **긴급체포서를 첨부**하여야 한다(제200조의4 제1항).[2] [3] [4] [국가9급 09]

② 피의자의 석방 : 긴급체포한 후 48시간 이내에 구속영장을 청구하지 않거나, 청구를 하였지만 구속영장을 발부받지 못한 때에는 피의자를 **즉시 석방**하여야 한다(제200조의4 제2항).

(4) 긴급체포 남용에 대한 사후적 통제 – 석방시 보고·통지의무와 열람·등사권 등

① 사법경찰관의 검사에 대한 즉시보고의무 : 사법경찰관은 긴급체포한 피의자에 대하여 구속영장을 신청하지 아니하고 석방한 경우에는 **즉시 검사에게 보고하여야 한다**(제200조의4 제6항).[5] [국가9급 09/10, 경찰승진 10/11/12, 경찰채용 08 3차/09 1차/10 2차/12 3차/13 1차] 이는 긴급체포자를 석방한 사법경찰관의 검사에 대한 즉시보고의무를 규정함으로써 검사의 법원에 대한 통지의무를 원활히 함과 동시에 사법경찰관에 대한 검사의 감독을 통해 긴급체포 남용을 방지하고자 함에 그 취지가 있다.

② 검사의 법원에 대한 통지의무 : 검사는 구속영장을 청구하지 아니하고 피의자를 석방한 경우에는 석방한 날부터 **30일 이내에 서면으로 긴급체포의 이유 및 석방사유 등의 사항을 법원에 통지하여야 한다.** 이 경우 긴급체포서의 사본을 첨부하여야 한다. [경찰승진 13, 경찰채용 08 3차] 법원에 통지해야 할 사항들은 다음과 같다 : "1. 긴급체포 후 석방된 자의 인적사항, 2. 긴급체포의 일시·장소와 긴급체포하게 된 구체적 이유, 3. 석방의 일시·장소 및 사유, 4. 긴급체포 및 석방한 검사 또는 사법경찰관의 성명"(제200조의4 제4항)

③ 피의자 측의 통지서 등 열람·등사권 : 긴급체포 후 석방된 자 또는 그 변호인·법정대리인·배우자·직계친족·형제자매는 **통지서 및 관련 서류를 열람하거나 등사할 수 있다**(제200조의4 제5항). [국가9급 10, 국가9급개론 17, 경찰승진 11/14]

④ 재체포의 제한 : 긴급체포가 되었으나 구속영장을 청구하지 아니하거나 구속영장을 발부받지 못하여 석방한 피의자는 **영장 없이는 동일한 범죄사실에 관하여 다시 체포하지 못한다**(제200조의4 제3항). [법원9급 14, 국가9급개론 17, 경찰간부 13, 경찰승진 08/09, 경찰채용 12 2차/21 1차] 따라서 긴급체포 후 영장 미청구이든 영장 기각이든 그 사유를 불문하고 석방된 자에 대해서는 설사 새로운 중요한 증거자료가 발견되거나 피의자가 도망 또는 증거를 인멸할 경우라 하더라도 긴급체포는 불가하다(긴급체포 – 석방 – 긴급체포 : ×). [국가7급 11, 국가9급 10/11, 교정9급특채 12, 경찰승진 11, 경찰15 3차] 다만, 긴급체포 후 석방된 자에 대한 영장에 의한 체포는

---

1) [참고] 통지대상이 없으면 그 취지를 기재한 서면을 수사기록에 편철한다(규칙 제51조 제2항 제2문).

2) [참고] 구속영장을 '지체 없이' 청구하라는 의미 : 주의적 요건설과 기속적 요건설이 대립하니, 기속적 요건설이 타당하나고 생각된다. 본서의 특성상 논의는 생략한다.

3) [참고] 긴급체포의 위법과 구속영장기각의 관계 : 고려해서는 안 된다는 입장(이/조)과 고려해야 한다는 입장(多)이 대립하나, 논의는 생략한다.

4) [참고] 구속기간에의 산입 : 긴급체포된 피의자에 대한 구속기간은 피의자를 체포한 날부터 기산한다(제203조의2).

5) [참고] 수사준칙 제36조(피의자의 석방) ① 검사 또는 사법경찰관은 법 제200조의2제5항(영장체포 후 구속영장 청구 없이 석방) 또는 제200조의4 제2항(긴급체포 후 구속영장 미청구 또는 미발부 시 석방)에 따라 구속영장을 청구하거나 신청하지 않고 체포 또는 긴급체포한 피의자를 석방하려는 때에는 다음 각 호의 구분에 따른 사항을 적은 피의자 석방서를 작성해야 한다.
   1. 체포한 피의자를 석방하려는 때 : 체포 일시·장소, 체포 사유, 석방 일시·장소, 석방 사유 등
   2. 긴급체포한 피의자를 석방하려는 때 : 법 제200조의4제4항 각 호의 사항
   ② 사법경찰관은 제1항에 따라 피의자를 석방한 경우 다음 각 호의 구분에 따라 처리한다.
   1. 체포한 피의자를 석방한 때 : 지체 없이 검사에게 석방사실을 통보하고, 그 통보서 사본을 사건기록에 편철한다.
   2. 긴급체포한 피의자를 석방한 때 : 법 제200조의4제6항에 따라 즉시 검사에게 석방 사실을 보고하고, 그 보고서 사본을 사건기록에 편철한다.

가능하다(긴급체포 – 석방 – 영장체포 : ○). [경찰채용 12 3차/15 2차/13 1 · 2차]

> **비교** [재구속의 제한] 검사 · 사경에 의하여 구속되었다가 석방된 자는 다른 중요한 증거를 발견한 경우를 제외하고는 동
> 일한 범죄사실에 관하여 재차 구속하지 못한다(제208조 제1항)(구속 – 석방 – 다중× – 구속×)(다중 – 구/기/재). 다
> 만, 이는 법원의 구속에는 적용되지 않는다.

Ⅲ 현행범체포

> **제211조(현행범인과 준현행범인)** ① 범죄를 실행하고 있거나 실행하고 난 직후의 사람을 현행범인이라 한다.
> ② 다음 각 호의 어느 하나에 해당하는 사람은 현행범인으로 본다.
> 1. 범인으로 불리며 추적되고 있을 때
> 2. 장물이나 범죄에 사용되었다고 인정하기에 충분한 흉기나 그 밖의 물건을 소지하고 있을 때
> 3. 신체나 의복류에 증거가 될 만한 뚜렷한 흔적이 있을 때
> 4. 누구냐고 묻자 도망하려고 할 때
>
> **제212조(현행범인의 체포)** 현행범인은 누구든지 영장 없이 체포할 수 있다.[1]

1. 의 의

(1) 개념 : 현행범인이나 준현행범인을 누구나 영장 없이 체포할 수 있는 제도이다. 현행범체포는 긴급체포와
함께 대인적 강제수사에 있어서 영장주의의 예외로 인정된다.

(2) 현행범인의 의의

① **고유한 의미의 현행범인** : 범죄를 실행하고 있거나(실행 중) 실행하고 난 직후(실행 직후)의 사람을 말한
다(2020.12.8. 우리말 순화 개정법 제211조 제1항). [해경간부 12, 경찰승진 09]

(가) **범죄의 실행 중** : 범죄의 실행에 착수하여 종료하지 못한 상태를 말한다.

　㉠ **미수, 예비 · 음모** : 미수범은 실행의 착수가, 예비 · 음모범은 예비 · 음모행위가 있으면 현행범
　　인에 해당한다. 기도된 교사는 형법상 예비 · 음모로 처벌되므로(형법 제31조 제2항 · 제3항) 교사
　　행위가 예비 · 음모행위가 되어 현행범에 해당하게 된다.

　㉡ **교사범 · 종범** : 공범종속성원칙상 정범의 실행행위가 개시된 때에 현행범인이 된다.

(나) **범죄의 실행 직후** : 범죄의 실행행위를 종료한 직후를 말한다.

　㉠ **실행 직후** : 시간적 접착성이 인정되는 시점을 말하는바, 범죄의 실행행위를 **끝마친 순간 또는 이
　　에 접착된 시간적 단계**까지를 의미한다. [경찰승진 09/14] 즉, 범죄의 실행행위를 종료한 직후의 범인
　　이라는 것이 **체포하는 자의 입장**에서 볼 때 명백한 경우를 말하므로 [경찰승진 10/11/12/14, 경찰채용 11
　　1차/13 2차], **시간적 · 장소적으로 보아 체포를 당하는 자가 방금 범죄를 실행한 범인이라는 점에 관한
　　죄증이 명백히 존재하는 것으로 인정되어야 현행범인으로 볼 수 있다**(대법원 2006.2.10, 2005도7158
　　등). [경찰승진 09/10, 경찰채용 10 2차/11 1차/16 1차]

　㉡ **결과 불요** : 실행 직후는 실행행위를 전부 종료하였을 것을 요하지 않으며, 결과발생에 이를 필
　　요는 더더욱 없다.

② **준현행범인** : 현행범인은 아니지만 현행범인으로 보는 다음과 같은 자를 말한다(제211조 제2항).

(가) **범인으로 불리며 추적되고 있는 때**(제1호) : 범인으로 불리며 쫓기고 있는 경우이다. [경찰간부 13] 호
창 · 추적의 주체에는 제한이 없다.

(나) **장물이나 범죄에 사용되었다고 인정하기에 충분한 흉기나 그 밖의 물건을 소지하고 있을 때**(제2호) : 현재
소지하고 있어야 하므로, 흉기를 소지하고 있다고 지적되고 있는 자는 포함되지 않는다. [법원9급 08]

(다) **신체 또는 의복류에 증거가 될 만한 뚜렷한 흔적이 있는 때**(제3호) : 객관적 · 외부적으로 범죄의 흔적
이 명백한 경우를 말한다.

---

1) [참고] 헌법 제12조 ③ 체포 · 구속 · 압수 또는 수색을 할 때에는 적법한 절차에 따라 검사의 신청에 의하여 법관이 발부한 영장을 제시하여야 한
다. 다만, 현행범인인 경우와 장기 3년 이상의 형에 해당하는 죄를 범하고 도피 또는 증거인멸의 염려가 있을 때에는 사후에 영장을 청구할 수
있다.

(라) 누구냐고 묻자 도망하려고 하는 때(제4호) [경찰채용 11 2차] : 누구임을 묻는 주체는 수사기관에 한하지 않고 사인을 포함한다. 다른 상황을 종합하여 죄를 범하였다는 사실이 충분히 인정될 것을 요한다.[1]

> **정리** 준현행범인 : 준/호/장/신/물 (준호가 장에서 신물이 났다)
> **정리** 현행범인과 준현행범인의 개념은 서로 다름.

2. 요건 [현−현/명(가)/필]

(1) 범죄 · 범인의 명백성

① **특정 범죄의 범인** : 체포의 시점에서 **특정 범죄의 범인임이 명백**하여야 한다. 즉, **체포 당시의 구체적 상황**을 기초로 객관적으로 판단하여야 하고, 사후에 범인으로 인정되었는지에 의할 것은 아니다(대법원 2013.8.23, 2011도4763).

② **범죄의 가벌성** : 외형상 죄를 범한 것처럼 보일지라도 위법성조각사유나 책임조각사유가 존재하여 범죄불성립이 명백한 경우에는 현행범인으로 체포할 수 없다. 또한 인적 처벌조각사유가 존재하여 처벌조건이 구비되지 않음이 명백한 경우나 미수 · 예비 · 음모의 처벌규정이 없는 경우에도 역시 체포할 수 없다.

> **예** 형사미성년자의 행위, 직계혈족 · 배우자 간의 절도행위, 미수를 벌하지 않는 폭행을 아직 행하지 않은 경우 등

③ **소송조건 불요** : 소송조건은 체포의 요건이 아니므로, 친고죄의 경우 고소가 없어도 체포할 수 있다. 다만, 고소의 가능성이 없다면 체포할 수 없다.

(2) 체포의 필요성

① **문제점** : 현행범인의 체포에 있어서도 긴급체포와 마찬가지로 구속사유(도망 또는 증거인멸의 염려)가 필요한가에 대해서 견해가 대립된다.

② **학설 · 판례** : 학설로는 ㉠ 적극설(判), ㉡ 소극설(多), ㉢ 절충설이 대립한다.[2] 판례는 **적극설**이다. [법원9급 14, 국가7급 14, 경찰승진 10/11/14, 경찰채용 04 3차/11 1차/13 2차/16 1차]

> ⚒ **판례연구** 적법한 현행범인 · 준현행범인 체포에 해당한다는 사례
>
> **1. 대법원 1993.8.13, 93도926** [경찰승진 11, 경찰채용 09 1차/11 2차/24 1차]
> 경찰관이 112 신고를 받고 출동하여 피고인을 체포하려고 할 때는, 피고인이 무학여고 앞길에서 피해자의 자동차를 발로 걷어차고 그와 싸우는 범행을 한 지 겨우 10분 후에 지나지 않고, 그 장소도 범행 현장에 인접한 위 학교의 운동장이며, 위 피해자의 친구가 112 신고를 하고 나서 피고인이 도주하는지 여부를 계속 감시하고 있던 중 위 신고를 받고 출동한 위 경찰관들에게 피고인을 지적하여 체포하도록 하였다면, 피고인은 "범죄 실행의 즉후인 자"로서 현행범인에 해당한다.
>
> **2. 대법원 2000.7.4, 99도4341** [법원9급 04, 국가7급 13/14, 경찰채용 09 1차/11 2차]
> 순찰 중이던 경찰관이 교통사고를 낸 차량이 도주하였다는 무전연락을 받고 주변을 수색하다가 범퍼 등의 파손상태로 보아 사고차량으로 인정되는 차량에서 내리는 사람을 발견한 경우, 형사소송법 제211조 제2항 제2호 소정의 '장물이나 범죄에 사용되었다고 인정함에 충분한 흉기 기타의 물건을 소지하고 있는 때'에 해당하므로 준현행범으로서 영장 없이 체포할 수 있다.
>
> **3. 대법원 2006.2.10, 2005도7158** [경찰승진 09/10/12/14, 경찰채용 10 2차/11 1차/13 2차]
> 형사소송법 제211조가 현행범인으로 규정한 '범죄의 실행의 즉후인 자'라고 함은 범죄의 실행행위를 종료한 직후의 범인이라는 것이 체포하는 자의 입장에서 볼 때 명백한 경우를 일컫는 것이고, [경찰채용 11 1차/경찰채용 13 2차/경찰승진 10 · 11 · 12 · 14] '범죄의 실행행위를 종료한 직후'라고 함은 범죄행위를 실행하여 끝마친 순간 또는 이에 아주 접착된 시간적 단계를 의미하는 것으로 해석되므로, 시간적으로나 장소적으로 보아 체포를 당하는 자가 방금 범죄를 실행한 범인이라는 점에 관한 죄증이 명백히 존재하는 것으로 인정된다면 현행범인으로 볼 수 있다(대법원 1995.5.9, 94도3016; 2002.5.10, 2001도300 등 참조). 술에 취한 피고인이 목욕탕 탈의실에서 피해자를 구타하고 약 1분여 동안 피해자의 목을 잡고 있다가 그 곳에 있던 다른 사람들이 말리자 잡고 있던 피해자의 목을 놓은 후 위 목욕탕 탈의실 의자에 앉아 있다가 옷을 입고 있었다면, 경찰관들이 바로 출동하여 옷을 입고 있는 피고인을 상해죄의 현행범인으로 체포한 것은 적법하다.

---

1) [참고] 입법론상 의문을 제기하는 입장도 있다. 이/조, 242면 등.
2) [참고] 소극설이 타당하다. 현행범체포는 범죄와 범인이 명백한 경우 예외적으로 인정되는 인신구속제도이고 사인의 현행범체포도 가능하므로, 별도의 구속사유는 필요 없다고 해야 하기 때문이다.

4. 대법원 2016.2.18, 2015도13726 [국가7급 17, 국가9급 20]

현행범인으로 체포하기 위하여는 행위의 가벌성, 범죄의 현행성·시간적 접착성, 범인·범죄의 명백성 외에 체포의 필요성, 즉 도망 또는 증거인멸의 염려가 있어야 하는데(필요성 적극설), 이러한 현행범인 체포의 요건을 갖추었는지는 체포 당시의 상황을 기초로 판단하여야 하고, 이에 관한 수사주체의 판단에는 상당한 재량의 여지가 있다고 할 것이다. 따라서 체포 당시의 상황에서 보아 그 요건에 관한 수사주체의 판단이 경험칙에 비추어 현저히 합리성이 없다고 인정되지 않는 한 수사주체의 현행범인 체포를 위법하다고 단정할 것은 아니다(대법원 2012.11.29, 2012도8184 등). 피고인이 바지선에 승선하여 밀입국하면서 필로폰을 밀수입하는 범행을 실행 중이거나 실행한 직후에 검찰수사관이 바지선 내 피고인을 발견한 장소 근처에서 필로폰이 발견되자 곧바로 피고인을 체포하였으므로 이는 현행범 체포로서 적법하고, 체포 당시 상황에서 피고인이 밀입국하면서 필로폰을 밀수한 현행범인에 해당하지 않는다거나 그에 관한 검찰수사관의 판단이 경험칙에 비추어 현저히 합리성이 없다고 볼 수는 없다.

★ **판례연구** 적법한 현행범인·준현행범인 체포에 해당하지 않는다는 사례(1~3 : 명백성 ×, 4 : 필요성 ×)

1. 대법원 1989.12.12, 89도1934 [법원9급 04]

경찰관이 주민의 신고를 받고 현장에 도착했을 때에는 이미 싸움이 끝난 상태였다면 현행범에 해당하지 않으므로 경찰관이 임의동행을 거부하는 피고인을 체포하려는 행위는 적법한 공무집행이라 볼 수 없다.

2. 대법원 1991.9.24, 91도1314 [법원9급 04, 경찰채용 09 1차/11 2차]

교사가 교장실에 들어가 불과 약 5분 동안 식칼을 휘두르며 교장을 협박하는 등의 소란을 피운 후 40여분 정도가 지나 경찰관들이 출동하여 교장실이 아닌 서무실에서 그를 연행하려 하자 그가 구속영장의 제시를 요구하면서 동행을 거부하였다면, 체포 당시 서무실에 앉아 있던 위 교사가 방금 범죄를 실행한 범인이라는 죄증이 경찰관들에게 명백히 인식될 만한 상황이었다고 단정할 수 없다.

3. 대법원 2007.4.13, 2007도1249 [경찰승진 14]

음주운전을 종료한 후 40분 이상이 경과한 시점에서 길가에 앉아 있던 운전자를 술냄새가 난다는 점만을 근거로 음주운전의 현행범으로 체포한 것은 적법한 공무집행으로 볼 수 없다.

4. 대법원 2011.5.26, 2011도3682 [법원9급 14, 국가7급 14, 경찰승진 12/22, 경찰채용 13 2차/15 2차/16 1차]

현행범인 체포의 요건을 갖추었는지는 체포 당시 상황을 기초로 판단하여야 하고, 이에 관한 ① 검사나 사법경찰관 등 수사주체의 판단에는 상당한 재량 여지가 있으나, ② 체포 당시 상황으로 보아도 요건 충족 여부에 관한 검사나 사법경찰관 등의 판단이 경험칙에 비추어 현저히 합리성을 잃은 경우에는 그 체포는 위법하다고 보아야 한다. 따라서 피고인이 경찰관의 불심검문을 받아 운전면허증을 교부한 후 경찰관에게 큰 소리로 욕설을 하였는데, 경찰관이 모욕죄의 현행범으로 체포하겠다고 고지한 후 피고인의 오른쪽 어깨를 붙잡자 반항하면서 경찰관에게 상해를 가한 경우, 피고인은 경찰관의 불심검문에 응하여 이미 운전면허증을 교부한 상태이고, 경찰관뿐 아니라 인근 주민도 욕설을 직접 들었으므로, 피고인이 도망하거나 증거를 인멸할 염려가 있다고 보기는 어렵고, 피고인의 모욕 범행은 불심검문에 항의하는 과정에서 저지른 일시적, 우발적인 행위로서 사안 자체가 경미할 뿐 아니라, 피해자인 경찰관이 범행현장에서 즉시 범인을 체포할 급박한 사정이 있다고 보기도 어려우므로, 경찰관이 피고인을 체포한 행위는 적법한 공무집행이라고 볼 수 없고, 피고인이 체포를 면하려고 반항하는 과정에서 상해를 가한 것은 불법체포로 인한 신체에 대한 현재의 부당한 침해에서 벗어나기 위한 행위로서 정당방위에 해당한다.

---

(3) **비례성의 원칙 – 경미사건 특칙** : **다액 50만원 이하**의 벌금, 구류 또는 과료에 해당하는 죄의 현행범인에 대하여는 – 원칙적으로 현행범체포가 안 되고 [경찰채용 05 2차] – 범인의 **주거가 분명하지 아니한 때**에 한하여 현행범인으로 체포할 수 있다(제214조). [경찰간부 13, 해경간부 12, 경찰채용 13 2차/16 1차]

(4) **국회의원의 불체포특권** : 국회의원은 회기 중 국회의 동의 없이 체포 또는 구금되지 아니한다. 다만, 이는 **현행범인의 경우에는 해당되지 않는다**(헌법 제44조 제1항). 또한 국회의원이 회기 전 체포·구금된 때에도 국회의 요구가 있으면 회기 중 석방되는데, 이 또한 현행범인인 경우에는 적용되지 않는다(헌법 동조 제2항). [법원행시 03, 경찰승진 12]

3. 절 차

(1) 체 포

① 체포의 주체 : 현행범체포는 수사기관·사인을 불문하고 **누구든지** 할 수 있다. 다만, 수사기관과는 달리 **사인**에게는 체포권만 있고 체포의무는 없다.

② 미란다원칙 고지의무 : **수사기관**이 현행범을 체포할 경우에는 범죄사실의 요지, 체포의 이유와 변호인

을 선임할 수 있음을 말하고 변명할 기회를 준 후가 아니면 체포할 수 없다(헌법 제12조 제5항, 법 제213조의2, 제200조의5)(진술거부권 고지도 포함됨, 수사준칙 제32조 제1항). [경찰채용 09 1차/11] 다만, **사인**에게는 이러한 고지의무가 없다.

③ 체포시의 압수·수색·검증 : **수사기관**이 현행범인을 체포하는 경우에 필요한 때에는 ㉠ 영장 없이 타인의 주거에 들어가 피의자를 수색할 수 있고, ㉡ 체포현장에서 영장 없이 압수·수색·검증을 할 수 있다(제216조 제1항). [법원9급 15, 경찰채용 15 2차]

(2) 체포 후 절차

① 사인 체포시 현행범인의 인도의무 : ㉠ 검사 또는 사법경찰관리 아닌 자가 현행범인을 체포한 때에는 **즉시 검사 또는 사법경찰관리에게 인도**하여야 한다(제213조 제1항). 여기서 '즉시'라 함은 **불필요한 지체를 함이 없어야 한다**는 의미이다(대법원 2011.12.22, 2011도12927). 이때 수사기관은 현행범인인수서를 작성한다. 또한 사인이 체포한 현행범인을 인도하지 않고 **석방하는 것은 허용되지 않는다.** ㉡ 사법경찰관리가 현행범인의 인도를 받은 때에는 체포자의 성명, 주거, 체포의 사유를 물어야 하고 필요한 때에는 체포자에 대하여 **경찰관서에 동행함을 요구할 수 있다**(동조 제2항). [경찰승진 11, 경찰채용 13 2차/16 1차]

대법원 2011.12.22, 2011도12927 : 소말리아 해적 사건 [경찰채용 23 1차]

사인의 현행범 인도에 있어서 즉시의 의미 : 소말리아 해적 사건

현행범인은 누구든지 영장 없이 체포할 수 있고(제212조), 검사 또는 사법경찰관리 아닌 이가 현행범인을 체포한 때에는 즉시 검사 등에게 인도하여야 한다(제213조 제1항). 여기서 '즉시'라고 함은 반드시 체포시점과 시간적으로 밀착된 시점이어야 하는 것은 아니고, '정당한 이유 없이 인도를 지연하거나 체포를 계속하는 등으로 불필요한 지체를 함이 없이'라는 뜻으로 볼 것이다.

---

② 사인으로부터 현행범인을 인도받은 수사기관의 미란다원칙 고지의무 : 수사기관이 현행범인을 인도받는 경우에는 피의사실의 요지, 체포의 이유와 변호인을 선임할 수 있음을 말하고 변명할 기회를 주어야 한다(제213조의2, 제200조의5)(진술거부권 고지도 포함됨, 수사준칙 제32조 제1항).

③ 변호인 등에 대한 통지의무 : ㉠ 피의자를 체포한 때에는 변호인이 있는 경우에는 변호인에게, ㉡ 변호인이 없는 경우에는 제30조 제2항에 규정한 자(법정대리인·배우자·직계친족·형제자매) 중 피의자가 지정한 자에게 피의사건명, 체포일시와 장소, 범죄사실의 요지, 체포의 이유와 변호인을 선임할 수 있는 취지를 알려야 한다(제213조의2, 제87조 제1항). ㉢ 통지대상이 없는 경우에는 그 취지를 기재한 서면을 수사기록에 편철한다(규칙 제51조 제2항 제2문). 위 통지는 **지체 없이 서면**으로 하여야 한다(제87조 제2항). 여기서 '지체 없이'의 시간적 한계는 체포한 때로부터 늦어도 **24시간** 이내이다(규칙 제100조 제1항 본문, 제51조 제2항 제1문).

(3) 구속과 석방

① 구속영장의 청구 : 체포한 피의자를 구속하고자 할 때에는 체포한 때부터 **48시간 이내**에 구속영장을 청구하여야 한다(제213조의2, 제200조의2 제5항). [경찰채용 05 2차/12 3차] 검사 또는 사법경찰관리가 아닌 자에 의하여 현행범인이 체포된 후 불필요한 지체 없이 검사 등에게 인도된 경우에는 위 48시간의 기산점은 체포시가 아니라 **현행범인을 인도받은 때**이다(대법원 2011.12.22, 2011도12927).[1] [법원9급 13/14, 경찰채용 12 2차/15 3차/21 2차/24 1차]

② 구속기간의 계산 : 현행범인으로 체포된 자에 대한 **구속기간은 체포한 날로부터 기산**한다(제203조의2). [국가9급 10]

③ 석방 : 체포한 후 48시간 이내에 구속영장을 청구하지 않거나, 청구를 하였지만 구속영장을 발부받지 못한 때에는 피의자를 **즉시 석방**하여야 한다(제200조의4 제2항). [경찰승진 11, 경찰채용 06 1차]

---

1) [판례] 청해부대 소속 군인들이 소말리아 해적인 피고인들을 현행범인으로 체포한 것은 검사 등이 아닌 이에 의한 현행범인 체포에 해당하고, 피고인들 체포 이후 국내로 이송하는 데에 약 9일이 소요된 것은 공간적·물리적 제약상 불가피한 것으로 정당한 이유 없이 인도를 지연하거나 체포를 계속한 경우로 볼 수 없으며, 경찰관들이 피고인들의 신병을 인수한 때로부터 48시간 이내에 청구하여 발부된 구속영장에 의하여 피고인들이 구속되었으므로, 피고인들은 적법한 체포, 즉시 인도 및 적법한 구속에 의하여 공소제기 당시 국내에 구금되어 있다 할 것이어서 현재지인 국내법원에 토지관할이 있다(위 판례).

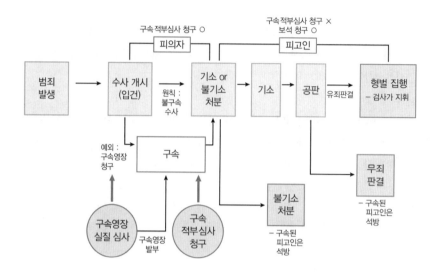

I 의의와 목적

1. 의 의

(1) 개념 : 구속(拘束, detention, Untersuchungshaft)이라 함은 피의자·피고인의 신체의 자유를 비교적 장기간 제한하는 강제처분으로서, 구인과 구금을 포함하는 개념이다(제69조). 여기서 구인이란 강제적으로 신병을 단기간 인치하는 것을 말하며, 구금이란 장기간에 걸쳐 신병을 감금하는 것을 말한다.

① **구인**(拘引) : 피의자·피고인을 법원 기타의 장소에 실력을 행사하여 인치하는 강제처분을 말한다. 인치 후 구금할 필요가 없다고 인정한 때에는 그 **인치한 때로부터 24시간 내**에 석방하여야 한다(제71조, 제209조). [법원9급 15, 경찰채용 08 3차/16 1차] 법원은 인치받은 피고인을 유치할 필요가 있는 때에는 교도소·구치소 또는 경찰서 유치장에 유치할 수 있는데, 이 경우 유치기간도 인치한 때로부터 24시간을 초과할 수 없다(제71조의2). [법원승진 09]

　[정리] 후술하는 영장실질심사의 피의자 구인도 같다(제201조의2 제10항).

② **구금**(拘禁) : 피의자·피고인을 교도소·구치소 등에 감금하는 강제처분을 말한다. 이는 미결구금이라는 점에서 형벌에 속하는 구류(형법 제46조)와 구별된다.

(2) 유 형

① **피의자의 구속** : 수사절차에서 수사기관이 검사의 청구에 의하여 법관이 발부한 구속영장에 의하여 피의자를 구인 또는 구금하는 것을 말한다. 여기에는 피의자를 체포한 후 구속하는 경우뿐 아니라 체포되지 않은 피의자를 구속영장에 의하여 구속시키는 경우도 있다. 이렇듯 우리 법은 구속 전 반드시 체포를 거쳐야 한다는 체포전치주의를 채택하지는 않고 있다. [법원행시 02, 경찰채용 01 3차/06 1차]

　[정리] 피의자 구속에 있어서 피의자는 체포된 자일 것을 요하지 않는다.

② **피고인의 구속** : 공소제기 후 수소법원이 구속영장에 의하여 피고인을 구인 또는 구금하는 것을 말한다. 우리 형사소송법은 피고인 구속을 규정하고 피의자 구속은 이를 준용하는 형식을 취하고 있다.

(3) 구속영장의 유형 : 구인을 위한 구속영장인 구인영장(구인장)과 구금을 위한 구속영장인 구금영장(보통의 구속영장)으로 나누어 볼 수 있다. 구인장으로는 구금할 수 없으나 **구금영장으로는 구인이 가능**하다. 따라서 구속된 피고인이 피의자신문을 위한 출석요구를 거부하는 경우에는 구속영장의 효력에 의하여 피의자를 조사실로 구인할 수 있다.

2. 목적과 통제

구속은 ① 수사·공판 등 형사절차에서의 피의자·피고인의 출석을 보장하고, 증거인멸에 의한 수사와 심리의 방해를 제거하며(형사소송의 원활한 진행), ② 장차 확정될 형벌의 집행을 확보하는 것(형집행의 담보)을 그 목적으로 하고 있고 이러한 목적을 실현하기 위한 가장 효과적인 수단이다. 그러나 동시에 구속은 인권침해의 소지가 가장 큰 강제처분이므로 어디까지나 예외적으로 운용되는 최후의 수단이어야 한다. 따라서 사전적으로 구속영장의 발부에 신중을 기함과 아울러 사후적으로는 적부심·보석 등의 사후구제절차를 보다 활성화하여 피의자와 피고인의 방어권을 최대한 보장하여야 한다.

II 요 건

> **제201조(구속)** ① 피의자가 죄를 범하였다고 의심할 만한 상당한 이유가 있고 제70조 제1항 각 호의 1에 해당하는 사유가 있을 때에는 검사는 관할 지방법원판사에게 청구하여 구속영장을 받아 피의자를 구속할 수 있고 사법경찰관은 검사에게 신청하여 검사의 청구로 관할 지방법원판사의 구속영장을 받아 피의자를 구속할 수 있다. 다만, 다액 50만원 이하의 벌금, 구류 또는 과료에 해당하는 범죄에 관하여는 피의자가 일정한 주거가 없는 경우에 한한다.
>
> **제70조(구속의 사유)** ① 법원은 피고인이 죄를 범하였다고 의심할 만한 상당한 이유가 있고 다음 각 호의 1에 해당하는 사유가 있는 경우에는 피고인을 구속할 수 있다.
> 1. 피고인이 일정한 주거가 없는 때
> 2. 피고인이 증거를 인멸할 염려가 있는 때
> 3. 피고인이 도망하거나 도망할 염려가 있는 때

1. 범죄혐의

피의자·피고인이 죄를 범하였다고 의심할 만한 상당한 이유가 있어야 한다(제201조 제1항, 제70조 제1항). 범죄혐의는 유죄판결의 경우와 같이 합리적 의심을 배제할 정도의 고도의 증명(證明)을 요하는 것은 아니지만, 수사기관의 주관적 혐의로는 부족하고 무죄추정을 깨뜨릴 수 있을 정도의 유죄판결에 대한 **고도의 개연성**과 이를 뒷받침할 구체적 소명(疏明)자료에 의한 **객관적 혐의**가 인정되어야 한다. 따라서 위법성·책임조각사유가 존재할 경우 및 소송조건의 흠결이 명백한 경우에는 범죄혐의를 인정할 수 없다.

2. 구속사유(도/도증) [법원승진 08]

(1) 증거인멸의 염려

① **증거인멸** : 피의자를 구속하지 않으면 증거방법을 훼손·변경·위조하거나 공범·증인·감정인 등에게 위증을 교사하는 등 부정한 영향을 끼쳐 수사와 공판의 진행을 혼란시킴으로써 사실인정과 진실발견을 곤란하게 하는 것을 말한다. 즉, 실체적 진실발견을 어렵게 만드는 것을 방지하고자 함에 근거한 구속사유에 해당한다. 다만, 여기의 증거에는 피의자 자신의 진술은 포함되지 않으므로 구속전피의자심문에 피의자가 출석을 거부하거나 진술거부권을 행사하는 것은 여기에 해당하지 아니한다.[1]

---

1) [참고] **피의자**와 **변호인**이 피의자에게 유리한 증거를 수집하는 것은 당연한 권리이다. 따라서 피의자와 변호인이 사건 관계자로부터 사정을 청취

② 염려 : 증거를 인멸할 일반적·추상적 위험성으로는 부족하고 고도의 개연성(**구체적 위험성**)이 있는 것을 말한다. 따라서 피의자의 진술거부권 행사, 자백의 거부, 범행의 부인 등이 있다고 하여 증거인멸의 구체적 위험을 바로 인정할 수는 없다. 피의자의 자백 여부를 증거인멸의 염려를 판단하는 결정적 기준으로 삼는다면, 이는 결국 구속을 수단으로 자백을 강요하는 것이 되어 적법절차원칙 및 자백배제법칙(제309조)의 취지와도 충돌하게 되기 때문이다. 따라서 증거인멸의 구체적 위험성을 소명할 별도의 자료를 검사가 제출하여야 하며, 법원 또는 법관은 증거인멸의 염려는 여러 요소를 종합적으로 고려하여 판단하되,[1] 증거인멸의 객관적 가능성 내지 실효성 이외에도 주관적으로 피의자에게 증거인멸의 의도가 있는가도 판단하여 구속사유를 심사하여야 한다.

(2) 도망 또는 도망할 염려

① **도망** : 형사절차를 피하기 위하여 생활의 중심지를 이탈하여 그 소재가 불명하게 된 경우를 말한다. 도망 또는 도망할 염려를 구속사유로 규정한 것은 피의자가 수사절차 및 재판절차의 출석과 형집행 등을 회피할 목적으로 도망 또는 도망할 염려가 있는 때에는 그를 구속함으로써 신병을 확보하고자 함에 그 이유가 있다.

② **도망할 염려** : 도망을 할 고도의 개연성(구체적 위험성)이 있는 것을 말한다. 도망할 염려는 범죄사실에 관한 사정, 피의자의 개인적 사정, 가족관계, 사회적 환경 등 여러 요소를 종합적으로 고려하여 판단하되,[2] 피의자 자신에게 도망할 주관적 의도가 있어야 한다. 다만, 출석요구에 응하지 않을 우려가 있다고 하여 여기에 해당한다고 할 수는 없다. [교정9급특채 10]

(3) 주거부정

① **주거부정**(住居不定) : 피의자·피고인에게 어느 정도 계속하여 기거할 만한 일정한 생활의 본거지가 없는 경우를 말한다. 구속의 사유로 '일정한 주거가 없는 때'를 따로 규정한 것은 형사절차에서의 출석확보의 목적을 달성하기 위한 취지이다.

② **보조적 사유** : 주거부정은 도망의 염려를 판단하는 보조적 자료가 될 뿐이므로 원칙적으로 독자적인 구속사유에 해당하지 않는다. 따라서 피의자가 일정한 주거가 없더라도, 다른 여러 사정들과 종합하여 고려할 때 피의자가 도망할 염려가 있는 경우에 해당한다고 인정할 수 있는 경우 등에 한하여 '주거부정'이라는 구속의 사유가 있는 것으로 볼 수 있다. 다만, 경미사건(50만원 이하의 벌금, 구류, 과료)의 경우에는 피의자가 일정한 주거가 없는 경우에 한하여 구속영장을 청구할 수 있다는 점에서 독자적인 구속사유가 된다. [법원9급 15]

> 정리 경미범죄 특칙 : ① 영장에 의한 체포 : 주거부정 or 출석요구불응, ② 긴급체포 : ×, ③ 현행범체포 : 주거부정, ④ 구속 : 주거부정

3. 비례성의 원칙

(1) 의의 : 형사소송법은 "피의자에 대한 수사는 불구속상태에서 함을 원칙으로 한다(제198조 제1항)."라고 규정하여 불구속수사의 대원칙을 명시하고 있으며, "수사에 관하여는 그 목적을 달성하기 위하여 필요한 조

하거나 피해 변상 및 합의를 위하여 피해자 등과 교섭을 하는 일 등은 당연히 허용된다고 보아야 하므로, 이를 증거인멸의 염려라는 구속사유로 판단해서는 안 된다. 즉, 증거인멸 염려라는 구속사유는 피의자의 방어권 행사의 보장과 직결되는 문제로서, 증거인멸의 염려를 확대해석하여 적용하는 경우에는 피의자의 방어권을 필요 이상으로 제약할 위험이 있으므로 신중하게 판단하여야 한다는 것이 법원실무의 입장이다. 법원실무 I 315면.

1) [참고] 인신구속사무의 처리에 관한 예규(재형 2003-4, 재판예규 제1410-8호) 제48조(증거를 인멸할 염려) 구속의 사유 중 증거를 인멸할 염려는 다음 각호의 요소를 종합적으로 고려하여 판단한다. ① 인멸의 대상이 되는 증거가 존재하는지 여부, ② 그 증거가 범죄사실의 입증에 결정적으로 영향을 주는지 여부, ③ 피의자 측에 의하여 그 증거를 인멸하는 것이 물리적·사회적으로 가능한지 여부, ④ 피의자 측이 피해자 등 증인에 대하여 어느 정도의 압력이나 영향력을 행사할 수 있는지 여부.

2) [참고] 인신구속사무의 처리에 관한 예규 제49조(도망할 염려) 구속의 사유 중 도망할 염려는 다음 각 호의 요소를 종합적으로 고려하여 판단한다.
  1. 범죄사실에 관한 사정 : ① 범죄의 경중, 태양, 동기, 횟수, 수법, 규모, 결과 등, ② 자수 여부
  2. 피의자의 개인적 사정 : ① 직업이 쉽게 포기할 수 있는 것인지 여부, ② 경력, 범죄경력, 범죄에 의존하지 아니하고도 생계를 유지하였는지 등 그 동안의 생계수단의 변천, ③ 약물복용이나 음주의 경력, 피의자의 도망을 억제할 만한 치료 중인 질병이 있는지 또는 출산을 앞두고 있는지 여부, ④ 다른 곳 특히 외국과의 연결점이 있는지 여부, 여권의 소지 여부 및 여행 특히 해외여행의 빈도
  3. 피의자의 가족관계 : ① 가족 간의 결속력, ② 가족 중에 보호자가 있는지 여부, ③ 배우자 또는 나이가 어리거나 학생인 자녀가 있는지 여부, ④ 연로한 부모와 함께 거주하거나 부모를 부양하고 있는지 여부, ⑤ 피의자에 대한 가족들의 의존 정도, ⑥ 가족들이 피의자에게 양심에 호소하는 권고나 충고를 하여 피의자를 선행으로 이끌 만한 능력과 의사가 있는지 여부
  4. 피의자의 사회적 환경 : ① 피의자의 지역사회에서의 거주기간 및 지역사회에서의 정착성의 정도, ② 피의자 가족의 지역사회와의 유대의 정도, ③ 교우 등 지원자가 있는지 여부

사를 할 수 있다. '다만, 강제처분은 이 법률에 특별한 규정이 있는 경우에 한하며, **필요한 최소한도의 범위 안에서만 하여야 한다**(법 제199조 제1항).'"라고 규정함으로써 강제처분에 관한 비례의 원칙을 선언하고 있다. 이에 강제처분 중 가장 큰 필요악(必要惡)인 구속의 요건으로서 비례성의 원칙이 요구됨은 당연한 것이다. 비례성원칙이란 형사소송의 확보라는 구속 목적에 비추어 신체의 자유 침해라는 구속 수단이 상당한 때에만 비로소 구속이 허용된다는 원칙이다.

(2) 내용 : 전술한 구속사유를 충족하더라도, 인신구속에 의한 피의자의 자유침해 등 고통·불이익·폐해[1]가 국가형벌권의 적정한 행사를 위하여 피의자를 구속하지 않으면 안 되는 적극적 필요성보다 현저히 클 경우에는 구속의 필요성 내지 비례성이 인정되지 않으므로 구속영장의 청구는 기각되어야 한다.

(3) 경미사건의 구속사유의 제한 : 50만원 이하의 벌금, 구류 또는 과료에 해당하는 범죄에 관하여는 피의자에게 **일정한 주거가 없는 때**에 한하여 구속할 수 있다(제201조 제1항 단서, 제70조 제3항). 다만, 이는 경미사건의 피의자에게 일정한 주거가 없다고 하여 바로 구속사유를 충족한다는 것을 의미하는 것이 아니고, 다른 구속사유(도/증거)가 충족되었다 하더라도 주거부정사유가 있어야 한다는 것을 말한다. 또한 경미사건의 피의자가 주거부정사유를 갖춘 경우에도 비례성원칙을 충족하였는지는 별도로 엄격하게 심사하여야 한다. 경미사건일수록 구속은 더 어렵게 되어야 마땅하기 때문이다.

4. 구속사유 심사시 고려사항

(1) 의의 : 2007년 개정법에서는 "법원은 구속사유를 심사함에 있어서 범죄의 중대성, 재범의 위험성, 피해자 및 중요 참고인 등에 대한 위해우려 등을 고려하여야 한다."라는 조항을 신설하였다(제70조 제2항). [법원승진 08] 이는 수사기관의 구속에도 준용된다(제209조). 다만, 이는 동조 제1항의 구속사유가 확대된 것은 아니라는 점에서, 독립적 구속사유가 아니라 구속사유 판단시의 일반적 고려사항일 뿐이다(법원개정법해설, 3면). [경찰채용 08 1차]
정리 중/재/해는 구속시 고려해라.

(2) 내용 : ① 범죄의 중대성과 ② 재범의 위험성은 중한 범죄를 저지른 자에게는 그만큼 높은 처단형이 예상되므로 구속사유 중 '도망의 염려'를 판단할 때 고려해야 한다. 다만, 중한 범죄를 범한 자라고 하여 구속영장 발부를 원칙적으로 해야 한다면 헌법상 무죄추정원칙과 불구속수사 원칙에 반하므로, 이는 고려사항에 불과하다고 해야 한다(형사재판실무, 76면). 또한 ③ 피해자 및 중요 참고인 등에 대한 위해의 우려는 구속사유 중 '증거인멸의 염려'를 판단할 때 고려해야 한다.

III 절 차

구속절차는 피의자 구속과 피고인 구속이 서로 다르다. 피의자 구속 중 체포된 피의자와 체포되지 않은 피의자의 구속절차는 영장실질심사시 구인의 요부 등에서 달라지게 된다.

피의자구속	① 검사청구 ② 영장실질심사 ③ 영장발부(허가장, 수임판사, 불복 ×) ④ 영장집행(검사지휘, 사경집행) ⑤ 석방 ⑥ 재구속(타중요증거 ×) ×
피고인구속	① 법원직권 ② 사전청문(사/이/변/기) ③ 영장발부(명령장, 수소법원, 항고 ○) ④ 영장집행(검사지휘, 사경집행, 급속-재판장 등 지휘) ⑤ 석방 ⑥ 재구속 ○

1. 피의자 구속

① 출석요구 : ○-조사-귀가(미체포)/×-체포-조사 ② 경찰 : 구속영장 신청 ③ 검사 : 구속영장 청구 ④ 영장실질심사 : 체포자-다음 날까지, 미체포자-가능한 한 빨리 ⑤ 수임판사 : 영장 발부 ⑥ 영장집행 : 검사지휘, 사경집행-사전제시(긴급집행시 사후제시)-미란다고지
※ 체포영장과 구속영장의 차이 : 영장실질심사

---

1) [참고] 구속의 비례성 내지 필요성 유무를 판단함에 있어 참작하여야 할 사정으로는 기소할 가치와 가능성이 있는 사건인지 여부, 구속이 합의 유도의 목적 등 본래의 목적을 일탈한 것이 아닌지 여부, 별건 구속이 아닌지 여부, 구속으로 입게 될 피의자의 개인적 어려움(예 건강상태, 개인 기업주의 경우 부도의 위험, 가족의 생계곤란, 직업이나 사회생활상의 긴급한 사태 발생) 등을 들 수 있다. 법원실무 I 318면.

(1) 구속영장 청구

① **검사의 영장청구권** : 피의자를 구속함에는 검사의 청구에 의하여 법관(영장전담판사)이 발부한 구속영장에 의해야 한다. 사법경찰관은 검사에게 신청하여 검사의 청구로 구속영장을 발부받아 피의자를 구속할 수 있다(제201조 제1항). 즉, 사법경찰관은 검사에게 구속영장의 청구를 신청할 수 있을 뿐이며, 직접적인 영장청구권은 가지고 있지 않다. 검사의 영장청구권은 헌법에 규정되어 있으므로,[1] 사법경찰관이 영장을 청구하는 것은 형사소송법뿐 아니라 헌법개정이 필요한 것이다. [경찰승진 11]

② **청구방식** : **서면**(구속영장청구서)에 의하여야 하며, 구속의 필요성을 인정할 수 있는 자료를 제출하여야 한다(제201조 제2항).

③ **피의자 등의 자료제출** : 법 제214조의2 제1항에 규정한 자(구속된 피의자 또는 그 변호인, 법정대리인, 배우자, 직계친족, 형제자매나 가족, 동거인 또는 고용주)는 체포영장 또는 구속영장의 청구를 받은 판사에게 유리한 자료를 제출할 수 있다(규칙 제96조 제3항).

④ **영장청구서 필요적 기재사항** : 구속영장의 청구서에는 일정한 사항을 기재하여야 한다(규칙 제95조의2),[2] 예컨대, ㉠ 검사는 영장청구를 함에 있어서 동일한 범죄사실에 관하여 그 피의자에 대하여 전에 구속영장을 청구하거나 발부받은 사실이 있을 때에는 다시 구속영장을 청구하는 취지 및 이유를 기재하여

서 울 중 앙 지 방 검 찰 청
(530 - 3114)

구 호		
형 호		2016. 5. 29.
수 신 서울중앙지방법원장	발 신	서울중앙지방검찰청
제 목 **구속영장청구(사전)**	검 사	사 연 생 (인)

피의자	성 명	( )
	주 민 등 록 번 호	
	직 업	생 략
	주 거	
변 호 인		

위의 사람에 대한 사문서위조 등 피의사건에 관하여 동인을 서울구치소에 구속하고자 2016년 6월 5일까지 유효한 구속영장의 발부를 청구합니다.

범죄사실 및 구속을 필요로 하는 사유	별지와 같음 (생략)
필요적 고려사항	☐ 범죄의 중대성 ☐ 재범의 위험성 ☐ 피해자·중요 참고인 등에 대한 위해 우려 ☐ 그 밖의 사유 ※ 구체적 내용은 별지와 같음
7일을 넘는 유효기간을 필요로 하는 취지와 사유	
둘 이상의 영장을 청구하는 취지와 사유	
재청구의 취지 및 이유	
발부하지 아니하는 취지 및 이유	판사 (인)

사법연수원, 검찰서류작성례, 2017년, p. 283

---

1) [참고] 헌법 제12조 ③ 체포·구속·압수 또는 수색을 할 때에는 적법한 절차에 따라 **검사의 신청**에 의하여 법관이 발부한 영장을 제시하여야 한다. 다만, 현행범인인 경우와 장기 3년 이상의 형에 해당하는 죄를 범하고 도피 또는 증거인멸의 염려가 있을 때에는 사후에 영장을 청구할 수 있다.

2) [조문] 규칙 제95조의2(구속영장청구서의 기재사항) 구속영장의 청구서에는 다음 각 호의 사항을 기재하여야 한다.
1. 제95조 제1호부터 제6호까지 규정한 사항
2. 법 제70조 제1항 각 호에 규정한 구속의 사유
3. 피의자의 체포 여부 및 체포된 경우에는 그 형식
4. 법 제200조의6, 법 제87조에 의하여 피의자가 지정한 사람에게 체포이유 등을 알린 경우에는 그 사람의 성명과 연락처

야 한다(제201조 제5항). 또한 ㉡ 7일을 넘는 유효기간을 필요로 하는 때에는 그 취지 및 사유(규칙 동조 제4호)나 ㉢ 여러 통의 영장을 청구하는 때에는 그 취지 및 사유(규칙 동조 제5호) 등을 기재하여야 한다.

> **정리** 다/7/수 있으니 기재해라.

⑤ 영장전담판사 : 검사는 관할 지방법원판사에게 청구하여 영장을 발부받게 되는데(제201조 제1항), 여기서 관할 지방법원판사는 영장발부를 담당하는 전담법관, 즉 영장전담판사이다.[1]

(2) 구속전피의자심문제도(영장실질심사제도)[2]

① 심문기일지정 : 체포 – 지체 없이(다음 날까지), 미체포 – 인치 후 가능한 한 빠른 일시
② 통지 : 피의자, 검사, 변호인(국선, 피의자접견, 수사서류열람 · 등사)
③ 출석 : 미체포자 – 구인을 위한 구속영장
④ 심문 : 비공개, 공범분리심문, 진술거부권 고지, 의견진술, 심문조서 작성

① 의의 : 구속전피의자심문제도란 구속영장 청구를 받은 판사가 피의자를 직접 심문하여 구속사유를 판단하는 제도를 말한다(제201조의2). [경찰승진 22]

② 성격 – 필요적 피의자심문제도 : 구속전피의자심문제도는 1995년 개정에 의하여 처음 형사소송법에 도입되었다. 당시의 제도는 임의적 심문제도였으나, 1997년 개정을 통하여 피의자의 신청 또는 법원의 재량에 의한 심문제도로 변경되었다가, 영장주의의 실효성을 확보하고 피의자의 법관대면권을 보장하며 구속의 신중을 기하기 위해 2007년 개정을 통해 **필요적 피의자심문제도**로 변경되어 오늘날에 이르고 있다. 따라서 영장실질심사는 **피의자의 의사 · 신청이나 법관의 필요성 판단과는 관계없이 필요적으로 실시해야 한다.** [법원9급 09, 법원승진 10, 해경간부 12, 경찰승진 11/14, 경찰채용 12 2차] 다만, 미체포 피의자의 **도망 등 사유로 심문할 수 없는 경우에만 예외**로 한다(제201조의2 제2항 단서) [경찰채용 11 1차] (cf. 피의자 도망시 심문 없이 사전구속영장 발부가 가능한 것에 대해서는 입법론적 비판이 있으나 본서에서는 생략함).

③ 심문기일의 지정
  (가) 체포된 피의자 : 체포된 피의자에 대하여는 구속영장을 청구받은 판사는 **지체 없이** 피의자를 심문하여야 한다. 이 경우 특별한 사정이 없는 한 **구속영장이 청구된 날의 다음 날까지** 심문하여야 한다(제201조의2 제1항).[3] [법원9급 09, 법원승진 11, 법원승진 08, 해경간부 12, 경찰승진 13/14, 경찰채용 11 1차/15 1 · 2차]

  (나) 미체포 피의자 : ㉠ 사전구속영장이 청구된 미체포 피의자의 심문기일에 대해서는 **시한의 제한이 없다.** 즉, 구속영장을 청구받은 판사는 피의자가 죄를 범하였다고 의심할 만한 이유가 있는 경우에 –피의자 도망 등 심문불가의 경우를 제외하고는– **구인을 위한 구속영장**(구인장)**을 발부하여 피의자를 구인(拘引)한 후 심문**하여야 하는바(동조 제2항, 이때 구인 시 구인장 제시 및 사본교부의무 있음, 제201조의2 제10항, 2022.2.3. 개정 제85조 제1항), [경찰채용 12 2차/15 1차] ㉡ 검사 또는 사법경찰관은 구인을 위한 구속영장에 의하여 체포되지 않은 피의자를 구인하는 경우에는 피의사실의 요지, 체포의 이유와 변호인을 선임할 수 있음을 말하고 변명할 기회를 주어야 한다(**미체포 피의자 구인시에도 미란다원칙 적용**, 동조 제10항, 제200조의5). ㉢ 체포된 피의자 외의 피의자에 대한 심문기일은 관계인에 대한 심문기일의 통지 및 그 출석에 소요되는 시간 등을 고려하여 피의자가 법원에 인치된 때로부터 가능한 한 빠른 일시로 지정하여야 한다(규칙 제96조의12). [국가7급 15] ㉣ 법원은 인치받은 피의자를 유치할 필요가 있는 때에는 교도소 · 구치소 또는 경찰서 유치장에 유치할 수 있다. 이 경우 유치기간은 인치한 때부터 24시간을 초과할 수 없다(구인 후 유치, 제201조의2 제10항, 제71조의2).[4]

---

1) [참고] 규칙 제96조의5(영장전담법관의 지정) 지방법원 또는 지원의 장은 구속영장청구에 대한 심사를 위한 전담법관을 지정할 수 있다.

2) [참고] 2007년 법개정에 의한 필요적 심문제도 도입으로 이전의 신청권이나 신청권의 고지, 의사확인에 대한 조항은 삭제되었다.

3) [참고] 판사는 피의자가 심문기일에의 출석을 거부하거나 질병 그 밖의 사유로 출석이 현저하게 곤란하고, 피의자를 심문 법정에 인치할 수 없다고 인정되는 때에는 피의자의 출석 없이 심문절차를 진행할 수 있다(규칙 제96조의13 제1항).

4) [참고] 구인장이 집행되어 피의자 또는 피고인이 심야에 법원에 인치된 경우나 영장실질심사를 위하여 피의자를 구인하였는데 영장발부 여부를 결정하기까지 시간이 필요한 경우(계속하여 다른 사건을 심리하여야 하거나 사건이 복잡한 경우 등)에 법원에는 피의자나 피고인을 유치할 만한 시설

<table>
<tr><td>경 유</td><td rowspan="2">구 속 영 장</td><td>집행지휘</td></tr>
<tr><td></td><td>(인)</td></tr>
</table>

경 유		구 속 영 장			집행지휘
					(인)
[피의자심문구인용]					서울중앙지방법원

영 장 번 호		(생략)		죄 명	저 작 권 법 위 반
피 의 자	성 명	서 율 하		직 업	회사원
	주민등록 번 호	771024-1030224			
	주 거	서울 동작구 만양로 84, 101동 103호, (노량진동, 현대아파트)			
변 호 인	최 명 변		청 구 일 시		2016. 10. 31. 10 : 00
범죄사실의 요지	별지기재와 같다(생략)		유 효 기 간		2016. 11. 7.
인치할 장소	서울중앙지법 13호 법정		심문예정일시		2016. 11. 1. 11 : 00

피의자가 별지 기재와 같은 죄를 범하였다고 의심할 만한 이유가 있고, 구속의 사유를 판단하기 위하여 필요하다고 인정되므로, 피의자를 구인한다.

유효기간이 경과하면 착수하지 못하여 영장을 반환하여야 한다.

2016. 10. 31.

판사 ○ ○ ○ (인)

집 행 일 시	2016. 11. 1. 10 : 00	집 행 장 소	서울중앙지검 733호 검사실
집행불능사유			
처리자의 소속 관서 · 관직	서울중앙지방검찰청 검찰주사	처리자 기명날인	남명석(인)
인 치 일 시	2016. 11. 1. 10 : 30	법원사무관 등 기명날인	김명학(인)
유치할 장소	서울서초경찰서 유치장	판 사 서명날인	명 판 사(인)
인수자의 소속 관서 · 관직	법원주사 김계장	인수자 기명날인	김계장(인)
심 문 기 일	2016. 11. 1. 11 : 00	심 문 장 소	서울중앙지법 13호 법정

사법연수원, 검찰서류작성례, 2017년, p. 289

④ **심문기일 · 장소의 통지** : 지방법원판사는 검사, 피의자 및 변호인에게 심문기일과 장소를 통지해야 한다.

(가) 체포된 피의자 : **즉시** 통지하여야 한다(제201조의2 제3항 제1문).

(나) 미체포 피의자 : 피의자를 **인치한 후 즉시** 통지하여야 한다(동조 제3항 제1문).[1]

⑤ **국선변호인** : 심문할 피의자에게 변호인이 없는 때에는 **지방법원판사는 직권으로 변호인을 선정하여야 한다(영적준재즉참재치보복장군)**. [법원9급 09, 국가7급 12, 경찰채용 11 1차/13 2차, 교정9급특채 12, 경찰승진 11] 이 경우 변호인의 선정은 피의자에 대한 구속영장 청구가 기각되어 효력이 소멸한 경우를 제외하고는 **제1심까지 효력**이

과 이들을 감시할 인원이 없기 때문에 법원 외의 장소에 유치할 필요가 있다. 2007년 개정 전의 실무는 이러한 경우 피의자를 법원 외의 구금시설에 유치할 필요가 있다고 인정하는 경우에 호송경찰관 등에게 피의자를 유치할 장소를 물어 호송경찰관 등이 원하는 경찰서 유치장 등을 유치할 장소로 지정하여 유치하도록 하고 있었다. 그런데 구형사소송법에서는 피의자를 법원 이외의 장소에 유치할 근거는 명문의 근거는 없었고, 다만 형사소송규칙 제96조의11 제2항에서 "… 피의자를 법원 외의 장소에 유치하는 경우에 판사는 구인을 위한 구속영장에 유치할 장소를 기재하고 서명날인하여 이를 교부하여야 한다."라고 규정하고 있었다(동규칙의 규정은 현재에도 있음). 이는 유치권한을 부여하고 그 방법을 함께 규정한 것이라고 보는 것이 일반적이었는데, 2007년 개정 형사소송법에서는 제71조의2에서 이를 명문으로 규정한 것이다. 법원개정법해설, 4~5면.

1) [참고] 심문기일의 통지는 서면 이외에 구술 · 전화 · 모사전송 · 전자우편 · 휴대전화 문자전송 그 밖에 적당한 방법으로 신속하게 하여야 한다. 이 경우 통지의 증명은 그 취지를 심문조서에 기재함으로써 할 수 있다(규칙 제96조의12 제3항). 판사는 지정된 심문기일에 피의자를 심문할 수 없는 특별한 사정이 있는 경우에는 그 심문기일을 변경할 수 있다(규칙 제96조의22).

있다(제201조의2 제8항). [법원9급 09, 법원승진 08/11/14, 법원승진 08, 국가7급 12, 경찰채용 10 1차/11 1차/13 2차] 법원은 변호인의 사정이나 그 밖의 사유로 변호인 선정결정이 취소되어 변호인이 없게 된 때에는 **직권으로 변호인을 다시 선정할 수 있다**(임의적, 동조 제9항). [경찰채용 11 1차]

⑥ 변호인의 접견교통권 및 수사서류 열람권 : 변호인은 구속영장이 청구된 피의자에 대한 **심문 시작 전에 피의자와 접견**할 수 있으며(규칙 제96조의20 제1항) [국가7급 15, 경찰채용 09 1차/11 2차], 지방법원판사에게 제출된 구속영장청구서 및 그에 첨부된 고소·고발장, 피의자의 진술을 기재한 서류와 피의자가 제출한 서류를 열람할 수 있다(규칙 제96조의21 제1항).[1]

⑦ 심문기일의 출석

(가) 체포된 피의자 : 체포의 효력을 이용하므로 별도의 영장 없이 피의자를 법원에 인치한다. 검사는 그 기일에 피의자를 출석시켜야 한다(제201조의2 제3항 제2문).

(나) 미체포 피의자 : **구인을 위한 구속영장**을 발부하여 피의자를 구인한 후 심문한다. [법원승진 08] 다만, 도망 등 사유로 심문할 수 없는 경우에는 그러하지 아니하다(동조 제2항).

(다) 불출석 심문 : 판사는 피의자가 심문기일에 출석을 거부하거나 질병 그 밖의 사유로 출석이 현저하게 곤란하고, 피의자를 심문 법정에 인치할 수 없다고 인정되는 때(예 피의자가 영장실질심사를 포기하였다고 하는 경우)에는 -구속전피의자심문절차를 생략할 수 있는 것은 아니고- **피의자의 출석 없이 심문절차를 진행할 수 있다**(규칙 제96조의13 제1항).[2] [법원9급 15, 경찰채용 09 1차]

⑧ 심문장소 : 피의자의 심문은 법원청사 내에서 하여야 한다. 다만, 피의자가 출석을 거부하거나 질병 기타 부득이한 사유로 법원에 출석할 수 없는 때에는 경찰서, 구치소 기타 적당한 장소에서 심문할 수 있다(규칙 제96조의15).

⑨ 심리절차 : 심문기일에 지방법원판사는 구속사유를 판단하기 위하여 피의자를 심문하고, 검사와 변호인은 출석하여 의견을 진술할 수 있다(제201조의2 제4항).

(가) 비공개원칙 및 공범의 분리심문 : 피의자 심문절차는 **공개하지 아니한다.** [법원행시 04, 경찰승진 11/13/14, 경찰채용 11 2차] 다만, 판사는 상당하다고 인정하는 경우에는 피의자의 **친족, 피해자 등 이해관계인의 방청**(일반인×)을 허가할 수 있다(규칙 제96조의14). [법원9급 15, 법원승진 10, 국가7급 15, 경찰채용 09 1차] 지방법원판사는 **공범의 분리심문** 기타 **수사상 비밀보호**를 위하여 필요한 조치를 하여야 한다(제201조의2 제5항).

(나) 판사의 진술거부권 등 고지 : 판사는 피의자에게 구속영장청구서에 기재된 범죄사실의 요지를 고지하고, 피의자에게 일체의 진술을 하지 아니하거나 개개의 질문에 대하여 진술을 거부할 수 있으며, 이익되는 사실을 진술할 수 있음을 알려주어야 한다(규칙 제96조의16 제1항). [법원승진 08]

(다) 심문방법 및 심문사항 : 판사는 구속 여부를 판단하기 위하여 필요한 사항에 관하여 신속하고 간결하게 심문하여야 한다. 증거인멸 또는 도망의 염려를 판단하기 위하여 필요한 때에는 피의자의 경력, 가족관계나 교우관계 등 개인적인 사항에 관하여 심문할 수 있다(규칙 동조 제2항). 또한 판사는 구속 여부의 판단을 위하여 필요하다고 인정하는 때에는 심문장소에 출석한 피해자 그 밖의 제3자를 심문할 수 있다(규칙 동조 제5항).

(라) 검사·변호인의 의견진술 : 검사와 변호인은 제3항에 따른 심문기일에 출석하여 **의견을 진술할 수 있는데**(제201조의2 제4항) [법원승진 08, 경찰채용 01 1차/02 3차/12 2차], 원칙적으로 판사의 **심문이 끝난 후에 의견을 진술**할 수 있다. [국가7급 15, 경찰채용 11 2차] 다만, 필요한 경우에는 **심문 도중에도 판사의 허가를 얻어 의견을 진술**할 수 있다(규칙 동조 제3항). [국가7급 15, 경찰승진 13, 경찰채용 09 1차/11 2차/12 2차] 검사·변호인의 의견진술이 다소 보충적 절차로 규정된 것은, 영장실질심사절차는 공판절차와는 달리 구속영장 발부 여부만을 판단하는 것이기 때문이다.

---

1) [참고] 검사는 증거인멸 또는 피의자나 공범 관계에 있는 자가 도망할 염려가 있는 등 수사에 방해가 될 염려가 있는 때에는 지방법원판사에게 제1항에 규정된 서류(구속영장청구서는 제외한다)의 열람 제한에 관한 의견을 제출할 수 있고, 지방법원판사는 검사의 의견이 상당하다고 인정하는 때에는 그 전부 또는 일부의 열람을 제한할 수 있다(동조 제2항).

2) [참고] 검사는 피의자가 심문기일에의 출석을 거부하는 때에는 판사에게 그 취지 및 사유를 기재한 서면을 작성 제출하여야 한다(규칙 동조 제2항). 판사는 출석한 검사 및 변호인의 의견을 듣고, 수사기록 그 밖에 적당하다고 인정하는 방법으로 구속사유의 유무를 조사할 수 있다(동조 제3항).

(마) 변호인의 조력 : 피의자는 판사의 **심문 도중에도 변호인에게 조력**을 구할 수 있다(규칙 동조 제4항). [법원승진 08, 경찰채용 11 2차]

(바) 법정대리인 등의 의견진술 : 구속영장이 청구된 피의자의 법정대리인, 배우자, 직계친족, 형제자매나 가족, 동거인 또는 고용주는 판사의 허가를 얻어 사건에 관한 의견을 진술할 수 있다(규칙 동조 제6항).

(사) 신뢰관계인 동석 : 법관은 피의자를 신문하는 경우 장애인 등 특별히 보호를 요하는 자에 해당하는 때에는 직권 또는 피의자·법정대리인·검사의 신청에 따라 피의자와 신뢰관계에 있는 자를 동석하게 할 수 있다(제201조의2 제10항, 제276조의2).

⑩ 구속전피의자심문조서의 작성 : **법원사무관 등**은 심문의 요지 등을 **조서로 작성**하여야 한다(제201조의2 제6항). [법원9급 09, 해경간부 12, 경찰승진 13, 경찰채용 11 2차] 이 경우 공판조서 작성상의 특례(제52조)를 준용하지 않고 일반적인 조서 작성방식(제48조)에 의하여 작성하여야 한다(동조 제10항 : **간인 후 서명날인** - 제48조 제7항). 조서는 제311조의 법원 또는 법관의 조서에는 해당하지 않지만, **제315조의 기타 특히 신빙할 만한 정황에 의하여 작성된 서류**로서 증거능력이 인정된다(대법원 2004.1.16, 2003도5693).

⑪ 구속기간 제외 : 피의자심문을 하는 경우 법원이 구속영장청구서, 수사관계서류 및 증거물을 접수한 날부터 구속영장을 발부하여 검찰청에 반환한 날까지의 기간은 **구속기간에 산입하지 아니한다**(법 동조 제7항). [법원행시 04, 해경간부 12, 경찰채용 12 2차]

(3) 구속영장 발부

① 영장 발부 : 구속영장 청구를 받은 **지방법원판사**는 상당하다고 인정할 때에는 (구금을 위한) 구속영장을 발부한다(제201조 제4항 제1문). 구속영장에는 피의자의 성명(성명이 분명치 않은 때 인상, 체격 기타 피고인을 특정할 수 있는 사항으로 표시 가능), 주거(분명치 않은 때 생략 가능), 죄명(사건단위설), 공소사실의 요지, 인치 구금할 장소, 발부연월일, 그 유효기간과 그 기간을 경과하면 집행에 착수하지 못하며 영장을 반환하여야 할 취지를 기재하고 **지방법원판사**가 **서명날인**(기명날인으로 갈음할 수 없는 서류 : 판결서, 각종 영장, 감정유치장, 감정처분허가장)하여야 한다(제209조, 제75조). 구속영장에는 이외에도 피고인의 주민등록번호(외국인인 경우에는 외국인등록번호, 위 번호들이 없거나 알 수 없으면 생년월일 및 성별)·직업 및 구속의 사유(법 제70조 제1항 각호)를 기재하여야 한다(규칙 제46조). 영장의 유효기간을 7일로 한다. 다만, 지방법원판사가 상당하다고 인정하는 때에는 7일을 넘는 기간을 정할 수 있다(**재정기간**, 규칙 제178조).

② 영장기각 : 이를 발부하지 아니할 때에는 청구서에 그 취지 및 이유를 기재하고 서명날인하여 청구한 검사에게 교부한다(동조 동항 제2문).

③ 불복 불가 : (수임판사의) 영장 발부 또는 기각결정에 대해서는 **불복방법이 없다.** [법원행시 02, 국가7급 13, 경찰채용 06 1차/15 2차] 따라서 위 결정에 대해서는 **항고나 재항고가 허용되지 않는다**(대법원 1958.3.14, 4290형항9; 2006.12.18, 2006모646).

[비교] 후술하는 피고인구속에 대해 보통항고가 가능한 것과의 차이점이다.

④ 구속영장의 법적 성질 : 명령장설(배/이/정/이, 신동운, 신양균, 차/최)과 허가장설(손/신, 이/조, 임동규, 진계호)이 대립하나, ㉠ 피의자 구속의 주체는 어디까지나 수사기관이고, ㉡ 수사기관은 구속영장을 발부받은 후에도 피의자를 구속하지 않을 수 있으므로(제204조), 본서는 허가장설을 따른다.

(4) 구속영장 집행절차

① 원칙 - 검사의 지휘, 사전제시 및 사본교부 : ㉠ 체포된 피의자나, 구인을 위한 구속영장에 의하여 구인된 피의자에 대하여 구속영장이 발부된 경우에는 (피의자가 이미 신체구속 상태에 있다는 점에서 별도의 집행절차가 필요한 것은 아니지만) **지체 없이 신속하게 구속영장의 제시와 집행**이 이루어져야 한다. 한편, ㉡ 피의자가 도망하는 등의 사유로 피의자심문 없이 구속영장이 발부된 경우에는(제201조의2 제2항 단서) 별도의 구속영장 집행절차가 필요하다. 여하튼, ㉢ 피의자에 대한 구속영장은 **검사의 지휘에 의하여 사법경찰관리가 집행**한다. 교도소·구치소에 있는 피의자는 **검사의 지휘에 의하여 교도관이 집행**한다. ㉣ 구속영장을 집행함에는 **피의자에게 반드시 이를 제시하고 그 사본을 교부**하여야 하며 신속히 지정된 법원 기타 장소에 인치하여야 한다(2022.2.3. 제85조 제1항, 제209조).

구 속 영 장

[미체포 피의자용]   서울중앙지방법원

영 장 번 호			죄 명	

피 의 자	성 명	김 갑 돌	직 업	무 직
	주 민 등 록 번 호	000000 – 0000000		
	주 거	서울 ○ ○ ○		

청구한 검사	○ ○ ○	청 구 일 시	2016. . .
변 호 인		심 문 여 부	☑ 심문(2016. . .) □ 불심문
범죄사실의 요지	별지 기재와 같다(생략)	유 효 기 간	2016. . . 까지
구금할 장소	□ [ ] 경찰서 유치장 ☑ 서울구치소 □ [ ] 교도소		

□ 피의자는 일정한 주거가 없다. ☑ 피의자는 증거를 인멸할 염려가 있다. 　[　　　　　　　　　　　　　　　] □ 피의자는 도망하였다. □ 피의자는 도망할 염려가 있다. 　[　　　　　　　　　　　　　　　] □ 피의자는 소년으로서 구속하여야 할 부득이한 사유가 있다.	피의자가 별지 기재와 같은 죄를 범하였다고 의심할 만한 상당한 이유가 있고, 구속의 사유가 있으므로, 피의자를 구금한다. 유효기간이 경과하면 집행에 착수하지 못하며 영장을 반환하여야 한다. 　　　　　　　　　2016. . . 　　　　판 사 ○ ○ ○ (인)

집행일시		집행장소	
구금일시		구금장소	
집행불능사유			
처리자의 소속 관서, 관직		처리자 서명날인	

PART 03 수사와 공소

구 속 영 장

서울중앙지방법원

영 장 번 호		죄 명	

피 의 자	성 명	김 갑 돌	직 업	무 직
	주 민 등 록 번 호	000000-0000000		
	주 거	서울특별시 ○ ○ ○		

청구한 검사	○ ○ ○	변 호 인	
체포된 형식	체포된 피의자(체포영장)	체 포 일 시	2016. . .
청구서접수일시	2016. . . : (인)	기록반환일시	2016. . . : (인)
심 문 여 부	☑ 심문(2016. . . :) □ 심문하지 아니함		
범죄사실의 요지	별지 기재와 같다	유 효 기 간	. . . 까지
구금할 장소	☑ [서울서초] 경찰서 유치장 □ [ ] 구치소 □ [ ] 교도소		

□ 피의자는 일정한 주거가 없다.
☑ 피의자는 증거를 인멸할 염려가 있다.
[   ]
□ 피의자는 도망하였다.
□ 피의자는 도망할 염려가 있다.
[   ]
□ 피의자는 소년으로서 구속하여야 할 부득이한 사유가 있다.

피의자가 별지 기재와 같은 죄를 범하였다고 의심할 만한 상당한 이유가 있고, 구속의 사유가 있으므로, 피의자를 구금한다.
유효기간이 경과하면 집행에 착수하지 못하며 영장을 반환하여야 한다.

2016. . .
판 사 ○ ○ ○ (인)

집행일시	. . . :	집행장소	
구금일시	. . . :	구금장소	
집행불능사유			
처리자의 소속 관서, 관직		처리자 서명날인	

사법연수원, 검찰서류작성례, 2017년, p. 287~288

② 예외 – 긴급집행 : 구속영장을 소지하지 않은 경우 급속을 요하는 때에는 피의자에 대하여 피의사실의 요지와 영장이 발부되었음을 고하고 집행할 수 있다. 이 경우 **집행 완료 후 신속히 영장 원본을 제시하고 그 사본을 교부**해야 한다(2022.2.3. 개정 제85조 제4항, 제209조).

③ 집행촉탁 : 검사는 필요에 의해 관할구역 외에서 집행을 지휘할 수 있고, 또는 당해 관할구역의 검사에게 집행지휘를 촉탁할 수 있다. 이는 집행을 맡은 사법경찰관리도 같다.

④ 미란다원칙 고지의무 : 검사 또는 사법경찰관은 **피의사실의 요지, 구속이유, 변호인선임권을 고지하고 변명할 기회를 준 후**가 아니면 구속할 수 없다(제209조, 제200조의5). 이때 신설된 수사준칙에 따라 **진술거부권도 고지**하여야 한다(수사준칙 제32조 제1항).

⑤ 인치 및 구금 : 구속된 피의자는 영장에 기재된 경찰서 유치장, 구치소 또는 교도소 내 미결수용실에 수용된다. 단 호송시 필요하면 가장 가까운 교도소 또는 구치소에 가유치(임시유치)할 수 있다(제86조). 다만, **구금장소의 임의적 변경**은 피의자의 방어권·접견교통권 행사에 중대한 장애를 초래하므로 위법하다. [해경간부 12, 경찰승진 10/12/14, 경찰채용 12 2차/16 1차]

⑥ 피의자 미구속·석방 시 법원에 대한 통지의무 : 구속영장의 발부를 받은 후 피의자를 구속하지 아니하거나 구속한 피의자를 석방(구속취소)한 때에는 **지체 없이** 검사는 영장을 발부한 **법원에 그 사유를 서면으로 통지**하여야 한다(제204조). 이 경우 구속영장의 원본을 첨부해야 한다(규칙 제96조의19 제3항).

2. 피고인 구속

(1) 사전청문절차

① 검사의 영장 청구 불요 : 검사의 공소제기에 의하여 수소법원의 공판절차가 개시된 이후, 법원이 재판 중인 피고인에 대하여 구속영장을 발부하는 경우에는 **검사의 구속영장 청구가 필요 없다.** [경찰채용 01 2차]

PART 03 수사와 공소

처분을 함에 있어서는 법관이 발부한 영장이 필요하다는 것과 수사기관 중 검사만 법관에게 영장을 신청할 수 있다는 데에 그 의의가 있고, 형사재판을 주재하는 법원이 피고인에 대하여 구속영장을 발부하는 경우에도 검사의 신청이 있어야 한다는 것이 그 규정의 취지라고 볼 수는 없다.

② 사전청문(事前聽聞)

(가) 내용 : 피고인에 대하여 **범죄사실의 요지, 구속의 이유와 변호인을 선임할 수 있음을 말하고 변명할 기회를 준 후가 아니면 구속할 수 없다.** [법원9급 15, 국가9급 17] 다만, 피고인이 **도망한 경우에는 그러하지 아니하다**(제72조).[1] [2] 법원은 사전청문(및 사후청문) 규정에 의한 고지를 할 때에는 법원사무관 등을 참여시켜 조서를 작성하게 하거나 피고인으로 하여금 확인서 기타 서면을 작성하게 하여야 한다(규칙 제52조). 다만, **진술거부권을 고지할 필요는 없다** [경찰채용 08 1차]는 점에서 보통의 피의자신문과는 다르다(∵ 공판절차이므로 진술거부권은 공판을 개시하면서 이미 고지하였음). 여하튼 피고인이 도망한 경우가 아님에도, **법원이 사전청문절차를 거치지 아니한 채 피고인에 대하여 구속영장을 발부한 경우 그 발부결정은 위법**하다. 한편, 법원은 합의부원으로 하여금 위와 같은 사전청문의 절차를 이행하게 할 수 있다(제72조의2 제1항). 또한 법원은 피고인이 출석하기 어려운 특별한 사정이 있고 상당하다고 인정하는 때에는 검사와 변호인의 의견을 들어 비디오 등 중계장치에 의한 중계시설을 통하여 사전청문절차를 진행할 수 있다(2021.8.17. 개정 제72조의2 제2항).

(나) 하자의 치유와 치유의 제한 : ㉠ 2000년 대법원판례에 의하면 사전청문규정에서 정한 **절차적 권리가 실질적으로 보장**되었다고 볼 수 있는 경우에는, **사전청문절차를 거치지 않고 구속영장 발부가 되어도 위법이 아니라고 하였다.** [경찰채용 14 1차] 그런데 이는 제72조의 사전청문규정에 정면으로 반한다는 문제가 있다. 이에 ㉡ 2016년 대법원판례에서는 범죄사실에 대한 충분한 소명과 공방이 이루어지고 그 과정에서 피고인에게 자신의 범죄사실 및 구속사유에 관하여 변명을 할 기회가 충분히 부여되었다고 볼 수 있을 정도의 사유가 아닌 이상 **함부로 청문절차 흠결의 위법이 치유된다고 볼 것은 아니라고 판시**하고 있다.

★ **판례연구** 법원의 피고인구속 전 사전청문절차 관련판례

대법원 2016.6.14, 2015모1032 [경찰채용 23 1차]
구속영장 발부결정에 대한 재항고 사건 : 피고인구속에 관한 사전청문절차의 흠결의 치유와 그 치유의 제한
① 형사소송법 제72조의 "피고인에 대하여 범죄사실의 요지, 구속의 이유와 변호인을 선임할 수 있음을 말하고 변명할 기회를 준 후가 아니면 구속할 수 없다."라는 규정은 피고인을 구속함에 있어서 법관에 의한 사전청문절차를 규정한 것으로서, 법원이 사전에 위 규정에 따른 절차를 거치지 아니한 채 피고인에 대하여 구속영장을 발부하였다면 발부결정은 위법하다. ② 한편 위 규정은 피고인의 절차적 권리를 보장하기 위한 규정이므로 이미 변호인을 선정하여 공판절차에서 변명과 증거의 제출을 다하고 그의 변호 아래 판결을 선고받은 경우 등과 같이 위 규정에서 정한 절차적 권리가 실질적으로 보장되었다고 볼 수 있는 경우에는 이에 해당하는 절차의 전부 또는 일부를 거치지 아니한 채 구속영장을 발부하였더라도 이러한 점만으로 발부결정을 위법하다고 볼 것은 아니지만(하자의 치유, 대법원 2000.11.10, 2000모134; 2001.5.29, 2001도1154[경찰채용 14 1차]), ③ 사전청문절차의 흠결에도 불구하고 구속영장 발부를 적법하다고 보는 이유는 공판절차에서 증거의 제출과 조사 및 변론 등을 거치면서 판결이 선고될 수 있을 정도로 범죄사실에 대한 충분한 소명과 공방이 이루어지고 그 과정에서 피고인에게 자신의 범죄사실 및 구속사유에 관하여 변명을 할 기회가 충분히 부여되기 때문이므로, 이와 동일시할 수 있을 정도의 사유가 아닌 이상 함부로 청문절차 흠결의 위법이 치유된다고 해석하여서는 아니 된다.

[보충] 서울중앙지방법원 2014고단6923 일반교통방해 등 사건(이하 '제1 사건')에서 피고인은 제1 사건의 범죄사실에 관하여 2014.9.19. 발부된 구속영장(이하 '제1차 구속영장')에 의하여 구속된 상태에서 2014.9.26. 기소되어 재판을 받았는데, 그 재판 진행 중 피고인에 대한 2014고단9364 일반교통방해 사건(이하 '제2 사건')이 2014.12.15. 추가 기소되자 제1심법원은 2014.12.22. 제2 사건을 제1 사건에 병합하여 심리한다는 결정을 한 사실, 병합된 사건의 2015.1.20. 제4회 공판기일에서 검사가 제2 사건의 공소장에 의하여

---

1) [참고] 피고인이 도망한 경우에는 구인영장을 발부하여 주소지에서 구인을 시도하더라도 집행 불능이 될 것이 거의 명백하고, 도망한 피고인은 법적 청문청구권을 포기하였다고 볼 수 있는 점 등을 고려하여 피고인이 도망한 경우에는 제72조 본문의 절차를 거치지 않고도 구금영장을 발부할 수 있도록 단서규정을 신설한 것이다. 법원개정법해설, 5면.

2) [참고] 피의자구속의 영장실질심사(구속전피의자심문)에 대응하여 법원의 사전청문을 구속신문이라 부르는 견해도 있다. 신동운, 829면.

공소사실, 죄명, 적용법조를 낭독하고 이에 대하여 변호인의 변호 아래 피고인은 공소사실을 일부 부인하는 취지의 진술을 한 사실, 그 후 제2 사건에 관하여 어떠한 증거제출이나 증거조사 등 추가심리가 진행되지 않은 상태에서 제1심법원은 제1차 구속영장에 의한 구속기간이 곧 만료하게 되자 2015.3.24. 법정 외에서 별도의 사전청문절차 없이 피고인에 대하여 제2 사건의 범죄사실에 관하여 구속영장(이하 '제2차 구속영장')을 발부하였고 2015.3.26. 위 구속영장이 집행되었다. 위 사실관계를 앞서 본 법리에 비추어 살펴보면, 제1심법원은 제2차 구속영장을 발부하기 전에 형사소송법 제72조에 따른 절차를 따로 거치지 아니하였는데, 그 전 공판기일에서 검사가 모두진술에 의하여 공소사실 등을 낭독하고 피고인과 변호인이 모두진술에 의하여 공소사실의 인정 여부 및 이익이 되는 사실 등을 진술하였다는 점만으로는 위 규정에서 정한 절차적 권리가 실질적으로 보장되었다고 보기는 어렵다고 할 것이다. 그럼에도 원심이 판시와 같은 이유만으로 피고인에게 형사소송법 제72조에 따른 절차적 권리가 실질적으로 보장되었다고 보아 제2차 구속영장 발부결정이 적법하다고 판단한 것에는 형사소송법 제72조에 관한 법리를 오해하여 재판에 영향을 미친 위법이 있다. 그러므로 원심결정을 파기하고 사건을 다시 심리·판단하도록 원심법원에 환송한다.

(2) 구속영장 발부

① 원칙 – 수소법원의 결정에 의한 영장 발부 : 법원이 피고인을 구속함에는 **구속영장을 발부하여야 한다**(제73조). 이는 **수소법원의 결정**에 의한다(제70조 제1항).[1] 체포와 달리 구속에 있어서는 피고인 구속이든 피의자 구속이든 반드시 영장이 있어야 하며 영장주의의 예외가 인정되지 않는다. 따라서 어떠한 경우라 하더라도 구속을 한 후 구속영장을 받을 수는 없다. 구속영장에는 피고인의 성명, 주거, 죄명, 공소사실의 요지, 인치·구금할 장소, 발부연월일, 그 유효기간과 그 기간을 경과하면 집행에 착수하지 못하며 영장을 반환하여야 할 취지를 기재하고 **재판장 또는 수명법관이 서명날인**하여야 한다(제75조 제1항).[2] [법원9급 08]

> 정리 구속영장의 기재방식은 피의자 구속영장과 같다. 다만, 피의자 구속영장은 지방법원판사가 서명날인하는 데 비해, 피고인 구속영장은 재판장 또는 수명법관이 서명날인한다.

② 예외 – 구속의 촉탁 및 요급처분

(가) 법원의 구속 촉탁 : 수소법원은 피고인의 **현재지의 지방법원판사**(수탁판사)에게 피고인의 구속을 촉탁할 수 있고(제77조 제1항), 촉탁에 의하여 구속영장을 발부한 판사는 피고인을 인치한 때로부터 24시간 이내에 그 피고인임에 틀림없는가를 조사하고, 피고인임에 틀림없는 때에는 신속히 지정된 장소에 송치하여야 한다(제78조).

(나) 재판장의 요급처분 : 재판장은 급속을 요하는 경우에는 구속영장 발부나 구속의 처분을 할 수 있고, 또는 합의부원으로 하여금 처분을 하게 할 수 있다(제80조).[3]

③ 영장발부·기각결정에 대한 불복 : 수소법원의 판결 전 소송절차에 관한 결정에 속하나, 구금에 관한 결정에 속하므로 **보통항고**의 대상이 된다(제403조 제2항).

> 조문 제403조(판결 전의 결정에 대한 항고) ① 법원의 관할 또는 판결 전의 소송절차에 관한 결정에 대하여는 특히 즉시항고를 할 수 있는 경우 외에는 항고하지 못한다.
> ② 전항의 규정은 구금, 보석, 압수나 압수물의 환부에 관한 결정 또는 감정하기 위한 피고인의 유치에 관한 결정에 적용하지 아니한다.

④ 피고인 구속영장의 법적 성질 : 피고인에 대한 구속의 주체는 법원이므로 피고인 구속영장은 명령장의 성질을 가진다. 이에 그 집행기관은 집행의무가 있다.

(3) 구속영장 집행절차

① 원칙 – 검사 지휘 : 구속영장은 **검사의 지휘로 사법경찰관리가 집행**한다(제81조 제1항). [법원9급 08] 또한 교도소·구치소에 있는 피의자·피고인에 대해서는 검사의 지휘로 교도관이 집행한다(제81조 제3항).[4]

---

1) [비교] 다만, 상소기간 중 또는 상소 중의 사건에 관하여 구속기간의 갱신, 구속의 취소, 보석, 구속의 집행정지와 그 정지의 취소에 대한 결정은 소송기록이 원심법원에 있는 때에는 원심법원이 하여야 한다(제105조).

2) [조문] 법 제75조(구속영장의 방식) ② 피고인의 성명이 분명하지 아니한 때에는 인상, 체격, 기타 피고인을 특정할 수 있는 사항으로 피고인을 표시할 수 있다.
③ 피고인의 주거가 분명하지 아니한 때에는 그 주거의 기재를 생략할 수 있다.

3) [참고] 급속을 요하는 경우에는 재판장이 직접 소환, 출석 및 동행명령, 구속을 위한 신문, 구속영장 발부, 구속 촉탁 등의 처분을 할 수 있고, 또한 재판장은 합의부원으로 하여금 이러한 처분을 하게 할 수 있는 것이다(제80조).

4) [참고 – 관할구역 외에서의 집행] 검사는 필요에 의하여 관할구역 외에서 집행을 지휘할 수 있고 당해 관할 구역의 검사에게 집행지휘를 촉탁할 수 있다. 사법경찰관리는 필요에 의하여 관할구역 외에서 구속영장을 집행할 수 있고 또는 당해 관할구역의 사법경찰관리에게 집행을 촉탁할 수 있다(제83조 제1항·제2항).

규칙 제48조(검사에 대한 구속영장의 송부) 검사의 지휘에 의하여 구속영장을 집행하는 경우에는 구속영장을 발부한 법원이 그 원본을 검사에게 송부하여야 한다.

② 예외 – 재판장 등 집행 : **급속**을 요하는 경우에는 **재판장 · 수명법관 · 수탁판사**가 집행을 지휘할 수 있다(제81조 제1항 단서). 불구속재판을 진행하던 중 피고인을 법정구속하는 경우가 여기에 속한다. 이 경우 **법원사무관 등**에게 그 집행을 명할 수 있는바, 법원사무관 등은 그 집행에 관하여 필요한 때에는 **사법경찰관리 · 교도관 또는 법원경위에게 보조를 요구**할 수 있으며 **관할구역 외에서도 집행**할 수 있다(교도관 · 법원경위 추가, 2007년 개정법 제81조 제2항). [법원9급 05/08/10, 법원승진 09]

③ 영장제시 및 사본교부의무 : 구속영장을 집행함에는 피의자 · 피고인에게 **영장(원본)을 제시하고 그 사본을 교부**하여야 하며, 신속히 지정된 법원 기타 장소에 인치하여야 한다. 구속영장을 소지하지 아니한 경우에 **급속을 요하는 때**에는 피의사실 또는 공소사실의 요지와 영장이 발부되었음을 알리고 집행할 수 있지만, 집행을 완료한 후에는 **신속히 구속영장을 제시하고 그 사본을 교부**하여야 한다(2022.2.3. 개정 제85조).

④ 호송 중 가유치 : 구속영장의 집행을 받은 피의자 · 피고인을 호송할 경우에 필요하면 가장 가까운 교도소 또는 구치소에 임시로 유치할 수 있다(2020.12.8. 우리말 순화 개정법 제86조).

(4) 사후청문절차 및 영장등본청구

① 사후청문(事後聽聞)절차 : 피고인을 구속한 때에는 **즉시 공소사실의 요지와 변호인을 선임할 수 있음을 다시 알려야 한다**(제88조). 이러한 사후 권리고지는 피고인구속의 집행기관인 검사 · 사법경찰관리 · 교도관이 행하는 것이 원칙이나, 급속을 요하는 경우에는 재판장 · 수명법관 · 수탁판사가 집행지휘를 하므로 이때에는 예외적으로 법원 또는 법관이 행할 수도 있다(법원 · 법관의 사후고지시 법원사무관 등을 참여시켜 조서를 작성하게 하거나 피고인으로 하여금 확인서 기타 서면을 작성하게 함, 규칙 제52조). 다만, 이를 **위반하였다고 하여 구속영장의 효력에 영향을 미치는 것은 아니다**(대법원 2000.11.10, 2000모134). [국가9급 24, 법원승진 14, 교정9급특채 12, 경찰채용 14 1차/16 1차]

🔨 **판례연구** 법원의 피고인구속 후 사후청문절차 관련판례

대법원 2000.11.10, 2000모134 [경찰채용 14 · 16 1차/교정9급특채 12/법원승진 14]
형사소송법 제88조의 규정을 위반한 경우, 구속영장의 효력이 상실되지 않는다는 사례
형사소송법 제88조는 "피고인을 구속한 때에는 즉시 공소사실의 요지와 변호인을 선임할 수 있음을 알려야 한다."고 규정하고 있는바, 이는 사후청문절차에 관한 규정으로서 이를 위반하였다 하여 구속영장의 효력에 어떠한 영향을 미치는 것은 아니다.

---

② 구속영장등본청구권 : 피고인, 변호인, 피고인의 법정대리인, 법 제28조에 따른 피고인의 특별대리인, 배우자, 직계친족과 형제자매는 구속영장을 발부한 법원에 구속영장의 등본의 교부를 청구할 수 있다(규칙 제50조 제1항). 고소인 · 고발인 · 피해자도 비용을 납부하고 청구사유를 소명하면 영장등본교부를 청구할 수 있다(규칙 동조 제2항, 제26조 제2항).

3. 피의자 · 피고인 구속영장집행 후 절차

(1) 변호인 등에 대한 통지의무

① 변호인 등에 대한 통지의무 : 피의자 · 피고인을 구속한 때에는 ㉠ 변호인이 있는 경우에는 변호인에게, ㉡ 변호인이 없는 경우에는 제30조 제2항에 규정한 자(법/배/직/형) 중 피고인이 지정한 자에게 사건명, 구속일시 · 장소, 피의사실 내지 범죄사실의 요지, 구속의 이유와 변호인을 선임할 수 있다는 취지를 **지체 없이 '서면'으로 알려야 한다**(제87조). [경찰채용 15 1차] 통지는 늦어도 **24시간** 이내에 하여야 한다(규칙 제51조 제2항). 다만, 급속을 요하는 경우에는 전화 또는 모사전송기 기타 상당한 방법에 의하여 통지할 수 있다(동조 제3항).

② 변호인선임의 의뢰 : 구속된 피의자 · 피고인은 법원, 교도소장 · 구치소장 또는 그 대리자에게 변호사를 지정하여 변호인의 선임을 의뢰할 수 있다. 의뢰를 받은 법원, 교도소장 · 구치소장 또는 그 대리자는 급속히 피의자 · 피고인이 지명한 변호사에게 그 취지를 통지하여야 한다(제90조).

(2) 접견교통권

① **구속된 피의자·피고인** : 관련 법률이 정한 범위에서 타인과 접견하고 서류 또는 물건을 수수하며 의사의 진료를 받을 수 있다(2020.12.8. 우리말 순화 개정법 제89조, 제209조).

② **변호인이나 변호인이 되려는 자** : 신체가 구속된 피고인 또는 피의자와 접견하고 서류나 물건을 수수(授受)할 수 있으며 의사로 하여금 피고인이나 피의자를 진료하게 할 수 있다(2020.12.8. 우리말 순화 개정법 제34조).

4. 구속기간

(1) 피의자에 대한 구속기간

① **사법경찰관의 구속기간** : **최장 10일**이다. 따라서 10일 이내에 피의자를 검사에게 인치하지 않으면 석방하여야 한다(제202조). [국가9급 15, 경찰채용 12 3차]

② **검사의 구속기간** : **최장 20일**이다. 즉, 원칙적으로 **10일**이지만(제203조) 지방법원판사의 허가를 얻어 **10일**을 초과하지 않는 한도에서 1차에 한하여 구속기간을 연장할 수 있다(제205조 제1항). 이상 사법경찰관과 검사의 구속기간을 합산하면 **최장 30일**까지이다.

③ **국가보안법상 특례** : **최장 50일**이다. 즉, 지방법원판사는 국가보안법 제3조 내지 제6조, 제8조, 제9조의 죄의 위반사건에 대하여 사법경찰관에게 1회, 검사에게 2회에 한하여 구속기간의 연장을 허가할 수 있다(국가보안법 제19조). 종래에는 동법 **제7조의 찬양·고무죄와 제10조의 불고지죄**에 대해서도 구속기간 연장이 가능하였으나 헌법재판소의 위헌결정(헌법재판소 1992.4.14, 90헌마82)에 의해 삭제되었다. [법원행시 04, 경찰채용 04 3차]

🔎 판례연구 피의자구속기간 연장 관련 국가보안법 위헌결정 사례

헌법재판소 1992.4.14, 90헌마82 [경찰채용 04 3차, 국가9급 24, 법원행시 04]
국가보안법 제19조는 위헌이라는 사례
국가보안법 제7조(찬양·고무) 및 제10조(불고지)의 죄는 구성요건이 특별히 복잡한 것도 아니고 사건의 성질상 증거수집이 더욱 어려운 것도 아님에도 불구하고 국가보안법 제19조가 제7조 및 제10조의 범죄에 대하여서까지 형사소송법상의 수사기관에 의한 피의자구속기간 30일보다 20일이나 많은 50일을 인정한 것은 국가형벌권과 국민의 기본권과의 상충관계 형량을 잘못하여 불필요한 장기구속을 허용하는 것이어서 결국 헌법 제37조 제2항의 기본권 제한입법의 원리인 과잉금지의 원칙을 현저하게 위배하여 피의자의 신체의 자유, 무죄추정의 원칙 및 신속한 재판을 받을 권리를 침해한 것이다.

---

④ **연장신청** : 사법경찰관 또는 검사는 구속기간의 연장의 필요를 인정할 수 있는 자료를 지방법원판사에게 제출하여야 한다(제205조 제2항).

⑤ **연장청구 기각결정에 대한 불복** : 구속기간의 연장을 허가하지 아니하는 지방법원판사의 결정에 대해서는 **불복할 수 없다**(대법원 1997.6.16, 97모1). [경찰채용 14 1차]

대법원 1997.6.16, 97모1 [경찰채용 14 1차]
피의자구속기간 연장기각결정에 대한 불복은 허용되지 아니한다는 사례
형사소송법 제402조, 제403조에서 말하는 법원은 형사소송법상의 수소법원만을 가리키므로, 같은 법 제205조 제1항 소정의 구속기간의 연장을 허가하지 아니하는 지방법원 판사의 결정에 대하여는 같은 법 제402조, 제403조가 정하는 항고의 방법으로는 불복할 수 없고, 나아가 그 지방법원 판사는 수소법원으로서의 재판장 또는 수명법관도 아니므로 그가 한 재판은 같은 법 제416조가 정하는 준항고의 대상이 되지도 않는다.

---

⑥ **제외기간** : ㉠ **영장실질심사**에서 관계서류와 증거물의 법원접수일로부터 검찰청에 반환한 날까지의 기간, ㉡ **체포·구속적부심사**에 있어서 법원이 관계서류와 증거물을 접수한 날로부터 결정 후 검찰청에 반환된 때까지의 기간 [경찰채용 05 1차], ㉢ 구속집행정지기간, ㉣ 피의자가 도망한 기간, ㉤ 감정유치기간 [법원행시 03] 등은 제외된다(구속기간 제외기간만큼 구속기간이 늘어나는 것을 의미함).

[사법경찰관 구속기간 계산의 예]
① 피의자 甲에 대한 체포 : 2016.3.5. 12 : 00, ② 구속영장 청구 : 3.6. 15 : 00(서류 법원 접수), ③ 영장실질심사 : 3.7. 1
0 : 00, ④ 영장발부 : 3.7. 22 : 00(서류반환), ⑤ 구속
※ ②·③·④ : 구속기간 제외, ∴ 사법경찰관 구속기간 10일은 2016.3.16.까지이다.

(2) 피고인에 대한 구속기간

① **법원의 구속기간** : (**공소제기 후 기간**으로서) **2개월**로 한다. 다만, 특히 구속을 계속할 필요가 있는 경우에는 **심급마다 2차에 한하여 2개월의 한도**에서 결정으로 연장할 수 있다(제92조 제1항, 제2항 본문). 따라서 제1심의 최대구속기간은 6개월이 된다. 다만, **상소심**은 피고인·변호인이 신청한 증거의 조사, 상소이유를 보충하는 서면의 제출 등으로 추가심리가 필요한 **부득이한 경우에는 3차에 한하여 갱신**할 수 있다(2007년 개정, 동조 제2항 단서)(단, 상소심에서 3차 갱신은 예외적인 경우로 한정됨. [법원9급 07 하반기]). [법원9급 13, 법원승진 08/09/13/14, 경찰채용 08 3차/11 1차/12 2차] 따라서 법원의 구속기간은 **최장 18개월**이 된다(단, 상소심에서 파기환송되면 실제 기간은 더 길어짐).[1]

조문 법 제105조(상소와 구속에 관한 결정) 상소기간 중 또는 상소 중의 사건에 관하여 구속기간의 갱신, 구속의 취소, 보석, 구속의 집행정지와 그 정지의 취소에 대한 결정은 소송기록이 원심법원에 있는 때에는 원심법원이 하여야 한다[여. 상소기간 중 원심법원이 1차 구속기간 갱신하면, 소송기록을 송부받은 상소법원은 나머지 1차 구속기간 갱신 가능(제92조 제2항 본문), 단 부득이한 경우에 한하여 1차에 한하여 갱신 가능(동항 단서)].[2]

② **파기환송받은 법원의 구속기간** : 대법원의 파기환송 판결에 의하여 사건을 환송받은 법원은 형사소송법 제92조 제1항에 따라 **2월**의 구속기간이 만료되면 특히 계속할 필요가 있는 경우에는 **2차**(대법원이 형사소송규칙 제57조 제2항에 의하여 구속기간을 갱신한 경우에는 **1차**)에 한하여 결정으로 구속기간을 갱신할 수 있다(대법원 2001.11.30, 2001도5225). [법원승진 14, 법원9급 13]

③ **제외기간** : ㉠ 피고인이 도망한 기간, 보석기간, 구속집행정지기간, 감정유치기간(제172조의2 제1항) [해경간부 12]은 피고인이 현실적으로 구속된 일수가 아니므로 구속기간에서 제외되고, ㉡ 기피신청(제22조) [법원승진 13], 공소장변경(제298조 제4항) [국가7급 10], 심신상실과 질병(제306조 제1항·제2항) [경찰채용 10 1차]에 의하여 **공판절차가 정지된 기간** 및 **공소제기 전 체포·구인·구금기간**(피의자로서의 구속기간, 2007년 신설되어 제1심의 구속기간이 그만큼 연장되는 효과) [법원9급 14, 법원승진 12/13/14, 국가9급 10, 경찰채용 08 1·3차/13 1차, 경찰채용 15 2차]이나(제92조 제3항) 법원의 위헌법률심판제청에 의한 재판정지기간(헌법재판소법 제42조 제1·2항)도 구속상태에서 재판이 진행되지 않는 기간이므로 수소법원의 구속기간에 산입하지 아니한다.

정리 피고인구속 제외기간 : 심/헌/기/공/보/구/도/피/감

비교 정지기간 중 구속기간에 포함되는 기간 : 관할지정·이전 [경찰승진 10]·토지관할병합심리로 인한 소송절차 정지기간 [해경간부 12], 호송 중 가유치기간 [해경간부 12], → 관병호 구속포함

④ **구속기간과 재판기간의 구별** : 법정 구속기간이 초과되면 구속을 해제하고 불구속 상태에서 재판을 계속할 수 있음은 당연하다.

---

[1] [참고] 2007년 개정 전 구법상 구속기간은 1심은 6개월, 항소심 및 상고심은 4개월로 제한되어 있었는데, 구속기간의 제한으로 인하여 충분한 심리가 이루어지지 못한 상태에서 판결이 선고되는 경우가 적지 않았고, 피고인이 추가증거조사를 원해도 구속기간 제한으로 인하여 이를 받아들이기 어려운 경우도 적지 않는 등 신속한 재판을 받을 피고인의 권리를 보장하기 위해 도입된 구속기간 제한제도가 오히려 피고인의 방어권 행사에 장애를 주게 되고 재판받을 권리를 침해하게 되는 불합리한 결과를 낳게 되었으며, 특히 항소심과 상고심의 경우 상소기간, 상소기록의 송부기간, 상소이유서 제출기간 등을 감안하면 실제 심리를 할 수 있는 기간은 3개월이 채 되지 않는 경우가 허다하였다고 한다. 이에 2007년 개정법 제92조 제3항에서는 제1심에서 공소제기 전의 체포·구인·구금기간을 법원의 구속기간에 산입하지 않음으로써 제1심 구속기간이 그만큼 연장되는 효과를 가지게 하였고, 항소심과 상고심에서는 피고인 또는 변호인이 신청한 증거의 조사, 상소이유를 보충하는 서면의 제출 등으로 추가 심리가 필요한 부득이한 경우에는 3차에 한하여 갱신할 수 있도록 되었다(제92조 제2항). 이상은 법원개정법해설, 7~10면에서 발췌·인용하였다.

[2] [참고] 규칙 제57조(상소 등과 구속에 관한 결정) ① 상소기간 중 또는 상소 중의 사건에 관한 피고인의 구속, 구속기간갱신, 구속취소, 보석, 보석의 취소, 구속집행정지와 그 정지의 취소의 결정은 소송기록이 상소법원에 도달하기까지는 원심법원이 이를 하여야 한다.
② 이송, 파기환송 또는 파기이송 중의 사건에 관한 제1항의 결정은 소송기록이 이송 또는 환송법원에 도달하기까지는 이송 또는 환송한 법원이 이를 하여야 한다.

(3) 구속기간 기산 및 계산

① 원칙 : 실제 구속된 날로부터 기산한다.

② 체포 후 구속 : 구속시가 아니라 실제 **체포·구인한 날로부터 기산**한다. [법원행시 03, 국가9급 10, 경찰승진 13/14, 경찰채용 04 3차/05 2차/12 3차] 예컨대 사인이 현행범을 체포하고 경찰관서에 인도하고 추후 구속이 된 경우에도 사인이 현행범을 체포한 날로부터 구속기간이 기산된다.

③ 구속기간 연장시 : 연장기간은 **구속기간 만료일 다음 날로부터 기산**한다(규칙 제98조). [국가9급 10, 경찰승진 12, 경찰채용 10 1차]

④ 계산방법 : 구속기간의 초일은 시간을 계산하지 아니하고 1일로 산정한다(**초일산입**, 제66조 제1항 단서). [법원승진 12] 또한 구속기간의 말일이 공휴일이나 토요일에 해당하는 경우에도 구속기간에 산입된다(제66조 제3항 단서). [법원승진 13, 법원승진 08, 경찰채용 10 1차] 이것이 피의자·피고인에게 불리하지 않기 때문이다.

(4) 구속기간 경과의 효과 : ① 통설은 구속기간을 경과하면 구속영장은 그 효력이 상실되므로 그 후의 구속은 불법구속이 된다는 입장이며 타당하다. 다만, ② 판례는 구속기간이 경과해도 -형·민사상 책임은 별론으로 하고- 구속영장의 효력이 당연히 실효되는 것은 아니라는 입장이다(대법원 1964.11.17, 64도428).

5. 재구속의 제한

(1) 수사기관의 피의자 구속

① 재구속의 원칙적 금지 : 검사·사법경찰관에 의하여 구속되었다가 석방된 자는 **다른 중요한 증거를 발견한 경우를 제외하고는 동일한 범죄사실에 관하여 재차 구속하지 못한다**(제208조 제1항)(다중-구기재). [국가7급 11, 국가9급 13, 교정9급특채 12, 경찰승진 08, 경찰채용 15 2차]

② 구속되었다가 석방된 자 : **구속영장에 의하여 구속되었다가 석방된 경우**를 말하는 것이지, 긴급체포나 현행범으로 체포되었다가 사후영장발부 전에 석방된 경우는 포함되지 않는다. 따라서 피고인이 수사 당시 긴급체포되었다가 수사기관의 조치로 석방된 후 법원이 발부한 구속영장에 의하여 구속이 이루어진 경우에는 위법한 구속이라 할 수 없다(대법원 2001.9.28, 2001도4291). [법원9급 22]

③ 동일한 범죄사실 : 1개의 목적을 위하여 **동시 또는 수단·결과의 관계**에서 행하여진 행위는 동일한 범죄사실로 간주한다(동조 제2항).[1] [경찰채용 08 3차]

④ 재구속 제한 위반과 공소제기 : 동일한 사건으로 재구속되었다 할지라도 그것만으로 **공소제기 자체가 무효가 된다고 할 수는 없다**(대법원 1966.11.22, 66도1288). 따라서 이 경우에도 실체재판을 할 수 있다.

(2) 법원의 피고인 구속 : 재구속의 제한은 법원이 피고인을 구속하는 경우에는 **적용되지 않는다**(대법원 1969.5.29, 69도507). [법원행시 04, 교정9급특채 12, 경찰채용 04 1차/05 2차/06 1차]

1] [참고] 국가보안법상 특례 : 공소보류를 받은 자가 법무부장관이 정한 감시·보도에 관한 규칙에 위반한 때에는 공소보류를 취소할 수 있는데, 이 경우에는 형사소송법 제208조의 규정에 불구하고 동일한 범죄사실로 재구속할 수 있다(동법 제20조 제3항·제4항).

> **대법원 1969.5.29, 69도507** [경찰채용 04/06 1차, 경찰채용 05 2차, 교정9급특채 12, 법원행시 04]
> 법원의 피고인구속에는 재구속제한은 없다는 사례
> 재구속의 제한은 법원이 피고인을 구속하는 경우에는 적용되지 않는다.

6. 구속영장의 효력범위

(1) 의의 : 구속영장의 효력범위와 관련해서는 ① 피의자의 모든 범죄에 대해 효력이 미친다는 인단위설과 ② 구속영장에 기재된 범죄사실에 대해서만 효력이 미친다는 사건단위설(통설)이 대립한다. ③ 판례는 원칙적으로 사건단위설을 취하나(대법원 1966.8.12, 96모46) [경찰채용 14 1차] 미결구금일수 산입에 있어서는 법원의 재량으로 구속영장이 발부되지 아니한 다른 범죄사실에 관한 죄의 형도 산입할 수 있다고 하여 인단위설도 취하고 있다(대법원 1986.12.9, 86도1875).

✎ 판례연구 구속영장의 효력범위 관련판례

1. 대법원 1996.8.12, 96모46 [경찰채용 14 1차/21 2차]

구속영장의 효력범위에 관한 사건단위설의 원칙

구속의 효력은 원칙적으로 구속영장에 기재된 범죄사실에만 미친다는 점(사건단위설), 재항고인과 함께 병합심리되고 있는 공동피고인이 상당수에 이를 뿐만 아니라 재항고인과 공동피고인들에 대한 공소사실이 방대하고 복잡하여 그 심리에 상당한 시일이 요구될 것으로 예상된다는 점 등에 비추어 보면, 구속기간이 만료될 무렵에 종전 구속영장에 기재된 범죄사실과는 다른 범죄사실로 재항고인을 구속하였다는 사정만으로는 재항고인에 대한 구속이 위법하다고 단정할 수는 없다.

2. 대법원 1986.12.9, 86도1875

경합범에 대하여 2개의 형을 선고할 경우의 미결구금 일수 산입에 있어서는 인단위설도 채택한 판례

수개의 범죄사실로 공소제기된 피고인이 그 중 일부의 범죄사실만으로 구속영장이 발부되어 구금되어 있었고, 법원이 그 수개의 범죄사실을 병합심리한 끝에 피고인에게 구속영장이 발부된 일부 범죄사실에 관한 죄의 형과 나머지 범죄사실에 관한 죄의 형으로 나누어 2개의 형을 선고할 경우, 위와 같은 경우에는 일부 범죄사실에 의한 구금의 효과는 피고인의 신병에 관한 한 나머지 범죄사실에도 미친다고 보아 그 구금일수를 어느 죄에 관한 형에 산입할 것인가의 문제는 법원의 재량에 속하는 사항이라고 봄이 상당하고, 따라서 이를 구속영장이 발부되지 아니한 다른 범죄사실에 관한 죄의 형에 산입할 수도 있다.

---

(2) 이중구속 : 이미 구속영장이 발부되어 구속되어 있는 피의자·피고인에 대하여 다시 구속영장을 발부하여 구속을 집행하는 것을 말한다. 적법성에 대해서는 ① 사건단위설에 근거한 긍정설(多)과 ② 이미 구속되어 있는 자에 대해서는 구속사유가 충족될 수 없다는 부정설(이/조, 배종대·이상돈·정승환)이 대립한다. ③ **판례**는 구속기간이 만료될 무렵에 종전 구속영장에 기재된 범죄사실과 다른 범죄사실로 피고인을 구속하였다는 사정만으로는 피고인에 대한 구속이 위법하다고 할 수 없다(대법원 2000.11.10, 2000모134) [경찰승진 22, 경찰채용 21 2차]고 함으로써 사건단위설에 근거한 **긍정설**의 입장을 취하고 있다.

(3) 별건구속 : 수사기관이 본래 수사하려는 사건(본건)에 대해서는 구속의 요건이 구비되지 못하였기 때문에 본건 수사를 위해 구속요건이 구비된 다른 사건(별건)으로 피의자를 구속하는 것을 말한다. 별건구속의 적법성에 대해서는 ① 긍정설(노/이)과 ② 부정설(통설)이 대립하고, 판례는 명시적인 입장이 없으나, 별건구속은 영장주의에 반하고 본건에 대한 구속기간 제한을 형해화시킨다는 점에서 허용될 수 없다고 보아야 한다.

표정리 피의자 구속과 피고인 구속 개관

구분	피의자 구속	피고인 구속
성질	수사상 구속	법원의 직권 구속
검사의 영장청구	○	×
사전청문	×	○

영장실질심사	○	×
영장발부	지방법원판사(수임판사)	수소법원 수탁판사 재판장
영장의 성격	허가장	명령장
구속재판·불복	• 관할 지방법원판사 • 명령-불복 不可	• 수소법원(상소기간 중 예외적으로 원심법원) • 결정-보통항고 可
고지사항	사/이/변/기	① 사전청문 : 사/이/변/기 ② 사후고지 : 사/변
영장집행 지휘	검사	• 검사 • 재판장·수명법관·수탁판사
구속기간	• 경찰 : 10일 • 검사 : 10일(1회 연장 可)	• 2개월 • 심급마다 2회 연장 可 • 상소심은 3회 연장 可
재구속	타중요증거 × → ×	제한 ×
공통점	① 구속영장기재방식 : 피고인·피의자의 성명, 주민번호, 죄명, 공소사실 또는 피의사실의 요지, 인치·구금장소 등 특정 ② 사후통지 : 변호인 또는 변호인선임권자 중 피고인·피의자가 지정한 자에게 구속일시·장소, 피의사실 내지 범죄사실의 요지 등 24시간 내 통지	

03 피의자·피고인의 접견교통권

I 의의

1. 개념

접견교통권(接見交通權)이란 피의자 또는 피고인이 변호인 등 타인과 접견하고 서류 또는 물건을 수수하고 의사의 진료를 받을 수 있는 권리를 말한다. 이는 피의자·피고인의 권리(헌법상 기본권)임과 동시에 변호인의 고유권(헌법상 기본권)에 속한다.

2. 성질 및 법적 근거

(1) **피의자·피고인의 변호인과의 접견교통권** [국가7급 17] : 헌법 제12조 제4항에 규정된 기본권으로서, 헌법에는 체포 또는 구속된 자만 규정하고 있지만, 형사소송법에서는 구속·불구속을 불문하고 변호인과의 접견교통권을 제한 없이 보장하고 있다(cf. 진술거부권 : 헌법-불리, 형소법-일체). 이는 **헌법상** 법치국가원리와 적법절차원칙에서 당연히 도출되는 **기본권**이다(헌법재판소 2004.9.23, 2000헌마138). 기본권이므로 법률에 의한 제한(헌법 제37조 제2항)은 가능하나, 형사소송법은 체포·구속된 피의자·피고인의 변호인과의 접견교통권을 제한 없이 보장하고 있다(제34조)(형소법상 변호인과의 접견통권 제한 명문규정 無). 다만, 형의 집행 및 수용자의 처우에 관한 법률[구 행형법, 이하 '형집행(법)']에서 구속장소에서의 질서유지를 위한 규정을 두고 있을 뿐이다.

(2) **신체구속된 피의자·피고인의 비변호인과의 접견교통권** [경찰채용 13 2차] : 비변호인과의 접견교통권도 행복추구권(헌법 제10조 제1문 후단)과 무죄추정의 권리(헌법 제27조 제4항)에 근거하는 헌법상 기본권의 성격을 가진다(헌법재판소 2003.11.27, 2002헌마193). [경찰채용 13 2차] 기본권도 법률에 의한 제한이 가능하므로, 형사소송법에서는 체포·구속된 피의자·피고인은 **관련 법률이 정한 범위 내**에서 타인(비변호인 ○)과 접견하고 서류나 물건을 수수하며 의사의 진료를 받도록 하면서(2020.12.8. 우리말 순화 개정법 제89조, 제

200조의6, 제209조), 변호인과의 접견교통권과는 달리 **명문의 제한규정을 두고 있다**(제91조 : 도망·증거인 멸염려시 접견금지 可).

(3) 변호인의 접견교통권 [경찰채용 13 2차] : 변호인이나 변호인 되려는 자의 구속된 피의자·피고인과의 접견교통권의 법적 성질에 대해서는 판례의 입장 변화가 있다. 종래 판례는 피의자·피고인의 변호인과의 접견교통권과는 달리 헌법상 보장되는 권리가 아니라 **형사소송법 제34조**에 의하여 비로소 보장되는 권리라는 입장이었으나(헌법재판소 1991.7.8, 89헌마181),[1] [경찰채용 15 2차] 최근 헌법재판소는 '**변호인 되려는 자**'의 피의자 등과의 접견교통권도 피의자 등을 조력하기 위한 핵심적인 부분으로서 피의자 등이 가지는 헌법상의 기본권인 '변호인이 되려는 자'와의 접견교통권과 표리의 관계에 있으므로, 피의자 등이 가지는 '변호인이 되려는 자'의 조력을 받을 권리가 실질적으로 확보되기 위하여 이 역시 **헌법상 기본권으로서 보장되어야 한다**는 점을 분명히 하였다(체포되어 구속영장이 청구된 피의자의 사건 수임을 위한 변호인 되려는 자의 접견신청을 불허한 검사의 행위는 위헌임을 확인한 결정례, 헌법재판소 2019.2.28, 2015헌마1204). 한편, 변호인의 접견교통권에 대해서도 형집행법을 제외하고는 형사소송법에서 이를 제한하는 규정을 두고 있지 않다.

🔨 **판례연구** 변호인 또는 변호인 되려는 자의 피의자·피고인과의 접견교통권의 법적 성질

헌법재판소 2019.2.28, 2015헌마1204 [경찰채용 21 1차]
변호인 되려는 자의 접견교통권 침해 사건
구속된 피의자 등의 변호인 조력을 받을 권리를 헌법상 기본권으로 인정하는 이유 및 그 필요성(헌법재판소 1995.7.21, 92헌마144)은 체포된 피의자 등의 경우에도 마찬가지이다. 헌법 제12조 제4항 본문은 체포 또는 구속을 당한 때에 "즉시" 변호인의 조력을 받을 권리를 가진다고 규정함으로써 변호인이 선임되기 이전에도 피의자 등에게 변호인의 조력을 받을 권리가 있음을 분명히 하고 있다. 이와 같이 아직 변호인을 선임하지 않은 피의자 등의 변호인 조력을 받을 권리는 변호인 선임을 통하여 구체화되는데, 피의자 등의 변호인선임권은 변호인의 조력을 받을 권리의 출발점이자 가장 기초적인 구성부분으로서 법률로써도 제한할 수 없는 권리이다(헌법재판소 2004.9.23, 2000헌마138). 따라서 변호인 선임을 위하여 피의자 등이 가지는 '변호인이 되려는 자'와의 접견교통권 역시 헌법상 기본권으로 보호되어야 한다. … '변호인이 되려는 자'의 접견교통권은 피의자 등을 조력하기 위한 핵심적인 부분으로서, 피의자 등이 가지는 헌법상의 기본권인 '변호인이 되려는 자'와의 접견교통권과 표리의 관계에 있다고 할 것이다. 결론적으로, '변호인이 되려는 자'의 접견교통권은 피의자 등을 조력하기 위한 핵심적인 권리로서, 피의자 등이 가지는 '변호인이 되려는 자'의 조력을 받을 권리가 실질적으로 확보되기 위하여 이 역시 헌법상 기본권으로서 보장되어야 한다(헌법재판소 2019.2.28, 2015헌마1204).[2]

📋 **표정리** 피의자·피고인의 변호인과의 접견교통권과 비변호인과의 접견교통권 비교

구분	변호인과의 접견교통권	비변호인과의 접견교통권
성질	헌법상 기본권	헌법상 기본권

---

1) [참고] 다만, 변호인의 조력권 또한 헌법상의 기본권으로 보장되어야 한다는 헌법재판소 판례는 다음과 같다. "헌법 제12조 제4항은 '누구든지 체포 또는 구속을 당한 때에는 즉시 변호인의 조력을 받을 권리를 가진다'라고 규정함으로써 변호인의 조력을 받을 권리를 헌법상의 기본권으로 격상하여 이를 특별히 보호하고 있거니와 변호인의 '조력을 받을' 피구속자의 권리는 피구속자를 '조력할' 변호인의 권리가 보장되지 않으면 유명무실하게 된다. 그러므로 피구속자를 조력할 변호인의 권리 중 그것이 보장되지 않으면 피구속자가 변호인으로부터 조력을 받는다는 것이 유명무실하게 되는 핵심적인 부분은, '조력을 받을 피구속자의 기본권'과 표리의 관계에 있기 때문에 이러한 핵심부분에 관한 변호인의 조력할 권리 역시 헌법상의 기본권으로서 보호되어야 한다(헌법재판소 2003.3.27, 2000헌마474 : 구속적부심사건 피의자의 변호인에게 수사기록 중 고소장과 피의자신문조서의 내용을 알 권리 및 그 서류들을 열람·등사할 권리가 인정된다는 사례)."

2) [보충] (보충성원칙의 예외 인정 여부) 헌법소원은 다른 법률에 구제절차가 있는 경우에는 그 절차를 모두 거친 후에 심판청구를 하여야 하는데(헌법재판소법 제68조 제1항 단서), 다만 청구인이 그의 불이익으로 돌릴 수 없는 정당한 이유가 있는 착오로 전심절차를 밟지 않은 경우 또는 전심절차로 권리가 구제될 가능성이 거의 없거나 권리구제절차가 허용되는지 여부가 객관적으로 불확실하여 전심절차 이행의 기대가능성이 없는 경우에는 보충성의 예외로서 적법한 청구로 인정된다(헌법재판소 1989.9.4, 88헌마22; 2008.5.29, 2007헌마712 등 참조). … 대법원은 수사기관의 접견불허처분의 취소를 구하는 준항고에도 법률상 이익이 있어야 하고, 소송계속 중 준항고로써 달성하고자 하는 목적이 이미 이루어졌거나 시일의 경과 또는 그 밖의 사정으로 인하여 그 이익이 상실된 경우에는 준항고는 그 이익이 없어 부적법하게 된다고 보면서도(대법원 1999.6.14, 98모121; 2014.4.15, 2014모686 결정 참조), 그에 관한 구체적 기준을 제시하지 않고 있다. 따라서 사건 당일 종료된 이 사건 검사의 접견불허행위에 대하여 청구인이 그 취소를 구하는 준항고를 제기할 경우 법원이 법률상 이익이 결여되었다고 볼 것인지 아니면 실체 판단에 나아갈 것인지가 객관적으로 불확실하여 청구인으로 하여금 전심절차를 이행할 것을 기대하기 어려운 경우에 해당한다. 결론적으로, 이 부분 심판청구는 보충성의 예외로서 적법한 청구로 인정되어야 한다(헌법재판소 2019.2.28, 2015헌마1204).

제한 가능 여부	법률	법률 / 법원결정 · 수사기관처분
현행법률	제한 ×	제한 ○(도망 · 증거인멸 염려)
법원 · 수사기관	제한 ×	제한 ○
침해구제	법원-항고, 수사기관-준항고, 구치소장-행정소송	

Ⅱ 변호인과의 접견교통권

1. 주체 및 상대방

(1) 주체 : 피고인 또는 피의자이며, 구속(제89조) **· 불구속**(제243조의2 제1항)**을 불문한다.**

예 체포 · 구속영장에 의하여 체포 · 구속된 자, 긴급체포된 자, 현행범인으로 체포된 자, 감정유치에 의하여 구속된 자, 임의동행으로 연행된 피의자 · 피내사자(대법원 1996.6.3, 96모18) [법원행시 02, 국가7급 15, 경찰승진 09, 경찰채용 12 3차]. 단, 재심청구절차의 수형자는 제외된다(대법원 1998.4.28, 96다48831).[1] [법원9급 06]

조문 법 제243조의2(변호인의 참여 등) ① 검사 또는 사법경찰관은 피의자 또는 그 변호인 · 법정대리인 · 배우자 · 직계친족 · 형제자매의 신청에 따라 변호인을 피의자와 접견하게 하거나(구금되어 있지 않은 피의자의 접견교통권이 신설된 부분) 정당한 사유가 없는 한 피의자에 대한 신문에 참여하게 하여야 한다.

> ★ **판례연구** 변호인과의 접견교통권의 주체
>
> **1. 대법원 1996.6.3, 96모18** [경찰채용 12 3차, 경찰승진 09, 국가7급 15, 법원행시 02]
> 임의동행된 피의자와 피내사자에게 변호인의 접견교통권이 인정된다는 사례
> 변호인의 조력을 받을 권리를 실질적으로 보장하기 위하여는 변호인과의 접견교통권의 인정이 당연한 전제가 되므로, 임의동행의 형식으로 수사기관에 연행된 피의자에게도 변호인 또는 변호인이 되려는 자와의 접견교통권은 당연히 인정된다고 보아야 하고, 임의동행의 형식으로 연행된 피내사자의 경우에도 이는 마찬가지이다. (변호인 또는 변호인이 되려는 자와의) 접견교통권은 피고인 또는 피의자나 피내사자의 인권보장과 방어준비를 위하여 필수불가결한 권리이므로 법령에 의한 제한이 없는 한 수사기관의 처분은 물론 법원의 결정으로도 이를 제한할 수 없다.
>
> **2. 대법원 1998.4.28, 96다48831** [법원9급 06]
> 형사소송법 제34조의 변호인의 접견교통권이 재심청구절차에 준용되지 않는다는 사례
> 형사소송법 제34조는 "변호인 또는 변호인이 되려는 자는 신체구속을 당한 피고인 또는 피의자와 접견하고 서류 또는 물건을 수수할 수 있으며 의사로 하여금 진료하게 할 수 있다."고 규정하고 있는바, 이 규정은 형이 확정되어 집행중에 있는 수형자에 대한 재심개시의 여부를 결정하는 재심청구절차에는 그대로 적용될 수 없다.

(2) 상대방 : 변호인이나 변호인이 되려는 자(cf. 피의자신문참여권 ×)**이다**(제34조). 여기서 변호인이 되려는 자라 함은 주로 변호인 선임의뢰를 받았으나 아직 변호인 선임신고가 되지 않은 자를 말한다. 변호인이 되려는 자는 수사기관에 변호인이 되려는 의사를 표시함에 있어 수사기관이 그 의사를 인식하는 데 적당한 방법을 사용하면 되고, **반드시 문서로써 그 의사를 표시할 필요는 없다**(대법원 2003.1.10, 2002다56628)(변호인이 되려는 의사의 표시 방법은 변호인 선임신고의 방법과는 다름).

2. 내 용

(1) 접견의 비밀보장 : 변호인과의 접견교통권은 **방해 · 감시 없는 자유로운 접견교통**을 그 본질로 한다. 따라서 접견시 교도관 · 경찰관이 **입회 · 참여하지 못하며**(헌법재판소 1992.1.28, 91헌마111), **그 내용을 청취 또는 녹취하지 못한다.** [국가7급 07, 경찰간부 13, 경찰승진 12] 다만, **보이는 거리에서 관찰하는 것은 가능**하다(형집행 제84조 제1항). [국가7급 15, 경찰채용 14 1차]

---

1) [보충] 재심절차는 ① 재심청구 → ② 심리(재심사유 : 실체심리 ×, 국선청구 ×, 접견교통 ×) → ③ 결정(개시결정 or 기각결정) → ④ (재심개시 결정에 의한) 재심(유 · 무죄판단, 국선청구 ○, 접견교통 ○) → ⑤ 판결의 순으로 진행된다. 이 중 위 96다48831 판례는 ②번 단계에 있는 수형 자가 접견교통권의 주체인 피고인에 포함되지 않는다고 판시한 것이다.

> **헌법재판소 1992.1.28, 91헌마111**
>
> 접견의 가시거리 내 법집행공무원 ○, 가청거리 내 ×
> 구속된 사람을 계호함에 있어서도 1988. 12. 9. 제43차 유엔총회에서 채택된 "모든 형태의 구금 또는 수감상태에 있는 모든 사람들을 보호하기 위한 원칙" 제18조 제4항이 "피구금자 또는 피수감자와 그의 변호인 사이의 대담은 법 집행 공무원의 가시거리 내에서 행하여 질 수는 있으나 가청거리 내에서 행하여져서는 아니 된다."라고 적절하게 표현하고 있듯이 관계공무원은 구속된 자와 변호인의 대담내용을 들을 수 있거나 녹음이 가능한 거리에 있어서는 아니 되며 계호나 그 밖의 구실 아래 대화장면의 사진을 찍는 등 불안한 분위기를 조성하여 자유로운 접견에 지장을 주어서도 아니 될 것이다.

(2) **서류·물건의 수수** : 피의자·피고인은 변호인으로부터 서류·물건을 수수할 수 있다. 수수한 서류의 검열과 물건의 압수는 허용되지 않는다.

> 조문 미결수용자와 변호인 간의 서신은 교정시설에서 상대방이 변호인임을 확인할 수 없는 경우를 제외하고는 검열할 수 없다(형집행 제84조 제3항).

> **헌법재판소 2012.2.23, 2009헌마333**
>
> 수용자가 밖으로 내보내는 모든 서신을 봉함하지 않은 상태로 교정시설에 제출시키는 행형법 시행령 ×
> 위 시행령 조항은 수용자가 보내려는 모든 서신에 대해 무봉함 상태의 제출을 강제함으로써 수용자의 발송 서신 모두를 사실상 검열 가능한 상태에 놓이도록 하는 것은 기본권 제한의 최소 침해성 요건을 위반하여 수용자인 청구인의 통신비밀의 자유를 침해하는 것이다.

(3) **의사로부터의 수진** : 피의자·피고인은 의사로부터 진료를 받을 수 있다. 이는 인도적 견지에서 요청되는 것이므로 원칙적으로 제한할 수 없다. [경찰채용 16 1차] 다만, 경찰서 유치장에 수용된 피의자가 의사의 진찰을 받는 경우 **의무관을 참여**하도록 하거나, 국정원 사법경찰관이 경찰서 유치장에 구금된 피의자에 대한 변호인의 의사로부터의 수진권 행사에 **국정원 추천 의사의 참여**를 요구하는 행위는 형집행법 시행령상 위법한 처분이라 할 수는 없다(대법원 2002.5.6, 2000모112). [경찰승진 10/12, 경찰채용 12 2차/16 1차]

> **대법원 2002.5.6, 2000모112** [경찰채용 12 2차/16 1차, 경찰승진 10·12]
>
> 수사기관의 처분에 의하여 변호인의 접견교통권을 제한할 수 없음 & 피의자에 대한 변호인의 수진권 행사에 의무관의 참여를 요구한 것은 위법은 아님
> 변호인의 구속된 피고인 또는 피의자와의 접견교통권은 … 신체구속을 당한 피고인 또는 피의자의 인권보장과 방어준비를 위하여 필수불가결한 권리이므로, 수사기관의 처분 등에 의하여 이를 제한할 수 없고, 다만 법령에 의하여서만 제한이 가능하다. (다만) 경찰서 유치장은 미결수용실에 준하는 것이어서(행형법 제68조) 그 곳에 수용된 피의자에 대하여는 행형법 및 그 시행령이 적용되고, 행형법시행령 제176조는 '형사소송법 제34조, 제89조, 제209조의 규정에 의하여 피고인 또는 피의자가 의사의 진찰을 받는 경우에는 교도관 및 의무관이 참여하고 그 경과를 신분장부에 기재하여야 한다.'고 규정하고 있는바, 이는 피고인 또는 피의자의 신병을 보호, 관리해야 하는 수용기관의 입장에서 수진과정에서 발생할지도 모르는 돌발상황이나 피고인 또는 피의자의 신체에 대한 위급상황을 예방하거나 대처하기 위한 것으로서 합리성이 있으므로, 행형법 시행령 제176조의 규정은 변호인의 수진권 행사에 대한 법령상의 제한에 해당한다고 보아야 할 것이고, 그렇다면 국가정보원 사법경찰관이 경찰서 유치장에 구금되어 있던 피의자에 대하여 의사의 진료를 받게 할 것을 신청한 변호인에게 국가정보원이 추천하는 의사의 참여를 요구한 것은 행형법시행령 제176조의 규정에 근거한 것으로서 적법하고, 이를 가리켜 변호인의 수진권을 침해하는 위법한 처분이라고 할 수는 없다.

3. **제 한**

(1) **법률에 의하지 않는 한 제한 불가** : 변호인과의 접견교통권은 헌법상 기본권에 속하므로 **법원의 결정 또는 수사상의 필요에 의한 제한은 허용되지 않는다.** [법원행시 02, 국가7급 07, 경찰승진 11, 경찰채용 05 1차/13 2차/14 1차] 다만, 헌법상 기본권이라 하더라도 헌법 제37조 제2항의 요건에 해당하는 한 **법률로써 제한할 수는 있다.** [경찰채용 14 1차] 그럼에도 불구하고 **접견신청일이 경과하도록 접견이 이루어지지 아니한 것은 실질적으로 접견불허처분이 있는 것**과 같은 것이다(대법원 1991.3.28, 91모24). [국가7급 07/15, 경찰승진 11/12, 경찰채용 10 1차/12 3차]

🔨 **판례연구** 변호인과의 접견교통권 제한 관련사례

1. 대법원 1991.3.28, 91모24 [경찰채용 12 3차/16 1차]

변호인의 구속 피의자에 대한 접견이 접견신청일이 경과하도록 이루어지지 아니한 사례

변호인의 조력을 받을 권리를 규정하고 있는 헌법 제12조 제4항 전문, 절차상 또는 시기상의 아무런 제약 없이 변호인의 피고인 또는 피의자와의 접견교통권을 보장하고 있는 형사소송법 제34조, 구속 피고인 또는 피의자에 대한 변호인의 접견교통권을 규정한 같은 법 제89조, 제90조, 제91조 등의 규정에 의하면 변호인의 접견교통권은 신체구속을 당한 피고인이나 피의자의 인권보장과 방어준비를 위하여 필수불가결한 권리로서 법령에 의한 제한이 없는 한 수사기관의 처분은 물론 법원의 결정으로도 이를 제한할 수 없다 할 것인바, 위 관계법령의 규정취지에 비추어 볼 때 접견신청일이 경과하도록 접견이 이루어지지 아니한 것은 실질적으로 접견불허가처분이 있는 것과 동일시된다고 할 것이다.

2. 헌법재판소 1992.1.28, 91헌마111

변호인과의 접견교통권과 헌법 제37조 제2항과의 관계

변호인과의 자유로운 접견은 신체구속을 당한 사람에게 보장된 변호인의 조력을 받을 권리의 가장 중요한 내용이어서 국가안전보장, 질서유지, 공공복리 등 어떠한 '명분'으로도 제한될 수 있는 성질의 것이 아니다.

3. 대법원 2003.1.10, 2002다56628

승낙 없는 변호인 접견 사진촬영은 위법 & 변호인이 되려는 의사표시의 방법

변호인이 피의자를 접견할 때 국가정보원 직원이 승낙 없이 사진촬영을 한 것은 접견교통권 침해에 해당한다. (또한) 변호인이 되려는 변호사는 국가정보원에게 변호인이 되려는 의사를 표시함에 있어, 국가정보원이 그 의사를 인식하는 데 적당한 방법을 사용하면 되고, 반드시 문서로서 그 의사를 표시하여야 할 필요는 없다.

4. 대법원 2004.12.9, 2003다50184

교도소장의 금치기간 중에 있는 피징벌자와 변호사와의 접견을 불허한 사례

금치(禁置, 독방에 감금하는 것, 형집행 제108조 제14호)기간 중의 접견허가 여부가 교도소장의 재량행위에 속한다고 하더라도 피징벌자가 금치처분 자체를 다툴 목적으로 소제기 등을 대리할 권한이 있는 변호사와의 접견을 희망한다면 이는 행형법 시행령 제145조 제2항에 규정된 예외적인 접견허가사유인 '처우상 특히 필요하다고 인정하는 때'에 해당하고, 그 외 제반 사정에 비추어 교도소장이 금치기간 중에 있는 피징벌자와 변호사와의 접견을 불허한 조치는 피징벌자의 접견권과 재판청구권을 침해하여 위법하다.

5. 대법원 2007.1.31, 2006모656,2006모657 [국가7급 15/20, 국가9급 23, 경찰승진 14, 경찰채용 23 1차]

피의자의 범죄행위에 변호인이 관련되었다면 그 변호인과의 접견교통을 금지할 수 있는지 여부(소극)

신체구속을 당한 피의자 또는 피고인이 범한 것으로 의심받고 있는 범죄행위에 해당 변호인이 관련되어 있다는 등의 사유에 기하여 그 변호인의 변호활동을 광범위하게 규제하는 변호인의 제척과 같은 제도를 두고 있지 아니한 우리 법제 아래에서는, 변호인의 접견교통의 상대방인 신체구속을 당한 사람이 그 변호인을 자신의 범죄행위에 공범으로 가담시키려고 하였다는 등의 사정만으로 그 변호인의 신체구속을 당한 사람과의 접견교통을 금지하는 것이 정당화될 수는 없다.

6. 대법원 2007.1.31, 2006모656,2006모657 [국가9급 23, 국가9급개론 23]

변호인의 접견교통권 행사의 한계 일탈 여부는 해당 변호인을 기준으로 하여 개별적으로 판단

신체구속을 당한 사람의 변호인이 1명이 아니라 여러 명인 경우 어느 변호인의 접견교통권의 행사가 그 한계를 일탈한 것인지의 여부는 해당 변호인을 기준으로 하여 개별적으로 판단하여야 한다.

7. 헌법재판소 2011.5.26, 2009헌마341

[1] 미결수용자의 변호인 접견권에 대한 제한가능성

헌법재판소가 91헌마111 결정에서 미결수용자와 변호인과의 접견에 대해 어떠한 명분으로도 제한할 수 없다고 한 것은 구속된 자와 변호인 간의 접견이 실제로 이루어지는 경우에 있어서의 '자유로운 접견', 즉 '대화내용에 대하여 비밀이 완전히 보장되고 어떠한 제한, 영향, 압력 또는 부당한 간섭 없이 자유롭게 대화할 수 있는 접견'을 제한할 수 없다는 것이지, 변호인과의 접견 자체에 대해 아무런 제한도 가할 수 없다는 것을 의미하는 것이 아니므로 **미결수용자의 변호인 접견권 역시 국가안전보장·질서유지 또는 공공복리를 위해 필요한 경우에는 법률로써 제한될 수 있음은 당연**하다. [경찰채용 14 1차/15 2차]

[2] 미결수용자 또는 변호인이 원하는 특정한 시점의 접견 불허는 변호인조력권 침해는 아님

변호인의 조력을 받을 권리를 보장하는 목적은 피의자 또는 피고인의 방어권 행사를 보장하기 위한 것이므로, 미결수용자 또는 변호인이 원하는 특정한 시점에 접견이 이루어지지 못하였다 하더라도 그것만으로 곧바로 변호인의 조력을 받을 권리가 침해되었다고 단정할 수는 없는 것이고, 변호인의 조력을 받을 권리가 침해되었다고 하기 위해서는 접견이 불허된 특정한 시점을 전후한 수사 또는 재판의 진행 경과에 비추어 보아, 그 시점에 접견이 불허됨으로써 피의자 또는 피고인의 방어권 행사에 어느 정도는 불이익이 초래되었다고 인정할 수 있어야만 한다. [해경간부 12, 경찰채용 15 2차]

(2) 질서유지를 위한 제한 : 구속장소의 질서유지를 위한 **접견시간의 일반적인 제한이나 흉기 기타 위험한 물건의 수수를 금지하는 것은 가능**하다.

헌법재판소 2011.5.26, 2009헌마341

구속장소의 일반적 질서유지를 위한 제한은 가능하다는 사례

'형의 집행 및 수용자의 처우에 관한 법률'(형집행법) 제41조 제4항에서 "접견의 횟수 · 시간 · 장소 · 방법 및 접견내용의 청취 · 기록 · 녹음 · 녹화 등에 관하여 필요한 사항은 대통령령으로 정한다."라고 대통령령에 위임하면서도 동 제84조 제2항에서 "미결수용자와 변호인 간의 접견은 시간과 횟수를 제한하지 아니한다."라고 규정하고 있는데, 행형법 제84조 제2항에 의해 금지되는 접견시간 제한의 의미는 접견에 관한 일체의 시간적 제한이 금지된다는 것으로 볼 수는 없고, 수용자와 변호인의 접견이 현실적으로 실시되는 경우, 그 접견이 미결수용자와 변호인의 접견인 때에는 미결수용자의 방어권 행사로서의 중요성을 감안하여 **자유롭고 충분한 변호인의 조력을 보장하기 위해 접견 시간을 양적으로 제한하지 못한다는 의미로** 이해하는 것이 타당하므로, 행형법 제41조 제4항의 위임에 따라 수용자의 접견이 이루어지는 일반적인 시간대를 대통령령으로 규정하는 것은 가능하다.

III 변호인 아닌 자와의 접견교통권

1. 주체 및 상대방

(1) 주체 : 헌법상 행복추구권(헌법 제10조)과 무죄추정권(동법 제27조 제4항)에 근거하는 비변호인과의 접견교통권의 주체는 체포 · 구속된 피의자 · 피고인이다(제89조, 제200조의6, 제209조, 제213조의2).

(2) 상대방 : 타인이다(제89조). 변호인이나 변호인이 되려는 자는 제외된다.

2. 내 용

체포 · 구속된 피의자 · 피고인은 법률의 범위 내에서 타인과 접견하고 서류 또는 물건을 수수하며 의사의 진료를 받을 수 있다.

3. 제 한

변호인과의 접견교통권의 제한과는 달리, 비변호인과의 접견교통권의 제한은 **법률**뿐 아니라 **법원 또는 수사기관의 결정**에 의해서도 가능하다.

(1) 근 거

① 법률에 의한 제한 : 비변호인과의 접견교통권은 법률이 정한 범위내에서만 보장되므로, **법률에 의한 제한이 허용**된다. 따라서 행형법 등에 의해 교도소장은 비변호인과의 접견을 금지할 수 있고, 접견에 교도관을 참여하게 할 수 있다.

> 예 형집행법 제41조 내지 제43조, 동법 시행령 제58조

② 법원의 결정에 의한 제한 : 법원은 **도망**하거나 또는 **범죄의 증거를 인멸할 염려**가 있다고 인정할 만한 상당한 이유가 있는 때에는 직권 또는 검사의 청구에 의하여 **결정**으로 구속된 피고인과 비변호인과의 접견교통을 제한할 수 있다(2020.12.8. 우리말 순화 개정법 제91조). 여기서 도망 또는 증거인멸의 염려는 논리적으로 **구속사유에 비하여 보다 엄격하게 해석**해야 하므로, 이를 인정할 만한 상당한 개연성 또는 현저한 사유가 있어야 한다.

③ 수사기관의 결정에 의한 제한 : 학설의 대립은 있으나, 제91조는 피의자 체포 · 구속에도 준용되므로(제200조의6, 제209조) 위 요건이 구비되는 한 **수사기관의 결정에 의해서도 할 수 있다**(cf. 법원의 결정에 의하여야 하므로 입법론적 문제가 있음).[1]

(2) 범 위

① 금지 가능한 것 : 타인과의 접견을 금지할 수 있고, 서류나 그 밖의 물건을 수수하지 못하게 하거나 검열

---

[1] [참고] 검찰사건사무규칙 제27조(피의자접견등금지의 결정) ① 검사가 형사소송법 제200조의6에 따라 준용되는 같은 법 제91조에 따라 피의자와 같은 법 제34조에 규정된 자 외의 자와의 접견 등을 금지하려는 경우에는 별지 제43호서식에 의한 피의자접견등금지결정서에 의한다. 〈개정 2005.8.26, 2008.1.7.〉

또는 압수할 수 있다(2020.12.8. 우리말 순화 개정법 제91조). 여기서 접견금지는 전면적 금지뿐 아니라 특정인을 제외시키는 개별적 금지, 조건부 금지, 기한부 금지도 가능하다.

② 금지 불가한 것 : 의류 · 양식 · 의료품은 수수를 금지하거나 압수할 수 없다(제91조 단서). 인도적 관점에 근거한 규정이다.

(3) 절차 : 피고인에 대한 비변호인과의 접견교통권의 제한은 법원이 **직권**으로 하거나 **검사의 청구에 의하여 법원의 결정**이 있을 것을 요한다(제91조). 피의자에 대한 접견교통권의 제한은 **수사기관의 결정**에 의한다.

Ⅳ 접견교통권의 침해에 대한 구제

1. 항고 · 준항고

(1) 법원의 결정에 대한 구제 : 제403조 제2항에서는 구금 등 강제처분에 관한 결정에 대해서는 법원의 판결 전 소송절차에 관한 결정이라 하더라도 항고할 수 있다고 규정하고 있으며, 접견교통권을 제한하는 법원의 결정은 구금에 대한 결정에 해당하므로 이에 대해서는 **보통항고**가 허용된다(**압구보감**, 제403조 제2항).[1]
[경찰승진 09]

(2) 수사기관의 결정에 대한 구제 : 제417조에서는 검사 또는 사법경찰관의 구금, 압수 또는 압수물의 환부에 관한 처분(강제처분)과 피의자신문 변호인참여권 제한처분에 대한 불복이 있으면 그 직무집행지의 관할법원 또는 검사의 소속 검찰청에 대응한 법원에 그 처분의 취소 또는 변경을 청구할 수 있도록 규정하고 있으며 [법원9급 14, 국가7급 17], 접견교통권을 제한하는 수사기관의 처분은 구금에 대한 처분에 해당하므로 이에 대해서는 **준항고**를 할 수 있다(**압구변**, 제417조). [법원행시 02, 국가9급 11, 경찰승진 09/11/14, 경찰채용 14 1차/16 1차]

2. 증거능력의 부정

(1) 원칙－증거능력 부정 : 접견교통권을 침해하고 있는 중에 수집된 피고인 · 피의자의 자백이나 증거물 등은 위법한 절차에 의하여 수집된 증거로서 증거능력이 없다. 따라서 **검사 작성의 피의자신문조서**가 검사에 의하여 피의자에 대한 **변호인의 접견이 부당하게 제한되고 있는 동안에 작성**된 경우에는 **증거능력이 없다**(대법원 1990.8.24, 90도1285). [교정9급특채 11, 경찰승진 12/14, 경찰채용 12 3차]

🔍 판례연구 변호인과의 접견교통권 침해에 의한 증거수집은 위법하다는 사례

대법원 1990.9.25, 90도1586 [경찰승진 09]
위법한 변호인접견불허기간 중에 작성된 검사 작성의 피의자신문조서는 위법수집증거라는 사례
헌법상 보장된 변호인과의 접견교통권이 위법하게 제한된 상태에서 얻어진 피의자의 자백은 그 증거능력을 부인하는 유죄의 증거에서 실질적이고 완전하게 배제하여야 하는 것인바, 피고인이 구속되어 국가안전기획부에서 조사를 받다가 변호인의 접견신청이 불허되어 이에 대한 준항고를 제기 중에 검찰로 송치되어 검사가 피고인을 신문하여 제1회 피의자신문조서를 작성한 후 준항고절차에서 위 접견불허처분이 취소되어 접견이 허용된 경우에는 검사의 피고인에 대한 위 제1회 피의자신문은 변호인의 접견교통을 금지한 위법상태가 계속된 상황에서 시행된 것으로 보아야 할 것이므로 그 피의자신문조서는 증거능력이 없다.

---

(2) 예외 : ① 검사 작성 피의자신문조서가 **변호인 접견 전 작성되었다 하여 증거능력이 없다고는 할 수 없다**(대법원 1990.9.25, 90도1613). [경찰채용 01 1차] 또한 ② 검사의 **비변호인과의 접견금지결정이 있는 중**에 작성된 피의자신문조서라 하여 그 조서가 **임의성이 없다고는 할 수 없다**(대법원 1984.7.10, 84도846). [국가9급 07, 교정9급특채 10, 경찰간부 12, 경찰승진 10, 경찰채용 04 1차/14 1차]

🔍 판례연구 변호인과의 접견교통권 침해가 아니므로 증거수집은 적법하다는 사례

1. 대법원 1990.9.25, 90도1613 [경찰채용 01 1차]
변호인의 접견 전 작성 피의자신문조서의 증거능력 인정례
변호인접견 전에 작성된 검사의 피고인에 대한 피의자신문조서가 증거능력이 없다고 할 수 없다.

1] [참고] 재판장이나 수명법관의 권한이 아니므로 제416조의 준항고는 불가함.

2. 대법원 1984.7.10, 84도846 [경찰채용 04/14 1차, 경찰간부 12, 경찰승진 10, 국가9급 07, 교정9급특채 10]

비변호인과의 접견금지상태에서 작성된 피의자신문조서의 임의성 유무

검사의 접견금지 결정으로 피고인들의 (비변호인들과의) 접견이 제한된 상황하에서 피의자 신문조서가 작성되었다는 사실만으로 바로 그 조서가 임의성이 없는 것이라고는 볼 수 없다.

3. 상소이유

수소법원에 의한 접견교통권 침해는 피고인의 **방어준비에 중대한 지장을 초래한 경우**에 해당하므로 **상대적 항소이유 · 상고이유**가 된다(제361조의5 제1호, 제383조 제1호 : 판결에 영향을 미친 헌법 · 법률 · 명령 또는 규칙의 위반이 있을 때). 상대적 상소이유이므로, 수사기관에서의 변호인의 접견 등에 관한 처분이 위법한 사실만으로는 그와 같은 위법이 **판결에 영향을 미친 것이 아닌 한 독립한 상소이유가 될 수는 없다**(대법원 1990.6.8, 90도646).[1] [경찰승진 10/14]

☖ **판례연구** 접견교통권 침해와 상소이유

대법원 1990.6.8, 90도646 [경찰승진 10/14]

변호인 접견에 관한 처분이 위법한 것은 상대적 상소이유에 불과하다는 사례

수사기관에서의 변호인의 접견 등에 관한 처분이 위법한 사실만으로는 그와 같은 위법이 판결에 영향을 미친 것이 아닌 한 독립한 상소이유가 될 수는 없다.

---

4. 행정소송

교도소장 · 구치소장 등 행형기관에 의해 접견교통권이 침해된 경우의 구제에 대해서는 형사소송법에 명문의 규정을 두고 있지 않으므로 항고나 준항고가 불가능하다.[2] 따라서 행정심판 · 행정소송(항고소송) · 헌법소원 및 국가배상청구를 통해야 한다. [경찰채용 15 2차]

5. 헌법소원

(1) 원칙 : 법원의 재판에 대해서는 헌법소원이 허용되지 않으며(헌재 제68조 제1항 : 재판소원금지원칙), 구금된 피의자의 변호인과의 접견교통권이 침해되는 경우 법원에 대한 준항고가 허용되므로(제417조) [경찰채용 13 1차], **원칙적으로 헌법소원은 허용되지 아니한다.**

(2) 예외 : 피청구인의 접견거부처분에 대해 법원에 **준항고절차까지 밟아** 이를 취소하는 결정이 있었음에도 피청구인이 결정대로 이행하지 않고 무시한 채 재차 접견거부처분에 이르렀다면 -이제 준항고에 의거하여서는 권리구제의 기대가능성이 없는 경우로 되었다고 할 것이므로- 이와 같은 경우는 오히려 다른 법률에 의한 구제절차가 없는 경우라고 할 것이므로, 이 부분 소원청구는 결국 헌재법 제68조 제1항 단서 소정의 보충성의 원칙의 예외로서 **헌법소원 청구가 허용**된다(헌법재판소 1991.7.8, 89헌마181).

☖ **판례연구** 접견교통권 침해와 헌법소원

헌법재판소 1991.7.8, 89헌마181

보충성의 원리의 예외로서 헌법소원이 허용된다는 사례

[법원의 재판에 대해서는 헌법소원이 허용되지 않으며(헌재 제68조 제1항, 재판소원금지원칙), 구금된 피의자의 변호인과의 접견교통권이 침해되는 경우 법원에 대한 준항고가 허용되므로(법 제417조), [경찰채용 13 1차] 원칙적으로 헌법소원은 허용되지 아니한다. 따라서 이미 법원의 준항고절차 취소된 접견불허처분임에도 불구하고 헌법소원으로 거듭 그 취소를 구하는 청구의 경우는 권리보호의 이익이 없어 부적법한 것이 된다.] (다만) 피청구인(검사)의 접견거부처분에 대해 법원에 준항고절차까지 밟아 이를 취소하는 결정이 있었음에도 피청구인이 이를 무시한 채 재차 접견거부처분에 이르렀다면, 이제 준항고절차에 의거하여서는 권리

---

1) [참고] 객관적 사유만 있으면 항소이유가 되는 것이 절대적 항소이유이고(제361조의5 제2호~제13호, 제15호), 판결에 영향을 미친 경우 항소이유가 되는 것이 상대적 항소이유이다(동조 제1호 · 제14호).

2) [참고] 학설로는 제417조를 준용하여 수소법원에 준항고를 할 수 있다는 견해도 있다. 신동운, 97면; 정웅석 · 백승민, 524면 등.

구제의 기대가능성이 없는 경우로 되었다 할 것이고, 이와 같은 경우에는 오히려 다른 법률에 의한 구제절차가 없는 경우로서 보충성의 원리의 예외에 해당되어 헌법소원 청구가 허용된다.

04 체포·구속적부심사제도

I 의의 및 성질

1. 의 의

수사기관에 의하여 체포·구속된 피의자에 대하여 법원이 그 체포·구속의 적법 여부와 계속의 필요성을 심사하여 체포·구속이 위법·부당한 경우 피의자를 석방시키는 제도를 말한다.[1] [경찰채용 13 2차] 우리 헌법은 "누구든지 체포 또는 구속을 당한 때에는 적부의 심사를 관할 법원에 청구할 권리를 가진다(헌법 제12조 제6항)."라고 하여 이를 헌법상 기본권으로 보장하고 있으므로, 형사소송법에서도 체포되거나 구속된 피의자 또는 그 변호인, 법정대리인, 배우자, 직계친족, 형제자매나 가족, 동거인 또는 고용주는 관할법원에 체포 또는 구속의 적부심사(適否審査)를 청구할 수 있다."고 규정하고 있다(2020.12.8. 우리말 순화 개정법 제214조의2 제1항).

> 정리 체포·구속적부심의 간단한 이해
>
> ① A : 미란다원칙 불고지 → 적부심청구 → 석방결정(if 피의자보석 ← A의 항고)
> ② B : 미란다원칙 고지 → 합의(고소취소) → 적부심청구 → 석방결정
> ③ C : 미란다원칙 고지 → 합의 × → 적부심청구 → 기각결정(if 피의자보석 + 조건 ← 검사항고)

> 정리 구속적부심 절차 개관(48h + 24h)
>
> ① 구속영장청구 → 영장실질심사(수임판사) → 영장발부 → 적부심청구 → 적부심(법원 – 단독 or 합의부/수임판사 × / 수소법원 ×) → 결정
> ② 적부심 : 청구(피의자/변/법배직형/가동고) → 심사(법원 – 단 or 합 : 기일지정 48h → 통지 → 출석 → 심사)
> ③ 결정(24h) : 석방결정 – 항고 ×, 기각결정 – 항고 ×, 피의자보석(직권) – 항고 ○

2. 구별개념

(1) 보석 : 체포·구속적부심사는 수사단계의 체포·구속된 피의자만을 대상으로 하고 구속영장 자체의 효력을 상실시킨다는 점에서, 공소제기 후 구속피고인의 석방 여부를 결정하는 보석(제94조 이하)과는 다르다.

(2) 구속취소 : 체포·구속적부심사는 청구권자의 청구에 의하여 법원의 결정으로 피의자를 석방시키는 제도라는 점에서, 검사 또는 지방법원판사가 직권 또는 청구에 의하여 피의자·피고인을 석방시키는 구속취소와는 다르다.

---

1) [참고] 체포·구속적부심사제도는 비교법적으로는 영미법의 인신보호영장(人身保護令狀, writ of habeas corpus)제도에서 유래하는 것이다. habeas corpus의 기원은 영국의 보통법(common law)에서 유래되므로 1215년 마그나 카르타(Magna Charta) 이전으로 거슬러 올라가며, 1641년과 1679년의 인신보호법(Habeas Corpus Act)으로 확립되었다. 이러한 영국의 인신보호영장제도는 미국으로 계수되어 1776년 미국연방헌법 제1조 제9항 제2호는 "인신보호영장의 특권은 반란 또는 외환에 의하여 공공의 안전이 요구할 때가 아니면 정지되지 아니한다."고 규정되기에 이른다. 이후 1867년 Habeas Corpus Act에 의해서는 주(州)에 의하여 구금된 자에 대하여 연방법원에게 인신보호영장을 인정하게 되고, 이후 그 영역이 확장되어 구속의 헌법위반 여부 문제까지 다루게 되었다. 간단하게 보자면, 인신보호영장의 신청은 피구금자를 포함하여 피구금자를 위하여 누구나 할 수 있고, 법원 또는 법관은 구금자에 대하여 피구금자의 신병을 인도할 것을 명한 영장을 발하며(habeas corpus), 구금자의 답변서와 신병의 인도에 기초하여 심리하고 신청에 이유가 있으면 피구금자의 석방을 명하거나 또는 보석을 허가하게 된다. 이러한 미국의 구속적부심사제도는 미군정법령 176호(1948.3.20.)에 의하여 우리나라에 처음 도입되어 1948년 제헌헌법부터 헌법상 기본권으로 규정됨에 따라 1954년 제정 형사소송법에 수용된 이래, 유신헌법에서 전면 삭제되었다가, 제5공화국 헌법부터 부활되었으나 구속적부심청구 대상이 제한된 상태이었는데, 제6공화국 헌법부터는 모든 범죄를 대상으로 하는 체포·구속적부심사제도로 확대되어 오늘날에 이르고 있다.

표정리 피의자 · 피고인 석방제도

피의자	피고인
① 체포 · 구속적부심 ② 구속취소 ③ 구속집행정지	① 보석(필요적 보석원칙) ② 구속취소 ③ 구속집행정지

Ⅱ 심사의 청구

1. 청구권자

(1) **체포 · 구속된 피의자** : 2007년 개정법에서는 다수설 · 판례(대법원 1997.8.27, 97모21)의 입장에 따라 영장 요건을 삭제함으로써, 체포 · 구속영장에 의하여 체포 · 구속된 피의자뿐만 아니라 **영장에 의하지 않고 체포된 자**에 대해서도 체포 · 구속적부심사청구권을 인정하고 있다. [국가9급 11] 따라서 **긴급체포된 자나 현행범체포된 자**들도 모두 청구권자이다. [법원9급 03/04, 국가9급 13, 경찰승진 11/14, 경찰채용 05 1 · 3차/12 1차/15 3차] 다만, 공소제기 후의 피고인이나 사인에 의하여 불법구금된 자는 청구권이 없다. [국가7급 15, 국가9급 19]

대법원 1997.8.27, 97모21

긴급체포된 피의자에게 체포적부심사청구권이 있다는 사례

헌법 제12조 제6항은 누구든지 체포 또는 구속을 당한 때에는 적부의 심사를 법원에 청구할 권리를 가진다고 규정하고 있고, 형사소송법 제214조의2 제1항은 체포영장 또는 구속영장에 의하여 체포 또는 구속된 피의자 등이 체포 또는 구속의 적부심사를 청구할 수 있다고 규정하고 있는바, 형사소송법의 위 규정이 체포영장에 의하지 아니하고 체포된 피의자의 적부심사청구권을 제한한 취지라고 볼 것은 아니므로 긴급체포 등 체포영장에 의하지 아니하고 체포된 피의자의 경우에도 헌법과 형사소송법의 위 규정에 따라 그 적부심사를 청구할 권리를 가진다(이후 07년 개정법에서 영장 요건이 삭제됨으로써 판례입장이 반영됨).

---

(2) **변호인 등** : 피의자의 변호인, 법정대리인, 배우자, 직계친족, 형제자매뿐 아니라 가족 · 동거인 · 고용주도 청구권이 있다(**피변/법배직형/가동고**, 제214조의2 제1항). [법원9급 12/13, 국가7급 10/15, 경찰간부 13, 해경간부 12, 경찰승진 13, 경찰채용 10 1차/13 2차/14 2차]

  [정리] 피/변/법/배/직/형/가/동/고 : 보석청구권자도 동일 ≠ 변호인선임대리권자(법배직형)

(3) **전격기소된 피고인** : 전격기소(電擊起訴)라 함은 피의자의 체포 · 구속적부심사청구 후 검사가 공소를 제기하거나 법원이 석방결정을 하고 나서 그 결정서 등본이 검찰청에 송달되기 전에 검사가 공소를 제기한 것을 말하는바, 제214조의2 제4항 제2문의 명문의 규정에 의하여, 적부심 청구 후 피의자에 대하여 공소제기(전격기소)가 있는 경우에도 **피의자의 지위에서 발생한 적부심청구인 지위는 계속 유지**된다.[1] [국가7급 10, 경찰채용 12 1차/13 2차] 요컨대 피의자라는 청구인적격은 절차개시요건이지 절차존속요건은 아니다.

헌법재판소 2004.3.25, 2002헌바104 [경찰채용 12 1차/13 2차, 국가7급 10]

구속된 피의자가 적부심사청구권을 행사한 다음 검사가 전격기소를 한 경우의 처리

우리 형사소송법상 구속적부심사의 청구인적격을 피의자 등으로 한정하고 있어서 청구인이 구속적부심사청구권을 행사한 다음 검사가 법원의 결정이 있기 전에 기소하는 경우(이른바 전격기소), 영장에 근거한 구속의 헌법적 정당성에 대하여 법원이 실질적인 판단을 하지 못하고 그 청구를 기각할 수밖에 없다. 그러나 구속된 피의자가 적부심사청구권을 행사한 경우 검사는 그 적부심사절차에서 피구속자와 대립하는 반대 당사자의 지위만을 가지게 됨에도 불구하고 헌법상 독립된 법관으로부터 심사를 받고자 하는 청구인의 '절차적 기회'가 반대 당사자의 '전격기소'라고 하는 일방적 행위에 의하여 제한되어야 할 합리적인 이유가 없고, 검사가 전격기소를 한 이후 청구인에게 '구속취소'라는 후속절차가 보장되어 있다고 하더라도 그에 따르는 적지 않은 시간적, 정신적, 경제적인 부담을 청구인에게 지워야 할 이유도 없으며, 기소이전단계에서 이미 행사된 적부심사청구권의 당부에 대하여 법원으로부터 실질적인 심사를 받을 수 있는 청구인의 절차적 기회를 완전히 박탈하여야 하는 합리적인 근거도 없기 때문에, 입법자는 그 한도 내에서 적부심사청구권의 본질적 내용을 제대로 구현하지 아니하였다고 보아야 한다(따라서 적부심 청구 후 피의자에 대한 검사의 전격기소가 있어도 피의자의 지위에서 발생한 적부심청구인의 지위는 계속 유지됨).

---

1) [참고] 구속된 피의자가 적부심사청구권을 행사한 다음 검사가 **전격기소**를 한 경우, 법원으로부터 구속의 헌법적 정당성에 대하여 실질적 심사를 받고자 하는 청구인의 절차적 기회를 제한하는 결과를 가져오는 구 형사소송법 제214조의2 제1항은 헌법에 합치되지 아니한다(헌법재판소 2004. 3.25, 2002헌바104).

2. 청구사유

체포·구속의 적부(適否)이다. 불법뿐만 아니라 부당(구속 계속의 필요성)도 포함된다.

(1) 불법한 체포·구속 : ① 적법한 체포영장·구속영장 없이 신체구속을 당한 경우(영장주의 위반), ② 재구속 제한(제208조)에 위반한 구속, 영장체포·긴급체포·현행범체포 후 구속영장청구기간 경과 후에 청구하였는데 발부된 영장에 의한 구속, 구속사유가 없음에도 불구하고 발부된 영장에 의한 구속된 경우(요건을 갖추지 못하였음에도 영장이 발부된 경우), ③ 영장발부는 적법하였으나 구속기간의 경과 이후의 구속이 계속된 경우 등이 여기에 속한다.

(2) 부당한 체포·구속 : 영장 발부가 위법하지는 않지만, 적부심사시를 기준으로 판단할 때 체포·구속을 계속할 필요가 없는 경우를 말한다. 예컨대, 피해자에 대한 피해변상, 합의, 고소취소 등의 사정변경이 있는 경우이다.

3 청구방법

(1) 적부심청구권 고지의무 : 피의자를 체포하거나 구속한 검사 또는 사법경찰관은 체포되거나 구속된 **피의자와 심사청구권자 중 피의자가 지정하는 사람**에게 적부심사를 청구할 수 있음을 **알려야 한다**(제214조의2 제2항).

(2) 청구 : 청구권자는 피의사건의 관할법원에 서면으로 적부심사를 청구하여야 한다. 청구서에는 ① 체포 또는 구속된 피의자의 성명, 주민등록번호 등, 주거, ② 체포 또는 구속된 일자, ③ 청구의 취지 및 청구의 이유, ④ 청구인의 성명 및 체포 또는 구속된 피의자와의 관계를 기재하여야 한다(규칙 제102조).

4. 체포·구속적부심사권의 실질적 보장을 위한 서류에 대한 열람

(1) 피의자·변호인 등의 영장등본교부청구권 : 구속영장이 청구되거나 체포·구속된 피의자, 그 변호인, 법정대리인, 배우자, 직계친족, 형제자매나 동거인 또는 고용주는 긴급체포서, 현행범인체포서, 체포영장, 구속영장 또는 그 청구서를 보관하고 있는 검사, 사법경찰관 또는 법원사무관 등에게 그 등본의 교부를 청구할 수 있다(규칙 제101조). [경찰채용 06 2차] 이 경우 변호인은 직원 등 사자(使者)를 통해 수사기관에 체포영장에 대한 등사를 신청할 수 있다(대법원 2012.9.13, 2010다24879).

대법원 2012.9.13, 2010다24879 [경찰채용 06 2차]

피의자·변호인 등의 영장등본교부청구권

형사소송규칙 제101조는 "구속영장이 청구되거나 체포 또는 구속된 피의자, 그 변호인, 법정대리인, 배우자, 직계친족, 형제자매나 동거인 또는 고용주는 긴급체포서, 현행범인체포서, 체포영장, 구속영장 또는 그 청구서를 보관하고 있는 검사, 사법경찰관 또는 법원사무관 등에게 그 등본의 교부를 청구할 수 있다."라고 규정하고 있다. 따라서 변호인은 직원 등 사자(使者)를 통해 수사기관에 체포영장에 대한 등사를 신청할 수 있다.

[보충] 법무법인 소속 변호사 甲의 지시로 법무법인 직원 乙이 구금된 피의자 丙의 변호인선임서를 경찰서에 제시하며 체포영장에 대한 등사신청을 하였으나 담당 경찰관 丁이 '변호사가 직접 와서 신청하라'고 말하면서 등사를 거부하자 甲이 국가배상청구를 한 경우, 丁의 등사 거부행위는 변호인 甲의 체포영장에 대한 열람등사청구권을 침해하는 것으로 위법하므로 국가배상책임을 인정한 사례이다.

---

(2) 변호인의 영장청구서 등 열람·등사신청권 : 체포·구속적부심사를 청구한 피의자의 변호인은 지방법원판사에게 제출된 **구속영장청구서 및 그에 첨부된 고소·고발장, 피의자의 진술을 기재한 서류와 피의자가 제출한 서류**를 열람(조문상은 복사 × [법원9급 17])할 수 있다. [법원9급 17, 국가7급 15, 경찰채용 16 1차] 이 경우 검사는 증거인멸 또는 피의자나 공범 관계에 있는 자가 도망할 염려가 있는 등 수사에 방해가 될 염려가 있는 때에는 지방법원판사에게 **구속영장청구서를 제외한** 서류의 **열람 제한에 관한 의견**을 제출할 수 있고, 지방법원판사는 검사의 의견이 상당하다고 인정하는 때에는 그 전부 또는 일부의 열람을 제한할 수 있다(규칙 제104조의2, 제96조의21 제1항·제2항). 즉, **구속영장청구서의 열람은 반드시 허용**해야 한다. 다만, 문제가 되는 것은 위 형사소송규칙에 의하면 체포·구속적부심을 청구한 변호인에게 구속영장청구서 등 서류에 대한 열람권만 인정하고 있다는 점이다. 이에 대해서는 헌법 제12조 제4항의 변호인의 조력을 받을 권리를 보장하

기 위해서 위 열람권에는 복사권(등사권)도 포함된다고 보아야 한다는 주장(해석론, 예컨대, 신동운, 임동규 등)이 유력하다. 명확한 입법이 필요한 부분으로 생각된다. 헌법재판소는 구속적부심의 피의자의 변호인에게 고소장·피의자신문조서에 대한 열람·등사권이 인정된다고 판시한 바 있다.

헌법재판소 2003.3.27, 2000헌마474 [국가7급 10, 경찰승진 09/11/14]

적부심사건 피의자의 변호인에게 고소장과 피의자신문조서에 대한 열람·등사권을 인정한 사례

구속적부심사건 피의자의 변호인에게는 수사기록 중 고소장과 피의자신문조서의 내용을 알 권리 및 그 서류들을 열람·등사할 권리가 인정되므로, 그 열람 및 등사를 거부한 경찰서장의 정보비공개결정은 변호인의 피구속자를 조력할 권리 및 알 권리를 침해하여 헌법에 위반된다.

보충 다만, 형사소송규칙의 조문에서는 적부심 피의자의 변호인에게 지방법원판사에게 제출된 구속영장청구서 및 그에 첨부된 고소·고발장, 피의자의 진술을 기재한 서류와 피의자가 제출한 서류에 대한 열람권만 규정하고 있다 [경찰채용 16 1차, 국가7급 15, 법원9급 17] (규칙 제104조의2, 제96조의21 제1항·제2항)(실제 복사를 할 수 없다고 출제한 시험은 [법원9급 17]). 이에 학계에서는 위 열람권을 열람·복사권으로 보아야 한다는 주장도 제기된다.

III 법원의 심사

1. 심사법원

체포·구속적부심사 청구사건은 피의자를 수사 중인 검사의 소속 검찰청에 대응하는 **지방법원 합의부 또는 단독판사**가 심사한다.[1] 이때 **체포영장이나 구속영장을 발부한 법관**은 심문·조사·결정에 관여하지 못한다(수임판사 ×). [법원9급 12, 경찰승진 11/13] 다만, 체포영장이나 구속영장을 발부한 법관 외에는 심문·조사·결정을 할 판사가 없는 경우에는 그러하지 아니하다(제214조의2 제12항). [법원행시 03, 법원승진 08/11]

2. 심문기일의 지정과 통지

(1) **심문기일 지정** : 청구를 받은 법원은 **청구서가 접수된 때부터 48시간 이내**에 체포 또는 구속된 피의자를 심문한다(**48+24**, 제214조의2 제4항). [법원9급 11, 국가9급 09/11, 경찰간부 13, 경찰승진 14, 경찰채용 14 2차/15 1차]

(2) **심문기일·장소 통지** : 심문기일을 지정한 법원은 즉시 청구인, 변호인, 검사 및 피의자를 구금하고 있는 관서(경찰서·교도소·구치소)의 장에게 심문기일과 장소를 통지하여야 한다(규칙 제104조 제1항).

3. 심사절차

(1) **출석** : 사건을 수사 중인 검사 또는 사법경찰관은 심문기일까지 수사관계서류와 증거물을 법원에 제출하여야 하고, 피의자를 구금하고 있는 관서의 장은 위 심문기일에 피의자를 출석시켜야 한다. 법원사무관 등은 체포적부심사청구사건의 기록표지에 수사관계서류와 증거물의 접수 및 반환의 시각을 기재하여야 한다(규칙 제104조 제2항).

(2) **심사** : 청구를 받은 법원은 청구서가 접수된 때부터 체포·구속된 피의자를 심문하고 수사관계서류와 증거물을 조사하게 되는데(제214조의2 제4항), 이때 법원은 우선 적부심사청구의 형식적 요건을 심사하고 그 다음 실질적 요건을 심사한다. ① 형식적 요건이 불비되면 간이기각결정을 내리며, ② 형식적 요건이 구비되면 실질적 요건인 청구사유의 존부를 심사하여 후술하는 기각결정, 석방결정, 보증금납입조건부 석방결정을 내린다. 법원은 피의자 심문을 합의부원에게 명할 수 있다(규칙 제105조 제4항).

(3) **국선변호인 및 변호인의 조력** : 피의자에게 변호인이 없는 때에는 제33조의 규정을 준용하여 **법원은 직권으로 국선변호인을 선정하여야 한다**(영적준재즉참재치보복장군, 제214조의2 제10항). [법원9급 18, 법원승진 08, 국가9급 13, 경찰승진 09/11] 피의자는 판사의 심문 도중에도 변호인에게 조력을 구할 수 있다(규칙 동조 제2항).

정리 영장실질심사와 체포·구속적부심의 국선변호인 제도의 차이 : 피의자구속을 위한 영장실질심사에 있어서 심문할 피

---

[1] [참고 – 합의부 or 단독] 실무에서는 체포심사청구사건은 단독판사가 담당하고 있다(보석·구속집행정지 및 적부심 등 사건의 처리에 관한 예규 제21조 제2항). 구속적부심사청구사건은 재정합의결정으로 원칙적으로 합의부에서 담당하되, 구속영장발부판사를 제외하고 합의부를 구성할 수 없으면 단독판사가 담당한다(동예규 동 제1항).

의자에게 변호인이 없는 때에는 지방법원판사는 직권으로 변호인을 선정하여야 한다(제201조의2 제8항). 이 경우 변호인의 선정은 구속영장청구가 기각되어 효력이 소멸한 경우를 제외하고는 제1심까지 효력이 있다(동 제2문). 따라서 구속전피의자심문의 국선변호인이 구속적부심에서도 변호인인 경우가 대부분일 것이다. 이에 비해, 체포·구속적부심의 국선변호인제도에서는 ① 체포영장이 발부된 피의자도 해당되고(이 부분이 실익 有), ② 체포·구속적부심사청구가 기각된 경우에도 변호인 선임의 효력이 유지된다.

(4) 의견진술 : 검사·변호인·청구인은 심문기일에 출석하여 의견을 진술할 수 있다(제214조의2 제9항). 이 경우 검사·변호인·청구인은 법원의 심문이 끝난 후 의견을 진술할 수 있다. 다만, 필요한 경우에는 **심문 도중에도 판사의 허가를 얻어 의견을 진술**할 수 있다(규칙 동조 제1항). [경찰채용 16 1차]

(5) 수사상 비밀보호 : 법원은 심문을 하는 경우 공범의 분리심문이나 그 밖에 수사상의 비밀보호를 위한 적절한 조치를 취하여야 한다(동조 제11항).

(6) 체포·구속적부심문조서 작성 : 심문기일에 피의자를 심문하는 경우에는, 구속전피의자심문조서(영장실질심사)에 준하여 **법원사무관 등은 심문의 요지 등을 조서로 작성하여야** 한다(동조 제14항, 제201조의2 제6항). **체포·구속적부심문조서는 제315조 제3호의 당연히 증거능력 있는 서류**에 해당한다(대법원 2004.1.16, 2003도5693). [경찰채용 14 1차]

대법원 2004.1.16, 2003도5693 [법원9급 11/12, 법원승진 08, 경찰승진 10/11/13, 경찰채용 14 1차]
구속적부심문조서의 증거능력 있음 & 피의자의 자백이 기재된 구속적부심문조서의 증명력을 평가함에 있어 유의할 점
① 구속적부심은 구속된 피의자 또는 그 변호인 등의 청구로 수사기관과는 별개 독립의 기관인 법원에 의하여 행하여지는 것으로서 구속된 피의자에 대하여 피의사실과 구속사유 등을 알려 그에 대한 자유로운 변명의 기회를 주어 구속의 적부를 심사함으로써 피의자의 권리보호에 이바지하는 제도인바, 법원 또는 합의부원, 검사, 변호인, 청구인이 구속된 피의자를 심문하고 그에 대한 피의자의 진술 등을 기재한 구속적부심문조서는 형사소송법 제311조가 규정한 문서에는 해당하지 않는다 할 것이나, 특히 신용할 만한 정황에 의하여 작성된 문서라고 할 것이므로 특별한 사정이 없는 한, 피고인이 증거로 함에 부동의하더라도 형사소송법 제315조 제3호에 의하여 당연히 그 증거능력이 인정된다. [경찰채용 14 1차/22 2차] ② 구속적부심문조서의 증명력은 다른 증거와 마찬가지로 법관의 자유판단에 맡겨져있으나, 피의자는 구속적부심에서의 자백의 의미나 자백이 수사절차나 공판절차에서 가지는 중요성을 제대로 헤아리지 못한 나머지 허위자백을 하고도 자유를 얻으려는 유혹을 받을 수가 있으므로, 법관은 구속적부심문조서의 자백의 기재에 관한 증명력을 평가함에 있어 이러한 점에 각별히 유의를 하여야 한다.

IV 법원의 결정

1. 결정기한

체포·구속적부심사청구에 대한 결정은 체포·구속된 피의자에 대한 심문이 종료된 때로부터 **24시간 이내**에 이를 하여야 한다(48+<u>24</u>, 규칙 제106조). [국가9급 11, 경찰간부 13, 경찰채용 05 1차/14 1차/15 3차]

2. 간이기각결정 및 기각결정

(1) 간이기각결정 : ① **청구권자 아닌 사람**이 청구하거나 ② 동일한 체포영장·구속영장의 발부에 대하여 **재청구**한 때[법원9급 13], 또는 ③ 공범이나 공동피의자의 **순차청구(順次請求)**가 수사방해를 목적으로 하고 있음이 명백한 때[국가7급 10, 경찰승진 11/14]에는 법원은 **심문 없이 결정으로 청구를 기각**할 수 있다(간이기각결정, 2020.12.8. 우리말 순화 개정법 제214조의2 제3항). 이 경우에는 **심문기일을 지정할 필요가 없다.**

> 정리 적부심 : 권/재/순 간이기각, cf. 기피신청 : 지/관/사 간이기각

(2) 기각결정 : 청구가 이유 없다고 인정한 때에는 결정으로 이를 기각한다(동조 제4항).

3. 석방결정

(1) 석방명령 : 법원은 적부심사의 청구가 이유 있다고 인정한 때에는 결정으로 체포되거나 구속된 피의자의 석방을 명하여야 한다(2020.12.8. 우리말 순화 개정법 동 제4항). 석방결정은 석방결정시가 아니라 그 결정서 **등본이 검찰청에 송달된 때** 효력이 발생한다(제42조)(≠ 무죄 등 판결선고). [법원9급 11]

(2) 전격기소 : 심사청구 후 피의자에 대하여 공소제기가 있는 경우(피고인이 되었음)에도 법원은 **체포·구속 적부심사 및 석방결정을 할 수 있다**(동조 제4항 제2문). [변호사 12, 법원9급 08/11, 법원승진 08/11, 국가9급 10/11/13, 경찰채용 05 1·2차/12 1차/13 2차]

4. 보증금납입조건부 피의자 석방결정(피의자보석, 기소 전 보석)

구속적부심사청구를 받은 법원은 구속된 피의자(심사청구 후 공소제기된 사람을 포함한다)에 대하여 피의자의 출석을 보증할 만한 **보증금의 납입을 조건으로 하여 결정으로 석방을 명할 수 있다**(제214조의2 제5항). [법원9급 13, 경찰간부 13, 경찰채용 15 3차]

5. 법원의 결정에 대한 불복

(1) 간이기각결정·기각결정·석방결정 : 항고하지 못한다(동조 제8항). [법원행시 03, 법원9급 11/12/13, 경찰간부 13, 경찰승진 10/11, 경찰채용 13 2차/ 15 1차/16 1차/05 2차/10 1차/14 1차] 이는 구속적부심사절차 자체가 이미 종래의 체포·구속결정에 대한 항고적 성격을 가지고 있음에 기인하는 것이다.

(2) 보증금납입조건부 석방결정 : 항고를 허용하는 **명문의 규정은 없다**. 다만, 판례는 제214조의2 제8항에서는 동조 제3항·제4항의 결정에 대해서만 항고 불가 규정을 두어 동조 제5항의 피의자보석에 대해서는 항고 불가 규정이 없고, 피고인보석에 대해서도 보통항고(제402조)가 허용되므로 이에 준하여 피의자보석에 대해서도 **피의자나 검사가 항고할 수 있다**는 입장이다(대법원 1997.8.27, 97모21).[1] [국가7급 15, 교정9급특채 12, 경찰승진 10/13, 경찰채용 12 1차]

🔨 판례연구 구속적부심의 보증금납입조건부 석방결정에 대한 불복 관련판례

대법원 1997.8.27, 97모21 [경찰채용 04/05/06/10/12/13 1·2차/14 1·2차, 해경간부 12, 경찰승진 09/10/13/22, 교정9급특채 12, 국가7급 15, 법원9급 11, 변호사 12]

체포적부심사절차에서 피의자를 보증금 납입을 조건으로 석방할 수 없음 & 보증금 납입을 조건으로 한 피의자 석방결정에 대하여 항고할 수 있음

① 형사소송법은 수사단계에서의 체포와 구속을 명백히 구별하고 있고 이에 따라 체포와 구속의 적부심사를 규정한 같은 법 제214조의2에서 체포와 구속을 서로 구별되는 개념으로 사용하고 있는바, 같은 조 제4항에 기소 전 보증금 납입을 조건으로 한 석방의 대상자가 '구속된 피의자'라고 명시되어 있고, 같은 법 제214조의3 제2항의 취지를 체포된 피의자에 대하여도 보증금 납입을 조건으로 한 석방이 허용되어야 한다는 근거로 보기는 어렵다 할 것이어서 현행법상 체포된 피의자에 대하여는 보증금 납입을 조건으로 한 석방이 허용되지 않는다. ② 형사소송법 제402조의 규정에 의하면, 법원의 결정에 대하여 불복이 있으면 항고를 할 수 있으나 다만 같은 법에 특별한 규정이 있는 경우에는 예외로 하도록 되어 있는바, 체포 또는 구속적부심사절차에서의 법원의 결정에 대한 항고의 허용 여부에 관하여 같은 법 제214조의2 제7항은 제2항과 제3항의 기각결정 및 석방결정에 대하여 항고하지 못하는 것으로 규정하고 있을 뿐이고 제4항에 의한 석방결정에 대하여 항고하지 못한다는 규정은 없을 뿐만 아니라, 같은 법 제214조의2 제3항의 석방결정은 체포 또는 구속이 불법이거나 이를 계속할 사유가 없는 등 부적법한 경우에 피의자의 석방을 명하는 것임에 비하여, 같은 법 제214조의2 제4항의 석방결정은 구속의 적법을 전제로 하면서 그 단서에서 정한 제한사유가 없는 경우에 한하여 출석을 담보할 만한 보증금의 납입을 조건으로 하여 피의자의 석방을 명하는 것이어서 같은 법 제214조의2 제3항의 석방결정과 제4항의 석방결정은 원래 그 실질적인 취지와 내용을 달리 하는 것이고, 또한 기소 후 보석결정에 대하여 항고가 인정되는 점에 비추어 그 보석결정과 성질 및 내용이 유사한 기소 전 보증금 납입 조건부 석방결정에 대하여도 항고할 수 있도록 하는 것이 균형에 맞는 측면도 있다 할 것이므로, 같은 법 제214조의2 제4항의 석방결정에 대하여는 피의자나 검사가 그 취소의 실익이 있는 한 같은 법 제402조에 의하여 항고할 수 있다. [경찰채용 12 1차, 경찰승진 10/13, 교정9급특채 12, 국가7급 15]

---

6. 체포기간 및 구속기간 제외

법원이 수사관계서류와 증거물을 **접수한 때부터 결정 후 검찰청에 반환된 때까지**의 기간(cf. 영장실질심사와 동일-제201조의2 제7항)은 체포기간(영장체포·긴급체포시 구속영장청구기간) 또는 구속기간에 **산입하지 아니한다**(제214조의2 제13항)(**정영적도감**은 빼자). [국가7급 15, 국가9급 15, 경찰채용 14 1차/16 1차/20 1차] 체포·구속적부심사의 청구로 인하여 수사에 지장을 초래하는 것을 막음과 동시에 전격기소의 폐해를 방지하기 위한 것이다.

---

1) [참고] 다만, 해석론상 피의자보석에 대해서는 항고를 허용하는 명문의 규정이 없다는 점을 지적하면서 입법론상 법원의 기각결정에 대한 항고권이 인정되어야 함을 주장하는 입장으로는 신동운, 276면 이하 참조.

Ⅴ 보증금납입조건부 피의자석방

1. 의 의

(1) 개념 : 체포·구속적부심사과정에서 구속된 피의자가 법원의 결정을 받아 보증금 납입을 조건으로 석방되는 제도이다(피의자보석, 제214조의2 제5항). [법원9급 11, 경찰채용 15 1차]

(2) 보석과의 구별 – 피의자보석과 피고인보석의 주요 차이
   ① 보석청구 : 피의자보석은 구속적부심사청구가 있을 때에만 허용되고, 피고인보석과 달리 별도의 피의자보석청구는 **허용되지 않는다.**
   ② 구속영장 효력 : 피고인보석은 구속영장의 효력이 유지되면서 보증금납입을 조건으로 구속집행을 정지시키는 제도인 데 비하여, 피의자보석은 구속적부심사에 있어서 구속 계속의 필요성이 없을 때 **구속의 효력을 상실**시키는 제도이다.
   ③ 법원의 직권 : 피고인보석은 청구 또는 직권에 의하여 결정하는 데 비해, 피의자보석은 법원의 직권에 의해서만 석방을 명하는 **직권보석**이다. [법원9급 11]
   ④ 임의적 보석 : 피고인보석은 예외사유가 없는 한 반드시 보석을 허가하는 필요적 보석이 원칙인 데 비하여, 피의자보석은 법원의 판단에 따른 **재량보석**이다.
   ⑤ 취소제도 없음 : 피고인보석은 사유가 있으면 직권 또는 검사의 청구에 의해 취소결정을 내릴 수 있는 데 비하여, **피의자보석은 취소제도가 없다.**

2. 절 차

(1) 구속적부심사청구 : 법원이 피의자보석을 하기 위해서는 피의자가 구속적부심사를 청구하여야 한다. **피의자에게는 피의자보석청구권이 인정되지 않는다.** [국가9급 13, 경찰채용 06 1차]

(2) 대 상
   ① 구속된 피의자 : 명문의 규정에 의해 인정된다(제214조의2 제5항).
   ② 체포된 피의자 : 동조 제5항에 규정되어 있지 않아 학설이 대립하나, 판례는 체포된 피의자에 대해서는 **인정하지 않고 있다**(대법원 1997.8.27, 97모21). [변호사 12, 법원9급 11, 교정9급특채 12, 해경간부 12, 경찰승진 09/13, 경찰채용 04 1차/05 1차/06 1차/10 1차/12 1차/13 1·2차/14 1·2차]
   ③ 전격기소된 피고인 : 구속적부심사청구 시 피의자이었다면 피의자보석의 대상에서 제외되지 않는다.

(3) 석방결정
   ① 석방명령 : 법원은 구속된 피의자에 대하여 피의자의 출석을 보증할 만한 보증금의 납입을 조건으로 하여 결정으로 석방을 명할 수 있다(제214조의2 제5항). [법원9급 13]
   ② 보증금의 결정
      (가) 피고인보석규정 준용 : 피의자보석의 보증금 결정에 있어서는 피고인보석에 관한 제99조를 준용한다(제214조의2 제7항).
      (나) 고려사항 : 보증금을 정함에 있어서는 ㉠ 범죄의 성질 및 죄상, ㉡ 증거의 증명력, ㉢ 피고인의 전과·성격·환경 및 자산, ㉣ 피해자에 대한 배상 등 범행 후의 정황에 관련된 사항을 고려하여야 한다(제214조의2 제7항, 제99조 제1항).
      (다) 제한 : 피의자의 자금능력 또는 자산 정도로는 **이행할 수 없는 보증금을 정할 수 없다**(제214조의2 제7항, 제99조 제2항).
   ③ 보석조건 부가 : 석방결정을 하는 경우에 주거의 제한, 법원 또는 검사가 지정하는 일시·장소에 출석할 의무, 그 밖의 적당한 조건을 부가할 수 있다(2020.12.8. 우리말 순화 개정법 제214조의2 제6항).
   ④ 피의자보석 제외사유 : 범죄의 증거를 인멸할 염려가 있다고 믿을 만한 충분한 이유가 있는 때 또는 피해자, 당해 사건의 재판에 필요한 사실을 알고 있다고 인정되는 사람 또는 그 친족의 생명·신체나 재산에 해를 가하거나 가할 염려가 있다고 믿을 만한 충분한 이유가 있는 때에는 석방할 수 없다

(2020.12.8. 우리말 순화 개정법 동조 제5항 단서).

> 정리 피의자보석 제외사유 : 증/해/염, cf. 피고인보석 제외사유 : 장10/누상/증/도/주/해(제95조)

(4) 보석집행절차

① 피고인보석규정 준용 : 피의자보석 집행절차도 피고인보석 집행절차(제100조)를 준용한다(제214조의2 제7항).

② 보증금 납입 : 보증금을 납입한 후가 아니면 피의자보석결정을 집행하지 못한다(제214조의2 제7항, 제100조 제1항 전단). 보증금 납입만 필수적 조건으로 한 것은 피고인보석과 다른 점이다. 다만, 법원은 유가증권 또는 피의자 외의 자가 제출한 보증서로써 보증금에 갈음함을 허가할 수 있다(제214조의2 제7항, 제100조 제3항). 이 보증서에는 보증금액을 언제든지 납입할 것을 기재하여야 한다(제100조 제4항).

③ 제3자 납입 : 법원은 구속적부심청구자 이외의 자에게 보증금 납입을 허가할 수 있다(제214조의2 제7항, 제100조 제2항). [법원9급 13]

(5) 보증금의 몰수

① 임의적 몰수(재구속시) : 법원은 피의자보석에 의해 석방된 자를 ㉠ 재구속 제한의 예외사유(제214조의3 제2항 : 적보/도/염/출/조, 아래 Ⅵ. 2)에 해당하여 **재차 구속**하거나 ㉡ 공소가 제기된 후 **법원이 동일한 범죄사실에 관하여 재차 구속**할 때에는, 직권 또는 검사의 청구에 의하여 결정으로 **보증금의 전부 또는 일부를 몰수할 수 있다**(제214조의4 제1항). 즉, 재구속시에는 임의적 몰수에 해당한다.

② 필요적 몰수(형선고판결확정 후 불출석·도망시) : 법원은 피의자보석에 따라 석방된 자가 **동일한 범죄사실에 관하여 형의 선고를 받고 그 판결이 확정된 후, 집행하기 위한 소환을 받고 정당한 이유 없이 출석하지 아니하거나 도망한 때**에는 직권 또는 검사의 청구에 의하여 결정으로 보증금의 전부 또는 일부를 **몰수하여야 한다**(동조 제2항). 즉, 형선고판결확정 후 집행절차에서 도주한 경우에는 필요적 몰수에 해당한다.

Ⅵ 재체포 · 재구속의 제한

1. 체포 · 구속적부심사결정에 의하여 석방된 피의자

도망하거나 범죄의 증거를 인멸하는 경우를 제외하고는 동일한 범죄사실에 관하여 재차 체포 또는 구속하지 못한다(가장 까다로움, 2020.12.8. 우리말 순화 개정법 제214조의3 제1항). 따라서 단지 죄증을 인멸할 염려가 있다거나 다른 중요한 증거를 발견하였다고 하여 재체포 · 재구속할 수 없다. [국가7급 15, 국가9급 13, 교정9급특채 12, 경찰승진 08/10/13, 경찰채용 07 1차/10 1차/14 1 · 2차/15 3차/16 1차]

2. 피의자보석에 따라 석방된 피의자

① **도망**한 때, ② **도망하거나 죄증을 인멸할 염려**가 있다고 믿을 만한 충분한 이유가 있는 때, ③ 출석요구를 받고 정당한 이유 없이 **출석하지 아니한** 때, ④ 주거의 제한 기타 **법원이 정한 조건을 위반**한 때 중 어느 하나에 해당하는 경우를 제외하고는 동일한 범죄사실에 관하여 재차 체포 또는 구속하지 못한다(동조 제2항). [경찰승진 09] 따라서 다른 중요한 증거를 발견하였다거나 [경찰승진 08, 경찰채용 04 3차/05 2차] 피고인보석취소사유에 해당하는 보복 또는 보복의 우려가 있다고 하여도 피의자보석으로 석방된 자를 재체포 · 재구속할 수 없다.

> **표정리** 재체포 제한과 재구속 제한

재체포 제한	① 긴급체포 → 석방 → 긴급체포×/영장체포 ○	① 긴−석−긴 ×/영 ○
	② 체포 → 적부심 석방 → 도망/증거인멸× → 재체포 ×	② 적−도증
재구속 제한	① 피의자구속 → 석방 → 다른 중요증거 × → 재구속 × (cf. 법원 구속 : 제한 ×)	① 다중−구/기/재
	② 구속 → 적부심 석방 → 도망/증거인멸 × → 재구속 ×	② 적−도증
	③ 구속 → 적부심 피의자보석 → 도망/염려/출석/조건 × → 재구속 ×	③ 적보−도염출조

05 | 보 석

Ⅰ 의 의

1. 개 념

보석(保釋, bail)이란 보증금의 납부 기타 일정한 조건을 붙여 구속의 집행을 정지하고 구속된 피고인을 석방하는 제도를 말한다. 보석제도는 신체의 자유를 최대한 보장하려는 헌법정신에 기한 불구속재판의 원칙과 영장주의와 공정한 재판을 받을 권리와 무죄추정의 원칙의 구현을 위하여, 형사소송법에서 1인 또는 3인의 법관으로 구성되는 법원의 판단으로 보증금의 납부 등의 조건하에 피고인의 구속을 풀어주어 피고인으로 하여금 자유로운 신체활동을 통한 가정적 · 사회적 기타 모든 면의 행복추구를 하면서 충분한 재판준비를 할 수 있도록 하는 제도이다(헌법재판소 1993.12.23, 93헌가2). 더불어 미결구금에 소요되는 경비를 절약함과 동시에 잡거구금의 폐해를 방지하는 제도적 가치도 존재한다.

2. 구별개념

(1) 구속집행정지 : 보석도 광의의 구속집행정지에 속하나, 피고인에게 신청권이 있고 그 기간도 비교적 길다는 점에서 구속집행정지와는 구별된다.

(2) 구속취소 : 보석은 구속영장의 효력이 유지되면서 그 집행만 정지된다는 점에서 구속영장이 실효되는 구속취소와는 구별된다.

Ⅱ 종 류

보석에는 피고인 등의 청구에 의한 보석인 청구보석과 법원의 직권에 의한 보석인 직권보석이 있고, 보석청구가 있으면 법원이 반드시 보석을 허가하여야 하는 필요적 보석(또는 권리보석, 청구보석에 대해서만 인정)과 보석의 허가 여부가 법원의 재량에 속하는 임의적 보석(또는 재량보석, 청구보석 · 직권보석에 모두 인정)이 있다. 보석은 청구보석-필요적 보석을 원칙으로 한다. 다만, 필요적 보석의 제외사유는 상당히 넓은 편이다. 물론 보석제외사유가 있다고 하여 보석이 금지되는 것은 아니므로 임의적 보석은 가능하다.

1. 필요적 보석-청구보석 : 원칙

피고인 측의 보석청구가 있는 때에는 다음의 **제외사유가 없는 한 법원은 보석을 허가하여야 한다**(장10/누상/증/도/주/해, 제95조). [법원행시 03, 국가9급 10, 경찰승진 09/12]

(1) 피고인이 사형, 무기 또는 **장기 10년**이 넘는 징역 또는 금고에 해당하는 죄를 범한 때 [경찰승진 11, 경찰채용 15 1차] : 법정형을 기준으로 중대범죄인 경우이다. 다만, 장기 10년 이상의 징역 · 금고에 해당하는 죄는 실질적으로는 대단히 광범위하다.

(2) 피고인이 **누범**에 해당하거나 **상습범**인 죄를 범한 때 : 재범의 위험성 내지 실형선고의 개연성으로 인한 도망의 염려가 있어 보석제외사유로 규정된 것이다.[1] 다만, 집행유예기간 중에 범한 죄에 대한 공판 중 보석을 청구한 피고인에 대하여도 보석을 허가할 수 있다. [법원9급 09/10, 경찰승진 12, 전의경 09, 여경기동 07] 집행유예 결격자[2]라 하여도 이를 누범 · 상습범으로 단정할 수는 없기 때문이다. [경찰채용 14 2차]

---

1) [참고] 누범(累犯)이란 금고 이상의 형을 받아 그 집행이 종료 · 면제된 후 3년 이내에 다시 금고 이상에 해당하는 죄를 범하였으므로 그 죄의 형의 장기의 2배까지 가중하여 처단형을 형성하는 형벌가중사유를 말하고(형법 제35조 제1항 · 제2항), 상습범(常習犯)이란 동일한 종류의 죄를 범하는 습벽으로 인하여 그 형을 가중하는 규정을 둔 포괄일죄의 한 유형을 말한다(상습범의 의미에 관하여는 구성요건요소로 둔 경우에 한정된다는 입장과 널리 공소사실인 범죄가 상습적으로 행하여진 경우를 포함한다는 입장이 대립함). 상습범을 필요적 보석 제외사유로 규정한 이유에 대해서는 ① 재범의 위험성을 방지하기 위함이라는 입장(신동운, 차/최)과 ② 실형선고의 높은 가능성으로 인하여 도망의 우려가 현저하기 때문이라는 입장(다수설)이 대립한다.

2) [참고] 형법 제62조 제1항 본문에 의하면, 3년 이하의 징역 또는 금고의 형을 선고할 경우(2018.1.7.부터는 500만원 이하의 벌금도 포함), 형법 제51조의 사항을 참작하여 정상에 참작할 만한 사유가 있는 때에는 1년 이상 5년 이하 그 형의 집행을 유예할 수 있다. 다만 동조 단서에 의하여, 금고 이상의 형을 선고한 판결이 확정된 때부터 그 집행을 종료하거나 면제된 후 3년까지의 기간에 범한 죄에 대하여 형을 선고하는 경우에는 집행유예를 선고할 수 없다. 이것이 집행유예 결격사유이다.

> **★ 판례연구** 보석제외사유의 의미
>
> **대법원 1990.4.18, 90모22** [법원9급 09/10, 경찰승진 12, 전의경 09, 여경기동 07]
> 집행유예기간 중에 있는 피고인에 대한 보석은 가능하다는 사례
> 피고인이 집행유예의 기간 중에 있어 집행유예의 결격자라고 하여 보석을 허가할 수 없는 것은 아니고 법 제95조는 그 제1호 내지
> 제5호 이외의 경우에는 필요적으로 보석을 허가하여야 한다는 것이지 여기에 해당하는 경우에는 보석을 허가하지 아니할 것을
> 규정한 것이 아니므로 집행유예기간 중에 있는 피고인의 보석을 허가한 것이 누범과 상습범에 대하여는 보석을 허가하지 아니할 수
> 있다는 법 제95조 제2호의 취지에 위배되어 위법이라고 할 수 없다.

(3) 피고인이 **죄증을 인멸하거나 인멸할 염려**가 있다고 믿을 만한 충분한 이유가 있는 때[1] : 죄증을 인멸할 염려라 함은 구속사유의 하나인 증거인멸의 염려(제70조 제2호)와 같은 의미이다. 다만, 보석제외사유인 본호에서는 단순한 죄증인멸의 염려로는 불충분하고, 실제 죄증을 인멸하거나 또는 죄증인멸의 염려가 있다고 믿을 만한 충분한 이유가 있는 때로 제한하여, 보석허가의 범위를 확보하고자 하고 있다.

(4) 피고인이 **도망하거나 도망할 염려**가 있다고 믿을 만한 충분한 이유가 있는 때[2] : 역시 단순한 도망할 염려로는 불충분하고, 실제 도망하거나 또는 도망할 염려가 있다고 믿을 만한 충분한 이유가 있는 때로 제한하여야만 보석제도의 취지에 부합한다.

(5) 피고인의 **주거가 분명하지 아니한 때**[3] : 법원이 피고인의 주거를 알 수 없는 주거불명(住居不明)의 경우를 말한다. 따라서 피고인이 진술거부권을 행사하고 있어도 법원이 피고인의 주거를 알고 있는 경우는 여기에 해당하지 아니한다.

(6) 피고인이 피해자, 당해 사건의 재판에 필요한 사실을 알고 있다고 인정되는 자 또는 그 친족의 생명·신체나 재산에 **해를 가하거나 가할 염려**가 있다고 믿을 만한 충분한 이유가 있는 때 : 피해자와 증인 보호를 위한 제외사유이다(1995년 개정법에서 추가). 다만, 이 역시 구속사유시 고려사항(제70조 제2항)과 일정 부분 중복되므로, 단순한 피해자·증인 등에 대한 위해 염려로는 불충분하고, 실제 해를 가하거나 가할 염려가 있다고 믿을 만한 충분한 이유가 있는 때로 제한하여야 한다.

> 정리 장10/누상/증/도/주/해. ∴ 보석해야 하는 건 아니야.

2. 임의적 보석 - 직권보석 · 청구보석 - 재량보석

법원은 보석제외사유에 해당함에도 불구하고 상당한 이유(**예** 병보석)가 있는 때에는 **직권** 또는 피고인 등의 **청구**에 의하여 결정으로 보석을 허가할 수 있다(제96조). [법원9급 09/10] 즉, 보석청구가 없어도 임의적 보석은 가능하다. 또한 임의적 보석의 대상에는 제한이 없어 구속된 피고인이라면 설사 중대범죄를 범한 자라 하더라도 보석대상이 된다.

Ⅲ 보석결정절차

> [보석절차] 청구 → 심리(기일지정 - 통지 - 출석 - 심문) → 결정
> ① 청구 : 피고인/법배직형/가동고
> ② 심리 : 수소법원/지체 없이 기일지정/검사의견 - 지체 없이, 구속력 ×
> ③ 결정 : 7일 이내, 허가결정 - 즉시항고 ×/항고 ○, 기각결정 - 항고 ○
> ④ (이후 보석취소결정 - 항고○, 몰취×보증금환부 - 7일 내)
> 정리 보석 : 지없 - 지없 - 7일 - 항·항·항 - 7일

---

1) [참고] 증거인멸의 위험은 다른 조건에 의하여 방지될 수 있다는 점에서 이를 필요적 보석의 제외사유로 규정한 것은 타당하다고 할 수 없다는 입법론적 비판(강구진, 이/조, 차/최)도 있다.

2) [참고] 보석은 도망할 염려가 있음에도 일정한 조건에 의해 출석을 담보하고 피고인을 석방하는 제도인 만큼, 도망할 염려를 보석제외사유로 규정한 것에 대해서는 비판론이 다수 학설이다.

3) [참고] 독자적 구속사유에도 해당하지 않는 주거불명이 필요적 보석제외사유로 규정된 것은 타당하지 않다는 입법론적 비판(**예** 이/조)도 있다.

1. 보석의 청구

(1) 청구권자 : **피고인, 피고인의 변호인, 법정대리인, 배우자, 직계친족, 형제자매, 가족, 동거인 또는 고용주**이다(**피변법배직형가동고**, 2007년 개정 제94조). [법원9급 09, 국가7급 12, 경찰승진 12/14] 피고인은 구속집행 중이든 구속집행정지 중이든 가리지 아니한다. 보석에서는 피의자는 청구권자가 아니다. [국가7급 14] 피고인 이외의 자의 청구권은 독립대리권이다.

> 정리 피/변/법/배/직/형/가/동/고 : 2007년 개정법에서 적부심청구권자와 동일하게 가동고 추가

(2) 청구방법 : 보석청구는 서면에 의해야 한다(규칙 제53조 제1항). **심급을 불문**하므로 **상소기간 중**에도 할 수 있다(소송기록 있는 법원이 결정 : 제105조, 규칙 제57조 제1항). [여경기동 07] 예컨대, 상소 중인 사건의 소송기록이 원심법원에 있는 때에는 보석결정은 원심법원이 하게 된다. [법원9급 17, 경찰승진 10] 청구는 보석허가결정이 있기 전까지는 철회할 수 있다.

2. 법원의 심리

(1) 심문기일 지정·통지 및 출석

① 기일지정과 그 예외 : ㉠ 보석의 청구를 받은 법원은 **지체 없이 심문기일을 정하여** 구속된 피고인을 심문하여야 한다(규칙 제54조의2 제1항)(**지없이지7항항항7**). [경찰승진 10, 경찰채용 08 1차] ㉡ 다만, ⓐ 보석청구권자 이외의 사람이 보석을 청구한 때, ⓑ 동일한 피고인에 대하여 중복하여 보석을 청구하거나 재청구한 때, ⓒ 공판준비 또는 공판기일에 피고인에게 그 이익되는 사실을 진술할 기회를 준 때, ⓓ 이미 제출한 자료만으로 보석을 허가하거나 불허가할 것이 명백한 때 중 어느 하나에 해당하는 때에는 심문 없이 결정할 수 있다(동항 단서).

② 통지 : 심문기일을 정한 법원은 즉시 검사, 변호인, 보석청구인 및 피고인을 구금하고 있는 관서의 장에게 심문기일과 장소를 통지하여야 한다(동조 제2항).

③ 출석 : 피고인을 구금하고 있는 관서의 장은 위 심문기일에 피고인을 출석시켜야 한다(동항).

(2) 검사의 의견의 필요적 청취와 구속력

① 검사의 의견 : **재판장**(법원 ×, 합의부는 법관 3인 명의 ×)은 보석에 관한 결정을 함에는 **검사의 의견을 물어야 한다**(검사의견필청 : **집보구간개**, 제97조 제1항)(**급속 예외 ×**). [법원9급 11, 법원승진 08] 재판장의 의견요청이 있는 때에는 **검사는 지체 없이**(3일 내 × [전의경 09]) **의견을 표명**하여야 한다(2007년 신설, 동조 제3항). 검사는 특별한 사정이 없는 한 의견요청을 받은 날의 다음 날까지 의견을 제출해야 한다(2007년 규칙 제54조 제1항).[1]

> 주의 종래의 규정에서는 검사가 3일 이내에 의견을 표명하지 아니한 때에는 보석허가에 대하여 동의한 것으로 간주한다고 하고 있었다(구법 제97조 제1항 단서). 이에 3일 동안 보석결정이 보류되는 현상이 실무에서 나타나, 개정법에서는 "지체 없이" 하도록 한 것이다.

> 주의 현행법에서는 보석에 사용되는 의견요청서에 관하여 의견을 묻는 주체를 재판장 단독으로 할 수 있도록 규정하여, 재판장 단독으로 검사의 의견을 물을 수 있게 하였다(제97조 제1항).

> 정리 ㉠ 보석 : 검사의견 必 물을 것(보석에는 예외 없음), ㉡ 구속집행정지 : 급속 외에는 검사의견 물을 것, ㉢ 구속취소 : 검사 청구 or 급속 외에는 검사의견 물을 것.

> 정리 검사의견의 필요적 청취제도 : 구속집행정지/보석/구속취소/간이공판절차취소/증거개시

---

1) [참고] ① 2007년 개정 전 구법은 검사에게 의견을 구하는 주체가 규정되어 있지 아니하여 합의부의 경우 3명의 법관 명의로 의견요청서를 검사에게 송부하여 왔으나, 의견요청 여부에 대한 판단은 절차 진행을 담당하는 재판장 단독으로 하더라도 아무런 문제가 없으므로, 2007년 개정법 제97조 제1항에서 "재판장은 보석에 관한 결정을 하기 전에 검사의 의견을 물어야 한다."라고 규정하였다. 이로써 합의부의 경우 재판장 명의로 검사에게 보석에 관한 의견을 물을 수 있게 되었다. 또한 ② 구법 제97조 제1항 단서는 "검사가 3일 이내에 의견을 표명하지 아니한 때에는 보석허가에 대하여 동의한 것으로 간주한다."라고 규정되어 있었고, 이는 검사의 의견표명을 촉구하는 데 그 입법취지가 있었음에도 불구하고 재판실무상 위 규정으로 인하여 3일 동안 보석결정을 보류하는 경향이 나타나는 등 문제가 있어, 2007년 개정법 제97조는 동의간주 규정을 삭제하는 대신 제3항에서 검사가 지체 없이 의견을 표명할 의무가 있음을 명시하였다. 구속취소, 보석, 구속집행정지 결정을 하기 전에 검사에게 의견을 묻도록 의무화하고 구속취소와 구속집행정지 결정을 긴급히 하여야 할 때는 그 예외를 인정하고 있었다. 그러나 이는 법원의 직권에 의한 보석 등에도 의견을 묻는 절차가 의무화되어 있어 법원의 심증이 사전에 외부에 알려지게 되는 문제점이 있었고, 검사의 의견을 기다리는 과정에서 신속한 보석결정이 이루어지지 않는다는 지적이 있어 왔다. 이러한 문제점을 해결하기 위하여 보석절차에서는 검사의 의견을 듣도록 하되, 검사는 지체 없이 의견 표명을 하도록 하였다(제97조 제3항). 법원개정법해설, 11면.

② 검사의견의 구속력 : 검사의 의견은 법원에 대한 **구속력이 없다.** 따라서 법원이 검사의 의견을 듣지 아니한 채 보석에 관한 결정을 하였다 하더라도 ―그 결정이 적정한 이상― 절차상 하자만을 들어 그 결정을 취소할 수는 없다(대법원 1997.11.27, 97모88). [법원9급 09/17, 국가7급 12/21, 경찰채용 14 2차]

★ **판례연구** 검사의 의견청취절차의 의미

대법원 1997.11.27, 97모88
검사의 의견은 법원에 대하여 구속력이 없음 : 검사의 의견청취절차를 거치지 아니한 보석허가결정의 효력
검사의 의견청취의 절차는 보석에 관한 결정의 본질적 부분이 되는 것은 아니므로, 설사 법원이 검사의 의견을 듣지 아니한 채 보석에 관한 결정을 하였다고 하더라도 그 결정이 적정한 이상, 절차상의 하자만을 들어 그 결정을 취소할 수는 없다.

---

(3) 피고인심문 : 법원이 구속된 피고인을 심문함에 있어서, 검사·변호인·보석청구인은 심문기일에 출석하여 의견을 진술할 수 있으며(규칙 제54조의2 제4항), 피고인·변호인·보석청구인은 피고인에게 유리한 자료를 제출할 수 있다(동조 제5항). 법원은 합의부원에게 피고인심문을 명할 수 있다(동조 제7항).

3. 법원의 결정

(1) 결정기한 : 법원은 특별한 사정이 없는 한 보석을 청구받은 날로부터 **7일 이내**에 보석의 허부를 결정해야 한다(규칙 제55조)(**지없지없7항항7**). [법원9급 17, 국가9급 15]

(2) 청구기각결정 : 보석청구가 부적법하거나 이유 없는 때에는 결정으로 보석청구를 기각하여야 한다. 이에 대하여 보석청구권자는 **보통항고**를 할 수 있다(제403조 제2항). [국가9급 10] 즉시항고는 할 수 없다. [법원행시 03]

(3) 보석허가결정 : 보석청구가 이유 있는 때에는 하나 이상의 보석조건을 부과하여 보석허가의 결정을 하여야 한다. 보석조건은 불구속재판의 원칙을 실현함과 동시에 피고인의 출석을 담보할 수 있기 위하여, 2007년 개정법에서는 종래의 보증금 납입이라는 필요적 조건에서 벗어나 비금전적 조건을 추가하는 등 대폭 다양화되었다.[1] 이에 법원은 보석을 허가함에 있어 구속사유를 대체하기 위하여 필요한 범위 내에서 법 제98조 각 호의 다양한 석방조건을 적극적으로 활용하여야 한다(보석등예규 제9조).

① 보석조건의 결정 : 법원은 보석을 허가하는 경우에는 필요하고 상당한 범위 안에서 다음 각 호의 조건 중 하나 이상의 조건을 정하여야 한다(2020.12.8. 우리말 순화 개정법 제98조, 1·2·5·7·8호는 선이행, 3·4·6·9는 후이행)(아래 가나다… 순서대로 1호부터 9호까지임).

(가) 법원이 지정하는 일시·장소에 출석하고 증거를 인멸하지 아니하겠다는 서약서를 제출할 것 ―본인의 **서약서** 제출, 선이행― : 가장 간편하게 이행할 수 있는 조건이면서도 다른 보석조건에 비하여 출석담보력이 약하다고 할 수 있는 조건이다. 실무상 서약서 제출 조건만으로 보석을 허가하는 경우를 그리 많지 않을 것이므로(법원개정법해설, 15면), 다른 조건과 결합되는 경우가 많다.

(나) 법원이 정하는 보증금에 해당하는 금액을 납입할 것을 약속하는 약정서를 제출할 것 ―본인의 보증금 **약정서**의 제출, 선이행― : 현실적으로 보증금을 납입할 필요는 없으나 피고인이 정당한 이유 없이 재판기일에 출석하지 아니하는 경우 법원이 보석조건을 변경하여 동 제8호의 보증금납입조건에

---

1) [참고] 2007년 개정 전 구법상 보석제도는 보증금의 납입을 조건으로 피고인을 석방하는 제도인 반면, 구속집행정지는 보증금의 납입을 전제로 하지 않고 주거제한 또는 피고인을 적당한 자에게 위탁하는 조건하에서 피고인을 석방하는 제도이었다. 그런데 두 제도는 구속영장의 효력이 상실되지는 않지만 일정한 조건을 부과하여 피고인을 석방하는 점에서 유사하고, 그 조건이 보증금 또는 주거제한 등이라는 점에서 차이가 있을 뿐이다. 그러나 실무상, 보석은 원칙적인 석방제도로 운영되고, 구속집행정지는 피고인의 질병이나 관혼상제 등을 위하여 일시적으로 기간을 정하여 석방하였다가 다시 구속영장을 집행하는 특수한 형태의 석방제도로 운영되어 왔다. 2007년 개정시에 이를 통합하려는 시도가 있었지만 개정법에 반영되지는 못하였고, 대신 보석조건을 다양화하고 확대하는 방향이 개정이 이루어지게 된 것이다. 종래 구법상 보석허가결정에는 보증금 납입을 본래적인 조건으로 부과하고(구법상에서는 보석허가결정시 반드시 보증금을 정하였음, 구법 제98조) 이에 덧붙여 주거제한이나 그 밖에 적당한 조건을 추가로 정하고 있었다. 그러나 이는 보증금을 납부할 자력이 없는 사람에는 보석을 통한 석방기회가 부여되기 어렵고, 이를 시정하기 위하여 보증금의 액수를 낮추거나 보석보험증권의 제출을 허가할 경우 출석담보 기능이 현저히 떨어져 석방제도로서의 역할을 제대로 하지 못한다는 지적이 있어 왔다. 이에 2007년 개정법은 보석조건을 다양화함으로써 비금전적 보석조건을 가능하게 하여 무자력자에게도 석방기회를 넓혀 주어 불구속 원칙의 확대와 실질적 평등원칙을 실현할 수 있게 하고, 개별 사안의 특성과 피고인이 처해 있는 구체적 사정에 가장 적합한 보석조건을 정할 수 있도록 한 것이다. 법원개정법해설, 14~15면에서 발췌한 것이다.

따라 정하는 보증금을 납부하겠다는 의사를 표시하는 서면을 제출하는 보석조건이다.

(다) 법원이 지정하는 장소로 주거를 제한하고 주거를 변경할 필요가 있는 경우에는 법원의 허가를 받는 등 도주를 방지하기 위하여 행하는 조치를 받아들일 것 **-주거제한 등 도주방지조치**의 수인, 후이행- : 구법상 보석을 함에 있어 보증금납입조건에 추가로 부과되는 조건 중 가장 대표적인 것이었으며, 2007년 개정 이후 현재에도 다른 보석조건과 함께 널리 부과될 것으로 보이는 조건이다(ibid.).

(라) 피해자, 당해 사건의 재판에 필요한 사실을 알고 있다고 인정되는 사람 또는 그 친족의 생명·신체·재산에 해를 가하는 행위를 하지 아니하고 주거·직장 등 그 주변에 접근하지 아니할 것 -피해자·증인 등에 대한 **접근·위해금지**, 후이행- : 피해자·증인 또는 그 가족에 대한 접근이나 위해를 가해서는 안 된다는 부작위의무를 부담시키는 조건이다. 특히 성폭력, 가정폭력 관련 피고인 등과 같이 피해자나 그 가족에게 위해를 가할 우려가 있는 피고인이나, 피해자와의 관계 등에 비추어 증거인멸의 우려가 있는 피고인에게 유효하게 부과할 수 있는 조건이다(전게서, 15~16면).

(마) 피고인 아닌 자가 작성한 출석보증서를 제출할 것 **-제3자 출석보증서**, 선이행- : 제3자가 작성한 출석보증서를 제출하는 보석조건이다. 구법 시행 당시 수사절차에서 체포·구속된 피의자를 석방하면서 그 부모 등 신원보증인을 세우는 실무를 제도화하여, 피고인의 보호자 등이 피고인의 출석을 담보하는 출석보증서를 제출하게 하도록 개정법에서 마련한 보석조건이다. 제3자 출석보증서 제출 조건은 보증금의 납입 자력이 없는 피고인과 그 가족에게 적절하게 부과하면 보석을 활성화할 수 있는 기회를 제공할 수 있다. 이 보석조건의 실효성을 높이기 위하여, 피고인이 정당한 사유 없이 불출석하는 경우 법원은 결정으로 출석보증인에게 500만원 이하의 과태료를 부과하도록 하였다(출석보증인에 대한 과태료 제재, 제100조의2 제1항). 이 결정에 대해서는 즉시항고를 할 수 있다(동조 제2항)(전게서, 16면).

(바) 법원의 허가 없이 외국으로 출국하지 아니할 것을 서약할 것 **-출국금지서약**, 후이행-[법원승진 08] : 장기 2년 이상의 형에 해당하는 죄를 범하고 기소되어 있는 자에 대해서는 여권의 발급이나 기재사항 변경, 유효기간의 연장 또는 재발급이 제한되는데(여권법 제8조 제1항 제2호), 종래 실무상 형사재판 계속 중인 피고인이 출국하기 위해서는 해외여행허가신청을 하고 법원이 이를 허가하면 그 결정을 근거로 여권을 발급받아 해외로 출국하는 관행이 있었다. 개정법 제98조 제6호는 피고인이 법원의 허가 없이 스스로 출국하지 않겠다는 서약을 하는 것을 보석조건의 하나로 규정하여 종래의 실무를 입법화한 것이다. 다만, 실무상으로는 출국금지서약조건만으로는 보석을 허가하기 어려울 것이고 다른 보석조건에 부가하는 부대조건으로 운영될 가능성이 높다(ibid.).

(사) 법원이 지정하는 방법으로 피해자의 권리 회복에 필요한 금전을 공탁하거나 그에 상당하는 담보를 제공할 것 -**피해액 공탁**, 선이행- : 종래 실무상 피해자와 합의가 이루어지지 않은 사건에서 법원이 피고인에 대하여 보석을 허가하는 데에는 한계가 있었다. 그런데 피고인으로서는 피해자 또는 그 가족과 피해를 변상하는 내용의 합의를 하려는 노력을 하였음에도 피해자 측에서 불합리한 변상금액을 주장하면서 합의에 이르지 못하는 경우도 적지 않았으므로, 개정법은 이러한 경우에도 법원이 상당하다고 인정하는 피해변상금액을 공탁하는 조건을 붙여 보석을 허가할 수 있게 한 것이다(전게서, 17면).

(아) 피고인이나 법원이 지정하는 자가 보증금을 납입하거나 담보를 제공할 것 -**보증금납입·담보제공**, 선이행- : 전형적인 보석조건이다. 2007년 개정 전 구법에서는 법원은 유가증권 또는 피고인 이외의 자가 제출한 보증서로써 보증금에 갈음함을 허가할 수 있도록 하였는데(제100조 제3항), 실무상으로는 주로 보증보험회사가 발생한 보석보증보험증권으로 보증금에 갈음하여 왔다. 그런데 2007년 개정법에서는 유가증권 등에서 더 나아가 담보제공이 추가되어, 질권이나 저당권 등 다양한 담보제공 방법이 가능하게 되었다(ibid.).

(자) 그 밖에 피고인의 출석을 보증하기 위하여 법원이 정하는 적당한 조건을 이행할 것 -**기타 조건**, 후이행- : 법률에 구체적으로 열거한 보석조건 이외에 법원이 사안과 시대상황의 변화에 따라 적당하다고 판단하는 보석조건을 다양하게 부과할 수 있도록 한 규정이다. 결국 보석조건의 다양화는

실무의 운영을 통하여 정립되어 나갈 것으로 전망된다(ibid.).

[정리] 서/약/3/피/보는 선이행, 도/해/출/기는 후이행

② 보석조건 결정시 고려사항 등

(가) 고려사항 : 법원은 보석조건을 정할 때 ㉠ 범죄의 성질 및 죄상, ㉡ 증거의 증명력(증거능력 ×) [경찰채용 08 3차], ㉢ 피고인의 전과(前科)·성격·환경 및 자산(경력 ×) [경찰채용 04 3차], ㉣ **피해자에 대한 배상 등 범행 후의 정황에 관련된 사항**(2007년 개정) [법원9급 07]을 고려하여야 한다(제99조 제1항).[1] [경찰채용 13 2차]

[정리] 보석조건을 정할 때에는 성/죄/증명 성/전/환/자/정황을 고려하라.

(나) 이행가능성 : 법원은 피고인의 자금능력 또는 자산 정도로는 **이행할 수 없는 조건을 정할 수 없다**(동조 제2항).

(다) 자료제출 요구 : 법원은 피고인, 변호인 또는 보석청구인에게 보석조건을 결정함에 있어 필요한 자료의 제출을 요구할 수 있다(규칙 제54조의2 제6항, 2007년 신설).

③ 보석조건 변경 : 보석조건은 **변경 가능**하다. [경찰승진 10] 법원은 **직권 또는 보석청구권자(검사 ×)** [국가급 09] **의 신청**에 따라 결정으로 피고인의 보석조건을 변경하거나 일정기간 동안 당해 조건의 이행을 유예할 수 있다(제102조 제1항). 이 경우 법원은 그 취지를 검사에게 지체 없이 통지해야 한다(규칙 제55조의4).

④ 보석조건 위반의 제재(2007년 신설)

(가) 피고인에 대한 제재 : ㉠ 피고인이 정당한 이유 없이 보석조건을 위반한 경우에는 결정으로 피고인에 대하여 1천만원 이하의 과태료를 부과하거나 20일 이내의 감치에 처할 수 있다(제102조 제3항). 이와 같은 제재는 보석허가결정의 취소 여부와는 상관없이 부과할 수 있다. 석방조건을 위반한 피고인에 대하여 과태료·감치 등을 부과하는 제재는 석방조건 위반을 이유로 보석을 취소하여 재구속하는 것보다는 경미한 석방조건 위반이나 조건 위반의 고의성이 약한 경우에 재구속을 대신하여 석방조건 준수를 경고·촉구하는 수단으로 작용할 수 있고, 이를 통하여 피고인의 불구속재판 상태가 유지되는 기능도 있다(법원개정법해설, 23면). ㉡ 이러한 제재결정에 대해서는 피고인은 즉시항고를 할 수 있다(동 제4항).**(집공기참정상선비)재재구감 : 비용/과태료/보상/배상)**.

(나) 출석보증인에 대한 제재 : ㉠ 법원은 제3자출석보증서(제98조 제5호)의 조건을 정한 보석허가결정에 따라 석방된 피고인이 정당한 사유 없이 기일에 불출석하는 경우에는 결정으로 그 출석보증인에 대하여 500만원 이하의 과태료(**감치 ×**)를 부과할 수 있다(제100조의2 제1항). 보석보증금을 납입할 능력이 없는 피고인에게는 제3자의 출석보증서가 적절한 대안이 될 수 있으나, 만일 출석보증인에게 아무런 부담이 없다면 출석보증서가 피고인의 출석을 담보하는 효력이 없어질 것이므로, 출석보증서의 실효성을 제고하기 위하여 피고인이 정당한 사유 없이 불출석하는 경우 법원이 출석보증인에게 과태료제재를 가할 수 있도록 한 것이다(전게서, 21면). 한편, ㉡ 과태료결정에 대해서는 즉시항고를 할 수 있다(동조 제2항). 집행정지의 효력이 있는 즉시항고권을 인정하여 출석보증인이 부당한 제재를 받지 않도록 한 규정이다.

⑤ 보석조건 실효(자동실효) : 구속영장 실효와 보석의 취소가 보석조건 실효사유이다.

(가) 구속영장의 실효 : **구속영장의 효력이 소멸**한 때에는 -피고인이 더 이상 보석조건을 준수할 필요성이 없으므로 별도의 결정 없이 자동적으로- 보석조건은 **즉시** 그 효력을 상실한다(2007년 개정, 제104조의2 제1항). [법원9급 11, 국가7급 12, 국가9급 10, 경찰채용 13 2차] 2007년 개정 전에도 해석상 당연한 것으로 인정되었던 것을 명문으로 입법화한 것이다. 예컨대 피고인에게 징역 1년을 선고한 판결이 확정되면 그때부터 형이 집행되는 것이어서 구속영장의 효력은 당연히 실효되고 이에 따라 보석조건 및 보석이 자동으로 실효되는 것이다. 이는 사형·자유형이 확정된 경우는 물론 무죄·면소·형면제·선고유예·집행유예·공소기각 또는 벌금·과료를 과하는 판결이 선고된 경우(제331조)도 같

---

1) [참고] 2007년 개정법에서는 제99조 제1항 제4호에 "피해자에 대한 배상 등 범행 후의 정황에 관련된 사항"을 신설하였다. 이는 실무상 피해자에 대한 배상을 하였다는 사실이 피고인의 도망 또는 증거인멸의 염려를 낮추는 사정으로 해석되고 있고, 개정법 제98조 제7호에서 피해자의 권리회복에 필요한 금원 공탁이나 담보제공이 새로운 보석조건으로 신설된 점을 고려하여, 피해회복 등 범행 후의 정황에 관련된 사항을 보석조건의 결정시 고려사항으로 신설하게 된 것이다. 법원개정법해설, 18면.

다. 다만, 보석 중의 피고인에 대하여 1심이나 2심에서 실형이 선고되었을지라도 아직 확정되지 않고 보석이 취소되지 않는 한 보석의 효력은 상실되지 않고 계속된다.

　　(나) 보석의 취소 : **보석이 취소**된 경우에도 −피고인이 더 이상 보석조건을 준수할 필요가 없으므로− 보석조건은 **즉시** 그 효력을 상실한다. 다만, 피고인이나 법원이 지정하는 자가 **보증금을 납입하거나 담보를 제공할 것**의 조건(제98조 제8호)은 예외로 한다(2007년 개정, 제104조의2 제2항). 이러한 보증금 납입조건부 석방결정을 취소할 경우에는 법원이 보증금을 몰취할 수 있어 보석조건이 자동으로 실효될 필요가 없기 때문이다.

⑥ 보석허가결정에 대한 불복 : 가능하며 [경찰채용 08 1차], **보통항고**(수소법원의 보석에 관한 결정, **압구보감**, 제403조 제2항)할 수 있다(즉시항고 ×). [국가7급 12, 국가9급 10]

　　[정리] 95년 개정 전 형소법에서는 보석허가결정에 대한 검사의 즉시항고권을 인정하고 있었는데(구법 제97조 제3항), 이에 대해서는 구속 여부에 대한 판단을 사법권의 독립이 보장된 법관의 결정에만 맡기려는 영장주의에 위반되고 적법절차원칙에 반하며 과잉금지원칙에도 위반된다는 헌법재판소의 위헌결정이 내려졌고(헌법재판소 1993.12.23, 93헌가2), 95년 개정법에서 삭제되었다.

4. 보석의 집행

(1) 보석조건의 유형 : ① 제98조의 보석조건 중 본인서약서 · 본인보증금약정서 · 제3자출석보증서 · 피해액공탁 · 보증금 or 담보제공(1 · 2 · 5 · 7 · 8호)의 조건은 이를 이행한 후가 아니면 보석허가결정을 집행하지 못한다(제100조 제1항 본문)(서약3피보, **서류와 돈은 먼저 내라**). [국가급 09] 따라서 이는 **선이행조건**에 해당한다. 다만, 동 제2호에서 규정되어 있듯이 이는 실제 보증금이 납입되어야 하는 것은 아니고 약정서 제출만으로도 선이행에 해당되는 것이다. [법원9급 07] 한편, ② 나머지 3 · 4 · 6 · 9호의 조건은 **후이행조건**에 해당한다(도해출기). 후이행조건은 보석허가결정으로 피고인을 우선 석방하고 이후 당해 조건을 이행하지 아니하면 보석허가결정을 취소하여 피고인을 구금하는 방식이다. ③ 다만, 법원은 필요하다고 인정하는 때에는 다른 조건에 관하여도 그 이행 이후 보석허가결정을 집행하도록 정할 수 있으므로(동 단서), 후이행조건도 선이행조건으로 변경하여 집행하는 것도 가능하다.

(2) 보증금의 납입 : 법원은 **보석청구자 이외의 자에게 보증금의 납입을 허가할 수 있고**(동조 제2항), [법원승진 08] 유가증권 또는 피고인 외의 자가 제출한 보증서로써 보증금에 갈음함을 허가할 수 있는데(동조 제3항) [경찰채용 13 2차], 이 보증서에는 보증금액을 언제든지 납입할 것을 기재하여야 한다(동조 제4항).

(3) 관공서 등에 대한 협조의무 부과 : 법원은 보석허가결정에 따라 석방된 피고인이 보석조건을 준수하는 데 필요한 범위 안에서 관공서나 그 밖의 공사단체에 대하여 적절한 조치를 취할 것을 요구할 수 있다(동조 제5항). 예컨대, 주거제한 등(제98조 제3호)에 대해서는 피고인 주거지 관할 경찰서장에게(규칙 제55조의3 제1항), 출국금지서약(법 동조 제6호)에 대해서는 출입국관리 관서의 장에게(규칙 동조 제2항) 요구할 수 있다.

IV 보석의 취소, 실효, 보증금 몰취 및 환부

1. 보석의 취소

(1) 보석취소사유 : 법원은 피고인이 다음의 취소사유 중 어느 하나에 해당하는 경우에는 **직권 또는 검사의 청구**에 따라 결정으로 보석을 **취소할 수 있다**(제102조 제2항, 국회의원 석방요구를 제외하면 구속집행정지취소도 같음. 4호의 보복위험사유를 제외하면 피의자보석의 재구속사유 −제214조의2 제2항− 와 같음) : ① **도망**한 때, ② **도망하거나 죄증을 인멸할 염려**가 있다고 믿을 만한 충분한 이유가 있는 때, ③ 소환을 받고 정당한 이유 없이 **출석하지 아니한** 때, ④ 피해자, 당해 사건의 재판에 필요한 사실을 알고 있다고 인정되는 자 또는 그 친족의 생명 · 신체 · 재산에 **해를 가하거나 가할 염려**가 있다고 믿을 만한 충분한 이유가 있는 때(**보복의 위험**), ⑤ 법원이 정한 **조건을 위반**한 때 [국가9급 15]

표정리 피의자보석의 재구속, 보석취소, 구속집행정지취소사유 비교

피의자보석의 재구속사유	보석취소사유	구속집행정지취소사유
도/염/출/조 (피의자보석 : 취소제도 無)	도/염/출/보/조	도/염/출/보/조 cf. 국회의원 석방요구시 ×

(2) 재구금 : 보석이 취소되면 집행이 정지되었던 구속영장의 효력이 다시 발효되게 된다. 따라서 보석취소결정이 있는 때에는 검사는 그 취소결정의 등본에 의하여 피고인을 재구금하여야 한다(규칙 제56조 제1항 본문). [법원9급 19, 경찰채용 14 2차] 다만, 급속을 요하는 경우에는 재판장, 수명법관 또는 수탁판사가 재구금을 지휘할 수 있다(동항 단서).[1] 이러한 피고인의 재구금은 이미 발부된 구속영장의 효력에 의하는 것이어서, **보석취소결정등본을 피고인에게 송달할 필요도 없고** [여경기동 07] **별도의 구속영장을 발부할 필요도 없다.** [법원9급 10, 경찰승진 09, 전의경 09]

(3) 불복 : 보석의 취소 여부는 법원의 재량이나, 이에 대해서는 **항고**할 수 있다(제403조 제2항, **지없지없7항항항7**).

2. 보석의 실효

구속영장이 실효되거나 보석이 취소되면 보석도 실효되지만, 보증금납입조건(제98조 제8호)의 경우에는 보석이 취소되어도 실효되지 않음(제104조의2)은 기술한 바와 같다.

3. 보증금의 몰취[2]

(1) 임의적 몰취 : 법원은 **보석을 취소하는 때에는 직권 또는 검사의 청구**(청구 可, 2007년 개정)에 따라 결정으로 보증금 또는 담보의 전부 또는 일부를 **몰취할 수 있다**(제103조 제1항). [법원9급 11] 이때 보석취소결정과 보증금몰수결정을 동시에 해야 하는가에 대해서는 견해가 대립하는바, 판례는 종래 긍정설의 입장이었으나(대법원 1965.4.8, 65모4), 2002년 전원합의체 판결을 내려 부정설의 입장을 취하고 있다. 따라서 판례에 의하면, **보석보증금을 몰수하려면 반드시 보석취소와 동시에 하여야만 가능한 것이 아니라 보석취소 후 별도로 보증금몰수결정을 할 수도 있다**(대법원 2001.5.29, 2000모22 전원합의체).

> **대법원 2001.5.29, 2000모22 전원합의체**
> 보석보증금몰수결정은 반드시 보석취소와 동시에 하여야만 하는 것은 아니라는 사례
> 형사소송법 제102조 제2항은 "보석을 취소할 때에는 결정으로 보증금의 전부 또는 일부를 몰수할 수 있다."라고 규정하고 있는 바, 이는 보석취소사유가 있어 보석취소결정을 할 경우에는 보석보증금의 전부 또는 일부를 몰수하는 것도 가능하다는 의미로 해석될 뿐, 문언상 보석보증금의 몰수는 반드시 보석취소와 동시에 결정하여야 한다는 취지라고 단정하기는 어려운 점, 같은 법 제103조에서 보석된 자가 유죄판결 확정 후의 집행을 위한 소환에 불응하거나 도망한 경우 보증금을 몰수하도록 규정하고 있어 보석보증금은 형벌의 집행 단계에서의 신체 확보까지 담보하고 있으므로, 보석보증금의 기능은 유죄의 판결이 확정될 때까지의 신체 확보도 담보하는 취지로 봄이 상당한 점, 보석취소결정은 그 성질상 신속을 요하는 경우가 대부분임에 반하여, 보증금몰수결정에 있어서는 그 몰수의 요부(보석조건위반 등 귀책사유의 유무) 및 몰수 금액의 범위 등에 관하여 신중히 검토하여야 할 필요성도 있는 점 등을 아울러 고려하여 보면, 보석보증금을 몰수하려면 반드시 보석취소와 동시에 하여야만 가능한 것이 아니라 보석취소 후에 별도로 보증금몰수결정을 할 수도 있다. 그리고 형사소송법 제104조가 구속 또는 보석을 취소하거나 구속영장의 효력이 소멸된 때에는 몰수하지 아니한 보증금을 청구한 날로부터 7일 이내에 환부하도록 규정되어 있다고 하여도, 이 규정의 해석상 보석취소 후에 보증금몰수를 하는 것이 불가능하게 되는 것도 아니다.

(2) 필요적 몰취 : 법원은 보증금의 납입 또는 담보제공을 조건으로 석방된 피고인이 동일한 범죄사실에 관하여 **형의 선고를 받고 그 판결이 확정된 후** 집행하기 위한 소환을 받고 정당한 사유 없이 **출석하지 아니하거**

---

1) [참고] 재판장 등이 재구금을 지휘할 때에는 법원사무관 등에게 그 집행을 명할 수 있다. 이 경우에 법원사무관 등은 그 집행에 관하여 필요한 때에는 사법경찰관리 또는 교도관에게 보조를 요구할 수 있으며 관할구역 외에서도 집행할 수 있다(규칙 동조 제2항).

2) [참고] 몰수는 형법상 형벌이므로(형법 제41조 제9호) 피고인보석 보증금의 경우에는 몰취라는 용어를 따로 써왔던 것으로 보인다. 다만, 피의자보석 보증금(제214조의4)의 경우에는 몰수라는 용어를 사용하는 것을 볼 때, 몰수로 용어를 통일하는 것이 적당할 것이다.

나 도망한 때에는 직권 또는 검사의 청구에 따라 결정으로 보증금 또는 담보의 전부 또는 일부를 몰취하여야 한다(동조 제2항). 이러한 보석보증금몰수사건의 사물관할은 단독판사에게 있다.

정리 피의자보석과 피고인보석의 임의적 · 필요적 몰수

구분	피의자보석(제214조의4)	피고인보석(제103조)
임의적 몰수	① 적보/도염출조 – 재구속 ② 법원의 재구속	(직권/청구) 보석취소 보석취소와 별도 몰수 가능
필요적 몰수	형선고판결확정 후 도망 등	형선고판결확정 후 도망 등

대법원 2002.5.17, 2001모53 [법원9급 19]

보석 보증금몰수사건의 토지관할과 사물관할

형사소송법 제103조는 "보석된 자가 형의 선고를 받고 그 판결이 확정된 후 집행하기 위한 소환을 받고 정당한 이유 없이 출석하지 아니하거나 도망한 때에는 직권 또는 검사의 청구에 의하여 결정으로 보증금의 전부 또는 일부를 몰수하여야 한다."라고 규정하고 있는바, 이 규정에 의한 보증금몰수사건은 그 성질상 당해 형사본안 사건의 기록이 존재하는 법원 또는 그 기록을 보관하는 검찰청에 대응하는 법원의 토지관할에 속하고, 그 법원이 지방법원인 경우에 있어서 사물관할은 법원조직법 제7조 제4항의 규정에 따라 지방법원 단독판사에게 속하는 것이지 소송절차 계속 중에 보석허가결정 또는 그 취소결정 등을 본안 관할법원인 제1심 합의부 또는 항소심인 합의부에서 한 바 있었다고 하여 그러한 법원이 사물관할을 갖게 되는 것은 아니다.

4. 보증금의 환부

① 구속을 취소한 때, ② 보석을 취소한 때, ③ 구속영장의 효력이 소멸된 때에는 몰취하지 아니한 보증금 또는 담보를 청구한 날로부터 **7일 이내에 환부하여야 한다**(제104조, **지없지없7항항7**). [경찰승진 14, 경찰채용 13 1 · 2차]

06 구속의 집행정지

Ⅰ 의의

법원 또는 수사기관이 상당한 이유가 있는 때 결정으로 구속된 피고인 또는 피의자를 친족 · 보호단체 기타 적당한 자에게 부탁하거나 피고인 · 피의자의 주거를 제한하여 구속의 집행을 정지시키는 제도를 말한다(제101조 제1항, 제209조). [법원9급 10]

Ⅱ 피고인보석과의 구별

표정리 피고인보석과 구속집행정지의 구별 [경찰승진 09]

구분	피고인보석	구속집행정지
구속영장의 효력	유지	
피고인의 청구권	○	×(직권)
주 체	법원	법원 · 수사기관 [경찰채용 04]
대 상	피고인	피고인 · 피의자
검사의 의견청취	○	○(급속시 ×)
보증금	○	×
주거제한	○	
취소사유	동일	

III 절 차

1. 신청권

구속집행정지는 **직권**으로 행한다. 따라서 피의자·피고인 등에는 신청권이 없으며, 설사 신청이 있더라도 이는 법원의 직권발동을 촉구하는 의미밖에 없다. 이 점에서는 기술한 피의자보석과도 유사하다.

2. 피고인구속집행정지

법원은 상당한 이유가 있는 때(웹 중한 질병) [법원승진 08]에는 결정으로 구속된 피고인을 친족·보호단체 기타 적당한 자에게 부탁하거나 피고인의 주거를 제한하여 구속의 집행을 정지할 수 있다(제101조 제1항). [법원승진 08] 이 결정을 함에는 **검사의 의견**을 물어야 한다. 단, **급속을 요하는 경우**에는 그러하지 아니하다(동조 제2항). [법원9급 10] 검사는 법원으로부터 (보석, 구속취소 또는) 구속집행정지에 관한 의견요청이 있을 때에는 의견서와 소송서류 및 증거물을 **지체 없이** 법원에 제출하여야 한다. 이 경우 특별한 사정이 없는 한 의견요청을 받은 날의 **다음 날**까지 제출하여야 한다(규칙 제54조). 구속집행정지를 함에 있어서는 도주의 방지 및 출석의 확보를 위하여 전자장치의 부착 등을 구속집행정지의 조건으로 부가할 수도 있다.

구법 제101조 제3항에서는 법원의 구속집행정지결정에 대하여 검사는 **즉시항고**를 할 수 있다고 규정되어 있었으나, 이는 영장주의 및 적법절차원칙에 위반되어 **위헌**이므로(헌법재판소 2012.6.27, 2011헌가36) 2015년 삭제되었다. 다만, 이 경우 **보통항고**는 가능하다(제403조 제2항). [법원9급 11]

🔨 **판례연구** 구속집행정지에 부가될 수 있는 조건

대법원 2022.11.22, 2022모1799
전자장치의 부착을 피고인에 대한 구속집행정지의 조건으로 부가할 수 있다는 사례
군사법원법 제141조 제2항은 피고인에 대한 구속집행정지에 관하여 '피고인이 영내거주자이면 그 소속 부대장에게 부탁하고, 영내거주자가 아니면 친족·보호단체 그 밖의 적당한 사람에게 부탁하거나 피고인의 주거를 제한'하도록 규정한다. 이때 구속집행정지 제도의 취지에 부합한다면 피고인의 도주 방지 및 출석을 확보하기 위하여 예컨대, 전자장치의 부착을 구속집행정지의 조건으로 부가할 수도 있다.[1]

---

3. 피의자구속집행정지

구속된 피의자에 대해서는 **검사 또는 사법경찰관**도 구속의 집행을 정지할 수 있다(제209조). 사법경찰관의 경우, 종래 (체포하거나) 구속한 피의자를 석방하려면 미리 **검사의 지휘**를 받아야 했으나(구 수사규정 제36조 제1항). 2020.10.7. 대통령령이 새로 제정되어 이제는 검사의 석방지휘를 요하지 않고 석방 후 검사에게 통보 내지 보고하도록 하였다(수사준칙 제36조).[2] 여하튼, (체포 또는) 구속한 피의자를 석방(웹 구속집행정지·구속취소)한 때에는 지체 없이 검사는 영장을 발부한 법원에 그 사유를 서면으로 통지하여야 한다(제204조).

IV 취 소

1. 취소사유

법원은 제102조 제2항의 취소사유(도/염/출/보/조, 보석취소사유와 동일 [경찰승진 13]) 중 어느 하나에 해당하는

---

1) [보충] 피고인에 대한 구속집행정지는 상당한 이유가 있을 때 법원이 직권으로 제반 사정을 고려하여 피고인의 구속 상태를 잠정적으로 해제하는 것이다. 가장 중한 기본권 제한인 구속을 예외적으로 해제하면서 다시 구속될 것을 담보하기 위해 일정한 조건을 부가하는 것은 구속집행정지의 성질상 당연히 허용된다고 보아야 한다. 구속의 목적을 달성하는 데 지장이 없다면 일정한 조건을 부가하더라도 구속집행을 정지하는 것이 피고인에게 더 유리하기 때문이다. … 구속집행정지의 구체적인 조건은 보석의 조건이 성질에 반하지 않는 한 적용될 수 있다. 구속집행정지 제도는 불구속재판의 원칙과 무죄추정의 원칙을 구현하기 위한 보석 제도를 보충하는 기능을 하므로 본질적으로 보석과 같은 성격을 띠고 있기 때문이다 (위 판례의 판결이유).

2) [참고] 수사준칙 제36조(피의자의 석방) ① 검사 또는 사법경찰관은 법 제200조의2제5항 또는 제200조의4제2항에 따라 구속영장을 청구하거나 신청하지 않고 체포 또는 긴급체포한 피의자를 석방하려는 때에는 다음 각 호의 구분에 따른 사항을 적은 피의자 석방서를 작성해야 한다.
   1. 체포한 피의자를 석방하려는 때 : 체포 일시·장소, 체포 사유, 석방 일시·장소, 석방 사유 등
   2. 긴급체포한 피의자를 석방하려는 때 : 법 제200조의4제4항 각 호의 사항
   ② 사법경찰관은 제1항에 따라 피의자를 석방한 경우 다음 각 호의 구분에 따라 처리한다.
   1. 체포한 피의자를 석방한 때 : 지체 없이 검사에게 석방사실을 통보하고, 그 통보서 사본을 사건기록에 편철한다.
   2. 긴급체포한 피의자를 석방한 때 : 법 제200조의4제6항에 따라 즉시 검사에게 석방 사실을 보고하고, 그 보고서 사본을 사건기록에 편철한다.

경우에는 **직권 또는 검사의 청구**에 따라 결정으로 (보석 또는) 구속의 집행정지를 취소할 수 있다(제102조 제2항). [교정9급특채 11, 경찰채용 10 2차] 검사 또는 사법경찰관도 같다(제209조).

2. 재구금

구속집행정지가 취소되면 집행이 정지되었던 구속영장의 효력이 다시 발효되게 된다. 따라서 (보석취소 또는) 구속집행정지취소의 결정이 있는 때 또는 기간을 정한 구속집행정지결정의 기간이 만료된 때에는 −별도의 결정을 요하지 않고 [법원9급 07]− 검사는 그 **취소결정의 등본 또는 기간을 정한 구속집행정지결정의 등본에 의하여 피고인을 재구금**하여야 한다(규칙 제56조 제1항). [법원승진 08] 또한 급속을 요하는 때에는 재판장 등이 재구금을 지휘할 수 있으며, 이에 관한 사항은 전술한 보석취소시 재구금의 내용과 같다.

V 관련문제

1. 감정유치

구속 중인 피고인에 대하여 감정유치장이 집행되었을 때에는 피고인이 유치되어 있는 기간, **구속은 그 집행이 정지된 것으로 간주**한다. 이때 감정유치처분이 취소되거나 유치기간이 만료된 때에는 **구속의 집행정지가 취소된 것으로 간주**한다(제172조의2, 제221조의3 제2항).

2. 국회의원에 대한 석방요구

헌법 제44조 제2항에 의하여 구속된 국회의원에 대한 석방요구가 있으면 **당연히 구속영장의 집행이 정지된다**(제101조 제4항)(현행범 ×, 헌법 동조). [경찰승진 13] 이때 법원의 **별도의 결정을 요하지 아니한다.** [법원9급 10, 법원승진 08] 석방요구의 통고를 받은 **검찰총장은 즉시 석방을 지휘**하고 그 사유를 수소법원에 통지하여야 한다(동조 제5항). 또한 국회의원에 대한 구속집행정지는 제102조 제2항의 취소사유에 해당하더라도 그 **회기 중에는 취소하지 못한다.**

07	구속의 실효−구속취소 및 당연실효

I 구속취소

1. 의 의

법원 또는 수사기관이 구속의 사유가 없거나(부적법) 소멸(부당)된 때 **직권 또는 청구**에 의하여 결정으로 피고인 또는 피의자를 석방하는 제도를 말한다(제93조, 제209조, 제200조의6). 검사는 보석청구와는 달리 구속취소는 청구할 수 있다. [국가9급 02]

2. 구속집행정지와의 구별

표정리 구속집행정지와 구속취소의 구별

구 분	구속집행정지	구속취소
구속영장의 효력	유지	상실
피고인 등의 청구권	×(직권)	○(직권 or 청구)
주 체	법원·수사기관	
대 상	피고인·피의자 [경찰채용 05 3차]	
검사의 의견청취	○(급속시 ×)	○(검사청구 or 급속시 ×)
검사의 즉시항고	×	○

3. **사유** : 구속의 사유가 없거나 소멸된 때

　(1) **구속의 사유가 없는 때** : 구속사유가 처음부터 없음에도 구속을 하였음이 판명된 경우를 말한다. 즉, 구속이 부적법하였음이 판명된 경우이다.

　(2) **구속의 사유가 소멸된 때** : 구속사유가 처음에는 있었으나 사후적으로 없어진 경우를 말한다. 즉, 구속의 계속이 부당한 경우이다. 예컨대 **형이 그대로 확정되더라도 잔여형기가 8일 이내**이고 피고인의 주거가 일정하고 증거인멸·도망의 염려도 없다거나(대법원 1983.8.18, 83모42) [경찰채용 04 3차], **미결구금일수만으로도 본형의 형기를 초과할 것이 명백**한 경우(대법원 1991.4.11, 91모25)에는 구속을 취소하여야 한다.

🔨 **판례연구** 구속취소사유(구속사유가 없거나 소멸된 때)가 있다는 사례

1. **대법원 1983.8.18, 83모42**
　잔여형기가 극히 적고 또한 주거가 일정한 경우 구속취소 신청은 이유 있다는 사례
　피고인에 대한 형이 그대로 확정된다고 하더라도 잔여형기가 8일 이내이고 또한 피고인의 주거가 일정할 뿐 아니라 증거인멸이나 도망의 염려도 없어 보인다면 피고인을 구속할 사유는 소멸하였다 보아야 할 것이니 구속취소 신청은 이유 있다.

2. **대법원 1991.4.11, 91모25**
　미결구금일수만으로도 본형의 형기를 초과할 것이 명백한 사례
　대법원의 파기환송취지대로 제1심판결을 파기하고 징역1년과 공소사실 중 일부무죄를 선고한 항소심판결에 대하여 피고인과 검사가 다시 상고한 경우에는 검사의 상고가 받아들여지리라고 보기 어렵다고 할 것이고, 피고인의 상고가 기각되더라도 제1심과 항소심판결선고 전 구금일수만으로도 구속을 필요로 하는 본형 형기를 초과할 것이 명백하다면 피고인이 현재 집행유예기간 중에 있더라도 이것이 피고인의 구속을 계속하여야 할 사유가 된다고 할 수 없어 피고인을 구속할 사유는 소멸되었다고 할 것이므로 피고인에 대한 구속은 취소해야 한다.

---

　(3) **구속취소사유에 해당되지 않는 경우** : ① **체포·구금 당시 그 이유 및 변호인조력권을 고지받지 못하였고 구금기간 중 면회거부처분 등을 받은 사유는 구속취소사유에 해당하지 않고**(대법원 1991.12.30, 91모76), ② **이미 다른 사유로 구속영장이 실효된 경우**라면 피고인이 계속 구금되어 있더라도 구속취소를 할 수 없다(대법원 1999.9.7, 99초355,99도3454). 구속의 취소는 구속영장의 효력이 존속하고 있음을 전제로 하기 때문이다.

🔨 **판례연구** 구속취소사유(구속사유가 없거나 소멸된 때)가 없다는 사례

1. **대법원 1991.12.30, 91모76**
　체포, 구금 당시에 헌법 및 형사소송법에 규정된 사항(체포, 구금의 이유 및 변호인의 조력을 받을 권리) 등을 고지받지 못하였고, 그 후의 구금기간 중 면회거부 등의 처분을 받았다 하더라도 이와 같은 사유는 형사소송법 제93조 소정의 구속취소사유에는 해당하지 아니한다.

2. **대법원 1999.9.7, 99초355,99도3454**
　구속영장이 이미 실효된 경우 구속취소는 불가하다는 사례
　형사소송법 제93조에 의한 구속의 취소는 구속영장에 의하여 구속된 피고인에 대하여 구속의 사유가 없거나 소멸된 때에 법원이 직권 또는 피고인 등의 청구에 의하여 결정으로 구속을 취소하는 것으로서, 그 결정에 의하여 구속영장이 실효되므로, 구속영장의 효력이 존속하고 있음을 전제로 하는 것이고, 다른 사유로 이미 구속영장이 실효된 경우에는 피고인이 계속 구금되어 있더라도 위 규정에 의한 구속의 취소 결정을 할 수 없다.

---

4. **절 차**

　(1) 피고인에 대한 구속취소절차

　　① 직권 또는 청구에 의한 결정 : 구속취소사유가 있는 때에는 법원은 **직권 또는 검사, 피고인, 변호인 또는 변호인선임권자(법/배/직/형)의 청구**에 의하여 구속을 취소하여야 한다(제93조). [경찰승진 09/14, 경찰채용 15 1차] 청구권자에는 적부심·보석과 달리 가족·동거인·고용주는 포함되지 않는다. [경찰승진 09]

　　　정리 구속적부심과 보석 청구권자 : 피/변/법배직형/가동고, 구속취소 : 직/검/피/변/법배직형

② **검사의 의견청취** : 재판장은 구속취소결정을 함에 있어서도(보석결정 및 구속집행정지결정과 동일하게) **검사의 의견을 물어야 한다.** 다만, **검사의 청구**에 의하거나 **급속을 요하는 경우**에는 예외로 한다(제97조 제2항).

③ **검사의 의견 표명** : (보석, 구속집행정지 또는) 구속취소에 관한 법원의 의견요청을 받은 검사는 **지체 없이** 의견을 표명하여야 한다(동조 제3항). 특별한 사정이 없는 한 그 **다음 날**까지 제출하여야 한다(규칙 제54조).

④ **법원의 결정** : 법원은 특별한 사정이 없는 한 (보석 또는) 구속취소의 청구를 받은 날부터 7일 이내에 그에 관한 결정을 하여야 한다(규칙 제55조).

⑤ **불복** : 법원의 구속취소결정에 대하여는 검사는 **즉시항고**를 할 수 있다(제97조 제4항, 석방제도 중 유일한 검사의 즉시항고 규정).[1] [법원9급 11, 법원승진 08]

(2) 피의자에 대한 구속취소절차 : 피고인구속취소절차와 유사하다. 다만, 청구권자에 피고인 대신 피의자가, 결정권자에 법원 대신 검사 또는 사법경찰관이 들어가게 된다. 사법경찰관이 구속을 취소하는 경우 (미리 검사의 석방지휘를 받도록 하는 제도는 폐지되어) 검사에게 통보 또는 보고를 하고(수사준칙 제36조), 검사는 구속취소한 때에는 지체 없이 영장을 발부한 법원에 그 사유를 서면으로 통지하여야 한다(제204조).

Ⅱ 구속의 당연실효

구속영장의 효력이 당연히 실효되는 경우는 구속기간이 만료되거나, 무죄판결 등 석방을 시키는 판결이 선고되거나, 사형·자유형을 내리는 유죄판결이 확정된 경우로 나누어 볼 수 있다.

1. 구속기간의 만료

구속기간이 만료되면 구속영장의 효력은 당연히 상실된다(통설). 다만, 판례는 효력이 당연히 상실되는 것은 아니어서 법원의 결정이 별도로 있어야 한다는 입장이다(대법원 1964.11.17, 64도428). [교정9급특채 12, 경찰채용 05 1차]

대법원 1964.11.17, 64도428
구속기간 경과만으로 구속이 실효되는 것은 아니라는 사례
구 군법회의법 제132조의 제한을 넘어 구속기간을 갱신한 경우에 있어서도 불법구속한 자에 대하여 형법상·민법상의 책임을 물을 수는 있어도 구속명령의 효력이 당연히 실효되는 것은 아니다(통설은 반대).

---

2. 무죄판결 등 석방내용의 판결의 선고

무죄, 면소, 형의 면제, 형의 선고유예, 형의 집행유예, 공소기각 또는 벌금이나 과료를 과하는 판결이 **선고**된 때에는 구속영장은 효력을 잃는다(제331조). [법원9급 09/13/14, 국가9급 10/12, 경찰채용 11 1차] 이러한 판결은 구속된 피고인을 석방시키는 내용을 담고 있어 판결이 선고되면 판결의 확정을 기다리지 않고 바로 그 자리에서 석방되어야 하는 것이다. 다만, **관할위반판결**은 관할위반 선고 이전에 행해진 소송행위이어도 그 효력에 영향이 없다는 점에서 여기에 포함되지 않는다. [경찰승진 07, 경찰채용 08 2차, 여경기동 07] 또한 **부정수표단속법 위반죄로 벌금형이 선고된 경우**에도 부수법 조항에 의해 벌금 가납시까지는 구속영장이 실효되지 아니하므로(동법 제6조) 피고인의 구속상태는 유지된다. [경찰간부 08]

헌법재판소 1997.12.24, 95헌마247
무죄 등 판결선고 후 석방대상 피고인을 의사에 반하여 교도소로 연행할 수 없다는 사례
무죄 등 판결선고 후 석방대상 피고인이 교도소에서 지급한 각종 지급품의 회수, 수용시의 휴대금품 또는 수용 중 영치된 금품의 반환 내지 환급문제 때문에 임의로 교도관과 교도소에 동행하는 것은 무방하나 피고인의 동의를 얻지 않고 의사에 반하여 교도소로 연행하는 것은 헌법 제12조의 규정에 비추어 도저히 허용될 수 없다.

---

1) [참고] 보석취소결정에 대한 검사의 즉시항고권(헌법재판소 1993.12.23, 93헌가2) 및 구속집행정지결정에 대한 검사의 즉시항고권(헌법재판소 2012.6.27, 2011헌가36)이 모두 위헌으로 판시된 것으로 미루어 보아 이 부분에 대해서도 향후 위헌결정이 있을 것으로 예상된다.

3. 사형 · 자유형의 확정

사형 · 자유형의 판결이 확정된 때에는 즉시 집행하고 이 날이 형기에 초일로 산입된다(제459조, 형법 제84조 제1항, 제85조). 따라서 구속영장은 효력이 상실된다. 사형 · 자유형은 판결이 확정된 때이지 판결이 선고된 때가 아니다. [법원행시 02, 경찰간부 13, 경찰채용 08 2차] 판결확정 이후의 신체구속은 확정판결 자체의 효력에 의한 형집행 내지 형집행의 대기기간인 것이어서 구속영장의 효력이 존속하는 것은 아니다.

표정리 체포 · 구속 · 석방제도 핵심정리

1. 체포 · 구속제도

구분	영장체포	긴급체포	현행범체포	피의자구속	피고인구속
사 유	① 출석요구 불응 ② 불응 우려	① 긴급성 ② 중대성 : 장3↑ ③ 필요성 : 도망 또는 도망 · 증거 인멸 염려	① 명백성 ② 필요성 : 도망 또는 도망 · 증거 인멸 염려	① 객관적 범죄혐의 ② 구속사유 　㉠ 주거부정 　㉡ 도망 　㉢ 증거인멸 및 도망의 염려	
주 체	검사 지휘 사경 집행	검사/사경	All	검사 지휘 사경 집행	법원
경 미	주거부정 출석요구 불응	無	주거부정	주거부정	주거부정
절 차	체포영장 청구 → 체포영장 발부 : 불복 × → 체포영장 집행 → 체포통지 24h → 구속영장 신청 48h	긴급체포 → 긴급체포서 작성 → 체포통지 → 구속영장 신청 – 지체 없이	현행범체포 → 체포통지 → 구속영장 신청 48h	구속영장 청구 → 구인 구속영장 발부 → 영장실질심사 : 다음 날까지 → 영장발부–불복 ×	사전청문 → 구속영장 발부 : 불복–항고 → 구속집행 → 구속통지
재체포 재구속	제한 ×	동일 범죄사실 × cf. 영장체포 O	제한 ×	다른 중요증거 × 동일 범죄사실 ×	제한 ×

2. 석방제도

구분	구속적부심	피의자보석	피고인보석	구속집행정지	구속취소
주 체	청구–법원	법원 직권	청구–법원 법원 직권	법/검/경 직권	청구–법/검/경 법/검/경 직권
대 상	피의자	피의자	피고인	피의자/피고인	피의자/피고인
사 유	불법/부당 (구속의 필요성)	법원의 재량	제외사유 없는 한 필요적 보석(제외사유 있어도 임의적 보석 O)	상당한 이유	① 구속사유 × ② 사후적 소멸
불허/ 제외 사유	–	① 죄증인멸 염려 ② 피해자 등에게 해를 가할 염려	① 사/무/장10↑ ② 누범/상습범 ③ 죄증인멸 염려 ④ 도망 염려 ⑤ 주거부정 ⑥ 피해자 등에게 해를 가할 염려	無	

	심사의 청구 → 법원심사(48h) → 법원결정(24h)	구속적부심 청구 → 법원의 심사 → 석방결정	보석청구 → 법원의 심리 → 피고인심문 → 보석결정 → 보석집행	법원 → 검사의견 물음 (예외-급속)	구속취소 청구 → 법원-검사의견 물음 (예외 : 검사청구/ 급속) → 취소결정
절 차					
보증금	×	○		×	
검사 의견	×		○	○ 예외-급속	○ 예외-검사청구/ 급속
영장 효력	상실		유지(집행정지)		상실
재구속 ·취소	① 도망 ② 죄증 인멸	① 도망 ② 도망·죄증인멸 염려 ③ 출석거부 ④ 법원 조건 위반	[취소사유] ① 도망 ② 도망·죄증인멸 염려 ③ 출석거부 ④ 피해자 등에게 해를 가할 염려 ⑤ 법원 조건 위반		無
불 복	無	보통항고			즉시항고

제2절 | 압수 · 수색 · 검증 · 감정

01 압수 · 수색

I 의의

1. 압수

압수(押收, seizure, Beschlagnahme)는 증거물 또는 몰수할 것으로 예상되는 물건의 점유를 취득하는 강제처분이다. 압수는 강제처분으로서, 형법상 형벌인 몰수(형법 제41조 제9호)와는 구별된다. [법원9급 13] 압수에는 압류, 영치 및 제출명령의 세 가지 종류가 있다.

(1) **압류** : 물리적 강제력을 사용하여 유체물의 점유를 점유자의 의사에 반하여 수사기관 또는 법원에 이전하는 강제처분이다(제106조 제1항, 제219조).

(2) **영치** : 수사기관 또는 법원에 대한 점유의 이전이 점유자의 의사에 반하지 않는 것으로서 유류물과 임의제출물을 점유하는 경우가 있다(제108조, 제218조). 다만, 점유자가 점유를 임의로 회복할 수 없다는 점에서 압수의 일종으로 분류된다.

(3) **제출명령** : 법원이 압수할 물건을 지정하여 소유자·소지자·보관자에게 당해 물건의 제출을 명하는 것이다(제106조 제2항). 제출명령을 받은 상대방에게는 제출의무가 부과된다는 점에서 대물적 강제처분에 속하고, 상대방이 제출명령에 응하여 물건을 제출하면 당연히 압수의 효력이 발생한다. 제출명령은 **수사기관이 아니라 법원**의 대물적 강제처분에 속한다.[1] [법원행시 04]

---

1) [참고] 제219조가 제106조를 준용하고 있으나, 수사기관에게는 제106조 제2항의 제출명령권은 인정되지 않는다(통설).

> **판례연구** 법원의 제출명령 관련 판례
>
> **대법원 2023.7.17, 2018스34 전원합의체**
>
> 통신비밀보호법상 통신사실확인자료에 대한 민사소송법상 문서제출명령의 가부
>
> 법원은 민사소송법 제344조 이하의 규정을 근거로 통신사실확인자료에 대한 문서제출명령을 할 수 있고 전기통신사업자는 특별한 사정이 없는 한 이에 응할 의무가 있으며, 전기통신사업자가 통신비밀보호법 제3조 제1항 본문[1]을 들어 문서제출명령의 대상이 된 통신사실확인자료의 제출을 거부하는 것에는 정당한 사유가 있다고 볼 수 없다.

2. 수 색

수색(搜索, search, Durchsuchung)은 증거물 또는 몰수할 물건이나 체포할 사람을 발견하기 위하여 사람의 주거·신체 또는 물건·장소에 대해서 행해지는 강제처분이다. 수색은 압수를 위해 행해지는 것이 통례이므로 통상 압수·수색(search and seizure)이라 하고, 실무상으로는 압수·수색영장이라는 단일영장이 발부되고 있다.

> **판례연구** 우편물통관검사와 압수·수색의 차이
>
> **1. 대법원 2013.9.26, 2013도7718** [국가7급 17]
>
> 우편물 통관검사절차에서 이루어지는 우편물의 개봉, 시료채취, 성분분석 등의 검사와 같이 행정조사의 성격을 가지는 것은 수사기관의 강제처분인 압수·수색이라고 할 수 없다.
>
> **2. 대법원 2017.7.18, 2014도8719** [변호사 24]
>
> 마약거래방지법에 따른 검사의 요청으로 세관장이 행하는 조치
>
> 수사기관에 의한 압수·수색의 경우 헌법과 형사소송법이 정한 적법절차와 영장주의 원칙은 법률에 따라 허용된 예외사유에 해당하지 않는 한 관철되어야 한다. 세관공무원이 수출입물품을 검사하는 과정에서 마약류가 감추어져 있다고 밝혀지거나 그러한 의심이 드는 경우, 검사는 마약류의 분산을 방지하기 위하여 충분한 감시체제를 확보하고 있어 수사를 위하여 이를 외국으로 반출하거나 대한민국으로 반입할 필요가 있다는 요청을 세관장에게 할 수 있고, 세관장은 그 요청에 응하기 위하여 필요한 조치를 할 수 있다(마약류 불법거래 방지에 관한 특례법 제4조 제1항). 그러나 이러한 조치가 수사기관에 의한 압수·수색에 해당하는 경우에는 영장주의 원칙이 적용된다. ① 물론 수출입물품 통관검사절차에서 이루어지는 물품의 개봉, 시료채취, 성분분석 등의 검사는 수출입물품에 대한 적정한 통관 등을 목적으로 조사를 하는 것으로서 이를 수사기관의 강제처분이라고 할 수 없으므로, 세관공무원은 압수·수색영장 없이 이러한 검사를 진행할 수 있다. 세관공무원이 통관검사를 위하여 직무상 소지하거나 보관하는 물품을 수사기관에 임의로 제출한 경우에는 비록 소유자의 동의를 받지 않았더라도 수사기관이 강제로 점유를 취득하지 않은 이상 해당 물품을 압수하였다고 할 수 없다. ② 그러나 마약류 불법거래 방지에 관한 특례법 제4조 제1항에 따른 조치의 일환으로 특정한 수출입물품을 개봉하여 검사하고 그 내용물의 점유를 취득한 행위는 위에서 본 수출입물품에 대한 적정한 통관 등을 목적으로 조사를 하는 경우와는 달리, 범죄수사인 압수 또는 수색에 해당하여 사전 또는 사후에 영장을 받아야 한다.

Ⅱ 목적물

1. 압수의 목적물

(1) 증거물·몰수물·정보저장매체 등 : 법원 또는 수사기관은 필요한 때에는 **피고·피의사건과 관계가 있다고 인정할 수 있는 것에 한정**하여 증거물 또는 몰수할 것으로 사료하는 물건을 압수할 수 있는바(제106조 제1항 본문, 제219조), 증거물 또는 몰수할 물건으로 사료하는 물건이 압수의 목적물이다. [국가9급 17] 또한 2011년 7월 개정 제106조 제3항에서는 정보저장매체 등의 압수에 관한 규정이 신설되었다.

① 증거물 : 증거물의 압수는 증거물의 멸실을 방지하여 장차의 형사절차진행에 대비하려는 절차확보를 그 목적으로 한다. 증거물은 **동산·부동산**을 불문한다(무체물인 전자정보에 대해서는 입법적으로 해결되었으며 후술함). 증거물은 물건을 말하므로 사람의 신체 자체는 압수의 대상이 되지 아니하나, **신체로**

---

1) [조문] 통신비밀보호법 제3조(통신 및 대화비밀의 보호) ① 누구든지 이 법과 형사소송법 또는 군사법원법의 규정에 의하지 아니하고는 우편물의 검열·전기통신의 감청 또는 통신사실확인자료의 제공을 하거나 공개되지 아니한 타인 간의 대화를 녹음 또는 청취하지 못한다. (이하 생략)

부터 분리되어 있는 일부(두발, 체모, 손톱, 발톱, '혈액' −후술함−, 정액, 침, 소변 등)는 압수의 대상이 된다. **사람의 사체**에 대하여도 압수가 허용된다(cf. 사체의 해부·내부검사 : 검증 또는 감정). [법원행시 02] **출판물**도 압수의 대상이 되는 것은 물론이나, 헌법상 출판에 대한 사전검열이 금지되므로(헌법 제21조 제2항) 이에 따른 제한을 받는다.

대법원 1991.2.26, 91모1

출판물을 출판 직전에 그 내용을 문제삼아 압수하는 것은 실질적으로 출판의 사전검열과 같은 효과가 있을 수 있는 것이므로 범죄혐의와 강제수사의 요건을 보다 엄격히 해석하여 그 허용 여부를 결정하여야 한다.

---

② 몰수물 : 필요적 몰수와 임의적 몰수를 불문하고, 몰수물의 압수는 향후 형집행에 대비한 판결확보를 그 목적으로 한다.

③ 정보저장매체 등(2011.7.18. 신설) : ㉠ 압수의 목적물이 컴퓨터용디스크, 그 밖에 이와 비슷한 정보저장매체("정보저장매체 등")인 경우에는 −원칙적으로− **기억된 정보의 범위를 정하여 출력하거나 복제하여 제출받아야 한다.** 다만 예외적으로, ㉡ 범위를 정하여 출력 또는 복제하는 방법이 불가능하거나 압수의 목적을 달성하기에 현저히 곤란하다고 인정되는 때(예 파일을 삭제한 경우)에는 **정보저장매체 등을 압수할 수 있다**(제106조 제3항, 제219조). 이때 ㉢ 정보저장매체를 수사기관의 사무실 등으로 가지고 온 뒤 전자정보를 탐색하여 **해당 전자정보를 문서로 출력하거나 파일을 복사하는 과정 역시 전체적으로 압수·수색의 집행**에 포함되므로, 문서 출력 또는 파일 복사도 **혐의사실과 관련된 부분에 한정**되어야 한다(대법원 2011.5.26, 2009모1190; 2012.3.29, 2011도10508; 2015.7.16, 2011모1839 전원합의체−종근당 압수수색 사건). ㉣ 위 정보를 제공받은 법원 또는 수사기관은 개인정보보호법 제2조 제3호에 따른 **정보주체에게 해당 사실을 지체 없이 알려야 한다**(제106조 제4항, 제219조). 압수·수색할 물건이 전기통신에 관한 것인 경우에는 **작성기간**을 기재하여야 한다(제114조 제1항 단서, 제219조). ㉤ 전자정보의 압수의 방법에 관한 이러한 2011년 개정법과 이후 판시된 대법원 판례들의 입장은 수사준칙에서 아래와 같이 보다 구체화하여 규정되어 있다.

🔨 **판례연구** 전자정보의 압수방법

대법원 2011.5.26, 2009모1190(전교조 본부 사무실 압수·수색 사건); 2015.7.16, 2011모1839 전원합의체(종근당 압수수색 사건) [경찰채용 15/16 1차, 경찰승진 22, 국가9급 12]

전자정보 압수·수색영장 집행방법

① 원칙 : 전자정보에 대한 압수·수색영장을 집행할 때에는 원칙적으로 영장 발부의 사유인 혐의사실과 관련된 부분만을 문서 출력물로 수집하거나 수사기관이 휴대한 저장매체에 해당 파일을 복사하는 방식으로 이루어져야 한다.

② 예외 : 집행현장 사정상 위와 같은 방식에 의한 집행이 불가능하거나 현저히 곤란한 부득이한 사정이 존재하더라도 저장매체 자체를 직접 혹은 하드카피나 이미징 등 형태로 수사기관 사무실 등 외부로 반출하여 해당 파일을 압수·수색할 수 있도록 영장에 기재되어 있고 실제 그와 같은 사정이 발생한 때에 한하여 위 방법이 예외적으로 허용될 수 있을 뿐이다.

③ 저장매체를 옮긴 후 출력·복사방법 : ㉠ 저장매체 자체를 수사기관 사무실 등으로 옮긴 후 영장에 기재된 범죄 혐의 관련 전자정보를 탐색하여 해당 전자정보를 문서로 출력하거나 파일을 복사하는 과정 역시 전체적으로 압수·수색영장 집행의 일환에 포함된다고 보아야 한다. 따라서 그러한 경우 문서출력 또는 파일복사 대상 역시 혐의사실과 관련된 부분으로 한정되어야 하는 것은 헌법 제12조 제1항, 제3항, 형사소송법 제114조, 제215조의 적법절차 및 영장주의 원칙상 당연하다. 그러므로 ㉡ 수사기관 사무실 등으로 옮긴 저장매체에서 범죄 혐의 관련성에 대한 구분 없이 저장된 전자정보 중 임의로 문서출력 혹은 파일복사를 하는 행위는 특별한 사정이 없는 한 영장주의 등 원칙에 반하는 위법한 집행이다.

④ 열람·복사시 적법한 집행절차 : 검사나 사법경찰관이 압수·수색영장을 집행할 때에는 자물쇠를 열거나 개봉 기타 필요한 처분을 할 수 있지만 그와 아울러 압수물의 상실 또는 파손 등의 방지를 위하여 상당한 조치를 하여야 하므로(법 제219조, 제120조, 제131조 등), 혐의사실과 관련된 정보는 물론 그와 무관한 다양하고 방대한 내용의 사생활 정보가 들어 있는 저장매체에 대한 압수·수색영장을 집행할 때 영장이 명시적으로 규정한 위 예외적인 사정이 인정되어 전자정보가 담긴 저장매체 자체를 수사기관 사무실 등으로 옮겨 이를 열람 혹은 복사하게 되는 경우에도, ㉠ 전체 과정을 통하여 피압수·수색 당사자나 변호인의 계속적인 참여권 보장, ㉡ 피압수·수색 당사자가 배제된 상태의 저장매체에 대한 열람·복사 금지, ㉢ 복사대상 전자정

보 목록의 작성·교부 등 압수·수색 대상인 저장매체 내 전자정보의 왜곡이나 훼손과 오·남용 및 임의적인 복제나 복사 등을 막기 위한 적절한 조치가 이루어져야만 집행절차가 적법하게 된다.

⑤ 결론 : (이 사건의) 압수·수색 전 과정에 비추어 볼 때, 수사기관이 영장에 기재된 혐의사실 일시로부터 소급하여 일정 시점 이후의 파일들만 복사한 것은 나름대로 대상을 제한하려고 노력한 것으로 보이고, 당사자 측도 그 적합성에 대하여 묵시적으로 동의한 것으로 보는 것이 타당하므로, 위 영장 집행이 위법하다고 볼 수는 없다는 이유로, 같은 취지에서 준항고를 기각한 원심의 조치는 수긍이 된다.

조문 수사준칙상 전자정보 압수·수색검증 관련 규정

수사준칙 제41조(전자정보의 압수·수색 또는 검증 방법) ① 검사 또는 사법경찰관은 법 제219조에서 준용하는 법 제106조 제3항에 따라 컴퓨터용디스크 및 그 밖에 이와 비슷한 정보저장매체(이하 이 항에서 "정보저장매체등"이라 한다)에 기억된 정보(이하 "전자정보"라 한다)를 압수하는 경우에는 해당 정보저장매체등의 소재지에서 수색 또는 검증한 후 범죄사실과 관련된 전자정보의 범위를 정하여 출력하거나 복제하는 방법으로 한다.

② 제1항에도 불구하고 제1항에 따른 압수 방법의 실행이 불가능하거나 그 방법으로는 압수의 목적을 달성하는 것이 현저히 곤란한 경우에는 압수·수색 또는 검증 현장에서 정보저장매체등에 들어 있는 전자정보 전부를 복제하여 그 복제본을 정보저장매체등의 소재지 외의 장소로 반출할 수 있다.

③ 제1항 및 제2항에도 불구하고 제1항 및 제2항에 따른 압수 방법의 실행이 불가능하거나 그 방법으로는 압수의 목적을 달성하는 것이 현저히 곤란한 경우에는 피압수자 또는 법 제123조에 따라 압수·수색영장을 집행할 때 참여하게 해야 하는 사람(이하 "피압수자등"이라 한다)이 참여한 상태에서 정보저장매체등의 원본을 봉인(封印)하여 정보저장매체등의 소재지 외의 장소로 반출할 수 있다.

제42조(전자정보의 압수·수색 또는 검증 시 유의사항) ① 검사 또는 사법경찰관은 전자정보의 탐색·복제·출력을 완료한 경우에는 지체 없이 피압수자등에게 압수한 전자정보의 목록을 교부해야 한다.

② 검사 또는 사법경찰관은 제1항의 목록에 포함되지 않은 전자정보가 있는 경우에는 해당 전자정보를 지체 없이 삭제 또는 폐기하거나 반환해야 한다. 이 경우 삭제·폐기 또는 반환확인서를 작성하여 피압수자등에게 교부해야 한다.

③ 검사 또는 사법경찰관은 전자정보의 복제본을 취득하거나 전자정보를 복제할 때에는 해시값(파일의 고유값으로서 일종의 전자지문을 말한다)을 확인하거나 압수·수색 또는 검증의 과정을 촬영하는 등 전자적 증거의 동일성과 무결성(無缺性)을 보장할 수 있는 적절한 방법과 조치를 취해야 한다.

④ 검사 또는 사법경찰관은 압수·수색 또는 검증의 전 과정에 걸쳐 피압수자등이나 변호인의 참여권을 보장해야 하며, 피압수자등과 변호인이 참여를 거부하는 경우에는 신뢰성과 전문성을 담보할 수 있는 상당한 방법으로 압수·수색 또는 검증을 해야 한다.

⑤ 검사 또는 사법경찰관은 제4항에 따라 참여한 피압수자등이나 변호인이 압수 대상 전자정보와 사건의 관련성에 관하여 의견을 제시한 때에는 이를 조서에 적어야 한다.

(2) 압수의 특칙

① 우체물과 전기통신의 압수

(가) 특칙의 내용 : 법원·수사기관은 필요한 때에는 **피고·피의사건과 관계가 있다고 인정할 수 있는 것에 한정하여** 우체물 또는 통신비밀보호법 제2조 제3호에 따른 전기통신에 관한 것으로서 체신관서, 그 밖의 관련기관 등이 소지 또는 보관하는 물건의 제출을 명하거나 압수를 할 수 있다(제107조 제1항, 제219조). 위 처분을 할 때에는 발신인이나 수신인에게 그 취지를 **통지**하여야 한다. 단, 심리에 방해될 염려가 있는 경우에는 예외로 한다(제107조 제3항).

정리 감청(통신제한조치)과 전기통신 압수의 구별 : 통신비밀보호법상의 "감청"이란 그 대상이 되는 전기통신의 송·수신과 동시에 이루어지는 경우만을 의미하고, 이미 수신이 완료된 전기통신의 내용을 지득하는 등의 행위는 포함되지 않는다(대법원 2012.7.26. 2011도12407; 2012.10.25. 2012도4644).

(나) 압수요건의 완화 : 우체물과 전기통신은 **반드시 증거물 또는 몰수할 것으로 사료되는 물건일 필요가 없다**는 점에서 보통의 압수의 목적물보다 그 요건이 완화되어 있다.

② 군사상 비밀 : 군사상 비밀을 요하는 장소는 그 **책임자의 승낙** 없이는 압수·수색할 수 없다. 책임자는 **국가의 중대한 이익**을 해하는 경우를 제외하고는 승낙을 거부하지 못한다(제110조, 제219조).

③ 공무상 비밀 : 공무원 또는 공무원이었던 자가 소지·보관하는 물건에 관하여는 본인 또는 그 해당 공무소가 직무상의 비밀에 관한 것임을 신고한 때에는 그 **소속 공무소 또는 당해 감독관공서의 승낙** 없이는 압수하지 못한다. [법원9급 09] 소속 공무소 또는 당해 감독관공서는 **국가의 중대한 이익**을 해하는 경우를 제외하고는 승낙을 거부하지 못한다(제111조, 제219조). [국가9급 17]

④ 업무상 비밀 : 변호사, 변리사, 공증인, 공인회계사, 세무사, 대서업자, 의사, 한의사, 치과의사, 약사, 약종상, 조산사, 간호사, 종교의 직에 있는 자 또는 이러한 직에 있던 자가 그 업무상 위탁을 받아 소지·보관하는 물건으로 **타인의 비밀에 관한 것은 압수를 거부**할 수 있다. [경찰채용 09 2차] 단, 그 **타인의 승낙이 있거나 중대한 공익상 필요**가 있는 때에는 예외로 한다(제112조, 제219조).

> [정리] 형법상 업무상 비밀누설죄(제317조)의 주체 : 의/한/치/약/ 약/조/변/변/ 공/공/대/보(조자 : 간호사 등) 차등의 직에 있던 자)/종/종, 형소법상 압수거부권자(제112조) = 증언거부권자(제149조) : 변/변/공/공/ 세(무사)/대/의/한/치/약/약/조/ 간(호사)/종/전(직).
> ∴ 형법과 형소법의 차이 : 세무사. ※ 감정인 [교정9급특채 10, 해경간부 12] · 교사 · 법무사 · 관세사 · 건축사 · 공인중개사 ×

2. 수색의 목적물

(1) 피고인·피의자의 신체 등 : 법원 또는 수사기관은 필요한 때에는 **피고·피의사건과 관계가 있다고 인정할 수 있는 것에 한정**하여 피고인·피의자의 신체, 물건 또는 주거 기타 장소를 수색할 수 있다(제109조 제1항, 제219조).

(2) 제3자의 신체 등 : 피고인·피의자 아닌 자의 신체, 물건, 주거 기타 장소에 관하여는 **압수할 물건이 있음을 인정할 수 있는 경우에 한하여** 수색할 수 있다(제109조 제2항, 제219조).

Ⅲ 요건(압-관/필/비)

1. 범죄혐의

압수·수색도 수사인 이상 범죄혐의가 있어야 한다. 범죄혐의의 정도에 대해서는 견해가 대립하나, 구속영장 발부와 같은 **객관적 혐의에 이르지 않는 정도의 단순한 혐의**로도 충분하다(다수설). 따라서 "죄를 범하였다고 의심할 만한 정황(2011.7.18. 개정법 제215조 제1항·제2항)"이 있다면 족하다.

2. 해당 사건과의 관련성

2011.7.18. 개정법에 의해 압수·수색의 필요성 외에도, 법원은 **피고사건과 관계가 있다고 인정할 수 있는 것에 한정**하여 압수·수색할 수 있고(제106조 제1항, 제109조 제1항), 검사·사법경찰관은 **해당 사건과 관계가 있다고 인정할 수 있는 것에 한정**하여 압수·수색·검증할 수 있다(제215조 제1항·제2항).[1] 여기에서 관계있는 범죄라는 것은 압수·수색영장에 기재된 혐의사실과 **객관적 관련성**이 있고 압수·수색영장 대상자와 피의자 사이에 **인적 관련성**이 있는 범죄를 말한다. 판례는 위 개정 이전에도 사건 **관련성이 없는 압수는 영장주의에 위반한 절차적 위법이 있는 것**이어서 위법수집증거로서 증거능력이 없다고 판시하고 있었다(대법원 2011.5.26, 2009모1190 : 압수·수색영장에 기재된 **피의자와 무관한 타인의 범죄사실에 관한 녹음파일을 압수한 것은 위법**). [경찰채용 20 1차]

🗡 [판례연구] 압수의 요건인 관련성의 의미

대법원 2017.12.5, 2017도13458 [경찰채용 20 1차, 국가9급 22]
압수·수색영장의 범죄 혐의사실과 '관계있는 범죄'의 의미 및 범위

형사소송법 제215조 제1항은 "검사는 범죄수사에 필요한 때에는 피의자가 죄를 범하였다고 의심할 만한 정황이 있고 해당 사건과 관계가 있다고 인정할 수 있는 것에 한정하여 지방법원판사에게 청구하여 발부받은 영장에 의하여 압수, 수색 또는 검증을 할 수 있다."라고 정하고 있다. 따라서 영장 발부의 사유로 된 범죄 혐의사실과 무관한 별개의 증거를 압수하였을 경우 이는 원칙적으로 유죄 인정의 증거로 사용할 수 없다. 그러나 압수·수색의 목적이 된 범죄나 이와 관련된 범죄의 경우에는 그 압수·수색의 결과를 유죄의 증거로 사용할 수 있다. 압수·수색영장의 범죄 혐의사실과 관계있는 범죄라는 것은 압수·수색영장에 기재한 혐의사실과 객관적 관련성이 있고 압수·수색영장 대상자와 피의자 사이에 인적 관련성이 있는 범죄를 의미한다. 그중 혐의사실과의 객관적 관련성은 압수·수색영장에 기재된 혐의사실 자체 또는 그와 기본적 사실관계가 동일한 범행과 직접 관련되어 있는 경우는 물론 범행 동기와 경위, 범행 수단과 방법, 범행 시간과 장소 등을 증명하기 위한 간접증거나 정황증거 등으로 사용될 수 있

---

1) [참고] 해당사건과의 관련성 요건과 필요성 요건의 관계에 대해서는 ① 압수의 필요성은 수사기관의 관점에서 검토되고 사건 관련성은 객관적 관점에서 판단되는 요건으로서 서로 구별된다는 입장(신동운)과 ② 관련성은 필요성 요건의 일부라는 입장(이/조, 임동규)이 대립한다.

는 경우에도 인정될 수 있다. 그 관련성은 압수·수색영장에 기재된 혐의사실의 내용과 수사의 대상, 수사 경위 등을 종합하여 구체적·개별적 연관관계가 있는 경우에만 인정되고, 혐의사실과 단순히 동종 또는 유사 범행이라는 사유만으로 관련성이 있다고 할 것은 아니다. 그리고 피의자와 사이의 인적 관련성은 압수·수색영장에 기재된 대상자의 공동정범이나 교사범 등 공범이나 간접정범은 물론 필요적 공범 등에 대한 피고사건에 대해서도 인정될 수 있다.

⚖ **판례연구** 압수의 요건인 관련성이 충족되지 않는다고 본 사례

1. 대법원 2012.3.29, 2011도10508

저장매체에서 범죄혐의와 관련성에 대한 구분 없이 임의로 문서를 출력하거나 파일을 복사하는 집행은 위법하고 이러한 압수물을 토대로 자백을 받은 것은 독수과실로서 증거능력이 부정된다는 사례

수사기관 사무실 등으로 옮긴 저장매체에서 범죄혐의와 관련성에 대한 구분 없이 저장된 전자정보 중 임의로 문서출력 또는 파일복사를 하는 행위는 특별한 사정이 없는 한 영장주의 등 원칙에 반하는 위법한 집행이고, … 피고인이 수사기관에서 한 자백 역시 절차에 따르지 않은 증거에 기초하여 획득된 경우, 이들 증거는 적법절차의 실질적 내용을 침해하는 것으로 절차 위반행위와 2차적 증거수집 사이에 인과관계가 희석되거나 단절된다고 볼 수 없어 유죄의 증거로 삼을 수 없다.

2. 대법원 2014.1.16, 2013도7101 [국가9급 15, 경찰채용 15 3차]

甲의 공직선거법 위반 범행을 영장 범죄사실로 하여 발부받은 압수·수색영장의 집행 과정에서 乙, 丙 사이의 대화가 녹음된 녹음파일을 압수한 경우, 위법수집증거로서 증거능력이 없다는 사례

수사기관이 피의자 甲의 공직선거법 위반 범행을 영장 범죄사실로 하여 발부받은 압수·수색영장의 집행 과정에서 乙, 丙 사이의 대화가 녹음된 녹음파일(이하 '녹음파일'이라 한다)을 압수하여 乙, 丙의 공직선거법 위반 혐의사실을 발견한 경우, 압수·수색영장에 기재된 '피의자'인 甲이 녹음파일에 의하여 의심되는 혐의사실과 무관한 이상, 수사기관이 별도의 압수·수색영장을 발부받지 아니한 채 압수한 녹음파일은 형사소송법 제219조에 의하여 수사기관의 압수에 준용되는 형사소송법 제106조 제1항이 규정하는 '피고사건' 내지 같은 법 제215조 제1항이 규정하는 '해당 사건'과 '관계가 있다고 인정할 수 있는 것'에 해당하지 않으며, 이와 같은 압수에는 헌법 제12조 제1항 후문, 제3항 본문이 규정하는 영장주의를 위반한 절차적 위법이 있으므로, 녹음파일은 형사소송법 제308조의2에서 정한 '적법한 절차에 따르지 아니하고 수집한 증거'로서 증거로 쓸 수 없고, 그 절차적 위법은 헌법상 영장주의 내지 적법절차의 실질적 내용을 침해하는 중대한 위법에 해당하여 예외적으로 증거능력을 인정할 수도 없다.

3. 대법원 2019.10.17, 2019도6775

필로폰 투약 혐의사실 압수·수색영장 발부 후 1달이 지나 소변·모발을 압수한 사례

이 사건 압수영장에 기재된 메트암페타민(이하 '필로폰') 투약 혐의사실은 피고인이 2018. 5. 23. 시간불상경 부산 이하 불상지에서 필로폰 불상량을 불상의 방법으로 투약하였다는 것이다. 이 사건 공소사실 중 필로폰 투약의 점은 피고인이 2018. 6. 21.경부터 같은 달 25일경까지 사이에 부산 이하 불상지에서 필로폰 불상량을 불상의 방법으로 투약하였다는 것이다. 마약류 투약 범죄는 그 범행일자가 다를 경우 별개의 범죄로 보아야 하고, 이 사건 압수영장 기재 혐의사실과 이 부분 공소사실은 그 범행 장소, 투약방법, 투약량도 모두 구체적으로 특정되어 있지 않아 어떠한 객관적인 관련성이 있는지 알 수 없다. 이 사건 압수영장 기재 혐의사실과 이 부분 공소사실이 동종 범죄라는 사정만으로 객관적 관련성이 있다고 할 수 없다. … 이 사건 압수영장 기재 혐의사실의 내용과 수사의 대상, 수사 경위 등을 종합하여 보면, 이 부분 공소사실과 같은 필로폰 투약의 점은 경찰이 이 사건 압수영장을 발부받을 당시 전혀 예견할 수 없었던 혐의사실이었던 것으로 보이므로, 이 사건 압수영장 기재 혐의사실과 이 부분 공소사실 사이에 연관성이 있다고 보기 어렵다(위법수집증거).

4. 대법원 2021.7.29, 2020도14654 [변호사 24]

피의자의 동생이 피의자로 기재된 압수·수색영장 집행의 적법성

(아동·청소년 이용 음란물 제작, 배포, 소지 등으로 기소된 피의자의 동생이 피의자로 기재된 압수·수색영장으로 피의자 소유의 정보저장매체를 압수한 영장 집행이 적법한가의 문제) 헌법과 형사소송법이 구현하고자 하는 적법절차와 영장주의의 정신에 비추어 볼 때, 법관이 압수·수색영장을 발부하면서 '압수할 물건'을 특정하기 위하여 기재한 문언은 엄격하게 해석하여야 하고, 함부로 피압수자 등에게 불리한 내용으로 확장 또는 유추 해석하여서는 안 된다(대법원 2009.3.12, 2008도763 등). 따라서 피고인이 아닌 사람을 피의자로 하여 발부된 이 사건 영장을 집행하면서 피고인 소유의 이 사건 휴대전화 등을 압수한 것은 위법하다.

[보충] 경찰은 피해자가 연락을 주고받은 피고인의 페이스북 계정에 관한 압수·수색 결과를 바탕으로 범인이 피해자와 페이스북 메신저를 통해 대화한 계정의 접속 IP 가입자가 공소외 1(피고인의 모친)임을 확인하였다. 그리고 공소외 1의 주민등록표상 공소외 2(피고인의 부친)와 공소외 3(피고인의 남동생)이 함께 거주하고 있음을 확인하였다. 당시 피고인은 위 페이스북 접속지에서 거주하고 있었으나 주민등록상 거주지가 달라 공소외 1의 주민등록표에는 나타나지 않았다. 경찰은 공소외 3을 피의자로

특정한 뒤 압수·수색영장을 신청하였고, 지방법원판사는 경찰이 신청한 대로 이 사건 영장을 발부하였다. 이 사건 영장에는 범죄혐의 피의자로 피고인의 동생인 '공소외 3'이, 수색·검증할 장소, 신체, 물건으로 '가. 전라북도 전주시(주소 생략), 나. 피의자 공소외 3의 신체 및 피의자가 소지·소유·보관하는 물건'이, 압수할 물건으로 '피의자 공소외 3이 소유·소지 또는 보관·관리·사용하고 있는 스마트폰 등 디지털기기 및 저장매체'가 각각 특정되어 기재되어 있다. 경찰이 이 사건 영장을 집행하기 위하여 피고인의 주거지에 도착하였을 때 피고인은 출근을 하여 부재중이었고, 경찰은 공소외 1과 공소외 3으로부터 이 사건 피의사실을 저지른 사람은 공소외 3이 아닌 피고인이라는 취지의 말을 들었다. 이에 경찰은 공소외 1에게 이 사건 영장을 제시하고 이 사건 영장에 의하여 위 주거지를 수색하여 피고인 소유의 이 사건 휴대전화 등을 압수하였다. 경찰은 그 자리에서 위 각 압수물에 대한 압수조서를 작성하였는데, 그 '압수경위'란에 "페이스북 접속 IP 설치장소에 거주하는 공소외 3을 피의자로 특정하였으나 현장 방문한바, 형 피고인이 세대 분리된 상태로 같이 거주하고 있었고 모친 및 공소외 3 진술을 청취한바 실제 피의자는 피고인으로 확인됨. 그러나 영장 집행 당시 출근하여 부재중이므로 모친 공소외 1 참여하에 이 사건 영장을 집행함."이라고 기재하였다. … 이 사건 영장의 문언상 압수·수색의 상대방은 공소외 3이고, 압수할 물건은 공소외 3이 소유·소지·보관·관리·사용하는 물건에 한정된다. 비록 경찰이 압수·수색 현장에서 다른 사람으로부터 이 사건 범행의 진범이 피고인이라는 이야기를 들었다고 하더라도 이 사건 영장에 기재된 문언에 반하여 피고인 소유의 물건을 압수할 수는 없다. 대물적 강제처분은 대인적 강제처분과 비교하여 범죄사실 소명의 정도 등에서 그 차이를 인정할 수 있다고 하더라도, 일단 피의자와 피압수자를 특정하여 영장이 발부된 이상 다른 사람을 피압수자로 선해하여 영장을 집행하는 것이 적법·유효하다고 볼 수는 없기 때문이다[대법원 2021.7.29, 2020도14654, 아동·청소년의성보호에관한법률위반(음란물제작·배포등)·아동복지법위반(아동에대한음행강요·매개·성희롱등)·아동·청소년의성보호에관한법률위반(음란물소지)·공갈·협박]. → (위 압수 이후 경찰은 피고인의 직장으로 찾아가 피고인으로부터 휴대폰을 임의제출 받으면서 아이디와 비밀번호를 받아 클라우드에서 범죄의 증거를 수집하였음) (다른 유죄의 증거가 있어) 징역 3년, 성폭력 치료프로그램 이수 40시간, 아동·청소년 관련기관 등 및 장애인복지시설에 5년간 취업제한 등.

5. 대법원 2021.11.25, 2016도82

경찰이 지하철 내에서 여성을 촬영한 혐의로 임의제출받은 휴대전화를 복원하여 주택에서 몰래 당시 교제 중이던 여성의 나체와 음부를 촬영한 동영상을 발견하고 이를 함께 기소한 사건

공중밀집장소인 지하철 내에서 여성을 촬영한 행위와 다세대 주택에서 몰래 당시 교제 중이던 여성의 나체와 음부를 촬영한 행위는 범행 시간과 장소뿐만 아니라 범행 동기와 경위, 범행 수단과 방법 등을 달리하므로, 간접증거와 정황증거를 포함하는 구체적·개별적 연관관계 있는 관련 증거의 법리에 의하더라도, 여성의 나체와 음부가 촬영된 사진은 임의제출에 따른 압수의 동기가 된 범죄혐의사실과 구체적·개별적 연관관계 있는 전자정보로 보기 어렵고, 위 사진 및 이 사건 휴대전화에서 삭제된 전자정보를 복원하여 이를 복제한 시디는 경찰이 피압수자인 피고인에게 참여의 기회를 부여하지 않은 상태에서 임의로 탐색·복제·출력한 전자정보로서, 피고인에게 압수한 전자정보 목록을 교부하거나 피고인이 그 과정에 참여하지 아니할 의사를 가지고 있는지 여부를 확인한 바가 없으므로, 수사기관이 영장 없이 이를 취득한 이상 증거능력이 없다.

6. 대법원 2022.1.14, 2021모1586 [경찰채용 22 2차, 변호사 24]

'특정 혐의사실과 관련성 있는 정보만을 압수·수색하고, 관련성 없는 정보는 삭제 등을 할 것' 등으로 압수수색의 대상과 방법을 제한한 압수수색영장 사건

① (법원이 압수·수색영장을 발부하면서 범죄 혐의사실과 관련 있는 전자정보의 탐색·복제·출력이 완료된 때 지체 없이 영장 기재 범죄 혐의사실과 관련이 없는 나머지 전자정보에 대해 삭제·폐기 또는 피압수자 등에게 반환할 것을 정하였음에도 수사기관이 이에 따르지 아니한 채 나머지 전자정보를 보유한 경우 그 압수는 적법하지 않다는 사례) 법원은 압수·수색영장의 집행에 관하여 범죄 혐의사실과 관련 있는 전자정보의 탐색·복제·출력이 완료된 때에는 지체 없이 영장 기재 범죄 혐의사실과 관련이 없는 나머지 전자정보에 대해 삭제·폐기 또는 피압수자 등에게 반환할 것을 정할 수 있다. 수사기관이 범죄 혐의사실과 관련 있는 정보를 선별하여 압수한 후에도 그와 관련이 없는 나머지 정보를 삭제·폐기·반환하지 아니한 채 그대로 보관하고 있다면 범죄 혐의사실과 관련이 없는 부분에 대하여는 압수의 대상이 되는 전자정보의 범위를 넘어서는 전자정보를 영장 없이 압수·수색하여 취득한 것이어서 위법하고, 사후에 법원으로부터 압수·수색영장이 발부되었다거나 피고인이나 변호인이 이를 증거로 함에 동의하였다고 하여 그 위법성이 치유된다고 볼 수 없다. ② (범죄 혐의사실과의 관련성에 대한 구분 없이 임의로 전체의 전자정보를 복제·출력하여 이를 하나의 압축파일로 보관하여 두고, 그와 같이 선별되지 않은 전자정보에 대해 구체적인 개별 파일 명세를 특정하여 상세목록을 작성하지 않고 그 압축파일 이름만을 기재하여 이를 상세목록이라고 하면서 피압수자에게 교부한 경우 그 압축파일 전체에 대한 압수는 적법하지 않다는 사례) 수사기관이 압수·수색영장에 기재된 범죄 혐의사실과의 관련성에 대한 구분 없이 임의로 전체의 전자정보를 복제·출력하여 이를 보관하여 두고, 그와 같이 선별되지 않은 전자정보에 대해 구체적인 개별 파일 명세를 특정하여 상세목록을 작성하지 않고 '….zip'과 같이 그 내용을 파악할 수 없도록 되어 있는 포괄적인 압축파일만을 기재한 후 이를 전자정보 상세목록이라고 하면서 피압수자 등에게 교부함으로써 범죄 혐의사실과 관련성 없는 정보에 대한 삭제·폐기·반환 등의 조치도 취하지 아니하였다면, 이는 결국 수사기관이 압수·수색영장에 기재된 범죄혐의 사실과 관련된 정보 외에 범죄혐의 사실과 관련이 없어 압수의 대상이 아닌 정보까지 영장 없이 취득하는 것일 뿐만 아니라, 범죄혐의와 관련 있는 압수 정보에 대한 상세목록 작성·교부 의무와 범죄혐의와 관련 없는 정보에 대한 삭제·폐기·반환 의무를 사실상 형해화하는 결과가 되는 것이어서 영장주의와 적법절차의 원칙을 중대하게 위반한 것으

로 봄이 상당하다(만약 수사기관이 혐의사실과 관련 있는 정보만을 선별하였으나 기술적인 문제로 정보 전체를 1개의 파일 등으로 복제하여 저장할 수밖에 없다고 하더라도 적어도 압수목록이나 전자정보 상세목록에 압수의 대상이 되는 전자정보 부분을 구체적으로 특정하고, 위와 같이 파일 전체를 보관할 수밖에 없는 사정을 부기하는 등의 방법을 취할 수 있을 것으로 보인다). 따라서 이와 같은 경우에는 영장 기재 범죄혐의 사실과의 관련성 유무와 상관없이 수사기관이 임의로 전자정보를 복제·출력하여 취득한 정보 전체에 대해 그 압수는 위법한 것으로 취소되어야 한다고 봄이 상당하고, 사후에 법원으로부터 그와 같이 수사기관이 취득하여 보관하고 있는 전자정보 자체에 대해 다시 압수·수색영장이 발부되었다고 하여 달리 볼 수 없다.[1]

7. 대법원 2023.6.1, 2018도19782 [경찰채용 24 1차]

선행사건의 이미징 사본을 공범 수사를 위해 새로 탐색·출력한 사건

수사기관의 전자정보에 대한 압수·수색은 원칙적으로 영장 발부의 사유로 된 범죄 혐의사실과 관련된 부분만을 문서 출력물로 수집하거나 수사기관이 휴대한 저장매체에 해당 파일을 복제하는 방식으로 이루어져야 한다. 수사기관이 저장매체 자체를 직접 반출하거나 그 저장매체에 들어 있는 전자파일 전부를 하드카피나 이미징 등 형태(이하 '복제본')로 수사기관 사무실 등 외부에 반출하는 방식으로 압수·수색하는 것은 현장의 사정이나 전자정보의 대량성으로 인하여 관련 정보 획득에 긴 시간이 소요되거나 전문 인력에 의한 기술적 조치가 필요한 경우 등 범위를 정하여 출력 또는 복제하는 방법이 불가능하거나 압수의 목적을 달성하기에 현저히 곤란하다고 인정되는 때에 한하여 예외적으로 허용될 수 있을 뿐이다(대법원 2015.7.16, 2011모1839 전원합의체 등 참조). 수사기관은 복제본에 담긴 전자정보를 탐색하여 혐의사실과 관련된 정보(이하 '유관정보')를 선별하여 출력하거나 다른 저장매체에 저장하는 등으로 압수를 완료하면 혐의사실과 관련 없는 전자정보(이하 '무관정보')를 삭제·폐기하여야 한다. 수사기관이 새로운 범죄 혐의의 수사를 위하여 무관정보가 남아 있는 복제본을 열람하는 것은 압수·수색영장으로 압수되지 않은 전자정보를 영장 없이 수색하는 것과 다르지 않다. 따라서 복제본은 더 이상 수사기관의 탐색, 복제 또는 출력 대상이 될 수 없으며, 수사기관은 새로운 범죄 혐의의 수사를 위하여 필요한 경우에도 유관정보만을 출력하거나 복제한 기존 압수·수색의 결과물을 열람할 수 있을 뿐이다. 원심은 수사기관이 피고인에 대한 수사를 위하여 유죄 판결이 이미 확정된 A(누설 상대방)에 대한 수사 당시 전자정보 압수·수색 과정에서 생성한 이미징 사본을 탐색, 출력한 행위가 위법하며, 이를 바탕으로 수집한 전자정보 등 2차적 증거는 위법수집증거에 해당하여 유죄의 증거로 사용할 수 없고, 위법수집증거 배제법칙의 예외에 해당한다고 보기도 어렵다는 이유로 피고인에게 무죄를 선고하였는데, 이러한 원심의 판단은 정당하다.

정리1 선행 사건의 전자정보 압수·수색 과정에서 생성한 이미징 사본을 선행 사건의 판결확정 이후 그 공범에 대한 범죄 혐의 수사를 위해 새로 탐색·출력한 것은 위법하다.

정리2 전자정보 압수·수색 과정에서 생성한 이미징 사본 등의 복제본에 혐의사실과 관련 없는 전자정보가 남아 있는 경우, 이를 새로운 범죄혐의의 수사를 위하여 탐색, 복제 또는 출력할 수 없다.

8. 대법원 2023.6.1, 2018도18866

군사기밀보호법 위반 혐의에 관한 압수수색영장으로 압수한 증거물을 그 군사기밀보호법 위반죄 공범의 별건 범죄사실에 관한 증거로 사용한 사건

수사기관은 영장 발부의 사유로 된 범죄혐의사실과 관계가 없는 증거를 압수할 수 없고, 별도의 영장을 발부받지 아니하고서는 압수물 또는 압수한 정보를 그 압수의 근거가 된 압수·수색영장 혐의사실과 관계가 없는 범죄의 유죄 증거로 사용할 수 없다. 따라서 현역 군인 피고인 甲이 방산업체 관계자의 부탁을 받고 군사기밀 사항을 메모지에 옮겨 적은 후 이를 전달하여 누설하였는데, 위 메모지가 누설 상대방의 다른 군사기밀 탐지·수집 혐의에 관하여 발부된 압수·수색영장으로 압수된 경우, 위 메모지의 증거능력은 인정되지 않는다.

⚓ 판례연구 압수의 요건인 관련성이 충족된다고 본 사례

1. 대법원 2020.2.13, 2019도14341,2019전도130 [법원9급 22]

압수된 증거물을 영장 발부의 사유가 된 범죄 혐의사실 이외의 다른 범죄사실을 뒷받침하는 증거로 쓰기 위한 요건 중 '객관적 관련성'

---

[1] [보충] 'A의 특정 혐의사실과 관련성 있는 정보만을 압수·수색하고, 관련성 없는 정보는 삭제 등을 할 것' 등으로 압수수색의 대상과 방법을 제한한 압수수색영장(1영장)에 기하여, 수사기관이 甲의 휴대전화를 압수·수색하면서 휴대전화에 저장된 정보를 하나의 압축파일로 수사기관의 저장매체에 보관하여 두고, 그 압축파일명을 그대로 기재한 상세목록을 작성하여 甲에게 교부하였는데, 이후 A의 특정 혐의사실과는 관련이 없는 甲의 별개 혐의사실에 대한 수사가 개시되자, 수사기관이 위 저장매체에 보관하여 둔 압축파일(甲의 휴대전화 전자정보)에 대해 다시 압수수색영장(2영장, 3영장)을 발부받아 이를 집행하자, 이에 대한 압수의 취소를 구하는 사안으로서, 대법원은 1영장에 기한 압수수색은 결국 혐의사실과 관련성 있는 부분만을 선별하려는 조치를 취하지도 않았고, 이후 관련 없는 부분에 대해 삭제 등의 조치를 취하지도 않았으며 유관·무관정보를 가리지 않은 채 1개의 파일로 압축하여 이를 보관하여 두고 그 파일 이름을 적은 서면을 상세목록이라고 하여 교부한 이상, 1영장에 기한 압수 전부가 위법하고, 이후 2영장, 3영장이 발부되었다고 하더라도 그 위법성이 치유되지 않는다고 보아, 이와 달리 판단한 원심결정을 파기환송한 사례이다.

이 충족되었는지가 문제된 사건

피고인이 2018.5.6.경 피해자 甲(여, 10세)에 대하여 저지른 간음유인미수 및 성폭력범죄의 처벌 등에 관한 특례법(이하 '성폭법') 위반(통신매체이용음란) 범행과 관련하여 수사기관이 피고인 소유의 휴대전화를 압수하였는데, 위 휴대전화에 대한 디지털정보 분석 결과 피고인이 2017.12.경부터 2018.4.경까지 사이에 저지른 피해자 乙(여, 12세), 丙(여, 10세), 丁(여, 9세)에 대한 간음유인 및 간음유인미수, 미성년자의제강간, 성폭력처벌법 위반(13세미만미성년자강간), 성폭력처벌법 위반(통신매체이용음란) 등 범행에 관한 추가 자료들이 획득되어 그 증거능력이 문제된 경우, 위 휴대전화는 피고인이 긴급체포되는 현장에서 적법하게 압수되었고, 형사소송법 제217조 제2항에 의해 발부된 법원의 사후 압수·수색·검증영장(이하 '압수·수색영장')에 기하여 압수 상태가 계속 유지되었으며, 압수·수색영장에는 범죄사실란에 甲에 대한 간음유인미수 및 통신매체이용음란의 점만이 명시되었으나, 법원은 계속 압수·수색·검증이 필요한 사유로서 영장 범죄사실에 관한 혐의의 상당성 외에도 추가 여죄수사의 필요성을 포함시킨 점, 압수·수색영장에 기재된 혐의사실은 미성년자인 甲에 대하여 간음행위를 하기 위한 중간 과정 내지 그 수단으로 평가되는 행위에 관한 것이고 나아가 피고인은 형법 제305조의2 등에 따라 상습범으로 처벌될 가능성이 완전히 배제되지 아니한 상태였으므로, 추가 자료들로 밝혀지게 된 乙, 丙, 丁에 대한 범행은 압수·수색영장에 기재된 혐의사실과 '기본적 사실관계가 동일한 범행에 직접 관련되어 있는 경우'라고 볼 수 있으며, 실제로 2017.12.경부터 2018.4.경까지 사이에 저질러진 추가 범행들은, 압수·수색영장에 기재된 혐의사실의 일시인 2018.5.7.과 시간적으로 근접할 뿐만 아니라, 피고인이 자신의 성적 욕망을 해소하기 위하여 미성년자인 피해자들을 대상으로 저지른 일련의 성범죄로서 범행 동기, 범행 대상, 범행의 수단과 방법이 공통되는 점, 추가 자료들은 압수·수색영장의 범죄사실 중 간음유인죄의 '간음할 목적'이나 성폭력처벌법 위반(통신매체이용음란)죄의 '자기 또는 다른 사람의 성적 욕망을 유발하거나 만족시킬 목적'을 뒷받침하는 간접증거로 사용될 수 있었고, 피고인이 영장 범죄사실과 같은 범행을 저지른 수법 및 준비과정, 계획 등에 관한 정황증거에 해당할 뿐 아니라, 영장 범죄사실 자체에 대한 피고인 진술의 신빙성을 판단할 수 있는 자료로도 사용될 수 있었던 점 등을 종합하면, 추가 자료들로 인하여 밝혀진 피고인의 乙, 丙, 丁에 대한 범행은 압수·수색영장의 범죄사실과 단순히 동종 또는 유사 범행인 것을 넘어서서 이와 구체적·개별적 연관관계가 있는 경우로서 객관적·인적 관련성을 모두 갖추었다는 이유로, 같은 취지에서 추가 자료들은 위법하게 수집된 증거에 해당하지 않으므로 압수·수색영장의 범죄사실뿐 아니라 추가 범행들에 관한 증거로 사용할 수 있다고 본 원심판단은 정당하다.

2. 대법원 2021.7.29, 2021도3756

필로폰 교부 혐의사실 압수·수색영장에 따라 압수한 소변·모발이 필로폰 투약죄의 증거가 된 사례

필로폰 교부의 혐의사실로 발부된 압수·수색영장에 따라 피의자의 소변, 모발을 압수하였고 그에 대한 감정 결과 필로폰 투약 사실이 밝혀져 필로폰 투약에 대한 공소가 제기된 경우, ① 법원이 압수할 물건으로 피고인의 소변뿐만 아니라 모발을 함께 기재하여 압수영장을 발부한 것은 영장 집행일 무렵의 필로폰 투약 범행뿐만 아니라 그 이전의 투약 여부까지 확인하기 위한 것으로 볼 수 있고, 피고인이 혐의사실인 필로폰 교부 일시 무렵 내지 그 이후 반복적으로 필로폰을 투약한 사실이 증명되면 필로폰 교부 당시에도 필로폰을 소지하고 있었거나 적어도 필로폰을 구할 수 있었다는 사실의 증명에 도움이 된다고 볼 수 있으므로, 압수한 피고인의 소변 및 모발은 압수영장의 혐의사실 증명을 위한 간접증거 내지 정황증거로 사용될 수 있는 경우에 해당하고, ② 법원이 영장의 '압수·수색·검증을 필요로 하는 사유'로 "필로폰 사범의 특성상 피고인이 이전 소지하고 있던 필로폰을 투약하였을 가능성 또한 배제할 수 없어 필로폰 투약 여부를 확인 가능한 소변과 모발을 확보하고자 한다."라고 기재하고 있는 점 등에 비추어 볼 때 이 부분 공소사실이 이 사건 압수영장 발부 이후의 범행이라고 하더라도 영장 발부 당시 전혀 예상할 수 없었던 범행이라고 볼 수도 없으므로, 압수·수색영장에 의하여 압수한 피고인의 소변 및 모발과 그에 대한 감정 결과 등은 위 압수·수색영장의 혐의사실과 객관적·인적 관련성을 모두 갖추어 투약의 공소사실의 증거로 사용할 수 있다.

3. 대법원 2021.8.26, 2021도2205

필로폰 투약 혐의사실 압수·수색영장에 따라 압수한 소변·모발이 혐의사실과 수개월의 기간이 경과한 후의 다른 필로폰 투약 사실에 대한 증거가 된 사례

필로폰 투약의 혐의사실로 발부된 압수·수색영장에 따라 피고인의 소변, 모발을 압수하였고, 그에 대한 감정 결과 혐의사실과 다른 필로폰 투약 사실이 밝혀져 압수물에 의하여 밝혀진 필로폰 투약 사실로 공소가 제기된 경우, 법원이 압수·수색영장을 발부하면서 '압수·수색을 필요로 하는 사유'로 "필로폰 사범의 특성상 피고인이 이전 소지하고 있던 필로폰을 투약하였을 가능성 또한 배제할 수 없어 피고인의 필로폰 투약 여부를 확인 가능한 소변과 모발을 확보하고자 한다."라고 기재하고, '압수할 물건'으로 피고인의 소변뿐만 아니라 모발을 함께 기재한 것은 영장 집행일 무렵의 필로폰 투약 범행뿐만 아니라 그 이전의 투약 여부까지 확인하기 위한 것으로 볼 수 있는 점 등을 고려하면, (비록 소변에서 각 압수·수색영장 기재 필로폰 투약과 관련된 필로폰이 검출될 수 있는 기간이 경과된 이후에 영장이 집행되어 압수된 소변으로 혐의사실을 직접 증명할 수는 없다고 하더라도) 유효기간 내에 집행된 위 압수·수색영장에 의하여 압수한 피고인의 소변 및 모발과 그에 대한 감정 결과 등은 압수·수색영장 기재 혐의사실의 정황증거 내지 간접증거로 사용될 수 있는 경우에 해당하여 객관적 관련성이 인정된다(원심이 원용하고 있는 대법원 2019.10.17, 2019도6775 판결은 압수·수색영장의 '압수·수색을 필요로 하는 사유'의 기재 내용, 압수·수색영장의 집행 결과 등 수사의 경위에서 이 사건과 사실관계를 달리하므로 이 사건에 그대로 적용하기에는 적절하지 않다).

4. 대법원 2021.11.25, 2021도10034

스마트폰을 이용한 불법촬영범죄의 경우 스마트폰 안에 저장되어 있는 같은 유형의 전자정보에 대한 압수의 요건인 관련성의 판단

전자정보 또는 전자정보저장매체에 대한 압수수색에서 혐의사실과 관련된 전자정보인지 여부를 판단할 때는 혐의사실의 내용과 성격, 압수수색의 과정 등을 토대로 구체적·개별적 연관관계를 살펴볼 필요가 있다. 특히 카메라의 기능과 전자정보저장매체의 기능을 함께 갖춘 휴대전화인 스마트폰을 이용한 불법촬영 등 범죄와 같이 범죄의 속성상 해당 범행의 상습성이 의심되거나 성적 기호 내지 경향성의 발현에 따른 일련의 범행의 일환으로 이루어진 것으로 의심되고, 범행의 직접 증거가 스마트폰 안에 이미지 파일이나 동영상 파일의 형태로 남아 있을 개연성이 있는 경우에는 그 안에 저장되어 있는 같은 유형의 전자정보에서 그와 관련한 유력한 간접증거나 정황증거가 발견될 가능성이 높다는 점에서 이러한 간접증거나 정황증거는 혐의사실과 구체적·개별적 연관관계를 인정할 수 있다. 이처럼 범죄의 대상이 된 피해자의 인격권을 현저히 침해하는 성격의 전자정보를 담고 있는 촬영물은 범죄행위로 인해 생성된 것으로서 몰수의 대상이기도 하므로, 휴대전화에서 해당 전자정보를 신속히 압수수색하여 촬영물의 유통가능성을 적시에 차단함으로써 피해자를 보호할 필요성이 크다. 나아가 이와 같은 경우에는 간접증거나 정황증거이면서 몰수의 대상이자 압수수색의 대상인 전자정보의 유형이 이미지 파일 내지 동영상 파일 등으로 비교적 명확하게 특정되어 그와 무관한 사적 전자정보 전반의 압수수색으로 이어질 가능성이 적어 상대적으로 폭넓게 관련성을 인정할 여지가 많다는 점에서도 그렇다(대법원 2021.11.18, 2016도348 전원합의체). … 수사기관은 남자 아동·청소년인 피해자 A에 대한 강제추행과 카메라 이용 촬영을 범죄사실로 하여 피고인의 휴대전화 등에 대한 압수수색영장을 발부받았고, 그 집행과정에서 피해자 A에 대한 범죄사실 외에도 다른 피해자들에 대한 범죄사실과 관련한 전자정보를 압수하여, 피고인은 피해자 A에 대한 음란물 제작과 성적 학대행위를 포함하여 다른 피해자들에 대한 여러 범죄사실로 공소제기되었는데, 위 압수수색영장은 피해자 A에 대한 범죄사실과 관련한 직접증거뿐 아니라 그 증명에 도움이 되는 간접증거 또는 정황증거를 확보하기 위한 것이라고 볼 수 있고, 그 압수수색영장에 따라 압수된 전자정보 및 그 분석결과 등은 혐의사실의 간접증거 또는 정황증거로 사용될 수 있는 경우에 해당하여 압수수색영장 기재 혐의사실과의 객관적 관련성이 인정된다.

3. 압수·수색의 필요성

압수·수색은 **증거수집과 범죄수사를 위하여 필요한 때**에만 할 수 있다(제106조, 제109조, 제219조, 제215조 제1항·제2항). [경찰승진 11] 여기서 필요성이란 단지 수사를 위해 필요할 뿐만 아니라 강제처분으로서 압수를 행하지 않으면 수사의 목적을 달성할 수 없어야 함을 말한다(대법원 2004.3.23, 2003모126).

4. 비례성

압수·수색의 요건으로서는 그 필요성이 인정되더라도 비례성이 추가로 요구되는바, 임의수사로도 같은 목적을 달성할 수 있는 경우에는 허용되지 않고(보충성의 원칙), 증거물이나 몰수물의 수집·보전에 필요한 범위에 그쳐야 하며(최소침해원칙), 수사상 필요의 정도와 피압수자가 입게 될 불이익의 정도가 균형을 이루어야 한다(법익균형의 원칙). 따라서 압수의 필요성이 인정되는 경우에도 압수가 무제한적으로 허용되는 것은 아니므로, **범죄의 형태와 경중, 대상물의 증거가치 및 중요성 및 멸실의 우려, 처분을 받는 자의 불이익 정도 등 제반사정을 종합적으로 고려하여 판단**하여야 한다(대법원 2004.3.23, 2003모126). [경찰채용 15 3차]

> ★ **판례연구** 압수의 요건인 필요성과 비례성
>
> 대법원 2004.3.23, 2003모126 [경찰채용 08 1차]
> 압수의 요건인 비례성이 충족되지 않는다고 본 사례
> 압수·수색은 증거수집과 범죄수사를 위하여 필요한 때에만 할 수 있다(제106조, 제109조, 제219조, 제215조 제1항·제2항). 여기서 필요성이란 단지 수사를 위해 필요할 뿐만 아니라 강제처분으로서 압수를 행하지 않으면 수사의 목적을 달성할 수 없어야 함을 말한다. 압수의 필요성이 인정되는 경우에도 압수가 무제한적으로 허용되는 것은 아니므로, 범죄의 형태와 경중, 대상물의 증거가치 및 중요성 및 멸실의 우려, 처분을 받는 자의 불이익 정도 등 제반사정을 종합적으로 고려하여 판단하여야 한다. 검사가 이 사건 준항고인들의 폐수무단방류 혐의가 인정된다는 이유로 준항고인들의 공장부지, 건물, 기계류 일체 및 폐수운반차량 7대에 대하여 한 압수처분은 수사상의 필요와 그로 인한 개인의 재산권 침해의 정도를 비교형량해 보면 비례성의 원칙에 위배되어 위법하다.

[정리] 압-관/필/비

IV 절 차

> **[수사기관의 압수 · 수색절차]**
> ① 영장신청 → ② 영장청구 → ③ 영장발부(cf. 법원 : 공판정 ×) → ④ 영장집행 : 검사지휘 – 사경집행, 영장제시(必 사전제시
> ∴ 긴급집행 ×), 참여 → ⑤ 조서작성 & 목록작성 교부

1. 압수 · 수색영장의 발부

(1) 법원의 압수 · 수색

① 공판정에서의 압수 · 수색 : **영장을 요하지 않는다.** [법원행시 02/03/04, 경찰간부 12, 경찰채용 13 2차] 이는 피고인구
속시 영장을 요하는 것과의 차이점이다.

② 공판정 외에서의 압수 · 수색 : **영장을 발부하여야 한다**(제113조). [경찰채용 12 1차/13 2차] 이 경우 **검사의 청구
없이 직권으로 발부**한다. [경찰채용 13 1차]

[정리] 법원의 검증시에는 공판정 내 · 외를 불문하고 영장을 요하지 않는다.

(2) 수사기관의 압수 · 수색

① 압수 · 수색영장의 청구

(가) **검사의 영장청구** : 검사는 범죄수사에 필요한 때에는 지방법원판사에게 청구하여 발부받은 영장
에 의하여 압수 · 수색 · 검증을 할 수 있다(제215조 제1항). 영장청구는 서면(영장청구서)으로 한다
(규칙 제107조 제1항).[1]

(나) **사법경찰관의 영장신청** : 사법경찰관이 범죄수사에 필요한 때에는 검사에게 신청하여 검사의 청
구로 지방법원판사가 발부한 영장에 의하여 압수 · 수색 · 검증을 할 수 있다(제215조 제2항).

② 압수 · 수색영장의 발부

(가) **영장의 방식** : 압수 · 수색영장에는 피의자의 성명, 죄명, 압수할 물건, 수색할 장소 · 신체 · 물건,
영장 발부 연월일, 영장의 유효기간과 그 기간이 지나면 집행에 착수할 수 없으며 영장을 반환하
여야 한다는 취지 그 밖에 대법원규칙으로 정하는 사항(압수 · 수색 · 검증사유)을 기재하고 관할지
방법원판사가 서명날인하여야 한다. 다만, 압수 · 수색할 물건이 전기통신에 관한 것인 경우에는
작성기간을 기재하여야 한다(2020.12.8. 우리말 순화 개정법 제114조 제1항, 제219조). 피의자의 성명
이 불분명할 때에는 인상 · 체격 등 피의자를 특정할 수 있는 사항으로 표시할 수 있다(제114조 제
2항, 제75조 제2항, 제219조).

(나) **일반영장의 금지** : 영장에는 압수할 물건, 수색할 장소 · 신체 · 물건이 기재되어야 한다(제114조 제
1항, 제219조, 규칙 제58조). 즉, 압수 · 수색 · 검증할 대상이 **명시적이고 개별적으로 표시**되어야 한
다. 따라서 압수할 물건을 **피의사건과 관계가 있는 모든 물건**이라고 기재한 영장은 일반영장으로
영장주의에 반한다. [경찰채용 05 1 · 2차, 법원9급 14]

> ⚖ **[판례연구]** 압수 · 수색절차에 있어서 영장 기재 문언은 엄격하게 해석해야 한다는 사례
>
> **대법원 2009.3.12, 2008도763 : 제주도지사실 압수 · 수색 사건** [법원9급 12, 경찰채용 11 1차/16 1차]
> 압수장소에 '보관 중인 물건' ≠ '현존하는 물건'
> 헌법과 형사소송법이 구현하고자 하는 적법절차와 영장주의의 정신에 비추어 볼 때, 법관이 압수 · 수색영장을 발부하면서 '압수
> 할 물건'을 특정하기 위하여 기재한 문언은 엄격하게 해석하여야 하고, 함부로 피압수자 등에게 불리한 내용으로 확장 또는 유추
> 해석하여서는 안 된다. 따라서 압수 · 수색영장에서 압수할 물건을 '압수장소에 보관 중인 물건(압수 · 수색 집행 이전부터 당해
> 장소에 계속적으로 있어 온 것 – 필자 주)'이라고 기재하고 있는 것을 '압수장소에 현존하는 물건'으로 해석할 수는 없다.

1] [참고] 규칙 제108조(자료의 제출) ① 법 제215조의 규정에 의한 청구를 할 때에는 피의자에게 범죄의 혐의가 있다고 인정되는 자료와 압수, 수색
또는 검증의 필요 및 해당 사건과의 관련성을 인정할 수 있는 자료를 제출하여야 한다. ② 피의자 아닌 자의 신체, 물건, 주거 기타 장소의 수색을
위한 영장의 청구를 할 때에는 압수하여야 할 물건이 있다고 인정될 만한 자료를 제출하여야 한다.

(다) **별건압수·별건수색의 금지** : 같은 장소에 대한 압수·수색이라 하여도 별건으로 발부받은 압수·수색영장을 가지고 영장에 기재되어 있지 않은 본건에 대하여 압수·수색하는 것은 영장주의 위반이다. 다만, 이 경우 압수 해제 후 다시 압수하는 것은 압수의 요건을 갖추고 있는 한 가능하다(대법원 1997.1.9, 96모34).

★ 판례연구 압수해제 후 필요시 별도 영장에 의한 재압수는 가능하다는 사례

대법원 1997.1.9, 96모34

압수물에 대한 몰수의 선고가 없어 압수가 해제된 것으로 간주된 상태에서 공범자에 대한 범죄수사를 위하여 그 압수해제된 물품을 재압수할 수 있다는 사례

형사소송법 제215조, 제219조, 제106조 제1항의 규정을 종합하여 보면, 검사는 범죄수사에 필요한 때에는 증거물 또는 몰수할 것으로 사료하는 물건을 법원으로부터 영장을 발부받아서 압수할 수 있는 것이고, 합리적인 의심의 여지가 없을 정도로 범죄사실이 인정되는 경우에만 압수할 수 있는 것은 아니라 할 것이며, 한편 범인으로부터 압수한 물품에 대하여 몰수의 선고가 없어 그 압수가 해제된 것으로 간주된다고 하더라도 공범자에 대한 범죄수사를 위하여 여전히 그 물품의 압수가 필요하다거나 공범자에 대한 재판에서 그 물품이 몰수될 가능성이 있다면 검사는 그 압수해제된 물품을 다시 압수할 수도 있다.

(라) **집행 종료 후 동일영장에 의한 재집행 금지** : 수사기관이 압수·수색영장을 제시하고 집행에 착수하여 압수·수색을 실시하고 그 **집행을 종료한 후라면**, 그 압수·수색영장의 유효기간 내에 동일한 장소 또는 목적물에 대하여 다시 압수·수색할 필요가 있다 하더라도, **종전의 압수·수색영장을 제시하고 다시 압수·수색할 수는 없다**(대법원 1999.12.1, 99모161). [법원9급 13, 교정9급특채 06/10, 경찰간부 12/13, 경찰승진 11/13, 경찰채용 05 2차/08 3차/11 2차/12 1·2차/13 1·2차]

★ 판례연구 압수·수색절차상 영장집행은 신중을 기해야 한다는 사례

1. 대법원 1999.12.1, 99모161 [경찰채용 24 1차, 국가7급 17]

압수·수색영장 집행종료 후 동일영장에 의한 재집행은 금지된다는 사례

형사소송법 제215조에 의한 압수·수색영장은 수사기관의 압수·수색에 대한 허가장으로서 거기에 기재되는 유효기간(영장이 효력을 가지고 있는 기간－필자 주)은 집행에 착수할 수 있는 종기를 의미하는 것일 뿐이므로, 수사기관이 압수·수색영장을 제시하고 집행에 착수하여 압수·수색을 실시하고 그 집행을 종료하였다면 이미 그 영장은 목적을 달성하여 효력이 상실되는 것이고, 동일한 장소 또는 목적물에 대하여 다시 압수·수색할 필요가 있는 경우라면 그 필요성을 소명하여 법원으로부터 새로운 압수·수색영장을 발부받아야 하는 것이지 [법원9급 13], 앞서 발부받은 압수·수색영장의 유효기간이 남아 있다고 하여 이를 제시하고 다시 압수·수색을 할 수는 없다.

2. 대법원 2023.3.16, 2020도5336

동일 압수·수색영장 재집행 금지 원칙의 또 다른 적용례

형사소송법 제215조에 의한 압수·수색영장은 수사기관의 압수·수색에 대한 허가장으로서 거기에 기재되는 유효기간은 집행에 착수할 수 있는 종기를 의미하는 것일 뿐이므로, 수사기관이 압수·수색영장을 제시하고 집행에 착수하여 압수·수색을 실시하고 그 집행을 종료하였다면 이미 그 영장은 목적을 달성하여 효력이 상실되는 것이고, 동일한 장소 또는 목적물에 대하여 다시 압수·수색할 필요가 있는 경우라면 그 필요성을 소명하여 법원으로부터 새로운 압수·수색영장을 발부받아야 하는 것이지, 앞서 발부받은 압수·수색영장의 유효기간이 남아 있다고 하여 이를 제시하고 다시 압수·수색을 할 수는 없다(대법원 1999.12.1, 99모161 참조). 사법경찰관 P는 ① 2019.3.5. 피의자가 甲으로, 혐의사실이 대마 광고 및 대마 매매로, 압수할 물건이 '피의자가 소지, 소유, 보관하고 있는 휴대전화에 저장된 마약류 취급 관련자료 등'으로, 유효기간이 '2019.3.31.'로 된 압수·수색·검증영장(이하 '이 사건 영장')을 발부받아, 2019.3.7. 그에 기해 甲으로부터 휴대전화 3대 등을 압수하였다. 이후 ② P는 2019.4.8. 甲의 휴대전화 메신저에서 대마 구입 희망의사를 밝히는 피고인 A의 메시지(이하 '이 사건 메시지')를 확인한 후, 甲 행세를 하면서 위 메신저로 메시지를 주고받는 방법으로 위장수사를 진행하여, 2019.4.10. A를 현행범으로 체포하고 그 휴대전화를 비롯한 소지품 등을 영장 없이 압수한 다음 2019.4.12. 사후 압수·수색·검증영장을 발부받았다. 피고인이 이 사건 메시지를 보낸 시점까지 경찰이 이 사건 영장 집행을 계속하고 있었다고 볼 만한 자료가 없으므로 경찰의 이 사건 메시지 등의 정보 취득은 영장 집행 종료 후의 위법한 재집행이고, 그 외에 경찰이 甲의 휴대전화 메신저 계정을 이용할 정당한 접근권한도 없으므로, 이 사건 메시지 등을 기초로 피고인을 현행범으로 체포하면서 수집한 증거는 위법수집증거로서 증거능력이 없다(「마약류 불법거래 방지에 관한 특례법」 위반 부분에 대해 무죄).

(마) 불복 : 영장 발부 또는 기각결정은 수임판사의 결정이므로 이에 대해서는 **불복할 수 없다.** [경찰채용 08 1차]

2. 압수·수색영장의 집행

(1) 집행기관

① 검사지휘·사경집행·예외 : 압수·수색영장은 **검사의 지휘에 의하여 사법경찰관리가 집행**한다. 단, (법원의 압수·수색 시) 필요한 경우에는 재판장은 **법원사무관 등**에게 그 집행을 명할 수 있다(제115조 제1항). 법원사무관 등은 압수·수색영장의 집행에 관하여 필요한 때에는 사법경찰관리에게 보조를 구할 수 있다(제117조).[1]

② 관외집행·촉탁집행 : 검사의 집행지휘나 사법경찰관리의 집행은 **관할구역 외에서도 할 수 있고**, 관할구역의 검사나 사법경찰관리에게 촉탁할 수도 있다(제115조 제2항, 제83조). [경찰승진 13]

(2) 집행방법

① 영장제시 및 사본교부의 원칙과 그 예외

(가) 영장제시·사본교부의 원칙 : 압수·수색영장은 **처분을 받는 자**에게 **반드시 제시하여야 하고, 처분을 받는 자가 피고인(피의자)인 경우에는 그 사본을 교부**하여야 한다(2022.2.3. 개정 제118조 본문, 제219조). [법원행시 04, 경찰채용 10 1차] 영장의 제시란 **영장의 구체적 내용을 피압수자가 확인**할 수 있도록 해주는 것을 말한다.[2] **반드시 사전제시(정본제시·개별제시)**일 것을 요하고 구속과 달리 사후제시의 방법에 의한 **긴급집행**(제85조 제3항·제4항, 제219조)**은 인정되지 않는다.** [법원9급 12/13, 국가9급 12/13, 교정9급특채 12, 경찰간부 13, 경찰승진 10/11/14, 경찰채용 10 2차/11 1·2차/13 1·2차/14 1차]

(나) 영장제시·사본교부의 예외 : 피처분자에 대한 압수·수색영장제시원칙에도 불구하고, 판례는 피처분자가 현장에 없거나 현장에서 그를 발견할 수 없는 경우 등 **영장제시가 현실적으로 불가능한 경우에는 영장을 제시하지 아니한 채 압수·수색을 할 수 있음**을 판시하였다(대법원 2015.1.22, 2014도10978 전원합의체). 이에 2022.2.3. 개정법에서는 "처분을 받는 자가 현장에 없는 등 **영장의 제시나 그 사본의 교부가 현실적으로 불가능한 경우** 또는 처분을 받는 자가 **영장의 제시나 사본의 교부를 거부한 때**에는 예외(영장제시·사본교부를 생략할 수 있음)로 한다."는 점을 명시하고 있다(2022.2.3. 개정 제118조 단서, 제219조).

🔍 **판례연구** 압수·수색절차의 영장집행 시 영장의 제시 관련사례

1. 대법원 2009.3.12, 2008도763 [법원9급 12/13, 국가7급 11/12, 국가9급 12/14/17, 경찰채용 11 1차/13 2차/15 2차·3차/16 1차/22 1차, 변호사 21]
압수·수색영장의 제시방법(= 개별적 제시)
압수·수색영장은 처분을 받는 자에게 반드시 제시하여야 하는바(제219조, 제118조), 현장에서 압수·수색을 당하는 사람이 여러 명일 경우에는 그 사람들 모두에게 개별적으로 영장을 제시해야 하는 것이 원칙이고, 수사기관이 압수·수색에 착수하면서 그 장소의 관리책임자에게 영장을 제시하였다고 하더라도, 물건을 소지하고 있는 다른 사람으로부터 이를 압수하고자 하는 때에는 그 사람에게 따로 영장을 제시하여야 한다.

2. 대법원 2015.1.22, 2014도10978 전원합의체 : 내란음모사건 [국가9급 17, 경찰채용 15 2차]
영장제시 현실적 불가능 시에는 영장제시 없이 압수·수색을 하는 것은 위법하지 않다는 사례
형사소송법 제219조가 준용하는 제118조는 "압수·수색영장은 처분을 받는 자에게 반드시 제시하여야 한다."라고 규정하고 있으나, 이는 영장제시가 현실적으로 가능한 상황을 전제로 한 규정으로 보아야 하고, 피처분자가 현장에 없거나 현장에서 그를 발견할 수 없는 경우 등 영장제시가 현실적으로 불가능한 경우에는 영장을 제시하지 아니한 채 압수·수색을 하더라도 위법하

---

1) [참고] 필수적 집행참여 : 법원이 압수·수색을 할 때에는 법원사무관 등을 참여하게 하여야 한다. 법원사무관등 또는 사법경찰관리가 압수·수색영장에 의하여 압수·수색을 할 때에는 다른 법원사무관 등 또는 사법경찰관리를 참여하게 하여야 한다(규칙 제60조). 검사가 압수, 수색, 검증을 함에는 검찰청수사관 또는 서기관이나 서기를 참여하게 하여야 하고 사법경찰관은 사법경찰관리를 참여하게 하여야 한다(동 제110조).

2) [참고] 수사준칙 제38조(압수·수색 또는 검증영장의 제시) ① 검사 또는 사법경찰관은 법 제219조에서 준용하는 법 제118조에 따라 영장을 제시할 때에는 피압수자에게 법관이 발부한 영장에 따른 압수·수색 또는 검증이라는 사실과 영장에 기재된 범죄사실 및 수색 또는 검증할 장소·신체·물건, 압수할 물건 등을 명확히 알리고, 피압수자가 해당 영장을 열람할 수 있도록 해야 한다.
② 압수·수색 또는 검증의 처분을 받는 자가 여럿인 경우에는 모두에게 개별적으로 영장을 제시해야 한다.

다고 볼 수 없다.

보충 압수·수색영장은 처분을 받는 자에게 반드시 제시하여야 하고, 처분을 받는 자가 피고인(피의자)인 경우에는 그 사본을 교부하여야 한다(2022.2.3. 개정 제118조 본문, 제219조). [경찰채용 10 1차, 법원행시 04] 영장의 제시란 영장의 구체적 내용을 피압수자가 확인할 수 있도록 해주는 것을 말한다. 반드시 사전제시(정본제시·개별제시)일 것을 요하고 구속과 달리 사후제시의 방법에 의한 긴급집행(제85조 제3항·제4항, 제219조)은 인정되지 않는다. [경찰채용 10 2차/11 1·2차/13 2차/14 1차, 경찰간부 13, 경찰승진 10/11/14, 국가9급 12/13, 교정9급특채 12, 법원9급 12/13] 다만, 위 판례에서 나타난 것처럼 영장제시가 현실적으로 불가능한 경우에는 영장을 제시하지 아니한 채 압수·수색을 할 수 있다(대법원 2015.1.22, 2014도10978 전원합의체). 이에 2022.2.3. 개정법에서는 "처분을 받는 자가 현장에 없는 등 영장의 제시나 그 사본의 교부가 현실적으로 불가능한 경우 또는 처분을 받는 자가 영장의 제시나 사본의 교부를 거부한 때에는 예외(영장제시·사본교부를 생략할 수 있음)로 한다."는 점을 명시하고 있다(2022.2.3. 개정 제118조 단서, 제219조).

3. **대법원 2017.9.7, 2015도10648** [경찰채용 22 1차/23 1차]

영장 원본의 제시 없는 압수는 위법하다는 사례

수사기관이 甲 주식회사에서 압수수색영장을 집행하면서 甲 회사에 팩스로 영장 사본을 송신하기만 하고 영장 원본을 제시하거나 압수조서와 압수물 목록을 작성하여 피압수·수색 당사자에게 교부하지도 않은 채 피고인의 이메일을 압수한 후 이를 증거로 제출한 경우, 위와 같은 방법으로 압수된 이메일은 증거능력이 없다.

4. **대법원 2020.4.16, 2019모3526**

압수·수색영장의 제시는 구체적 확인을 요한다는 사례

수사기관이 재항고인의 휴대전화 등을 압수할 당시 재항고인에게 압수·수색영장을 제시하였는데 재항고인이 영장의 구체적인 확인을 요구하였으나 수사기관이 영장의 범죄사실 기재 부분을 보여주지 않았고, 그 후 재항고인의 변호인이 재항고인에 대한 조사에 참여하면서 영장을 확인한 경우, 이는 형사소송법 제219조, 제118조에 따른 적법한 압수·수색영장의 제시라고 인정하기 어렵다.

5. **대법원 2022.1.27, 2021도11170**

금융계좌추적용 압수·수색영장의 집행에 있어서 모사전송 내지 전자적 송수신 방식으로 금융거래정보 제공요구 및 자료 회신이 이루어진 후 그 중 범죄혐의사실과 관련된 금융거래로 선별된 자료에 대하여 영장 원본 제시 등의 압수절차가 집행된 경우 영장의 적법한 집행 방법으로 인정하기 위한 요건

① 원칙 : 수사기관의 압수·수색은 법관이 발부한 압수·수색영장에 의하여야 하는 것이 원칙이고, 영장의 원본은 처분을 받는 자에게 반드시 제시되어야 하므로(대법원 2017.9.7, 2015도10648; 2019.3.14, 2018도2841 등), 금융계좌추적용 압수·수색영장의 집행에 있어서도 수사기관이 금융기관으로부터 금융거래자료를 수신하기에 앞서 금융기관에 영장 원본을 사전에 제시하지 않았다면 원칙적으로 적법한 집행 방법이라고 볼 수는 없다(원칙적 위법). ② 예외 : 다만, 수사기관이 금융기관에 「금융실명거래 및 비밀보장에 관한 법률」(이하 '금융실명법'이라 한다) 제4조 제2항에 따라서 금융거래정보에 대하여 영장 사본을 첨부하여 그 제공을 요구한 결과 금융기관으로부터 회신받은 금융거래자료가 해당 영장의 집행 대상과 범위에 포함되어 있고, 이러한 모사전송 내지 전자적 송수신 방식의 금융거래정보 제공요구 및 자료 회신의 전 과정이 해당 금융기관의 자발적 협조의사에 따른 것이며, 그 자료 중 범죄혐의사실과 관련된 금융거래를 선별하는 절차를 거친 후 최종적으로 영장 원본을 제시하고 위와 같이 선별된 금융거래자료에 대한 압수절차가 집행된 경우로서, 그 과정이 금융실명법에서 정한 방식에 따라 이루어지고 달리 적법절차와 영장주의 원칙을 잠탈하기 위한 의도에서 이루어진 것이라고 볼 만한 사정이 없어, 이러한 일련의 과정을 전체적으로 '하나의 영장에 기하여 적시에 원본을 제시하고 이를 토대로 압수·수색하는 것'으로 평가할 수 있는 경우에 한하여, 예외적으로 영장의 적법한 집행 방법에 해당한다고 볼 수 있다(예외적 적법).

② **집행 중 가능한 조치** : 출입금지·퇴거·개봉·집행중지·폐쇄 등

    (가) **출입금지·퇴거 등** : 압수·수색영장의 집행 중에는 타인의 출입을 금지할 수 있다. 출입금지에 위배한 자에게는 퇴거하게 하거나 집행종료시까지 간수자를 붙일 수 있다(제119조, 제219조).

    (나) **개봉 등** : 압수·수색영장의 집행에 있어서는 건정을 열거나 개봉 기타 필요한 처분을 할 수 있다(제120조, 제219조). 이는 압수물에 대해서도 가능하다(제120조 제2항, 제219조). 정보저장매체(제106조 제3항)를 압수한 경우에 범죄혐의 관련 정보를 탐색하여 해당 전자정보를 **문서로 출력하거나 파일을 복사**하는 것도 압수·수색영장의 집행의 일환에 해당한다(대법원 2012.3.29, 2011도10508).

    (다) **집행중지·폐쇄 등** : 압수·수색영장의 집행을 중지한 경우에 필요한 때에는 집행이 종료될 때까지 그 장소를 폐쇄하거나 간수자를 둘 수 있다(제127조, 제219조).

★ **판례연구** 압수·수색영장의 집행의 대상 및 집행에 필요한 처분에 해당한다는 사례

1. 대법원 2017.11.29, 2017도9747 [경찰채용 22 2차, 법원9급 19]

외국계 이메일에 대한 원격지 저장매체 접속 압수·수색 사건

수사기관이 인터넷서비스이용자인 피의자를 상대로 피의자의 컴퓨터 등 정보처리장치 내에 저장되어 있는 이메일 등 전자정보를 압수·수색하는 것은 전자정보의 소유자 내지 소지자를 상대로 해당 전자정보를 압수·수색하는 대물적 강제처분으로 형사소송법의 해석상 허용된다. 나아가 압수·수색할 전자정보가 압수·수색영장에 기재된 수색장소에 있는 컴퓨터 등 정보처리장치 내에 있지 아니하고 그 정보처리장치와 정보통신망으로 연결되어 제3자가 관리하는 원격지의 서버 등 저장매체에 저장되어 있는 경우에도, 수사기관이 피의자의 이메일 계정에 대한 접근권한에 갈음하여 발부받은 영장에 따라 영장 기재 수색장소에 있는 컴퓨터 등 정보처리장치를 이용하여 적법하게 취득한 피의자의 이메일 계정 아이디와 비밀번호를 입력하는 등 피의자가 접근하는 통상적인 방법에 따라 원격지의 저장매체에 접속하고 그곳에 저장되어 있는 피의자의 이메일 관련 전자정보를 수색장소의 정보처리장치로 내려받거나 그 화면에 현출시키는 것 역시 피의자의 소유에 속하거나 소지하는 전자정보를 대상으로 이루어지는 것이므로 그 전자정보에 대한 압수·수색을 위와 달리 볼 필요가 없다. 비록 수사기관이 위와 같이 원격지의 저장매체에 접속하여 그 저장된 전자정보를 수색장소의 정보처리장치로 내려받거나 그 화면에 현출시킨다 하더라도, 이는 인터넷서비스제공자가 허용한 피의자의 전자정보에 대한 접근 및 처분권한과 일반적 접속 절차에 기초한 것으로서, 특별한 사정이 없는 한 인터넷서비스제공자의 의사에 반하는 것이라고 단정할 수 없다. 또한 형사소송법 제109조 제1항, 제114조 제1항에서 영장에 수색할 장소를 특정하도록 한 취지와 정보통신망으로 연결되어 있는 한 정보처리장치 또는 저장매체 간 이전, 복제가 용이한 전자정보의 특성 등에 비추어 보면, 수색장소에 있는 정보처리장치를 이용하여 정보통신망으로 연결된 원격지의 저장매체에 접속하는 것이 위와 같은 형사소송법의 규정에 위반하여 압수·수색영장에서 허용한 집행의 장소적 범위를 확대하는 것이라고 볼 수 없다. 수색행위는 정보통신망을 통해 원격지의 저장매체에서 수색장소에 있는 정보처리장치로 내려받거나 현출된 전자정보에 대하여 위 정보처리장치를 이용하여 이루어지고, 압수행위는 위 정보처리장치에 존재하는 전자정보를 대상으로 그 범위를 정하여 이를 출력 또는 복제하는 방법으로 이루어지므로, 수색에서 압수에 이르는 일련의 과정이 모두 압수·수색영장에 기재된 장소에서 행해지기 때문이다. 위와 같은 사정들을 종합하여 보면, 피의자의 이메일 계정에 대한 접근권한에 갈음하여 발부받은 압수·수색영장에 따라 원격지의 저장매체에 적법하게 접속하여 내려받거나 현출된 전자정보를 대상으로 하여 범죄 혐의사실과 관련된 부분에 대하여 압수·수색하는 것은, 압수·수색영장의 집행을 원활하고 적정하게 행하기 위하여 필요한 최소한도의 범위 내에서 이루어지며 그 수단과 목적에 비추어 사회통념상 타당하다고 인정되는 대물적 강제처분 행위로서 허용되며, 형사소송법 제120조 제1항에서 정한 압수·수색영장의 집행에 필요한 처분에 해당한다. 그리고 이러한 법리는 원격지의 저장매체가 국외에 있는 경우라 하더라도 그 사정만으로 달리 볼 것은 아니다.

2. 대법원 2022.6.30, 2022도1452 [국가9급 23, 국가9급개론 23]

경찰이 압수·수색영장으로 압수한 휴대전화가 클라우드 서버에 로그인되어 있는 상태를 이용하여 클라우드 서버에서 불법촬영물을 다운로드받아 압수한 사건

압수할 전자정보가 저장된 저장매체로서 압수·수색영장에 기재된 수색장소에 있는 컴퓨터, 하드디스크, 휴대전화와 같은 컴퓨터 등 정보처리장치와 수색장소에 있지는 않으나 컴퓨터 등 정보처리장치와 정보통신망으로 연결된 원격지의 서버 등 저장매체(이하 '원격지 서버'라 한다)는 소재지, 관리자, 저장 공간의 용량 측면에서 서로 구별된다. 원격지 서버에 저장된 전자정보를 압수·수색하기 위해서는 컴퓨터 등 정보처리장치를 이용하여 정보통신망을 통해 원격지 서버에 접속하고 그곳에 저장되어 있는 전자정보를 컴퓨터 등 정보처리장치로 내려 받거나 화면에 현출시키는 절차가 필요하므로, 컴퓨터 등 정보처리장치 자체에 저장된 전자정보와 비교하여 압수·수색의 방식에 차이가 있다. 원격지 서버에 저장되어 있는 전자정보와 컴퓨터 등 정보처리장치에 저장되어 있는 전자정보는 그 내용이나 질이 다르므로 압수·수색으로 얻을 수 있는 전자정보의 범위와 그로 인한 기본권 침해 정도도 다르다. 따라서 수사기관이 압수·수색영장에 적힌 '수색할 장소'에 있는 컴퓨터 등 정보처리장치에 저장된 전자정보 외에 원격지 서버에 저장된 전자정보를 압수·수색하기 위해서는 압수·수색영장에 적힌 '압수할 물건'에 별도로 원격지 서버 저장 전자정보가 특정되어 있어야 한다. 압수·수색영장에 적힌 '압수할 물건'에 컴퓨터 등 정보처리장치 저장 전자정보만 기재되어 있다면 컴퓨터 등 정보처리장치를 이용하여 원격지 서버 저장 전자정보를 압수할 수는 없다. 압수·수색영장에 적힌 '압수할 물건'에 원격지 서버 저장 전자정보가 기재되어 있지 않은 이상 '압수할 물건'은 컴퓨터 하드디스크 및 외부 저장매체에 저장된 전자정보에 한정되므로 경찰이 압수한 불법촬영물은 위법수집증거에 해당하고, 이를 이용하여 수집한 다른 증거도 위법수집증거에 기한 2차적 증거에 해당하여 증거능력이 없다.

[보충] 법원이 발부한 압수·수색영장에는 '압수할 물건'이 '여성의 신체를 몰래 촬영한 것으로 판단되는 사진, 동영상 파일이 저장된 컴퓨터 하드디스크 및 외부 저장매체'로 되어 있는데, 사법경찰관 P는 위 압수·수색영장으로 압수한 휴대전화가 구글계정에 로그인되어 있는 상태를 이용하여 구글클라우드에서 불법촬영물을 다운로드 받는 방식으로 압수하였다. P의 압수는 영장주의 위반이라는 사례이다.

③ 당사자 · 책임자 등의 참여

(가) 당사자 참여권의 보장과 그 예외 : ㉠ **검사, 피의자 · 피고인 또는 변호인**(고유권)**은 압수 · 수색영장의 집행에 참여할 수 있다**(제121조, 제219조). [경찰채용 08 1차] 이를 위해 압수 · 수색영장을 집행함에는 미리 집행의 일시와 장소를 **참여권자**(검/피/변)**에게 통지하여야 한다.** [법원행시 02, 법원9급 12, 교정9급특채 10, 경찰채용 13 1차] 예컨대, 수사기관이 압수 · 수색한 저장매체에서 영장 혐의와 상관없는 별도의 범죄 혐의와 관련된 전자정보를 발견하더라도 피압수자 측의 적정한 참여권을 보장하지 않으면 이를 압수할 수 없고, 압수한 전자정보를 수사기관으로 가져와 복제하고 재복제하는 등 순차적인 압수 · 수색 과정에서 **피압수자의 계속적인 참여권을 보장하지 않았다면 해당 압수 · 수색 전체가 위법**하게 되므로, 이 과정에서 획득한 증거는 증거능력을 인정받을 수 없게 된다(대법원 2015.7.16, 2011모1839 전원합의체). 단, 참여권자가 **참여하지 아니한다는 의사를 명시한 때 또는 급속을 요하는 때에는 예외**로 한다(제122조, 제219조). [법원9급 12, 경찰채용 11 2차] '급속을 요하는 때'라 함은 압수 · 수색영장 집행사실을 미리 알려주면 증거물을 은닉할 염려 등이 있어 압수 · 수색의 실효를 거두기 어려운 경우를 말한다(대법원 2012.10.11, 2012도7455). [국가7급 17] ㉡ 그러나 이와 같은 당사자의 압수 · 수색영장 집행 참여권은 어디까지나 영장의 집행에 대한 참여를 말하므로, **수사기관이 정보저장매체에 기억된 정보 중에서 범죄 혐의사실과 관련 있는 정보를 선별한 다음 이미지 파일을 제출받아 압수한 경우**라면, 수사기관 사무실에서 위와 같이 압수된 이미지 파일을 탐색 · 복제 · 출력하는 과정에서는 피의자 등에게 **참여의 기회를 보장하여야 할 필요는 없다**(대법원 2018.2.8, 2017도13263).

[정리] 참여권자에 대한 통지는 원칙적 의무이나, 참여권자의 참여는 의무가 아니라 권리임.

♣ 판례연구 압수 · 수색영장 집행 시 참여권자의 의미

대법원 2020.11.26, 2020도10729 [경찰채용 24 1차, 변호사 24]
변호인의 압수 · 수색영장 집행 참여권은 고유권이라는 사례
형사소송법 제219조, 제121조가 규정한 변호인의 참여권은 피압수자의 보호를 위하여 변호인에게 주어진 고유권이다. 따라서 설령 피압수자가 수사기관에 압수 · 수색영장의 집행에 참여하지 않는다는 의사를 명시하였다고 하더라도, 특별한 사정이 없는 한 그 변호인에게는 형사소송법 제219조, 제122조에 따라 미리 집행의 일시와 장소를 통지하는 등으로 압수 · 수색영장의 집행에 참여할 기회를 별도로 보장하여야 한다.

[보충] 검사, 피의자 · 피고인 또는 변호인(고유권)은 압수 · 수색영장의 집행에 참여할 수 있다(제121조, 제219조). [경찰채용 08 1차] 이를 위해 압수 · 수색영장을 집행함에는 미리 집행의 일시와 장소를 참여권자(검/피/변)에게 통지하여야 한다. [경찰채용 13 1차, 교정9급특채 10, 법원9급 12, 법원행시 02] 단, 참여권자가 참여하지 아니한다는 의사를 명시한 때 또는 급속을 요하는 때에는 예외로 한다(제122조, 제219조). [경찰채용 11 2차, 법원9급 12] '급속을 요하는 때'라 함은 압수 · 수색영장 집행사실을 미리 알려주면 증거물을 은닉할 염려 등이 있어 압수 · 수색의 실효를 거두기 어려운 경우를 말한다(대법원 2012.10.11, 2012도7455). [국가7급 17]

♣ 판례연구 전자정보 압수 · 수색 시 참여권 보장 위반 사례

1. 대법원 2015.7.16, 2011모1839 전원합의체 : 종근당 압수 · 수색 사건

[사안] 검사가 압수 · 수색영장('제1 영장')을 발부받아 甲 주식회사 빌딩 내 乙의 사무실을 압수 · 수색하였는데, 저장매체에 범죄혐의와 관련된 정보('유관정보')와 범죄혐의와 무관한 정보('무관정보')가 혼재된 것으로 판단하여 甲 회사의 동의를 받아 저장매체를 수사기관 사무실로 반출한 다음 乙 측의 참여하에 저장매체에 저장된 전자정보파일 전부를 '이미징'의 방법으로 다른 저장매체로 복제하고, 乙 측의 참여 없이 이미징한 복제본을 외장 하드디스크에 재복제하였으며, 乙 측의 참여 없이 하드디스크에서 유관정보를 탐색하던 중 우연히 乙 등의 별건 범죄혐의와 관련된 전자정보('별건 정보')를 발견하고 문서로 출력하였고, 그 후 乙 측에 참여권 등을 보장하지 않은 채 다른 검사가 별건 정보를 소명자료로 제출하면서 압수 · 수색영장('제2 영장')을 발부받아 외장 하드디스크에서 별건 정보를 탐색 · 출력하였다.

[결론] 제2 영장 청구 당시 압수할 물건으로 삼은 정보는 제1 영장의 피압수 · 수색 당사자에게 참여의 기회를 부여하지 않은 채 임의로 재복제한 외장 하드디스크에 저장된 정보로서 그 자체가 위법한 압수물이어서 별건 정보에 대한 영장청구 요건을 충족하지 못하였고, 나아가 제2 영장에 기한 압수 · 수색 당시 乙 측에 압수 · 수색 과정에 참여할 기회를 보장하지 않았으므로, 제2 영장에 기한 압수 · 수색은 전체적으로 위법하다.

[1] 전자정보가 담긴 저장매체 또는 복제본을 수사기관 사무실 등으로 옮겨 복제·탐색·출력하는 일련의 과정에서의 피압수·수색 당사자나 변호인의 참여권

저장매체에 대한 압수·수색 과정에서 범위를 정하여 출력 또는 복제하는 방법이 불가능하거나 압수의 목적을 달성하기에 현저히 곤란한 예외적인 사정이 인정되어 전자정보가 담긴 저장매체 또는 하드카피나 이미징 등 형태(이하 '복제본')를 수사기관 사무실 등으로 옮겨 복제·탐색·출력하는 경우에도, 그와 같은 일련의 과정에서 형사소송법 제219조, 제121조에서 규정하는 피압수·수색 당사자(이하 '피압수자'라 한다)나 변호인에게 참여의 기회를 보장하고 혐의사실과 무관한 전자정보의 임의적인 복제 등을 막기 위한 적절한 조치를 취하는 등 영장주의 원칙과 적법절차를 준수하여야 한다. 만약 그러한 조치가 취해지지 않았다면 피압수자 측이 참여하지 아니한다는 의사를 명시적으로 표시하였거나 절차 위반행위가 이루어진 과정의 성질과 내용 등에 비추어 피압수자 측에 절차 참여를 보장한 취지가 실질적으로 침해되었다고 볼 수 없을 정도에 해당한다는 등의 특별한 사정이 없는 이상 압수·수색이 적법하다고 평가할 수 없고, 비록 수사기관이 저장매체 또는 복제본에서 혐의사실과 관련된 전자정보만을 복제·출력하였다 하더라도 달리 볼 것은 아니다.

[2] 전체 압수·수색 과정을 단계적·개별적으로 구분하여 각 단계의 개별 처분의 취소를 구하는 준항고가 있는 경우, 위법의 중대성에 따라 전체적으로 압수·수색 처분을 취소할 것인지를 가릴 것

<u>다수의견</u> 전자정보에 대한 압수·수색 과정에서 이루어진 현장에서의 저장매체 압수·이미징·탐색·복제 및 출력행위 등 수사기관의 처분은 하나의 영장에 의한 압수·수색 과정에서 이루어진다. 그러한 일련의 행위가 모두 진행되어 압수·수색이 종료된 이후에는 특정단계의 처분만을 취소하더라도 그 이후의 압수·수색을 저지한다는 것을 상정할 수 없고 수사기관에게 압수·수색의 결과물을 보유하도록 할 것인지가 문제될 뿐이다. 그러므로 이 경우에는 준항고인이 전체 압수·수색 과정을 단계적·개별적으로 구분하여 각 단계의 개별 처분의 취소를 구하더라도 준항고법원은 특별한 사정이 없는 한 구분된 개별 처분의 위법이나 취소 여부를 판단할 것이 아니라 당해 압수·수색 과정 전체를 하나의 절차로 파악하여 그 과정에서 나타난 위법이 압수·수색 절차 전체를 위법하게 할 정도로 중대한지 여부에 따라 전체적으로 압수·수색 처분을 취소할 것인지를 가려야 한다. 여기서 위법의 중대성은 위반한 절차조항의 취지, 전체과정 중에서 위반행위가 발생한 과정의 중요도, 위반사항에 의한 법익 침해 가능성의 경중 등을 종합하여 판단하여야 한다(＝ 대법원 2015.10.15, 2013모1969).

[3] 제1처분, 제2처분, 제3처분 중 제2·3처분의 위법성의 중대성에 비추어 전체가 취소되어야 한다는 사례

[다수의견] 검사가 압수·수색영장을 발부받아 甲 주식회사 빌딩 내 乙의 사무실을 압수·수색하였는데, 저장매체에 범죄혐의와 관련된 정보('유관정보')와 범죄혐의와 무관한 정보('무관정보')가 혼재된 것으로 판단하여 甲 회사의 동의를 받아 저장매체를 수사기관 사무실로 반출한 다음 乙 측의 참여하에 저장매체에 저장된 전자정보파일 전부를 '이미징'의 방법으로 다른 저장매체로 복제('제1 처분')하고, 乙 측의 참여 없이 이미징한 복제본을 외장 하드디스크에 재복제('제2 처분')하였으며, 乙 측의 참여 없이 하드디스크에서 유관정보를 탐색하는 과정에서 甲 회사의 별건 범죄혐의와 관련된 전자정보 등 무관정보도 함께 출력(이하 '제3 처분'이라 한다)한 사안에서, 제1 처분은 위법하다고 볼 수 없으나, 제2·3 처분은 제1 처분 후 피압수·수색 당사자에게 계속적인 참여권을 보장하는 등의 조치가 이루어지지 아니한 채 유관정보는 물론 무관정보까지 재복제·출력한 것으로서 영장이 허용한 범위를 벗어나고 적법절차를 위반한 위법한 처분이며, 제2·3 처분에 해당하는 전자정보의 복제·출력 과정은 증거물을 획득하는 행위로서 압수·수색의 목적에 해당하는 중요한 과정인 점 등 위법의 중대성에 비추어 위 영장에 기한 압수·수색이 전체적으로 취소되어야 한다.

[4] 범죄혐의 관련 전자정보를 적법하게 탐색하는 과정에서 별도의 범죄혐의와 관련된 전자정보를 우연히 발견한 경우, 수사기관이 적법하게 압수·수색하기 위한 요건

전자정보에 대한 압수·수색에 있어 저장매체 자체를 외부로 반출하거나 하드카피·이미징 등의 형태로 복제본을 만들어 외부에서 저장매체나 복제본에 대하여 압수·수색이 허용되는 예외적인 경우에도 혐의사실과 관련된 전자정보 이외에 이와 무관한 전자정보를 탐색·복제·출력하는 것은 원칙적으로 위법한 압수·수색에 해당하므로 허용될 수 없다. 그러나 전자정보에 대한 압수·수색이 종료되기 전에 혐의사실과 관련된 전자정보를 적법하게 탐색하는 과정에서 별도의 범죄혐의와 관련된 전자정보를 우연히 발견한 경우라면, 수사기관은 더 이상의 추가 탐색을 중단하고 법원에서 별도의 범죄혐의에 대한 압수·수색영장을 발부받은 경우에 한하여 그러한 정보에 대하여도 적법하게 압수·수색을 할 수 있다. 나아가 이러한 경우에도 별도의 압수·수색 절차는 최초의 압수·수색 절차와 구별되는 별개의 절차이고, 별도 범죄혐의와 관련된 전자정보는 최초의 압수·수색영장에 의한 압수·수색의 대상이 아니어서 저장매체의 원래 소재지에서 별도의 압수·수색영장에 기해 압수·수색을 진행하는 경우와 마찬가지로 피압수·수색 당사자('피압수자')는 최초의 압수·수색 이전부터 해당 전자정보를 관리하고 있던 자라 할 것이므로, 특별한 사정이 없는 한 피압수자에게 형사소송법 제219조, 제121조, 제129조에 따라 참여권을 보장하고 압수한 전자정보 목록을 교부하는 등 피압수자의 이익을 보호하기 위한 적절한 조치가 이루어져야 한다.

2. 대법원 2017.9.21, 2015도12400

전자정보 저장매체 수사기관 반출 후 임의적 복제를 막기 위한 적절한 조치를 취하지 않은 사례

형사소송법 제219조, 제121조는 '수사기관이 압수·수색영장을 집행할 때에는 피압수자 또는 변호인은 그 집행에 참여할 수 있다'는 취지로 규정하고 있다. 저장매체에 대한 압수·수색 과정에서 범위를 정하여 출력 또는 복제하는 방법이 불가능하거나 압수의 목적을 달성하기에 현저히 곤란한 예외적인 사정이 인정되어 전자정보가 담긴 저장매체 또는 하드카피나 이미징 등 형태를 수사기관 사무실 등으로 옮겨 복제·탐색·출력하는 경우에도, 그와 같은 일련의 과정에서 피압수자나 변호인에게

참여의 기회를 보장하고 혐의사실과 무관한 전자정보의 임의적인 복제 등을 막기 위한 적절한 조치를 취하는 등 영장주의 원칙과 적법절차를 준수하여야 한다. 만약 그러한 조치를 취하지 않았다면 피압수자 측이 참여하지 아니한다는 의사를 명시적으로 표시하였거나 절차 위반행위가 이루어진 과정의 성질과 내용 등에 비추어 피압수자 측에 절차 참여를 보장한 취지가 실질적으로 침해되었다고 볼 수 없을 정도에 해당한다는 등의 특별한 사정이 없는 이상 압수·수색이 적법하다고 평가할 수 없고, 비록 수사기관이 저장매체 또는 복제본에서 혐의사실과 관련된 전자정보만을 복제·출력하였다고 하더라도 달리 볼 것은 아니다(관련성과 참여권은 모두 지켜져야 하는 요건이므로, 관련성을 준수하여도 참여권이 보장되지 않으면 위법임).

3. 대법원 2022.7.14, 2019모2584
압수·수색영장 제시 위반, 피의자 등에 대한 참여권 보장 위반, 압수목록 작성·교부 위반 사례
압수·수색영장은 수사기관의 범죄수사 목적을 위하여 필요한 최소한의 범위 내에서만 신청·청구·발부되어야 하고, 이를 전제로 한 수사기관의 압수·수색영장 집행에 대한 사전적 통제수단으로, ① 압수·수색의 대상자에게 집행 이전에 영장을 제시하도록 함으로써 법관이 발부한 영장 없이 압수·수색을 하는 것을 방지하여 영장주의 원칙을 절차적으로 보장하고(수사기관이 압수 또는 수색을 할 때에는 처분을 받는 사람에게 반드시 적법한 절차에 따라 법관이 발부한 영장을 사전에 제시하여야 한다. 헌법 제12조 제3항 본문, 형사소송법 제219조 및 제118조), 압수·수색영장에 기재된 물건·장소·신체에 한정하여 압수·수색이 이루어질 수 있도록 함으로써 개인의 사생활과 재산권의 침해를 최소화하며, ② 피의자 등에게 미리 압수·수색영장의 집행 일시와 장소를 통지함으로써 압수·수색영장의 집행과정에 대한 참여권을 실질적으로 보장하고(피의자·피압수자 또는 변호인은 압수·수색영장의 집행에 참여할 권리가 있으므로 수사기관이 압수·수색영장을 집행할 때에도 원칙적으로는 피의자 등에게 미리 집행의 일시와 장소를 통지하여야 한다. 형사소송법 제219조, 제121조, 제122조), 나아가 압수·수색영장의 집행과정에서 피의사실과 관련성이 있는 압수물의 범위가 부당하게 확대되는 것을 방지함으로써 영장 집행 절차의 적법성·적정성을 확보하도록 하였다. 또한, ③ 수사기관의 압수·수색영장 집행에 대한 사후적 통제수단 및 피의자 등의 신속한 구제절차로 마련된 준항고 등(형사소송법 제417조)을 통한 불복의 기회를 실질적으로 보장하기 위하여 수사기관으로 하여금 압수·수색영장의 집행을 종료한 직후에 압수목록을 작성·교부할 의무를 규정하였다(수사기관은 압수영장을 집행한 직후에 압수목록을 곧바로 작성하여 압수한 물건의 소유자·소지자·보관자 기타 이에 준하는 사람에게 교부하여야 한다. 형사소송법 제219조, 제129조). 압수목록을 작성할 때에는 압수방법·장소·대상자별로 명확히 구분하여 압수물의 품종·종류·명칭·수량, 외형상 특징 등을 최대한 구체적이고 정확하게 특정하여 기재하여야 한다. … 담당검사 등은 압수·수색에 착수하기 전에 피의자에게 압수·수색영장을 제시하지 않았고, 피의자의 주거지·사무실에 대한 압수·수색 사실을 통지하지 않았으며, 압수목록교부서에는 압수방법·장소·대상자별로 구분되지 않은 채 압수물 중 극히 일부만 기재되었고 압수물의 내역에는 '지출내역 등 서류 1박스' 등과 같이 압수물의 구체적 내역을 알 수 없는 포괄적 방식의 내용이 기재되었으며 담당검사 등은 위 압수목록교부서를 피압수자인 피의자에게 교부하지 않았다. 담당검사 등의 위와 같은 압수처분은 위법하므로, 압수처분은 전부 취소하여야 한다.

✦ 판례연구 전자정보 압수·수색 시 참여권 보장 위반이 아니라는 사례

1. 대법원 2018.2.8, 2017도13263 [경찰채용 20 1차, 법원9급 22]
범죄 혐의사실과 관련 있는 정보를 선별·제출받아 압수한 후의 참여권 보장 여부
형사소송법 제219조, 제121조에 의하면, 수사기관이 압수·수색영장을 집행할 때 피의자 또는 변호인은 그 집행에 참여할 수 있다. 압수의 목적물이 컴퓨터용디스크 그 밖에 이와 비슷한 정보저장매체인 경우에는 영장 발부의 사유로 된 범죄 혐의사실과 관련 있는 정보의 범위를 정하여 출력하거나 복제하여 이를 제출받아야 하고, 피의자나 변호인에게 참여의 기회를 보장하여야 한다. 만약 그러한 조치를 취하지 않았다면 이는 형사소송법에 정한 영장주의 원칙과 적법절차를 준수하지 않은 것이다. 수사기관이 정보저장매체에 기억된 정보 중에서 키워드 또는 확장자 검색 등을 통해 범죄 혐의사실과 관련 있는 정보를 선별한 다음 정보저장매체와 동일하게 비트열 방식으로 복제하여 생성한 파일(이하 '이미지 파일'이라 한다)을 제출받아 압수하였다면 이로써 압수의 목적물에 대한 압수·수색 절차는 종료된 것이므로, 수사기관이 수사기관 사무실에서 위와 같이 압수된 이미지 파일을 탐색·복제·출력하는 과정에서도 피의자 등에게 참여의 기회를 보장하여야 하는 것은 아니다.

2. 대법원 2019.7.11, 2018도20504
전자정보 저장매체를 수사기관 사무실 등으로 옮겨 복제·탐색·출력하는 절차에 피압수자 측이 참여하지 않는다는 의사를 명시적으로 표시한 경우 등
형사소송법 제219조, 제121조는 '수사기관이 압수·수색영장을 집행할 때에는 피압수자 또는 변호인은 그 집행에 참여할 수 있다.'고 정하고 있다. 저장매체에 대한 압수·수색 과정에서 범위를 정하여 출력·복제하는 방법이 불가능하거나 압수의 목적을 달성하기에 현저히 곤란한 예외적인 사정이 인정되어 전자정보가 담긴 저장매체, 하드카피나 이미징(imaging) 등 형태(이하 '복제본')를 수사기관 사무실 등으로 옮겨 복제·탐색·출력하는 경우에도, 피압수자나 변호인에게 참여 기회를 보장하고 혐의사실과 무관한 전자정보의 임의적인 복제 등을 막기 위한 적절한 조치를 취하는 등 영장주의 원칙과 적법절차를 준수하

여야 한다. 만일 그러한 조치를 취하지 않았다면 압수·수색이 적법하다고 평가할 수 없다. 다만 피압수자 측이 위와 같은 절차나 과정에 참여하지 않는다는 의사를 명시적으로 표시하였거나 절차 위반행위가 이루어진 과정의 성질과 내용 등에 비추어 피압수자에게 절차 참여를 보장한 취지가 실질적으로 침해되었다고 볼 수 없는 경우에는 압수·수색의 적법성을 부정할 수 없다.

- (나) **책임자 참여의 필수적 통지 및 주거주·간수자 등의 필수적 참여** : ① 공무소, 군사용의 항공기 또는 선박·차량 안에서 압수·수색영장을 집행하려면 그 **책임자**에게 참여할 것을 통지하여야 한다. 단순히 직원에게 참여 통지하는 것은 위법이다. ① 위 장소 이외에 타인의 주거, 간수자 있는 가옥, 건조물(建造物), 항공기 또는 선박·차량 안에서 압수·수색영장을 집행할 때에는 주거주(住居主), 간수자 또는 이에 준하는 사람을 참여하게 하여야 한다. ①의 자 등을 참여하게 하지 못할 때에는 이웃 사람(주민들) 또는 지방공공단체의 직원을 참여하게 하여야 한다(2020.12.8. 우리말 순화 개정법 제123조, 제219조).
- (다) **성년 여자의 필수적 참여** : 여자의 신체에 대하여 수색할 때에는 **성년의 여자**를 참여하게 하여야 한다(제124조, 제219조). [국가9급 09/22, 경찰승진 13, 경찰채용 10 1차]
  - 정리 여자의 신체검사시 성년여자 또는 의사 참여(제141조 제3항) [교정9급특채 10, 경찰채용 03 1차]

④ 야간집행의 제한
- (가) **주간집행원칙** : 압수·수색영장의 집행은 일출 후 일몰 전인 주간에 함이 원칙이다. 따라서 일출 전, 일몰 후에는 압수·수색영장에 **야간집행을 할 수 있는 기재가 없으면** 그 영장을 집행하기 위하여 타인의 주거, 간수자 있는 가옥, 건조물, 항공기 또는 선차 내에 들어가지 못한다(제125조, 제219조). [법원9급 10, 교정9급특채 10, 경찰채용 05 2차/10 2차]
  - 보충 제216조에 의한 처분(체포현장에서의 압수·수색 등)을 하는 경우에 급속을 요하는 때에는 제123조 제2항(주거주 등 참여), 제125조(야간집행 제한)의 규정에 의함을 요하지 아니한다(제220조, 요급처분).
- (나) **야간집행예외** : ① **도박 기타 풍속을 해하는 행위(예 성매매)**에 상용된다고 인정하는 장소, ① **여관·음식점 기타 야간에 공중이 출입할 수 있는 장소**(단, **공개한 시간 내에 한함**)에서 압수·수색영장을 집행함에는 영장에 야간집행기재가 되어 있지 않아도 집행이 가능하다(제126조, 제219조). [법원9급 10, 경찰채용 12 1차/ 13 1차, 10 2차]
  - 정리 도박장·성매매업소는 제한 없이 야간집행 가능, 여관·음식점은 공개한 시간 내에만 야간집행 가능

(3) 집행 후 절차-조서 작성

① 압수한 경우의 압수목록 작성·교부와 압수조서 작성·편철
- (가) **압수목록 작성·교부** : 압수한 경우에는 **압수목록**을 작성하여 소유자, 소지자, 보관자 기타 이에 준할 자에게 교부하여야 한다(제129조, 제219조). 법원 압수시에는 참여 법원사무관 등이 작성·교부하고, 영장에 의하여 법원사무관 등이나 사법경찰관리가 압수한 때에는 그 집행을 한 자가 작성·교부한다. [경찰채용 06 1차] 구체적으로, 검사 또는 사법경찰관은 증거물 또는 몰수할 물건을 압수했을 때에는 압수물건의 품종·수량 등을 적은 압수목록을 작성해야 한다(수사준칙 제40조). 판례는, **압수물목록은 작성연월일을 기재하고 사실과 부합하게 물건의 특징을 구체적으로 기재하여 피압수자에게 교부**하여야 함을 분명히 하고 있다. [법원9급 10, 해경간부 12, 경찰채용 06 1차] 이는 피압수자 등이 압수물에 대한 환부·가환부신청을 하거나 압수처분에 대한 **준항고**[1]를 할 때 가장 중요한 기초자료가 되므로 **압수 직후 현장에서 바로 작성하여 교부해야 함이 원칙**이다(대법원 2009.3.12, 2008도763). 또한 전자정보의 압수의 경우, 압수된 정보의 상세목록에는 **정보의 파일 명세가 특정되어 있어야 하고**, 수사기관은 이를 출력한 서면을 교부하거나 전자파일 형태로 복사해 주거나 이메일을 전송하는 등의 방식으로도 할 수 있다(대법원 2018.2.8, 2017도13263).

---

1) [조문] 제417조(동전) 검사 또는 사법경찰관의 구금, 압수 또는 압수물의 환부에 관한 처분과 제243조의2에 따른 변호인의 참여 등에 관한 처분에 대하여 불복이 있으면 그 직무집행지의 관할법원 또는 검사의 소속검찰청에 대응한 법원에 그 처분의 취소 또는 변경을 청구할 수 있다.
제418조(준항고의 방식) 전2조의 청구는 서면으로 관할법원에 제출하여야 한다.

🔍 판례연구 압수 · 수색영장 집행 후 절차 – 압수목록 작성 · 교부 관련판례

1. 대법원 2009.3.12, 2008도763 [경찰승진 10, 경찰채용 11 1차/24 1차]

형사소송법상 압수목록의 작성 · 교부시기(= 압수 직후)

압수물목록은 작성연월일을 기재하고 사실과 부합하게 작성하여 압수 직후 현장에서 바로 작성하여 교부해야 하는 것이 원칙이다. 따라서 작성월일을 누락한 채 일부 사실에 부합하지 않는 내용으로 작성하여 압수 · 수색이 종료된 지 5개월이나 지난 뒤에 이 사건 압수물목록을 교부한 행위는 형사소송법이 정한 바에 따른 압수물목록 작성 · 교부에 해당하지 않는다.

2. 대법원 2018.2.8, 2017도13263

압수된 정보의 상세목록의 특정

형사소송법 제219조, 제129조에 의하면, 압수한 경우에는 목록을 작성하여 소유자, 소지자, 보관자 기타 이에 준할 자에게 교부하여야 한다. 그리고 법원은 압수 · 수색영장의 집행에 관하여 범죄 혐의사실과 관련 있는 정보의 탐색 · 복제 · 출력이 완료된 때에는 지체 없이 압수된 정보의 상세목록을 피의자 등에게 교부할 것을 정할 수 있다. 압수물 목록은 피압수자 등이 압수처분에 대한 준항고를 하는 등 권리행사절차를 밟는 가장 기초적인 자료가 되므로, 수사기관은 이러한 권리행사에 지장이 없도록 압수 직후 현장에서 압수물 목록을 바로 작성하여 교부해야 하는 것이 원칙이다. 이러한 압수물 목록 교부 취지에 비추어 볼 때, 압수된 정보의 상세목록에는 정보의 파일 명세가 특정되어 있어야 하고, 수사기관은 이를 출력한 서면을 교부하거나 전자파일 형태로 복사해 주거나 이메일을 전송하는 등의 방식으로도 할 수 있다.

3. 대법원 2024.1.5, 2021모385

압수목록의 작성 · 교부 의무의 이행의 시기

① (원칙) 수사기관은 압수를 한 경우 압수경위를 기재한 압수조서와 압수물의 특징을 구체적으로 기재한 압수목록을 작성하고, 압수목록은 압수물의 소유자 · 소지자 · 보관자 기타 이에 준하는 사람에게 교부하여야 한다(형사소송법 제219조, 제129조, 구 수사준칙 제44조). 압수조서에는 작성연월일과 함께 품종, 외형상의 특징과 수량을 기재하여야 하고(형사소송법 제49조 제3항, 제57조 제1항), 그 내용은 객관적 사실에 부합하여야 하므로(대법원 2009.3.12, 2008도763 참조), 압수목록 역시 압수물의 특징을 객관적 사실에 맞게 구체적으로 기재하여야 하는데, 압수방법 · 장소 · 대상자별로 명확히 구분한 후 압수물의 품종 · 종류 · 명칭 · 수량 · 외형상 특징 등을 최대한 구체적이고 정확하게 특정하여 기재하여야 한다. 이는 수사기관의 압수처분에 대한 사후적 통제수단임과 동시에 피압수자 등이 압수물에 대한 환부 · 가환부 청구를 하거나 부당한 압수처분에 대한 준항고를 하는 등 권리행사절차를 밟는 데 가장 기초적인 자료가 되므로, 이러한 권리행사에 지장이 없도록 압수 직후 현장에서 바로 작성하여 교부하는 것이 원칙이다(대법원 2009.3.12, 2008도763 등 참조). 한편, 임의제출에 따른 압수(형사소송법 제218조)의 경우에도 압수물에 대한 수사기관의 점유 취득이 제출자의 의사에 따라 이루어진다는 점에서만 차이가 있을 뿐 범죄혐의를 전제로 한 수사 목적이나 압수의 효력은 영장에 의한 압수의 경우와 동일하므로(대법원 2021.11.18, 2016도348 전원합의체 참조), 헌법상 기본권에 관한 수사기관의 부당한 침해로부터 신속하게 권리를 구제받을 수 있도록 수사기관은 영장에 의한 압수와 마찬가지로 객관적 · 구체적인 압수목록을 신속하게 작성 · 교부할 의무를 부담한다. ② (예외) 다만, 적법하게 발부된 영장의 기재는 그 집행의 적법성 판단의 우선적인 기준이 되어야 하므로, 예외적으로 압수물의 수량 · 종류 · 특성 기타의 사정상 압수 직후 현장에서 압수목록을 작성 · 교부하지 않을 수 있다는 취지가 영장에 명시되어 있고, 이와 같은 특수한 사정이 실제로 존재하는 경우에는 압수영장을 집행한 후 일정한 기간이 경과하고서 압수목록을 작성 · 교부할 수도 있으나, 압수목록 작성 · 교부 시기의 예외에 관한 영장의 기재는 피의자 · 피압수자 등의 압수처분에 대한 권리구제절차 또는 불복절차가 형해화되지 않도록 그 취지에 맞게 엄격히 해석되어야 하고, 나아가 예외적 적용의 전제가 되는 특수한 사정의 존재 여부는 수사기관이 이를 증명하여야 하며, 그 기간 역시 필요 최소한에 그쳐야 한다. 또한 영장에 의한 압수 및 그 대상물에 대한 확인조치가 끝나면 그것으로 압수절차는 종료되고, 압수물과 혐의사실과의 관련성 여부에 관한 평가 및 그에 필요한 추가 수사는 압수절차 종료 이후의 사정에 불과하므로 이를 이유로 압수 직후 이루어져야 하는 압수목록 작성 · 교부의무를 해태 · 거부할 수는 없다. 따라서 수사기관이 2020.7.1. 발부된 압수 · 수색영장에 따라 2020.7.3. 압수 · 수색을 실시하면서 준항고인 소유의 물품 박스 약 9,000개를 압수한 다음 2020.9.7. 상세 압수목록을 교부한 조치는 적법하지 않다.

보충 서울본부세관은 2020.7.17.경에는 압수물의 품명, 수량, 제조번호 등을 모두 확인하였으므로 이때 압수방법 및 시기별로 명확히 구분하여 위 각 사항을 구체적으로 특정하여 기재한 상세 압수목록을 작성 · 교부하였어야 함에도, 그 시점으로부터 50여 일이 경과한 후에야 상세 압수목록을 교부하였을 뿐만 아니라 내용상 압수방법 및 시기별로 구분이 되어 있지 않았기에 압수처분에 대한 법률상 권리구제절차 또는 불복절차가 사실상 불가능하였거나 상당한 지장이 초래되었다고 판단된다.

(나) **압수조서 작성 · 편철** : 압수 · 수색 · 검증에 관하여는 조서를 작성하여야 하고(법 제49조 제1항), 압수조서에는 품종, 외형상의 특징과 수량을 기재하여야 한다(동 제3항)(검증조서에는 검증목적물의 현상을 명확하게 하기 위하여 도화나 사진을 첨부할 수 있다. 동 제2항).[1] 구체적으로, 검사 또는 사법

1] [조문] 제49조(검증 등의 조서) ① 검증, 압수 또는 수색에 관하여는 조서를 작성하여야 한다.

경찰관은 증거물 또는 몰수할 물건을 압수했을 때에는 압수의 일시·장소, 압수 경위 등을 적은 압수조서를 작성해야 한다(**수사준칙 제40조 본문, 다만, 피의자신문조서, 진술조서, 검증조서에 압수의 취지를 적은 경우에는 압수조서 별도 작성은 필요치 않음, 동 단서**).[1] 압수목록과 달리, 압수조서는 피압수자에게 교부하는 것이 아니라 서류에 편철한다. [경찰채용 06 1차]

판례연구 압수·수색영장 집행 후 절차 – 압수조서 작성 등 관련판례

1. 대법원 2023.6.1, 2020도2550

압수조서 작성의 방식, 전자정보 상세목록 미교부 사례

형사소송법 제106조, 제218조, 제219조, 형사소송규칙 제62조, 제109조, 구 (경찰청) 범죄수사규칙(2021.1.8. 경찰청 훈령 제1001호로 개정되기 전의 것, 이하 '구 범죄수사규칙'이라 한다) 제119조 등 관련 규정들에 의하면, 사법경찰관이 임의제출된 증거물을 압수한 경우 압수경위 등을 구체적으로 기재한 압수조서를 작성하도록 하고 있다. 이는 사법경찰관으로 하여금 압수절차의 경위를 기록하도록 함으로써 사후적으로 압수절차의 적법성을 심사·통제하기 위한 것이다. 구 범죄수사규칙 제119조 제3항에 따라 피의자신문조서 등에 압수의 취지를 기재하여 압수조서를 갈음할 수 있도록 하더라도, 압수절차의 적법성 심사·통제 기능에 차이가 없다. 형사소송법 제106조, 제218조, 제219조, 형사소송규칙 제62조, 제109조, 구 범죄수사규칙 제119조 등 관련 규정들에 의하면, 사법경찰관이 임의제출된 증거물을 압수한 경우 압수경위 등을 구체적으로 기재한 압수조서를 작성하도록 하고 있다. 한편 구 (경찰청) 범죄수사규칙 제119조 제3항에 따라 피의자신문조서 등에 압수의 취지를 기재하여 압수조서를 갈음할 수 있도록 하고 있는데, 이는 위 형사소송법 등 관련 규정의 취지에 반하는 것이 아니다. … 사법경찰관은 피의자신문 시 이 사건 동영상을 재생하여 피고인에게 제시하였고, 피고인은 이 사건 동영상의 촬영 일시, 피해 여성들의 인적사항, 몰래 촬영하였는지 여부, 촬영 동기 등을 구체적으로 진술하였으며 별다른 이의를 제기하지 않았다. 따라서 이 사건 동영상의 압수 당시 실질적으로 피고인에게 해당 전자정보 압수목록이 교부된 것과 다름이 없다고 볼 수 있다. 비록 피고인에게 압수된 전자정보가 특정된 목록이 교부되지 않았더라도, 절차 위반행위가 이루어진 과정의 성질과 내용 등에 비추어 피고인의 절차상 권리가 실질적으로 침해되었다고 보기 어려우므로 이 사건 동영상에 관한 압수는 적법하다고 평가할 수 있다(대법원 2021.11.25, 2019도9100; 2022.2.17, 2019도4938 참조).

2. 대법원 2023.6.1, 2020도12157

압수조서 작성의 방식, 참여권 보장의 대상 사례[2]

특별사법경찰관은 휴대전화의 압수 과정에서 압수조서 및 전자정보 상세목록을 작성·교부하지는 않았지만, 그에 갈음하여 압수의 취지가 상세히 기재된 수사보고의 일종인 조사보고를 작성하였는바, 이는 적법절차의 실질적인 내용을 침해하였다고 보기 어렵다. 또한 이 사건 메모리카드 압수 당시 피고인은 메모리카드를 소지하고 있지 않았고, 당초 자신은 아무런 관련이 없다고 진술한 점, 특별사법경찰관은 메모리카드 보관자인 세관 측에 이 사건 영장을 제시하면서 메모리카드를 압수하였고, 압수조서를 작성하였으며, 세관 측에 압수목록을 교부한 점을 감안하면 피고인은 압수 집행과정에서 절차 참여를 보장받아야 하는 사람에 해당한다고 단정할 수 없거나, 압수 집행과정에서 피고인에 대한 절차 참여를 보장한 취지가 실질적으로 침해되었다고 보기 어렵다(증거능력 인정).

---

② 압수물이 없는 경우의 수색증명서 교부 : 수색한 경우 증거물 또는 몰수할 물건이 없는 때에는 그 취지의 **수색증명서를 교부하여야 한다**(제128조, 제219조). [법원9급 10]

---

② 검증조서에는 검증목적물의 현상을 명확하게 하기 위하여 도화나 사진을 첨부할 수 있다.
③ 압수조서에는 품종, 외형상의 특징과 수량을 기재하여야 한다.

1) [조문] 수사준칙 제40조(압수조서와 압수목록) 검사 또는 사법경찰관은 증거물 또는 몰수할 물건을 압수했을 때에는 압수의 일시·장소, 압수 경위 등을 적은 압수조서와 압수물건의 품종·수량 등을 적은 압수목록을 작성해야 한다. 다만, 피의자신문조서, 진술조서, 검증조서에 압수의 취지를 적은 경우에는 그렇지 않다.

2) [사례] 인천세관 소속 인천항휴대품검사관들은 2018.6.29. 중국 석도항에서 인천항 제1국제여객터미널로 입국한 무역상 공소외인이 반입한 화물 중 위조품으로 추정되는 이 사건 메모리카드를 적발하여 유치하였고, 2018.7.9. 이 사건 메모리카드가 모두 위조품이라는 취지의 감정을 회신받았다. 이에 인천세관 소속 특별사법경찰관은 2018.7.11. 공소외인이 제출한 화물 송장(인보이스) 등에 수하인으로 기재된 ○○상사를 방문하여 대표자인 피고인을 조사하였는데, 피고인은 "자신이 화물의 화주도 아니고, 이 사건 메모리카드와는 아무런 관련이 없다"는 취지로 진술하였다. 인천지방법원 판사는 2018.8.22. 피고인을 피의자로 하여 이 사건 상표법 위반을 혐의사실로 이 사건 메모리카드 및 이 사건 휴대전화 등에 대한 사전 압수·수색영장을 발부하였다. 특별사법경찰관은 2018.8.23. 인천세관 유치품보관창고에서 유치창고 담당자를 피압수자로 하여 이 사건 영장에 의해 이 사건 메모리카드를 압수하였고, 위 메모리카드 압수에 관한 압수조서를 작성하였으며, 유치창고 담당자에게 압수목록을 교부하였다. 특별사법경찰관은 2018.8.27. 이 사건 영장에 의하여 ○○상사에 대한 압수수색을 실시하여 이 사건 휴대전화를 압수한 다음 디지털포렌식 절차를 진행하여 피고인의 카카오톡 및 문자메시지를 탐색·복원·출력하였다. 이 과정에서 이 사건 휴대전화 압수에 관한 압수조서가 작성되지 않았고, 피고인에 대하여 전자정보 파일명세가 특정된 압수목록이 교부되지 않았다. 다만, 특별사법경찰관은 압수수색 당시 이 사건 휴대전화를 제출받은 일시, 장소 및 압수경위 등을 '조사보고(압수수색검증영장 집행결과 보고)'로 작성하여 기록에 편철하였다.

🔨 판례연구 수사기관의 압수·수색처분에 대한 준항고 관련판례

대법원 2023.1.12, 2022모1566

피압수자가 법 제417조의 준항고를 제기함에는 불복대상인 압수 등 처분을 특정하여야 하나, 제대로 특정하지 못하거나 압수한 수사기관을 특정하지 못한다고 하여 준항고를 배척해서는 안 된다는 사례

형사소송법은 수사기관의 압수·수색영장 집행에 대한 사후적 통제수단 및 피압수자의 신속한 구제절차로 준항고 절차를 마련하여 검사 또는 사법경찰관의 압수 등에 관한 처분에 대하여 불복이 있으면 처분의 취소 또는 변경을 구할 수 있도록 규정하고 있다(제417조). 피압수자는 준항고인의 지위에서 불복의 대상이 되는 압수 등에 관한 처분을 특정하고 준항고취지를 명확히 하여 청구의 내용을 서면으로 기재한 다음 관할법원에 제출하여야 한다(형사소송법 제418조). 다만 준항고인이 불복의 대상이 되는 압수 등에 관한 처분을 구체적으로 특정하기 어려운 사정이 있는 경우에는 법원은 석명권 행사 등을 통해 준항고인에게 불복하는 압수 등에 관한 처분을 특정할 수 있는 기회를 부여하여야 한다. … (또한) 형사소송법 제417조에 따른 준항고 절차는 항고소송의 일종으로 당사자주의에 의한 소송절차와는 달리 대립되는 양 당사자의 관여를 필요로 하지 않는다. 따라서 준항고인이 불복의 대상이 되는 압수 등에 관한 처분을 한 수사기관을 제대로 특정하지 못하거나 준항고인이 특정한 수사기관이 해당 처분을 한 사실을 인정하기 어렵다는 이유만으로 준항고를 쉽사리 배척할 것은 아니다. … 준항고인이 압수·수색 처분의 주체로 지정한 수사처 검사가 압수·수색 처분을 한 사실이 없다거나 준항고인을 압수·수색영장 대상자로 하여 어떠한 물건에 대한 압수·수색 처분을 하였다고 인정할 자료가 없거나 부족하다는 이유만으로 준항고인의 이 부분 청구를 기각한 원심의 판단에는 준항고 대상 특정에 관한 법리를 오해하고 필요한 심리를 다하지 않아 재판에 영향을 미친 잘못이 있다.

보충 준항고인은 언론 보도나 수사 과정을 통하여 수사처 검사가 준항고인을 피의자로 하여 대검찰청 감찰부 등에 대한 압수·수색영장을 집행한 것으로 알고 있지만, 수사처 검사의 압수·수색 당시 압수·수색영장을 제시받지 못하였고 참여를 위한 통지조치 받지 못하였다고 주장하면서, 법원에 "수사처 소속 검사가 2021.9. 초순경부터 2021.11.30.까지 사이에 피의자(준항고인)를 대상으로 실시한 압수·수색 처분 중 피의자에 대한 통지절차를 거치지 아니하여 피의자의 참여권을 보장하지 아니한 압수·수색 처분을 모두 취소해 달라."는 내용의 준항고를 제기하였다. 이러한 준항고제기는 적법하다는 사례이다.

Ⅴ 압수·수색·검증과 영장주의의 예외

사전영장이 필요하지 않은 대물적 강제처분				
체포·구속	전 (목적)	체포·구속목적의 피의자수색(제216조 제1항 제1호)	요급처분 ○	사후영장 ×
	중 (현장)	① 체포·구속현장에서의 압수·수색·검증(제216조 제1항 제2호) ② 피고인 구속현장에서의 압수·수색·검증(제216조 제2항)	요급처분 ○	사후영장 ○ 지체 없이 (48h) 청구
	후 (현장 ×)	긴급체포된 자가 소지·소유·보관하는 물건에 대한 압수·수색·검증(제217조 제1항) 24h	요급처분 ×	
범죄장소		(범행 중·직후) 범죄장소에서의 압수·수색·검증(제216조 제3항)	요급처분 ○	사후영장 ○ 지체 없이 받을 것
임의제출물		임의제출물의 압수(제108조, 제218조)	요급처분 ×	사후영장 ×
법원 내		법원의 공판정에서의 압수·수색(제113조) cf. 공판정 외 : 영장 요		
검 증		① 법원의 검증(제139조) : 공판정 내·외 불문 ② 변사자 긴급검증(제222조)		

비교 대인적 강제처분의 영장주의의 예외 : 긴급체포(제200조의3)와 현행범체포(제212조)

1. 체포·구속목적의 피의자 수색

(1) 의의 : 검사 또는 사법경찰관은 피의자를 체포(통상체포·긴급체포·현행범체포) 또는 구속하는 경우에 (피의자의 발견을 위하여) **필요한 때**에는 영장 없이 타인의 주거나 타인이 간수하는 가옥·건조물·항공기·선차 내에서 피의자를 수사(수색)할 수 있다(제216조 제1항 제1호 본문). [법원9급 17, 국가9급 13, 경찰간부 13, 해경간부 12] 피의자 체포를 위해 일정 장소에 대한 수색은 필수불가결한 전제이므로 영장주의의 예외로 규정되어 있는 것이다. 다만, 헌법재판소는 아래와 같이, **수색에 앞서 영장을 발부받기 어려운 긴급한 사정이 인정되지**

않는 경우에도 영장 없이 피의자 수색을 할 수 있다는 것은 헌법상 영장주의에 위반된다고 결정하였다(헌법불합치결정, 헌법재판소 2018.4.26, 2015헌바370,2016헌가7). 이에 2019.12.31. 개정 형사소송법에서는 같은 조항의 단서로 "다만, 제200조의2(영장에 의한 체포) 또는 제201조(구속)에 따라 피의자를 체포 또는 구속하는 경우의 피의자 수색은 미리 수색영장을 발부받기 어려운 긴급한 사정이 있는 때에 한정한다."는 긴급성 요건을 신설하였다(2019.12.31. 개정법 제216조 제1항 제1호 단서).[1]

⚒ 판례연구 형사소송법 제216조 제1항 제1호 관련판례

1. 헌법재판소 2018.4.26, 2015헌바370,2016헌가7(병합)

구 형사소송법 제216조 제1항 제1호에 대한 헌법불합치결정

헌법 제12조 제3항과는 달리 헌법 제16조 후문은 "주거에 대한 압수나 수색을 할 때에는 검사의 신청에 의하여 법관이 발부한 영장을 제시하여야 한다."라고 규정하고 있을 뿐 영장주의에 대한 예외를 명문화하고 있지 않다. 그러나 헌법 제12조 제3항과 헌법 제16조의 관계, 주거 공간에 대한 긴급한 압수·수색의 필요성, 주거의 자유와 관련하여 영장주의를 선언하고 있는 헌법 제16조의 취지 등을 종합하면, 헌법 제16조의 영장주의에 대해서도 그 예외를 인정하되, 이는 ① 그 장소에 범죄혐의 등을 입증할 자료나 피의자가 존재할 개연성이 소명되고, ② 사전에 영장을 발부받기 어려운 긴급한 사정이 있는 경우에만 제한적으로 허용될 수 있다고 보는 것이 타당하다. 형사소송법 제216조 제1호의 조항(이하 심판대상조항)은 체포영장을 발부받아 피의자를 체포하는 경우에 필요한 때에는 영장 없이 타인의 주거 등 내에서 피의자 수사를 할 수 있다고 규정함으로써, 앞서 본 바와 같이 별도로 영장을 발부받기 어려운 긴급한 사정이 있는지 여부를 구별하지 아니하고 피의자가 소재할 개연성만 소명되면 영장 없이 타인의 주거 등을 수색할 수 있도록 허용하고 있다. 이는 체포영장이 발부된 피의자가 타인의 주거 등에 소재할 개연성은 소명되나, 수색에 앞서 영장을 발부받기 어려운 긴급한 사정이 인정되지 않는 경우에도 영장 없이 피의자 수색을 할 수 있다는 것이므로, 헌법 제16조의 영장주의 예외 요건을 벗어나는 것으로서 영장주의에 위반된다.

2. 대법원 2021.5.27, 2018도13458

개정 형사소송법 제216조 제1항 제1호 소급적용 사례

① 헌법재판소는 2018.4.26, 2015헌바370, 2016헌가7(병합) 결정에서, 위 제216조 제1항 제1호 중 제200조의2에 관한 부분(이하 '구법 조항')은 체포영장이 발부된 피의자가 타인의 주거 등에 소재할 개연성은 소명되나, 수색에 앞서 영장을 발부받기 어려운 긴급한 사정이 인정되지 않는 경우에도 영장 없이 피의자 수색을 할 수 있다는 것이므로, 헌법 제16조의 영장주의 예외 요건을 벗어나는 것으로서 영장주의에 위반된다고 판단하였다. 나아가 구법 조항에 대하여 단순위헌결정을 하여 그 효력을 즉시 상실시킨다면, 수색영장 없이 타인의 주거 등을 수색하여 피의자를 체포할 긴급한 필요가 있는 경우에도 이를 허용할 법률적 근거가 사라지게 되는 법적 공백상태가 발생하게 된다는 이유로 헌법불합치를 선언하면서, 구법 조항은 2020. 3. 31.을 시한으로 입법자가 개정할 때까지 계속 적용된다고 결정하였다(이하 '이 사건 헌법불합치결정'). 이 사건 헌법불합치결정에 나타나는 구법 조항의 위헌성, 구법 조항에 대한 헌법불합치결정의 잠정적용의 이유 등에 의하면, 헌법재판소가 구법 조항의 위헌성을 확인하였음에도 불구하고 일정 시한까지 계속 적용을 명한 것은 구법 조항에 근거하여 수색영장 없이 타인의 주거 등을 수색하여 피의자를 체포할 긴급한 필요가 있는 경우에는 이를 허용할 필요성이 있었기 때문이다. 따라서 구법 조항 가운데 그 해석상 '수색영장 없이 타인의 주거 등을 수색하여 피의자를 체포할 긴급한 필요가 없는 경우' 부분은 영장주의에 위반되는 것으로서 개선입법 시행 전까지 적용중지 상태에 있었다고 보아야 한다. … ② 이 사건 헌법불합치결정에 따라 개정된 형사소송법은 제216조 제1항 제1호 중 '피의자 수사'를 '피의자 수색'으로 개정하면서 단서에 "제200조의2 또는 제201조에 따라 피의자를 체포 또는 구속하는 경우의 피의자 수색은 미리 수색영장을 발부받기 어려운 긴급한 사정이 있는 때에 한정한다."라는 부분을 추가하였으나, 부칙은 소급적용에 관하여 아무런 규정을 두고 있지 않다. 어떤 법률조항에 대하여 헌법재판소가 헌법불합치결정을 하여 입법자에게 그 법률조항을 합헌적으로 개정 또는 폐지하는 임무를 입법자의 형성 재량에 맡긴 이상, 개선입법의 소급적용 여부와 소급적용 범위는 원칙적으로 입법자의 재량에 달린 것이다. 그러나 구법 조항에 대한 이 사건 헌법불합치결정의 취지나 위헌심판의 구체적 규범통제 실효성 보장이라는 측면을 고려할 때, 적어도 이 사건 헌법불합치결정을 하게 된 당해 사건 및 이 사건 헌법불합치결정 당시에 구법 조항의 위헌 여부가 쟁점이 되어 법원에 계속 중인 사건에 대하여는 이 사건 헌법불합치결정의 소급효가 미친다고 해야 하므로, 비록 현행 형사소송법 부칙에 소급적용에 관한 경과조치를 두고 있지 않더라도 이들 사건에 대하여는 구법 조항을 그대로 적용할 수는 없고, 위헌성이 제거된 현행 형사소송법의 규정을 적용하여야 한다. … 구법 조항이 헌법재판소법 제47조의 소급효가 인정되는 형벌조항은 아니지만, 기존의 법리에 따라, 이 사건 헌법불합치결정을 하게 된 당해 사건인 이 사건 및 이 사건 헌법불합치결정 당시 구법 조항의 위헌 여부가 쟁점이

---

1) [보충] 법원의 피고인 구속영장 집행 시의 피고인 수색에도 긴급성 요건이 신설되었다. 2019.12.31. 개정법 제137조(구속영장집행과 수색) 검사, 사법경찰관리 또는 제81조 제2항의 규정에 의한 법원사무관등이 구속영장을 집행할 경우에 필요한 때에는 '미리 수색영장을 발부받기 어려운 긴급한 사정이 있는 경우에 한정하여' 타인의 주거, 간수자있는 가옥, 건조물, 항공기, 선차 내에 들어가 피고인을 수색할 수 있다.

되어 법원에 계속 중인 사건에 대하여는 위헌성이 제거된 현행 형사소송법의 규정이 적용되어야 하므로, 이 사건 건조물을 수색하기에 앞서 수색영장을 발부받기 어려운 긴급한 사정이 있었다고 볼 수 없음에도 수색영장 없이 경찰이 이 사건 건조물을 수색한 행위는 적법한 공무집행에 해당하지 아니한다.[1]

(2) 요 건

① **주체** : 검사 또는 사법경찰관으로 제한된다. **사인**은 현행범체포를 위하여 타인의 주거를 수색할 수 없다. [해경간부 12, 경찰승진 11, 경찰채용 03 1차]

② **피의자 발견을 위한 수색** : 수색은 **피의자의 발견을 위해서만** 인정되는 것이다(필요성). 따라서 이미 피의자를 발견하고 체포를 위해 추적하는 도중에 피의자를 따라 피의자·제3자의 주거 등에 들어가는 것은 체포·구속과정의 일부에 불과하므로 본호의 수색에는 해당하지 않는다. 한편 피고인을 구속하기 위한 수색은 제137조에 의하여 인정된다.

③ **체포 전**일 것 : 수색은 **체포 전**일 것을 요한다. 따라서 체포한 후에는 제216조 제1항 제1호가 아니라 제2호의 긴급조치에 해당된다. 제1호는 사후영장이 필요없지만, 제2호는 필요하므로 양자는 구별실익이 있다. 수색과 체포 사이의 시간적 접착이나 체포의 성공 여부는 따지지 아니한다.

④ **타인** : 타인의 주거 등에서의 타인에는 피의자와 제3자가 모두 포함된다.

⑤ **개연성 및 긴급성** : 본조가 영장주의의 예외인 이상, ㉠ 그 주거 등에 **피의자가 존재한다는 개연성**이 소명되어야 한다. 그리고 ㉡ 그 장소를 수색하기에 앞서 **별도로 수색영장을 발부받기 어렵다는 긴급성**이 있는 경우이어야 한다(헌법재판소 2018.4.26, 2015헌바370, 2016헌가7). 이에 2019.12.31. 개정법에서는 제216조 제1항 제1호 단서를 통하여 **영장에 의한 체포와 구속을 하는 경우의 피의자 수색은 미리 수색영장을 발부받기 어려운 긴급한 사정이 있는 때에 한정한다**는 긴급성 요건을 명문으로 규정하였다. 다만, 긴급체포와 현행범인체포의 경우에는 그 체포절차 자체가 긴급성 내지 현행성을 요건으로 하는 것이므로 피의자 수색을 위한 별도의 긴급성 요건은 규정되지 않았다. 이에 개정법에 의한 명문의 규정에도 불구하고 피의자 수색을 위한 긴급성 요건의 적용범위에 관해서는 향후 학설·판례의 입장이 주목된다.

(3) 사후영장 : 체포의 성공 여부를 불문하고 체포·구속목적의 피의자수색의 경우 **사후영장은 필요 없다.** [경찰승진 09/11]

2. 체포 · 구속현장에서의 압수 · 수색 · 검증

(1) 의의 : 검사 또는 사법경찰관은 피의자를 체포(통상체포·긴급체포·현행범체포) 또는 구속하는 경우에 필요한 때에는 **영장 없이 체포현장에서 압수·수색·검증을 할 수 있다**(제216조 제1항 제2호). [법원9급 15, 국가9급 13, 교정9급특채 10, 경찰간부 13, 경찰승진 11, 경찰채용 04 1차/06 2차/15 1차] 따라서 압수·수색영장의 제시에 관한 제118조(압수·수색영장은 처분을 받는 자에게 반드시 제시하여야 한다)는 사후에 영장을 받아야 하는 경우인 제216조 등에 대하여 적용되지 아니한다(대법원 2014.9.4, 2014도3263).

대법원 2014.9.4, 2014도3263

압수·수색영장의 제시에 관한 법 제118조가 사후영장을 받는 법 제216조 등에 대해서는 적용되지 아니한다는 사례

압수·수색영장의 제시에 관한 형사소송법 제118조("압수·수색영장은 처분을 받는 자에게 반드시 제시하여야 한다."[2] 이는 형사소송법 제219조에 의하여 검사 또는 사법경찰관의 본장의 규정에 의한 압수, 수색 또는 검증에 준용한다)가 사후에 영장을 받아야 하는 경우에 관한 형사소송법 제216조 등에 대하여도 적용됨을 전제로 하는 주장 역시 독자적인 견해에 불과하여 받아들일 수 없다.

---

1) [연습] 헌법재판소가 구 형사소송법 제216조 제1항 제1호 중 제200조의2에 관한 부분에 대해 헌법불합치결정을 하면서 계속 적용을 명한 부분의 효력은 '수색영장 없이 타인의 주거 등을 수색하여 피의자를 체포할 긴급한 필요가 없는 경우'까지 미치지는 않는다. (O)
[연습] 입법자가 구 형사소송법 제216조 제1항 제1호 중 제200조의2에 관한 부분에 대한 헌법불합치결정에 따라 위 법률조항을 개정하면서 부칙에 위헌성이 제거된 개정 조항이 소급 적용에 관한 경과규정을 두지 않은 경우, 개정 조항의 소급 적용될 수 없다. (×)

2) [참고] 과거의 법조문의 내용이다. 현재는 다음과 같다. 제118조(영장의 제시와 사본교부) 압수·수색영장은 처분을 받는 자에게 반드시 제시하여야 하고, 처분을 받는 자가 피고인인 경우에는 그 사본을 교부하여야 한다. 다만, 처분을 받는 자가 현장에 없는 등 영장의 제시나 그 사본의 교부가 현실적으로 불가능한 경우 또는 처분을 받는 자가 영장의 제시나 사본의 교부를 거부한 때에는 예외로 한다. 〈개정 2022.2.3.〉

(2) **취지** : ① 부수처분설(큰 구속이 허용되면 그보다 적은 압수·수색은 당연히 허용 : 신동운, 배종대 등)과 ② 긴급행위설(체포자의 안전과 피의자의 증거인멸의 방지를 위한 개연성이 인정되면 허용 : 이/조, 임동규 등)이 대립한다. 영장주의의 예외를 확대해서는 안 된다는 점에서 긴급행위설이 타당하다. 다만, 어느 학설에 의하든 2007년 개정법에 의해 제217조 제2항이 도입되어 체포현장 압수물 등에 대한 사후통제가 가능하게 되었다.

(3) **요 건**

① **체포현장**

(가) **시간적 접착성** : 체포현장에서의 압수·수색·검증은 **체포와의 시간적 접착성을 요한다**는 것에는 학설 대립이 없다. 다만, 그 시간적 접착성의 의미에 대해서는 학설이 대립하나,[1] 피의자가 현장에 현재한다면 체포 전후 및 성공 여부를 불문하고, 먼저 체포에 착수한 때에는 피의자가 도주한 경우에도 압수·수색이 허용된다고 볼 수 있다(현장설).

(나) **장소적 범위** : 피체포자의 신체 및 그가 직접 지배하는 장소에 한한다.

대법원 2010.7.22, 2009도14376 [국가7급 11]

체포현장에서의 압수로 볼 수 없다는 사례

경찰이 피고인의 집에서 20m 떨어진 곳에서 피고인을 체포하여 수갑을 채운 후 피고인의 집으로 가서 집안을 수색하여 칼과 합의서를 압수하였을 뿐만 아니라 적법한 시간 내에 압수·수색영장을 청구하여 발부받지도 않았다면, 위 칼과 합의서는 임의제출물이 아니라 영장 없이 위법하게 압수된 것으로서 증거능력이 없고, 이를 기초로 한 2차 증거인 임의제출동의서, 압수조서 및 목록, 압수물 사진 역시 증거능력이 없다.

---

② **대상** : (긴급행위설에 의할 때) 체포자에게 위해를 줄 수 있는 **무기·흉기**나 피의자가 인멸할 만한 **피의사건과 관련성 있는 증거물**에 한한다. 따라서 **별건의 증거물**에 대해서는 임의제출을 구하거나 영장에 의하여 압수해야 하며, 본호의 압수는 불가하다.[2]

(4) **요급처분** : 제216조에 의한 영장에 의하지 않은 강제처분(체포등목적 피의자수색, 체포등현장 압수·수색·검증, 피고인구속현장 압수·수색·검증, 범죄장소 압수·수색·검증)을 하는 경우 급속을 요하는 때에는 제123조 제2항(**주거주 등 참여**)과 제125조(**야간집행 제한**)의 규정에 의함을 요하지 아니한다(제220조). 체포·구속현장이나 범죄장소와 같은 현장성이 구비된 상황에서의 압수 등에는 신속한 집행이 필요하기 때문이다.

정리 제220조의 요급처분은 제216조에만 적용되고, 제217조(긴급체포된 자에 대한 압수 등)와 제218조(임의제출물 압수)에는 적용되지 않음.

(5) **사후영장**

① **영장청구** : 검사 또는 사법경찰관은 체포현장에서 압수한 물건을 계속 압수할 필요가 있는 경우에는 **지체 없이** 압수·수색영장을 청구하여야 한다. 이 경우 압수·수색영장의 청구는 **체포한 때로부터 48시간 이내**에 하여야 한다(제217조 제2항). 이는 **구속영장의 발부와는 관계없이** 하여야 한다. [국가7급 08, 교정9급특채 10]

② **압수물 반환** : 검사 또는 사법경찰관은 청구한 압수·수색영장을 발부받지 못한 때에는 압수한 물건을 **즉시 반환**하여야 한다(환부, 동조 제3항). 따라서 피고인을 현행범인으로 체포하면서 체포현장에서 영장 없이 대마를 압수하고 그 다음 날 피고인을 석방했음에도 **사후 압수·수색영장을 발부받지 않은 때에는 압수물의 증거능력이 부정**된다(대법원 2009.5.14, 2008도10914). [법원9급 12, 교정9급특채 12, 경찰채용 13 1차/14 1차]

---

1) [참고] ㉠ 체포설(체포가 현실적으로 실현된 경우이어야 함 : 배종대·이상돈 등), ㉡ 체포착수설(피의자가 체포현장에 있고 현실적으로 체포에 착수해야 함 : 손/신, 신동운, 신양균 등), ㉢ 현장설(피의자가 체포현장에 있으면 체포 전도 가능 : 이/조, 정웅석·백승민 등), ㉣ 체포접착설(체포 전후를 불문하고 압수·수색이 체포에 시간적·장소적으로 접착되어 있으면 가능 : 임동규 등)이 대립한다. 생각건대, 피의자가 현장에 현재한다면 체포 착수 전이라도 압수·수색이 필요한 경우도 있다는 점에서 제3설인 현장설이 타당하다고 본다. 이 경우 긴급행위의 남용의 문제는 제217조 제2항의 사후영장에 의한 통제가 도입됨으로써 일정부분 해소된 것으로 생각된다.

2) [참고] 다만, 피의자가 소지하는 것 자체가 범죄를 구성하는 물건(마약)을 발견한 경우는 현행범체포가 가능하므로 사건 관련성이 충족되어 그 압수가 가능하게 된다.

> **★ 판례연구** 체포현장에서의 압수물에 대한 사후영장 관련판례
>
> **1. 대법원 2009.5.14, 2008도10914** [법원9급 12, 국가7급 11]
>
> 체포현장 압수물에 대한 사후영장 청구·발부가 없었다면 영장주의 위반으로 위법수집증거라는 사례(스와핑 카페 사례)
>
> 음란물 유포의 범죄혐의를 이유로 압수·수색영장을 발부받은 사법경찰관이 피고인의 주거지를 수색하는 과정에서 대마를 발견하자, 피고인을 마약류관리에 관한 법률 위반죄의 현행범인으로 체포하면서 대마를 압수하였으나 그 다음 날 피고인을 석방하고도 사후 압수·수색영장을 발부받지 않았다면, 위 압수물과 압수조서는 형사소송법상 영장주의를 위반하여 수집한 증거로서 증거능력이 부정된다.
>
> **2. 대법원 2009.12.24, 2009도11401** [경찰채용 13 2차]
>
> 체포현장 압수물에 관하여 사후영장을 청구·발부받지 않은 경우, 증거동의가 있어도 위법수집증거라는 사례
>
> 법 제217조 제2항, 제3항에 위반하여 압수·수색영장을 청구하여 이를 발부받지 아니하고도 즉시 반환하지 아니한 압수물은 이를 유죄 인정의 증거로 사용할 수 없는 것이고, 헌법과 형사소송법이 선언한 영장주의의 중요성에 비추어 볼 때 피고인이나 변호인이 이를 증거로 함에 동의하였다고 하더라도 달리 볼 것은 아니다.

3. 피고인 구속현장에서의 압수·수색·검증

(1) 의의 : 검사·사법경찰관은 피고인에 대한 구속영장을 집행하는 경우에 필요한 때에는 집행현장에서 영장 없이 압수·수색·검증을 할 수 있다(제216조 제2항). [법원행시 04] 피고인 구속영장 집행 현장에서는 피고인의 범죄혐의를 입증할 만한 증거물을 압수·수색·검증하는 것이 구속영장 집행의 부수적 처분으로 허용된다는 취지이다.

> **정리** 피고인 구속현장 압수·수색·검증과 임의제출물 압수(제218조)는 공소제기 이후임에도 수사기관의 강제처분이 허용되는 경우임.

(2) 성격 : 피고인 구속영장 집행은 검사·사법경찰관의 집행기관으로서의 활동이나, 그 집행현장에서의 압수·수색·검증은 **수사기관으로서의 강제처분**에 속한다. 따라서 이에 관해서는 **법관에게 결과를 보고하거나 압수물을 제출할 필요가 없다.** [국가7급 07, 경찰승진 11]

(3) 증인에 대한 구인장 집행 : 본항은 피고인에 대한 구속영장 집행시에만 적용되므로, **증인에 대한 구인장을 집행하는 경우에는 적용되지 아니한다.**

(4) 피고인을 구속하기 위한 수색 : 검사, 사법경찰관리 또는 법원사무관 등(제81조 제2항)이 구속영장을 집행할 경우에 필요한 때에는 **미리 수색영장을 발부받기 어려운 긴급한 사정이 있는 경우에 한정하여** 타인의 주거, 간수자 있는 가옥, 건조물, 항공기, 선차 내에 들어가 피고인을 수색할 수 있다(2019.12.31. 개정 제137조). 이는 대물적 강제처분이 아니라 **구속영장 집행을 위한 재판의 집행처분**이므로, 사후영장을 요하지 아니한다.

(5) 요급처분 : 급속을 요하는 때에는 주거주 등 참여 및 야간집행 제한 규정이 적용되지 아니한다(제220조).

4. 범죄장소에서의 압수·수색·검증

(1) 의의 : 범행 중 또는 범행 직후의 범죄장소에서 **긴급을 요하여 법원판사의 영장을 받을 수 없는 때**에는 영장 없이 압수·수색·검증을 할 수 있다(제216조 제3항). [법원9급 15, 경찰채용 13 1차/15 1차] 특히 현행범인에 대한 체포 전 또는 체포 실패 상황에서의 범죄현장에서는 증거물의 은닉과 산일(散逸)을 방지하기 위한 조항이다. 따라서 범행 중 또는 범행 직후의 범죄장소이면 족하고, **피의자에 대한 체포·구속을 전제로 하지 않을 뿐 아니라 피의자가 현장에 있거나 체포되었을 것을 요건으로 하지 않는다.**

(2) 요 건

① **범죄장소** : **범행 중 또는 범행 직후의 범죄장소**이어야 하는바, 범죄의 증거가 될 만한 뚜렷한 흔적이 신체나 의복류에 있는 준현행범인의 요건(제211조 제2항 제3호)이 갖추어져 있고 범행시각으로부터 사회통념상 범행 직후라고 볼 수 있는 시간 내라면, 의식불명된 피의자를 곧바로 후송한 **병원응급실 등의 장소도 본항의 범죄장소**에 해당된다(대법원 2012.11.15, 2011도15258). [국가9급 22]

🔎 판례연구 범죄장소에서의 압수 사례

1. 대법원 1998.5.8, 97다54482 [국가9급 15, 경찰승진 11]

주취운전을 적발한 경찰관이 주취운전의 계속을 막기 위하여 취할 수 있는 조치

주취 상태에서의 운전은 도로교통법 제41조의 규정에 의하여 금지되어 있는 범죄행위임이 명백하고 그로 인하여 자기 또는 타인의 생명이나 신체에 위해를 미칠 위험이 큰 점을 감안하면, 주취운전을 적발한 경찰관이 주취운전의 계속을 막기 위하여 취할 수 있는 조치로는, 단순히 주취운전의 계속을 금지하는 명령 이외에 다른 사람으로 하여금 대신하여 운전하게 하거나 당해 주취운전자가 임의로 제출한 차량열쇠를 일시 보관하면서 가족에게 연락하여 주취운전자와 자동차를 인수하게 하거나 또는 주취 상태에서 벗어난 후 다시 운전하게 하며 그 주취 정도가 심한 경우에 경찰관서에 일시 보호하는 것 등을 들 수 있고, 한편 주취운전이라는 범죄행위로 당해 음주운전자를 구속·체포하지 아니한 경우에도 필요하다면 그 차량열쇠는 범행 중 또는 범행 직후의 범죄장소에서의 압수로서 형사소송법 제216조 제3항에 의하여 영장 없이 이를 압수할 수 있다.

2. 대법원 2012.11.15, 2011도15258; 2011.4.28, 2009도2109 [국가7급 17, 경찰채용 13 1차/24 1차]

[1] 영장·감정처분허가장 없이 채취한 혈액을 이용한 혈중알코올농도 감정 결과의 증거능력 : 원칙 ×

수사기관이 법원으로부터 영장 또는 감정처분허가장을 발부받지 아니한 채 피의자의 동의 없이 피의자의 신체로부터 혈액을 채취하고 사후에도 지체 없이 영장을 발부받지 아니한 채 혈액 중 알코올농도에 관한 감정을 의뢰하였다면, 이러한 과정을 거쳐 얻은 감정의뢰회보 등은 형사소송법상 영장주의 원칙을 위반하여 수집하거나 그에 기초하여 획득한 증거로서, 원칙적으로 절차위반행위가 적법절차의 실질적인 내용을 침해하여 피고인이나 변호인의 동의가 있더라도 유죄의 증거로 사용할 수 없다.

[2] 음주운전 중 교통사고를 내고 의식불명 상태에 빠져 병원으로 후송된 운전자에 대하여 수사기관이 영장 없이 강제채혈을 할 수 있는지 여부(한정 적극) 및 이 경우 사후 압수영장을 받아야 하는지 여부(적극)

음주운전 중 교통사고를 야기한 후 피의자가 의식불명 상태에 빠져 있는 등으로 도로교통법이 음주운전의 제1차적 수사방법으로 규정한 호흡조사에 의한 음주측정이 불가능하고 혈액 채취에 대한 동의를 받을 수도 없을 뿐만 아니라 법원으로부터 혈액 채취에 대한 감정처분허가장이나 사전 압수영장을 발부받을 시간적 여유도 없는 긴급한 상황이 생길 수 있다. 이러한 경우 피의자의 신체 내지 의복류에 주취로 인한 냄새가 강하게 나는 등 형사소송법 제211조 제2항 제3호가 정하는 범죄의 증적이 현저한 준현행범인의 요건이 갖추어져 있고 교통사고 발생 시각으로부터 사회통념상 범행 직후라고 볼 수 있는 시간 내라면, 피의자의 생명·신체를 구조하기 위하여 사고현장으로부터 곧바로 후송된 병원 응급실 등의 장소는 형사소송법 제216조 제3항의 범죄 장소에 준한다 할 것이므로, 검사 또는 사법경찰관은 피의자의 혈중알코올농도 등 증거의 수집을 위하여 의료법상 의료인의 자격이 있는 자로 하여금 의료용 기구로 의학적인 방법에 따라 필요최소한의 한도 내에서 피의자의 혈액을 채취하게 한 후 그 혈액을 영장 없이 압수할 수 있다. 다만, 이 경우에도 형사소송법 제216조 제3항 단서, 형사소송규칙 제58조, 제107조 제1항 제3호에 따라 사후에 지체 없이 강제채혈에 의한 압수의 사유 등을 기재한 영장청구서에 의하여 법원으로부터 압수영장을 받아야 한다.

② **긴급성** : **긴급을 요하여 법원 판사의 영장을 받을 수 없는 때**이어야 한다. 이 요건을 갖추지 못하였다면 당해 압수·수색·검증은 위법하며 이는 **사후영장을 발부받았다고 하여 그 위법이 치유되는 것이 아니다** (대법원 2012.2.9, 2009도14884; 2017.11.29, 2014도16080). 대법원은 불법게임장 주변에서 순찰 도중 남자들이 들어가는 것을 우연히 목격하고 따라 들어가 불법게임기를 압수·수색한 사례에서, **불법게임기는 상당한 부피와 무게 때문에 쉽게 은폐나 은닉이 되지 않는다**는 이유로 **긴급성을 인정하지 아니하였다**(대법원 2012.2.9, 2009도14884).

🔎 판례연구 범죄장소에서의 압수의 긴급성 요건

1. 대법원 2012.2.9, 2009도14884; 2017.11.29, 2014도16080 [경찰채용 21 1차]

범죄장소에서의 긴급압수·수색의 요건을 갖추지 못한 경우와 사후영장

범행 중 또는 범행 직후의 범죄 장소에서 긴급을 요하여 법원 판사의 영장을 받을 수 없는 때에는 영장 없이 압수·수색 또는 검증을 할 수 있으나, 사후에 지체없이 영장을 받아야 한다(형사소송법 제216조 제3항). 형사소송법 제216조 제3항의 요건 중 어느 하나라도 갖추지 못한 경우에 그러한 압수·수색 또는 검증은 위법하며, 이에 대하여 사후에 법원으로부터 영장을 발부받았다고 하여 그 위법성이 치유되지 아니한다.

보충 형사소송법 제216조 제3항이 정한 '긴급을 요하여 법원 판사의 영장을 받을 수 없는 때'의 요건을 갖추지 못하였다면 적법한 직무집행으로 볼 수 없다고 한 사례이다.

2. 대법원 2012.2.9, 2009도14884

불법 게임기의 상당한 부피와 무게 때문에 긴급성을 인정하지 않은 사례

경찰관들은 단속리스트에 기재된 게임장들 주위를 순찰하던 도중 이 사건 게임장에 남자들이 들어가는 것을 우연히 목격한 후 따라 들어가 그 내부를 수색한 점, 불법 게임장 영업은 그 성질상 상당한 기간 동안 계속적으로 이루어지고 불법 게임기는 상당한 부피 및 무게가 나가는 것들로서 은폐나 은닉이 쉽지 아니한 점 등에 비추어 보면, 위 경찰관들의 압수수색은 형사소송법 제216조 제3항 소정의 '긴급성' 요건을 충족시키지 못한 것으로 위법하다고 판단된다.

(3) 요급처분 : 급속을 요하는 때에는 주거주 등 참여 및 야간집행 제한 규정이 적용되지 아니한다(제220조).

(4) 사후영장

① 지체 없이 받을 것 : 피의자에 대한 체포 · 구속을 전제로 함이 없이 단지 범죄장소라는 이유만으로 긴급압수 등을 인정한 것이므로, 압수 · 수색 · 검증을 하고 난 **사후에 지체 없이**(48h ×) **압수 · 수색 · 검증영장을 받아야 한다**(제216조 제3항 제2문). [법원9급 17, 국가7급 07, 교정9급특채 10, 해경간부 12, 경찰승진 11, 경찰채용 06 2차/13 1차] 보통 48시간 이내 영장청구로 하는 것에 비하여 매우 엄격한 규정이다. 따라서 **사후영장을 받지 않은 경우 압수 등 후 작성된 압수 · 수색 · 검증조서는 위법수집증거**로서 증거능력이 부정된다(대법원 1990.9.14, 90도1263).

> **대법원 1990.9.14, 90도1263**
> 위급처분으로서 압수수색영장 없이 검증을 하고 사후영장을 발부받지 아니한 사례
> 사법경찰관 작성의 검증조서의 작성이 범죄현장에서 급속을 요한다는 이유로 압수수색 영장 없이 행하여졌는데 그 후 법원의 사후 영장을 받은 흔적이 없다면 유죄의 증거로 쓸 수 없다.

② 영장청구서 기재사항 : 압수 · 수색 · 검증영장청구서에는 영장 없이 압수 · 수색 · 검증을 한 일시 및 장소를 기재하여야 한다(규칙 제107조 제1항 제5호).

③ 압수물의 반환 : 영장을 발부받지 못한 때 압수물을 즉시 반환함은 동일하다.

5. 긴급체포된 자에 대한 압수 · 수색 · 검증

(1) 의의 : 검사 또는 사법경찰관은 긴급체포된 자가 소유 · 소지 · 보관하는 물건에 대하여 긴급히 압수할 필요가 있는 경우에는 체포한 때로부터 24시간 이내에 한하여 영장 없이 압수 · 수색 · 검증을 할 수 있다 (제217조 제1항). [법원9급 17, 경찰채용 15 1차] 긴급체포된 사실이 밝혀지면 피의자와 관련된 사람이 증거물을 은닉하는 것을 방지하기 위한 제도이다. 구법에서는 "긴급체포할 수 있는 자"라고 되어 있었던 것을 2007년 개정법에서 "제200조의3에 따라 체포된 자"로 명확히 규정하는 등 적법절차원칙을 강화한 부분이다.[1]

(2) 요 건

① 긴급성 : **긴급히 압수할 필요가 있는 경우**이어야 한다(2007년 개정).

② 대상 : 영장 없이 압수 · 수색 · 검증을 할 수 있는 것은 **현실로 긴급체포된 자의 소유 · 소지 · 보관하는 물건**으로서, **긴급체포의 사유가 된 당해 범죄와 관련된 물건으로 한정된다**. 다만, 긴급체포된 자가 소유 · 소지 · 보관하는 물건이라면 **체포현장이 아닌 장소라 하더라도 압수 · 수색 · 검증을 할 수 있다**(제216조 제1항 제2호와의 차이점, 대법원 2017.9.12, 2017도10309).

---

1) [참고-2007년 개정법의 내용] 종래 긴급압수 · 수색 · 검증이 본래의 취지와 달리 남용되고 있다는 지적에 따라 2007년 개정법에서는 특히 이 부분에 대한 통제를 강화하였다. 먼저 ① 긴급압수 등의 대상자를 종전의 '체포할 수 있는 자'에서 '체포된 자'로 한정하였다(대상의 명확화). 또한 ② 긴급압수 · 수색 · 검증은 실무상 긴급체포된 사실이 밝혀지면 피의자와 관련된 사람이 증거물을 은닉하는 것을 방지하기 위한 제도이므로 법 관으로부터 영장을 발부받을 시간적 여유가 없는 상태에서 긴급히 압수할 필요가 있는 경우에 할 수 있다는 점을 명시하였다(긴급성 요건 추가). 아울러 ③ 긴급압수 · 수색 · 검증이 허용되는 시간을 24시간으로 제한하고(시간제한), ④ 체포현장에서의 긴급압수 · 수색 · 검증과 긴급체포에 부 수된 긴급압수 · 수색 · 검증의 독자성을 인정하여 압수를 계속할 필요가 있을 경우 구속영장과는 별도로 체포시로부터 48시간 이내에 압수 · 수색 영장을 청구하도록 하였다(법원실무 I 361면).

> 🔍 **판례연구** 긴급체포된 자에 대한 압수 · 수색 · 검증의 대상 관련판례
>
> **1. 대법원 2008.7.10, 2008도2245** [경찰채용 12 1차/13 1차/15 3차]
> 구 형사소송법 제217조 제1항에 따른 긴급체포시 적법하게 압수할 수 있는 대상물인지 여부의 판단기준
> 어떤 물건이 긴급체포의 사유가 된 범죄사실 수사에 필요한 최소한의 범위 내의 것으로서 압수의 대상이 되는 것인지는 당해 범죄사실의 구체적인 내용과 성질, 압수하고자 하는 물건의 형상 · 성질, 당해 범죄사실과의 관련 정도와 증거가치, 인멸의 우려는 물론 압수로 인하여 발생하는 불이익의 정도 등 압수 당시의 여러 사정을 종합적으로 고려하여 객관적으로 판단하여야 한다. … 경찰관이 이른바 전화사기죄 범행의 혐의자를 긴급체포하면서 그가 보관하고 있던 다른 사람의 주민등록증, 운전면허증 등을 압수한 것은, 구 형사소송법(2007.6.1. 법률 제8496호로 개정되기 전의 것) 제217조 제1항에서 규정한 해당 범죄사실의 수사에 필요한 범위 내의 압수로서 적법하므로, 이를 위 혐의자의 점유이탈물횡령죄 범행에 대한 증거로 인정할 수 있다.
>
> **2. 대법원 2017.9.12, 2017도10309**
> 체포현장이 아닌 장소에서도 긴급체포된 자가 소유 · 소지 또는 보관하는 물건에 대한 압수, 수색이 가능한지 문제된 사건
> 범죄수사를 위하여 압수, 수색 또는 검증을 하려면 미리 영장을 발부받아야 한다는 이른바 사전영장주의(법 제215조 제2항)가 원칙이지만, 법 제217조는 그 예외를 인정한다. 즉, 검사 또는 사법경찰관은 긴급체포된 자가 소유 · 소지 또는 보관하는 물건에 대하여는 긴급히 압수할 필요가 있는 경우에는 체포한 때부터 24시간 이내에 한하여 영장 없이 압수 · 수색 또는 검증을 할 수 있고(법 제217조 제1항), 압수한 물건을 계속 압수할 필요가 있는 경우에는 지체 없이 압수수색영장을 청구하여야 한다. 이 경우 압수수색영장의 청구는 체포한 때부터 48시간 이내에 하여야 한다(같은 조 제2항). … 이 규정에 따른 압수 · 수색 또는 검증은 체포현장에서의 압수 · 수색 또는 검증을 규정하고 있는 형사소송법 제216조 제1항 제2호와 달리, 체포현장이 아닌 장소에서도 긴급체포된 자가 소유 · 소지 또는 보관하는 물건을 대상으로 할 수 있다.

　　　③ 시한 : 영장 없이 압수 · 수색 · 검증을 할 수 있는 기간은 **체포한 때부터 24시간 이내**에 한한다(<u>24 & 48</u>, 2007년 개정, 구법 : 48시간). [법원9급 15, 국가9급 09/14, 교정9급특채 13, 경찰간부 13, 해경간부 12, 경찰승진 11/12/13/14]

(3) 요급처분 : 제220조의 요급처분은 긴급체포된 자에 대한 압수 · 수색 · 검증에는 적용되지 아니한다(제220조 요급처분은 제216조에만 적용).

(4) 사후영장 : 압수한 물건을 계속 압수할 필요가 있는 때에는 **지체 없이** 압수 · 수색영장을 청구하되, 청구는 **체포(압수 ✕)한 때로부터 48시간 이내**에 하여야 한다(24 & 48, 제217조 제2항). 이는 **구속영장 발부와 관계가 없다.** 사후영장을 받지 못하면 즉시 환부해야 하는 것(동 제3항)은 체포현장에서의 압수 · 수색과 동일하다. [법원9급 17, 국가9급 11/13, 경찰간부 13]

6. 유류물 · 임의제출물 등의 압수(영치)

(1) 의의 : 법원 또는 검사 · 사법경찰관은 피의자 · 피고인 기타인의 유류(遺留)한 물건이나 소유자 · 소지자 · 보관자가 임의로 제출한 물건을 영장 없이 압수할 수 있다(제108조, 제218조). 점유취득 방법이 강제적이 아니라 임의적이라는 점에서 영장주의의 예외로 규정하고 있으나, 일단 압수된 후에는 제출자가 임의로 취거하는 것은 불가하므로 대물적 강제처분의 일종에 해당한다. **따라서 제출의 임의성이 인정되기 위해서는 압수하기 전에 수사기관이 기망·강박 없이 임의제출의 의미·효과 등을 소유자 등에게 고지하여 임의제출할 경우 압수되어 돌려받지 못한다는 사정 등을 제출자가 충분히 인식하여야 한다.**

(2) 목적물
　　　① 유류물 : 유실물보다 넓은 개념으로서, 범죄현장에서 발견된 범인이 버리고 간 흉기, 혈흔, 지문, 족적, 범행현장에서 발견된 강판조각 등이 포함된다.

> 🔍 **판례연구** 유류물 압수에 해당한다는 사례
>
> **1. 대법원 2008.10.23, 2008도7471**
> 지문채취 대상물 압수 이전에 현장에서 먼저 채취된 지문
> 범행 현장에서 지문채취 대상물에 대한 지문채취가 먼저 이루어진 이상, 수사기관이 그 이후에 지문채취 대상물을 적법한 절차에 의하지 아니한 채 압수하였다고 하더라도(지문채취 대상물인 맥주컵, 물컵, 맥주병 등은 피해자 A가 운영하는 주점 내에 있

던 A의 소유로서 이를 수거한 행위가 A의 의사에 반한 것이라고 볼 수 없으므로, 이를 가리켜 위법한 압수라고 보기도 어렵다), 위와 같이 채취된 지문은 위법하게 압수한 지문채취 대상물로부터 획득한 2차적 증거에 해당하지 아니함이 분명하여, 이를 가리켜 위법수집증거라고 할 수 없다.

2. 대법원 2011.5.26, 2011도1902
교통사고 가장 처 살인 무죄사건에서의 방호벽에 있었던 강판조각
사건 사고일인 2008.11.11.부터 3개월 가까이 경과한 2009.2.2. 이 사건 사고가 발생한 대전차 방호벽의 안쪽 벽면에 부착된 철제구조물에서 발견된 강판조각은 제218조의 유류물에 해당되고, 국과수 소속 감정인의 감정 과정에서 이 사건 사고 차량인 그랜저TG 승용차 우측 앞 펜더에서 탈거된 보강용 강판과 페인트는 위 차량의 보관자가 감정을 위하여 임의로 제출한 물건에 해당되므로, 이 사건 강판조각과 보강용 강판 및 차량에서 채취된 페인트는 형사소송법 제218조에 의하여 영장 없이 압수할 수 있다.[1]

② **임의제출물** : ㉠ 증거물 · 몰수물에 제한되지 않고, 소유자 · 소지자 · 보관자가 반드시 **적법한 권리자일 필요도 없다.** 판례는 채혈한 혈액을 보관하는 간호사나 재소자가 맡긴 비망록을 보관하는 교도관도 여기에 포함된다고 보고 있다. 또한 **현행범체포현장이나 범죄장소에서도 소지자 등이 임의로 제출하는 물건**은 영장 없이 압수할 수 있다. 다만, ㉡ **소유자 · 소지자 · 보관자 아닌 자**로부터 제출받았거나 **수사기관의 요구**에 의하여 의사 등이 채혈한 혈액이나 금융기관이 제출한 고객의 금융정보는 그 임의성이 없어 임의제출물로 볼 수 없다. [경찰채용 13 1차/16 1차]

★ 판례연구 임의제출물 압수로 보아 적법하다는 사례

1. 대법원 1999.9.3, 98도968 [국가9급 15, 경찰승진 11, 경찰채용 08 3차]
경찰관이 간호사로부터 진료 목적으로 채혈된 피고인의 혈액을 감정 목적으로 제출받아 압수한 사례
형사소송법 및 기타 법령상 의료인이 진료 목적으로 채혈한 혈액을 수사기관이 수사 목적으로 압수하는 절차에 관하여 특별한 절차적 제한을 두고 있지 않으므로(제219조 · 제112조의 의사 · 간호사 등은 압수거부권자에 불과하고 제출거부의무가 있는 것은 아님 – 필자 주), 의료인이 진료 목적으로 채혈한 환자의 혈액을 수사기관에 임의로 제출하였다면 그 혈액의 증거사용에 대하여도 환자의 사생활의 비밀 기타 인격적 법익이 침해되는 등의 특별한 사정이 없는 한 반드시 그 환자의 동의를 받아야 하는 것이 아니고, 따라서 경찰관이 간호사로부터 진료 목적으로 이미 채혈되어 있던 피고인의 혈액 중 일부를 주취운전 여부에 대한 감정을 목적으로 임의로 제출받아 이를 압수한 경우, 당시 간호사가 위 혈액의 소지자 겸 보관자인 병원 또는 담당의사를 대리하여 혈액을 경찰관에게 임의로 제출할 수 있는 권한이 없었다고 볼 특별한 사정이 없는 이상, 그 압수절차가 피고인 또는 피고인의 가족의 동의 및 영장 없이 행하여졌다고 하더라도 이에 적법절차를 위반한 위법이 있다고 할 수 없다.[2]

2. 대법원 2008.5.15, 2008도1097 [국가7급 11/18, 경찰간부 22, 경찰승진 12]
검사가 교도관으로부터 보관 중이던 재소자의 비망록을 증거자료로 임의로 제출받아 이를 압수한 사례
형사소송법 및 기타 법령상 교도관이 그 직무상 위탁을 받아 소지 또는 보관하는 물건으로서 재소자가 작성한 비망록을 수사기관이 수사 목적으로 압수하는 절차에 관하여 특별한 절차적 제한을 두고 있지 않으므로, 교도관이 재소자가 맡긴 비망록을 수사기관에 임의로 제출하였다면 그 비망록의 증거사용에 대하여도 재소자의 사생활의 비밀 기타 인격적 법익이 침해되는 등의 특별한 사정이 없는 한 반드시 그 재소자의 동의를 받아야 하는 것은 아니다. 따라서 검사가 교도관으로부터 그가 보관하고 있던 피고인의 비망록을 뇌물수수 등의 증거자료로 임의로 제출받아 이를 압수한 경우, 그 압수절차가 피고인의 승낙 및 영장 없이 행하여졌다고 하더라도 이에 적법절차를 위반한 위법이 있다고 할 수 없다.

3. 대법원 2013.9.26, 2013도7718
세관공무원이 통관검사를 위하여 직무상 소지 또는 보관하는 우편물을 수사기관에 임의로 제출한 경우에는 비록 소유자의 동의를 받지 않았다 하더라도 수사기관이 강제로 점유를 취득하지 않은 이상 해당 우편물을 압수하였다고 할 수 없다.

4. 대법원 2016.2.18, 2015도13726; 2020.4.9, 2019도17142 [경찰간부 22, 국가9급개론 17]
현행범 체포현장이나 범죄장소에서 소지자 등이 임의로 제출하는 물건을 제218조에 따라 영장 없이 압수할 수 있는지 여부(적극) 및 이

---

1) [보충] 자신의 처를 승용차 조수석에 태우고 운전하던 중 교통사고를 가장하여 살해하기로 마음먹고, 도로 옆에 설치된 대전차 방호벽의 안쪽 벽면을 차량의 우측 부분으로 들이받은 후, 재차 차량 앞범퍼 부분으로 위 방호벽 중 돌출된 부분의 모서리를 들이받아 그를 살해하였다는 내용으로 기소되었는데, 피고인이 범행을 강력히 부인하고 있고 달리 그에 관한 직접증거가 없는 경우, 피고인에게 살인죄를 인정한 원심판결에 증거의 증명력에 관한 법리오해 또는 논리와 경험법칙을 위반한 위법이 있다고 한 사례이다.

2) [참고 – 판례에 대한 평석] 다만, 피의자(환자)의 생명 · 신체자기결정권을 침해하는 수사방법은 강제수사로 보아야 한다. 따라서 법원의 감정처분허가장 또는 압수 · 수색 · 검증영장에 의하거나 제216조 제3항의 요건을 갖추었다면 압수 후 지체 없이 영장을 받은 경우가 아니라면 이는 위법한 수사방법이라 볼 수밖에 없다. 유사한 평석으로는 심/양, 161면; 정주형, 356면 참조.

경우 검사나 사법경찰관이 사후에 영장을 받아야 하는지 여부(소극)

검사 또는 사법경찰관은 법 제212조의 규정에 의하여 피의자를 현행범 체포하는 경우에 필요한 때에는 체포현장에서 영장 없이 압수·수색·검증을 할 수 있으나, 이와 같이 압수한 물건을 계속 압수할 필요가 있는 경우에는 체포한 때부터 48시간 이내에 지체 없이 압수영장을 청구하여야 한다(제216조 제1항 제2호, 제217조 제2항). 그리고 검사 또는 사법경찰관이 범행 중 또는 범행 직후의 범죄장소에서 긴급을 요하여 판사의 영장을 받을 수 없는 때에는 영장 없이 압수·수색 또는 검증을 할 수 있으나, 이 경우에는 사후에 지체 없이 영장을 받아야 한다(제216조 제3항). 다만, 제218조에 의하면 검사 또는 사법경찰관은 피의자 등이 유류한 물건이나 소유자·소지자 또는 보관자가 임의로 제출한 물건은 영장 없이 압수할 수 있으므로, 현행범 체포현장이나 범죄장소에서도 소지자 등이 임의로 제출하는 물건은 위 조항에 의하여 영장 없이 압수할 수 있고, 이 경우에는 검사나 사법경찰관이 사후에 영장을 받을 필요가 없다.

> **보충** [2015도13726 판례] 피고인이 바지선에 승선하여 밀입국하면서 필로폰을 밀수입하는 범행을 실행 중이거나 실행한 직후에 검찰수사관이 바지선 내 피고인을 발견한 장소 근처에서 필로폰이 발견되자 곧바로 피고인을 체포하였으므로 이는 현행범체포로서 적법하고, 검찰수사관이 필로폰(6.1kg)을 압수하기 전에 피고인에게 임의제출의 의미, 효과 등에 관하여 고지하였던 점, 피고인도 필로폰 매매 등 동종 범행으로 여러 차례 형사처벌을 받은 전력이 있어 피압수물인 필로폰을 임의제출할 경우 압수되어 돌려받지 못한다는 사정 등을 충분히 알았을 것으로 보이는 점, 피고인이 체포될 당시 필로폰 관련 범행을 부인하였다고 볼 자료가 없고, 검찰수사관이 필로폰을 임의로 제출받기 위하여 피고인을 기망하거나 협박하였다고 볼 아무런 사정이 없는 점 등에 비추어 보면, 피고인은 필로폰의 소지인으로서 이를 임의로 제출하였다고 할 것이므로 그 필로폰의 압수도 적법하다(판결이유).

5. 대법원 2021.7.29, 2020도14654 [경찰채용 24 1차]

피의자가 휴대전화를 임의제출하면서 휴대전화에 저장된 전자정보가 아닌 클라우드 등 제3자가 관리하는 원격지에 저장되어 있는 전자정보를 수사기관에 제출한다는 의사로 수사기관에게 클라우드 등에 접속하기 위한 아이디와 비밀번호를 임의로 제공하였다면 위 클라우드 등에 저장된 전자정보를 임의제출하는 것으로 볼 수 있다.

⚖️ **판례연구** 임의제출물 압수에 해당하지 않아 위법하다는 사례

1. 대법원 2010.1.28, 2009도10092 [경찰간부 22, 경찰승진 22, 경찰채용 13 1차]

소유자, 소지자 또는 보관자가 아닌 자로부터 제출받은 물건을 영장 없이 압수한 쇠파이프 및 그 사진

법 제218조를 위반하여 소유자, 소지자 또는 보관자가 아닌 자로부터 제출받은 물건을 영장 없이 압수한 경우 그 '압수물' 및 '압수물을 찍은 사진'은 이를 유죄 인정의 증거로 사용할 수 없는 것이고, 영장주의의 중요성에 비추어 볼 때 피고인이나 변호인이 이를 증거로 함에 동의하였다고 하더라도 달리 볼 것은 아니다.[1]

2. 대법원 2011.4.28, 2009도2109

병원 응급실에서 경찰관이 영장 없이 의사로 하여금 채혈을 하도록 한 사례

수사기관이 법원으로부터 (검증)영장 또는 감정처분허가장을 발부받지 아니한 채 피의자의 동의 없이 피의자의 신체로부터 혈액을 채취하고 사후적으로도 지체 없이 이에 대한 영장을 발부받지도 아니한 채 강제채혈한 피의자의 혈액 중 알코올농도에 관한 감정이 이루어졌다면, 이러한 감정결과보고서(2차증거) 등은 영장주의 원칙을 위반하여 수집되거나 그에 기초한 증거로서 그 절차 위반행위가 적법절차의 실질적인 내용을 침해하는 정도에 해당하고, 이러한 증거는 피고인이나 변호인의 증거동의가 있다고 하더라도 유죄의 증거로 사용할 수 없다.[2]

3. 대법원 2013.3.28, 2012도13607

영장에 의하지 아니하고 금융회사 등으로부터 신용카드 매출전표의 거래명의자에 관한 정보를 획득한 사례

수사기관이 범죄 수사를 목적으로 금융실명법에 정한 '거래정보 등'을 획득하기 위해서는 법관의 영장이 필요하고, 신용카드에 의하여 물품을 거래할 때 '금융회사 등'이 발행하는 매출전표의 거래명의자에 관한 정보 또한 금융실명법에서 정하는 '거래정보 등'에 해당하므로, 수사기관이 금융회사 등에 그와 같은 정보를 요구하는 경우에도 법관이 발부한 영장에 의하여야 한다. 그럼에도 수사기관이 영장에 의하지 아니하고 매출전표의 거래명의자에 관한 정보를 획득하였다면, 그와 같이 수집된 증거는 원칙적으로 법 제308조의2에서 정하는 '적법한 절차에 따르지 아니하고 수집한 증거'에 해당하여 유죄의 증거로 삼을 수 없다.

---

1) [보충 - 판결이유] 충남 금산경찰서 소속 경사 공소외 1은 피고인 소유의 쇠파이프를 피고인의 주거지 앞 마당에서 발견하였으면서도 그 소유자, 소지자 또는 보관자가 아닌 피해자 공소외 2로부터 임의로 제출받는 형식으로 위 쇠파이프를 압수하였고 그 후 압수물의 사진을 찍었으며, 피고인이 위 사진을 증거로 하는 데 동의하였으나, 이 사건 압수물과 그 사진은 형사소송법상 영장주의 원칙을 위반하여 수집하거나 그에 기초한 증거로서 그 절차 위반행위가 적법절차의 실질적인 내용을 침해하는 정도에 해당한다고 할 것이므로, 피고인의 증거동의에도 불구하고 위 사진은 이 사건 범죄사실을 유죄로 인정하는 증거로 사용할 수 없다고 할 것이다(위 판례).

2) [보충 - 판결이유] 피고인의 동서로부터 채혈동의를 받고 의사로 하여금 채혈을 하도록 한 위 사안에서, … 음주운전자에 대한 채혈에 관하여 영장주의를 요구할 경우 증거가치가 없게 될 위험성이 있다거나 음주운전 중 교통사고를 야기하고 의식불명 상태에 빠져 병원에 후송된 자에 대해 수사기관이 수사의 목적으로 의료진에게 요청하여 혈액을 채취한 사정이 있다고 하더라도 이러한 증거의 증거능력을 배제하는 것이 형사사법 정의를 실현하려고 한 취지에 반하는 결과를 초래하는 예외적인 경우에 해당한다고 볼 수 없다. … 음주운전죄의 공소사실은 무죄이다(위 판례).

(3) 사후영장 : 임의제출물 압수에는 **사후영장도 필요 없다.** [경찰승진 11, 경찰채용 06 2차/15 1차] 다만, 압수조서 작성 및 압수목록 교부는 보통의 압수와 동일하며, 계속 압수할 필요가 없을 때 즉시 환부해야 하는 것도 같다.

(4) 임의제출물과 소유권 : 소유자가 임의로 제출할 물건이라 하더라도 소유권을 포기한 것으로 볼 수는 없다.

★ |판례연구| 임의제출된 전자정보의 압수절차로서 위법하다는 사례

대법원 2021.11.18, 2016도348 전원합의체 [경찰채용 22 1·2차/23 1차, 변호사 24]

경찰이 성폭법위반(카메라등이용촬영)죄의 피해자가 임의제출한 피고인 소유·관리의 휴대전화 2대의 전자정보를 탐색하다가 피해자를 촬영한 휴대전화가 아닌 다른 휴대전화에서 다른 피해자 2명에 대한 동종 범행 등에 관한 1년 전 사진·동영상을 발견하고 영장 없이 이를 복제한 CD를 증거로 제출한 사건

[1] 임의제출에 따른 전자정보 압수의 방법

① 수사기관의 전자정보에 대한 압수·수색은 원칙적으로 영장 발부의 사유로 된 범죄혐의사실과 관련된 부분만을 문서 출력물로 수집하거나 수사기관이 휴대한 정보저장매체에 해당 파일을 복제하는 방식으로 이루어져야 하고, 정보저장매체 자체를 직접 반출하거나 저장매체에 들어 있는 전자파일 전부를 하드카피나 이미징 등 형태(이하 '복제본')로 수사기관 사무실 등 외부로 반출하는 방식으로 압수·수색하는 것은 현장의 사정이나 전자정보의 대량성으로 인하여 관련 정보 획득에 긴 시간이 소요되거나 전문 인력에 의한 기술적 조치가 필요한 경우 등 범위를 정하여 출력 또는 복제하는 방법이 불가능하거나 압수의 목적을 달성하기에 현저히 곤란하다고 인정되는 때에 한하여 예외적으로 허용될 수 있을 뿐이다(대법원 2015.7.16, 2011모1839 전원합의체 등). ② 위와 같은 법리는 정보저장매체에 해당하는 임의제출물의 압수(법 제218조)에도 마찬가지로 적용된다. 임의제출물의 압수는 압수물에 대한 수사기관의 점유 취득이 제출자의 의사에 따라 이루어진다는 점에서 차이가 있을 뿐 범죄혐의를 전제로 한 수사 목적이나 압수의 효력은 영장에 의한 경우와 동일하기 때문이다. 따라서 수사기관은 특정 범죄혐의와 관련하여 전자정보가 수록된 정보저장매체를 임의제출받아 그 안에 저장된 전자정보를 압수하는 경우 그 동기가 된 범죄혐의사실과 관련된 전자정보의 출력물 등을 임의제출받아 압수하는 것이 원칙이다. 다만 현장의 사정이나 전자정보의 대량성과 탐색의 어려움 등의 이유로 범위를 정하여 출력 또는 복제하는 방법이 불가능하거나 압수의 목적을 달성하기에 현저히 곤란하다고 인정되는 때에 한하여 예외적으로 정보저장매체 자체나 복제본을 임의제출받아 압수할 수 있다.

[2] 임의제출에 따른 전자정보 압수의 대상과 범위

① 임의제출자의 의사 : 임의제출된 전자정보의 압수가 적법한 것은 어디까지나 제출자의 자유로운 제출 의사에 근거한 것인 이상, 범죄혐의사실과 관련된 전자정보와 그렇지 않은 전자정보가 혼재되어 있는 정보저장매체나 복제본을 수사기관에 임의제출하는 경우 제출자는 제출 및 압수의 대상이 되는 전자정보를 개별적으로 지정하거나 그 범위를 한정할 수 있다. 이처럼 정보저장매체 내 전자정보의 임의제출 범위는 제출자의 의사에 따라 달라질 수 있는 만큼 이러한 정보저장매체를 임의제출받는 수사기관은 제출자로부터 임의제출의 대상이 되는 전자정보의 범위를 확인함으로써 압수의 범위를 명확히 특정하여야 한다. 나아가 헌법과 형사소송법이 구현하고자 하는 적법절차, 영장주의, 비례의 원칙은 물론, 사생활의 비밀과 자유, 정보에 대한 자기결정권 및 재산권의 보호라는 관점에서 정보저장매체 내 전자정보가 가지는 중요성에 비추어 볼 때, 정보저장매체를 임의제출하는 사람이 거기에 담긴 전자정보를 지정하거나 제출 범위를 한정하는 취지로 한 의사표시는 엄격하게 해석하여야 하고, 확인되지 않은 제출자의 의사를 수사기관이 함부로 추단하는 것은 허용될 수 없다. 따라서 수사기관이 제출자의 의사를 쉽게 확인할 수 있음에도 이를 확인하지 않은 채 특정 범죄혐의사실과 관련된 전자정보와 그렇지 않은 전자정보가 혼재된 정보저장매체를 임의제출받은 경우, 그 정보저장매체에 저장된 전자정보 전부가 임의제출되어 압수된 것으로 취급할 수는 없다. 이 경우 제출자의 임의제출 의사에 따라 압수의 대상이 되는 전자정보의 범위를 어떻게 특정할 것인지가 문제 된다.

② 임의제출에 따른 압수의 동기가 된 범죄혐의사실과 관련된 전자정보 : 수사기관은 피의사실과 관계가 있다고 인정할 수 있는 것에 한정하여 증거물 또는 몰수할 것으로 사료하는 물건을 압수할 수 있다(법 제219조, 제106조). 따라서 전자정보를 압수하고자 하는 수사기관이 정보저장매체와 거기에 저장된 전자정보를 임의제출의 방식으로 압수할 때, 제출자의 구체적인 제출 범위에 관한 의사를 제대로 확인하지 않는 등의 사유로 인해 임의제출자의 의사에 따른 전자정보 압수의 대상과 범위가 명확하지 않거나 이를 알 수 없는 경우에는 임의제출에 따른 압수의 동기가 된 범죄혐의사실과 관련되고 이를 증명할 수 있는 최소한의 가치가 있는 전자정보에 한하여 압수의 대상이 된다. 이때 범죄혐의사실과 관련된 전자정보에는 범죄혐의사실 그 자체 또는 그와 기본적 사실관계가 동일한 범행과 직접 관련되어 있는 것은 물론 범행 동기와 경위, 범행 수단과 방법, 범행 시간과 장소 등을 증명하기 위한 간접증거나 정황증거 등으로 사용될 수 있는 것도 포함될 수 있다. 다만 그 관련성은 임의제출에 따른 압수의 동기가 된 범죄혐의사실의 내용과 수사의 대상, 수사의 경위, 임의제출의 과정 등을 종합하여 구체적·개별적 연관관계가 있는 경우에만 인정되고, 범죄혐의사실과 단순히 동종 또는 유사 범행이라는 사유만으로 관련성이 있다고 할 것은 아니다(대법원 2021.8.26, 2021도2205 등).

③ 피의자 아닌 사람이 피의자가 소유·관리하는 정보저장매체를 임의제출한 경우 전자정보 압수의 범위 : 임의제출 및 그에 따른 수사기관의 압수가 적법하더라도 임의제출의 동기가 된 범죄혐의사실과 구체적·개별적 연관관계가 있는 전자정보에 한

하여 압수의 대상이 되는 것으로 더욱 제한적으로 해석하여야 한다. 임의제출의 주체가 소유자 아닌 소지자·보관자이고 그 제출행위로 소유자의 사생활의 비밀 기타 인격적 법익이 현저히 침해될 우려가 있는 경우에는 임의제출에 따른 압수·수색의 필요성과 함께 임의제출에 동의하지 않은 소유자의 법익에 대한 특별한 배려도 필요한바(대법원 1999.9.3, 98도968; 2008.5.15, 2008도1097; 2013.9.26, 2013도7718 등), 피의자 개인이 소유·관리하는 정보저장매체에는 그의 사생활의 비밀과 자유, 정보에 대한 자기결정권 등 인격적 법익에 관한 모든 것이 저장되어 있어 제한 없이 압수·수색이 허용될 경우 피의자의 인격적 법익이 현저히 침해될 우려가 있기 때문이다. 그러므로 임의제출자인 제3자가 제출의 동기가 된 범죄혐의사실과 구체적·개별적 연관관계가 인정되는 범위를 넘는 전자정보까지 일괄하여 임의제출한다는 의사를 밝혔더라도, 그 정보저장매체 내 전자정보 전반에 관한 처분권이 그 제3자에게 있거나 그에 관한 피의자의 동의 의사를 추단할 수 있는 등의 특별한 사정이 없는 한, 그 임의제출을 통해 수사기관이 영장 없이 적법하게 압수할 수 있는 전자정보의 범위는 범죄혐의사실과 관련된 전자정보에 한정된다고 보아야 한다.

[3] 전자정보 탐색·복제·출력 시 피의자의 참여권 보장 및 전자정보 압수목록 교부

압수의 대상이 되는 전자정보와 그렇지 않은 전자정보가 혼재된 정보저장매체나 그 복제본을 임의제출받은 수사기관이 그 정보저장매체 등을 수사기관 사무실 등으로 옮겨 이를 탐색·복제·출력하는 경우, 그와 같은 일련의 과정에서 형사소송법 제219조, 제121조에서 규정하는 피압수·수색 당사자(이하 '피압수자'라 한다)나 그 변호인에게 참여의 기회를 보장하고 압수된 전자정보의 파일 명세가 특정된 압수목록을 작성·교부하여야 하며 범죄혐의사실과 무관한 전자정보의 임의적인 복제 등을 막기 위한 적절한 조치를 취하는 등 영장주의 원칙과 적법절차를 준수하여야 한다. 만약 그러한 조치가 취해지지 않았다면 피압수자 측이 참여하지 아니한다는 의사를 명시적으로 표시하였거나 임의제출의 취지와 경과 또는 그 절차 위반행위가 이루어진 과정의 성질과 내용 등에 비추어 피압수자 측에 절차 참여를 보장한 취지가 실질적으로 침해되었다고 볼 수 없을 정도에 해당한다는 등의 특별한 사정이 없는 이상 압수·수색이 적법하다고 평가할 수 없고, 비록 수사기관이 정보저장매체 또는 복제본에서 범죄혐의사실과 관련된 전자정보만을 복제·출력하였다 하더라도 달리 볼 것은 아니다(위 2011모1839 전원합의체; 대법원 2020.11.17, 2019모291 등). 나아가 피해자 등 제3자가 피의자의 소유·관리에 속하는 정보저장매체를 영장에 의하지 않고 임의제출한 경우에는 실질적 피압수자인 피의자가 수사기관으로 하여금 그 전자정보 전부를 무제한 탐색하는 데 동의한 것으로 보기 어려울 뿐만 아니라 피의자 스스로 임의제출한 경우 피의자의 참여권 등이 보장되어야 하는 것과 견주어 보더라도 특별한 사정이 없는 한 형사소송법 제219조, 제121조, 제129조에 따라 피의자에게 참여권을 보장하고 압수한 전자정보 목록을 교부하는 등 피의자의 절차적 권리를 보장하기 위한 적절한 조치가 이루어져야 한다.

[4] 임의제출된 정보저장매체 탐색 과정에서 무관정보 발견 시 필요한 조치·절차

앞서 본 바와 같이 임의제출된 정보저장매체에서 압수의 대상이 되는 전자정보의 범위를 초과하여 수사기관이 임의로 전자정보를 탐색·복제·출력하는 것은 원칙적으로 위법한 압수·수색에 해당하므로 허용될 수 없다. 만약 전자정보에 대한 압수·수색이 종료되기 전에 범죄혐의사실과 관련된 전자정보를 적법하게 탐색하는 과정에서 별도의 범죄혐의와 관련된 전자정보를 우연히 발견한 경우라면, 수사기관은 더 이상의 추가 탐색을 중단하고 법원으로부터 별도의 범죄혐의에 대한 압수·수색영장을 발부받은 경우에 한하여 그러한 정보에 대하여도 적법하게 압수·수색을 할 수 있다. 따라서 임의제출된 정보저장매체에서 압수의 대상이 되는 전자정보의 범위를 넘어서는 전자정보에 대해 수사기관이 영장 없이 압수·수색하여 취득한 증거는 위법수집증거에 해당하고, 사후에 법원으로부터 영장이 발부되었다거나 피고인이나 변호인이 이를 증거로 함에 동의하였다고 하여 그 위법성이 치유되는 것도 아니다.[1]

🔖 **사례문제** 임의제출된 전자정보에 대한 압수·수색 절차의 적법성 여부

문제 1 불법촬영범죄의 피해자 C는 피고인을 경찰에 고소하면서 사법경찰관에게 습득한 피고인 소유의 휴대전화를 증거물로 임의제출하였다. 당시 압수조서(임의제출)에 의하면 '피고인에 대한 음화제조 피의사건에 관하여 이 사건 휴대전화를 압수한다. 피해자 C가 자신을 포함한 친구들의 음란합성사진들이 많이 있었다고 하면서 위 휴대전화를 임의제출하였다.'라는 취지로 기재되어 있었다. 사법경찰관은 피해자 C로부터 참여권 포기 서류를 제출받은 후 피고인에게는 참여의 기회를 보장하거나 압수한 전자정보 목록을 교부하거나

---

1) [보충] (판례의 결론) 피고인이 2014. 12. 11. 피해자 甲을 상대로 저지른 성폭력범죄의 처벌 등에 관한 특례법 위반(카메라등이용촬영) 범행(이하 '2014년 범행')에 대하여 甲이 즉시 피해 사실을 경찰에 신고하면서 피고인의 집에서 가지고 나온 피고인 소유의 휴대전화 2대에 피고인이 촬영한 동영상과 사진이 저장되어 있다는 취지로 말하고 이를 범행의 증거물로 임의제출하였는데, 경찰이 이를 압수한 다음 그 안에 저장된 전자정보를 탐색하다가 甲을 촬영한 휴대전화가 아닌 다른 휴대전화에서 피고인이 2013. 12.경 피해자 乙, 丙을 상대로 저지른 같은 법 위반(카메라등이용촬영) 범행(이하 '2013년 범행')을 발견하고 그에 관한 동영상·사진 등을 영장 없이 복제한 CD를 증거로 제출한 사안에서, 甲은 경찰에 피고인의 휴대전화를 증거물로 제출할 당시 그 안에 수록된 전자정보의 제출 범위를 명확히 밝히지 않았고, 담당 경찰관들도 제출자로부터 그에 관한 확인절차를 거치지 않은 이상 휴대전화에 담긴 전자정보의 제출 범위에 관한 제출자의 의사가 명확하지 않거나 이를 알 수 없는 경우에 해당하므로, 휴대전화에 담긴 전자정보 중 임의제출을 통해 적법하게 압수된 범위는 임의제출 및 압수의 동기가 된 피고인의 2014년 범행 자체와 구체적·개별적 연관관계가 있는 전자정보로 제한적으로 해석하는 것이 타당하고, 이에 비추어 볼 때 범죄발생 시점 사이에 상당한 간격이 있고 피해자 및 범행에 이용한 휴대전화도 전혀 다른 피고인의 2013년 범행에 관한 동영상은 임의제출에 따른 압수의 동기가 된 범죄혐의사실(2014년 범행)과 구체적·개별적 연관관계 있는 전자정보로 보기 어려워 수사기관이 사전영장 없이 이를 취득한 이상 증거능력이 없고, 사후에 압수·수색영장을 받아 압수절차가 진행되었더라도 달리 볼 수 없으므로, 피고인의 2013년 범행을 무죄로 판단한 원심의 결론은 정당하다(대법원 2021.11.18, 2016도348 전원합의체).

또는 피고인이 그 과정에 참여하지 아니할 의사를 가지고 있는지 여부를 확인한 바 없이 디지털포렌식 과정을 거쳐 위 휴대전화에서 삭제된 전자정보 일체를 복원하여 탐색하는 과정에서 다른 피해자 A, B에 대한 음란합성사진을 탐색·출력하여 증거기록에 편철하였으며, 나아가 또 다른 피해자인 여고생들인 D 등에 대한 불법촬영사진도 탐색하였다. 이 과정에서 사법경찰관은 위 불법촬영사진에 관한 별도의 압수·수색영장을 발부받지 않은 채 피고인에 대하여 두 차례 피의자신문을 실시하는 등 수사를 진행하였다. 위 불법촬영사진의 압수·수색절차는 적법한가?

→ ① 참여권 보장의 문제 : 피해자 등 제3자가 피의자의 소유·관리에 속하는 정보저장매체를 임의제출한 경우에는 실질적 피압수자인 피의자가 수사기관으로 하여금 그 전자정보 전부를 무제한 탐색하는 데 동의한 것으로 보기 어려울 뿐만 아니라 피의자 스스로 임의제출한 경우 피의자의 참여권 등이 보장되어야 하는 것과 견주어 보더라도 특별한 사정이 없는 한 피의자에게 참여권을 보장하고 압수한 전자정보 목록을 교부하는 등 피의자의 절차적 권리를 보장하기 위한 적절한 조치가 이루어져야 한다(대법원 2021.11.18, 2016도348 전원합의체 참조). 이와 같이 정보저장매체를 임의제출한 피압수자에 더하여 임의제출자 아닌 피의자에게도 참여권이 보장되어야 하는 '피의자의 소유·관리에 속하는 정보저장매체'라 함은, 피의자가 압수·수색 당시 또는 이와 시간적으로 근접한 시기까지 해당 정보저장매체를 현실적으로 지배·관리하면서 그 정보저장매체 내 전자정보 전반에 관한 전속적인 관리처분권을 보유·행사하고, 달리 이를 자신의 의사에 따라 제3자에게 양도하거나 포기하지 아니한 경우로서, 피의자를 그 정보저장매체에 저장된 전자정보 전반에 대한 실질적인 압수·수색 당사자로 평가할 수 있는 경우를 말하는 것이다. 이에 해당하는지 여부는 민사법상 권리의 귀속에 따른 법률적·사후적 판단이 아니라 압수·수색 당시 외형적·객관적으로 인식 가능한 사실상의 상태를 기준으로 판단하여야 한다(대법원 2022.1.27, 2021도11170; 2023.9.18, 2022도7453 전원합의체 참조). ··· 피해자가 임의제출한 이 사건 휴대전화 내 전자정보의 탐색 등 과정에서 실질적 피압수자인 피고인의 참여권이 보장되지 않았고, 전자정보 압수목록이 교부되지 않은 위법이 있다. ② 객관적 관련성의 문제 : 임의제출된 정보저장매체에서 압수의 대상이 되는 전자정보의 범위를 초과하여 수사기관 임의로 전자정보를 탐색·복제·출력하는 것은 원칙적으로 위법한 압수·수색에 해당하므로 허용될 수 없다. 만약 전자정보에 대한 압수·수색이 종료되기 전에 범죄혐의사실과 관련된 전자정보를 적법하게 탐색하는 과정에서 별도의 범죄혐의와 관련된 전자정보를 우연히 발견한 경우라면, 수사기관은 더 이상의 추가 탐색을 중단하고 법원으로부터 별도의 범죄혐의에 대한 압수·수색영장을 발부받은 경우에 한하여 그러한 정보에 대하여도 적법하게 압수·수색을 할 수 있다(위 대법원 2016도348 전원합의체 판결 참조). ··· 피고인이 지하철, 학원 등지에서 성명불상의 여고생들을 몰래 촬영한 사진은 임의제출에 따른 압수의 동기가 된 범죄혐의사실인 음화제조교사 부분과 구체적·개별적 연관관계 있는 전자정보로 보기 어렵다. 그런데 사법경찰관은 별도의 범죄혐의와 관련된 전자정보를 우연히 발견하였음에도 더 이상의 추가 탐색을 중단하거나 법원으로부터 압수·수색영장을 발부받지 않았으므로, 그러한 정보에 대한 압수·수색은 위법하다(불법촬영사진의 증거능력 부정, 대법원 2023.12.14, 2020도1669).

→ 적법하지 않다.

문제 2 이후 피고인은 군입대하여 제23보병사단 보통검찰부로 사건이 송치되었는데, 군 검사는 피고인을 피의자로 하여 성폭력처벌법 위반(카메라등이용촬영)을 혐의사실로 위 휴대전화 내 전자정보 등에 관한 사전 압수·수색영장을 발부받았다. 이후 군검사는 위 휴대전화를 제출인 피해자 C에게 환부하였고, 피해자 C의 모친은 위 휴대전화를 피고인이 소속된 군부대로 발송하였다. 이후 군검사는 위 영장에 의하여 위 휴대전화를 압수한 다음 재차 디지털포렌식 절차를 진행하여 D 등 여고생들에 대한 불법촬영사진을 탐색·복원·출력하였다. 피고인 및 변호인은 군검사의 위 탐색 등 절차에 대한 참여권을 포기하였다. 이후 군검사는 피고인을 불법촬영범죄의 공소사실로 기소하였고, 군검사 수사과정에서 수집된 D 등 여고생들에 대한 불법촬영사진 출력물과 시디(CD)를 증거로 제출하였다. 위 불법촬영사진 출력물과 시디의 증거능력은 인정되는가?

→ (선행 절차위법과 사이에 인과관계가 희석 내지 단절되는지의 문제) 사법경찰관은 피고인의 참여권 등 절차적인 권리를 전혀 보장하지 않은 채 이 사건 휴대전화에 저장된 성폭력처벌법 위반(카메라등이용촬영) 관련 전자정보를 탐색·복원하였고, 별도의 압수·수색영장을 발부받지 않고 여고생들에 대한 불법촬영 부분을 포함하여 피고인에 대하여 두 차례 피의자신문을 실시하는 등 수사를 진행하였다. 이후 사건이 군검사에게 송치되었는데 군검사는 이 사건 휴대전화를 피해자 측에 환부한 후 다시 제출받아 이 사건 영장에 따라 불법촬영사진을 탐색하기는 하였으나, 이는 군검사가 피해자에게 위 휴대전화를 환부하기 이전에 미리 이 사건 영장을 발부받은 다음 위 휴대전화를 피해자에게 환부하고, 휴대전화가 피해자 측을 거쳐 피고인이 소속된 군부대에 도착하자 이 사건 영장을 집행하여 다시 위 불법촬영사진을 탐색·복원·출력한 것에 불과하다. 따라서 군검사의 증거수집과 사법경찰관의 선행 절차위법 사이에는 여전히 직접적 인과관계가 있다고 볼 수 있고 그 인과관계가 희석되거나 단절되었다고 보기는 어려우며, 결국 위 불법촬영사진 출력물, 시디(CD) 역시 위법하게 수집된 증거로서 증거능력이 없다(2차적 증거의 증거능력도 부정, 대법원 2023.12.14, 2020도1669).

→ 인정되지 않는다.

참조 검사 또는 사법경찰관은 범죄수사에 필요한 때에는 피의자가 죄를 범하였다고 의심할 만한 정황이 있는 경우에 판사로부터 발부받은 영장에 의하여 압수·수색을 할 수 있으나, 압수·수색은 영장 발부의 사유로 된 범죄 혐의사실과 관련된 증거에 한하여 할 수 있으므로, 영장 발부의 사유로 된 범죄 혐의사실과 무관한 별개의 증거를 압수하였을 경우 이는 원칙적으로 유죄 인정의 증거로 사용할 수 없다. 다만 수사기관이 별개의 증거를 피압수자 등에게 환부하고 후에 임의제출받아 다시 압수하였다면 증거를 압수한 최초의 절차 위반행위와 최종적인 증거수집 사이의 인과관계가 단절되었다고 평가할 수 있으나, 환부 후 다시 제출하는 과정에서 수사기관의 우월적 지위에 의하여 임의제출 명목으로 실질적으로 강제적인 압수가 행하여질 수 있으므로, 제출에 임의성이 있다는 점에 관하여는 검사가 합리적 의심을 배제할 수 있을 정도로 증명하여야 하고, 임의로 제출된 것이라고 볼 수 없는 경우에는 증거능력을 인정할 수 없다(대법원 2016.3.10, 2013도11233).

⚖ 판례연구 임의제출된 전자정보의 압수절차로서 위법하지 않다는 사례

1. 대법원 2022.1.27, 2021도11170

대법원 2021.11.18, 2016도348 전원합의체 판결에서 정보저장매체를 임의제출한 피압수자에 더하여 임의제출자 아닌 피의자에게도 참여권이 보장되어야 하는 경우로 설시한 '피의자의 소유·관리에 속하는 정보저장매체'의 구체적 의미와 판단 기준

피해자 등 제3자가 피의자의 소유·관리에 속하는 정보저장매체를 영장에 의하지 않고 임의제출한 경우에는 실질적 피압수자인 피의자가 수사기관으로 하여금 그 전자정보 전부를 무제한 탐색하는 데 동의한 것으로 보기 어려울 뿐만 아니라 피의자 스스로 임의제출한 경우 피의자의 참여권 등이 보장되어야 하는 것과 견주어 보더라도 특별한 사정이 없는 한 형사소송법 제219조, 제121조, 제129조에 따라 피의자에게 참여권을 보장하고 압수한 전자정보 목록을 교부하는 등 피의자의 절차적 권리를 보장하기 위한 적절한 조치가 이루어져야 한다(대법원 2021.11.18, 2016도348 전원합의체 등). 이와 같이 정보저장매체를 임의제출한 피압수자에 더하여 임의제출자 아닌 피의자에게도 참여권이 보장되어야 하는 '피의자의 소유·관리에 속하는 정보저장매체'라 함은, 피의자가 압수·수색 당시 또는 이와 시간적으로 근접한 시기까지 해당 정보저장매체를 현실적으로 지배·관리하면서 그 정보저장매체 내 전자정보 전반에 관한 전속적인 관리처분권을 보유·행사하고, 달리 이를 자신의 의사에 따라 제3자에게 양도하거나 포기하지 아니한 경우로써, 피의자를 그 정보저장매체에 저장된 전자정보에 대하여 실질적인 압수·수색 당사자로 평가할 수 있는 경우를 말하는 것이다. 이에 해당하는지 여부는 민사법상 권리의 귀속에 따른 법률적·사후적 판단이 아니라 압수·수색 당시 외형적·객관적으로 인식 가능한 사실상의 상태를 기준으로 판단하여야 한다. 이러한 정보저장매체의 외형적·객관적 지배·관리 등 상태와 별도로 단지 피의자나 그 밖의 제3자가 과거 그 정보저장매체의 이용 내지 개별 전자정보의 생성·이용 등에 관여한 사실이 있다거나 그 과정에서 생성된 전자정보에 의해 식별되는 정보주체에 해당한다는 사정만으로 그들을 실질적으로 압수·수색을 받는 당사자로 취급하여야 하는 것은 아니다.[1]

2. 대법원 2022.1.13, 2016도9596

피의자신문 당시 피의자와 함께 피의자로부터 임의제출받은 휴대전화를 탐색하고 다른 범행에 관한 사진을 제시한 사건

다른 범행에 관한 영상은 임의제출에 따른 압수의 동기가 된 범행의 동기와 경위, 범행 수단과 방법 등을 증명하기 위한 간접증거나 정황증거 등으로 사용될 수 있으므로 구체적·개별적 연관관계가 인정되어 관련성이 있는 증거에 해당하고, 경찰이 1회 피의자신문 당시 휴대전화를 피고인과 함께 탐색하는 과정에서 (약 10개월 전에 촬영된) 다른 범행에 관한 영상을 발견하였으므로 피고인이 휴대전화의 탐색 과정에 참여하였다고 볼 수 있으며, 경찰은 같은 날 곧바로 진행된 2회 피의자신문에서 이 사건 사진을 피고인에게 제시하였고, 5장에 불과한 이 사건 사진은 모두 동일한 일시, 장소에서 촬영된 다른 범행에 관한 영상을 출력한 것임을 육안으로 쉽게 알 수 있으므로, 비록 피고인에게 전자정보의 파일 명세가 특정된 압수목록이 작성·교부되지 않았더라도 절차 위반행위가 이루어진 과정의 성질과 내용 등에 비추어 피고인의 절차상 권리가 실질적으로 침해되었다고 보기도 어렵다.

유사판례 경찰관이 피의자신문 당시 휴대전화를 피고인과 함께 탐색하는 과정에서 발견된 관련성이 인정되는 다른 범행에 관한 동영상을 추출·복사하였고, 피고인이 직접 다른 범행에 관한 동영상을 토대로 '범죄일람표' 목록을 작성·제출하였으므로, 실질적으로 피고인에게 참여권이 보장되고, 전자정보 상세목록이 교부된 것과 다름이 없다(증거능력 인정, 대법원 2021.11.25, 2019도6730).

3. 대법원 2021.11.25, 2019도7342

모텔 방실에 침입한 혐의로 임의제출받은 위장형 카메라의 메모리카드를 탐색하다가 다른 3개 호실에 설치된 위장형 카메라의 메모리카드에서 성폭법위반(카메라등이용촬영) 범행에 관한 영상을 발견한 사건

이 사건 각 위장형 카메라에 저장된 모텔 내 3개 호실에서 촬영된 영상은 피해자에 의한 임의제출에 따른 압수의 동기가 된 다른 호실에서 촬영한 범행과 범행의 동기와 경위, 범행 수단과 방법 등을 증명하기 위한 간접증거나 정황증거 등으로 사용될 수 있으므로 구체적·개별적 연관관계가 인정되어 관련성이 있는 증거에 해당하고, 임의제출된 이 사건 각 위장형 카메라 및 그 메모리카드에 저장된 전자정보처럼 오직 불법촬영을 목적으로 방실 내 나체나 성행위 모습을 촬영할 수 있는 벽 등에 은밀히 설치되고, 촬영대상 목표물의 동작이 감지될 때에만 카메라가 작동하여 촬영이 이루어지는 등, 그 설치 목적과 장소, 방법, 기능, 작동원리상 소유자의 사생활의 비밀 기타 인격적 법익의 관점에서 그 소지·보관자의 임의제출에 따른 적법한 압수의 대상이 되는 전자정보와 구별되는 별도의 보호 가치 있는 전자정보의 혼재 가능성을 상정하기 어려운 경우에는 위 소지·보관자의 임의제출에 따른 통상의 압수절차 외에 별도의 조치가 따로 요구된다고 보기는 어렵다. 즉, 위장형 카메라 등 특수한 정

---

[1] [보충] ① 이 사건 각 PC의 임의제출에 따른 압수·수색 당시 외형적·객관적으로 인식 가능한 사실상의 상태를 기준으로 볼 때, 이 사건 각 PC나 거기에 저장된 전자정보가 피고인의 소유·관리에 속한 경우에 해당하지 않고, 오히려 이 사건 각 PC에 저장된 전자정보 전반에 관하여 당시 대학교 측이 포괄적인 관리처분권을 사실상 보유·행사하고 있는 상태에 있었다고 인정된다고 보아, 이 사건 각 PC에 저장된 전자정보의 압수·수색은 대법원 2016도348 전원합의체 판결이 설시한 법리에 따르더라도 피의자에게 참여권을 보장하여야 하는 경우에 해당하지 아니한다. ② 이러한 정보저장매체에 대한 지배·관리 등의 상태와 무관하게 개별 전자정보의 생성·이용 등에 관여한 자들 혹은 그 과정에서 생성된 전자정보에 의해 식별되는 사람으로서 그 정보의 주체가 되는 사람들에게까지 모두 참여권을 인정하여야 한다는 취지의 피고인의 주장을 받아들일 수 없다(앞 판례).

보저장매체의 경우 위 2016도348 전원합의체 판결의 경우와 달리 수사기관이 임의제출받은 정보저장매체가 그 기능과 속성상 임의제출에 따른 적법한 압수의 대상이 되는 전자정보와 그렇지 않은 전자정보가 혼재될 여지가 거의 없어 사실상 대부분 압수의 대상이 되는 전자정보만이 저장되어 있는 경우에는 소지·보관자의 임의제출에 따른 통상의 압수절차 외에 피압수자에게 참여의 기회를 보장하지 않고 전자정보 압수목록을 작성·교부하지 않았다는 점만으로 곧바로 증거능력을 부정할 것은 아니다.

4. 대법원 2023.9.18, 2022도7453 전원합의체 [변호사 24]

증거은닉범이 본범으로부터 은닉을 교사받고 소지·보관 중이던 본범의 정보저장매체를 임의제출하는 경우 본범의 참여권 인정 여부가 문제된 사건

정보저장매체를 임의제출한 피압수자에 더하여 임의제출자 아닌 피의자에게도 참여권이 보장되어야 하는 '피의자의 소유·관리에 속하는 정보저장매체'라 함은, 피의자가 압수·수색 당시 또는 이와 시간적으로 근접한 시기까지 해당 정보저장매체를 현실적으로 지배·관리하면서 그 정보저장매체 내 전자정보 전반에 관한 전속적인 관리처분권을 보유·행사하고, 달리 이를 자신의 의사에 따라 제3자에게 양도하거나 포기하지 아니한 경우로서, 피의자를 그 정보저장매체에 저장된 전자정보 전반에 대한 실질적인 압수·수색 당사자로 평가할 수 있는 경우를 말하는 것이다. 이에 해당하는지 여부는 민사법상 권리의 귀속에 따른 법률적·사후적 판단이 아니라 압수·수색 당시 외형적·객관적으로 인식 가능한 사실상의 상태를 기준으로 판단하여야 한다. 이러한 정보저장매체의 외형적·객관적 지배·관리 등 상태와 별도로 단지 피의자나 그 밖의 제3자가 과거 그 정보저장매체의 이용 내지 개별 전자정보의 생성·이용 등에 관여한 사실이 있다거나 그 과정에서 생성된 전자정보에 의해 식별되는 정보주체에 해당한다는 사정만으로 그들을 실질적으로 압수·수색을 받는 당사자로 취급하여야 하는 것은 아니다(대법원 2022.1.27, 2021도11170 판결 등 참조). 피고인이 허위의 인턴활동 확인서를 작성한 후 A의 아들 대학원 입시에 첨부자료로 제출하도록 함으로써 A 등과 공모하여 대학원 입학담당자들의 입학사정 업무를 방해한 공소사실로 기소된 사안에서, 이 사건 하드디스크의 임의제출 과정에서 B에게만 참여의 기회를 부여하고 A 등에게 참여의 기회를 부여하지 않은 것이 위법하다고 볼 수 없다.

> **정리** 증거은닉범 B가 본범 A로부터 은닉을 교사받고 소지·보관 중이던 A 등의 정보저장매체를 임의제출하는 경우, 증거은닉범행의 피의자이면서 임의제출자인 B에게만 참여의 기회를 부여하고 A 등에게 참여의 기회를 부여하지 않은 것은 위법하지 않다.

VI 압수물의 처리

1. 압수물의 보관과 폐기

위탁보관	운반·보관 불편
폐기처분	위험물/금지물−동의 要
대가보관	몰수물/환부받을 자 불명 환부대상물, 멸실 or 보관 곤란/증거물 × 사전통지 要(= 가환부·환부)

> **정리** 위−불편/폐−위험/대−몰멸

(1) **자청보관의 원칙** : 압수물은 압수한 법원 또는 수사기관의 청사로 운반하여 직접 보관함이 원칙이다. 압수물에 대하여는 그 상실·파손 등의 방지를 위하여 상당한 조치를 하여야 하고(제131조, 제219조), 법원 또는 수사기관은 선량한 관리자의 주의의무로 보관하여야 한다.

(2) **위탁보관** : **운반 또는 보관이 불편한 압수물**에 관하여는 간수자를 두거나 소유자 또는 적당한 자의 승낙을 얻어 **보관하게 할 수 있다**(제130조 제1항, 제219조). [법원9급 10, 해경간부 12] 위탁보관은 공법상의 권력작용이 아니라 단순한 사법상 임치계약에 해당하므로 보관자는 특약이 없으면 임치료를 청구할 수 없다(대법원 1968. 4.16, 68다285). [법원승진 03] **사법경찰관**이 압수물 위탁보관을 하려면 **검사의 지휘를 받아야 한다**(제219조 단서).

대법원 1968.4.16, 68다285

위탁보관은 공법상 권력작용이 아니라 사법상 임치계약에 해당하므로 보관자는 특약 없이 임치료 청구가 불가함

원고가 창고업자에게 보관시킨 물건을 조사기관이 압수하여 창고업자의 승낙을 받아 그대로 보관시킨 때에는 조사기관이나 창고업자가 임치료의 수수에 관하여 전혀 고려한 바 없어 특별한 약정이 없는 경우에 해당하여 피고(국가)에게는 임치료지급의무가 없으므로 피고로서는 아무 이득이 없다 할 것이고 원고와 창고업자간의 보관계약상의 원고의 지위를 피고가 승계한 것이라고 볼 수 없다.

---

(3) 폐기처분

① 대상 : ㉠ **위험발생의 염려**(개연성이 극히 큰 경우)가 있는 압수물(에 전염성 있는 세균에 오염된 물건 등)이나 ㉡ 법령상 생산·제조·소지·소유·유통이 **금지된 압수물**로서 부패의 염려가 있거나 보관하기 어려운 압수물(단, 소유자 등 권한 있는 자의 **동의 要** [법원9급 09, 해경간부 12])은 **폐기할 수 있다**(제130조 제2항·제3항, 제219조). [경찰채용 10 1차/10 2차/12 3차/15 3차]

② 절차 : 사법경찰관이 압수물 폐기처분을 하려면 역시 검사의 지휘를 받아야 한다.

(4) 대가보관(환가처분)

① 대상 : ㉠ **몰수**(임의적·필요적)**하여야 할 압수물** [해경간부 12, 경찰승진 11, 경찰채용 12 3차] 또는 ㉡ **환부하여야 할 압수물 중 환부를 받을 자가 누구인지 알 수 없거나 그 소재가 불명한 경우** [경찰승진 11, 경찰채용 12 3차]로서, **멸실·파손·부패 또는 현저한 가치 감소**의 염려가 있거나 보관하기 어려운 압수물의 경우에는 이를 매각하여 대가를 **보관할 수 있다**(제132조, 제219조). 따라서 **몰수하여야 할 물건이 아닌 이상** 멸실·부패 등 염려가 있다 하여도 환가처분이 허용되지 않고(대법원 1965.1.19, 64다1150), **증거물**도 그 존재와 형태 자체가 중요하므로 환가처분이 허용되지 않는다.

② 대가보관조서 작성 등 : 압수물을 대가보관할 때에는 대가보관조서를 작성해야 하며, 사법경찰관이 대가보관을 하려면 역시 검사의 지휘를 받아야 한다.

③ 통지 : 대가보관(및 환부·가환부)을 함에는 검사·피해자·피고인 또는 변호인에게 **미리 통지하여야 한다**(제135조, 제219조).

④ 대가보관금과 형법상 몰수 : 대가를 보관하는 경우 형법상 형벌인 몰수와의 관계에서는 그 **대가보관금이 몰수의 대상**인 압수물이 된다(대법원 1966.9.20, 66도886; 1996.11.12, 96도2477).

대법원 1996.11.12, 96도2477

형사소송법 제132조에 의하여 압수물을 매각한 경우, 그 대가보관금에 대한 몰수의 가부(적극)

관세법 제198조 제2항에 따라 몰수하여야 할 압수물이 멸실, 파손 또는 부패의 염려가 있거나 보관하기에 불편하여 이를 형사소송법 제132조의 규정에 따라 매각하여 그 대가를 보관하는 경우에는, 몰수와의 관계에서는 그 대가보관금을 몰수 대상인 압수물과 동일시할 수 있다.

---

2. 압수물의 환부와 가환부

가환부	잠정적 청구 要 통지 要	압수효력 유지 • 처분금지의무 • 보관의무 • 제출의무	(증거에 공할) 임의적 가환부	압수계속필요 ○ 증거물 ○ 임의적 몰수물 ○ 필요적 몰수물 ×
			(증거에만 공할) 필요적 가환부	증거물 ○ 몰수물 ×
환 부	종국적 청구 不要 통지 要	압수효력 상실	압수계속필요 × 증거물 × 몰수물 ×	필요적 환부 청구필요 ×(≠기소전환부) 종결 전 필요적 환부결정 몰수선고 無 → 환부 간주 소유권 포기해도 환부 ○
수사기관	공소 전 청구 要 통지 要	효력 동일	사본 有 압수계속필요 × 증거에 사용할 압수물	소유자·제출인 등 청구 要 필요적 환부(필요 ×)·가환부(증거) 거부시 법원에 청구
압수장물	피해자 통지 要	피해자환부의 예외	환부이유 명백	(해석상 가환부 청구 可-참고) 종결 전 임의적 환부결정(통지 要) 필요적 피해자환부판결

(1) 가환부

① **의의** : 압수의 효력은 그대로 존속시키면서 압수물을 소유자 등에게 잠정적으로 돌려주어 그에 대한 사용을 가능하게 하는 제도이다.

② **대상** : ㉠ **압수를 계속할 필요가 있다고 인정되는 압수물** 중에서 **증거에 공할 압수물**은 가환부할 수 있으며 (임의적 가환부, 제133조 제1항 후단), [경찰채용 11 1차] ㉡ **증거에만 공할 목적으로 압수한 물건**으로서 그 소유자·소지자가 계속 사용하여야 할 물건은 가환부하여야 한다(필요적 가환부, 제133조 제2항, 제219조). [경찰채용 11 1차] 가환부의 대상은 증거물에 한하므로, 몰수의 대상물은 가환부의 대상이 아니다(대법원 1966.1.28, 65모21). 다만, 판례는 **임의적 몰수의 대상물에 대해서는** (임의적) **가환부가 가능**하다는 입장이다(대법원 1998.4.16, 97모25). [경찰간부 13, 경찰승진 04/10, 경찰채용 08 3차/10 2차/11 2차]

⚖ 판례연구 가환부의 대상

1. 대법원 1994.8.18, 94모42

증거에 공할 압수물의 가환부 여부의 판단기준

제219조에 의하여 준용되는 같은 법 제133조 제1항에서 규정하고 있는 증거에 공할 압수물을 가환부할 것인지의 여부는 범죄의 태양, 경중, 압수물의 증거로서의 가치, 압수물의 은닉, 인멸, 훼손될 위험, 수사나 공판수행상의 지장 유무, 압수에 의하여 받는 피압수자 등의 불이익의 정도 등 여러 사정을 검토하여 종합적으로 판단하여야 할 것이다(대법원 1992.9.18, 92모22 참조). [경찰승진 10] … 이 사건 압수물은 타인의 등록상표를 위조하여 부착한 운동화 11,675족이어서 재항고인이 이를 계속 사용하여야 할 필요가 있다고 보기 어렵고, 가환부의 결정이 있는 경우에도 압수의 효력은 지속되므로 가환부를 받은 자는 법원의 요구가 있으면 즉시 압수물을 제출할 의무가 있고 그 압수물에 대하여 보관의무를 부담하며 소유자라 하더라도 그 압수물을 처분할 수는 없는 것이므로, 이를 수사기관의 보관하에 둔다고 하더라도 그에 의하여 재항고인이 어떠한 불이익을 받게 된다고도 보이지 아니한다(∵ 임의적 가환부).

2. 대법원 1998.4.16, 97모25 [법원9급 17]

[1] 형사소송법 제133조 제1항 소정의 '증거에 공할 압수물'의 의미

제133조 제1항 후단이, 제2항의 '증거에만 공할' 목적으로 압수할 물건과는 따로, '증거에 공할' 압수물에 대하여 법원의 재량에 의하여 가환부할 수 있도록 규정한 것을 보면, '증거에 공할 압수물'에는 증거물로서의 성격과 몰수할 것으로 사료되는 물건으로서의 성격을 가진 압수물이 포함되어 있다고 해석함이 상당하다.

[2] 형법 제48조에 해당하는 물건을 피고본안사건에 관한 종국판결 전에 가환부할 수 있는지 여부(적극)

① 몰수할 것이라고 사료되어 압수한 물건 중 법률의 특별한 규정에 의하여 필요적으로 몰수할 것에 해당하거나 누구의 소유도 허용되지 아니하여 몰수할 것에 해당하는 물건에 대한 압수는 몰수재판의 집행을 보전하기 위하여 한 것이라는 의미도 포함된 것이므로 그와 같은 압수 물건은 가환부의 대상이 되지 않지만(필요적 몰수 대상물 : 가환부 ×), ② 형법 제48조에 해당하는 물건에 대하여는 이를 몰수할 것인지는 법원의 재량에 맡겨진 것이므로 특별한 사정이 없다면 수소법원이 피고본안사건에 관한 종국판결에 앞서 이를 가환부함에 법률상의 지장이 없는 것으로 보아야 한다(임의적 몰수 대상물 : 가환부 ○).

[3] 압수물을 환부받을 자가 압수 후 소유권을 포기한 경우 수사기관의 압수물 환부의무의 소멸 여부(소극) 및 수사기관에 대한 환부청구권 포기의 효력(무효)

피압수자 등 환부를 받을 자가 압수 후 그 소유권을 포기하더라도 그 때문에 압수물을 환부하여야 하는 수사기관의 의무에 어떠한 영향을 미칠 수 없고, 또 수사기관에 대하여 형사소송법상의 환부청구권을 포기한다는 의사표시를 하더라도 그 효력이 없다.

---

③ **절차**

(가) **청구 및 결정** : 소유자·소지자·보관자·제출인의 **청구**와 법원 또는 수사기관의 결정에 의하여 한다(제133조 제1항 후단, 제218조의2 제2항·제4항).

(나) **통지** : 가환부의 결정을 함에는 검사·피해자·피고인·변호인에게 **미리 통지**하여야 한다(제135조, 제219조). 따라서 **피고인에게 의견을 진술할 기회를 주지 아니한 채 한 가환부결정은 위법**하고 이러한 위법은 **재판의 결과에 영향을 미친 것**이다(대법원 1980.2.5, 80모3). [경찰간부 13, 해경간부 12, 경찰승진 10/14, 경찰채용 09 1차/11 1차]

대법원 1980.2.5, 80모3

피고인에 대한 통지 없이 한 가환부결정은 위법하다는 사례

심안컨대 법원이 압수물의 가환부결정을 함에는 미리 검사 피해자 피고인 또는 변호인에 통지를 한 연후에 하도록 형사소송법 제135조에 규정하고 있는 바, 이는 그들로 하여금 압수물의 가환부에 대한 의견을 진술할 기회를 주기 위한 조치라 할 것이다. 따라서 피고인에게 의견을 진술할 기회를 주지 아니한 채 한 가환부결정은 형사소송법 제135조에 위배하여 위법하고 이 위법은 재판의 결과에 영향을 미쳤다 할 것이다(법 제135조는 법 제219조에 의하여 수사기관의 압수·수색 관련 절차에도 준용됨).

(다) 임의적 가환부 : **증거에 공할 압수물**은 **가환부할 수 있다**(제133조 제1항 후단, 제219조). 몰수물 중 **임의적 몰수 대상물도 포함**된다.

(라) 필요적 가환부 : **증거에만 공할 목적으로 압수한 물건**으로서 그 **소유자 또는 소지자가 계속 사용하여야 할 물건**은 사진촬영 기타 원형보존의 조치를 취하고 신속히 **가환부하여야 한다**(제133조 제2항, 제219조).

④ 효 력

(가) 압수 효력 유지 : 가환부한 경우에는 환부와 달리 압수의 효력이 지속된다.

(나) 보관·처분금지·제출의무 : 가환부받은 자는 압수물에 대한 보관의무를 가지므로, 소유자일지라도 이를 **임의로 처분할 수 없으며**, 법원·수사기관의 요구가 있으면 이를 제출하여야 한다(대법원 1994.8.18, 94모42). [경찰채용 07 2차/09 1차]

대법원 1994.8.18, 94모42

가환부의 효력 : 보관의무·제출의무·처분금지의무

형사소송법 제219조에 의하여 준용되는 같은 법 제133조 제1항에서 규정하고 있는 증거에 공할 압수물을 가환부할 것인지의 여부는 범죄의 태양, 경중, 압수물의 증거로서의 가치, 압수물의 은닉, 인멸, 훼손될 위험, 수사나 공판수행상의 지장 유무, 압수에 의하여 받는 피압수자 등의 불이익의 정도 등 여러 사정을 검토하여 종합적으로 판단하여야 할 것이다. (이때) 가환부의 결정이 있는 경우에도 압수의 효력은 지속되므로 가환부를 받은 자는 법원의 요구가 있으면 즉시 압수물을 제출할 의무가 있고 그 압수물에 대하여 보관의무를 부담하며 소유자라 하더라도 그 압수물을 처분할 수는 없는 것이다.

(다) 환부 간주 : ㉠ 압수한 서류·물품에 대하여 -가환부 여하를 불문하고- **몰수의 선고가 없는 때에는 압수가 해제된 것으로 간주**한다(제332조). 또한 ㉡ 가환부한 장물에 대하여 별단의 선고가 없는 때에도 **환부의 선고가 있는 것으로 간주**한다(제333조 제3항). [법원9급 05/09, 경찰채용 08 3차/11 2차]

(2) 환 부

① 의의 : 압수를 계속할 필요가 없을 때 압수를 해제하여 압수물을 **종국적으로 소유자 또는 제출인에게 반환**하는 법원 또는 수사기관의 처분을 말한다.

② 대상 : **압수를 계속할 필요가 없다고 인정되는 압수물**이다. 따라서 **몰수의 대상이 되는 압수물**을 환부하는 것은 위법하므로 항고 또는 준항고의 사유가 되고, **증거에 공할 압수물도 가환부의 대상은 될 수 있어도 환부의 대상이 될 수는 없다**(대법원 1966.9.12, 66모58). [경찰채용 07 2차/09 2차]

★ **판례연구** 환부와 가환부의 대상

1. **대법원 1984.7.24, 84모43** [경찰승진 11/14, 경찰채용 07 2차/09 1차]

위조문서인 약속어음은 몰수대상이므로 환부 또는 가환부할 수 없다는 사례

형사소송법 제133조의 규정에 의하면, 압수를 계속할 필요가 없다고 인정되는 압수물 또는 증거에 공할 압수물은 환부 또는 가환부할 수 있도록 되어 있는 바, 본건 약속어음은 범죄행위로 인하여 생긴 위조문서로서 아무도 이를 소유하는 것이 허용되지 않는 물건이므로 몰수가 될 뿐 환부나 가환부할 수 없고, 다만 검사는 몰수의 선고가 있은 뒤에 형사소송법 제485조에 의하여 위조의 표시를 하여 환부할 수 있다.

보충 압수를 계속할 필요가 없는 물건이 환부의 대상이다. 위 위조 약속어음은 몰수의 대상이므로 환부의 대상이 되지 않는다. 판

CHAPTER 02 강제처분과 강제수사 **335**

례 내용 중에 가환부할 수 없다는 것은 임의적 가환부의 대상이기는 하지만 법원은 가환부하지 않겠다는 의미이다. 위조문서의 소유가 허용되지 않는 것은 진정한 문서인 것처럼 통용됨을 금지하고자 하는 데에 그 뜻이 있으므로, 몰수의 선고가 있은 뒤에 검사가 법 제485조에 의하여 위조의 표시를 하여 환부한 경우에는 이를 적법하게 소지할 수 있을 뿐 아니라 민법상 권리행사의 자료로도 사용할 수 있음은 물론이다.

2. 대법원 1996.8.16, 94모51 전원합의체 [변호사 21]

[1] 수사 도중에 피의자가 수사관에게 소유권포기각서를 제출한 경우 수사기관의 압수물 환부의무가 면제되는지 여부(소극) 및 피의자의 압수물 환부청구권도 소멸하는지 여부(소극) [경찰채용 11 1차/13 2차/15 3차]

피압수자 등 환부를 받을 자가 압수 후 그 소유권을 포기하는 등에 의하여 실체법상의 권리를 상실하더라도 그 때문에 압수물을 환부하여야 하는 수사기관의 의무에 어떠한 영향을 미칠 수 없고, 또한 수사기관에 대하여 형사소송법상의 환부청구권을 포기한다는 의사표시를 하더라도 그 효력이 없어 그에 의하여 수사기관의 필요적 환부의무가 면제된다고 볼 수는 없으므로, 압수물의 소유권이나 그 환부청구권을 포기하는 의사표시로 인하여 위 환부의무에 대응하는 압수물에 대한 환부청구권이 소멸하는 것은 아니다.

[2] 관세포탈된 물건인지 불명하여 기소중지 처분을 한 경우 그 압수물에 대한 국고귀속 처분의 가부(불가) 및 압수 계속의 필요성 여부(소극) [법원행시 04, 법원9급 13, 해경간부 12, 경찰승진 10/11/14]

외국산 물품을 관세장물의 혐의가 있다고 보아 압수하였다 하더라도 그것이 언제, 누구에 의하여 관세포탈된 물건인지 알 수 없어 기소중지처분을 한 경우에는 그 압수물은 관세장물이라고 단정할 수 없어 이를 국고에 귀속시킬 수 없을 뿐만 아니라 압수를 더 이상 계속할 필요도 없다(대법원 1984.12.21, 84모61; 1988.12.14, 88모55; 1991.4.22, 91모10 등).

[정리] 甲은 다이아몬드를 매도하려다가 경찰에 적발되어 관세법 위반 혐의로 조사를 받는 한편 위 다이아몬드를 압수당하게 되었는데, 검사가 수사한 결과 위 다이아몬드의 최초 매매알선 의뢰인인 乙의 소재가 불명하여 위 다이아몬드가 밀수품인지 여부를 알 수 없다는 이유로 甲을 기소중지처분(석방하면서 소유권포기각서를 제출)하면서 위 다이아몬드에 대하여는 계속 보관하도록 결정하자, 甲이 위 결정에 대해 준항고를 제기한 사안으로서, 대법원은 압수를 계속할 필요가 없어 환부해야 하고, 이때 소유권을 포기하였던 환부청구권을 포기하였든지 간에 마찬가지라고 판시한 것이다.

③ 절 차

(가) 결정 : 환부는 법원(cf. 선고단계 – 판결) 또는 수사기관의 결정에 의한다(제133조 제1항, 제219조). 사법경찰관은 검사의 지휘를 받아야 한다(제218조의2 제4항 제2문). 소유자 등의 **청구는 요하지 않는다** (소유자 등이 환부청구를 할 수는 있음).

(나) 환부청구권과 포기 : 환부청구권은 필요적 환부의무에 대응하는 절차법적 공권에 해당하므로, 피압수자가 **소유권이나 환부청구권을 포기하는 경우**에도 법원 또는 수사기관의 환부의무는 소멸하지 않는다. 따라서 법원 또는 수사기관은 **환부결정을 하여야 한다.** [법원9급 17, 국가9급 12/14, 경찰간부 13, 해경간부 12, 경찰승진 10/11/14, 경찰채용 12 2차/13 2차]

[정리] 포기가 인정되지 않는 권리 : 고소권, 압수물환부청구권, 약식명령에 대한 정식재판청구권(피고인), 진술거부권, 상소권(**고/환/약/진/상**이라 포기가 안 돼)

(다) 통지 : 환부결정을 함에는 검사·피해자·피고인 또는 변호인에게 미리 통지하여야 한다(제135조, 제219조).

(라) 필요적 환부 : 압수를 계속할 필요가 없다고 인정되는 압수물은 **피고사건 종결 전이라도** 결정으로 **환부하여야 한다**(제133조 제1항, cf. 압수장물 – 임의적). 이에 의해 압수를 해제하여 압수 이전의 상태로 환원시키도록 한다.

(마) 환부불능과 공고 : 압수물의 환부를 받을 자의 소재가 불명하거나 기타 사유로 인하여 환부를 할 수 없는 경우에는 검사는 그 사유를 관보에 공고하여야 한다. 공고 후 3월 이내에 환부의 청구가 없는 때에는 그 물건을 국고에 귀속한다(제486조 제1항·제2항). 이는 **법원의 몰수재판이 없어도 압수물이 국고에 귀속되는 경우**이다. [경찰채용 09 1차] 다만, 위 기간 내이더라도 가치 없는 물건은 폐기할 수 있고 보관하기 어려운 물건은 공매하여 그 대가를 보관할 수 있다(동조 제3항).

④ 효 력

(가) 압수의 효력 상실 : 환부에 의하여 압수는 효력을 상실한다.

(나) 실체법상 권리에의 효력 : 환부에 의하여 압수만 해제될 뿐 **환부받은 자의 실체법상의 권리를 확인·확정하는 효력은 없다.** [경찰채용 09 1차] 따라서 이해관계인은 민사소송절차에 의하여 그 권리를 주장할 수 있다(제333조 제4항). 예컨대, 수사단계에서 **소유권을 포기한 압수물**이라 하더라도 형사재판

에서 **몰수형이 선고되지 않은 경우**라면, 피압수자는 국가에 대하여 **민사소송으로 그 반환을 청구할 수 있다**(대법원 2000.12.22, 2000다27725). [해경간부 12, 경찰승진 11, 경찰채용 15 3차]

⚖ **판례연구** 환부의 효력

1. 대법원 1996.8.16, 94모51 전원합의체

압수물의 환부는 환부를 받는 자에게 환부된 물건에 대한 소유권 기타 실체법상의 권리를 부여하거나 그러한 권리를 확정하는 것이 아니라 단지 압수를 해제하여 압수 이전의 상태로 환원시키는 것뿐으로서, 이는 실체법상의 권리와 관계없이 압수 당시의 소지인에 대하여 행하는 것이므로, 실체법인 민법(사법)상 권리의 유무나 변동이 압수물의 환부를 받을 자의 절차법인 형사소송법(공법)상 지위에 어떠한 영향을 미친다고는 할 수 없다.

2. 대법원 2000.12.22, 2000다27725

소유권을 포기한 압수물에 대하여 몰수형이 선고되지 않은 경우 민사소송으로 반환청구할 수 있다는 사례

수사단계에서 소유권을 포기한 압수물에 대하여 형사재판에서 몰수형이 선고되지 않은 경우, 피압수자는 국가에 대하여 민사소송으로 그 반환을 청구할 수 있다.[1]

(다) 몰수선고가 없는 경우 : ㉠ 압수한 서류·물품에 대하여 몰수의 선고가 없는 때에는 **압수를 해제한 것으로 간주**한다(제332조). [경찰채용 03 3차] 즉, 환부해야 한다. ㉡ 다만, 형법상 형벌인 **몰수는 압수물에 대해서만 하는 것이 아니므로 위법한 압수물이라 하여도 몰수할 수 있으며**(압수≠몰수, 대법원 2003.5.30, 2003도705) 압수 후 판결선고 전 **피고인에게 환부된 물건에 대하여도 피고인으로부터 몰수할 수 있는 것**이므로(대법원 1977.5.24, 76도4001), **공범자에 대한 범죄수사**를 위하여 여전히 그 물품의 압수가 필요하다거나 공범자에 대한 재판에서 그 물품이 몰수될 가능성이 있다면 **검사는 그 압수해제된 물품을 다시 압수할 수도 있다**(환부 후 재압수 가능, 대법원 1997.1.9, 96모34). [해경간부 12, 경찰채용 08 2차/15 3차]

⚖ **판례연구** 압수와 몰수의 구별, 환부 후 재압수의 가능

1. 대법원 2003.5.30, 2003도705

몰수대상물건이 압수되어 있는지 및 적법한 절차에 의하여 압수되었는지는 형법상 몰수의 요건이 아님 : 압수≠몰수

범죄행위에 제공하려고 한 물건은 범인 이외의 자의 소유에 속하지 아니하거나 범죄 후 범인 이외의 자가 정을 알면서 취득한 경우 이를 몰수할 수 있고(형법 제48조 제1항), 한편 법원이나 수사기관은 필요한 때에는 증거물 또는 몰수할 것으로 사료하는 물건을 압수할 수 있으나, 몰수는 반드시 압수되어 있는 물건에 대하여서만 하는 것이 아니므로, 몰수대상물건이 압수되어 있는가 하는 점 및 적법한 절차에 의하여 압수되었는가 하는 점은 몰수의 요건이 아니다. (따라서) 이미 그 집행을 종료함으로써 효력을 상실한 압수·수색영장에 기하여 다시 압수·수색을 실시하면서 몰수대상물건을 압수한 경우, 압수 자체가 위법하게 됨은 별론으로 하더라도 그것이 위 물건의 몰수의 효력에는 영향을 미칠 수 없다.

2. 대법원 1977.5.24, 76도4001

압수되었다가 피고인에게 환부된 물건의 몰수도 가능하다는 사례

몰수는 압수되어 있는 물건에 대해서만 하는 것이 아니므로 판결선고 전 검찰에 의하여 압수된 후 피고인에게 환부된 물건에 대하여도 피고인으로부터 몰수할 수 있다.

3. 대법원 1997.1.9, 96모34

압수물에 대한 몰수의 선고가 없어 압수가 해제된 것으로 간주된 상태에서 공범자에 대한 범죄수사를 위하여 그 압수해제된 물품을 재압수할 수 있다는 사례

형사소송법 제215조, 제219조, 제106조 제1항의 규정을 종합하여 보면, 검사는 범죄수사에 필요한 때에는 증거물 또는 몰수할 것으로 사료하는 물건을 법원으로부터 영장을 발부받아서 압수할 수 있는 것이고, 합리적인 의심의 여지가 없을 정도로 범

---

1) [보충] 원고들로부터 압수된 이 사건 압수물은 형사재판에서 몰수의 선고가 없는 상태로 확정되어 압수가 해제된 것으로 간주되므로 피압수자는 국가에 대하여 민사소송으로 그 반환을 청구할 수 있다. 나아가 원고들이 수사단계에서 압수물에 대한 소유권을 포기하였다고 하더라도, 압수물을 환부하여야 하는 수사기관의 의무에 어떠한 영향을 미칠 수 없어 그 환부청구권은 소멸하지 않는다. 이러한 법리는 형사재판에서 몰수의 선고가 없어 압수가 해제된 것으로 간주되어 피압수자가 민사소송으로 환부청구권을 행사하는 이 사건과 같은 경우에도 그대로 적용된다. 압수물에 대한 소유권포기가 피압수자의 환부청구권에 아무런 영향을 미치지 못한다는 대법원 1996.8.16, 94모51 전원합의체 결정의 법리를 형사재판에서 몰수의 선고가 없어 압수가 해제된 것으로 간주되어 피압수자가 민사소송으로 환부청구권을 행사하는 이 사건과 같은 경우에는 적용될 수 없다는 것이 위 전원합의체 결정의 취지라는 상고이유의 주장은 독단적인 견해에 불과하여 받아들일 수 없다(위 판례의 판결이유).

죄사실이 인정되는 경우에만 압수할 수 있는 것은 아니라 할 것이며(압수의 요건과 유죄의 증명의 요건은 다름), 한편 범인으로부터 압수한 물품에 대하여 몰수의 선고가 없어 그 압수가 해제된 것으로 간주된다고 하더라도(법 제332조) [경찰채용 03 3차] 공범자에 대한 범죄수사를 위하여 여전히 그 물품의 압수가 필요하다거나 공범자에 대한 재판에서 그 물품이 몰수될 가능성이 있다면 검사는 그 압수해제된 물품을 다시 압수할 수도 있다.

⑤ 압수장물의 피해자환부

(가) 의의 – 제출인 환부 원칙과 피해자 환부의 예외 : ㉠ 압수물을 환부할 경우에는 제출인에게 환부함이 원칙이다. 다만, 압수장물은 다르다. 즉, ㉡ 압수한 장물(재산범죄에 의하여 영득한 재물)은 피해자에게 환부할 이유가 명백한 때에는 **피고사건의 종결 전**이라도 결정으로 **피해자에게 환부할 수 있다**(공판 중 임의적 환부결정, 제134조, 제219조). [국가7급 17, 국가9급 14, 경찰승진 11, 경찰채용 12 3차/13 1차]

(나) 요건 : 압수한 장물을 피해자에게 환부할 이유가 **명백한 경우**이어야 한다. 따라서 제출자와 피해자 간에 소유권에 관한 다툼이 없어, 사법상 피해자가 그 압수물에 대한 인도청구권이 있음이 명백해야 한다. 따라서 그 **인도청구권에 관하여 사실상 · 법률상 다소라도 의문이 있는 경우에는 환부할 수 없다**(대법원 1984.7.16, 84모38). [경찰승진 10]

★ 판례연구 압수장물의 피해자환부

대법원 1984.7.16, 84모38

법 제134조 소정의 "환부할 이유가 명백한 때"의 의미, 피해자를 기망하여 물건을 취득한 자가 이를 제3자에게 임치한 경우 동 물건의 피해자환부가 가능하지 않음

형사소송법 제134조 소정의 "환부할 이유가 명백한 때"[압수한 장물은 피해자에게 환부할 이유가 명백한 때에는 피고사건의 종결 전이라도 결정으로 피해자에게 환부할 수 있다(법 제134조, 제219조)]라 함은 사법상 피해자가 그 압수된 물건의 인도를 청구할 수 있는 권리가 있음이 명백한 경우를 의미하고 위 인도청구권에 관하여 사실상, 법률상 다소라도 의문이 있는 경우에는 환부할 명백한 이유가 있는 경우라고는 할 수 없다. 매수인이 피해자로부터 물건을 매수함에 있어 사기행위로써 취득하였다 하더라도 피해자가 매수인에게 사기로 인한 매매의 의사표시를 취소한 여부가 분명하지 않고, 위 매수인으로부터 위탁을 받은 甲이 위 물건을 인도받아 재항고인의 창고에 임치하여 재항고인이 보관하게 되었고 달리 재항고인이 위 물건이 장물이라는 정을 알았다고 확단할 자료가 없다면, 재항고인은 정당한 점유자라 할 것이고 이를 보관시킨 매수인에 대해서는 임치료 청구권이 있고 그 채권에 의하여 위 물건에 대한 유치권이 있다고 보이므로 피해자는 재항고인에 대하여 위 물건의 반환청구권이 있음이 명백하다고 보기는 어렵다 할 것이므로 이를 피해자에게 환부할 것이 아니라 민사소송에 의하여 해결함이 마땅하다.

(다) 절차 : ㉠ 압수한 장물로서 피해자에게 환부할 이유가 명백한 것은 **판결로써 피해자에게 환부하는 선고**를 해야 하며, ㉡ 장물을 처분하였을 때에는 판결로써 그 **대가로 취득한 것을 피해자에게 교부**하는 선고를 하여야 한다(종국재판시 필요적 환부판결의 선고, 제333조 제1항 · 제2항). [여경 04 1차] ㉢ 가환부(압수장물에 대한 가환부의 근거)한 장물에 대하여 별단의 선고가 없는 때에는 환부의 선고가 있는 것으로 간주한다(동조 제3항, 제332조의 압수물 환부간주규정과 같은 의미).

(라) 효력 : 압수장물 또는 그 대가를 피해자에게 환부하는 선고가 있다 하더라도 이해관계인이 민사소송절차에 그 권리를 주장함에 영향을 미치지 아니한다(제333조 제4항). [경찰승진 14, 경찰채용 08 3차]

⑥ 공소제기 전 압수물의 환부 · 가환부

(가) 의의 : 검사 또는 사법경찰관은 **사본을 확보한 경우** 등 **압수를 계속할 필요가 없다고 인정되는 압수물**(환부) 및 **증거에 사용할 압수물**(가환부)에 대하여 **공소제기 전**이라도 소유자 · 소지자 · 보관자 또는 제출인의 **청구가 있는 때에는 환부 또는 가환부하여야 한다**(공소제기 전 필요적 환부 · 가환부, 2011.7. 개정 제218조의2 제1항 · 제4항). [해경간부 12, 경찰채용 12 1차] **사법경찰관도** 환부 또는 가환부 처분을 할 수 있으나[경찰채용 09 2차] 이 경우 검사의 지휘를 받아야 한다(동조 제4항 단서). [경찰간부 13] 따라서 검사 또는 사법경찰관은 증거에 사용할 압수물에 대하여 가환부의 청구가 있는 경우, 원칙적으로 가환부 청구에 응하여야 한다(대법원 2017.9.29, 2017모236). [경찰채용 20 2차]

[정리] 필요적 가환부 : 증거에만 공할 압수물(제133조 제2항)과 공소제기 전 증거에 사용할 압수물에 대한 수사기관

의 가환부(제218조의2 제1항)

> 주의 보통 증거에 공할 압수물에 대해서는 임의적 가환부이지만(제133조 제1항 후단), 공소제기 전이라는 문구가 나오면 필요적 가환부(제218조의2 제1항)로 정리해둘 것

대법원 2017.9.29, 2017모236 [국가7급 18, 경찰채용 20 2차]

압수물가환부청구에 대하여 검사는 원칙적으로 응하여야 한다는 사례

형사소송법 제218조의2 제1항은 '검사는 사본을 확보한 경우 등 압수를 계속할 필요가 없다고 인정되는 압수물 및 증거에 사용할 압수물에 대하여 공소제기 전이라도 소유자, 소지자, 보관자 또는 제출인의 청구가 있는 때에는 환부 또는 가환부하여야 한다'고 규정하고 있다. 따라서 검사는 증거에 사용할 압수물에 대하여 가환부의 청구가 있는 경우 가환부를 거부할 수 있는 특별한 사정이 없는 한 가환부에 응하여야 한다.

> 보충 사법경찰관도 환부 또는 가환부 처분을 할 수 있으나, 이 경우 사법경찰관은 검사의 지휘를 받아야 한다(형소법 제218조의2 제4항 단서). [경찰간부 13]

(나) 공소제기 전 압수장물의 피해자 환부 : 압수한 장물은 피해자에게 환부할 이유가 명백한 때에는 피고사건의 종결 전이라도 결정으로 피해자에게 환부할 수 있다(법 제134조). 이는 검사 또는 사법경찰관의 압수에도 마찬가지이므로(법 제219조, 단 사정의 위탁보관·폐기처분·대가보관·가환부·환부·압수장물피해자환부는 검사의 지휘 요, 동조 단서),[1] 공소제기 전 수사기관이 판단하여 압수한 장물을 피해자에게 환부할 이유가 명백한 때에는 결정으로 피해자에게 환부할 수 있다(압수장물의 환부절차는 '임의적 환부결정').

> 정리 환부 절차의 간단한 정리
>
> | ㉠ 압수물의 환부 | 법원의 공판 중에는 필요적 환부결정(법 제133조 제1항) |
> |---|---|
> | ㉡ 압수장물의 환부 | 법원의 공판 중 또는 수사기관의 수사 중에는 임의적 환부결정(법 제134조, 제219조) |
> | ㉢ 공소제기 전 수사기관의 압수물의 환부·가환부 | 소유자·소지자·보관자·제출인의 청구 시 필요적 환부·가환부(법 제218조의2 제1항) |

(다) 수사기관 거부시 절차 : 검사 또는 사법경찰관이 소유자 등의 환부·가환부 청구를 거부하는 경우에는 신청인은 해당 **검사의 소속 검찰청에 대응한 법원**에 압수물의 환부 또는 가환부결정을 **청구할 수 있다**(동조 제2항, 제417조의 준항고와 중복). 법원이 환부 또는 가환부결정을 하면 검사 또는 사법경찰관은 신청인에게 압수물을 환부 또는 가환부하여야 한다(동조 제3항).

(라) 통지 : 수사기관이 공소제기 전 환부·가환부결정을 함에는 **피해자, 피의자 또는 변호인**에게 **미리 통지하여야 한다**(제135조, 제219조). [경찰채용 09 2차] 당해인의 의견진술의 기회를 보장하기 위함이다.

(3) 환부·가환부결정에 대한 불복

① 수소법원의 압수나 압수물의 환부에 관한 결정에 대해서는 보통항고를 할 수 있다(**압구보감**, 제403조 제2항).

② 재판장·수명법관이 압수 또는 압수물환부에 관한 재판을 고지한 경우에 불복이 있으면 그 법관 소속의 법원에 재판의 취소 또는 변경을 구하는 준항고를 할 수 있다(**압구보감비과기**, 제416조 제1항 제2호).

③ 압수물의 가환부·환부에 대한 항고법원의 결정에 대해서는 재판에 영향을 미친 법령의 위반이 있음을 이유로 하여 대법원에 즉시항고(새항고, 특별항고)할 수 있다(제415조, 제419조).

④ 검사 또는 사법경찰관의 압수 또는 압수물의 환부에 관한 처분에 대하여 불복이 있으면 그 직무집행지의 관할법원 또는 검사의 소속검찰청에 대응한 법원에 그 처분의 취소 또는 변경을 청구하는 준항고를 할 수 있다(제417조)(제218조의2 : 청구받은 수사기관의 가환부·환부거부시 : 법원에 청구).

1] [조문] 형사소송법 제219조(준용규정) 제106조, 제107조, 제109조 내지 제112조, 제114조, 제115조 제1항 본문, 제2항, 제118조부터 제132조까지, 제134조, 제135조, 제140조, 제141조, 제333조 제2항, 제486조의 규정은 검사 또는 사법경찰관의 본장의 규정에 의한 압수, 수색 또는 검증에 준용한다. 단, 사법경찰관이 제130조, 제132조 및 제134조에 따른 처분을 함에는 검사의 지휘를 받아야 한다.

02   수사상의 검증

I 의 의

1. 개 념

검증(檢證, inspection)이란 사람·물건·장소의 성질과 형상을 **오관(五官)의 작용**에 의하여 인식하는 강제처분을 말한다. 이 중에서 사람의 신체에 대한 검증은 피검자의 건강과 명예에 영향을 미칠 수 있으므로 제141조에서 별도의 규정을 두어 규율하고 있다.

2. 구별개념

(1) **법원·법관의 검증** : 법원·법관이 직접 행하는 증거조사의 일종이므로 공판정 내·외를 불문하고 영장을 요하지 않으나(다만 공판기일 검증은 검증 자체가 증거가 되고 -검증조서 기재 不要-, 공판기일 외 검증은 검증조서가 서증으로 증거가 됨), 수사기관의 검증은 증거를 수집·보전하기 위한 강제처분으로서 원칙적으로 법관의 영장을 요한다.

(2) **승낙검증** : 수사상 검증은 원칙적으로 강제수사이나, 승낙검증·수색은 임의수사이다.

대법원 2015.7.9, 2014도16051 [경찰채용 23 1차]

음주운전 혐의가 있는 운전자에 대해 호흡측정이 이루어졌으나 호흡측정 결과에 오류가 있다고 인정할 만한 객관적이고 합리적인 사정이 있는 경우, 혈액 채취에 의한 측정 방법으로 다시 음주측정을 하는 것이 허용되는지 여부(한정적극) 및 혈액 채취에 의한 측정의 적법성이 인정되려면 운전자의 자발적 의사를 요한다는 사례

교통안전과 위험방지를 위한 필요가 없음에도 주취운전을 하였다고 인정할 만한 상당한 이유가 있다는 이유만으로 이루어지는 음주측정은 이미 행하여진 주취운전이라는 범죄행위에 대한 증거 수집을 위한 수사절차로서의 의미를 가지는 것이다(대법원 2012.12.13, 2012도11162 판결 등 참조). … 한편 수사기관은 수사의 목적을 달성하기 위하여 필요한 조사를 할 수 있으나(법 제199조 제1항 본문), 수사는 그 목적을 달성함에 필요한 최소한도의 범위 내에서 사회통념상 상당하다고 인정되는 방법과 절차에 따라 수행되어야 하는 것이다(대법원 1999.12.7, 98도3329). ① 음주운전에 대한 수사 과정에서 음주운전 혐의가 있는 운전자에 대하여 구 도로교통법 제44조 제2항에 따른 호흡측정이 이루어진 경우에는 그에 따라 과학적이고 중립적인 호흡측정 수치가 도출된 이상 다시 음주측정을 할 필요성은 사라졌다고 할 것이므로 운전자의 불복이 없는 한 다시 음주측정을 하는 것은 원칙적으로 허용되지 아니한다고 할 것이다. 그러나 ② 운전자의 태도와 외관, 운전 행태 등에서 드러나는 주취 정도, 운전자가 마신 술의 종류와 양, 운전자가 사고를 야기하였다면 그 경위와 피해의 정도, 목격자들의 진술 등 호흡측정 당시의 구체적 상황에 비추어 호흡측정기의 오작동 등으로 인하여 호흡측정 결과에 오류가 있다고 인정할 만한 객관적이고 합리적인 사정이 있는 경우라면 그러한 호흡측정 수치를 얻은 것만으로는 수사의 목적을 달성하였다고 할 수 없어 추가로 음주측정을 할 필요성이 있다고 할 것이므로, 경찰관이 음주운전 혐의를 제대로 밝히기 위하여 운전자의 자발적인 동의를 얻어 혈액 채취에 의한 측정의 방법으로 다시 음주측정을 하는 것을 위법하다고 볼 수는 없다. 이 경우 운전자가 일단 호흡측정에 응한 이상 재차 음주측정에 응할 의무까지 당연히 있다고 할 수는 없으므로, 운전자의 혈액 채취에 대한 동의의 임의성을 담보하기 위하여는 경찰관이 미리 운전자에게 혈액 채취를 거부할 수 있음을 알려주었거나 운전자가 언제든지 자유로이 혈액 채취에 응하지 아니할 수 있었음이 인정되는 등 운전자의 자발적인 의사에 의하여 혈액 채취가 이루어졌다는 것이 객관적인 사정에 의하여 명백한 경우에 한하여 혈액 채취에 의한 측정의 적법성이 인정된다고 보아야 한다.

---

(3) **실황조사** : 수사기관의 범죄현장 기타 장소(교통사고·화재사고 등 현장)에 임하여 실제 상황을 조사하는 활동을 말한다(검찰사건사무규칙 제17조). 실황조사의 성격에 대해서는 ① 임의수사설과 ② 강제수사설이 대립하나, **원칙적으로 검증에 준하는 강제수사**로 보는 것이 타당하다.[1] 따라서 당사자의 동의를 받을 필요가 없는 장소에서 이루어지거나 당사자의 동의하(승낙검증)에 이루어진 실황조사는 임의수사에 해당하므로 법관의 영장을 요하지 아니하나, 사고장소에서 긴급을 요하여 영장 없이 행해진 실황조사는 제216조 제3항(범죄장소에서의 긴급검증)에 의한 검증에 해당한다. 따라서 **실황조사 후 지체 없이 사후검증영장**을 받아야 한다. **판례도 같은 입장**이다.

---

1) [참고] 예를 들어, 수사기관의 수사보고서에 검증결과에 해당하는 기재가 있는 경우, 그 기재부분은 증거로 할 수 없다. 이렇듯 수사기관에서는 실황조사라 하더라도 영장주의 및 당사자의 참여권 보장(규칙 제110조, 제219조, 제121조~제123조) 등 적법절차를 준수하여야 한다. 적법한 절차와 방식에 따라 작성된 것이 아닌 검증조서는 증거능력이 인정되지 않는다(제312조 제6항).

II 요건 및 절차

1. 요 건

수사기관의 검증도 강제처분이므로 압수·수색과 동일하게 ① 범죄혐의, ② 사건과의 관련성, ③ 검증의 필요성, ④ 비례성의 원칙이 그 요건으로 요구된다.

2. 절 차

(1) 개관 : 수사기관의 검증에 대해서는 법원의 검증에 관한 규정이 준용된다(제219조). 수사기관의 검증에도 영장에 의한 검증이나 영장에 의하지 않는 검증이 있는바, 검증영장청구, 검증영장의 발부 및 영장의 기재사항, 영장의 집행방법 등 검증의 절차는 압수·수색의 경우와 같다.

(2) 검증영장 집행시 필요한 처분 : 검증을 함에는 신체의 검사, 시체의 해부, 분묘의 발굴, 물건의 파괴 기타 필요한 처분을 할 수 있다(제219조, 제140조). 시체의 해부 또는 분묘의 발굴을 하는 때에는 예(禮)를 어긋나지 아니하도록 주의하고 미리 유족에게 통지하여야 한다(2020.12.8. 우리말 순화 개정법 제141조 제4항, 제219조).

> [정리] 검증에 필요한 처분 : 신/시/분/물/기는 검증해

(3) 검증조서 : 검증에 관하여는 조서를 작성하여야 한다(제49조 제1항). 검증조서에는 검증목적물의 현상을 명확하게 하기 위하여 도화나 사진을 첨부할 수 있다(동조 제2항). 수사기관의 검증조서는 공판에서 전문증거가 되는바, 그 증거능력의 요건에 대해서는 제312조 제6항(**적/성**)(cf. 법원·법관 검증조서 : 증거 ○, 제311조)이 규정하고 있다.

III 신체검사

1. 의의 및 성질

사람의 신체 자체를 검사의 대상으로 하는 강제처분을 말한다. 신체검사는 원칙적으로 **검증**의 성질을 갖는다(제140조, 제219조).

2. 구별개념

(1) 신체수색 : 신체검사는 신체 자체를 검사의 대상으로 하는 데 비해, 신체수색은 신체 외부(표면)나 착의에서 증거물을 찾는 강제처분이다(제109조, 제219조). 물론 신체수색에도 영장주의가 적용된다(제215조).

(2) 감정으로서의 신체검사 : 신체검사는 오관의 작용에 의한 것인 데 비해, 감정으로서의 신체검사는 전문적 지식과 경험을 요하는 경우이다. ⓔ 혈액채취, X선 촬영

3. 절 차

(1) 영장주의 : 수사상 신체검사도 검증에 해당하므로 영장주의 원칙이 적용된다. 따라서 검증영장에 의하여야 한다.

(2) 영장주의의 예외 : 전술한 바와 같이 체포·구속현장, 범행 중 또는 범행 직후의 범죄장소, 긴급체포된 자의 경우 무영장 긴급검증이 가능하다(제216조, 제217조 제1항). 이 경우 사후영장을 발부받지 못한 경우 위법하다는 것도 압수·수색과 같다.

(3) 신체검사에 관한 주의

① **대상** : 신체검사는 피고인을 대상으로 함이 원칙이나, **피고인 아닌 자도** 대상이 될 수 있다(제141조 제2항). [경찰채용 09 2차]

② **피검자 보호** : 신체의 검사에 관하여는 검사를 받는 사람의 성별, 나이, 건강상태, 그 밖의 사정을 고려하여 그 사람의 건강과 명예를 해하지 아니하도록 주의하여야 한다(동조 제1항).

③ **피고인 아닌 사람에 대한 신체검사** : **피고인 아닌 사람**의 신체검사는 **증거가 될 만한 흔적을 확인할 수 있는 현저한 사유가 있는 경우에 한하여** 할 수 있다(2020.12.8. 우리말 순화 개정법 동조 제2항).

④ **여자에 대한 신체검사** : **의사나 성년 여자**를 참여하게 하여야 한다(동조 제3항). [교정9급특채 10] 둘 중 한 명만 참여해도 무방하다. [국가9급 09, 경찰채용 09 2차/10 2차]

> [비교] 여자의 신체 수색 : 성년 여자 참여(제124조)

4. 체내검사

(1) 의의 : 신체의 **내부**에 대한 검사를 말한다. 인간의 존엄성을 침해할 위험성이 있으므로 보다 엄격한 기준에 의해서 집행되어야 한다.

(2) 체내수색 : 구강 내, 항문 내, 질 내 등 신체의 내부에 대한 수사기관의 수색을 말하는바, 압수할 물건이 신체의 내부에 있을 고도의 개연성과 검사방법의 상당성이 구비될 경우에 한하여 허용된다. 신체 내부에 대한 수색은 신체검사의 성질을 병유하고 있으므로 원칙적으로 **압수·수색영장과 검증영장을 모두** 받아야 한다.

(3) 체내검증 : 구강 내, 항문 내, 질 내 등 신체의 내부에 대한 수사기관의 검증을 말하는바, **검증영장**을 발부받아야 한다.

(4) 체내물의 강제채취

① **의의** : 수사기관이 혈액·정액·뇨 등을 강제로 채취하는 것을 말한다. 강제채뇨, 강제채혈이 대표적인 예이다.

② **요건** : ㉠ 사건과의 관련성, ㉡ 강제채취의 필요성, ㉢ 증거로서의 중요성, ㉣ 대체수단의 부존재(보충성), ㉤ 의학적으로 상당하다고 인정되는 방법(채취방법의 상당성)이 구비되어야 허용된다.

③ **절차** : 필요한 영장이 무엇인가에 대해서는 학설의 대립이 있으나,[1] 다수설은 검증영장 및 감정처분허가장 병용설이다. 이와 달리, 판례의 입장은 두 영장 중 하나로 충분하다는 택일설을 취한다. 판례는 **검증영장 또는 감정처분허가장 택일설**을 취한 것(대법원 2011.4.23, 2009도2109 : 피의자 동의 없이 무영장 채혈 후 사후영장도 받지 않아 위법하다는 사례로서, 임의제출물 압수에서 설명함)도 있고, 아래와 같이 **압수·수색영장 또는 감정처분허가장 택일설**을 취한 것(대법원 2012.11.15, 2011도15258 : 병원 응급실 등 범죄장소에서의 채혈 후 사후영장이 필요하다는 사례)도 있다.[2] [국가9급 22] 압수·수색의 방법으로 소변을 채취하는 경우, 압수대상물인 피의자의 소변을 확보하기 위한 수사기관의 노력에도 불구하고, 피의자가 인근 병원 응급실 등 소변 채취에 적합한 장소로 이동하는 것에 동의하지 않거나 저항하는 등 임의동행을 기대할 수 없는 사정이 있는 때에는, 수사기관으로서는 **소변 채취에 적합한 장소로 피의자를 데려가기 위해서 필요 최소한의 유형력을 행사하는 것이 허용된다.** 이는 법 제219조, 제120조 제1항에서 정한 '압수·수색 영장의 집행에 필요한 처분'에 해당한다고 보아야 한다(이때 공무집행에 항거하는 피고인을 제지하고 자해위험을 방지하기 위해 수갑과 포승을 사용하는 것은 경찰관직무집행법에 따른 경찰장구의 사용으로서 적법함).

---

1) [참고] 체내물 강제채취에 필요한 영장에 대해서는 ① 압수·수색영장설(배/이/정/이), ② 압수·수색영장 및 감정처분허가장 병용설(임동규, 정/백), ③ 검증영장 및 감정처분허가장 병용설(다수설), ④ 검증영장·감정처분허가장 택일설(판례), ⑤ 압수·수색영장·감정처분허가장 택일설(판례)이 대립한다. 본서는 수험서라는 특성에서 판례의 입장을 존중하고 있다.

2) [보충] 체내물의 강제채취는 체내물에 대한 점유를 확보하기 위한 측면에서는 압수·수색영장(제215조)에 의할 수 있고, 또한 신체검사라는 측면에서는 검증영장(제215조)에 의할 수 있으나, 한편 의사가 참여하여 전문적인 지식과 경험을 사용한다는 점에서는 감정처분허가장(제221조의4)에 의할 수도 있다(압수·수색영장 또는 검증영장 또는 감정처분허가장 택일설).

🔍 판례연구 체내검사로서의 체내물의 강제채취 : 강제채혈 · 강제채뇨 관련판례

1. 대법원 2012.11.15, 2011도15258 [국가9급 18]

강제채혈의 법적 성질(= 감정에 필요한 처분 또는 압수영장의 집행에 필요한 처분)

수사기관이 범죄 증거를 수집할 목적으로 피의자의 동의 없이 피의자의 혈액을 취득 · 보관하는 행위는 법원으로부터 감정처분허가장을 받아 형사소송법 제221조의4 제1항, 제173조 제1항에 의한 '감정에 필요한 처분'으로도 할 수 있지만, 형사소송법 제219조, 제106조 제1항에 정한 압수의 방법으로도 할 수 있고, 압수의 방법에 의하는 경우 혈액의 취득을 위하여 피의자의 신체로부터 혈액을 채취하는 행위는 혈액의 압수를 위한 것으로서 형사소송법 제219조, 제120조 제1항에 정한 '압수영장의 집행에 있어 필요한 처분'에 해당한다.

2. 대법원 2018.7.12, 2018도6219 [경찰채용 22 1차, 변호사 24]

강제채뇨는 감정에 필요한 처분 또는 압수영장의 집행에 필요한 처분

강제채뇨는 피의자가 임의로 소변을 제출하지 않는 경우 피의자에 대하여 강제력을 사용해서 도뇨관(catheter)을 요도를 통하여 방광에 삽입한 뒤 체내에 있는 소변을 배출시켜 소변을 취득 · 보관하는 행위이다. 수사기관이 범죄 증거를 수집할 목적으로 하는 강제 채뇨는 피의자의 신체에 직접적인 작용을 수반할 뿐만 아니라 피의자에게 신체적 고통이나 장애를 초래하거나 수치심이나 굴욕감을 줄 수 있다. 따라서 피의자에게 범죄 혐의가 있고 그 범죄가 중대한지, 소변성분 분석을 통해서 범죄 혐의를 밝힐 수 있는지, 범죄 증거를 수집하기 위하여 피의자의 신체에서 소변을 확보하는 것이 필요한 것인지, 채뇨가 아닌 다른 수단으로는 증명이 곤란한지 등을 고려하여 범죄 수사를 위해서 강제 채뇨가 부득이하다고 인정되는 경우에 최후의 수단으로 적법한 절차에 따라 허용된다고 보아야 한다. 이때 의사, 간호사, 그 밖의 숙련된 의료인 등으로 하여금 소변 채취에 적합한 의료장비와 시설을 갖춘 곳에서 피의자의 신체와 건강을 해칠 위험이 적고 피의자의 굴욕감 등을 최소화하는 방법으로 소변을 채취하여야 한다. … 수사기관이 범죄 증거를 수집할 목적으로 피의자의 동의 없이 피의자의 소변을 채취하는 것은 법원으로부터 감정허가장을 받아 형사소송법 제221조의4 제1항, 제173조 제1항에서 정한 '감정에 필요한 처분'으로 할 수 있지만(피의자를 병원 등에 유치할 필요가 있는 경우에는 형사소송법 제221조의3에 따라 법원으로부터 감정유치장을 받아야 한다), 형사소송법 제219조, 제106조 제1항, 제109조에 따른 압수 · 수색의 방법으로도 할 수 있다. 이러한 압수 · 수색의 경우에도 수사기관은 원칙적으로 형사소송법 제215조에 따라 판사로부터 압수 · 수색영장을 적법하게 발부받아 집행해야 한다. 압수 · 수색의 방법으로 소변을 채취하는 경우 압수대상물인 피의자의 소변을 확보하기 위한 수사기관의 노력에도 불구하고, 피의자가 인근 병원 응급실 등 소변 채취에 적합한 장소로 이동하는 것에 동의하지 않거나 저항하는 등 임의동행을 기대할 수 없는 사정이 있는 때에는 수사기관으로서는 소변 채취에 적합한 장소로 피의자를 데려가기 위해서 필요 최소한의 유형력을 행사하는 것이 허용된다. 이는 형사소송법 제219조, 제120조 제1항에서 정한 '압수 · 수색영장의 집행에 필요한 처분'에 해당한다고 보아야 한다.

> [보충] 피고인이 메트암페타민(일명 '필로폰')을 투약하였다는 마약류 관리에 관한 법률 위반(향정) 혐의에 관하여, 피고인의 소변(30cc), 모발(약 80수), 마약류 불법사용 도구 등에 대한 압수 · 수색 · 검증영장을 발부받은 다음 경찰관이 피고인의 주거지를 수색하여 사용 흔적이 있는 주사기 4개를 압수하고, 위 영장에 따라 3시간가량 소변과 모발을 제출하도록 설득하였음에도 피고인이 계속 거부하면서 자해를 하자 이를 제압하고 수갑과 포승을 채운 뒤 강제로 병원 응급실로 데리고 가 의사의 지시를 받은 응급구조사로 하여금 피고인의 신체에서 소변(30cc)을 채취하도록 하여 이를 압수한 경우, 피고인의 소변에 대한 압수영장 집행은 적법하다는 사례이다.

(5) 연하물의 강제배출

① 의의 : 연하물 등 위장 내에 있는 물건을 구토제 · 하제 등을 사용하여 강제로 배출시키는 것을 말한다.

② 요건 : 원칙적으로 허용되지 않지만, ㉠ 압수할 물건이 위장 내에 있다는 압수물 존재의 명백성, ㉡ 연하물에 대한 압수의 필요성, ㉢ 사건과의 관련성, ㉣ 증거로서의 중요성, ㉤ 배출방법의 상당성(의사에 의한 집행)이 구비된 경우에는 허용될 수 있다.

③ 절차 : 체내물 강제채취의 경우처럼 어떤 영장이 필요한가에 대하여 견해의 대립이 있으며, 다수설은 압수 · 수색영장 및 감정처분허가장 병용설이다. 판례는 명시적인 입장이 없다.

03 수사상의 감정

Ⅰ 수사상 감정위촉

1. 의 의

(1) 개념 : 감정(鑑定)이란 특별한 전문지식이 있는 자가 그 전문지식을 이용하여 일정한 사실판단을 하는 것을 말하는바, 검사 또는 사법경찰관은 수사에 필요한 때에는 감정을 위촉할 수 있으며(제221조 제2항), 이를 수사상 감정위촉이라 한다.

(2) 법원의 감정과의 구별 : 수사상 감정위촉은 원칙적으로 임의수사의 일종으로서, 법원의 증거조사의 일종인 감정(제169조, 제184조)과 구별된다. 법원으로부터 감정의 명을 받은 자를 감정인이라 하는 데 비해, 수사상 감정위촉을 받은 자는 감정수탁자(수탁감정인)라 한다. **감정수탁자는 감정인과는 달리**, 선서의무가 없고, 허위감정죄(형법 제154조)의 적용을 받지 않으며, 소송관계인의 반대신문도 허용되지 않는다. [법원행시 04]

2. 성 질

(1) 임의수사 : 감정위촉 그 자체는 임의수사로서 법관의 영장을 요하지 않는다.

(2) 강제수사 : 감정시 강제력의 행사가 불가피한 경우가 있는데, 이때에는 수사상 감정이 강제수사에 해당되므로 법관의 영장이 필요하게 된다. 여기에는 **감정유치장**(제221조의3)과 **감정처분허가장**(제221조의4)이 있다(판결서 · 영장 必 **서명날인**, 규칙 제25조의2).

Ⅱ 수사상 감정유치

1. 의 의

(1) 개념 : 피의자의 정신 또는 신체를 감정하기 위하여 일정기간 동안 병원 기타 적당한 장소에 피의자를 유치하는 강제처분을 말한다(제221조의3, 제172조 제3항).

(2) 성격 : 감정유치는 감정을 목적으로 신체의 자유를 구속하는 강제처분이다. 따라서 법관이 발부하는 영장(**감정유치장**)을 요한다.

2. 대상과 요건

(1) 대상 - 피의자 : 피의자인 이상 구속 · 불구속을 불문하고 감정유치가 허용된다. 피의자가 아닌 제3자는 감정유치의 대상이 아니다.

> [정리] 신체검사는 피의자 아닌 자도 대상이 될 수 있음(제141조 제2항). 피고인도 수소법원에 의한 감정유치가 가능하므로(제172조 제3항) 수사상의 감정유치의 대상이 될 수 없음.

(2) 요 건

① 감정유치의 필요성 : 정신 또는 신체의 감정을 위하여 계속적인 유치와 관찰이 필요해야 한다(제221조의3 제1항).

② 범죄혐의 : 감정유치도 피의자에 대한 유치이므로 범죄혐의가 있어야 한다. **감정유치는 구속사유와는 관계가 없다.**

3. 절 차

(1) 감정유치의 청구 및 감정유치장 발부 : 검사는 감정을 위촉하는 경우에 유치처분이 필요할 때에는 판사에게 이를 청구하여야 한다(제221조의3 제1항). [경찰승진 13] 청구는 서면(감정유치청구서)에 의한다(규칙 제113조). 판사는 청구가 상당하다고 인정할 때에는 유치처분을 하여야 한다(제221조의3 제2항). 이 경우 감정유치장을 발부한다(제172조 제4항).[1] [경찰승진 13]

(2) 감정유치장의 집행 : **구속영장의 집행에 관한 규정이 준용된다**(제221조의3 제2항, 제172조). 지방법원판사는 기

---

1) [참고] 감정유치장의 법적 성격에 관해서는 명령장설과 허가장설이 대립한다.

간을 정하여 병원 기타 적당한 장소에 피의자를 유치하게 할 수 있고 감정이 완료되면 즉시 유치를 해제하여야 한다(제172조 제3항). 이 경우 필요한 때에는 지방법원판사는 직권 또는 피의자를 수용할 병원 기타 장소의 관리자의 신청에 의하여 사법경찰관리에게 피의자의 간수를 명할 수 있다(간수명령, 동조 제5항). 유치장소의 변경을 위해서는 검사가 판사에게 청구하여 결정을 받을 것을 요한다(규칙 제85조 제2항).

(3) 감정유치기간

① 재정기간 – 제한 없음 : 감정유치기간은 **재정기간으로서 법률상 제한이 없다.** [경찰채용 03 3차]

② 연장 및 단축 : 유치기간은 연장하거나 단축할 수 있는데, 유치기간 연장은 검사의 청구에 의하여 판사가 결정한다(제172조 제6항).

③ 미결구금일수 산입 : 감정유치기간은 미결구금일수의 산입(형법 제57조)에 있어서는 이를 구속으로 간주한다(동조 제8항). 즉, **미결구금일수로 모두 산입**된다. [법원9급 11, 국가9급 10]

4. 구속과의 관계

(1) 구속규정의 준용 : 구속에 관한 규정은 이 법률에 특별한 규정이 없는 경우에는 감정유치에 관하여 이를 준용한다. 단, 보석에 관한 규정은 그렇지 아니하다(제172조 제7항). 따라서 감정유치된 피의자도 접견교통권을 가지고, 구속적부심을 청구할 수 있으며, 구속취소에 준하여 감정유치 취소 청구도 할 수 있다. [경찰승진 13]

(2) 구속집행정지 : 구속 중인 피의자에 대하여 감정유치장이 집행되었을 때에는 피의자가 유치되어 있는 기간 **구속은 그 집행이 정지된 것으로 간주**한다(제172조의2 제1항). 따라서 감정유치기간은 **구속기간에 산입하지 않는다.** [법원9급 11, 경찰승진 13]

(3) 구속집행정지 취소 : 감정유치처분이 취소되거나 유치기간이 만료된 때에는 구속의 집행정지가 취소된 것으로 간주한다(동조 제2항).

III 수사상 감정처분의 허가

1. 의 의

검사 또는 사법경찰관의 위촉을 받은 감정수탁자(수탁감정인)는 감정에 필요한 경우 판사의 허가를 얻어 감정에 필요한 처분을 할 수 있다(제221조의4 제1항, 제173조 제1항).

2. 감정에 필요한 처분

타인의 주거, 간수자 있는 가옥, 항공기, 선차 내에 들어갈 수 있고, 신체의 검사, 사체의 해부, 분묘의 발굴, 물건의 파괴를 할 수 있다(제173조 제1항).

정리 검증에 필요한 처분 : 신/사/분/물/기(제140조), 감정처분 : 주/신/사/분/물

3. 절 차

(1) 허가 청구 : 감정에 필요한 처분을 집행하는 것은 감정수탁자이나, 감정처분허가 **청구는 검사**가 하여야 한다(제221조의4 제2항).

(2) 허가장의 발부 : 판사는 검사의 청구가 상당하다고 인정할 때에는 **감정처분허가장**을 발부하여야 한다(동조 제3항). 감정처분허가장에는 피의자의 성명, 죄명, 들어갈 장소, 검사할 신체, 해부할 사체, 발굴할 분묘, 파괴할 물건, 감정수탁자의 성명과 유효기간을 기재하여야 한다(제221조의4 제4항, 제173조 제2항).

비교 법원의 감정은 감정인이 법원의 허가를 얻는 것이고(제173조 제1항), 수사상 감정처분은 감정수탁자가 지방법원판사의 허가(청구 – 검사)를 얻는 것임.

(3) 제시의무 : 감정수탁자는 감정처분을 받는 자에게 **허가장을 제시**하여야 한다(제221조의4 제4항, 제173조 제3항).

(4) 준용규정 : 신체검사에 관한 주의규정(제141조)과 야간집행 제한 및 그 예외에 관한 규정(제143조)은 수사상 감정처분의 집행에도 준용한다(제221조의4 제4항, 제173조 제5항).

01 증거보전

Ⅰ 의 의

1. 개 념

(1) 개념 : 수사상 증거보전(證據保全)이란 **판사가 수사절차에서 미리 증거조사 또는 증인신문을 하여 그 결과를 보전하여 두는 제도**를 말한다. 원래 증거조사는 공소제기 후 공판정에서 수소법원에 의하여 행해져야 하지만, 공판기일에서의 정상적인 증거조사가 있을 때까지 기다려서는 증거방법의 사용이 불가능하게 되거나 현저히 곤란하게 될 염려가 있는 경우도 있다는 점에서 증거보전절차(제184조)와 증인신문절차(제221조의2)와 같은 증거보전제도가 있는 것이다. 아래에서는 증거보전절차를 우선 설명한다.

(2) 구별개념 : 증거보전절차는 수사기관이 아닌 판사가 행하고 증거보전의 필요성이 있을 때에만 할 수 있다는 점에서 수사와 다르고, 제1회 공판기일 전에 한하여 수소법원 이외의 판사가 행한다는 점에서 법원의 증거조사와 다르다.

2. 취 지

증거를 수집·보전하기 위하여 많은 강제처분권이 부여되어 있는 검사 등 수사기관과는 달리, 피의자·피고인에게는 독자적인 증거수집권이 없다. 이에 우리 형사소송법은 증거보전제도를 통하여 **피의자·피고인에게도 공판개시 전 자신에게 유리한 증거에 대한 수집·보전권을 보장해 줌으로써 공정한 재판의 이념을 실현**하고자 하는 것이다. [여경 04 3차] 따라서 증거보전제도는 강제처분권을 가지고 있는 수사기관보다는 피의자·피고인에게 보다 실질적 의미를 가지게 된다.

Ⅱ 요 건

1. 증거보전의 필요성

(1) 의의 : 증거보전은 **미리 증거를 보전하지 않으면 그 증거를 사용하기 곤란한 사정**이 있는 때에만 인정된다(제184조 제1항). [법원승진 08, 국가7급 09, 교정9급특채 10, 경찰채용 15 3차]

(2) 증거사용곤란 : 여기에는 해당 증거에 대한 증거조사가 곤란한 경우뿐만 아니라 **증명력의 변화가 예상되는 경우도 포함**한다.

> **예** 증인 – 생명위독·해외여행, 진술번복의 염려, 증거물 – 멸실·훼손·변경의 위험성, 현장 또는 원상 보존의 불가능 등

2. 시 한

(1) 제1회 공판기일 전 : 증거보전은 형사입건 이후 **제1회 공판기일 전**이라면 **공소제기 전후를 불문**하고 할 수 있다(제184조 제1항). [법원행시 02, 법원9급 11, 법원승진 08, 국가7급 08, 국가9급 13, 교정9급특채 10, 경찰채용 06 2차/11 1차/14 2차] 다만, **형사입건 전** 내사단계에서는 할 수 없고(대법원 1979.6.12, 79도792) [경찰승진 10], **제1회 공판기일 이후**에는 수소법원에 의한 증거조사가 가능하기 때문에 할 수 없다(대법원 1979.6.12, 79도792).[1] 따라서 **항소심이나 재심**(대법원 1984.3.4, 84모15)에서는 증거보전절차가 허용되지 않는다. [국가7급 15, 경찰채용 12 3차]

---

1) [참고] 일단 공소가 제기되었음에도 불구하고 수소법원 이외의 법관에 의한 증거 수집을 허용하는 것은 공판중심주의, 직접심리주의, 피고인 방어권의 실질적 보장 등의 원칙에 배치될 여지가 있으므로 제1회 공판기일 전에 증거보전의 청구가 있었으나 제1회 공판기일이 개시된 경우 등 수소법원의 증거조사에 의하여 그 목적달성이 가능한 경우에는 증거보전의 필요성을 인정하기 어려울 것이다(법원실무Ⅰ, 424면).

> **📖 판례연구** 증거보전절차 가능시기 : 수사개시 후 제1회 공판기일 전
>
> **1. 대법원 1979.6.12, 79도792** [교정9급특채 12, 경찰승진 10.12, 경찰채용 13 2차, 변호사 24]
>
> 형사 증거보전청구를 할 수 있는 시기 및 피의자신문에 해당하는 사항에 대한 증거보전청구의 가부
>
> 형사소송법 184조에 의한 증거보전은 피고인 또는 피의자가 형사입건도 되기 전에 청구할 수는 없고 또 피의자신문에 해당하는 사항을 증거보전의 방법으로 청구할 수 없다고 함이 상당하다 할 것인바 … 피의자를 그 스스로의 피의 사실에 대한 증인으로 바로 신문한 것으로 위법하여 같은 피고인에 대한 증거능력이 없음은 물론 그 신문내용 가운데 다른 공범에 관한 부분의 진술이 있다 하더라도 그 공범이 또한 그 신문 당시 형사입건되어 있지 않았다면 그 공범에 관한 증거보전의 효력도 인정할 수 없는 것이다.
>
> **2. 대법원 1984.3.29, 84모15** [경찰채용 04/05 1차]
>
> (항소심이나) 재심청구절차에서는 증거보전절차는 허용될 수 없다는 사례
>
> 증거보전이란 장차 공판에 있어서 사용하여야 할 증거가 멸실되거나 또는 그 사용하기 곤란한 사정이 있을 경우에 당사자의 청구에 의하여 공판전에 미리 그 증거를 수집보전하여 두는 제도로서 제1심 제1회 공판기일 전에 한하여 허용되는 것이므로 재심청구사건에서는 증거보전절차는 허용되지 아니한다.

(2) 제1회 공판기일 전의 의미 : 증거보전청구가 있었더라도 제1회 공판기일이 열리면 수소법원에 의한 증거조사가 가능하므로 증거보전절차를 진행할 수 없다는 점을 고려한다면 제1회 공판기일 전이란 **모두절차가 끝난 때까지**(증거조사 시작 전)를 의미한다.[1]

Ⅲ 절 차

1. 증거보전의 청구

(1) 청구권자

① 형사소송법상 증거보전청구권자 : **검사 · 피고인 · 피의자 또는 변호인**이다(제184조 제1항). [법원승진 07, 국가7급 08/09/15, 국가9급 13, 교정9급특채 10, 경찰채용 14 1차] 사법경찰관 · 피해자[법원9급 06] · 피내사자는 청구권자가 아니다. 변호인의 증거보전청구권은 피의자 · 피고인의 **명시적인 의사에 반해서도 행사할 수 있는 독립대리권**이다.

> **정리** 명시적 의사에 반하여 행사할 수 있는 변호인의 독립대리권 : 구속취소의 청구(제93조), 보석의 청구(제94조)(이상 석방청구), 증거보전청구(제184조), 증거조사에 대한 이의신청(제296조), 공판기일변경신청(제270조 제1항)(명-구/보/증보/증이/공)

② 성폭법상 증거보전의 특례 : **성폭력범죄 또는 아동 · 청소년대상 성범죄의 피해자나 그 법정대리인 또는 사법경찰관**은 피해자가 공판기일에 출석하여 증언하는 것에 현저히 곤란한 사정이 있을 때에는 그 사유를 소명(疏明)하여 성폭법 제30조 또는 아청법 제26조에 따라 영상녹화된 영상녹화물 또는 그 밖의 다른 증거에 대하여 해당 성폭력범죄를 수사하는 검사에게 형사소송법 제184조(증거보전의 청구와 그 절차) 제1항에 따른 **증거보전의 청구를 할 것을 요청**할 수 있다. 요청을 받은 검사는 그 요청이 타당하다고 인정할 때에는 증거보전의 청구를 할 수 있다(성폭법 제41조, 아청법 제27조). 이 경우 피해자가 **19세미만 피해자등**인 경우에는 공판기일에 출석하여 증언하는 것에 현저히 곤란한 사정이 있는 것으로 본다(2023. 7.11. 개정 성폭법 제41조 제1항 제2문).[2]

---

1) [참고] 우리 형소법은 수소법원의 증거조사는 제287조의 규정에 의한 절차(재판장의 쟁점정리 및 검사 · 변호인의 증거관계 등에 대한 진술)가 끝난 후에 실시한다고 규정함으로써, 모두절차가 끝난 후 증거조사를 실시함을 명문으로 규정하고 있다(제290조). 독자들은 본서의 처음에 나오는 절차도를 잘 활용하길 바란다.

2) [참고] 여기서 '19세미만피해자등'이라 함은 19세 미만인 피해자나 신체적인 또는 정신적인 장애로 사물을 변별하거나 의사를 결정할 능력이 미약한 피해자를 말한다(성폭법 제26조 제4항).
   [조문] 성폭법 제26조(성폭력범죄의 피해자에 대한 전담조사제) ① 검찰총장은 각 지방검찰청 검사장으로 하여금 성폭력범죄 전담 검사를 지정하도록 하여 특별한 사정이 없으면 이들로 하여금 피해자를 조사하게 하여야 한다.
   ② 경찰청장은 각 경찰서장으로 하여금 성폭력범죄 전담 사법경찰관을 지정하도록 하여 특별한 사정이 없으면 이들로 하여금 피해자를 조사하게 하여야 한다.
   ③ 국가는 제1항의 검사 및 제2항의 사법경찰관에게 성폭력범죄의 수사에 필요한 전문지식과 피해자보호를 위한 수사방법 및 수사절차, 아동 심리 및 아동 · 장애인 조사 면담기법 등에 관한 교육을 실시하여야 한다. 〈개정 2023.7.11.〉
   ④ 성폭력범죄를 전담하여 조사하는 제1항의 검사 및 제2항의 사법경찰관은 19세 미만인 피해자나 신체적인 또는 정신적인 장애로 사물을 변별하

③ 제1항의 요청을 받은 검사는 그 요청이 타당하다고 인정할 때에는 증거보전의 청구를 할 수 있다. 다만, 19세미만피해자등이나 그 법정대리인이 제1항의 요청을 하는 경우에는 특별한 사정이 없는 한 「형사소송법」 제184조 제1항에 따라 관할 지방법원판사에게 증거보전을 청구하여야 한다. <개정 2023.7.11.>

(2) **관할법원** : 증거보전청구는 수소법원의 제1회 공판기일 전에 하는 것이므로, **관할 지방법원판사(수임판사)**에게 청구해야 한다. 공소제기 후에도 수소법원에 하는 것이 아니라 반드시 판사에게 해야 한다(규칙 제91조). [법원9급 11, 여경 04 3차] 여기서 관할은 피의자의 소재지가 아니라, 해당 증거의 소재지 또는 증인의 주거지 · 현재지 등의 관할지방법원이다(규칙 동조 참조).

(3) **청구의 방식 – 서면주의** : 증거보전을 청구함에는 **서면**으로 그 **사유를 소명**하여야 한다(제184조 제3항). [법원승진 08, 국가9급 13, 교정9급특채 10, 경찰승진 10/11/14, 경찰채용 12 2차/13 1 · 2차/15 3차] 증거보전청구서에는 ① 사건의 개요, ② 증명할 사실, ③ 증거 및 보전의 방법, ④ 증거보전을 필요로 하는 사유를 기재하여야 한다(규칙 제92조).

[정리] 소송행위 중 청구 또는 신청은 거의 서면주의에 의한다. 형식적 확실성을 요하는 절차형성행위의 원칙적 방식이 바로 서면주의이기 때문이다. 다만, 병행주의를 취하는 것으로 기피신청(제18조)과 공소장변경신청(제298조) 등이 있다(**고기국기/변론/공증조취**).

[정리] 서면으로 그 사유를 소명해야 하는 것 : ① 기피신청, ② 증거보전, ③ 수사상 증인신문청구, ④ 정식재판청구, ⑤ 증언거부권(서면 不要), ⑥ 상소권회복(**증/거/보/인/정청/기/상회**)

(4) **청구의 내용**

① **청구할 수 있는 것** : 압수 · 수색 · 검증 · 증인신문 또는 감정에 한한다(제184조 제1항). [법원행시 02]

② **피의자신문 · 피고인신문** : 증거보전청구의 내용인 신문은 증인신문에 한하므로, **피의자신문 또는 피고인신문을 청구할 수는 없다**(대법원 1984.5.15, 84도508). [법원9급 08/11, 국가7급 08/09, 국가9급 13, 교정9급특채 12, 경찰간부 22, 경찰승진 09/10/11/12, 경찰채용 06 2차/13 2차/15 3차]

대법원 1984.5.15, 84도508

증거보전절차에서 피의자신문 · 피고인신문은 불가하다는 사례 : 증거보전절차에서 작성된 증인신문조서 중 피의자가 진술한 내용을 기재한 부분의 증거능력 ×

증인에 대한 증거보전절차에서 피고인이 당사자로 참여하여 자신의 범행사실을 시인하는 전제하에 증인에게 반대신문한 내용이 기재된 조서는 공판준비 또는 공판기일에 피고인 등의 진술을 기재한 조서도 아니고, 반대신문과정에서 피의자가 한 진술에 관한 한 제184조에 의한 증인신문조서도 아니므로 위 조서 중 피고인의 진술기재 부분에 대하여는 제311조에 의한 증거능력을 인정할 수 없다.

---

③ **공범자나 공동피고인에 대한 증인신문** : **공범자나 공동피고인**은 피의자 · 피고인에 대한 관계에서는 제3자에 해당하므로 그에 대한 **증인신문**도 가능하다(대법원 1988.11.8, 86도1646).[1] [국가7급 13/17, 국가9급 13, 교정9급특채 12, 경찰승진 09/10/11, 경찰채용 11 1차/12 3차/13 1차/13 2차/14 2차]

🔍 **판례연구** 수사상 증거보전절차에서의 공범자 · 공동피고인에 대한 증인신문

1. **대법원 1966.5.17, 66도276**

증거보전절차에서 공동피고인에 대한 증인신문은 가능하다는 사례

피고인이 수사단계에서 다른 공동피고인에 대한 증거보전을 위하여 증인으로서 증언한 증인신문조서는 그 다른 공동피고인에 대하여 증거능력이 있다.

2. **대법원 1988.11.8, 86도1646** [국가7급 15]

증거보전절차에서 공범자나 공동피고인에 대한 증인신문은 적법하다는 사례

공동피고인과 피고인이 뇌물을 주고받은 사이로 필요적 공범관계에 있다고 하더라도 검사는 수사단계에서 피고인에 대한 증거를 미리 보전하기 위하여 필요한 경우에는 판사에게 공동피고인을 증인으로 신문할 것을 청구할 수 있다.

거나 의사를 결정할 능력이 미약한 피해자(이하 "19세미만피해자등"이라 한다)를 조사할 때에는 피해자의 나이, 인지적 발달 단계, 심리 상태, 장애 정도 등을 종합적으로 고려하여야 한다. 〈신설 2023.7.11.〉

1) [참고] 실무상 공범자 또는 공동피고인에 대한 증인신문에 의하여 획득될 진술이 유죄의 입증에 필요한 증거가 될 가능성이 높다.

2. 증거보전의 처분

증거보전처분 → 소속법원에 결과보관 → 증거조사신청 → 당연 증거능력
청구기각결정 → 3일 내 항고 가능(수임판사의 결정에 대한 유일한 불복)

(1) 청구에 대한 결정

① 증거보전의 실행 : 지방법원판사는 청구가 적법하고 필요성이 있다고 인정할 때에는 **증거보전**을 하여야 한다. 이 경우 **별도의 결정을 요하지 않지만**, 절차를 명확히 하기 위하여 별도의 인용결정을 할 수도 있다. 여하튼 증거보전처분은 증거보전을 청구한 당사자가 판사의 허가를 얻어 이를 행하는 절차가 아니다. [경찰채용 06 2차]

② 기각결정 및 불복 : 청구가 부적법하거나 필요 없다고 인정할 때에는 청구기각결정을 하여야 한다. **기각결정에 대해서는 3일 이내에 항고할 수 있다**(2007년 개정 제184조 제4항). [법원9급 08, 법원승진 08, 국가7급 09, 국가9급 13, 경찰승진 09/10/11/12/14, 경찰채용 11 1차/12 2·3차/13 2차/14 2차] 이는 수임판사의 결정에 항고할 수 있는 유일한 규정인데, 여기서 항고는 제403조 제1항에 의할 때 즉시항고로 보아야 할 것이다.[1] 다만, 2019.12.31. 개정법 제405조에 의하여 즉시항고의 제기기간이 7일로 연장되었으나, 수사상 증거보전 청구 기각결정에 대한 항고 제기기간은 여전히 3일이다.

(2) 판사의 권한 및 당사자의 참여권 : 증거보전절차는 훗날의 공판절차를 미리 앞당겨서 하는 성질의 것이므로 공판절차에 관한 규정들이 준용된다.

① 판사의 권한 : 증거보전의 청구를 받은 판사는 그 처분에 관하여 **법원 또는 재판장** [법원승진 08]**과 동일한 권한**이 있다(제184조 제2항). 따라서 판사는 법원 또는 재판장이 행하는 증인신문의 전제가 되는 소환·구인·유치를 할 수 있고(제68·71·71조의2), 압수·수색·검증·증인신문·감정을 할 수 있다.

② 당사자의 참여권 : 소송관계인의 권리·의무에 관한 규정도 준용되므로, **당사자의 참여권도 수소법원의 처분의 경우와 마찬가지로 보장된다.** 따라서 증거보전절차에서 판사가 압수·수색·검증·증인신문·감정을 하는 때에는 검사, 피의자, 피고인, 변호인의 참여권을 보장해주어야 하고(제121·122·145·163·176·177조), 이를 위해 그 시일과 장소를 참여할 수 있는 자에게 미리 통지하여야 한다(예컨대, 제163조 제2항).

③ 당사자 참여권이 배제된 증거보전절차의 증인신문조서의 증거능력 : ㉠ **원칙적으로 없지만,** [국가7급 08/09, 경찰채용 13 2차] ㉡ **증거동의가 있으면 인정**된다는 것이 판례이다.

> 정리 위법수집증거임에도 증거동의의 대상으로 본 예외적 판례이다. 또한 공판정에서의 진술을 번복시키는 참고인진술조서도 위법수집증거이나 증거동의의 대상으로 본 판례도 있다(대법원 2000.6.15, 99도1108 전원합의체). 공소제기 후 수사 부분에서 논하기로 한다.

⚓ 판례연구 증거보전절차의 증인신문에 있어서 당사자의 참여권이 배제된 증인신문조서의 적법성

1. 대법원 1992.2.28, 91도2337 [국가7급 09/15, 경찰채용 13 2차]

증거보전절차에서 참여권 배제 조서는 위법수집증거라는 사례

증거보전절차에서 증인신문을 하면서 증인신문의 일시와 장소를 피의자 및 변호인에게 미리 통지하지 아니하여 증인신문에 참여할 수 있는 기회를 주지 아니하였고, 변호인이 제1심 공판기일에 그 증인신문조서의 증거조사에 관하여 이의신청을 하였다면, 그 증인신문조서는 증거능력이 없고, 그 증인이 후에 법정에서 그 조서의 진정성립을 인정한다 하여 다시 그 증거능력을 취득할 수도 없다.

2. 대법원 1988.11.8, 86도1646

증거보전절차에서 참여권 배제 조서는 위법수집증거이나 증거동의의 대상은 된다는 사례

판사가 제184조에 의한 증거보전절차로 증인신문을 하는 경우에는 동법 제221조의2에 의한 증인신문의 경우와는 달라 동법 제163조에 따라 검사, 피의자 또는 변호인에게 증인신문의 시일과 장소를 미리 통지하여 증인신문에 참여할 수 있는 기회를 주어야 하나 참여의 기회를 주지 아니한 경우라도 피고인과 변호인이 증인신문조서를 증거로 할 수 있음에 동의하여 별다른 이의 없이

---

1) [참고] 학계에서는 예컨대, 신동운 교수님의 교과서가 즉시항고임을 명시하고 있다(신동운, 469면).

적법하게 증거조사를 거친 경우에는 위 증인신문조서는 증인신문절차가 위법하였는지의 여부에 관계없이 증거능력이 부여된다.

> **보충** 공판정에서의 증언을 번복시키는 참고인 진술조서도 위법수집증거이나 증거동의의 대상으로 본 판례도 있다(대법원 2000.6. 15, 99도1108 전원합의체). 공소제기 후 임의수사 부분에서 논하기로 한다.

Ⅳ 증거보전처분 후 절차 - 보전된 증거의 이용

1. 증거물의 보관

증거보전에서 압수한 물건 또는 작성한 조서는 증거보전을 한 **판사가 소속한 법원에 보관**한다. [법원9급 11, 교정9급특채 12, 여경 04 3차, 경찰채용 15 3차] 따라서 검사가 청구인인 때에도 증거보전기록을 **검사에게 송부하는 것은 아니다.** [법원승진 07]

2. 보전된 증거의 열람 · 등사

(1) 당사자의 열람 · 등사권 : 검사 · 피고인 · 피의자 또는 변호인은 **판사의 허가**를 얻어 위의 서류와 증거물을 **열람 · 등사할 수 있다**(제185조). [법원9급 08, 경찰채용 04 3차/06 2차/11/16] **수소법원의 허가를 얻는 것이 아니라** 증거보전절차를 담당한 판사의 허가를 받아야 한다. [경찰채용 11 1차] 증거보전을 청구한 자는 물론이고 그 상대방에게도 열람 · 등사권이 인정되며, 이외에 공동피고인 또는 그 변호인에게도 동일한 권한이 인정된다.

(2) 열람 · 등사의 시기 : 제185조에 의한 열람 · 등사는 **제1회 공판기일 전후를 불문**하고 가능하지만, 증거보전을 행한 판사의 수중에 있는 동안에만 할 수 있고, 증거들이 수소법원으로 옮겨지면 서류 · 증거물의 열람 등에 관한 일반 규정(제35조 · 제55조)에 따라야 한다.

3. 조서의 증거능력 및 공판절차에서의 이용

(1) 절대적 증거능력 : 증거보전절차에서 작성된 조서는 **법원 · 법관의 조서로서 당연히 증거능력이 인정**된다(제311조 제2문). [법원9급 08, 경찰14 2차]

(2) 보전된 증거의 공판절차에서의 이용 - 증거조사 : 증거보전에 의하여 수집된 증거를 본안(공판사건)에서 이용할 것인지 여부는 당사자(청구인 · 상대방)의 의사에 달려 있다. 증거보전절차에서 수집 · 보전된 증거를 이용하기 위해서는 당사자는 **수소법원에 그 증거조사를 신청**하고(제294조 제1항),[1] 수소법원은 증거보전을 한 법원에서 기록과 증거물을 송부받아 증거조사를 하여야 한다(공판중심주의 · 직접심리주의).

02 | 수사상 증인신문

Ⅰ 의 의

1. 개 념

검사 또는 사법경찰관은 수사에 필요한 때에는 피의자가 아닌 자의 출석을 요구하여 진술을 들을 수 있다(참고인조사, 제221조 제1항). 그런데 범죄의 수사에 없어서는 아니 될 사실을 안다고 명백히 인정되는 자가 참고인조사를 위한 출석 또는 진술을 거부하는 경우에는(참고인조사 : 임의수사) 그 진술증거의 수집과 보전이 필요한 경우가 있는바(참고인은 피의자가 아니므로 체포의 대상이 아님), 이를 위해 제1회 공판기일 전에 한하여 검사가 판사에게 증인신문을 청구하여 그 진술을 확보하는 대인적 강제처분이 바로 수사상 증인신문이다(제221조의2 제1항). 부정부패범죄나 조직범죄의 내부자의 증언을 확보하고 당해 증인을 보호하고자 마련된 제도로서, (전술한 증거보전절차가 미리 하는 공판절차적 성격이 있음에 비해) 수사상 증인신문절차는 검사의 신청에 의한 증거보전의 일종으로서 수임판사의 힘을 빌려 행하는 수사활동의 성격을 가진다.

---

1) [참고] 실무상 수소법원에 그 증거 및 기록의 송부촉탁신청을 하여 현출시켜서 제출하면 될 것이다. 또한 당사자가 직접 조서 등을 열람 · 등사하여 제출하는 것도 가능하다.

2. 제도적 취지 - 참고인조사와의 차이

참고인조사는 임의수사이므로 참고인에게는 출석의무와 진술의무가 없는 데 비해, 수사상 증인신문은 **참고인의 출석과 진술을 강제**함으로써 진술증거의 수집과 보전을 기하는 것이 수사상 증인신문의 **제도적 취지**이다.

3. 구별개념

(1) 증거보전 : 공통점으로는 ① 수소법원 이외의 판사에 의해 행해지고, ② 제1회 공판기일 전에 한하여 할 수 있으며, ③ 당사자의 참여권이 보장되고(2007년 개정), ④ 작성된 조서는 법관의 조서로서 절대적 증거능력이 인정된다는 점이 있다. 다만, 증거보전은 미리 행하는 공판의 성격을 가지는 데 비해(재판의 공개), 증인신문은 검사의 청구를 받은 수임판사에 의해 행해지는 수사의 성격을 가진다는 점에서(수사의 비공개) 아래와 같은 차이점이 나타나게 된다.

구분	증거보전	증인신문청구
청구권자	검사, 피의자, 피고인, 변호인	검사
요 건	증거보전의 필요성	참고인의 출석거부·진술거부
내 용	압수, 수색, 검증, 증인신문, 감정	참고인에 대한 신문
증거이용	보전을 한 판사 소속법원에 보관, 당사자 열람·등사권 ○	검사에게 증인신문조서 송부, 당사자의 열람·등사권 ×

(2) 수소법원의 증인신문 : 수사상 증인신문은 그 대상이 증인이 아닌 참고인이고, 그 주체가 수소법원이 아닌 판사라는 점에서 수소법원에 의한 증인신문과 다르다.

II 요 건

1. 증인신문의 필요성

(1) 중요참고인의 출석 또는 진술의 거부 : **범죄수사에 없어서는 아니 될 사실을 안다고 명백히 인정되는 자**가 수사기관의 출석요구에 대하여 출석 또는 진술을 거부하는 경우이어야 한다(제221조의2 제1항).

　① 피의사실의 존재 및 수사의 개시 : 참고인의 진술로써 증명할 대상인 **피의사실이 존재**하여야 하는데, 이러한 피의사실은 수사기관이 어떠한 자에 대하여 내심의 혐의를 품고 있는 정도로는 부족하고 **수사를 개시하여 수사의 대상으로 삼고 있음**을 외부적으로 표현한 때 인정된다(대법원 1989.6.20, 89도648).

> ★ **판례연구** 수사상 증인신문도 수사개시 이후에야 가능하다는 사례
>
> **대법원 1989.6.20, 89도648** [경찰승진 10]
> 형사소송법 제221조의2 제2항의 증인신문청구와 피의사실의 존재
> 형사소송법 제221조의2 제2항에 의한 검사의 증인신문청구는 수사단계에서의 피의자 이외의 자의 진술이 범죄의 증명에 없어서는 안 될 것으로 인정되는 경우에 공소유지를 위하여 이를 보전하려는 데 그 목적이 있으므로 이 증인신문청구를 하려면 증인의 진술로서 증명할 대상인 피의사실이 존재하여야 하고, 피의사실은 수사기관이 어떤 자에 대하여 내심으로 혐의를 품고 있는 정도의 상태만으로는 존재한다고 할 수 없고 고소, 고발 또는 자수를 받거나 또는 수사기관 스스로 범죄의 혐의가 있다고 보아 수사를 개시하는 범죄의 인지 등 수사의 대상으로 삼고 있음을 외부적으로 표현한 때에 비로소 그 존재를 인정할 수 있다.

　② 증인적격 : 증인신문의 대상이 되는 **참고인**은 범죄수사에 필요한 사실을 진술할 수 있는 자일 것을 요

한다. 따라서 감정인은 제외된다. 다만, 공범자 및 공동피고인은 다른 피의자 · 피고인에 대한 관계에서는 제3자적 지위에 있으므로 증인신문의 대상이 될 수 있다.

③ 범죄수사에 없어서는 아니 될 사실 : 범죄의 성립요건에 관한 사실뿐만 아니라 정상에 관한 사실, 기소 · 불기소처분 및 양형에 중요한 영향을 미치는 사실도 포함된다. 따라서 피의자의 소재를 알고 있는 자, 범행의 목격자, 범죄의 증명에 없어서는 안 될 정보를 갖고 있는 참고인의 소재를 알고 있는 자 등이 모두 포함된다.

④ 출석거부 : 거부에 정당한 이유가 있는 경우도 포함되므로, 증언거부권이 있는 자에 대하여도 증인신문을 청구할 수 있다.

⑤ 진술거부 : 참고인도 진술거부권을 가지고 있으므로, 범죄사건에 대한 핵심적 사실을 안다고 명백히 인정되는 참고인이 진술거부를 하는 경우에만 증인신문이 허용된다고 해석해야 한다. 진술거부는 일부거부 · 전부거부를 불문한다. 진술을 하였으나 진술조서에 서명 · 날인을 거부하는 경우도 진술거부에 해당한다.

(2) 위헌결정에 의하여 삭제된 요건인 '진술 번복의 염려' : 2007년 개정 전 법에서는 수사기관에게 임의의 진술을 한 자가 공판기일에 '전의 진술과 다른 진술을 할 염려'가 있고 그의 진술이 범죄의 증명에 없어서는 아니 될 것으로 인정되는 경우에도 증인신문이 가능했으나(구법 제221조의2 제2항), 헌법재판소는 이에 대해 적법절차원칙 및 공정한 재판을 받을 권리를 침해함을 이유로 **위헌결정**을 내렸으며, 대법원도 헌재결정의 취지에 따라 진술 번복을 우려하여 청구한 수사상 증인신문에서 작성된 증인신문조서의 증거능력을 부정하였고, 결국 2007년 개정을 통해 위 규정은 **삭제되었다.** 따라서 **검사 또는 사법경찰관에게 임의의 진술을 한 자가 공판기일에 전의 진술과 다른 진술을 할 염려가 있다는 이유만으로는 증인신문을 청구할 수 없다.** [경찰간부 12, 경찰채용 12 2차/13 1차]

★ 판례연구 진술번복 염려를 이유로 한 수사상 증인신문은 위헌

1. 헌법재판소 1996.12.26, 94헌바1

법 제221조의2 제2항은 범인필벌의 요구만을 앞세워 과잉된 입법수단으로 증거수집과 증거조사를 허용함으로써 법관의 합리적이고 공정한 자유심증을 방해하여 헌법상 보장된 법관의 독립성을 침해할 우려가 있으므로, 결과적으로 그 자체로서도 **적법절차의 원칙 및 공정한 재판을 받을 권리에 위배되는 것이다.**

2. 대법원 1997.12.26, 97도2249

헌법재판소가 1996.12.26. 선고 94헌바1 사건의 결정에서 제1회 공판기일 전 증인신문제도를 규정한 형사소송법 제221조의2 제2항에 관한 부분이 위헌이라는 결정을 선고하였고 이러한 위헌결정의 효력은 그 결정 당시 법원에 계속 중이던 사건에도 미치고, 또 각 공판기일 전 증인신문절차마다 피고인이 피의자로서 참석하였으나 그에게 공격 · 방어할 수 있는 기회가 충분히 보장되었다고 보기 어려운 사정이 있었다면, 검사가 증인들의 진술 번복을 우려하여 제1회 공판기일 전 증인신문을 청구하여 작성된 증인신문조서는 비록 그 신문이 법관의 면전에서 행하여졌지만 결과적으로 헌법 제27조가 보장하는 공정하고 신속한 공개재판을 받을 권리를 침해하여 수집된 증거로서 증거능력이 없다.

보충 이후 2007년 개정에 의하여 진술번복 염려 조항은 삭제되었다.

현행 형사소송법 제221조의2(증인신문의 청구) ① 범죄의 수사에 없어서는 아니될 사실을 안다고 명백히 인정되는 자가 전조의 규정에 의한 출석 또는 진술을 거부한 경우에는 검사는 제1회 공판기일 전에 한하여 판사에게 그에 대한 증인신문을 청구할 수 있다.

② 삭제 〈2007.6.1.〉

---

2. 제1회 공판기일 전

증인신문의 청구도 **제1회 공판기일 전에 한하여 허용**된다. 역시 모두절차가 끝난 때까지를 말하며, **공소제기의 전후는 불문**한다. [경찰간부 12, 경찰채용 09 1차/14 1차]

Ⅲ 절 차

1. 증인신문의 청구

(1) **청구권자** : 증인신문의 청구권자는 **검사**로 제한된다(제221조의2 제1항). [법원행시 02, 경찰간부 12] 검사만이 청구권을 가지며, 사법경찰관은 청구권이 없다.

(2) **관할법원** : 증인신문의 청구는 **수소법원이 아닌 판사(수임판사)**에게 하여야 한다(동조 제1항). 공소제기 이후일지라도 판사에게 한다. [경찰채용 09 2차] 수사상 증인신문도 전술한 증거보전의 일종이기 때문이다.

(3) **청구의 방식** : 증인신문의 청구를 함에는 **서면으로 그 사유를 소명하여야 한다**(동조 제3항). 검사는 참고인의 출석거부 또는 진술거부에 정당한 이유가 없다는 점 혹은 정당한 이유가 있더라도 수사상의 필요성이 보다 우월하다는 점을 소명하여야 할 것이다. 증인신문청구서에는 규칙 제111조의 사항을 기재하여야 한다.

[정리] 서면으로 그 사유를 소명해야 하는 것 : ① 기피신청, ② 증거보전, ③ 수사상 증인신문청구, ④ 정식재판청구, ⑤ 증인거부권, ⑥ 상소권회복(**기/정/상/증 – 보/거/인**)

2. 심사 및 결정

(1) **증인신문** : 청구를 받은 판사는 청구가 적법하고 이유가 있다고 인정할 때에는 **별도의 결정 없이 증인신문**을 하여야 한다.

(2) **기각결정** : 청구가 부적법하거나 이유 없는 때에는 청구기각결정을 하여야 한다. 증거보전절차와는 달리 **수사상 증인신문청구 기각결정에 대해서는 불복할 수 없다.**[1] [경찰승진 10/12, 경찰채용 14 1차]

3. 판사의 권한 및 당사자의 참여권

(1) **판사의 권한** : 청구를 받은 판사는 증인신문에 관하여 **법원 또는 재판장과 동일한 권한**이 있다(제221조의2 제4항). 따라서 증인의 소환, 구인, 증언거부, 과태료 및 감치, 선서, 신문방식, 조서 작성 방식 등은 모두 수소법원이 공판기일 외에서 행하는 증인신문의 경우와 동일하다.

(2) **당사자의 참여권** : 구법은 "판사는 특별히 수사에 지장이 있다고 인정하는 경우를 제외하고는 피고인·피의자 또는 변호인을 증인신문에 참여하게 하여야 한다(동조 제5항)."라고 규정하여 원칙적으로는 참여권을 인정하나 수사에 지장을 준다고 여겨지면 참여권이 배제될 여지가 있었다. 이에 대해 피의자·피고인의 방어권·반대신문권을 보장하기 위해, 2007년 개정법에서는 "판사는 증인신문청구에 따라 증인신문기일을 정한 때에는 **피고인·피의자 또는 변호인에게 이를 통지하여 증인신문에 참여할 수 있도록 하여야 한다**(동조 제5항, 규칙 제112조)."라고 규정하였다. [경찰간부 12, 경찰채용 09 2차] 다만, 통지받은 피의자·피고인 또는 변호인의 **출석이 증인신문의 요건이 되는 것은 아니다.** [국가9급 09]

Ⅳ 증인신문 후의 조치

1. 서류의 송부

(1) **검사에 대한 송부** : 증인신문을 한 때에는 판사는 **지체 없이** 이에 관한 서류를 **검사에게 송부**하여야 한다(제221조의2 제6항). [경찰승진 12] 본안사건이 이미 기소되어 계속 중인 경우에도 본안기록에 첨철할 것이 아니라 검사에게 송부하여야 한다. 그 이후에는 검사의 판단에 따라, 검사가 본안의 공판절차에서 수사기록 등과 함께 증거로 제출하면 될 것이기 때문이다.

(2) **열람·등사권의 불인정** : 증거보전절차와 달리 증인신문은 수임판사의 힘을 빌려 행하는 수사로서의 성격을 가질 뿐만 아니라(수사의 비공개) 증인신문조서는 검사가 보관하고 있으므로, 피의자·피고인·변호인에게 증인신문에 관한 서류의 **열람·등사권은 인정되지 않는다.** [경찰채용 09 2차] 다만, 공소제기 이후에 피고인과 변호인은 소송계속 중의 관계서류 또는 증거물을 열람·등사할 수 있을 뿐이다(제35조 제1항).

---

1) [참고] 다만, 2007년 개정 후 현행 형사소송법은 제184조 제4항에서 증거보전청구기각결정에 대하여 항고할 수 있는 근거규정을 마련하면서도, 제221조의2의 증인신문청구기각결정에 대하여는 불복 규정을 마련하지 않았으나, 이에 대해서는 개정된 형사소송법 제184조 제4항의 취지 및 해석상 증인신문청구기각결정에 대해서도 항고가 허용된다고 볼 여지가 남아 있다. 향후 판례의 입장이 주목되는 부분이다.

2. 조서의 증거능력과 증거조사

(1) **절대적 증거능력** : 증인신문조서는 **법관의 면전조서로 당연히 증거능력이 인정**되는 점은 증거보전절차에서 작성된 조서와 같다(제311조 제2문).

(2) **조서의 공판절차에서의 이용** : 증인신문절차에서 수집된 증거를 이용하기 위해서는 공판기일에 검사가 수소법원에 그 증거조사를 신청하여야 한다(공판중심주의).

V 관련문제

특정범죄[1]의 범죄신고자 등에 대하여 형사소송법 제184조(증거보전의 청구와 그 절차) 또는 제221조의2(증인신문의 청구)에 따른 증인신문을 하는 경우 판사는 직권으로 또는 검사의 신청에 의하여 그 과정을 비디오테이프 등 영상물로 촬영할 것을 명할 수 있다(특정범죄신고자 등 보호법 제10조 제1항). 이에 따라 촬영한 영상물에 수록된 범죄신고자 등의 진술은 이를 증거로 할 수 있다(동조 제3항). 이 경우에도 판사는 촬영된 영상녹화물을 지체 없이 검사에게 송부하여야 할 것이다.[2]

VI 다른 제도와의 비교

구분	수사상 증거보전	수사상 증인신문	증거개시	증거조사
절 차	당사자 참여권 ○		검사 의견(지체 없이)	사실심리절차(공판)
신청기간	제1회 공판기일 전(공소제기 전후 불문)		공소제기 후	제한 ×
관할법원	지방법원판사 (수임판사)		수소법원	
청구권자	피의자, 피고인, 변호인, 검사	검사	피고인, 변호인, 검사	검사, 피고인 또는 변호인/ 직권/범죄피해자
증거보관 이용	수임판사 법원 보관	검사에게 증인신문조서 송부	검사 보관서류 - 서류 또는 물건목록 - 열람·등사 거부 × 피고인/변호인 보관서류 - IF 검사가 교부 거부 - 교부 거부 ○	증거신청 → 증거결정
내 용	압수, 수색, 검증, 증인신문, 감정	증인신문	소송서류 열람·등사	증거서류-낭독 증거물-제시 영상녹화물-전부 또는 일부 재생 증인신문
불 복	3일 이내 항고	×	×	즉시 이의신청 (항고 ×)
요 건	증거멸실, 증거가치변화 위험	참고인 출석거부, 진술거부	검사보관서류-전면적 개시 피고인/변호인 보관서류- 현장 부재·심신상실 등 법률상·사실상 주장을 한 때	증거능력 ○

---

1) [참고] 특정범죄신고자 등 보호법상 "특정범죄"란 다음 각 목의 어느 하나에 해당하는 범죄를 말한다(동법 제2조 제1호).
　가. 특정강력범죄의 처벌에 관한 특례법 제2조의 범죄
　나. 마약류 불법거래 방지에 관한 특례법 제2조 제2항의 범죄
　다. 폭력행위 등 처벌에 관한 법률 제4조 및 특정범죄 가중처벌 등에 관한 법률 제5조의8의 단체 구성원의 그 단체의 활동과 관련된 범죄
　라. 국제형사재판소 관할 범죄의 처벌 등에 관한 법률 제8조부터 제16조까지의 죄
　마. 특정범죄 가중처벌 등에 관한 법률 제5조의9의 죄

2) 신동운, 339면.

📂 **5개년 출제경향 분석**

구분	경찰간부					경찰승진					경찰채용					국가7급					국가9급					법원9급					변호사				
	19	20	21	22	23	20	21	22	23	24	20	21	22	23	24	19	20	21	22	23	20	21	22	23	24	19	20	21	22	23	20	21	22	23	24
제1절 사법경찰관과 검사의 수사종결		1	1		1	2		2	1			1	2																					1	
제2절 공소제기 후의 수사	1	1	1				1	1	1			1								1	1		1	1	1	1		1	1					1	1
출제율	6/200 (3.0%)					8/200 (4.0%)					4/160 (2.5%)					1/100 (1.0%)					3/115 (2.6%)					3/125 (2.4%)					3/200 (1.5%)				

01 의의와 종류

I 의 의

1. 개 념

수사의 종결이란 공소제기 여부를 결정할 수 있을 정도로 피의사건이 규명되었을 때 검사가 수사절차를 종료하는 행위를 말한다(수사종결처분). 종래 이러한 수사의 종결권은 검사에게만 주어졌지만, 2020.2.4. 수사권 조정 개정 형사소송법에 따라 **사법경찰관에게도 1차적 수사종결권**이 부여되었다.

이외에도 경찰서장은 20만원 이하의 벌금, 구류, 과료에 처할 범죄사건으로서 즉결심판절차에 의하여 처리될 경미사건의 경우에는 판사에게 즉결심판을 청구할 수 있다는 점에서(즉심법 제2조, 제3조 제1항) 경미사건에 대한 수사종결권을 가지고 있다(기소독점주의의 예외).

2. 수사의 종결권자

수사의 개시와 종결 모두 **검사**뿐 아니라 **사법경찰관**도 할 수 있다. 여기서 사법경찰관의 수사종결처분은 1차적 권한인 데 비하여, 검사의 수사종결처분은 최종적 권한에 해당한다.

II 수사종결처분의 종류

사법경찰관의 1차적 수사종결처분은 크게 검찰송치와 사건불송치로 나누어 볼 수 있고, 검사의 최종적 수사종결처분은 공소제기와 불기소처분 그리고 기타 처분으로 나누어 볼 수 있다. 따라서 검사의 공소취소는 공소제기 후 처분에 불과하다는 점에서, 법원의 공소기각은 종국재판에 해당한다는 점에서 수사종결처분이 아니다. [경찰채용 06 2차]

1. 사법경찰관의 수사종결처분과 이에 대한 감독과 통제

(1) 의의 : 최종적 · 궁극적 수사종결이라 할 수 있는 **공소제기의 권한은 검사**에게 있다(기소독점주의, 법 제246조). 그러나 2020.2.4. 형사소송법 개정에 의하여 **사법경찰관에게 1차적 수사종결권**이 부여되었다(법 제245조의5). 동시에 이에 대한 감독기능으로서 **검사에게 보완수사요구권과 재수사요청권**이 부여되었고(법 제197조의2, 제245조의8), 이에 대한 통제기능으로서 **고소인 등에게 이의신청권**이 부여되었다(법 제245조의6, 제245조의7).

(2) 사법경찰관의 1차적 수사종결권 : ① 사법경찰관은 범죄를 수사한 때에는 **범죄의 혐의가 인정되면 검사에게 사건을 송치**하고(검찰송치 내지 사건송치, 법 제245조의5 제1호), ② **그 밖의 경우**(범죄의 혐의가 인정되지 않는 경우 : 혐의없음, 죄가안됨, 공소권없음, 각하)**에는 그 이유를 명시한 서면과 함께 관계 서류와 증거물을 검사에게 송부**하여야 한다. 이 경우 검사는 송부받은 날부터 **90일 이내**에 사법경찰관에게 반환하여야 한다(사건불송치, 동 제2호).[1]

---

1) [참고] 수사준칙 제51조(사법경찰관의 결정) ① 사법경찰관은 사건을 수사한 경우에는 다음 각 호의 구분에 따라 결정해야 한다.
  1. 법원송치
  2. 검찰송치
  3. 불송치
    가. 혐의 없음
      1) 범죄인정 안 됨
      2) 증거불충분
    나. 죄가 안 됨
    다. 공소권 없음
    라. 각하

■ 경찰수사규칙 [별지 제114호서식]

대한민국 경찰
KOREAN NATIONAL POLICE

소 속 관 서

0000.00.00.

사건번호　　　0000-00000호, 0000-00000호
제　목　　　송치 결정서

아래와 같이 송치 결정합니다.

　Ⅰ. 피의자 인적사항
　　성명 :　　　　　　　　　　　　　직업 :
　　주민등록번호　:
　　주거　　　　　:
　　등록기준지　　:
　　전화번호　　　:

　Ⅱ. 범죄경력자료 및 수사경력자료

　Ⅲ. 범죄사실

　Ⅳ. 적용법조

　Ⅴ. 증거관계

　Ⅵ. 송치 결정 이유

사법경찰관　계급

210㎜ × 297㎜(백상지 80g/㎡)

■ 경찰수사규칙 [별지 제122호서식]

대한민국 경찰
KOREAN NATIONAL POLICE

소 속 관 서

0000.00.00.

사건번호　　　0000-00000호, 0000-00000호
제　목　　　불송치 결정서

아래와 같이 불송치 결정합니다.

　Ⅰ. 피의자

　Ⅱ. 죄명

　Ⅲ. 주문

　Ⅳ. 피의사실과 불송치 이유

사법경찰관　계급

210㎜ × 297㎜(백상지 80g/㎡)

(3) 검찰송치 시의 검사의 보완수사요구권

① **형사소송법상 검사의 보완수사요구권**: 검사는 송치사건의 공소제기 여부 결정 또는 공소의 유지에 관하여 필요한 경우에 해당하면 사법경찰관에게 보완수사를 요구할 수 있고, 사법경찰관은 정당한 이유가 없는 한 지체 없이 이를 이행하여야 한다(제197조의2 제1항 제1호).[1] [경찰승진 22]

② **수사준칙상 보완수사의 주체**: 구 수사준칙에서는, 검사는 송치받은 사건에 대해 보완수사가 필요하다고 인정하는 경우에는 '특별히 직접 보완수사를 할 필요가 있다고 인정되는 경우를 제외하고는' 사법경찰관에게 보완수사를 요구하는 것을 원칙으로 하고 있었으나(구 수사준칙 제59조 제1항, 원칙적으로 사법경찰관, 예외적으로 검사가 보완수사 이행), 2023.10.17. 수사준칙이 개정되어 **검사**는 사법경찰관으로부터 송치받은 사건에 대해 보완수사가 필요하다고 인정하는 경우에는 **직접 보완수사**를 하거나 법 제197조의2 제1항 제1호에 따라 **사법경찰관에게 보완수사를 요구**할 수 있도록 하고 있다(원칙적으로 검사 직접 보완수사 이행 또는 사법경찰관에게 요구하여 보완수사 이행).

③ **사법경찰관의 보완수사기간**: 사법경찰관은 검사의 보완수사요구가 접수된 날부터 **3개월 이내**에 보완수사를 마쳐야 한다(2023.10.17. 개정 수사준칙 제60조 제3항).

참고하기 수사준칙상 보완수사 관련 규정

수사협력규정에서는 피의자에 대한 출석요구 시 유의해야 할 사항을 규정하고 있다.

제4장 사건송치와 수사종결
제2절 사건송치와 보완수사요구

제58조(사법경찰관의 사건송치) ① 사법경찰관은 관계 법령에 따라 검사에게 사건을 송치할 때에는 송치의 이유와 범위를 적은 송치 결정서와 압수물 총목록, 기록목록, 범죄경력 조회 회보서, 수사경력 조회 회보서 등 관계 서류와 증거물을 함께 송부해야 한다. (중략)

제59조(보완수사요구의 대상과 범위) ① 검사는 사법경찰관으로부터 송치받은 사건에 대해 보완수사가 필요하다고 인정하는 경우에는 직접 보완수사를 하거나 법 제197조의2 제1항 제1호에 따라 사법경찰관에게 보완수사를 요구할 수 있다. 다만, 송치사건의 공소제기 여부 결정에 필요한 경우로서 다음 각 호의 어느 하나에 해당하는 경우에는 특별히 사법경찰관에게 보완수사를 요구할 필요가 있다고 인정되는 경우를 제외하고는 검사가 직접 보완수사를 하는 것을 원칙으로 한다. <개정 2023.10.17.>

1. 사건을 수리한 날(이미 보완수사요구가 있었던 사건의 경우 보완수사 이행 결과를 통보받은 날을 말한다)부터 1개월이 경과한 경우
2. 사건이 송치된 이후 검사가 해당 피의자 및 피의사실에 대해 상당한 정도의 보완수사를 한 경우
3. 법 제197조의3 제5항, 제197조의4 제1항 또는 제198조의2 제2항에 따라 사법경찰관으로부터 사건을 송치받은 경우
4. 제7조 또는 제8조에 따라 검사와 사법경찰관이 사건 송치 전에 수사할 사항, 증거수집의 대상 및 법령의 적용 등에 대해 협의를 마치고 송치한 경우 (중략)

③ 검사는 법 제197조의2 제1항 제1호에 따라 사법경찰관에게 송치사건 및 관련사건(법 제11조에 따른 관련사건 및 법 제208조 제2항에 따라 간주되는 동일한 범죄사실에 관한 사건을 말한다. 다만, 법 제11조 제1호의 경우에는 수사기록에 명백히 현출(現出)되어 있는 사건으로 한정한다)에 대해 다음 각 호의 사항에 관한 보완수사를 요구할 수 있다. <개정 2023.10.17.>

1. 범인에 관한 사항
2. 증거 또는 범죄사실 증명에 관한 사항
3. 소송조건 또는 처벌조건에 관한 사항

---

4. 수사중지
   가. 피의자중지
   나. 참고인중지
5. 이송 (중략)

④ 사법경찰관은 제1항 제4호에 따른 수사중지 결정을 한 경우 7일 이내에 사건기록을 검사에게 송부해야 한다. 이 경우 검사는 사건기록을 송부받은 날부터 30일 이내에 반환해야 하며, 그 기간 내에 법 제197조의3에 따라 시정조치요구를 할 수 있다.

※ 해설: 사경의 수사중지결정에 대한 검사의 감독권 조항이다. 이외에 고소인 등은 수사중지결정에 대한 이의제기권(상급경찰관서의 장에게 함)이나 검사에 대한 구제신청권을 행사할 수 있다(수사준칙 제54조, 법 제245조의7 제1항, 제197조의3 제1항).

⑤ 사법경찰관은 제4항 전단에 따라 검사에게 사건기록을 송부한 후 피의자 등의 소재를 발견한 경우에는 소재 발견 및 수사재개 사실을 검사에게 통보해야 한다. 이 경우 통보를 받은 검사는 지체 없이 사법경찰관에게 사건기록을 반환해야 한다.

1) [보충] 이외에 검사의 보완수사요구는 사법경찰관이 신청한 영장의 청구 여부 결정에 관하여 필요한 경우에도 가능하다(법 제197조의2 제1항 제2호).

4. 양형 자료에 관한 사항

5. 죄명 및 범죄사실의 구성에 관한 사항

6. 그 밖에 송치받은 사건의 공소제기 여부를 결정하는 데 필요하거나 공소유지와 관련해 필요한 사항

④ 검사는 사법경찰관이 신청한 영장(「통신비밀보호법」 제6조 및 제8조에 따른 통신제한조치허가서 및 같은 법 제13조에 따른 통신사실 확인자료제공 요청 허가서를 포함한다. 이하 이 항에서 같다)의 청구 여부를 결정하기 위해 필요한 경우 법 제197조의2 제1항 제2호에 따라 사법경찰관에게 보완수사를 요구할 수 있다. (중략) <개정 2023.10.17.>

제60조[보완수사요구의 방법과 절차] ① 검사는 법 제197조의2 제1항에 따라 보완수사를 요구할 때에는 그 이유와 내용 등을 구체적으로 적은 서면과 관계 서류 및 증거물을 사법경찰관에게 함께 송부해야 한다. 다만, 보완수사 대상의 성질, 사안의 긴급성 등을 고려하여 관계 서류와 증거물을 송부할 필요가 없거나 송부하는 것이 적절하지 않다고 판단하는 경우에는 해당 관계 서류와 증거물을 송부하지 않을 수 있다.

② 보완수사를 요구받은 사법경찰관은 제1항 단서에 따라 송부받지 못한 관계 서류와 증거물이 보완수사를 위해 필요하다고 판단하면 해당 서류와 증거물을 대출하거나 그 전부 또는 일부를 등사할 수 있다.

③ 사법경찰관은 법 제197조의2 제1항에 따른 보완수사요구가 접수된 날부터 3개월 이내에 보완수사를 마쳐야 한다. <신설 2023.10.17.>

④ 사법경찰관은 법 제197조의2 제2항에 따라 보완수사를 이행한 경우에는 그 이행 결과를 검사에게 서면으로 통보해야 하며, 제1항 본문에 따라 관계 서류와 증거물을 송부받은 경우에는 그 서류와 증거물을 함께 반환해야 한다. 다만, 관계 서류와 증거물을 반환할 필요가 없는 경우에는 보완수사의 이행 결과만을 검사에게 통보할 수 있다. <개정 2023.10.17.>

⑤ 사법경찰관은 법 제197조의2 제1항 제1호에 따라 보완수사를 이행한 결과 법 제245조의5 제1호에 해당하지 않는다고 판단한 경우에는 제51조 제1항 제3호에 따라 사건을 불송치하거나 같은 항 제4호에 따라 수사중지할 수 있다. <개정 2023.10.17.>

제61조[직무배제 또는 징계요구의 방법과 절차] ① 검찰총장 또는 각급 검찰청 검사장은 법 제197조의2 제3항에 따라 사법경찰관의 직무배제 또는 징계를 요구할 때에는 그 이유를 구체적으로 적은 서면에 이를 증명할 수 있는 관계 자료를 첨부하여 해당 사법경찰관이 소속된 경찰관서장에게 통보해야 한다.

② 제1항의 직무배제요구를 통보받은 경찰관서장은 정당한 이유가 있는 경우를 제외하고는 그 요구를 받은 날부터 20일 이내에 해당 사법경찰관을 직무에서 배제해야 한다.

③ 경찰관서장은 제1항에 따른 요구의 처리 결과와 그 이유를 직무배제 또는 징계를 요구한 검찰총장 또는 각급 검찰청 검사장에게 통보해야 한다.

(4) 사건불송치 시 고소인 등에 대한 통지와 이의신청

① 고소인 등에 대한 통지 : 사법경찰관은 사건을 검사에게 송치하지 아니한 경우에는 **서면으로 고소인·고발인·피해자 또는 그 법정대리인에게 사건을 검사에게 송치하지 아니하는 취지와 그 이유를 통지**하여야 한다(사건불송치 시 통지의무, 제245조의6). 고소인 등은 불송치 통지를 받지 못한 경우 사법경찰관에게 불송치 통지서로 통지해 줄 것을 요구할 수 있다(수사준칙 제53조 제2항).

② 고소인 등의 이의신청 : 사법경찰관으로부터 사건을 검사에게 송치하지 아니하는 취지와 그 이유를 통지받은 사람(고발인은 제외함, 2022.5.9. 개정)은 **해당 사법경찰관의 소속 관서의 장에게 이의를 신청할 수 있고, 사법경찰관은 이의신청이 있는 때에는 지체 없이 검사에게 사건을 송치**하여야 한다(이의신청 시 검찰송치의무, 제245조의7). 2022.5.9. 개정에 의하여 사법경찰관의 사건불송치결정에 대한 이의신청권자 중에서 **고발인이 제외**되었다(입법론적 비판이 있음). 고소인 등의 이의신청에는 **기간의 제한이 없다**. 이렇게 고소인 등의 이의신청이 있으면 사법경찰관은 사건불송치로 수사를 종결할 수 없고 검사에게 사건을 송치해야 한다는 점에서 사법경찰관의 수사종결권은 1차적·제한적 수사종결권의 의미를 가지는 것이다.

③ 송치받은 검사의 수사범위 : 검사는 고소인 등의 이의신청에 따라 사법경찰관으로부터 송치받은 사건에 관하여는 **해당 사건과 동일성을 해치지 아니하는 범위 내에서 수사**할 수 있다(2022.5.9. 개정 제196조 제2항).

(5) 사건불송치 시 검사의 재수사요청권

① 형사소송법상 검사의 재수사요청권 : 검사는 사법경찰관이 **사건을 송치하지 아니한 것이 위법 또는 부당한 때**에는 그 이유를 문서로 명시하여 사법경찰관에게 **재수사를 요청**할 수 있고(제245조의8 제1항), 사법경찰관은 요청이 있으면 사건을 **재수사하여야 한다**(동 제2항).

② 검사의 재수사 요청의 절차 : 검사는 사법경찰관에게 재수사를 요청하려는 경우에는 관계 서류와 증거물을 송부받은 날부터 **90일 이내**에 해야 한다(수사준칙 제63조 제1항). 다만, 불송치결정에 영향을 줄 수 있는 명백히 새로운 증거 또는 사실이 발견된 경우 등에는 90일이 지난 후에도 재수사를 요청할 수 있다(동조 동항 단서). 재수사를 요청할 때에는 그 내용과 이유를 구체적으로 적은 서면으로 해야 한다. 이 경우 송부받은 관계 서류와 증거물을 사법경찰관에게 반환해야 한다(동 제2항). 검사는 재수사를 요청한 경우 그 사실을 고소인등에게 통지해야 한다(동 제3항).

③ 사법경찰관의 재수사 : 사법경찰관은 검사에 의한 재수사 요청이 접수된 날부터 **3개월 이내**에 재수사를 마쳐야 한다(2023.10.17. 개정 수사준칙 제63조 제4항). 사법경찰관은 재수사를 한 경우, 범죄의 혐의가 있다고 인정되면 검사에게 사건을 송치하고 관계 서류와 증거물을 송부하나, 기존의 불송치 결정을 유지하는 경우에는 재수사 결과서에 그 내용과 이유를 구체적으로 적어 검사에게 통보한다(수사준칙 제64조 제1항). 다만 사법경찰관이 재수사 중인 사건에 대하여 고소인 등의 사건불송치결정에 대한 이의신청이 있는 경우에는 사법경찰관은 재수사를 중단하고 해당 사건을 지체 없이 검사에게 송치하고 관계 서류와 증거물을 송부해야 한다(수사준칙 제65조).

④ 불송치결정 유지 통보를 받은 검사의 조치 : 사법경찰관으로부터 불송치결정 유지 통보를 받은 경우, **원칙적으로 검사는 다시 재수사를 요청하거나 송치요구를 할 수 없다.** 다만, 검사는 사법경찰관이 사건을 송치하지 않은 위법 또는 부당이 시정되지 않아 사건을 송치받아 수사할 필요가 있는 경우에는 예외적으로 사건송치를 요구할 수 있다(수사준칙 제64조 제2항, 사건송치요구는 30일 이내에 하여야 함, 동조 제4항). 2023.10.17. 개정 수사준칙에서는 위 예외적인 경우에 '범죄 혐의의 유무를 명확하게 하기 위하여 재수사를 요청한 사항에 관하여 그 이행이 이루어지지 않은 경우'가 신설되었다(동조 동항 제2호, 다만 재수사 요청의 미이행이 불송치결정의 유지에 영향이 미치지 않음이 명백한 경우는 제외됨). 여하튼 검사의 사법경찰관에 대한 재수사요청권의 행사는 1회로 한정된다.

참고하기 수사준칙상 재수사 관련 규정

제4장 사건송치와 수사종결
제3절 사건불송치와 재수사요청

제62조(사법경찰관의 사건불송치) ① 사법경찰관은 법 제245조의5 제2호 및 이 영 제51조 제1항 제3호에 따라 불송치 결정을 하는 경우 불송치의 이유를 적은 불송치 결정서와 함께 압수물 총목록, 기록목록 등 관계 서류와 증거물을 검사에게 송부해야 한다. (중략)

제63조(재수사요청의 절차 등) ① 검사는 법 제245조의8에 따라 사법경찰관에게 재수사를 요청하려는 경우에는 법 제245조의5 제2호에 따라 관계 서류와 증거물을 송부받은 날부터 90일 이내에 해야 한다. 다만, 다음 각 호의 어느 하나에 해당하는 경우에는 관계 서류와 증거물을 송부받은 날부터 90일이 지난 후에도 재수사를 요청할 수 있다.
  1. 불송치 결정에 영향을 줄 수 있는 명백히 새로운 증거 또는 사실이 발견된 경우
  2. 증거 등의 허위, 위조 또는 변조를 인정할 만한 상당한 정황이 있는 경우
② 검사는 제1항에 따라 재수사를 요청할 때에는 그 내용과 이유를 구체적으로 적은 서면으로 해야 한다. 이 경우 법 제245조의5 제2호에 따라 송부받은 관계 서류와 증거물을 사법경찰관에게 반환해야 한다.
③ 검사는 법 제245조의8에 따라 재수사를 요청한 경우 그 사실을 고소인등에게 통지해야 한다.
④ 사법경찰관은 법 제245조의8 제1항에 따른 재수사의 요청이 접수된 날부터 3개월 이내에 재수사를 마쳐야 한다. <신설 2023.10.17.>

제64조(재수사 결과의 처리) ① 사법경찰관은 법 제245조의8 제2항에 따라 재수사를 한 경우 다음 각 호의 구분에 따라 처리한다.
  1. 범죄의 혐의가 있다고 인정되는 경우 : 법 제245조의5 제1호에 따라 검사에게 사건을 송치하고 관계 서류와 증거물을 송부
  2. 기존의 불송치 결정을 유지하는 경우 : 재수사 결과서에 그 내용과 이유를 구체적으로 적어 검사에게 통보
② 검사는 사법경찰관이 제1항 제2호에 따라 재수사 결과를 통보한 사건에 대해서 다시 재수사를 요청하거나 송치 요구를 할 수 없다. 다만, 검사는 사법경찰관이 사건을 송치하지 않은 위법 또는 부당이 시정되지 않아 사건을 송치받아 수사할 필요가 있는 다음 각 호의 경우에는 법 제197조의3에 따라 사건송치를 요구할 수 있다. <개정 2023.10.17.>
  1. 관련 법령 또는 법리에 위반된 경우

2. 범죄 혐의의 유무를 명확히 하기 위해 재수사를 요청한 사항에 관하여 그 이행이 이루어지지 않은 경우. 다만, 불송치 결정의 유지에 영향을 미치지 않음이 명백한 경우는 제외한다.

3. 송부받은 관계 서류 및 증거물과 재수사 결과만으로도 범죄의 혐의가 명백히 인정되는 경우

4. 공소시효 또는 형사소추의 요건을 판단하는 데 오류가 있는 경우 (중략)

④ 검사는 재수사 결과를 통보받은 날(제3항에 따라 관계 서류와 증거물의 송부를 요청한 경우에는 관계 서류와 증거물을 송부받은 날을 말한다)부터 30일 이내에 제2항 각 호 외의 부분 단서에 따른 사건송치 요구를 해야 하고, 그 기간 내에 사건 송치 요구를 하지 않을 경우에는 송부받은 관계 서류와 증거물을 사법경찰관에게 반환해야 한다. <신설 2023.10.17.>

제65조(재수사 중의 이의신청) 사법경찰관은 법 제245조의8 제2항에 따라 재수사 중인 사건에 대해 법 제245조의7 제1항에 따른 이의신청이 있는 경우에는 재수사를 중단해야 하며, 같은 조 제2항에 따라 해당 사건을 지체 없이 검사에게 송치하고 관계 서류와 증거물을 송부해야 한다.

표정리 사법경찰관의 수사종결처분과 이에 대한 통제와 감독

사법경찰관의 1차적 수사종결		검사의 감독과 고소인 등의 통제	
검찰송치		* 보완수사 필요 시 ① 원칙 : 검사 직접 보완수사 또는 사경에게 보완수사요구 ② 예외 : 직접 보완수사	① 공소제기 ② 불기소처분

사건불송치	① 불송치이유서 · 관계서류 · 증거물 송부	* 90일 내 (예외 ○)
		① 반환 or
		② 재수사요청 (1회 한정)
		 * 사경 재불송치 시
		  ㉠ 원칙 : 검사 재재수사요청 ×, 송치요구 ×
		  ㉡ 예외 : 위법 · 부당 시 30일 내 사건송치요구 ○	

	② 고소인 등(고발인 포함)에 대한 통지(7일)	* 고소인 등(고발인 제외)의 이의신청 ① 기간 제한 × ② 소속 경찰서의 장에게 ③ 검찰송치의무 발생 ④ 검사는 동일성 범위 내 수사	

2. 검사의 공소제기

(1) 의의 : 검사의 최종적 수사의 종결은 공소의 제기 또는 불기소처분으로 행하여진다. 검사는 수사의 결과 범죄의 객관적 혐의가 충분하고 소송조건을 구비하여 유죄판결을 받을 수 있다고 판단하는 경우에는 공소를 제기한다(제246조).

(2) 방식 : 공소를 제기함에는 공소장을 관할법원에 제출하여야 한다(제254조 제1항). 다만, 벌금 · 과료 · 몰수에 해당하는 사건의 경우에는 검사는 공소제기와 동시에 약식명령을 청구할 수 있다(제449조)(이렇게 공소제기에는 공판청구와 약식명령청구의 2가지 방식이 있는바, 실무상 전자를 구공판, 후자를 구약식이라 부른다).

3. 검사의 불기소처분

(1) 의의 : 검사가 피의사건에 대하여 공소를 제기하지 않기로 하는 처분을 말한다. 불기소처분은 협의의 불기소처분과 기소유예로 나누어 볼 수 있다(수사준칙 제52조 제1항). 검사는 공소제기 이후에도 공소의 유지 여부를 결정하기 위해 수사를 할 수 있고, 불기소처분 이후에도 언제든지 수사를 재개할 수 있다. [국가9급 09, 경찰채용 05 2차] 불기소처분에는 일사부재리원칙이 적용되지 않기 때문이다.

⚖ **판례연구** 불기소처분에는 일사부재리원칙이 적용되지 않는다는 사례

대법원 2009.10.29, 2009도6614

불기소처분 후에도 다시 공소제기는 가능하며, 관계공무원의 기존의 고발은 유효하다는 사례

검사의 불기소처분에는 확정재판에 있어서의 확정력과 같은 효력이 없어 일단 불기소처분을 한 후에도 공소시효가 완성되기 전이

면 언제라도 공소를 제기할 수 있으므로, 세무공무원 등의 고발이 있어야 공소를 제기할 수 있는 조세범처벌법 위반죄에 관하여 일단 불기소처분이 있었더라도 세무공무원 등이 종전에 한 고발은 여전히 유효하다. 따라서 나중에 공소를 제기함에 있어 세무공무원 등의 새로운 고발이 있어야 하는 것은 아니다.

구분	구성요건	위법성	책임	소송조건	
검 사	× 혐의 없음	조각사유 ○		× 공소권 없음	공소제기
		죄가 안 됨			
법 원	무죄판결			형식재판	

(2) 협의의 불기소처분[1]

① **혐의 없음** : 피의사실이 범죄를 구성하지 아니하거나(구성요건해당성 ×) 인정되지 아니하는 경우(범죄인정 안 됨) 또는 피의사실을 인정할 만한 충분한 증거가 없는 경우(증거불충분)이다.

② **죄가 안 됨** : 피의사실이 구성요건해당성은 있으나 법률상 범죄의 성립을 조각하는 사유(예 위법성조각사유 · 책임조각사유)가 있어 범죄를 구성하지 않는 경우이다. [국가7급 13, 교정9급특채 12, 경찰채용 04 2차]

③ **공소권 없음** : 피의사건에 관하여 소송조건이 결여되었거나 형면제사유가 있는 경우 등이다(hint. 종국재판 중에서는 대체로 형식재판에 해당되는 사유).

> **[공소권없음 불기소처분사유]** [검사규 제115조 제3항 제4호]
> 1. 확정판결이 있는 경우
> 2. 통고처분이 이행된 경우 [경찰간부 13]
> 3. 「소년법」·가정폭력처벌법·성매매처벌법 또는 아동학대처벌법에 따른 보호처분이 확정된 경우(보호처분이 취소되어 검찰에 송치된 경우는 제외한다) [경찰간부 13]
> 4. 사면이 있는 경우(일반사면 ○, 특별사면 ×)
> 5. 공소의 시효가 완성된 경우
> 6. 범죄 후 법령의 개폐로 형이 폐지된 경우
> 7. 법률에 따라 형이 면제된 경우 [예 친족상도례(직/배/동/동/배)]
> 8. 피의자에 관하여 재판권이 없는 경우
> 9. 같은 사건에 관하여 이미 공소가 제기된 경우(공소를 취소한 경우를 포함한다. 다만, 공소를 취소한 후에 다른 중요한 증거를 발견한 경우는 포함되지 않는다)
> 10. 친고죄 및 공무원의 고발이 있어야 논할 수 있는 죄의 경우에 고소 또는 고발이 없거나 그 고소 또는 고발이 무효 또는 취소된 경우 [경찰간부 13]
> 11. 반의사불벌죄의 경우 처벌을 희망하지 않는 의사표시가 있거나 처벌을 희망하는 의사표시가 철회된 경우
> 12. 피의자가 사망하거나 피의자인 법인이 존속하지 않게 된 경우

④ **각하** : 고소·고발이 있는 사건에 있어서 위 불기소처분사유가 명백한 경우 등 일정한 사유가 있는 경우 내려진다.

> **[각하사유]** [검사규 제115조 제3항 제5호]
> 1. 고소 또는 고발이 있는 사건에 관하여 고소인 또는 고발인의 진술이나 고소장 또는 고발장에 의하여 혐의없음, 죄가안됨, 공소권없음의 사유에 해당함이 명백한 경우 : 처벌할 수 없음이 명백한 경우를 말한다.
> 2. 고소·고발이 고소의 제한을 위반하거나(자기 또는 배우자의 직계존속 고소·고발) 고소 취소 후 재고소한 경우 [경찰간부 13]
> 3. 같은 사건에 관하여 검사의 불기소결정이 있는 경우(다만, 새로이 중요한 증거가 발견된 경우에 고소인 또는 고발인이 그 사유를 소명한 때에는 그러하지 아니하다) [경찰간부 13]
> 4. 고소권자(피해자, 법정대리인, 배/직/형, 친족, 자손) 아닌 자가 고소한 경우 [경찰간부 13]
> 5. 고소인 또는 고발인이 고소·고발장을 제출한 후 출석요구나 자료제출 등 혐의 확인을 위한 수사기관의 요청에 불응하거나 소재불명이 되는 등 고소·고발사실에 대한 수사를 개시·진행할 자료가 없는 경우

---

1) [참고] 내사종결처분은 수사가 개시되기 전 내사만 종결하는 행위로서 피의사건에 대한 종국처분이 아니므로 불기소처분에 해당하지 않는다(대법원 1991.11.5, 91모68; 헌법재판소 1998.2.27, 94헌마77).

6. 고발이 진위 여부가 불분명한 언론 보도나 인터넷 등 정보통신망의 게시물, 익명의 제보, 고발 내용과 직접적인 관련이 없는 제3자로부터의 전문(傳聞)이나 풍문 또는 고발인의 추측만을 근거로 한 경우 등으로서 수사를 개시할 만한 구체적인 사유나 정황이 충분하지 아니한 경우

7. 고소·고발 사건(진정 또는 신고를 단서로 수사개시된 사건을 포함한다)의 사안의 경중 및 경위, 피해회복 및 처벌의사 여부, 고소인·고발인·피해자와 피고소인·피고발인·피의자와의 관계, 분쟁의 종국적 해결 여부 등을 고려할 때 수사 또는 소추에 관한 공공의 이익이 없거나 극히 적은 경우로서 수사를 개시·진행할 필요성이 인정되지 않는 경우

(3) 기소유예 : 피의사실이 인정되나 형법 제51조 각 호의 사항(범인의 연령·성행·지능과 환경 등 양형의 조건)을 참작하여 공소를 제기하지 아니하는 경우이다(제247조-기소편의주의, 수사준칙 제52조 제1항 제2호 가목, 검사규 제115조 제3항 제1호).

4. 검사의 기타 처분

(1) 기소중지 : 피의자의 소재불명 또는 참고인중지의 사유 외의 사유로 수사를 종결할 수 없는 경우에 그 사유가 해소될 때까지 수사를 잠정적으로 중지하는 처분이다(수사준칙 제52조 제1항 제3호, 검사규 제120조).

(2) 참고인중지 : 검사가 참고인·고소인·고발인 또는 같은 사건 피의자의 소재불명으로 수사를 종결할 수 없는 경우에는 그 사유가 해소될 때까지 수사를 잠정적으로 중지하는 처분이다(수사준칙 제52조 제1항 제4호, 검사규 제121조).

(3) 공소보류 : 국가보안법 위반의 죄를 범한 자에 대하여 형법 제51조의 사항을 참작하여 공소제기를 2년간 보류하는 처분이다(국가보안법 제20조)(기소유예와 유사).

(4) 타관송치 : 검사는 사건이 그 소속 검찰청에 대응한 법원의 관할에 속하지 아니한 때에는 사건을 서류와 증거물과 함께 관할법원에 대응한 검찰청검사에게 송치하여야 한다(제256조).

(5) 군검찰관송치 : 검사는 사건이 군사법원의 재판권에 속하는 때에는 관할 군사법원검찰부 검찰관에게 송치하여야 한다. 이 경우에 송치 전에 행한 소송행위는 송치 후에도 그 효력에 영향이 없다(제256조의2, 제2조 및 제16조의2 참조).

불기소 사건기록 및 불기소 결정서				보 존		제 질
						제 호
						년
부장검사	차장검사	검사장	서울중앙지방검찰청	공소	장기	2021. 6. 11.
				시효	단기	. . .
				재	기	
2016년 형 제 104895호		결 정	2016. 11. 29.	검 사		사 연 생
피 의 자		죄 명		주 문		
김 갑 동		모욕		혐의없음(범죄인정안됨)		
불기소 결정서는 별지와 같음						

부 수 처 분 석방지휘/소재수사지휘/지명수배(통보), 해제	명 령	집 행	인
(해당없음)			
압 수 물 처 분 가환부대로본환부/제출인환부/피해자환부/보관/폐기/국고귀속	명 령	집 행	인
(해당없음)			

비 고							
◦ 고소인의 무고혐의는 인정하기 어려움							
◦ 수사경력자료 보존기간 : 즉시 삭제							
집 행		사 건		압 수		결과통지	

서 울 중 앙 지 방 검 찰 청

2016. 11. 29.

사건번호   2016년 형제104895호

제   목   불기소결정서

검사 사연생은 아래와 같이 불기소 결정을 한다.

Ⅰ. 피의자   김갑동

Ⅱ. 죄 명   모욕

Ⅲ. 주 문

피의자는 범죄 인정되지 아니하여 혐의 없다.

Ⅳ. 피의사실과 불기소이유

2016. 6. 12. 고소인 이을수에게 "이 사기꾼 같은 놈아, 너 같은 악질 고리대금업자의 돈은 갚을 수 없다."라고 말하여 모욕

◦ 피의자가 2016. 6. 12. 피의자의 사무실에서 위와 같이 말한 사실은 인정된다.

◦ 한편 피의자가 위와 같이 말을 할 때 피의자와 고소인 이외에는 아무도 없었고, 문도 닫혀져 있어 다른 사람이 피의자의 말을 들을 수 있는 상태가 아니었으므로(피의자와 고소인의 진술), 공연성을 인정할 수 없다.

◦ 범죄 인정되지 아니하여 혐의 없다.

검사 사 연 생 (인)

사법연수원, 검찰서류작성례, 2017년, p. 169~170

(6) 소년부송치 : 검사는 소년에 대한 피의사건을 수사한 결과 보호처분에 해당하는 사유가 있다고 인정한 때에는 사건을 관할 소년부에 송치한다(소년 제49조 제1항).

(7) 가정보호사건송치 : 검사는 가정폭력범죄의 처벌 등에 관한 특례법이 규정한 가정폭력범죄로서 사건의 성격이 보호처분에 처함이 적절하다고 인정되는 경우에는 관할가정법원 또는 지방법원에 송치하여야 한다(가폭법 제11조 제1항).

(8) 성매매보호사건송치 : 검사는 성매매를 한 사람에 대하여 사건의 성격·동기, 행위자의 성행(性行) 등을 고려하여 성매매알선 등 행위의 처벌에 관한 법률에 따른 보호처분을 하는 것이 적절하다고 인정할 때에는 특별한 사정이 없으면 보호사건으로 관할법원에 송치하여야 한다(성매매법 제12조 제1항).

02   수사종결처분의 부수절차

Ⅰ 수사종결처분의 통지

1. 고소인·고발인에 대한 통지 및 불기소처분 이유의 고지

(1) 검사의 고소·고발사건 처리 : 검사는 고소 또는 고발에 의하여 범죄를 수사할 때에는 고소 또는 고발을

수리한 날로부터 3월 이내에 수사를 완료하여 공소제기 여부를 결정하여야 한다(제257조). 다만, 이때의 3월은 훈시기간에 불과하다.

(2) **처분취지의 통지** : 검사는 고소·고발사건에 관하여 **공소를 제기하거나 제기하지 아니한 처분, 공소의 취소 또는 타관송치**를 한 때에는 그 **처분한 날로부터 7일 이내**에 서면으로 고소인·고발인에게 그 취지를 **통지하여야 한다**(제258조 제1항). [법원행시 02, 경찰승진 09/13/14, 경찰채용 05 2차] 고소인뿐만 아니라 고발인에 대한 불기소처분 통지도 필요적이다. [국가9급 09]

(3) **불기소처분 이유의 고지** : 검사는 고소·고발사건에 관하여 공소를 제기하지 아니하는 처분을 한 경우에 고소인·고발인의 **청구가 있는 때에는 7일 이내**에 고소인·고발인에게 그 **이유를 서면으로 설명**하여야 한다(제259조). [국가9급 04, 경찰승진 13, 경찰채용 05 2차]

2. 피의자에 대한 불기소처분 등 통지

검사는 **불기소 또는 타관송치**의 처분을 한 때에는 피의자에게 **즉시** 그 취지를 통지하여야 한다(제258조 제2항). [법원행시 02, 국가9급 09, 경찰채용 06 2차] 피의자 보호를 취지로 하는 규정으로서, 이때의 피의자는 고소·고발사건의 피의자로 한정되지 아니한다.[1] [법원행시 04]

헌법재판소 2001.12.20, 2001헌마39

검사가 불기소처분을 한 경우 '모든' 피의자에게 그 취지를 통지하여야 한다는 사례

형사소송법 제258조 제2항은 검사가 불기소처분을 한 때에는 피의자에게 즉시 그 취지를 통지하여야 한다고 규정하고 있음에도 불구하고 검사는 동조항 소정의 "불기소처분"은 고소·고발 있는 사건에 대한 불기소처분만을 의미하는 것으로 보는 검찰의 관행에 따라 이 사건에서도 피의자인 청구인에게 불기소처분의 취지를 통지하지 아니하였다. 그러나 동조항이 고소관련 조항들 가운데 규정되어 있기는 해도 제1항과 달리 제2항은 법문 자체가 고소·고발 있는 사건에 대한 불기소처분으로 한정하고 있지 아니하므로 동조항 소정의 "불기소처분"을 고소·고발 있는 사건에 대한 불기소처분만을 의미한다고 보아야 할 이유는 없다. 또한 1988년 9월부터는 헌법재판소가 창설되어 기소유예처분을 받은 피의자도 헌법소원을 제기하는 것이 가능하게 되었으므로 고소·고발사건 이외의 다른 사건의 피의자도 기소유예처분의 취지를 통지받을 필요와 실익이 생겼다 할 것이다. 그러므로 검사는 불기소처분을 하는 경우 모든 피의자에게 불기소처분의 취지를 통지하여야 할 것이다.

---

3. 피해자 등에 대한 통지

검사는 범죄로 인한 피해자 또는 그 법정대리인(피해자 사망시 배우자·직계친족·형제자매 포함)의 **신청이 있는 때**에는 당해 사건의 **공소제기 여부, 공판의 일시·장소, 재판결과, 피의자·피고인의 구속·석방 등 구금에 관한 사실** 등을 **신속하게 통지**하여야 한다(2007년 개정, 제259조의2). [법원9급 11, 국가7급 08, 국가9급 09, 경찰승진 13] 피해자의 공판정진술권을 보다 실질적으로 보장하여 피해자의 지위를 강화하는 취지의 규정이다. 따라서 고소·고발하지 않은 피해자도 신청을 한 때에는 공소제기 여부 등의 사실을 통지받을 수 있고 검사도 통지의무를 부담하게 되었다. 다만, 이는 검사의 의무이지 법원의 의무는 아니며 [국가9급 09], 또한 신청 피해자가 재판의 진행경과까지 통지받을 수 있는 것도 아니다. [경찰채용 09 2차]

표정리 수사종결처분 통지 시한		
고소인·고발인	공소제기·불기소·공소취소·타관송치	7일 이내
피의자(고소·고발 불문)	불기소·타관송치	즉시
피해자(신청 要)	기소 여부, 공판일시·장소, 재판결과, 피의자·피고인의 구속·석방 등	신속하게

정리 고고 – 공불취타 – 7/고고 – 불이유청 – 7/피 – 불타 – 즉/피해자 – 신청해 – 공공구
정리 통지는 서면으로 한다. 예외는 출석통지 하나뿐이다.

---

1) [참고] 법원은 피의자에 대한 공소의 제기가 있는 때에는 지체 없이 피고인 또는 변호인에게 공소장부본을 송달하여야 한다. 단, 제1회 공판기일 전 5일까지 송달하여야 한다(제266조).

II 압수물의 환부

불기소처분의 경우 검사는 압수물을 원래의 점유자에게 **필요적으로 환부하여야 한다**(대법원 1996.8.16, 94모51 전원합의체). 피의자가 **소유권포기의 의사표시를 한 경우에도 환부하여야 한다**(동 판례). [국가9급 12] 또한 압수물이 장물로서 피해자에게 환부해야 할 이유가 명백한 경우에는 검사는 압수된 장물을 피해자에게 환부하여야 한다(제219조, 제333조 제1항·제2항).[1]

---

03 검사의 불기소처분에 대한 불복

I 검찰항고

1. 항 고

(1) 의의 : 검사의 불기소처분에 불복하는 고소인 또는 고발인이 보다 상급검찰청 검사장에게 항고하여 불기소처분의 당부를 다투는 제도로서, 항고와 재항고가 있다. 항고의 경우, 검사의 불기소처분에 불복하는 고소인이나 고발인은 그 검사가 속한 지방검찰청 또는 지청을 거쳐 서면으로 관할 고등검찰청 검사장에게 항고할 수 있다(검찰 제10조 제1항).[2]

(2) 항고권자 : 검사의 불기소처분에 불복하는 **고소인 또는 고발인**이다. 따라서 **고소하지 않은 피해자**는 검찰항고를 할 수 없다. [국가9급 09]

(3) 항고대상 : 검사의 불기소처분이다. 불기소처분에는 협의의 불기소처분뿐만 아니라 기소유예처분도 포함된다. 다만, 불기소처분이 아닌 공소취소나 타관송치는 포함되지 아니한다. 검찰항고 대상범죄에는 제한이 없다.

(4) 항고기간 : ① 검사로부터 불기소처분 통지(제258조 제1항)를 받은 날부터 **30일 이내**에 하여야 한다(검찰 제10조 제4항). 다만, 항고를 한 자가 자신에게 책임이 없는 사유로 정하여진 기간 내에 항고 또는 재항고를 하지 못한 것을 소명하면 그 항고기간은 그 사유가 해소된 때부터 기산한다(동조 제6항). ② 기간이 지난 후 접수된 항고는 기각하여야 한다. 다만, 중요한 증거가 새로 발견된 경우 고소인이나 고발인이 그 사유를 소명하였을 때에는 그러하지 아니하다(동조 제7항).

(5) 항고절차·방식 : 불기소처분을 한 검사가 속한 **지방검찰청 또는 지청을 거쳐** 서면으로 관할 고등검찰청 검사장에게 항고할 수 있다(동조 제1항). 해당 지방검찰청 또는 지청의 검사는 항고가 이유 있다고 인정하면 그 처분을 경정(更正)하여야 한다. [법원9급 10]

(6) 처리 : 고등검찰청 검사장은 항고가 이유 있다고 인정하면 소속 검사로 하여금 지방검찰청 또는 지청 검사의 불기소처분을 직접 경정하게 할 수 있다. 이 경우 고등검찰청 검사는 지방검찰청 또는 지청의 검사로서 직무를 수행하는 것으로 본다(동조 제2항).

2. 재항고

(1) 의의 : 항고를 한 자 중에서 재정신청권자를 제외한 자가 그 항고를 기각하는 처분에 불복하여 검찰총장에게 그 항고기각처분의 당부를 다투는 제도이다.

(2) 재항고권자 : 재정신청이 가능한 자(고소인 및 형법 제123조~제126조의 고발인)를 제외한(동조 제3항) 검찰항고권자를 말하므로, 항고한 고발인이다.

1] [참고] 다만, 불기소처분된 사건이 고소·고발사건인 경우 검찰항고 또는 재정신청 등에 의하여 절차가 계속되므로, 압수물 중 중요한 증거가치가 있는 것에 한하여 당해 절차가 종료된 후 압수물 환부절차를 취하여야 한다(검찰압수물사무규칙 제56조·제87조).

2] [참고] 검찰항고를 제기하여도 공소시효는 정지되지 않는다.

(3) **재항고기간** : ① 항고기각결정을 통지받은 날 또는 항고 후 항고에 대한 처분이 이루어지지 아니하고 3
개월이 지난 날부터 30일 이내에 하여야 한다(동조 제5항). 다만, 재항고를 한 자가 자신의 책임 없는 사
유를 소명하면 재항고기간은 그 사유 해소시부터 기산한다(동조 제6항). ② 기간 경과 후 접수된 재항고는
기각하되, 중요증거가 새로 발견되고 고발인이 그 사유를 소명하면 기각하지 않는다(동조 제7항).

(4) **재항고절차 · 방식** : 항고기각결정을 한 검사가 속한 고등검찰청을 거쳐 서면으로 검찰총장에게 재항고할
수 있다. 이 경우 해당 고등검찰청의 검사는 재항고가 이유 있다고 인정하면 그 처분을 경정하여야 한다
(동조 제3항).

II 재정신청

고소권자로서 고소를 한 자(형법 제123조부터 제126조까지의 죄에 대하여는 고발을 한 자를 포함한다)가 검사로
부터 공소를 제기하지 아니한다는 통지를 받은 때, 검찰항고를 거쳐(검찰항고전치주의, 제260조 제2항) 그 검
사 소속의 지방검찰청 소재지를 관할하는 고등법원에 그 당부에 관한 재정을 신청할 수 있는 제도를 말한
다(동조 제1항 이하). 신청이 이유 있는 때에는 사건에 대한 공소제기가 결정되어(제262조 제2항 제2호) 검사
의 공소제기가 강제되므로(동조 제6항) 기소강제절차라고도 한다. 이에 대해서는 본편의 제4장의 제2절 공
소제기의 기본원칙 중 하나로 후술하기로 한다.

불기소처분 → 고소인/고발인 : 검찰항고(고검) →	고소인 및 일정범죄 고발인 : 재정신청(고법)
	대부분의 고발인 : 재항고(검찰총장)

III 헌법소원

1. 의 의

공권력의 행사 또는 불행사로 인하여 헌법상 보장된 기본권을 침해받은 자가 헌법재판소에 그 권리구제
를 청구하는 제도를 말한다(헌법 제111조 제1항).

2. 검사의 기소 · 불기소와 헌법소원의 대상

검사가 공소제기를 한 경우에는 법원이 재판하면 되기 때문에 검사의 공소제기는 헌법소원의 대상이 아
니다. 헌법소원의 대상이 되는 것은 검사의 불기소처분이다.

3. 헌법소원의 요건

헌법재판소법에 의하면, 공권력의 행사 또는 불행사(不行使)(대상적격)로 인하여 헌법상 보장된 기본권을
침해받은 자(청구인적격)는 **법원의 재판을 제외**하고는(재판소원금지원칙) [경찰채용 12 1차] 헌법재판소에 헌법소원
심판을 청구할 수 있다. 다만, 다른 법률에 구제절차가 있는 경우에는 그 절차를 모두 거친 후에 청구할
수 있다(보충성)(헌재 제68조 제1항). 이외에도 청구인능력과 권리보호이익이 있어야 한다.

4. 검사의 불기소처분에 대한 헌법소원 청구권자

(1) **고소인** : 종래 검사의 불기소처분에 불복이 있는 고소인은 불기소처분으로 헌법상 보장된 기본권을 침해
당하였다는 이유로 헌법소원을 제기할 수 있었다. 그러나 2007년 개정 형사소송법은 재정신청의 대상을
모든 고소사건으로 전면 확대하였고, 재정신청에 대한 법원의 재판에 대해서는 헌법소원이 불가능하므로,
이제 고소인은 검사의 불기소처분에 대해서 **헌법소원을 제기할 수 없다.**[1]

(2) **고발인** : 고발은 고소권자 · 범인 이외의 자가 범인의 처벌을 구하는 의사표시이고, 헌법소원은 헌법상 보
장된 기본권을 침해받은 자(자기의 기본권 : 자기관련성)만이 제기할 수 있으므로, 고발인은 검사의 불기소
처분에 대하여 **헌법소원을 제기할 수 없다.**

---

1) [참고] 종래 헌법재판소에 제기된 헌법소원 중 대부분이 검사의 불기소처분에 대한 것이었다. 재정신청 대상이 모든 고소사건으로 확대됨에 따라
앞으로는 이 부분을 법원이 담당하게 되고, 헌법재판소는 본연의 기능에 전념할 수 있을 것으로 보인다.

(3) 고소하지 않은 피해자 : 검사의 불기소처분에 의하여 자기의 재판절차진술권이 침해된 고소하지 않은 피해자는 고소인이 아니므로 검찰항고 및 재정신청을 할 수 없다는 점에서 검사의 불기소처분에 대하여 **헌법소원을 제기할 수 있다**(헌법재판소 2008.11.27, 2008헌마399·400 병합; 2008.12.26, 2008헌마387).

헌법재판소 2008.12.26, 2008헌마387
고소를 제기한 바 없는 범죄피해자가 불기소처분에 대하여 곧바로 헌법소원심판을 청구할 수 있다는 사례
범죄피해자는 그가 고소를 제기한 바 없었어도 검사의 불기소처분에 대하여 헌법소원심판을 청구할 자격이 있고, 고소인이 아니므로 불기소처분에 대한 검찰청법상의 항고, 재항고 또는 형사소송법상의 재정신청 절차에 의한 구제를 받을 방법이 없으므로 곧바로 헌법소원심판을 청구할 수 있다.

---

(4) 기소유예처분을 받은 피의자 : 혐의없음 불기소처분을 받아야 함이 명백한데도 기소유예처분을 받은 피의자는 평등권 및 행복추구권을 침해당한 자이므로 **헌법소원을 제기할 수 있다**(헌법재판소 1989.10.27, 89헌마56; 2009.10.29, 2008헌마257).

헌법재판소 1989.10.27, 89헌마56
기소유예처분에 대한 헌법소원심판 청구가 가능하다는 사례
군검찰관의 기소유예처분은 공권력의 행사에 포함되는 것이 명백하므로 이로 인하여 기본권이 침해된 때에는 헌법소원심판청구의 대상이 된다. (또한) 범죄혐의가 없음이 명백한 사안인데도 이에 대하여 검찰관이 자의적(恣意的)이고 타협적으로 기소유예처분을 했다면 이는 헌법 제11조 제1항의 평등권, 제10조의 행복추구권을 침해한 것이다.

---

5. 헌법소원 인용결정의 효력

검사의 불기소처분을 취소하는 헌법재판소의 결정이 있는 때에는 그 결정에 따라 불기소한 사건을 재기하여 수사하는 검사로서는 헌법재판소가 그 결정의 주문 및 이유에서 밝힌 취지에 맞도록 성실히 수사하여 결정하여야 한다(헌법재판소 1997.7.16, 95헌마290).

제2절 | 공소제기 후의 수사

01 의 의

Ⅰ 필요성

검사의 공소제기가 있으면 ① 수소법원에 소송이 계속되고 ② 공소시효가 정지되며 ③ 심판범위가 한정되고 ④ 강제처분권이 법원에 의해 행사되며 ⑤ 피의자는 피고인으로서의 법적 지위를 가지게 된다. 즉, 검사의 공소제기에 의하여 수사가 종결되고 법원에 소송이 계속되는 것이다. 그럼에도 불구하고 공소제기 후에도 검사가 공소유지를 위해서 또는 공소유지 여부를 결정하기 위해서 수사를 할 필요성은 여전히 존재한다.

Ⅱ 문제점

1. 법원의 절차주재권 침해

공소제기 후의 수사를 무제한 허용하면 피고사건에 대한 법원의 심리에 지장을 초래할 수 있다.

2. 피고인의 당사자지위 위협

공소제기로 인하여 당사자의 지위를 갖는 피고인을 반대당사자인 검사가 수사하는 것은 피고인을 수사의 객체로 전락시킴으로써 피고인의 당사자지위와 충돌하게 된다.

3. 증거능력

공소제기 후 수사가 허용될 수 없다면 당해 수사로 인하여 획득한 증거는 위법수집증거(제308조의2)로서 증거능력이 부정되어야 한다. 이에 구체적으로 그 허용범위가 문제되는 것이다.

---

02 | 공소제기 후의 강제수사

I 원칙

공소의 제기에 의하여 강제처분권은 법원에 부여되는 것이므로, **공소제기 후 강제수사는 원칙적으로 할 수 없다.**

II 피고인에 대한 체포 · 구속

체포는 공소제기 전 피의자에 대해서만 적용되는 강제처분이므로, 검사가 피고인을 체포할 수는 없다. 또한 공소제기 후의 피고인구속은 수소법원의 권한에 속한다(제70조). 따라서 공판절차의 반대당사자에 불과한 **검사가 피고인을 구속할 수 없고 구속영장을 청구할 수도 없으며,** 단지 수소법원의 직권발동을 촉구할 수 있을 뿐이다. [국가9급 13, 경찰간부 12/13, 경찰승진 14]

III 압수 · 수색 · 검증

1. 원칙 : 허용되지 않음

형사소송법은 제215조에서 검사가 압수 · 수색영장을 청구할 수 있는 시기를 공소제기 전으로 명시적으로 한정하고 있지는 않으므로 [경찰승진 14], 공소제기 후 압수 · 수색 · 검증의 허용 여부에 대해서는 긍정설과 부정설이 대립하나, ① 공소제기로 인하여 사건이 법원에 계속됨에 따라 압수 · 수색 · 검증 등 일체의 강제처분은 법원의 권한에 속하는 것이며, ② 압수 · 수색 · 검증영장청구서에 피의사실의 요지를 기재할 것을 요구함으로써(규칙 제107조) 압수 · 수색 · 검증이 피의자에 대해서만 인정되는 것으로 규정하고 있으며, ③ 증거보전의 필요성이 있다면 제1회 공판기일 전에는 증거보전절차(제184조)를 밟으면 되고, ④ 피고인에 대한 압수 · 수색 · 검증을 허용하게 되면 공소제기 후 제1회 공판기일 전에 검사가 영장을 청구할 때 범죄혐의를 인정할 만한 자료를 제출해야 하는데(규칙 제108조 제1항) 이는 공소장일본주의에도 반하는 것이다. 따라서 부정설이 타당하며, **통설 · 판례도 부정설**을 취하고 있다.

> **대법원 2011.4.28, 2009도10412** [경찰채용 22 1차, 법원9급 15, 국가7급 17, 변호사 21]
>
> 검사가 '공소제기 후' 제215조에 따라 수소법원 이외의 지방법원판사로부터 발부받은 압수 · 수색영장에 의해 수집한 증거의 증거능력 유무 (원칙적 소극)
>
> 헌법상 보장된 적법절차의 원칙과 재판받을 권리, 공판중심주의 · 당사자주의 · 직접주의를 지향하는 현행 형사소송법의 소송구조, 관련 법규의 체계, 문언 형식, 내용 등을 종합하여 보면, 일단 공소가 제기된 후에는 피고사건에 관하여 검사로서는 형사소송법 제215조에 의하여 압수 · 수색을 할 수 없다고 보아야 하며, 그럼에도 검사가 공소제기 후 형사소송법 제215조에 따라 수소법원 이외의 지방법원판사에게 청구하여 발부받은 영장에 의하여 압수 · 수색을 하였다면, 그와 같이 수집된 증거는 기본적 인권 보장을 위해 마련된 적법한 절차에 따르지 않은 것으로서 원칙적으로 유죄의 증거로 삼을 수 없다.

2. 예외적 허용

(1) 구속영장 집행현장에서의 압수 · 수색 · 검증 : 검사 또는 사법경찰관이 피고인에 대한 구속영장을 집행하는 때에 그 **집행현장에서는 영장 없이 압수 · 수색 · 검증을 할 수 있다**(제216조 제2항). [국가7급 17, 국가9급 13, 교정9급

특채 12, 경찰간부 12, 경찰승진 14] 피고인에 대한 구속영장 집행시 압수·수색·검증도 법원의 영장집행의 일부이지만 형사소송법에서는 제216조 제2항에서 명문의 규정을 두어 이를 수사상 강제처분으로 분류하고 있다. 따라서 이때의 압수물은 검사 또는 사법경찰관이 보관하게 된다.

(2) **임의제출물의 압수** : 공소제기 후에도 수사기관은 임의제출물을 압수할 수 있다(제218조). [국가7급 17] 임의제출물 압수가 강제수사로 분류되기는 하나, 점유취득과정은 임의적으로 진행되므로 공소제기 후라 하여 금지할 필요는 없다.

03 | 공소제기 후의 임의수사

Ⅰ 원 칙

임의수사는 상대방의 의사에 반하지 않거나 기본권을 침해하지 않는 수사방법이므로 공소제기 후라 하여 이를 금지할 필요는 없다. 다만, 공소가 제기된 이상 수사기관의 임의수사를 무제한적으로 허용해줄 수는 없다.

Ⅱ 피고인신문

공소제기 후 수사기관이 피고인을 공판정 외 장소에서 신문할 수 있는가에 대해서는 긍정설(배/이/정/이, 임동규), 부정설(다수설), 절충설(백형구)이 대립하나, ① 제200조의 피의자신문의 피의자에는 피고인은 포함되지 않고, ② 수사기관의 공소제기 후 공판정 외 피고인신문을 인정하는 것은 당사자주의, 공정한 재판의 이념, 공판중심주의에 반하며, ③ 공소제기 후 피고인신문을 허용하게 되면 피고인의 방어준비에도 방해가 된다는 점에서, 부정설이 타당하다. 다만, **판례는 긍정설**이다. 즉, 판례에 의하면 공소제기 후에도 공판기일의 전후를 불문하고 수사기관은 피고인을 신문할 수 있다. [국가9급 13, 경찰간부 13]

> **대법원 1984.9.25, 84도1646** [국가9급 13, 경찰채용 21 2차]
> 공수제기 후 임의수사로서의 피고인 신문은 가능하다는 사례
> 검사의 피고인에 대한 당해 피고사건에 대한 진술조서가 기소 후에 작성된 것이라는 이유만으로 곧 그 증거능력이 없는 것이라고는 할 수 없다.[1]

Ⅲ 참고인조사

1. 문제점

공소제기 후 임의수사는 원칙적으로 허용되고, 참고인조사도 임의수사이므로 공소제기 후에도 제1회 공판기일 전후를 불문하고 원칙적으로 허용된다. 문제는 피고인에게 유리한 증언을 한 증인을 수사기관이 공판정 외에서 참고인으로 조사하여 공판정의 증언내용을 번복시키는 것이 허용되는가에 있다.

2. 증인의 공판정에서의 증언을 번복시키는 참고인조사의 허용 여부

공판중심주의 소송구조를 침해하는 위법한 수사이므로 위증사건의 수사가 개시된 경우가 아닌 한 허용될 수 없다 (통설). 다만, 판례는 이러한 참고인조사에 의하여 작성된 참고인진술조서의 증거능력에 대하여, 종래에는 ① 증거능력은 인정되나 그 신빙성은 희박하다거나(증거능력 ○, 증명력 제한)(대법원 1983.8.23, 83도1632), ② 공판정에서의 피고인의 참고인에 대한 반대신문의 기회가 보장됨을 조건으로 증거능력이 인정된다(반

---

1) [참고] 이 경우 전문법칙의 예외를 정한 조항 가운데 어느 조항을 적용할 것인가가 문제되는바, 제312조 제1항 준용설(노/이, 신동운, 신양균, 임동규), 제312조 제4항 적용설(정/백), 제313조 제1항 적용설 등이 대립하나, 제312조 제1항을 적용하는 것이 피고인의 방어권을 존중할 수 있는 선택으로 보인다.

대신문기회–증거능력 ○)(대법원 1992.8.18, 92도1555)는 입장을 보이다가, 2000년도에 들어서 ③ 전원합의체 판례를 통하여 이는 공판중심주의를 침해하는 **위법수집증거이므로 당사자가 증거동의**하지 않는 한 **증거능력이 부정**된다(제308조의2)는 입장으로 변경하여(대법원 2000.6.15, 99도1108 전원합의체) 이후 **증언번복 진술조서의 증거능력이 부정된다**는 입장으로 일관하고 있다(대법원 2012.6.14, 2012도534; 2013.8.14, 2012도13665). 나아가, ④ 최근에는 **증인으로 소환된 사람을 미리 수사기관에서 조사한 진술조서의 증거능력도 같은 이유로 부정**하고 있다. [법원행시 02, 법원9급 15, 국가7급 10, 국가9급 13, 경찰간부 13, 경찰승진 09/14, 경찰채용 05 1차]

정리 위법수집증거배제법칙에는 증거동의가 적용되지 않는다는 것이 다수설이지만, 판례에서는 2가지 경우의 예외가 있다. ① 피고인과 변호인에게 참여권을 주지 않은 증거보전절차상의 증인신문조서(대법원 1988.11.8, 86도1646)와 ② 공판정에서의 증언내용을 번복시키는 참고인진술조서(대법원 2000.6.15, 99도1108 전원합의체)가 그것이다. 이외 위법한 압수물이라도 증거동의가 있으면 증거능력이 인정된다는 판례(대법원 1996.5.14, 96초88)가 있었으나 위법수집증거배제법칙을 명문화한 형사소송법 개정(제308조의2) 이후 판례에서는 위법한 압수물은 증거동의의 대상이 되지 않음을 분명히 하고 있다(대법원 2009.12.24, 2009도11401; 2010.1.28, 2009도10092). [국가7급 17]

⚖ 판례연구 증언번복조서의 증거능력

1. 대법원 2000.6.15, 99도1108 전원합의체 [법원9급 15, 국가9급 13]

증언번복조서는 위법수집증거라는 사례

공판준비 또는 공판기일에서 이미 증언을 마친 증인을 검사가 소환한 후 피고인에게 유리한 그 증언 내용을 추궁하여 이를 일방적으로 번복시키는 방식으로 작성한 진술조서를 유죄의 증거로 삼는 것은 당사자주의·공판중심주의·직접주의를 지향하는 현행 형사소송법의 소송구조에 어긋나는 것일 뿐만 아니라, 헌법 제27조가 보장하는 기본권, 즉 법관의 면전에서 모든 증거자료가 조사·진술되고 이에 대하여 피고인이 공격·방어할 수 있는 기회가 실질적으로 부여되는 재판을 받을 권리를 침해하는 것이므로, 이러한 진술조서는 피고인이 증거로 할 수 있음에 동의하지 아니하는 한 그 증거능력이 없다고 하여야 할 것이고, 그 후 원진술자인 종전 증인이 다시 법정에 출석하여 증언을 하면서 그 진술조서의 성립의 진정함을 인정하고 피고인 측에 반대신문의 기회가 부여되었다고 하더라도 그 증언 자체를 유죄의 증거로 할 수 있음은 별론으로 하고 위와 같은 진술조서의 증거능력이 없다는 결론은 달리할 것이 아니다.

2. 대법원 2012.6.14, 2012도534 [국가9급 13]

(위 99도1108 판례의 법리는) 검사가 공판준비기일 또는 공판기일에서 이미 증언을 마친 증인을 소환하여 피고인에게 유리한 증언 내용을 추궁한 다음 진술조서를 작성하는 대신 그로 하여금 본인의 증언 내용을 번복하는 내용의 진술서를 작성하도록 하여 법원에 제출한 경우에도 마찬가지로 적용된다.

3. 대법원 2013.8.14, 2012도13665 [법원9급 14]

(위 99도1108의 법리는) 검사가 공판준비 또는 공판기일에서 이미 증언을 마친 증인에게 수사기관에 출석할 것을 요구하여 그 증인을 상대로 위증의 혐의를 조사한 내용을 담은 피의자신문조서의 경우도 마찬가지이다.

4. 대법원 2019.11.28, 2013도6825 [경찰승진 22, 국가7급 22]

항소심의 증인으로 소환된 사람을 미리 수사기관에서 조사한 진술조서의 증거능력과 법정증언의 증명력이 문제된 사건

형사소송법의 기본원칙에 따라 살펴보면, 제1심에서 피고인에 대하여 무죄판결이 선고되어 검사가 항소한 후, 수사기관이 항소심 공판기일에 증인으로 신청하여 신문할 수 있는 사람을 특별한 사정 없이 미리 수사기관에 소환하여 작성한 진술조서는 피고인이 증거로 할 수 있음에 동의하지 않는 한 증거능력이 없다. 검사가 공소를 제기한 후 참고인을 소환하여 피고인에게 불리한 진술을 기재한 대등한 당사자의 지위에 있는 검사가 수사기관으로서의 권한을 이용하여 일방적으로 법정 밖에서 유리한 증거를 만들 수 있게 하는 것이므로 당사자주의·공판중심주의·직접심리주의에 반하고 피고인의 공정한 재판을 받을 권리를 침해하기 때문이다. 위 참고인이 나중에 법정에 증인으로 출석하여 위 진술조서의 성립의 진정을 인정하고 피고인 측에 반대신문의 기회가 부여된다 하더라도 위 진술조서의 증거능력을 인정할 수 없음은 마찬가지이다.

보충 (위 참고인이 진술조서를 작성하여 이를 공판절차에 증거로 제출할 수 있게 한다면, 피고인과 공판정에 증인으로 출석하여 진술조서와 같은 내용의 진술을 한 경우의 증명력 판단) 위 참고인이 법정에서 위와 같이 증거능력이 없는 진술조서와 같은 취지로 피고인에게 불리한 내용의 진술을 한 경우, 그 진술에 신빙성을 인정하여 유죄의 증거로 삼을 것인지는 증인신문 전 수사기관에서 진술조서가 작성된 경위와 그것이 법정진술에 영향을 미쳤을 가능성 등을 종합적으로 고려하여 신중하게 판단하여야 한다.

📂 5개년 출제경향 분석

구분	경찰간부					경찰승진					경찰채용					국가7급					국가9급					법원9급					변호사				
	19	20	21	22	23	20	21	22	23	24	20	21	22	23	24	19	20	21	22	23	20	21	22	23	24	19	20	21	22	23	20	21	22	23	24
제1절 공소와 공소권이론																																			
제2절 공소제기의 기본원칙	1									1								1																	
제3절 공소제기의 방식	1	3	1						1	2	2					2	1	1		1	1	1		1	2	2	1	2	2		2		1		
제4절 공소제기의 효과			2						1	1						1	1						1	1			1								1
제5절 공소시효	1	1	1			1	1	1		1	1	1				1			1	1	1	1		1	2	1		1		1	2		1	1
출제율	11/200 (5.5%)					8/200 (4.0%)					6/160 (3.8%)					11/100 (11.0%)					10/115 (8.7%)					12/125 (9.6%)					9/200 (4.5%)				

제1절 | 공소와 공소권이론

01 공소의 의의

검사는 수사의 결과 범죄의 객관적 혐의가 인정되고 유죄의 판결을 받을 수 있다고 판단이 되면 공소를 제기한다. 여기서 공소란 법원에 대하여 특정한 형사사건의 심판을 요구하는 검사의 법률행위적 소송행위를 말한다. 공소의 제기에 의하여 법원에의 소송계속, 공소시효의 정지, 심판범위의 한정, 강제처분권의 법원에의 귀속, 피의자에서 피고인으로의 지위 변화와 같은 법률효과가 발생하므로, 공소는 법률행위적 소송행위인 것이다. 불고불리의 원칙상 검사의 공소제기가 없으면 법원은 심판할 수 없다.

02 공소권이론

I 공소권의 의의

공소권이란 검사가 특정한 형사사건에 관하여 공소를 제기하고 수행하는 권한을 말한다. 공소권은 법원의 심판권, 피고인의 방어권과 함께 형사소송구조를 성립시키는 기본개념의 하나를 이룬다. 이러한 공소권은 실체법상 개념인 형벌권과는 다른 절차법상 권리이므로, 공소권이 없으면 형식재판으로, 형벌권이 없으면 무죄판결로 소송이 종결되는 것이다. 공소권이론 그 자체는 큰 의미가 없으나, 소송조건론, 공소권남용론의 근거가 될 수 있는 이론적 배경이 된다는 점에서 의미를 갖는다.

II 공소권이론

1. 추상적 공소권설

검사가 특정한 사건과는 관계없이 형사사건에 관하여 법원에 공소를 제기할 수 있는 일반적 권한을 공소권이라고 보는 견해이다. 민사소송의 추상적 소권설에 상응하는 견해로서, 지지자가 없다.

2. 구체적 공소권설

(1) 내용 : 추상적 공소권을 전제로 하여, 구체적으로 법원에 대하여 유죄판결을 청구할 수 있는 조건이 갖추어진 경우에 공소를 제기할 수 있는 검사의 권한을 공소권이라고 보는 견해이다(다수설 : 신동운, 임동규, 정/이, 진계호). 민사소송의 구체적 소권설에 상응하는 견해이다. 구체적 공소권설에서는, 공소권을 형식적 소송조건이 구비된 경우의 형식적 공소권과 실체적 소송조건이 구비된 경우의 실체적 공소권으로 구별하여, 법원은 전자를 결여한 공소제기에 대해서는 공소기각의 재판을 하고, 후자가 결여된 공소제기에 대해서는 면소판결을 해야 한다고 설명한다.

(2) 비판 : 공소권을 유죄판결을 청구할 수 있는 조건이 갖추어진 경우 공소를 제기할 수 있는 권리라고 이해하므로 무죄판결을 할 경우의 공소권을 설명할 수 없다.

3. 실체판결청구권설

(1) 내용 : 검사가 구체적 사건에 관하여 유죄·무죄의 실체판결을 청구하는 권리를 공소권이라고 보는 견해이다(이/조, 정/백 등). 민사소송의 본안판결청구권설(민사소송법학상 통설)에 상응하는 견해이다.

(2) 비판 : 형사소송과 민사소송의 차이를 간과한 입장으로서, 형사소송에서는 민사소송에 없는 공소기각결정·공소기각판결·면소판결과 같은 형식재판이 있는데 이를 설명할 수 없다.

4. 결 론

구체적 공소권설에 대한 비판에 대해서는 반론이 가능하다. 즉, 구체적 공소권설에 의하더라도 유죄판결의 개연성이 있는 경우에는 공소권 행사가 인정되므로 무죄판결의 경우를 설명하기 어렵다는 비판은 타당하지 않다. 또한 실체판결청구권설에 대해서는 검사의 공소제기의 권한은 소송법적으로 파악해야 하므로 실체법상 형벌청구권과 개념을 혼동하였다는 비판도 가능하다. 생각건대, 민사소송에서 구체적 소권설이 남소를 억제하는 기능을 수행하는 것처럼, 구체적 공소권설은 무엇보다도 형사소송에서 검사의 소추재량에 대한 합리적 통제를 통해 공소권의 남용을 억제하는 이론적 토대를 제공하고 궁극적으로 피고인보호에 이바지할 수 있다는 점에서 가장 타당한 입장이라 생각된다.

---

03   공소권남용이론

I   의 의

1. 개 념

공소권의 남용이란 검사가 자의적으로 공소권을 행사함으로써 소추재량권을 현저히 일탈한 것으로 여겨지는 경우, 즉 공소권의 행사가 형식적으로 적법하나 실질적으로는 부당한 경우를 말하는바, 공소권남용이론이라 함은 이러한 공소권남용의 경우 공소제기의 절차와 방식이 적법하고 소송조건이 구비되어 있을지라도 공소기각 또는 면소 등 형식재판으로 소송을 종결시켜야 한다는 이론을 말한다.

> **대법원 2001.9.7, 2001도3026** [국가9급 13, 경찰승진 10/14, 경찰채용 08 3차]
>
> 기소편의주의와 검사의 재량권 및 공소권남용의 의미
> 형사소송법 제246조와 제247조에 의하여 검사는 범죄의 구성요건에 해당하여 형사적 제재를 함이 상당하다고 판단되는 경우에는 공소를 제기할 수 있고 또 형법 제51조의 사항을 참작하여 공소를 제기하지 아니할 수 있는 재량권이 부여되어 있으나, 검사가 자의적으로 공소권을 행사하여 피고인에게 실질적인 불이익을 줌으로써 소추재량권을 현저히 일탈하였다고 보이는 경우에 이를 공소권의 남용으로 보아 공소제기의 효력을 부인할 수 있는 것이고, 여기서 자의적인 공소권의 행사라 함은 단순히 직무상의 과실에 의한 것만으로는 부족하고 적어도 미필적이나마 어떤 의도가 있어야 한다.

2. 취 지

공소권남용론은 검사의 부당한 공소권 행사를 통제함으로써 피고인을 형사절차로부터 조기에 해방시킨다는 점에 그 취지가 있다.

II   인정 여부

공소권남용이론의 인정 여부에 대해서는, ① 현행법상 공소권남용을 정한 명문의 규정이 없고 공소 여부는 검사의 고유권한에 속하며 형식재판 사유도 제한적으로 규정되어 있다는 것을 논거로 하는 부정설(이/조, 정/이, 진계호 등)과 ② 검사의 공소권은 구체적 공소권이며 검사의 부당한 공소권 행사를 통제할 수 있다는 점을 논거로 삼는 긍정설(다수설 : 손/신, 신동운, 신양균, 임동규, 정/백 등)이 대립하고, 판례는 누락기소 및 위법한 함정수사에 의한 기소의 경우 공소기각판결을 선고함으로써 긍정설의 입장을 보이고 있다. 긍정설이 타당하다고 생각된다. 공소권남용이 문제되는 경우는 혐의 없는 사건에 대한 공소제기, 소추재량을 일탈한 공소제기, 차별적 공소제기, 누락사건에 대한 공소제기, 위법수사에 의한 공소제기의 5가지 유형이다.

> **대법원 2017.8.23, 2016도5423**
>
> 검사의 소추재량의 내재적 한계 : 공소권남용론 긍정설
> 검사는 범죄의 구성요건에 해당하여 형사적 제재를 함이 상당하다고 판단되는 경우에는 공소를 제기할 수 있고 또 형법 제51조

의 사항을 참작하여 공소를 제기하지 아니할 수 있는 재량이 있다(법 제246조, 제247조). 위와 같은 검사의 소추재량은 공익의 대표자인 검사로 하여금 객관적 입장에서 공소의 제기 및 유지 활동을 하게 하는 것이 형사소추의 적정성 및 합리성을 기할 수 있다고 보기 때문이므로 스스로 내재적인 한계를 가지는 것이고, 따라서 검사가 자의적으로 공소권을 행사하여 피고인에게 실질적인 불이익을 가함으로써 소추재량을 현저히 일탈하였다고 판단되는 경우에는 이를 공소권의 남용으로 보아 공소제기의 효력을 부인할 수 있다.

III 공소권남용의 유형

1. 혐의 없는 사건에 대한 공소제기

(1) **의의** : 범죄의 객관적 혐의가 없음에도 불구하고 검사가 공소를 제기한 경우이다. 예컨대, 유죄의 증거가 불충분함에도 공소를 제기한 경우이다.

(2) **효과** : ① 공소기각결정설(제328조 제1항 제4호 적용, 차/최), ② 공소기각판결설(제327조 제2호 적용, 배/이/정/이, 신동운, 신양균), ③ **무죄판결설(다수설** : 이/조, 임동규, 정/백 등)의 대립이 있다. 본서의 특성상 무죄판결설을 따른다.[1]

2. 소추재량을 일탈한 공소제기

(1) **의의** : 피의사건의 성질과 내용에 비추어 기소유예처분을 함이 상당함에도 불구하고 검사가 소추재량을 일탈하여 공소를 제기한 경우이다.

(2) **효과** : ① 면소판결설, ② 공소기각판결설(제327조 제2호 적용, 차/최), ③ **유죄판결설(통설)**의 대립이 있으나, 기소유예는 검사에게 인정된 권한으로서 소추재량의 일탈은 현행법상 공소기각의 사유(제327조, 제328조)나 면소의 사유(제326조)에 해당하지 않는다는 점에서 유죄판결설이 타당하다고 해야 한다. 판례도 아직까지 검사의 기소유예처분에 대하여 공소권남용론을 적용하여 공소기각판결을 내린 예가 없다.

대법원 1995.3.10, 94도2598

1차 무혐의결정이 있은 범죄사실에 대하여 3년 후에 동일한 혐의로 고소됨에 따라, 검사가 새로이 수사결과에 터잡아 공소를 제기한 것이 공소권남용이라 볼 수 없다고 한 사례

공소제기된 피고인의 범죄사실 중 일부에 대하여 검사의 1차 무혐의결정이 있었고, 이에 대하여 그 고소인이 항고 등 아무런 이의를 제기하지 않고 있다가 그로부터 약 3년이 지난 뒤늦게 다시 피고인을 동일한 혐의로 고소함에 따라, 검사가 새로이 수사를 재기하게 된 것이라 하더라도, 검사가 그 수사 결과에 터잡아 재량권을 행사하여 공소를 제기한 것은 적법하다고 아니할 수 없으며, 이를 가리켜 공소권을 남용한 경우로서 그 공소제기의 절차가 무효인 때에 해당한다고 볼 수는 없다.

---

3. 차별적 공소제기

(1) **의의** : 범죄의 성질과 내용이 유사한 다수의 피의자 중 일부만 기소하고 나머지에 대해서는 수사에 착수하지 않거나 기소유예처분을 하는 경우이다. 선별기소 또는 불평등기소라고도 부를 수 있다.

(2) **효과** : ① 공소기각판결설(다수설 : 헌법상 평등권 침해로 제327조 제2호 적용, 손/신, 신동운, 신양균, 정/백, 차/최 등)과 ② 실체판결설(소수설·판례 : 기소편의주의상 소추재량을 가지는 검사의 선별기소를 형식재판사유로 정한 규정이 없음, 배/이/정/이, 이/조, 임동규)이 대립한다. **판례는 실체판결설**의 입장이다.[2] 다만, **동일구성요건에 해당하는 행위에 대하여 기소된 자와 불기소된 자가 있다 하여 기소 부분이 공소권남용이 되는 것이 아니라는 점**(∴ 실체판결 ○)은 학설의 대립이 없다.

---

1) [참고] ① 공소기각결정설에 대한 비판 : 제328조 제1항 제4호는 범죄사실이 처음부터 존재하지 않는 경우이므로 객관적 혐의가 불충분한 경우에 대한 규정은 아니다. ② 공소기각판결설에 대한 비판 : 무혐의로 공소기각을 해야 할 경우와 범죄사실의 증명이 없어 무죄판결을 해야 할 경우를 구별할 수 없게 되며, 일사부재리원칙이 적용되지 않는 공소기각판결은 무죄판결보다 피고인에 불리하다. ③ 무죄판결설에 대한 비판 : 객관적 혐의도 없는 자를 실체재판함으로써 보다 조기에 형사절차에서 해방시키지 못한다. ④ 사견 : 검사의 공소권은 유죄판결의 개연성이 있을 때 청구하는 구체적 공소권이므로 객관적 혐의도 없는 자에 대한 공소제기는 위법한 것으로 무효라고 보아야 한다. 따라서 공소기각판결설이 타당하다. ⑤ 수험을 위한 조언 : 주관식 시험을 준비한다면 이러한 논리로 써도 되지만, 객관식 시험을 준비한다면 무죄판결설에 의하여 간단히 정리만 해두는 것이 좋다.

2) [참고] 판례의 입장은 각각 해당 사안에서 차별적 기소에 해당하지 않는다고 보아 공소권남용을 부정한 것이지, 막상 차별적 기소에 해당하는 사안이 문제가 되었다면 공소기각판결을 선고할 수도 있는 입장으로 평가된다. 또한 검사의 자의적인 차별기소는 그 공소제기의 절차가 헌법상 평등권을 침해한 것이므로 무효라는 점에서, 공소기각판결설이 타당하다고 생각된다. 다만, 객관식 시험에서는 판례(의 결론)에 준하여 판단해야 한다.

> ⚒ **판례연구** 차별적 기소 관련사례

1. 대법원 1990.6.8, 90도646

피고인들과 동일한 내용의 국가보안법 위반의 공소사실에 해당하는 행위자에 대하여 공소제기가 없었다고 하여 피고인들에 대한 공소제기가 평등권 침해로서 공소권남용이 되는지 여부(소극)

자신의 행위가 범죄구성요건에 해당한다는 이유로 공소가 제기된 사람은 단순히 자신과 동일한 범죄구성요건에 해당하는 행위를 하였음에도 불구하고 불기소된 사람이 있다는 사유만으로는 평등권이 침해되었다고 볼 수는 없으므로 검사가 공소권을 남용하여 공소를 제기한 것은 아니라고 보아야 한다.

2. 대법원 1999.12.10, 99도577; 2006.12.22, 2006도1623; 2012.7.12, 2010도9349

피고인과 동일하거나 다소 중한 범죄구성요건에 해당하는 행위를 한 사람이 불기소되었다는 사유만으로 피고인에 대한 공소제기가 공소권남용에 해당하는지 여부(소극)

검사의 소추재량권에 따른 공소제기는 그 재량권을 현저히 일탈하였다고 인정되지 않는 이상 공소권을 남용한 경우에 해당한다고 할 수 없다. 따라서 어떤 사람에 대하여 공소가 제기된 경우 그 공소가 제기된 사람과 동일하거나 다소 중한 범죄구성요건에 해당하는 행위를 하였음에도 불기소된 사람이 있다는 사유만으로는 그 공소의 제기가 평등권 내지 조리에 반하는 것으로서 공소권남용에 해당한다고 할 수 없다.

4. 누락사건에 대한 공소제기

(1) 의의 : 검사가 최초 공소제기시 동시에 소추할 수 있었던 관련사건의 일부만을 공소제기하고 이에 대해서 항소심판결이 선고된 이후에 비로소 최초 기소시 누락된 사건을 공소제기함으로써 병합심리에 의하여 양형상의 혜택을 받을 수 있는 피고인의 이익을 침해한 경우라든가[1] 검사가 **종전에 기소유예 처분을 하였다가 이를 번복할 만한 사정변경이 없음에도 장기간이 지난 시점에 다시 기소한 경우** 등을 말한다.

(2) 효과 : ① **공소기각판결설(통설)**과 ② 유죄판결설(이/조)이 대립한다. 공소기각판결설 내에서도 피고인을 이중위험에 빠지게 한 경우라면 공소권남용을 인정하는 이중위험금지설(배/이/정/이, 손/신, 신양균 등), 소추재량의 현저한 일탈과 피고인의 귀책사유를 기준으로 판단하는 권리남용설(정응석), 검사가 관련사건을 전부 파악한 상태에서의 누락은 기소유예로 보아 이 부분을 다시 공소제기하는 것은 금반언의 법리상 공소권남용이 된다는 금반언설(신동운)이 있다. 유죄판결설은 검사에게 동시소추의 의무가 없다는 점을 근거로 누락기소라 하더라도 혐의가 있으면 유죄판결을 해야 한다는 것이다. 공소기각판결설이 타당하다고 생각된다. 판례도 **검사가 단순한 직무상 과실이 아닌 미필적 의도가 있었다면 공소기각판결을 해야 한다**는 입장이다.

> ⚒ **판례연구** 누락기소이나 공소권남용으로 볼 수 없다는 사례

1. 대법원 1996.2.13, 94도2658

관련사건과 함께 기소할 수 있었던 일부 범죄사실을 관련사건의 항소심판결선고 이후 기소한 것은 적법

검사가 관련사건을 수사할 당시 이 사건 범죄사실이 확인된 경우 이를 입건하여 관련사건과 함께 기소하는 것이 상당하기는 하나 이를 간과하였다고 하여 검사가 자의적으로 공소권을 행사하여 소추재량권을 현저히 일탈한 위법이 있다고 보이지 아니할 뿐 아니라, 검사가 위 항소심판결선고 이후에 이 사건 공소를 제기한 것이 검사의 태만 내지 위법한 부작위에 의한 것으로 인정되지 아니한다.

2. 대법원 2007.12.27, 2007도5313 [경찰승진 10/14]

여러 범죄행위를 일괄 기소하지 아니하고 수사진행 상황에 따라 여러 번에 걸쳐 분리기소한 것은 적법

검사가 자의적으로 공소권을 행사하여 피고인에게 실질적인 불이익을 줌으로써 소추재량권을 현저히 일탈하였다고 보이는 경우에는 이를 공소권의 남용으로 보아 공소제기의 효력을 부인할 수 있으나(대법원 2001.10.9, 2001도3106), 검사가 피고인의 여러 범죄행위를 일괄하여 기소하지 아니하고 수사진행 상황에 따라 여러 번에 걸쳐 나누어 분리기소하였다고 하여 소추재량권을 현저히 일탈한 것으로 보이지는 아니한다.

---

1) [참고] 형법 제37조에서 동시적 경합범과 사후적 경합범을 규정하고 있는바, 동시적 경합범으로 처리하는 것보다 사후적 경합범으로 처리하는 것이 양형에 있어서 보다 무거울 수 있다. 그리하여 2005.7.29. 형법 개정을 통하여 형법 제39조 제1항을 개정하였으나 동조 단서의 임의적 감면규정에 의하여 사후적 경합범의 양형상의 불리함은 여전히 남아 있다.

3. 대법원 2014.1.23, 2013도12064

부정수표단속법 제4조는 수표금액의 지급 또는 거래정지처분을 면할 목적으로 금융기관에 거짓 신고를 한 자를 처벌하도록 규정하고 있는바, 위 허위신고죄는 타인으로 하여금 형사처분 또는 징계처분을 받게 할 목적으로 공무소 또는 공무원에 대하여 허위의 사실을 신고하는 때에 성립하는 무고죄와는 행위자의 목적, 신고의 상대방, 신고 내용, 범죄의 성립시기 등을 달리하는 별개의 범죄로서 서로 보호법익이 다르고, 법률상 1개의 행위로 평가되는 경우에도 해당하지 않으므로, 두 죄는 상상적 경합관계가 아니라 실체적 경합관계로 보아야 한다. 따라서 이와 달리 위 두 죄가 상상적 경합관계에 있음을 전제로 이 사건 공소사실 중 무고의 점에 대하여 면소판결이 선고되어야 한다는 취지의 상고이유 주장은 받아들일 수 없다. 나아가 검사가 위 두 죄를 분리하여 기소한 것이 소추재량권을 현저히 일탈하였다고 볼 수 없으므로, 공소권남용에 관한 상고이유 주장 역시 받아들일 수 없다.

⚖ **판례연구** 누락기소 등으로서 공소권남용으로 볼 수 있다는 사례

1. 대법원 2001.9.7, 2001도3026 [경찰승진 09]

공소권의 남용으로 공소제기의 효력이 부인되는 검사의 자의적인 공소권 행사의 의미

형사소송법 제246조와 제247조에 의하여 검사는 범죄의 구성요건에 해당하여 형사적 제재를 함이 상당하다고 판단되는 경우에는 공소를 제기할 수 있고 또 형법 제51조의 사항을 참작하여 공소를 제기하지 아니할 수 있는 재량권이 부여되어 있으나, 검사가 자의적으로 공소권을 행사하여 피고인에게 실질적인 불이익을 줌으로써 소추재량권을 현저히 일탈하였다고 보여지는 경우에 이를 공소권의 남용으로 보아 공소제기의 효력을 부인할 수 있는 것이고, 여기서 자의적인 공소권의 행사라 함은 단순히 직무상의 과실에 의한 것만으로는 부족하고 적어도 미필적이나마 어떤 의도가 있어야 한다. 따라서 피고인이 절취한 차량을 무면허로 운전하다가 적발되어 절도 범행의 기소중지자로 검거되었음에도 무면허 운전의 범행만이 기소되어 유죄의 확정판결을 받고 그 형의 집행 중 가석방되면서 다시 그 절도 범행의 기소중지자로 긴급체포되어 절도 범행과 이미 처벌받은 무면허 운전의 일부 범행까지 포함하여 기소된 경우, (전 사건의 판결이 확정되고 나아가 피고인이 그 형을 복역하고 출소한 다음에서야 이미 처벌받은 종전 사건의 일부 범죄사실까지 포함하는 이 사건 공소를 제기하여 다시 피고인에 대한 재판과 처벌을 반복하는 것은 관련 사건을 함께 재판받을 이익을 박탈함으로써 현저하게 피고인의 권리나 이익을 침해한다 할 것이어서 공소권을 자의적으로 행사한 것이 아닌가 하는 의심이 들므로) 그 후행 기소가 적법한 것으로 본 것에는 공소권남용에 관한 법리 오해 또는 심리미진의 위법이 있다.

2. 대법원 2021.10.14, 2016도14772

기소유예 후 4년여가 지난 후 다시 기소한 사례

피고인이 중국에 거주하는 甲과 공모하여, 탈북자들의 북한 거주 가족에 대한 송금의뢰 등 중국으로 송금을 원하는 사람들로부터 피고인 등 명의의 계좌로 입금받은 돈을 甲이 지정·관리·사용하는 계좌로 재송금하는 방법으로 무등록 외국환업무를 영위하여 외국환거래법 위반으로 기소된 경우, 검사는 종전에 기소유예 처분을 하였다가 4년여가 지난 시점에 다시 기소하였고, 종전 피의사실과 공소사실 사이에 이를 번복할 만한 사정변경이 없는 점 등 여러 사정을 종합하면, 위 공소제기는 검사가 공소권을 자의적으로 행사한 것으로서 소추재량권을 현저히 일탈하였다고 보아 공소를 기각한 원심판결은 정당하다.

---

5. 위법수사에 의한 공소제기

(1) 의의 : 범의유발형 함정수사와 같이 공소제기 전의 수사절차에 중대한 위법이 있음에도 불구하고, 해당 위법수사에 의해 획득한 증거를 바탕으로 검사가 공소를 제기하는 것을 말한다.

(2) 효과 : ① **공소기각판결설**(신양균, 정/백, 차/최)과 ② 실체판결설(위법수집증거배제법칙 적용설 : 신동운, 이/조)이 대립한다. 공소기각판결설은 수사절차에 중대한 위법이 있다면 헌법상 적법절차원칙 위반이므로 공소권남용이론에 의하여 제327조 제2호에 따라 공소기각으로 처리해야 한다는 입장이고, 실체판결설은 공소권남용론이 아니라 위법수집증거배제법칙 내지 함정수사이론을 통해 실체판결(무죄판결)을 내려야 한다는 입장이다. 판례는 경우에 따라 다른 입장을 보이지만, 위법한 범의유발형 함정수사에 의한 공소제기에 대해 공소기각판결을 선고함으로써 **공소기각판결설**의 입장을 채택했다고 볼 수 있다. 생각건대, 수사절차에 중대한 위법이 있음에도 피고인을 조기에 형사절차에서 해방하지 못함은 피고인보호를 포기하는 결과가 될 수 있다는 점에서 공소기각판결설이 타당하다고 여겨진다.

1. 대법원 1990.9.25, 90도1586 [경찰채용 10 1차]

불법연행 등의 위법사유가 있으면 공소제기 절차가 위법하여 무효인지 여부(소극)

공소기각의 판결을 할 경우 중 형사소송법 제327조 제2호에 규정된 공소제기의 절차가 법률의 규정에 위반하여 무효인 때라 함은 무권한자에 의하여 공소가 제기되거나, 공소제기의 소송조건이 결여되거나, 또는 공소장의 현저한 방식위반이 있는 경우를 가리키는 것인바, 소론이 주장하는 불법연행 등 각 위법사유가 사실이라고 하더라도 그 위법한 절차에 의하여 수집된 증거를 배제할 이유는 될지언정 공소제기의 절차 자체가 위법하여 무효인 경우에 해당한다고 볼 수 없다.

2. 대법원 1996.5.14, 96도561 [국가9급 23]

불법구금, 구금장소의 임의적 변경 등의 위법사유가 있어도 공소제기의 절차 자체가 위법하지 않다는 사례

불법구금, 구금장소의 임의적 변경 등의 위법사유가 있다고 하더라도 그 위법한 절차에 의하여 수집된 증거를 배제할 이유는 될지언정 공소제기의 절차 자체가 위법하여 무효인 경우에 해당한다고 볼 수 없다.

대법원 2005.10.28, 2005도1247 [경찰채용 08 3차]

위법한 함정수사에 기한 공소제기의 효력(= 무효) : 공소기각판결

범의를 가진 자에 대하여 단순히 범행의 기회를 제공하거나 범행을 용이하게 하는 것에 불과한 수사방법이 경우에 따라 허용될 수 있음은 별론으로 하고, 본래 범의를 가지지 아니한 자에 대하여 수사기관이 사술이나 계략 등을 써서 범의를 유발케 하여 범죄인을 검거하는 함정수사는 위법함을 면할 수 없고, 이러한 함정수사에 기한 공소제기는 (적법한 소추권 행사로 볼 수 없으므로) 그 절차가 법률의 규정에 위반하여 무효인 때에 해당한다.

제2절 | 공소제기의 기본원칙

01 국가소추주의 · 기소독점주의

Ⅰ 국가소추주의

공소제기의 권한을 국가기관에게 전담하게 하는 원칙을 말한다. 이 가운데 검사가 공소제기를 담당하는 것을 검사소추주의라고 한다. 우리나라는 "공소는 검사가 제기하여 수행한다(제246조)."라고 하여 검사소추주의를 원칙으로 하고, 즉결심판청구만 경찰서장이 행하도록 함으로써(즉심 제3조 제1항) **예외 없는 국가소추주의**를 채택하고 있다.[1]

Ⅱ 기소독점주의

1. 의 의

공소제기의 권한을 검사에게 독점시키는 원칙을 말한다. 현행법은 "공소는 검사가 제기하여 수행한다(제246조)."라고 하여 국가소추주의와 더불어 기소독점주의를 채택하고 있다.

---

1) [참고] 공소제기의 권한을 사인이 행사하는 것을 사인소추주의라 한다. 미국의 경우는 일정한 중한 범죄의 경우 일반 시민으로 구성된 대배심에 의하여 소추를 하고 있어, 이를 사인소추주의 중에서 공중소추주의라고 한다. 이외 국가소추주의를 원칙으로 하면서도 사인소추주의 중 피해자소추주의를 보충적으로 채택하는 독일이나 프랑스와 같은 예도 있다. 입법론적으로는 검사의 공소권에 대한 건전한 보완을 위하여 사인소추주의를 부분적으로라도 도입하는 것을 고려해야 할 것이다.

2. 장단점

(1) 장점 : 전국적으로 통일된 조직체를 이루고 있는 검사에게 소추권을 독점하게 함으로써 공소권 행사의 적정을 보장하고, 객관적 입장에서 공평하고 획일적인 공소권 행사가 가능해진다.

(2) 단점 : 관료주의와 불건전하게 결합되면 공소권 행사가 검사의 자의와 독선에 의하여 전횡될 수 있다. 특히 정치권력의 영향을 받는 순간 그 위험은 지대하다.

3. 예 외

(1) 경찰서장의 즉결심판청구 : 경찰서장은 20만원 이하의 벌금, 구류 또는 과료에 처할 사건에 대하여 법원에 즉결심판을 청구할 수 있다(즉심 제3조). 검사의 공소제기가 없어도 법원의 재판이 가능하므로 **기소독점주의의 예외에 해당**한다. [경찰간부 13]

> 정리 경찰서장의 즉결심판청구는 기소독점주의의 유일한 예외이다. 재정신청은 예외가 아니라 규제방법 내지 보완책이다. 2007년 개정에 의해, 재정신청에 의하더라도 공소제기 및 유지는 여전히 검사가 담당하고 있기 때문이다.

(2) 법정경찰권에 의한 제재 : 법정질서 문란행위에 대한 법원의 법정경찰관에 의한 감치·과태료의 부과는 검사의 소추 없이 법원이 직권으로 결정하나(법조 제61조), 감치·과태료는 형벌이 아니라 질서벌에 불과하므로 이를 기소독점주의의 예외라 할 수는 없다.

4. 규 제

(1) 직접적 규제

① 검찰항고 : 고소인·고발인이 고등검찰청검사장·검찰총장에게 항고·재항고하여 검사의 부당한 불기소처분을 시정할 수 있는 제도이나(검찰 제10조), 검사동일체의 원칙상 검찰 내부적 통제에 의해 과연 불기소처분이 얼마나 시정될지에 대하여는 회의적 시각이 존재한다.

② 재정신청 : 고소인 및 형법 제123조 내지 제126조의 고발인이 검사의 불기소처분에 대하여 위 검찰항고를 거친 후 관할 고등법원에 불복을 신청하여 고등법원의 재정결정에 의하여 검사의 공소제기를 강제하는 제도이다(제260조 이하). 종래 재정신청제도는 기소독점주의의 예외로 분류되었으나, 법개정에 의해 공소유지변호사제도가 폐지되고 검사에게 공소제기·유지권한이 주어진 이상(제262조 제6항) **기소독점주의의 예외가 아니라 기소독점주의에 대한 규제 또는 통제제도로 분류해야 한다.**[1]

③ 헌법소원 : 검사의 불기소처분으로 헌법상 기본권이 침해된 자는 헌법재판소에 헌법소원을 제기할 수 있지만(헌법재판소법 제68조 제1항), 전술하였듯이 재정신청의 대상이 전면 확대되고 법원의 재판에 대해서는 헌법소원이 허용되지 않으므로 향후에는 기소독점주의 규제책으로서 큰 의미를 가지기 어려운 제도이다.

(2) 간접적 규제

① 불기소처분 통지 및 이유 고지제도 : 수사종결처분의 부수절차에서 이미 상술하였듯이 고소·고발사건에 대하여 검사가 일정한 처분을 한 경우에는 고소인·고발인에게 7일 내 통지해야 하고(제258조 제1항), 불기소처분시 청구가 있으면 7일 내 이유를 서면으로 설명해야 하며(제259조), 피해자 측의 신청이 있으면 공소제기 여부 등을 신속히 통지하고(2007년 신설 제259조의2), 불기소처분 또는 타관송치시 피의자에게는 즉시 그 취지를 통지하여야 한다(제258조 제2항). 이는 고소인·고발인·피해자·피의자 등에게 편의를 제공함과 동시에 검사의 공소권 행사에는 심리적·간접적인 규제책이 될 수 있다.[2]

---

1) 동지 : 정/백, 663면; 정주형, 387면.

2) [참고] ① 검사는 고소·고발사건에 대하여 공소를 제기하거나 제기하지 아니하는 처분, 공소의 취소 또는 타관송치를 한 때에는 그 처분할 날로부터 7일 이내에 서면으로 고소인 또는 고발인에게 그 취지를 통지하여야 하고(제258조 제1항), ② 검사는 고소 또는 고발 있는 사건에 관하여 공소를 제기하지 아니하는 처분을 한 경우에 고소인 또는 고발인의 청구가 있는 때에는 7일 이내에 고소인 또는 고발인에게 그 이유를 서면으로 설명하여야 한다(제259조). 이는 검사의 불기소처분시 고소인·고발인의 검찰항고·재정신청의 기초자료를 제공하는 등 편의를 제공함과 동시에 검사의 공소권 행사를 심리적·간접적으로나마 견제하는 기능을 할 수 있다. 또한 ③ 검사는 범죄로 인한 피해자 또는 그 법정대리인(피해자 사망시 그 배우자·직계친족·형제자매 포함)의 신청이 있는 때에는 당해 사건의 공소제기 여부, 공판의 일시·장소, 재판결과, 피의자·피고인의 구속·석방 등 구금에 관한 사실 등을 신속하게 통지하도록 하여(2007년 신설, 제259조의2) 피해자의 재판절차진술권 행사를 돕는 동시에, ④ 불기소 또는 타관송

② 친고죄 · 반의사불벌죄 제도 : 고소나 고발이 소송조건으로 되어 있거나 피해자의 명시한 의사에 반하여 공소를 제기할 수 없는 친고죄나 반의사불벌죄의 제도도 기소독점주의에 대한 간접적 규제수단이 된다.

<table>
<tr><td>02</td><td colspan="2">기소편의주의</td></tr>
</table>

Ⅰ 기소법정주의와 기소편의주의

1. 의 의

(1) 기소법정주의 : 수사 결과 범죄의 객관적 혐의가 충분히 인정되고 소송조건을 갖춘 경우에는 반드시 공소를 제기하여야 한다는 원칙을 말한다.

(2) 기소편의주의 : 수사 결과 범죄의 객관적 혐의가 충분히 인정되고 소송조건을 갖춘 경우에도 검사의 재량에 의한 불기소처분인 기소유예를 허용하는 원칙을 말한다.

2. 장단점

구분	기소법정주의	기소편의주의
장 점	① 검사의 자의와 정치적 영향 배제 ② 자백 또는 약식명령 이행의 강제수단으로 공소권이 남용됨을 방지 ③ 법적 안정성	① 형사사법의 탄력적 운용을 통한 구체적 타당성 추구 ② 기소의 억제를 통해 낙인 방지 ③ 소송경제

→ 각 입장의 단점은 상대입장의 장점임. 따라서 어느 하나의 입장이 우월하다고 단정할 수 없음.

3. 현행법의 태도

형사소송법 제247조 제1항은 "검사는 형법 제51조의 사항을 참작하여 공소를 제기하지 아니할 수 있다."라고 규정함으로써 기소편의주의를 채택하고 있다.

Ⅱ 기소편의주의의 내용

1. 기소유예

(1) 의의 : 범죄혐의가 충분하고 소송조건이 구비되어 있음에도 불구하고 검사가 형법 제51조의 사항을 참작하여 재량으로 공소를 제기하지 않는 처분을 말한다.

(2) 기소유예의 기준 : 검사가 기소유예를 함에 있어서 참작해야 할 사항은 형법 제51조의 사항으로서, ① 범인의 연령 · 성행 · 지능과 환경, ② 피해자에 대한 관계, ③ 범행의 동기 · 수단과 결과, ④ 범행 후의 정황이다(제247조). 다만, 위 사유들은 예시적 사항이므로 이외 범행에 대한 사회적 평가의 변화, 범행 후의 시간적 경과, 법령의 개폐 등도 고려의 대상이 될 수 있다.

(3) 기소유예의 효력 : 기소유예처분은 법원의 확정판결이 아니므로 확정력이 없다는 점에서, 이후 **수사의 재개나 공소제기가 가능**하며, 법원이 이에 대해서 유죄판결을 선고해도 **일사부재리의 원칙에 반하지 않는다.**

(4) 조건부 기소유예 : 선도조건부 기소유예라고도 하는데, 검사가 피의자에게 일정지역에의 출입금지나 피해자에 대한 손해배상 등 일정한 의무를 부과하고 이를 준수하는 조건으로 기소유예를 하는 것을 말한다. 이에 대해서는 긍정설(배/이/정/이, 임동규, 정/백)과 부정설(손/신, 신동운, 신양균)이 대립하나, **긍정설**이 타당하다고 생각된다. 검사에게 기소유예권을 부여하였다면 일정한 조건을 부과할 수 있는 권한이 포함되어

___

치의 처분을 한 때에는 피의자에게 즉시 그 취지를 통지하여야 한다(제258조 제2항).

있다고 보는 것이 기소편의주의의 제도적 취지에 조화되기 때문이다. 현행법의 태도도 긍정설의 입장으로 보인다. 예컨대, 소년법에서는 선도조건부 기소유예(소년법 제49조의3)를, 가폭법에서는 상담조건부 기소유예(가폭법 제9조의2)를 규정하고 있다.[1]

2. 기소변경주의

검사는 기소 후 제1심 판결선고 전까지는 공소를 취소할 수 있는바(제255조), 이렇게 일단 공소를 제기한 후에도 검사의 **공소취소를 인정**하는 원칙을 기소변경주의라 한다. 기소법정주의의 논리적 귀결이 기소불변경주의라면, 공소취소는 기소 후 검사의 재량권 행사에 의한 취소처분이므로 **기소변경주의는 기소편의주의의 논리적 귀결**이다. [국가7급 02, 경찰간부 13]

III 기소편의주의에 대한 규제

1. 불기소에 대한 규제

검찰항고, 재정신청(기소강제절차 ∴ 기소편의주의의 예외), 불기소처분의 통지 및 이유고지, 헌법소원, 특별검사제도 등이 불기소처분에 대한 규제수단이다. 검사의 불기소처분이나 그에 대한 항고·재항고결정에 대해서는 행정소송을 제기할 수 없다(대법원 1989.10.10, 89누2271).

2. 공소제기에 대한 규제

현행법상 검사의 부당한 공소제기를 규제하는 명문의 규정은 없고, 이론적으로 공소권남용이론이 학설 및 판례에 의하여 제기되고 있다.

---

03 공소의 취소

I 의 의

일단 제기한 공소를 검사 자신이 철회하는 법원에 대한 법률행위적 소송행위를 말한다. 현행법은 공소취소를 인정함(제255조 제1항)으로써 기소변경주의를 선언하고 있다.

II 사유 및 절차

1. 사 유

공소취소의 사유에는 **법률상 제한이 없다**. 따라서 공소제기 후의 변경된 사정으로 인하여 **불기소처분을 하는 것이 상당하다고 인정되는 경우**이면 된다.

예 공소제기가 부적법한 경우, 증거불충분으로 공소유지가 어려운 경우, 소송조건의 결여가 판명된 경우 [법원9급 13/14]

2. 절 차

(1) 주체 : 기소독점주의 원칙상 공소취소는 **검사만** 할 수 있다. 법원은 할 수 없다.
(2) 방 식
① 서면 또는 구술 : 공소취소는 이유를 기재한 **서면**으로 하여야 한다. 단, **공판정에서는 구술**로써 할 수 있다(제255조 제2항). [법원행시 04, 법원9급 11/13, 법원승진 13, 교정9급특채 10, 경찰승진 13, 경찰채용 05 1차/15 2차] 공소취소에는 피고인의 동의가 필요 없다.

정리 구술은 소송행위의 취소·포기시 대부분 가능한 방식이다. 예외는 재정신청취소(서면).

② 통지 : 검사는 고소·고발사건에 관하여 공소취소를 한 때에는 **7일 이내**에 서면으로 고소인·고발인에게 그 취지를 통지하여야 한다(제258조 제1항). [경찰승진 13]

---

1) [참고] 범죄사실의 일부에 대하여 기소유예하는 것이 허용되는가(일부기소유예)에 대해서도 학설이 대립하나, 역시 같은 취지에서 허용된다고 볼 수 있다.

(3) 시 기

① 제1심 판결선고 전 : 공소는 **제1심 판결선고 전까지** 취소할 수 있다(제255조 제1항)(= **고소취소**). [법원9급 11, 경찰채용 05 1차] 시기를 제한한 것은 검사의 처분에 의해 법원의 재판의 효력이 좌우되는 것을 막기 위해서다. 1심판결은 형식재판·실체재판을 불문한다.

② 제1심 판결선고 후 : **항소심의 파기환송·파기이송 후의 절차 및 재심절차**(대법원 1976.12.28, 76도3203)에서는 제1심 판결선고 전일지라도 공소취소를 할 수 없다(**≠고소취소**). [법원행시 04, 법원9급 11/13/14/15, 법원승진 13] 모두 제1심 판결선고 후이기 때문이다.

③ 약식명령 고지 후 : 약식명령도 법원의 종국판단이므로 고지된 후에는 공소취소가 허용되지 않는다. 다만, **정식재판의 청구에 의하여 공판절차가 개시되면 가능**하다. [법원9급 14]

④ 재정결정 후 공소취소의 제한 : **재정결정이 내려져 이에 따라 검사가 공소를 제기한 후에는 공소를 취소할 수 없다**(제264조의2)(= 재심심판절차, ∴ 최소 1심재판 확정 후).

III 효 과

1. 공소기각의 결정

(1) 공소기각결정 : 공소가 취소되었을 때에는 법원은 **결정으로 공소를 기각**하여야 한다(제328조 제1항 제1호, **공사관포**). [법원행시 04, 법원승진 13, 경찰승진 13] 검사가 공소를 취소한 이상 판결절차를 밟을 필요가 없기 때문이다.

> 정리 공소기각결정 : 공소취소 / 사망·해산·관할× / 범죄불포함(공사관포)
> 공소기각판결 : 재판권 × / 법률위반 / 이중기소 / 공소취소 후 재기소 / 고소취소 / 처벌불원의사(재법이재취처)

(2) 효력범위 : 공소취소의 효력이 미치는 범위는 공소제기의 효력이 미치는 범위와 같다. 따라서 일죄의 일부에 대한 공소취소의 효력은 그 전부에 대해서 발생한다.

(3) 불복 : 공소취소로 인한 **공소기각결정에 대해서는 즉시항고**가 가능하다(제328조 제2항). 다만, 공소취소는 불기소처분이 아니므로 **검찰항고·재정신청이 허용되지 않는다.**

> 정리 각종 기각결정 중 즉시항고 대상 : 공소기각, 기피신청기각, 약식·즉심 정식재판청구기각, 재심청구기각, 상소기각, 상소속행신청기각, 재정신청기각

2. 재기소의 제한

(1) 재기소제한 : 공소취소에 의한 공소기각의 결정이 확정된 때에는 공소취소 후 그 범죄사실에 대한 **다른 중요한 증거를 발견한 경우에 한하여 다시 공소를 제기**할 수 있다(제329조). [법원9급 09/15, 법원승진 13, 경찰채용 05 1차] 이 점에서 공소취소는 검사의 불기소처분(대법원 2009.10.29, 2009도6614 : 불기소처분 후 공소제기 가능)과는 확연히 다른 성격을 가지는바, 이는 유죄자의 처벌을 통한 정의의 실현도 피고인의 법적 안정성을 해치지 않는 범위에서 이루어져야 한다는 데 근거하고 있다.

(2) 다른 중요한 증거를 발견한 경우 : 공소취소 전의 증거만으로써는 증거불충분으로 무죄가 선고될 가능성이 있었으나 **새로 발견된 증거를 추가하면 충분히 유죄의 확신을 가질 수 있을 정도의 증거가 발견된 때**를 말한다(대법원 1977.12.27, 77도1308).

> 정리 다른 중요증거 발견 要 : ① 피의자구속 – 석방 – 재구속요건, ② 공소취소 – 재기소요건, ③ 재정신청기각결정 – 기소(다중이 – 구/기/재)

(3) 범죄사실 변경 재기소 : 제329조의 재기소제한은 **종전의 범죄사실을 변경하여 재기소하는 경우에도 그대로 적용**된다(대법원 2009.8.20, 2008도9634). [법원9급 13, 경찰승진 13]

대법원 2009.8.20, 2008도9634

법 제329조는 종전의 범죄사실을 변경하여 재기소하는 경우에도 적용되는지 여부(적극)

제329조는 공소취소에 의한 공소기각의 결정이 확정된 때에는 공소취소 후 그 범죄사실에 대한 다른 중요한 증거를 발견한 경우에 한하여 다시 공소를 제기할 수 있다고 규정하고 있는바, 이는 단순일죄인 범죄사실에 대하여 공소가 제기되었다가 공소취소에 의한 공소기각결정이 확정된 후 다시 종전 범죄사실 그대로 재기소하는 경우뿐만 아니라 범죄의 태양, 수단, 피해의 정도, 범죄

로 얻은 이익 등 범죄사실의 내용을 추가 변경하여 재기소하는 경우에도 마찬가지로 적용된다. 따라서 단순일죄인 범죄사실에 대하여 공소취소로 인한 공소기각결정이 확정된 후에 종전의 범죄사실을 변경하여 재기소하기 위하여는 변경된 범죄사실에 대한 다른 중요한 증거가 발견되어야 한다.

(4) 위반의 효과 : 재기소제한규정에 위반하여 공소가 제기된 경우에는 법원은 **판결로써 공소기각의 선고**를 하여야 한다(**공소기각판결**, 제327조 제4호). 판결절차를 밟는 이유는 다른 중요한 증거가 발견된 것인지에 관한 당사자 변론이 필요하기 때문이다.

> 정리 공소취소 – 공소기각결정, 공소취소 후 다른 중요증거 미발견시 재기소 – 공소기각판결

IV 공소사실의 철회와의 구별

1. 의 의

공소의 취소는 공소사실의 철회와는 다른 개념이다. 공소의 취소는 공소사실의 동일성이 없는 수개의 공소사실의 전부 또는 일부에 대한 철회인 데 비해, 공소사실의 철회는 공소장변경이므로 공소사실의 동일성이 인정되는 하나의 공소사실의 일부에 대한 철회이다. 예컨대, 甲이 乙(女)을 감금하던 중 강간한 경우의 감금죄와 강간죄(실체적 경합) 중 강간죄 부분을 철회한 것은 공소의 취소요, 甲이 乙(女)을 강간하려고 감금하여 범한 강간미수와 감금죄(과형상 일죄) 중 감금 부분을 철회하는 것은 공소사실의 철회이다.

2. 효 과

공소의 취소가 있으면 법원은 **공소기각의 결정**을 하여야 하지만, 공소사실의 일부 철회가 있으면 철회되지 않은 **나머지 공소사실에 대하여 심리**하면 된다. 또한 공소의 취소는 검사의 일방적 소송행위이므로 **법원의 허가를 요하지 않지만**, 공소사실의 철회는 공소장변경이므로 **법원의 허가를 요한다**.

> ⚖ **판례연구** 공소취소와 공소사실의 철회의 구별
>
> **1. 대법원 1986.9.23, 86도1487** [법원9급 13/14]
> 공소장변경의 방식에 의한 공소사실의 철회는 공소사실의 동일성이 인정되는 범위 내의 일부 공소사실에 한하여 가능한 것이고, 공소장에 기재된 수개의 공소사실이 서로 동일성이 없고 실체적 경합관계에 있는 경우 그 일부를 소추대상에서 철회하려면 공소장변경의 방식에 의할 것이 아니라 공소의 일부 취소절차에 의해야 한다. [경찰승진 12, 경찰채용 08 2차] 따라서 서로 동일성이 없고 실체적 경합관계에 있는 수개의 공소사실 중 일부 공소사실을 삭제한다는 검사의 공소장변경신청이 있는 경우 이는 법리에 어긋난 잘못이 있기는 하나 그 공소장변경신청서 중 공소를 취소하는 취지가 명백하다면 공소취소신청이라는 형식을 갖추지 아니하였더라도 법원은 그 부분 공소를 기각하여야 한다(위 판례; 대법원 1988.3.22, 88도67).
>
> **2. 대법원 2004.9.23, 2004도3203**
> 포괄일죄로 기소된 공소사실 중 일부에 대하여 공소장변경의 방식으로 이루어지는 공소사실의 일부 철회의 경우, 형사소송법 제329조의 제한이 적용되는지 여부(소극)
> 공소사실의 동일성이 인정되지 아니하고 실체적 경합관계에 있는 수개의 공소사실의 전부 또는 일부를 철회하는 공소취소의 경우 그에 따라 공소기각의 결정이 확정된 때에는 그 범죄사실에 대하여는 형사소송법 제329조의 규정에 의하여 다른 중요한 증거가 발견되지 않는 한 재기소가 허용되지 아니하지만, 이와 달리 포괄일죄로 기소된 공소사실 중 일부에 대하여 형사소송법 제298조 소정의 공소장변경의 방식으로 이루어지는 공소사실의 일부 철회의 경우에는 그러한 제한이 적용되지 아니한다.

표정리 공소취소와 공소사실의 철회의 구별

구분	공소의 취소	공소사실의 철회(공소장변경)
공소사실의 동일성	• 공소제기 자체의 철회 • 동일성이 없는 수개의 공소사실의 전부 또는 일부의 철회	동일성이 인정되는 일개의 공소사실의 부분사실에 대한 철회
방 식	• 원칙 : 서면 • 예외 : 공판정에서는 구술 가능	• 원칙 : 서면 • 예외 : (피고인 재정-동의 or 이익) 구술

시 기	제1심 판결선고 전	규정이 없으므로 항소심도 가능
법원의 허가	×	○
소송계속	종결	유지
법원의 조치	공소기각결정	철회 외 부분만 심판
재기소제한	다른 중요증거 발견시만 ○ 위반시 공소기각판결	× (단, 동일사건 이중기소시 공소기각판결)

04 기소강제절차 – 재정신청제도

※ 재정신청절차

고소인 ○ (All)
고발인 △ (刑 § 123~126)
→ 대리인 ○

재정신청 ── 고등법원 ── 재정심리절차 (기소강제절차) ── 재정결정

불변기간 10日
불기소 고검–검사장 (항고전치주의) 재정신청서 – 지검 검사장 ⇒ 판단 X
→ 항고기각 결정
cf. 재소자특칙 X (§ 344)

7日△ 송부 / 피의자 재정신청자 통지 10日內

3개월(훈시시간) – 결정 '형사소송유사의 재판절차'

피의자 → 기피신청 ○
비공개 → 열람·등사 X
증거조사 ○
강제처분 ○

기각결정 방식위배 / 이유 X cf. 재기소△ –중요한 증거 限
공소제기결정 – 지검검사 → 공소제기(강제)
⇓ 불복
기각결정 즉시항고 ○ / 재항고 ○
공소제기결정 항고 X / 재항고 X
cf. 대법원日 – 불복 X
但, 방식(오인) → 기각 : 불복 ○

'기소강제사건의 공판절차'
[1심→2심→3심]
지정검사
→ 공소취소 X 나머지 可

대상 : 불기소 (협의/기·유/기·중)

방식 : 항고전치주의 外 재기수사 → 10日 → 지검–검사장 ⇒ 판단 ○
3개월
시효만료 → 만료일 前날

효력 : 공소시효 정지 1人 → 다른人(○)
정지(§ 262의4①) 재정신청 / 공소제기결정 공소제기 → 정지(§ 253①) / 소급
정지(§ 262의4②)

취소 : 취소○ ← → 취소 X
송부 / 취소 – 서면 / 재정결정
검찰청에 고등법원에

I 의의 및 개정내용

1. 의 의

기소강제절차라 함은 검사의 불기소처분에 불복하는 고소인 등의 재정신청에 대하여 법원이 공소제기결정을 한 경우 검사에게 공소제기를 강제하는 제도를 말한다. 현행법상 기소강제절차는 곧 재정신청제도를 말하는바, 이는 고소사건 및 일정한 범위의 고발사건에 관하여 검사의 불기소처분이 있는 경우 고소인 또는 고발인이 이에 불복하여 재정신청을 하고 법원이 이를 이유 있다고 인정하는 때에는 사건에 대한 공소제기결정을 하는 제도를 말한다. 재정신청제도는 기소독점주의와 기소편의주의로 인한 검사의 자의적인 공소권 행사를 규제하는 것에 그 취지가 있다.

2. 근래의 개정내용

2007년 개정 전 종래의 준기소절차에서는 검사의 불기소처분에 대하여 고소인 또는 고발인이 불복하여 재정신청을 한 경우 법원이 이를 이유 있다고 인정하면 심판에 부하는 결정(부심판결정)을 하면 공소제기가 있는 것으로 간주하고 법원이 변호사를 지정하여 공소유지를 담당하게 하였다. 그러나 2007년 개정법

에서는 법원이 공소제기결정을 하면 검사가 공소를 제기하는 기소강제절차를 채택하였다. 2007년 개정법의 특징은 ① **재정신청 대상범죄를 모든 범죄로 확대한 점**, ② **신청인을 원칙적으로 고소인으로 제한한 점**, ③ **검찰항고를 반드시 거치게 한 점(검찰항고전치주의)**, ④ **부심판결정에 의한 기소의제 및 공소유지담당변호사제도를 폐지하고 재정결정서에 따른 검사의 기소의무강제제도로 전환한 점**,[1] ⑤ (재정절차는 수사와 유사한 절차이므로 비공개원칙에 의한다는 점에서) **재정신청사건기록의 열람·등사를 제한한 점**, ⑥ **재정결정에 불복할 수 없는 점**, ⑦ **재정신청 기각·취소시 재정신청인에게 비용부담이 가능하게 한 점**으로 요약해볼 수 있다. 다만, 고발인은 종전처럼 형법 제123조부터 제125조까지의 범죄에 대해서만 재정신청이 가능하도록 하였다가, 2011년 개정을 통하여 형법 제126조(피의사실공표)까지 포함시켜 다소 확대하였다. 또한 최근에는 재정결정에 대한 불복금지 조항에 대한 2011.11.24. 헌법재판소의 한정위헌결정에 따라 ⑧ **재정신청 기각결정에 대해 즉시항고를 할 수 있다**는 규정도 2016.1.6. 개정을 통해 마련되었다.

Ⅱ 재정신청

1. 신청권자와 신청대상

(1) 신청권자 : **고소인** 또는 형법 제123조부터 제126조(**직권남용, 불법체포·감금, 폭행·가혹행위, 피의사실공표**)(단, 제126조의 죄는 피공표자의 명시한 의사에 반하지 않아야 함)의 죄에 대한 **고발인**이다(제260조 제1항). [법원승진 10, 국가9급 08, 경찰채용 11 2차/2차 15] (고소의 대리도 가능한 것처럼) 재정신청은 **대리인**에 의하여 할 수 있다. [경찰승진 11, 경찰채용 12 3차, 전의경 09] 또한 특별법에서 재정신청대상으로 규정된 범죄의 고발인도 재정신청을 할 수 있다. 다만, 고소하지 않은 범죄피해자는 재정신청을 할 수 없다. [국가7급 08, 경찰승진 10]

(2) 신청대상 : **고발인의 경우 대상범죄의 제한**이 있으나, **고소인의 경우에는 모든 범죄**에 대한 검사의 불기소처분이다. [국가9급 08, 경찰승진 14, 경찰채용 10 1차] 재정신청 대상범죄는 형사소송법 제정 당시에는 모든 고소·고발사건에 대해 인정되었으나, 1973년 개정에 의해 형법 제123조 내지 제125조의 수사기관의 인권침해범죄로 대폭 축소되었다가, 2007.6.1. 개정으로 다시 전면 확대된 것이다. [법원9급 08] 불기소처분의 **이유에도 제한이 없다.** 따라서 협의의 불기소처분뿐만 아니라 **기소유예처분에 대하여도 재정신청을 할 수 있다**(대법원 1988.1.29, 86모58). [경찰승진 11] 다만, 검사의 **내사종결·공소제기·공소취소**는 모두 불기소처분이 아니므로 재정신청의 대상이 되지 않는다. [법원행시 04, 법원9급 08, 국가7급 11, 경찰승진 11, 경찰채용 10 1차] 또한 검사의 불기소처분 당시 공소시효가 완성되어 공소권이 없는 경우에도 이러한 불기소처분에 대한 재정신청은 허용되지 않는다(90모34). [경찰채용 12 1차]

🔨 **판례연구** 재정신청의 대상 여부

1. 대법원 1988.1.29, 86모58

기소유예에 대하여 재정신청을 할 수 있다는 사례

기소편의주의를 채택하고 있는 우리 법제하에서, 검사는 범죄의 혐의가 충분하고 소송조건이 구비되어 있는 경우에도 개개의 구체적 사안에 따라 형법 제51조에 정한 사항을 참작하여 불기소처분(기소유예)을 할 수 있는 재량을 갖고 있기는 하나 그 재량에도 스스로 합리적 한계가 있는 것으로서 이 한계를 초월하여 기소를 하여야 할 극히 상당한 이유가 있는 사안을 불기소처분한 경우 이는 기소편의주의의 법리에 어긋나는 부당한 조처라 하지 않을 수 없고 이러한 부당한 처분을 시정하기 위한 방법의 하나로 우리 형사소송법은 재정신청제도를 두고 있다. 인간의 존엄과 행복추구권을 규정한 헌법 제9조 형사절차에서의 인권보장을 규정한 헌법 제11조 제2항의 정신에 비추어 볼 때에 경찰관이 그 직무를 행함에 당하여 형사피의자에 대하여 폭행 및 가혹행위를 하고 특히 여성으로서의 성적 수치심을 자극하는 방법으로 신체적, 정신적 고통을 가하는 것과 같은 인권침해행위는 용납할 수 없는 범죄행위로서 여러 정상을 참작한다 하더라도 그 기소를 유예할 사안으로는 볼 수 없다.

보충 이에 비하여 검사의 내사종결, 공소제기, 공소취소는 모두 불기소처분이 아니므로 재정신청의 대상이 되지 아니한다.

---

1) [참고 – 용어의 변화] 종래에는 고등법원의 부심판결정에 의해 기소가 된 것으로 보고 그 유지를 공소유지담당변호사가 맡는 방식이어서 이를 기소에 준하는 절차인 준기소절차라 하여 기소독점주의의 예외의 하나로 분류했었으나, 2007년 개정에 의해 불기소처분에 불복하는 고소인 등이 법원에서 결정해달라는 신청을 하여 고등법원의 공소제기결정이 내려지면 검사의 기소를 강제하고 이후 검사가 공소유지를 맡게 된다는 점에서 이를 재정신청에 의한 기소강제절차라 하고 기소독점주의·기소편의주의의 규제의 의미를 가지게 된 것이다.

2. 대법원 1990.7.16, 90모34

검사의 불기소처분 당시 공소시효가 완성된 경우 불기소처분에 대한 재정신청이 허용되지 않는다는 사례

검사의 불기소처분 당시에 공소시효가 완성되어 공소권이 없는 경우에는 위 불기소처분에 대한 재정신청은 허용되지 않는다.

2. 신청절차

(1) **검찰항고전치주의** : 재정신청을 하려면 **검찰청법 제10조에 따른 항고를 거쳐야 한다**(제260조 제2항). 이 경우에 재정신청을 할 수 있는 자는 검찰청법에 의한 재항고를 할 수 없다(검찰 제10조 제3항). 다만, 다음 중 어느 하나에 해당하면 곧바로 재정신청을 할 수 있다. "① **항고 이후 재기수사가 이루어진 다음에 다시 공소를 제기하지 아니한다는 통지**를 받은 경우[불기소 → 검찰항고(고검) → 재기수사(지검) → **불기소** → 검찰항고 없이 재정신청 ○] [경찰승진 12], ② 항고 신청 후 항고에 대한 처분이 행하여지지 아니하고 **3개월이 경과**한 경우, ③ 검사가 **공소시효 만료일 30일 전**까지 공소를 제기하지 아니하는 경우."이다. [법원9급 12, 국가9급 14, 경찰채용 12 1차/14 2차]

정리 재정신청 경로 : 지검 → 고검 → 고법

정리 재(기수사)/3(개월)/시(효만료30일전) 검찰항고 불요

(2) **신청방식**

① 서면 : 재정신청을 하려는 자는 **재정신청서**를 제출하여야 한다(동조 제3항). 재정신청서에는 재정신청의 대상이 되는 사건의 범죄사실 및 증거 등 재정신청을 이유 있게 하는 사유를 기재하여야 한다(동조 제4항). 따라서 (가) 재정신청서에 위의 사항을 **기재하지 않은 때**(대법원 2002.2.23, 2000모216)라든가 (나) 재정신청보충서를 제출하면서 **원래의 재정신청에 재정신청 대상으로 포함되어 있지 않은 고발사실을 재정신청 대상으로 추가**한 것(대법원 1997.4.22, 97모30)은 법률상 방식에 어긋난 것으로서 부적법하다. [법원9급 07, 해경간부 12, 경찰승진 10]

② 신청서 제출대상 : 재정신청서는 불기소처분을 한 검사가 소속한 **지방검찰청 검사장 또는 지청장**에게 제출하여야 한다(동조 제3항). [법원9급 10]

③ 신청기간 : 재정신청을 하려는 자는 **항고기각결정을 통지받은 날로부터 10일 이내**에 재정신청서를 제출하여야 한다(7/30/10/7/10/3월). [법원9급 08, 법원승진 08] 다만, 위 (1)의 검찰항고전치주의의 예외사유 중 ① 또는 ②에 해당하여 항고절차를 거칠 필요가 없는 경우에는 **그 사유가 발생한 날로부터 10일 이내**에 제출하면 되고, [법원승진 10] 위 ③의 예외사유의 경우에는 **공소시효 만료일 전날까지**(만료일까지 ×) 재정신청서를 제출할 수 있다(동조 제3항). [법원9급 12, 경찰승진 14, 경찰채용 10 1차/12 2차] 재정신청기간은 **불변기간**이므로 기간을 도과한 신청은 허용되지 않으며(대법원 1997.4.22, 97모30), [국가7급 11] 재정신청서에 대해서는 **재소자 특례규정**(제344조 제1항[1])이 **적용되지 아니한다**(유일한 예외임)(대법원 1998.12.14, 98모127).[2] [법원9급 10, 국가7급 11, 변호사 24]

★ 판례연구 **재정신청절차에는 재소자특칙이 적용되지 않는다는 사례**

1. 대법원 1997.4.22, 97모30 [변호사 24]

재정신청기간은 불변기간이므로 재정신청 제기기간 후에 재정신청 대상을 추가할 수 없다는 사례

재정신청 제기기간이 경과된 후에 재정신청보충서를 제출하면서 원래의 재정신청에 재정신청 대상으로 포함되어 있지 않은 고발사실을 재정신청의 대상으로 추가한 경우, 그 재정신청보충서에서 추가한 부분에 관한 재정신청은 법률상 방식에 어긋난 것으로서 부적법하다.

2. 대법원 1998.12.14, 98모127 [변호사 24]

재정신청절차에는 재소자특칙이 적용되지 않는다는 사례

재정신청서에 대하여는 형사소송법에 제344조 제1항과 같은 특례규정이 없으므로 재정신청서는 같은 법 제260조가 정하는 기

---

1) [조문] 제344조(재소자에 대한 특칙) ① 교도소 또는 구치소에 있는 피고인이 상소의 제기기간 내에 상소장을 교도소장 또는 구치소장 또는 그 직무를 대리하는 자에게 제출한 때에는 상소의 제기기간 내에 상소한 것으로 간주한다.

2) [참고] 입법론적으로는 재정신청기간이 검찰항고기간에 비하여 지나치게 단기인 점은 검토가 필요할 것이다.

간 안에 불기소처분을 한 검사가 소속한 지방검찰청의 검사장 또는 지청장에게 도달하여야 하고, 설령 구금 중인 고소인이 재정신청서를 그 기간 안에 교도소장 또는 그 직무를 대리하는 사람에게 제출하였다 하더라도 재정신청서가 위의 기간 안에 불기소처분을 한 검사가 소속한 지방검찰청의 검사장 또는 지청장에게 도달하지 아니한 이상 이를 적법한 재정신청서의 제출이라고 할 수 없다.

3. **대법원 2015.7.16, 2013모2347 전원합의체 결정 : 재정신청 기각결정에 대한 재항고 사건** [국가9급 23]

재정신청 기각결정에 대한 재항고나 그 재항고 기각결정에 대한 즉시항고로서의 재항고에 대한 법정기간 준수 여부는 도달주의 원칙에 따라 판단하여야 하는지 여부(적극) 및 여기에 형사소송법 제344조 제1항의 '재소자 피고인에 대한 특칙'이 준용되는지 여부(소극)
재정신청절차는 고소·고발인이 검찰의 불기소처분에 불복하여 법원에 그 당부에 관한 판단을 구하는 절차로서 검사가 공소를 제기하여 공판절차가 진행되는 형사재판절차와는 다르며, 또한 고소·고발인인 재정신청인은 검사에 의하여 공소가 제기되어 형사재판을 받는 피고인과는 지위가 본질적으로 다르다. 또한 재정신청인이 교도소 또는 구치소에 있는 경우에도 제3자에게 제출권한을 위임하여 재정신청 기각결정에 대한 재항고장을 제출할 수 있고(재정신청의 대리 가능), 게다가 특급우편제도를 이용할 경우에는 발송 다음 날까지 재항고장이 도달할 수도 있다. 또한 형사소송법 제67조 및 형사소송규칙 제44조에 의하여 재정신청인이 있는 교도소 등의 소재지와 법원과의 거리, 교통통신의 불편 정도에 따라 일정한 기간이 재항고 제기기간에 부가되며 나아가 법원에 의하여 기간이 더 연장될 수 있다. 그뿐 아니라 재정신청인이 자기 또는 대리인이 책임질 수 없는 사유로 인하여 재정신청 기각결정에 대한 재항고 제기기간을 준수하지 못한 경우에는 형사소송법 제345조에 따라 재항고권 회복을 청구할 수도 있다. … 재정신청 기각결정에 대한 재항고나 그 재항고 기각결정에 대한 즉시항고로서의 재항고에 대한 법정기간의 준수 여부는 도달주의 원칙에 따라 재항고장이나 즉시항고장이 법원에 도달한 시점을 기준으로 판단하여야 하고, 거기에 재소자 피고인특칙은 준용되지 아니한다.

[재정신청기간 정리] 7 − 30 − 10 − 7 − 10 − 3월
7(불기소통지) → 30(검찰항고) → 10(재정신청) → 7(지검 − 고검 − 고법) → 10(고법통지) → 3월(심리기간)
① 검찰항고를 거친 경우 : 검찰항고 기각결정 통지받은 날로부터 10일 이내 재정신청(이후 7일 내 지검 − 고법)
② 검찰항고전치주의 예외에 속하는 경우의 재정신청(이후, 기소 안하면 30일 내 지검 − 고법)
 − 항고 이후 재기수사 후 다시 불기소처분 통지받은 날로부터 10일 이내
 − 항고 신청 후 항고에 대한 처분 없이 3개월 경과한 날로부터 10일 이내
 − 공소시효 만료일 30일 전까지 공소를 제기하지 않는 경우 : 공소시효 만료일 전날까지

---

3. 효 력

(1) **공소시효 정지** : 재정신청이 있으면 **재정결정이 확정될 때까지 공소시효의 진행이 정지**되고(2016.1.6. 개정, 제262조의4 제1항) [법원승진 07, 국가7급 02, 경찰승진 09/10/13, 경찰채용 08 1차, 전의경 09], 제262조 제2항 제2호의 **공소제기결정이 있는 때에는 공소시효에 관하여 그 결정이 있는 날에 공소가 제기된 것**으로 본다(동조 제2항).

(2) **공동신청** : 재정신청은 대리인에 의하여 할 수 있으며 **공동신청권자 중의 1인의 신청은 그 전원을 위하여 효력이 있다**(제264조 제1항). [법원승진 10, 국가7급 12, 경찰승진 11, 경찰채용 14 2차]

4. 취 소

(1) **시기·방식** : 재정신청인은 고등법원의 **재정결정이 있을 때까지 관할 고등법원에 서면으로 그 신청을 취소할 수 있으며**(취소 중 유일한 서면만 인정) [국가7급 12, 전의경 09], 다만 그 기록이 **관할 고등법원에 송부되기 전에는 그 기록이 있는 검찰청검사장 또는 지청장에게** 하여야 한다(제264조 제2항, 규칙 제121조 제1항). [법원9급 10/12] 심리 중에 재성신청취소서를 제출받은 **고등법원의 법원사무관 등은 즉시 관할 고등검찰청검사장 및 피의자에게 그 사유를 통지**하여야 한다(규칙 제121조 제2항). [국가7급 02]

(2) **재재정신청 금지** : 재정신청을 취소한 자는 (다른 중요한 증거가 발견된 경우라 하더라도) **다시 재정신청을 할 수 없다**(제264조 제2항). [법원9급 07, 경찰승진 11] 이는 제한이 아니라 금지이므로 절대 할 수 없다. 다만, 위 **신청의 취소는 다른 공동신청권자에게 효력이 미치지 않는다**(동조 제3항). [국가7급 02, 경찰승진 11, 전의경 09] 이렇듯 제264조 제1항의 재정신청과 동조 제3항의 취소는 그 효력에 차이를 두고 있다.

5. 지방검찰청 검사장 등의 처리

(1) **검찰항고를 거친 경우** : 재정신청서를 제출받은 지방검찰청검사장 또는 지청장은 **재정신청서를 제출받은 날부터 7일 이내**에 재정신청서, 의견서, 수사관계서류 및 증거물을 관할 고등검찰청을 경유하여 **관할 고등법원에 송부**하여야 한다(제261조 본문). [법원9급 12, 국가9급 08/14, 경찰채용 2차 14]

(2) **항고전치주의 예외의 경우** : 제260조 제2항 각 호의 어느 하나에 해당하는 경우(검찰항고를 거치지 않은 경우)에는, 지방검찰청 검사장 또는 지청장은 ① 신청이 이유 있는 것으로 인정하는 때에는 **즉시 공소를 제기**하고 그 취지를 관할 고등법원과 재정신청인에게 통지하고, ② 신청이 이유 없는 것으로 인정하는 때에는 **30일 이내에 관할 고등법원에 송부**한다(제261조).

Ⅲ 고등법원의 심리와 결정

1. 재정심리절차의 구조

고등법원의 재정심리절차의 구조에 대해서는 수사설, 항고소송설(신양균), 중간설(백형구), 형사소송유사설(재판절차+수사, 다수설)이 대립한다. 생각건대, 재정신청에 의해 공소시효가 정지되며 법관에 대한 기피신청도 가능하고(다수설) 2007년 개정법 제262조 제2항에 "항고의 절차에 준하여" 결정하도록 하면서 증거조사도 할 수 있게 하는 부분은 형사소송(재판)과 같은 성격이지만, 한편 보통의 재판과는 달리 심리의 비공개를 원칙으로 하고 서류의 열람·등사도 원칙적으로 제한하는 것은 수사와도 유사한 성격을 가진다고 볼 수 있다는 점에서, **형사소송유사설**이 타당하다.

2. 심 리

(1) **관할** : 불기소처분을 한 검사 소속의 지방검찰청 소재지를 관할하는 **고등법원**이다(제260조 제1항). [국가9급 08, 경찰승진 13]

(2) **통지** : 법원은 재정신청서를 **송부받은 날로부터 10일 이내에 피의자뿐만 아니라 재정신청인에게 그 사실을 통지**하여야 한다(제262조 제1항, 규칙 제120조). [법원9급 12, 법원승진 08, 경찰채용 12 3차/13 1차]

(3) **심리기간** : 종전에는 재정신청사건의 심리기간을 20일로 규정하고 있었으나, 2007년 개정법은 **3개월**로 규정하여 현실적인 재정신청 처리기간을 확보하고 있다(제262조 제2항). 다만, 판례는 이 기간이 경과된 후에 재정결정을 하였다고 하여 그 결정 자체가 위법하게 되는 것은 아니라고 함(대법원 1990.12.13, 90모58)으로써 **훈시기간**에 불과한 것으로 보고 있다. [경찰승진 14, 경찰채용 13 1차/14 2차]

(4) **심리방식**

① **항고절차에 준한 심리** : 법원은 **항고**(결정에 대한 상소)**의 절차에 준하여 심리**하여 결정한다(제262조 제2항). 따라서 재정신청사건을 심리하는 경우에는 **서면심리가 허용**되며 **구두변론에 의함을 요하지 아니한다**(제37조 제2항). 또한 공판심리절차가 아니므로 법정에서 심리함을 요하지도 않으며, 그 심리에 재정신청인이나 피의자를 참여시키는 것도 법원의 재량에 속한다(규칙 제24조 제2항).

② **증거조사·강제처분** : 법원은 필요할 때에는 **증거조사를 할 수 있다**(제262조 제2항). [법원승진 10, 경찰채용 11 2차] 따라서 참고인조사, 증인신문, 검증, 감정 등이 허용되며, 피의자신문도 증거를 조사하는 경우에 해당하므로 허용된다고 해석된다. 나아가 구인·구속·압수·수색 등 **강제처분**이 가능한지에 대해서 부정설(백형구, 정/백)과 **긍정설**(다수설[1])이 대립하나, 수소법원의 강제처분권에 준하여 재정법원인 고등법원에도 동일한 권한이 인정된다고 보는 긍정설이 타당하다(다만, 신중 要).

③ **비공개** : 재정신청 사건의 심리는 특별한 사정이 없는 한 **공개하지 아니한다**(제262조 제3항). [법원9급 08, 경찰승진 09/11/13, 경찰채용 08 1차/12 3차] 아직 공소제기 전 수사단계임을 잘 보여주는 규정이다.

④ **재정신청사건 기록의 열람·등사 제한** : 재정신청사건의 심리 중에는 **관련 서류 및 증거물을 열람·등사**

---

1) [참고] 긍정설을 취하나 재정법원의 구속은 불가하다고 보는 견해는 이/조, 363면 참조.

할 수 없다. [법원9급 08/10, 법원승진 08, 경찰승진 09/11/12, 경찰채용 11 2차, 전의경 09] 수사단계에서 수사기관에 의하여 작성된 서류임을 고려한 규정이다. 다만, 재정신청절차에서 법원이 작성한 서류나 당사자가 제출한 서류 등에 대해서까지 제한할 필요는 없으므로, 법원은 제262조 제2항 후단의 **증거조사과정에서 작성된 서류의 전부 또는 일부의 열람 또는 등사를 허가**할 수 있다(제262조의2).[1] [법원9급 10, 해경간부 12, 경찰승진 10]

3. 재정결정 및 효과

(1) 기각결정 및 공소제기의 제한

① 재정신청 기각결정 : 재정신청이 법률상의 방식에 위배되거나 이유 없는 때에는 결정으로 신청을 기각한다(제262조 제2항 제1호). 여기서 신청이 **법률상의 방식에 위배된 경우**란 검찰항고를 거치지 않고 재정신청을 한 경우 등을 말한다. 다만, 검찰항고를 거친 고소인이 재정신청서를 지방검찰청 검사장 또는 지청장에게 제출하지 않고 직접 고등법원에 제출한 경우에는 기각결정을 내릴 것은 아니고 이를 관할 지방검찰청 검사장 또는 지청장에게 송부해야 한다. 또한 신청이 **이유 없는 경우**란 검사의 불기소처분이 정당한 경우를 말한다. 예컨대, **검사의 불기소처분이 위법한 경우에도 기소유예처분을 할 만한 사건**이라면 재정신청이 이유 없다고 보아 **기각결정**을 내릴 수 있다(대법원 1997.4.22, 97모30). [법원9급 07, 국가7급 02, 해경간부 12, 경찰승진 10/12, 경찰채용 22 1차]

대법원 1995.6.24, 94모33; 1996.3.11, 96모1; 1996.7.16, 96모53; 1997.4.22, 97모30
검사의 무혐의 불기소처분이 위법하다 하더라도 기소유예를 할 만한 사건이라면 재정신청 기각은 적법하다는 사례
공소를 제기하지 아니하는 검사의 처분의 당부에 관한 재정신청이 있는 경우에 법원은 검사의 무혐의 불기소처분이 위법하다 하더라도 기록에 나타난 여러 가지 사정을 고려하여 기소유예의 불기소처분을 할 만한 사건이라고 인정되는 경우에는 재정신청을 기각할 수 있다.

---

② 공소제기의 제한 : **기각결정이 확정**된 경우에는 **다른 중요한 증거를 새로 발견한 경우를 제외하고는 소추할 수 없다**(재정신청 기각결정 후 공소제기 제한, 동조 제4항, **다중–구/기/재**). [국가9급 14, 경찰채용 12 2차] 여기서 다른 중요한 증거는 새로 발견된 증거를 추가하면 충분히 유죄의 확신을 가지게 할 정도의 증거를 말하므로, 재정신청 기각결정의 정당성에 의문이 제기되거나 범죄피해자의 권리를 보호하기 위하여 형사재판절차를 진행할 필요가 있는 정도의 증거 정도로는 족하지 않으며, 관련 민사판결에서의 사실인정 및 판단도 그 자체만으로는 여기에 해당하지 않는다(대법원 2018.12.28, 2014도17182). 이는 **다른 피해자의 고소가 있었던 경우도 같다**(대법원 1967.7.25, 66도1222). 다만, 공소제기의 제한은 어디까지나 재정신청 기각결정이 확정된 사건으로 제한되며, **기각결정 대상이 되지 않은 사건**은 고소인의 고소내용에 포함되어 있었다 하더라도 **재기소제한규정의 대상이 되지 않으므로** 검사가 이에 대해 공소를 제기했다 하더라도 부적법한 것이 아니다(2012도14755).

⚖ 판례연구 재정신청 기각결정으로 인한 공소제기의 제한

1. 대법원 1967.7.25, 66도1222
재정신청 기각결정으로 인한 공소제기의 제한
1개의 고소로서 수인을 무고하여 피해자의 수만큼 무고죄가 성립한다 할지라도 피해자 중의 한 사람이 한 고소에 대하여 검사의 혐의 없다는 불기소처분이 있었고 이에 대한 고소인의 재정신청이 이유 없다 하여 기각된 이상 그 기각된 사건 내용과 동일한 사실로서는 소추할 수 없다 할 것이다.

2. 대법원 2015.9.10, 2012도14755 [법원9급 19, 변호사 24]
[1] 재정신청 기각결정에 의한 재기소제한규정의 취지
형사소송법 제262조 제4항 후문에서 재정신청 기각결정이 확정된 사건에 대하여 다른 중요한 증거를 발견한 경우를 제

---

1) [참고] 다만, 재정법원에 제출된 수사서류는 피의자 및 변호인에게는 필수적인 자료가 된다는 점에서 그 열람·등사의 허용 여부에 관한 논쟁의 여지는 남아있다. 입법론적 접근에 의한 명확한 해결이 필요한 부분으로 보인다.

외하고는 소추할 수 없도록 규정하고 있는 것은, 한편으로 법원의 판단에 의하여 재정신청 기각결정이 확정되었음에도 불구하고 검사의 공소제기를 제한 없이 허용할 경우 피의자를 지나치게 장기간 불안정한 상태에 두게 되고 유죄판결이 선고될 가능성이 낮은 사건에 사법인력과 예산을 낭비하게 되는 결과로 이어질 수 있음을 감안하여 재정신청 기각결정이 확정된 사건에 대한 검사의 공소제기를 제한하면서, 다른 한편으로 재정신청사건에 대한 법원의 결정에는 일사부재리의 효력이 인정되지 않는 만큼 피의사실을 유죄로 인정할 명백한 증거가 발견된 경우에도 재정신청 기각결정이 확정되었다는 이유만으로 검사의 공소제기를 전적으로 금지하는 것은 사법정의에 반하는 결과가 된다는 점을 고려한 것이다.

[2] 형사소송법 제262조 제4항 후문에서 말하는 '제2항 제1호의 결정이 확정된 사건'은 법원에서 심리와 판단이 현실적으로 이루어져 재정신청 기각결정의 대상이 된 사건만을 의미하는지 여부(적극)

형사소송법 제262조 제2항, 제4항과 형사소송법 제262조 제4항 후문의 입법 취지 등에 비추어 보면, 형사소송법 제262조 제4항 후문에서 말하는 '제2항 제1호의 결정이 확정된 사건'은 재정신청사건을 담당하는 법원에서 공소제기의 가능성과 필요성 등에 관한 심리와 판단이 현실적으로 이루어져 재정신청 기각결정의 대상이 된 사건만을 의미한다. 따라서 재정신청 기각결정의 대상이 되지 않은 사건은 형사소송법 제262조 제4항 후문에서 말하는 '제2항 제1호의 결정이 확정된 사건'이라고 할 수 없고, 재정신청 기각결정의 대상이 되지 않은 사건이 고소인의 고소내용에 포함되어 있었다 하더라도 이와 달리 볼 수 없다.

3. 대법원 2018.12.28, 2014도17182 [경찰승진 22]

법 제262조 제4항 후문에서 말하는 '다른 중요한 증거를 발견한 경우'의 의미

여기에서 '다른 중요한 증거를 발견한 경우'란 재정신청 기각결정 당시에 제출된 증거에 새로 발견된 증거를 추가하면 충분히 유죄의 확신을 가지게 될 정도의 증거가 있는 경우를 말하고, 단순히 재정신청 기각결정의 정당성에 의문이 제기되거나 범죄피해자의 권리를 보호하기 위하여 형사재판절차를 진행할 필요가 있는 정도의 증거가 있는 경우는 여기에 해당하지 않는다. 그리고 관련 민사판결에서의 사실인정 및 판단은, 그러한 사실인정 및 판단의 근거가 된 증거자료가 새로 발견된 증거에 해당할 수 있음은 별론으로 하고, 그 자체가 새로 발견된 증거라고 할 수는 없다.

(2) 공소제기결정 및 공소시효정지

① 공소제기결정 : 신청이 이유 있는 때에는 사건에 대한 공소제기를 결정한다(동조 제2항 제2호). 종래에는 부심판결정이었으나 2007년 개정에 의해 공소제기결정으로 변경되었음은 기술한 바와 같다. 공소제기를 결정한 때에는 죄명과 공소사실이 특정될 수 있도록 이유를 명시하여야 한다(규칙 제122조).

② 공소시효정지 : 공소제기결정이 있는 때에는 공소시효에 관하여 **그 결정이 있는 날에 공소가 제기된 것으**로 보아(제262조의4 제2항) 공소제기결정일로부터 **공소시효 정지의 효과**가 발생한다. [해경간부 12, 경찰승진 10, 경찰채용 12 1차]

4. 재정결정서 송부

법원은 재정결정 후 즉시 그 정본을 재정신청인, 피의자와 관할 지방검찰청 검사장 또는 지청장에게 송부하여야 한다. 이 경우 공소제기결정을 한 때에는 **관할 지방검찰청 검사장 또는 지청장에게 사건기록을 함께 송부**하여야 한다(제262조 제5항). 종래에는 사건기록을 관할법원에 송부하였으나 이는 공소장일본주의에 반할 수 있다는 점을 고려한 개정법의 내용이다.

5. 재정결정에 대한 불복

(1) 기각결정에 대한 불복 : 종래 불복할 수 없다고 규정되어 있어서(제262조 제4항 제1문) 학설의 대립이 있었던 부분이나, 헌법재판소의 한정위헌결정(헌법재판소 2011.11.24, 2008헌마578)에 따라 **2016.1.6. 개정**에 의해 **제415조에 따른 즉시항고를 할 수 있다**는 규정이 명문화되었다(제262조 제4항).[1] 따라서 고등법원의 재정신청 기각결정에 영향을 미친 헌법·법률·명령 또는 규칙의 위반이 있음을 이유로 하는 때에 한하여 대법원에 즉시항고를 할 수 있다(제415조). [법원승진 11, 국가7급 12, 국가9급 14/08]

(2) 공소제기결정에 대한 불복 : **허용되지 않는다**(제262조 제4항). 즉, 공소제기결정에 대하여 재항고가 제기된 경우에는 재항고 제기가 법률상 방식에 위반한 것이 명백한 때에 해당하므로 결정으로 이를 기각하여야 한다(대법원 2012.10.29, 2012모1090). [경찰채용 12 1차]

---

1) [참고] 헌법 제107조 제2항 : 명령·규칙 또는 처분이 헌법이나 법률에 위반되는 여부가 재판의 전제가 된 경우에는 대법원은 이를 최종적으로 심사할 권한을 가진다.

판례연구 공소제기결정에 대한 불복은 허용되지 아니한다는 사례

1. 대법원 2010.11.11, 2009도224

고등법원의 공소제기결정에 대한 불복은 불가하다는 사례 : 재정신청서 기재요건을 위반한 재정신청을 인용한 공소제기결정의 잘못을 본안사건에서 다툴 수 없음(원칙)

법원이 재정신청서에 재정신청을 이유 있게 하는 사유가 기재되어 있지 않음에도 이를 간과한 채 법 제262조 제2항 제2호 소정의 공소제기결정을 한 관계로 그에 따른 공소가 제기되어 본안사건의 절차가 개시된 후에는, 다른 특별한 사정이 없는 한 이제 그 본안사건에서 위와 같은 잘못을 다툴 수 없다. 그렇지 아니하고 위와 같은 잘못을 본안사건에서 다툴 수 있다고 한다면 이는 재정신청에 대한 결정에 대하여 그것이 기각결정이든 인용결정이든 불복할 수 없도록 한 같은 법 제262조 제4항의 규정취지에 위배하여 형사소송절차의 안정성을 해칠 우려가 있기 때문이다. 또한 위와 같은 잘못은 본안사건에서 공소사실 자체에 대하여 무죄, 면소, 공소기각 등을 할 사유에 해당하는지를 살펴 무죄 등의 판결을 함으로써 그 잘못을 바로잡을 수 있다. 뿐만 아니라 본안사건에서 심리한 결과 범죄사실이 유죄로 인정되는 때에는 이를 처벌하는 것이 오히려 형사소송의 이념인 실체적 정의를 구현하는 데 보다 충실하다는 점도 고려하여야 한다. … 재정신청서에 법 제260조 제4항에 정한 사항의 기재가 없어 법원으로서는 그 재정신청이 법률상의 방식에 위배된 것으로서 이를 기각하여야 함에도, 심판대상인 사기 부분을 포함한 고소사실 전부에 관하여 공소제기결정을 한 잘못이 있고 나아가 그 결정에 따라 공소제기가 이루어졌다 하더라도, 공소사실에 대한 실체판단에 나아간 제1심판결을 유지한 원심의 조치는 정당하다.

2. 대법원 2017.11.14, 2017도13465 [국가9급개론 19]

재정신청 대상사건이 아님에도 공소제기결정을 한 사례

법원이 재정신청 대상 사건이 아님에도 이를 간과한 채 형사소송법 제262조 제2항 제2호에 따라 공소제기결정을 하였더라도, 그에 따른 공소가 제기되어 본안사건의 절차가 개시된 후에는 다른 특별한 사정이 없는 한 본안사건에서 위와 같은 잘못을 다툴 수 없다.

Ⅳ 검사의 지정 및 공소의 제기와 유지

1. 검사의 지정

공소제기결정에 따른 재정결정서를 송부받은 관할 지방검찰청 검사장 또는 지청장은 **지체 없이 담당검사를 지정**하여야 한다(동조 제6항). [국가7급 08, 국가9급 14, 경찰채용 11 2차]

2. 검사의 공소의 제기와 유지

(1) 기소강제주의 : 고등법원의 공소제기결정이 있다고 하여 공소제기가 있는 것은 의제되는 것(종래의 부심판결정)이 아니라, 담당검사로 지정받은 **검사**(기소독점주의 유지)는 **공소를 제기하여야 한다**(동조 제6항)(기소강제주의 ∴ 기소편의주의의 예외). [국가9급 08]

(2) 공소취소의 금지 : 공소제기결정에 따라 검사가 **공소를 제기한 때에는 이를 취소할 수 없다**(제264조의2 : 기소강제주의의 효력인 공소유지의무). [법원9급 08, 경찰승진 12, 경찰채용 12 2·3차] 다만, 공소장변경(대법원 1989.3.14, 88도2428)이나 상소까지 제한되는 것은 아니다.

Ⅴ 재정신청인의 비용부담

1. 제도의 취지

2007년 개정법에서 재정신청 대상범죄가 전면 확대됨에 따라 예상될 수 있는 재정신청의 남용에 대한 억제책으로서 검찰항고전치주의가 신설되었을 뿐만 아니라 재정신청인에게 국가 또는 피의자의 비용을 부담하게 하는 조항도 마련되었다.

2. 비용부담

(1) 국가에 대한 비용부담 : 법원은 **재정신청기각결정 또는 재정신청의 취소**가 있는 경우에는 결정으로 재정신청인에게 신청절차에 의하여 생긴 비용의 전부 또는 일부를 부담하게 할 수 있다(제262조의3 제1항).[1] 임의

---

1) [참고] 규칙 제122조의2(국가에 대한 비용부담의 범위) 법 제262조의3 제1항에 따른 비용은 다음 각 호에 해당하는 것으로 한다.
    1. 증인·감정인·통역인·번역인에게 지급되는 일당·여비·숙박료·감정료·통역료·번역료

적 부담규정이므로, 부담하게 해야 하는 것은 아니다. [경찰채용 08 2차/10 1차/12 1차/14 2차]

(2) 피의자에 대한 비용부담 : 법원은 직권 또는 피의자의 신청에 따라 재정신청인에게 피의자가 재정신청절차에서 부담하였거나 부담할 변호인선임료(규칙 제122조의4) 등 비용의 전부 또는 일부의 지급을 **명할 수 있다**(제262조의3 제2항).[1]

3. 비용부담 결정에 대한 불복

법원의 비용부담 결정에 대하여는 **즉시항고**를 할 수 있다(제262조의3 제3항)(**집공기참정상선비재재구감, 비 : 비용/과태료/보상/배상**). [국가7급 12, 경찰승진 11/13, 경찰채용 12 3차]

제**3**절 │ 공소제기의 방식

01 공소장의 제출

Ⅰ 서면주의

공소를 제기함에는 공소장을 관할법원에 제출하여야 한다(제254조 제1항). 즉, 공소장(公訴狀)이라는 검사의 기명날인 또는 서명이 있는(제57조 제1항, 2010도17052) **서면에 의하여야** 하며, 급속을 요하는 경우라 하더라도 구술에 의할 수 없고 [국가9급 07], **전자적 형태의 문서가 저장된 저장매체 자체를 제출하는 방식에 의할 수 없다**(대법원 2016.12.15, 2015도3682). 이는 심판의 대상을 서면에 명확히 기재함으로써 법원으로 하여금 **심판범위를 확정**할 수 있도록 하고, 피고인으로 하여금 **방어 준비를 철저**히 할 수 있도록 하려는 데에 그 제도의 취지가 있다.

> **판례연구** 검사의 서명 또는 날인 또는 간인의 누락 관련 판례
>
> **1. 대법원 2007.10.25, 2007도4961; 2012.9.27, 2010도17052; 2021.12.16, 2019도17150** [국가9급 18]
>
> 검사의 기명날인 또는 서명이 누락된 공소장이 관할법원에 제출된 경우, 공소제기의 효력(= 원칙적 무효) 및 이때 검사가 공소장에 기명날인 또는 서명을 추완한 경우, 공소제기의 효력(= 유효)
>
> ① 형사소송법 제254조 제1항은 "공소를 제기함에는 공소장을 관할법원에 제출하여야 한다"라고 정한다. 한편 형사소송법 제57조 제1항은 "공무원이 작성하는 서류에는 법률에 다른 규정이 없는 때에는 작성 연월일과 소속공무소를 기재하고 기명날인 또는 서명하여야 한다."라고 정하고 있다. 여기서 '공무원이 작성하는 서류'에는 검사가 작성하는 공소장이 포함되므로, 검사의 기명날인 또는 서명이 없는 상태로 관할법원에 제출된 공소장은 형사소송법 제57조 제1항에 위반된 서류라 할 것이다. 그리고 이와 같이 법률이 정한 형식을 갖추지 못한 공소장 제출에 의한 공소의 제기는 특별한 사정이 없는 한 그 절차가 법률의 규정에 위반하여 무효인 때(제327조 제2호)에 해당한다. 다만, ② 이 경우 공소를 제기한 검사가 공소장에 기명날인 또는 서명을 추완하는 등의 방법에 의하여 공소의 제기가 유효하게 될 수 있다.

---

2. 현장검증 등을 위한 법관, 법원사무관 등의 출장경비
3. 그 밖에 재정신청 사건의 심리를 위하여 법원이 지출한 송달료 등 절차진행에 필요한 비용

1) 규칙 제122조의4(피의자에 대한 비용지급의 범위) ① 법 제262조의3 제2항과 관련한 비용은 다음 각 호에 해당하는 것으로 한다.
  1. 피의자 또는 변호인이 출석함에 필요한 일당·여비·숙박료
  2. 피의자가 변호인에게 부담하였거나 부담하여야 할 선임료
  3. 기타 재정신청 사건의 절차에서 피의자가 지출한 비용으로 법원이 피의자의 방어권행사에 필요하다고 인정한 비용
  ② 제1항 제2호의 비용을 계산함에 있어 선임료를 부담하였거나 부담할 변호인이 여러 명이 있는 경우에는 그 중 가장 고액의 선임료를 상한으로 한다.
  ③ 제1항 제2호의 변호사 선임료는 사안의 성격·난이도, 조사에 소요된 기간 그 밖에 변호인의 변론활동에 소요된 노력의 정도 등을 종합적으로 고려하여 상당하다고 인정되는 금액으로 정한다.

2. 대법원 2021.12.16, 2019도17150

공소장에 공소를 제기한 검사의 기명만 있을 뿐 서명 또는 날인이 없는 경우 이러한 하자에 대한 추후 보완 요구는 법원의 의무가 아니다. 따라서 이 부분 공소는 공소제기의 절차가 법률의 규정을 위반하여 무효인 때에 해당한다.

3. 대법원 2021.12.30, 2019도16259 [국가9급 23]

공소장에 공소제기 검사의 간인이 일부 누락된 사건

공소를 제기하려면 공소장을 관할법원에 제출하여야 한다(법 제254조 제1항). 공무원이 작성하는 서류에는 간인하거나 이에 준하는 조치를 하여야 한다(법 제57조 제2항). 여기서 '공무원이 작성하는 서류'에는 검사가 작성하는 공소장이 포함된다(대법원 2007.10.25, 2007도4961; 2012.9.27, 2010도17052). '간인(間印)'은 서류작성자의 간인으로서 1개의 서류가 여러 장으로 되어 있는 경우 그 서류의 각 장 사이에 겹쳐서 날인하는 것이다. 이는 서류 작성 후 그 서류의 일부가 누락되거나 교체되지 않았다는 사실을 담보하기 위한 것이다. 따라서 공소장에 검사의 간인이 없더라도 그 공소장의 형식과 내용이 연속된 것으로 일체성이 인정되고 동일한 검사가 작성하였다고 인정되는 한 그 공소장을 형사소송법 제57조 제2항에 위반되어 효력이 없는 서류라고 할 수 없다. 이러한 공소장 제출에 의한 공소제기는 그 절차가 법률의 규정에 위반하여 무효인 때(법 제327조 제2호)에 해당한다고 할 수 없다.

🔨 판례연구 공소의 제기는 공소장이라는 서면에 의하여야 한다는 사례

1. 대법원 2016.12.15, 2015도3682 [법원9급 21, 국가7급 17]

형사소송법이 공소제기에 관하여 서면주의와 엄격한 요식행위를 채용한 것은 앞으로 진행될 심판의 대상을 서면에 명확하게 기재하여 둠으로써 법원의 심판 대상을 명백하게 하고 피고인의 방어권을 충분히 보장하기 위한 것이므로, 서면인 공소장의 제출은 공소제기라는 소송행위가 성립하기 위한 본질적 요소라고 보아야 한다. 또한 이와 같은 절차법이 정한 절차에 따라 재판을 받을 권리는 헌법 제27조 제1항이 규정하는 '법률에 의한 재판을 받을 권리'에 해당한다. 따라서 서면인 공소장의 제출 없이 공소를 제기한 경우에는 이를 허용하는 특별한 규정이 없는 한 공소제기에 요구되는 소송법상의 정형을 갖추었다고 할 수 없어 소송행위로서의 공소제기가 성립되었다고 볼 수 없다. 검사가 공소사실의 일부가 되는 범죄일람표를 컴퓨터 프로그램을 통하여 열어보거나 출력할 수 있는 전자적 형태의 문서로 작성한 후, 종이문서로 출력하여 제출하지 아니하고 전자적 형태의 문서가 저장된 저장매체 자체를 서면인 공소장에 첨부하여 제출한 경우에는, 서면인 공소장에 기재된 부분에 한하여 공소가 제기된 것으로 볼 수 있을 뿐이고, 저장매체에 저장된 전자적 형태의 문서 부분까지 공소가 제기된 것이라고 할 수는 없다. 이러한 형태의 공소제기를 허용하는 별도의 규정이 없을 뿐만 아니라, 저장매체나 전자적 형태의 문서를 공소장의 일부로서의 '서면'으로 볼 수도 없기 때문이다. 이는 전자적 형태의 문서의 양이 방대하여 그와 같은 방식의 공소제기를 허용해야 할 현실적인 필요가 있다거나 피고인과 변호인이 이의를 제기하지 않고 변론에 응하였다고 하여 달리 볼 것도 아니다. 그리고 형사소송규칙 제142조에 따르면 검사가 공소장을 변경하고자 하는 때에는 그 취지를 기재한 서면인 공소장변경허가신청서를 법원에 제출함이 원칙이고, 피고인이 재정하는 공판정에서 피고인에게 이익이 되거나 피고인이 동의하는 예외적인 경우에 구술에 의한 신청이 허용될 뿐이므로, 앞서 본 법리는 검사가 공소장변경허가신청서에 의한 공소장변경허가를 구하면서 변경하려는 공소사실을 전자적 형태의 문서로 작성하여 그 문서가 저장된 저장매체를 첨부한 경우에도 마찬가지로 적용된다. 나아가 검사가 위와 같은 방식으로 공소를 제기하거나 공소장변경허가신청서를 제출한 경우, 법원은 저장매체에 저장된 전자적 형태의 문서 부분을 고려함이 없이 서면인 공소장이나 공소장변경신청서에 기재된 부분만을 가지고 공소사실 특정 여부를 판단하여야 한다. 만일 공소사실이 특정되지 아니한 부분이 있다면, 검사에게 석명을 구하여 특정을 요구하여야 하고, 그럼에도 검사가 이를 특정하지 않는다면 그 부분에 대해서는 공소를 기각할 수밖에 없다.

2. [유사판례] 대법원 2017.2.15, 2016도19027

검사가 전자문서나 저장매체를 이용하여 공소를 제기한 경우, 법원이 취할 조치

공소제기에 관하여 전자문서나 전자매체를 이용할 수 있도록 한 입법적 조치는 마련되어 있지 않다. 따라서 검사가 전자문서나 저장매체를 이용하여 공소를 제기한 경우, 법원은 저장매체에 저장된 전자문서 부분을 제외하고 서면인 공소장에 기재된 부분만으로 공소사실을 판단하여야 한다. 만일 그 기재 내용만으로는 공소사실이 특정되지 않은 부분이 있다면 검사에게 특정을 요구하여야 하고, 그런데도 검사가 특정하지 않는다면 그 부분에 대해서는 공소를 기각할 수밖에 없다.

II 첨부서류(공-부/변/구)

1. 공소장부본

공소장에는 **피고인의 수에 상응하는 부본**을 첨부하여야 한다(제254조 제2항). 법원은 공소의 제기가 있는 때에는 **지체 없이(적어도 1회 공판기일 전 5일까지)** 공소장의 부본을 **피고인 또는 변호인**에게 송달한다(제266조).

2. 변호인선임서

공소제기 전에 변호인이 선임되거나 보조인의 신고가 있는 경우 그 **변호인선임서**(보정적 추완 ×) 또는 **보조인신고서**를, 공소제기 전에 특별대리인의 선임이 있는 경우 그 **특별대리인 선임결정등본**을 공소장에 첨부하여야 한다(규칙 제118조 제1항).

3. 구속에 관한 서류

공소제기 당시 피고인이 구속되어 있거나, 체포 또는 구속된 후 석방된 경우 체포영장, 긴급체포서, 구속영장 기타 **구속에 관한 서류**를 공소장에 첨부하여야 한다(규칙 제118조 제1항).

---

02 | 공소장의 기재사항

I 의 의

공소장에는 ① 그 **필요적 기재사항**으로서 **피고인**의 성명 기타 피고인을 특정할 수 있는 사항, **죄명, 공소사실, 적용법조**를 기재하여야 한다(제254조 제3항). 이외에도 **피고인의 구속 여부**도 기재하여야 한다(규칙 제117조 제1항 제2호). 다만, 형사소송법 제254조 제3항은 공소장에 동항 소정의 사항들을 필요적으로 기재하도록 한 규정에 불과하고 **그 이외의 사항의 기재를 금지하고 있는 규정은 아니다**(대법원 1983.11.8, 83도1979).[1] 또한 공소장에는 ② 그 **임의적 기재사항**으로서 수개의 범죄사실과 적용법조를 **예비적 또는 택일적으로 기재**할 수 있다(제254조 제5항). 예를 들면, 다음 페이지와 같다.[2]

II 필요적 기재사항

1. 피고인의 성명 기타 피고인을 특정할 수 있는 사항

(1) 피고인을 특정할 수 있는 사항 : 피고인의 주민등록번호 등, 직업, 주거 및 등록기준지를 기재하여야 하고, 피고인이 법인인 때에는 사무소 및 대표자의 성명과 주소를 기재하여야 한다. 이러한 사항이 명백하지 아니할 때에는 그 취지를 기재하여야 한다(규칙 제117조). 피고인의 인상·체격의 묘사나 사진의 첨부 등으로 특정할 수도 있다.

(2) 특정의 정도 : 피고인과 타인을 구별할 수 있을 정도이면 된다. 만일 피고인이 타인의 **성명을 모용한 경우**에는 검사가 피고인표시정정을 하지 않으면 피고인이 **특정되었다고 할 수 없다**.[3]

(3) 불특정의 효과 : 공소제기의 절차가 법률의 규정에 위반하여 무효인 때에 해당하므로 법원은 **공소기각의 판결**(결정 ×)로써 형사절차를 종료한다(제327조 제2호). [국가9급 07]

---

[1] [보충] 따라서 공소시효가 완성된 범죄사실을 공소범죄 사실 이외의 사실로 기재한 공소장이 위 형사소송법 제254조 제3항의 규정에 위배된다고 볼 수 없다(위 판례).

[2] 사법연수원, 검찰서류작성례, 2013년, 109, 110면.

[3] [정리] 성명모용 : ① A가 B의 성명으로 사칭한 경우, 모용자 A가 피고인, 피모용자 B는 피고인이 아니다. 모용자 A가 출석한 경우 검사는 공소장의 피고인 표시를 정정하면 족하고 공소장변경에 의할 것은 아니다(대법원 1993.1.19, 92도2554). [국가7급 08/09] ② 검사가 공소장 표시정정 절차를 밟지 아니한 경우에는 공소제기의 방식이 제254조의 규정에 위반하여 무효(피고인 특정 ×)이므로 법원은 공소기각판결을 선고한다(대법원 1993.1.19, 92도2554). ③ 약식명령에 대해 피모용자 B가 정식재판을 청구하여 공판정에 출석한 경우에는, 모용자에 대한 약식명령 송달은 없었으므로 모용자인 A에 대한 약식절차를 계속 진행하여, 검사가 공소장의 피고인 표시를 정정하면 법원은 약식명령의 피고인 표시를 경정(규칙 제25조)한 다음, 본래의 약식명령정본과 위 경정결정을 모용자 A에게 송달하면 이때 약식명령의 적법한 송달이 있다고 보고, 소정의 기간 내 정식재판청구가 없으면 약식명령은 확정된다(약식절차설, 대법원 1993.1.19, 92도2554). 이 경우 피모용자 B에 대해서는 제327조 제2호를 유추적용하여 공소기각판결을 내려 피모용자 B의 불안정한 지위를 명확히 해소하도록 한다.

서 울 중 앙 지 방 검 찰 청

2016. 2. 27.

사건번호   2016년 형제26876호
수 신 자   서울중앙지방법원   발 신 자
                                              검   사   사연생 _____(인)

제   목   **공소장**
          아래와 같이 공소를 제기합니다.

I. 피의자 관련사항

피 고 인   김창환 (740709-1378512), 41세

               직   업   무직, 010-254-5498

               주   거   일정하지 아니함

               등록기준지   서울특별시 종로구 북촌로 35

죄   명   절도(예비적 죄명 : 장물취득)

적용법조   형법 제329조(예비적 적용법조 : 형법 제362조 제1항)

구속여부   2016. 2. 14. 구속 (2016. 2. 13. 체포)

변 호 인   변호사 박병동

II. 공소사실

   피고인은 2016. 2. 13. 10 : 00경 서울특별시 용산구 후암로 32-6에 있는 피해자 이호근의 집 앞길에서, 그곳에 세워져 있는 피해자 소유인 시가 1,000,000원 상당의 중고 일제 산악용 자전거 1대를 끌고 가서 절취하였다.

예비적 공소사실

   피고인은 2016. 2. 13. 12 : 00경 서울특별시 중구 청파로 426 서울역 앞 광장에서, 성명을 알 수 없는 남자(25세 가량)로부터 그가 다른 곳에서 훔쳐 온 피해자 이호근 소유인 시가 1,000,000원 상당의 중고 일제 산악용 자전거 1대를 그것이 장물이라는 사실을 알면서도 대금 50,000원에 매수하여 장물을 취득하였다.

III. 첨부서류

   1. 현행범인인수서 1통
   2. 구속영장(체포된 피의자용) 1통
   3. 피의자수용증명 1통
   4. 국선변호인선정결정 1통 (인)

사법연수원, 검찰서류작성례, 2017년, p. 107~108

2. 죄 명

(1) **기재방법** : 죄명은 적용법조와 함께 심판대상을 정하는 보조적 기능을 한다. 공소사실이 복수인 경우에는 명시된 공소사실의 죄명을 모두 표시하여야 한다. 죄명은 대검찰청예규 "공소장 및 불기소장기재죄명에 관한 예규"에 따른다.

(2) **오기재의 효과** : 죄명은 심판대상을 정하는 데 보조적 기능을 하는 것에 불과하고 심판대상의 법률적 구성은 수소법원의 권한에 속하므로, 죄명기재에 오류가 있어도 공소제기는 유효하다.

3. 공소사실

(1) **의의** : 법원에 심판을 청구하는 사실로서 공소장에 기재되어 있는 구체적 범죄사실을 말한다. 검사가 범죄의 특별구성요건에 해당시켜 공소장에 기재한 범죄사실이므로, 공소장에 기재되어 있는 공소사실은 **법원의 현실적 심판의 대상**이 된다.

(2) 기재방법

① 공소사실의 특정 : 공소사실의 기재는 **범죄의 시일, 장소와 방법을 명시**하여 사실을 특정할 수 있도록 하여야 한다(제254조 제4항).[1] 이는 법원에 대하여는 심판의 대상을 명확히 함으로써 심판의 능률과 신속을 기하는 동시에 피고인에 대하여는 방어의 범위를 특정하여 그 방어권 행사를 용이하게 하려는 데 그 취지가 있다. [법원행시 04]

② 특정의 정도

(가) 의의 : 특정은 공소사실이 **다른 범죄사실과 구별될 수 있을 정도**, 즉 공소사실의 동일성을 인식할 수 있고 범죄구성요건을 밝히는 정도이면 족하다(대법원 1996.5.31, 96도197). 따라서 ㉠ 일시는 **이중기소나 시효에 저촉되지 않는 정도**, [법원행시 04] ㉡ 장소는 **토지관할**을 가름할 수 있는 정도, ㉢ 방법에 있어서는 **범죄구성요건을 밝히는 정도** 등으로 기재하면 족하다(대법원 1989.6.13, 89도112; 1989.12.12, 89도2020; 1992.2.14, 92도1532). [국가9급 08, 경찰승진 13] 또한 공소사실의 **일부가 다소 불명확하게 적시**되어 있다 하더라도 그와 함께 적시된 다른 사항들에 의하여 그 공소사실을 특정할 수 있는 한 그 공소제기는 효력이 있으므로(대법원 1987.1.20, 86도2260 등) [국가7급 15, 경찰채용 14 1차], 공소범죄의 성격에 비추어 그 **개괄적 표시가 부득이하며** 또한 그에 대한 피고인의 방어권 행사에 지장이 없다고 여겨지는 경우에는 그 공소내용이 특정되지 않았다고 할 수 없다(대법원 1991.10.25, 91도2085; 2006. 6.2, 2006도48).

★ 판례연구 공소사실의 특정의 정도

1. 대법원 1989.6.13, 89도112; 1989.12.12, 89도2020

공소사실이 개괄적으로 표시되었으나 피고인의 방어권 행사에 지장이 없는 경우와 공소제기 절차의 무효 여부

공소장에 기재된 범죄의 시일, 장소, 방법 등이 구체적으로 적시되지 아니한 경우라 하더라도 범죄의 시일, 장소, 방법의 기재를 필요로 한 정도에 반하지 아니하고 더구나 공소범죄의 성격에 비추어 위 세 가지 요소의 개괄적 표시가 부득이하며 또한 그에 대한 피고인의 방어권 행사에 지장이 없다고 보이는 경우에는 그같은 공소내용을 공소제기절차위반으로 무효라고 판단하여서는 아니 된다.

2. 대법원 1987.1.20, 86도2260; 1999.4.23, 99도82; 2001.2.23, 2000도6113; 2005.12.22, 2003도3984; 2006.3.9, 2005도8675; 2006.4.28, 2005도4085; 2006.4.14, 2005도9561

공소사실의 특정의 정도

공소사실의 특정은 공소의 원인이 된 사실을 다른 공소사실과 구별할 수 있는 정도로 그 시기, 장소, 방법, 목적, 물건 등을 적시하여 일응 특정하게 하면 족한 것이고 그 일부가 다소 불명확하게 적시되어 있다 하더라도 그와 함께 적시된 다른 사항들에 의하여 그 공소사실을 특정할 수 있는 한 그 공소제기의 효력에는 아무 영향이 없다.

★ 판례연구 개괄적 표시가 부득이하다는 사례 − 폭력단체구성 · 가정내성폭력 · 문서위조 · 유가증권위조 · 살인

1. 대법원 1991.10.25, 91도2085

폭력행위 등 범죄를 목적으로 하는 단체를 구성하였다는 요지의 폭력행위 등 처벌에 관한 법률 제4조 제1호 위반 공소사실에 관하여 그 범죄의 시일이 '1985.1.3. 이후 같은 해 월일 불상경'으로, 범죄장소가 "수원지 북문소재 장소 불상지"로 다소 구체적으로 적시되지 않았다 하더라도 이 범죄의 성격 및 위에서 밝힌 법리에 비추어 소론과 같이 공소사실이 특정되지 않아 공소제기가 위법하다고는 볼 수 없다.

> 유사판례 대법원 1994.9.23, 94도1853 : 여수 신시민파 사건

2. 대법원 2006.4.14, 2005도9561

검사는 범죄 일시를 "2002.10. 중순 일자불상경" 또는 "2003.2. 중순경"으로, 범죄 장소를 "대전 서구 관저동 (번지 생략) 피고인의 집"이라고 기재하여 범죄 · 일시 및 장소를 가능한 한 구체적으로 특정하였는바, 은밀하게 이루어지는 가정 내 성폭력 범죄의 성격 등에 비추어 보아 이 사건 공소사실은 법원의 심판의 대상을 한정하고 피고인에게 방어의 범위를 특정하여 피고인의

---

1) [참고] 고소는 범죄사실은 특정되어야 하지만 일시 · 장소 · 방법 · 피고소인의 구체적 특정을 요하지 않았음은 기술하였다. 이것이 수사를 통해 특정되어 그 종결처분으로 공소제기를 할 때에는 공소장에 모두 특정되어야 하는 것이다.

방어권 행사에 지장이 없을 정도로 특정되었다 할 것이다.

3. 대법원 2006.6.2, 2006도48

문서위조죄는 피고인들이 그 범행을 자백하지 아니한 이상 언제 어디에서 문서를 위조한 것인지 알기가 어려우며 그 범죄일시를 일정한 시점으로 특정하기 곤란하여 부득이하게 개괄적으로 표시할 수밖에 없으므로 유가증권위조의 점에 관한 공소사실의 범죄의 일시를 '2000. 초경부터 2003.3.경 사이에'로 비교적 장기간으로 기재하였으나 공소사실이 불특정된 것으로 볼수 없다.

4. 대법원 2008.3.27, 2008도507; 1986.8.19, 86도1073

살인죄에 있어 범죄의 일시·장소와 방법은 범죄의 구성요건이 아닐 뿐만 아니라 이를 구체적으로 명확히 인정할 수 없는 경우에는 개괄적으로 설시하여도 무방하다.

✦ 판례연구 공소사실의 특정을 인정하지 않은 사례

I. 범죄의 일시·장소 등이 특정되지 않았다는 사례

1. 대법원 2000.11.24, 2000도2119 [국가9급 11]

메스암페타민 양성반응에 의해 체포시로부터 역으로 추산한 전 기간을 범행일시로 한 것은 위법하다는 사례

검사가 단지 길이 4~7cm인 피고인의 모발을 대상으로 실험을 한 결과 메스암페타민 양성반응이 나왔다는 국립과학수사연구소의 감정 결과만에 기초하여 위 정도 길이의 모발에서 메스암페타민이 검출된 경우 그 사용가능한 기간을 체포시로부터 역으로 추산한 다음 그 전 기간을 범행일시로 하고, 위 기간 중의 피고인의 행적에 대하여도 별다른 조사를 하지 아니한 채 피고인의 주거지인 의왕시를 범행장소로 하여 공소를 제기한 것은 공소사실이 특정된 것이라고 볼 수 없다.

> 유사판례 1 대법원 2012.4.26, 2011도11817 : 피고인이 필로폰을 투약하였다고 하여 마약류 관리에 관한 법률 위반(향정)으로 기소되었는데, 공소장에 범행일시를 모발감정 결과에 기초하여 투약가능기간을 역으로 추정한 '2010. 11.경'으로, 투약장소를 '부산 사하구 이하 불상지'로 기재한 경우, 마약류 투약범죄의 특성 등에 비추어 공소사실이 특정되었다고 보기 어렵다는 점에서 공소를 기각한 원심판단은 정당하다. [국가9급 15]

> 유사판례 2 대법원 2009.5.14, 2008도10885 : 범행일시를 모발에서 메스암페타민이 검출될 수 있는 일정 범위의 기간 내로, 범행장소를 그 기간 동안 주로 생활한 곳 일원으로, 투약량 및 투약방법을 불상으로 하여 공소를 제기한 것은 공소사실이 특정되었다고 볼 수 없다. [국가9급 11]

2. 대법원 2017.3.15, 2017도44

마약류 투약범죄에서 모발감정결과만을 토대로 마약류 투약기간을 추정하고 유죄로 판단할 때 고려할 사항

마약류 투약사실을 밝히기 위한 모발감정은 검사 조건 등 외부적 요인에 의한 변수가 작용할 수 있고, 그 결과에 터 잡아 투약가능기간을 추정하는 방법은 모발의 성장속도가 일정하다는 것을 전제로 하고 있으나 실제로는 개인에 따라 적지 않은 차이가 있고, 동일인이라도 모발의 채취 부위, 건강상태 등에 따라 편차가 있으며, 채취된 모발에도 성장기, 휴지기, 퇴행기 단계의 모발이 혼재함으로 인해 정확성을 신뢰하기 어려운 문제가 있다. 또한 모발감정결과에 기초한 투약가능기간의 추정은 수십 일에서 수개월에 걸쳐 있는 경우가 많은데, 마약류 투약범죄의 특성상 그 기간 동안 여러 번의 투약가능성을 부정하기 어려운 점에 비추어 볼 때, 그와 같은 방법으로 추정한 투약가능기간을 공소제기된 범죄의 범행시기로 인정하는 것은, 피고인의 방어권 행사에 현저한 지장을 초래할 수 있고, 매 투약 시마다 별개의 범죄를 구성하는 마약류 투약범죄의 성격상 이중기소 여부나 일사부재리의 효력이 미치는 범위를 판단하는 데에도 곤란한 문제가 생길 수 있다. 그러므로 모발감정결과만을 토대로 마약류 투약기간을 추정하고 유죄로 판단하는 것은 신중하여야 한다.

3. 대법원 2022.11.17, 2022도8257

범죄의 '일시'가 공소시효 완성 여부를 판별할 수 없을 정도로 개괄적으로 기재된 경우

공소사실의 기재는 범죄의 일시, 장소와 방법을 명시하여 사실을 특정할 수 있도록 하여야 하고, 이와 같이 공소사실의 특정을 요구하는 법의 취지는 법원에 대하여 심판의 대상을 한정하고 피고인에게 방어의 범위를 특정하여 그 방어권 행사를 쉽게 해 주기 위한 데에 있는 것이므로, 범죄의 '일시'는 이중기소나 시효에 저촉되는지 식별할 수 있을 정도로 기재하여야 한다. 따라서 범죄의 '일시'가 공소시효 완성 여부를 판별할 수 없을 정도로 개괄적으로 기재되었다면 공소사실이 특정되었다고 볼 수 없다. 공소사실이 특정되지 아니한 부분이 있다면, 법원은 검사에게 석명을 구하여 특정을 요구하여야 하고, 그럼에도 검사가 이를 특정하지 않는다면 그 부분에 대해서는 공소를 기각할 수밖에 없다.[1]

---

1) [보충] 원심이 유죄로 인정한 위 업무방해죄의 법정형은 형법 제314조 제1항에 따라 5년 이하의 징역 또는 1,500만 원 이하의 벌금이므로 형사소송법 제249조 제1항 제4호에 의하면 공소시효가 7년인데, 이 부분 공소는 2020. 12. 30. 제기되었다. 위 공소사실은 반복적 행위, 수일에 걸쳐 발생한 행위가 아니라 특정일에 발생한 행위이므로, 범행일이 2013. 12. 31. 이후인지 여부에 따라 공소시효의 완성 여부가 달라지는데, 이 부분

4. 대법원 2023.4.27, 2023도2102

선행판결의 범죄사실과 공소사실의 범행 일시가 겹칠 가능성이 있는 경우의 문제

피고인은 "2021.6.10. 19:00경부터 같은 날 20:00경 사이에 경북(주소 생략)에서 일회용 주사기에 향정신성의약품인 메트암페타민 약 0.05g을 넣고 생수로 희석해 자신의 오른팔에 주사하는 방법으로 이를 투약하였다."라는 등의 범죄사실로 2021. 10.19. 징역 2년을 선고받아 2022.4.7. 그 판결이 확정되었다. 이후 이 사건에서 검사는 "피고인이 2021.3.경부터 같은 해 6.경 사이에 경북(주소 생략)에서 일회용 주사기에 향정신성의약품인 메트암페타민 약 0.05g을 넣고 생수로 희석하여 자신의 오른팔에 주사하는 방법으로 총 2회에 걸쳐 이를 투약하였다."라는 공소사실로 공소를 제기하였다. … 공소사실의 기재는 범죄의 일시, 장소와 방법을 명시하여 사실을 특정할 수 있도록 하여야 하고(형사소송법 제254조 제4항), 이와 같이 공소사실의 특정을 요구하는 법의 취지는 법원에 대하여 심판의 대상을 한정하고 피고인에게 방어의 범위를 특정하여 그 방어권 행사를 쉽게 해 주기 위한 데에 있는 것이므로, 범죄의 '일시'는 이중기소나 시효에 저촉되는지 식별할 수 있을 정도로 기재하여야 한다(대법원 2022.11.17, 2022도8257 참조). 검사는 가능한 한 공소제기 당시의 증거에 의하여 이를 특정함으로써 피고인의 정당한 방어권 행사에 지장을 초래하지 않도록 하여야 할 것이다. 범죄의 일시·장소 등을 특정 일시나 상당한 범위 내로 특정할 수 없는 부득이한 사정이 존재하지 아니함에도 공소의 제기 혹은 유지의 편의를 위하여 범죄의 일시·장소 등을 지나치게 개괄적으로 표시함으로써 사실상 피고인의 방어권 행사에 지장을 가져오는 경우에는 형사소송법 제254조 제4항에서 정하고 있는 구체적인 범죄사실의 기재가 있는 공소장이라고 할 수 없다(대법원 2021.11.11, 2021도11454 참조). 공소사실이 특정되지 아니한 부분이 있다면, 법원은 검사에게 석명을 구하여 특정을 요구하여야 하고, 그럼에도 검사가 이를 특정하지 않는다면 그 부분에 대해서는 공소를 기각할 수밖에 없다(대법원 2019.12.24, 2019도10086 참조). 검사의 공소제기는 이중기소에 저촉되는지 식별할 수 있을 정도로 그 공소사실이 특정된 것으로 볼 수 없다.[1]

II. 범죄의 방법·대상·태양 등이 특정되지 않았다는 사례

1. 대법원 1975.11.25, 75도2946

피고인이 절취하였다는 물품이 "품명불상의 재물"이라고만 표현되었음은 그것이 과연 재물성을 가진 것인지조차 알 길이 없어 이 사건 범죄의 특별구성요건을 충족하는 구체적 사실이라고 할 수 없고 또 피고인이 "성명불상자들과 합동하여 통행 중인 성명불상 여자로부터 품명불상의 재물을 절취하였다"는 공소장의 기재는 공소의 원인 사실이 다른 사실과 구별될 수 있도록 특정된 것이라고 볼 수도 없다.

유사판례 대법원 1991.12.27. 91도2492 : '걸', '포토스타' 등 22종 500권의 음란도서를 판매하였다는 공소사실 중 '걸', '포토스타' 두 월간지와는 달리, 다른 월간지에 관하여는 음란성의 요건사실에 관한 기재는 물론 그 도서를 특정할 수 있는 명칭조차 기재되지 아니한 것은 특정되지 않은 것이다. [경찰승진 10]

비교판례 대법원 1975.7.22, 75도1680 : 1971년 말경부터 1972년 말경까지 사이에 비밀요정 등지에서 금 1,200,000원 상당의 향응을 제공받았다는 공소사실은 범행의 시기, 장소, 방법 등이 기재되어 특정된 것이다.

2. 대법원 1984.5.22, 84도471

공소사실이란 범죄의 특별구성요건을 충족하는 구체적 사실을 말하며 공소장에 공소사실을 기재함에 있어서 범죄의 일시와 장소 및 방법을 명시하여 범죄의 특별구성요건 해당사실을 특정할 수 있도록 하여야 하는데 만일 공소장에 범죄의 방법에 관한 기재가 없어서 범죄 사실을 뚜렷이 특정할 수 없을 경우에는 그 공소제기의 절차는 무효라 할 것이다. 관세포탈죄는 사위 기타 부정한 방법에 의하여 저질러질 것을 구성요건으로 하고 있으므로 검사로서는 피고인이 관세 등을 포탈함에 있어서 이용한 사위 기타 부정한 방법이 어떠한 내용의 것인가를 구체적으로 공소장에 명시하여야 그 구성요건 사실이 특정될 수 있을 것임에도 불구하고 만연히 "사위의 방법으로 …포탈한 것이다."라고 추상적 구성요건만을 기재함에 그치는 것이니 본건 공소장에는 범죄의 특별구성요건을 충족하는 구체적 사실의 기재가 특정되어 있지 아니하여 그 공소제기 절차가 부적법한 것이다.

3. 대법원 1990.3.13, 89도1688

"피고인이 원심공동피고인 甲과 공모하여 1987.9.20. 14:00경 경남 창녕읍 교동 280 경일교통사 사무실에서 같은 날 09:00경 발생된 교통사고 피의사건과 아무런 관련이 없는 경남 1바1229호 택시를 이용하여 그것이 범죄사실과 관계가 있는 것처럼 꾸며 증거를 위조하였다"는 공소사실의 기재로써는 피고인이 무슨 증거를 어떻게 위조하였다는 것인지 구체적인 범죄사실이 특정되어 있다고 볼 수 없다.

공소사실의 일시는 '2013. 12.경부터 2014. 1.경 사이'이므로, 공소시효 완성 여부를 판별할 수 없다. 따라서 이 부분 공소사실은 구체적으로 특정되었다고 할 수 없다(위 판례의 판결이유).

1) [보충] 선행판결의 범죄사실과 이 사건 공소사실의 범행 장소와 방법이 동일하고 범행 일시가 겹칠 가능성을 배제할 수 없다. 그 경우 선행판결의 범죄사실과 이 사건 공소사실 중 1회 투약 부분은 사실관계가 동일하다고 평가되어 선행판결의 효력이 이 사건 공소사실에도 미친다고 볼 수 있다. 그런데 이 사건 공소사실의 '일시' 기재만으로는 이 사건 공소사실이 선행판결의 범죄사실과 동일한지 판단할 수 없어 심판의 대상이나 방어의 범위가 특정되었다고 볼 수 없다. 피고인에 대한 검찰 피의자신문조서의 진술 기재대로 범죄 일시를 특정할 수 없는 부득이한 사정이 보이지도 않는다. 그렇다면 원심으로서는 검사에게 석명을 구하여 범행 일시에 관하여 공소사실을 특정하도록 요구하여야 하고 그럼에도 특정하지 않는다면 공소를 기각하였어야 하는데 원심은 유죄의 실체판단을 하였다. 이러한 원심의 조치에는 공소사실 특정에 관한 법리를 오해하여 판결에 영향을 미친 잘못이 있다(위 판례).

4. 대법원 2004.3.26, 2003도7112

증권거래법이 규정하고 있는 미공개정보 이용행위금지 위반죄에 관한 공소사실 가운데 미공개정보를 언제 어떻게 매매거래에 이용하였다는 것인지에 관한 구체적인 범죄사실이 전혀 적시되지 아니하여 공소사실이 특정된 것으로 볼 수 없다.

5. 대법원 2006.3.24, 2005도7309

공소사실은 막연히 피해자의 이메일 출력물을 보여준 것이 타인의 비밀을 누설한 행위에 해당한다는 취지로만 되어 있을 뿐, 그 이메일 출력물의 내용이나 제목 등에 관해서는 아무런 기재가 없고 기록상으로도 이를 알 수 있을 만한 자료가 없어 과연 위 이메일 출력물이 타인의 비밀에 해당하는 것인지 여부를 판단할 길이 없으므로, 이 부분 공소사실이 특정되어 있다고 보기는 어렵다.

6. 대법원 2007.8.23, 2005도5847 [경찰승진 11]

등록상표·서비스표·디자인이나 주지표지와 동일 내지 유사한 표지나 디자인을 사용하였다는 내용의 상표법 위반 등의 사건에서 공소사실을 특정하는 방법

공소사실에는 범죄의 방법에 대하여, "엘지칼텍스정유(주)의 상표, 상호, 서비스마크, 기타 동인의 제품을 식별하게 할 목적으로 고안된 상징표시 및 주유소의 이미지를 나타내는 고유색상, 디자인(이하 '상표 등'이라 한다) 등을", "상표 등의 사용권한이 없음에도 불구하고", "위 상표 등을 그대로 사용하면서 공소외 1, 2 등으로부터 무연 합계 1,100,000L, 경유 합계 5,481,020L, 등유 합계 184,020L 등을 반입한 후 성명불상자들에게 판매함으로써 위 엘지칼텍스정유(주)의 상품과 혼동을 일으키게 하여 부정경쟁행위를 하고, 위 등록상표 등을 침해한 것이다."라고만 기재하고 있어서, 침해의 대상이 된 등록상표·서비스표·디자인이나 주지표지가 어떠한 것인지 명확하게 적시되어 있지 아니하여 이를 특정할 수 없어 이 사건 공소는 그 공소사실이 특정되었다고 할 수 없다.

7. 대법원 2009.1.15, 2008도9327 [국가9급 20]

사문서변조의 공소사실에는 그 변조의 대상이 된 예금잔액증명서의 발급경위와 이미 금액란의 변조가 마쳐진 상태의 예금잔액증명서가 피고인에게 전달된 과정이 기재되어 있을 뿐 사문서변조의 범죄구성요건에 해당하는 구체적 사실에 관해서는 그 일시·장소와 방법의 기재가 모두 빠져 있고, 변조의 실행행위를 한 사람도 전혀 나타나 있지 않다(공범자도 성명불상자로만 기재되어 있을 뿐이다). 그 외에 이 사건 공소장 내에 적시된 여타 사항들만으로는 다른 사실과 구별될 수 있는 사문서변조에 관한 구체적 공소사실을 파악하기 어렵다.

8. 대법원 2009.3.12, 2008도11187

불특정 다수인의 업무처리에 사용되는 컴퓨터 등을 대상으로 범한 컴퓨터 등 장애 업무방해죄 사건

컴퓨터 등 장애 업무방해죄는 피해자의 업무를 그 보호객체로 삼고 있는바, 불특정 다수인이 그 업무처리를 위하여 사용하는 컴퓨터 등 정보처리장치 등을 대상으로 하여 위 조항 소정의 범죄가 저질러진 경우에는 최소한 그 컴퓨터 등 정보처리장치 등을 이용한 업무의 주체가 구체적으로 누구인지, 나아가 그 업무가 위 조항의 보호객체인 업무에 해당하는지를 심리·판단할 수 있을 정도로 특정되어야만 하고, 이에 이르지 못한 경우에는 공소사실로서 적법하게 특정되었다고 보기 어렵다.

9. 대법원 2009.8.20, 2009도9

집시법상 해산명령위반의 공소사실에 대한 적용법조로 처벌규정인 같은 법 제24조 제5호, 제20조 제2항만을 기재하고 해산명령의 근거가 되는 규정과 이에 관한 사실을 기재하지 않은 것은 피고인의 방어권 행사에 실질적인 불이익을 주는 것이어서 공소제기의 절차가 무효인 경우에 해당하고, 검사가 제1심 변론종결 후 해산명령의 근거조항을 제시하였다고 하더라도 공소장변경의 절차를 밟지 아니한 이상 위 공소제기절차상의 위법이 치유된다고 할 수 없다.

10. 대법원 2016.4.2, 2016도2696

① 공모공동정범에 있어 공모의 시간·장소·내용 등을 구체적으로 명시하지 아니하였다거나 그 일부가 다소 불명확하더라도 그와 함께 적시된 다른 사항들에 의하여 공소사실을 특정할 수 있고 피고인의 방어권 행사에 지장이 없다면, 공소사실이 특정되지 아니하였다고 할 수 없다(대법원 2009.6.11, 2009도2337). 그러나 ② 공모가 공모공동정범에 있어서의 '범죄될 사실'인 이상, 범죄에 공동가공하여 범죄를 실현하려는 의사결합이 있었다는 것은, 실행행위에 직접 관여하지 아니한 자에게 다른 공범자의 행위에 대하여 공동정범으로서의 형사책임을 지울 수 있을 정도로 특정되어야 한다(대법원 1988.9.13, 88도1114)(공모하였다는 사실 자체가 특정되지 않음).

11. 대법원 2016.5.26, 2015도17674

피고인이 생산 등을 하는 물건 또는 사용하는 방법이 특허발명의 특허권을 침해하였는지 문제되는 사건

피고인이 생산 등을 하는 물건 또는 사용하는 방법(침해제품 등)이 특허발명의 특허권을 침해하였는지가 문제되는 특허법위반사건에서 다른 사실과 식별이 가능하도록 범죄구성요건에 해당하는 구체적 사실을 기재하였다고 하기 위해서는, 침해의 대상과 관련하여 특허등록번호를 기재하는 방법 등에 의하여 침해의 대상이 된 특허발명을 특정할 수 있어야 하고, 침해의 태양과 관련하여서는 침해제품 등의 제품명, 제품번호 등을 기재하거나 침해제품 등의 구성을 기재하는 방법 등에 의하여 침해제품 등을 다른 것과 구별할 수 있을 정도로 특정할 수 있어야 한다.

12. 대법원 2022.12.29, 2020도14662

전자금융거래법상 접근매체 양도, 대여, 전달을 구별할 수 있도록 특정되지 않았다는 사례

범죄의 일시·장소 등을 특정 일시나 상당한 범위 내로 특정할 수 없는 부득이한 사정이 존재하지 아니함에도 공소의 제기 혹은 유지의 편의를 위하여 범죄의 일시·장소 등을 지나치게 개괄적으로 표시함으로써 사실상 피고인의 방어권 행사에 지장을 가져오는 경우에는 형사소송법 제254조 제4항에서 정하고 있는 구체적인 범죄사실의 기재가 있는 공소장이라고 할 수 없다(대법원 2009.5.14. 2008도10885 ; 2019.12.24, 2019도10086; 2021.11.11, 2021도11454). … 검사의 공소장에 기재된 공소사실은 "피고인이 2018.11.4.경부터 11.15.경까지 사이에 불상의 장소에서 피고인 명의의 새마을금고 계좌(계좌번호를 기재함)에 연결된 체크카드 1장 및 비밀번호를 불상의 자에게 불상의 방법으로 건네주어 접근매체를 양도하였다"이다. … 전자금융거래법은 획일적으로 '접근매체의 교부'를 처벌대상으로 규정하는 것이 아니라 교부의 태양 등에 따라 접근매체의 '양도', '대여', '전달', '질권 설정'을 구분하는 등 구성요건을 세분화하고 있고(제6조 제3항, 제49조 제4항), 접근매체의 '양도', '대여', '전달'의 의미와 요건 등은 구별되는 것이어서 그 판단기준이 다르다고 해석되므로, 범행 방법에 있어서도 가능한 한 위 각 구성요건을 구별할 수 있는 사정이 적시되어야 한다. 그런데 이 사건 공소사실에 기재된 피고인의 행위는 '체크카드와 비밀번호를 성명불상자에게 건네주었다'는 것으로서, 대여·전달 등과 구별되는, 양도를 구성하는 고유한 사실이 적시되지 않았는바, 피고인이 자신의 의사로 체크카드 등을 건네준 것이 아니라고 주장하면서 공소사실을 부인하는 이 사건에서 위 공소사실 기재는 피고인에게 방어의 범위를 특정하기 어렵게 함으로써 방어권을 행사하는 데 지장을 초래할 수 있다.

(나) 구체적 검토

ㄱ **교사범·방조범** : 정범이 성립해야 공범도 성립한다(정범의 실행의 착수가 있어야 교사범이나 방조범도 성립할 수 있음)는 **공범종속성의 원칙**에 따라 공범의 범죄사실 이외에 **정범의 범죄사실도 특정하여야** 한다(대법원 1981.11.24, 81도2422; 1988.4.27, 88도251). [경찰채용 14 1차]

대법원 2001.12.28, 2001도5158

방조범에 대한 공소사실 중 정범의 범죄사실이 전혀 특정되지 않은 사례

공소사실 중, "피고인들은 공모하여, 공소외인이 의약품을 판매할 수 없음에도 염산날부핀을 일반인들을 상대로 판매한다는 정을 알면서 공소외인에게 염산날부핀을 판매함으로써, 공소외인이 염산날부핀을 일반인들을 상대로 판매할 수 있도록 공급하여 이를 방조하였다"라는 점에 관하여 보면, 위 공소사실 부분은 정범인 공소외인의 염산날부핀 판매행위라는 범죄사실이 전혀 특정되지 않았으므로 방조범인 피고인들의 위 공소사실 부분 역시 특정되었다고 할 수 없다(정범의 범죄의 일시·장소·방법 등이 전혀 특정되지 않음).

ㄴ **경합범** : 경합범 내지 실체적 경합범은 수개의 행위가 수개의 죄에 해당하는 경우이다(형법 제37조). 따라서 **경합범을 이루는 각 범죄사실별로 공소사실을 특정**하여야 한다. 판례는 각 범행의 일시·장소·방법이 막연히 기재되어 있는 경우 공소사실의 특정을 인정하지 않는 경향이다.

🔨 **판례연구** 실체적 경합의 공소사실의 특정을 인정하지 않은 사례 - 형법각칙상 범죄 관련사례

1. 대법원 1982.12.14, 82도2442

미성년자의제강간, 강제추행죄의 공소제기에 있어서 범행일시의 기재방법

미성년자의제강간죄 또는 미성년자의제강제추행죄는 행위시마다 1개의 범죄가 성립하므로 이 사건 공소사실 중 "피고인이 1980.12. 일자불상경부터 1981.9.5 전일경까지 사이에 피해자를 협박하여 약 20여회 강간 또는 강제추행하였다."는 부분은 그 범행일시가 명시되지 아니하여 동 공소사실부분에 대한 공소는 기각을 면할 수 없다(형법상 죄수결정의 기준에 관한 행위표준설을 취한 판례).

2. 대법원 1983.9.13, 82도2063

명의자를 구체적으로 특정하지 않은 사문서위조 공소제기의 효력

사문서위조 공소사실을 기재함에 있어서 2인의 명의만 특정하였을 뿐 나머지 채권자 4명에 대하여는 그 명의를 구체적으로 특정하지 않은 채 만연히 채권자들이라고만 지적하였다면 나머지 채권자 4명 명의의 사문서를 위조하였다는 공소는 그 공소사실을 기재하지 않은 것으로 볼 수밖에 없다.

3. 대법원 1995.3.24, 95도22

수인에 대한 폭행은 실체적 경합이므로 각 폭행사실에 대한 특정이 필요하다는 사례

폭행으로 인한 폭처법 제2조 제2항 위반죄는 피해자별로 1개의 죄가 성립되는 것으로 각 피해자별로 사실을 특정할 수 있도록 공소사실을 기재하여야 할 것인바, 공소사실 중 '피고인들이 공동하여, 성명불상 범종추측 승려 100여 명의 전신을 손으로 때리고 떠밀며 발로 차서 위 성명불상 피해자들에게 폭행을 각 가한 것이다'는 부분은 피해자의 숫자조차 특정되어 있지 않아 도대체 몇 개의 폭행으로 인한 폭처법위반죄를 공소제기한 것인지조차 알 수가 없으므로, 공소장에 구체적인 범죄사실의 기재가 없어 그 공소제기의 절차가 법률의 규정에 위반하여 무효인 경우에 해당한다.

4. 대법원 1996.2.13, 95도2121 [국가9급 15]

가공일을 고쳐서 고객들에게 식품을 판매한 백화점 직원의 수개의 사기죄의 공소사실의 특정

사기죄에 있어서 수인의 피해자에 대하여 각 별로 기망행위를 하여 각각 재물을 편취한 경우에 그 범의가 단일하고 범행방법이 동일하다고 하더라도 포괄1죄가 되는 것이 아니라 피해자별로 1개씩의 죄가 성립하는 것으로 보아야 할 것이고, 이러한 경우 그 공소사실은 각 피해자와 피해자별 피해액을 특정할 수 있도록 기재하여야 할 것인바, '일정한 기간 사이에 성명불상의 고객들에게 1일 평균 매상액 상당을 판매하여 그 대금 상당액을 편취하였다'는 내용은 피해자나 피해액이 특정되었다고 할 수 없다(사기죄 : 피해자의 수 기준).

> **유사판례** 대법원 1995.8.22, 95도594 : '일정한 기간 사이에 성명 미상의 고객들로부터 1일 평균 매상액 상당의 생식품을 판매함으로써 그 대금 상당액을 편취하였다'는 내용은 피해자나 피해액이 특정되지 않았다.

5. 대법원 1997.8.22, 95도984

피교사자인 공무원별로 1개의 죄가 성립하는 직무유기교사죄의 공소사실 특정방법

직무유기교사죄는 피교사자인 공무원별로 1개의 죄가 성립되는 것이므로 피교사자인 공무원별로 사실을 특정할 수 있도록 공소사실을 기재하여야 한다. 공소사실 중 "전기협 회원들에 대하여 불법파업을 하여 직무유기할 것을 결의하게 하고, 전기협 회원 6,500여 명이 이에 따라 같은 해 6.23. 04시부터 불법파업에 돌입하게 하여 직무유기를 교사하였다."는 것만으로는 피교사자인 공무원들의 숫자조차 특정되어 있지 않아 도대체 몇 개의 직무유기교사죄를 공소제기한 것인지, 그리고 유기한 직무의 내용 및 유기행위의 태양이 어떠한지 알 수가 없다.

★ 판례연구 실체적 경합범의 공소사실의 특정을 인정하지 않은 판례 – 마약류 관련사례(실경 : 대체로 불특정)

I. 일시 · 장소 · 방법의 불상으로 공소사실이 특정되지 않았다는 사례

1. 대법원 1999.6.11, 98도3293

"피고인은 1996. 7. 내지 10. 일자 불상경 장소 불상에서 불상의 방법으로 메스암페타민 불상량을 투약하였다."라는 공소사실만으로는 제254조 제4항의 요건에 맞는 구체적인 사실의 기재라고 볼 수 없다.

2. 대법원 2000.10.27, 2000도3082

'피고인이 1999년 5월 중순경부터 같은 해 11월 19일경까지 사이에 부산 이하 불상지에서 향정신성의약품인 메스암페타민 약 0.03g을 1회용 주사기를 이용하여 팔 등의 혈관에 주사하거나 음료수 등에 타 마시는 방법으로 이를 투약하였다'는 공소사실의 경우, 그 투약량은 메스암페타민 투약자들이 보통 1회에 투약하는 최소한의 단위로 알려진 것이고, 그 투약방법 역시 어느 것이나 메스암페타민 투약자들이 일반적으로 사용하는 방법에 지나지 않는 것을 막연히 기재한 것에 불과할뿐더러 그 투약의 일시와 장소마저 위와 같은 정도로 기재한 것만으로는 형사소송법 제254조 제4항의 요건에 맞는 구체적 사실의 기재라고 볼 수 없으므로 그 공소는 공소사실이 특정되었다고 할 수 없다.

> **유사판례 1** 2004. 9.경에서 10.경 사이 대구 달성군 등지에서 메스암페타민 약 0.03g을 1회용 주사기에 넣고 물과 희석한 다음 피고인의 팔에 주사하는 방법으로 이를 투약하였다는 공소사실은, 단기간 내 반복되는 마약범죄의 특성에 비추어 볼 때 투약시기로 기재된 기간 내 복수의 투약 가능성이 농후하여 심판대상이 한정되었다고 보기 어렵다(2005도7422).

> **유사판례 2** 대법원 2007.1.25, 2006도7342 [국가7급 09]

> **비교판례 1** 2007.9.16.경부터 10.14.경 사이 파주시 소재 불상 노상의 공소외인 운전 BMW차량 안 등지에서 대마 불상량에 불을 붙여 그 연기를 흡입하는 방법으로 1회 흡입한 것은 특정된 것이다(2008도6267).

> **비교판례 2** 검사는 범죄의 일시를 1989.9. 초순 어느 날로, 장소를 서울시내 불상지로 방법은 불상의 방법으로 메스암페타민을 투약하였다고 기재하여 이중기소나 시효, 토지관할의 구분이 가능할 정도로 특정하였다고 할 것이다(1회 투약)(99도2666).

> **비교판례 3** 검사가 1996.1.6.경 사이 충북지역에서 메스암페타민 g 미상을 불상의 방법으로 1회 투약하였다고 기재한 것은 공소사실이 특정된 것이다(공소장변경 허용된다는 사례)(97도1376).

3. 대법원 2010.10.14, 2010도9835 [법원9급 13, 국가9급 11]

"마약류 취급자가 아님에도, 2008년 1월경부터 같은 해 2월 일자불상 15 : 00경까지 사이에 메스암페타민 약 0.7g을 매수한 외에, 그때부터 2009년 2월 내지 3월 일자불상 07 : 00경까지 총 21회에 걸쳐 매수·투약하였다."는 공소사실의 경우, 메스암페타민의 매수 및 투약시기에 관한 위와 같은 개괄적인 기재만으로는 피고인의 방어권 행사에 지장을 초래할 위험성이 크고, 단기간 내에 반복되는 공소 범죄사실의 특성에 비추어 위 매수 및 투약시기로 기재된 기간 내에 복수의 범행가능성이 농후하여 심판대상이 한정되었다고 보기 어려워, 이러한 공소사실의 기재는 특정한 구체적 사실의 기재에 해당한다고 볼 수 없다.

II. 수회 투약하였다는 공소사실은 특정되지 않았다는 사례[경합범임에도 수회라고 기재 - 불특정]

1. 대법원 1989.12.12, 89도2020

1988.1. 초순 일자불상경부터 같은 해 12. 하순 일자불상경까지 사이에 1회용 주사기로써 암페타민을 팔에 주사하는 방법으로 수십회에 걸쳐 향정신성의약품을 투입하였다는 점과 1988.6.중순 일자불상경부터 1989.2. 일자불상경까지 사이에 수회에 걸쳐 향정신성의약품인 메스암페타민을 투약하였다는 점 등은 향정신성의약품관리법 제42조 제1항 제1호, 제4조 제1항 위반의 경합범으로 기소된 것이라 할 것인데, 경합범 공소범죄사실이 "수십회 또는 수회"라고 된 점은 공소사실이 특정되었다 할 수 없다(경합범가중의 처벌요건 불비로 무효).

2. 대법원 2002.9.27, 2002도3194 [경찰채용 08 2차]

"피고인은 2000. 11. 2.경부터 2001. 7. 2.경까지 사이에 인천 이하 불상지에서 향정신성의약품인 메스암페타민 불상량을 불상의 방법으로 수 회 투약하였다."는 공소사실의 경우, 투약량은 물론 투약방법을 불상으로 기재하면서, 그 투약의 일시와 장소마저 위와 같이 기재한 것만으로는 형사소송법 제254조 제4항의 요건에 맞는 구체적 사실의 기재라고 볼 수 없으므로, 그 공소사실이 특정되었다고 할 수 없다.

3. 대법원 2006.4.28, 2006도391

'2005. 3. 15.경부터 같은 해 4. 10.경까지 사이 일시불상경 진해시내 일원에서 필로폰 불상량을 불상의 방법으로 수회 투약하였다'는 공소사실의 경우, 공소사실이 특정되었다고 볼 수 없다.

⚒ **판례연구** 실체적 경합범의 공소사실의 특정을 인정하지 않은 사례 - 관세법 위반 사례

대법원 1999.1.26, 98도1480

관세법상 밀수품취득죄의 공소사실 특정 방법
구 관세법 제186조에 의한 밀수품의 취득죄는 각 취득행위마다 1개의 죄가 성립하는 것이므로 수개의 취득행위를 경합범으로 기소하는 경우에는 각 행위마다 그 일시와 장소 및 방법을 명시하여 사실을 특정할 수 있도록 공소사실을 기재하여야 한다. 따라서 '1992. 2.경부터 1996. 6. 7.경까지 수회에 걸쳐' 밀수품을 취득하였다는 방식으로 공소사실을 기재하는 것은 범행의 횟수조차 특정되지 아니하여 적법한 공소사실의 기재로 볼 수 없다.

⚒ **판례연구** 실체적 경합범의 공소사실의 특정을 인정하지 않은 사례 - 조세범처벌법 위반 사례

1. 대법원 1982.12.14, 82도1362

조세범처벌법 제11조의2 제1항에서 말하는 세금계산서의 허위기재죄는 각 문서마다 1개의 죄가 성립된다 할 것이며, 피고인이 수차에 걸쳐 수개의 세금신고서를 위조하였다는 공소사실 중 그 세금신고서 전체의 개수, 위조한 세금신고 및 허위기재한 세금계산서의 명의자 성명, 각자별 문서의 수와 각자별 그 지급액 등이 모두 불명확하다면 공소장에 기재되어야 할 개개의 범죄사실이 구체적으로 특정되었다고 볼 수 없다.

2. 대법원 2006.10.26, 2006도5147; 2007.6.29, 2007도2076 [국가9급 15]

조세범처벌법상 무거래 세금계산서 교부죄는 각 세금계산서마다 하나의 죄가 성립하므로, 세금계산서마다 그 공급가액이 공소장에 기재되어야 개개의 범죄사실이 구체적으로 특정되었다고 볼 수 있고, 세금계산서의 총 매수와 그 공급가액의 합계액이 기재되어 있다고 하여 공소사실이 특정되었다고 볼 수는 없다.

[유사판례] 대법원 2000.11.24, 2000도3945 : 세금계산서 248장의 각 공급가액이 모두 불명확하므로 범죄사실이 구체적으로 특정되었다고 할 수 없다.

ⓒ 포괄일죄 : 연속범·영업범·상습범 등 포괄일죄에 있어서는 **전체 범행의 시기와 종기, 범행방법, 범행 횟수 또는 피해액의 합계 및 피해자나 상대방을 명시**하면 족하고, **개개의 행위에 대하여 구체적으로 특정할 것은 요하지 않는다**(대법원 1999.11.12, 99도2934; 2008.12.24, 2008도9414). [국가7급 11, 국가9급 08/15, 경찰채용 06 1차] 따라서 포괄일죄인 상습사기의 공소사실에 있어서 그 범행의 **모든 피해자들의 성명이 명시되지 않았다 하여 범죄사실이 특정되지 아니하였다고 볼 수 없다**(대법원 1990.6.26, 90도833). [경찰승진 10] 다만, 상습절도로 공소를 제기하면서 4회에 걸쳐 재물을 절취하였다고만 기재한 것은 특정되었다 볼 수 없다(대법원 1971.10.12, 71도1615).

🔨 판례연구 포괄일죄의 공소사실의 특정을 인정한 사례

1. 대법원 2002.6.20, 2002도807 전원합의체 [국가7급 17]

영업범인 포괄일죄의 공소사실의 특정의 정도

피고인에 대한 이 사건 보건범죄단속에 관한 특별조치법 위반죄의 공소사실은 일정기간 계속된 피고인의 각 의료행위를 포괄하여 일죄를 구성하는 것으로 공소를 제기하면서 전체 범행의 시기와 종기, 범행방법, 공소외 1 외 성명 불상 다수의 환자들을 상대한 범행내용 등을 명시함으로써 공소사실을 특정하였다고 할 것이고, 이 부분 공소사실 중 일죄의 일부를 구성하는 개개의 행위에 관하여 그 범행대상이 되는 다수의 환자들을 구체적으로 특정하지 않았다고 하더라도 심판의 대상이 불분명해진다거나 피고인에게 방어의 어려움을 초래한다고 볼 수 없다.

2. 대법원 2023.6.29, 2020도3626

성매매알선죄의 성격과 공소사실의 특정

검사가 공소장에 기재한 공소사실 기재 범행은 "피고인이 2017.10.10.부터 2017.10.12.까지 자신이 운영하던 성매매업소에서 성매매 광고를 보고 방문한 손님들에게 대금 10만 원을 받고 종업원인 태국 국적 여성 6명과의 성매매를 알선하였다."는 것이다.[1] … 포괄일죄에 관해서는 일죄의 일부를 구성하는 개개의 행위에 대하여 구체적으로 특정되지 아니하더라도 전체 범행의 시기와 종기, 범행방법, 피해자나 상대방, 범행횟수나 피해액의 합계 등을 명시하면 이로써 그 범죄사실은 특정되는 것이다. 그리고 공소장에 범죄의 일시·장소·방법 등의 일부가 다소 불명확하더라도 그와 함께 적시된 다른 사항들에 의하여 공소사실을 특정할 수 있고, 그리하여 피고인의 방어권 행사에 지장이 없다면, 공소제기의 효력에는 영향이 없다. 이 사건 공소사실 기재 범행은 피고인이 2017.10.10.부터 2017.10.12.까지 자신이 운영하던 성매매업소에서 성매매 광고를 보고 방문한 손님들에게 대금 10만 원을 받고 종업원인 태국 국적 여성 6명과의 성매매를 알선하였다는 것으로서 모두 동일한 죄명과 법조에 해당하는 것으로 단일하고 계속된 범의하에 시간적으로 근접하여 동일한 장소에서 동일한 방법으로 이루어졌고 피해법익 역시 동일하여 포괄하여 일죄에 해당할 뿐, 실체적 경합관계에 있다고 보기 어렵다.

🔨 판례연구 포괄일죄의 공소사실의 특정을 인정하지 않은 사례

대법원 1971.10.12, 71도1615 [경찰채용 08 2차]

"피고인은 1970.12.28. 16시경에 전북 옥구군 공소외인 집에 동인이 없는 틈을 타서 침입 라디오 1대 싯가 금 7,500원 상당을 훔친 것을 비롯하여 그 후 4회에 걸쳐 상습적으로 타인의 재물을 절취하였다."라는 공소사실 중 그 후 4회에 걸쳐 타인의 재물을 절취하였다는 부분은 추상적인 범죄구성요건의 문귀만이 적시되고 그 내용을 이루는 구체적인 범죄사실의 기재가 없으므로 위법한 공소제기에 해당한다.

---

(3) 불특정의 효과

① 공소기각의 판결 : 공소사실의 특정은 공소제기의 유효요건이다. 따라서 공소사실이 특정되지 않은 공소제기는 법률의 규정을 위반하여 무효이므로 법원은 **공소기각판결**을 선고하여야 한다(제327조 제2호).

[법원9급 13, 법승 14, 국가7급 09, 국가9급 12]

② 하자의 치유 : ㉠ 공소사실이 **전혀 특정되지 아니한 경우에는 추완을 인정할 수 없다.** 다만 ㉡ 구체적 범죄구성요건사실이 표시되어 있음에도 **공소사실이 부분적으로 불명확한 경우에는 검사 스스로 또는 법원의 석**

---

1) [조문] 성매매알선 등 행위의 처벌에 관한 법률 제19조(벌칙) ① 다음 각 호의 어느 하나에 해당하는 사람은 3년 이하의 징역 또는 3천만원 이하의 벌금에 처한다.
   1. 성매매알선 등 행위를 한 사람

명(釋明)에 의하여 불명확한 점을 보정할 수 있다(대법원 1983.6.14, 82도293 등). [법원행시 04] 나아가 공소제기의 취지가 오해를 불러일으키거나 명료하지 못한 경우, **법원은 검사에 대하여 석명권을 행사하여 취지를 명확하게 하여야 한다**(대법원 2017.6.15, 2017도3448).

🔎 판례연구 공소사실 불특정의 효과 관련사례

1. 대법원 2009.2.26, 2008도11813 [경찰채용 21 2차]

공소제기에 현저한 방식 위반이 있는 경우 공소제기의 효력(= 무효) 및 그러한 절차위배의 공소제기에 대하여 피고인 등이 이의 없이 변론에 응한 경우 그 하자가 치유되는지 여부(소극)

공소의 제기에 있어서 현저한 방식위반이 있는 경우에는 공소제기의 절차가 법률의 규정에 위반하여 무효인 경우에 해당된다고 할 것이고, 위와 같은 절차위배의 공소제기에 대하여 피고인과 변호인이 이의를 제기하지 아니하고 변론에 응하였다고 하여 그 하자가 치유되지는 않는다. 따라서 검사가 공판기일에서 피고인 등이 특정되어 있지 않은 공소장변경허가신청서를 공소장에 갈음하는 것으로 구두진술하고 피고인과 변호인이 이의를 제기하지 않은 경우라 하더라도 이를 적법한 공소제기로 볼 수 없다(추가기소 = 공소제기 = 공소장 要).

2. 대법원 2006.5.11, 2004도5972 [법원9급 16]

검사에게 공소사실 특정에 관한 석명을 하지 않고 공소기각판결을 한 것은 위법하다는 사례

공소장의 기재가 불명확한 경우 법원은 형사소송규칙 제141조의 규정에 의하여 검사에게 석명을 구한 다음, 그래도 검사가 이를 명확하게 하지 않은 때에야 공소사실의 불특정을 이유로 공소를 기각함이 상당하다고 할 것이므로(대법원 1983.6.14, 82도293), 원심이 검사에게 공소사실 특정에 관한 석명에 이르지 아니한 채 곧바로 위와 같이 공소사실의 불특정을 이유로 공소기각의 판결을 한 데에는, 공소사실의 특정에 관한 법리를 오해하였거나 심리를 미진한 위법이 있다.

유사판례 대법원 1983.6.14, 82도293 : 공소장에 피고인인 계주가 조직한 낙찰계의 조직일자, 구좌·계금과 계원들에게 분배하여야 할 계금이 특정되어 있고 피해자인 계원들의 성명과 피해자별 피해액만이 명확하지 아니한 경우에는, 법원은 검사에게 석명을 구하여 만약 이를 명확하게 하지 아니한 경우에 공소사실의 불특정을 이유로 공소기각을 할 것이고 이에 이르지 않고 바로 공소기각의 판결을 하였음은 심리미진의 위법이 있다.

3. 대법원 2011.11.10, 2011도10468; 2015.12.23, 2014도2727; 2017.6.15, 2017도3448

공소제기의 취지가 오해를 불러일으키거나 명료하지 못한 경우, 법원이 검사에 대하여 석명권을 행사하여 취지를 명확하게 하여야 하는지 여부(적극)

불고불리의 원칙상 검사의 공소제기가 없으면 법원이 심판할 수 없는 것이고, 법원은 검사가 공소제기한 사건에 한하여 심판을 하여야 하므로(대법원 2001.12.27, 2001도5304 등), 검사는 공소장의 공소사실과 적용법조 등을 명백히 함으로써 공소제기의 취지를 명확히 하여야 하는데, 검사가 어떠한 행위를 기소한 것인지는 기본적으로 공소장의 기재 자체를 기준으로 하되, 심리의 경과 및 검사의 주장내용 등도 고려하여 판단하여야 한다. 공소제기의 취지가 명료할 경우 법원이 이에 대하여 석명권을 행사할 필요는 없으나, 공소제기의 취지가 오해를 불러일으키거나 명료하지 못한 경우라면 법원은 형사소송규칙 제141조에 의하여 검사에 대하여 석명권을 행사하여 그 취지를 명확하게 하여야 한다.

---

(4) 기타 : 공소사실의 특정을 인정한 판례들은 대체로 다음과 같다.

🔎 판례연구 공소사실의 특정을 인정한 판례

1. 대법원 1994.12.9, 94도1680

[1] 공소장에 범행의 시일을 모발에서 메스암페타민이 검출될 수 있는 일정 범위의 기간 내로 기재하고, 장소를 '인천 또는 불상지'라고 기재하더라도 공소사실이 특정된 것이라고 볼 것인지 여부

피고인의 모발에 대한 감정을 실시한 결과 모발에서 메스암페타민 성분이 검출되어 피고인이 메스암페타민을 투약한 사실이 판명된 경우에도 피고인이 그 투약사실을 부인하는 경우, 검사로서는 그 투약의 시기 및 장소를 구체적으로 밝힐 증거를 확보하기란 용이하지 않은 점을 고려할 때, 검사가 기소 당시의 증거에 의하여 가능한 한 특정한 것이라면, 시일을 일정 범위의 기간 내로 기재하고 장소를 '인천 또는 불상지'라고 기재하였다고 하더라도, 범죄의 특성상 공소사실이 특정되어 있다고 보아야 할 것이다.

[2] 기소 당시 증거에 의하여 밝혀진 사실은 감정에 사용된 모발을 채취하기 이전 언젠가에 피고인이 메스암페타민을 투약한 사실이 있다는 것뿐인데도 검사가 구체적 증거에 의하지 않고 추측에 의하여 공소사실의 시일 및 장소를 특정한 경우, 법원이 취하여야 할 조치

법원으로서는, 그 공소사실의 기재가 오해를 불러일으키거나 명료하지 못한 경우에 해당하므로, 형사소송규칙 제141조에 의하여 검사에 대하여 석명권을 행사하여 그 취지를 명확히 하도록 하여야 할 것이고, 피고인이 그 공소사실에 기재되어 있는

시일 및 장소인 '1993.8. 중순경 인천 이하 불상지'에서 메스암페타민을 투약하였다고 볼 자료가 없다는 점만으로 바로 피고인에 대하여 무죄를 선고할 것은 아니다.

2. 대법원 1996.5.31, 96도197 [경찰채용 08 2차]

공소사실에는 위 주식회사 맥시칸의 주지표지에 대하여 '위 주식회사 맥시칸에서 제작하여 각종 광고매체를 통해 국내에서 소비자들에게 널리 인식시킨 자신의 상품임을 표시한 표지'라고만 되어 있고 그 표지가 별도로 특정되지 않은 사실은 소론과 같으나, 피고인이 위 주식회사 맥시칸의 맥시칸양념통닭에 관한 상품표지와 유사한 것을 사용한 상품을 반포하여 위 주식회사 맥시칸의 상품과 혼동을 일으키게 하였는지 여부가 문제로 되는 이 사건에서 위 주식회사 맥시칸의 상품표지가 모두 현존하고 있는 이상 이를 별도로 특정하지 않았다 하더라도 위 공소사실만으로도 다른 사실과 구별하기에 충분하다 할 것이니 위 변경된 공소사실은 특정된 것이라 할 것이다.

3. 대법원 1997.7.8, 97도632 [경찰승진 11, 경찰채용 14 1차]

공모공동정범의 공소사실의 특정 : 부동산매매계약서 위조 사건

공모공동정범에 있어서, 피고인과 범죄를 실행하였다는 공소외인과의 공모관계, 공소외인의 실행행위가 모두 표시되어 있으므로, 공소의 원인된 사실을 다른 사실과 구별할 수 있을 정도의 특정은 된 것으로 볼 수 있고, 공소외인의 인적사항이 적시되지 아니하고 범행일시나 장소가 명백히 표시되지 아니하였다는 것만으로는 이와 달리 볼 수 없으므로, 공소사실은 특정되었다고 해야 한다(공모공동정범 : 공모＋실행 ○).

4. 대법원 2007.4.12, 2007도796

위조상품권의 행사방법에 비추어 각각의 상품권 사용시에 몇 매가 함께 사용되었는지, 행사상대방이 누구인지 등의 특정이 불가능하다고 본 사례

당첨이 된 손님들에게 위조상품권을 직접 교부한 것이 아니라, 미리 오락기에 일련번호가 모두 같은 위조된 상품권을 여러 장 투입해 두고 그 후 오락기 이용자가 게임에서 당첨이 되면 오락기에서 자동으로 그 당첨액수에 상응하는 상품권이 배출되는 방식의 위조유가증권을 행사한 죄에 있어서, 각각의 상품권 사용 시에 몇 매가 함께 사용되었는지, 행사상대방이 누구인지 등의 특정은 불가능하다고 보아야 하므로, 이에 관한 공소사실은 상품권 사용일자의 범위와 장소, '경품용으로 지급'하였다는 용도 정도를 특정하는 것으로 족하다.

5. 대법원 2009.1.30, 2008도6950 : 압수된 위조문서 · 유가증권에 기재된 부분도 있으므로 특정

[1] 위조된 문서가 압수되어 현존하는 경우 문서위조죄에 대한 공소사실의 특정 정도

문서의 위조 여부가 문제되는 사건에서 그 위조된 문서가 압수되어 현존하고 있는 이상, 그 범죄 일시와 장소, 방법 등은 범죄의 동일성 인정과 이중기소의 방지, 시효저촉 여부 등을 가름할 수 있는 범위에서 사문서의 위조사실을 뒷받침할 수 있는 정도로만 기재되어 있으면 충분하다. [경찰승진 10]

유사판례 대법원 2008.3.27, 2007도11000 : 유가증권변조의 공소사실이 범행일자를 "2005.1. 말경에서 같은 해 2.4. 사이"로, 범행장소를 "서울 불상지"로, 범행방법을 "불상의 방법으로 수취인의 기재를 삭제"한 것으로 된 경우에도, 변조된 유가증권이 압수되어 현존하고 있는 이상 공소사실은 특정되었다.

[2] 외국 유명 대학교의 박사학위기를 위조 · 행사하였다는 공소사실에 관하여 위조되었다고 하는 박사학위기 사본만 현출된 사안에서, 공소사실이 특정되지 않았다고 판단한 원심을 파기한 사례

공소사실 중 박사학위기위조 부분은 피고인이 위조하였다는 문서의 내용 및 그 명의자가 특정되었을 뿐 아니라 위조 일시, 방법이 개괄적으로 기재되어 있으며, 각 위조박사학위기행사 부분은 위조문서의 내용, 행사 일시, 장소, 행사 방법 등이 특정되어 기재되어 있고, 기록상 위조되었다는 예일대학교 박사학위기와 동일하다고 하는 박사학위기 사본이 현출되어 있으므로 이로써 공소사실은 특정되었다. [경찰승진 11]

6. 대법원 2009.7.9, 2006도7916

부정한 이익을 얻거나 기업에 손해를 가할 목적으로 영업비밀을 제3자에게 누설하였거나 이를 사용하였는지 여부가 문제되는 부정경쟁방지 및 영업비밀보호에 관한 법률 위반 사건의 공소사실에 '영업비밀'이라고 주장된 정보가 상세하게 기재되어 있지 않다고 하더라도, 다른 정보와 구별될 수 있고 그와 함께 적시된 다른 사항들에 의하여 어떤 내용에 관한 정보인지 알 수 있으며, 또한 피고인의 방어권 행사에도 지장이 없다면, 그 공소제기의 효력에는 영향이 없다.

7. 대법원 2010.4.29, 2010도2556 [국가9급 11]

뇌물수수의 공소사실 중 수뢰금액을 '2억원 상당'으로 기재하였더라도 공소사실을 특정할 수 있다.

8. 대법원 2010.8.26, 2010도4671 [국가9급 11]

소변감정결과와 투약대상자의 진술에 근거하여 메스암페타민의 투약일시를 기재한 것은 적법

범죄일시를 메스암페타민의 양성반응이 나온 소변감정결과를 근거로 '2009.8.10.부터 2009.8.19.까지 사이'로 열흘의 기간 내로 표시하고, 장소를 '서울 또는 부산 이하 불상'으로 표시하여 가능한 한 이를 구체적으로 특정하였으며, 나아가 피고인이 자신의 체내에 메스암페타민이 투약된 사실을 인정하면서도 위 투약은 공소외인이 위 범죄일시로 기재된 기간에 해당하는 2009.8.19. 피고인 몰래 피고인의 음료에 메스암페타민을 넣어서 생긴 것이므로 위 투약에 관한 정을 몰랐다는 취지로 변소하자 이에 대응하

여 위 공소외인에 대한 수사기관의 수사와 제1심의 증거조사까지 이루어졌다면, 공소사실 기재의 경위 및 피고인의 변소와 그에 대한 증거조사 내용에다가 향정신성의약품투약 범죄의 특성 등에 비추어 볼 때 이 부분 공소사실은 피고인의 방어권을 침해하지 않는 범위 내에서 범죄의 특성을 고려하여 합리적인 정도로 특정된 것으로 볼 수 있다.

> [보충] 판례가 모발감정에 기초한 경우와 소변감정결과에 기초한 경우를 구별하는 이유는, 모발감정에 기초한 경우에 비하여 소변감정결과에 기초한 경우가 정확성이 높고, 추정투약기간이 짧으며, 체내흡수가 아닌 단순외부오염의 위험 내지 가능성을 배제할 수 있는 등의 차이에 기인한 것으로 보인다(김양섭 판사, 형사소송법 핵심 판례 110선, 제2판, 57면).

> [유사판례] 대법원 2014.10.30, 2014도6107 : 피고인은 마약류취급자가 아니면서 2010년 1월에서 3월 사이 일자불상 03:00경 서산시 소재 상호불상의 모텔에서, 甲과 공모하여 여자 청소년 乙에게 메스암페타민(일명 필로폰)을 투약하였다고 하여 구 마약류 관리에 관한 법률 위반(향정)으로 기소된 경우, 위 공소사실은 투약 대상인 乙의 진술에 기초한 것이라는 점에서 피고인에 대한 모발 등의 감정결과에만 기초하여 공소사실을 기재한 경우와는 달리 볼 필요가 있는 점 등에 비추어 볼 때, 일시나 장소가 다소 개괄적으로 기재되었더라도 그 기재가 다른 사실과 식별이 곤란하다거나 피고인의 방어권 행사에 지장을 초래할 정도라고 보기 어렵다(공소사실 특정 ○).

9. 대법원 2016.12.15, 2014도1196 [경찰채용 20 2차]

구 저작권법 제136조 제1항은 '저작재산권을 복제·공연·공중송신·전시·배포·대여·2차적 저작물 작성의 방법으로 침해'한 행위를 처벌대상으로 규정하고 있다. 그런데 저작재산권은 특허권 등과 달리 권리의 발생에 반드시 등록을 필요로 하지 않기 때문에 등록번호 등으로 특정할 수 없는 경우가 많고, 저작재산권자가 같더라도 저작물별로 각 별개의 죄가 성립하는 점, 그리고 2006.12.28. 법률 제8101호로 전부 개정된 구 저작권법이 영리를 위하여 상습적으로 한 저작재산권 침해행위를 비친고죄로 개정한 점 등을 고려해 보면, 저작재산권 침해행위에 관한 공소사실의 특정은 침해 대상인 저작물 및 침해 방법의 종류, 형태 등 침해행위의 내용이 명확하게 기재되어 있어 피고인의 방어권 행사에 지장이 없는 정도이면 되고, 각 저작물의 저작재산권자가 누구인지 특정되어 있지 않다고 하여 공소사실이 특정되지 않았다고 볼 것은 아니다.

10. 대법원 2017.3.15, 2016도19659

제3자뇌물수수죄에서 필요한 공소사실의 특정 정도

제3자뇌물수수죄는 공무원 또는 중재인이 직무에 관하여 부정한 청탁을 받고 제3자에게 뇌물을 공여하게 하는 행위를 구성요건으로 하고 있고, 그중 부정한 청탁은 명시적인 의사표시뿐만 아니라 묵시적인 의사표시로도 가능하며 청탁의 대상인 직무행위의 내용도 구체적일 필요가 없다. 이러한 점에 비추어 살펴보면, 제3자뇌물수수죄의 공소사실은 범죄의 일시, 장소를 비롯하여 구성요건사실이 다른 사실과 구별되어 공소사실의 동일성의 범위를 구분할 수 있고, 피고인의 방어권 행사에 지장이 없는 정도로 기재되면 특정이 되었다고 보아야 하고, 그중 부정한 청탁의 내용은 구체적으로 기재되어 있지 않더라도 공무원 또는 중재인의 직무와 제3자에게 제공되는 이익 사이의 대가관계를 인정할 수 있을 정도로 특정되면 충분하다.

4. 적용법조

(1) **기재방법** : 공소사실의 법률적 평가를 명확히 하여 피고인의 방어권 행사를 보장하기 위하여 공소장에는 적용법조도 기재해야 하는바, 적용법조는 형법각칙·특별법의 본조뿐만 아니라 형법총칙의 관계조문(에 중지미수, 불능미수, 교사, 방조, 죄수)도 빠짐없이 기재하여야 한다.

(2) **오기재·불기재의 효과**

① **적용법조의 오기재** : ㉠ 범죄사실에 대한 적용법조의 판단은 수소법원의 전권사항이므로(대법원 1976.11.23, 75도363) 적용법조에 오기·누락이 있거나 그 적용법조에 해당하는 구성요건이 충족되지 않을 때에는 (공소제기의 효력에도 영향이 없고) **피고인의 방어권 행사에 실질적 불이익이 발생하는 경우가 아닌 한** 법원은 공소사실의 동일성이 인정되는 범위 내의 사실에 대하여는 검사의 공소장기재 적용법조에 구애됨이 없이 직권으로 법률을 적용할 수 있다. 다만, ㉡ **적용법조의 오기·누락이 아니고 구성요건이 충족되는 경우**에는 공소장변경절차를 거치지 않으면 다른 법조를 적용할 수 없다(2015도12372).

> [정리] ① 공소장 제출 × : 공소제기의 불성립, ② 공소제기의 현저한 방식 위반 : 무효, 하자 치유 ×, ③ 공소사실의 불명확 : 검사self or 석명권 행사 要(곧바로 공기판 ×), ④ 적용법조의 오기·누락·불충족 : 불이익 없는 한도에서 공소장변경 不要, ⑤ 적용법조의 오기·누락 아니고 충족 : 공소장변경 要.

② **적용법조의 불기재** : ㉠ **공소사실과 죄명은 기재했으나** 적용법조를 기재하지 않은 경우에는 공소사실과 죄명에 의하여 적용법조를 알 수 있으므로 공소제기는 유효하다. 그러나 ㉡ 공소사실의 기재만 있고 **죄명과 적용법조를 기재하지 않은 경우**에는 피고인이 방어전략을 수립할 수 없으므로 공소제기는 무효가 된다.

공소장에는 공소사실의 법률적 평가를 명확히 하여 공소의 범위를 확정하는 데 보조기능을 하기 위하여 적용법조를 기재하여야 하는데(제254조 제3항), ① 적용법조의 기재에 오기·누락이 있거나 또는 그 적용법조에 해당하는 구성요건이 충족되지 않을 때에는 공소사실의 동일성이 인정되는 범위 내로서 피고인의 방어에 실질적인 불이익을 주지 않는 한도에서 법원이 공소장 변경의 절차를 거침이 없이 직권으로 공소장 기재와 다른 법조를 적용할 수 있지만(대법원 1996.6.28, 96도1232; 2001.2.23, 2000도6113; 2006.4.14, 2005도9743 등), ② 공소장에 기재된 적용법조를 단순한 오기나 누락으로 볼 수 없고 그 구성요건이 충족됨에도 불구하고 법원이 공소장 변경의 절차를 거치지 아니하고 임의적으로 다른 법조를 적용하여 처단할 수는 없다고 할 것이다.

Ⅲ 임의적 기재사항 – 범죄사실과 적용법조의 예비적·택일적 기재

1. 의 의

(1) 개념 : 공소장에는 수개의 범죄사실과 적용법조를 예비적 또는 택일적으로 기재할 수 있는바(제254조 제5항), 이러한 공소사실과 적용법조를 바로 임의적 기재사항이라 하는 것이다. [국가9급 14]

① **예비적 기재** : 수개의 사실에 대하여 심판의 순서를 정하여 선순위의 사실(주위적 또는 본위적 공소사실)이 인정되지 않는 경우에 후순위의 사실(예비적 공소사실)의 심판을 구하는 공소장 기재방식을 말한다. 따라서 주위적 공소사실을 1차적으로 판단해야 한다.

> 📖 세월호 선장에 대하여 주위적 공소사실은 살인으로, 예비적 공소사실은 특가법상 유기치사로 한 경우(대법원 2015.11.12, 2015도6809 전원합의체) : 1차적으로 살인에 대하여 먼저 심판을 구하고, 살인이 인정되지 않을 경우 특가법상 유기치사에 대하여 심판을 구하는 것이므로, 특가법상 유기치사를 먼저 판단하는 것은 위법함.

② **택일적 기재** : 수개의 사실에 대하여 심판의 순서를 정하지 않고 어느 사실을 인정하여도 좋다는 취지의 공소장 기재방식을 말한다.

> 📖 甲이 乙의 재물을 임의적 처분하였는데 처음에 乙이 甲에게 당해 재물을 맡겼는지 불분명한 경우 절도죄 또는 횡령죄로 기소하는 경우(대법원 2009.12.10, 2008도10669) : 절도와 횡령 중 어느 죄를 먼저 판단하여도 무방함.

③ **공소장변경시 예비적·택일적 기재** : 공소제기 시뿐만 아니라 **공소장변경시에도 가능**하므로, 공소장변경에 의하여 공소사실을 예비적 또는 택일적으로 추가·변경할 수도 있다. [국가9급 01/14]

④ **공소장일본주의와의 관계** : 원래 공소장에는 필요적 기재사항 이외의 여사기재는 원칙적으로는 금지되며 이를 공소장일본주의라 하는데(규칙 제118조 제2항), 예비적·택일적 기소는 공소장일본주의의 예외가 되는 것이다.

(2) 제도의 취지

① **기소편의주의의 연장** : 공소제기시에 심증형성이 불충분하거나 법률적 구성이 불명확한 경우에 검사로 하여금 공소장 기재방법에 관하여 융통성을 갖게 함으로써 공소제기의 편의를 도모하고 부당한 무죄판결을 방지할 수 있다.

② **심판의 신중** : 법원에 대하여 문제점을 예고함으로써 신중한 심판을 도모할 수 있다.

2. 허용범위 : 공소사실의 동일성과 공소장의 예비적·택일적 기재

공소사실과 동일성이 인정되지 않는 경우에도 공소장의 예비적·택일적 기재가 허용되는지의 여부에 대해서는, ① 현행법상 수개의 범죄사실에 대한 예비적·택일적 기재를 허용하고 있으므로 그 범위를 제한할 근거가 없다는 적극설(신동운, 배/이/정/이, 임동규 등)과 ② 적극설에 따르게 되면 조건부 공소제기가 인정되므로 공소사실 특정을 통한 피고인의 방어권 보장이라는 취지가 무색해진다는 소극설(보통 다수설이라 불림, 신양균, 이/조, 정/백, 차/최 등)의 대립이 있다. 이론적·입법론적으로는 소극설이 타당하나, 현실적·해석론적으로는 적극설의 입장이 불가피할 것이다. **판례도 적극설**의 입장이다.

> **대법원 1966.3.24, 65도114 전원합의체** [법원9급 19, 국가7급 07/11, 경찰채용 08 3차]
>
> 본조 제5항에 수개의 범죄사실과 적용법조를 예비적 또는 택일적으로 기재할 수 있다 함은 그들 수개의 범죄사실 간에 범죄사실의 동일성이 인정되는 범위 내에서 가능함은 물론 그들 범죄 상호간에 범죄의 일시, 장소, 수단 및 객체 등이 달라서 수개의 범죄사실로 인정되는 경우에도 역시 가능하다고 해석할 것이다.
>
> **보충** 기소편의주의와 예비적·택일적 기재방식을 고려할 때 불가피한 판례의 입장이다.

3. 법원의 심판

(1) 심판의 대상(**전부 심판대상임**, hint. 예비적·택일적 기재에는 일부상소 ×)

　① 예비적 기재 : 주위적 공소사실 이외에 **예비적 공소사실도 현실적 심판의 대상**이 된다. 따라서 항소심은 주위적 공소사실로 유죄를 인정한 제1심 판결을 파기하고 공소장변경 없이 예비적 공소사실을 유죄로 인정할 수도 있다.

> **대법원 2006.5.25, 2006도1146**
>
> 예비적 공소사실만 유죄로 인정되고 그 부분에 대하여 피고인만이 상소한 경우, 주위적 공소사실까지 상소심의 심판대상에 포함되는지 여부(적극)
>
> 원래 주위적·예비적 공소사실의 일부에 대한 상소제기의 효력은 나머지 공소사실 부분에 대하여도 미치는 것이고, 동일한 사실관계에 대하여 서로 양립할 수 없는 적용법조의 적용을 주위적·예비적으로 구하는 경우에는 예비적 공소사실만 유죄로 인정되고 그 부분에 대하여 피고인만 상소하였다고 하더라도 주위적 공소사실까지 함께 상소심의 심판대상에 포함된다.

　② 택일적 기재 : 택일적으로 기재된 공소사실 전부가 현실적 심판의 대상이 된다. 따라서 **항소심은 하나의 사실을 유죄로 인정한 제1심 판결을 파기하고 다른 사실을 유죄로 인정할 수 있다.** [국가9급 13/14]

> **대법원 1975.6.24, 70도2660** [국가9급 13/14]
>
> 공소사실과 적용법조가 택일적으로 공소제기되어 그 중 어느 하나의 범죄사실만에 관하여 유죄의 선고가 있은 제1심판결에 대하여 항소가 제기되었을 때 항소심에서 파기자판하는 경우, 항소심의 심판의 대상
>
> 공소사실과 적용법조가 택일적으로 기재되어 공소가 제기된 경우에 그 중 어느 하나의 범죄사실만에 관하여 유죄의 선고가 있은 제1심 판결에 대하여 항소가 제기되었을 때 항소심에서 항소이유 있다고 인정하여 제1심 판결을 파기하고 자판을 하는 경우에는 다시 사건 전체에 대하여 판결을 하는 것이어서 택일적으로 공소제기된 범죄사실 가운데 제1심 판결에서 유죄로 인정된 이외의 다른 범죄사실이라도 그것이 철회되지 아니하는 한 당연히 항소심의 심판의 대상이 된다.

(2) 심판의 순서

　① 예비적 기재 : **검사의 기소순위에 따라** 먼저 주위적 공소사실을 심리·판단한 후 유죄로 인정되지 않는 경우에 예비적 공소사실을 심리·판단하여야 한다. 따라서 **주위적 공소사실을 간과하고 예비적 공소사실을 먼저 판단하는 것**은 위법이므로 **상소이유**(제361조의5 제1항)가 된다(대법원 1975.12.23, 75도3238; 1976.5.26, 76도1126).

　② 택일적 기재 : **심판순서에 제한이 없으므로** 어느 것을 먼저 심판하더라도 적법하다. 따라서 법원이 택일적으로 기재된 다른 범죄사실을 유죄로 인정하지 않았다고 하여 검사가 이를 이유로 상소할 수는 없다(대법원 1981.6.9, 81도1269).

(3) 판단의 방법

　① 예비적 기재

　　(가) 주위적 공소사실에 대해서 유죄를 인정하는 경우 : 판결주문에 주위적 공소사실에 대해서만 유죄를 표시하면 된다. **예비적 공소사실에 대해서는 판결주문 이외에 판결이유에서도 판단할 필요가 없다.**

　　(나) 주위적 공소사실을 배척하고 예비적 공소사실을 유죄로 인정하는 경우 : 판결주문에 예비적 공소사

실에 대해서만 유죄를 표시하면 되고, 주위적 공소사실에 대한 무죄의 취지를 표시해서는 안 된다. **판결이유에서는 주위적 공소사실을 배척하는 이유를 명시**해야 한다(대법원 1975.12.23, 75도3238; 1976.5.26, 76도1126). [국가7급 07]

(다) 주위적 공소사실과 예비적 공소사실 모두 유죄로 인정하지 않는 경우 : 판결주문서에 주위적 공소사실과 예비적 공소사실을 구분하여 별도로 무죄를 선고할 필요는 없고 **1개의 무죄판결**을 선고하면 된다. 다만, **판결이유에서는 주위적 공소사실과 예비적 공소사실 전부에 대해서 배척의 이유를 명시**하여야 한다.

② 택일적 기재

(가) 어느 하나를 유죄로 인정하는 경우 : 판결주문에 인정한 사실에 대해서만 유죄를 선고하면 된다. **다른 사실에 대해서** 무죄를 선고해서는 안 되고, 판결이유에서 배척이유를 명시할 **필요도 없다**.

(나) 전부를 무죄로 인정하는 경우 : 판결주문에서 **1개의 무죄판결**을 선고하면 된다. 다만, **판결이유에서는 모든 사실에 대한 배척이유를 명시**해야 한다.

(4) 기판력의 범위 : 확정판결의 기판력은 예비적·택일적으로 기재된 공소사실의 전부에 미친다. 전체 범죄사실이 공판에서 심리 가능한 것이기 때문이다. 따라서 예비적 공소사실에 대한 확정판결의 기판력은 주위적 공소사실에도 미친다.

4. 검사의 상소

(1) 예비적 기재 : 주위적 공소사실에 대해서 유죄를 인정한 경우에는 검사의 상소가 허용되지 아니한다. 다만, 주위적 공소사실을 배척하고 **예비적 공소사실을 유죄로 인정한 경우에는 검사의 상소가 허용**된다.

(2) 택일적 기재 : 택일적 공소사실 중 **어느 하나를 유죄로 인정한 경우에는 검사의 상소가 허용되지 않는다**. 따라서 모두 무죄로 인정한 경우에만 검사의 상소가 허용된다.

대법원 1981.6.9, 81도1269

법원이 택일적 공소사실 중 경한 죄에 대한 유죄를 인정한 경우에 중한 죄를 유죄로 인정하지 아니한 것이 위법이라는 이유의 검사의 상소의 가부(소극)

본래의 강도살인죄에 택일적으로 살인 및 절도죄를 추가하는 공소장변경을 하여 법원이 택일적으로 공소제기된 살인 및 절도죄에 대하여 유죄로 인정한 이상 검사는 중한 강도살인죄를 유죄로 인정하지 아니한 것이 위법이라는 이유로 상소할 수 없다.

---

03 공소장일본주의

Ⅰ 의의 및 근거

1. 의 의

공소장일본주의(公訴狀一本主義)란 검사가 공소를 제기할 때에는 원칙적으로 공소장 하나만을 제출하여야 하고 그 밖에 사건에 관하여 법원에 예단을 생기게 할 수 있는 서류 기타 물건을 첨부하거나 그 내용을 인용하여서는 아니 된다는 원칙이다(규칙 제118조 제2항). 형사소송규칙의 제정과 함께 1983년부터 시행되어 온 제도이다.[1]

2. 이론적 근거

(1) 당사자주의 소송구조 : 당사자의 공격·방어에 대하여 법관의 자유로운 심증의 형성을 위해서는 법관이 예단 없는 백지의 상태에서 심리에 임해야 한다는 점에서 공소장일본주의가 요청된다. [국가9급 07] 이는

---

1) [참고] 공소제기시에는 공소장 한 장(一本)을 내라는 것이고, 서류는 공판기일의 증거조사시 내라는 것이 원칙임.

2007년 개정의 방향과도 맞물려 더욱 강력하게 요구되고 있다.[1] [2]

(2) 예단배제의 원칙 : 형사피고인은 유죄의 판결이 확정될 때까지는 무죄로 추정된다는 헌법 제27조 제4항의 규정상 형사피고인에 대하여 법관이 가질 수 있는 유죄의 예단을 차단할 필요가 있다는 점에서 공소장일본주의는 필요하다.

(3) 공판중심주의·직접심리주의 : 공판기일 전에 수사기록을 미리 접하게 되면 피고사건에 대한 실체심리가 공판기일의 공판정의 법관의 면전에서 직접 이루어져야 한다는 공판중심주의·직접심리주의에 어긋나게 되므로 공소장일본주의는 필요하다.

(4) 증거재판주의 및 위법증거의 배제 : 유죄의 판결은 적법한 증거조사를 거친 증거에만 의해야 하는바, 위법수집증거를 공소제기시에 미리 접하게 된 법관은 위법수집증거배제법칙에도 불구하고 사실상 심증형성에 영향을 받을 수 있다는 점에서 이를 미연에 방지하기 위하여 공소장일본주의가 요청된다.

Ⅱ 내 용

1. 법 문

규칙 제118조 제2항에 의하면, 공소장에는 제1항에 규정된 서류(변호인선임서·보조인신고서·특별대리인선임결정등본, 체포영장, 긴급체포서, 구속영장 기타 구속에 관한 서류) 외에 사건에 관하여 법원에 예단이 생기게 할 수 있는 서류 기타 물건을 첨부하거나 그 내용을 인용하여서는 아니 된다.

2. 첨부의 금지

(1) 원칙 : 사건에 대한 실체심리 이전에 법관의 심증형성에 영향을 줄 수 있는 서류 기타 물건을 공소장에 첨부하는 것은 금지된다. 이는 증거물에 한하지 않는다.

> **예** 사건기록, 수사서류, 증거물 등

(2) 예외 : 공소장에는 **변호인선임서 또는 보조인신고서, 특별대리인선임결정등본, 구속영장 기타 구속에 관한 서류**(**예** 구속기간연장결정서)를 첨부하여야 한다(규칙 제118조 제1항). [법원9급 08/14, 국가9급 07] 예단을 줄 염려가 없기 때문이다.

3. 인용의 금지

(1) 원칙 : 공소장에 증거 기타 예단이 생기게 할 수 있는 문서 내용의 전부나 일부를 인용하는 것도 금지된다.

(2) 예외 – 공소장일본주의와 공소사실특정의 조화 : 공소장일본주의는 공소사실 특정의 필요성이라는 또 다른 요청에 의하여 필연적으로 제약을 받을 수밖에 없는 것이므로, **양자의 취지와 정신이 조화를 이룰 수 있는 선에서 공소사실 기재 또는 표현의 허용범위와 한계가 설정**되어야 한다(대법원 2009.10.22, 2009도7436 전원합의체). 따라서 **문서의 기재내용 그 자체가 범죄구성요건에 해당하는 경우**에는 공소사실의 특정을 위하여 예외적으로 내용의 인용이 허용된다. 특히 **명예훼손·모욕·협박 등과 같이 특정한 표현의 구체적인 내용에 따라 범죄의 성부가 판가름되는 경우**나 **특허권·상표권 침해사범처럼 사안의 성질상 도면 등에 의한 특정이 필**

---

1) [참고] 종래 우리나라의 형사재판 실무는 검사가 제1회 공판기일 이전에 수사기록 일체를 법원에 제출하는 것이 관행이었다. 그리하여 법원에 따라서는 제1회 공판기일에 들어가기 이전에 검사로부터 제출받은 수사기록을 살펴보고 사안을 미리 파악하기도 하는 등 실무상 혼란이 없지 않았고, 이에 대해서는 예단배제를 위한 공소장일본주의의 취지에 반한 것이라는 비판이 있었다. 이러한 실무관행은 2006. 4. 1. 개정된 대법원 재판예규에 의하여 전국적으로 증거분리제출제도가 시행됨으로써 획기적인 변화가 이루어지게 되었다. 이 제도의 시행으로 검사는 피고인이 자백하든 부인하든 제1회 공판기일 이후 증거조사에 들어가서야 비로소 증거서류를 법정에서 제출하게 된 것이다. 또한, 2007. 6. 1. 법률 제8495호 국민의 형사재판 참여에 관한 법률의 제정으로 국민참여재판제도가 도입되어 직업법관이 아닌 배심원이 국민참여재판을 하는 사건에 관하여 사실의 인정, 법령의 적용 및 형의 양정에 관한 의견을 제시할 권한을 가지게 됨으로써 공판절차에서 법관이나 배심원이 공평한 제3자의 입장에서 심리에 관여할 수 있도록 제도적 장치를 보완할 필요가 생겼다. 이러한 사정을 반영하여 2007. 6. 1. 법률 제8496호로 개정된 형사소송법은 공판절차에 관한 규정을 개정하여, 재판장은 증거조사를 하기에 앞서 검사 및 변호인으로 하여금 공소사실 등의 증명과 관련된 주장 및 입증계획 등을 진술하게 할 수 있으나, 다만 증거로 할 수 없거나 증거로 신청할 의사가 없는 자료에 기초하여 법원에 사건에 대한 예단 또는 편견을 발생하게 할 염려가 있는 사항은 진술할 수 없도록 하였고(법 제287조 제2항), 공판절차의 순서를 바꾸어 증거조사를 피고인신문에 앞서서 실시하도록 규정하는(법 제290조, 제296조의2) 등 당사자주의 소송구조를 강화하였다(대법원 2009.10.22, 2009도7436 전원합의체).

2) [참고] 독일의 직권주의 소송구조에서는 공소제기와 동시에 법원에 수사기록을 제출하도록 하는 데 비해(독일형사소송법 제199조 제2항, 제200조), 영미의 당사자주의에서는 배심재판을 위해서 공판정에 현출된 증거만으로 판단한다는 공소장일본주의가 전제된다.

요한 경우 등에는 **서류 기타 물건의 내용을 직접 인용하거나 요약 또는 사본하여 첨부할 수밖에 없다.**[1]

🔨 **판례연구** 공소장에 문서내용의 인용이 허용되는 경우 – 공소장일본주의와 공소사실특정의 조화

1. 대법원 1992.9.22, 92도1751; 1994.3.11, 93도3145; 1999.5.14, 99도202 등

공소장에는 법령이 요구하는 사항만 기재할 것이고 공소사실의 첫머리에 공소사실과 관계없이 법원의 예단만 생기게 할 사유를 불필요하게 나열하는 것은 옳다고 할 수 없으며, 공소사실과 관련이 있는 것도 원칙적으로 범죄의 구성요건에 적어야 할 것이고, 이를 첫머리 사실로서 불필요하게 길고 장황하게 나열하는 것을 적절하다고 할 수 없으나, 공소장에 기재된 첫머리 사실이 공소사실의 범의나 공모관계, 공소범행에 이르게 된 동기나 경위 등을 명확히 나타내기 위하여 적시한 것으로 보이는 때에는 공소제기의 방식이 공소장일본주의에 위배되어 위법하다고 할 수 없다.

2. 대법원 2009.10.22, 2009도7436 전원합의체

정당의 후보자 추천 관련 금품수수 범행의 공소사실에 범죄사실 이전 단계의 정황과 경위, 범행을 전후하여 관계자들이 주고받은 대화와 이메일 내용, 수첩의 메모 내용, 세세한 주변사실 등을 장황하게 기재한 경우, 위 범죄의 성격상 검사로서는 그 범의나 공모관계, 범행의 동기나 경위 등을 명확히 하기 위하여 구체적인 사정을 적시할 필요도 있는 점, 이와 관련하여 제1심 공판절차에서 피고인 측이 아무런 이의를 제기하지 않은 상태에서 공판절차가 진행되어 위 공소사실에 인용된 증거들을 포함하여 검사가 제출한 증거들에 대한 증거조사가 모두 마쳐진 점 등을 종합하여 볼 때 공소제기의 절차가 법률의 규정을 위반한 것이라 할 수 없다.

3. 대법원 2013.7.26, 2013도2511

공소장에 증거로 제출될 서면이나 사진 등이 인용되어 있으나, 이는 이 사건 각 국가보안법 위반죄의 공소사실을 특정하거나 객관적·주관적 구성요건요소의 일부 내용에 관한 것으로서, 그 인용된 부분으로 인하여 피고인들의 방어권 행사에 장애를 가져온다거나 법관에게 예단을 생기게 하여 법관이 범죄사실의 실체를 파악하는 데 장애가 되는 것이 아니어서 공소장일본주의에 위반되는 것으로 볼 수 없다.

---

4. 여사기재의 금지

(1) 의의 : 공소장에 법령이 요구하는 사항(제254조 제3항의 필요적 기재사항) 이외의 사실로서 법원에 예단이 생기게 할 수 있는 사유를 나열하는 것이 허용되지 않는다. 여사(餘事)기재의 금지 또는 '기타 사실의 기재 금지'라고도 한다. 여사기재금지에 대해서는 명문의 규정이 없으나, **공소장일본주의의 내용으로 인정**하는 것이 통설·판례이다(대법원 1994.3.11, 93도3145). 다만, 구체적인 여사와 관련해서 **판례는 전과, 범죄동기, 여죄의 기재를 허용**하는 입장이다.

(2) 전과의 기재

① 허용 여부 : 긍정설과 부정설이 대립하나, 통설은 공소장일본주의에 반한다고 보아 부정설을 취하고 이것이 타당하나, **판례는 긍정설**의 입장이다.

🔨 **판례연구** 공소장에 전과기재를 허용하는 사례

1. 대법원 1966.7.19, 66도793 [법원9급 13/14, 국가7급 14]

공소장에 누범이나 상습범을 구성하지 않는 전과사실을 기재하였다 하더라도 이는 피고인을 특정할 수 있는 사항에 속한다 할 것으로서 그 공소장기재는 적법하다 할 것이다.

2. 대법원 1990.10.16, 90도1813 [국가9급 09, 경찰승진 13]

공소장의 공소사실 첫머리에 소년부송치처분 등 범죄전력과 직업 없음을 기재하였다 하더라도 이는 피고인의 특정에 관한 사항으로서 공소제기의 절차가 법률의 규정에 위반된 것이라고 할 수 없다.

---

② 예외적 허용 : ㉠ 전과가 공소범죄사실의 내용이 되는 경우(㉮ 전과를 수단으로 한 공갈·협박), ㉡ 전과가 상습성 인정의 자료가 되는 경우(㉮ 상습범), ㉢ 전과가 누범가중의 자료가 되는 경우(누범의 성립요건

---

1) [보충] 공소사실의 기재는 본질적으로 역사적으로 이미 발생한 사실을 그에 관한 자료를 기초로 범죄사실로 재구성하여 표현하는 것이어서 그 정도의 차이가 있을 뿐 필연적으로 장차 증거로 제출될 서류 기타 물건에 담긴 정보를 기술하는 형식에 의할 수밖에 없다(대법원 2009.10.22, 2009도7436 전원합의체).

중 전범의 전과) 등에는 전과사실의 기재가 필요적 기재사항인 범죄사실 자체의 기재에 해당되므로 그 기재가 허용된다.

(3) **악성격·악경력의 기재** : 역시 원칙적으로 금지되나, 그것이 공소사실의 내용을 이루거나(**뗴** 공갈·강요·협박의 수단) 밀접한 관련을 가지고 있는 경우(**뗴** 상습성 인정자료)에는 허용된다.

(4) **범죄동기의 기재** : 범죄사실 그 자체가 아니므로 원칙적으로 기재가 금지된다. 다만, **판례는 기재가 허용된다**는 입장이다. 물론 살인죄·방화죄와 같은 중대범죄의 경우에 동기가 공소사실과 밀접불가분의 관계에 있고 공소사실을 명확히 하는 데 필요하다면 그 기재가 허용된다.

🪓 판례연구 공소장에 범죄동기의 기재를 허용하는 사례

1. 대법원 2007.5.11, 2007도748 [법원9급 14, 국가7급 14, 국가9급 09/11]
설사 범죄의 직접적인 동기가 아닌 경우에도 동기의 기재는 공소장의 효력에 영향을 미치지 아니한다.

2. 대법원 2012.4.19, 2010도6388 전원합의체 [법원9급 13]
국가공무원법 위반의 공소사실 기재 부분 중 피고인들이 상고이유에서 지적하고 있는 부분은 피고인들이 국가공무원법 제66조 제1항의 '공무 외의 일을 위한 집단행위'에 이르게 된 동기와 경위 등을 명확히 하기 위한 것으로 보일 뿐이므로, 그와 같은 기재가 법원에 예단이 생기게 할 수 있는 사유를 적시하여 공소장일본주의에 위배된다고 볼 수는 없다.

---

(5) **여죄의 기재** : 법관에게 예단이 생기게 할 수 있으므로 금지된다는 부정설(신동운, 신양균 등)과 법원은 검사에게 삭제를 명하면 족하고 공소제기의 효력에는 영향을 주지 아니한다는 긍정설(이/조, 임동규, 정/이 등)이 대립하나, 전과의 기재와 마찬가지로 부정설이 타당하다. 다만, **판례는 긍정설**의 입장이다.

대법원 1983.11.8, 83도1979 [국가9급 23]
형사소송법 제254조 제3항은 공소장에 동항 소정의 사항들을 필요적으로 기재하도록 한 규정에 불과하고 그 이외의 사항은 기재를 금지하고 있는 규정이 아니므로 공소시효가 완성된 범죄사실을 공소범죄사실 이외의 사실로 기재한 공소장이 위 형사소송법 제254조 제3항의 규정에 위배된다고 볼 수 없다.
보충 위 판례에서는 "그 이외의 사항은 기재를 금지하고 있는 규정이 아니므로"라고 표현하고 있는데, 이는 여사기재금지원칙과는 충돌되는 부분이어서, 수험에서는 주의를 요한다.

Ⅲ 위반의 효과

1. 공소기각판결
공소장일본주의에 위반한 공소제기는 **공소제기의 절차가 법률의 규정을 위반하여 무효이므로 법원은 공소기각의 판결을 선고**하는 것(제327조 제2호)이 원칙이다. [법원행시 03, 법승 14, 국가7급 17, 국가9급 11/12, 경찰승진 13]

2. 하자의 치유
(1) **원칙** : 공소장일본주의에 위반한 공소제기가 **법관에게 예단을 생기게 할 염려**가 있는 경우에는 검사는 **공소장을 보완하여 그 하자를 치유할 수 없음**이 원칙이다.

(2) **예외적 하자 치유의 가능성** : 법관의 예단을 생기게 할 정도가 아닌 여사기재의 경우, 예외적으로 하자의 치유가 허용되는가에 대해서는 견해의 대립이 있다.

① **긍정설** : 단순한 여사기재는 처음부터 공소장일본주의의 적용대상이 아니므로 법원은 **공소장보정명령에 의하여 검사에게 삭제를 명하면 족하다**는 입장이다(이/조 임동규, 정/이, 차/최 등). 판례도 긍정설의 입장인바, 공소장일본주의의 위배 여부는 공소장일본주의에 관한 규정과 형사소송법상 형사재판의 적정한 운용에 관한 그 밖의 다른 규정들이 합리적으로 조화를 이루도록 판단해야 하므로, **공소장일본주의를 위반하였다 하더라도 그 시기 및 위반의 정도와 무관하게 항상 공소기각의 판결을 하는 것은 타당하지 않다**(대법원 2009.10.22, 2009도7436 전원합의체)고 보고 있다. [법원9급 13]

② **부정설** : 공소장일본주의를 위반한 공소제기는 피고인의 무죄추정권을 침해하고 법률의 규정에 위배되어 치유될 수 없는 것이므로 그 위반의 정도나 경중을 가릴 것 없이 모두 위법한 공소제기에 해당하므로 공소기각판결을 내려야 한다는 입장이다(배/이/정/이, 신동운, 신양균, 정/백 및 위 2009도7436 전원합의체 판례의 소수의견 등).

③ **소결** : 긍정설은 어떠한 경우 단순한 여사기재에 해당하는지가 불명확하고 그 불명확함이 피고인의 기본권을 침해한다는 점에서 타당하지 못하다는 점에서 부정설이 타당하다 생각되나, 수험에서는 긍정설로 정리하길 바란다.

Ⅳ 적용범위

1. 시 기

(1) **공소제기** : 공소장일본주의는 공소제기의 방식에 관한 원칙이므로 **공소제기에 대해서만 적용**된다.

(2) **공소제기 후 단계** : 공소제기 이후의 단계에서 행해지는 각종 절차의 개시에는 **공소장일본주의가 적용되지 않는다.** 예 공판절차갱신 후의 절차 [법원행시 03, 국가9급 09], 상소심 절차 [법원행시 03], 파기환송·이송 후의 절차 [법원행시 03, 국가9급 09]

2. 예 외

(1) **약식절차**

① **원칙** : **공소장일본주의의 예외**로서, 검사가 약식명령을 청구하는 때에는 공소제기와 동시에 수사기록과 증거물을 제출하여야 한다(제449조, 규칙 제170조). 약식절차는 서면심리의 방식으로 사건을 신속하게 처리하기 위한 **특별절차**이기 때문이다. 따라서 검사가 약식명령청구와 동시에 증거서류와 증거물을 법원에 제출한 것은 공소장일본주의 위반이 아니다. [국가9급 09/10/11]

② **예외 – 정식재판청구** : 법원이 약식명령을 할 수 없거나 부적당하다고 인정하여 **공판절차에 의하여 심판**하거나(제450조) **정식재판청구**가 있는 때에는 **공소장일본주의가 적용**됨은 당연하다. [국가9급 07] 다만, **약식명령에 대하여 정식재판청구가 제기되었음에도 법원이 증거서류 및 증거물을 검사에게 반환하지 않고 보관하고 있는 경우** 공소장일본주의의 적용 여부에 대해서는 학설이 대립하나[2] **판례는 부정설**을 취하여

---

1) [보충] 공소장일본주의는 공소사실 특정의 필요성이라는 또 다른 요청에 의하여 필연적으로 제약을 받을 수밖에 없는 것이므로, 양자의 취지와 정신이 조화를 이룰 수 있는 선에서 공소사실 기재 또는 표현의 허용범위와 한계가 설정되어야 한다는 점, 공판준비절차는 공판중심주의와 집중심리의 원칙을 실현하려는 데 그 주된 목적이 있으므로 공소장일본주의 위배를 포함한 공소제기 절차상의 하자는 이 단계에서 점검함으로써 위법한 공소제기에 기초한 소송절차가 계속 진행되지 않도록 하는 것이 바람직하다는 점, 형사소송법상 인정되는 공소장변경제도는 실체적 진실발견이라는 형사소송이념을 실현하기 위한 직권주의적 요소로서 형사소송법이 절차법으로서 가지는 소송절차의 발전적·동적 성격과 소송경제의 이념 등을 반영하고 있는 것이므로, 이러한 점에서도 공소장일본주의의 적용은 공소제기 이후 공판절차가 진행된 단계에서는 필연적으로 일정한 한계를 가질 수밖에 없다는 점 등을 종합하여 고려하여야 하기 때문이다(위 판례).

2) [참고] ① 정식재판청구시에도 검사는 공소장을 제출하여야 하고 그 부본은 피고인에게 송달되어야 하므로 공소제기시와 마찬가지로 공소장일본

공소제기절차가 위법하지 않다고 보고 있다(대법원 2007.7.26, 2007도3906).

대법원 2007.7.26, 2007도3906 [법원9급 13/14, 국가7급 14, 경찰간부 12]

약식명령에 대한 정재청구 후 법원이 증거서류와 증거물을 검사에게 반환하지 않은 것이 위법한지 여부(소극)

① 검사가 약식명령을 청구하는 때에는 약식명령의 청구와 동시에 약식명령을 하는 데 필요한 증거서류 및 증거물을 법원에 제출하여야 하는바(규칙 제170조), 이는 약식절차가 서면심리에 의한 재판이어서 공소장일본주의의 예외를 인정한 것이므로 약식명령의 청구와 동시에 증거서류 및 증거물이 법원에 제출되었다 하여 공소장일본주의를 위반하였다 할 수 없고, ② 그 후 약식명령에 대한 정식재판청구가 제기되었음에도 법원이 증거서류 및 증거물을 검사에게 반환하지 않고 보관하고 있다고 하여 그 이전에 이미 적법하게 제기된 공소제기의 절차가 위법하게 된다고 할 수도 없다.

---

(2) **즉결심판절차** : **공소장일본주의의 예외**로서, 경찰서장은 즉결심판청구와 동시에 즉결심판을 함에 필요한 서류 또는 증거물을 판사에게 제출하여야 하며(즉심 제4조), 즉결심판에 대하여 정식재판의 청구가 있는 때에도 사건기록과 증거물을 지체 없이 관할법원에 송부하여야 한다(즉심 제14조 제3항)(2008도7375). [법원행시 04, 경찰승진 13]

대법원 2011.1.27, 2008도7375 [경찰승진 12]

즉결심판 및 즉결심판에 대한 정식재판청구에 공소장일본주의가 적용되지 않는다는 사례

① 즉결심판에 관한 절차법이 즉결심판의 청구와 동시에 판사에게 증거서류 및 증거물을 제출하도록 한 것은 즉결심판이 범증이 명백하고 죄질이 경미한 범죄사건을 신속·적정하게 심판하기 위한 입법적 고려에서 공소장일본주의가 배제되도록 한 것이라고 보아야 한다. ② 피고인이 택시 요금을 지불하지 않아 경범죄처벌법 위반으로 즉결심판에 회부되었다가 정식재판을 청구한 경우, 위 정식재판청구로 제1회 공판기일 전에 사건기록 및 증거물이 경찰서장, 관할 지방검찰청 또는 지청의 장을 거쳐 관할법원에 송부된다고 하여 그 이전에 이미 적법하게 제기된 경찰서장의 즉결심판청구의 절차가 위법하게 된다고 볼 수 없고, 그 과정에서 정식재판이 청구된 이후에 작성된 피해자에 대한 진술조서 등이 사건기록에 편철되어 송부되었더라도 달리 볼 것은 아니다.

V 관련문제

1. 증거개시

2007년 개정 전 형사소송법은 변호인에게 소송계속 중의 관계서류 또는 증거물에 대한 열람·등사권만 인정하고 있었다(제35조). 그런데 공소장일본주의에 의하여 공소제기 후에도 증거물과 수사기록은 모두 검사가 보관하고 증거조사절차에 이르러서야 비로소 법원에 제출하게 된다. 이에 변호인이 검사에 대하여 그 기록의 열람·등사를 청구할 수 있는가가 문제되었는바, 2007년 개정법에서는 공소제기 후 검사가 보관하고 있는 서류 등에 대한 열람·등사권(증거개시권)을 인정하는 규정을 신설하였다(제266조의3~4, 후술함).

2. 공판기일 전의 증거제출

현행법은 공판기일의 신속한 심리를 위하여 공판기일 전의 증거조사(제273조) 및 공판기일 전의 증거제출(제274조)을 허용하고 있는데, 이것이 공소장일본주의에 반하는 것이 아닌가 문제된다. 학설의 대립은 있으나 증거보전절차(제184조)와의 관계에 비추어 공판기일 전이란 **제1회 공판기일 이후의 공판기일 전**을 의미한다는 견해가 통설이며 타당하다.

주의가 적용되어 법원은 공소기각판결을 선고해야 한다는 긍정설(이/조, 임동규)과 ② 공소제기절차가 아니므로 공소장일본주의가 적용되지 않는다는 부정설(신동운, 신양균)이 대립한다.

제4절 | 공소제기의 효과

01 의 의

공소제기로 인하여 ① 수사절차는 종결되고 법원의 공판절차가 개시되고(소송계속), ② 공소시효가 정지되며, ③ 법원의 심판의 범위가 공소장에 기재된 공소사실로 한정된다(심판범위의 한정). 이외에도 ④ 강제처분의 권한이 수사기관에서 법원으로 이전되고, ⑤ 피의자가 피고인의 지위를 가지게 된다.

> **대법원 2002.4.12, 2002도690**
>
> 공소제기는 공소장이 법원에 도달한 때 그 효력이 발생하므로 공소장의 제출일자와 법원직원이 접수인을 찍은 날짜가 다르다면 공소장 제출일자를 공소제기일로 보아야 하나 통상의 경우 공소장에 접수일로 찍혀 있는 날짜는 공소제기일로 추정된다.

02 공소제기의 소송법상 효과

I 소송계속

1. 의 의

소송계속(訴訟係屬)이란 피고사건이 수소법원의 심리와 재판의 대상이 되어 있는 상태를 말한다. 소송계속은 검사의 공소제기에 의하여 발생하는 것이 보통이나, 성명모용에서 피모용자에 대한 공소제기가 없는데도 사실상의 소송계속이 발생하는 경우와 같이 **공소제기에 의하지 않고 발생하기도 한다.** [경찰채용 05 2차] 나아가 공소제기가 무효인 경우에도 소송계속은 발생하므로, **공소제기가 반드시 유효일 필요도 없다.** [국가9급 08, 교정 9급특채 12]

2. 종 류

(1) **실체적 소송계속** : 형식적 소송조건과 실체적 소송조건을 모두 갖추어 공소제기가 적법·유효한 경우를 말하며, 이 경우 법원은 유·무죄의 실체재판을 선고하여야 한다.

(2) **형식적 소송계속** : 형식적 소송조건 또는 실체적 소송조건을 갖추지 못하여 공소제기가 부적법·무효인 경우를 말하며, 이 경우 법원은 면소판결, 공소기각판결, 공소기각결정, 관할위반판결 등 형식재판으로 형사절차를 종결해야 한다.

3. 적극적 효과

(1) **법원** : 사건을 심판하여야 할 권리·의무를 갖게 된다.

(2) **검사·피고인** : 당사자로서 심판에 관여하고 심판을 받을 권리·의무를 갖게 된다.

4. 소극적 효과

(1) **이중기소의 금지** : 공소제기가 있으면 동일사건에 대하여 다시 공소를 제기할 수 없는데, 공소제기가 다른 사건에 대하여 소송장애사유로 기능한다는 의미에서 공소제기의 외부적 효과라고도 한다.

(2) **이중기소의 효과**

  ① **동일법원에 이중기소된 경우** : 공소가 제기된 사건에 대하여 다시 공소가 제기되었을 때(제327조 제3호)에 해당하므로 법원은 **공소기각의 판결**을 하여야 한다. [국가9급 08, 경찰승진 10, 경찰채용 15 1차]

② 다른 법원에 이중기소된 경우 : 사물관할의 경중에 따라 처리하는바, 수개의 법원이 사물관할을 달리하는 경우에 법원합의부가 심판하고(제12조 : 합의부 우선의 원칙), 사물관할을 같이하는 경우에는 먼저 공소를 받은 법원이 심판한다(제13조 : 선착수원칙, 단서 : 신청시 직근상급법원이 후착수법원 ○). 이 경우 심판할 수 없게 된 법원은 **공소기각의 결정**을 하여야 한다(제328조 제3호). [경찰승진 13]

Ⅱ 공소시효의 정지

공소제기에 의하여 공소시효의 진행이 정지된다(제253조 제1항 전단). 이때 **공소제기는 적법·유효할 것을 요하지 않으므로 형식적 소송계속만 있어도 공소시효가 정지**된다. [법원9급 10, 경찰채용 04 2차/15 1차] 이렇게 정지된 공소시효는 **공소기각 또는 관할위반의 재판이 확정된 때로부터 다시 진행**한다(동 후단)(공소시효에 관한 자세한 설명은 후술함).
[법원9급 10, 경찰승진 13/14, 경찰채용 04 2차/05 2차]

Ⅲ 심판범위의 한정

탄핵주의 소송구조에 의하여 법원은 공소제기가 없는 사건을 심판할 수 없는바, 공소제기의 효과는 공소장에 기재된 피고인(인적 효력범위)과 공소사실과 단일성 및 동일성이 인정되는 사실(물적 효력범위)에 미친다. 따라서 법원의 심판범위는 공소제기의 효력이 미치는 범위 이내로 한정된다. 다음에서는 이를 상세히 다루어보기로 한다.

| 03 | 공소제기의 효력이 미치는 범위 |

Ⅰ 공소제기로 인한 법원의 심판의 대상

법원의 심판의 범위가 함부로 확대되면 피고인의 방어권 행사에 불이익을 주게 되므로, 법원의 심판의 대상은 공소가 제기된 피고인의 범죄사실에 한정해야 한다. 법원의 심판의 대상에 대해서는 ① 공소사실대상설 또는 범죄사실대상설, ② 소인대상설, ③ 절충설이 제시되나,[1] **다수설·판례는 ④ 이원설**을 취한다. 이원설은 **공소장에 기재된 공소사실이 현실적 심판의 대상**이고, **공소사실의 단일성과 동일성이 인정되는 사실이 잠재적 심판의 대상**이라고 보는 입장이다. 이원설에 의하면 공소제기의 효력은 공소사실과 단일성과 동일성이 인정되는 범죄사실 전부에 미치고, 공소제기의 물적 효력범위는 법원의 잠재적 심판대상과 일치하게 된다. 이러한 **잠재적 심판대상이 법원의 현실적 심판대상이 되기 위해서는 공소장변경이 필요**하다. [경찰채용 12 1차]

Ⅱ 인적 효력범위 – 불고불리원칙

1. 검사가 지정한 피고인

공소는 검사가 **피고인으로 지정한 이외의 다른 사람에게 그 효력이 미치지 아니한다**(2020.12.8. 우리말 순화 개정법 제248조). [경찰승진 14] 즉, 법원은 검사가 공소를 제기한 피고인과 범죄사실에 대해서만 심판을 할 수 있다.

---

1) [참고] ① 공소사실대상설 또는 범죄사실대상설은 공소장에 기재된 공소사실과 단일성 및 동일성이 인정되는 모든 사실이 심판의 대상이 되므로, 심판의 대상은 공소제기의 효력범위와 공소장변경의 한계 및 확정판결의 효력범위와 모두 일치하게 된다는 입장이고(김기두, 신동운), ② 소인대상설은 심판의 대상은 공소장에 명시된 소인(소의 원인 : 범죄사실을 일정한 구성요건에 해당시켜 법률적으로 재구성하여 공소장에 기재한 공소사실, 즉 범죄에 해당하는 사실)의 범위로 제한되고, 공소사실은 현실적 개념이 아니라 소인변경의 한계를 정하는 기능적 개념에 불과하다는 입장이며(강구진, 차/최), ③ 절충설은 소인이 현실적 심판의 대상이라면 공소사실은 잠재적 심판의 대상으로 보는 입장이다(서일교). 공무원 수험에서는 거의 다루지 않는 논쟁이지만, 독자들의 이해를 돕기 위해 첨언하자면, ① 공소사실대상설 내지 범죄사실대상설은 독일의 다수설로서 직권주의에 기반한 입장이며, 공소제기의 효력범위와 기판력의 발생범위, 심판대상을 완전히 일치시킨다는 점에서는 장점이 있으나, 공소장변경제도와는 조화되기 어렵다는 문제점이 있다. ②·③ 소인대상설 및 절충설은 소인(訴因, count)을 심판의 대상이라고 하는데, 일본 형사소송법은 소인을 명시하여 공소사실을 기재하도록 규정한 데 비해, 우리 형사소송법은 공소사실을 특정하여 기재하도록 하고 있으므로 소인 개념 자체를 받아들이기 어렵다는 문제가 있다. 이에 비해 ④ 이원설(이분설)은 당사자주의적 시각을 보여주는데, 현실적 심판대상(기소장에 기재된 공소사실)과 잠재적 심판대상(미기재 부분)으로 나누어 본다는 점에서 공소장변경제도와 잘 조화되고 이를 피고인의 방어권 보장이라는 관점에서 접근할 수 있다는 장점이 있다. 다만, 공소사실과 기판력의 범위가 완전히 일치하지 않는다는 이론적 난점이 존재하나, 이원설에서는 잠재적이나마 심판대상이 되었다는 점에서 기판력은 사건 전체에 발생한다고 설명하고 있는 것이다.

이렇게 검사의 공소제기가 없으면 법원도 심판을 할 수 없다는 것이 바로 **불고불리의 원칙**이다. 공소에 있어서는 −객관적 불가분만 인정되고− 주관적 불가분의 원칙이 인정되지 않으며, 이 점이 친고죄의 고소에 있어서 주관적 불가분의 원칙이 적용되는 것과는 서로 다른 점이다. 구체적인 피고인의 특정에 관해서, 성명모용 및 위장출석에 있어서 누가 피고인인가의 문제는 소송주체 부분에서 상술하였다.

🔨 판례연구 불고불리원칙 관련판례

1. 대법원 1983.11.8, 83도1979

공소장에 기재된 사실 중 검사가 공소범죄사실로 기재한 것이 아니라는 점을 분명히 밝히고 있는 부분은 공판심리의 대상이 아니다.

2. 대법원 2002.4.12, 2000도3350 [경찰채용 08 2차]

법개정 전후 형의 경중의 차이가 없는 경우 법원이 공소장변경 없이 구법 적용 ; 불고불리원칙 위반 X

법원이 인정하는 범죄사실이 공소사실과 동일한 경우에는 비록 검사가 재판시법인 개정 후 신법의 적용을 구하였더라도 그 범행에 대한 형의 경중의 차이가 없으면 피고인의 방어권 행사에 실질적으로 불이익을 초래할 우려도 없어 공소장 변경절차를 거치지 않고도 정당하게 적용되어야 할 행위시법인 구법을 적용할 수 있다.

보충 행위시법과 재판시법의 형의 경중에 차이가 없으면 형법 제1조 제1항의 행위시법주의가 적용된다.

3. 대법원 2006.4.14, 2005도9743

일반법과 특별법에 모두 해당하는 행위를 검사가 일반법으로 기소하는 경우

① 불고불리원칙 위반 : 어느 범죄사실이 일반법과 특별법에 모두 해당하는 경우라 하여도 검사가 형이 보다 가벼운 일반법의 죄로 기소하면서 그 일반법의 적용을 청구하고 있는 이상 법원은 형이 더 무거운 특별법을 적용하여 특별법위반의 죄로 처단할 수는 없다. (② 불고불리원칙 위반 X : 다만, 이러한 경우가 아니라면 공소장의 적용법조의 오기나 누락으로 잘못 기재된 적용법조에 규정된 법정형보다 법원이 그 공소장의 적용법조의 오기나 누락을 바로잡아 직권으로 적용한 법조에 규정된 법정형이 더 무겁다는 이유만으로 그 법령적용이 불고불리의 원칙에 위배되어 위법하다고 할 수 없다)

---

2. 진 범

공소제기 후 진범이 새로이 발견되더라도 **진범**은 검사가 피고인으로 지정한 사람이 아니므로 **공소제기의 효력이 미치지 않는다.** 따라서 진범에 대하여는 새로운 공소제기가 필요하다. [법원행시 03]

3. 공 범

① 공범 중 1인에 대한 공소의 제기는 **다른 공범자에 대해서는 효력이 미치지 않는다.** [법원9급 13, 국가9급 07, 경찰채용 05 2차/ 12 1차/15 1차] 다만, ② 공소제기로 인한 **공소시효 정지의 효력은 다른 공범자에게도 미친다**(제253조 제2항). [법원9급 08/10, 국가7급 08, 국가9급 08/09/11, 경찰승진 13/14, 경찰채용 12 1차/15 1차]

Ⅲ 물적 효력범위−공소불가분원칙

1. 공소불가분의 원칙

(1) 의의 : **범죄사실의 일부에 대한 공소의 효력은 범죄사실 전부에 미친다**(2020.12.8. 우리말 순화 개정법 제248조 제2항). [법원행시 03, 법원9급 08/11, 국가9급 08/11, 경찰채용 15 2차] 이를 공소불가분의 원칙이라 한다. 따라서 범죄사실의 일부에 대한 공소가 있더라도 공소제기의 효력은 **공소사실의 단일성과 동일성이 인정되는 전 범위**에 대해서 미친다. 또한 포괄일죄나 과형상 일죄의 일부에 대해서만 공소가 제기되어도 다른 부분에 대해서 공소제기의 효력이 미치는 것이므로 별도의 공소제기를 요하지 않는다. [국가9급 08, 경찰승진 13]

(2) 공소사실의 단일성과 동일성의 소송법상 의미 : 공소사실의 단일성은 사건이 1개인 것, 즉 소송법적 행위의 단일성을 말하고, 공소사실의 동일성은 시간이 지나면서 사실관계가 재구성되는 동적인 과정에도 불구하고 전후의 사실이 기본적인 점에서 동일하다는 것을 말한다(기본적 사실의 동일성). **공소사실의 단일성과 동일성이 인정되는 사실의 전체가 공소제기의 물적 효력범위**가 되고 이는 **법원의 잠재적 심판의 대상, 공소장변경의 한계, 기판력의 객관적 범위**와 일치한다.

① 잠재적 심판의 대상 : 공소제기의 물적 효력범위는 법원의 잠재적 심판의 대상과 일치한다. 그러나 **현실적 심판의 대상과는 반드시 일치하지 않는다.** 따라서 잠재적 심판의 대상을 심판하기 위해서는 **공소장변경**을 요한다.

② 공소장변경의 한계 : 공소장의 변경은 공소사실의 동일성을 해하지 아니하는 한도에서만 허가되므로 (제298조 제1항 제2문), 공소제기의 효력이 미치는 범위 내에서만 허용된다.

③ 기판력의 객관적 범위 : 기판력이 미치는 범위는 공소제기의 물적 효력범위인 법원의 잠재적 심판의 대상과 일치한다.

[공소제기의 효력이 미치는 범위 연습]

A와 B는 2016년 1월 절도, 3월 절도, 5월 절도, 7월 살인을 공동으로 범한 자들이다.

검사는 3월 절도와 5월 절도에 대하여 A를 상습절도로 공소를 제기 – 현실적 심판대상	① 공소제기의 효력은 A의 1월 절도에만 미친다. – 잠재적 심판대상 = 공소장변경 要
	② A의 살인 ×–추가기소(별도의 공소제기)
	③ B : ×–인적 효력범위(불고불리원칙)를 벗어남. 단, 공소시효 정지는 인정

---

2. 일죄의 일부에 대한 공소제기

(1) 의의 : 단순일죄나 과형상 일죄와 같은 소송법상 일죄의 전부에 대해서 범죄혐의가 인정되고 소송조건이 구비되어 있음에도 불구하고 검사가 일죄의 일부만을 공소제기하는 것을 말한다.

예 강도상해죄나 강도강간죄의 혐의가 충분함에도 검사가 강도죄로만 공소제기한 경우

(2) 공소제기의 적법성 : 공소불가분원칙(제248조 제2항)에 의하여 일죄의 일부에 대한 공소제기는 공소사실과 단일성과 동일성이 인정되는 범위 안에서는 공소제기의 물적 효력이 미친다. 이에 **일죄의 일부에 대한 공소제기 자체가 허용되는지**에 대해서는 ① 부정설, ② 긍정설, ③ 절충설이 대립하고 있으나,[1] 기소편의주의에 의해 공소제기는 검사의 재량에 속하고 공소불가분원칙도 일죄의 일부에 대한 기소를 전제한 규정이므로 일부기소는 허용된다는 **긍정설이 다수설·판례**이다.

★ 판례연구 일죄의 일부기소도 허용된다는 사례

1. 대법원 1999.11.26, 99도1904 [법원9급 14, 국가7급 09, 국가9급 11]
하나의 행위가 직무유기죄(부작위범)와 범인도피죄(작위범)의 구성요건을 동시에 충족하는 경우 공소제기권자는 재량에 의하여 작위범인 범인도피죄로 공소를 제기하지 않고 부작위범인 직무유기죄로만 공소를 제기할 수 있다.

2. 대법원 2008.2.14, 2005도4202
경찰관이 불법체류자의 신병을 출입국관리사무소에 인계하지 않고 훈방하면서 이들의 인적사항조차 기재해 두지 아니하였다면 직무유기죄가 성립하는바, 하나의 행위가 부작위범인 직무유기죄와 작위범인 허위공문서작성·행사죄의 구성요건을 동시에 충족하는 경우, 공소제기권자는 재량에 의하여 작위범인 허위공문서작성·행사죄로 공소를 제기하지 않고 부작위범인 직무유기죄로만 공소를 제기할 수 있다.

3. 대법원 2017.12.5, 2017도13458
행위가 여러 범죄의 구성요건을 동시에 충족하는 경우의 일부기소
하나의 행위가 여러 범죄의 구성요건을 동시에 충족하는 경우 공소제기권자는 자의적으로 공소권을 행사하여 소추 재량을 현저히 벗어났다는 등의 특별한 사정이 없는 한 증명의 난이 등 여러 사정을 고려하여 그중 일부 범죄에 관해서만 공소를 제기할 수도 있다.

1] [참고] ① 부정설은 일부기소를 허용하게 되면 검사의 자의적인 공소권 행사를 초래할 위험성을 막을 수 없게 되고(배/이/정/이, 정/이), ② 긍정설은 검사의 기소재량을 중시하며(다수설 –신양균, 이/조, 임동규, 정/백 등– 및 판례), ③ 절충설은 원칙적으로 부정되어야 하나 예비적·택일적 기재를 하였다면 가능하다는 입장(신동운)이다.

(3) 일부기소의 효력 : 공소제기의 효력은 공소불가분원칙에 의해 **일죄의 전부**에 미친다. [법원9급 13] 주위적 공소사실에 대하여 한 고발의 효력이 그와 일죄의 관계에 있는 예비적 공소사실에 미치는 이유도 여기에 있다. 법원의 **잠재적 심판대상**과 **기판력의 객관적 범위**도 일죄의 전부에 미친다. [국가9급 10] 다만, 이는 법원의 잠재적 심판대상에 불과하므로, 만일 전체범죄에 대해 유죄판결을 내리려 한다면 **공소장변경**을 거쳐야 한다.

> **대법원 2005.1.14, 2002도5411**
>
> 주위적 공소사실에 대하여 한 고발의 효력이 그와 일죄의 관계에 있는 예비적 공소사실에도 미친다고 한 사례
>
> 법인세는 사업연도를 과세기간으로 하는 것이므로 그 포탈범죄는 각 사업연도마다 1개의 범죄가 성립하고(대법원 1987.12.22, 87도84 참조), 일죄의 관계에 있는 범죄사실의 일부에 대한 공소제기 및 고발의 효력은 그 일죄의 전부에 대하여 미치는 것이므로(즉시고발사건 : 고발의 객관적 불가분 ○), 검사가 피고인 1과 공소외 1 일간신문사의 1999년도 법인세 포탈죄를 기소한 이상 공소장 변경을 통하여 그 범행의 태양, 포탈액수 등을 예비적으로 변경하는 것은 허용되어야 하고, 또 서울지방국세청장이 2001. 6.29.에 이 사건 주위적 공소사실에 대하여 한 고발의 효력은 그와 일죄의 관계에 있는 이 사건 예비적 공소사실에도 미친다고 할 것이므로, 예비적 공소사실에 대하여도 적법한 고발이 있었던 것으로 보아야 한다.

(4) 친고죄의 일부(비친고죄)에 대한 공소제기

① **의의** : 비동거친족 간의 특수절도죄는 친족상도례에 의하여 친고죄로 처리되는바(형법 제331조, 제344조, 제328조 제2항), 친고죄(특수절도)에 대해서 고소가 있는 경우에 그 수단이나 부수적으로 저질러진 범죄행위(특수절도죄 중 손괴죄나 주거침입죄)로 공소제기하는 것은 일죄의 일부기소가 허용되는 것에서 보았듯이 적법하다고 해야 하나, 만일 이러한 친고죄에서 **고소가 없거나 고소가 취소된 경우**에도 그 수단인 일부 범죄행위(손괴 또는 주거침입)만으로 공소를 제기하는 것이 허용되는가가 문제된다. 이는 친고죄라는 제도가 피해자의 의사를 존중하는 동시에 검사의 기소독점주의에 대한 간접적 규제의 의미를 가진다는 점에서 더욱 문제된다.

② **공소제기의 적법성** : 이를 인정할 때에는 당해 범죄를 친고죄로 규정한 제도적 취지에 어긋나고 고소취소가 있으면 전부에 대하여 효력을 미치는 고소불가분원칙과도 상치되므로 허용되지 않는다고 보아야 한다.

③ **법원의 조치** : 학설상으로는 견해의 대립이 있으나,[1] 친고죄에 대해서 고소가 없거나 취소된 경우 그 수단인 범죄행위만으로 공소제기하는 것은 **공소제기가 위법한 경우이므로 공소기각의 판결**을 선고해야 한다(제327조 제2호). [국가7급 08/09, 국가9급 07, 교정9급특채 12, 경찰승진 10, 경찰채용 05 2차] 대법원은 종래 친고죄이었던 강간죄에 대하여 고소가 없음에도 그 수단인 폭행·협박에 대하여 공소를 제기한 경우, 무죄판결을 선고해야 한다고 하였으나(대법원 1976.4.27, 75도3365), 그 후 전원합의체 판결에 의하여 태도를 변경하고 **공소기각의 판결**을 해야 한다고 판시하였다(대법원 2002.5.16, 2002도51 전원합의체). [법원9급 08/13, 법승 14, 국가7급 08/09, 국가9급 11]

(5) 포괄일죄의 일부에 대한 기소 후 추가기소

① **의의 및 원칙** : 상습사기와 같은 포괄일죄의 일부에 대하여 공소제기가 있은 후 검사가 그 포괄일죄의 일부에 해당하는 나머지 범죄사실을 추가로 기소(별개의 독립한 상습사기로 기소)한 경우, 공소불가분원칙에 의할 때 공소제기의 효과는 공소사실과 동일성이 인정되는 모든 사실에 미치므로, 기존의 공소장을 변경하지 않고 별개의 범죄사실로 추가기소한 이와 같은 공소제기는 이중기소금지원칙에 위배되어 허용될 수 없다는 것은 당연하며, 따라서 원칙적으로 추가기소에 대해서는 동일사건에 대한 이중기소로 보아 공소기각판결(제327조 제3호)을 내려야 할 것이다(**상습사기 + 상습사기 = 공소기각판결**).

② **예외** : 공소장변경을 거치지 않더라도 심리과정에서 전체가 **포괄일죄를 구성하는 것으로 밝혀진 경우**에는 실체재판을 할 수 있다는 것이 판례이다. ㉠ 검사가 단순일죄를 먼저 기소한 후 포괄일죄인 상습범행

---

1) [참고] ① 유죄판결설(신양균), ② 무죄판결설(차용석), ③ 공소기각판결설(다수설 −배/이/정/이, 신동운, 이조, 임동규, 정/백 등− 및 판례)의 대립이 그것이다.

을 추가기소하였는데 심리과정에서 전후 기소된 범죄사실이 상습범의 포괄일죄를 구성하는 것으로 밝혀졌다든가(**단순사기 + 상습사기 = 상습사기**), ⓛ 검사가 수개의 범행을 먼저 기소한 후 별개의 범행을 추가기소하였는데 심리과정에서 전후 기소된 범죄사실이 포괄일죄를 구성하는 것으로 밝혀진 경우(**실체적 경합범 + 일죄 = 포괄일죄**)에는 공소장변경절차를 밟지 않았다 하여 추가기소된 부분에 대하여 **공소기각판결을 내릴 필요는 없고 전후 기소된 범죄사실 전부에 대하여 실체판단**을 할 수 있다는 것이 판례의 입장이다(ⓘ **석명 후 공소장변경의제**, ⓛ **석명 없이 공소장변경의제**). 이중기소금지원칙은 동일사건에 대해 재차 기소가 이루어져 별개의 재판을 받지 않도록 함에 그 취지가 있음을 고려할 때 판례의 입장은 타당하다고 생각된다.

★ **판례연구** 포괄일죄의 일부 기소 후 추가기소시 처리

1. 대법원 1999.11.26, 99도3929 · 99감도97 [국가7급 20]

[1] 상습범에 있어서의 공소제기의 효력 : 상습사기 + 상습사기 = 이중기소/공소기각판결

상습범에 있어서 공소제기의 효력은 공소가 제기된 범죄사실과 동일성이 인정되는 범죄사실 전체에 미치는 것이며, 또한 공소제기의 효력이 미치는 시적 범위는 사실심리의 가능성이 있는 최후의 시점인 판결선고시를 기준으로 삼아야 할 것이므로, 검사가 일단 상습사기죄로 공소제기한 후 그 공소의 효력이 미치는 위 기준시까지의 사기행위 일부를 별개의 독립된 상습사기죄로 공소제기를 함은 비록 그 공소사실이 먼저 공소제기를 한 상습사기의 범행 이후에 이루어진 사기 범행을 내용으로 한 것일지라도 공소가 제기된 동일사건에 대한 이중기소에 해당되어 허용될 수 없다.

[2] 단순 사기범행이 먼저 기소된 후 상습사기 범행이 추가로 기소되었으나 심리과정에서 기소된 범죄사실이 모두 포괄하여 상습사기의 일죄를 구성하는 것으로 밝혀진 경우, 그 처리방법 : 석명 후 의제

검사가 단순일죄라고 하여 사기 범행을 먼저 기소하고 포괄일죄인 상습사기 범행을 추가로 기소하였으나 그 심리과정에서 전후에 기소된 범죄사실이 모두 포괄하여 상습사기의 일죄를 구성하는 것으로 밝혀진 경우에는, 검사로서는 원칙적으로 먼저 기소한 사건의 범죄사실에 추가기소의 공소장에 기재한 범죄사실을 추가하여 전체를 상습범행으로 변경하고 그 죄명과 적용법조도 이에 맞추어 변경하는 공소장변경 신청을 하고 추가기소한 사건에 대하여는 공소취소를 하는 것이 형사소송법의 규정에 충실한 온당한 처리라고 할 것이나, 이와 같은 처리에 의하지 않더라도 검사의 추가기소에는 전후에 기소된 각 범죄사실 전부를 포괄일죄로 처벌할 것을 신청하는 취지가 포함되었다고 볼 수 있어 공소사실을 추가하는 등의 공소장변 경과는 절차상 차이가 있을 뿐 그 실질에 있어서 별 차이가 없으므로, 석명에 의하여 추가기소의 공소장의 제출은 포괄일 죄를 구성하는 행위로서 먼저 기소된 공소장에 누락된 것을 추가 보충하고 죄명과 적용법조를 포괄일죄의 죄명과 적용법 조로 변경하는 취지의 것으로서 1개의 죄에 대하여 중복하여 공소를 제기한 것이 아님이 분명하여진 경우에는 위의 추가기소 에 의하여 공소장변경이 이루어진 것으로 보아 전후에 기소된 범죄사실 전부에 대하여 실체판단을 하여야 하고 추가기소에 대하여 공소기각판결을 할 필요는 없다.

2. 대법원 2007.8.23, 2007도2595

검사가 수개의 협박 범행을 먼저 기소하고 다시 별개의 협박 범행을 추가로 기소하여 이를 병합심리하는 과정에서 전후에 기소된 각각의 범행이 포괄일죄로 밝혀진 경우, 법원의 판단방법 : 석명 없이 의제

검사가 수개의 협박 범행을 먼저 기소하고 다시 별개의 협박 범행을 추가로 기소하였는데 이를 병합하여 심리하는 과정에서 전후에 기소된 각각의 범행이 모두 포괄하여 하나의 협박죄를 구성하는 것으로 밝혀진 경우, 이중기소에 대하여 공소기각판결을 하도록 한 제327조 제3호의 취지는 동일사건에 대하여 피고인으로 하여금 이중처벌의 위험을 받지 아니하게 하고 법원이 2개의 실체판 결을 하지 아니하도록 함에 있으므로, 위와 같은 경우 법원이 각각의 범행을 포괄하여 하나의 협박죄를 인정한다고 하여 이중기 소를 금하는 위 법의 취지에 반하는 것이 아닌 점과 법원이 실체적 경합범으로 기소된 범죄사실에 대하여 그 범죄사실을 그대로 인정하면서, 다만 죄수에 관한 법률적인 평가만을 달리하여 포괄일죄로 처단하는 것이 피고인의 방어에 불이익을 주는 것이 아니 어서 공소장변경 없이도 포괄일죄로 처벌할 수 있는 점에 비추어 보면, 비록 협박죄의 포괄일죄로 공소장을 변경하는 절차가 없었 다거나 추가로 공소장을 제출한 것이 포괄일죄를 구성하는 행위로서 기존의 공소장에 누락된 것을 추가 · 보충하는 취지의 것이 라는 석명절차를 거치지 아니하였다 하더라도, 법원은 전후에 기소된 범죄사실 전부에 대하여 실체판단을 할 수 있고, 추가기소된 부분에 대하여 공소기각판결을 할 필요는 없다.

제5절 | 공소시효

의의와 본질

Ⅰ 의 의

1. 개념 및 취지

범죄행위가 종료한 후 검사가 일정 기간 공소를 제기하지 않고 방치하는 경우 국가의 소추권이 소멸되는 제도를 말한다. 기본적으로 죄를 범한 자는 처벌되는 것이 정의의 이념에 충실하나, 비록 죄를 범한 자라 하더라도 형사소추에 관하여 무한정 불안정한 상태에 두어서는 안 된다는 법적 안정성의 요청도 고려해야 한다는 것에 공소시효제도의 존재의 의의가 있다. 즉, 공소시효는 ① 범죄 후 시간의 경과로 인하여 생긴 사실상의 상태는 유지·존중되어야 하고, ② 범죄 후 장시간의 경과로 인하여 범인에 대한 일반인의 처벌욕구도 감소되며, ③ 범죄자도 장기간의 도망생활로 인하여 처벌받은 것과 다름없는 고통을 받았고, ④ 증거의 멸실·산일로 인하여 공정한 재판을 하기가 어렵다는 점에 그 제도의 취지가 있다.

2. 구별개념

공소시효는 형의 시효(형법 제77조 이하)와 함께 형사시효의 일종이나 서로 다른 개념이다. 형의 시효는 재판이 확정되어 국가의 형벌권이 발생된 상태에서 일정기간 형의 집행을 받지 않은 경우 형의 집행을 면제함으로써 확정된 형벌권을 소멸시키는 제도임에 비하여, 공소시효는 국가의 공소권을 발동할 수 있는 기간으로서 그 기간이 완성되면 형식재판인 면소판결을 하는 제도이다.

Ⅱ 본 질

공소시효의 본질에 대해서는 실체법설, 소송법설, 병합설이 대립하고,[1] **판례는 실체법설**을 취하나, **병합설**에 의하여 파악함이 타당하다. 형사소송법에서 법정형의 경중에 따라 공소시효를 달리 정하고 있는 것은 형법상 형의 시효와 유사하게 형벌권이라는 개념에서 파악하는 것이 자연스럽고(큰 형벌은 오래, 짧은 형벌은 비교적 짧게 : 실체법설), 공소시효가 완성된 경우 실체재판이 아니라 면소판결을 하도록 한 것(제326조 제3호)은 소추권 개념으로 이해하는 것(소송조건이 결여되면 형식재판 : 소송법설)이 타당하기 때문이다.

헌법재판소 1995.1.20, 94헌마246; 1993.9.27, 92헌마284

공소시효는 형의 시효와 마찬가지로 실체법적 성격의 제도 : 유추해석금지원칙 적용

공소시효제도는 시간의 경과에 의한 범죄의 사회적 영향이 약화되어 가벌성이 소멸되었다는 주된 실체적 이유에서 일정한 기간의 경과로 국가가 형벌권을 포기함으로써 결과적으로 국가형벌권의 소멸과 공소권의 소멸로 범죄인으로 하여금 소추와 처벌을 면하게 함으로써 형사피의자의 법적 지위의 안정을 법률로써 보장하는 형사소송조건에 관한 제도이다. 비록 절차법인 형사소송법에 규정되어 있으나 그 실질은 국가형벌권의 소멸이라는 점에서 형의 시효와 마찬가지로 실체법적 성격을 갖고 있는 것이다. 그러므로 그 예외로서 시효가 정지되는 경우는 특별히 법률로써 명문의 규정을 둔 경우에 한하여야 할 것이다.

---

1) [참고] ① 시간의 경과에 따라 사회의 응보감정 또는 범인의 악성이 소멸되므로 형벌권 소멸사유로 보아야 한다는 실체법설(판례), ② 시간의 경과에 따라 증거가 멸실·산일되므로 소추권 소멸사유로 보아야 한다는 소송법설(배/이/정/이, 이조, 정/백 등), ③ 가벌성이 점차 약해짐으로써 형벌권이 감소되는 실체법적 성격과 증거가 멸실·산일됨으로써 소추권이 상실된다는 소송법적 성격을 함께 가진다는 병합설(신동운, 신양균, 임동규, 정/이)이 대립한다. 헌법재판소의 입장은 위에 소개한 바와 같이 실체법설을 취하여 공소시효는 형의 시효와 마찬가지로 국가형벌권의 소멸에 그 본질이 있다고 보고 있다.

I 공소시효기간

1. 시효기간

공소시효는 법정형의 경중에 따라 다음 기간의 경과로 완성한다(제249조 제1항). [법원행시 03, 법원9급 10, 교정9급특채 10, 경찰승진 06/10, 경찰채용 05 3차/10 1차/13 1차] 공소시효의 최단기간은 1년이다. [법원행시 03]

> 1. 사형에 해당하는 범죄에는 25년 [법원9급 10, 국가9급 09]
> 2. 무기징역 또는 무기금고에 해당하는 범죄에는 15년
> 3. 장기 10년 이상의 징역 또는 금고에 해당하는 범죄에는 10년 [경찰채용 14 2차]
> 4. 장기 10년 미만의 징역 또는 금고에 해당하는 범죄에는 7년 [국가9급 11, 경찰채용 13 1차]
> 5. 장기 5년 미만의 징역 또는 금고, 장기 10년 이상의 자격정지 또는 벌금에 해당하는 범죄는 5년 [경찰승진 11/12, 경찰채용 08 2차/14 2차]
> 6. 장기 5년 이상의 자격정지에 해당하는 범죄에는 3년 [경찰채용 12 1차]
> 7. 장기 5년 미만의 자격정지, 구류, 과료 또는 몰수에 해당하는 범죄에는 1년
>
> 정리 사25(살인✕, 방조25), 무15, 징역·자격정지-5-10 : 1/3/5-5/7/10, 벌5, 몰구과1
>
> | 징역 | 5 | 7 | 10 |
> | --- | --- | --- | --- |
> | ----------------------5----------------10---------- | | | |
> | 자격정지 | 1 | 3 | 5 |
>
> 참고 형법상 형의 시효(형 78조) : 사30, 무20, 징역-3-10/자격정지-5-10 : 5/7/10 : 7/10/15, 벌몰추5

2. 살인죄에 있어서의 공소시효의 적용 배제

2015.7.31. 개정법에 의해, **사람을 살해한 범죄**(종범 제외)**로 사형에 해당하는 범죄**에 대하여는 공소시효가 적용되지 아니한다(제253조의2). [국가9급 18, 경찰채용 15 3차] 살인죄 중 사형에 해당하는 범죄에 대하여 공소시효를 폐지함으로써 피해자의 인권을 보호하고 중대범죄로부터 국민의 생명을 보호하기 위한 규정으로서, 이 법 시행 전에 범한 범죄로 아직 공소시효가 완성되지 아니한 범죄에 대하여도 적용한다(부진정소급효 ○, 부칙 제2조, 진정소급효 ✕). [국가7급 17]

3. 의제공소시효

공소가 제기된 범죄는 판결의 확정이 없이 공소를 제기한 때로부터 **25년을 경과**하면 공소시효가 완성한 것으로 간주한다(제249조 제2항). 이 경우 법원은 **면소판결**로 소송을 종결해야 한다. [법원9급 08, 교정9급특채 11, 경찰간부 13, 해경간부 11, 경찰승진 12, 경찰채용 09 1차/13 1차] 의제공소시효는 영구미제(未濟)사건을 종결처리하기 위한 실무적 발상에서 나온 규정이다.

🔍 **판례연구** 형사소송법 제249조 제2항의 의제공소시효에서의 구법과 신법

대법원 2022.8.19, 2020도1153

의제공소시효기간이 15년에서 25년으로 연장되었는데 구법 시 범죄에 대해서는 15년이 적용된다는 사례

1999년경 저질러져 2000.6.26. 기소된 이 사건 공소사실 범죄에 대하여 판결의 확정 없이 공소가 제기된 때로부터 15년이 경과하였다. 2007.12. 개정 전 구 형사소송법 제249조는 '공소시효의 기간'이라는 표제 아래 제1항 본문 및 각 호에서 공소시효는 법정형에 따라 정해진 일정 기간의 경과로 완성한다고 규정하고, 제2항에서 "공소가 제기된 범죄는 판결의 확정이 없이 공소를 제기한 때로부터 15년을 경과하면 공소시효가 완성한 것으로 간주한다."라고 규정하였다. 2007.12.21. 법률 제8730호로 형사소송법이 개정되면서 제249조 제1항 각 호에서 정한 시효의 기간이 연장되고, 제249조 제2항에서 정한 시효의 기간도 '15년'에서 '25년'으로 연장되었는데, 위와 같이 개정된 형사소송법 부칙 제3조는 '공소시효에 관한 경과조치'라는 표제 아래 "이 법 시행 전에 범한 죄에 대하여는 종전의 규정을 적용한다."라고 규정하고 있다. … 이 사건 부칙조항은, 시효의 기간을 연장하는 형사소송법 개정이 피의자 또는 피고인에게 불리한 조치인 점 등을 고려하여 개정 형사소송법 시행 전에 이미 저지른 범죄에 대하여는 개

정 전 규정을 그대로 적용하고자 함에 그 취지가 있다. 이 사건 부칙조항에서 말하는 '종전의 규정'에는 '구 형사소송법 제249조 제1항'뿐만 아니라 '같은 조 제2항'도 포함된다고 봄이 타당하다. 따라서 개정 형사소송법 시행 전에 범한 죄에 대해서는 이 사건 부칙조항에 따라 구 형사소송법 제249조 제2항이 적용되어 판결의 확정 없이 공소를 제기한 때로부터 15년이 경과하면 공소시효가 완성한 것으로 간주된다.

Ⅱ 공소시효기간의 기준

1. 법정형

(1) **원칙** : 공소시효기간의 기준이 되는 형은 처단형이 아니라 **법정형**이다. [법원승진 06]

(2) **2개 이상의 형과 시효기간** : 병과형 또는 선택형의 문제로서, 두 개 이상의 형을 병과(倂科)하거나 두 개 이상의 형 중 한 개를 과(科)할 범죄에는 그 중 **무거운 형**에 의하여 공소시효를 정한다(2020.12.8. 우리말 순화 개정법 제250조)(예 절도죄에는 6년 이하 징역 또는 1천만원 이하 벌금이 법정형 ─ 형법 329조 ─ 으로 규정되어 있는데, 그 중 중한 형인 징역 6년이 기준이 됨). [법원9급 09/10/15, 국가9급 21, 교정9급특채 11, 경찰채용 12 2차/13 2차]

(3) **형의 가중 · 감경과 시효기간**

　① 형법에 의한 가중 · 감경 : **가중 · 감경하지 아니한 형**이 기준이 된다(제251조)(예 절도죄의 방조범 : 절도죄의 법정형인 6년 이하의 징역을 기준으로 하고, 방조범의 필요적 감경규정을 적용한 형을 기준으로 하지 않음). [법원행시 04, 법원9급 09/10, 교정9급특채 12, 경찰승진 12, 경찰채용 05 1차/15 1차/13 2차] 여기서의 형법상 가중사유는 모두 필요적 가중이고, 감경사유는 임의적 감경과 필요적 감경이 있는데 여기에 모두 포함된다(cf. 유죄판결 명시이유 사/요/법/주 : '주'는 범죄성립조각사유 · 형벌가중감면사유의 주장 ─진술─, 감면사유는 필요적 감면만).

　② 특별법에 의한 가중 · 감경 : 제251조는 형법에만 적용되므로(대법원 1973.3.13, 72도2976), 특별법에 의한 가중 · 감경규정은 그 **특별법상의 법정형**이 기준이 된다(대법원 1980.10.14, 80도1959). [법원9급 08/11, 해경간부 12, 경찰채용 09 1차/12 2차/15 2차]

(4) **교사범 · 종범** : **정범의 형**을 기준으로 한다. 예를 들어, 절도죄의 교사범의 공소시효기간의 기준은 절도죄(형법 제329조)의 법정형이 된다. 다만, 수뢰와 증뢰와 같은 대향범 등 필요적 공범은 개별적 행위자를 기준으로 결정할 수밖에 없다.

(5) **양벌규정** : 법인(사업주)을 처벌하기 위한 양벌규정의 공소시효기간의 기준에 대해서는 ① 사업주 법정형 기준설(김재환, 백형구, 이은모, 이/조, 이창현, 임동규 등)과 ② 행위자(종업원) 법정형 기준설(배/이/정/이, 신동운, 신양균, 정/백 등)이 대립하나, 양벌규정에 의하여 처벌을 받는 것은 사업주(법인)이고 그 처벌근거도 법인 스스로의 과실에서 찾아야 하므로(과실책임설) 사업주 법정형 기준설이 타당하다고 생각된다.

(6) **법정형의 변경** : 법률의 개정으로 신법의 법정형이 가벼워진 경우에는 형법 제1조 제2항(경한 신법 우선)에 의하여 **신법의 법정형이 공소시효기간의 기준**이 된다(대법원 1987.12.22, 87도84; 2008.12.11, 2008도4376).[1]

[법원9급 08, 경찰7급 11, 국가9급 12, 경찰채용 12 2차/15 1차]

---

1) [참고 1] 법률의 변경에 의하여 법정형이 변경된 경우, ① 신법의 법정형을 공소시효의 기준으로 보아야 한다는 입장과 ② 행위시와 재판시 사이에 존재하였던 것 중 가장 경한 법정형을 기준으로 해야 한다는 입장이 대립한다. 이 논의는 특히 신법의 법정형이 무거워졌을 때 어느 법을 적용할지의 문제에서 그 실익이 있다. 본서의 특성상 자세한 논의는 생략한다.
[참고 2] 우리 판례는 ① 신법의 공소시효의 연장으로 인한 소급적용 문제에 있어서는 부진정소급입법(공소시효 완성 전 공소시효 연장)을 사안에 따라 인정하되, 진정소급입법(공소시효 완성 후 신법에 의한 공소시효의 소급적용)은 행위자의 신뢰보호와 법적 안정성을 위해 원칙적으로 금지하는 입장이다(개인의 신뢰보호보다 중대한 공익상의 요구가 현저히 클 때 예외적으로 허용하고 있을 뿐이다). 이는 공소시효가 소송법의 규정임을 중시한 것이다. 소송법에는 실체법상 소급효금지원칙이 적용되지 않기 때문이다. 이에 비해, ② 법정형의 변경에 의한 공소시효의 기준을 경한 신법으로 정한 위 판례는 신법이 피고인에게 유리하니 신법을 소급적용하고 있으며(이에 대해서는 다른 견해도 있으나 위와 같이 파악하는 것이 자연스러워 보인다), 후술하는 재정신청에 대한 공소시효정지를 규정한 법 제262조의4 제1항은 검사의 불기소처분에 대한 헌법소원심판청구에 확장적용할 수 없다는 헌재판례라든가, 공범자 중 1인에 대한 공소의 제기로 인한 시효의 정지는 다른 공범자에 대하여 효력이 있으나 당해 사건의 재판이 확정되면 진행한다는 제253조 제2항의 규정이 피고인에게 불리한 방향으로 확장 · 축소해석하여서는 안 된다는 대법원판례에서도 결국 피고인 및 다른 공범자에게 불리한 해석이 되지 않는 것에 주안점을 두고 있는 것으로 보인다. 이는 공소시효도 그 운용으로 인하여 결국 형벌권 발동의 범위가 정해진다는 점에서 형법상 형의 시효와 마찬가지로 실체법적 성격이 있음을 고려한 것으로 이해된다. 공소시효의 본질에 관한 우리 판례의 입장을 분석함에 신중한 접근이 필요한 이유는 바로 여기에 있다. 본서의 수험서적 특성상 이에 관한 자세한 논의는 생략할 수밖에 없다.

2. 법정형판단의 기초가 되는 범죄사실

(1) 원칙 : 공소시효는 **공소장에 기재된 공소사실**에 대한 법정형이 기준이 된다.

(2) 공소사실의 예비적·택일적 기재 : **각 범죄사실을 기준으로** 개별적으로 결정해야 한다.

(3) 과형상 일죄 : 상상적 경합은 실질적으로 수죄이므로 **각 죄에 대하여 개별적으로** 공소시효기간을 결정해야 한다(대법원 2006.12.8, 2006도6356). [국가7급 11/19, 국가9급 24]

대법원 2006.12.8, 2006도6356

1개의 행위가 여러 개의 죄에 해당하는 경우 형법 제40조는 이를 과형상 일죄로 처벌한다는 것에 지나지 아니하고, 공소시효를 적용함에 있어서는 각 죄마다 따로 따져야 할 것인바, 공무원이 취급하는 사건에 관하여 청탁 또는 알선을 할 의사와 능력이 없음에도 청탁 또는 알선을 한다고 기망하여 금품을 교부받은 경우에 성립하는 사기죄와 변호사법 위반죄는 상상적 경합의 관계에 있으므로(대법원 2006.1.27, 2005도8704), 변호사법 위반죄의 공소시효가 완성되었다고 하여 그 죄와 상상적 경합관계에 있는 사기죄의 공소시효까지 완성되는 것은 아니다.

---

(4) 공소장변경 : ① 유효한 공소제기는 소송조건으로서의 성질을 가지므로 일반적인 소송조건과 마찬가지로 **공소제기시의 공소사실을 기준**으로 공소시효의 완성 여부를 판단해야 한다. [법원9급 09/14, 국가7급 09, 국가9급 09, 경찰승진 10, 경찰채용 12 1차] 다만, ② 공소장변경절차에 의하여 공소사실이 변경됨에 따라 그 법정형에 차이가 있는 경우에는 (공소장변경 시가 아니라 **최초 공소제기시**를 기준으로) **변경된 공소사실에 대한 법정형**이 공소시효의 기준이 된다(대법원 2001.8.24, 2001도2902). [법원행시 04, 법원9급 09/14, 국가7급 10/11, 국가9급 21, 교정9급특채 12, 해경간부 12, 경찰승진 11/14, 경찰채용 08 3차/09 1차/13 2차/15 1차, 변호사 23] 따라서 변경된 공소사실에 대한 법정형을 기준으로 공소제기 당시 이미 공소시효가 완성된 경우 법원은 면소판결을 하여야 하고 [국가7급 10, 국가9급 09/10, 경찰승진 10], 마찬가지로 법원이 공소장을 변경하지 않고도 인정할 수 있는 사실에 대한 법정형을 기준으로 공소제기 당시 이미 공소시효가 완성된 경우에도 면소판결을 하여야 한다(대법원 2013.7.26, 2013도6182)(예 ① 살인 공소제기 - 시효 없음 → 폭행치사 공소장변경 : 폭행치사는 3년 이상 30년 이하 징역이므로 공소시효는 10년이 됨, ② 공갈 - 시효 10년 → 배임수재 공소장변경 : 배임수재는 5년 이하 징역이므로 공소시효는 7년이 됨, ③ 강간치상 - 시효 15년 → 공소장변경 없이 강간 인정 : 강간은 3년 이상 30년 이하 징역이므로 공소시효는 10년이 됨). [법원9급 18]

대법원 2001.8.24, 2001도2902 [국가9급 24]

검사가 2000. 2. 20. 피고인에 대하여 1995년 7월 하순 범행을 절도죄로 공소제기하였다가(6년 이하의 징역 : 당시 공소시효 5년) 2001. 3. 21. 건조물침입죄(3년 이하의 징역 : 당시 공소시효 3년)로 변경하는 공소장변경신청을 하여 법원이 허가를 한 경우, 피고인에 대하여 건조물침입의 범죄행위가 종료된 때로부터 3년이 훨씬 지난 2000. 2. 20. 이 사건 공소가 제기되었으므로 이 사건 공소 제기 당시 변경된 공소사실인 건조물침입죄에 대하여는 이미 공소시효가 완성된 것이다. 따라서 제326조 제3호에 의하여 면소를 선고하기로 한다.

Ⅲ 기산점과 계산

1. 기산점

(1) 의의 : 공소시효는 **범죄행위가 종료한 때**로부터 진행한다(제252조 제1항). [법원9급 10, 교정9급특채 11, 경찰승진 14, 경찰채용 12 2차] 범죄행위가 종료한 때란 범죄의 실행행위 자체의 종료시가 아니라 **범죄행위가 최종적으로 완료된 시점**(범죄완료시설 내지 결과발생시설)을 의미한다.

(2) 구체적 고찰
① 결과범 : **결과가 발생한 때**로부터 공소시효가 진행된다. 과실범도 결과범이므로 같은 기준이 적용된다.

판례연구 범죄행위가 최종적으로 완료된 시점(범죄완료시설 내지 결과발생시설) 관련판례

1. 대법원 1996.8.23, 96도1231

공소시효의 기산점에 관하여 규정한 형사소송법 제252조 제1항 소정의 '범죄행위'에는 당해 범죄의 결과까지도 포함되는 취지로 해석함이 상당하므로, 업무상 과실치사상죄의 공소시효는 피해자들이 사상에 이른 결과가 발생함으로써 그 범죄행위가 종료한 때로부터 진행한다.

2. 대법원 2011.11.24, 2010도11394 [국가9급 12]

회사의 대표이사가 회사 명의로 체결한 계약이 관련 법령이나 정관에 위배되어 법률상 효력이 없는 경우, 그 계약의 체결행위만으로 배임의 범행이 기수·종료되었다고 볼 수 있는지 여부(원칙적 소극)

회사의 대표이사가 회사 명의로 체결한 계약이 관련 법령이나 정관에 위배되어 법률상 효력이 없는 경우에는 그로 인하여 회사가 계약 상대방에게 민법상 불법행위책임을 부담하게 되는 등 특별한 사정이 없는 한 계약의 체결행위만으로 회사에 현실적인 손해가 발생하거나 재산상 실해 발생의 위험이 초래되었다고 할 수 없어서, 그것만으로 배임죄 구성요건이 모두 충족되어 범행이 기수에 이르렀거나 범행이 종료되었다고 볼 수 없다. 甲 주식회사 대표이사인 피고인이 주주총회 의사록을 허위로 작성하고 이를 근거로 피고인을 비롯한 임직원들과 주식매수선택권부여계약을 체결함으로써 甲 회사에 재산상 손해를 가하였다고 하며 특경법위반(배임)으로 기소된 경우, 상법과 정관에 위배되어 법률상 무효인 계약을 체결한 것만으로는 업무상배임죄 구성요건이 완성되거나 범행이 종료되었다고 볼 수 없고, 임직원들이 이후 계약에 기초하여 甲 회사에 주식매수선택권을 행사하고, 피고인이 이에 호응하여 주식의 실질가치에 미달하는 금액만을 받고 신주를 발행해 줌으로써 비로소 甲 회사에 현실적 손해가 발생하거나 그러한 실해 발생의 위험이 초래되었다고 볼 수 있으므로, 피고인에 대한 업무상 배임죄는 피고인이 의도한 배임행위가 모두 실행된 때로서 최종적으로 주식매수선택권이 행사되고 그에 따라 신주가 발행된 시점에 종료되었다고 보아야 하는데도, 이와 달리 계약을 체결한 시점에 범행이 종료되었음을 전제로 공소시효가 완성되었다고 보아 면소를 선고한 원심판결에는 법리오해의 위법이 있다.

② 거동범·미수범 : **행위종료시**부터 공소시효가 진행된다.

1. 대법원 2000.2.11, 99도4459

소송사기미수죄에 있어서 범죄행위의 종료시기(= 소송이 종료된 때)

공소시효는 범죄행위가 종료한 때로부터 진행하는 것으로서, 법원을 기망하여 유리한 판결을 얻어내고 이에 터잡아 상대방으로부터 재물이나 재산상 이익을 취득하려고 소송을 제기하였다가 법원으로부터 패소의 종국판결을 선고받고 그 판결이 확정되는 등 법원으로부터 유리한 판결을 받지 못하고 소송이 종료됨으로써 미수에 그친 경우의 소송사기미수죄에 있어서 범죄행위의 종료시기는 위와 같이 소송이 종료된 때라고 할 것이다.

유사판례 공소시효의 기산점(= 범죄행위가 종료한 때)/미수범의 공소시효 기산점(= 행위를 종료하지 못하였거나 결과가 발생하지 아니하여 더 이상 범죄가 진행될 수 없는 때) : 공소시효는 범죄행위가 종료한 때부터 진행한다(형사소송법 제252조 제1항). 미수범은 범죄의 실행에 착수하여 행위를 종료하지 못하였거나 결과가 발생하지 아니한 때에 처벌받게 되므로(형법 제25조 제1항), 미수범의 범죄행위는 행위를 종료하지 못하였거나 결과가 발생하지 아니하여 '더 이상 범죄가 진행될 수 없는 때'에 종료하고, 그때부터 미수범의 공소시효가 진행한다(대법원 2017.7.11, 2016도14820). [법원9급 20]

2. 대법원 2012.2.23, 2011도7282

공무원이 직무에 관하여 금전을 무이자로 차용한 경우, 뇌물수수죄의 공소시효 기산점(= 금전을 차용한 때)

공무원이 직무에 관하여 금전을 무이자로 차용한 경우에는 차용 당시에 금융이익 상당의 뇌물을 수수한 것으로 보아야 하므로, 공소시효는 금전을 무이자로 차용한 때로부터 기산한다(거동범).

③ 즉시범과 계속범 : 즉시범은 기수와 종료가 일치하므로 기수시부터 즉시 공소시효가 기산되나, 계속범은 그 기수와 종료의 시점이 일치하지 않으므로, **범익침해가 종료된 때**로부터 공소시효가 진행된다.

판례연구 즉시범에 있어서의 공소시효의 기산

1. 대법원 1979.8.31, 79도622

도주죄는 즉시범(판례)이므로 공소시효도 실력적 지배 이탈하면 기산된다는 사례

도주죄는 (실력적 지배로부터 이탈한 때 기수가 되고 즉시 종료가 되므로 이때부터 공소시효가 이미 기산되고 그 후) 도주

상태가 계속되는 것이므로 도주 중에는 시효가 진행 안 된다는 소론을 채용할 수 없다.

2. 대법원 1970.11.24, 70도1860

국가보안법에 규정된 반국가단체를 구성하는 죄는 그 범죄의 성립과 동시에 완성하는 즉시범으로서 그 범죄구성과 동시에 공소시효가 진행된다.

3. 대법원 1995.1.20, 94도2752 [국가9급 12]

구 폭처법 제4조 소정의 단체 등의 조직죄는 같은 법에 규정된 범죄를 목적으로 한 단체 또는 집단을 구성함으로써 즉시 성립하고 그와 동시에 완성되는 즉시범이다. 따라서 범죄성립과 동시에 공소시효가 진행된다.

4. 대법원 2009.5.28, 2009도875 [국가9급 12]

형법 제327조의 강제집행면탈죄는 위태범으로서 … 허위의 채무를 부담하는 내용의 채무변제계약 공정증서를 작성한 후 이에 기하여 채권압류 및 추심명령을 받은 때에, 강제집행면탈죄가 성립함과 동시에 그 범죄행위가 종료되어 공소시효가 진행한다.

5. 대법원 2022.1.14, 2017도18693

수임제한 위반 변호사법위반죄의 공소시효 기산점(수임행위가 종료한 때)
변호사법은 제31조 제1항 제3호에서 '변호사는 공무원으로서 직무상 취급하거나 취급하게 된 사건에 관하여는 그 직무를 수행할 수 없다.'고 규정하면서 제113조 제5호에서 변호사법 제31조 제1항 제3호에 따른 사건을 수임한 변호사를 1년 이하의 징역 또는 1천만 원 이하의 벌금에 처하도록 규정하고 있는바, … 변호사법 제113조 제5호, 제31조 제1항 제3호 위반죄의 공소시효는 그 범죄행위인 '수임'행위가 종료한 때로부터 진행된다고 봄이 타당하고, 수임에 따른 '수임사무의 수행'이 종료될 때까지 공소시효가 진행되지 않는다고 해석할 수는 없다.

⚒ 판례연구 계속범에 있어서의 공소시효의 기산

1. 대법원 2001.9.25, 2001도3990

건축법상 처벌의 대상이 되는 건축물의 용도변경행위의 범위 및 무단으로 건축물을 다른 용도로 계속 사용하는 경우, 그 용도변경의 건축법 위반죄의 공소시효 진행 여부(소극)
건축법상 허가를 받지 아니하거나 또는 신고를 하지 아니한 경우 처벌의 대상이 되는 건축물의 용도변경행위는 유형적으로 용도를 변경하는 행위뿐만 아니라 다른 용도로 사용하는 것까지를 포함하며, 이와 같이 허가를 받지 아니하거나 신고를 하지 아니한 채 건축물을 다른 용도로 사용하는 행위는 계속범의 성질을 가지는 것이어서 허가 또는 신고 없이 다른 용도로 계속 사용하는 한 가벌적 위법상태는 계속 존재하고 있다고 할 것이므로, 그러한 용도변경행위에 대하여는 공소시효가 진행하지 아니하는 것으로 보아야 한다.

2. 대법원 2007.3.29, 2005도7032

공익근무요원의 복무이탈죄의 성립과 공소시효의 기산점
구 병역법 제89조의2 제1호에 정한 공익근무요원의 복무이탈죄는 정당한 사유 없이 계속적 혹은 간헐적으로 행해진 통산 8일 이상의 복무이탈행위 전체가 하나의 범죄를 구성하는 것이고, 그 공소시효는 위 전체의 복무이탈행위 중 최종의 복무이탈행위가 마쳐진 때부터 진행한다.

---

④ 포괄일죄 : 연속범 등 포괄일죄의 경우, **최종의 범죄행위가 종료된 때**로부터 공소시효가 진행된다. [법원9급 08/14, 국가7급 11, 해경간부 12, 경찰승진 10/12, 경찰채용 09 1차/15 1차]

⚒ 판례연구 포괄일죄에 있어서의 공소시효의 기산

1. 대법원 2015.10.29, 2014도5939

포괄일죄의 공소시효는 최종 범죄행위가 종료한 때로부터 진행하므로, 거짓이나 그 밖의 부정한 방법으로 북한이탈주민의 보호 및 정착지원에 관한 법률에 따른 보호 및 지원을 받은 경우, 공소시효는 위 북한이탈주민법에 의한 보호 또는 지원을 최종적으로 받은 때로부터 진행한다.

2. 대법원 2021.9.9, 2021도2030

(국군기무사령관의 온라인 여론조작 활동 지시 사건) 직권남용권리행사방해죄는 국가기능의 공정한 행사라는 국가적 법익을 보호하는 데 주된 목적이 있으므로, 공무원이 동일한 사안에 관한 일련의 직무집행 과정에서 단일하고 계속된 범의로 일정 기간

계속하여 저지른 직권남용행위에 대하여는 설령 그 상대방이 여러 명이더라도 포괄일죄가 성립할 수 있다. 다만 개별 사안에서 포괄일죄의 성립 여부는 직무집행 대상의 동일 여부, 범행의 태양과 동기, 각 범행 사이의 시간적 간격, 범의의 단절이나 갱신 여부 등을 세밀하게 살펴 판단하여야 한다(직권남용으로 인한 국가정보원법 위반죄에 관한 대법원 2021.3.11, 2020도 12583). 피고인의 관련 행위(온라인 여론조작 활동 지시 또는 불법 신원조회 활동 지시)는 동일한 사안에 관한 일련의 직무집행 과정에서 단일하고 계속된 범의로 일정 기간 계속하여 저지른 직권남용행위에 해당하므로 그 전체 범행에 대하여 포괄하여 하나의 직권남용죄가 성립한다. 따라서 직권남용행위의 상대방별로 별개의 죄가 성립함을 전제로 일부 상대방에 대한 범행에 대하여 별도로 공소시효가 완성되었다고 판단한 원심판결에는 직권남용죄의 죄수에 관한 법리를 오해한 잘못이 있다.

⑤ 과형상 일죄 : 상상적 경합은 실체법상 수죄이므로, 각 죄에 관하여 개별적으로 판단해야 한다.
⑥ 결과적 가중범 : **중한 결과가 발생한 때**로부터 공소시효가 진행된다.

2. 공범에 관한 특칙

공범의 경우에는 **최종행위가 종료한 때**로부터 전 공범에 대한 시효기간을 기산한다(제252조 제2항). [법원9급 10, 교정9급특채 11, 경찰채용 13 2차] 여기서의 공범에는 교사범·종범·공동정범 등 임의적 공범뿐만 아니라 이외에 대향범 등 **필요적 공범도 포함**된다.

3. 시효기간의 계산방법

(1) 초일 : 시효기간의 초일은 **시간을 계산하지 아니하고 1일로 산정**한다(초일산입, 제66조 제1항).

(2) 말일 : 기간의 말일이 **공휴일이나 토요일에 해당하는 날이라도 그 기간은 시효기간에 산입**한다(말일휴일산입, 동조 제3항 단서).

---

03 공소시효의 정지

I 의 의

공소시효의 정지란 일정한 사유로 인하여 공소시효의 진행이 정지되고, 그 정지사유가 소멸한 때로부터 나머지 시효기간이 진행되는 제도를 말한다(공/피/재/헌/대/보). 현행법상 **공소시효의 중단은 인정되지 않는바** [경찰승진 10, 경찰채용 13 1차], 이는 형법상 형의 시효가 정지(형법 제79조)와 중단(동 제80조)제도를 두고 있는 것과의 차이점이다.

II 사 유

1. 형사소송법상의 정지사유

(1) 공소제기 : 공소시효는 공소의 제기로 진행이 정지된다. 이 경우 형식적 소송계속만 있으면 족하므로, 공소제기는 적법·유효할 것은 요하지 아니한다. 정지된 공소시효는 **공소기각 또는 관할위반의 재판이 확정된 때로부터 다시 진행**한다(기판력 없는 공/관 확정시부터 재진행, 제253조 제1항, cf. 공/관 : 파기환송). [법원행시 02, 법원9급 14/15, 경찰승진 13/14, 경찰채용 06 1차]

(2) 범인의 국외도피 : 범인이 **형사처분을 면할 목적으로 국외에 있는 경우** 그 기간 동안 공소시효는 정지된다(동조 제3항). [법원9급 11/13, 경찰채용 15 2차] 위 규정의 입법 취지는 범인이 우리나라의 사법권이 실질적으로 미치지 못하는 국외에 체류한 것이 도피의 수단으로 이용된 경우에 체류기간 동안은 공소시효가 진행되는 것을 저지하여 범인을 처벌할 수 있도록 하여 형벌권을 적정하게 실현하고자 하는 데 있다. 또한 의제공소시효(법 제249조 제2항)에 관해서는 위 범인의 국외도피기간 공소시효 정지규정이 적용되지 않는다는 것이 종래 판례이었으나(대법원 2022.9.29, 2020도13547),[1] 이는 결과적으로 형평에 맞지 않는다는 비판이 있

---

1) [참고] 형사소송법 제253조 제3항에서 정지의 대상으로 규정한 '공소시효'는 범죄행위가 종료한 때로부터 진행하고 공소의 제기로 정지되는 구

어 왔고 이에 **2024.2.13.** 형사소송법 개정을 통하여 "피고인이 형사처분을 면할 목적으로 국외에 있는 경우 그 기간 동안 제249조 제2항에 따른 기간의 진행은 정지된다."는 규정이 신설되었다(**범인의 국외도피기간에는 의제공소시효기간도 정지.** 2024.2.13. 신설 형사소송법 제253조 제4항).

① 국외에 있는 : 범인이 국내에서 범죄를 저지르고 형사처분을 면할 목적으로 국외로 도피한 경우뿐만 아니라 **국외에서 범죄를 저지르고 형사처분을 면할 목적으로 국외에서 체류를 계속하는 경우**도 포함된다(대법원 2015.6.24, 2015도5916). [법원9급 19, 경찰채용 16 1차/20 2차, 국가9급 24]

② 형사처분을 면할 목적 : 국외 체류의 유일한 목적으로 되는 것에 한정되지 않고 범인이 가지는 여러 국외 체류 목적 중에 포함되어 있으면 족하고, 범인이 국외에 있는 것이 형사처분을 면하기 위한 방편이었다면 형사처분을 면할 목적이 있었다고 볼 수 있으며, **위 목적과 양립할 수 없는 주관적 의사가 명백히 드러나는 객관적 사정이 존재하지 않는 한 국외 체류기간 동안 위 목적은 계속 유지된다(**대법원 2008.12.11, 2008도4101; 2012.7.26, 2011도8456; 2013.6.27, 2013도2510). [법원9급 09/15, 경찰승진 10/14] 다만, 위 목적은 **당해 사건에 관한 것**이어야 한다(대법원 2014.4.24, 2013도9162). [경찰채용 16 1차] 위 목적의 증명책임은 검사에게 있다.

🔨 **판례연구** 범인의 국외도피에 해당하여 공소시효가 정지된다는 사례

1. 대법원 2022.3.31, 2022도857

피고인이 대한민국에서 범행 후 중국으로 출국한 경우, 피고인의 출국 경위에 비추어 피고인이 중국에 체류하는 것이 국내에서의 형사처분을 면하기 위한 방편이었던 것으로 보이고, 이는 중국이 피고인의 본국이라 해도 마찬가지이며, 형사처분을 면할 목적이 국외 체류의 유일한 목적일 필요는 없으므로, 설령 피고인의 중국 체류 목적 중에 딸을 돌보기 위함이 있었다고 하더라도 형사처분을 면할 목적을 인정하는 데 방해가 되지 않는다(중국 체류기간 동안 공소시효 정지).

2. 대법원 2022.12.1, 2019도5925

병역법상 국외여행허가의무 위반죄의 성격과 공소시효 정지에 관한 형사소송법 제253조 제3항의 '형사처분을 면할 목적'의 의미

구 병역법은 제70조 제3항에서 국외여행의 허가를 받은 병역의무자가 허가기간 내에 귀국하기 어려운 때에는 기간만료 15일 전까지 병무청장의 기간연장허가를 받아야 한다고 정하고, 제94조에서 위 허가를 받지 않고 정당한 사유 없이 허가된 기간 내에 귀국하지 않은 사람은 3년 이하의 징역에 처한다고 정하였다(이하 '처벌조항'이라 한다). 처벌조항의 내용과 구 병역법 제94조의 입법 목적, 규정 체계 등에 비추어 볼 때, 처벌조항에서 규정하고 있는 국외여행허가의무 위반으로 인한 병역법 위반죄는 국외여행의 허가를 받은 병역의무자가 기간만료 15일 전까지 기간연장허가를 받지 않고 정당한 사유 없이 허가된 기간 내에 귀국하지 않은 때에 성립함과 동시에 완성되는 이른바 즉시범으로서, 그 이후에 귀국하지 않은 상태가 계속되고 있더라도 위 규정이 정한 범행을 계속하고 있다고 볼 수 없다. 따라서 위 범죄의 공소시효는 범행종료일인 국외여행허가기간 만료일부터 진행한다. … 공소시효 정지에 관한 형사소송법 제253조 제3항의 입법 취지는 범인이 우리나라의 사법권이 실질적으로 미치지 못하는 국외에 체류한 것이 도피의 수단으로 이용된 경우에 체류기간 동안 공소시효 진행을 저지하여 범인을 처벌할 수 있도록 하고 형벌권을 적정하게 실현하는 데 있다. 따라서 위 규정이 정한 '형사처분을 면할 목적'은 국외체류의 유일한 목적으로 되는 것에 한정되지 않고 범인이 가지는 여러 국외 체류 목적 중에 포함되어 있으면 족하다. 범인이 국외에 있는 것이 형사처분을 면하기 위한 방편이었다면 '형사처분을 면할 목적'이 있었다고 볼 수 있고, 위 '형사처분을 면할 목적'과 양립할 수 없는 범인의 주관적 의사가 명백히 드러나는 객관적 사정이 존재하지 않는 한 국외 체류기간 동안 '형사처분을 면할 목적'은 계속 유지된다.[1]

형사소송법 제249조 제1항의 시효를 뜻하고, 그 시효와 별개로 공소를 제기한 때로부터 일정 기간이 경과하면 공소시효가 완성된 것으로 간주된다고 규정한 구 형사소송법 제249조 제2항에서 말하는 '공소시효'는 여기에 포함되지 않는다고 봄이 타당하다. 따라서 공소제기 후 피고인이 처벌을 면할 목적으로 국외에 있는 경우에도, 그 기간 동안 구 형사소송법 제249조 제2항에서 정한 기간의 진행이 정지되지는 않는다(대법원 2022.9.29, 2020도13547). → 2024.2.13. 형사소송법 개정으로 폐기된 판례임

[1] [보충] 피고인은 14세에 미국으로 출국하여 체류하던 중 18세가 되어 제1국민역에 편입됨에 따라 당시 시행 중이던 병역법에 의하여 병무청장으로부터 국외여행허가를 받은 다음 4차례에 걸쳐 기간연장허가를 받아왔다. 이러한 사정에 비추어 피고인은 국외에 계속 체류하기 위해서는 병무청장으로부터 기간연장허가를 받아야 한다는 사정을 알았을 것으로 보이는데도 최종 국외여행허가기간 만료일인 2002.12.31. 이후 기간연장허가를 받지 않고 미국에 계속 체류하였다. 광주·전남지방병무청장은 피고인에 대한 국외여행허가기간 만료 후인 2003.1.10.과 같은 해 2. 10.에 피고인에 대한 귀국보증인들(피고인의 외조부와 외조부의 지인)에게 각 국외여행 미귀국통지서를 송부하였다. 피고인은 2005년경 비자기간이 만료된 후 학업을 중단하여 비자기간연장을 받지 못하게 되자 불법체류 상태로 입영의무 등이 면제되는 연령인 36세에 이르는 날(2012.11.15.)을 넘어 2017. 4. 18. 귀국할 때까지 장기간 미국에서 체류하였다. 그런데도 원심은 피고인이 형사처분을 면할 목적으로 국외에 있었다는 점에 관한 아무런 증명이 없다고 보아 이 사건 범행의 공소시효가 정지되지 않았다고 판단하였다. 이러한 원심 판단에는 공소시효 정지에 관한 법리를 오해하여 필요한 심리를 다하지 않은 잘못이 있다(위 판례의 판결이유).

⚖ 판례연구 범인의 국외도피 관련 공소시효가 정지되지 않는다는 사례

1. 대법원 2008.12.11, 2008도4101 [국가9급 12, 교정9급특채 12, 경찰승진 10]

국외 체류 중인 범인에게 '형사처분을 면할 목적'이 있었는지 여부의 판단기준 및 그 범인이 외국에서 다른 범죄로 수감된 기간에도 '형사처분을 면할 목적'을 인정할 수 있는지 여부

국외에 체류 중인 범인에게 형사소송법 제253조 제3항의 '형사처분을 면할 목적'이 계속 존재하였는지가 의심스러운 사정이 발생한 경우, 그 기간 동안 '형사처분을 면할 목적'이 있었는지 여부는 당해 범죄의 공소시효의 기간, 범인이 귀국할 수 없는 사정이 초래된 경위, 그러한 사정이 존속한 기간이 당해 범죄의 공소시효의 기간과 비교하여 도피 의사가 인정되지 않는다고 보기에 충분할 만큼 연속적인 장기의 기간인지, 귀국 의사가 수사기관이나 영사관에 통보되었는지, 피고인의 생활근거지가 어느 곳인지 등의 제반 사정을 참작하여 판단하여야 한다. 통상 범인이 외국에서 다른 범죄로 외국의 수감시설에 수감된 경우, 그 범행에 대한 법정형이 당해 범죄의 법정형보다 월등하게 높고, 실제 그 범죄로 인한 수감기간이 당해 범죄의 공소시효기간보다도 현저하게 길어서 범인이 수감기간 중에 생활근거지가 있는 우리나라로 돌아오려고 했을 것으로 넉넉잡아 인정할 수 있는 사정이 있다면, 그 수감기간에는 '형사처분을 면할 목적'이 유지되지 않았다고 볼 여지가 있다. 그럼에도 그러한 목적이 유지되고 있었다는 점은 검사가 입증하여야 한다. … 따라서 법정최고형이 징역 5년인 부정수표단속법 위반죄를 범한 사람이 중국으로 출국하여 체류하다가 그곳에서 징역 14년을 선고받고 8년 이상 복역한 후 우리나라로 추방되어 위 죄로 공소제기된 경우, 위 수감기간 동안에는 형사소송법 제253조 제3항의 '형사처분을 면할 목적'을 인정할 수 없어 공소시효의 진행이 정지되지 않는다고 해야 한다.

2. 대법원 2012.7.26, 2011도8462

피고인이 출국에 필요한 유효한 증명 없이 일본으로 밀항하였다고 하여 밀항단속법 위반으로 기소된 경우, 피고인의 출국 자체가 형사처분을 면할 목적이 아니라 생업에 종사하기 위함이고, 피고인이 의도했던 국외 체류기간이나 실제 체류기간이 모두 밀항단속법 위반죄의 법정형이나 공소시효기간에 비해 매우 장기인 점, 피고인이 다시 국내로 입국하게 된 경위 등에 비추어 피고인이 밀항단속법 위반 범죄에 대한 형사처분을 면할 목적으로 일본에 있었다고 인정하기에 부족하여 공소시효 진행이 정지되지 않는다고 해야 한다.

3. 대법원 2014.4.24, 2013도9162 [국가7급 18]

피고인이 당해 사건으로 처벌받을 가능성이 있음을 인지하였다고 보기 어려운 경우라면 피고인이 다른 고소사건과 관련하여 형사처분을 면할 목적으로 국외에 있는 경우라고 하더라도 당해 사건의 형사처분을 면할 목적으로 국외에 있었다고 볼 수 없다(cf. 다른 사건일 때는 대체로 안 됨, 필요국선의 구속, 공판조서의 배타적 증명력 등).

4. 대법원 2022.9.29, 2020도13547

법 제253조 제3항에서 정지의 대상으로 규정한 '공소시효'에 법 제249조 제2항의 의제공소시효는 포함되지 않는다는 사례

구 형사소송법(2007.12.21. 법률 제8730호로 개정되기 전의 것, 이하 같다) 규정에 따르면, 공소시효는 범죄행위가 종료한 때로부터 진행하여 법정형에 따라 정해진 일정 기간의 경과로 완성한다(제252조 제1항, 제249조 제1항). 공소시효는 공소의 제기로 진행이 정지되지만(제253조 제1항 전단), 판결의 확정이 없이 공소를 제기한 때로부터 15년(현행법에서는 25년)이 경과되면 공소시효가 완성한 것으로 간주된다(제249조 제2항). 형사소송법 제253조 제3항은 "범인이 형사처분을 면할 목적으로 국외에 있는 경우 그 기간 동안 공소시효는 정지된다."라고 규정하고 있다. 위 조항의 입법 취지는 범인이 우리나라의 사법권이 실질적으로 미치지 못하는 국외에 체류한 것이 도피의 수단으로 이용된 경우에 그 체류기간 동안은 공소시효가 진행되는 것을 저지하여 범인을 처벌할 수 있도록 하여 형벌권을 적정하게 실현하고자 하는 데 있다. 위와 같은 법 문언과 취지 등을 종합하면, 형사소송법 제253조 제3항에서 정지의 대상으로 규정한 '공소시효'는 범죄행위가 종료한 때로부터 진행하고 공소의 제기로 정지되는 구 형사소송법 제249조 제1항의 시효를 뜻하고, 그 시효와 별개로 공소를 제기한 때로부터 일정 기간이 경과하면 공소시효가 완성된 것으로 간주된다고 규정한 구 형사소송법 제249조 제2항에서 말하는 '공소시효'는 여기에 포함되지 않는다고 봄이 타당하다. 따라서 공소제기 후 피고인이 처벌을 면할 목적으로 국외에 있는 경우에도, 그 기간 동안 구 형사소송법 제249조 제2항에서 정한 기간의 진행이 정지되지는 않는다.

[보충] 공소제기 후 범인이 국외도피한 경우 공소시효는 정지되나 의제공소시효는 정지되지 않는다는 판례이나, 결과적으로 형평에 맞지 않으므로 이에 관한 입법이 필요할 것으로 사료된다.

(3) 재정신청 : 재정신청이 있을 때에는 **재정결정이 확정될 때까지** 공소시효의 진행이 정지된다(**2016.1.6. 개정**, 제262조의4 제1항). [경찰채용 15 1차] 재정결정이 공소제기결정인가 또는 기각결정인가를 불문한다(cf. 공소제기결정이면 계속 정지).

2. 특별법상의 정지사유

(1) **소년보호사건의 심리개시결정** : 소년부 판사가 **소년보호사건의 심리개시결정을 한 때로부터 그 사건에 대한 보호처분의 결정이 확정될 때까지** 공소시효는 그 진행이 정지된다(소년법 제54조). 보호처분의 결정이 선고될 때까지가 아니라 확정될 때까지이다. [경찰승진 10]

(2) **헌정질서파괴범에 관한 특칙** : 1979년 12월 12일과 1980년 5월 18일을 전후하여 발생한 '헌정질서파괴범죄의 공소시효 등에 관한 특례법' 제2조의 헌정질서파괴범죄행위에 대하여 **국가의 소추권행사에 장애사유가 존재한 기간**은 공소시효의 진행이 정지된 것으로 본다(5.18민주화운동 등에 관한 특별법 제2조 제1항).

(3) **대통령의 불소추특권과 공소시효정지** : **대통령의 재직기간 중**에는 내란·외환의 죄를 범한 경우를 제외하고는 공소시효의 진행이 정지된다(헌법 제84조, 헌법재판소 1995.1.20, 94헌마246; 1998.6.25, 95헌마100). [법원9급 13]

(4) **가정보호사건·성매매사건 등의 송치** : '가정폭력범죄의 처벌 등에 관한 특례법'이 규정한 가정폭력범죄 및 '성매매 알선 등 행위의 처벌에 관한 법률'이 규정한 성매매범죄에 대한 공소시효는 당해 **보호사건이 법원에 송치된 때**로부터 시효진행이 정지되고, 그 사건에 대한 불처분결정이 확정된 때 등으로부터 다시 진행한다(가폭법 제17조 제1항).

3. 공소시효정지사유의 유추적용의 가부 – 헌법소원

재정신청시의 공소시효정지규정(제262조의4 제1항)을 **검사의 불기소처분에 대한 헌법소원심판청구**에 유추적용할 수 있는가에 대해서, 헌법재판소 **판례는 부정**하고 있다. 따라서 공소시효정지에 관하여 명문의 규정이 없는 **검찰항고의 제기, 공소기각, 관할위반판결의 확정, 재심청구 등에 의해서는 공소시효가 정지되지 아니한다.**

헌법재판소 1995.1.20, 94헌마246; 1993.9.27, 92헌마284

헌법소원심판청구로 인한 공소시효의 정지 여부

공소시효제도는 … 비록 절차법인 형사소송법에 규정되어 있으나 그 실질은 국가형벌권의 소멸이라는 점에서 형의 시효와 마찬가지로 실체법적 성격을 갖고 있는 것이다. 그러므로 그 예외로서 시효가 정지되는 경우는 특별히 법률로써 명문의 규정을 둔 경우에 한하여야 할 것이다. 법률에 명문으로 규정되어 있지 아니한 경우 다른 제도인 재정신청에 관한 위 법조의 규정을 피의자에게 불리하게 유추적용하여 공소시효의 정지를 인정하는 것은 유추적용이 허용되는 범위를 일탈하여 법률이 보장한 피의자의 법적 지위의 안정을 법률상의 근거 없이 침해하는 것이 되고, 나아가서는 헌법 제12조 제1항, 제13조 제1항이 정하는 적법절차주의, 죄형법정주의에 반하여 기소되고 처벌받는 결과도 생길 수 있을 것이다. 뿐만 아니라 이는 당재판소가 사실상의 입법행위를 하는 결과가 된다. 그러므로 형사소송법 제262조의2의 규정의 유추적용으로 고소사건에 대한 헌법소원이 심판에 회부된 경우도 공소시효가 정지된다고 인정함은 허용되지 않는다.

III 효력범위

1. 주관적 범위

(1) **원칙** : 공소시효정지의 효력은 **공소제기된 피고인에 대해서만 미친다.** 따라서 범인 아닌 자에 대한 공소제기는 진범인에 대한 시효진행을 정지하지 않는다.

(2) **공범에 관한 특칙**

① **의의** : 공범의 1인에 대한 시효정지는 **다른 공범자에게 대하여 효력이 미치고** 당해 사건의 재판이 확정된 때부터 진행한다(제253조 제2항). [법원9급 10, 국가9급 09/12, 경찰채용 12 1차] 본항은 공범 간의 처벌의 불균형이 생기지 않도록 하기 위한 규정이다.

② **공범** : 최소한 구성요건에 해당하는 위법한 행위를 한 자이어야 한다. 따라서 책임조각을 이유로 무죄가 되는 경우도 여기의 공범에 해당한다. 다만, 범죄의 증명이 없다는 이유로 공범 중 1인이 무죄의 확정판결을 선고받은 경우에는 그를 공범이라 할 수 없다. 또한 여기서의 공범에는 임의적 공범은 포함되나, **필요적 공범은 포함되지 아니한다**는 것이 판례의 입장이다.

> 정리 필요적 공범이 공범에 포함 × : 공범의 1인에 대한 공소시효정지가 효력이 미치는 공범
> 정리 공범에 대한 불가분원칙 : ① 친고죄의 고소, ② 공소시효정지

③ **재판이 확정된 때** : 다른 공범자에 대한 공소시효가 정지된 후 다시 공소시효가 진행하는 시점은 공소가 제기된 **당해 사건의 재판이 확정된 때**이다(동조 제2항, cf. 동조 제1항 : 공/관 확정). 여기서의 재판에는 공소기각·관할위반의 재판뿐만 아니라 유죄·무죄·면소판결, 나아가 약식명령도 포함된다. 따라서 공범 중 1인에 대해 약식명령이 확정된 후 그에 대한 정식재판청구권회복결정이 있는 경우, 그 사이의 기간 동안 다른 공범자에 대한 공소시효 진행은 정지되지 아니한다.

⚖ 판례연구 공범 중 1인에 대한 시효정지와 다른 공범자에 대한 효력

1. 대법원 1995.1.20, 94도2752

피고인과 공범관계에 있는 자가 같은 범죄사실로 공소제기가 된 후 대법원에서 상고기각됨으로써 유죄판결이 확정된 사실이 명백하다면, 공범자인 피고인에 대하여도 적어도 그 공범이 공소제기된 때부터 그 재판이 확정된 때까지의 기간 동안은 공소시효의 진행이 정지되었음이 명백하다.

2. 대법원 1999.3.9, 98도4621 [법원9급 07, 법원승진 14, 국가7급 13, 경찰승진 10/12, 경찰채용 13 1차]

공범 중 1인이 범죄의 증명이 없다는 이유로 무죄의 확정판결을 선고받은 경우의 공소시효의 정지

법 제253조 제2항 소정의 재판이라 함은 종국재판이면 그 종류를 묻지 않는다고 할 것이나, 공범의 1인으로 기소된 자가 구성요건에 해당하는 위법행위를 공동으로 하였다고 인정되기는 하나 책임조각을 이유로 무죄로 되는 경우와는 달리 범죄의 증명이 없다는 이유로 공범 중 1인이 무죄의 확정판결을 선고받은 경우에는 그를 공범이라고 할 수 없어 그에 대하여 제기된 공소로써는 진범에 대한 공소시효정지의 효력이 없다.

3. 대법원 2012.3.29, 2011도15137 [국가9급 21]

공범 중 1인에 대한 정식재판청구권회복결정과 다른 공범자에 대한 공소시효 정지

① 법 제253조 제2항은 공범 중 1인에 대한 공소의 제기로 다른 공범자에 대한 공소시효까지 정지한다고 규정하면서도 다시 공소시효가 진행하는 시점에 관해서는 제253조 제1항과 달리 공소가 제기된 당해 사건의 재판이 확정된 때라고만 하고 있을 뿐 그 판결이 공소기각 또는 관할위반의 재판인 경우로 한정하고 있지 않다. 따라서 공범 중 1인에 대한 공소의 제기로 다른 공범자에 대한 공소시효의 진행이 정지되더라도 공소가 제기된 공범 중 1인에 대한 재판이 확정되면, 그 재판의 결과가 제253조 제1항이 규정한 공소기각 또는 관할위반인 경우뿐 아니라 유죄, 무죄, 면소인 경우에도 그 재판이 확정된 때로부터 다시 공소시효가 진행된다고 볼 것이고, 이는 약식명령이 확정된 때에도 마찬가지라고 할 것이다. 그리고 ② 공범 중 1인에 대해 약식명령이 확정되고 그 후 정식재판청구권이 회복되었다고 하는 것만으로는, 그 사이에 검사가 다른 공범자에 대한 공소를 제기하지 못할 법률상 장애사유가 있다고 볼 수 없을 뿐만 아니라, 그 기간 동안 다른 공범자에 대한 공소시효가 정지된다고 볼 아무런 근거도 찾을 수 없다. 더욱이 정식재판청구권이 회복되었다는 사정이 약식명령의 확정으로 인해 다시 진행된 공소시효기간을 소급하여 무효로 만드는 사유가 된다고 볼 수도 없다. 또한 ③ 형사소송법이 공범 중 1인에 대한 공소의 제기로 다른 공범자에 대하여도 공소시효가 정지되도록 한 것은 공소제기 효력의 인적 범위를 확장하는 예외를 마련하여 놓은 것이므로, 이는 엄격하게 해석하여야 하고 피고인에게 불리한 방향으로 확장하거나 축소하여 해석해서는 아니 된다. 그렇다면 ④ 공범 중 1인에 대해 약식명령이 확정된 후 그에 대한 정식재판청구권회복결정이 있었다고 하더라도 그 사이의 기간 동안에는, 특별한 사정이 없는 한, 다른 공범자에 대한 공소시효는 정지함이 없이 계속 진행한다고 보아야 할 것이다.

4. 대법원 2015.2.12, 2012도4842 [경찰채용 15 3차, 국가9급 24]

제253조 제2항의 '공범'에 뇌물공여죄와 뇌물수수죄 사이와 같은 대향범이 포함되는지 여부(소극)

형사소송법 제253조 제2항의 공범을 해석할 때에는 … 특히 위 조항이 공소제기 효력의 인적 범위를 확장하는 예외를 마련하여 놓은 것이므로 원칙적으로 엄격하게 해석하여야 하고 피고인에게 불리한 방향으로 확장하여 해석해서는 아니 된다. 뇌물공여죄와 뇌물수수죄 사이와 같은 이른바 대향범 관계에 있는 자는 강학상으로는 필요적 공범이라고 불리고 있으나, … 공범관계에 있는 자와는 본질적으로 다르며, 대향범 관계에 있는 자 사이에서는 각자 상대방의 범행에 대하여 형법 총칙의 공범 규정이 적용되지 아니한다. 이러한 점들에 비추어 보면, 형사소송법 제253조 제2항에서 말하는 '공범'에는 뇌물공여죄와 뇌물수수죄 사이와 같은 대향범 관계에 있는 자는 포함되지 않는다.

---

2. 객관적 범위

공소시효정지의 효력은 **공소사실과 단일성과 동일성이 인정되는 전 범위**에 미친다. 따라서 포괄일죄나 과형상 일죄의 일부에 대해서 공소가 제기되면 다른 부분에 대해서도 공소시효가 정지된다.

04 공소시효 완성의 효과

I 공소제기 전

공소시효의 완성은 소극적 소송조건이므로, 수사 중인 피의사건에 대하여 공소시효가 완성되면 검사는 공소권 없음을 이유로 불기소처분을 하여야 한다.

II 공소제기 후

공소가 제기된 후에 공소시효가 완성된 것이 판명된 때에는 법원은 **면소판결**을 선고하여야 한다(제326조 제3호). [경찰채용 13 1차] 이를 간과하고 유죄·무죄의 실체판결을 한 경우에는 항소·상고이유가 된다.

05 공소시효의 특례

I 헌정질서파괴범죄에 대한 공소시효 배제특례

헌정질서파괴범죄의 공소시효 등에 관한 특례법은 형법상 내란죄, 외환죄, 군형법상 반란죄, 이적죄 등 헌정질서파괴범죄와 집단살해죄의 방지와 처벌에 관한 협약에 규정된 집단살해에 해당하는 범죄에 대해서는 공소시효가 적용되지 아니한다(동법 제3조). 이외 국제형사재판소 관할 범죄의 처벌 등에 관한 법률에서도 집단살해죄, 인도에 반한 죄, 전쟁범죄 등에 대해 공소시효 배제규정을 두고 있다(동법 제6조).

II 성폭력범죄에 대한 공소시효 기산·연장·배제특례

1. 공소시효의 기산점

미성년자 또는 아동·청소년에 대한 성폭력범죄의 공소시효는 해당 성폭력범죄로 **피해를 당한 미성년자 등이 성년에 달한 날**부터 진행된다(성폭법 제21조 제1항, 아청법 제20조 제1항)(cf. **아동학대범죄도 피해아동이 성년에 달한 날부터 진행**-아동학대처벌법 제34조 제1항, 이 조항은 **부진정소급효** ○-대법원 2016.9.28, 2016도7273). [법원9급 13, 경찰채용 15 3차]

2. 공소시효의 연장

성폭법의 적용을 받는 강간·강제추행 등의 죄(성폭법 제2조 제3호 및 제4호의 죄와 제3조부터 제9조까지의 죄) 및 아청법의 적용을 받는 아동·청소년에 대한 강간·강제추행·유사성행위 등의 죄(아청법 제7조)는 **디엔에이(DNA)증거 등 그 죄를 증명할 수 있는 과학적인 증거가 있는 때에는 공소시효가 10년 연장**된다(성폭법 동 제1항, 아청법 동 제2항). [경찰채용 15 3차]

3. 공소시효의 배제

13세 미만의 사람 또는 신체적·정신적 장애가 있는 사람에 대하여 강간, 유사강간, 강제추행, 준강간, 준강제추행, 강간 등 상해·치상, (형법·성폭법·아청법상) 강간 등 살인·치사 등의 죄를 범한 경우에는 **공소시효를 적용하지 아니한다**(성폭법 동 제3항·제4항, 아청법 동 제3항·제4항). 다만, 이 규정은 소급효는 인정되지 아니한다는 것이 판례의 입장이다.

대법원 2015.5.28, 2015도1362·2015전도19 [경찰채용 16 1차]

공소시효를 정지·연장·배제하는 내용의 특례조항을 신설하면서 소급적용에 관한 명시적인 경과규정을 두지 아니한 경우, 그 조항을 소급하여 적용할 것인지 판단할 때 고려할 사항

법원이 어떠한 법률조항을 해석·적용함에 있어서 한 가지 해석방법에 의하면 헌법에 위배되는 결과가 되고 다른 해석방법에 의하면 헌법에 합치하는 것으로 볼 수 있을 때에는 위헌적인 해석을 피하고 헌법에 합치하는 해석방법을 택하여야 한다. 이는

입법방식에 다소 부족한 점이 있어 어느 법률조항의 적용범위 등에 관하여 불명확한 부분이 있는 경우에도 마찬가지이다. 이러한 관점에서 보면, 공소시효를 정지·연장·배제하는 내용의 특례조항을 신설하면서 소급적용에 관한 명시적인 경과규정을 두지 아니한 경우에 그 조항을 소급하여 적용할 수 있다고 볼 것인지에 관하여는 이를 해결할 보편타당한 일반원칙이 존재할 수 없는 터이므로 적법절차원칙과 소급금지원칙을 천명한 헌법 제12조 제1항과 제13조 제1항의 정신을 바탕으로 하여 법적 안정성과 신뢰보호원칙을 포함한 법치주의 이념을 훼손하지 아니하도록 신중히 판단하여야 한다.

> **보충** [판결이유] 2007.12.21. 법률 제8730호로 개정된 형사소송법이 종전의 공소시효기간을 연장하면서도 그 부칙 제3조에서 "이 법 시행 전에 범한 죄에 대하여는 종전의 규정을 적용한다."고 규정함으로써 소급효를 인정하지 아니한다는 원칙을 밝힌 점, 특별법에 소급적용에 관한 명시적인 경과규정이 없는 경우에는 일반법에 규정된 경과규정이 적용되어야 하는 점 등에 비추어 공소시효가 피고인에게 불리하게 변경되는 경우에는 피고인에게 유리한 종전 규정을 적용하여야 하고, 구 성폭법에는 소급적용에 관한 명시적인 경과규정이 없어 이 사건 장애인 준강간의 점에 대하여는 구 성폭법 법률 제20조 제3항을 소급하여 적용할 수 없다(성폭력 공소시효 배제규정의 부진정소급효를 인정할 수 없고, 구법상 공소시효가 이미 완성되었으므로 면소를 선고해야 한다는 판례임).

📚 사례문제

A가 자동차를 구입하여 장애인에 대한 면세 혜택 등의 적용을 받기 위해 戊의 명의를 빌려 등록하였다. 명의수탁자 戊와 그의 딸 己은 공모하여 戊는 己에게 자동차이전등록 서류를 교부하고, 己은 그 자동차를 명의신탁자 A 몰래 가져와 이를 다른 사람에게 처분하였다. (다툼이 있는 경우에는 판례에 의함) [변호사 14]

문제 공소시효의 진행은 개별적으로 진행되므로 戊가 먼저 기소되어 유죄판결을 받아 그 판결이 확정된 경우 戊가 기소되어 판결이 확정될 때까지의 기간 동안 己에 대한 공소시효의 진행은 정지되지 않는다.

→ (×) 戊가 기소되어 판결이 확정될 때까지의 기간 동안 己에 대한 공소시효의 진행은 정지되었다가 戊의 판결이 확정된 이후부터 다시 공소시효가 진행하게 된다.